FLUXO E REFLUXO

PIERRE VERGER

Fluxo e refluxo
*Do tráfico de escravos entre o golfo do Benim
e a Bahia de Todos-os-Santos, do século XVII ao XIX*

Tradução
Tasso Gadzanis

Prefácio
Ciro Flamarion S. Cardoso

Posfácio
João José Reis

Copyright © 2021 by Fundação Pierre Verger

Grafia atualizada segundo o Acordo Ortográfico da Língua Portuguesa de 1990, que entrou em vigor no Brasil em 2009.

Título original
Flux et reflux: De la traite des nègres entre le Golfe de Bénin et Bahia de Todos-os-Santos

Capa
Victor Burton

Foto de capa
Mapa de oceano Atlântico, América e África, de Johannes Van Keulen, c. 1680

Preparação
Osvaldo Tagliavini Filho

Índices
Luciano Marchiori

Revisão
Carmen T. S. Costa, Clara Diament e Márcia Moura

Dados Internacionais de Catalogação na Publicação (CIP)
(Câmara Brasileira do Livro, SP, Brasil)

Verger, Pierre, 1902-1996
Fluxo e refluxo : Do tráfico de escravos entre o golfo do Benim e a Bahia de Todos-os-Santos, do século XVII ao XIX / Pierre Verger ; tradução Tasso Gadzanis; prefácio Ciro Flamarion S. Cardoso ; posfácio João José Reis — 1ª ed. — São Paulo : Companhia das Letras, 2021.

Título original: Flux et reflux: De la traite des nègres entre le Golfe de Bénin et Bahia de Todos-os-Santos

Bibliografia
ISBN 978-65-5921-063-3

1. Brasil – Colonização 2. Escravidão – África – História 3. Escravidão – Aspectos sociais – História 4. Escravos – Bahia – Emancipação 5. Escravos – Brasil – História I. Título.

21-59631   CDD-981.03

Índice para catálogo sistemático:
1. Brasil : Tráfico de escravos : História   981.03
Aline Graziele Benitez — Bibliotecária — CRB-1/3129

[2021]
Todos os direitos desta edição reservados à
EDITORA SCHWARCZ S.A.
Rua Bandeira Paulista, 702, cj. 32
04532-002 — São Paulo — SP
Telefone (11) 3707-3500
www.companhiadasletras.com.br
www.blogdacompanhia.com.br
facebook.com/companhiadasletras
instagram.com/companhiadasletras
twitter.com/cialetras

Este livro é dedicado a Fernand Braudel; a Arlete Andrade Soares, que tanto fez para publicar meus livros; e a Rubens e Marisa P. Ricupero, sem os esforços dos quais este livro não teria sido publicado.

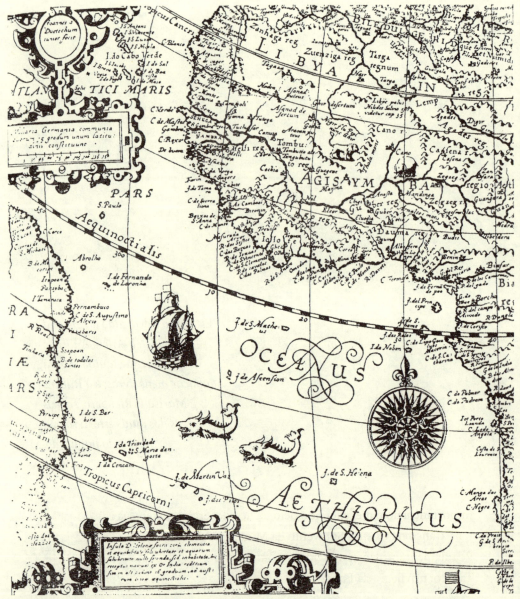

Detalhe do mapa da África e da costa brasileira preparado por Luiz Teixeira em 1600 (Gravura, 39 × 54,5 cm, conservada no British Museum).

Sumário

Prefácio à primeira edição brasileira — Ciro Flamarion S. Cardoso...... 17

Introdução à primeira edição brasileira 19

INTRODUÇÃO 21

Localidades de origem dos escravos da Bahia 22

Temas desenvolvidos nesta obra 25

1. AS TRÊS RAZÕES DETERMINANTES DAS RELAÇÕES DA COSTA
A SOTAVENTO DA MINA COM A BAHIA DE TODOS-OS-SANTOS............ 35

Importância do papel exercido pelo tabaco de terceira categoria
no tráfico na Costa a Sotavento da Mina........................ 36

Regulamentação do comércio do tabaco 45

Tabaco: privilégio da Bahia 47

Tentativas das nações estrangeiras para imitar o tabaco da Bahia 49

Proibição feita pelos holandeses aos portugueses de comercializar
na Costa a Sotavento da Mina outras mercadorias que não o tabaco.... 51

Portugal aliado dos Países Baixos e combatido pela
Companhia Holandesa das Índias Ocidentais 52

Tratado de trégua de dez anos entre Portugal e as Províncias
Unidas dos Países Baixos, 1641 53
Tratado impondo aos portugueses a passagem pelo castelo
de São Jorge da Mina, ali deixando 10% de seus carregamentos
de tabaco... 54
Contrabando do ouro do Brasil na Costa da Mina com
a Companhia Real Africana 61
Flutuações da política da Royal African Company para com
negociantes do Brasil, provocadas pelo contrabando do ouro....... 63
Relações comerciais clandestinas dos ingleses com a Bahia 68

2. BAHIA: ORGANIZAÇÃO DA NAVEGAÇÃO E DO TRÁFICO NA COSTA
A SOTAVENTO DA MINA (I) 72
Bahia no início do século XVII................................ 72
Tomada da Bahia pelos holandeses em 1624...................... 73
Reorganização do tráfico de escravos; lei de 12
de novembro de 1644 76
Companhia Geral do Brasil, 1649-1720......................... 77
Primeiras companhias para o tráfico de escravos no século XVII;
fim do ciclo de Angola................................... 78
Início do ciclo da Mina; primeiros sinais de rivalidade entre
os negociantes da Bahia e de Portugal........................ 80
Bahia no fim do século XVII; problemas causados pela
presença dos escravos 84
Reações provocadas na Bahia pelas dificuldades encontradas
para traficar na Costa da Mina............................. 86
Regência de Vasco Fernandes César de Meneses, 1720-35 88
Construção do forte de Ajudá por Joseph de Torres;
suas altercações com a Justiça............................. 89
Criação da Mesa do Bem Comum dos Homens de Negócio
da Bahia em 1723...................................... 92
Companhia do Corisco 93
Ingratidão de Joseph de Torres 94
Lei de 25 de maio de 1731 relativa à arqueação dos navios e
ao comércio na Costa da Mina............................. 98

3. BAHIA: ORGANIZAÇÃO DA NAVEGAÇÃO E DO TRÁFICO NA COSTA
A SOTAVENTO DA MINA (II) 109

O desembargador Wenceslão Pereira da Silva, adversário
do governador André de Melo e Castro, conde das Galveas,
quinto vice-rei do Brasil 109

O tráfico reservado para 24 navios, indo da Bahia por esquadras
de três em viagem à Costa da Mina, de três em três meses.......... 113

Reorganização das esquadras do tráfico na Costa a Sotavento
da Mina, 1750.. 116

Política de Sebastião José de Carvalho e Mello, futuro marquês
de Pombal; o desembargador Wenceslão Pereira da Silva, adversário
do governador Luiz Pedro Peregrino de Carvalho Meneses de Ataíde,
conde de Atouguia, sexto vice-rei 117

O desembargador Wenceslão Pereira da Silva contra
a organização dos 24 navios, 1755............................ 120

Fim da organização dos 24 navios, 1756 123

Projetos de companhias, 1756-7 128

Fim da Mesa do Bem Comum dos Homens de Negócio
da Bahia, 1757 132

Processo de Theodozio Rodriguez da Costa, diretor
da fortaleza de Ajudá.. 133

Breve regência na Bahia do marquês do Lavradio;
expulsão dos jesuítas em 1760 135

Transferência da capital do Estado do Brasil para o Rio de Janeiro,
1763; desorganização do governo da Bahia 137

Fim da influência do marquês de Pombal, 1777 138

Contrabando de tecidos e mercadorias da Europa feito
pela Costa da Mina 139

Projetos de reorganização do tráfico tendo em conta
os acontecimentos na Europa................................. 140

4. COSTA A SOTAVENTO DA MINA: O TRÁFICO EM AJUDÁ (UIDÁ) 143

A Costa a Sotavento da Mina, ou costa a leste.................... 143

Situação desconfortável dos portugueses na Costa a Sotavento
da Mina depois da perda do castelo de São Jorge................ 148

Instalação de um forte em Uidá pelo capitão Joseph de Torres........ 150

Reações das nações europeias já instaladas em Uidá 159

Organização da fortaleza 161

Francisco Pereyra Mendes, diretor do forte, 1721-8................ 166

Tomada de Uidá pelos daomeanos, 1727......................... 169

João Basílio, diretor do forte, 1728-43 172

Construção de um forte em Jaquin por Joseph de Torres 177

Tomada de Jaquin pelas tropas de Agaja, 1732 183

Dificuldades criadas aos navegadores da Bahia pela lei
de 25 de maio de 1731, sobre o tráfico na Costa da Mina 184

5. COSTA A SOTAVENTO DA MINA: O REI DO DAOMÉ DOMINA A COSTA 188

Primeira prisão de João Basílio no Daomé, 1739 191

Prisão de Francisco Nunes Pereira em Pernambuco,
sua fuga e seu primeiro processo 193

Morte de Agaja, rei do Daomé, 1740............................ 196

Segunda prisão de João Basílio no Daomé e sua expulsão em 1743...... 199

Processo e morte de João Basílio, 1743-5........................ 204

O reverendo padre Martinho da Cunha Barboza,
diretor do forte, 1743-6..................................... 208

Francisco Nunes Pereira assume a direção do forte 211

Félix José de Gouvea, diretor do forte, 1746; prisão
de Francisco Nunes Pereira 216

Segundo processo de Francisco Nunes Pereira 219

O rei do Daomé não pode ser castigado facilmente 220

Luiz Coelho de Brito, diretor do forte, 1751 222

Theodozio Rodriguez da Costa, diretor do forte, 1751-9............ 224

Félix José de Gouvea, diretor do forte pela segunda vez, 1759-62...... 234

José Gomes Gonzaga Neves, diretor do forte, 1764-7............... 240

6. O TRÁFICO DE ESCRAVOS NO GOLFO DO BENIM 243

Início do ciclo do tráfico de escravos no golfo do Benim............ 243

Bernardo Azevedo Coutinho, diretor do forte, 1778 245

Francisco da Fonseca e Aragão, diretor do forte, 1782.............. 247

Decadência do comércio em Uidá; importância crescente

do comércio de Porto Novo, Badagri e Onim (Lagos); reação do rei do
Daomé; projeto de construção de um forte em Porto Novo......... 250
Intervenção dos ingleses em favor dos portugueses contra
os holandeses na Costa da Mina 260
Corsários franceses em Uidá, 1795............................... 267
Tentativa de conversão do rei do Daomé 274
Expulsão de Manoel Bastos Varela Pinto Pacheco e de alguns
outros diretores do forte português............................. 284
Abandono do forte português de Ajudá (Uidá).................... 290
Abandono do forte francês de Judá (Uidá) 291
Abandono do forte inglês de Whydah (Uidá)...................... 293

7. EMBAIXADAS DOS REIS DO DAOMÉ E DOS PAÍSES VIZINHOS PARA A BAHIA
E PORTUGAL... 295
Primeira embaixada do rei do Daomé (Tegbessu), 1750 295
Primeiros enviados do rei de Onim (Lagos), 1770 304
Segunda embaixada do rei do Daomé (Agonglô), 1795.............. 305
Terceira embaixada do rei do Daomé (Adandozan), 1805;
Innocêncio Marques de Santa Anna 315
Segunda embaixada do rei de Onim (Lagos), 1807................. 321
Primeira embaixada do rei de Ardra (Porto Novo), 1810;
quarta embaixada do rei do Daomé, 1811 325
Presença de um embaixador do rei de Onim na Bahia
no momento da Independência, 1823........................... 329

8. BAHIA, 1810-35: RELAÇÕES ECONÔMICO-FILANTRÓPICAS ANGLO-
-PORTUGUESAS E SUA INFLUÊNCIA NO TRÁFICO DE ESCRAVOS NO BRASIL.... 333
Bahia no começo do século XIX; opinião de alguns ingleses,
viajantes ou residentes....................................... 337
Tratado de aliança e amizade anglo-lusitano de
19 de fevereiro de 1810 342
Apresamento injustificado de dezessete navios portugueses
pela Royal Navy, 1811-2 344
Convenção e tratado de 1815 e convenção adicional de 1817........ 348
Independência do Brasil, 1822; independência da Bahia, 1823 355

Convenção anglo-brasileira de 13 de novembro de 1826. 359

Abdicação de d. Pedro I em favor de d. Pedro II, 7 de abril de 1831;
sublevação federalista na Bahia 366

Lei de 7 de novembro de 1831; o tráfico torna-se ilegal 372

9. REVOLTAS E REBELIÕES DE ESCRAVOS NA BAHIA, 1807-35 378

Rebelião de 1807 382

Rebeliões de 1809 e 1810 384

Rebelião de 1814 384

Rebelião de 1816 388

Incidentes de 1822 e 1826. 389

Rebelião de 1827 390

Rebelião de 1828 390

Rebelião de 1830 391

Revolta dos Malês em 1835 392

Inquéritos e investigações entre os letrados muçulmanos 395

Escravos dos estrangeiros acusados 403

Processos e condenações 407

10. BAHIA, 1835-50: RUMO AO FIM DO TRÁFICO DE ESCRAVOS 413

Expulsão dos africanos emancipados suspeitos 413

O caso do *Nimrod* 417

Extensão do movimento de retorno 422

Luta em torno dos artigos adicionais, 1835; influência
dos irmãos Cerqueira Lima, opositores desse acordo; ameaça
de tráfico de escravos feita por Montevidéu 425

Pânico provocado pela Revolta dos Malês, circunstância
considerada favorável pelos ingleses para incitar
o governo brasileiro a assinar os artigos adicionais. 429

Ratificação dos artigos adicionais impedida pelas diligências
dos irmãos Cerqueira Lima 433

Revolta da Sabinada na Bahia, 1837-8 437

Tensão crescente entre o Brasil e a Grã-Bretanha 438

Hábil solução das autoridades britânicas para os problemas
de recrutamento de mão de obra para as Antilhas Britânicas 441

Fim dos tratados; o Bill Aberdeen de 1845. 443

Lei inglesa sobre os direitos de entrada do açúcar, 1846;
reinício da atividade do tráfico de escravos 447

As forças navais britânicas em ação nas águas
territoriais brasileiras 449

Mudanças na situação interna do Brasil em favor do fim
do tráfico de escravos; pressão oficiosa da Grã-Bretanha
sobre a opinião pública 451

Sustentação dada pelo governo britânico ao
partido antiescravista 453

Lei Eusébio de Queirós, 1850. 458

Febre amarela na Bahia, 1850 464

Enérgica pressão exercida contra o tráfico pelos cruzadores
britânicos na Bahia, 1851 465

11. ASTÚCIA E SUBTERFÚGIOS NO TRÁFICO CLANDESTINO DE ESCRAVOS, 1810-51 470

Astúcia e subterfúgios utilizados pelos negreiros do
tráfico clandestino 470

Passaportes emitidos para Molembo ou Cabinda,
mas viagem de fato feita para o golfo do Benim. 471

Passaportes emitidos para o comércio legal na Costa da Mina,
facilitando aos navios o tráfico de escravos nessa região 473

Nome de Molembo dado nos documentos de navegação
a um porto situado ao norte do equador. 475

Arqueações excessivas 480

Passaportes emitidos para Molembo com menção de escala
na ilha de São Tomé, para justificar mais facilmente a presença
de navios ao norte do equador 483

Passaportes duplos 487

Falsos aprendizes e falsos domésticos; falsas colônias
de negros africanos libertos em Montevidéu 490

Mudanças de bandeiras 491

Tráfico feito em dois tempos: mercadorias enviadas por um
primeiro navio, escravos trazidos rapidamente por um segundo 499

Desembarque clandestino de escravos nos arredores da Bahia; partida dos navios de tráfico para um falso destino e sua volta declarada "em arribada" ou "em lastro"........................... 503

Fim do tráfico de escravos na Bahia 509

A última viagem da goleta *Relâmpago*........................... 510

12. PRINCIPAIS NAVEGADORES E COMERCIANTES DA BAHIA QUE TOMARAM PARTE NO TRÁFICO CLANDESTINO DE ESCRAVOS........ 518

Capitães de navios negreiros que se tornaram proprietários de vasos e comerciantes... 519

Comerciantes da praça da Bahia................................. 524

Comerciantes e capitães estabelecidos tanto na Bahia quanto no golfo do Benim 535

Comerciantes instalados na Costa da África...................... 540

13. CONDIÇÕES DE VIDA DOS ESCRAVOS NA BAHIA NO SÉCULO XIX 560

Fontes e documentos sobre a situação dos escravos no Brasil durante o século XIX 563

Escravos, bens móveis e gado 566

Condições de vida dos escravos na cidade e no campo 574

Escravos de casa, escravos de rua 578

Profissões exercidas pelos escravos............................. 581

Escravos vendendo nas ruas 584

Escravos de *ganho* 587

Aspectos e comportamento dos escravos.......................... 589

14. EMANCIPAÇÃO DOS ESCRAVOS................................. 597

As *juntas*, sociedades de alforria 602

Africanos alforriados divididos por questões de lugar de origem, religião e desigualdade social................................ 605

Os *cantos*, pontos de encontro das diversas nações africanas 609

As confrarias religiosas católicas das diversas nações africanas 613

Tendência entre os africanos emancipados a se abrasileirar 614

Tendência à revolta e ao retorno para a África entre os africanos emancipados...................................... 619

Tendência à aceitação simultânea das culturas brasileira
e africana. 621

Crioulos livres e africanos livres 625

15. O GOLFO DO BENIM APÓS 1810: DO "TRÁFICO CULPADO" DE ESCRAVOS AO "COMÉRCIO INOCENTE" DE AZEITE DE DENDÊ. 629

Repressão ao tráfico de escravos pelos cruzadores britânicos. 629

Proveitoso comércio em torno dos despojos dos navios
negreiros vendidos em leilão em Freetown 639

Face oculta das vendas em leilões dos navios condenados 639

As lucrativas negociações com mercadorias encontradas
a bordo dos navios negreiros condenados 646

Tendência dos africanos libertos em Freetown a voltar
para Badagri e Abeokutá; chegada dos primeiros
missionários protestantes. 649

Incentivo aos africanos libertos em Freetown para emigrar
para as Antilhas Britânicas. 650

Comércio britânico e comércio de escravos 653

O estabelecimento do comércio "inocente" do azeite de dendê 656

Tomada de posição britânica em favor dos egbás de Abeokutá
atacados pelo rei do Daomé; vã tentativa de impor a Ghezo,
no Daomé, e a Kosoko, em Lagos, um tratado contra
o tráfico de escravos. 661

Incidentes envolvendo a partida de Lagos para a Bahia do último
navio negreiro, o *Relâmpago*; pretexto de um bloqueio estabelecido
em Lagos pela esquadra britânica; extensão do bloqueio; recusa
de Kosoko em assinar um tratado com a Inglaterra; bombardeio
de Lagos; fuga de Kosoko; entronização de Akitoyê; expulsão
dos traficantes brasileiros 669

Benjamin Campbell, cônsul britânico em Lagos, 1853-9. 678

Benjamin Campbell tenta expulsar de Lagos os antigos
traficantes portugueses, brasileiros e franceses 679

Benjamin Campbell em desacordo com a casa Régis. 689

Choque das ambições e das políticas inglesa e francesa
no golfo do Benim 691

16. FORMAÇÃO DE UMA SOCIEDADE BRASILEIRA NO GOLFO DO BENIM NO SÉCULO XIX 694

   Emancipados do Brasil e emancipados de Serra Leoa 698

   No Daomé, decadência progressiva dos descendentes dos
      grandes comerciantes brasileiros; lenta formação de uma sociedade
      de pequenos comerciantes e de artesãos que retornaram do Brasil. . . 704

   Em Lagos, formação mais rápida de uma sociedade
      constituída pelos antigos escravos de volta do Brasil 712

   Os casos do *Linda Flor*, do *General Rego* e do *Emília* 713

   Reação dos habitantes de Lagos mais forte contra os imigrantes
      de Serra Leoa do que contra os do Brasil 716

   Movimento de retorno do litoral para o interior. 719

   A colônia brasileira de Lagos. 720

   Incentivo oficial das autoridades britânicas aos
      imigrantes "brasileiros". 722

   Aspectos da vida social dos "brasileiros" de Lagos 730

   A viagem demasiado longa do bergantim *Aliança*
      e sua penosa recepção em Lagos 735

Notas. 741

Posfácio — Verger historiador — João José Reis 859

Bibliografia. 869

*Apêndice I — Lista dos navios pertencentes à praça da Bahia
capturados pelos ingleses*. 878

*Apêndice II — Movimento dos navios entre a Bahia e o golfo do Benim;
número de escravos transportados*. 898

Apêndice III — Local de origem dos negros escravos na região da Bahia . . . 929

Índice onomástico 946

Índice de nomes geográficos e étnicos 954

Índice de nomes de navios 959

Índice analítico. 963

Créditos das imagens 969

Prefácio à primeira edição brasileira

Ciro Flamarion S. Cardoso

A publicação em nosso país de uma obra de peso sobre o Brasil que tenha circulado previamente em edição estrangeira é sempre uma ocasião auspiciosa. No caso da importante tese do professor Pierre Verger, tal ocasião é bem-vinda também por corrigir o grave erro de não ter sido ela traduzida antes para o português. A edição brasileira vem à luz quase ao completar vinte anos de existência a publicação original em francês, de 1968; e, coincidência feliz, às vésperas da comemoração do centenário da Lei Áurea. Terceira razão para que nos regozijemos: dedicado a Fernand Braudel, o trabalho do professor Verger, ao ser publicado entre nós, constitui-se numa homenagem ao insigne historiador recentemente falecido, que muitos laços vinculavam ao Brasil — e de forma especial a São Paulo, a que coube a honra de tornar mais acessível aos brasileiros este grande livro.

Do ângulo interpretativo que há vários anos venho defendendo, é-me especialmente grato saudar esta edição. Eis um texto de história, baseado em documentação abundante e séria, no qual a colônia e o nascente país — representados, no caso, pela Bahia — não surgem como mero corolário de um sistema colonial, ou da divisão internacional do trabalho, mas sim como uma verdadeira sociedade com densidade histórica, dotada de consistência própria, participando direta e ativamente do comércio de escravos e tabaco (e dos circuitos de acumulação dele resultantes), recebendo embaixadas africanas em Salvador e, por sua vez, entrando em contato com a África Ocidental — tudo isso de forma bastante autônoma em relação à metrópole europeia, manifestando interesses diversificados no plano interno, nem sempre coincidentes, aliás, com os metropolitanos.

Inserida na sólida tradição das teses de Estado francesas, esta obra do professor Verger deverá ser encarada pelos historiadores brasileiros como um modelo de probidade científica e de verdadeiro esforço de pesquisa. Parece-me, porém, que poucos ousarão imitar o autor no tocante à escolha de uma temática tão vasta e ambiciosa. Sempre apoiado em numerosas fontes, o professor Verger nos conduz, com efeito, do século XVII ao XIX, examinando dos dois lados do Atlântico as relações da Bahia com determinada porção da costa ocidental africana: os detalhes e a organização do tráfico de escravos, as relações anglo-portuguesas e anglo-brasileiras, as revoltas dos escravos na Bahia entre 1807 e 1835, a abolição do tráfico africano e o tráfico clandestino no século XIX, as condições de vida dos escravos na Bahia do século XIX, as alforrias, as transformações do comércio no golfo do Benim com o término do tráfico de escravos, por fim a formação de uma sociedade brasileira no que é hoje a Nigéria — justificando a menção a um fluxo seguido de um refluxo nas relações entre a Bahia e a África. Todos esses temas desfilam ao longo de dezesseis capítulos densos e documentados, traçando um imponente panorama.

Acolhamos esta edição como um dos eventos mais importantes na atividade editorial brasileira da atualidade.

Niterói, junho de 1987

Introdução à primeira edição brasileira

Este livro é fruto de um trabalho desenvolvido há mais de quarenta anos. Foi publicado pela primeira vez na França, em 1968, e é a tese que defendi na Sorbonne dois anos antes, a conselho de Fernand Braudel, interessado por minha abordagem não acadêmica do tema.

O ponto de partida de minhas pesquisas foi a cidade de Uidá, no Daomé (atual República Popular do Benim), onde encontrei, por acaso, um registro contendo 112 cópias de cartas enviadas no século XIX por um negreiro chamado José Francisco dos Santos, o Alfaiate, apelidado assim em função da profissão que exercera na Bahia antes de se estabelecer na costa africana.

Esses documentos, redigidos com minúcia e frieza bem comerciais, desprovidos de qualquer sentimentalismo, testemunham que esse homem remetia fardos (escravos) marcados a ferro, acima do umbigo ou sob o seio esquerdo, para seus fregueses da Bahia.

Hoje em dia, submeter seres humanos a tal tratamento é no mínimo julgado um ato bárbaro e uma intolerável afronta à dignidade humana. Mas na época em questão essa prática não era em absoluto considerada ultrajante. Portanto, procurei evitar julgar, com uma mentalidade do século XX, "supostamente" respeitosa da pessoa humana, comportamentos e fatos decorridos ao longo dos três séculos precedentes.

Meu objetivo neste trabalho foi apenas pesquisar e publicar, sem comentários indignados ou moralizantes, tudo aquilo que arquivos e relatos de viajantes poderiam nos revelar sobre o passado. Quanto a essa documentação, optei por respeitar a ortografia da época, o que pode acarretar certa dificuldade na leitura. Contudo, espero que o leitor aprecie o fato de não tê-los substituído por relatos mais curtos, resumidos por mim, que teriam a desvantagem de roubar-lhes sua autenticidade.

O que procuro mostrar aqui, fundamentalmente, são as conexões e influências recíprocas, sutis ou declaradas, que se desenvolveram entre as duas regiões caracterizadas na correspondência do Alfaiate. Espero que este livro seja capaz de transmitir a impressão de unidade que tanto me surpreendia, em minhas frequentes idas e vindas entre a Bahia e o antigo Daomé, na medida em que muito me impressionava encontrar numa margem do Atlântico coisas familiares e semelhantes àquilo que existia do outro lado.

Como resulta de um notável paralelismo, os africanos trazidos ao Brasil, e principalmente à Bahia, souberam conservar e transmitir a seus descendentes costumes, hábitos alimentares e crenças religiosas de tal forma que reconstituíram no Brasil um ambiente africano. E, em contrapartida, os descendentes de africanos abrasileirados, quando retornaram há um século e meio à costa africana, também foram capazes de preservar alguns aspectos do modo de vida de seus parentes do além-mar. Assim, moram em sobrados de estilo brasileiro, semelhantes aos dos antigos senhores do Brasil, são católicos, comemoram a festa do Senhor do Bonfim, vestem-se e preparam sua comida à moda baiana.

Apesar de essas duas comunidades terem praticamente perdido contato a partir do início do século XX, seus integrantes tornaram-se, em termos culturais, africanos do Brasil e brasileiros da África — consequência imprevista do fluxo e refluxo do tráfico de escravos entre o golfo do Benim e a Bahia de Todos-os-Santos.

1987

Introdução

O tráfico de escravos importou, para os diferentes países das Américas e Antilhas, negros provenientes das mais diversas regiões da África. Dessa aproximação poderia ter resultado uma mistura de usos e costumes completamente estranhos uns dos outros. Pelo contrário, o jogo das trocas comerciais estabeleceu relações precisas entre clientes e fornecedores dos dois lados do Atlântico, e, assim sendo, os reagrupamentos de negros de certas "nações" africanas foram realizados insensivelmente em algumas regiões do Novo Mundo.

Na Bahia, certos aspectos da cultura das comunidades africanas, provenientes da região do golfo do Benim, são muito visíveis ainda hoje. Manifestam-se especialmente pela existência de cultos aos antigos voduns e orixás, semelhantes aos dos atuais habitantes do sul do Daomé e sudoeste da Nigéria.[1] Em uma área mais material, as especialidades culinárias, que fazem o orgulho da Bahia, levam ainda nomes pertencentes aos vocabulários iorubá e daomeano.

Essa presença dos costumes de habitantes do golfo do Benim é tanto mais notável na Bahia quanto as influências bantas do Congo e Angola são mais aparentes no resto do Brasil.

LOCALIDADES DE ORIGEM DOS ESCRAVOS DA BAHIA

O tráfico de escravos em direção à Bahia pode ser dividido em quatro períodos:[2]

1º: O ciclo da Guiné durante a segunda metade do século XVI;

2º: O ciclo de Angola e do Congo no século XVII;

3º: O ciclo da Costa da Mina durante os três primeiros quartos do século XVIII;

4º: O ciclo do golfo do Benim entre 1770 e 1850, incluído aí o período do tráfico clandestino.

A chegada dos daomeanos, chamados jejes no Brasil, fez-se durante os dois últimos períodos. A dos nagô-iorubás corresponde sobretudo ao último.

A forte predominância dos iorubás, de seus usos e costumes na Bahia, seria explicável pela vinda recente e maciça desse povo, e a resistência às influências culturais de seus donos viria da presença, entre os iorubás, de numerosos prisioneiros de guerra advindos de classe social elevada, além de sacerdotes conscientes do valor de suas instituições e firmemente ligados aos preceitos de sua religião.

A questão, entretanto, não é tão simples, pois tal fenômeno não se produziu nem no Rio de Janeiro, tampouco no resto do Brasil. Com efeito, enquanto na Bahia alguns fatores dos quais trataremos intervieram para dirigir o tráfico rumo a outras regiões, o segundo ciclo, aquele de Angola e Congo, prolongou-se até o final do tráfico no restante do país.

Nesta introdução, falaremos brevemente desses dois primeiros ciclos que não interessam ao nosso assunto. Ao longo dos capítulos seguintes, nos estenderemos mais sobre os dois últimos ciclos.

O primeiro deles, o da Guiné no século XVI, deve tal denominação ao nome que indicava a costa oeste da África, ao norte do equador. O número de escravos transportados fora pouco importante. Em 1600, contavam-se apenas 7 mil negros na Bahia, vindos das mais diversas regiões.

Os portugueses tinham fortalezas e entrepostos por toda a costa da África. Faziam muito pouco comércio de escravos com a Costa do Ouro, onde encontrava-se, todavia, um de seus mais antigos estabelecimentos: o castelo de São Jorge da Mina.[3]

Nesse lugar, o objeto de tráfico era o ouro. Os princípios que presidiam as trocas levaram os navegadores portugueses a trocar barras de ferro por escravos no Congo, a permutar em seguida com ouro tais escravos no castelo de São Jorge da Mina, realizando assim uma assaz brutal transmutação de ferro em ouro.

Frédéric Mauro fala a respeito da primordial importância que conservava o ouro no começo do século XVII[4] e assinala que, "por volta de 1610 e 1620, para permitir à Mina o comércio do ouro em particular, comércio então em decadência, os portugueses decidiram que, a dez léguas do interior e ao longo da costa, nenhum negro seria capturado ou vendido".[5]

A Europa tinha necessidade de ouro e prata. A Espanha assentava seu poder sobre os metais preciosos que achava no México e Peru. Portugal tinha o ouro obtido na Mina. Naquela época, o Brasil nada mais era do que uma colônia de segunda importância, sendo suas principais fontes de recursos a cana-de-açúcar e a madeira de tintura chamada pau-brasil.

No começo do segundo ciclo, o de Angola e Congo, no século XVI, era desesperadora a situação de Portugal. O rei d. Sebastião morrera e não havia mais herdeiro em 1580; o reino e suas possessões passavam para o domínio espanhol.

As províncias dos Países Baixos, por sua vez, haviam se rebelado contra os espanhóis e, durante sua luta pela independência, atacavam as possessões portuguesas, consideradas então espanholas.

Mais tarde, quando em 1641 o duque João de Bragança restaurou a liberdade de Portugal, era complexa a situação. Seu reino era, a um só tempo, aliado e inimigo dos Países Baixos: aliado por uma luta comum contra o opressor espanhol, e em estado de guerra nas diversas possessões portuguesas, pois os interesses das poderosas e privilegiadas Companhias Holandesas das Índias Orientais e Ocidentais estavam em conflito com os dos portugueses na África, no Brasil e nas Índias Orientais.

Durante os primeiros anos de sua fundação, as Companhias Holandesas obtiveram consideráveis lucros. Não pelo exercício de um comércio pacífico, mas por uma série de operações de caráter belicoso, como a conquista dos territórios ultramarinos portugueses ou os ataques contra os galeões de retorno do Novo Mundo, carregados de ouro. Tudo isso era empreendido sob a justificativa de sua rebelião contra a Coroa de Castela.

Escapa ao propósito desta pesquisa dar detalhes sobre essa luta que opunha holandeses a portugueses. Entretanto, é preciso assinalar que os primeiros se apoderaram da maior parte das possessões dos segundos nas Índias Orientais e Costa do Ouro, além do que se instalaram durante 24 anos em Pernambuco e muitos anos em Angola e nas ilhas de São Tomé e Príncipe, na África.

A perda do castelo de São Jorge da Mina, em 1637, contribuiu para desordenar a economia de Portugal e provocar uma conversão total no princípio das trocas comerciais entre esse reino e toda aquela região da costa africana, sobretudo a partir do século XVII, quando foram descobertas as primeiras minas de ouro. Alan Ryder faz a seguinte observação: "Enquanto no século XVI os portugueses obtinham ouro no castelo de São Jorge da Mina contra escravos trazidos por eles do Congo, já no século XVIII eram escravos que eles iam buscar contra o ouro fraudulentamente trazido do Brasil".[6]

A expulsão dos portugueses pelos holandeses de suas fortalezas da Costa do Ouro deveria tê-los afastado completamente de tais lugares, tanto mais porque a Companhia Holandesa das Índias Ocidentais, instalada por direito de conquista em antigas fortalezas portuguesas, não tolerava comércio algum por parte dos lusitanos ao longo da Costa do Ouro (atual Gana).

Naquela época, a predominância da importação de africanos bantos é colocada em evidência pelo fato de haver no porto da Bahia, quando da tomada dessa cidade pelos holandeses em 1624, seis navios vindos de Angola com um total de 1410 escravos, contra um único vindo da Guiné com apenas 28 escravos.[7]

Entre 1641 e 1648, Angola permaneceu nas mãos dos holandeses, cortando por alguns anos o reabastecimento da Bahia em escravos de lá provenientes em proveito de Pernambuco, ocupado pelos holandeses.

Podemos concluir com Luiz Vianna Filho que "os bantos foram os primeiros negros exportados em grande escala para a Bahia, e aqui deixaram de modo indelével os marcos de sua cultura. Na língua, na religião, no folclore, nos hábitos, influíram poderosamente. O seu temperamento permitiu um processo de aculturação tão perfeito que quase desapareceram confundidos pela facilidade de integração".[8] Luiz dos Santos Vilhena faz ressaltar que "os bantos falavam melhor o português, com mais facilidade, que os negros da Costa da Mina; o traço que separava os bantos dos sudaneses era que aqueles eram mais dóceis e capazes de se integrar, e estes conservavam uma atitude de rebelião e de isolamento".[9]

TEMAS DESENVOLVIDOS NESTA OBRA

Veremos como e por que, no terceiro ciclo comercial, aquele da Mina, o tráfico de escravos não se fazia na Bahia seguindo o clássico sistema das viagens triangulares, mas sob a forma de trocas recíprocas e complementares: tabaco contra escravos. Os portugueses, com efeito, tinham sido autorizados pelos holandeses a traficar escravos, sob certas condições, em quatro portos: Grande Popo, Uidá, Jaquin e Apá, situados a leste ao longo da costa do Daomé. Essa costa era conhecida sob o nome de "Costa da Mina", ou "costa a leste da Mina". É assim que, nos documentos da época, uma nau partindo para a "costa do leste da África" partia na realidade para a "costa ocidental a leste da Mina", pois esse nome lhe era dado em razão de sua dependência para com o castelo de São Jorge da Mina. No Brasil, chamavam negros minas não aos escravos vindos da Costa do Ouro, mas sim àqueles obtidos nos quatro portos já indicados. Foi o nome dos escravos importados dessa região que deu o nome de "ciclo da Mina" ao tráfico realizado a partir daquela época na Bahia, e é neste momento que está o ponto de partida do presente trabalho.

Veremos como as obrigações impostas aos portugueses de não trazerem nenhuma mercadoria da Europa para fazerem seu tráfico nos quatro portos, mas exclusivamente tabaco, do qual a Bahia era o principal produtor, criaram condições favoráveis aos negociantes da antiga capital brasileira e tornaram o tráfico praticamente impossível aos de Portugal e de outras regiões do Brasil desprovidas desse tabaco.

Veremos como uma lei proibia a introdução em Portugal de tabaco de terceira qualidade. Este era deixado para consumo local e para a troca com a África, onde não encontrava lugar para escoar, além dos quatro portos da Costa da Mina.

Veremos, em curioso paradoxo, como o fato de esse tabaco ser de terceira categoria e, consequentemente, de má qualidade tornou-se um fator de sucesso para o produto na Costa da Mina, e a tal ponto que se tornara um artigo indispensável para o tráfico naqueles lugares. Ademais, a necessidade que tinham os holandeses de dispor da mercadoria para fazer seu próprio tráfico estava na base da permissão outorgada aos navegantes portugueses de que fossem fazer seu tráfico na costa a leste da Mina, sob a condição de antes deixar como taxa, no castelo de São Jorge da Mina, 10% de seu carregamento de tabaco.

Em razão da proibição imposta pelos holandeses aos portugueses de fazer seu tráfico com mercadorias da Europa, Lisboa ficava fora do circuito de trocas (tabaco contra escravos), diretamente estabelecido entre a Bahia e a Costa da Mina. Daí resultou uma viva oposição de interesses entre os homens de negócio de Portugal e os da Bahia. Foram esses os primeiros germes da futura independência do Brasil.

Veremos os constantes e vãos esforços feitos pela metrópole para que os negociantes da Bahia enviassem seus navios para o tráfico na Guiné, Angola ou Congo, regiões consideradas como conquistas da Coroa portuguesa. Contudo, os negociantes da Bahia lá não tinham mercado para seu tabaco de terceira categoria e preferiam fazer seu tráfico na Costa da Mina.

No fim do século XVII e no começo do seguinte, assiste-se a uma progressão muito marcante do tráfico em direção a essa referida costa.

O quadro abaixo mostra os movimentos e suas variações entre 1681 e 1710.[10]

Os números de navios carregados de tabaco, agrupados em cinco anos, eram, respectivamente, para a Costa da Mina e Angola, os seguintes:

PERÍODO	COSTA DA MINA	ANGOLA
1681-1685	11	5
1686-1690	32	3
1691-1695	49	6
1696-1700	60	2
1701-1705	102	1
1706-1710	114	0
TOTAL	368	17

Em trinta anos, 368 navios carregados de tabaco foram da Bahia para a Costa da Mina, contra dezessete para Angola.

Pode-se constatar que o número de navios indo para a Costa da Mina progredia e passava de onze para 32, 49, 60, 102 e 114, enquanto o número dos que iam para Angola regredia: de cinco para três, seis, dois, um e nenhum.

Por volta de 1687, os navios quase não vão mais para Angola, em razão de uma epidemia de varíola.[11] O fato encontra-se mencionado em patentes entregues na Bahia aos capitães negreiros, obtendo assim, perante Lisboa, uma justificativa para a mudança do local de tráfico.

A partir de 1701, o brusco aumento (de sessenta para 102) vem da perda do *asiento* de fornecimento de escravos às Índias espanholas, que passou dos portugueses aos franceses naquele ano, permitindo aos primeiros concentrar todo o esforço do tráfico unicamente no Brasil. Por sua vez, a França deveria perder seu *asiento* em favor da Inglaterra no Tratado de Utrecht, em 1713.

Veremos como, a partir do último terço do século XVIII, o tráfico tinha tendência a se fazer a leste de Uidá, nos novos portos de Porto Novo, Badagri e Lagos (então chamado Onim), dando nascimento ao ciclo do golfo do Benim. O tráfico clandestino de escravos continuou a ser feito com maior intensidade até 1851, apesar dos tratados assinados entre Grã-Bretanha, Portugal e Brasil, que aboliram esse tráfico ao norte do equador a partir de 1815.

Durante todo esse período, o tráfico se fazia do Rio de Janeiro com Angola e Congo, de acordo com os hábitos comerciais estabelecidos à época do tráfico legal.

Os números oficiais, utilizados por Luiz Vianna Filho em seu livro, parecem indicar, para o período do tráfico clandestino, um retorno maciço desse comércio nas regiões bantas entre 1815 e 1831, época em que o tráfico ainda era legal ao sul do equador. Mas é preciso levar em conta que tais números eram "para inglês ver", e que havia mais tráfico clandestino no golfo do Benim do que nas regiões onde ele era ainda autorizado.

Veremos como os navios da Bahia continuavam indo à Costa da Mina com passaportes emitidos para Molembo, ao sul do equador, e que havia para alguns capitães de navios negreiros um certo Molembo imaginário ao norte do equador, o qual faziam figurar em seus livros de bordo. Assim, quando dos interrogatórios dos oficiais de cruzadores britânicos, por uma simples restrição mental, podiam pretender ter carregado seus escravos em Molembo, de acordo com o que especificavam seus passaportes.

Entre 1815 e 1831, trezentos passaportes foram emitidos da Bahia para navios destinados a portos onde o tráfico era ainda legal, ao sul do equador:

160 para Molembo e 140 para Cabinda; 65 dentre eles foram capturados pelos ingleses, com tais passaportes, ao norte do equador. Desnecessário concluir que os 235 navios não capturados foram carregados de bantos ao sul do equador; o número de vasos que escapavam à vigilância dos cruzadores britânicos era considerável. Bem o demonstra o exemplo da escuna *Andorinha*, pertencente a Joaquim Pereira Marinho: na época em que o controle fora o mais estritamente organizado (1845-6), ela conseguiu fazer dez viagens sucessivas para ser capturada somente na décima primeira.

O contraste entre as origens dos africanos trazidos para os diversos estados do Brasil é claramente indicado por documentos tais como:

O relatório enviado pelo governador conde da Ponte a Lisboa, em 1807:[12]

> Esta colônia [Bahia], pela produção de tabaco que lhe é própria, tem o privilégio exclusivo do comércio com a Costa da Mina, resultando na importação, no ano anterior, de 8037 escravos jejes, haussás, nagôs etc., nações das mais guerreiras da costa d'África, e a inquietante consequência dos riscos de sublevação.

Em 15 de março de 1814, a carta enviada do Rio de Janeiro por Luiz Joaquim dos Santos Marrocos para sua família em Lisboa, na qual ele fala das rebeliões de escravos que se produziam na Bahia e tranquiliza os seus ao acrescentar:[13]

> Este perigo não existe no Rio de Janeiro, onde chegam negros de todas as nações e por isso inimigos uns dos outros, enquanto na Bahia chegam sobretudo negros da Costa da Mina e muito pouco de outras regiões; são todos companheiros e amigos e, no caso de revolta, formam um bloco unânime e matam os que não são de seu país.

O relatório enviado em 1826 pelo cônsul britânico Charles Stuart ao Foreign Office:[14]

> Os nove décimos da importação anual de 18 mil escravos provêm da parte norte do equador, apesar dos tratados existentes.

A carta escrita em 1835 pelo cônsul John Parkinson ao duque de Wellington,[15] então ministro dos Assuntos Estrangeiros, a respeito da

Revolta dos Malês, feita pelos nagôs, que são a maior parte da população.

Em 1837, o livro em que George Gardner escreve:[16]

O estrangeiro, visitando a Bahia, mesmo vindo de outras províncias do Brasil, tem chamada sua atenção pelo aspecto dos negros encontrados na rua. São os mais bonitos que se pode ver no país, homens e mulheres de alta estatura, bem formados, em geral inteligentes; alguns dentre eles são, mesmo passavelmente, instruídos em língua arábica. Foram quase todos importados da Costa da Mina e, não somente pela maior robustez física e intelectual, como também porque são mais unidos entre si, mostram-se mais inclinados aos movimentos revolucionários que as raças mistas das demais províncias.

Em 1848, Francis de Castelnau, cônsul da França na Bahia, distingue principalmente entre os escravos que lá se encontravam:[17]

Os nagôs que formam provavelmente os nove décimos dos escravos da Bahia e se reconhecem por três profundos sulcos transversais tatuados em cada lado da face. São quase todos embarcados em Onim [Lagos] ou Porto Novo. A maioria dos haussás é empregada na Bahia como negros de palanquim: quase todos eles vêm via Onim. Os jejes ou daomeanos, que formam uma nação poderosa, têm numerosos representantes na Bahia: antigamente embarcavam em Uidá, mas a maior parte hoje em dia vem por Porto Novo.

Francis de Castelnau afirma em seguida que

os angolanos ou congueses são muito poucos na Bahia, o mesmo ocorrendo com os moçambicanos, mas formam, juntos, a maior massa de escravos do Rio de Janeiro.

Essa sensível predominância dos negros bantos sobre os da Costa da Mina é indicada no Rio de Janeiro por cifras encontradas nas listas de cartas de alforria fornecidas entre 21 de junho e 26 de agosto de 1864.[18] Em uma lista de 504 escravos libertados, 481 eram bantos, e somente 23 (ou seja, 5%) eram da região do golfo do Benim.

Tal especialização dos intercâmbios comerciais da Bahia com a Costa da Mina, e a do Rio de Janeiro com Angola e Congo, aparece em uma carta enviada pela casa Régis de Marseille para Louis Decosterd, em Marselha, em 26 de agosto de 1847:[19]

> Os escritórios (de nossa casa) de Acra Dinamarquesa e de Uidá têm mais facilidade em consumir os produtos da Bahia (cachaça e tabaco em rolos). O consumo desses artigos, seja em Grand-Bassam, Assinie ou Gabão, não tem suficiente importância para que os agentes enviem carregamentos. É pois inútil que sua casa de Bahia se corresponda com eles. Solicitamos-lhes, ao contrário, que avisem M. Peuchegaric em Acra Dinamarquesa e M. Blanchelli em Uidá dos preços de tabaco e cachaça, e das quantidades levadas para a África. Ao sul da linha, nossos estabelecimentos poderão ter relações com sua casa do Rio de Janeiro.

A chegada tardia dos nagô-iorubás no Brasil se evidencia nos números encontrados em um dos documentos que escaparam do "auto da fé". Dele, falaremos mais adiante.

Levantamos uma estatística[20] com as informações encontradas em um registro[21] de 221 inventários que tratam da tutela de heranças de menores, redigidos entre 15 de dezembro de 1737 e 4 de junho de 1841, na vila de São Francisco, arredores da Bahia. Daí ressalta a quase completa ausência de nagô-iorubás até o começo do século XIX e sua maciça presença por volta de 1830. Os haussás aparecem aproximadamente em 1808. Os daomeanos, ao contrário, estão presentes sob o nome de jejes desde o início do registro.

Essas indicações são comparáveis àquelas publicadas por Carlos Ott,[22] fundadas sobre a origem étnica dos africanos mortos no Hospital da Santa Casa da Misericórdia da Bahia, entre 1741 e 1858.

Pelos textos citados acima, sabemos que, em razão da enorme concentração de africanos trazidos de uma única região e do caráter belicoso deles, as sublevações e revoltas produziram-se na Bahia entre os escravos importados.

Veremos o caráter religioso, muçulmano, de suas insurreições; a maciça expulsão dos escravos emancipados, adeptos dessa religião; o movimento de retorno para o golfo do Benim que daí resultou, tanto entre os escravos libertos e seus filhos convertidos ao cristianismo como entre os que seguiam as prescrições do Alcorão.

Veremos como se criaram um bairro "Brasil" em Uidá, no Daomé, e um "Brazilian Quarter" em Lagos, na Nigéria, ambos tendo casas com fachadas pintadas com vivas cores, pontuadas de janelas com pequenas vidraças, bordadas com molduras brancas, semelhantes às da Bahia e de Pernambuco. Veremos como os "brasileiros" que lá moram recriaram na costa da África um aspecto dos costumes e modos de vida emprestados da América do Sul.

Após 1835, esse movimento de retorno tomou uma tal amplitude que, quarenta anos mais tarde, Élisée Reclus escrevia: "O nome da cidade brasileira de Bahia, a mais importante aos olhos dos minas, servia-lhes, de uma maneira geral, para designar todos os países situados fora da África".[23]

O presente trabalho propõe-se a encontrar as razões econômicas e políticas que determinaram essas influências recíprocas entre a região do golfo do Benim e a Bahia de Todos-os-Santos.

DIFICULDADES ENCONTRADAS

Este trabalho é fundado sobretudo em documentos de arquivos.

Para o século XVIII, muitas informações provêm do Arquivo Público do Estado da Bahia (APEB) e do Arquivo Histórico Ultramarino em Lisboa. Documentos complementares, particularmente sobre Uidá, foram encontrados nos Archives Nationales de Paris e no Public Record Office de Londres.

Hubert Deschamps assinala em uma de suas obras[24] que são raros os documentos escritos sobre a África antes do século XIX, e limitam-se à costa. Para nosso estudo, tivemos a sorte de nos beneficiar de uma dessas exceções.

Entretanto, algumas dificuldades apresentavam-se para o século XIX: uma grande parte dos documentos sobre a questão dos escravos e do tráfico foi destruída no Brasil em 1891, após a abolição da escravatura.

As razões reais desse "auto da fé" abolicionista, atribuído à iniciativa de Rui Barbosa, então ministro das Finanças, são discutíveis. Dizem alguns que a nova República brasileira queria apagar para sempre a lembrança e os traços da escravidão no país. Outros, entre os quais Américo Lacombe,[25] creem perceber a preocupação de um ministro das Finanças, colocado diante da iminente ameaça de uma petição feita pelos antigos proprietários de escravos, solicitando indenização ao governo pela perda de capitais resultante da abolição, assim como ocorrera com os proprietários ingleses e franceses quando da emancipação dos escravos nas colônias daqueles países. Eles pediam que a comunidade brasileira tomasse a seu encargo os gastos de uma reforma em que eles seriam as únicas vítimas. Joaquim Nabuco, em um discurso na Câmara dos Deputados, leu uma petição de seus eleitores para que "os livros de matrícula geral dos escravos do Império sejam cancelados ou inutilizados, de modo a que não possa mais haver pedido de indenização. Indenização monstruosa [...] porque uma grande parte desses escravos eram africanos ilegalmente escravizados, já que haviam aportado ao Brasil posteriormente à Lei Feijó, de 7 de novembro de 1831".

Desejoso de evitar uma tal sangria nos cofres públicos, Rui Barbosa teria feito um despacho em 14 de dezembro de 1890, por meio do qual ordenava a requisição dos livros e documentos existentes no Ministério das Finanças a respeito dos escravos: deviam ser destruídos na sala das caldeiras da Alfândega do Rio de Janeiro. Seis dias mais tarde, em 20 de dezembro, a decisão foi aprovada pela seguinte moção: "O Congresso Nacional felicita o Governo Provisório de ter ordenado a eliminação nos arquivos nacionais dos vestígios da escravatura no Brasil".

Rui Barbosa deixou de ser ministro das Finanças em 20 de janeiro de 1891, mas a destruição dos arquivos sobre a escravatura não deixou de continuar. De acordo com Américo Lacombe, "uma placa de bronze, existente nas oficinas do Lloyd Brasileiro, contém, de fato, esta inscrição assaz lacônica: '13 de maio de 1891. Aqui foram incendiados os últimos documentos da escravidão no Brasil'".

Mas restavam os documentos dos arquivos provinciais, e uma circular do Ministério das Finanças, datada de 29 de maio de 1891, assinada pelo conselheiro Tristão de Alencar Araripe, ordenou a destruição dos arquivos sobre a escravatura.

Pudemos evitar em parte essa falta de documentos ao examinarmos a correspondência dos cônsules britânicos na Bahia durante o período do tráfico clandestino.

O deplorável desaparecimento de coleções de jornais, publicados na Bahia durante a primeira metade do século XIX, priva igualmente o pesquisador de uma massa preciosa de informações.

* * *

Nos documentos publicados, respeitamos na maioria das vezes a ortografia dos nomes próprios e lugares geográficos adotados pelos diversos autores.

Assim, Uidá aparecerá algumas vezes sob a forma de Ajudá, Judá, Fidá, Whydah, Ouidah, e mesmo Gléhoué, Gregoy, Igéléfé;

Iovogan, sob o nome de Aboga, Avoga, Eubegah, Ee-a-vogan, Yervogan, Yovogan;

Daomé sob o de Dahomet, Daumé, Dacomé, d'Agomé, Dogmé, Gomé, Beaumé, Angomé, Adomé, Abaimé, Dahomey;

Aladá será chamada Ardres, Hardre, Ardra, Arda, Arada, Allada;

Oyó será escrito Ayot, Eyo, Ayaux, Ailleaux, Eyeo, Aillot...

1. As três razões determinantes das relações da Costa a Sotavento da Mina com a Bahia de Todos-os-Santos

No passado, estreitas relações criaram uma ligação entre a Costa da Mina na África e a Bahia, deixando excluídas outras regiões do Brasil.

Chamamos Costa da Mina a parte do golfo ou baía do Benim situada entre o rio Volta e Cotonou. Empregaremos os termos golfo ou baía do Benim quando tratarmos daquela parte da costa, nela incluindo a região a leste, até o "rio Lagos".

A Costa da Mina (dependência do castelo de São Jorge da Mina, fundado em 1482, e que não deve ser confundida com a Costa do Ouro) era desprovida de interesse para os portugueses, primeiros navegantes a frequentá-la. Nela não encontravam nem ouro para negociar, nem especiarias, das quais eram ávidos. Até mesmo o marfim era raro, e os escravos eram uma "mercadoria" pouco solicitada então. Além disso, o acesso era difícil. Em todo seu comprimento, era protegida por uma barra que somente os canoeiros da região do castelo de São Jorge da Mina eram capazes de transpor sem muitos acidentes. Os navios eram, pois, forçados a passar por ali para contratar uma equipe de canoeiros, que era guardada a bordo até o fim de seu tráfico na Costa da Mina.

É somente por volta do fim do século XVII que essa parte da costa africana adquiriu importância para os portugueses, porque lá os navegantes da Bahia iam buscar seu reabastecimento de escravos.

Apesar de o tráfico na região do castelo ter sido posteriormente proibido aos portugueses, o nome de Costa da Mina ficou ligado, durante os séculos XVII e XVIII, à parte da costa situada a leste de São Jorge da Mina, para além do rio Volta. Na Bahia, o nome "negro de Mina" não designava um africano da Costa do Ouro, mas sim um negro vindo da parte chamada de Costa a Sotavento, a atual Costa do Togo e da República Popular do Benim.

Por três razões, foram estabelecidas relações entre essa parte da costa africana e a Bahia em maior número do que com outras regiões do Brasil, em que a procura de escravos era a mesma.

Em primeiro lugar, somente na Costa da Mina os negociantes da Bahia encontravam a saída para seu fumo de terceira categoria, dito de refugo, e do qual a entrada era proibida no reino de Portugal. A Bahia era a única a tê-lo em quantidade suficiente; Pernambuco produzia muito menos. O escoamento desse tabaco era indispensável ao equilíbrio econômico da Bahia.

Em segundo lugar, a Companhia Holandesa das Índias Ocidentais, fundada em 1621, que reservava para si o monopólio do comércio de mercadorias da Europa para a Costa do Ouro e para a Costa a Sotavento da Mina, após a tomada do castelo de São Jorge da Mina e o tratado de 1641, deixava livre somente o comércio de tabaco. Assim, eliminava os negociantes de Portugal e os das regiões do Brasil que não o cultivavam.

Em terceiro lugar, o rei de Portugal mandara proibir o comércio na Costa da Mina aos negociantes do Rio de Janeiro e àqueles das regiões do Brasil não produtoras de tabaco. Com efeito, eles faziam essencialmente o tráfico com a Companhia Real Africana, de quem compravam não somente escravos, mas também mercadorias da Europa, contra o ouro tirado por contrabando do Brasil. Tal interdição nunca pôde ser estendida com sucesso aos negociantes da Bahia, devido ao seu comércio de tabaco.

IMPORTÂNCIA DO PAPEL EXERCIDO PELO TABACO DE
TERCEIRA CATEGORIA NO TRÁFICO NA COSTA A SOTAVENTO DA MINA

O progresso da cultura do tabaco na Bahia durante o século XVII foi o principal fator para o estabelecimento do ciclo do tráfico na Costa da Mina.

Não seria demais insistir sobre o papel exercido pelo tabaco no sentido de ligar comercialmente a Bahia com aquela parte da costa africana.

Essa situação foi justamente assinalada por Luiz Vianna Filho: "Graças ao fumo conseguiram a Bahia e Pernambuco, este em menor escala, ter quase que o monopólio do comércio com a Costa da Mina. É que para os negros dessa região, de todas as mercadorias levadas para o resgate, nenhuma tinha a estima do tabaco". E prossegue, fazendo notar: "Vê-se, portanto, que as estreitas relações havidas entre a Bahia e a Costa da Mina repousavam em sólidas bases econômicas. A Bahia tinha fumo e queria escravos. A Costa da Mina tinha escravos e queria fumo".[1]

O mesmo autor indica:[2]

Convém, aliás, observar que se o tabaco gozava dessa preferência nos mercados superequatoriais, o mesmo se não verificava nos portos de população banta da costa ocidental, que davam maior valia às fazendas, baralhos, aguardente e quinquilharias, o que concorreu para que, no último quartel do século XVIII, o comércio com esses portos se fizesse por uma linha Lisboa, Angola (ou outras feitorias subequatoriais), Rio de Janeiro e volta a Portugal.

Os portugueses do reino faziam assim o comércio de acordo com o princípio das viagens triangulares habituais das outras nações europeias: os navios levavam suas bugigangas da Europa para a África, os negros da África às Américas, e açúcar, anil, rum e outros produtos das Américas para a Europa.[3]

Em 12 de novembro de 1644, um decreto real autorizava os navegadores portugueses, carregados de tabaco, a irem diretamente da Bahia para a Costa da Mina a fim de procurar escravos e trazê-los aos portos do Brasil. Angola estava então ocupada pelos holandeses e deveria ser libertada somente em 1648. Assim, o comércio é estabelecido diretamente entre as duas regiões por navios armados na Bahia que faziam viagens de ida e volta sem passar pela Europa.

O capitão Dampier, passando pela Bahia em abril de 1699, observa que "o fumo é apresentado sempre em rolos e nunca em folhas",[4] e sublinha a importância adquirida por esse comércio.

André João Antonil, padre jesuíta e contemporâneo de Antônio Vieira (1608-97), dá detalhes sobre a cultura do tabaco na Bahia em sua obra *Cultura e opulência do Brasil*, publicada em 1711 com licença do Santo Ofício:

Há pouco mais de cem annos, que esta folha se começou a plantar, e beneficiar na Bahia: e vendo o primeiro que a plantou, o lucro, mesmo então moderado que lhe derão humas poucas arrobas, mandadas com pequena esperança de algum retorno a Lisboa, animou-se a plantar mais, não tanto por cobiça de negociante quanto por se lhe pedir seus correspondentes e amigos, que a repartirão por preço acomodado, porém jamais levantado. Até que imitado dos vizinhos, que com ambição a plantarão, e enviarão em maior quantidade, e depois de grande parte dos moradores dos campos, que chamão de Cachoeira, e de outros do sertão da Bahia. Passou pouco a pouco a ser hum dos gêneros de maior estimação que hoje sahe desta América Meridional para o reino de Portugal, e para os outros reinos, e repúblicas de nações estranhas. E desta sorte, huma folha de antes desprezada e quasi desconhecida, tem dado e dá atualmente grandes cabedaes aos moradores do Brazil e incrível emolumento aos erários dos príncipes.

Toda a lavra e cultura do tabaco consiste, por sua ordem, em se semear, plantar, alimpar, capar, desolhar, colher, espinicar, torcer, virar, juntar, enrolar, encorar e pizar.[5]

O autor estimava que, por ano, entravam em Lisboa 25 mil rolos de tabaco vindos da Bahia e 2500 de Alagoas e de Pernambuco, e que o valor do conjunto elevava-se a 344650000 réis, ou 861625 cruzados.[6]

Graças ao fumo, os negociantes da Bahia criaram um movimento comercial importante que, desde o começo do século XVIII, escapava ao controle de Lisboa. Não era sequer o tabaco de boa qualidade que tornara esse estado de coisas possível, mas um "subproduto", poderíamos dizer, o fumo de qualidade inferior, aquele de terceira e última categoria, vulgarmente chamado de "soca", o refugo ao qual recusavam a entrada na metrópole: julgavam-no indigno de ser consumido no reino de Portugal.

O mais curioso é que a mediocridade desse tabaco era transformada em qualidade, que deveria lhe dar absoluta prioridade sobre todas as outras mercadorias do tráfico apresentadas para o "resgate" dos escravos na Costa a Sotavento da Mina. As folhas de terceira categoria e às quais faltava "substância", de pequeno tamanho ou quebradas, deveriam sofrer um tratamento particular para evitar seu ressecamento ou apodrecimento. Untavam-nas mais copiosamente com melado do que as de primeira categoria, quando as torciam e as colocavam em rolos. O agradável aroma que se soltava, veremos mais adiante, era inimitável e se tornaria o principal fator de sucesso dos negociantes da Bahia naquela parte da costa da África.

Quando o marquês de Valença foi tomar posto de governador da Bahia, as instruções que recebeu em 10 de setembro de 1779 não deixavam de lhe assinalar:[7]

> He constato que o tabaco do Brazil he tão necessário para o resgaste dos negros quanto os mesmos negros são precizos para a conservação da America Portugueza. Nas mesmas circunstancias se achão as outras nações que têm colonias; nenhuma dellas se pode sustentar sem escravatura e todas precizão do nosso tabaco, para o comercio do resgaste.
>
> Nestas circunstancias, sendo nós os únicos senhores deste preciozo género, por meio delle, se fosse bem regulado, podiamos tirar daquella Costa: não so toda escravatura que nos fosse preciza a preços muito moderados, mas negocear o mesmo tabaco a troca de ouro, marfim e cera, que são os géneros capitaes de toda aquella costa. O modo porém como nos temos conduzido sobre este importantíssimo objecto he substancialmente o seguinte:
>
> Sem fazermos a menor reflexão nos gravíssimos inconvenientes que podião resultar a este Reino, em deixarmos o comércio da Costa d'África entregue nas mãos dos americanos [brasileiros] lhes permitimos particularmente aos habitantes da Bahia e Pernambuco, huma ampla liberdade de poderem fazer aquella navegação e negocear em todos os portos daquelle continente [da África], não nos lembrando de accordar ao mesmo tempo aos negociantes das praças deste Reino, alguns privilégios, graças ou isenções, para que na concorrência com os ditos americanos nos referidos portos da África, tivessem os portugueses a preferencia, da mesma sorte que a capital e seus habitantes o devem sempre ter em toda a parte sobre as colônias e habitantes dellas.
>
> Rezultou deste fatal esquecimento ou descuido que, havendo na Bahia e Pernambuco o tabaco, a geritiba ou cachaça, o assucar e alguns outros géneros de menos importancia próprios para o comercio da Costa d'África, e não os havendo em Portugal, com elles passarão os americanos àquella Costa, nas suas próprias embarcações e lhes foi muito facil estabelecer alli o seu negócio, excluindo inteiramente delle os negociantes da praça do Reino.

A importância vital que os negociantes da Bahia atribuíam à manutenção das relações comerciais diretas com a Costa da Mina sobressairá nos capítulos que se seguem.

Em 3 de março de 1731, essa opinião é muito claramente expressa pelo vice-rei da Bahia, transmitindo ao secretário de Estado em Lisboa[8] a resposta dos negociantes da Bahia à sugestão de Lisboa, que pretendia obrigá-los a ir traficar em outro lugar que não a Costa da Mina. O vice-rei o faz saber da "total repugnância que aquelles têm por esta ideia". Depois, tendo demonstrado que os escravos da Costa da Mina não podiam ser substituídos por outros de proveniência diversa, acrescenta:

> E ainda que todas estas dificuldades desvaneção, e se facilite daquellas e doutras partes a entrada do mesmo e maior número de escravos, encontramos com outra de não menos gravidade e ponderação porque se nellas, o têm sabido géneros estrangeiros, que consumo se ha de dar ao tabaco de terceira e infima qualidade que a cada anno vay para a Costa da Mina? Pois com a prohibição do negocio della se perde todo irremediavelmente por não ter outra sahida, com ruina total dos lavradores e perdição de todos os direytos que produz aquelle género, pois não havera nenhũ que se queyra ocupar na sua cultura para aproveitar somente a da primeyra qualidade e algũa parte da segunda que tiver mais substancia e prometer duração.
>
> Do negocio da Costa da Mina vivem todos estes moradores porqʼou se utilizão por meyo de mandarem algũas carregações ou se interessão nas compras, e vendas que fazem com os senhores das embarcações e mas pessoas que nellas embarcão e he o único remedio que hoje tem especialmente os officiaes, e pobreza aquelles em que lhe falta o exercício de que se alimentão, e esta porque, não podendo comprar hũ moleque ou negrinho para o seu serviço, por vinte e cinco ou trinta mil-réis que tem os emprega em tabaco, e manda para a dita costa, tendo assim a fortuna de ver remediada a sua necessidade.

No decorrer das discussões sediadas no Conselho Ultramarino de Lisboa em 23 de outubro de 1733,[9] não faltavam conselheiros desejosos de manter os interesses da metrópole, como Gonçalo Manoel Galvão de Lacerda, que desenvolvia argumentos e citava fatos em pouca concordância com a realidade para defender sua tese:

Antes do descobrimento das Minas Geraes não perturbarão os Holandezes aos nossos Commerceantes, os quais hião fazer resgate de escravos à Costa com os géneros de Europa que na mesma Costa tem consumo; [como lhes era proibido levar tabaco, pedirão permissão para transportar a Costa aquele da terceira e quarta folha, a que vulgarmente se chama soca] allegando não ser em damno ao Contracto, pois o tabaco daquella qualidade não era capaz de servir ao estanco, elle ficara perdido. He de crer pelas informações que então se tomassem, constaria ser justo este requerimento, pois se lhe deferio, ficando livre o navegar do Brazil para a Costa da Mina da infima qualidade chamado soca, pagando-se à fazenda real 80 reis por arroba.

Em seguida, o conselheiro prosseguia sua exposição. E esquecendo-se do que acabava de dizer a respeito das mercadorias da Europa, segundo ele levadas livremente pelos portugueses para a costa, declarava:

Vendo os Holandezes que augmentava o número de embarcações que do Brazil hião à Costa da Mina e que por ellas podião receber não só o tabaco necessário [...] mas também o mais preciozo género de todos, qual he o ouro em pó, procurão estabelecer o seu pretendido direyto, para o que se servirão da força, mandando cruzar naquelles mares algumas galleras armadas em Guerra para obrigarem às embarcações portuguezas que fossem despachar ao Castello de São Jorge da Mina, aonde he julgada de contrabando toda a fazenda de Europa, isto a fim de lhe venderem as de que necessitão, obrigando-os a pagar dés por cento de todo o tabaco que levão. [...] Havendo-se por este modo os Holandezes imposto ao nosso dominio de toda a Costa da Mina, ficarão os mercadores portuguezes necessitados a fazer nella o seu commercio com tabaco e ouro somente, do que nasceo a falta de consumo que tem sentido o Contracto do tabaco nos portos de Holanda e o grande descaminho de ouro que se faz por aquella Costa, o qual não poderá impedirse de outro modo que prohibindo-se absolutamente a navegação do Brazil em direytura para a Costa da Mina, pois quaisquer outras providências, a arbitrio delle Conselheiro, senão inuteis, pois não podendo passar o Brazil sem os escravos da Costa da Mina e não podendo tellos sem que se uze da força senão, a troco de ouro e tabaco, qualquer ley que se estabeleça não há de ter prática nem hão de ser punidos os que a contraveerem por serem enteressados nas contravenças todos os habitantes daquelle Paiz.

O mesmo conselheiro observa ainda que:

A razão que pode oppor-se a este discurso he que o tabaco chamado soca não pode vir a este Reino, para delle ser navegado para a Costa da Mina; assim ficarão os lavradores deste género sentindo a perda de lhes inutilizar huma parte do rendimento de suas culturas. A ser certo o fundamento desta dúvida seria necessário que se buscasse algum expediente para evitar os lavradores de tabaco aquelle damno. Pelas informações que elle conselheiro fez nesta matéria, se soube que hoje não há mays que duas sortes de tabaco: o de primeira folha e mais fino que devia servir para este Reino e ha muitos annos costuma hir para a Costa da Mina e todo o mays que se enrola lá e vem para este Reino [salvo] algum pequeno resto de quarta folha e ainda algum de terceira se consome no uzo de cachimbos dos escravos na mesma America de sorte que, enrolando-se duas qualidades de tabaco, ambas podem vir à Europa e consumindose na America o pequeno resto que fica, cessando assim a razão que se podia opor ao estabelecimento da Companhia pella forma refferida. Também não pode duvidarse que o tabaco, despoiz de vir desta Cidade, possa voltar della à Costa da Mina, capaz de consumo, por que o tabaco costuma estar na Alfandega de hum anno para outro e quando se acha estar seco ou ter pulilha, ao tempo do embarque, he passado por mel e beneficiado de sorte que o transportarão a Amburgo e Itália, aonde estará outro anno e mais sem que venha a perderse, e como o tabaco que ha de hir a Costa da Mina se destina só para uzar no cachimbo, nada importa que seja menos seco, pois de qualquer modo está capaz de se lhe dar consumo.

Em 1743, para lutar contra a desordem com que era feita a navegação para a Costa da Mina, era preciso que fosse organizada uma companhia. O vice-rei foi então convidado a pedir a opinião de pessoas competentes. Em sua resposta,[10] André Marquez, comerciante da Bahia, fazia ressalvar que:

E como o fundamento principal do plano da Companhia consiste em dar estimação ao género do tabaco, que he do essencial della e a baze de todo este edificio, se faz precizão esta disposição para com menos difficuldade se por em execução: Que a sua navegação ha de ser dirigida da cidade da Bahia, em cuja Capitania se fabricão os tabacos, géneros principais, de que se ham de compor as carregações dos navios deste commercio.

Que se lhe darão os tabacos necessários debacho dos mesmos despachos e exames que se estão praticando, reservando-se sempre o de Cachoeyra e seos campos que são os de melhor excepção, para carregar para o Reyno, concedendo se lhe o da capitania de Sergipe d'El Rey, Monte Gordo, Inhambupe e Itapecura que, por serem conhecidamente mais inferiores, se darão sempre livremente para a Costa da Mina…

Que o enrrolamento dos tabacos se dividirá igualmente pellos armazens e oficinas dos enroladores, para que não sintão perda alguma nesta mudança de negócio, e se continuará o seu benefício em rolos, que não excedão de trez arrobas, como he estilo, pagando-se-lhe a cento e secenta reis por cada arroba como em muitas occaziões estam practicando, e se pagarão os mais direitos da dizima e donativo como até agora se pagarão, sem alteração alguma.

Que por evitar o receyo e a prezumpção dos lavradores de que os directores da Companhya lhes não estimarão no seu justo valor, se practique com o preço delles o mesmo que com o dos assucares, para que assim se faça o preço taxado dos tabacos da primeira sorte, e aos da segunda e terceira e por elles se regularão as compras, e vendas, segundo as suas qualidades.

A importância do papel representado pelo fumo no comércio para a Costa da Mina é salientada pelo sr. Chenevert e pelo abade Bulet em um relatório intitulado *Réflexions sur Juda*, enviado em 1776 aos diretores da Companhia das Índias:[11] "Portugal faz um comércio vantajoso somente com o seu tabaco, pelo qual os negros têm uma grande paixão. O fazem algumas vezes valer a cem o rolo, que custa somente dez".

O advogado José da Silva Lisboa escrevia da Bahia ao diretor do Jardim Botânico de Lisboa em 10 de outubro de 1781: "Toda esta cultura do tabaco monta a 30 mil rolos de doze a quinze arrobas cada um". Ele confirmava: "Distingue-se três qualidades de tabaco, aquelas de primeira e segunda folha e aquela de sobra. A melhor metade desta colheita é enviada a Portugal. O resto divide-se em rolos de três arrobas que vão para a África". E acrescentava: "Este comércio da África é de grande importância para este lugar [Bahia], e sua base é o tabaco de refugo ou de segunda folha e a aguardente do país".[12]

Em 1795, o rei do Daomé protestava porque os rolos de tabaco não tinham mais a qualidade de antanho e não pesavam as três arrobas habituais. O vice--rei, em uma resposta feita em Lisboa a esse respeito, declarava:[13] "Faz cincoenta anos que eles pesam duas arrobas e vinte e quatro libras, um pelo outro, e que são pesados por cincoenta rolos por vez na balança da alfandega no momento de embarcalos, e saem com o dito peso. Resulta assim uma muito pequena diferença um pelo outro".

Em 1797, por uma petição, os negociantes da Bahia protestavam[14] contra as adjudicações do tabaco, e o negociante Bento José Pacheco, que tinha obtido 2 mil e 3 mil rolos de refugo, para os enviar a Lisboa, observava que:

Destes 5 mil grandes rolos, fariam 25 mil do tamanho e do peso dos que enviam habitualmente para a Costa da Mina, donde resultariam 2500 escravos, cujos braços vão ser perdidos para a agricultura e a capitania [Bahia]. A navegação deste lugar sofre muitas perdas, porque seis das embarcações que vão fazer o tráfico não vão poder navegar por falta de tabaco, único elemento de seu carregamento. O comércio perde o frete de 25 mil pequenos rolos à razão de 1200 réis cada um, e os fretes de 2500 cativos à razão de 10 mil-réis por cabeça. As rendas reais de Vossa Majestade perdem:

1º: os direitos de oitenta réis por cada rolo transportado para a Costa da Mina;

2º: os direitos de 2500 escravos que pagam alfândega a 7500 réis cada um;

3º: os direitos de 9 mil-réis por cabeça de escravos que devam ir para Minas Gerais;

4º: se eles fossem empregados todos na agricultura, o trabalho de cada escravo, de acordo com cálculos políticos e econômicos, trariam anualmente 16 mil-réis às finanças reais.

Em 16 de abril de 1807, o conde da Ponte, governador da Bahia, escrevia ao visconde de Anadia:[15]

Esta colônia, pela produção de tabaco que lhe é própria, tem o privilégio exclusivo do comércio com a Costa da Mina, resultando na importação, no ano anterior, de 8037 escravos jejes, haussás, nagôs etc., nações das mais guerreiras da costa d'África, e a inquietante consequência dos riscos de sublevação.

Entre 1810 e 1812, em lista fornecida pelo cônsul inglês na Bahia, dos dezessete navios portugueses capturados pelos ingleses, treze (doze da Bahia e um de Pernambuco) tinham carregado tabaco na Bahia antes de irem fazer seu tráfico na Costa da Mina. Os dois navios capturados em Cabinda e os outros dois capturados respectivamente em Cuba e Porto Rico não eram da Bahia e não tinham carregado tabaco, o que salienta, uma vez mais, a importância do tabaco somente no comércio com a Costa da Mina e não com as demais regiões da África.

REGULAMENTAÇÃO DO COMÉRCIO DO TABACO

Em Lisboa, o controle do comércio do tabaco dependia em princípio do Tribunal da Junta da Administração do Tabaco, dirigido pelo superintendente do tabaco.

Na Bahia, esse controle era regulamentado por uma série de leis, disposições, resoluções, decretos, avisos, patentes e recomendações, dos quais os brasileiros faziam muito pouco-caso, visto a frequência com que deviam renová-los.

O decreto real de 12 de novembro de 1644, já citado, autorizava os navegadores portugueses a viajar diretamente da Bahia, carregados de tabaco, resgatar escravos na Costa da Mina e trazê-los aos portos do Brasil.

Em 12 de março de 1698, o vice-rei recebia um despacho de Lisboa[16] ordenando-lhe "não introduzir na Costa da Mina o tabaco da Bahia de fina qualidade, para evitar que seja levado de lá pelos estrangeiros. É preciso examinar quais são as quantidades que lá vão habitualmente, a fim de determinar o número de embarcações necessárias a tal fim".

Em 8 de janeiro de 1699, Lisboa enviava um novo despacho,[17] renovando as instruções para que o tabaco que se destinava à Costa da Mina fosse de má qualidade. Em 16 de julho de 1699, passava uma lei[18] retificando essas disposições e prevendo castigos para os contraventores.

Em 1º de abril de 1712,[19] uma patente real autorizava a livre exportação do tabaco de última categoria para a Costa da Mina.

Em 17 de agosto de 1717,[20] o rei ordenava ao vice-rei, marquês de Angeja, que fizesse observar seus decretos reais para evitar que prejuízos não resultassem do comércio com a Costa da Mina, que as sumacas e outras embarcações que iam fazer o comércio não levassem um número de arrobas superior àquele para o qual tinham sido arqueadas, e que esse tabaco fosse de última qualidade. Tinha sabido que eles compravam a melhor qualidade para dá-la aos estrangeiros a fim de aumentar os seus lucros. Os funcionários encarregados do exame de sua qualidade e de seu embarque faziam portanto um comércio em prejuízo das finanças reais, "privando-se dos direitos que devia pagar a elle e de irreparavel damno para o commercio de meus vassallos".

A isso o vice-rei respondeu em 2 de abril de 1718:[21] "Ao mesmo tempo que chegava esta ordem de Vossa Majestade, chegavam outras da Superintendência do Tabaco, contrárias a ela; e como o Comitê da Administração do Tabaco é independente do Conselho Ultramarino, devo somente seguir as ordens que Vossa Majestade me manda por escrito".

O documento enviado pela superintendência do tabaco não foi encontrado nos arquivos, mas a resposta do vice-rei revela a falta de coordenação e de unidade de pontos de vista na administração do reino.

Em 1724,[22] um despacho do rei é enviado ao vice-rei: "A subornação feita aos officiaes do tabaco, permitindo que vá para a Costa da Mina o de primeira qualidade que, não sendo usado pelos negros, é comerciado com os Hollandezes, com grande prejuízo da Fazenda Real".

Em 9 de janeiro de 1725,[23] o vice-rei assina uma portaria "determinando que os rolos de tabaco não terão um peso excedendo duas arrobas e meia".

Em 1743, como dissemos antes, Lisboa projeta organizar uma companhia para regulamentar o comércio da Costa da Mina e evitar a chegada maciça do tabaco, ocasionando sua desvalorização. Essa companhia não viu o dia, mas o comércio para a costa foi oficialmente reservado a 24 navios que iam em esquadras de três, a cada três meses.

Nesse mesmo ano,[24] um decreto real foi enviado de Lisboa em 9 de setembro:

Sou informado que todo o tabaco que vem para este Reyno he de terceira e infima qualidade, embarcando-se para a Costa da Mina o melhor, sem embargo das minhas ordens, o que procede da pouca exactidão com que se fazem os exames, não cumprindo os officiaes dessa arrecadação com aquelle zello, cuidado e vigilância com que devem exercer as suas occupações, faltando inteiramente a ellas. Vos recommendo muito efficazmente não consintaes que para a dita Costa da Mina se embarque tabaco algum sem que primeiro por homens peritos seja julgado de terceira e infima qualidade.

Em 8 de janeiro de 1750,[25] o secretário de Estado lembra ao vice-rei:

Que Vossa Excelência ponha particular cuidado não consentindo, nem admittindo por modo algum, se transportem mais tabacos para a Costa da Mina, que os que costumão levar as embarcações permittidas em cada hum anno: e que Vossa Excelência faça exatamente observar o regimento e mais ordens que ha, para que o ditto genero que se transportar para aquella parte seja de terceira e infima qualidade; porque o bom deve vir para este Reyno.

Em 31 de julho de 1750, o rei d. João V morria e seu filho d. José vinha sucedê-lo. Nomeou como primeiro-ministro Sebastião José de Carvalho e Mello, o futuro marquês de Pombal. Entre as primeiras reformas decididas pelo ministro figura a supressão das superintendências do tabaco nos portos do Brasil. Suas atribuições iam ser exercidas pela Mesa de Inspeção do Açúcar e Tabaco da Bahia.

As leis de 16 e 27 de janeiro de 1751 regulamentavam a nova forma do comércio e da navegação do açúcar e do tabaco deste continente do Brasil:[26]

A jurisdição dos inspetores é privativa e exclusiva de toda outra jurisdição ou cargo.

Como este Comitê é responsável pela prosperidade da Agricultura e do Comércio, lhe são adjuntos, por decisão de 1º de abril de 1751, um proprietário de moinho de açúcar e um plantador do tabaco.

Por essa nova regulamentação, o primeiro-ministro procurava centralizar em Lisboa o controle dessa parte das atividades dos territórios e possessões de ultramar. Daí resultou uma papelada insensata, o que tornou esse controle mais teórico do que real.

Em 1803,[27] o Comitê de Inspeção do Tabaco na Bahia não parecia apresentar mais interesses. De Lisboa, pediam ao governador, o conde da Ponte, para "fazer sugestões a propósito da manutenção ou supressão desse organismo".

TABACO: PRIVILÉGIO DA BAHIA

Os negociantes da Bahia esforçavam-se em manter seu privilégio da cultura e exploração do tabaco.

Em sua *Relation d'un voyage fait en 1695, 1696 et 1697...*, o sr. Froger assinala que, "passando pelo Rio de Janeiro em dezembro de 1695, soube que, outrora, fazia-se tabaco em quantidade nessa cidade carioca, mas em dado momento isso foi proibido em razão dos grandes prejuízos que causava ao comércio da Bahia de Todos-os-Santos".[28]

Em 11 de agosto de 1718,[29] o rei de Portugal decidia que de Pernambuco seria permitido enviar somente três ou quatro embarcações; da Paraíba, uma apenas; e não deviam levar mais de quinhentos a seiscentos rolos de carga "porque se levassem mais, seria um grande prejuízo para o comércio da Bahia".

O tabaco de Pernambuco não era de boa qualidade e era vendido a um preço inferior; os negociantes iam, pois, comprá-lo na Bahia, para ter um lucro maior, e "se estivessem autorizados a levar uma quantidade maior, isto provocaria um grande prejuízo ao comércio deste lugar da Bahia".

Em 15 de fevereiro de 1726,[30] o vice-rei assinalava a Lisboa que os abusos continuavam em Pernambuco, em prejuízo das finanças reais; que os negociantes daquele porto exportavam o mais escolhido tabaco para a Costa da Mina, e com uma tal abundância que mais de vinte navios o transportavam todos os anos.

Nos arquivos de Haia, de acordo com os passaportes entregues aos navios portugueses no castelo de São Jorge da Mina, 129 navios da Bahia, 73 de Pernambuco, nove da Paraíba e um do Rio de Janeiro fizeram o comércio na Costa a Sotavento entre 1727 e 1740.[31]

Em 23 de agosto de 1730,[32] o vice-rei renovava suas acusações contra os negociantes de Pernambuco, em particular contra Joseph de Torres.

O primeiro-ministro Sebastião José de Carvalho e Mello enviou em 1757 um especialista à Bahia para ali fazer cultivar novas qualidades de tabaco.[33]

Em 11 de maio de 1757, o vice-rei assinalava:

Chegou [com a última] nau [que recebeu] licença do Contracto do Tabaco, em que veio João Lopez Roza, irmão do Contractador actual do Tabaco, Duarte Lopez Roza; por elle fui entregue da carta de Vossa Excellencia […] em que me participa que este homem passava ao Brazil associar-se com Joaquim Ignacio da Cruz em hum negocio que podia ser muito util ao Real Serviço e muito vantajoso a este Estado [do Brasil] no aumento da navegação e comercio do tabaco.

Sabendo eu que na sua Companhia tinha chegado André Moreno, que vem encarregado de plantar e colher tabaco para ver se pode no Brazil por em prática este novo methodo [...] que se observa em Virgínia, Mariland e Holanda, a respeito da cultura e preparação dos tabacos e as advertências que os Francezes desejavão ver praticadas pelos nossos lavradores, para que os tabacos do Brazil podessem servir ao seu uzo, o qual hoje se tem reduzido quasi universalmente ao tabaco rapé, que elles inventarão e teem communicado as mais nações [...] mandei vir a esta cidade o Juiz de Fora da Villa da Cachoeira e a Manuel da Silva Pimentel, e ouvido tudo o que disse João Lopes Roza vendo-se juntamente as instruções que havia recebido Joaquim Ignacio da Cruz, foi também ouvido André Moreno, que concluhiu dizendo que para a primeira experiencia necessitava de terra em que podesse plantar até 300 arrobas de tabaco, o que logo se lhe franqueou. [...] Rezolveo-se finalmente a que André Moreno passasse logo à Villa da Cachoeira para ver e examinar as terras e escolhendo dellas a que lhe parecesse a propósito para pelo seu melhor método poder fazer as plantas e todos os demais beneficios de que necessitar o tabaco.

TENTATIVAS DAS NAÇÕES ESTRANGEIRAS PARA IMITAR O TABACO DA BAHIA

Se na Bahia esforçavam-se em obter um tabaco semelhante ao da Virgínia e de Maryland, de seu lado os franceses e ingleses procuravam imitar o tabaco enviado pelos negociantes da Bahia para a Costa da Mina, na esperança de um comércio proveitoso.

Em 20 de outubro de 1754,[34] o arcebispo da Bahia, que assumia o governo interinamente, escrevia ao rei de Portugal:

> O tenente da Fortaleza de Ajuda na Costa da Mina escreve a este Governo notícias deploráveis. [...] Por constar que os navios da Nação Franceza, negociando no ditto porto e nos mais da ditta Costa estragam o negócio [português] com as fazendas de suas fábricas, davão [e não vendiam] rollos do seo tabaco, pelo feitio e pezo como os da América Portugueza aos negros com que negociavão [os tecidos]: em verdade esta liberalidade terá por resultado costumar os negros ao tal tabaco; e poderá ter effeito; que Deos não permite...

Alguns anos antes, os franceses haviam planejado tirar partido de seu tabaco das Antilhas. Num relatório enviado em 18 de maio de 1750 do forte Saint-

-Louis de Grégoy (forte francês de Uidá), os srs. Pruneau (de Pommegorge) e Guestard assinalavam:[35]

Os portugueses vêm para Judá somente com carregamentos de ouro e tabaco do Brasil, muito raramente com mercadorias. A colônia do Brasil envia ali, a cada ano, doze a quinze navios do porte de 370 negros. Suas expedições acham-se tão organizadas que, a cada três meses, chegam quatro ou cinco navios, quando um mesmo número está prestes a partir. Cada um desses vasos traz ordinariamente entre 2 mil e 3 mil rolos de tabaco além do ouro. Entre os negros, é dada certa preferência ao tabaco do Brasil em relação ao ouro. Aquele vale ordinariamente uma onça em rolo do peso de sessenta. Os negros consomem de tal modo que, quando os navios do Brasil tardam a chegar, os que restam têm na troca por seis rolos um cativo de escolha, mas ordinariamente o cativo português vale um marco de ouro. No Brasil, o rolo de tabaco pode custar doze francos em nossa moeda; aquele da Bahia de Todos-os-Santos é muito procurado e preferido ao de Pernambuco. Os negros acham estes últimos muito melados. E o são com efeito, a tal ponto que o licor sai através do couro de boi no qual cada rolo é embalado.

Os franceses poderiam fazer o comércio do tabaco de suas ilhas para Judá, trabalhando-o para lhe dar a mesma força e cheiro que teriam alguns rolos do Brasil, que serviriam de amostra e seriam enviados a São Domingos e à Martinica para que iguais fossem fabricados. Seria de grande valia para os habitantes das ilhas francesas e maior para os armadores de França.

Por outro lado, os ingleses tentavam trazer um tabaco feito ao modo daquele da Bahia. De Warel, por sua vez, escrevia em 15 de novembro de 1774, do forte francês de Uidá:[36] "Existem atualmente em tráfico dois navios de Liverpool que estão munidos de tabaco fabricado em suas colônias. Os negros o acham tão bom quanto o dos portugueses. Com esse tabaco eles fazem igualmente muito dano aos franceses em tráfico aqui".

Em 24 de janeiro de 1789, Gourg fazia parte de um projeto que tinha formado para fazer concorrência ao tabaco da Bahia, e escrevia:[37]

O tabaco do Brasil é melhor torcido, quer dizer, mais açucarado. Os rolos pesam mais que os nossos; ele é preparado com xarope mais puro, enquanto aquele que pegamos em Lisboa é preparado com xarope e água do mar, que o resseca mais cedo; isto os negros o sabem. De acordo com este conhecimento, e tratando do meio de diminuir esta preferência, no jardim do forte fiz semear tabaco, recolhi alguns pés e, sem beneficiá-los, fiz com que preparassem charutos para fumar. Dei aos portugueses, que o acharam excelente, e não duvido que, se os negros quisessem cultivá-lo, viriam a se privar do tabaco que lhes é trazido. Proponho-me este ano a cultivar maior quantidade e a levar ao rei: em nenhum momento negligenciarei um meio em destruir a vantagem que os portugueses têm aqui. Mas temo muito não conseguir: os negros são pessoas particulares que se apegam aos antigos usos e creem que seus fetiches os matariam se mudassem alguma coisa.

Gourg foi expulso pouco depois sem consideração. Mas de maneira alguma morreu de maus-tratos recebidos, como afirma Dalzel,[38] mesmo porque, dois anos mais tarde, redigia uma *Mémoire pour servir d'instruction au directeur qui me succédera au comptoir de Juda* [Memória para servir de instrução ao diretor que me sucederá na feitoria de Judá], na qual expõe novamente suas tentativas de plantação de tabaco, a fim de suprimir a concorrência comercial dos portugueses.

Além disso, explicava nessa obra que a importância tomada pelo tabaco do Brasil no comércio dessa parte da costa africana vinha da

facilidade que têm todos os negros em obtê-lo, quer dizer, em troca de cativos, o que não é permitido na troca contra mercadorias francesas e inglesas que o rei reservou para si exclusivamente e sobre as quais ele recebe direitos muito grandes dos comerciantes [africanos] estrangeiros que vêm vender cativos.

Mas como o rei não recebia nenhum direito sobre o tabaco [...] isto contribuía para dar preferência aos portugueses [brasileiros].

PROIBIÇÃO FEITA PELOS HOLANDESES AOS PORTUGUESES
DE COMERCIALIZAR NA COSTA A SOTAVENTO DA MINA
OUTRAS MERCADORIAS QUE NÃO O TABACO

Diversos tratados estabeleceram as bases da obrigação imposta pela Companhia Holandesa das Índias Ocidentais aos navios de tráfico dos portugueses, no sentido de deixar 10% de seu carregamento de tabaco no castelo de São Jorge da Mina. Proibiam-lhes, além do mais, o tráfico na Costa da Mina, exceto em quatro portos da Costa a Sotavento: Popo, Ajudá, Jaquin e Apá.

PORTUGAL ALIADO DOS PAÍSES BAIXOS E COMBATIDO PELA COMPANHIA HOLANDESA DAS ÍNDIAS OCIDENTAIS

Em 1568, dezenove anos após a fundação da Bahia por Tomé de Souza, a guerra de independência das Províncias Unidas dos Países Baixos era abertamente declarada contra o rei de Castela. Terminaria somente em 1648.

Em 1580, Portugal e suas possessões passaram para o domínio da Coroa de Castela. Os holandeses, durante sua luta contra a Espanha, apoderaram-se de quase todas as possessões portuguesas no Extremo Oriente. As Províncias Unidas criaram a Companhia das Índias Orientais para ali fazer o comércio e garantir a exploração de seus territórios.

Em 1621, criaram também a Companhia das Índias Ocidentais para as costas da América e da África. A exclusividade do comércio holandês lhe era concedida pelos Estados Gerais das Províncias Unidas.

Essa companhia tentou, em primeiro lugar, expulsar os portugueses, então sob domínio espanhol, de suas possessões nas costas da África e do Brasil, operação que tinha a vantagem de incomodar ao máximo os espanhóis em suas relações com as Índias de Castela.

A Bahia foi objeto das primeiras tentativas guerreiras dos holandeses. Eles a conquistaram em maio de 1624, sendo expulsos em abril de 1625.

Em 1630, a Companhia das Índias Ocidentais tomava Pernambuco com sucesso mais duradouro. Os holandeses ficaram lá 24 anos.

Em 1637, o castelo de São Jorge da Mina, a principal praça-forte portuguesa naquela parte da costa da África, era tomado pela Companhia Holandesa das Índias Ocidentais, que estabelecia assim seu controle sobre o comércio dos portugueses naquela região.

Em 1640, João, duque de Bragança, restaurava a independência de Portugal. Em sua luta contra os espanhóis, o novo soberano encontrava-se, a um só tempo, aliado na Europa às Províncias Unidas dos Países Baixos, que mantinham uma ação paralela, e inimigo da Companhia Holandesa das Índias Ocidentais, que o despojava pouco a pouco de suas possessões ultramarinas.

Portanto, a posição de Portugal era ambígua em face de seu aliado e inimigo. Já em guerra contra a Espanha, não podia também lutar abertamente contra a Holanda. Procurou então ganhar tempo, e em 1641 assinava um tratado de trégua de dez anos com as Províncias Unidas. Entretanto, apesar desse tratado, a Companhia Holandesa das Índias Ocidentais prosseguia na conquista das possessões portuguesas alegando serem elas espanholas, já que a Espanha não reconhecera a independência de Portugal. Não obstante o tratado de trégua, os holandeses apoderaram-se ainda das ilhas de São Tomé e Príncipe, do forte de Axim e de Angola, na costa da África, e do Maranhão, no Brasil. Por seu lado, os portugueses retomaram Sergipe e Maranhão, e mais tarde Luanda (1648) e Pernambuco (1654).

TRATADO DE TRÉGUA DE DEZ ANOS ENTRE PORTUGAL E AS PROVÍNCIAS UNIDAS DOS PAÍSES BAIXOS, 1641

O rei João IV de Portugal, pelo tratado de trégua de dez anos, assinado em 1641 com os Senhores Estados Gerais das Províncias Unidas dos Países Baixos, reconhecia:[39] "Por força dos artigos 12 e 20 deste Tratado, a existência do estabelecimento da Companhia das Índias Ocidentais na Guiné, num distrito que vai, aquém da linha do mar da Etiópia, a contar desde Malagueta até o Benim e além".

Pelo artigo 12, ele reconhecia que "o direito da Companhia Holandesa se estende, não somente até os seus fortes, mas também no País Plano e até aos povos e nações que dele dependam".

O artigo 20 indicava: "A República especificou, para a Companhia das Índias Ocidentais, a liberdade do comércio nas possessões dos portugueses na África, incluindo São Tomé e as outras ilhas, pagando os mesmos impostos e direitos que ali são pagos pelos naturais portugueses e outras pessoas livres".

Mas a liberdade recíproca dos portugueses na Guiné Holandesa não fora especificada de maneira alguma.

Ainda que um tanto estranha à primeira vista, a desigualdade dessa cláusula era justificada mais tarde pelos holandeses com auxílio dos seguintes argumentos:[40]

Quando, de um lado, considera-se que na época os portugueses não tinham nenhum estabelecimento nem forte na Guiné, e de outro que os portugueses, não estando em condições de sustentar sua navegação contra os espanhóis, podiam ter da Companhia das Índias Ocidentais somente os escravos que precisavam em seus estabelecimentos no Brasil, por conseguinte os portugueses naquele tempo tinham razões suficientes para favorecer a Companhia Ocidental.

TRATADO IMPONDO AOS PORTUGUESES A PASSAGEM PELO CASTELO DE SÃO JORGE DA MINA, ALI DEIXANDO 10% DE SEUS CARREGAMENTOS DE TABACO

"Em 30 de janeiro de 1648, o Tratado de Münster (Vestfália) era assinado entre Filipe IV, rei católico de Espanha, e os Senhores Estados Gerais das Províncias Unidas dos Países Baixos, pelo qual os ditos Estados são reconhecidos livres e soberanos [...]." O tratado marcava o fim das hostilidades entre Espanha e Holanda e reconhecia a independência dos Países Baixos. Portugal, porém, continuava em conflito com a Espanha. Era considerado rebelde por Filipe IV, e assim o rei dispunha, em alguns artigos do tratado, das possessões portuguesas, tanto na costa da África quanto no Brasil. O Tratado de Münster estabelece então as bases das possessões holandesas na Costa do Ouro.

O artigo 6º especificava:

Quanto às Índias Ocidentais, os súditos e habitantes dos Reinos, províncias e terras dos ditos Senhores Rei e Estados, respectivamente, abster-se-ão de navegar e traficar, em todas as enseadas, sítios e praças guarnecidas de fortes, cabanas ou castelos, e toda outra possessão de uma ou de outra parte; saber, que os súditos do dito Senhor Rei e entre as praças governadas pelos ditos Senhores Estados, serão incluídas as praças que os portugueses, desde o ano mil seiscentos e quarenta e hum, têm ocupado no Brasil sobre os ditos Senhores Estados.

Os holandeses iam muito longe em suas pretensões. Eles estavam em paz com a Espanha, mas Portugal ainda se via em estado de guerra com seus vizinhos. Aproveitando-se da situação,[41] a Companhia das Índias Ocidentais, depois da Paz de Münster, enquanto durava a guerra entre a Espanha e Portugal, chegou a tratar em 1648 com Portugal, para converter a trégua em paz permanente, e suas Altas Potências sustentaram em favor da Companhia das Índias Ocidentais:

1º: Que os portugueses não poderão ter nem conservar outra navegação na África além de São Paulo de Loango e que todas as outras navegações para toda a África, inclusive São Tomé e as Ilhas, serão unicamente reservadas à Companhia das Índias Ocidentais desses Países Baixos.

2º: Que, quando os portugueses quiserem possuir escravos daqueles lados, serão obrigados a pedi-los à Companhia das Índias Ocidentais desses Países [Baixos] e pagá-los na mesma tabela e no mesmo preço [daquele pelo qual] a Companhia das Índias Ocidentais os vender às outras colônias do Estado e em condições tais que poderia se chegar a convir.

Essas negociações não tiveram prosseguimento. Foi preciso esperar até 1661 para que Portugal pudesse concluir um tratado com os holandeses, e até 1668 para obter da Espanha o reconhecimento de sua independência.

Entretanto, d. João IV, por decreto de 12 de novembro de 1644, tinha autorizado seus vassalos a irem às costas da Guiné, a fim de levar tabaco de terceira categoria e trazer escravos aos portos do Brasil.

Os portugueses eram capazes de ir buscar eles próprios, em suas possessões, os escravos de que precisavam. Mas para aqueles que iam traficar na parte da Guiné Holandesa, chamada Costa a Sotavento da Mina, deviam submeter-se às condições que lhes ditava a Companhia das Índias Ocidentais, que, solidamente entrincheirada no forte de São Jorge da Mina, dominava a região.

Em 1652, a guerra entre Inglaterra e Holanda veio diminuir o potencial bélico da companhia contra os portugueses.

Em 1654, os holandeses foram expulsos de Pernambuco, contra a vontade aparente do rei de Portugal, que não queria lhes dar um pretexto para intervir com maior energia contra as diversas possessões que ainda tinha na África e no Brasil.

Em 1661, um tratado entre Holanda e Portugal foi assinado em Haia. O artigo 4º reconduzia as cláusulas do tratado de trégua de 1641: "Livre-comércio em todas as praças dos portugueses na África, inclusive São Tomé; semelhante liberdade não é de modo algum concedida aos portugueses na Guiné Holandesa nem em seus arredores".[42]

Em 1669, convieram com Portugal no cumprimento e execução do tratado de 1661, e assim as coisas permaneceram no mesmo estado, sem nenhuma
mudança ou emenda nas condições para Portugal.[43]

Os portugueses continuavam não podendo trazer mercadoria alguma que
proviesse da Europa para a Guiné Holandesa. Se fizessem concorrência às atividades da Companhia das Índias Ocidentais, seria considerado contrabando.

Entretanto, não existe regulamento ou lei que não possa ser contornado,
se acreditarmos em Bosman,[44] que constata que, dos 7 mil marcos de ouro obtidos anualmente em Mina, oitocentos eram arrecadados pelos portugueses e
franceses. E acrescenta:

> Digo que estes últimos carregam pelos menos oitocentos marcos. E isto é verdade
> pois os portugueses vindos neste litoral, sob pretexto de vender suas mercadorias
> da América, que consistem em tabaco do Brasil e aguardente feita de açúcar, têm
> ainda, pelo menos tanto quanto os navios não privilegiados, mercadorias que aqui
> são muito procuradas. Não é de admirar, pois vão comprá-las na Holanda, onde
> apanham o pessoal de que necessitam e equipam seus navios, que mesmo às vezes
> são equipados pelos negociantes e holandeses. Os judeus da Holanda sobretudo
> têm nisso muita participação, obtêm facilmente um passaporte do rei de Portugal,
> de modo que aqui passam por verdadeiros portugueses. Deixo-vos imaginar que
> tristeza tal fato causa a um oficial, que tem zelo pelos interesses da companhia, ao
> ficar sabendo que alguns negociantes negros chegaram na costa com boa quanti-
> dade de ouro, intencionados em traficá-lo conosco e que, entrementes, chega um
> navio português, ou um navio não privilegiado, carrega todo esse ouro devido
> ao baixo preço com que oferece suas mercadorias, ou pelo menos grande parte
> desse mesmo ouro, enquanto permanecemos carregados com nossas mercadorias
> como se elas estivessem empesteadas. Tal fato me ocorreu mais de uma vez.

Os navios provenientes do Brasil com carregamento de tabaco deviam
obrigatoriamente passar pelo castelo de São Jorge da Mina. Em obra publicada
em 1759, J. A. Caldas dá detalhes a esse respeito:[45]

> A este Castelo costumò ir os navios Portuguezes despachar, e pagar des por cento
> de sua carga, e além disto o mais que os Holandezes lhe tem imposto por costu-
> me. Logo que dão fundo lhe metem hu'a guarda, que costuma ser sargento da sua

guarnição, e em falta, hum soldado, e logo depois lhe dão vizita os Oficiaes da Fortaleza pa examinar toda sua carga, e se he ou não permittida, e daqueles género com que dizem somente podemos navegar, q'são tabaco, assucar e água ardente da terra, e alem destes, outros mais são considerados contrabando, e destes fazem boa preza.

Depois de pagos os des por cento, que eles querem lhes pertençam, e as mais alcavalas por eles impostas, dão hum passaporte que custa um rolo de tabaco, que também este se paga, em que dão consentimento para podermos fazer negocio depois de pasar o Rio da Volta, e asim dispedem os navios co'hum guarda para este não consentir fasa'os portuguezes negócio de nenhu'a qualidade senão naqueles portos por eles permitidos que são Popó, Ajuda e Apa. Alem do referido guarda lhe costumão meter mais o grande contrapezo de hu'a canoa com cinco, ou seis guardas negros, a que eles dão o nome de bombas, para que estes não consintam que ao navio chegue canoa, ou outra qualquer embarcasam que haja de fazer alguns géneros de negocios.

A importância que davam os holandeses a esse tabaco trazido da Bahia para a Costa da Mina é demonstrada por essa exceção que faziam à proibição do comércio naqueles lugares pelos portugueses.

Cada navio vindo da Bahia tinha uma carga média de 3 mil rolos, dos quais trezentos permaneciam em mãos das autoridades holandesas do castelo de São Jorge da Mina. A esses trezentos rolos deviam acrescentar-se pelo menos outros 77 destinados a todas as categorias de pessoas, indo do governador até os canoeiros, passando pelos

oficiais q'fazem a visita, o fiscal, o Capitam dos soldados, o Secretário do passaporte, o guarda q'está a bordo.

Além do mais, deviam ser presenteados com 13 arrobas de açúcar e nada menos do que 26 boioens de doce; a despeza, q'costum'fazer as embarcasões q'navegão para a Costa da Mina, desde q'a ela chegão até q'dela sahem pa o porto desta America; hé segundo as suas lutasoins [...].

O conjunto dos direitos de quarteamento que deixava em média um navio português carregado com 3 mil rolos de tabaco montava a 3 827 000 réis. Esses detalhes nos são fornecidos por J. A. Caldas.[46]

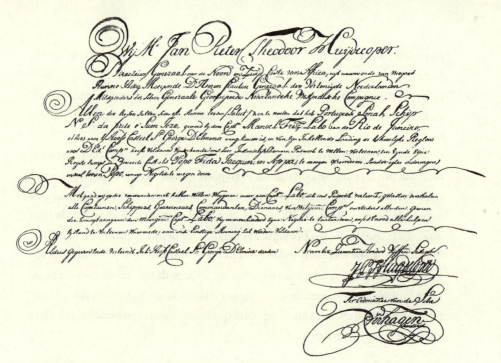

Passaporte expedido no castelo de São Jorge da Mina em 16 de novembro de 1770 pelas autoridades da Companhia Holandesa das Índias Ocidentais ao capitão de um navio negreiro proveniente do Brasil para fazer o tráfico nos quatro portos da costa a leste da Mina (AHU, São Tomé, cx. 7).

Em 1781, os negociantes da Bahia, numa petição apresentada ao governador,[47] queixavam-se das restrições impostas pelos holandeses ao seu livre--comércio na Costa da Mina. Assinalavam que só podiam ir para os portos de Ajudá, Epê, Porto Novo e Badagri, esses dois últimos recentemente criados. Lembram todas as despesas que são obrigados a fazer no castelo de São Jorge da Mina e se lamentam, entre outras coisas, de terem que dar dezesseis rolos de tabaco por uma canoa, o que poderiam conseguir em terra contra apenas dois; de terem que distribuir rolos em troca do direito de busca, o que desarruma toda a sua carga; e outra ainda para obter um documento no qual os holandeses declaram que, por equidade e alta clemência, os deixavam ir comerciar nos portos acima referidos.[48]

Essa situação é muito bem resumida por d. Luiz da Cunha, enviado a Haia em 1730 para tentar negociar um acordo mais vantajoso e mais honroso. Dá instruções ao seu sobrinho Marco Antonio Azevedo Coutinho[49] e, fazendo alusão aos direitos que Sua Majestade (de Portugal) alega ter para que seus vassalos possam livremente comerciar por toda aquela costa, diz:

> Essa questão, meu filho, nunca será resolvida, porque os Estados Gerais servem-se de três princípios para nos proibirem o referido comércio, todos muito fortes e que parecem bem fundamentados.
>
> O primeiro consiste no fato de que a República, nos Tratados de 1661 e 1669 [impresso 1696 por engano] estipulou a liberdade de comerciar nas nossas colônias, especialmente na Ilha de São Thomé, e não estipulou a reciprocidade de negociar na referida Costa, onde a Companhia tem seus estabelecimentos.
>
> O segundo provem do fato de que, mesmo que tivesse sido estipulado, seria sempre permitido à Companhia impedir que os navios portugueses atraquem nos distritos que pertencem à Companhia, da mesma maneira que esses portugueses proíbem aos holandeses negociarem no Brasil, apesar de que os referidos tratados lhes deem muito positivamente essa faculdade de modo que, se para a conveniência de seu comércio, os portugueses pretendem ter o direito de confiscar os navios daqueles que iriam comerciar no Brasil, apesar dos tratados lhes darem esse direito, com mais razão poderiam fazê-lo em proveito de seu comércio, pelo fato de que os tratados não dão aos portugueses essa liberdade, e pior é que eles assim o praticaram diversas vezes.
>
> O terceiro, se bem que menos legal, é que essa Companhia, tendo sido privilegiada pela concessão da exclusividade do comércio, de tal modo que os outros negociantes do Estado sejam considerados "traficantes" [...] "interlopes" [...] se forem negociar naquela costa, seria contra toda razão arruiná-la, se os navios portugueses pudessem ir aí traficar sem terem que ir pagar no Castelo da Mina, 10% das mercadorias que levam.

Circulavam as mais diversas interpretações a propósito dessa obrigação dos portugueses de passarem pela fortaleza de São Jorge da Mina para pagarem 10% de seu tabaco. Em geral, corria o boato de que esse acordo fora firmado entre os dois países no momento em que os holandeses haviam restituído Pernambuco aos portugueses, quando na verdade eles tinham sido expulsos pelos próprios brasileiros, contra a vontade aparente do rei de Portugal.

Em 16 de setembro de 1717, o sr. Bouchel, diretor do forte Saint-Louis de Grégoy, em Judá, escrevia:[50] "A Companhia de Holanda pretende estar no seu direito ao apresar os portugueses que estão carregados de cativos ao longo desta costa, apreender suas mercadorias da Europa e fazer pagar 10% sobre as do Brasil. Ela oprime tão fortemente esta nação que seus navios são obrigados a arriar a bandeira em suas embarcações".

Em nota, o mesmo Bouchel especifica: "Após ter conquistado o Brasil dos portugueses, os holandeses devolveram-no sob condição de que fossem declarados em possessão de todos os fortes portugueses na Costa do Ouro. Permitiam aos lusitanos enviar suas naves com a condição de irem fundear primeiro sob o forte da Mina para serem vistoriados e pagar 10%".

O sr. Gentil de la Barbinais,[51] passando pela Bahia em 15 de janeiro de 1718, escrevia:

Um navio português vindo de Angola trouxe a notícia de que os holandeses cometiam diversos atos de hostilidade contra os portugueses nos mares da Guiné. Os holandeses tinham feito, já havia alguns anos, um tratado com os portugueses pelo qual os primeiros concediam a estes o tráfico de escravos em Angola e em outras feitorias da costa da África, com a condição de que não levariam para aqueles países nenhuma manufatura, mas somente tabaco e o ouro do Brasil, porque guardavam para si o comércio dos tecidos e outras mercadorias parecidas; faziam os portugueses um comércio tão considerável e tão vantajoso, que os holandeses sentiram-se enciumados, e sob pretextos diversos foram em cima dos portugueses, atacaram seus navios e empenharam-se em arruinar seu comércio. Acusaram-nos de não terem respeitado os contratos que haviam feito juntos ao levar para a África sedas e outras manufaturas. A lei do mais forte foi a melhor. Os holandeses, muito poderosos naqueles mares para temerem represálias, apoderaram-se dos navios portugueses e aquele que conta esta notícia conseguiu escapar depois de longo combate. Esse acidente vai suspender o comércio, e pode-se recear que venha logo a faltar escravos no Brasil. É da política e interesse de Portugal acomodar prontamente esse dissídio.

O sr. Chenevert e o abade Bulet escreviam de Judá em 1776:[52]

Seu comércio [dos portugueses] seria dos mais brilhantes se não fossem obrigados a pagar aos holandeses o décimo de sua carga para terem o direito de traficar nesta costa desde o cabo Palmas até o Gabão. Foi um arranjo para recuperarem

Pernambuco, que fora tomado pelos holandeses; esse arranjo, bastante singular, parece anunciar que esses senhores dos Estados se veem como os verdadeiros donos da costa da África.

Finalmente, o padre Vicente Ferreira Pires, em sua obra sobre o Daomé, escreve em 1805:[53]

> Devo, porém, dizer que este quarteamento que os portuguezes pagam é de toda a carga dos rolos de tabaco que levam e de cada dez dão um, pelo tratado de Portugal com os holandezes, no qual deram o Castelo por tempo de oitenta anos, que seriam senhores dele, e obrigariam a todos os navios portuguezes a pagar este quarteamento e, no caso de não pagarem, lhes confiscariam os navios.

CONTRABANDO DO OURO DO BRASIL NA COSTA DA MINA COM A COMPANHIA REAL AFRICANA

O centro das operações da Royal Company ou Royal Company of Adventurers, fundada em 1660, era o castelo de Cape Coast. Ela tinha se instalado no forte construído pelos suecos dez anos antes. Em 1672, essas instalações passaram para a Royal African Company.

As relações entre a Royal African Company e os portugueses na Costa da Mina passavam alternadamente por períodos de cordialidade ou de desacordo, sob influência não somente dos interesses comerciais locais, mas também das guerras e alianças das nações na Europa. Assim, a oposição existente em 1562 e depois em 1666 entre a Inglaterra e os Países Baixos impelia a primeira dessas potências a uma política de apoio para com Portugal, na costa, contra os holandeses.

A possibilidade de obter ouro de contrabando vindo do Brasil foi também uma das principais causas da aproximação anglo-brasileira. Desde aquela época, pode-se dar o nome de brasileiros aos portugueses do Brasil cujos interesses econômicos se opunham aos do reino de Portugal.

O desejo de adquirir esse ouro fazia com que o papel de intermediário para o fornecimento de escravos aos navios ingleses de tráfico, normalmente desempenhado pelos numerosos mulatos de portugueses estabelecidos na

Costa do Ouro e na Costa a Sotavento da Mina, se invertesse: eram os ingleses, os franceses ou até mesmo os holandeses que forneciam escravos aos navios portugueses, em troca do seu ouro.[54]

A repressão ao comércio clandestino do ouro e do tabaco de primeira e de segunda qualidade sempre foi uma das grandes preocupações do Conselho Ultramarino de Lisboa.

Na Costa da Mina, nem sempre se sabia com certeza quais nações estavam em paz ou em guerra na Europa. As notícias chegavam com um certo atraso, ou boatos falsos faziam os diretores das feitorias reagir a contratempo. Às vezes resultavam incidentes desagradáveis.

Em 1691, os diretores do castelo de Cape Coast, srs. Samuel Humphreys, Rice Wight e Robert Elwes, tomaram três navios portugueses num momento em que a paz reinava entre Inglaterra e Portugal, mas parece que nem os capitães portugueses nem os diretores do forte inglês o sabiam. Um dos portugueses, o capitão Domingos Carvalho da Silva, enviado pelos cuidados dos diretores ingleses como prisioneiro na Inglaterra, a bordo da fragata *Guiney*, comandada pelo capitão Chantrell, voltaria pouco depois, livre e gloriosamente, a bordo do *Falcombergh*, comandado pelo capitão Butham. Era portador de uma carta na qual a ação dos diretores não fora de modo algum aprovada pelo Comitê de Direção de Londres.[55]

Com a descoberta das jazidas de metais preciosos no Brasil no fim do século XVII, o contrabando do ouro com a Costa da Mina desenvolveu-se imediatamente.

Em 20 de junho de 1703, d. Rodrigo da Costa, governador da Bahia, escrevia para Lisboa:[56]

> Os moradores do Rio de Jan.ro, e daz capitanias suas anexas, continuam em mandar, há poucos annos, várias embarcações a resgatar escravos a Costa da Mina, o que até agora não faziam [...] achey que a mayor importancia das suas carregações era ouro em pó e em barras; e que o negocio que haviam de fazer com os negros da dita Costa, levando para isso os géneros costumados, o fazem com os estrangeiros que nella V. Majestade, pela perda q'isso tem, por ser certo que a mayor parte do ouro que vay he por quintas,[57] assim de não ser conveniente que os estrangeiros sejam senhores delle por troca de Escravos que estam roubando às nossas embarcações.

Em 27 de setembro de 1703, o rei de Portugal levava ao conhecimento de d. Rodrigo da Costa o seguinte:[58]

> Eu, El Rey [...] fui servido mandar prohibir absolutamente, que não vão embarcaçoens nem do Rio de Jan[ro], nem dos portos das Capitanias do Sul à Costa da Mina [...], impondo aos transgressores desta ley a pena de se lhe confiscarem assy os navios em que navegarem, como as fazendas que se lhe acharem, e de serem degradados por tempo de seis annos para S. Thomé.

FLUTUAÇÕES DA POLÍTICA DA ROYAL AFRICAN COMPANY PARA COM NEGOCIANTES DO BRASIL, PROVOCADAS PELO CONTRABANDO DO OURO

Naquele mesmo ano de 1703, Portugal firmava com a Inglaterra o Tratado de Methuen, que permitia a entrada em Portugal, a preços preferenciais, de tecidos manufaturados na Grã-Bretanha. Reciprocamente, os vinhos portugueses gozavam das mesmas vantagens na Inglaterra. Esse tratado devia deixar durante muito tempo Portugal sob a dependência econômica da Inglaterra, além de colocar um freio em seu desenvolvimento artesanal e industrial.

As cláusulas comerciais do tratado aplicavam-se apenas ao reino de Portugal; suas "conquistas" da África, Ásia e América do Sul permaneciam sob o estreito controle de Lisboa. Com elas, as nações estrangeiras não podiam negociar diretamente.

No entanto, os agentes da Royal African Company, do castelo de Cape Coast e do forte William, em Uidá, mantinham relações comerciais com a Bahia. Sir Dalby Thomas, governador do castelo de Cape Coast, correspondia-se seguidamente com dois ingleses estabelecidos na Bahia, Francis Cock e John Dowker, bem como com um português, Roberto da Costa.

Em 25 de abril e 27 de agosto de 1706, da Bahia, Francis Cock escrevia a Sir Dalby Thomas[59] a respeito do comércio no Brasil:

> Não é prudente mandar para aí novos ingleses com escravos. Se a Companhia quiser ordenar que escravos sejam colocados a bordo dos navios portugueses e mandá-los a mim, tomarei cuidado deles. Dão excelentes lucros e o reembolso

pode ser feito via Lisboa. Mando-lhe um presente de doces assim como seis onças de ouro contra os quais desejo dois robustos escravos machos.

Respostas foram enviadas do castelo de Cape Coast, em 26 de setembro e 18 de novembro de 1706, por Sir Dalby Thomas:

> O capitão português caiu nas mãos dos holandeses. O ouro pesa um pouco menos que as seis onças anunciadas e não é suficiente para a compra dos escravos. Mesmo assim enviei-lhe ambos e debitei em sua conta quinze libras esterlinas por cabeça. Comunicarei à Companhia suas propostas.

Nos dias 12, 13 e 14 de novembro de 1706,[60] os três comerciantes da Bahia recomendavam a Sir Dalby Thomas que ajudasse um navio português no qual tinham interesses.

Em 31 de dezembro de 1706 e 15 de fevereiro de 1707,[61] Sir Dalby Thomas levava ao conhecimento do Comitê de Direção da Companhia: "O navio português me entregou, a pedido dos três comerciantes, 22 marcos de ouro e 280 rolos de tabaco de qualidade incomparável. Esse comércio, se bem conduzido, pode ser lucrativo".

Em 30 de setembro de 1707,[62] Francis Cock e Roberto da Costa enviavam cartas aos "Gentlemen de Cape Coast", dizendo: "Fomos informados da morte de Sir Thomas e aprovamos as propostas para que efetuem trocas de ouro por escravos. Em nossa opinião, isso será para nossa mútua vantagem no caso em que pudéssemos ser protegidos contra os holandeses".

Sir Dalby Thomas, que de modo algum falecera, respondia em 18 de dezembro a seus dois correspondentes que não podia impedir o tratamento usualmente infligido pelos holandeses aos portugueses; porém, se viessem diretamente a Cape Coast, antes de ir para a Costa a Sotavento, poderia ajudá-los. Assinalava-lhes também que um de seus navios fora protegido naquela Costa a Sotavento por um navio da companhia inglesa.

Em Londres, entretanto, essa iniciativa de Sir Dalby Thomas encontrava forte oposição. Em 16 de julho de 1707,[63] em resposta às suas primeiras cartas, o Comitê de Direção lhe escrevia:

Deveis conduzir vosso comércio com os portugueses com muita cautela, a fim de que eles não sejam estimulados a exportar muitos negros, especialmente os de melhor qualidade, e, em todo vosso comércio com eles, procurai obter as maiores vantagens possíveis. Se assim não for possível, conviria mais deixar que os holandeses lhes imponham todos os sofrimentos que aprouver a estes últimos. Deveis vos esforçar de modo a impedir que recebam muito estímulo em Uidá. De outro modo, isso lhes daria a oportunidade para abastecer essa praça com tantos navios para os quais pudessem encontrar negros; seria uma irreparável perda para nós e para as colônias, e muito pior do que os contratantes a 10%.

Finalmente, esse negócio de tráfico com os portugueses deve ser levado com prudência e circunspecção, senão seríamos obrigados a vos proibir que os mesmos sejam autorizados a vir de perto de nossas feitorias.

O tabaco rapé do Brasil, da melhor qualidade, acondicionado em potes de estanho, vende-se muito bem. Se esses negociantes vos trouxerem uma grande quantidade, podeis no-la enviar, assim como tudo quanto puderdes de sua prata e ouro.

As mesmas recomendações tinham sido feitas ao capitão Richard Willis, diretor do forte William de Uidá,[64] em 26 de junho de 1707, em termos ainda mais enérgicos:

Nós vos proibimos estritamente de traficar com os portugueses, ou pelo menos os encorajar, pois é certamente uma oportunidade para vosso próprio tráfico de escravos. Vossa ideia de comerciar com os portugueses é muito prejudicial aos interesses ingleses, e o fato de que o façais é fatal às colônias, a respeito do que podeis ser passível de responder perante o Parlamento da Grã-Bretanha, além de uma indenização a nós mesmos. Se os portugueses, devido ao encorajamento dado por vós, se dessem ao comércio com Uidá, estaríeis dando considerável prejuízo à nação inglesa, do que nós esperamos não vos torneis culpado. Deveis nos comunicar, caso chegue ao vosso conhecimento, se ingleses estão interessados em carregamentos portugueses; seus lucros ou seu valor devem ser confiscados, se puderem ser feitas provas a esse respeito. De maneira alguma deveis vos corresponder com o sr. Blaney ou qualquer outra pessoa de Portugal ou do Brasil. Deveis, enquanto estiver em vosso poder, desencorajar suas tentativas de traficar em Uidá.

Entretanto, três meses mais tarde, instruções de caráter totalmente oposto iriam ser dadas pelo mesmo Comitê de Direção ao mesmo capitão Willis. Os portugueses do Brasil, de indesejáveis comerciantes, achavam-se de repente colocados ao nível dos mais desejáveis e recomendáveis correspondentes.

Essa total mudança nos diretores da Royal African Company fora provocada por duas cartas do capitão Willis,[65] de 8 de dezembro de 1706 e de 31 de março de 1707, que se haviam cruzado com aquela, na qual o ameaçavam com a ira do Parlamento da Grã-Bretanha; cartas em que anunciava ter obtido ouro trazido pelos portugueses do Brasil. Escrevera à Companhia que:

> Para poder traficar com os portugueses, precisava de um estoque de pelo menos dez toneladas de búzios e 8 mil barras de ferro, representando um valor de 3 mil libras esterlinas. Os portugueses enviavam ouro para comprar negros. Tinha negociado 94 [negros] por 35 marcos de ouro, por conta da Companhia. Teria podido vender 3 mil ou 4 mil barras de ferro a três *ackies** cada uma.
>
> Durante esses últimos quinze meses, tivesse tido mercadoria e barras de ferro, teria podido despachar 3 mil negros e adquirir mais ouro do que o fizera.

Na mesma época, James Blaney, com o qual tinham proibido ao capitão Willis manter correspondência, escrevia da Bahia para a Companhia: "Essa praça é muito rica em escravos e produz bons preços, de trinta a cinquenta libras esterlinas por cabeça. Podem ser vendidos contra ouro, açúcar e tabaco, que podem ser mandados pela frota anual a qualquer correspondente em Lisboa". Se quisessem fazer a experiência, poderiam mandar de dez a doze negros ao mesmo tempo num navio português que estivessem traficando em Cape Coast ou Uidá. "Isso poderia ser feito com suficiente segurança." E recomendava: "É preciso que os escravos sejam bons e que sejam todos machos, assim vender-se-ão mais facilmente".

Em 25 de setembro de 1707,[66] o Comitê de Direção da Royal African Company escrevia ao mesmo tempo para o castelo de Cape Coast e para Uidá. Fazia saber a Sir Dalby Thomas:

---

* O *acky* (*ackies* no plural) era uma subdivisão do sistema de valor em ouro. Em inícios do século XVIII, um *acky* correspondia a $^1/_{16}$ de uma onça de ouro. (N. E.)

Recebemos recentemente uma carta do capitão Willis, com data de 31 de março último, na qual nos avisa que começou a negociar com os portugueses contra ouro, e que há frequentemente grande demanda de ferro e outras mercadorias que comprariam por bom preço e pagariam com ouro.

Havíamos proibido que ele comerciasse com os portugueses, supondo que os mesmos importassem somente mercadorias europeias, das quais não poderíamos tirar nenhuma vantagem. Mas agora vemos que existem possibilidades de obter lucros consideráveis, se eles puderem ser levados a trazer ouro para a costa em lugar de outras mercadorias. Desejamos que escreveis ao capitão Willis para que ele encoraje o mais possível os portugueses, mas com a condição de não trazerem mercadorias europeias e que possam dispor, em troca de ouro, de mercadorias e negros, e procure fazer seus negócios com os mais altos preços possíveis. Desejamos que procureis tirar as mesmas vantagens dos portugueses que vêm para o castelo de Cape Coast.

O capitão Willis escreveu informando que os faz pagar quase três onças de ouro por cabeça em Uidá. Pensamos que proporcionalmente deveriam pagar três onças e meia no castelo de Cape Coast. Ele pode vender o ferro em Uidá por três *ackies* de ouro a barra, o que consideramos um bom preço. Não nos diz quais outras mercadorias desejam os portugueses. Supomos pólvora e outras mercadorias boas para o Brasil. Se pudésseis persuadi-los em não trazer para a costa outra mercadoria que não o ouro, seria, acreditamos, mais seguro para eles do que outras mercadorias, no caso de visita do navio por parte dos holandeses. Se puderdes obter isso, seria uma melhora considerável do tráfico. Ficaríamos satisfeitos em mandar-vos quaisquer mercadorias de vosso agrado, que permitam bons resultados, se bem que o melhor modo de traficar na costa é fazê-lo com as mercadorias que convenham ao Brasil, como pólvora, ferro, fuzis etc. Por esse meio poderíamos esperar ter um rendimento mais rápido e maior, e obter ambos os mercados. Seria um aumento considerável desse tráfico e um grande serviço prestado àqueles que correm os riscos.

O capitão Willis recebia uma carta também entusiástica:[67]

Apesar de vos termos escrito em 26 de junho para vos proibir de traficar com os portugueses, consideramos agora quanto seria de maior vantagem para nós termos maiores quantidades de ouro. Escrevemos para Sir Dalby Thomas para que vos forneça mercadorias convenientes aos portugueses, e vos forneceremos a partir de agora tudo aquilo que pediste, não duvidando que conduzireis o tráfico com eles para nossa vantagem e que o preço das mercadorias que ireis vender responderá aos nossos custos elevados e nossos grandes riscos.

Os elevados lucros assim esperados não se realizaram de imediato. Em 18 de fevereiro de 1708, escrevia o capitão Willis: "Doze meses antes, os portugueses traziam muito ouro para comprar escravos, mas, não havendo encontrado nenhum encorajamento, desistiram desde então de trazer o seu ouro". Ele pensava, entretanto, que dentro em breve poderiam recomeçar.[68]

Naquele mesmo ano, o Comitê de Direção da Royal African Company estava preocupado a respeito do tráfico com os portugueses e escrevia ao capitão Willis seus receios de vê-lo cair, "pelo fato de que os franceses houvessem se apoderado de vários navios dos portugueses". Essa menção provocou severo comentário por parte do diretor da feitoria inglesa de Uidá:[69] "Os capitães portugueses são uns canalhas por se deixarem capturar com a finalidade de prejudicar os proprietários dos barcos".

RELAÇÕES COMERCIAIS CLANDESTINAS DOS INGLESES COM A BAHIA

Um despacho enviado de Lisboa para o vice-rei na Bahia, em 17 de julho de 1717,[70] denunciava o contrabando do tabaco de primeira qualidade levado pelas embarcações da Bahia para a Costa da Mina, atribuindo-o à cumplicidade dos oficiais encarregados de supervisionar os embarques na Bahia. Recomendava igualmente "mayor vigilância para que se não traga nenhum ouro para a dita Costa nas ditas embarcações, excetuando-se as pennas estabelecidas no regulamento que mandei promulgar nesta matéria".

O vice-rei respondia em 2 de abril de 1718,[71] com certa rispidez, que "a prohibição da ley [...] me não he oculta, tem a mesma impocibilidade que em Portugal se tem achado para a pratica da dita ley. Essas medidas sugeridas por um homem zelloso, parece o he mais em favor dos moradores de Santo Thomé do que do serviço de Vossa Magestade". Reflexão que mostra certa rivalidade entre a Bahia e a referida ilha e de que teremos oportunidade de falar mais adiante.

Com efeito, eram muitas as transações comerciais de contrabando entre a

Bahia e a Royal African Company. A esse respeito, os livros de contabilidade do forte William de Uidá guardam numerosos traços.

No grande livro que inicia em outubro de 1718,[72] podem ser encontrados, ligados às operações comerciais Adventures to Brazil, os nomes dos capitães Manoel dos Reis, Gonçalves Romão, Joseph de Torres e Joseph da Costa, assim como o de Georges Lapie, da Bahia. Em outros trechos, encontram-se Dias, João Ferreira da Costa, Simão Cardoso e outros.

Os navios de comércio ingleses não podiam entrar nos portos do Brasil. Em 11 de maio de 1718, Georges Lapie escrevia da Bahia a um certo Johnson na Costa da Mina[73] para cientificá-lo de que o *Broughton* fora apresado na Bahia. Ele esperava que "esse fato servirá de aviso para que não sejam mandados dessa maneira outros navios, pois as leis do país não permitem que os navios estrangeiros entrem nos portos do Brasil, a não ser se abastecerem".

Essas transações deviam ser feitas com discrição. Esse mesmo Johnson recebia uma carta enviada da Bahia em 15 de maio de 1718, propondo-lhe que tomasse interesse em um navio, para fazer o comércio da ilha Terceira (no Cabo Verde) até Cape Coast e daí ao Brasil, sob bandeira portuguesa.

As remessas partiam mais frequentemente da Costa da Mina em participação com um capitão vindo da Bahia. Os livros do forte William de Uidá[74] mostram as operações efetuadas com Joseph de Torres: em 1720, o diretor inglês fazia um carregamento de negros no valor de 716-12-4$^1/_2$ libras esterlinas,* em três navios de Joseph de Torres; em 1721, sempre com o mesmo, carregava 99 escravos num valor de 759-12-3 libras; em 1722, eram 234 escravos em quatro navios valendo 1380 libras.

Naquela época, o Conselho de Direção da Royal African Company recomendava com muita insistência aos seus diretores na Costa da Mina que fossem amáveis e conciliadores com os capitães dos navios que vinham do Brasil, a fim de obter deles ouro de contrabando.

Em 14 de dezembro de 1720, o Comitê de Direção escrevia a Ambrose Baldwyn, "nosso governador", Sam Peck e Richard Collins, "nossos negociantes chefes em Uidá",[75] que "os navios portugueses do Brasil indo frequentemente em Uidá para o tráfico dos negros e trazendo com eles grandes quantidades

---

* O valor em libras esterlinas é expresso em pounds, shillings e pence (plural de penny), respectivamente — neste caso, são 716 pounds, doze shillings e quatro pence e meio. (N. E.)

de ouro, recomendamo-vos que os tratem com civilidade e vos esforçais para encorajar o comércio do ouro com eles e por conta da Companhia".

O Comitê de Direção escreveria ainda ao governador do castelo de Cape Coast em 13 de junho de 1721,[76] 12 de novembro de 1721,[77] 13 de março de 1722,[78] 26 de setembro de 1722,[79] 10 de julho de 1723,[80] 26 de março de 1724[81] e 9 de julho de 1724,[82] recomendando que se obtivesse ouro dos capitães vindos do Brasil.

Dois modelos de contratos firmados em Londres por um negociante do Brasil, o sr. Bento de Arousio e Souza, mostram os detalhes de uma operação de troca de ouro contra escravos.[83]

Nem sempre era fácil contentar os negociantes brasileiros. O sr. Stephens escrevia para Londres, do castelo de Cape Coast, em 17 de abril de 1736:[84]

O sr. Juan Castro Lima, que estava aqui há dois meses, embarcou no brigue *Swift* com cerca de noventa escravos, pelos quais pagou quatro *ackies* cada um. Desses noventa, 57 foram negociados fora do castelo, sendo que o sr. Wheeler tomou 27 para pagar aos proprietários do *Kent* pelas últimas mercadorias deixadas aí. Era tão difícil satisfazer as exigências do português que lhe foi impossível fornecer escravos em tempo razoável, e como estava se tornando muito exigente, concordamos em que o mesmo fosse comprar escravos fora dos navios, ou lá onde os pudesse encontrar; por isso tornou a tomar o ouro que saíra das suas mãos.

Ia tanto ouro do Brasil para a Costa da Mina, e essa questão preocupava tanto os oficiais encarregados da repressão desse contrabando, que chegavam a esquecer que a África também produzia ouro. Aquele que normalmente era trazido pelos navios do tráfico era então considerado como ouro saído de maneira clandestina do Brasil, com a finalidade de ser trazido de volta a seguir, com a única intenção de escapar ao imposto do quinto. O Conselho Ultramarino em Lisboa planejava cobrar igualmente essa taxa sobre o ouro vindo da África.

Wenceslão Pereira da Silva, intendente-geral do ouro na Bahia, consultado a esse respeito, respondia em 20 de julho de 1754:[85] "A lei do recebimento do quinto obriga a pagar somente sobre o ouro das minas deste Estado [do Brasil]. Aquele que vem do exterior não lhe é submetido. No vasto interior da África encontramos muito ouro em pó. É por isso que a chamam Costa da Mina. Parece que não pode ser submetido ao quinto". Entretanto, o intendente-geral do

Rio de Janeiro tinha tomado uma decisão diferente, supondo que "esse ouro não é extraído da Costa da Mina, e fora levado daqui para o comércio; voltava furtivamente para não pagar o quinto".

A experiência provava, entretanto, que vinha muito ouro daquele continente africano e que, levando-se em conta o risco do mar e a considerável imobilização a que seria exposto o ouro por ocasião da ida e volta da Costa da Mina, para lhe evitar o quinto de 20%, quando colocado "a risco" nessa navegação legal, poder-se-ia ganhar o adiantamento de 100% quadruplicado com o tráfico de escravos.

2. Bahia: organização da navegação e do tráfico na Costa a Sotavento da Mina (I)

BAHIA NO INÍCIO DO SÉCULO XVII

A cidade de Salvador da Bahia de Todos-os-Santos foi fundada em 1549 como capital do Estado do Brasil. No início, essa "conquista" de Portugal não deveria corresponder às esperanças que os portugueses tinham de aí encontrar prata e ouro como os espanhóis no México e no Peru.

A exploração de canaviais e de alguns engenhos, no Recôncavo e nas margens do rio Paraguaçu, era a única atividade dos portugueses instalados na Bahia. A caminho do Extremo Oriente e das costas meridionais da África, as frotas portuguesas faziam regularmente escala em seu porto, trazendo um pouco de animação.

Uma descrição da Bahia no início do século XVII nos é dada por Pyrard de Laval.[1] A cidade já tinha boa aparência. Ele ficou maravilhado pela quantidade de prata que havia na região e pela quantidade de escravos que eram vistos ali. Escreveu:

Não se veem as pequenas moedas, mas apenas moedas de oito, quatro e dois réis.

O que mais prezam os portugueses no Brasil são os escravos da costa da África e das Índias Orientais, porque não se arriscam a fugir: os nativos do país os apanhariam e comeriam, mas não seriam capazes de fazê-lo aos nativos do próprio país, que, além disso, não são aptos ao trabalho como os primeiros.

É coisa muito divertida, todos os domingos e dias de festa, ver aí todos os escravos, homens e mulheres, a dançar e divertir-se em público, nas praças e nas ruas, porque nesses dias não estão sujeitos aos seus senhores.

A Inquisição não existe aqui, e por essa razão há um grande número de "cristãos-novos": pessoas de raça judia que se converteram ao cristianismo. Dizia-se então que o rei de Espanha queria estabelecer aqui um ofício da Inquisição, o que apavorava todos esses judeus.

O rei de Espanha mantém nesta cidade de Salvador três companhias de infantaria, de cem homens cada uma, que, por rodízio, revezavam-se na guarda do palácio do vice-rei ou governador do Brasil.

Assinalou também o comércio que se fazia com Angola e Guiné:

As pessoas são muito ávidas de ferro e toda sorte de quinquilharias com as ilhas de São Tomé e Ano Bom, onde fazem um grande tráfico de gengibre, e também com a Mina, onde têm uma fortaleza e um grande tráfico de ouro e escravos que são tirados, todos os anos, de toda aquela costa da África e trazidos para América ou Portugal, sem contar aqueles que permanecem naquelas bandas para servirem aos portugueses e aos reis daquela costa. Em todos esses países estrangeiros, não há português, por mais pobre que seja, homem ou mulher, que não possua seus dois ou três escravos, que trabalham para o sustento de seu senhor e ainda o seu próprio.

Pyrard de Laval mostra nessas poucas frases a situação dos colonos portugueses, sua opulência, sua momentânea sujeição ao rei de Castela, suas dificuldades para recrutar in loco entre os autóctones a mão de obra necessária para o trabalho nas suas lavouras e a necessidade, para atender a esse trabalho, de mandá-la vir da África, pelo tráfico de escravos.

TOMADA DA BAHIA PELOS HOLANDESES EM 1624

Em 1621, os Estados Gerais dos Países Baixos fundavam a Companhia Privilegiada das Índias Ocidentais, para o comércio nas costas da América e África.

O início dessa companhia revestiu-se de um caráter bélico. Naquela época, a maior parte de seus lucros provinha muito mais de altos feitos guerreiros do que do resultado de pacíficas transações comerciais.

Uma esquadra de 25 vasos e sete chalupas armadas, comandada pelo almirante Jacob Willekens,[2] entrava na baía de Todos-os-Santos no dia 9 de maio de 1624. No dia 17, de um lado desembarcaram 1200 homens por meio de sete chalupas; de outro, o vice-almirante dessa frota, chamado Pierre Heyn, que se tornou famoso posteriormente, tomou dezesseis navios portugueses, tanto grandes quanto pequenos, e dominou uma bateria onde havia seis canhões de bronze e dois de ferro, que ele inutilizou. Expulsou da cidade seiscentos homens que aí se encontravam para impedir o desembarque e defender os navios.

Os soldados do desembarque marcharam ao mesmo tempo em direção a São Salvador, que fica situada em uma colina muito elevada, onde subiram por um caminho que ia serpenteando e que havia sido obstruído com madeiras retorcidas e galhos entrelaçados; de modo que muito pouca gente, colocada de propósito nesse caminho, teria podido parar pura e simplesmente as tropas holandesas. Mas não se encontrou ninguém, e todo o trabalho dos holandeses foi apenas tirar do caminho os paus que o obstruíam.

Quando se encontraram diante da cidade, souberam por um português, que tinha içado uma bandeira branca nas muralhas para entregar-se, que os habitantes da cidade e os soldados da guarnição haviam fugido antes de serem intimados, de modo que as poucas tropas holandesas tomaram a praça, sem encontrar a menor resistência. [...] D. Diego Hurtado de Mendonça, governador da cidade, não quis, entretanto, sair com a guarnição. Foi feito prisioneiro, em sua casa, junto com o filho, e ambos foram mandados para a Holanda.

Uma narração dessa fácil conquista foi feita por Johann Georg Aldenburg. Eis alguns trechos:[3]

Em 1624, ao entrarmos na cidade de São Salvador, encontramos apenas negros, todos os outros tinham fugido para fora da cidade.

Como [depois da tomada da Bahia] numerosos escravos e negros bem pretos vieram até nós, utilizamos uma parte para as obras, e com a outra formamos uma companhia armada de arcos e flechas, antigas espadas espanholas, escudos redondos e facões; um negro, chamado Francisco, foi nomeado seu capitão; quando o tambor dessa companhia devia tocar, tomava um guizo duplo como aquele que se usa para os carneiros, e batia nele com uma varinha. De pouco uso era esta companhia para os combates em si; observava o inimigo, nos mostrava os caminhos, transportava os soldados machucados, ocupava-se dos feridos e enterrava os mortos. Não era possível manter boa disciplina nessa companhia: corriam sem ordem, completamente nus, e quando entravam em contato com o inimigo davam gritos e pulos de maneira extraordinária.

Em seu livro, Le Clerc escreve:[4]

Essa vitória tão fácil era de grande importância, pois São Salvador não era somente muito bem situada para o negócio, nas costas da América, naqueles lados; mas podia ser transformada numa praça de armas, para dali levar a guerra a todo o Brasil, e mesmo para as investidas que se podia fazer contra Angola e outras praças que os portugueses possuíam nas costas da África.

Poder-se-ia também intervir no comércio daquela nação nas Índias Orientais; pois ela enviava poucos navios que passassem no Brasil na ida, ou na volta. Essa mesma conquista poderia servir muito utilmente para perturbar a navegação que os espanhóis faziam a Buenos Aires e ao mar do Sul, onde iam, e donde voltavam pelo estreito de Magalhães, ou pelo de Le Maire; pois ordinariamente tocavam em São Salvador.

O rei da Espanha, que não ignorava o fato, tendo tomado conhecimento dessas más notícias, ordenou que sem demora equipassem certo número de vasos para enviar tropas ao Brasil, e impedir que os holandeses se tornassem donos do restante do país.

Salvador foi retomada em 29 de abril de 1625, após um sítio de quarenta dias, cuja narração nos é dada por Johann Georg Aldenburg:

Os espanhóis chegam em massa na cidade, mas os portugueses, napolitanos e os outros devem permanecer em seus acampamentos.

Os negros, que estavam do nosso lado [holandeses] na cidade, tanto homens quanto mulheres, foram apanhados e marcados com um ferro pelos espanhóis e a seguir vendidos como escravos aos portugueses.

Os negros e os portugueses que tinham tomado das armas de nosso lado foram separados dos outros como criminosos. O capitão Francisco e os oficiais da companhia dos negros foram enforcados de modo excessivamente abominável e, depois de sua morte, esquartejados, e as diversas partes de seus corpos expostas nas estacas em diversas ruas.

Os portugueses, além de resgatar a cidade de Salvador dos espanhóis, foram obrigados a lhes pagar também um duplo tributo. O governador mandou então devolver os colégios aos jesuítas e religiosos.

Além disso, os portugueses foram obrigados a resgatar suas próprias antigas moedas aos espanhóis, os quais despojaram muito a cidade, e carregaram os navios com pau-brasil, tabaco, açúcar, especiarias e todo o restante que pudessem carregar, como mesas, cadeiras, tapeçarias e utensílios domésticos.

Depois disso, os holandeses tentaram a sua sorte com maior êxito em Pernambuco, que conquistaram em 1630.

REORGANIZAÇÃO DO TRÁFICO DE ESCRAVOS; LEI DE 12 DE NOVEMBRO DE 1644

Quando, em 1641, d. João de Bragança restaurou a liberdade de Portugal e o separou da Coroa de Castela, Pernambuco ainda encontrava-se ocupado pela Companhia Holandesa das Índias Ocidentais.

Essa companhia, sob o pretexto de estar em guerra contra a Espanha, conquistara igualmente quase todas as possessões portuguesas das costas da África. Assim, garantia ela própria o abastecimento de escravos na parte do Brasil que iria ocupar até 1654.

Um tratado de trégua de dez anos fora firmado em 1641 entre Portugal e Holanda. Os portugueses estavam autorizados a traficar escravos na Costa a Sotavento do castelo de São Jorge da Mina, pagando 10% de suas cargas de tabaco.

O rei de Portugal, d. João IV, por provisão de 12 de novembro de 1644, permitia a seus vasos navegarem aos reinos da Guiné para trazerem escravos aos portos do Brasil.[5]

Naquele mesmo ano,[6] o padre Antônio Vieira, durante um sermão pronunciado na igreja de São Roque de Lisboa, propunha, para salvar Portugal, a formação de duas companhias de comércio, como o faziam os holandeses: uma para as Índias Orientais e outra para as Índias Ocidentais. Para isso era necessário confiar nos "cristãos-novos" e lançar um empréstimo.

Essas companhias nunca foram criadas. Portugal estava em dificuldades, e não somente com a Espanha, que se recusava a reconhecer sua independência e considerava os portugueses como súditos rebeldes até o tratado de paz das duas nações em 1668, mas também com a Holanda, de quem eram ao mesmo tempo aliados na Europa contra a Espanha e inimigos em suas possessões de ultramar.

Em 1647, houve conversações entre portugueses e holandeses, no decorrer das quais os primeiros procuravam ganhar tempo e queriam evitar dar à Companhia Holandesa das Índias Ocidentais pretextos para intervir com muita energia contra os brasileiros revoltados em Pernambuco.

No momento de assinar com a Espanha a paz de 30 de janeiro de 1668, o rei de Portugal, aconselhado pelo padre Antônio Vieira, estava mesmo disposto a ceder Pernambuco e Luanda às Províncias Unidas para obter a paz, mas os colonos do Brasil resistiram aos holandeses e Salvador de Sá retomou Angola.

COMPANHIA GERAL DO BRASIL, 1649-1720

Apesar do Santo Ofício,[7] o rei de Portugal resolveu aceitar o dinheiro dos "cristãos-novos" e a fundação de uma Companhia Geral do Brasil.

Os estatutos dessa última foram submetidos em 8 de março de 1649 e aprovados no dia seguinte por alvará régio.[8]

Essa companhia não fazia o tráfico de escravos, como as companhias das outras nações europeias. No entanto, somos obrigados a citá-la, pois, por um lado, iria assegurar a administração do comércio da África durante o intervalo entre as duas companhias sucessivas de Cacheu e Cabo Verde (1680-90) e, por outro lado, iria se tornar tão impopular na Bahia que, apesar das tentativas constantemente renovadas pelo Conselho Ultramarino em Lisboa, ela tornaria impossível, posteriormente, a criação de outras companhias.

A notícia da criação da Companhia Geral do Brasil foi recebida sem entusiasmo na Bahia, apesar do que parecem dizer os termos elogiosos que se encontram no início da resposta feita pelo Senado daquela cidade,[9] pouco depois de 13 de agosto de 1650.

Em 10 de junho do ano seguinte, o Senado mandava longa carta de reclamações[10] contra uma série de abusos cometidos pela Companhia Geral do Brasil.

O excessivo encarecimento dos preços de quatro mercadorias (vinho, farinha, azeite e bacalhau salgado), resultante do monopólio concedido à referida companhia, que procurava obter a concessão de novos monopólios, tornava-a cada vez mais impopular.

Por alvará de 9 de maio de 1658, seus privilégios foram finalmente suprimidos. A companhia foi incorporada pelo Estado em 1684, e finalmente extinta em 1720.

A presença das frotas que garantiam a ligação entre Portugal e Brasil é frequentemente assinalada na época por viajantes de passagem, tais como Froger,[11] em dezembro de 1695, e Dampier,[12] em março de 1699: "Encontrei aqui na Bahia cerca de trinta grandes navios da Europa, com dois vasos de guerra do rei de Portugal para comboiá-los. Os navios chegam da Europa em fevereiro e março e partem em junho". O engenheiro Frézier[13] confirmava que todos os anos, por volta do mês de março, vinha "uma frota de cerca de vinte navios de Lisboa, carregados de tecidos de linho e de lã", e que "esses mesmos navios traziam de volta, em troca, ouro, tabaco, madeiras tintoriais chamadas madeiras do Brasil". E o sr. Gentil de la Barbinais[14] escrevia em 1717: "Enviam-se a cada ano duas frotas para Lisboa, uma para o Rio Geneyro [sic] e a outra para a Baía de Todos-os-Santos".

PRIMEIRAS COMPANHIAS PARA O TRÁFICO DE ESCRAVOS NO SÉCULO XVII; FIM DO CICLO DE ANGOLA

Já abordamos no primeiro capítulo o fracasso das conversações de Coutinho em Haia, o Tratado de Münster assinado em 1648 entre a Holanda e a Espanha e as dificuldades de Portugal, em guerra com a Espanha, evitando deixar-se arrastar em um conflito com a Holanda, cuja independência acabava de ser reconhecida.

Em 1656, falece d. João IV; seu filho, d. Afonso VI, que tinha apenas treze anos, o sucede, sendo sua mãe, d. Luiza de Gusmão, regente.

Em 1661, um tratado foi finalmente assinado entre Portugal e Holanda, mas como a França também punha fim à guerra espanhola, assinando a Paz dos Pirineus, Portugal se vê abandonado e aproxima-se da Inglaterra.

Em 1668, em consequência das vitórias dos exércitos portugueses em Monte Claro, a Espanha reconhecia, por um tratado de paz, a independência de Portugal.

O comércio de escravos entre a Costa da Mina e a Bahia era ainda muito reduzido; o principal tráfico fazia-se com Cacheu e Cabo Verde ao norte, e sobretudo com o Gabão e Angola ao sul.

> Por provisão de 11 de março de 1673, expedia-se Regimento para a ilha de São Thomé e suas annexas, concedendo o comércio livre, por cinco annos, mediante pagamento dos impostos de exportação, 4$000 por peça embarcada para Brasil, Índias de Castella ou Reino, pagamento a ser feito na ilha, ou por avença, como se costumava fazer no reino de Angola.[15]

De todas as companhias organizadas em Portugal para esse tráfico, nenhuma delas seria rendosa nem de grande duração. Suas atividades estão fora do âmbito do presente estudo, mas convém que sejam assinaladas.

Uma primeira Companhia de Cacheu e Cabo Verde era criada:

> Em 19 de maio de 1676, um alvará lhe confirmava os estatutos por seis annos; para reedificar aquella praça, facultava-lhe negociar em géneros de Cacheu e de Cabo Verde, negros para o Reino, suas conquistas, e Índias de Castella. Falliu, pela perseguição das autoridades de Cabo Verde, enciumadas por verem que o commercio se transferiria desta para outra zona colonial, e pecuniariamente interessada em que tal não se desse.

Tal falência ocorreu em 6 de maio de 1680. Um alvará entregava à Companhia Geral do Brasil a administração do comércio da África. Os alvarás expedidos aos capitães que iam traficar na Costa da Mina comportavam, com efeito, a obrigação[16] de pagar direitos sobre suas cargas de escravos aos administradores da companhia, na forma prevista por sua alteza real, o príncipe regente.

Naquele mesmo ano de 1680, procurou-se, a partir da ilha de São Tomé, construir uma fortaleza em Ajudá e vincular, mas em vão, a Costa a Sotavento da Mina àquela capitania de São Tomé.

Em 1683, o rei d. Afonso tendo morrido, o jovem regente, d. Pedro II, tornava-se rei.

A partir de 1687,[17] os alvarás expedidos aos capitães que iam traficar indicavam, entre as razões de ir buscar seus escravos na Costa da Mina, a "notícia que veio do Reino de Angola de haver conhecido nele o mal de bexigas, de tal maneira que se pode temer que, em muitos anos, se não refaça a perda de muitos negros que morreram nêle".[18]

Em 3 de janeiro de 1690, uma segunda Companhia de Cacheu e Cabo Verde foi criada por seis anos para o comércio de escravos.

Em 15 de fevereiro de 1693, a Companhia Real de Guiné e das Índias[19] recebia autorização para a importação dos escravos do *asiento* para as Índias de Espanha. Mas em 18 de junho de 1703 o contrato do *asiento* foi rescindido e passou para a França.

Em 24 de dezembro de 1696, um decreto prorrogava por seis anos a Companhia de Cacheu e Cabo Verde, que estabelecia entrepostos na ilha do Príncipe e "ia buscar escravos no Gabão e na Costa da Mina".

INÍCIO DO CICLO DA MINA; PRIMEIROS SINAIS DE RIVALIDADE ENTRE OS NEGOCIANTES DA BAHIA E DE PORTUGAL

As primeiras jazidas de minerais e metais preciosos foram descobertas no Brasil em 1698, nas regiões da Bahia e de Minas Gerais. A necessidade de mão de obra para a exploração dessas minas se fez sentir, a partir daquela época, de maneira cada vez mais imperiosa.

Em 2 de dezembro de 1698,[20] João de Lencastro, governador-geral do Brasil na Bahia, conjuntamente com o governador de São Tomé, era avisado por uma carta de Lisboa:

> Mandando ver no meu Conselho Ultramarino, o q se me presentou sobre o Rey de Ajudá consentir q'se faça na sua terra hũa feitoria, ou fortaleza. [...] Me pareceu ordenar vos q., ouvindo os homens de negócio sobre as conveniencias que resultarão de se fazer esta fortaleza, ache estado e dos meyos que offerecem para se edificar e sustentar o seu presidio. Informeis o q. se nos offerecer.

O governador do Brasil enviou uma resposta acompanhada de um relatório favorável à construção dessa fortaleza, redigido pelos negociantes da Bahia,[21]

> qu' só poderia ter effeito formandosse neste Estado hũa companhia geral para esta Costa, a qual tomaria por sua conta a despeza da dita fortaleza; e traria [...] continuamente na Costa embarcações de força para comboyarem e defenderem as embarcações pequenas dos roubos que se lhe intentarem fazer.

Era de doze anos a duração prevista para a referida companhia, cujos estatutos eram inspirados nos da Companhia Geral do Comércio do Brasil. O relatório apontava finalmente que

> as conveniencias que rezultariam asi a reputaçam das armas do dito Sr., pellas continuadas prezas que os estrangeiros [os holandeses] fazem naquella Costa as nossas pequenas embarcações, do que tem rezultado grandes perdas, assim como pella utilidade e augmento deste Estado, pella falta que ha de escravos para a cultura delle, e sobre tudo, para que a Igreja se troucessem tantas almas que se perdem entre seu paganismo, ou na heretica sugeiçam as nações estrangeiras, para onde sam lastimozamente levadas.

Durante sua reunião de 2 de dezembro de 1699,[22] os membros do Conselho Ultramarino de Lisboa encarregados de examinar o caso foram influenciados pelo parecer do governador de São Tomé e pelo fato de que a Companhia de Cacheu e Cabo Verde tinha depósitos na ilha do Príncipe e fazia um tráfico seguido com o Gabão e a Costa da Mina.

> Lhes parecia inda mais impraticavel a erecção da fortaleza, poes dizia que se fizesse nas terras do Rei dos Popos, q. andava em guerra com o de Ajudá, q. a pedio; [desta maneira, o] q. este Rei pedio à nossa amizade, ajudaremos a seo enemigo.[23]

Os membros do Conselho Ultramarino faziam igualmente notar que "a criação da nova companhia não impedirá a presença de navios estrangeiros nas suas proximidades, mas causará danos aos diversos navios portugueses, impedindo-os de traficar, apesar dos riscos, na Costa da Mina, assim como a Companhia de Cacheu os impede na costa da Guiné". Além disso, acreditavam que, "para salvar as almas, é preferível colaborar com o rei de Ajudá, enviando-lhe missionários e não construindo a fortaleza, porque normalmente as ações dos seculares se opõem à doutrina da Igreja".

O Conselho Ultramarino acrescentava ainda alguns argumentos contra o levantamento dessa fortaleza:

Acabados os 12 anos desta companhia se seguiria o inconveniente de ficar V. Mag^de obrigado a sustentar esta fortaleza de huma consideravel despeza, assi no q. fosse necessario de munições, como na introdução dos socorros de gente, p.q. se não seria possivel, respeito dos poucos effeitos com q.se acha a fazenda real na Ilha de S. Thomé; neste cazo, se por na necessidade de mandar V. Mag^de demolella, o que não convem à reputação e se deve considerar ainda politicamente q. se deve fugir de algum encontro q. possamos ter com as nações quem ja se achão neste mesmo Reino [a Inglaterra e a França].

Após essa deliberação, em 7 de junho de 1700, o governador-geral do Brasil recebia um despacho de Lisboa.[24] O rei, respondendo ao oferecimento dos negociantes da Bahia, declarava:

Me parecio dizer vos que em quanto a Fortaleza de Ajudá não ha que alterar, nem tratarçe da sua edificação, pellas razões que me forão prezentes; e no que respeito dos roubos que os holandezes tem feito nos navios portuguezes, mando passar officios ao enviado dos Estados que se acha nesta corte, e com o nosso que asiste na dos holandezes, pedindo a restituição dos roubos [...] e no que toca a Companhia que pretendem os homens de negocio dessa cidade em que se insinua, poderão entrar os de Pern^co e Rio de Janeiro, he por bem de prometer esta Companhia, com declaração, porem, q. será livre a todos os moradores, a sim desse Estado, como deste Reyno, poderem mandar as suas embarcações livremente, como athe agora fazião, com condição de que serão obrigados pagar a mesma Companhia o comboy que se entender conveniente.

E pedia ainda que lhe fossem submetidos os estatutos elaborados nesse sentido.

A resposta dos negociantes,[25] redigida em frases confusas, dizia que a segurança dos comboios era difícil, e que não havia comércio suficiente na costa para suportar os custos. Quanto à companhia, não havia possibilidade de saber se os negociantes da Bahia estavam de acordo com que nela admitissem sem distinção todos os vassalos do rei de Portugal, quer fossem do Brasil, do reino ou de suas conquistas, e mantinham seu pedido de que um privilégio de exclusividade do comércio na Costa da Mina fosse concedido à companhia.

Pouco depois, em 2 de abril de 1702, d. Rodrigo da Costa, governador designado para o Brasil, estando prestes a deixar Lisboa, recebeu estas instruções,[26] nas quais Sua Majestade achava que

> não havia ainda nesta [resposta dos homens de negócio da Bahia] toda aquella clareza, e individuação, de q. necessita p^a o último ajuste de hum neg^o de tanta importancia, e por fiar do vosso zello, actividade e prudência, q. tomando vos hua enteira noticia deste p^{ar} assim na B^a, como das mais praças daquelle Estado, me informeis sobre elle com tal exacçam q. eu possa tomar a ultima rezolução; vos ordeno q. logo que chegares a B^a procureis instruir vos assim das conveniencias, como dos damnos, q' se podem seguir do estabelecim. desta comp.^{a}, e qual será mais seguro e util a meus vassallos: se o comercio livre da Costa da Mina com os riscos, q' se aqui padecem ou, menos lucro com a sociedade na dita Comp.^{a}.

E recebia também instruções detalhadas relativas aos preços a serem fixados para os escravos e as diversas mercadorias cujo transporte fosse exclusividade da companhia.

A resposta do novo governador foi totalmente clara: exprimiu-a num despacho datado de 9 de outubro de 1702, redigido três meses depois da posse de seu novo cargo na Bahia:

> A formação da companhia proposta por alguns negociantes da Bahia a Sua Majestade é impossível, em razão dos enormes capitais necessários e das mudanças de intenção de alguns dos que haviam feito tal proposta. Convoquei as pessoas que haviam tido essa iniciativa; elas lembram que um projeto com 56 capítulos foi submetido, e que cinco desses capítulos pareciam particularmente importantes,[27] e sua recusa foi uma das razões pelas quais a companhia não pôde constituir-se.

O governador, continuando sua pesquisa, encontrou "uma total repugnância a esse respeito da parte de todas as pessoas que, da Bahia, enviam seus patachos e sumacas à Costa da Mina".

A mesma acolhida foi-lhe reservada nos outros meios, em que lhe foi declarado que:

Se fosse criada a companhia, seria vantajoso apenas para os únicos membros da associação e só para eles seria conveniente, mas que para os habitantes do Brasil haveria de decorrer um prejuízo irreparável, pois o preço dos escravos tornar-se-ia ainda mais exorbitante. Seguir-se-ia a ruína dos proprietários de engenho de açúcar e plantadores de cana e, como consequência, a diminuição das rendas reais neste Estado do Brasil.

Não convinha, pois, formar tal companhia. Salvo contraordem do rei, o governador não se propunha levar adiante a pesquisa, nem no Rio de Janeiro, nem em Pernambuco.

BAHIA NO FIM DO SÉCULO XVII; PROBLEMAS CAUSADOS PELA PRESENÇA DOS ESCRAVOS

No século XVII, boas descrições da Bahia, seus habitantes e seus costumes nos são fornecidas por diversos viajantes, tal como a do sr. Froger em sua *Relation d'un voyage fait en 1695, 1696 et 1697...* Permaneceu na Bahia de Todos-os-Santos de 20 de junho a 7 de agosto de 1696.[28]

O capitão William Dampier passaria na Bahia três anos mais tarde, permanecendo de 25 de março a 23 de abril de 1699.[29]

Frézier, engenheiro ordinário do rei, publicava em 1717 uma *Relation du voyage de la mer du Sud aux côtes du Chili, du Pérou et du Brésil fait pendant les années 1712, 1713 et 1714.* Permaneceu na Bahia de 26 de abril a 7 de maio de 1714, ou seja, uma dezena de dias apenas.[30]

O sr. Gentil de la Barbinais, por sua vez, permaneceria na Bahia de Todos-os-Santos de 16 de novembro de 1717 a 18 de fevereiro de 1718.[31] Dos trechos de suas impressões citados nas notas depreende-se que, em sua chegada à Bahia, os estrangeiros ficavam impressionados pelo aspecto da cidade, dividida em Cidade Alta e Cidade Baixa. A primeira com suas casas residenciais e suas igrejas ricamente ornamentadas; a segunda com seus depósitos de mercadoria e sua intensa atividade comercial.

Ficavam admirados com a enorme quantidade de escravos trazidos da África, e constatavam sua utilidade para transportar mercadorias e pessoas, numa cidade em que os carros não podiam circular em razão de seu relevo acidentado.

Notavam o grande número de escravos domésticos e a maneira como os senhores gostavam de exibi-los para dar mostras de sua riqueza. Fazem também alusão à facilidade com que certas mulheres escravas se tornavam amantes ou esposas dos portugueses,[32] bem como ao número elevado de mulatos. Falam ainda dos ornamentos de correntes de ouro, pulseiras, anéis e ricas rendas com que essas mulheres escravas se enfeitavam para atrair seus amantes, que com suas senhoras dividiam as liberalidades.

Um decreto real de 3 de outubro de 1696, entretanto, tinha baixado disposições para lutar contra essa prática que feria os bons costumes.[33]

Em 23 de setembro de 1709,[34] o rei de Portugal escrevia ao governador da Bahia, Luiz Cezar de Meneses, para lhe confirmar o seguinte:

> Tendo tomado conhecimento das observações que me fizeram os oficiais da Câmara desta cidade da Bahia, a respeito do relaxamento com o qual as escravas têm o costume de viver e vestir-se em minhas conquistas de além-mar, passeando à noite, e incitando os homens ao pecado com suas roupas lascivas, apraz-me ordenar que façais observar os decretos relativos àqueles que passeiam à noite. E como a experiência mostrou que numerosas ofensas contra Nosso Senhor se produzem devido às roupas que usam as escravas, vos ordeno que não se consinta que as escravas vistam-se de seda, linho ou ouro, para impedir assim que incitem ao pecado por esses custosos ornamentos.

O rei de Portugal, em seus cuidados para com o bem público, não se preocupava apenas com a virtude dos habitantes da Bahia, tanto senhores quanto escravos, mas igualmente com a salvação de suas almas. Uma das principais acusações que faziam aos estrangeiros na Bahia, no fim do século XVII, era sua condição de protestantes e os damnos […] que se podem seguir ao serviço de Deus Nosso Senhor e meu Rei [pelo fato desses] hereges comprarem e possuirem negros [especialmente africanos recém-chegados] pelo perigo de lhes ensinarem os seus erros ou de os não mandarem doutrinar na verdadeira fé.

E havia também

a dificuldade do remédio em razão das capitulações que se tem celebrado com seus Príncipes e Repúblicas. Porém, como sem embargo dellas succedesse que os taes estrangeiros comettão o crime de ensinarem os ditos escravos nos seus erros, se não deva consentir que os possuão nem que assistão nos domínios [do rei].

E por isso o rei ordena

que procureis com toda a diligencia averiguar e saber se elles com effeito o fazem assim como vos parece que o podem fazer, e constando-vos que tem encorrido neste crime lhe mandarei logo tomar os negros, tirando-os de seu poder e que se saião desta cidade e todo o Estado do Brasil.[35]

REAÇÕES PROVOCADAS NA BAHIA PELAS DIFICULDADES ENCONTRADAS PARA TRAFICAR NA COSTA DA MINA

Com o desenvolvimento do tráfico negreiro na Costa a Sotavento da Mina, multiplicavam-se as dificuldades e incidentes entre os navios da Companhia Holandesa das Índias Ocidentais e os dos negociantes da Bahia.

Em 27 de novembro de 1718, o vice-rei, d. Sancho Faro, conde de Vimieiro, enviava uma carta para Lisboa,[36] na qual dizia:

Os engenhos de açúcar e as plantações desta conquista se vão arruinando, seja pela falta de escravos para as fábricas de açúcar e tabaco, seja pelos preços exorbitantes pelos quais estão sendo vendidos, como também pelas presas contínuas de embarcações portuguesas feitas pelas galeras holandesas na Costa da Mina. Em consequência disso, o Brasil e o reino submetem-se a um prejuízo comum, pelas grandes perdas que afetarão tanto os vassalos do rei quanto as rendas reais, caso o rei não tome providências neste negócio, de tão grande importância e causador de tamanhos prejuízos, num momento em que mesmo os mais opulentos homens de negócio se vão empobrecendo.

Julgo necessário interromper tal comércio por um ano, a fim de provocar um desentendimento entre os negros da dita costa e os holandeses. Estes últimos desejariam, então, o retorno dos portugueses para a sua proteção, porque o rei de Ajudá e outros potentados portugueses são tão apaixonadamente inclinados aos portugueses, em razão dos seus tabacos, que se desentenderiam com os holandeses e os expulsariam dos portos onde possuem feitorias e fazem comércio com o tabaco português, que os holandeses não podem substituir pelo tabaco de Virgínia, menos abundante e estimado.

O vice-rei comunicou sua ideia a alguns homens da Bahia, que a aprovaram, mas, como não tinha ordem do rei, não podia aplicar tal medida. Ainda nesse documento, considerava que "os negros da Costa da Mina são mais procurados para as minas e os engenhos que os de Angola, pela facilidade com que estes morrem e se suicidam".

Em 5 de maio de 1719, o rei respondeu que, por resolução de 2 de maio de 1719, tomada em consulta ao Conselho Ultramarino, havia mandado expedir cartas régias rigorosas nesta corte e em Haia, em que declarava que

> não sendo prompta a satisfação, mandaria prohibir o comércio com os holandezes e sair as famillias holandezas do Brasil, mandando reprezar os seus navios, athé se fazer hu'a restituiçam dos damnos recebidos por esta Coroa.

Quanto à total parada do comércio na Costa da Mina, declarava o rei ao vice-rei:

> O meyo que apontais, não he efficaz porque se não podeis esperar que com a suspenção do comércio com os regullos da Costa, se desaverhão com estes os holandezes. Antes, se não pode esperar que se consiga por [...] descaminho hum bom effeito porque, faltando lhe aos ditos regullos o Comércio de hum anno com os portugueses, como são negros e tão inconstantes, se afeiçoarão mais aos holandezes e esta suspenção causará hu'a grande ruina e damno certo às fábricas do Brazil.

A resposta a essa carta do rei foi enviada em 3 de janeiro de 1721[37] por Vasco Fernandes César de Meneses, o novo vice-rei, que assumira o cargo desde o 25 de novembro anterior:

> Senhor. Não posso acordar com este arbitrio, que o Conde Vimieyro pos na presença de Vossa Magestade, porque considero mayor prejuizo na execução delle, que as consideradas perdas que o Comercio tinha experimentado.
>
> A Costa da Mina se acha por hora limpa dos piratas que a infestavão, e também das galleras holandezas de que recebia bastante damnos: mas sempre sera conveniente que Vossa Magestade tome algu'a rezolução, quando os Estados Geraes não evittem as villências das galleras em cazo em que tornem para aquelles mares.

A proposta do conde de Vimieiro de exercer represálias contra os holandeses, suspendendo por um ano as remessas de tabaco, não foi seguida de efeito.

REGÊNCIA DE VASCO FERNANDES CÉSAR DE MENESES, 1720-35

A rivalidade entre os negociantes de Lisboa e os da Bahia, de que trata o capítulo anterior, continuou sem grandes mudanças até 1720, quando da chegada de Vasco Fernandes César de Meneses, na qualidade de 39º governador e capitão-geral da Bahia e quarto vice-rei do Brasil.

No início de sua regência de quinze anos, ele favoreceu as iniciativas dos negociantes da Bahia contra os de Lisboa.

Finalmente via-se a Bahia livre, havia pouco, do peso que tinha constituído para sua economia os privilégios dos quatro gêneros alimentícios concedidos em 1649 à Companhia Geral do Comércio.

Os negociantes de Portugal tentaram logo estabelecer uma nova companhia que, além dos privilégios dos quatro gêneros, teria tido também o do tráfico de escravos. O Senado da Bahia protestou contra essas pretensões e, em 12 de março de 1721,[38] enviou uma petição ao rei em que pedia que não fosse dado seguimento ao referido projeto:

> Senhor, temos noticia que os homens de negocio desse Reino propoem e pedem lecença a V. Magestade para fazerem as couzas de que consta o commercio [...]

ficar todos os géneros em estoque e athé os escravos que aos portos de Africa vão buscar as embarcações desta conquista.

Quer essa reclamação tenha sido levada em consideração, quer os negociantes do reino de Portugal não estivessem em condições de reunir os recursos necessários, a nova companhia não foi criada.

CONSTRUÇÃO DO FORTE DE AJUDÁ POR JOSEPH DE TORRES; SUAS ALTERCAÇÕES COM A JUSTIÇA

Em 1721, uma das primeiras iniciativas de Vasco Fernandes César de Meneses foi autorizar o capitão de mar e guerra Joseph de Torres a construir a fortaleza de Ajudá, na Costa a Sotavento da Mina. Essa obra recebeu em sua honra o nome de "fortaleza cesárea".

Joseph de Torres, que está no ponto inicial desse projeto, era capitão de mar e guerra e proprietário de navios que traficavam com escravos na Costa da Mina. Antigo frequentador dessas regiões, apesar de formais interdições, estabelecera relações comerciais ora amigáveis ora tempestuosas com os holandeses do castelo de São Jorge da Mina, além dos ingleses do castelo de Cabo Corso e do forte William, em Uidá. Joseph de Torres trabalhava frequentemente em sociedade com eles, no transporte dos escravos para a Bahia. Nessa cidade, figurava entre os mais hábeis negociantes da Costa da Mina; hábil até demais, pois os métodos que aplicava na condução de seus negócios nem sempre eram legais. Em consequência, teve muitas vezes contas a ajustar com a justiça. As qualidades de seus defeitos eram entretanto de uma vitalidade, um espírito de iniciativa e de empreendimento contagiantes, que deviam fazer dele um dos principais artesãos do restabelecimento das feitorias portuguesas na Costa da Mina.[39]

O vice-rei vira chegar sem desconfiança da Costa da Mina o capitão de mar e guerra que trazia ao rei de Portugal as "chaves do comércio de escravos", mas não demoraria em fixar-se sobre as atividades anteriores de Joseph de Torres.

Por volta do fim daquele ano de 1721, chegou-lhe uma série de despachos e instruções a esse respeito, todos ao mesmo tempo.

Carta de 8 de agosto de 1721:[40]

Um processo fora aberto contra Joseph de Torres pelo provedor-mor da

Fazenda, por causa do comércio feito por ele e alguns outros com navios estrangeiros vindos outrora no porto da Bahia. Joseph de Torres fora deixado em liberdade, sob caução de seus bens, em 6 de junho de 1720, por decisão do Conselho da Fazenda. O rei tinha aprovado aquela medida tomada pelo Conselho, mas ordenava que Joseph de Torres voltasse para o cárcere, tendo, para tal efeito, revalidado a queixa do provedor-mor da Fazenda, em consequência de argumentação desse último.

Carta de 19 de outubro de 1721:[41]

O Conselho da Fazenda, tendo concedido a Joseph de Torres autorização de carregar 150 caixas de açúcar para ir traficar na Costa da Mina com estrangeiros, queixa-se ao provedor-mor e aos deputados da Junta dos Negociantes, fundamentado no "grande prejuízo que resulta de tais autorizações que destroem o comércio deste reino". Em consequência, ordena que "seja expulso Joseph de Torres, de caráter muito orgulhoso e violento, por ter firmado acordos com os holandeses do castelo de São Jorge da Mina e ter-lhes trazido açúcar, tabaco e ouro. Ele pagou a quarta parte dessas mercadorias aos holandeses, em troca de escravos, panos e ferro, sem pagar os direitos habituais sobre os produtos que saem deste reino [Portugal] para aquele Estado [Brasil]". O rei exigia explicações a respeito da autorização dada pelos ministros do Conselho da Fazenda, sem levar em conta o considerável prejuízo que resultava para o comércio desse reino e suas finanças após tais liberdades.

Carta de 26 de outubro de 1721:[42]

Mandar executar um julgamento obtido contra Joseph de Torres por Sir John Methuen,[43] que foi embaixador da Inglaterra na corte de Lisboa, a respeito do regaste de uma carta de câmbio de 22 mil cruzados, sacada por ele para determinada pessoa desconhecida em Barcelona, e protestada já havia catorze anos. Até então não pudera ser executada a sentença, pois o referido Joseph de Torres era protegido por personalidades poderosas. O rei, considerando não ser justo que por semelhantes motivos escapasse Joseph de Torres do pagamento, ordenava que a referida sentença fosse executada.

Além dessas cartas contraditórias ordenando ao mesmo tempo que se exilasse Joseph de Torres, que o encarcerassem e confiscassem seus bens, o vice-rei recebia pela mesma frota instruções do secretário de Estado, Diogo de Mendonça Corte Real, datadas de 25 de outubro de 1721:[44]

Sua Majestade ordena que se suspenda a resolução das consultas do Conselho Ultramarino sobre a conduta de Joseph de Torres, acusado de haver cometido diversas fraudes no comércio na Costa da Mina e igualmente daquilo que fez em conivência com estrangeiros, pois não é oportuno agir contra eles atualmente. Após sua volta, será necessário verificar os fundamentos dessas acusações.

Essa nova decisão fora tomada depois de uma consulta ao Conselho Ultramarino, em 23 de setembro de 1721.[45] A carta do vice-rei a respeito da fortaleza de Ajudá havia então provocado graves debates entre diversos conselheiros. Uns diziam, não sem prudência:

> Como as noticias constantes que há neste Conselho por documentos legaez são de que este mesmo Joseph de Torres foi hú dos mayores e principaes motores das transgressões das ordẽs de Vossa Magestade, no que respeita a negociassões do Brazil para a mesmas Costa da Mina, como tao' bem de negociassões com naos estrangeiras, por cujos motivos se acha obrigado a prizão, de onde foi solto com alvará de fiança, além de outras expertezas perigosas que se tem achado neste sugeito, pello que, verão, tem este mesmo conselho feito prezente a Vossa Magestade ser conveniente a seo leal serviço tiralo daquele Estado e vir para este Reino. Nesta consideração, se não pode persuadir o Conselho que fosse mandado a hum negocio como este hum homẽ tão pouco benemerito no serviço Real, e que contra elle tem sido achados fraudes conhecidas.
>
> [Não se pode esperar que] produza grande efeito esta feitoria ou fortaleza de Ajudá, antes traga consigo consequências muy damnozas, pois nos vamos cituar em hũa parte onde estão bem as nações estrangeiras, com quem possamos ter grandes contendas e diferenças de que não poderemos sair bem, pellas nossa poucas forças, ou nos sugeitar a receber delles leys, o que nunca convem a nossa reputação e aos interesses dos vassalos que houverem de ir commerciar a dita parte.
>
> Ao conselheiro D.ᵒʳ João de Souza, lhe parece que a eleição que fez o Vice-Rey na pessoa de Joseph de Torres foi acertada e conveniente, pella viveza e inteligencia deste sugeito, muy capaz para o intento, sem embargo das culpas que se lhe arguem, por que destas não consta maes que por informações e por hũa devassa de hum Provedor da Fazenda que está prezo em hũa das cadeas desta corte, inimigo cappital do sobredito Joseph de Torres [acusações] não sem suspeita de falcida-

des, pellas maes noticias que vierão nesta frota achadas pello mesmo Vice-Rey na deligencia que Vossa Magestade lhe recomendou sobre o procedimento e queixas que se fizerão do dito Provedor. Ainda que Joseph de Torres tivece alguns indicios das culpas a que se refferem, devião por ora dessimullar [visto estar ele] indo a hua deligencia tão conveniente ao serviço de Vossa Magestade; com a capacidade que lhe achou o dito Vice-Rey.

Isto não era absolvição das culpas porque não deixará de ser castigado [...] em tempo em que houver verdadeiro conhecimento dellas, e sendo ouvido.

CRIAÇÃO DA MESA DO BEM COMUM DOS HOMENS DE NEGÓCIO DA BAHIA EM 1723

O vice-rei mostrou-se favorável à criação de uma Mesa do Bem Comum dos Homens de Negócio da Bahia, uma espécie de comitê de câmara de comércio, por provisão de 14 de junho de 1723, na qual declarava:[46]

Sendo esta cidade cabeça de Estado e achando-se com mais negocio que nenhũa outra do Reyno, porque o tinha com Lisboa, Porto, Cenna, Ilhas de Madeyra e dos Assores, e com todas as conquistas de Angola, Costa da Mina, Cacheo, Ilhas de São Thomé e do Príncipe, e do Cabo Verde, e também com todos os portos do Brazil e [suas] minas, com tanta frequencia que erão pouco os moradores q' não negociassem para hũas e outras praças.

Disso rezultava haver muitas duvidas e por esse motivo se fazia precizo haver Procurador commũ do commercio, que faça os requerimentos q' a elle tocassem, e Meza de Junta que os rezolve-se, como se observava na Corte, porque só daq'la maneyra se poria milhor o commércio com mais utilidade ao Reino: augmento do Estado, socego dos Governadores delle e menos confuzão dos Ministros.

Por conseguinte, o vice-rei aprova e confirma:

Por Procurador do Commercio, a Domingos de Azevedo do C° a quem para esse ministerio nomearão os homens de negocio, [...] concedo que possão estabelecer a dita Meza de negocio nesta cidade, escolhendo para o seu estabelecimento a parte mais conveniente, e também a praticar se nella o mesmo Regimento e Estillos que se observão nas da Corte e Cidade do Porto, enquanto Sua Magestade não mandar o contrario [...].

[...] E mais gastos que são precizos há de sahir do mesmo negocio, sem que a Fazenda Real concorra com couza alguã, porque o tinhão ajustado tirar-se hũ vintem de cada volume das Fazendas que viessem do Reyno, assim seco como de molhados, e o mesmo de cada quintal de ferro, pasta e fundos de cobre, e tambem mesma quantia de cada hũ dos escravos a entrarem nesta Alfandega, vindos da Costa da Mina e mais portos; [tal] importancia cobrarão os Mestres de Embarcações junto com os fretes dellas, entregando-a ao Thezoreiro da Meza de que se não segue prejuizo algũ ao serviço de Sua Magestade, nem tão ao bem publico.

COMPANHIA DO CORISCO

Seis meses depois de o vice-rei ter criado a Mesa do Bem Comum dos Homens de Negócio da Bahia, atendendo às solicitações dos negociantes da cidade, cujos interesses estavam ligados aos dos proprietários de navios do tráfico na Costa da Mina, a Companhia do Corisco era criada em Lisboa por alvará de 23 de dezembro de 1723.

Conservavam-se as duas tendências: Lisboa queria fazer o tráfico com Cabo Verde e o Gabão, e a Bahia com a Costa da Mina.[47]

Os membros fundadores eram Jean Dansaint, Manoel Domingos do Paço, Francisco Nunez da Cruz, Noël Houssaye, Lourenço Pereira e Bartholomeo Miguel Vienne — metade deles era francesa.

Jean Dansaint, o animador dessa companhia,[48] era da cidade de Nantes, na França; foi feito governador da ilha do Corisco, recebeu a distinção do hábito da Ordem de Cristo e a patente de capitão de mar e guerra.

Incidentes diversos aconteceram na Costa da Mina entre holandeses e portugueses em 1723, provocados em parte pela criação da Companhia do Corisco, que não agradava à Companhia Holandesa das Índias Ocidentais.

Lisboa aproveitava-se de todas essas dificuldades para incitar os negociantes da Bahia a não mais irem traficar na Costa da Mina. O pretexto de recente revolta de escravos dessas regiões numa mina do Brasil valeu ao vice--rei instruções, em 18 de junho de 1725,[49] nas quais, uma vez mais, voltava-se à carga para encorajar o tráfico com Angola, preferencialmente àquele com a Costa da Mina:

> Porque se o levante planejado nas minas não teve graves consequências, foi por motivo de brigas entre os angolas e os minas, a respeito do chefe que deveria guiá-los no seu levante.
>
> Nessas condições, convém enviar para as minas negros de Angola, porque vão com mais confiança e são mais obedientes que os minas.

Em 23 de fevereiro de 1726, o vice-rei respondia, em completo desacordo com a sugestão feita por Lisboa:

> Os negros de Angola não servem para o trabalho das minas, mas somente como domésticos, para acompanhar as pessoas do Estado de Minas como lacaios. Assim, é impossível impedir o transporte dos negros da Costa da Mina. Mesmo se esses são resolutos e temerários, não poderão causar desordens, se se tomarem nas minas as necessárias precauções e se mostrarem um pouco previdentes.

A passagem dos navios da Companhia do Corisco provocava incidentes na Bahia, tal como aquele com o *Primogênito*, em 1725, tendo a bordo Jean Dansaint, diretor da Companhia.[50]

Outros incidentes, muito numerosos, produziam-se também na costa da África.[51]

INGRATIDÃO DE JOSEPH DE TORRES

Desde 1725 não mais se falara de Joseph de Torres, recomeçando a se ouvir falar nele em 1730. Tendo perdido todo crédito junto ao vice-rei, encontrara novo protetor na pessoa de d. Lourenço de Almeida. Esse governador e capitão-geral de Minas Gerais tinha péssimas relações com Vasco Fernandes César de Meneses, que se tornara conde de Sabugosa em 1729. Joseph de Torres, jogando com muita habilidade com essas dissensões entre os dois governadores, levantou a delicada questão do contrabando de ouro na Costa da Mina, do qual fora ele próprio um dos mais importantes organizadores, e muito bem informado sobre o assunto.

O vice-rei escrevia para Lisboa, em 23 de agosto de 1730:[52]

Desta Bahya não vay para a Costa da Mina tabaco que não seja de terceyra e infima qualidade, totalmente incapaz de hir para o Reyno e do qual se não podem aproveitar os holandeses, porque ordinariamente chega la podre. Nem depois que Joseph de Torres abandonou esta navegação, tem estes moradores correspondencia algũa com elles, nem com os outros estrangeiros, porque so o dito Joseph de Torres, foi infamado daquella negociação.

Assim o averigoey por ordem que tive de S. Magestade. Tal vez por lhe chegar esta noticia, fosse do Ryo de Janeiro a carregar a Pernambuco de tabaco para hir a dita Costa, e não duvido que o levasse de primeira qualidade, porque daly sempre foy o melhor.

Ja tenho muita vezes dito que o dito Joseph de Torres, he prejudicial no Ultramar e muito mas na Costa da Mina, por ser orgulhoso e de espirito desinquieto, e procurar por todos os meios estragar as ordens reaes, ao mesmo tempo que culpa neste delicto aos mais que se interessão nos negocios em que so elle quer ser conservado. Mas eu estou de accordo para o não tolerar em cazo que busque este porto [Bahia], o que duvido; por saber que eu conheço [suas atividades] e por me lisonjear, me escreveo de Pernambuco nas vesperas de sua partida, dizendome que hia para a Costa da Mina, e que levava mas de doze mil cruzados empregados em trastes para compor as desordens dos reis negros, com quem segura boa amizade, e para provimento de nossa feitoria em Ajudá, e não duvido que elle venha a pagar na mesma Costa os roubos que nella fez, assim aos portugueses, como aos negros e ainda aos estrangeiros, com quem se interessa [em comerciar].

A respeito de Lourenço de Almeida, governador de Minas Gerais, declarava o vice-rei:

Ele foi tão imprudente, como o mostram os fatos relatados na carta endereçada a Joseph de Torres, que nada tentou para impedir o contrabando de ouro, e nenhuma pessoa ousaria estabelecer uma fundição e explorá-la por outros procedimentos escandalosos, que aproveitaria de todos os recursos para provar publicamente seu zelo indiscreto, mesmo ao longe, lá onde não atinge sua jurisdição. Vemos com efeito que, se este governador tivesse se lembrado de suas obrigações como o devia, não haveria contrabando de ouro, e nenhuma pessoa ousaria estabelecer uma fundição e explorá-la publicamente durante um ano. Cunhando moeda com as barras que entravam nas casas do rei, fazia-a circular sem que a coisa fosse notada, até que o governador do Rio de Janeiro descobriu essa falsificação, e que a maquinação se tornou pública, como Vossa Majestade foi avisada. Joseph de Torres voltou da Costa da Mina, e chegando aqui na Bahia relatou-me o que tinha construído, apresentando-me documentos e certificados que, do meu ponto de vista, não mereciam nenhum crédito, sendo feitos com sua habitual astúcia.

Ele diz que vai ao Rio de Janeiro com a intenção de passar para a frota da corte, mas duvido que vá a esta capitania, pois deve grandes somas de dinheiro a diversas pessoas. Ele já é perseguido aqui por alguns de seus credores, principalmente por 7 mil cruzados que deve às finanças reais da ilha do Príncipe. Acredita que o governador não o processa por ter trazido deste mesmo Rio [de Janeiro] diversos passageiros em seu navio, com muito ouro para a Costa da Mina, onde o trocaram contra escravos junto a um navio inglês. Diziam que, por essa razão, o governador mandou sequestrar mais de sessenta escravos e outros bens pertencentes a um desses passageiros, vindos diretamente da costa em uma outra embarcação.

Como, apesar de tudo, Joseph de Torres poderia ter a sorte de ser ouvido por Vossa Majestade, e que sejam admitidas as tragédias que resultam de seu espírito agitado, vejo-me obrigado a dizer a Vossa Majestade que, como ele traz documentos e certificados sobre os quais fundamenta vários pedidos, principalmente para ser pago pela despesa que fez, não lhe deve ser dado nada, sem antes fazer as verificações necessárias, ainda mais que fez sua construção sem receber ordem e que esta não tem nenhuma utilidade. As finanças reais não estão obrigadas a semelhantes despesas.

Não envio a Vossa Majestade a cópia do relatório que me enviou e não transmito tampouco a carta que me escreveu o rei de Jaquin e as outras cartas dos portugueses que lá residem, porque estou certo de que tudo foi fabricado por Joseph de Torres, e assinadas por eles sob ameaça; além do mais, ele me disse levar consigo essas mesmas cartas e documentos para Vossa Majestade.

Em 20 de setembro de 1731,[53] o vice-rei escrevia novamente para prevenir o rei do embarque clandestino de Joseph de Torres, o qual, vendosce vexado dos seus acredores e com justo receyo de poder ser prezo pelas muitas letras que havia passado no Ryo de Janeiro, de dinheyro que tomou a risco para a viagem que fez a Costa da Mina, e não tendo com que poder pagar, se auzentou clandestinamente na nau da Índia *Santa Tereza*, com tanto susto que me segurão não levara couza algũa [além] do que tinha vestido e papeis e mais documentos da Fortificação que fez no porto de Jaquin, que se acha a ruina por não ter forma alguma que a fizesse subsistir. O que ponho na prezença e V. Mag.[de], em que o Governador de Pernambuco me falla do dito Torres, em cuja capitania lhe não faltavam abrolhos; porque reconhecendo a genio deste homem, devia dar a V. Magestade esta conta para que sayba a verdadeira cauza de sua ausencia e não suceda acreditarse que foi outra como elle costuma affectar, principalmente com a deligencia que fez na Costa da Mina aserca da extração do ouro, porque me segurão que nella culpava a mayor parte dos homens de negocio e mestres das embarcações, devendo so elle ser castigado por ser o primeyro que introduzio ouro e dinheiro na dita Costa; ainda nesta viagem o fez por sy e por passageyros que levou do Ryo de Janeiro. Espero o exame do director da nossa Feytoria, para remeter a V. Magestade.

Joseph de Torres, chegando a Lisboa, manda novos requerimentos ao secretário de Estado, tal como a seguinte petição,[54] que vamos tentar resumir, pois é muito longa e de estilo bastante confuso.

Ele recorda que, num primeiro e num segundo relatórios sobre as dependências da Costa da Mina, para onde tinha ido com frequência nos últimos 24 anos, mostrara como as pessoas do Brasil faziam contrabando de ouro, prata e outros produtos, o que trazia um prejuízo anual de pelo menos 1 milhão de cruzados.

Joseph de Torres declara ter feito muitos inimigos em consequência de seus inquéritos sobre o contrabando e tê-los levado ao conhecimento do rei de Portugal e do conde de Sabugosa, vice-rei da Bahia.

A lei promulgada em 25 de maio de 1731, sobre a capacidade dos navios e o controle da carga, parecia-lhe insuficiente, pois, segundo ele, os navegantes, em vez de levar as mercadorias, levavam, como carga total ou em parte, ouro e diamantes, para poderem assim carregar um número mais elevado de escravos. E acrescenta que esse comércio pertencia aos poderosos da Bahia.

Ataca virtuosamente a grande ambição e a má conduta dos proprietários dos navios que faziam tal navegação e, para vingar-se, como o tinha previsto o vice-rei, acusa seus antigos sócios e amigos de se entregarem ao contrabando do ouro.

Coloca-se como defensor das finanças reais, procurando a exaltação das armas e das forças de Sua Majestade, e propõe a formação de uma companhia grandiosa, da qual quatro diretores seriam instalados na fortaleza de São João de Jaquin, por ele recentemente construída, para onde iriam os navios do tráfico, que seriam protegidos por sua artilharia dos insultos dos estrangeiros. Essa fortaleza de Jaquin seria o único lugar onde se permitiria o desembarque do tabaco, que dessa forma se encontraria numa única mão e num único lugar. Para lá afluiriam os selvagens e todas as nações estrangeiras, para se abastecer, pois não podiam ficar sem esse produto, e, como seria proibida a entrega em seus portos, ficariam todos dependentes da fortaleza de Sua Majestade.

Joseph de Torres, que sabia ter esgotado todas as suas possibilidades no Brasil e na Costa da Mina, terminava "mui nobremente" essa súplica:

> Nenhuma prezunção pode haver em o supplicante solecitar o augmente da Costa da Mina que a do real serviço, e nelle tem arriscado a sua vida em terras tão nucivas, e gastado a sua fazenda no estabelecimento de 2 fortalezas, alevantando a Real Bandeira em terra alheia contra a opposição dos holandezes, armando 2 navios em guerra na Baya e no Ryo de Janeiro a sua custa, e todo o mais serviço que consta das suas certidois.
>
> Por todo elle [serviço] espera da Real Grandeza seja despachado no posto de Cappitão-mor de Benguella com a patente de Cappitão de Mar e Guerra da Coroa que ocupou na Baya e habito de Christo pretenção que lhe julgarão em consulta de 1724.

LEI DE 25 DE MAIO DE 1731 RELATIVA À ARQUEAÇÃO DOS NAVIOS E AO COMÉRCIO NA COSTA DA MINA

Em 1730, moderam-se as relações entre os Países Baixos e Portugal. O vice-rei recebia de Lisboa uma carta de 30 de agosto de 1730[55] ordenando-lhe que

98

S. Mag.ᵉ foi servido resolver que athe nova ordem não mande V. Ex.ᵃ fortificar a feitoria no Reino de Jaquin; como na Haya esta Dom Luiz da Cunha conferindo com os holandezes sobre negocio da Costa da Mina, não convem no entretanto innovar couza algũa na referida Costa, mas se observar as couzas nella no estado em que ao prezente se achão.

Não sabemos athe agora o que podera rezultar daquella negociação: he porque a Companhia Occidental da Hollanda agora se augmentou, incluindo nella não so os Holandeses, mas também os Zelandeses.

Dicta a prudencia que acautellemos o cazo de rompimento, cuidando se sera possivel de fornecer escravos a esse Estado sem hir a Costa da Mina, tirando os de Cabo Verde, Cacheu, Reino de Angolla, Madagascar, Mozambiques [...] fazendo--se h'a companhia neste Reino, na qual se enteressem os homẽs de negocio desse Estado que quizerem entrar nella; sobre o que ordena Sua Magestade que V. Exᵃ. interponha o seu parecer ouvindo os homens de negocio dessa Cidade [Bahia].

Como os Zellandezes são grandes piratas e se achão enteressados na referida Companhia Occidental, e nos lhe represamos hum navio de Flessinga, sera neces-sario que os nossos navios, que forem a Costa da Mina se acautellem para evittar algũa reprezalia.

A respeito dessa companhia, cuja criação estava sendo cogitada, escrevia d. Luiz da Cunha:[56]

Nesta Companhia poderião entrar dous grandes ramos. O primeiro tomando o contracto do tabaco com mais vantagem para a Fazenda Real da que fazem os con-tratadores [...]. O segundo, e maior ramo de comercio, seria de prover ao Brasil de escravos [...]. E como os negros da Costa da Mina são os melhores para o trabalho poderia a Companhia ajustar-se [com a Companhia Holandesa das Índias Ociden-tais] e negocear com ella, sem prejudicar ao direito que Sua Magestade pretende ter de que os seus vassalos possão livremente commerciar por toda aquella Costa.

Entretanto, o próprio plenipotenciário português tinha suas dúvidas quanto ao fundamento da causa que lhe cabia defender. Nenhum acordo era possível entre Portugal, que queria ficar livre e comerciar com a Costa da Mina, e a Companhia Holandesa, que se agarrava aos privilégios obtidos por diversos tratados.

Para Lisboa, a solução era, mais uma vez, o abandono do tráfico na Costa da Mina, em proveito das outras conquistas. Esse modo de considerar as coisas não convinha em absoluto à gente da Bahia.[57]

Entrementes, em 10 de julho de 1730,[58] o vice-rei levou ao conhecimento de Lisboa o fato de que as contínuas desordens provocadas pelas guerras do rei do Daomé tornavam o tráfico de escravos cada vez mais difícil, e acrescentava:

O General holandees que assiste no Castello da Mina me escreveo a carta cuja copia ponho na presença de V. Magestade,[59] e procura por todos os meyos favorecer as nossas embarcaçoens sem entrar a examinar se levão fazenda de Europa a que elles chamão prohibidas, porem se alg'a dellas deyxão de hir despachar ao mesmo Castello, experimentará como dantes os roubos das galleras.

O Conselho Ultramarino[60] examinou essa questão em 15 de janeiro de 1731:

O Procurador da Coroa respondeo que por repetidas vezes tinha esquecido se prohibisse o comercio do Brasil em directura para a Costa da Mina, por q. só servido se extrahir pra elle o ouro e tabaco de melhor qualidade, e assucar fino, [de que] utilizasse a Companhia da Olanda [...] é tanto que, se prohibir este comercio, os holandezes dezertarão do Castello de São Jorge; bem se mostrara pella Carta do Director o desejo que elles tem de que permanesça o tal commercio, por que sem elle não podem subsistir, o que se devia vivamente reprezentar a Vossa Magestade.

Ao Conselho parece o mesmo que ao Procurador da Coroa, e que Vossa Magestade seja servido tomar rezolução [...] que este será so o unico meyo por que os holandezes se conthinuão na moderação que devem obsservar com hu'a nasção com quem estão em paz, e que he este o Comm' sentido de todos os homens que tem experiência do negocio porque para fornecer de escravos o Brasil, bastarão [...] ter os de Guiné e Angolla [...].

Ao Conselheyro D. João de Souza lhe parece que não seria conveniente ao commercio e bem dos seos vassallos que se prohibia o commercio do Brazil para a Costa da Mina, porquanto he possivel conservar se toda aquella Costa sem Sertão, e todo o districto das Minas, para tirar o ouro [...] que produz e pode produzir, nem lavrarem os fructos das suas terras despoes que se começarão a introduzir no d° Estado, por não serem bastante os que se tirão de Angolla, por estar aquelle Reyno m^ta falta de escravaria nem estes serem de tanto prestimo como os da Costa da Mina.

O plano sugerido pelo procurador era próximo daquele já proposto em 27 de novembro de 1718, aliás sem sucesso, pelo conde de Vimieiro, segundo o qual

seria conveniente suspender o dito commercio por tempo de hum anno unicamente, parecendo nos produziria esta suspenção malquistarem ce os holandezes com os negros daquella Costa, e o Rey de Ajudá e os mais potentados daquellas Terras [...] se dezvirem com os hollandezes os expulcem dos seus portos.

Apesar da intervenção de João de Souza, a proposta de lei foi votada, assinada pelo rei e transmitida em 25 de maio de 1731 ao vice-rei do Brasil, acompanhada de uma carta do secretário de Estado, Diogo de Mendonça Corte Real:[61]

Pello Conselho Ultramarino se remette a V. Exª a nova ley sobre o commercio de escravos na Costa da Mina, o qual convem m° evitar, athe que veymos em que pára a negociaçam com os Hollandezes [...] sem dar justo mutivo [a que pensem] de que [V. Exª] receya aos mesmos. He dai g^de serviço q. V. E.^a prohiba aos navios que faceão a Costa da Mina fazerem commercio nos portos dos dittos hollandezes, com tal desemulaçam que se entenda [vir a proibição de V. Ex.ª e não de Sua Magestade] V. Exª [providenciará também] que os navios que forem comerciar a mesma Costa da Mina van comboyados pela guarda costa, porque so assim poderam ir livres dos insultos dos referidos hollandezes; com a mesma cautela sabera V. Exª. persuadir aos homes de negocio dessa praça ser lhes mto conveniente estabelecerem negocio dos escravos com os seus navios nos nossos portos de Africa. O que tudo S. Magestade [espera] executará V. Exª. com o segredo e desemulaçam que importa, por que se entenda que o sobreditto executa V. Exª por seu proprio movimento, e não por ordem que se viesse do mesmo Senhor [S. Magestade] que ordena avise V. Exª a todos os governadores das Capitanias desse Estado pratiquem o mesmo a respeito do commercio dos escravos na Costa da Mina, sem declarar lhes que teve ordem de Sua Magestade para fazer lhes aquelle aviso, e so no caso em que algum replique dizendo o não executara sem que V. Ex.ª lhe declare ter a ditta ordem, recomendando lhe o segredo.

Antes que essas prudentes instruções tivessem chegado às mãos do vice--rei, este respondera em 3 de março de 1731,[62] com uma espécie de requisitório dos negociantes da Bahia contra as iniciativas de Lisboa e com uma petição para que a organização do tráfico não fosse modificada.[63]

Em apoio a esse desejo manifesto de continuar as relações comerciais com a Costa da Mina, em que o principal obstáculo era a atitude agressiva dos holandeses, o vice-rei fazia saber que a situação melhorava, as embarcações do Brasil não sofriam mais ataques por parte dos holandeses, que pareciam desejosos de receber o seu tabaco e não cuidavam muito das mercadorias de contrabando.

Dois relatórios estavam anexados ao despacho do vice-rei:[64] um feito pelos negociantes da Bahia e o outro pelos proprietários das embarcações que comerciavam na Costa da Mina. Uns e outros se opunham com violência e determinação à formação da companhia.

O relatório dos primeiros era um documento em que a apologia do comércio na Costa da Mina aproximava-se da linguagem da fábula de Esopo. Antônio Cardoso da Silva, na qualidade de procurador dos negociantes, em 7 de janeiro de 1731, esclarecia:

> Os inconvenientes que seguem aos enteresses do negocio, concervação dos engenhos, fazendas e lavor das minas, e os justificados motivos que tem pª se não enteressarem com os da Corte, na Companhia que se lhes propoem, pª se tirarem escravos de Cabo Verde, Cacheu, Angola, Madagascar e Moçambique [...].
>
> Este corpo de que se compoem a mercancia desta cidade se verifica hoje, bem se pode dizer unicamente, da negociação que de quarenta annos a esta parte tem introduzido nos portos da Costa da Mina, fazendo a util e conveniente servirse, quazi no todo, pª o resgate de escravos [em troca] dos géneros da terra [...] com o que adiantarão as rendas Reais desta cidade em quatro partes mais do que avultavam antes dellas.
>
> Da mesma [negociação] se seguio a erecção de tantos templos ornados com custozas pessas de prata e ouro, quantos admira a piedade e pode celebrar repetidas formas de louvor toda a posteridade; della tem resultado a nobreza e esplen-

dor dos edificios publicos e particulares desta cidade ampliando-se sua extensão em mais trez partes do que hera.

Della vivem quazi todos seus habitadores [...]. Com ella se sustentão todos os lavradores de pão de terra, em que se occupão muitos milhares.

Com ella, e por razão della, se cultivão os aridos campos da Cachoeira, em que tambem se empregão os milhares de lavradores, dando occasião com sua laboriosa cultura do tabaco não so a estes avaliados productos, mas a crescidas quantias, [que] resultam dos contractos deste género em Portugal.

Della se alimenta, nesta sua bem patente debelidade, a mercancia desta cidade, que destituhida de traficar com géneros ingleses e as mais nações estrangeiras, a mercancia se os metterem por pessoas interpostas, nesta e não mais praças do Brasil, [...] os franquearem pelos mesmos preços que os podião vender no Reino, lhe não resta, sem hyperbole se pode asseverar, outro meyo mas o de negocearem para os mesmos portos da Costa da Mina [...].

De nenhum modo convem aos homes de negocio desta praça em se enteressarem com os da Corte, na Companhia que lhes propõem, attentos tambem ao que lhes dicta a experiencia no fatal exito com que pereceram as Companhias que, com intuito de tirar escravos, se formarão em Portugal, que sobre terem muy abreviada existencia se perderão quazi todos os capitaes com que se estabelecerão, como pode attentar a de Cacheu e proximamente a de Corisco [...].

Mas, antes, se lhes fora licito [os homens de negócio] declamarião contra a intentada Companhia como inspirada e suggerida em deu damno por ingleses e outros estrangeiros, que pretendem circular por todos os novos portos debaixo de nosso nome os seus géneros, para levarem assy todo o [nosso] ouro [...] empenhando toda sua argucia de annos em conseguir a outorga desta pretendida Companhia [para adotar] hum preço certo nos escravos, de que irremessivelmente se seguirão perderse a liberdade do commercio [...] e a Companhia se constituhir em esponja de todo quanto ouro produzirem as Minas.

Os proprietários de embarcações da Costa da Mina[65] não mostravam mais entusiasmo do que os negociantes da Bahia.

Em 25 de agosto de 1731, o vice-rei, em sua resposta[66] à carta do secretário de Estado, de 25 de maio de 1731, que se cruzara com a carta anterior, lhe confirmava os inconvenientes, já assinalados por ele, da supressão do tráfico na Costa da Mina:

DOM JOAÕ

POR GRAÇA DE DEOS REY DE Portugal, e dos Algarves dàquem, e dàlem Mar, em Africa Senhor de Guinè, e da Conquista Navegaçaõ, Commercio de Ethiopia, Arabia, Persia, e da India, &c. Faço saber aos que esta minha Ley virem, que por estar informado da frequente extracçaõ de Ouro, e moeda que se costuma fazer nas embarcaçoens que dos portos do Brasil navegaõ para a Costa da Mina sem que baste a impedilla as pennas impostas na Ordenaçaõ do Livro quinto titulo cento e treze, pela facilidade que ha de se poder embarcar fortivamente, e difficuldade de se achar depois de embarcado, e que por este motivo se necessita de huma especial providencia, que sirva demais efficaz remedio a taõ perniciozo danno, e igualmente evicte o que tambem se experimenta na extracçaõ do Tabaco fino para a dita Costa, e introducçaõ de fazendas prohibidas que della costumaõ transportar as mesmas embarcações em grave prejuizo do Commercio, e bem publico: Hey por bem ordenar que nenhuma embarcaçaõ de qualquer parte que seja possa navegar dos portos do Brasil para a Costa da Mina, ainda que seja para os portos da mesma Costa, e da de Africa, pertençentes aos dominios desta Coroa, nem ainda receber carga alguma para este effeyto, sem que preceda licença do Vice-Rey, ou Governador da Capitania donde houver de sahir, o qual antes de a conceder mandarà arquear a dita embarcaçaõ, ainda que jà houvesse sido arqueada por pessoas praticas, e verdadeiras com assistencia do Provedor da minha Real Fazenda, de que se fará termo nos Livros da Provedoria para constar a todo o tempo da dita arqueaçaõ, e conforme a ella seraõ obrigados os donnos, e mandadores a quem for concedida a dita licença a carregar a quantidade de fazendas que por justa, e prudente avalliaçaõ parecer bastante para se poder resgatar o numero de escravos em que estiver arqueada a embarcaçaõ, a qual para este effeyto será vezitada ao tempo de sua partida, e tambem para examinarse se as embarcaçoens levaõ a gente, armas, e muniçoens de guerra necessarias para á sua defença, e naõ as levando naõ as deyxaraõ sahir do porto; e a mesma visita se praticará quando voltarem as ditas embarcaçoens logo que chegarem, e antes de abrirem carga; e constando que trazem mayor numero de escravos daquelles para que segundo a referida avalliaçaõ carregaràõ fazendas, seraõ confiscados, e perdidos para a minha Real Fazenda, naõ só os ditos escravos que excederem o numero, mas tambem a embarcaçaõ, e toda a mais carga que pertencer aos donnos, e mandadores della, ou a qualquer outra pes-

soa

Lei de 25 de maio de 1731 sobre o comércio na Costa da Mina (AHU, São Tomé, cx. 4, e APEB, 28, fl. 24).

Pelo Concelho Ultramarino receby a nova Ley sobre o Comercio da Costa da Mina, que fis logo publicar nesta Cidade [Bahia], e se V. Sa. reparou na conta que dey a Sua Magestade, que Deus guarde, em carta de 23 de agosto do anno paçado, veria a providencia que tinha aplicado para se evitar a extracção [contrabando] do Ouro, a qual difere em pouco ao que se manda praticar; porem vejome com alg'a perplexidade na inteligencia da carta de V. Sa., porque me dis no principio della que convem muito que por ora se evite aquelle comercio, e mais abaixo facilita com alg'as circunstancias a mesma negociação, advertindo que os navios que forem à refferida Costa não poção fazer negocio ou resgate nos portos dos holandezes. Como estes não tenhão mais que o Castello de São Jorge, e só Feitorias, como outros muitos estrangeiros nas maiz partes do continente do Paiz, percizamente devo estar com alg'a duvida no que respeita a se prohibir absolutamente o comercio ou continuar ce; mas como esta materia, pelas consequencias, hê grave, e digna da mayor ponderação, quero entender que o que Sua Magestade ordena, hê que se continue o resgate dos escravos com os negros e principes da terra, mas que de nenhua maneira vão embarcaçoens ao Castello de São Jorge, nem fação negocio com os holandezes, nem ainda tenhão com elles nenhum género de comunicação [...].

Isto he lo que mandarey observar, porem estou certo que não haverá senhorio, nem intereçado em embarcação, que se rezolva a navegalha para a Costa, com o justo receyo da reprezalia ou confisco que lhe farão as galleras, não despachando como de antes no referido Castello, e em quanto a persuadir e capacitar os homens de negocio desta Praça, a que estabelecerão resgate nos nossos portos de Africa, pelo que participey a V. Sa. em carta de tres de março deste anno que foi pela Ilha da Madeira, e depois pelo navio de Licença, verá a sua repugnancia e as mais dificuldades que apontarão.

Para a fragata guarda-costa auxiliar o negocio da Mina, e cobrir as embarcaçoens que forem fazer resgate, hera necessario que existice sempre nesta Bahya ou que se mandace de Lisboa para esse efeito; e melhor seria que Sua Magestade distinace para cruzar entre Jaquin e Ajudá, que são os dous, e unicos portos, em que as nossas embarcaçoens fazem negocio, hua fragata de lote de sincoenta pessoas bem guarnecida e paga pela dizima da alfandega, aplicando ce lhe os meyos competentes para a sua subsistencia.

Ao Governador de Pernambuco, e Capitão Mor da Parahyba ja adverti o que devão obrar, e para executarem o que lhes mando como meus subalternos, não devem esperar que lhes declare ser ordem de Sua Magestade, quando muito poderão dar conta ao dito senhor se eu lhes mandar couza [que vá de encontro ao] seu Real serviço, ou prejudique aos seus vassallos.

Os negociantes da Bahia não estavam nada dispostos a enviar seus navios para traficar nos portos portugueses da África; seus navios continuavam a ir regularmente à Costa da Mina.

O vice-rei dizia a Lisboa,[67] por carta de 22 de abril de 1733, da falta de mão de obra que existia no Brasil após a lei de 25 de maio de 1731.

O Brasil está sofrendo cada vez mais com a diminuição dos escravos. Pelo relatório incluso, Vossa Majestade saberá que entre os navios que foram para a Costa da Mina e voltaram, desde que lhes proibi que tocassem no castelo de São Jorge, os poucos dentre eles que voltaram não puderam carregar a metade dos negros para os quais tinham sido arqueados.

Em 15 de junho de 1733, o vice-rei escrevia ao secretário de Estado, transmitindo-lhe uma carta que tinha sido enviada pelo governador holandês do castelo de São Jorge da Mina, em resposta à enviada pelo vice-rei a respeito dos incidentes sobrevindos por ocasião da fuga de Hertog de Jaquin, em Apá.

Que pello conteudo da dª carta, vera V. Mag^de a insolencia e atrevimento com q̃ aquelles homens ameação com o procedimento da reprezalia, buscando o afectado pretexto que insinuão, porq̃ as embarcações do Brazil não costumão fazer negocio senão nos portos de Jaquin, Ajuda e Apá, e outros que chamão de Baixo, em q̃ os holandezes não tem dominio nem prezamente feitorias; mas que tudo isto se encaminhava a fazerem naquelles Portos aquelle excesso as embarcações que os buscassem em direytura, [...] sem hirem ao Castello a pegarlhe dez por cento do tabaco que levão, como tinha feito prez^te a V. Mag^de por via do seu Secret° de Estado, do q̃ se fazia precizo accudir com a rezolução mais comveniente.

Essa carta foi objeto de discussões durante uma reunião do Conselho Ultramarino, em 23 de outubro de 1733.[68]

Ao Cons° parece q̃ a ouzadia com q̃ o G^ro do Castello de São Jorge escreve ao V. Rey do Brazil procede de se não executar naquelle Estado a ley de V. Mag^de, em que ordena que as embarcações q̃ delle forem à Costa da Mina vão armadas em guerra, porq̃ se essa ley se executasse, ou não hirão embarcações em q̃ as galleras holandezas fizessem os roubos que costumão, ou se me poderião disputar, e como V. Mag^de tem dado aquella providencia, parece q̃ nesta conformidade se deve responder ao V. Rey e porque o Conc° tem cons^do a V. Mag^de o que lhe parece para prevenir esses roubos, é fornecer o Brazil de escravos. Cons^ta de 28 de fevereiro de 1732, não acha q̃ acrescentar a q̃ se tem voltado.

O conselheiro Gonçalo Manoel Galvão de Lacerda, dando sua opinião a respeito da carta do governador holandês, diante da impossibilidade de impor as pretensões portuguesas à liberdade do comércio sobre a Costa da Mina sem o emprego da força — o que, por outro lado, não podia ser considerado —, propunha como única solução, mais uma vez, a criação de uma companhia. E argumentava:

Para se evitarem as hostilld^es que os holandezes fazem ao nosso commercio, sem que a Faza Real e os povos do Brazil sintão os damnos que rezultarão pella falta de escravos da Costa da Mina, se necessitão que se forme huma Comp^a em q̃ haja de enteressarse a praça desta cid^e e do Porto, as da Ba, Pern° e Rio de Janr°, sendo obrigados os navios da Comp^a a sahirem desta cid^e [Lisboa] ou da do porto em direytura para a Costa da Mina, voltando ao Brasil p^a [pela] Europa, sem tornarem a mesma Costa. Os navios da Comp^a, assistidos nos primr^os dous ou quatro annos por algum da Coroa de V. Mag^de, poderão oporse aos holandezes e o nosso commercio na Costa da Mina sahir da tutella ou escravidão em q̃ o tem posto a Comp^a occ^al de Holanda; os mercadores do Brazil não poderão juntamente queixarse, pois fica permitido que se engressem na Comp^a e continuem assim o lucro que costumarão ter naquelle commercio.

P^a se formar essa Comp^a, sera necessar° que V. Mag^de ordene que, ouvidos alguns homens de negocio inteligentes, se forme o projecto della, o qual sem demora se remeta ao Brazil para que os mercadores daquelle Est. declarem o cabedal com que querem entrar e possão remeter para esta Cid^e. Para selhes fazer também a saber selhes ha de prohibir a navegação em direytura para a Costa da Mina, para que elles possão dispor das suas embarcações e regular o cabedal com q̃ cada um haja de entrar na Comp[a] e a forma por q̃ o hão de remeter para esta Cide, poiz se acazo selhe prohibisse a navegação da Costa sem q̃ houvessem tido alguma noticia antecedente não deixarião de padecer hum grande detrim°. Nunca podia fazer esta proibição antes de se haver formado a Comp[a] e de haverem os seus navios principiado a introduzir escravos no Brl, poiz de outra maneira sentiria aquelle Estado huma grande ruina, se estivess hum anno ou mais sem q̃ nelle entrassem escravos da Costa da Mina. A faz[da] real em m[as] das suas estações teria grande deminuição, a qual sentiria por m[s] an[s] primr° que viesse acompensarse da groça importancia dos direitos que os negros pagão por entrada no Brazil e por sahida nos portos de mar para as Minas, e o q̃ mais se a falta que elles havião de fazer p[a] o lavor das mesmas Minas. Não pode esperarse que estabelecida agora a prohibição possão hir de Lix[a] [Lisboa] embarcações que transportem ao Brazil o mesmo num° de escravos que em cada anno costumarão entrar naquelle Est° resgatados na Costa da Mina. O resgate que regularmente se costuma fazer naquella Costa he de seis a sete mil e tantas cabeças, do q sera com evidencia que sem uma grande presença o não podem vir de Lix[a] embarcações que fação transporte de hum tão crescido num° de negros.

Por estas razões, parece delle Gover° que, no tempo q̃ he precizo medear lhe que a Comp[a] se forme, V. Mag[de] se sirva ordenar que hua fragata de guerra vá cruzar sobre a Costa da Mina athe q̃ chegue outra q̃ a vá render para que os navios portuguezes possão fazer livremente o seu commercio.

O vice-rei escrevia ao rei, em 20 de maio de 1734,[69] que as embarcações do Brasil continuavam a ir ao castelo da Mina para pagar os direitos impostos pelos holandeses apesar dos editais e das interdições. Eles sempre achavam desculpas para se justificar.

3. Bahia: organização da navegação e do tráfico na Costa a Sotavento da Mina (II)

O DESEMBARGADOR WENCESLÃO PEREIRA DA SILVA,
ADVERSÁRIO DO GOVERNADOR ANDRÉ DE MELO E CASTRO,
CONDE DAS GALVEAS, QUINTO VICE-REI DO BRASIL

Na Bahia, Vasco Fernandes César de Meneses, conde de Sabugosa, era substituído por André de Melo e Castro, conde das Galveas, em 11 de maio de 1735.

Algum tempo depois,[1] em 5 de novembro de 1736, o Senado queixava-se das taxas impostas pelo comitê dos negociantes (Mesa do Negócio), criado treze anos antes, achando-as intoleráveis. Vasco Fernandes César de Meneses não estava mais na Bahia para apoiar o comitê com sua autoridade, e o Senado oportunamente descobria que

> nos não consta que a referida meza de negocio esteja confirmada por V. Mag. e nem aprovado o subsidio para ella aplicado [...] de hum vintem em cada volume despachado na Alfandega e em cada captivo que vem dos portos da Africa e Guiné, que pagão os mercadores e donos das fazendas e escravos [...] reprezentamos a V. Mag. a quem so pertence levantar e desfazer tribunaes, em por e extinguir tributos, para mandar n'esta particular o que a V. Mag. parecer justo.

O desembargador Wenceslão Pereira da Silva,[2] funcionário devotado aos interesses da corte de Portugal e oposto às aspirações dos negociantes da Bahia, era a alma desse movimento. Escreveu um longo parecer em que propõe "os meios convenientes para suspender a ruina dos tres principaes géneros do commercio do Brazil, assucar, tabaco e solla [couro]". Atribuía a falta de dinheiro "por pecado de seos habitantes, que são a primeira causa dos males, tanto mais reiterados, quanto mais incuráveis por meyos humanos". E continuava:

A dous generos de males se podem reduzir as indisposições de que padece o corpo deste Estado, huns internos e outros externos. Estes últimos são os que procedem do grande abatimento e falta de consumo dos tres referidos géneros (assucar, tabaco e solla), principalmente o assucar, que não tem sahida por causa das fabricas que os estrangeiros augmentarão nas suas colonias, para destruição das nossas [...].

As lavras de ouro e diamante que de annos a esta parte se tem descoberto, e augmentado consideravelmente nas terras minerais deste Estado, não contribuirão pouco para a desctruição das lavouras, fabricas e engenhos porque, carecendo estes e aquelles de escravos, cavallos e bois, que he o de que se compõem o seu principal equipamento, ao mesmo passo que os cabedaes forão crescendo com as riquezas das minas, foram também subindo os preços dos escravos com tão exorbitantes excesso e demazia, que de 40 até 50 mil reis porque antes se comprava cada hum dos melhores, chegaram depois a valer e se estão atualmente vendendo por mais de 200 mil reis, e os cavalos e os bois também subiram de preço pelo consumo e sahida que tiveram para as Minas.

Num estilo digno de Bossuet, o desembargador prosseguia:

Os males internos, não menos sensiveis, por mais intimos e comuns a todos, são os que se contrahem dentro do corpo deste Estado, com demasiado luxo, venenoso e depravado vicio, nascido de huns negros fumos exalados das officinas do Inferno, que cruelmente infecciona, destroe e consome estes moradores mal morigerados. Todos o sentem, todos se queixam e todos se lamentam perdidos; mas sempre, enfermos do mesmo mal, não tomão remedio ao impulso da vaidade, a qual ou por desgraça ou por influencia do clima, tanto os predomina, que os fas esquecer de seo proprio commodo e trocar o mais util pelo mais vão.

E atacava indiretamente o novo vice-rei, cuja política de esplendor e luxo era lendária.

Cada hum se regula pelo seo apetite e veste como lhe parece, sem diferença alguma no modo e no excesso do immoderado luxo, nos trajes e adornos de ouro, prata e sedas; e com tantas desordens que se não conhecem as pessoas de hum ou outro sexo pelo ornato dos vestidos.

Não sendo menos intoleravel o uso ou abuso de cadeyras guarnecidas de ouro e sedas, que são as carruagens da terra, moda introduzida ha 9 ou 10 annos e ha pouco permittida a pessoas de inferior condição, no que fazem excessivas despezas com o fornecimento, sustento e vestuario de muitos escravos occupados inutilmente e carissimos no tempo presente como he notorio [...].

Ultimamente a carestia e falta de escravos prejudica, deteriora muito aos moradores desta Capitania, pela grande sahida que tem para a das Minas, em que se occupam mais de 150 mil. O commercio da Costa da Mina, donde se extrahiam e conduziam muitos todos os annos, de alguns [...] annos [...] a esta parte está attenuado de sorte que já não há metade das embarcações que costumavão andar naquella carreira, e as poucas que hoje a frequentão navegam com tanta desordem, hindo muitas vezes huma sobre outras, sem proporcionarem espaço suficiente para o consumo de carga, que pela mayor parte perdem no negocio, ficando este só util para os negros daquelle Paiz, porque compram os tabacos por mais inferiores preços, franqueando-lhes a occurencia delles e a preciza necessidade que os comissarios tem de lhos deixarem na terra ou perdellos, se os quizerem trazer ou reservar para tempo mais opportuno. Muito mais proveitoso hé aquelle negocio para os holandeses e zelandeses interessados na Companhia da Mina que tem ali estabelecido o seo commercio com os negros, os provem de géneros e drogas, de que se agradam, de que se escolhem e no que interessão grandes avanços, revendendo-os depois aos nossos portugueses a troco de ouro. O mesmo negocio fazem negros instruidos pelos holandeses, a cujas mãos vay parar o ouro que se extrahe do Brasil nas embarcações daquelle transporte, que certa e occultamente o levão a todo o risco, para sortirem e darem consumo aos effeytos das suas carregações, comprando os melhores escravos; por isso os nossos comerciantes se empenham e não utilizam hoje de tal negocio, que tem perdido a muitos [...]. O primeiro remedio competente para os males internos cauzados da introdução do luxo, he o que rectamente applicarão os politicos mais versados [...] aconselhando que

[…] se lance um rigoroso tributo sobre os géneros estrangeiros, que sendo desnecessários para o precizo sustento e decente trato, só servem de fomento para a vaidade […].

O segundo remedio para os males procedidos de falta e carestia de escravos, que são as mãos e os pés deste corpo, sem os quais não podemos subsistir, consiste em se applicar todo o cuidado e buscar meyo de o prever delles todos os annos com abundancia, para que cresça a lavoura se augmentem as fabricas e lavras das minas em utilidade commum das Reaes Rendas, dos vassallos e do commercio nacional. Para este effeyto o melhor e mais proporcionado arbitrio que se offerece na conjunctura prezente he o estabelecimento de uma nova Companhia Geral à imitação das que em outros reynos, cujo trafico e principal emprego será resgatar escravos, conduzillos de Africa e vendellos nos portos do mar do Brazil. A experiencia tem mostrado ser este hum dos mais uteis e convenientes meyos para a conservação e augmente dos Estados e seos interesses, de que se valeram muitas nações, as mais politicas de Europa, para enriquecerem e ampliarem o seo commercio. Dentro do nosso Reyno temos o melhor exemplo. Pois, achando-se no mayor apperto, falta de dinheiro e commercio attenuado, se appontou e praticou felizmente o mesmo arbitrio, constituindose a Companhia Geral do Commercio no ano 1649, a qual sem duvida alguma servio de tanta utilidade à Monarchia, e aos vassalos, que os ajudou a pôr em estado de defeza e sustentar a guerra de Castella, restaurou o commercio, salvou as frotas, conservou as conquistas e suprio com promptas e grandes quantias de dinheiro as occurrencias precizas e de mayor importância. Aos moradores deste Estado, no que de prezente se acha, não poderá deixar de ser util e proveytosa a proposta companhia. Porque alem de se poderem interessar nella muitos particulares, facilita e offerece a todos em commum aquillo mesmo de que tanto necessitam, que he o provimento de escravos com abundancia, em melhores commodos, do que agora experimentam. Pois he provavelmente certo que, sendo este negocio administrado, como deve ser, por bons directores, com toda advertencia e cuidado, sera mais bem regido e seguro que o de particulares e com proporcionadas commodidades, regastarão e conduzirão os escravos para os venderem por racionaes preços, quando logo se lhe não queyra taxar o que parecer justo […].

Estabelecida esta [companhia], se pode interessar nella a mercancia do Portugal com a deste Estado, concorrendo todos e fazendo o fundo de 500 até 600 mil cruzados de ações para os primeyros empregos e fornecimentos necessarios. Para o resgate dos escravos fora dos portos já descobertos e frequentados em Cabo Verde, Cacheo, Costa da Mina, Benim, Calabã, Loango, Angolla e Banguella, ha para dentro do Cabo de Boa Esperança, a grande Ilha de Madagascar, Moçambique e Rio de Senna donde se podem tirar inumeraveis e bons todos os annos, por preços muy accomodados.

O TRÁFICO RESERVADO PARA 24 NAVIOS, INDO DA BAHIA POR ESQUADRAS DE TRÊS EM VIAGEM À COSTA DA MINA, DE TRÊS EM TRÊS MESES

Em 1741, o tráfico de escravos passou por um período de desorganização, do qual o vice-rei informava ao governador de Pernambuco, em carta de 21 de janeiro de 1742:[3]

O comércio naquela costa vai se enfraquecendo de mais a mais, de tal maneira que, se não acharmos uma maneira hábil de reorganizá-lo, temo que termine completamente. A consequência será a ruína do Brasil, que não pode sobreviver sem o trabalho dos escravos. Cada um destes homens que comandam os navios para o tráfico dos negros procura, tão logo chega aos portos da costa, encurtar o tempo de seu tráfico tanto quanto possível, e como cada um dos que lá se encontram quer ser o primeiro a ser servido, e que o último a chegar encontra-se na mesma disposição, oferecem um maior número de rolos de tabaco por cada um dos escravos, e o que vem depois lhe propõe maiores vantagens ainda. Arruínam-se todos. As pessoas das minas que vêm procurar os negros de que precisam arruínam-se também, pagando-os a um preço exorbitante e intolerável. Os proprietários de engenhos de açúcar e os plantadores de tabaco estão no mesmo caso. Por esta razão, nenhum deles pode mais andar de cabeça erguida.

Para remediar esse triste estado de coisas, os negociantes da Bahia se propuseram a reorganizar as bases do tráfico de escravos na Costa a Sotavento da Mina, diminuindo o número de navios que para lá se destinavam. Essas modificações foram aprovadas por Lisboa, que avisou ao vice-rei por carta de 8 de maio de 1743:[4]

Convém que meus súditos deste Estado do Brasil tomem o cuidado de proverem-se de escravos por meios mais convenientes, e seria mais a propósito de fazer-se o fornecimento por uma companhia. Por resolução tomada em meu Conselho Ultramarino em 23 de março de 1743, achou-se por bem que, enquanto esta companhia não seja organizada, a navegação para a Costa da Mina não será mais permitida com essa liberdade e essa desordem com que tem sido feita até aqui, mas que a navegação se fará por turno e viagens entre todos os navios da Bahia e Pernambuco que têm o hábito de frequentar este tráfico, para que não vão ao mesmo tempo mais embarcações do que o necessário para que este comércio se faça em boa ordem. O tempo de partida entre umas e outras será medido em um intervalo conveniente, que não será nunca inferior a três meses; elas serão sorteadas entre todas as embarcações que devam ir, mas aquelas que já tenham sido sorteadas não poderão participar do sorteio, enquanto todas não tenham feito sua viagem à Costa da Mina, isto a fim de não ter mais as queixas que costumamos ouvir quando a escolha daquela que deve partir dependa da vontade de um particular, e também para que não se saiba de antemão com certeza quem irá fazer a viagem, para que não faça negociações que prejudiquem o comércio dos que vão à costa.

Uma ordem foi dada ao vice-rei em 23 de junho de 1743:[5] "Em virtude da mesma resolução, consultar os negociantes desta praça da Bahia e as mais hábeis e entendidas das pessoas, para fazer o projeto de uma nova companhia para o fornecimento de escravos da Costa da Mina, que teria de transportar a este Estado do Brasil".

O vice-rei, transmitindo em 9 de março de 1744[6] numerosos e volumosos relatos, escrevia:

Pareceres dos home's da Meza do Negocio desta Praça [Bahia] e outras pessoas que julgei mais praticas e inteligentes do comercio, a quem V. Mag.de me manda ouvir [...] lendo os todos com o vagar q'me foi possivel, acho na mayor parte delles grandes inconvenientes e prejuizos, q'precizamente se ham de encontrar para o seu estabelecimento [da companhia]; porque huns impugnão totalmente o arbitrio da Companhia, outros medrozos este [arbítrio] aprovão, e todos se inclinão a que as cousas se não mudem, nem alterem dos caminhos e expedientes por onde até agora corriam.

V. Magde, he servido ordenar-me que interponha o meu parecer neste negocio, o qual sendo tam alheyo da minha profissão, e muito mais da minha pouca intelegencia, confesso que me não rezolvo a tomar partido em materia tam duvidosa em que se não podem assegurar-se as utilidades que poderão resultar do arbitrio proposto; e muito menos as contingencias dos sucessos, o que somente poderá mostrar-se a experiencia na continuação dos tempos. Sobre companhia se tem escrito muito, e todo aquelle que intentar a escrever mais se exporá ao perigo de dizer o que outros já disserão, assim que, sem me afastar das regras geraes, direi só-mente que sam poucos os que deixão de conhecer e advertir [conforme palavras da gente popular] que o comercio hé alma dos Estados e o Erario em que depozitam os Principes que os dominão as esperanças de poderem acudir ao reparo de qualquer urgencia publica e repentina, com a asistencia das companhias, valendo-se muitas vezes das equipage's dos seus navios para o fornecimento das suas armadas, o que temos visto practicar mui frequentemente na prezente conjunctura em que se acha a Europa: e por isso se interessão a favor das mesmas companhias toda a autoridade do seu patrocinio, para a conservação e augmento dellas.

A continuação desse documento, de uma liberdade de tom não habitual, está em péssimo estado de conservação e ilegível. Revela o grau de irritação do vice-rei em face dos esforços feitos em favor da companhia tão louvada pelo desembargador Wenceslão Pereira da Silva.

De fato, em Lisboa, a administração não tinha mais a responsabilidade pelos negócios públicos, aspecto característico da situação no fim do longo reinado de d. João v, preocupado sobretudo em dar à sua corte um luxo faustoso que rivalizasse com o de Luís xiv.

O erário esgotava-se para fazer face a essas despesas extravagantes, sendo então alimentado unicamente pelas riquezas do Brasil. O Império Português do Extremo Oriente tinha caído nas mãos dos holandeses.

A maior parte do dinheiro do Brasil passava para a Inglaterra, em troca das mercadorias fornecidas nos termos do Tratado de Methuen. Já vimos a reação dos negociantes da Bahia em 1731, a respeito desse assenhoreamento dos ingleses sobre o comércio, por intermédio das companhias.

No fim de sua vida, d. João v gasta somas ainda mais importantes em benefício da religião.[7] A ereção de igrejas, de conventos, o sustento de um clero numeroso, a instituição de procissões suntuosas, os autos da fé custosos que a Inquisição fazia-o celebrar, tudo isso também contribuía para esgotar o tesouro d'El Rey, se bem que em contrapartida obtivesse do papa o título de Rei Fidelíssimo.

O vice-rei estava esmagado por uma papelada que crescia sempre. Em 14 de fevereiro de 1744, escrevendo a respeito da companhia em projeto,[8] terminava sua carta falando "do grande embaraço no qual me encontro para responder à imensa quantidade de ofícios".[9]

REORGANIZAÇÃO DAS ESQUADRAS DO TRÁFICO NA COSTA A SOTAVENTO DA MINA, 1750

Em 5 de março de 1746, o rei levava ao conhecimento do vice-rei que:[10]

Os Deputados da Meza do Commercio dessa Cidade da Bahia se queixão de dezigualdade com que podem sair as sortes no segundo turno [...] das embarcações para a Costa da Mina [...]. Me pareceu mandarvos dizer por resolução de 6 de fevereiro deste presente ano em consulta ao meu Conselho Ultramarino que eu na refferida ordem [...] que as sortes senão repitão e q'os navios continuem a sair para a Costa pela mesma ordem q'ultimamente tem hido.

O Conselho julgava mais indicado o seguinte: "Assim como são 24 os navios do numero, fossem assim 24 os donos; caso tivessem mais de hũ, vendessem e dispuzessem a outros".

Em 26 de fevereiro de 1751, por ocasião de nova consulta,[11] constatava-se:

Existe divergência de opinião na Bahia a respeito da organização dos 24 navios: é preciso conservá-la ou voltar ao antigo sistema de liberdade de navegação na Costa da Mina? O novo vice-rei, Luiz Peregrino de Carvalho Meneses de Ataíde, décimo conde de Atouguia, pensa que esta última solução não faria mais do que renovar as desordens anteriores.

É necessário tomar certas medidas contra o monopólio e a "administração" que existem de fato sobre o comércio dos escravos na Costa da Mina, exercidos por alguns proprietários dos navios do turno, pois conclui-se do inquérito que mandou instaurar[12] que, entre os proprietários, quatro possuíam três, a saber:

Theodozio Rodriguez de Faria e associados, três grandes navios;[13] Manoel Alves de Carvalho e associados, três grandes navios; Capitão Jacomé José de Seixas e associados, três navios; Joaquim Ignácio da Cruz e associados, três grandes navios.

Dois proprietários têm dois, a saber:

Manoel Fernandez dos Santos Maya e D. Thereza de Jesus Maria, viúva de Manoel Fernandez da Costa.

Oito outros têm um:

Antonio Cardozo dos Santos, João Diaz da Cunha, Cap. Bento Fernandez Galliza, Cap. João Lourenço Velloso, Cap. Antonio da Cunha Pereira, André Marquez, Cap. Domingos Luiz da Costa, Cap. João da Cruz de Moraes.

Por decreto de 14 de fevereiro de 1750, foi dito que "deve haver somente um navio por casa comercial ou cabeça de sociedade". E ordenava-se:

Os que restarem serão redistribuídos aos outros comerciantes, mas com a obrigação de que um terço da carga dos navios de grande capacidade esteja disponível para os homens desta praça e os outros habitantes desta cidade. As duas outras partes serão reservadas aos proprietários e ao que eles concedem aos oficiais e marinheiros dos mesmos navios. Para os navios de menor capacidade, o quarto de carga será destinado às pessoas desta praça, os sócios da casa de comércio estando excluídos. Pois senão seria conceder novamente este monopólio de comércio do qual reclamavam.

POLÍTICA DE SEBASTIÃO JOSÉ DE CARVALHO E MELLO, FUTURO MARQUÊS DE POMBAL; O DESEMBARGADOR WENCESLÃO PEREIRA DA SILVA, ADVERSÁRIO DO GOVERNADOR LUIZ PEDRO PEREGRINO DE CARVALHO MENESES DE ATAÍDE, CONDE DE ATOUGUIA, SEXTO VICE-REI

Em 31 de julho de 1750, d. João v morria em Lisboa, e seu filho José o sucedia. A notícia da elevação do novo rei, de 8 de setembro de 1750, só chegaria à Bahia em outubro.

O principal mérito desse soberano foi nomear e manter como primeiro-ministro, durante todo o seu reinado, Sebastião José de Carvalho e Mello, mais conhecido sob o nome de marquês de Pombal, título que lhe foi concedido em 1770.

Se foge ao âmbito deste estudo falar da política enérgica do primeiro-ministro, temos pelo menos que evocar as repercussões que esta teve sobre a organização do tráfico entre a Bahia e a Costa da Mina.

A ambição do primeiro-ministro era controlar o comércio por intermédio de grandes companhias privilegiadas, à imagem das dos holandeses, ingleses e franceses.

Criou a Companhia Geral de Comércio do Grão-Pará e Maranhão e a de Pernambuco e Paraíba. Na falta de uma companhia para assegurar o controle na Bahia, o futuro marquês de Pombal criou a Junta de Inspeção do Açúcar e Tabaco pelas leis de 16 e 27 de janeiro de 1751.[14]

O desembargador Wenceslão Pereira da Silva, intendente do ouro, foi nomeado presidente dessa nova organização, que contrariava os interesses dos negociantes da Bahia, agrupados em torno da Mesa do Bem Comum.

Em sua consulta de 26 de janeiro de 1751,[15] os membros do Conselho Ultramarino concluíam uma vez mais, de acordo com o conselheiro Thomé Joaquim da Costa Corte Real, que o tráfico de escravos nas costas da África era da maior importância para a prosperidade e conservação do comércio do Brasil e do reino, porque, se os escravos eram baratos no Brasil, os produtos do país ficariam mais em conta e a extração do ouro seria mais abundante e feita com menos dificuldades para os mineiros. Devido à desordem com que era na época praticado o comércio de escravos, o Conselho não via nenhum remédio possível para essa situação, caso esse comércio fosse deixado nas mãos dos particulares.

O Conselho propunha

> que o rei se dignasse mandar criar uma companhia para a Costa da Mina, a qual, ao mesmo tempo que fizesse grandes lucros, abasteceria entretanto o Brasil em escravos por um preço bem inferior ao que é praticado atualmente, conduzindo-os com o necessário conforto para que suas almas não sucumbissem, assim como as suas vidas, e evitando a barbárie com a qual a ambição dos particulares faz este transporte.

Essa companhia, como aquelas que tinham sido propostas anteriormente, tampouco foi criada.

O desembargador Wenceslão Pereira da Silva, presidente da nova Junta de Inspeção do Açúcar e Tabaco e intendente do ouro, era muito poderoso na Bahia, infinitamente mais do que os próprios vice-reis. Esses últimos estavam apenas de passagem, enquanto ele se encontrava instalado na Bahia fazia muito tempo. Em 1727, já indicavam seu nome como juiz de fora e presidente do Senado da Bahia.[16] Era o defensor reconhecido das iniciativas dos negociantes do reino de Portugal contra os interesses daqueles da Bahia. Fora adversário do conde das Galveas, quinto vice-rei, e iria entrar em conflito com o sexto vice-rei, conde de Atouguia. Tornara-se o homem de confiança, na Bahia, do novo primeiro-ministro, Sebastião José de Carvalho e Mello. O desembargador conseguiu obrigar o novo vice-rei a se demitir e perseguiu com seu ódio todos aqueles que, na Bahia, tivessem sido amigos dele.

Em 1º de dezembro de 1752,[17] uma portaria real ordenava ao desembargador João Eliseu de Souza que "averiguasse serem ou não verdadeiros certos fatos irregulares atribuídos ao Vice-Rei, Conde de Atouguia, que se dizia estar interessado na navegação com a Costa da Mina associado a João Dias da Cunha, Joaquim Ignacio da Cruz[18] e Theodozio Rodrigues de Faria, administrador do tabaco".[19]

Em 18 de setembro de 1753, o desembargador João Eliseu de Souza respondia a esse respeito[20] a Diogo de Mendonça Corte Real, secretário de Estado da Marinha e Ultramar, em Lisboa, e pelo mesmo correio enviava "uma informação acerca de um desfalque nos dinheiros de defunctos e ausentes, attribuido ao desembargador Wenceslão Pereira da Silva quando era juiz de fora [além] das irregularidades nas cobranças dos impostos etc.".[21]

De seu lado, o arcebispo d. José Botelho de Mattos escrevia em 20 de setembro de 1753 ao mesmo Diogo de Mendonça "comunicando-lhe ter desconfiança de que o Conde Vice-Rei d'elle fizesse qualquer queixa e pedindo para ser ouvido se effectivamente o caso se desse".[22]

Dois meses mais tarde, em 14 de novembro de 1753, o desembargador João Eliseu de Souza escrevia ao rei "serem falsas as acusações feitas contra o Vice-Rei Conde de Athouguia, cujo caracter e zelo muito elogia". No mesmo dia enviava ao ministro da Marinha e Ultramar uma carta queixando-se "mais uma vez das constantes perseguições que soffria e acusando a falta de probidade dos funcionários da Fazenda, da Câmara, da Misericordia etc.".[23]

Dessa correspondência depreende-se que o desembargador João Eliseu de

Souza era opositor do desembargador Wenceslão Pereira da Silva, como o era também o vice-rei, conde de Atouguia.[24]

Como o futuro marquês de Pombal era a favor do intendente do ouro e presidente da Junta de Inspeção do Tabaco, é certo que os relatórios elogiosos de João Eliseu de Souza sobre o vice-rei, seu adversário, não eram os que poderiam querer o primeiro-ministro e seus partidários. O resultado foi que João Eliseu de Souza foi preso e enviado para Lisboa em 18 de dezembro de 1757, como veremos adiante.

Wenceslão Pereira da Silva suscitou toda uma série de problemas ao vice--rei, e essa campanha terminou com o pedido do vice-rei de ser autorizado a voltar para Lisboa.

Em 18 de fevereiro de 1754,[25] o sexto conde dos Arcos, d. Marcos de Noronha,[26] então governador de Goiás, foi nomeado vice-rei em substituição ao conde de Atouguia. Deveria chegar à Bahia somente em 23 de dezembro de 1755, quase dois anos mais tarde.

Em 31 de outubro de 1754, o chanceler da Relação enviava uma enquete, pela qual se verificou "o correcto e regular procedimento do Vice-Rei para com os navios estrangeiros durante o seu governo. O documento compreendia os depoimentos de 31 comerciantes da Bahia".[27]

Os amigos do futuro marquês de Pombal não se haviam ainda desarmado contra o conde de Atouguia.

O DESEMBARGADOR WENCESLÃO PEREIRA DA SILVA CONTRA A ORGANIZAÇÃO DOS 24 NAVIOS, 1755

O primeiro cuidado de Wenceslão Pereira da Silva e da Mesa de Inspeção do Açúcar e Tabaco foi apoiar-se nos negociantes da Bahia, adversários do pequeno grupo de proprietários das 24 embarcações que haviam adquirido a exclusividade de fato do comércio na Costa da Mina, e dar apoio a uma petição dos proprietários dos navios excluídos do tráfico,[28] enviada em 1º de dezembro de 1752 a Sua Majestade, "para ser livre a navegação para a Costa da Mina de esquadras e de darem terças ou quartas partes de sua lotação".

Havendo ocorrido certo atraso na saída das esquadras, esse grupo aproveitou para voltar a insistir e obter que Lisboa pedisse à Mesa de Inspeção[29] nova averiguação:

A respeito das cauzas porque se retarda a sahida dos navios para a Costa da Mina de tres mezes, e sobre o arbitrio, q'aponta para que as escoadras sayão enfalivelmente, no fim do trimestre, ou seja, o negocio da Costa da Mina franco e livre para [...] toda e qual pesoa que o quizer exercer, mandando cada hum os seus navios quando muyto quizerem, quer sejam navios grandes de força quer sejam navios e embarcações de menor lotte, porque nesta forma os agricultores não poderão com rezão allegar falta nem carestia de escravos, por ficarem estes [agricultores] também com a liberdade de poderem commerciar para a mesma Costa; nem tambem os da encorporação do negocio se poderão queixar de que he este negocio por monipollio em muitos poucos, sessando por este meyo tantos clamores, quantos de todo o povo desta terra [...] continuamente esta fulminando tudo na forma que a Meza de Inspeção fez prezentemente a Sua Mag^e., no ultimo capitulo da sua representação.

O desembargador Wenceslão Pereira da Silva era apoiado por Manoel Antonio da Cunha Souto Mayor, chanceler da Relação, e pelo arcebispo, os quais asseguravam a interinidade do governo. Os três estavam unidos para lançar acusações contra seus inimigos, os antigos partidários do conde de Atouguia.

As medidas tomadas pela nova Mesa de Inspeção, presidida por Wenceslão Pereira da Silva, provocaram numerosas críticas de alguns negociantes da Bahia. Em 4 de abril de 1755,[30] Wenceslão Pereira da Silva fazia redigir um auto de devassa a fim de

por razão de seu cargo [...] devassar e conhecer individualmente se algumas pessoas, de qualquer qualidade ou condição que seja, directa ou indirectamente fomentão transgressão e fraude contra o Regimento, Alvarás e Decreto de 16 e 27 de janeiro e de 1º de abril de 1751 e 28 e 29 de novembro de 1753, com que S. M. foi servido estabelecer e criar de novo a Meza da Inspeção do açucar e tabaco nesta Cidade, e se, com efeito, sentem ou fallão mal da creação della, publicando temerariamente que os mesmos alvarás e ordens do dito Senhor a esse respeito não são justas e uteis aos seus vassalos, nem delles se lhe segue proveito, mas sim descontentamento e vexação dos povos e fabricantes e somente utilidade aos negociantes, e com este rumor dão calor e huma total opposição aos ditos regimentos da Meza, Alvarás e ordens de S. M. fazendo palestras com parcialidade e illusões para malquistarem e destruirem o ministerio da Meza da Inspeção.

Entre os ataques contra o sistema do monopólio do tráfico reservado aos proprietários, figurava o do desembargador Antonio José da Fonseca Lemos, que, respondendo ao inquérito de Diogo de Mendonça Corte Real,[31] escrevia em 2 de julho de 1755:

Tambem V. M. me manda que averigue e informe o modo de se fazer com mais utilidade publica o Commercio da Costa da Mina, por ser o mais util para o Brasil, sem o qual não pode substituir o Estado. Nesta matéria tenho ouvido varios discursos e todos vem a parar que para a utilidade dos vassalos e ainda de V. M., o meio mais seguro, mais util e mais comodo he pôr V. M. este contracto livre para que cada hum que quizer possa mandar para a Costa da Mina a sua embarcaçam como e quando quizer, e extinguir o numero e tudo o mais athé aqui praticado [...] e eu acrescentaria que isto se fizesse livre, porem com huma cautela, que he que todo navio que chegasse a hum porto da Costa da Mina a trocar tabaco por escravos e lá achasse já outro navio com o mesmo negocio, este segundo seria obrigado a trocar pela mesma [quantia] que o primeiro tivesse ajustado, e só lhe ficaria livre de baratear depois que o primeyro sahisse daquelle porto, para que os mestres dos navios não fizessem damno huns aos outros.

Em 7 de julho de 1755,[32] o intendente-geral Wenceslão Pereira da Silva enviava um ofício ao primeiro-ministro Sebastião José de Carvalho e Mello e dava-lhe conhecimento das reclamações formuladas pelos capitães dos navios a respeito do carregamento e da partida da frota e de suas disposições mal-intencionadas contra a Mesa de Inspeção. Enviando o auto de devassa de 4 de abril, assinalava como principais opositores da Mesa "as pessoas da Bahia, João Eliseu Aires de Souza e Plácido Fernandes Maciel; este último conhecido no Reyno e neste estado do Brasil como homem insolente, atrevido, decaído, indecente e mentiroso". Além de vários outros acusados, pega-se um fulano de nome Manoel Dias de Souza, que o vice-rei, conde de Atouguia, trouxera como barbeiro para o seu serviço.[33]

Em 14 de dezembro de 1755, o conde dos Arcos chegou finalmente de Goiás vindo pelo sertão,[34] depois de haver descido o rio São Francisco.

O arcebispo escrevia em 12 de maio de 1756[35] para anunciar ao secretário de Estado da Marinha e Ultramar, Diogo de Mendonça Corte Real, que

> com 80 dias de jornada chegou o Exmo Conde dos Arcos à villa de Cachoeyra, que dista desta cidade por agoa 14 legoas, onde promptamente o foy buscar o Chanceller deste Estado, como meo Companheiro que era no governo, e chegando a esta cidade no dia 22 de dezembro, lá para as 2 horas da tarde, o fuy receber ao ultimo degrao do caes da Ribeira, com a Relação, Camara, Cabido, Prelados das Religiões, Nobreza e muita companhia, e [...] lhe dey posse e entreguey o governo na tarde seguinte de 23 de dezembro [...] tudo se fez com a formalidade costumada e geral applauzo.

A chegada do novo governador não melhorou a situação dos dois funcionários que haviam sido perseguidos pelo ódio do desembargador Wenceslão Pereira da Silva, recentemente falecido.[36] Ambos foram deportados e julgados em Lisboa.

Por ofício de 18 de dezembro de 1757,[37] o conde dos Arcos fazia saber ao novo secretário Thomé Joaquim da Costa Corte Real que o desembargador João Eliseu de Souza fora suspenso e mandado para Lisboa a bordo do navio *Nogueira Grande*. Seu companheiro de infortúnio, Plácido Fernandes Maciel,[38] havia sido aprisionado no dia 18 de agosto na fortaleza de São Pedro, antes de ser enviado a Lisboa.[39]

FIM DA ORGANIZAÇÃO DOS 24 NAVIOS, 1756

O secretário de Estado, Diogo de Mendonça Corte Real, escrevia aos governadores interinos da Bahia:[40]

> Sua Magestade, querendo proteger o comercio de seus vassallos na Costa da Mina [...] tem resoluto mandar todos os annos huma fragata de guerra cruzar ditta Costa [da Mina], e como desta providencia resulta tanta utilidade aos donnos dos navios e homens de negocio que fazem aquelle commercio, he o mesmo Sn[r].

servido de V. Exma. chame a sua prezença os homens de negocio que comerção para a Costa da Mina, e lhes proponha a referida resolução de se mandar o dito guarda costa e que, visto ficarem protegidos com ella os navios e livres de pagar o indevido tributo de dez por cento, será precizo que elles concorrão para a despeza da fragata de Guerra, pagando hum tanto por cada Navio que for a resgate dos negros conforme as tonneladas; e do que offerecerem mandará V. Ex^cia [...] para esta Corte.

Respondendo a essa carta, o conde dos Arcos escrevia em 8 de maio de 1756:

Fiz vir a minha presença os donons dos Navios do num.º, q. comerção para a Costa da Mina, propondo-lhes a determinação em q. o mesmo S.^r está, de mandar todos os annos h'ua fragata de guerra cruzar a dita Costa, para a qual devião contribuir a isso [...].

Passado que forão tres dias, vierão dizer me que [poderiam contribuir] para os gastos que havia de fazer a sobredita fragata, por hum de dois modos. O primeiro era dando quatro mil reis por cada hum dos escravos que viessem da Costa da Mina e se despachassem pela Alfandega desta cidade, o segundo era dar de hum cruzado por cada rollo de tabaco que se embarcasse nos navios que fossem a resgate dos escravos na Costa da Mina.

Após examinar as propostas, o conde dos Arcos optou por aquela dos cruzados, acreditando ser a mais vantajosa ao rei, e expôs com muitos detalhes as razões dessa preferência. Contra a taxa dos quatro mil-réis, havia perda para as finanças reais em caso de mortalidade dos escravos e de eventual venda de alguns dentre eles na passagem pela ilha de São Tomé, para pagar as despesas de reabastecimento das provisões a bordo. Algumas embarcações que descarregavam seus escravos em Pernambuco, mas carregavam o tabaco na Bahia, escapavam ao pagamento dos quatro mil-réis, mas não ao cruzado. O único inconveniente, se essa solução fosse adotada, era que, em alguns casos, poderia ser carregado menos tabaco, o complemento sendo feito em mercadorias, diminuindo assim a taxa.

Em 30 de março de 1756,[41] o rei d. José assinava um decreto prevendo uma nova organização (desorganização, diziam na Bahia) da navegação na Costa da Mina:

124

Faço saber a vos, Conde dos Arcos, V. Rey […] que atendendo ao que me reprezentarão os officiaes da Camara dessa cidade da Bahia, donnos de engenhos e lavradores de assucar e tabaco, sobre os graves danos que experimentão universalmente os moradores desse Estado, assim nas fabricas como na cultura das terras e serviços domésticos, com a grande falta e carestia dos escravos provenientes das desordens e quazi monopolio com q'certos negociantes fazem o comercio de resgate dos escravos na Costa da Mina, Guiné e mais portos de Africa, prevertendo os meyos proprios de seu aumento com abuzo das minhas Regias e paternaes providencias, com que por muitas repetidas vezes me servi atender a este importantissimo ramo de comercio dos meus vassalos. Vendo o que sobre a matéria me informastes, e os Deputados da Meza da Inspecção dessa cidade da Bahia, e o que responderão os Procuradores da minha fazenda e coroa, fui servido determinar em rezolução do cinco do corrente, tomada em consulta do meu Conselho Ultramarino, que a respectiva negociasão se fassa internamente, e em quanto em não mandar o contrario por todas as pessoas que a quizerem cultivar, permitindo a liberdade da dita negociasão e comercio não só nos portos em que de antes se fazia, mas em todos os de Africa, assim nos que ficão de dentro como de fora do Cabo da Boa Esperança, e por ser muito conveniente ao mesmo comercio que se acautelem as dezordens que ocazionão a grandeza dos cascos, concurso de muitas embarcasões no mesmo porto e a má escolha dos generos de que se compõem a carga das ditas embarcações. Hey por bem ordenar as Mezas de Inspeção dessa cidade da Bahia, da Capitania de Pernambuco e a da Parahiba que com toda a exacsão examinem a carga das referidas embarcasões da sua preferencia, e estimação: que os navios sejão pequenos e não levem mais que trez mil rollos de tabaco quando muito, para que possão entrar em todos os portos e fazerem com o facil consumo da pouca carga pronto resgate por presos comodos reciprocos do comercio do tabaco e dos escravos, participando esta minha rezolução ao diretor da fortaleza de Ajudá, para que tão bem a cautele quanto lhe for possivel, [controlando o] concurso das embarcasões em hum só porto, dispondo as saidas e entradas das ditas embarcasões nos portos da sua descarga, de sorte que não só não entram duas juntas, mas nem ainda huma, em quanto outra estiver negociando no mesmo porto. Bem entendido que aquellas Mezas devem ficar conhecendo […] os negocios desta negociação, na conformidade da minha maior rezolução de 17 de janeiro de 1754, dadas em Consultas ao

Conselho Ultramarino, no 4 do dito mes, pela qual lhe cometi privativamente o que farão executar na conformidade desta minha Real Ordem.

No recebimento dessa provisão (carta de chancelaria), respondia o vice-rei em 9 de agosto de 1756:[42]

Logo que recebi esta Ordem, mandei registrar nos Livros da Secretaria e nos da Meza de Inspecção, para que os Deputados della ficassem na certeza da parte que lhes pertence, para a sua verdadeira observancia.

Juntamente a mandei registrar nos Livros da Meza do Negocio, para se fazer publica esta nova graça que V. Mag.[e] concede aos seus vassallos, de interinamente ficar sendo franco e comum a todos os que quizerem frequentar este ramo de comércio não so na Costa da Mina e Guiné, mas em todos os Portos d'Africa que ficão dentro e fora do Cabo de Boa Esperança.

Mas o humor sempre descontente dos habitantes do Brasil persuadiu muitos deles:

Q'esta nova forma de comercio sera de muito perniciozas consequencias ao mesmo comercio, o cual dentro em poucos annos virá a experimentar h'ua tão grande decadencia, q. querendo esta remediar-se, se não for impossivel, não deixará de ser muito difficultozo, lembrando-se para fazerem este discurso daquelle tempo em que ja também foi franco este comercio e insensivelmente foi decahido athé que em Pernambuco de todo se extinguiu, e nesta cidade teve tambem h'ua grande diminuição, o q. obrigou depois a entrar no projecto. [...] Como os homens se não achavão com cabedaes tão promptos que podessem fazer este restabelecimento [...] de se fazer hua Companhia, [...] q. obrigou a julgar-se por melhor a fazer se esta navegação por numero certo de navios repartidos em esquadras, q'sahirão dos seos respectivos portos naquelle tempo q' se lhe destinasse para todos poderem fazer o seu gyro.

Assim pensava o vice-rei:

Eu não duvido q. nestes primeiros dous ou tres annos haja hum grande numero de homens, q'preoccupados das grandes conveniencias que lhe propoem a sua errada imaginação, hajão de por navios promptos para irem ao resgate de escravos. Duvido porem muito, q. vendo q. as conveniencias lhes não desempenhão a expectação em q'estavão de por mais tempo continuar o mesmo comercio, vir esse a experimentar aquella decadência q. ja em outro tempo experimentou, sendo agora pela grande falta de meyos muito mayor a dificuldade para se lhe poder applicar algum genero de restabelecimento.

E continuava:

Hé sem duvida, q'comprando os comerciantes nos portos da Costa da Mina os negros por mayores preços daquelles por que os comprovão athé agora, os não poderão vir vender nos portos do Brasil nos preços tão acomodados, q. satisfação aos donos de engenhos e lavradores de tabaco e assucar, q. sem embargo desta mudança de comercio ficaram sempre sendo queixosos, como erão antes deste novo estabelecimento. O dono do navio, p. se persuadir q. a sua carregação poderia produzir duacentos escravos, vendo que não produzio mais do q. cento e cincoenta, os quais vendidos por preços racionais não chegão para pagar os avanços de dinheiro q. tomou a risco e todas as mais despezas q. fez para frequentar este comercio, não se acomoda com o preço racionavel porq. quer a supremo para se poder remir; mas como esse não chega, e entretanto se augmentão os gastos com a sustentação dos escravos, e destes huns morrem, e outros vão se impossibilitando, quando toma a ultima determinação de os vender, he ja tão tarde, q. não pode igualar o producto delles ao q. se tem despendido, e desse principio provem o ficaram igualmente prejudicados aquelles homens q. lhe imprestarão o dinheiro, como o mesmo q. o tomou, por q. como o não pode satisfazer com a pontualidade devida, ficou inhabilitado para poder achar outro quando ele for necessário para semelhante navegação.

O vice-rei não estava mais otimista em relação às possibilidades que teria o diretor da fortaleza de Ajudá de fazer respeitar essa nova resolução. Para ele, esta seria certamente fonte de dificuldades com o rei do Daomé e de humilhação para a fortaleza, semelhantes às do passado.

Quanto a fazer-se o commercio nos portos de Africa q. ficão para dentro do Cabo de Boa Esperança, prohibindo V. Mage. como prohibe por esta Provisão q. possa ter senão navios pequenos, não deixa de ter hua grande difficuldade, porq. em semelhante qualidade de navios não pode haver accomodações necessarias para a grande quantidade de agua e mantimentos q' se fazem precizos aos navios q. sahem carregados daquelles portos, não tendo outros a q. possão recorrer para remediar qualquer necessidade que lhe sobrevenha senão os do Brazil, para onde vem destinados. Sendo como são aquelles escravos reputados entre todos pelos de menor valor, não convida a utilidade que se pode tirar deste commercio a q. se desprezam os perigos q. traz consigo, e o grande risco de mortandade de escravos q. ordinariamente se experimenta ainda em viagens menos extensas do q. estas costumão ser.

Ultimamente, a determinação q. V. Mag.ᵉ he servido tomar de q. qualquer destes dous comercios se não possa fazer senão em navios pequenos, q. levem athé mil rollos de tabaco, não deixa de ser de grande prejuizo à mayor parte de todos aquelles comerciantes, q. athé agora fazião o negocio da Costa da Mina; porq. não só [se obrigarão] a perder os navios em q. fazião o mesmo commercio, como, na dura necessidade de se o quizerem continuar, haverem de comprar outros de menor lotação daquelles q. se servião, q. he de athe dez mil rollos de tabaco; o q. agora não pode [...] sem especial graça de V. Mag.ᵉ attendendo à q. os tais [...] ficão sendo totalmente inutil, porq. não ha no Brazil negociação algu'a, a q. os possão applicar [...] não tem toda aquella grandeza [...] q. para com os fretes possão supprir ao costeamento e a todas as mais despezas q. com elles hão de vir a fazer.

Quando essas observações do vice-rei chegaram a Lisboa, Diogo de Mendonça Corte Real já havia sido demitido de suas funções de secretário de Estado da Marinha e Ultramar e enviado para o exílio. A razão dessa desgraça nunca foi conhecida. Sem dúvida, a indocilidade de seu caráter era incompatível com as exigências do primeiro-ministro, Sebastião José de Carvalho e Mello, que "prefere colegas incapazes àqueles que poderiam vir a lhe disputar o poder".[43]

PROJETOS DE COMPANHIAS, 1756-7

O primeiro-ministro Sebastião José de Carvalho e Mello criou nessa mesma época, por alvará de 10 de setembro de 1756, a Companhia Geral da Agricultura das Vinhas do Alto Douro, argumentando que:

Tendo os principaes lavradores de cima do Douro[44] e homens bons da Cidade do Porto representado que, dependendo da agricultura dos vinhos a subsistência de grande parte das comunidades religiosas, das casas distinctas e dos povos mais consideráveis de trez provincias de Beira, Minho e Traz os Montes, achava-se ella reduzida a tal decadencia e estrago que, alem de não darem de si os vinhos de que era necessario, [...] tendo crescido o numero dos taverneiros da cidade do Porto a um excesso extraordinário, e não podendo reduzir-se a ordem [fiscalizar] aquella multidão, adulteram elles e corrompiam a pureza dos vinhos naturaes com muitas confeições nocivas a compleição humana, arruinado todo o commercio.

Por isso haviam concordado em formar uma companhia que, sustentando competentemente a cultura das vinhas, conservasse ao mesmo tempo as produções dellas na sua pureza natural.

As bases da instituição eram formadas de 53 capitulos. [...] A companhia constituira um corpo politico composto de um provedor, doze deputados e um secretario, havendo mais seis conselheiros, homens intelligentes deste commercio. Denominar-se-ia Companhia Geral de Agricultura das Vinhas do Alto Douro [...] de capital de 1 200 000 cruzados em acções de 400$000 reis cada uma [...].

Pelo frete de cada casco de vinho, agua-ardente ou vinagre do Porto para o Rio de Janeiro pagaria ao menos 10$000 reis, para a Bahia e para Pernambuco 7$200 reis.

A Companhia tinha o comercio exclusivo dos seus productos nas 4 capitanias de São Paulo, Rio de Janeiro, Bahia e Pernambuco. [...] Para a cidade do Porto não haveria mais de 95 taverneiros.

Entre os primeiros administradores figurava Sebastião José de Carvalho e Mello.[45]

Na Bahia, os administradores eram:[46] Joaquim Ignacio da Cruz, "Administrador della nesta cidade", Wenceslão Pereira da Silva, "Juiz Conservador da mesma Ciª", Manoel Alvarez de Carvalho, Luiz Coelho Ferreira, Fructuoso Vicente Vianna, Francisco Borges dos Santos, Simão Pinto de Queiroz, capitão Antonio dos Santos Palheres, Francisco Xavier de Almeida e Domingo Riveiro Guimarães.

Estavam em voga as companhias privilegiadas;[47] esses grandes organismos agradavam ao primeiro-ministro. Mas nenhuma delas deu os resultados esperados: "Os administradores se ocupavam muito mais de seus interesses pessoais do que com os das companhias de que deveriam cuidar".[48]

Dois projetos — um de Lisboa, outro da Bahia — foram apresentados para a fundação de uma companhia que se destinava ao tráfico na Costa da Mina.

O primeiro,[49] cujos estatutos comportavam 61 artigos, era proposto em Lisboa por Antonio Marques Gomes. O plano e os objetivos eram grandiosos e visavam nada menos que à destruição do poder da Companhia Holandesa das Índias Ocidentais, em benefício do comércio na Costa da Mina dos vassalos d'el-rei de Portugal e da Fazenda Real.[50]

A Companhia, sendo do agrado de V. Mag.ᵉ pretende uzar em todas as suas embarcaçoens e naus da Bandeira da Sereníssima Caza de Bragança [art. 55] [...].

Pretende a Compa tomar por seu padroeyro ao Sagrado Apostollo S. Thomé e em seu louvor tributar lhe, todos os annos, festivos cultos tanto na Bahia como em Pernambuco, mar e Costa, fazendo em qualquer das partes de despeza por conta da Companhia athé trinta e dous mil reis [art. 56]. [...] O mayor serviço q̃ os deputados, como todas as pessoas q̃ trabalharem no resgate dos escravos podem em louvor de Deos hé terem vigillantissimo cuidado de que não morra algum sem o sacramento do baptismo. Se ordena proponhão para cappellaens das naus, como das Feytorias, sacerdottes de grande charidade e amor ao proximo, ainda q̃ para os conseguirem se lhes fassão mayores ordenados, recomendando lhes não se embarque escravos algum sem o dito Sacramento [art. 57] [...].

Espero, o director deputado Antonio Marques Gomes, que V. Mag.ᵉ o honre fazendo lhe a M.ᶜᵉ do foro de Fidalgo. Os treze deputados e sette Conselheiros, que V. Mag.ᵉ os honre também fazendo lhes a Merce de os haver a elles, [...] para poderem receber qualquer dos habitos das tres Ordens Militares.

A outra companhia era proposta pelos negociantes da Mesa do Bem Comum da Bahia. Os projetos de estatutos foram enviados pelo vice-rei à apreciação do secretário de Estado da Marinha e Ultramar em 3 de maio de 1757,[51] três semanas antes que a ordem de dissolução desse mesmo comitê partisse de Lisboa.

Dos doze membros da Mesa que haviam assinado o projeto, cinco eram administradores da Companhia das Vinhas do Alto Douro: Luiz Coelho Ferreira, Joaquim Ignacio da Cruz, Francisco Xavier de Almeida, Fructuoso Vicente Vianna e Manoel Alvarez de Carvalho.

Os estatutos eram inspirados nos que regiam as grandes companhias já aprovadas, como a do Grão-Pará e a do Alto Douro:

A dita Companhia constituira hum corpo politico para o seo governo economico composto de hum Provedor, hum Vice-Provedor, hum Secretario, oito Deputados e hum Procurador Geral da mesma companhia, e Accionistas, todos homens intelligentes e praticos deste commercio. Alem dos referidos haverão seis conselheiros do mesmo corpo do commercio que a Meza elegera, os quaes serão obrigados assistir a ella, quando para isso forem chamados por ordem do Provedor. Sera esta companhia denominada A Companhia Geral de Guiné. Os papeis que della emanarem serão sempre expedidos em nome do Provedor e Deputados da mesma companhia, e sellados com sello della, que consistira na imagem de S. José com a inscripção Ecce Fidelis Servus [...].

Ao mesmo gloriozo Patriarcha toma a Companhia por seo especial protector, não só em attenção ao real de V. Mag.ᵉ mas tambem pela grande devoção com que hoje se venera huma particular imagem do mesmo Santo, colocada na capella de Santo Antonio da Barra da Cidade da Bahia, com Irmandade erigida entre os comerciantes da mesma Costa, cuja imagem se enviou por ordem do Serreníssimo Senhor Rey Dom João o Segundo no anno de 1481 para o Castello da Mina, aonde se conservou até o anno de 1637 em que foi tirado o Castello do poder dos portuguezes, sendo recolhida ou aprehendida a ditta imagem por hum dos potentados gentios daquella terra e conservada no seo barbaro poder, passando a de pays a filhos até o anno de 1751, em que o zelo e devoção de hum capetam dos navios da mesma costa a resgatou do poder daquella gentilidade, trazendo a para a ditta Cidade da Bahia no anno de 1752, sem macula algũa do tempo ou offença dos mesmos barbaros gentios. Com todo o devido culto foi colocada na ditta Igreja de S. Antonio, com plauzivel festividade, e especial proteção para o negocio e comerciantes da mesma Costa, a cujo Santo se obrigão por si os mensarios da Companhia, pelos seos particulares bens e despeza propria, a festejar annualmente, para ser propicio tam grande patrocinio, debaixo do cual crescerão as suas felicidades, a proporção do que lhes auspicia o nome do mesmo Senhor.[52]

FIM DA MESA DO BEM COMUM DOS HOMENS DE NEGÓCIO DA BAHIA, 1757

As objeções dos negociantes da Bahia, transmitidas para Lisboa pelo vice-rei, conde dos Arcos, a respeito da nova forma dada à organização do comércio na Costa da Mina, não foram do agrado do primeiro-ministro. O conteúdo das respostas enviadas de Lisboa em 27 de maio de 1757 é revelador da importância relativa dada ao presidente da Mesa de Inspeção do Tabaco e ao vice-rei.

O primeiro, o desembargador Wenceslão Pereira da Silva, recebia longa carta detalhada, refutando as diferentes objeções transmitidas pelo vice-rei contra a nova organização, resposta que comportava argumentos de caráter mais acadêmico do que prático.[53]

Por outro lado, confirmavam à Mesa que

o Conde Vice Rey [...] não tem jurisdição na referida Meza, que S. Mag.ᵉ fez immediata à sua Real Pessoa [...] concederão [permissão] a todos os moradores dessa cidade q. quizerem navegar para a dita Costa, na forma que por ellas lhe foi determinado, com subordinação privativa sobre dita Meza a quem o mesmo Senhor concedeo jurisdição também privativa para reger o sobredito comercio, excluindo toda e qualquer outra jurisdição do conhecimento de tudo o que a elle toca.

Nada se respondia a esse respeito ao vice-rei,[54] que entretanto enviara a carta, mas lhe era lembrado com um tom um pouco seco que

pela carta que me dirigiu em 10 de agosto [de 1756] e pelos mais papeis que chegarão a minha Real presença pela ultima frota desse Estado, vi as differentes ordens que havieis expedido a Meza da Inspeção dessa Cidade, e que pella secretaria desse Governo se havia continuado a expedir alvarás de licença para o commercio dos navios q. dessa cidade navegão para a Costa da Africa [...] tambem em conformidade das minhas Ordens pertence ao privativo conhecimento da referida Meza para o regular [ao comercio] pelas instruções e a esse fim lhe tenho mandado expedir. [Assinado:] Rey.

Pelo mesmo correio, era dada ordem ao vice-rei[55] para que se dissolvesse a Mesa do Bem Comum dos Homens de Negócio da Bahia, pois a Mesa de Inspeção era a única encarregada das questões comerciais "daquele Estado do Brasil".[56]

Restava ao vice-rei inclinar-se e pedir humildemente, em 10 de setembro de 1757:[57] "Para evitar toda a duvida e contenda que para o futuro pode sobrevir, se faz preciso q. S. Mag.ᵉ queira servir se declarar me se a jurisdição da Meza da Inspecção comprehende igualmente a todos os portos desta America ou se he restrita para os Portos d'Africa".

O rei ordenava ao vice-rei:

> Que V. Ex.ⁱᵃ faça exhibir a ditta Meza do Bem Comum a licença Regia que teve ou não para se congregrarem. [...] Achando V. Ex.ⁱᵃ que tal licença não houve e q. referido congresso consiste em hum mero conventiculo reprovado por direito, ordens aos seus congregados se abstenhão das sessoens que até agora fizerão, não por serem prohibidas similhantes [e não possuírem] authoridade Regia, mas porque, depois da criação da Caza da Inspeção, não podendo servir a referida junta se não de fazer as confuzoens e as desordens se virão nos annos proximos precedentes sobre o commercio e navegação desse Estado.
>
> E para q. tudo seja dirigido com a maior [...] satisfação [...] na referida Caza de Inspeção, sendo governada por maior numero de votos, houve S. Mag.ᵈᵉ por bem crear nella mais dous deputados, escolhidos dos q. servem ou tiverem servido na tal Meza do Bem Comum, que fica abolida, com tanto que tenhão as qualidades requeridas, sendo hum delles homem de negocio e outro lavrador de tabaco, e assim o manda ordenar à referida Caza de Inspecção por hũa carta firmada pelo Real punho do mesmo Senhor.

PROCESSO DE THEODOZIO RODRIGUEZ DA COSTA, DIRETOR DA FORTALEZA DE AJUDÁ

Era proibido ao vice-rei dar ordens na Mesa de Inspeção do Açúcar e Tabaco, que tinha em suas atribuições tudo quanto se referisse à navegação na Costa da Mina. No entanto, "por um desses sábios jogos de controle e equilíbrio familiares à administração de ultramar", o vice-rei era encarregado de outorgar os alvarás de navegação e dar ordens a serem transmitidas ao diretor da fortaleza de Ajudá.

Os terrenos das atribuições e das responsabilidades se encavalavam e provocavam desavenças, seguidas de relatórios para Lisboa, que ficava assim informada dos erros e malversações de uns e outros.[58]

Havia frequentemente contradições nas ordens dadas, e as consequências dessas incoerências recaíam em Ajudá sobre o infeliz Theodozio Rodriguez da Costa. O rei do Daomé responsabilizava-o pela nova maneira de se comerciar, e não queria admitir que o diretor impedisse dois navios de comerciarem ao mesmo tempo, conquanto chegassem em maior número do que anteriormente.

Em 1758, Theodozio Rodriguez da Costa escrevia para o vice-rei, colocando-o a par da situação inextricável em que se encontrava.

Ao recebimento dessa missiva seguiu-se uma interminável troca de notas entre o vice-rei e a Mesa de Inspeção a respeito da resposta a ser dada ao diretor da fortaleza de Ajudá. A discussão se dispersava sobre questões de alvarás de navegação aos capitães dos navios e sobre a fórmula que deveria ou não ser utilizada.[59]

O vice-rei não parecia muito bem informado da organização administrativa, e parece claro que a Mesa de Inspeção fazia todo o possível para complicar-lhe a tarefa e fazê-lo perder-se nas sutilezas das modificações a serem feitas nessas redações. O vice-rei referia-se a um modelo desses alvarás estabelecido por Wenceslão Pereira da Silva, falecido nesse meio-tempo. Da leitura do volumoso relatório enviado para Lisboa a esse respeito, depreende-se que a Mesa de Inspeção

tinha jurisdição [para expedir] estes tais Alvaras [que] em substancia significão o mesmo que hũ passaporte. Estes erão assignados pela mão Real, ou pelos Governadores dos distritos de donde as embarcações sahião; não podia a Meza entrar na idea de os mandar passar porque de fazer hũa semelhante inovação se podião seguir consequencias muito perniciosas, porque era sem duvida que os navios que saem deste porto se encontravão nos da Costa da Mina com os das nações estrangeiras, que poderião muito bem duvidar da validade dos alvaras passados pela Meza.

O vice-rei admirava-se de que

o Desembargador Wenceslão Pereira da Silva cahisse em hum dezacordo tal como o de dar hua conta a V. Mag.ᵉ inteiramente oposta ao que fes pelo seu conselho e que, por uma parte, […] a mesma Meza entendia q. pelo paragrafo da Carta do Secretario de Estado da repartição da Marinha lhe he cometida a jurisdição de poder passar os ditos alvarás; por outra parte, a Meza recusava.

Durante esse tempo, o diretor da fortaleza de Ajudá não recebia nenhuma indicação sobre o que deveria fazer. O vice-rei argumentava:

De todas estas cartas e respostas se não tirou algum fruto […] quaes quer q. ellas fossem me bastarião para responder ao director q. pontualmente desse a execução q. a mesma Meza lhe ordenasse. Mas como esta achou que nenhuma outra couza devia dizer se não q. se observassem as ordens de V. Mag.ᵉ, concidero que com esta resposta abstractiva vem a ficar o director no mesmo embaraço de q. dezejava verse livre […] porque se verifica que elle não tem duvida em executar o que V. Mag.ᵉ ordena, mas como para o poder fazer encontra oposição [do rei do Daomé] não esperada, por isso mesmo pede que se lhe diga o meyo e o modo com q. as ha de remover, porq. se assim hé q. as mesmas ordens poderão ter a sua devida execução.

O resultado dessa negligência da administração traduziu-se na expulsão do diretor da fortaleza de Ajudá, Theodozio Rodriguez da Costa, pelo rei do Daomé.

Esse diretor chegou à Bahia em 22 de agosto de 1759, e em 3 de setembro foi instaurado contra ele um processo por abandono. Em 24 de dezembro ele foi solto sob caução de Joaquim Ignacio da Cruz e Francisco Borges dos Santos, e finalmente absolvido em 30 de setembro de 1761.

BREVE REGÊNCIA NA BAHIA DO MARQUÊS DO LAVRADIO; EXPULSÃO DOS JESUÍTAS EM 1760

O processo de Theodozio Rodriguez da Costa ocorria numa época em que aconteciam na Bahia fatos de muito maior alcance, como a expulsão dos jesuítas e o sequestro de seus bens, ordenados por Sebastião José de Carvalho e

Mello, que se tornara conde de Oeiras em 1759 (futuro marquês de Pombal).[60] Uma carta do marquês do Lavradio, o novo governador da Bahia, enviada em 25 de março de 1760,[61] dava conta dos fatos ao rei d. José I.

A carta anunciava sua chegada à Bahia em 6 de janeiro e a execução das ordens dadas por seu predecessor, o conde dos Arcos, contra os "padres denominados da Companhia de Jesus"; informava também da demissão do arcebispo e da aposentadoria compulsória do coronel Jeronymo Tella de Araujo.

> Todas essas diligências eram feitas, de acordo com as recomendações de Sua Majestade, com todo o tato possível; o conde dos Arcos transmitiu-me o cargo deste governo, com as usuais cerimônias na catedral desta cidade, com a assistência do Cabildo, do Senado, da Câmara, de muitos religiosos e de toda a nobreza do país, na tarde do dia 9 de janeiro de 1760.

Seis meses após sua chegada, falecia o vice-rei, em 4 de julho de 1760. Um ofício do coronel Gonçalo Xavier de Barros e Alvim ao primeiro-ministro conde de Oeiras, em 13 de julho de 1760,[62] descreve as exéquias que lhe foram feitas e seu sepultamento na igreja da Ordem Terceira de São Francisco: "As descargas de artilharia não puderam ser tão numerosas quanto fosse decente, em razão da grande falta de pólvora de guerra em que se encontra esta praça, que deve ser reabastecida sem demora".

Não mais havia arcebispo para tomar parte no triunvirato que habitualmente garantia o governo interino, em companhia do chanceler da Relação e do mais antigo coronel.

O desembargador-chanceler decidiu então reunir um conselho de 36 pessoas (nove eclesiásticos e 27 seculares) para eleger aquele que deveria assumir o governo. Depois de uma reunião extremamente confusa, de intermináveis discursos, de votos renovados das três horas da tarde às quatro horas da madrugada, nenhum acordo pôde ser feito sobre a escolha de um eclesiástico que substituísse o arcebispo. O coronel Gonçalo Xavier de Barros e Alvim e o coronel Manuel Xavier Ala não chegaram a um acordo a respeito de seus respectivos graus de antiguidade. Nessa conjuntura, o chanceler da Relação, Thomas Ruby de Barros Barreto, decidiu que assumiria sozinho o governo, sem outro adjunto, contrariamente ao modo de proceder em semelhantes casos.

Em junho de 1761,[63] Thomas Ruby de Barros Barreto foi substituído por outro chanceler da Relação, José Carvalho de Andrade, que assumiu o governo ajudado pelo coronel Gonçalo Xavier de Barros e Alvim, anteriormente afastado do poder. Depois, em 1763, um arcebispo eleito, d. frei Manuel de Santa Ignez, juntava-se a eles para assegurar a interinidade até março de 1766.

TRANSFERÊNCIA DA CAPITAL DO ESTADO DO BRASIL PARA O RIO DE JANEIRO, 1763; DESORGANIZAÇÃO DO GOVERNO DA BAHIA

Em 1763, a capital do Estado do Brasil foi transferida da Bahia para o Rio de Janeiro. De fato, a coisa se fez sem ordem real[64] para que se mudasse a sede do governo. Ainda não havia governador nomeado na Bahia, desde a morte do marquês do Lavradio. O título de vice-rei foi dado a d. Antonio Alvarez da Cunha, conde da Cunha, governador do Rio de Janeiro. A partir de 1763, o Rio de Janeiro tornou-se a capital do Brasil.

Com a transferência da capital e o vice-rei instalado no Rio de Janeiro, as atribuições do capitão-geral da capitania da Bahia não foram imediatamente definidas, e seguiu-se um período de incerteza. O diretor da fortaleza de Ajudá não sabia mais de quem dependia. José Gomez Gonzaga foi nomeado diretor pelo vice-rei do Rio de Janeiro,[65] em 3 de maio de 1764, para um período de três anos. Em seguida, todos os navios que iam para Ajudá eram da Bahia.

D. Antonio Rolim de Moura Tavares, conde de Azambuja, nomeado governador com o título de capitão-geral, chegou em abril de 1766. Permaneceu pouco tempo na Bahia, de onde partiu em 1º de dezembro de 1767 para o Rio de Janeiro, a fim de assumir o cargo de vice-rei, sucedendo o conde da Cunha.

Para os dez anos que virão, faltam-nos documentos de arquivos a respeito das relações entre a Bahia e a Costa da Mina. Na Bahia, os capitães-gerais alternavam com períodos em que o governo era garantido pelo arcebispo, ajudado pelo chanceler da Relação e por um coronel.

Depois da partida do conde de Azambuja em 1º de dezembro de 1767, o governo foi assumido pelo arcebispo d. frei Manuel de Santa Ignez.[66] O segundo marquês do Lavradio, d. Luiz de Almeida Portugal Soares de Alarcão Eça Melo Silva e Mascarenhas, sucedeu-o em 19 de abril de 1768.[67] Mas este, por sua vez, nomeado vice-rei no Rio de Janeiro, transmitiu o cargo em 11 de outubro de 1769[68] ao conde de Pavolide, d. Luiz da Cunha Gran Athaide e Mello, vindo de Pernambuco. Este embarcou para o reino em 4 de abril de 1774,[69] deixando o poder a um governo formado pelo arcebispo d. Joaquim Borges de Figueiroa, pelo chanceler da Relação Miguel Serrão Diniz e pelo coronel Manuel Xavier Ala.

Em 8 de setembro de 1774,[70] assumiu o cargo Manuel da Cunha Menezes, vindo de Pernambuco. Permaneceu nele até 13 de novembro de 1779.[71]

FIM DA INFLUÊNCIA DO MARQUÊS DE POMBAL, 1777

Nesse meio-tempo, em Portugal, falecia d. José I, em 24 de fevereiro de 1777. Sua filha d. Maria o sucedeu. Em 1º de março, a rainha-mãe, inimiga pessoal do marquês de Pombal, aproveitou sua breve regência para autorizar o primeiro-ministro a pedir demissão, sob pretexto de sua idade avançada (oitenta anos), o que lhe foi concedido em 5 de março. Retirou-se para suas terras em Oeiras.

Todos os inimigos de Pombal foram soltos, e vários de seus parentes perseguidos — um deles em 25 de fevereiro, dia seguinte à morte do rei.

A filha de José I, d. Maria I, foi proclamada rainha em 13 de maio de 1777. Formou um ministério composto de inimigos de Pombal, que imediatamente começaram a proceder de forma contrária às iniciativas do antigo primeiro-ministro.

Isso para o Brasil teve pelo menos a vantagem de fazer suprimir a Companhia do Grão-Pará e Maranhão e a de Pernambuco e Paraíba. Entretanto, a Companhia das Vinhas do Alto Douro resistiu.

Houve uma renovação na influência da Igreja, e por um momento pôde-se crer que as suntuosas procissões e as construções de conventos e igrejas que tinham caracterizado o fim do reinado de João V iriam se renovar.

Por volta de 1779, Pombal foi processado, o que apressou sem dúvida o fim do velho estadista, que faleceu em 8 de maio de 1782.

D. Maria não demorou a ficar louca, e a regência foi assumida por seu filho João (futuro João VI), que era muito piedoso, porém indeciso e influenciável.

CONTRABANDO DE TECIDOS E MERCADORIAS DA EUROPA
FEITO PELA COSTA DA MINA

Na Bahia, o quarto marquês de Valença, d. Alfonso Miguel de Portugal e Castro,[72] sucedia em 13 de novembro de 1779 a Manuel da Cunha Menezes. O novo governador chegava munido de instruções que lhe haviam sido dadas pelo ministro da Marinha e Ultramar, Martinho de Melo e Castro, um dos raros ministros de Pombal que fora mantido em suas funções. Citamos em outra parte extensos trechos dessas instruções, que refletem verdadeira hostilidade contra os "americanos", nome dado com certa nuança de desprezo aos brasileiros.[73] Essas instruções especificavam que, em razão de uma grande liberdade concedida aos negociantes da Bahia e aos proprietários de embarcações que iam fazer o tráfico na Costa da Mina, um intenso movimento comercial de tecidos e produtos da Europa se estabelecera de maneira clandestina entre aquela costa e a Bahia, e essas trocas se faziam contra tabaco das duas primeiras qualidades, em princípio reservado para Portugal.[74]

A favor do comércio assim praticado pelos capitães das embarcações de tráfico na Costa da Mina, pode-se citar o ofício enviado pelo governador da Bahia, conde de Azambuja, a Francisco Xavier de Mendonça, secretário de Estado em Lisboa, em 31 de março de 1767,[75] a respeito do contrabando que faziam na Bahia os comerciantes com a Costa da Mina, onde as embarcações portuguesas enfrentavam a hostilidade dos ingleses e holandeses:

> No que concerne ao comércio na Costa da Mina, fiz parte, em outras cartas, das violências que holandeses e ingleses fazem a nossas embarcações. Assim, algumas dentre elas trazem de lá tecidos estrangeiros.[76] A justiça quer que os isente de suas penas, o que faço, mas sob caução e esperando a decisão de Sua Majestade. Entretanto, hesito em saber se devo obrigá-los a pagar não somente os direitos deste porto, mas todos os outros que pagam os tecidos que vêm de Lisboa até sua chegada aqui, para se encontrar em igualdade com eles. A favor desta opinião podemos invocar a igualdade do negócio, mas podemos lhe opor o exemplo do Rio de Janeiro e o prejuízo que poderia resultar para a Bahia, todos os navios chegando da Costa da Mina não vindo mais [para a Bahia] e indo para o Rio de Janeiro. Assim, não decidi nada ainda para este porto da Bahia sem ter refletido bem.

PROJETOS DE REORGANIZAÇÃO DO TRÁFICO
TENDO EM CONTA OS ACONTECIMENTOS NA EUROPA

As condições em que se fazia o comércio na Costa da Mina haviam mudado pouco a pouco. Era preciso modificar as leis e decretos que o regulamentavam. Uma petição assinada por 38 negociantes da Bahia foi enviada para Lisboa solicitando mudanças. Seus argumentos foram retomados pelo príncipe regente e expostos[77] num ofício de 22 de agosto de 1799 a d. Fernando José de Portugal, governador da Bahia, para que desse o seu parecer.

Sendo constante e certo que o comercio da Costa da Mina pode vir a ser hum dos mais poderozos fundamentos da prosperidade dessa Capitania da Bahia, e ainda de huma parte das de Minas Geraes, Goiaz e Cuyaba, e não o sendo menos [certo] que o referido comercio se não faz com aquela actividade e vantagem com que pode e deve ser feito, ja por obstaculos que os inglezes, holandezes e francezes tem suscitado, ja por menos bem entendidas dispoziçoens a respeito da qualidade e quantidade dos navios empregados no sobredito comercio, ja pela obrigação que tem estes de voltarem pelas Ilhas de São Thomé e Principe, ja porque se reputa oneroza a obrigação de levarem capelão, ja por cauza de certos generos, cujo giro devera prohibir-se, já finalmente por serem menos as negociaçoens pela prohibição de se venderem às naçoens estranhas os negros que por aquele comercio se resgatassem, a qual com tudo parece util conservar se. Fui servido ordenar vos que tomais na mais seria consideração e que examineis com madureza e circunspecção as vistas e reflexoens que abaixo vos comunico, e que a respeito delas lhe deis huma perfeita e cabal informação a fim que, à vista de vosa informação, [eu possa adotar, estabelecer e fazer seguir aquela que] eu tiver por mais conveniente ao Meu Real Serviço.

Aqueles obstaculos que os holandezes punhão ao Comercio da Costa da Mina parecem não existir ja hoje, vista a dificuldade que tem aquela nação (depois da sua sujeição aos francezes) de socorrer o Castelo de São Jorge, de tal sorte que alguns mestres de Navios dessa Companhia se tem subtrahido ha alguns annos ao quarteamento que os holandezes exigião das embarcações portuguezas, ponto este no qual consistia hum dos maiores obstaculos que a referida nação podia suscitar ao comercio portuguez. Os inglezes tambem parece que não o poderão embaraçar porque, ocupados em hum extensissimo comercio, navegão atualmente pouco para aquelas partes. Os francezes per si mesmo dezembaraçarão aquelle comercio, abulindo a escravidão. Portanto, parece ser esta a conjuntura oportuna de se dar ao comercio portuguez naquela costa, a consistencia que não teve ate agora pelos motivos acima ponderados, dando lhe mais liberdade sem com tudo inovar couza alguma a respeito da qualidade do tabaco, que he bem recebido dos negros da referida Costa. Como lhe proponho dar as convenientes providencias para consolidar o mesmo comercio, vos lhe informareis se para esse fim convem em primeiro lugar abulir o Regimento das Arqueaçoens de vinte oito março de mil seiscentos oitenta e quatro, revalidado por provisão do Conselho Ultramarino de dezesseis de maio de mil sete centos quarenta e quatro, e se converia levantar a prohibição aos que negoceião na Costa da Mina, de venderem aos negros armas, polvora e balla; por quanto parece que não sendo os negros daquela Costa vassalos imediatos destes Reinos, mas sim huma nação estranha com a qual vão negociar os vassalos portuguezes, mais coveniente seria venderem-lhe estes referidos generos que os negros comprão às outras naçoens da Europa, exportando a polvora das fabricas destes reinos e as espingardas de Liège, por hum modico precio, as quaes vindo a Lisboa e exportadas deste darião lucros aos negociantes e frete aos navios; e tudo isto izentaria os negociantes portuguezes que vão aquela Costa de permutarem o tabaco contra as referidas armas, e polvora, para então poderem fazer seus sortimentos [...].

Igual informação vos ordeno me deis sobre o modo de combinar com os principios de huma sã politica as vantagens que se podem tirar do comercio da Costa da Mina, relativamente a venda de escravos às naçoens estranhas, que pelo alvara com força de lei de quatorze de outubro de mil sete centos cincoenta e hum se acha prohibida, com solidos principios, pois que estas vendas darião braços a rivaes para vantajozas culturas, e farião caros os braços dos que cultivão as terras dos meus dominios. Mas como por outra parte se podem considerar os escravos como hum genero estrangeiro que se permuta por hum genero nacional, e daqui se segue que, a proporção a importação e exportação daquele genero estrangeiro forem augmentadas assim augmentara também a cultura e a exportação do genero nacional proprio para aquele comercio, os lucros deste hão de ser mais avultados, a navegação para a Costa da Africa mais extensa e activa, o rendimento da alfandega mais produtivo, pois que cada escravo paga quatro mil e quinhentos reis de entrada. Tanto mais digno de ponderação he este projeto, que lhe consta que os espanhoes de Monte Vedio tem ja dado alguns passos para abrirem o comercio dos escravos com a Costa da Mina; o que hiria diminuir e talvez malograr as vantagens que acima ponderadas a favor de Portugal, nascidas da actual situação dos inglezes, holandezes e francezes; portanto convem impedir hum damno mais certo quanto o he que, costumados os espanhoes a pagar por subido preço os escravos que estão em suas colonias, não duvidarião conservar o mesmo subido preço huma vez que chegassem efectivamente a hir tratar pessoalmente com os negros vendedores na sua propria terra. Ainda que os espanhoes não tenhão o tabaco, que he o principal genero de permutação para os negros, nem por isso deixarião eles de procurar have-lo dos mesmos portuguezes na Costa da Mina, ou fazendo-o conduzir em embarcações portuguezas da Bahia ao Rio Grande de São Pedro, ou tirando-o clandestinamente em barcos ou sumacas que lhe levem a certa altura fora da barra da Bahia, ou em fim por outros meios quaesquer, que nunca faltão a industria, a actividade e ao interesse. A estas gravissimas ponderaçoens acresce outra, e he o constar lhe também que em Monte Vedio ha hum vassalo portuguez que, havendo feito ja huma viagem a Costa da Mina por conta dos mesmos espanhoes, lhes pode abrir os olhos sobre aquele comercio. E como a utilidade de prevenir o comercio directo dos espanhoes na Costa da Mina he palpavel, Ordeno vos que, pezando bem o seguinte arbitrio, me informeis igualmente das vantagens reaes, se he que o são [que a] sua adopção poderia rezultar a bem do Meu Real Servicio e em beneficio dos vassalos portuguezes.

O projeto em questão consistia em vender os escravos por patacas sonantes e reluzentes, que depois seriam transformadas em moeda portuguesa nas Oficinas da Moeda do Rio de Janeiro e da Bahia. O antigo argumento de não abastecer de braços estrangeiros os países rivais caía, pelo fato de que os espanhóis poderiam ir, eles próprios, buscá-los na África, frustrando assim as finanças reais dos direitos de entrada e saída que deveriam ser estabelecidos, e os fiéis vassalos da Coroa portuguesa do aumento do comércio, em que resultaria sua maior prosperidade.

4. Costa a Sotavento da Mina: o tráfico em Ajudá (Uidá)

A COSTA A SOTAVENTO DA MINA, OU COSTA A LESTE

A região que nos interessa na África no século XVII se situa, já o dissemos, a leste do rio Volta, e cobre a costa do atual Togo e do Benim (antigo Daomé).

As informações que temos são bastante tardias.[1] Desde o século XV, estamos mais bem e mais completamente informados sobre as regiões que a cercam a leste e a oeste.[2]

Os primeiros navegadores, os portugueses, fundaram o castelo de São Jorge da Mina em 1482 na Costa do Ouro. Mais tarde, Portugal ficou sob o domínio da Coroa de Espanha, de 1580 a 1640. Momentaneamente despojados pelos holandeses, que se apoderaram de Pernambuco e das ilhas de São Tomé e Príncipe, assim como de Angola e do castelo de São Jorge da Mina na Costa do Ouro (esse último em 1637), os portugueses perderam o monopólio do comércio na costa da África.

Como já vimos, foi somente no fim do século XVII que o comércio na Costa da Mina se desenvolveu com a Bahia.

Ao lado de Portugal, três outras nações iriam igualmente representar um papel importante no tráfico na Costa da Mina: eram, por ordem de sua chegada, a Holanda, a Inglaterra e a França.

O estatuto das nações europeias era diferente na Costa do Ouro e na Costa a Sotavento. Na Costa do Ouro, elas estavam fortemente entrincheiradas em fortalezas construídas à beira-mar, bastante sólidas para resistir aos assaltos dos chefes indígenas ou das embarcações piratas; dominavam o mercado local e proibiam o acesso aos navios das nações estrangeiras. Na Costa a Sotavento, ao contrário, os fortes de Uidá ficavam no interior das terras, sendo incapazes de resistir por muito tempo aos possíveis ataques das autoridades indígenas.

Uma hábil política de equilíbrio, praticada pelos soberanos locais, não permitia a nenhuma das nações europeias se impor e dominar o povo do país.

No século XVII, o comércio de escravos era feito na Costa a Sotavento da Mina numa série de portos que foram descritos por Olfert Dapper e William Bosman:

A catorze léguas a leste do rio Volta, existe a aldeia de Coto, de onde o rei foi expulso pelos popos.[3]

Dez léguas mais longe, o Pequeno Popo, cujos habitantes são um resto do reino de Acra, de onde foram expulsos anteriormente. Esse país é muito infértil, é preciso que os de Fida [Uidá] alimentem quase todos os habitantes. Vivem da venda de escravos.[4]

A quatro léguas daí, o reino do Grande Popo, cujo rei prestava anteriormente ao de Fida certa obediência [mas libertou-se do jugo].[5]

A seguir vinha Fida (Uidá),

onde aqueles que possuem muitos bens traficam muito com escravos. Podem fornecer mil deles mensalmente, quer dizer, se não houver embarcações em Jaquin que dependa de Grande Ardra, situada a três léguas de lá somente. Neste caso, o negócio não se dá muito bem, pois o rei de Grande Ardra, pelo país de quem a maioria dos escravos deve passar, manda fechar as estradas de Fida para favorecer seu próprio país e proíbe rigorosamente o transporte de escravos para Fida, de quem sempre é inimigo.[6]

Um pouco mais abaixo de Fida e mais para dentro das terras fica o país de Offra, que os europeus chamam de Pequena Ardra.[7]

A dezoito léguas da costa em direção ao nordeste fica a Grande Ardra. É na verdade uma praça toda aberta e sem muralhas. É algo muito singular que esses negros desprezem sua língua materna e quase não a falem para aprender uma outra que têm sempre na boca, chamada ulcumy.[8]

Ulcumy [Oyó][9] é um país entre Ardra e Benim,[10] em direção ao nordeste, e assim não chega até a costa. Deste reino para a Pequena Ardra é trazida grande quantidade de escravos.

Havia ao longo da costa uma série de pequenos reinos que guerreavam uns contra os outros. O reino de Ardra (Allada) controlava os caminhos desde o interior; podia bloqueá-los quando lhe aprouvesse e cortar o abastecimento de escravos em benefício de seu porto, Pequeno Ardra (Offra). O reino de Ardra era ele próprio submisso ao seu vizinho Ulcumy, ou Oyó (é pelo nome de Lucumy que os iorubás ou nagôs são designados em Cuba).

O único desses Estados que na época resistia à pressão do rei de Ardra era o de Ajudá (Uidá). Essa rivalidade se traduzia no litoral por agitações constantes[11] que faziam hesitar as nações europeias quanto à escolha do local mais "rentável" onde instalar suas feitorias.[12]

Se acrescentarmos o pequeno porto de Apá, próximo de Pequeno Ardra, teremos uma visão dos lugares onde os navegadores podiam se abastecer em escravos na Costa a Sotavento da Mina.

Até fins do século XVII, as relações parecem ter tido um caráter amigável e sem tensões entre Ardra e Ulcumy (Oyó): a cidade de Grande Ardra não era nem fortificada.[13] O rei Toxonu enviara em 1658 uma embaixada à Espanha para pedir relações mais estreitas com o seu país.[14] Como o papa não autorizava o comércio da Espanha com a África, uma vez que este estava reservado aos portugueses, Filipe IV de Espanha tinha enviado de volta somente missionários capuchinhos, em número de onze, mas a missão terminou por um fracasso em 1661.[15] O rei de Ardra tentou em seguida do lado da França, mandando Matteo Lopez em embaixada em 1669.[16]

Os cavalheiros D'Elbée e Caroloff vieram estabelecer uma feitoria francesa em Offra, em território dependente da Grande Ardra, em 1671.[17] No entanto, diante das dificuldades que haviam surgido entre o feitor francês Mariage e os holandeses, os franceses foram instalar-se em Ajudá (Uidá). O povo de Offra, tendo se revoltado contra seu soberano, o rei de Ardra, bloqueou os caminhos daquele porto e abriu os de Ajudá.[18]

Os ingleses e holandeses os seguiram para lá.

O rei de Savi (capital do reino de Ajudá), vassalo do rei de Ardra, apoiando-se nos representantes das companhias holandesas, inglesas e francesas, e tendo conseguido atrair o comércio em sua capital, resistia cada vez mais ao rei de Ardra e deixava que os europeus construíssem casas fortificadas em Uidá, o que o rei de Ardra sempre se recusara deixar fazer em Offra, se levarmos em conta o depoimento de Barbot:[19]

> O rei Tezy, estando muito importunado pelos pedidos dos feitores holandeses residentes em suas terras, tendentes a possuir a autorização de construir uma casa de pedra, respondeu-lhes assim: "Vós quereis sem dúvida construir em primeiro lugar uma grande e sólida casa de pedra, mas após algum tempo tereis o desejo de cercá-la com um sólido muro de pedras; depois disso a guarnecereis com alguns grandes canhões; e assim o tempo passando, torná-la-iam tão forte que, com todo meu poder, eu não seria mais capaz de fazer-vos partir, como já procedestes em Mina e em outros lugares da Costa do Ouro, onde pouco a pouco vosso país submeteu nações inteiras e tornou seus reis vossos tributários e escravos. Assim", disse ele, "ficai como estais e estejais satisfeitos; nunca tereis outra casa em minhas terras para fazer vosso comércio que não seja construída pela minha própria gente, da maneira pela qual construímos geralmente em Ardra, isto é, de terra batida, e que havereis de ocupá-la da mesma maneira que um inquilino comum".

O reverendo padre Labat conta a mesma história, mas a dá como sendo a resposta do rei Tozifon ao cavalheiro D'Elbée. Nesta o rei conclui com propósitos menos brutais: "Ele [o rei] acompanhou esse discurso com comparações justas e espirituosas, com um ar doce e alegre que não permitia que se ficasse mortificado pela recusa honesta e política que fazia".[20]

Desde 1680, os portugueses tentavam construir um forte em Uidá, mas sem sucesso.[21] O momento foi de fato mal escolhido, pois o rei de Uidá estava em guerra com seus vizinhos. Naquela época, o reino de Ardra tinha sido atacado e sua capital saqueada pelos guerreiros de Oyó.[22] Em 1698, Bosman relata:

> Há algum tempo, o povo de Pequeno Popo tinha como rei um bom guerreiro chamado Aforri, que era irmão do rei que hoje reina.
>
> Chamado pelo rei de Grande Ardra, veio com suas tropas atacar o fidalgo de Offra, que se levantara contra ele, o rei de Grande Ardra, seu legítimo soberano;

146

saqueou completamente o país e, sempre a pedido do rei de Ardra, entrou em campanha contra os de Fida. Mas um comboio do rei de Ardra, trazendo-lhe pólvora, fora interceptado pelos de Fida e Aforri, [e assim] retirou-se subitamente para seu país.[23]

As desordens prosseguiam na costa. Por volta de 1698,

o rei de Grande Popo, após ter sido colocado no trono de seu irmão pelo rei de Fida, livrou-se do jugo em reconhecimento do favor que recebera. O rei de Fida, gravemente ofendido, reuniu um poderoso exército. Os franceses que se encontravam então em Fida com algumas naus tinham-no ajudado com homens e armas; mandou suas tropas atacar Popo, enquanto as naus francesas fariam vela e atacariam pelo mar; mas como Popo se situa no meio de um rio, os de Fida e os franceses foram obrigados a utilizar jangadas para a abordagem. O povo de Popo se colocara de tal modo em estado de defesa que não somente rechaçou seus inimigos mas os obrigou a fugir, o que custou a vida de grande número de franceses e de habitantes de Fida e colocou em uma tal desordem o restante, que fugiram depois de terem abandonado suas armas; e se os habitantes de Popo quisessem prosseguir em sua vitória, talvez nenhum francês tivesse escapado porque eles não correm tão depressa quanto os negros.[24]

O rei de Ardra perdia pouco a pouco o controle sobre o rei de Judá. Seu único meio de pressão era fechar os caminhos do interior para aquele pequeno reino e estimular o movimento comercial em direção a Jaquin e Offra. O efetivo controle de Offra escapava-lhe parcialmente. Em 1687 e 1688, quando por aí passara, o sr. Ducasse observava que "esse lugar dependia outrora do reino de Ardra, mas é presentemente governado por dois fidalgos, um estabelecido pelo rei de Ardra e o outro pelo rei de Judá".[25] E acrescentava que

os holandeses ali carregam anualmente de 4 mil a 5 mil escravos, enquanto de Judá os ingleses levam 15 mil e os franceses entre seiscentos e setecentos.

Na mesma época, Grande Popo e Pequeno Popo, que antigamente dependiam do rei de Ardra, [davam somente] trezentos por ano.

Por seu lado, o rei de Fouin [primeiras manifestações do poderio nascente do rei do Daomé] impede a passagem dos cativos em suas terras.

O cavalheiro Damon, chegando em 1698 em Judá, ficou muito impressionado ao ver lá serem resgatados 2300 cativos durante as seis semanas em que permaneceu ancorado.

Naquele mesmo ano, Allada foi invadida pelos oyós e ulcumys em consequência do massacre dos mensageiros do rei de Oyó enviados para Allada.[26]

Por ocasião de sua segunda viagem, em 1701, o cavalheiro Damon mostrava-se reservado em relação ao rei de Ardra, cujo "país é muito criticado e em péssima reputação".

As desordens e a insegurança não vinham somente dos negros naquela costa. As brigas e as guerras entre as nações na Europa continuavam na costa da África entre os seus nacionais a tal ponto que, em 1704, o rei Amar viu-se forçado a mandar assinar um "tratado de paz ou de neutralidade entre as quatro nações da Europa que negociam em Judá, tanto em terra quanto fundeados, e mesmo à vista daquele ancoradouro".[27]

SITUAÇÃO DESCONFORTÁVEL DOS PORTUGUESES NA COSTA A SOTAVENTO DA MINA DEPOIS DA PERDA DO CASTELO DE SÃO JORGE

A situação dos portugueses na Costa a Sotavento da Mina era delicada e desconfortável depois da tomada do castelo de São Jorge da Mina pelos holandeses, em 1637.

Os antigos donos da região não eram mais representados naquela costa a não ser por descendentes de antigos funcionários e comerciantes portugueses, estabelecidos em outros tempos na Costa do Ouro e na Costa a Sotavento. Eles serviam de intermediários para o fornecimento de escravos às embarcações do tráfico do Brasil e das diversas nações europeias, mas acontecia de a situação se inverter, com os ingleses, franceses e holandeses a lhes fornecer escravos em troca de seu tabaco e ouro trazidos clandestinamente do Brasil.[28] Já demos detalhes acerca dessas operações em outro capítulo.[29]

Até 1721, os portugueses que viviam na Costa a Sotavento não podiam contar com o apoio do governo de seu país, cuja política tendia para o abandono do comércio naquela costa.

No início do século XVIII, não existia nenhum regulamento para restringir e disciplinar os movimentos dos navios da Bahia, o que provocava uma lamentável desordem no mercado de escravos.

Du Coulombier, diretor do forte francês Saint-Louis de Grégoy, em Uidá, escrevia em 22 de março de 1714 a seus chefes da Companhia das Índias em Paris:[30]

> O tráfico tornou-se cada vez pior em razão do grande número de navios que o abordaram. [...] Isso arruinou o comércio, junto com a confusão que os portugueses causam nestas bandas pela falta de ordem, constatada em todos os tempos, que aquela nação introduz em seu tráfico pelos próprios capitães, quando se encontram mais de um ou dois navios no porto e pelo número dos comerciantes passageiros que embarcam em cada nau para negociar negros, pela autorização que têm os mestres e marinheiros de embarcarem por sua conta e a de seus amigos tanto quanto quiserem, pagando o frete e víveres ao armador e finalmente pela pouca autoridade dos mestres sobre sua tripulação, a quem não podem impedir que rebaixem o resgate, porque o mestre tendo feito os seus negócios, o restante da tripulação, para se despachar mais rápido, paga frequentemente até duas vezes mais o preço comum para ter cativos de boa qualidade. Dessa forma, sete ou oito embarcações [portuguesas], tendo-se encontrado ao mesmo tempo, estragam tudo. Está aí o negócio dos portugueses!

O mesmo diretor francês, em um relatório de 14 de fevereiro de 1715,[31] escrevia que um diretor inglês (Blaney, que outrora fora comerciante estabelecido na Bahia) se esforçara para remediar a má conduta dos portugueses no seu comércio:

> O que procura fazer ao pedir com todo o jeito que se pode imaginar que o rei [de Ajudá] se compromete a obrigar os portugueses do Brasil de fazer por suas mãos [dele, diretor inglês] todo seu tráfico, a fim de poupá-lo e impedir por esse meio que se avilte o comércio. De fato, era o controle do tabaco e do ouro o que se queria assegurar; os negros mais esclarecidos não deixaram de achar nisso alguma coisa suspeita.

Vendo lhe recusarem essa comissão, o diretor inglês ficou tão enraivecido que, para demonstrar seu extremo desprazer ao ver esse pessoal estragar-lhe o mercado, praticou uma ação indigna de um homem honrado [...] além do que éramos brancos, diretores e outros. Encontrando-se então em Xavier [Savi], o diretor saiu a passeio, acompanhado de dezoito negros minas, todos armados com pistolas e sabres; colocou-se inteiramente armado à frente dos mesmos e fê-los andar dois a dois desde a sua casa até debaixo das árvores, que é o lugar mais frequentado. Todo mundo olhava para essa parada com espanto e surpresa, uns julgando que ele tinha ficado louco, outros mais tímidos pensando que ia fazer uma dura expedição. Chegou debaixo das árvores, onde encontrou o homem a quem procurava, que era um velho passageiro português convalescente e que descansava sentado ao pé de uma árvore. O diretor acercou-se dele, mandou que um de seus negros apanhasse o chapéu da cabeça do homem e fez com que todos urinassem nele, um após o outro, e o último o colocou cheio na cabeça do português, cujos lamentos dolorosos contra tão grande afronta não enterneceram nem um pouco o coração desse desumano, que depois dessa gloriosa ação foi para o meio de sua gente. Parecendo entretanto que receasse que alguns dos espectadores o interpelasse, entrou em sua casa, aplaudindo-se sozinho do êxito de seu empreendimento.

A seguir, o diretor francês fazia notar que, apesar de a ação do diretor inglês ter sido de muito mau gosto, "impedi-lo de lhe fazer mal teria sido apoiar pessoas cujo comércio é prejudicial ao nosso, e por conseguinte não nos metíamos nos negócios que pareciam não ser da nossa conta, crendo mesmo que estes maus-tratos os expulsariam do país".

INSTALAÇÃO DE UM FORTE EM UIDÁ PELO CAPITÃO JOSEPH DE TORRES

Já tratamos em outro capítulo da rivalidade entre Lisboa e Bahia[32] pelo controle do comércio na costa da África, bem como da obstinada resistência oposta pelos negociantes da Bahia a todas as tentativas feitas para forçá-los a irem traficar escravos em outras regiões que não a Costa da Mina.

A autorização para que se erigisse uma fortaleza em Ajudá, dada em 1721 pelo vice-rei do Brasil, Vasco Fernandes César de Meneses, veio inclinar a balança a seu favor.

Pouco tempo depois de sua chegada à Bahia, o vice-rei recebia a visita do capitão Joseph de Torres, que, voltando de uma de suas viagens à Costa da

Mina, trazia-lhe uma carta do rei de Ajudá datada de 26 de outubro de 1720,[33] cujo teor era o seguinte:

O Capitam de mar e guerra Joseph de Torres, pelas continuadas viagens que tem feito a este meu porto, me fez presente, e a todos os mais cabeceyras de meus Dominios: queria saber se lhe concentira feitoria estabelecida por S. Magestade de Portugal, e por que os vassallos do dito Sr. forão os primeyros que continuarão o comercio deste meu porto, tendo sempre todos os meus antepaçados hũa alia amizade [o mesmo ocorrendo comigo] e em todos do meus Dominios. Me pareceo avizar a V. Ex^ca., visto as mais nasçoens terem no meu porto feitorias, que nenhuma duvida tenho aceytar feitoria ordenada por S. Magestade de Portugal; e he sem duvida pelo grande comercio que [se faz] a este meu porto, que lhe he mais conveniente a feitoria com diretor q. governe todos os vassallos de S. Magestade de Portugal que vierem a este meu porto.

Posso assegurar a V. Ex^ca. que estou muito prompto para dar toda a ajuda para a dita feitoria; e [...] firmeza do que assistirão a esta carta todos os meus cabeceyras e adjuntos e meu secretario nomeado Capitam [...] carta que comigo assignou.[34]

Em uma "memória",[35] encontramos detalhes a respeito da entrevista que Joseph de Torres teve com o rei de Ajudá:

Da parte de Sua Magestade, el Rei Nosso Senhor; [expõe Joseph de Torres ao rei de Ajudá] perante o seu secretário e mais nobreza do seu conselho [...] as vantagens que Sua Alteza e aos seus vassallos tirarião do comercio da Nasção Portugueza, si ella frequentasse os seus dominios, o que não farião pellas vexações e violencias que nelles recibião das nasções estrangeiras, as quaes so se poderião evitar fundando uma fortaleza e feitoria em que se assegurassem ao mesmo tempo de conservar e defender os país de Sua Alteza. El-Rei respondeu que ainda que os Reis seus antepassados não quizerão nunca consentir fortificação aos portuguezes, enviando-lhe pedido o Senhor Rei Dom Pedro II por cartas que ainda conservarão até agora, elle contudo expunha, queria que El-Rei de Portugal, seu Amo, lhe mandasse tomar posse do sitio que lhe nomearia e fizesse nos seus Estados. [...] O que [...] El-Rei dice de palavra mandou escrever a Sua Magestade e ao Vice-Rei do Brazil e entregou as cartas ao capitam Joseph de Torres.

O vice-rei, transmitindo a carta do rei de Ajudá a Lisboa, em 18 de fevereiro de 1721, acompanhava essa missiva vinda da África dos seguintes comentários:[36]

He certo [...] que o principal fundamento [...] que os holandezes tem para reprezarem a nossas embarcações que não vão [...] despachar ao Castello da Mina he dizerem que não temos em toda aquella Costa jurisdição e feitoria algum, e porque os francezes e inglezes tem feitorias em o poveo de Ajudá, fazem estes o seu negocio em toda a Costa sem empedimento algum. Tenho por sim duvida que, estabelecida a feitoria, lograrão as nossas imbarcações a felicidade de [...] não serem constrangidas nem reprezadas.

Para tanto, era preciso que a feitoria fosse uma fortaleza, e estava previsto que

toda esta obra ha de ser de taypa, como são as outras que aly se achão erguidas [...] por que he de bastante grossura nas paredes, e na mais obras que serve de muralha, porque debaixo de nome de feitoria se fabrica por modo de fortificação, tendo baluartes, cortinas, parapetes, fogo, arthelaria e estacada, como tem os franceses e inglezes no mesmo porto de Ajudá [...] e apesar de serem de taypa conservam-se bem, devido a grossura das paredes.

Para assegurar a salvaguarda da navegação e do comércio, era importante mostrar a bandeira portuguesa, enviando de vez em quando embarcações para cruzar ao longo daquela costa, como sugeria o vice-rei:

Deveria Vossa Magestade permitir a fragata destinada para andar aqui [Bahia] de guarda-costa, que va algumas vezes limpar aquelles mares das ousadias de galleras holandezas que o infestam, ou para q., aparecendo ahy hua Nau de V. Magestade, possa vossa nasção consilhar melhor os animos daquelles negros.

Influenciado por Joseph de Torres, o vice-rei pensava que a edificação do forte de Ajudá traria grandes vantagens para Portugal. Primeiramente, afirmava de novo com dignidade a presença dos portugueses nas cercanias do castelo de São Jorge da Mina, do qual haviam sido espoliados fazia oitenta anos. Depois, era uma base para eventual reconquista das possessões perdidas. Por fim, se essa reconquista se revelasse impossível, a nova fortaleza serviria eficazmente de proteção aos navegantes do Brasil contra as exações holandesas. Além do mais, a taxa de 10% que esses últimos cobravam no castelo de São Jorge poderia ser cobrada no futuro na fortaleza de Ajudá, em proveito das finanças do rei de Portugal.

Mas todos esses belos projetos eram ilusórios, pois o forte seria construído no interior das terras, muito longe do litoral, para servir de proteção aos navios portugueses ancorados no porto de Ajudá, e as demonstrações das forças navais portuguesas não seriam de natureza tal a inspirar nos holandeses uma atitude mais conciliadora.

Em sua carta, o vice-rei adiantava também a possibilidade de se pôr um freio ao contrabando do ouro, fazendo notar que:

> Sem embargo das grandes prohibiçõins e exames que se fazem para que se não leve ouro para a Costa da Mina […] he certo que vão todos os anos o milhor de quinhentos mil cruzados, o que não sucederá [se houver feitoria] porque não he dificultoso o exame e verificação [se tal] cousa proceder, [a punição será] não so o castigo corporal, mais ainda o prendimento do mesmo ouro.

Chamava a atenção sobre o importante papel representado por essa parte da costa da África no desenvolvimento econômico do "Estado do Brasil". Segundo ele, Ajudá era

> o porto mais celebre de toda aquella Costa, pello que respeita a abundancia e grande numero de escravos que aly se resgatão. O tabaco he entre elles a mais estimavel droga, sem a qual não podem viver nem passar; claro esta que sendo so nos os que […] podem as introduzir este genero, sejamos também os que enfiamos a todas as mais nasções no agazalho e na estimação disto, como na verdade assim o mostra a experiencia, porque vindose naquelle povo […] qualquer navio das outras nasções sem que as nossas […] os negros passão sem […] armas, polvora, ferro que os estrangeiros […] introduzem, mas não sem o tabaco que […] levamos.

E terminava dizendo:

Determino na primeyra embarcação que passar a Costa responder a El Rey de Ajudá, agradecendolhe, e asseitando o offerecimento que fez, remetendolhe tambem algum mimo em demonstração do gosto com que espera os portuguezes nos seus Dominios, e como este não lemita o terreno sera conveniente a nos aproveytemos de todo o que for [...] para armazem, coarteis, Igreja, e mais officinas necessarias.

Aqui [na Bahia] se fara a planta a qual ira executar qualquer dos ajudantes da fortificação, e não remeterey outra couza mais que arthelaria, reparos, Armas, monições, cal ou tijolo [...] se entende em cazo que V. Magestade o [...] aje assim por bem.

Alguns meses mais tarde, em 4 de julho de 1721,[37] o vice-rei anunciava:

Constando-me por algũas embarcaçoens que vierão da Costa da Mina que os Estrangeiros que tem feitorias em o porto de Judá fazião dilligencias com aquelle Rey, para que se arrependesse do offerecimento que havia feito para termos tambem feitoria nella, conciderando justamente que dellas lhes seguira prejuizo do seu comercio, me resolvy a mandar tomar logo posse do destricto prometido e levantar nelle algũas cazas, e fazer o mais que o tempo permitisse. Para esta dilligencia se offereceo Joseph de Torres, levando também a sua custa madeyra, tijollo, e telha, pra principio desta obra, por cuja ação e algũas outras com que se tem havido no serviço de V. Magestade, se faz digno de sua Real attenção.

Joseph de Torres, cujas atividades não eram sempre estritamente legais, tivera problemas com a justiça numerosas vezes. No fim de 1721, o vice-rei recebia uma série de cartas de Lisboa contendo instruções contraditórias[38] a respeito de Joseph de Torres, que fora condenado por delitos diversos.

Acusavam-no de ter comerciado com os ingleses no castelo de Cape Coast e no forte William, em Uidá, e com os holandeses no castelo de São Jorge da Mina.[39]

Em outro capítulo,[40] vimos que o Conselho Ultramarino resolvera deixar construir a fortaleza de Ajudá por Joseph de Torres (teria sido em vão opor-se a essa iniciativa, que recebera um início de execução com a autorização do vice--rei) e castigar o capitão de mar e guerra uma vez terminada sua obra.

Uma carta do rei de Portugal, respondendo ao rei de Ajudá, foi consequentemente enviada ao vice-rei para ser transmitida à Costa da Mina:[41]

Nobre e Honrado Rey de Judá,

Eu, Dom João, por graça de Deus Rei de Portugal e Algarve daqui e dalém Mares, na África Senhor da Guiné e Conquista, Navegação e Comércio de Etiopia, Arábia, Persia e India etc. Vos faço saber que sendome prezente a Vossa carta de 26 de outubro passado, me foi mui agradável a notícia que me dais de que nos vossos dominios possão os meus vassallos ter huma Feitoria, para com mais comodo poderem commerciar nelles, e podeis estar certo que da minha parte farei applicar todos os meyos convenientes para que se augmente a referido commercio. Nobre e honrado Rey de Judá, [que Deus] vos alumie em sua graça, e com ella traga a vossa pessoa em sua santa guarda.

Escrita em Lisboa occidental a 25 de outubro de 1721.

El Rey.

Detalhes sobre a construção do forte são dados em uma "memória",[42] da qual reproduzimos aqui alguns trechos:

Partio [Joseph de Torres] para a Bahia, onde o Vice-Rei, querendo aproveitar se da boa disposição deste principe [o rei de Ajudá] antes que as nasções estrangeiras o pudessem despersuadir, encarregou o mesmo capitão [Joseph de Torres] q. voltasse logo a tomar posse do sitio, o q. elle fez carregando a sua fragata e mais quatro embarcações de madeiras, pedra, tijollo, telha e mais materiais concernentes a d.ª fabrica, e partio em 12 de julho de 1721. Porem, experimentando logo tempo contrário, perdeu na mesma Costa da Bahia no dia 17 duas das suas embarcações e continuando com as outras a sua viagem foi acometido nesta Costa, junto ao Cabo Corso, por dous piratas dos quais se defendeu valorosamente, mas não poude impedir q. lhes levassem as outras duas embarcações por se haverem afastado da sua escolta, e sem embargo desta consideravel perda, proseguia a sua viagem, pellejou com hua embarcação europeia no porto de Coanza e não só se defendeu vigorosamente, mais a obrigou a vir a sua nau o capitão contrario. E chegando a este porto de Ajudá sahio em terra com todo o luzimento e foi recebido ao desembarcar pella principal nobreza do paiz. Teve audiencia de El-Rei a 31 de outubro e S. A. o recebeu com particular estimação, mostrando grande gosto da incumbencia que

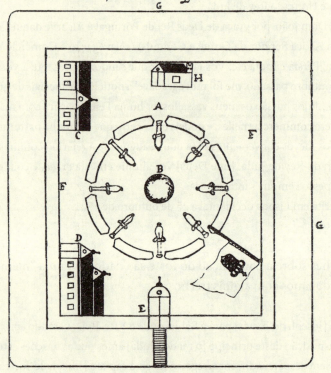
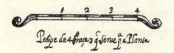

Planta da fortaleza cesárea Nossa Senhora do Livramento, em Uidá, erigida em 1721 por Joseph de Torres (AHU, Coleção Cartográfica São Tomé e Príncipe, 1ª seção, cofre).

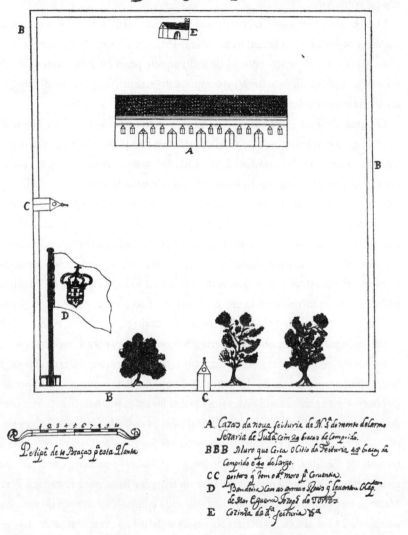

Planta da feitoria cesárea Nossa Senhora do Monte do Carmo, em Uidá, erigida por Joseph de Torres em 1721 (AHU, Coleção Cartográfica São Tomé e Príncipe, 1ª seção, cofre).

trazia. Nomeou logo o sitio para a feitoria, hum bairro nesta mesma cidade de Ajudá, que era uma povoação ou culma, como aqui lhe chamão, em que havia 300 fogos, cujos moradores se empregavão todos no serviço das nasções estrangeiras q. aqui comercião.

O capitão de mar e guerra, rendendo as graças a El-Rei, acceitou logo a mercê e tomou posse do sitio levantando nelle o Estandarte Real de Portugal em 2 de novembro, com alvoroço notavel de todo aquele povo e ainda muitos vassallos do Rei de Arda q. alli se achavão solemnisando este acto com varias descargas de artilharia e mosqueteria, e repetidos vivas de El-Rei Nosso Senhor.

O capitão José de Torres, sem embargo de não tomar ordem do Vice Rei do Brasil mais q. para tomar posse do sitio, considerando o perigo da mudança q. podia haver no animo do Rei, combatido por todas as nasções europeias q. se opuzerão com toda a força a esta fundação, e entendendo quanto era util ao serviço de S. Magestade e utilidade de seus vassallos, tomou expediente de se prevenir contra os accidentes da dilação, e a custa de sua propria fazenda fez levantar a casa da feitoria com 43 braças de comprido e 40 de largo, em q. trabalharão mais de 500 pessoas durante 30 dias effectivos. Antes de acabada esta casa, q. tem maior capacidade q. a dos outros estrangeiros, deu principio a esta fortaleza em 21 de novembro, edificando hum forte redondo em sitio eminente com capacidade de 16 peças de artilharia e a proveo de 8 das melhores do seu navio com polvora, ballas, catanas, armas de fogo, granadas e os mais pertrechos necessarios para a sua defença.

Este forte cercou o capitão de uma muralha em figura quadrangular de 100 braças de cumprimento, 80 de largura e 8 palmos de grosso, e hum fosso de 22 de largo que a cerca em roda com uma ponte levadiça por baixo da porta; dentro dos muros fez casas para o cabo e quartel para os soldados, com cozinha separada. Dedicou esta fortaleza a proteção de Nossa Senhora do Livramento e lhe deu o nome de Cezarea, em obsequio do Vice-Rei Vasco Fernandez Cesar. Acabada toda a obra deixou nella por governador da feitoria e fortaleza a Francisco Pereira Mendes, por cabbo do forte a João de Almeida e Lima, por capitão de uma companhia de 24 homens a Francisco Nunes e por feitor da arrecadação de despeza a Simão Cardoso dos Santos. Deixou tambem para sustento da guarnição e officiaes huma guarnição, digo, consignação de dez tostões, em quanto S. Magestade não dispozesse o contrario e o q. melhor lhe parecesse a seu Real Serviço.

El-Rei de Ajudá nos favoreça, tanto q. elle mesmo mandou arrazar a povoação que havia neste sitio, fazendo trabalhar mais de 500 vassallos seus com mando

[...] q. dentro de 3 dias ficou tudo demolido e desentulhado. O capitão José de Torres, depois de acabado tão felizmente esta empreza em que dispendeu mais de 80 cruzados de sua fazenda, passou a Jaquem, porto principal de El-Rei de Ardra e conseguio a mesma permissão deste Principe, q. escreveu a El-Rei Nosso Senhor oferecendo lhe sitio para fortaleza e feitoria e as couzas foram encaminhadas a Bahia para irem na presente frota para o Portugal.

REAÇÕES DAS NAÇÕES EUROPEIAS JÁ INSTALADAS EM UIDÁ

Os relatórios apresentados por Joseph de Torres parecem ter impressionado favoravelmente o vice-rei, que comunicava a Lisboa, em 30 de julho de 1722:[43]

Se não pode duvidar tem Joseph de Torres feito a V. Magestade hum assignalado serviço [...] se as couzas que nesta carta se declarão estão feitas pella forma que nella se diz, e a feitoria e fortaleza erigidas e preparadas como segura [...] com trabalho e dilligencia [...] e tambem da constancia com que o Rey de Ajuda declarou publicamente que se interessava com tantas vantagens a que os portuguezes assistissem os seus dominios, que nada importaria que os estrangeiros os abandonassem, e que quando se principiarão a abrir os allíserses daquella nova fortaleza fora pessoalmente assistir a este trabalho.

Uma certa inquietude manifestara-se nos representantes das nações estrangeiras instaladas em Uidá quando viram Joseph de Torres construir uma fortaleza nas proximidades do forte William, dos ingleses, e do forte Saint-Louis de Grégoy, dos franceses.

Os ingleses procuravam incrementar suas relações comerciais com os portugueses, dos quais obtinham o ouro e o tabaco do Brasil; estavam, pois, relativamente bem-dispostos. A Royal African Company escrevia a seus agentes em 13 de março de 1722: "Não pensamos que os portugueses, realizando um estabelecimento num sítio onde temos um poder superior ao seu, possam prejudicar os nossos interesses. Pelo contrário, trarão apenas perspectivas vantajosas, pois podem levar para o Brasil, para trocá-los por ouro, não somente negros, mas outros produtos que possam desejar".[44]

Os franceses, pouco entusiastas e resignados, escreviam:[45]

Os portugueses estabeleceram em 1721 uma feitoria em Ajudá, com bandeira de sua nação. Os franceses, ingleses e holandeses, que aí têm feitorias, fizeram tudo quanto puderam para impedi-los. Mas os portugueses haviam feito tantos presentes ao rei e aos cabeceiras do país que não foi possível lhes resistir. Esse novo estabelecimento prejudicará o comércio das outras nações, pois esta última terá os negros por intermédio do seu diretor, ao passo que antes os comprava dos diretores das outras nações. O preço que oferece é pago com ouro em pó, e as naus que vêm para o tráfico são todas armadas no Brasil.

Os holandeses deviam mostrar-se mais agressivos e fazer todo o possível para expulsar os portugueses de sua nova instalação, e em seguida tentaram várias vezes destruir a fortaleza cesárea.

O forte construído por Joseph de Torres devia ser infinitamente menos imponente do que aquele que descrevia em seus relatórios e do qual exibia as plantas. O fato é que vários viajantes passaram por Uidá pouco depois, e nenhum deles parece ter-se impressionado por sua importância e nem mesmo por sua existência.

O cavalheiro Des Marchais, estando naquela região em 1725, dizia: "Os portugueses não têm fortaleza em Grégoué (Gléhoué). O rei de Uidá deu-lhes um terreno a quatro tiros de fuzil ao sul do dos ingleses para construírem uma lá. Tiveram razões para o não fazer até agora. O diretor reside em Xavier (Savi), em uma casa bastante grande que fica ao lado da dos franceses".[46]

Snelgrave, que chegou a Uidá no fim de março de 1727 a bordo da galé *Katherine*, menciona diversas vezes "dois fortes com muros de taipa, um inglês e outro francês, que ficam a três milhas da beira do mar",[47] mas nada diz do forte português.

William Smith, encarregado de fazer esboços das fortificações das diversas potências ao longo da costa da África, tendo chegado em 14 de abril de 1727[48] ao porto de Uidá, escreve que "os ingleses e franceses têm aqui fortes a um tiro de fuzil um do outro",[49] mas tampouco fala em um forte português.

ORGANIZAÇÃO DA FORTALEZA

Joseph de Torres, de volta à Bahia em 1722, foi enviado a Lisboa e encarcerado no Limoeiro por causa das quantias de dinheiro que devia à Fazenda Real. Em contrapartida, fazia jus às despesas que teria feito com seu próprio dinheiro para a construção do forte de Ajudá, ou seja, 5 143 200 réis, aos quais deviam se acrescentar 850 mil-réis, saldo do produto da venda de seus bens em 1721, para o pagamento da promissória protestada de Methuen.[50]

Apesar de seu encarceramento, Joseph de Torres esperava ser nomeado primeiro diretor do forte por ele erigido, e para esse fim mandava petições ao secretário de Estado. Em uma delas, propunha:[51]

> Será conveniente se provão os lugares de primeiro e segundo Director daquella feitoria em pessoas capaces, consignando lhes soldos competentes não so para se conservarem com authoridade mas para que a falta de meyos não obrigue a que se aproveitem do que se pode ser prejudicial. Também he necessario que hajão hũ capitão, thenente, sargento, almox.ᵉ, escrivão, surgião sangrador, cappellão e 50 homens para guarnição da feitoria.

E declarava também que:

> A forma com que se devia de fornecer a subsistencia desta fortaleza e feitoria novamente estabelleccia no Reyno de Ajuda [...] e que poderá superabundantemente chegar para se terem duas Fragatas que substituindose mutualmente sustentan naquelles mares e conservem o respeito e comercio da Nasção Portugueza, cobrandose como se requer se mandarem cobrar os direitos de todos os navios della que aquelle porto forem a fazer negocio.

Em Lisboa, entretanto, desconfiavam de seus projetos, e em 14 de maio de 1723 acharam mais prudente enviar instruções ao vice-rei:[52]

> E pello que respeita a creação e provimento dos diretores e maes postos subalternos dos officiaes que hão de servir em a ditta fortaleza, que outrossim se deve demandar abundantemente prover de todo o necessario, lhe parece que por ora se

devia cometter esta nomeação e elleição ao arbitrio do V. Rey, pois sera mais facil acharem se no Brazil sugeitos proporcionados para estes empregos, utilizando se de caminho e fazenda de V. Magestade em se escuzar de transportes e ajuda de custo, e ainda de dar remunerações mais crescidas a os que houvesse de mandar estes empregos.

Foi decidido que o forte de Ajudá seria uma dependência da Bahia. Daí por diante, os soldos dos funcionários, oficiais e soldados da guarnição iriam figurar no orçamento da capitania da Bahia. O montante desses ordenados, assim como as quantias necessárias para os consertos e manutenção dos prédios, seria fornecido pelos direitos de dez tostões cobrados sobre cada escravo que entrasse no Brasil.[53]

O vice-rei perdera suas ilusões a respeito de Joseph de Torres. Em 28 de outubro de 1723,[54] escrevia em resposta às instruções dadas por Lisboa:

Se Joseph de Torres cuidava melhor nos seus arbitrios, nunca se atrevera a por na sua Real Gerença este de se poderem manter na Costa da Mina duas fragatas para segurar aquelle Comercio, saindo a sua despeza [...].

[...] Dos des tostoeñs que se cobrão de cada escravo, cujo rendimento tem aquy emportado [soma-se a] doze mil cruzados. O que tem rendido em Pernambuco, Parahiba e Ryo de Janeyro, não sey ainda, mas he certo que em Pernambuco nunca podem entrar a terça parte dos escravos que entrão nesta Bahya. Na Parahyba he so duas semanas que frequentão aquellas viagens e ao Ryo de Janeyro não vão mais que os que transportão os navios de Lisboa, que não custumão ser muitos nos discurço de cada anno [...].

[...] Ultimamente, Senhor, da Costa da Mina não entrão mais que nove mil escravos nos portos do Brazil em cada hun anno, que a des tostoens por cabeça emporta vinte e dous mil e tantos cruzados, que na minha opinião, he o que basta e sobeja, para os soldos e ordenados dos officiaes, reparos, moniçoens e mais despezas que forem necessarias para aquella feitoria, para donde tenho mandado recentemente as madeiras, cuja despeza se vê da Certidão incluza, em que tambem entrão os ornamentos para o Padre selebrar o Sacrificio da Missa.

Joseph de Torres, que mofava em sua prisão no Limoeiro, mandava novo pedido em 28 de abril de 1724,[55] que foi transmitido para que o vice-rei desse seu parecer: "Allegando os seus serviços pedia a S. Majestade lhe fizesse mercê do posto de Governador da Fortaleza de Ajudá, que elle faz a sua custa, e soldo de tres mil cruzados cada anno". Entretanto, como a reputação de Joseph de Torres não era boa, o Conselho Ultramarino desejava ser informado a respeito

> do procedimento do sobre d.º, porque foi muito murmurado de que na Costa da Mina tinha trato secreto com os hollandezes e que foi o que primeiro introduzio tabaco fino e ouro no Castello de S. Jorge. Tão bem se diria q. o sobred.º fora commissario por cuja intervenção muitos ministros togados desta rellação [juízes do tribunal] negociarão com tanto escandalo que S. Magestade os castigou publicamente. Se jactava o dito Joseph de Torres de que na rellação fazia o que queria e para que S. Magestade seja informado seo referido he certo. He servido que V. S. faça hua exacta informação secreta.

A resposta esperada foi dada em 14 de julho de 1724.[56] O vice-rei, mais bem informado a respeito das atividades do capitão de mar e guerra, comentava sem indulgência: "Não posso deyxar de me admirar muyto que as culpas, atividades e delictos que Joseph de Torres tinha cometido, no conceito do Conselho Ultramarino se transformassem tão apressadamente em meressimentos para se fazer acredor a hua consulta tão util como glorioza". No entanto, reconhecia que: "He sem duvida que para se conseguir a feitoria em Ajuda foi necessaria toda a industria deste homem, e emquâto esteve naquelle sitio fez trabalhar com grande força para se poder adiantar aquella obra, qual pela sua confição entendy ser feita a sua custa". E observava que:

> Porem, mostrou o tempo o contrario, porque depois de sua auzencia foi obrigado Francisco Pereyra Mendes a pagar ao Rey de Ajuda toda aquella despeza que Joseph de Torres queria reputar [como sendo seu serviço], e não posso escuzar-me de remeter a V. M. os documentos juntos para que, constando a S. Mag.ᵈᵉ, que Deus guarde, a sustancia de alguns e a desigualdade de outros, faça o concerto que for servido.

O vice-rei não achava necessário nomear um primeiro diretor da feitoria e lembrava que:

Em virtude da provizão de quatorze de mayo do anno proximo passado cuja copia vay inclusa, provy em segundo director da Feitoria ao mesmo Francisco Pereyra Mendes, de capitam a João Bazillio, de almoxarife a Simão Cardozo dos Santos e de escrivão a Antonio Nugueyra Monteyro, deixando de prover a occupação de primeyro director por me perecer desnecessario por ora e tambem por não achar sugeito com aquellas circunstancias que entendy erão percizas para aquella occupação. Julgarão alguns amigos de Joseph de Torres ou ociozos que costumão adiantarse nos seus discurõs, que eu não provia o lugar de primeyro diretor esperando por Joseph de Torres para o occupar. […] Preocupados muytos homens de negocio daquelles discurços ou praticas sem fundamento, me requererão que de nenhua sorte o provesse pello prejuizo que certamente havia de dar ao commercio, segurandome então que tinha introduzido nesta cidade e nas suas mesmas embarcaçoens grande quantidade de generos de Europa que comprava naquella costa aos estrangeiros, dando lhe ouro e tabaco em pagamento. Entretanto, nesta averiguação, com algum cuydado e industria, soube com toda a certeza que se ajustava com o general do Castello de San Jorge e com o Governador de Cabo Corso a levarlhes ouro e tabaco não so para lhe satisfazerem em drogas mas para lhe dar aquelles generos que fossem mais proprios para o resgate dos escravos. […] He constante que com Guilherme Behle [William Baillie], segundo director da feitoria de Cabo Corso,[57] tinha sociedade em todo o negocio e este parte do navio do dito Joseph de Torres, pello qual manda-a para esta Bahia quantidade de escravos; elle levava o seu procedido [pagamento] em ouro e moedas.

A seguir, dá algumas cifras a respeito dos fundos disponíveis para a manutenção da feitoria:

Tem entrado nesta Bahia desde vinte e dous de mayo de mil setecentos e vinte e dous athe hoje [14 de julho de 1724], doze mil oito centos e quarenta e tres negros da Costa da Mina, qui importa o sucidio [subsídio] de dez tostoins por cada cabeça para o estabelecimento e conservação da feitoria de Ajuda em doze contos, oito centos e quarenta e tres mil reis; tem vindo de Pernambuco e Ryo de Janeyro tres contos, oito centos quarenta e seis mil reis que ao todo importa desaseis oito centos e no, digo, desaseis contos, seis centos e oitenta e nove mil reis. Sey que no Ryo de Janeyro, Pernambuco e Parahiba se espera occazião para se remeter o que tem rendido de mezes a esta parte, que entendo passa de dez mil cruzados. A despeza que se tem feito com a feitoria athé agora com reparos para o culto divino, madeyras, ferragens, bandeyras e alguas outras miudezas e mimos para os dous cabesseyras principaes, alem de polvora, balla, granadas e armamento para quarenta soldados, importa hũ conto, seis centos noventa e dous mil, nove centos e secenta e tres reis. Fica liquido cem ser quinze contos, sinco mil e vinte e sete reis de que se deve tirar a despeza que Francisco Pereyra fez com o que pago ao Rey em trabalho dos escravos e materiaes para a feitoria, para cujo pagamento se necessira de clareza, mas suposto o avizo do dito Francisco Pereyra entendo não passara muyto de quatro mil cruzados.

As despesas para os diferentes soldos tinham sido limitadas às seguintes:[58]

Um diretor, recebendo	600$000 réis por ano
Um capitão de infantaria, recebendo	300$000 réis por ano
Um tenente de infantaria, recebendo	150$000 réis por ano
Um almoxarife, recebendo.	200$000 réis por ano
Um escrivão, recebendo	150$000 réis por ano
	1:400$000 réis por ano

Ainda não havia cirurgião; não eram previstos outros emolumentos.

E para não fazer mais despesas às finanças do Rei com os soldos dos soldados da guarnição, ordenei que lá se recolham todos os portugueses que vivem neste país, e são numerosos, e que façam a guarnição. Este expediente é justificado não somente pela questão do interesse que me obrigou a tomá-lo, mas resulta também que o forte tem uma guarda melhor, estes homens estando em seu interior podem tudo perder, pois é lá mesmo que fazem seu comércio. Colocarão pois mais zelo para evitar os insultos habituais dos negros que colocam sempre fogo nas casas dos brancos para roubá-los.

O vice-rei tinha nomeado João Basílio para o cargo de capitão de infantaria, tendo-se fundamentado "sobre as boas informações que tive sobre sua capacidade e porque está em bons termos com os negros e estimado deste Rei [de Ajudá], o que é prático para facilitar não importa qual negócio ou arranjar qualquer dificuldade que possamos ter".

FRANCISCO PEREYRA MENDES, DIRETOR DO FORTE, 1721-8

Francisco Pereyra Mendes, deixado por Joseph de Torres como responsável do bom andamento da fortaleza, fora confirmado no posto de segundo (e único) diretor por decreto de 14 de maio de 1723. Aos poucos ia terminando a instalação do forte, e suas cartas dão notícias sobre o estado do avanço dessas obras. Em 14 de abril de 1724, ele escrevia:[59]

Ficão cobertas a metade das cazas grandes, e se não estavam todas ja cobertas he por me não expor a descobrilla por hua vez em respeito de haver muytas chuvas e por não querer que as apanhem descobertas por não me virem as paredes abaixo [...] havendo occazião de bom tempo e no fim das chuvas, continuar com as mais cazas. Por este navio recebi [...] duzia de taboado, que he o melhor que tem vindo, espero que V. Ex.ª mandara as vigas como também os caybros.

Dá notícias sobre os negócios:

Em outras antecedencias [em cartas anteriores] dey parte a V. Ex.ª de que havia falta de cativos por respeito de hua guerra que tinha o Rey de Arda com seu irmão.

Agora dou parte a V. Ex.ª que em trinta de março o irmão do dito Rey mandou dar guerra e matarão ao dito Rey de Arda e cativarão mais de seis mil pessoas; agora não faltão cativos mas não ha navios para os gastarem. Somête aqui ficão hum navio de Lisboa, que em breves dias partira, e hum navio francez, que dentro a oito dias se ira embora.[60]

Mas a vida se organizava pouco a pouco no forte português. Consideravam "o pedido insistente dos portugueses que assistem na feitoria de Ajudá, para que lhes mandem religiosos que lhes administrem os sacramentos e instruam os escravos antes de embarcarem".[61] Previu-se então que fossem "para esta residencia hũ capuchino italiano [...] e mais hũ [...] para daly administrar a missão de Benim".[62] Esses capuchinhos teriam "o subsidio de mil reis por cada negro [catequizado]".[63]

Em outra carta, de 22 de maio de 1726,[64] o diretor narra suas brigas com os holandeses:

Na ultima que a V. Ex.ª escrevy, [narrei] o que tinha succedido [com] a gallera do Corisco, e que fugio deste porto ao holandez, a vinte quatro de março, a qual foi toda a noite, e no outro dia lhe deu hua trevoada e quando a dita acalmou e a gallera holandeza estivece a vista mandou o seu batallão armado a tomar o portuguez, e o dito lhe passou o batelão com algũas oito ou des ballas, e assim que entrou a viração, desapareceu o portuguez, he ao presente não tivemos mais noticia delle. O Capitão se resolve a hir para o Ryo de Janeyro em hum navio de Pernambuco que neste porto se acha; o holandez no fim de tres dias tornou a vir dar fundo, que forão vinte e sette, e na noute de trinta para o primeyro de abril, atirarão por sima do muro desta feitoria com duas zagayas com artificio de fogo para ver se podido cahir sobre a caza grande desta feitoria; tivemos grande fortuna, que se chegava a pegar fogo, não escapava caza nenhua desta feitoria como as outras das mais nasçõens, e o Rey também corria bastante perigo, por donde acabey de vir no conhecimento de que as vezes que nos tem queimado, a esta que nos querião fazer o mesmo, que não he senão por via dos holandezes que, como tem pedido ao Rey bote esta feitoria abaixo, e o Rey não o tenha feito, querem queimandonos ver se a podem acabar. Fuy a caza do Rey e lhe levey os instrumentos, e lhe dice que ou mandace tirar os minas do holandez fora da terra, pois ninguem tinha botado fogo senão elles, por mandado dos holandezes, e que via bem se o outro dia tornace a pegar fogo nesta feitoria que eu lhe permetia de o não mandar atalhar. Sô sim havia de correr com quanta gente se achava nella, e por o fogo a holandeza, porque queimadores a dita não escapava a sua caza, do que elle se mostrou bem pezarozo, e me prometeo que havia de fazer de sorte a que não foce outra vez queimada. Mas como elle tenha muitas palavras e poucas obras, tenho o cuidado de mandar fazer todas as noites guarda a roda do muro da feitoria, e ver se assim podemos escapar de mais disgraças.[65]

Francisco Pereyra Mendes informa o vice-rei sobre algumas ocorrências em Uidá:

As novidades que possa dar a V. Ex.ª desta terra he que em oito de abril, estando o capitão da nasção ingleza fazendo hua festa, tiverão os moços do dito hua tulha com hum cativo do Rey, e saindo o dito capitão a querer acomodar os seus moços, a que não decem nos do Rey, veyo hum negro particular, que na festa se achava por detras do dito, com hum pao para dar em hum moço do Rey, deu na cabeça do dito capitão, o que vendo os seus moços pegarão em armas e forão levando o negro pela porta dentro de outro capitão a quem pertencia; e logo sahira socorro deste o capitão Asû da nasção franceza, e o capitão da Lingoa Portugueza, o que vendo o Capitão Mingapê, e todos os seus parentes, se puzerão da parte da nasção ingleza, e começarão a combater des as tres horas da tarde athe a noite; ouve bastante mortes, e nellas entrou um irmão do Mingapê, por cuja razão se não acabara esta palavra tão depreça, por ser o que devia herdar a caza. No dia nove, pelas duas horas do meyo dia, forão botar fogo as cazas do delinquente, cuidando que so elle seria queimado, mas como o vento virace, ateou fogo com tal força, que queimou as tres partes da povoação, e nos tambem corremos bem risco. Tornarão a começar o combate, que durou the a noute; the agora estão com as armas na mão, dizem que em se tirando os milhos, tornarão outra vez ao combate, nem os de câ peção para a banda de Asû, nem os dela por câ, nem se achão carregadores para carregar couza alguma, nem comboyadores para levar cativos a praya.

E dá notícias das guerras locais:

Em quatorze do dito mes, o Ayho [o Alafin de Oyó] invadiu o território dos revoltosos, do que a V. Ex.ª dey parte na antecedente na terra do levantado [o rei do Daomé], que thê agora andava cobrando as mais terras; elle matou a mayor parte da gente de guerra e lhe prezionou bastante, [...] fugio pela terra dentro para hum monte, e como a guerra do Ahyo se retirace, tornou o dito levantado para a sua terra, adonde fica trabalhando, mas dizem que não tera mais poder para fazer os insultos que the agora tem feito; o pertendente Rey de Ardra já partio desta praya de Ajuda e esta acampado no meyo do caminho, esperando hua guerra de minas, que por esta praya passou para tirar Jaquem; e aquy se disque a vinte e tres ou a vinte e quatro deste se dâ a dita guerra, e cobrado que seja Jaquim, paça a parte de Ardra a meter balla o dito pertendente e dahy aguantaria com outra guerra de Minas, que estão nos confins deste Ajudâ, e hirem junto com as mais terras acabar de destruir o levantado, sô a fim de que se lha não agregacem alguas terras, e que torne outra vez a ganhar poder. Do que suceder darey parte a V. Exª.

TOMADA DE UIDÁ PELOS DAOMEANOS, 1727

As predições de Francisco Pereyra Mendes estavam longe de ser realizadas, pois o "levantado" de que fala era nada mais do que Agaja, assim denominado pelos reis de Ajudá, Jaquin e Popo depois de sua conquista em 1724 do reino de Allada, do qual era ele próprio vassalo. Agaja, prosseguindo sua marcha para o mar, conquistou em 1727 o reino de Savi, igualmente submisso a Allada. A conquista de Ajudá pelo "levantado" é narrada ao vice-rei por Francisco Pereyra Mendes em carta de 4 de abril de 1727:[66]

> A guerra que houve naquelle Reyno [...] e se achar de posse delle o de Dahomê, que lhe fez a guerra, na qual houve tão pouca rezistencia por parte dos de Ajudá que dentro de sinco dias desampararão tudo com morte de mais de sinco mil negros e dez ou onze mil prizioneiros, retirandosse este Rey para a Ilha de Popo, de onde se conserva com algua artelharia que lhe defende a parte por onde pode ser atacado; na occazião desta guerra foram também prizioneyros a mayor parte dos brancos que aly se achavão, assy portuguezes como francezes e inglezes, arrazadas e queimadas as feytorias, e estiverão em poder dos negros quinze dias, donde passarão bastante trabalhos e no fim delles os largarão, roubando os primeyros de tudo quanto tinhão, e so escaparão os que se recolherão a fortaleza franceza, donde se defenderão dos seus insultos.

O diretor da feitoria portuguesa estava entre esses. Snelgrave dá em seu livro a descrição da conquista de Uidá: "O sr. Pereyra, governador português, teve a sorte de escapar de 'Sabee' e refugiar-se no forte francês. Disse-me que receara muitíssimo ser esmagado pela pressa das pessoas que fugiam e que, com o seu punhal, dificilmente podia mantê-las à distância da rede na qual estava sendo transportado pelos seus homens".[67]

Francisco Pereyra Mendes, ao continuar seu relatório, indica:

> Depois de tudo socegado, com hũ bando [aviso] que mandou lançar o novo Rey, com pena de morte todo aquelle que chegasse a dita fortaleza ou fisese damno aos brancos [...] fui falarlhe a respeito do negocio e da assistencia dos portugueses, sendo percebido delle ao todo o agrado e estimação propondolhe [o negócio]

ao que [...] lhe respondeo que elle não duvidava, mas antes queria que os brancos assestissem e negociassem nos seus dominios, e que o desejo de ter trato com elle, que lhe empedia o Rey de Ajuda, fora occazião delle fazer esta guerra; que em todos os sentidos fora a favor dos brancos, com quem queria todo o commercio, e veyo o dito director muy satisfeito do bom modo deste Rey.

Em resposta a esse relatório transmitido para Lisboa, o vice-rei recebia uma carta real de Portugal, em 18 de dezembro de 1727:[68]

Me parece dizer vos [...] deixar de se reparar carta da fortaleza que temos em Ajudá, pois com ella não quedemos [podemos] resistiria invazão dos negros [sendo necessário que alguns portugueses, para escapar, recorram à] fortaleza franceza, onde se defenderão dos insultos dos negros do Rey de Daume. E nesta consideração, se esta fortaleza não he capaz de nella estarmos [...] melhor he não haverlla, por nos não expormos a outros damnos semelhantes, qual padeceram os nossos portuguezes.

O vice-rei retorquia, em 30 de julho de 1728:[69] "Nenhũa das fortalezas que há no porto de Ajudá tem capacidade para se defender [...] e se naquella occazião se vallerão os portuguezes da Franceza, iso mesmo succedeo noutras nasções, assy porque tinhão aly melhor conveniencia para aquelle effeito como porque todos juntos farião mais vigurousa a sua defença". E acrescenta que iria tomar providências para reforçar o poderio defensivo da feitoria.

Enquanto isso, o diretor mandava regularmente notícias dos acontecimentos, escrevendo em 5 de abril de 1728:[70]

O Rey de Ajuda se conservava na mesma deposição, sem esperanças de restituirse ao seu chamado trono [...] considero que entre estes negros havera grande novidade, porque tres Reys do Certão, muy poderosos enemigos do Daomé, chamados Ayôbrabo, Acambu e Ahcomi, dando as mãos huns aos outros o tinhão em cerco. E com lhes não pode resistir, se retira para Ajuda, buscando naquelle continente o seu assillo, como ja tinha avizado; porem [...] havendo hum negro poderoso chamado Polega, que se tem posto em campo com rezolução de lhe impedir a entrada, o que duvido, pella inconstancia e variedade dos negros deste porto, e pello grande poder com que [...] sempre costuma andar o dito [rei] Daomé, o qual athé o presente tem sido todo a favor dos portuguezes, a quem trata com estimação e lhes facilita os meyos do seu negocio. Se não tomar [o rei] outra resolução e se conservar em Ajuda, entendo que fara mais conveniencias a nasção que o seu antecessor, por cuja causa lhe mando de mimo hum chapeo de sol que este me tinha mandado pedir antes de sua depozição.

O oferecimento desse chapéu de sol foi acompanhado de uma carta do vice-rei, escrita em 15 de junho de 1728:[71]

Ao Ilustre Amigo Preclaro Rey Daomé.

Por ser informado do bom trato e agasalho que V. A. attende os portuguezes que se achão nos seus dominios, e do quanto os favorecesse nas suas dependencias, mandey pelo diretor Francisco Pereyra Mendes entregar a V. A. hum bom chapeo de sol em nome de El Rey, meu amo, e porque Antonio Pinto me diz que V. A. distingue a nasção portugueza entre todas as mais, recebendo os portuguezes repetidas attençoens da sua benevolencia, e me remeteo hum anão que V. A. lhe entregou para mandar como demonstração do seu afecto, seguro a V. A. em a fiel amizade, esperando que V. A. a consegue com El Rey meu amo […] que não haja cauza da parte de V. A. para menor reparo.

Essas demonstrações de cortesia são seguidas por considerações de ordem comercial:

Luiz Nunes Pereira me representa que, hindo por capitão de hum bergantim comerciar no porto de Jaquim, o obrigara aquelle Rey a que lhe vendesse fiado hua caixa de sedas, e pello duvidar fazer com o receyo de lhe faltar com o pagamento [o rei], lhe impedio o negocio e prohibio a venda de mantimentos, com o que [Luiz Pereira] se achou obrigado a convir no que pertendia com a promeça que fez [o rei] presente aos Coquemans, de lhe satisfazer dezaseis captivos homens e pessas da India […] o que não fez: sô se lhe derão sinco moleques por parte dos ditos Coquemans e se lhe estão devendo mais, sem que o dito Rey cuidasse esta satisfação. Como este he vassallo de V. A., e aquella divida se acha justificada, espero que V. A., o obrigue logo a satisfazella aos procuradores do Luiz Nunes Pereira, […] e fique eu mais inteirado da rectidão de V. A.

O vice-rei terminava como homem de boa educação: "E para tudo o que for do agrado de V. A. achara prompta a minha vontade. Deus alumie a V. A. na sua Divina graça, Vasco Fernandez Cezar de Meneses".

Essa carta, enviada aos cuidados do diretor da feitoria, era acompanhada de carta real dirigida para este último, em que lhe comunicava as trocas de presentes entre os reis do Daomé e de Portugal: anão contra chapéu de sol. Acrescentava que julgava mais prudente, antes de restabelecer a fortaleza da feitoria, esperar que as guerras entre os reis do interior e do Daomé estivessem terminadas, para evitar despesas que fossem inúteis.

JOÃO BASÍLIO, DIRETOR DO FORTE, 1728-43

Essas cartas do vice-rei não iriam alcançar Francisco Pereyra Mendes, que morrera nesse meio-tempo. Seu cargo foi assumido pelo capitão João Basílio.

As guerras entre o rei do Daomé e seus vizinhos continuavam. João Basílio escrevia numa carta recebida na Bahia em 17 de julho de 1728: "A guerra entre os negros tinha dificultado o resgate, porem ja concorrendo alguns escravos para poderem voltar as embarcações que se achavão naquelles portos".[72]

O vice-rei, transmitindo essa carta em 12 de outubro de 1728, acrescentava:

De então athe o prezente, já vão tres meses, tendo mais noticia algua daquella Costa porque não tem chegado nenhua embarcaçoens que la se achão nem tambem em Pernambuco. Querendo persuadirme que esta dilação procederia da falta de escravos por cauza das guerras em que estão involtos aquelles negros, incontro com a dificuldade de que se não poderião demorar tanto tempo, por não hirem prevenidos de mantimentos para tão larga demora, sem os irem buscar as Ilhas do Principe e Santo Thomé. Oito a nove embarcaçoens que se esperão ja ha muito tempo por terem alguas hu anno, e outras oito, nove e dez meses fazendo sempre as suas viagens em seis e sete meses, do que entrey na desconfiança de que por parte dos holandezes haveria algua represalia e nesta concideração tenho prohibido aquella navegação [até que os comerciantes se libertem dos temores e inquietações sofridos].

E se a minha desconfiança produzir os effeytos a que se encaminha, o que Deus não permite, sera o perjuizo de mais 1 200 000 cruzados, porque são 16 as embarcaçoens que tem ido para a dita Costa sem nenhua ter voltado, [sendo] todas as mayores que fazem aquella navegação e as que costumão ir mais importantes. E por consequencia se seguira para a fazenda real hum gravissimo damno assy nos direitos da entrada e saida como nos que estão aplicados a feitoria de Ajuda e Donativo, e não menos no rendimento dos quintos das Minas, para cujo trabalho vay a mayor parte dos escravos que vem da ditta Costa; não sera menor o perjuizo dos Senhores de Engenho e Lavradores de Assucar e tabaco, na falta que lhe farão para as sua lavouras.

Durante os anos que vão se seguir, os relatórios vindos de Ajudá falam apenas das contínuas guerras do rei "Daomé" com seus vizinhos.

Nenhum gasto era considerado para melhorar as instalações da feitoria--fortaleza e deixá-la em condições de resistir aos possíveis ataques, pois os portugueses nao acreditavam que permaneceriam em Ajudá no futuro. O vice-rei estava disposto a permitir apenas as despesas estritamente indispensáveis para a manutenção e aquelas necessárias para conservar o direito de ocupação concedido aos portugueses pelo rei de Ajudá em 1721.

Já o antecessor de João Basílio, não recebendo o auxílio solicitado à Bahia, nem mesmo para os reparos indispensáveis, tivera que pedi-lo ao governador do forte inglês, Thomas Wilson,[73] que teve as maiores dificuldades para conseguir seu ressarcimento.

Em 23 de dezembro de 1728, João Basílio recebia a seguinte promessa: "Que logo que a situação acalmar em Ajudá, o forte será refeito e equipado com a última perfeição, mas atualmente não se trata de expor a Fazenda Real a despesas inúteis".

Até 1732, época em que o rei do Daomé estabeleceu definitivamente seu poder sobre os antigos vassalos do rei de Ardra, essas guerras continuaram. Os diretores dos fortes nem sempre souberam manter uma prudente neutralidade nesses conflitos, suportando algumas vezes as represálias e as vinganças dos reis cujos adversários haviam apoiado. Muitos deles aí deixaram a vida, entre os quais Houdoyer Dupetitval, diretor do forte francês, executado por ordem do rei Houffon; Testefol, diretor do forte William, teve o mesmo destino no mesmo ano por ordem do rei do Daomé; mais tarde, João Basílio, diretor do forte português, mais feliz, safar-se-á com duas estadas prolongadas nas prisões do rei do Daomé e sua expulsão do país.

173

O rei do Daomé tinha em conta seu poderoso vizinho, o rei chamado Ayó nos relatórios dos diretores dos fortes. Tratava-se do Alafin de Oyó, que durante a estação seca mandava regularmente suas tropas de cavalaria para fazerem incursões nos territórios do rei do Daomé, como o fizera no passado contra o rei de Ardra. Obrigava o "Daomé" a se refugiar na mata até o momento em que as chuvas viessem forçar o invasor a abandonar o terreno.

Naquela época, o rei do Daomé passava por alternâncias de poderio e de fraqueza, conforme seu vizinho de Oyó o deixasse em paz ou enviasse sua cavalaria para arrasar o território. No último caso, os reis dos pequenos Estados da costa aproveitavam para se rebelar contra ele — em particular Houffon, que procurava se reinstalar em seu antigo reino de Ajudá.

Os relatórios do diretor do forte português contêm numerosas alusões a tal situação. No início de 1729, o vice-rei escrevia para Lisboa:[74]

> Continua o negocio da Costa da Mina com húa tal decadencia que o julgo quasi perdido, porque sendo o porto de Ajudá o que frequentão todas as embarcações, por ser o mais util para o commercio e donde concorrião todos os escravos de toda a Costa e seu Certão, se acha este Reyno deserto com a guerra que lhe tem feito o Daomé […] porem, como esta involto em guerra com todos os mais Reys, não dessem escravos por cuja cauza se dilatação [retardam] as embarcações.

Em 28 de julho de 1729:[75]

> A Costa da Mina se acha com a mesma confuzão que ja representey a V. Mag.^{de}, e julgo que tarde se comporão aquellas desordens porque astucia e perverções do Daomé dificultarão o bom sucesso das operações dos Reys que lhe fazem a guerra. Agora tornou a descer o chamado Ayo [rei], que he o de quem elle mais teme: queimou lhe as povoações que todas achou dezertas, arrazando as fortificações em que deixou com algua guarnição o molherio e gente inutil para a guerra, que toda passou o Ayo cutello, detendose aly dous mezes na deligencia de ver se podia estabelecerse, de sorte que não tornassem aquellas terras ao poder do Daomé. Porém não o conseguiou em razão de sua agrestidão, e se não poder valer dos mantimentos que ficavão de outra parte de hũ Rio em que estava cituado o Daomé e fazia as suas plantas.
>
> Em Ajuda matarão os negros a Simão Cardozo, almoxarife de nossa feitoria,

cortando lhe a cabeça que levarão ao Rey deposto por cuja ordem fizerão aquella diligencia, com o fundamento de entender que elle auxiliava as dependencias do Daomé com que tinhamos amistade. O capitão João Bazilio pediu lhe satisfação deste cazo, a que respondeo não estar em termos de lhe poder dar em razão de sua impossibilidade.

O negocio da Costa esta com poucas esperanças de melhora porque a falta de escravos continua em razão daquellas dezordens e por esta cauza são as viagens das embarcações muyto dilatadas.

Em 29 de abril de 1730:

A Costa da Mina se acha ainda no mesmo estado. Em quanto existir o Rey Daomé continuarão aquellas desordens; este tem entrado em negociações com o Ayo, que em favor de Ajuda lhe dava varios assaltos, sendo so de quem se teme; feitas as pazes com elle tera muito pouco remedio ao damno que se experimenta porque [o Daomé] impede a passagem dos escravos e rouba os negros que os vão comprar ao Certão insultando as povoações em que rezidem os brancos, por cuja cauza vivem todos em hũ total desassocego e com grande risco de vida. Todos estes motivos tem concorrido para se arruinar o negocio daquella Costa, de sorte que o julgo perdido, por sobreviverem os navios que fazem esta navegação com muyto menos escravos das suas lotações e tem sido as viagens de hũ anno e algũas de 15 a 16 meses, por se lhe difficultarem os meyos do resgate [...] sendolhe depois percizo buscarem as Ilhas do Principe e de Sam Thomê a refazeremsse de mantimentos.

Continuando estes disturbios, mandarey fazer hũa outra fortalez-feitoria em Jaquem, por ser o unico porto donde se hira fazer negocio, e este Rey pede com grande insistencia se faça ali aquella obra para a qual se offerece a dar todo o adjutorio, porque lhe convem ter donde se refugiar em cazo que seja assaltado do Daomê.

O vice-rei pedia para receber instruções a respeito dessa nova fortaleza projetada:

Espero a sua resolução. [...] He necessario algũa artelharia, e ordem para se comprar embarcação em que se conduzão as munições e materiaes que forem percizos, porque nas que vão comerciar aquella Costa se não pode fazer este transporte sem grande vexação dos seus interessados em rezão de serem pequenas, e a sua carga de tabaco.

Essa proposta do vice-rei era inoportuna, pois Lisboa estava tentando negociar com Haia — em vão, aliás — para que fosse cumprido o compromisso com as obrigações impostas pelos tratados firmados, por força da necessidade, no momento do restabelecimento da liberdade de Portugal, um século antes.

A insegurança que reinava na Costa da Mina era ainda complicada pela falsa situação em que se encontrava Portugal em relação ao seu antigo aliado contra a Espanha. Respondia-se então ao vice-rei em 30 de agosto de 1730:[76]

S. Mag.ᵉ foi servido resolver que athe nova ordem não mande V. Ex.ᵃ fortificar a feitoria no Reino de Jaquin; como na Haya esta Dom Luiz da Cunha conferindo com os holandezes sobre negocio da Costa da Mina, não convem no entretanto innovar couza algũa na referida Costa, mas se observar as couzas nella no estado em que ao prezente se achão.

Cogitava-se também criar uma companhia para fazer o tráfico em outro lugar que não a Costa da Mina. Em 10 de julho de 1730,[77] o vice-rei indicava:

O negocio da Costa da Mina continua com a mesma decadencia que ja tenho posto na presença de V. Mag.ᵉ [...] sendo o porto de Ajuda o mais importante, este se acha deserto pella guerra e assaltos que lhe deu o Daomé, e aquelle Rey refugiado na Ilha dos Popos com alguns dos seus vassallos; e ainda [...] no mesmo porto se continua o resgate he com muitas demoras e poucas conveniencias dos interessados, o qual não fazem no de Jaquim, por impedir o Daomé os caminhos do Certão por donde dessem os negros; [...] como tem experimentado grande damno pello Ayo que a favor de Ajuda [Daomé] lhe faz guerra, procuro por meyo do nosso director persuadir a este que se recolha ao seu pays, prometendo-lhe boa amizade. Se esta se concluir, farão termo as desordens destes negros e continuara o commercio com melhor fortuna.

Acrescentava que o general holandês, com a mesma intransigência, obrigava sempre os navios portugueses a passarem pelo castelo da Mina antes de irem fazer seu tráfico.

Na reunião de 16 de janeiro de 1731,[78] em Lisboa, o Conselho Ultramarino, em sua maioria, retomando um ponto de vista expresso outrora, propunha que se renunciasse ao comércio na Costa da Mina — e isso, diziam os conselheiros, para maior dano dos holandeses, que seriam dessa forma privados dos produtos vindos do Brasil necessários ao seu comércio. Essa solução agradava ao Conselho Ultramarino, pois permitia que se organizasse o comércio sob direção e controle da metrópole, contrariando os métodos comerciais dos negociantes da Bahia. Apenas o conselheiro d. João de Souza, que dez anos antes tomara a defesa de Joseph de Torres e dos interesses dos "brasileiros", levantava-se contra esse projeto:

> Lhe parece que não seria conveniente ao commercio e bem dos seos vassallos que se prohiba o commercio do Brazil para a Costa da Mina, por quanto he impossivel conservarse toda aquella Costa e Certão, e todo o districto das Minas, para tirar o Ouro que produz e pode produzir, nem lavrarem os fructos das suas terras [...] por não serem bastante os [escravos] que se tirão de Angolla, por estar aquelle Reyno muito falto de escravaria, nem estes serem de tanto prestimo como os da Costa da Mina.

CONSTRUÇÃO DE UM FORTE EM JAQUIN POR JOSEPH DE TORRES

No capítulo anterior, tratamos da saída de Joseph de Torres para a Costa da Mina, contra a vontade do vice-rei, mas com a proteção do governador e capitão-geral de Minas Gerais, inimigo jurado deste último.

Joseph de Torres, de acordo com Lourenço de Almeida, governador de Minas Gerais, tinha-se colocado diretamente em relação com Lisboa, o que o vice-rei soube por ofício enviado de Portugal pelo rei em 27 de junho de 1730,[79] fazendo-o saber que:

> Joze de Torres me deu conta em carta de 3 de janeiro de este prezente anno que, com a chegada de hũ navio de Pernambuco vindo da Costa da Mina e do porto de Ajudá, se comfirmava a noticia que a feitoria que elle me fez naquella Cidade fora queimada com a invazão da guerra que houve entre o Gentio e que o sô ficava em pé a fortificação e a parte chamada Aldea, distante da marinha hũ quarto de legua.

E como reconhecera ser esta occazião propria para edificar na marinha uma fortaleza para com ella segurar aquelle Reyno de Ajuda, tomara [...] o seu navio com vinte peças de arthileria e monições para seu lavor e sessenta homens de equipagem para a sua defença, e fizera embarcar a sua custa todos os materiaes para a dita obra, por seja empregarse p. o meu serviço, e desta jornada dera conta ao Governador e Capitão general das Minas D. Lourenço de Almeida, o qual lhe dera ordens sobre as averiguações que deve fazer na dita Costa, em Ajuda, na extracção do numero do ouro que se extranhe para a navegação de negros e de fazendas por essa cidade de Pernambuco; e com a dita ordem e com mais vontade apressava a sua jornada e do porto do Rio de Janeiro sahio ao mesmo dia para Pernambuco, tomando despacho para a dita viagem, por não ser no dito porto de Rio de Janeiro permitido darse por razão da dita ordem [...] a respeito da extracção e dezencaminho do ouro em pô, [...] na mesma Costa examinaria com mais individuação a extracção do dito ouro e os transgressores dessa cidade e de Pernambuco que a fomentão; e que faria que na dita fortaleza na marinha se assegura a navegação do resgate naquelle porto, e se podera impedir a contribuição que fazem os navios dessa cidade [Bahia] e Pernambuco aos olandezes no Castello da Mina, a quem dão dez por cento da carga que levão, alem de grande negociação de ouro em pô e moedas com que resgatão os escravos e fazendas a este porto, segurarem os mesmos olandezes as suas negociações com passaportes que lhe dão, e com elles exhibitos de roubos dos navios que costumão fazer a dita nação. E de tudo o que obrasse nesta parte me dara conta. Em cuja consideração me pareceu ordenar vos informeis com vosso parecer o que intenta Jozé de Torres e se sera conveniente.

Em 16 de junho de 1731,[80] o vice-rei respondia ao ofício anterior com um despeito e um furor bem compreensíveis, se se levar em conta a discórdia que reinava entre os dois governadores.[81] Ele informava:

Do Rio de Janeyro me escreveu Joseph de Torres, dizendome que passava a Costa da Mina a fazer negocio e que determinava levar monições e outros materiaes para se concluir e segurar nossa feitoria, pedindo me ordem para entrar neste projecto, e para a governar [...] e também que lhe encarregasse a diligencia de averigoar o descaminho do ouro e introdução de géneros Estrangeiros aos portos do Brazil; e como de Pernambuco repetisse o mesmo, dizendome que para aquella diligencia havia recebido ordem do Governador de Minas Geraes, lhe respondia

178

quanto a primeyra parte somente, o que consta da copia incluza [não encontrada nos arquivos, porém o seu conteúdo não traz nenhuma dúvida], e despezey a segunda, por não ignorar o fim a que se encaminhava o seu indiscreto zello e aparentes insinuações.

Em seguida, deixava seus sentimentos correrem livremente:

Hera p. empenho de Joseph de Torres tão proprio da sua malevolencia e orgulho que não tinha outro fim mais do que conseguir meyo para se fazer dependente [daqueles de quem podia] recear que o culpasse na extracção do ouro para a Costa da Mina e na introdução de generos de Europa, em que so elle consta se tenha ate o presente utilizado, porque quando daqui fez aquella navegação.

E lembrava então todos os casos de contrabando em que se metera Joseph de Torres e todas as sociedades que este formara com os ingleses e holandeses na Costa da Mina, e todos os pareceres que ele, vice-rei, emitira contra a presença de Joseph de Torres naquelas bandas:

Quando por ordem de V. Mag^de o fiz recolher à esta Corte, pela diligencia que fiz em observancia do dito avizo, segurei a V. Mag^de que de nenhũa sorte convinha que o dito Joseph de Torres tivesse emprego na Costa nem faculdade para poder navegar para ella, por ter a experiencia que era prejudicial ao sossego e conservação do commercio com as suas desviadas negociações, porque intimidava a todos com as destrezas e incivilidades de que uza, e para ser respeitado dos negros e estrangeiros fazia com elles grossas despezas, concorrendo para elas muito contra sua vontade os que non seu navio tinhão carregaçoens, não dando conta da mayor parte dos bens das pessoas que morrião em sua companhia ou apresentando termos e justificações, que fazia, de que se lhe não achava mais [para tanto] trazia gente muito do seu geito, sendo tão nossivo aos interesses daquelle commercio que desde que foi a Costa da Mina não produzio mais as conveniencias que antes dava, pois com mimos e como grande preço por que comprava os escravos fez tudo quanto mal podia aos navios portuguezes que percizamete se demorarão em quanto elle não concluya o seu negocio e fazia viagem; [por tais motivos] se acha geralmente mal quisto, e por justamente o entender assy; buscava a referida diligencia para a sua vingança e facilitar conveniencias illicitas, com desassocego dos vassallos de V. Mag^{de} e com perjuizo de sua real fazenda, o que tudo fez necessário a resolução que tomey.

O vice-rei atacava em seguida o governador de Minas Gerais, a quem acusava de haver falsificado a moeda do Brasil.

Depois desse longo preâmbulo, ele dava ao rei o parecer que este lhe pedira a respeito das iniciativas de Joseph de Torres — que não achava dignas de aprovação, o imaginamos facilmente — e expunha as últimas do capitão de mar e guerra:

Chegou Joseph de Torres a Costa da Mina, e incontrando dificuldades para por em execução o seu projeto ao porto de Ajuda por estarem todos os negros scandallizados delle pelos enganos que lhe fizera quando navegava para aquellas partes. Que nos Popos, em os dominios do Rey que aly se acha refugiado, fazer a fortaleza que intentava, e sem embargo de ser em beneficio delle [rei] não pode conseguir que lhe permitisse aquella faculdade. Para assegurar, entrou na diligencia de fazer as pazes entre o dito Rey e o Daomê, mas tudo se lhe dificultou porque, insinuandolhe o ultimo que fosse ao seu paiz, o não fez com receyo de que o matassem, e passou a Jaquem, donde cortou hũas poucas palmeyras na praya e entulhou o terreno, cobrindo o com algum tijolo, em que fez hum baluarte que agora me certifição se acha já arruinado por lhe ter a agoa levado todo o intulho. Diz este homem que fizera hũas grandes despezas com o Rey e seus cabeceyras [...] nenhũa era necessaria, porque ele [o rei] me tinha offerecido citio para fortaleza e feitoria na parte que fosse mais conveniente dos seus dominios, pedindome por muitas vezes mandasse estabelecer hũa e outra couza, o que não fiz com esperança de que o Rey de Ajuda fosse destituhido do seu paiz, porque sendo este o mais proficuo para o negocio, nelle he que ficava sendo util toda a fortificação. Deixou [Joseph de Torres] dez pessas cavalgadas e seis para se montarem, todas de qualibre de tres e quatro, encarregando a assistencia da dita chamada fortaleza a hum official do seu navio, sem meyos para o poder conservar, e pouco importa que se extinga, porque nos termos em que está a Costa da Mina por cauza das guerras e assaltos do Rey Daomê, se não deve cuidar em despezas de que se não ha de seguir proveito algum, bastando por hora a fortificação que temos em Ajudá para segurar a nossa posse. [...] Para se conservar esta ou outra qualquer que intentassemos neste porto, ou de Jaquem, são os negros tão interessados no negocio do Brasil que elles mesmo facilitarão toda a duvida ou embaraço que se encontre em este tempo.

A fortificação nas prayas daquelles portos sim podem segurar nellas das nossas embarcações, porem, se não forem despachar no Castello da Mina, sempre serão roubadas e reprezadas pelas galleras hollandezas, antes ou depois de fazerem o seu negocio, como experimentarão quazi todas as que não foram ao dito Castello.

No entanto, Joseph de Torres continuava a fazer o tráfico, pois no registro dos alvarás expedidos na Bahia aos proprietários de navios, autorizando-os a carregar tabaco para a Costa da Mina, existe um, de 10 de julho de 1731,[82] concedido ao capitão de mar e guerra Joseph de Torres, proprietário do navio *San Pedro e San Paulo*, cujo comandante era Manuel Silva.

Em 17 de julho de 1731,[83] o vice-rei transmitia a cópia de uma carta recebida de João Basílio, diretor do forte de Ajudá, e uma carta do rei do Daomé, que agradecia, três anos depois, o chapéu de sol enviado pelo vice-rei logo após a conquista de Savi e de Uidá pelos daomeanos. A carta de João Basílio, remetida de Ajudá em 20 de maio de 1731, é muito esclarecedora:

A rogas do Rey de Ajuda me transportey a Arda, corte do Rey de Daomê, a tratar a paz entre estes dous Reys; para boa conservação do commercio e com effeito o Daomê promete suspender as armas, a condição do Ajuda de recolher a elle a titulo tributario. Porque este vive tão abusado do hollandez de a quem, que lhe segura o ha de meter a força de armas de posse de seu Reyno, para cujo effeito dizem manda vir hum grande exercito de Minas chamados Fantins, para adjunto com os Ayos destruhirem o Daomê e nesta esperança o dito Rey não effectua nada do que se arrependera, pois o Daomê vive seguro de todas as partes e mormente do Ayo, com que despende concideraveis mimos e de nenhú dos mais se teme. Os hollandezes são em tudo muy sagazes, e não obrão nada sem grandes interes; prezumo ser esta diligencia aplicada a designo de tornarem a entrar no paiz, que he que muito dezejão fundarem nelle fortaleza na marinha, de donde poderão ter dominio em todo o comercio e principalmente no dos nossos navios, que he a que pretendem e solicitão como se verifica pelo tratado que se diz esta feito com o dito Rey, em que os navios daquella nasção lhe não pagarão no seu porto direito algum; e outras circunstancias que me são ocultas, cuydarei quanto poder em divertir este proyecto.

Os Ajuda se tem feito insolentes ao extremo, e não se satisfazem com roubar as barracas portuguezas como ja tem feito varias vezes e o fizerão ultimamente, as que nesta praya se achão; como também em matar, que além do roubo que fizerão a canoa de Joseph de Torres enviada pela lagoa com fazendas a Jaquem em que lhe matarão dous homens; o fizerão novamente a outros dous existentes na Ilha de Asú hé que [um] hia para a dita ilha com fazendas a tratar de seus negocios e outro que se retirava para esta Ajuda. Esta provado ser tudo originado pelo dito Asú, ha opiniões de que o holandes de Jaquem contribua para aquella parte, com ambição do negocio como se alcança pela correspondência que agora tem com ele e pelo estranhavel odio que aquella nasção tem a nossa feytoria, que seo mayor cuydado he procurar o meyo de a destruhir como sempre fizerão, e com o disigno de atrahir ao prezente commercio a Jaquem [...] porem espero ver castigada a sua audacia e fico observando os seus movimentos.

Não sem muita dificuldade e grandes despezas se concervão as feytorias neste Paiz, expostas as inclemencias de duas nasçoens de negros inimigas hua de outra, donde qualquer dellas pretende haver direito dominio nella. He precizo mostrar a cada hua dellas que lhe he mais affecto, sem que venhão no conhecimento de pertender para esta ou aquella parte. A fortaleza a que Jose de Torres deu princi-pio em Jaquem ficou com hua forma de baluarte, acabado, porem, de nenhuma perduração, com seis pessas nelle montadas, e outro com principio para dez como se vera da planta junta, e do prezente dizem vay cahindo tudo em ruinas. O dito Torres nesta obra não levou outra intenção mais que a de formar conta de despeza a seu beneficio, e como veyo no conhecimento de que eu lhe não receberia couza algua dos materiaes que trazia, se introduzio em Jaquem. Escrevi ao director An-tonio Pinto para fazer conservar aquella posse sem despeza athe segunda ordem de V. Ex.ca.

O inverno deste anno tem sido notavelmente rigorozo. Ando reparando a nos-sa feytoria das ruinas que recebeo com tempestades que tem havido em tal forma que as cuberturas das cazas levou por duas vezes pelos ares e derubou muita parte das paredes. As fortalezas franceza e ingleza receberão a mesma, a derubar mura-lhas e Baluarte por terra.

Os navios hollandezes são ao prezente muy frequentes nesta Costa, esta num fazendo seu negocio no porto de Jaquem e quatro que tem passado para bayxo. Athe aqui elles tem sido muito atentos aos nossos. Ao dito porto ficão hú inglez e hú francez e sete portuguez, e neste tres portuguez e hú francez.

TOMADA DE JAQUIN PELAS TROPAS DE AGAJA, 1732

No momento preciso em que Joseph de Torres procurava obter vantagens e recompensa por ter edificado a fortaleza de São João em Jaquin, à qual dava papel de grande importância na organização do comércio da Bahia com a Costa da Mina, Agaja, rei do Daomé, mandava uma repentina expedição contra esse porto em 2 de abril de 1732. Os detalhes sobre esse ataque são dados nas cartas enviadas ao vice-rei na Bahia por Antônio Pinto Carneyro, diretor da feitoria portuguesa de Jaquin, e João Basílio, diretor da de Ajudá,[84] escritas ambas em 8 de setembro de 1732. Este último escrevia:

Como o Rey de Daomé teve a fellicidade de vencer o paiz dos Mauis, depois de o haver oprimido com hum anno do citio, se recolheo a Arda em trinta do dito mes, junto com as suas tropas que mandou retirar daquelle lugar, e no primeyro do mes de Abril mandou pelas mesmas dar assalto em Paom, aldeya grande e populoza, da dependencia de Ajuda, o que deu sin nenhú motivo mais que so para milhor ocultar o seu designo [que] é dar em Jaquem de improvizo, como fez o seguinte dia.

Neste paiz se prizionarão, segundo o manifesto do dito Rey [do Daomé], 4538 negros; o Rey delle e o director hollandez escaparão por hua grande fortuna, sendo que o seu [rei do Daomé] mayor empenho hera o colher as mãos este ultimo; por segundo elle diz lhe solicitar guerras de Minas e dos Ayos contra elle.

Detalhes a respeito do comerciante holandês Mynheer Hertog são dados por Snelgrave.[85] João Basílio acrescentava:

A mãy do Rey de Jaquim tambem foi prezionada, a qual conserva o Daomé, com muita estimação.

Em a mesma occazião forão também prizionados vinte pessoas brancas, a saber sete portuguezes, quatro francezes, tres inglezes, seis holandezes, e todas as feitorias saqueadas, excepto a nossa, pello muito que venera a nossa bandeyra. E sô não logrou esta izenção a que dou principio Joseph de Torres, na Marinha daquelle paiz, por ser, segundo me respondeo, feita sem sua aprovação, [quando] lhe pedi conta da sua Arthelaria, que mandou retirar para Arda.

Reputão se as perdas das feitorias em oito centos e sincoenta captivos, tanto em fazendas como escravos, a saber, [para os] francez[es] cento e sincoenta captivos, de hum capitam de hú navio inglez, oitenta, em a feitoria holandeza, seis centos, e de particullares vinte, cujo saque foi para elle consideravel.

Snelgrave indica que o feitor holandês fugira para Apá,[86] que fica à beira-mar a cerca de dez léguas a leste de Jaquin, e que aí foi bem recebido pelo rei e seu povo, que tinham grande aversão pelos daomeanos.[87]

DIFICULDADES CRIADAS AOS NAVEGADORES DA BAHIA PELA LEI DE 25 DE MAIO DE 1731, SOBRE O TRÁFICO NA COSTA DA MINA

O Conselho Ultramarino elaborara uma lei sobre o tráfico na Costa da Mina[88] durante sua reunião de 25 de maio de 1731. Foi transmitida ao vice-rei com instruções para que os navios não mais fossem ao castelo de São Jorge da Mina pagar a taxa de 10% sobre o tabaco, e para que fossem comboiados por um navio guarda-costa, em vista de sua proteção contra os ataques dos holandeses.

Por ocasião da tomada de Jaquin, esses ataques não lhes foram poupados, em represálias diretas às disposições previstas nessa nova lei.

João Basílio dava detalhes sobre o pérfido comportamento que tivera o diretor holandês Mynheer Hertog, dizendo que:

Depois da tomada de Jaquin, uma galera holandesa de nome *Amsterdam*, comandada pelo capitão João Thegens, atacara no referido porto dois navios portugueses — a galera de João Ferreira de Souza e a *Crioula*, do capitão André Marquez — sob pretexto de que Antônio Pinto, diretor da feitoria portuguesa de Jaquin, era responsável pela guerra que fazia o Daomé a Jaquin. Assim o declarou o dito capitão da dita galera. Depois de ter retido os dois navios alguns dias no porto de Jaquin, a mesma galera levou para o porto de Apá o navio *Crioula*. Aí os holandeses quebraram as escotilhas e tomaram-lhe à força 464 rolos de tabaco, dizendo que era em pagamento das dívidas que tinha para com eles. O que era completamente falso, e era apenas um pretexto para roubar. Agiu dessa forma, dizem, por ordem do diretor da mesma nação (Hertog) que se encontra em Apá.

Por seu lado, Antônio Pinto Carneyro confirmava todos esses detalhes em sua carta e acrescentava que não era em absoluto responsável por essa guerra, que nem João Basílio nem ele próprio deviam coisa alguma ao diretor holandês, e que este agira daquela forma porque se encontrara sem recursos em Apá e procurava arranjar alguns fundos.

Ao receber esses relatórios, o vice-rei despachou uma enérgica carta de reclamação ao diretor-geral da Companhia Holandesa no castelo de São Jorge da Mina, terminando-a nestes termos:

Porque esse excesso é tão estranho e tão escandaloso [...] jamais foi praticado em tempo algum, nem mesmo pelos bárbaros, e como constato que o diretor da feitoria holandesa que fugiu de Jaquin é quem ordena a desordem, e que Vossa Senhoria em nada participou, espero que justiça seja feita.

Ainda nessa mesma carta, João Basílio fazia saber que:

O Rey de Jaquem solicita [ao rei do Daomé] de vir para seus Dominios com a subjeição de tributario com de antes hera, dispençando lhe o Rey de com a sua hida a Arda de render lhe vaçallagem, em como a praticaram os mais Reys que elle subjeitou ao seu gremio, e com a condiçam de retirar a guarnição que conservou athe o prezente no seu paiz; o que tudo lhe promete, porém duvidasse muito da sua vinda.

O Rey de Ajudá continua a sua existencia em a sua ilha, e paresse della não sah-ira sem a total ruina do Daomé, nem a pacificarão estas terras em quanto o dito dominar, é o commercio a de hir a menos, porque o [objetivo] deste tirano hê sô cuidar em destruir tudo com guerras.

Com a chegada do Rey de Daomé a Arda fui de obrigação transportarme aquella parte, como o fizerão os mais Directores, e me foi precizo prezenteallo com mimos de panos de galiceas e tella guarnecidos de galoins e franjas de prata, e algúas de Agoa ardente, e frasqueiras de licores, para o dito Rey e seus principaes cabeceyras, como o praticarão os directores das nasçoens estrangeiras. O dito Rey me fes escrever a carta incluza [não foi encontrado este documento] que remeto a S. Mag.de, que Deus goarde, em que lhe offeresse as marinhas dos portos de Ajudá e Jaquem, querendo servirse demandar fundar nellas fortallezas.

O vice-rei, transmitindo os documentos recebidos da Costa da Mina por ofício de 12 de janeiro de 1733,[89] comentava:

Essa oferta do rei do Daomé, se deixar construir as duas fortalezas, é impraticável para o momento, em razão das desordens e da confusão que reinam há anos, com todas as guerras que faz este rei, hoje em dia o mais respeitado e o mais crente que existe nesta costa, que declara amar de maneira suprema a nação portuguesa, de tal sorte que não quer outros em suas possessões, que são as mais apropriadas para o comércio. Por essa razão, é necessário que Sua Majestade lhe responda com as demonstrações de sua real beneficência.

O conjunto dos documentos foi submetido ao Conselho Ultramarino, e a única reação dos conselheiros, durante a reunião de 20 de junho de 1733, foi recomendar ao rei que mandasse saber do vice-rei se "essas duas embarcações forão armadas em guerra na forma que se ordena na Ley de lº de julho de 1730, que foi estabelecida para se evitarem estas violencias, e que sim deve mandar devaça da defença que fes o Capitão, ou Mestre do Patacho de André Marquez". Nada tinha sido dito a respeito da carta a ser enviada ao rei do Daomé sobre a construção das fortalezas.

Os armadores dos dois navios da Bahia não tiveram do que se queixar nessa movimentada viagem. O vice-rei concluía sua carta dizendo: "Estas duas embarcações que chegarão vierão bem succedidas, porque fizerão o seu negocio a quatro e sinco rollos de tabaco, por se acharem sos em occazião que desserão bastante escravos represados, no asalto que deu o Rey Daomé ao de Jaquem".

Ao receber essas notícias, o Conselho Ultramarino decidia, em sua consulta de 23 de outubro de 1733, tentar uma vez mais a criação de uma poderosa companhia, tendo navios armados para defender as embarcações do tráfico português contra as exações dos holandeses.[90]

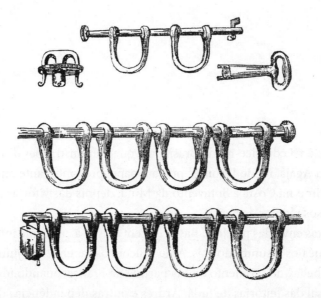

Grilhões de escravos, segundo Clarkson, Résumé du témoignage donné devant le Comité de la Chambre des Communes, touchant la traite des nègres, présenté devant le Congrès de Vienne (*Genebra, 1815*).

5. Costa a Sotavento da Mina:
o rei do Daomé domina a costa

A insistência do vice-rei do Brasil para que demonstrações de estima fossem dadas a Agaja, rei do Daomé,[1] prova o papel preponderante representado por este último na Costa a Sotavento da Mina, depois das vitórias alcançadas sobre diversos régulos da região.

As cartas enviadas por João Basílio fazem alusão à crescente influência do rei do Daomé nos assuntos do país. As instruções dadas em 27 de junho de 1733 a Julien Dubellay no momento de sua partida da França, quando foi nomeado "diretor-geral das feitorias de Judá, Ardres e outras dependências da costa da Guiné",[2] por conta da Companhia das Índias, assinalavam:

Discórdias estão predominando no país entre os reis negros. Dadá,[3] o mais poderoso de todos, se propõe a dominá-los já faz muito tempo. Conseguiu em parte, e parece que os submeterá inteiramente. Suas tropas lançaram um tal terror no espírito de todos os negros que apenas o rumor de sua aproximação os faz fugir e tudo abandonar.

O melhor para o comércio seria que os habitantes de Judá nunca tivessem sido molestados em seu cantão. Fazia-se pacificamente o tráfico como se fossem negociantes, e nenhuma nação entendia do comércio tão perfeitamente quanto ela. Os daomeanos, pelo contrário, só se entregam voluntariamente para a guerra. No entanto, seu rei é homem de gênio, que compreende as vantagens que pode tirar. Dá até para pensar que a isso se aplicará assim que se tornar o senhor das províncias marítimas.

O rei de Judá se entrincheirou nas ilhas Popo com sua gente para evitar o furor dos daomeanos, que não ousaram ainda atacá-lo naquele posto vantajoso. Propôs várias vezes a Dadá ser-lhe tributário, sem que este quisesse aceitá-lo. Entretanto, essa tropa de gente de Judá faz incursões e ocasiona muitas desordens. Com frequência pedem empréstimos ou gratificações à feitoria da companhia, sobre o que deve o sr. Dubellay ser bem reservado. Deve sobretudo temer, para não dar a pensar a Dadá que ele favorece esses refugiados, a quem o príncipe vê como seus maiores inimigos. Por outro lado, convém que não indisponha o povo de Judá a ponto que o impeçam de passar a barra. Assim, nas ocasiões em que não o puder, para evitar isso, deverá lhes dar alguma bugiganga, e tomará as mais secretas medidas e os mais aparentes pretextos para não atrair sobre si o ódio de Dadá.

O sr. Dubellay deve conduzir-se bem não apenas com os negros, mas também com as nações europeias que fazem o comércio na costa. A inveja de um mesmo comércio causa frequentemente altercações, que a prudência deve fazer com que evite.

Assim devidamente instruído, Julien Dubellay chegara em Uidá, acompanhado dos senhores de L'Isle e Guérin. Pouco tempo depois, foi recebido em Ardra com grande pompa pelo rei do Daomé, de acordo com um protocolo seriamente elaborado. O sr. Dubellay o relata aos senhores da companhia, em uma carta de 21 de novembro de 1733.[4]

Pouco tempo antes, o sr. Levet, que respondia pela direção do forte Saint-Louis de Grégoy enquanto era aguardada a chegada do novo diretor, dava notícias dos principais acontecimentos que se desenrolavam nos arredores de Uidá, em 26 de agosto de 1733: "Há menos aparência de paz entre os daomeanos e os habitantes de Judá do que nunca: essas duas nações estão incessantemente em movimento para se assaltarem uma à outra, e o comércio é sempre a vítima. Os habitantes de Judá não querem mais deixar os caminhos livres para irem às suas ilhas, nem ao Grande [Popo] nem ao Pequeno Popo".[5]

Três meses mais tarde, em 29 de novembro de 1733, o mesmo diretor escrevia:[6]

Os daomeanos que se apossaram do litoral e do acampamento que haviam formado ainda permanecem lá. O boato que corria da morte do capitão Assou confirmou-se posteriormente. Ele morreu em sua ilha, em 15 de junho, que é o mesmo dia em que os daomeanos se estabeleceram no litoral. Não morreu de um raio, como disseram no início; foi em consequência de uma doença que durou uns vinte dias. Favozy, seu filho primogênito, sucedeu-o em todos os seus direitos e honras.

O rei de Judá morreu também de doença em sua ilha, seis semanas depois do capitão Assou. Dois de seus filhos estão concorrendo à sucessão da Coroa. Aquele que primeiro fez mais barulho teve em seu grupo o novo capitão Assou, em cuja ilha se refugiara com os homens de sua facção. A seguir, bloqueou seu irmão na ilha do rei, de modo que este último sofreu todas as misérias que pode causar a guerra em um lugar sitiado, sem víveres. Essa dura extremidade o determinou a submeter-se, com seus partidários, ao rei dos daomeanos. Esse monarca, sempre ambicioso, aproveitou-se da ocasião. Mandou seu exército contra a gente de Judá, tomou uma parte e forneceu um retiro ao novo rei de Judá, que tinha ido com todo o seu povo direto para Ardra, para oferecerem suas cabeças a Dadá [são termos de uso local]. Começa-se a contar como novidade que Dadá designou-lhes Xavier para construírem sua morada.

O exército dos daomeanos, depois de ter libertado o rei de Judá, foi bloquear a ilha de Assou, onde se refugiara o pretendente. Apoderou-se de todas as passagens por onde o povo de Judá poderia obter víveres e salvar-se. Diversos cativos que foram apanhados por aqueles lados contam que esses miseráveis estão morrendo de fome e reduzidos às últimas agonias. Diz-se também que Assou tinha enviado propostas a Dadá, mas que nem foram ouvidas.

Eis uma nação outrora tão florescente em vésperas de ser inteiramente extinta. Aqueles que querem levar mais adiante sua conjectura pensam que o rei de Judá e seu povo não serão mais felizes por terem sido recebidos para composição, e que terão a mesma sorte que o resto da nação. Por fim, de qualquer maneira que se dê o acontecimento, consta que quanto mais conquistas fizer Dadá, tanto pior se tornará o país. Isso é bem mais fácil de provar pelo fato de que quanto mais países ele toma, tanto mais ele destrói. E assim, quanto mais avançarmos, maior será a raridade dos cativos pelo pouco do país que permanecerá habitado.

Esses diversos acontecimentos deviam deixar os diretores dos fortes bastante perplexos, e para eles era difícil e perigoso tomarem partido em favor de um ou outro desses régulos, arriscando-se, em caso de fracasso de seu aliado, a ter o mesmo destino de Houdoyer Dupetitval, Testefol ou do almoxarife Simão Cardoso.

Visto que o rei do Daomé pediu ao sr. Levet que trocasse por escravos toda a pólvora de guerra armazenada no forte Saint-Louis de Grégoy, o diretor do forte francês achou por bem se abster, mas iria aprender, às suas custas, que era imprudente contrariar Dadá em seus desejos.[7]

Agaja não perdoaria ao sr. Levet sua falta de colaboração: três meses depois, ele seria expulso do país pelo novo diretor, Julien Dubellay.[8]

A partida forçada do sr. Levet, em 24 de dezembro de 1733, a bordo do *Renommée de Nantes*, sendo capitão o sr. Quesnau, foi comunicada aos diretores da companhia por carta de 17 de janeiro de 1734.[9]

PRIMEIRA PRISÃO DE JOÃO BASÍLIO NO DAOMÉ, 1739

Em 1737, o rei do Daomé continuava a guerrear contra os mahi e sitiava Boagry. Devia também retirar-se periodicamente para a mata durante a estação seca, diante das incursões da cavalaria do rei de Oyó.

Em 1739, tendo melhorado a situação, Agaja voltou para o litoral a fim de fortalecer seu poder.

João Basílio iria então incorrer no desagrado do "Daomé" e ser por ele acusado de ter fornecido armas para seu inimigo, o "Chamba". Mas, diziam, isso era resultado das intrigas feitas contra o diretor do forte de Ajudá por dois de seus compatriotas, instalados fazia muito tempo no litoral e ligados contra ele.

O vice-rei escrevia para Lisboa em 20 de setembro de 1739:[10]

Sera presente a V. Mag.ᵉ o que passa na Costa da Mina, e o que socede ao Director de Ajudá Joam Basilio com o Rey Daomê, de que o nam concidero livre enquanto tiver em seu poder [...] e o perigo que corre a vida do dito Director, tudo maquinado por Joseph Roiz da Silva, segundo Director em Jaquem e Francisco Nunès, ambos portuguezes e confederados contra o Director Joam Basilio, que assiste na Feitoria e fortaleza que V. Mag.ᵉ tem no Porto de Ajuda [...] sendo esta materia da ultima importancia, pelas prejudiciaes consequencias que se podem seguir ao negocio da Costa da Mina que he hoje o que mantem os principaes interesses do

Estado do Brazil; porque sem negros nam pode haver ouro, assucar, nem tabaco; me pareceo absolutamente necessario atalhar este damno pelo modo possivel e assim ordenei ao Provedor mor da Fazenda Real fizesse diligencia que se constem na Portaria incluza, e do sumario de testemunha que tirou consta e se prova haverem sido os ditos Joseph Roiz da Silva e Francisco Nunès os authores de todas as dissenções qu nascerão entre os Reys Chamba e Daomê, sugerindo a este que o Director Joam Basilio havia dado socorro de armas e polvora para lhe fazer guerra, do que rezultou a sua prizam; e isto com o fim de lhe soceder no lugar de Director da Fortaleza de Ajudá que esperasse vagasse pela sua morte, a vista do que ordeney aos capitães de dous navios que ultimamente forão para a Costa da Mina fizessem todas as possiveis diligencias por prenderem os dous culpados e os trouxeram com toda a mayor segurança a esta cidade, para serem castigados como meressem; e ainda que não tenho por facil esta execução, em quanto o dito Joam Basilio estiver detido pelo Rey Daomê, he de esperar que tornando a sua liberdade possa conseguir.

Essa carta era complementada por uma comunicação do provedor-mor da Fazenda Real na Bahia[11] de 18 de setembro de 1739, que acrescentava que Francisco Nunes, "o mesmo obstinado, sendo vaçallo de V. Mag.ᵉ, fora de seu motto proprio render vaçallagem e offeresser a sua liberdade ao Rey de Adomê, que o fizera o seu secretario, e seu concelheiro privado". Além disso, o plano de José Roiz da Silva para que fosse nomeado diretor da fortaleza de Ajudá teria sido bem-sucedido:

Se lhe não impedissem os officiais subalternos da dita Feitoria, que mandarão dizer ao Rey que elles com semelhante Director não havião servir, e largavão a Fortaleza, e vinham dar parte a V. Mag.ᵉ para mandar tomar satisfação deste cazo, no qual substou o dito Rey thé o prezente e thé o oito de Mayo se achava ainda o dito João Bazilio na mesma prizão em que o Rey o avia posto, ainda com a esperança de ser restituido a sua Feitoria [...] esteve bem arriscada a vida do dito Director que por intercessoens dos directores das Feytorias estrangeiras não acabou miseravelmente entre aquelles barbaros o dito João Bazilio.

O mesmo documento indicava: "Quatro vintens somente por dia a cada hum dos pretos que servem de soldado".

O antigo sistema de entregar a guarda do forte aos portugueses que trata-vam de negócios no país e aí se encontravam não dera bons resultados:

Não tratam mais que tam somente dos seus negocios particulares.

[...] O Capelão Padre Manoel Velho de Godoi tinha chegado da Bahia[12] em 28 de setembro [de 1738]; teve depois de quatro meses a certeza que o causador da prisão de João Basílio era o tenente do forte, Manoel Gonçalves, e obstina-se em ser o da sua perda, persuadindo com dachas [propinas] e subornando o Otegan para fazer o rei acreditar na culpabilidade do Director. E tudo para que lhe cor-tasse a cabeça e o fizesse director a elle! Todos na fortaleza querem ser directores! Para isso apregoam os nomes de José Rodrigues e Francisco Nunes, à excração dos portugueses de Ajudá e do Vice-Rei na Bahia.

Para salvar João Basilio, encarregaram-se dois capitães de Pernambuco e algum director estrangeiro; foi em vão. Por fim, apos longa conferencia com o Otegan, partiu o Padre avistar-se com o Daomé. Esteve tres dias na sua corte. Acabou por obter a liberdade do pricioneiro, na presença dos directores estrangeiros e capitães de navios portugueses que o Daomé convocou a Allada. O rei preguntou então a João Basilio se alguma ofensa tinha dele recebido, mais que tê-lo conser-vado preso. O português respondeu que não, mas que lhe dissesse qual a razão que tivera para prende-lo. Retorquiu o Daomé que a razão lhe diria mais tarde, mas que, enfim, agora o soltava porque fora por palavra de branco e não de negro que o prendera. E entenderam alguns que dizia aquilo referindo-se a Francisco Nunès. Dizem mais que a occasião era favoravel a soltura do preso, porque Francisco Nunès estava ausente para Pernambuco.[13]

PRISÃO DE FRANCISCO NUNES PEREIRA EM PERNAMBUCO, SUA FUGA E SEU PRIMEIRO PROCESSO

O vice-rei, colocado ao par desses acontecimentos, escrevia ao governador de Pernambuco em 1º de outubro de 1739:[14]

Por noticias certas que tenho da Costa da Mina, me consta fes viagem para essa praça e com effeito se acha nella Francisco Nunès, que depois de fazer infinitas insolencias contra o serviço de S. Mag.ᵉ e bem publico de seus vassallos, se retirou com a fazenda que tinha para o Brazil, e sendo muito conveniente e importante que se prenda este homem recomendo muito particularmente a V. S.ª esta dilligencia, e quando se consiga, se servira V. S.ª remeterem com toda a segurança a esta cidade [da Bahia], onde se pode averiguar a sua culpa e ser castigado conforme o merecimento della; e porque estou certo que este homem determina passar nessa prezente frotta para o Portugal, sera precizo que V. S. passeis Ordens necessarias para se prender antes delle partir.

Francisco Nunes foi devidamente preso em Pernambuco, e um bilhete do vice-rei ao mesmo governador nos dá notícia do fato: "Francisco Nunes que mandastes prender, ainda não chegou por aqui".[15]

Detalhes a respeito da original e espetacular fuga do preso são dados em uma carta enviada de Lisboa para o vice-rei em 5 de maio de 1742:[16]

Francisco Nunès, sendo metido na cadeia, subornara este o carcereiro e fugira della com o mesmo e seos guardas, e se refugiara no convento do Carmo de Olinda [...] segundo confessarão o seo Provincial Frey Mauricio do Sacramento, que se achava em visita ao mesmo convento, [além de] hum dos jangadeiros que o levou [e do] Prior de Nazareth, tão bem religioso do Carmo [...] conforme hũa testemunha da devassa que se tirou da fugida do prezo [o prior e o seu secretário] o embarcarão vestido no habito da sua religião, tendão contra minhas ordens homiziado de hum dia para o outro no mesmo Convento, hindo antes tratar com o dito Francisco Nunès na cadeia o dito secretario do Provincial Fr. Luiz Botelho do Rozario [...] hum sargento [prendeu] por ordem do dito Governador, a hum dos cabouclos que conduzirão o dito Francisco Nunès, sahindo de asuada todos os negros do convento e quazi todos os religiosos: maltratarão a pancadas e palavras afrontozas ao dito sargento e guarda que levava e do mesmo modo a alguns soldados que lhe acudirão, e com violencia retirarão das mãos o cabouclo prezo, e recolherão para o convento donde o tiverão oculto.

O fugitivo tinha amigos na Bahia.[17] O vice-rei escrevia ao governador de Pernambuco, em 26 de janeiro de 1740:

Nesta cidade [da Bahia] tenho a certeza se acha o Francisco Nunês, porque há pessoa de respeito, que me havia pedido com grande empenho que quando chegasse lhe quizesse mudar a prizão da cadeia para húa desta fortaleza, me veyo também dizer o que tinha succedido nessa cadeia, de que fugio o sobredito não por temer que da culpa que lhe imputavão lhe podesse rezultar prejuizo algum, mas por não padecer a injuria de o mandarem e trazerem em ferros para a prizão. [...] Nestas formas, não duvidaria de se por a minha obediencia, esperando viesse com elle algúa piedade; ao que lhe respondy que o delicto que ultimamente cometera hera de outra natureza, daquella porque o tinha mandado prender, e que me não tocava decidir esta materia, e que pelo mais podia tomar as medidas que lhe parecesse, certificandosse que eu obraria sempre o que me ditasse a razão e a justiça.

Este he o estado em que se acha o negocio, e como este homem, dizem, tem aqui hum grosso cabedal nas mãos das pessoas que V. S.ª me declara, não se apartaria desta cidade em quanto não dispuzer delles; a mayor parte segundo as informações e noticia que tenho, toca aos defuntos e auzentes [...].

V. S.ª não se moleste com a fugida deste homem, porque destes cazos estão sucedendo todos os dias nas Cadeyas da America [Brasil], sendo certo que ainda que suas muralhas fossem de ferro, e as portas de bronze, como os carcereiros que tem as chaves lhas abrem, muito pouco estimarão a sua liberdade os prezos que não fugissem.

Entretanto, Francisco Nunes Pereira continuava a passear na Bahia, sem que o vice-rei conseguisse mandá-lo encarcerar. O vice-rei escrevia em 10 de fevereiro de 1740:[18]

O tal Francisco Nunès entrou nesta cidade com o mesmo habito de frade que lhe vestirão no convento de Olinda, e como não ignorava se havião fazer todas as possiveis diligencias pelo prenderem, tratou de se ocultar, athe que vendo não podia auzentar se desta cidade deixando nella todo o seu cabedal, e não hera possivel retirallo, sem que o expuzesse ao risco de prendello, me fez a petição de que mando copia, e nella vera V. S.ª o seu despacho, porem como ainda hontem se meteo na Secretaria, não sey a Rezolução que tomara.[19]

Um mês mais tarde, o vice-rei escrevia a respeito dos religiosos do Carmo: "Não duvido que suposto o grande empenho desses frades, que concoressem para elle [insulto na fuga de Francisco Nunes] algum bocado de interesse, que he a chave com que se abrem não so Cadeas, mas tambem os corações dos homens".

Em 4 de outubro de 1740, escrevia ao diretor da feitoria de Ajudá: "Por Francisco Nunès he mandado fazer altas deligencias, porem não he possivel descobrir-lhe, por andar escondido".[20]

José Roiz da Silva foi mandado preso de Ajudá para a Bahia, por ordem do vice-rei: "Sobrevindo lhe na cadea hũa perigoza enfermidade permeti que sahisse della debaixo de hua fiança segura e abonada".[21]

Em 28 de novembro de 1740, o rei, respondendo ao vice-rei, lhe comunicava: "Sendo tudo visto em 29 de outubro deste ano em consulta do meu Conselho Ultramarino, aprovamos o procedimento que tivestes com os ditos José Roiz da Sylva e Francisco Nunès, que conspiravão contra o dito Director".[22]

Francisco Nunes finalmente apresentou-se perante a justiça, e saiu-se muito bem, assim como José Roiz da Silva, pois, "por alvará da Relação da Bahia de 16 de agosto de 1743, ficavam livres e quites".[23] No entanto, ficara-lhes proibido reaparecer na Costa da Mina, para onde Francisco Nunes não tardaria a voltar.

MORTE DE AGAJA, REI DO DAOMÉ, 1740

Os prazos de encaminhamento da correspondência entre Ajudá, Bahia e Lisboa, bem como o tempo para examinar as questões levantadas por essas cartas e mandar de volta as decisões tomadas pelo rei de Portugal de acordo com o parecer do Conselho Ultramarino, eram tão longos que, com frequência, quando as respostas chegavam ao destinatário, as soluções propostas eram completamente obsoletas e inadequadas. Entretanto, a situação evoluiu bastante, como no caso da decisão tomada por Lisboa a respeito da primeira prisão de João Basílio no Daomé.

O rei de Portugal, com o parecer do Conselho Ultramarino, dava ordem ao vice-rei no tocante a João Basílio, a fim de que fosse nomeado para a feitoria de Ajudá:

Um novo diretor particularmente capaz, versado no comércio e no tráfico da Costa da Mina. Escrevereis ao régulo Daomé, dizendo-lhe que como o diretor João Basílio lhe era desagradável e sua pessoa suspeita o fizeste chamar à Bahia, e que

196

enviais um novo diretor para a mesma fortaleza, ao qual haveis recomendado de ter com ele, Daomé, todo o bom cuidado, a compreensão e a amizade que os portugueses lhe têm manifestado sempre.

O novo diretor também estava encarregado de tentar prender Francisco Nunes e José Roiz da Silva, pois, motivo da lentidão das comunicações, as notícias da prisão e fuga de Francisco Nunes em Pernambuco ainda não haviam chegado a Lisboa.

Todas essas instruções chegaram tarde demais, e um grande acontecimento se produzira na Costa da Mina: a morte do rei Agaja.

O vice-rei a comunicava em uma carta de 16 de maio de 1741:[24]

> Quando me chegou a Provizam de 28 de novembro do anno passado em que V. Mag.ᵉ se servio aprovar a deligencia que mandey fazer pelo Provedor-mor sobre a prizão de Joam Bazilio, Director da Fortaleza de Ajudá, havia mezes que estava solto e restituido a mesma Fortaleza, com grandes demonstrações de honra que lhe mandou fazer o Rey Daomê, em que concorrerão os outros Directores das Nasções forasteiras; a carta que eu havia escripto a este Regulo já o não achou vivo e foi entregue ao seu sucessor, que a recebeo com signaes de estimação [...].
>
> Quanto ao Director Joam Bazilio, como as couzas se poserão em muito diferente estado daquelle em que se achava athe agora, e este homem tem toda a boa correspondencia com o novo Rey, e grande practica e intelligencia dos intereces da Costa da Mina, conservando hũa boa opinião entre os Directores das mas Nasções, nam me parece ser conveniente tirarlhe da ocupação que esta exercitando, quanto mais que eu não concidero aquy pessoa algua capas que o possa substituir, e esta tem sido a cauza porque athe agora lhe não defery as instancias que me fes para lhe mandar sucessor.

A notícia dada pelo vice-rei da morte de um rei do Daomé em 1740 só pode aplicar-se à de Agaja, que se beneficiara de uma vida mais longa do que a que lhe havia atribuído Norris, autor em que se inspiraram no conjunto aqueles que estudaram a história do Daomé.

Os documentos contemporâneos, já o vimos, só designam o rei pelo nome de Dadá, expressão aplicada a todos os reis do Daomé.

Embora nenhum historiador, salvo recentemente I. A. Akinjogbin,[25] dê essa data como sendo a da morte de Agaja, indicações complementares vieram confirmá-la, como a carta de 18 de fevereiro de 1753 do Conselho Diretor do forte francês de Ajudá à Companhia das Índias:[26]

A respeito do pedido que mandamos fazer a Dadá, rei dos daomeanos, de pagar o que parece dever à Companhia, de acordo com os livros desta feitoria, fez-nos declarar de maneira muito autêntica que não tinha conhecimento das mercadorias vendidas pelo sr. Laurent ao finado rei, seu pai, nos dias 30 de julho e 8 de outubro de 1739. É por essa razão que não se julgava obrigado a honrar essa dívida. [...] Parece verossímil que Dadá não tenha tomado conhecimento das mercadorias que o sr. Laurent vendeu ao finado rei seu pai em 1739, porque, sendo apenas o segundo filho, não pretendia então a realeza, e, de acordo com o costume do país, não se imiscuía de maneira alguma nos negócios do seu pai com os brancos. Entretanto, pode-se acreditar que o rei não está procurando um mau pretexto para saldar a dívida, já que ele pagou ao sr. Pruneau catorze mulheres pelo saldo de mercadorias vendidas a ele pelo sr. Laurent nos dias 7 de junho e 30 de julho de 1740, assim como é mencionado no Jornal B, em um artigo de 5 de agosto de 1750, em que está explicado que Dadá declarou ao dito sr. Pruneau que liquidaria tudo quanto devia ao sr. Levet proveniente do coral que lhe vendera este diretor.

Esse documento mostra realmente que um rei do Daomé faleceu entre os dias 8 de outubro de 1739 e 7 de junho de 1740, e que aquele que sobe ao trono era um segundo filho, que é o caso de Tegbessu.

Outro fato parece também comprovar que a data de 1728 ou mesmo 1732, aceita na confiança da indicação de Norris, é duvidosa: é a nomeação do sr. Levet como diretor do forte Saint-Louis de Grégoy em 1743, enquanto um rei do Daomé fizera com que fosse despedido por Julien Dubellay em 1733. Se Tegbessu, estando no trono desde 1733, tivesse exigido a dispensa do sr. Levet, teria sido um gesto infeliz nomear em 1743 o mesmo sr. Levet, depois de tal desavença com o soberano reinante.

O caso de Levet pode ser equiparado ao de João Basílio, aceito por Tegbessu apesar de ter estado em maus termos com Agaja, seu predecessor.

SEGUNDA PRISÃO DE JOÃO BASÍLIO NO DAOMÉ E SUA EXPULSÃO EM 1743

Os negociantes da Bahia haviam reorganizado o tráfico na Costa da Mina fazia alguns anos, reservando-o para 24 navios somente. Disso resultou uma melhoria das condições do tráfico para os negociantes da Bahia, mas em contrapartida houve um aviltamento do mercado para os vendedores daomeanos, situação que iria contribuir para provocar novos aborrecimentos ao diretor, reinstalado com honra e dignidade no forte de Ajudá. João Basílio, depois de vinte anos de serviço no forte de Ajudá, tentou aumentar seu soldo pedindo para passar a primeiro diretor.

Lisboa resolveu o problema de modo completamente diferente e, por carta de 27 de maio de 1743, comunicou ao vice-rei:[27]

> João Basílio requereo no meu Conselho Ultramarino a confirmação da patente que lhe passastes de primeiro Director General das Fortalezas e Feitorias da Costa da Mina, cuja patente lhe mandey passar de Director Geral, sem o titulo de primeiro, com o soldo que actualmente logra, e nesta forma se lhe confirma a dita patente porque pareceu não ser necessario haver dous Directores na Costa da Mina.

De fato, João Basílio recebeu o título de diretor-geral, mas sem a melhoria financeira esperada. De qualquer maneira, não teria aproveitado dela, pois, antes mesmo que o vice-rei tivesse recebido a carta anterior, era encarcerado uma segunda vez, por ordem de Tegbessu, o novo rei do Daomé.

O relato da prisão de João Basílio e da destruição do forte de São João de Ajudá foi dado em detalhes por Levet em uma carta enviada à Companhia das Índias em 20 de agosto de 1743.[28]

Em 24 de junho, o sr. Bazile,[29] diretor português, ao partir para Ardres, foi raptado no caminho por daomeanos, que o levaram com grande escolta e o prenderam sem que pudesse se comunicar com ninguém. No mesmo dia, Agaou, generalíssimo dos exércitos do rei, investiu contra o forte português com as suas tropas.

> No dia 25, tive uma audiência com o rei, que pretende ter muitas queixas contra o sr. Bazile. Eis o mais grave de que se queixou o príncipe:

1º: Que desde muito tempo o sr. Bazile mantinha ligações com os de Judá de Popo e os negros de Epê e Patacri, seus maiores inimigos;

2º: Que esses negros vinham clandestinamente quase todas as noites no forte português, onde os recebia o sr. Bazile e com eles tramava uma conspiração contra o Estado;

3º: Que, independentemente de todas essas conversações, o sr. Bazile os abastecia em fuzis, pólvora e outras mercadorias;

4º: Que era evidente que o sr. Bazile era seu inimigo. Em guerras muito recentes dos daomeanos com os de Judá, onde esses últimos haviam perdido seus principais generais, esse diretor tinha nomeado quem os deveria substituir e lhes havia feito numerosos presentes;

5º: Que atualmente o sr. Bazile tinha em seu forte vários emissários de Judá, aos quais tinha dado asilo, apesar de o rei ter-lhe mandado dizer por diversas vezes que uma tal conduta não lhe era agradável;

6º: E finalmente que o sr. Bazile, de uma autoridade que não lhe pertencia, [impusera] aos capitães portugueses que aqui faziam o resgate que não fizessem nenhum resgate com ouro com outra pessoa além dele. Com o sr. Bazile essa proibição produziu tão mau efeito que o comércio decaíra completamente, por causa da raridade do ouro, que era, na maior parte das vezes, todo o motivo.

Apesar de que, antes de ir para Ardres, fosse informado de todas essas verdades, fiz entretanto o que era possível junto ao rei. Ele estava muito encolerizado para rebater todas as acusações, e obtive desse príncipe um prazo para aprofundar os fatos em questão, e que não se intentaria nada contra a pessoa do sr. Bazile [...].

Saí em 1º de julho, chegava aqui dia 2. Encontrei o exército dos daomeanos sempre acampado em volta do forte português. Alguns dias depois, esperava que os negócios do sr. Bazile se acomodassem, pois tinha enviado uma ordem àqueles que haviam ficado no seu forte para que entregassem aos daomeanos oitocentas cabeças de búzios, trezentos barriletes de aguardente, fuzis e pólvora, quantidade de peças de seda, um belíssimo palanquim e muitos outros objetos.

Presentes tão consideráveis não tendo surtido efeito para a liberação desse diretor, ele começou a recear pela sua vida. Escreveu ao capelão do seu forte, homem de bem, que veio aqui me solicitar de sua parte que fizesse a viagem para Ardres, para rogar ao rei que não atentasse contra sua vida e pedir, como única graça, a licença para embarcar de volta para o Brasil.

A missão pareceu-me delicada e, entretanto, necessária, porque pode influir sobre o que temia o sr. Bazile. Com efeito, se os daomeanos, povos ferozes, começavam uma vez a pôr a faca na garganta dos brancos, este país tornar-se-ia um açougue para nós, e no menor descontentamento que essa gente pretendesse ter, degolar-nos-iam como a carneiros.

Essas razões me decidiram a fazer a viagem para Ardres. Assim, parti em 20 de julho para ir àquela cidade e cheguei no mesmo dia.

No dia 21, pela manhã, o exército dos daomeanos saiu de seu acampamento e fez diversos movimentos até uma hora da tarde, quando avançou para o forte português e começou a tomá-lo de assalto. Os negros do sr. Bazile, com uma quantidade dos de Judá que tinham se retirado, defenderam primeiro as cercanias, com êxito, e atiraram com tanta pontaria alguns disparos de canhão carregados de metralha sobre os daomeanos que mataram e feriram um grande número e obrigaram o restante a recuar.

Naquele momento, o capelão do forte saiu e veio se refugiar sob a nossa bandeira; os outros brancos quiseram fazer o mesmo, mas foram presos pelos daomeanos.

Esses, ao recobrarem a coragem, voltaram à carga com tanta bravura que os negros portugueses ficaram intimidados, e um deles, por estar embriagado, disse que combatera o suficiente, e ao mesmo tempo pôs fogo à pólvora e fez explodir o forte, que foi todo reduzido a cinzas, e, de modo geral, tudo quanto havia dentro foi perdido, de maneira que o forte que existia à uma hora não era mais nada às duas.[30]

No dia 22, os daomeanos mandaram pedir o sr. Aubernon, o capelão português que se retirara na véspera sob a nossa bandeira, e o subdiretor o devolveu, sem oferecer a resistência que deveria.

Enquanto isso, eu solicitava vivamente às pessoas do país para que nada acontecesse ao sr. Bazile nem aos outros portugueses. Eu sabia que o rei estava furioso devido ao pessoal que havia perdido no ataque daquele forte. Ameaçava nada menos que mandar cortar a cabeça de todos.

Finalmente, obtive uma audiência secreta, na qual, pelos rogos e recriminações que lhe fiz, fui bastante feliz em persuadi-lo e obter a graça de todos esses infelizes. O rei rendeu-se à condição de que o sr. Bazile, seu filho e o subdiretor partissem para o Brasil pelo primeiro navio possível e que os manteria até que esse navio estivesse pronto para zarpar; que naquela época eu iria buscá-los e que me seriam entregues, como para a pessoa em que ele tinha mais confiança.

O rei me devolveu os outros portugueses em número de cinco, entre eles o capelão, a quem fiz nomear diretor interino. Todos esses fatos são tanto mais gloriosos para nossa nação que o diretor inglês, que estava naquele tempo em Ardres, não pôde ter uma audiência com o rei. Esse príncipe fez questão que fosse somente a mim que os portugueses devessem sua liberdade e restabelecimento.

Saí de Ardres no dia 30, e aqui cheguei no mesmo dia com os portugueses que retirei do forte. Vimos também um capitão dessa nação que estava no fim de seu resgate, a quem demos igualmente asilo. Estão tão entusiasmados com os serviços que lhes prestei e com o acolhimento que lhes fazemos que esgotaram todas as expressões em seus agradecimentos.

No dia seguinte à nossa chegada, fiz com que colocassem o sr. Aubernon na prisão, por ter devolvido aos daomeanos o capelão português que se refugiara sob a nossa bandeira.

No mesmo dia, fui ao forte português, que encontrei na maior das desordens. Como o rei me tinha prometido gente para consertar aquele forte, tanto quanto pudesse, dei ordens a Tegan, que tinha vindo comigo, para colocar uma parte de sua gente no trabalho, a fim de ajeitar um monte de casas que o efeito da pólvora derrubara umas sobre as outras.

O resto bateria o barro para construir um alojamento para o novo diretor.

A isso acrescentei o pedreiro do forte, rapaz muito entendido e vigilante, ao qual dei quatro *acquérats*[31] para colocar a terra, e nossos carpinteiros para fazerem a porta do forte e outras obras.

Em 15 de agosto, o capitão português estava terminando o seu tráfico.

Parti para Ardres a fim de persuadir o rei a cumprir a promessa que fizera de me entregar o sr. Bazile, seu filho e o subdiretor. Tive audiência no dia seguinte à minha chegada. Fiquei muito surpreso de encontrar o rei com disposições inteiramente contrárias: sem dúvida, algum inimigo desse infeliz diretor o havia de novo desservido junto ao príncipe, que absolutamente não mais queria soltá-lo. Não me desconcertei com as primeiras recusas. Pedi com todo ardor e força que o caso exigia. E por fim, depois de ter feito uso de todas as expressões capazes de comovê-lo, consegui felizmente fazê-lo aceder. E temendo alguns novos incidentes, pedi para voltar no dia seguinte com o sr. Bazile, o que me foi concedido.

Saí de Ardres no dia 17. A meia légua de lá, encontrei o sr. Bazile, seu filho, o subdiretor e outro oficial do forte português: o primeiro sem calças e os outros quase nus. Havia 55 dias que o sr. Bazile estava em uma prisão, tratado como o último dos negros, e em contínuos sobressaltos; não se abria uma única vez a porta de sua prisão sem que ele não acreditasse que era para lhe cortarem a cabeça. Posso dizer com certeza que isso lhe teria acontecido se meu zelo ardente não o tivesse socorrido.

Mal reconheciam-se, tanto tinham sofrido. Fiquei tão comovido ao vê-los naquele estado que não tive a força para dizer uma única palavra; de seu lado, só se exprimiram com lágrimas. Depois de nos termos muito abraçado, fizemos viagem sob escolta de oito capitães de guerra, comandados por um general dos exércitos do rei.

Chegamos aqui no mesmo dia. O sr. Bazile e seus companheiros foram colocados em casa de Tegan, governador de Grégoy, onde tive a liberdade de vê-los com todos os oficiais daquele forte, de lhes dar de comer e satisfazer todas as suas outras necessidades.

No dia 19, Tegan mandou-me dizer que iriam passar o sr. Bazile e os que estavam com ele a bordo. Esse diretor também mandou-me pedir que não o abandonasse, pois receava sempre que os negros lhe fizessem algo de mau. Transportei-me incontinente para o lugar com quatro oficiais, onde encontrei o sr. Bazile mais morto do que vivo. Estava no meio de todas as tropas que nos haviam escoltado de Ardres até aqui, às quais se acrescentaram todas as outras do país. Minha presença o reanimou um pouco, junto ao fato de que exigi dos chefes desses negros que seriam os nossos canoeiros que o passariam [pela barra] efetivamente.

Fi-los colocar todos os quatro em nossa piroga, e nossos canoeiros os fizeram transpor a barra conduzindo-os a bordo do navio português com toda a felicidade do mundo.

Mandei render ao sr. Bazile, tanto na sua chegada quanto na sua partida, todas as honras que lhe eram devidas. O capitão do navio no qual viajará pensa ir a bordo depois de amanhã e fazer vela no dia seguinte.[32]

Em sua carta de comércio, escrita à companhia no dia seguinte, Levet relatava:

Não há dúvida que de agora em diante tenhamos a preferência de todo o comércio. O capitão português que está levando o sr. Bazile ao Brasil não deixa de dizer que está impaciente de chegar naquele país para proclamar o serviço que lhe prestamos, e que, se acreditarem nele, todos os navios que aqui vierem só trocarão conosco o seu ouro por mercadorias.

Esse navio português que leva o sr. Bazile ao Brasil fez todo o seu resgate com tabaco, o que é aqui extraordinariamente raro e de um preço excessivo.

Em uma carta posterior, de 25 de fevereiro de 1744, informava:

Em 9 de setembro, instalava no forte português o novo diretor, que até então permanecera no nosso com os de sua nação; as honras que lhe mandei prestar e os 25 canoeiros que lhe fiz devolver pelo rei dos daomeanos o satisfizeram extremamente, assim como aos outros portugueses. Esperamos para breve notícias do Brasil, que nos dirão como foi recebido o sr. Bazile, e com que olhos o vice-rei verá o que se passou aqui.

PROCESSO E MORTE DE JOÃO BASÍLIO, 1743-5

João Basílio e o tenente Manoel Gonçalves embarcaram em Uidá a bordo do *São Miguel, Miguel-o-Anjo e Almas*[33] e foram saudados pelo forte francês com uma salva de nove tiros, que se repetiu no dia seguinte quando o navio deixou o porto. Daí seguiram ao longo do litoral, com escalas, para a Bahia, onde em 2 de dezembro, antes de desembarcar, foram feitos prisioneiros pelas autoridades da cidade.

Eles eram acusados de terem abandonado, com grande prejuízo para a Fazenda Real, a fortaleza de Ajudá, "em um local onde foram gastos mais de 30 mil cruzados".

Além disso, deviam responder perante o tribunal militar pelo crime de deserção.

O Provedor Mor da Fazenda Real do Estado do Brasil,[34] o Desembargador Manoel Antonio da Cunha Soutto Mayor, que servia só desde 24 de setembro do mesmo ano, sejão dois meses só, com tão pouca experiencia do lugar e dependencias da Costa da Mina que mal podia informar a El Rey de Portugal para resolução de tanta importancia para a Coroa e Estado, fora o que ficou o ditto João Basilio [ter-se tornado] desagradável ao Rey Daomé.

O mesmo pareceu ao Procurador da Coroa e da Fazenda, e acrescenta que suposto o desagrado em que ficou com o Rey, não convem que este Director torne aquella Fortaleza, nem ainda como particular, por se tornar a fomentar o desagrado daquelle Rey. Quanto a eleição do novo Director, sempre será mais acertada deichalla ao arbitrio do Vice-Rey, pois nesta Corte [de Lisboa] athe falta informação dos requizitos que devem concorrer no que houver de ser nomeado.

Esses prudentes pareceres subiram para a assinatura de Sua Majestade em 27 de fevereiro de 1745.

Todos os bens de João Basílio[35] e de Manoel Gonçalves foram sequestrados por ordem do provedor-mor da Fazenda Real; em sua chegada, sequestraram até as roupas que estavam em suas bagagens:

João Basílio possuía na Bahia seis negras minas em casa de Guiomar Pereira, na ladeira da Misericórdia, para a manutenção das quais gastava uma mensalidade de dez patacas, ou 4 mil-réis. Havia mais três negros [ladinos] adaptados à vida na Bahia e dois negros recentemente importados. Os outros haviam permanecido na Costa da Mina.

O conde das Galveas, vice-rei, comovido pela miséria na qual João Basílio estava mergulhado — na sua opinião injustamente —, procurava remediar essa situação. Mas o provedor-mor não queria levar em conta esse fato, alegando que os livros de receitas e despesas da fortaleza tinham sido destruídos pelo incêndio.

Havia a favor de João Basílio as contas enviadas pelo reverendo padre Martinho Barboza:

Saldos até o dia 24 de junho, data em que ainda
estava na fortaleza . . . . 1 548 314 réis
Pago aos soldados . . . . 2 916 000 réis
Pago aos operários. . . . . 1 409 400 réis
Gratificações . . . . 360 400 réis
6 234 114 réis

O vice-rei informava a Lisboa que tinha[36]

ordenado ao Provedor Mor mande ao Thezoureiro Geral declare o que se acha na sua mão do dinheiro da consignação dos 10 tostões para que delle se pague a João Basilio, que aqui se acha morrendo de fome, o que se lhe dever dos seus soldos athe que foi obrigado de embarcar para esta cidade por ordem do Rey Daomê, porque não ha rezam alguma para que não se lhe faça esta justiça depois de perder toda a sua fazenda no serviço de sua Magestade.

Uma diligência foi pedida pelo rei em 26 de outubro de 1744. O Conselho Ultramarino, em sua reunião de 29 de outubro de 1744, dizia:[37]

Ao Conselho parece, pelo que depoem as testemunhas da dilligencia que fez o Provedor da Fazenda [...] que a razão do dito Rey Daumê fazer o referido era por ter desconfiança que o dito Director João Bazilio lhe encontrava os seus negocios com os Capitães portuguezes e estrangeiros, devendo ser o negocio geral para brancos e pretos, de que os Estrangeiros também se queixarão as suas nações. E assim mais por desconfiança do dito Director comprar polvora e bala para os Reys Chamba, da Pé e Popo, seus inimigos lhe fazerem guerra.

[...] Não rezulta culpa ao Director João Bazilio, porem que como o Vice-Rey não tenha athe o presente dado conta da perda da dita Fortaleza e nova infracção do Regulo Daomê, e menos se ao Director accresceo alguma culpa perante o Desembargador Geral do Crime. [...] O Conselho ordena ao Vice-Rey qu'informe sobre huma e outra couza para que ouvido o parecer do dito Vice-Rey e cabalmente informado possa fazer prezente a V. Mag.[e] o que se lhe offerecer por mais conveniente.

O Conselho Ultramarino considerava também que era bom que o processo de João Basílio fosse feito na Bahia, "não so porque o Reo tera mais prompta defesa, mas para que o castigo delle e quando seja culpado sirva de exemplo aos Directores que lhe succedam".

O vice-rei tomara sobre si

o pagamento de parte do soldo devido a João Basílio, e obtivera que o soltassem da prisão para que fosse se tratar na casa de seu filho Antonio Basílio, no bairro de

206

Palma.[38] Estivera a ponto, seus bens encontrando-se sequestrados por ordem do provedor-mor, de ver os seus dois filhos mulatos vendidos em leilão de escravos, e isto depois de tantos anos de bons e leais serviços na Costa da Mina.[39]

O Conselho Ultramarino, em uma consulta de 15 de dezembro de 1744, avisava ao rei que:

> A conta do que rezultou da devassa que por ordem do Vice-Rey tirou o Dezembargador Ouvidor Geral do Crime do procedimento do Director João Basilio, lhe parece ao Conselho que pello que toca ao Director se acha justamente pronunciado por que do que jurão as testemunhas da dicta devassa, se prova bastantemente que a amizade, trato e comercio que havia entre os negros inimigos do Rey Daumê, o Director e outros Officiaes da Fortaleza forão a principal cauza da sua ruina; nesta certeza entende se deva mandar que o dito João Basilio siga o seu livramento perante o Ouvidor Geral que o pernunciou e que fique em seu vigor o sequestro que se fez nos seos bens, ao qual rigorosamente pertenção também os soldos vencidos que o Conde Vice-Rey diz lhe mandou entregar, mas a grande necessidade e pobresa em que se acha este Reo justifica a piedade que com elle teve o Vice-Rey e o desobriga da restituição, que alias devia fazer destes soldos.[40]

Em 29 de março de 1745, o conde das Galveas, aborrecido por todas essas formalidades e perdas de tempo, escrevia:

> No entretanto somente direi a V. Mag.ᵉ que, falecendo em oito de Mayo do anno passado [1744] o Director João Basilio[41] e havendo se sequestrado ainda antes de sua morte todos os seos bens, lhe deixarão somente dous filhos para ficarem herdeiros da desgraça de seo Pay e reparo, que sendo tam prontos os sequestros e as execuçoens não lhes deixando couza algua do que se poderem sustentar, [...] esta materia involve em si consequencias mui prejudiciaes, não tanto pelo que pertence aquelles pobres moços, mas muito mais pelo que se respeita ao serviço de V. Mag.ᵉ, porque não se pagando o que se dispendeo em beneficio da Fortaleza e gastos que fez o Director João Basilio na substentação dos soldados que aprezionavão, não hé de esperarse que haja outros que queirão servir neste emprego e asim me parece que V. Mag.ᵉ ordene ao Provedor Mor logo que ajusta essas contas que mande pagar o que justamente se deve a cada hum.

A luta entre o vice-rei e o provedor-mor continuava.[42] Em 9 de setembro de 1746, nova carta do vice-rei:

> Sendo prezente a Sua Mag.ᵉ que depos da morte de João Basilio, Director que foy da Fortaleza de Ajuda, se tinha procedido com grande lentidão e negligencia no ajuste de suas contas, hera servido ordenar as mandasse logo concluir sem a minima demora, tanto para satisfação de sua Real Fazenda, como dos herderos e intereçados na herança do mesmo Director.
>
> Em consequencia deste aviso, ordeney ao Provedor Mor executar-se logo o contheudo nelle [...].
>
> Para o pagamento das despezas feitas para reedificar a fortaleza, o Mesmo Provedor Mor [...] pos tantas duvidas e os reforçou com tantas replicas, ainda que todas insubsistentes, que me foy precizo ordenarlhe positivamente que sem embargo delles cumprisse o meu despacho.

De fato, em 1756, essa questão ainda não estava solucionada.

Assim como previra o conde das Galveas, a sucessão ao posto de diretor da fortaleza não seria fácil de solucionar e permaneceria muito tempo em suspenso.

O vice-rei escrevia mais tarde: "Parece necessário que Vossa Majestade nomeie um novo diretor para substituir João Basílio, porque não acho para o momento aqui nenhuma pessoa que possua as qualidades necessárias para este posto".[43]

O REVERENDO PADRE MARTINHO DA CUNHA BARBOZA, DIRETOR DO FORTE, 1743-6

> Em 29 de outubro de 1744, o Conselho Ultramarino em Lisboa constatava:[44]

> O mesmo Rey Daumé mandara vir a sua presença o capellão da dita Fortaleza e lhe dissera que havia de ficar por Director della em quanto não fosse novo Director, e que o mesmo capellão dissera que o Rey Daumé mandara dizer ao Director Francez que pedisse ao Capellão da Galera Portugueza uma bandeira para ficar na dita Fortaleza que com effeito se deve e ficou insada [...].

[…] Parece ao Conselho que, em quanto V. Mag.ᵉ não toma rezolução final desta materia, se deve dissimular que aquella Fortaleza e Feitoria esteja a direção do Padre Capellão sem se aprovar ou desprezar o facto de lhe haver encarregado o dito Regulo Daumé.

O vice-rei fazia saber em Lisboa[45] que recebera notícias do reverendo padre Martinho da Cunha Barboza,

que está não so servindo de vigario, mas tambem de governador da Fortaleza de Ajuda, escreveo sobre o estado em que se vay pondo a Fortaleza destruida e o trabalho que se fas nella, para o que ainda concorre o Rey Daumê. O Director francez assiste a tudo o que he necessario com demonstraçoes dignas de agradecimentos, recebendo com a arthelaria da sua Fortaleza as salvas das nossas embarcações quando entrão e sahem daquella enseada, executando outras muitas finezas em obsequio de Nasção portugueza.

O tratamento desumano infligido a João Basílio em seu retorno ao Brasil e seu processo realizado na Bahia, seguido de castigo injusto, produziam os efeitos previstos, e o vice-rei não achava ninguém que pudesse mandar para Ajudá. Apenas José Roiz da Silva tinha solicitado o cargo.[46] Em uma súplica enviada diretamente para Lisboa, em 1745, ele lembrava:

Que por Patente do Vice-Rey da Bahia fora provido no posto de Director da Feitoria de Jaquem, esta na Costa da Mina, de que tomara posse a vinte de Março de mil sete centos e trinta e cinco, na qual servira sem soldo a V. Mag.ᵉ té o anno de mil sete centos e trinta e outo […] passou o supplicante a Feitoria de Ajudá, na mesma Costa, aonde esteve mais dous annos, continuando o mesmo posto, esperando se a terra se tornara a povoar.

Não tocava no assunto de sua volta compulsória à Bahia, nem do seu processo, nem do veredicto de 16 de agosto de 1743 que, apenas dois anos antes, proibira seu retorno à Costa da Mina. Mas mencionava a destruição da fortaleza em 1743 pelo rei do Daomé, e supunha que esse mesmo rei a mandara consertar.

Que como ficava vago o posto de Director, por falecimento na Bahia de João Basilio e que como o Vice-Rey d'aquelle estado não tinha provido, tal vez por não achar pessoa capaz desse emprego, sem embargo de V. Mag.ᵉ lhe conceder a faculdade para isso, e sendo certo que hé muito conveniente ao Serviço de V. Mag.ᵉ q'se nome logo para o mesmo posto de Director pessoa que tenha experiencia, não só dequelle paiz e do genio dos ditos Reys, e maes potentados, para os conservar na nossa amizade, mas tão bem para fazer adiante a edificação da dita Fortaleza; sem aquela se não pode manter o respeito devido a esta Coroa naquela Costa, e nelle supllicante concorrião todas as circunstancias neçessarias para ser encarregado do dito posto, tanto por haver exercitado outro semelhante na Feitoria de Jaquem e ter mostrado o seu grande zello, boa correspondencia e valimento que tinha com aquelles barbaros, sabendo a forma com que se devem tratar, que há hua das couzas maes essenciaes para serem nossos amigos, e consequentemente para os interesses da nossa nasção e do real serviço, como por ter elle supplicante inteiro conhecimento daquellas terras, e ter ja costume do tão pessimo clima, circunstancias todas que se não podera achar facilmente em outra qualquer pessoa.

Mas não tinham sido esquecidas as conspirações contra João Basílio em 1739 e sua recente condenação junto com Francisco Nunes para que ficassem afastados da Costa da Mina. Sua súplica não foi favoravelmente recebida.

O reverendo padre Martinho da Cunha Barboza permaneceu, assim, como o cabeça da feitoria. A vida no forte prosseguia sob sua direção em relativa tranquilidade, apenas pontilhada por pequenos acidentes domésticos. Ele tivera um breve desentendimento com o capitão Félix José de Gouvea[47] a respeito de canoas e canoeiros do castelo de São Jorge da Mina trazidos pelo capitão. Não chegara este à enseada de Ajudá em 12 de outubro, a bordo do *Bom Jesus da Vila Nova*, que comandava, deixando de saudar a fortaleza com uma salva de cinco tiros de canhão de acordo com o uso?

Essa disputa não os impediu de irem juntos, no dia 25 de outubro, assistir à celebração dos "costumes" com que o rei honrava seus antepassados. O capitão Francisco Henrique de Moraes, comandando a galera *Nossa Senhora da Penha França e da Boa Hora*, que estava traficando desde o dia 1º de setembro, substituía temporariamente o diretor.

O reverendo também teve problemas com o pessoal subalterno da fortaleza. Não aprovava a vida escandalosa de João Lourenço, tambor, canhoneiro e instrutor de soldados negros, e estava decidido a mandá-lo de volta para a Bahia: "Que vá se distrair com a sua esposa, já que é casado!". Lourenço preferia as mulheres de Ajudá e pedia proteção aos cabeceiras do Daomé. O rei, instado pelo reverendo a ordenar sua expulsão, assim como a de alguns outros malandros que apinhavam o forte, recusava, temendo que isso fosse o sinal de próximo abandono do forte ordenado pelo rei de Portugal.

FRANCISCO NUNES PEREIRA ASSUME A DIREÇÃO DO FORTE

O reverendo padre Cunha Barboza faleceu em 17 de maio de 1746, e o rei do Daomé o mandou substituir dois dias depois por Francisco Nunes Pereira, que voltava à Costa da Mina apesar da proibição que lhe fora feita pelos tribunais da Bahia menos de três anos antes.

Essa iniciativa do rei do Daomé provocou forte irritação entre os portugueses e originários de outras nações europeias. O mesmo rei, entretanto, nomeara para o cargo o reverendo padre Martinho da Cunha Barboza, estabelecendo assim um precedente, sem causar reação. A política de "dissimulação" do Conselho Ultramarino era em parte responsável pela situação que se desenvolvia.

Essas pessoas estavam particularmente irritadas porque acusavam Francisco Nunes de ter se submetido ao rei do Daomé, e suspeitavam que fosse seu conselheiro. Ele era considerado pelos outros brancos como verdadeiro renegado.

O diretor do forte francês, Jacques Levet, exprime claramente seus sentimentos nos relatórios que enviava à sua companhia do forte Saint-Louis de Grégoy, em 13 de outubro de 1746:[48]

Desde 1º de fevereiro, dia em que tive a honra de escrever à Companhia via Brasil, este país, assim como o comércio, está sempre na mesma situação, isto é, tão triste para nós que não parece possível que possa piorar mais.

Um português, por nome Francisco Nunes, celerado de profissão, que foi expulso deste país há cerca de dez anos por vários crimes, entre outros de ter procurado tirar o sr. Basílio, então diretor do forte português, e tomar o seu cargo, voltou sorrateiramente aqui no mês de fevereiro passado, onde teve a oportunidade de exercer seus talentos. Seu início foi provar ao rei do Daomé o rapto do sr.

Martinho da Cunha Barboza, e fazer-se nomear para o cargo de diretor do forte português. Mas a morte que derrubou esse diretor no dia 18 de março poupou-lhe tal desgraça. Francisco Nunes, que estava então junto ao rei, saiu imediatamente ao saber dessa notícia e veio tomar o forte português, na qualidade de diretor, nomeado por esse príncipe. No mesmo dia, mandou-me um criado para me comunicar sua posse e pedir-me o horário mais cômodo para fazer-me sua visita. Respondi-lhe que, quando o rei de Portugal ou alguém daquela nação tivesse nomeado um diretor e comandante em substituição ao que acabava de morrer, teria verdadeiro prazer em recebê-lo e prestar-lhe as honras todas, mas que não o reconhecia por parte do rei dos daomeanos, que não tinha direito algum de nomear para semelhantes cargos.

No dia seguinte, mandei uma correspondência àquele príncipe para lhe representar o prejuízo que fazia às nações ao se apoderar assim de um direito que só pertencia aos brancos, e que agir dessa forma era meio de perder inteiramente o comércio de seu país, e dele afastar todas as nações que aí não iriam querer permanecer, depois de tal atentado aos direitos naturais das mesmas.

A resposta que recebi de Dadá foi das mais satisfatórias, deixando-me livre, conjuntamente com os capitães portugueses que se encontravam aqui, a fim de nomear tal pessoa que julgaríamos a bom propósito para preencher o lugar vago de diretor, até que Sua Majestade portuguesa ou o vice-rei do Brasil ordenassem o contrário.

Por meio dessa justa liberdade, os capitães portugueses se reuniram naquele forte para deliberar sobre a escolha de uma pessoa e fixaram-se na pessoa do reverendo padre frei Francisco do Espírito Santo, religioso de Santo Agostinho, que foi de modo geral aprovado por todos, e, a fim de evitar todos os seus atos violentos e tumultuosos, escolhemos o momento em que Francisco Nunes voltara para junto do rei dos daomeanos para instalar e fazer reconhecer o novo diretor do forte português, o que foi executado no dia 6 de abril com uma alegria universal; essa cerimônia foi feita na presença de todas as nações. E Dadá, para demonstrar mais ostensivamente sua desaprovação ao procedimento de Francisco Nunes, com o qual não concordava em tudo, mandou ordem a seu governador de Grégoy e a todos os negros para que fossem assistir.

Jacques Levet escrevia ao vice-rei em 29 de abril de 1746 para mantê-lo a par dos últimos acontecimentos no forte português e também para lhe contar sobre o feliz desfecho de todas as suas medidas, tomadas em conjunto com os capitães portugueses que traficavam em Ajudá, Manoel Ferreira de Oliveira e Manoel Gonçalvez Lima, e terminava mui nobremente sua missiva declarando: "Com a eleição do reverendo padre Francisco do Espírito Santo, religioso de Santo Agostinho, cujos bons costumes e boa conduta poderiam servir de exemplo ao mais honesto sujeito, os corações tinham-se dilatado de tanta alegria quanto se contraído de tristeza com a injusta pretensão de Francisco Nunes".[49]

O reverendo padre aceitou o cargo e transportou-se ao forte em 6 de abril, no aguardo das ordens do vice-rei. Ele tinha vindo com a intenção de ir para a missão de São Tomé, onde já estivera, pois viera do reino em companhia do bispo. Começando sua tarefa de diretor da feitoria, mandava informações sobre os movimentos dos navios negreiros. "Parte este navio para essa cidade [da Bahia] Deos louvado com bom negocio, he senhorio delle José Francisco da Cruz, tem para sahir deste Porto outro navio de que hé senhorio Domingos Francisco Pacheco. Achasse no Porto de Apá hum navio de André Marques, não tenho noticia do seo negocio."[50]

Francisco do Espírito Santo, entretanto, não ficou mais que 28 dias à frente da fortaleza-feitoria. Jacques Levet, continuando sua carta, dizia:

> Essa ação de equidade por parte do rei nos deixou tanto mais satisfeitos quanto a ela não estávamos acostumados, e fez com que, primeiramente, o considerássemos como a um soberano ao qual a justiça pode encontrar acesso, e nesses sentimentos, nos recordando dos tristes acontecimentos passados, imputávamos caridosamente a culpa aos pobres infelizes que haviam sido vítimas, persuadindo-nos verdadeiramente que estavam sem razão, e que essa era a única maneira de agir capaz de trazer esse príncipe aos direitos da razão. Já fazia quase um mês que acalentávamos essas ideias, quando no dia 4 de maio o reverendo padre Francisco do Espírito Santo foi preso na casa do governador de Grégoy, para onde fora atraído a pretexto de negócio.

Os portugueses acrescentavam:

> Foi lá guardado prisioneiro nove dias e daí foi embarcado por ordem do rei do Daomé, que novamente mandava Francisco Nunes Pereira dirigir o mesmo forte, em reconhecimento das numerosas e grandes dachas [propinas] que lhe dera, assim como a seus conselheiros.

Considerando esse mau exemplo e a pouca palavra desse rei, recorremos uma vez mais a ele por intermédio de Jacques Levet, governador do forte francês, que foi pessoalmente delegado por todas as nações para falar ao rei do Daomé a fim de que o reverendo padre frei Francisco do Espírito Santo fosse mantido em seu cargo.

No entanto, como devia favores a Francisco Nunes por causa de todas as dachas recebidas, o rei não quis voltar em sua decisão.

Jacques Levet contava assim sua entrevista:

Saí no dia 7 de maio para Tota, onde estava o rei. Na audiência que tive com ele no dia seguinte à minha chegada, queixei-me muito de suas violências para com todas as nações e especialmente daquelas que eram exercidas na pessoa do diretor português, que acabavam de suplantar com uma afronta das mais marcantes, para colocar em seu lugar um homem sem fé, reconhecido como sendo o maior celerado da terra. Representei-lhe o prejuízo que tal conduta poderia trazer à sua reputação, no espírito dos reis de França, Inglaterra e Portugal; finalmente, expus-lhe todas as razões que me pareceram mais adequadas e mais fortes para poder trazê-lo à equidade, sem conseguir nada obter, e pelo pouco cuidado que tomou para me dissimular a sua injustiça, percebi claramente que me lograra, e que somente se servira do meu intermédio na nomeação do diretor português para vender mais caro esse cargo a Francisco Nunes.

O rei, não contente de sua perfídia, quis associar-me à mesma e me comprometer com laços de amizade com o seu criminoso, a quem mandou chamar expressamente para isso. A indignação que lhe externei para com semelhante baixeza lhe fez conhecer todo o desprezo que sentia. Contentei-me em responder-lhe que tudo quanto podia fazer para servi-lo era não perturbá-lo na sua usurpação e deixá-lo aproveitar dos seus crimes, já que lhe agradava proteger Francisco Nunes. Mas se tivesse a ousadia de se apresentar no forte francês, mandaria que o amarrassem num canhão e ordenaria que lhe dessem duzentas chicotadas. O rei, olhando-me fixamente, disse-me que estava lhe falando muito alto. "Ainda não o bastante", respondi-lhe, "pois é a tua própria causa que defendo." Assim terminou a audiência que me serviu de despedida.

Dadá fez partir Francisco Nunes um dia antes de mim, e logo que chegou ao forte português, o governador de Grégoy fez embarcar o pobre reverendo padre Francisco do Espírito Santo.

Despachado à força para São Tomé por ordem do rei do Daomé, encontrou-se lá em companhia do bispo, no lugar para onde fora mandado pelos superiores de sua ordem.[51]

Parecia ter tomado gosto nas suas efêmeras funções de diretor de fortaleza, pois de São Tomé escrevia ao vice-rei em 6 de julho de 1746:

> Aqui fico na minha Missão da Ilha do Príncipe, esperando sempre as ordens de V. Ex.ª, prompto para a ellas obedecer [...] Francisco Nunes Pereira, pois digo a V. Ex.ª, que a propria camiza do seu corpo deu e dará para o Rey Daomé o conservar no lugar que occupando fica e ainda foy bom não me ter o Rey comido as daxas [propinas] que tenção formava dar lhe, a quaes tinha eu já em meo poder, o que tudo torney a entregar ao Governador Francês Jacob Olivete.

O dito governador Jacques Levet escrevia uma segunda carta ao vice-rei na Bahia para torná-lo ciente dos eventos desagradáveis que tinham acontecido em Ajudá, e lhe informava: "O rei dos daomeanos reconhece que Francisco Nunes é um homem mau, tido e conhecido como tal neste país; só o deixará como comandante daquele forte até quando Sua Majestade de Portugal ou Vossa Excelência mande outro". Finalmente, concluindo o longo relatório já citado, Levet escrevia à companhia:

> Em 3 de outubro, veio aqui um mensageiro por parte do rei dos daomeanos, que me foi apresentado pelo governador de Grégoy. Nunca teria esperado que o objeto da missão fosse a confissão sincera ou dissimulada que esse príncipe me enviava para ser feita da falta de razão que reconhecia ter tido para comigo, quando, contra a minha vontade e os sábios conselhos que eu lhe dera, havia mandado colocar Francisco Nunes em um cargo que ele reconhecia presentemente ser indigno de ocupar, e que para marcar o quanto estava satisfeito da verdade que ele sempre encontrara em tudo quanto eu lhe tinha dito, me rogava aceitar uma negra que me mandava de presente. Para não ficar devendo o presente que Dadá me fizera, mandei-lhe um que valia mais que o seu.

Mas não foi boa política "falar alto" ao rei dos daomeanos e tratá-lo por "tu" e não por "Vossa Majestade", como o fizera Levet; e a interpretação que dava ao presente de uma negra oferecido pelo mesmo rei era por demais otimista, visto que, pouco tempo depois, chegou a sua vez de ser expulso.

O vice-rei escrevia em 8 de março de 1748 para Lisboa:[52]

O Diretor Francês [...] o Régulo Dahomé mandou prender, andando ele passeando poucos paços distante da sua Fortaleza, atando lhe as mãos e pondo lhe hua corda ao pescoço, o conduzirão a praya, aonde se achava húa embarcação nossa; depois de o terem amarrado toda a noite, o obrigarão pela manha a embarcasse no dito navio que o conduzio a esse porto da Bahia.

E concluía o vice-rei filosoficamente:

De que bem se deixa conhecer, que não são só os portugueses os insultados.

Esse director he hú homem de bom juiço e de muita capacidade. E ainda que elle suspeite que esta violencia foy tramada por um frances que se achava na mesma Fortaleza, pelo interece e esperança de ficar Diretor nella, porque em todas partes há homens semelhantes a Francisco Nunes, não se pode duvidar que a violencia com que obrarão os negros foy em tudo semelhante a que praticarão com o nosso Director João Basilio.

FÉLIX JOSÉ DE GOUVEA, DIRETOR DO FORTE, 1746; PRISÃO DE FRANCISCO NUNES PEREIRA

Antes de deixar o cargo de maneira tão desagradável, o sr. Levet ainda teve tempo para prestar um último serviço aos portugueses, ajudando-os a se apoderar de Francisco Nunes Pereira.

O vice-rei respondeu conscienciosamente às duas cartas de Levet. Na primeira, escrita em 1º de agosto de 1746, depois dos agradecimentos de praxe, deixava transparecer seus sentimentos a respeito de Francisco Nunes:[53]

Esse homem indigno, por ter conspirado contra seu rei e contra sua pátria e os interesses de sua nação, será sempre abominável na memória dos homens, supondo-se que, para um ser assim indigno e vil como ele, a lembrança da posteridade possa lhe fazer a mínima impressão, quando não teve vergonha de abster-se de se precipitar em fazer as coisas absurdas e que, de acordo com todas as leis, tornou-se culpado e traiu seu príncipe e senhor natural, e será indispensável procurar todas a maneiras possíveis para capturar esse monstro de infidelidade e colocá-lo com toda a segurança possível no Brasil.

Na segunda, escrita em 2 de setembro de 1746, afirmava:[54]

Esse negócio tomou tais proporções que me parece indispensável nomear um novo diretor comandante para governar o forte português; ainda que o rei dos daomeanos vos tenha prometido que tão logo chegasse lhe daria posse, não devemos confiar nas palavras de um homem que nunca soube guardá-la; há ocasiões onde é necessário, preciso e conveniente usar de dissimulação, para não lhe dar nenhum motivo que seja pretexto para cometer um atentado maior que aquele já experimentado.

Conhecereis o diretor que envio, quando vos entregar esta carta, com a qual mando uma mensagem ao rei do Daomé. Conferireis com o novo diretor sobre a maneira e o tempo de apresentá-la.

Nas instruções que lhe dou, recomendo-lhe sobretudo observar, inviolavelmente, quando chegar a este porto, o segredo com o qual parte daqui, de sorte que tão logo descerá para terra, sem se fazer conhecer de nenhuma pessoa, ele vá direto a vós, e vos comunicando as ordens que tem, proponha e conclua convosco os meios que se julgarem os mais vantajosos e os mais indicados para conseguir com sucesso um negócio tão importante, no qual não somente está interessada a nação portuguesa, mas todas as outras que habitam aquele país, porque se deixarmos que se façam aqueles atentados sem que apliquemos alguma solução, isso poderá ser um exemplo pernicioso que daria ocasião ao rei dos daomeanos de dispor dos fortes das outras nações à vontade e de colocar quem ele queira de sua escolha para comandar e governar, e seria como se ele fosse o senhor.

O vice-rei, em 14 de setembro de 1746, relatava todo esse negócio para Lisboa:[55]

Elegeo Félix José de Gouvea[56] como Director para aquella Fortaleza. Ha mais de 18 annos que elle navega para a Costa da Mina, sendo Cappitam de alguns navios pertencentes ao comercio deste Estado, com huma tam inteira satisfação de todos aquelles que lhe entregarão as suas fazendas e carregações que tem grangeado credito e cabedal; alem destas circunstancias, asestiu alguns annos na mesma Costa, em que adquerio huma grande pratica e experiencia do modo e das maximas com que se negociava naquelle Paiz, havendo tratado muitas vezes com os Reys Dogmes e com os seus principais cabeceyras, de sorte que nada lhe será novo quando entrar a exercer o emprego de Director em que provi, ainda que não houve pouco que vencer na repugnancia que teve para o aceitar.

Porem, lembrandoce todos os homens em que se podia por olhos para a occupação do Director, o que sucedeo a João Bazilio que, depois de servir a V. Mag.ᵉ muitos annos com grande credito, grande respeito e authoridade entre as outras, viesse a morrer na cadeya por hum cazo totalmente fortuito e acidental, seiquestrandoselhe todos os seus bens e o que mais hé, mandandoselhe vender dous filhos que tinha, que por poucas horas de dilação se não arematarão em praça publica e hoje estão vivendo das esmollas com que os socorrem algumas pessoas que os conhecem, ao mesmo tempo que me diz o seu procurador se lhe estão devendo os soldos vencidos e dos bens que se lhe sequestrarão mais de 13000 cruzados, fazendo esta memoria hum tal horror e impreção nos animos dos homens que todos fogem de aseitar emprego em que lhe possa suceder a mesma infelicidade que experimentou João Bazilio.

As instruções dadas a Félix José de Gouvea eram as mesmas que as indicadas a Jacques Levet, e também incluíam recomendações relativas ao rei e aos portugueses que viviam na costa.

Para o rei:

Muy especialmente lhe recomendo faça hú par [...] saber tudo e observar prudentemente o modo com que se há de haver e tratar com o Rey do Gomé e seus principaes generaes e conselheiros, que como barbaros e poderosos no seu paiz não ha meyos nenhú com que se poder cohibir e moderar, quando se fazem ensolentes por cauza das suas desconfianças; o unico remedio hé prevenilas e evitar ocasioens de as ter, não os escandalizando nem se intrometendo nos seus interesses, dezordens e guerras.

Para os portugueses que viviam na costa:

De nenhuma maneira concentirá que pessoa algúa da nação portuguesa fique morando [...] entre os negros habitantes nella; porque vivendo no gentilismo se tornara como cada hum [...] e só permitira que alguns comerciantes por causa do seu negocio em quanto este durar possão residir aly algum tempo, e o que por rezão da ocupação faz precizo [...] ao servisso da fortaleza e feitoria, e os mais que forem vadios, criminosos e fugitivos das embarcassoens, os mandara prender e remeter para o Brasil.

Ao desembarcar na costa,[57] o capitão Félix José de Gouvea tomou todas as precauções recomendadas. De Popo, aonde chegou, enviou como emissário um hábil oficial para entregar a carta do vice-rei a Jacques Levet. Este fez entender ao Daomé que o governo o considerava responsável pela sedição de Francisco Nunes e exigia satisfação: em primeiro lugar, a entrega do sedicioso. Caso contrário, Gouvea tinha ordens de levantar âncora a todos os navios portugueses, mandá-los ao porto de Apá e aí construir uma nova fortaleza, abandonando para sempre a de Ajudá.

Gouvea recebeu a bordo a visita de Levet. Este o aconselhou a não desembarcar antes de ter conseguido que lhe entregassem Francisco Nunes. O capitão português negociou dessa forma com os homens do Daomé. Estes insistiam para que desembarcasse, pois deviam ir para Allada consultar o rei. Mas, com um pouco de insistência, consentiram que fosse efetuada a entrega de Francisco Nunes sob a responsabilidade de Levet. Félix José de Gouvea desembarcou, e o preso foi mandado para a Bahia.

SEGUNDO PROCESSO DE FRANCISCO NUNES PEREIRA

Logo que chegou,[58]

o dito Francisco Nunes Pereyra o mandey recolher na cadea desta cidade e pollo a ordem do Dezembargador Ouvidor Geral do Crime, ordenando lhe por hua Portaria devaçasse do Cazo sucedido, o que com effeito executou e remeteo a V. Mag.de a devaça, e consta que me deo o mesmo Ministro da forma com que procedeo nesta deligencia e porque se sucedeu que eu me recolha para o Reyno na frota que se espera, se por a este homem em um livramento ordinario e em quatro dias o porão na sua liberdade, como ja experimentou em outras occasioens.

No entanto, o processo se arrastava, e quando o conde das Galveas passou o cargo ao seu sucessor, em 16 de dezembro de 1749, conferenciou com o novo vice-rei, Luis Pedro Peregrino de Carvalho de Meneses e Ataíde, conde de Atouguia. Instruções particulares tinham sido finalmente enviadas de Lisboa em 16 de agosto de 1749, ordenando que:

> No termo necessario e indispensável de dous meses façaes sentenciar ao ditto Francisco Nunes Pereira, nomeando lhe os juizes de mayor integridade e letras que ouver nessa relação; e cuando estes intendam que deve padecer a ultima pena e o condemna nella, deixarem executar a sentença, como tambem se a condenação não for na ultima pena mais na mais proxima imediata a esta, porem se a sentença for mais branda se nam cumpria sem vos me dares conta della.

De conformidade com as instruções recebidas, o novo vice-rei respondia em 13 de março de 1750: "Por crimen de sedição o reo era condemnado em degredo para toda a vida para o Presidio de Benguela com pena de morte natural, se della saisse, e confiscados todos os seus bens para a Fazenda Real, e ademas a ser açoitado publicamente com baraço e pregão".

O REI DO DAOMÉ NÃO PODE SER CASTIGADO FACILMENTE

Francisco Nunes estava castigado, mas era mais difícil fazer pagar sua ofensa ao rei dos daomeanos. Houve uma troca de cartas entre Lisboa e Bahia a esse respeito.[59] O secretário de Estado escrevia em 25 de julho de 1747:

> Quanto ao Regulo, seria justo que também experimentasse algum castigo que o obrigasse a ter mais attenção e respeito a Nascão [portuguesa], porque em semelhante gente obra mais o medo do que a razão, e com a tolerancia e dissimulação se fazem mais insolentes. Porem nesta parte so a prudencia de V. Ex.ª pode tomar medidas justas; e nesta certeza, deiche S. Mag.de no seu arbitrio obrar o que julga mais acertado.

O vice-rei respondia em 8 de outubro do mesmo ano:[60]

Os negros de Ajudá todos os dias são mais insolentes e mayores ladrões, sem que guardem fê nem palavra a ninguém; e como não se pode duvidar que os seos roubos e insultos acompanharão sempre a sua ambição e a sua barbaridade, cada vez hirão crescendo mais.

Finalmente este Regulo, depois que se fez senhor dos Portos de Jaquem e de Apê, somente se governa pelo que lhe inspira o seu animo barbaro e feros, de sorte que as Fortalezas dos franceses e inglezes vivem em hua grande consternação, por se conciderarem expostos a algum insulto repentino que não possão evitar, e a nossa mais, porque se acha quase desfeita e arruinada, mas como este Barbaro não deve de ser acautelado e advertido em tudo o que toca o seu interesse, a mesma ambição que o provoca e o incita aos roubos e as violencias, he a que tambem reprime e deseam para os não fazer mayores; porque receya lhe falte a materia e as occazioes de os poder continuar quando mais mostrando lhe a experiencia que a reserva do negocio que fazem os portugueses nos seos portos não tem outra algua Nasção que os vâ buscar, porque os francezes e inglezes, depois que a Europa se poz na inquietação em que se acha, são raros os que navegão e comerceão naquella Costa; e ainda quando o fazem não lhe podem levar tabaco, que he o genero mais estimável daquelles negros; mas a deficuldade consiste no modo, e no caminho que se ha de tomar, para que sem prejuizo da extracção dos escravos, que nos são tam precizos para lavouras do Brazil, se possa castigar o Barbaro Daomê e fazer lhe conhecer o que sem o nosso comercio não pode subsistir, e se o projecto em que se vay cuidando se reduzir a effeito bem se podera alcançar o que dezejamos.

Dois anos mais tarde, em 25 de outubro de 1749,[61] a resposta era enviada ao vice-rei: "Sou servido ordenar vos por rezolução de 16 de agosto de 1749, tomada em consulta do meu Conselho Ultramarino que, conferindo com o Vice-Rey vosso antecessor, informeis com vosso parecer neste negocio".

Ao que o conde de Atouguia podia apenas fazer observar, em sua resposta de 13 de março de 1750, que não havia nenhum meio de intimidar os negros daquele país: "Que si for precizo mudar o comercio pelo outro porto não faltaria naquella costa, mas que se experimentaria o mesmo incomodo, insolencias e encivilidades de semelhante regulo".

Uma embaixada da boa vontade foi enviada pelo rei do Daomé naquela época para tentar reatar relações comerciais mais estreitas entre seu reino e a Bahia. Um relatório sobre essa medida é dado mais adiante.

LUIZ COELHO DE BRITO, DIRETOR DO FORTE, 1751

Em 29 de junho de 1751,[62] o vice-rei informava que recebera uma carta de Félix José de Gouvea demitindo-se de suas funções de diretor da fortaleza de Ajudá e pedindo um sucessor. Assim, achou que convinha fazer o necessário, a exemplo dos vice-reis seus predecessores, e nomeou Luiz Coelho de Brito, que lhe parecia possuir as qualidades requeridas. Este, tendo aceitado, embarcou no navio no qual voltavam os embaixadores do "Daomé".[63] O vice-rei lhe recomendara que se esforçasse em convencer esse potentado a executar de maneira satisfatória os termos da resposta que dera aos mensageiros, "para que desse modo não houvesse oportunidade de ser suspenso o comércio que era tão necessário para este Estado do Brasil".

Luiz Coelho de Brito e os embaixadores do rei do Daomé partiram para a Costa a Sotavento da Mina em 12 de abril de 1751 a bordo do *Bom Jesus d'Além e Nossa Senhora da Esperança*, comandado pelo capitão Mathias Barboza.

A carreira do novo diretor do forte de Uidá foi breve. Uma carta do vice-rei, endereçada de 10 de julho de 1752 ao secretário de Estado,[64] comunicava a morte do diretor em Uidá:

> Persuade-se o tenente que a morte se lhe originou a jornada, que 40 legoas para terra dentro a comprimentar na sua corte ao Daomé [rei do Daomé] de que foi também recebido, que o dilatou muitos dias na sua companhia, porém quando se recolheo na Fortaleza vinha já tão enfermo que não durou mais de 48 horas, e com tal perturbação da cabeça que com trabalho se confessou, mas me não pode escrever para me informar do que tinha rezultado das conferencias que teve com aquele Potentado, sobre as materias que lhe mandey propor. O Mestre do navio que o levou o acompanhou athé onde estava o dito Daomé; tenho esperança que de chegando[65] a este porto [da Bahia] onde se espera brevemente, me possa informar das respostas que lhe derão e se rezultarão dellas alguas ventagens aos nossos negociantes, por certo que o ditto Daomé estimou muito os prezentes que daqui lhe remetty e o bom tractamento com que lhe mandey hospedar os seos mensageiros.

Em resposta à sua carta de 29 de junho de 1751, o vice-rei recebia uma seca observação:

A nomeação de um diretor do forte de Ajudá não é da alçada do vice-rei. Esse encargo pode algumas vezes ser seu, na medida em que se julgou que o vice-rei estava em melhores condições para encontrar pessoas capazes de ocupar o cargo, mas nunca deve receber bem a demissão dum diretor, nem nomear outro, sem antes ter recebido de Sua Majestade faculdade para tanto.

Esse endurecimento da administração central de Lisboa em relação ao vice-rei da Bahia era a consequência da nomeação, como primeiro-ministro, do futuro marquês de Pombal.[66] Em sua resposta de 9 de outubro de 1752, o vice-rei fazia observar: "No que respeita a nomeação que fiz do Director da Feytoria de Ajuda na pessoa de Luiz Coelho de Britto, foi porque achey praticado pelos meos antecessores, e ultimamente pelo Conde das Galveas que mandou passar similhante provimento a Félix José de Gouvea".[67]

Numa carta do vice-rei de 4 de agosto de 1752,[68] a esperança de receber informações a respeito dos resultados da missão de Luiz Coelho de Brito fora infrutífera. O capitão Mathias Barboza não pudera lhe dar novos detalhes:

Ainda q. he certo q. o d.º Cap.ᵃᵐ [o dito capitão] foi com o Director athé o lugar aonde estava o Daomê, como aly se dilatou muy poucos dias, e a cerimonia com q, se tracta este preto, não permitte q. se lhe fale em seg.º na pr.ª vez q' os admitte a sua prez.ᶜᵃ; por esta cauza ficou ali demorado mais tempo o Director, q' se recolheo a Fortaleza ja em tal estado q. não pode declarar se practicou, digo, se chegou a praticar ou não as partes de sua comissão; com que sobre elles por ora não tenho q' participar a V. Ex.ª mas a o tenente ordenarey insistir na reprezentação.

O vice-rei recebera de Ajudá quatro negras, três negros, seis panos de algodão e um carneiro, mandados para o rei de Portugal pelo "Daomé". Tudo aquilo, diminuído de um negro e uma negra falecidos nesse meio-tempo, foi mandado para Lisboa.

Em 1º de março de 1753, nova carta do vice-rei confirmava: "Ainda que reconheça a necessidade de se prover aquele emprego, eu o não faria primeiramente sem receber ordem do mesmo que assim o determina".

A espera seria muito longa até que um diretor oficialmente reconhecido por Lisboa chegasse à Costa da Mina. Foi só em 1760 que o capitão Félix José de Gouvea, nomeado pela segunda vez para esse cargo em 1756, chegou lá para enfim substituir o tenente que ocupava interinamente a direção.

THEODOZIO RODRIGUEZ DA COSTA, DIRETOR DO FORTE, 1751-9

Após o falecimento de Luiz Coelho de Brito, o tenente Theodozio Rodriguez (Roiz) da Costa assumiu a direção do forte.

Em sua correspondência para uso da corte de Lisboa, o vice-rei continuava a vituperar contra "as ousadias e insolências do bárbaro régulo". Porém, levando em conta que Ajudá era o lugar onde se encontravam os negros mais estimados na Bahia, mandava presentes em agradecimento pelas negras e negros, os panos e o carneiro enviados pelo rei do Daomé.

Numa carta de 27 de maio de 1753, Theodozio Roiz da Costa mandava dizer que recebera e entregara "o caixote com a roupa de xambre e barreto sendo eu o proprio portador, por ver hua occazião acertada para conseguir do dito Rey a entrega da gente de João Bazilio [expulso dez anos antes] que ainda para em sua mão promptamente me satisfez minha proposta, entregando-me 3 negros e huma negra para o serviço da Fortaleza".[69]

Além disso, Theodozio transmitia um presente do rei do Daomé, destinado ao vice-rei e que consistia em

> hum negro e huma molecona, dois panos de locomin, que o Rey Daomé offerecia a V. Ex.ª e quem ficava muito obrigado pelo mimo que lhe havia mandado e ao mesmo tempo pedia a V. Ex.ª a sua amizade, e mostrando o tempo a boa armonia que havia de haver com os portuguezes que aquy viecem comerciar, fosse V. Ex.ª servido ordenar aos navios que navegão para esta costa seja o seu porto o principal em que fação o seu resgate.

O tenente acrescentava que "os ditos dous cativos e panos entreguey ao Capitão Jacinto Gomes, que larga nesta occazião com quatro cento e cinquoenta cativos pouco mais ou menos, e não obstante este capitão abrir a sua feira a dez rollos, continuou o seu negocio por onze e doze, e para fim, por se querer abreviar, me parece que por mais preço".[70]

O tenente recebera do serviço da Fazenda Real

ordem de S. Mag.ᵉ, por onde ordena se satisfaça aos sincoenta soldados em que está lottada esta fortaleza, como tambem a forma em que se deve fazer a matrícula, que tudo se executou conforme o avizo [...] convimos, junto com os mais officiaes, a que se lhe fizesse extinta a rezolução que os ditos soldados havião tomado de se hirem agregar ao Daomé, não se lhe fazendo o seu pagamento [...].

Ha tempos a esta parte que todos os dias nos vemos assaltados de guerra, quer este Rey a ter novamente declarada a todos os seus circonvizinhos, por cujo respeito se achão todos os caminhos fechados, experimentando os navios hua grande falta de cativos.

Na Bahia, a triste sina de João Basílio não fora esquecida. O Conselho Ultramarino recomendou que o processo fosse feito na Bahia, a fim de que "o castigo, se fosse culpado, sirva de advertência aos diretores que lhe sucederem".

Tal recomendação provocou tamanha impressão nos espíritos dos eventuais candidatos a essa sucessão que nenhum se apresentava. O único candidato, Francisco Xavier da Silveira — que estava preso em Lisboa por dívidas para com a Fazenda Real, tinha esposa e dez filhos, sendo quatro filhas dependentes —, solicitou o cargo, que lhe foi concedido em 22 de janeiro de 1754.[71] Mas não poderia receber seu alvará enquanto não pagasse os dois contos de réis que ainda estava devendo. Por uma súplica enviada ao rei em 15 de abril de 1754,[72] pedia para poder saldar seu débito na Bahia, observando que "[não havia] então pertendente algús ao dito cargo e que no supplicante concorrião todos os requesitos superabundantemente necessarios, sendo o de toda siencia e de ser pratico nos costumes daquelle gentillismo e comercio de pays".[73]

Em 3 de agosto de 1754,[74] o vice-rei fazia saber da chegada na Bahia do candidato a diretor. Mas ele próprio partiria quatro dias depois para Lisboa. O triunvirato encarregado interinamente do governo não tinha grande interesse nos destinos da fortaleza de Ajudá, e as coisas só se arranjavam muito lentamente para Francisco Xavier da Silveira, pois só assumiu seu posto oito anos mais tarde, após a morte de Félix José de Gouvea.[75]

O triunvirato transmitia as notícias recebidas de Ajudá. Eram ruins em dois pontos:

> O primeiro é que havia na dita Fortaleza inquietação originada pelo Padre Capellão que de prezente assiste na dita Fortaleza, por que este quer introduzirsse no governo do dito Tenente [tem] genio orgulhoso, de sorte que não se consentia que alguns dos capellaens de outros navios que chegavão aquele porto disessem a Missa na capella da Fortaleza, o que por não parece bem ao dito Tenente; mais antecedencias tem resultado estarem ao prezente com inquietação e desordem entre elles na mesma Fortaleza.

O segundo era que os franceses se esforçavam em estragar e destruir as vantagens que os portugueses tinham adquirido na Costa da Mina graças ao seu tabaco do Brasil, que se tornara a principal moeda de troca.

Em 5 de janeiro de 1758,[76] o vice-rei, conde dos Arcos, lembrava mais uma vez da urgência que havia em

> prover no emprego de Feitor daquella Fortaleza a Félix José de Gouvea que, tendo sido nomeado a perto de dous annos, ainda se acha nessa corte e nella se demora todo o tempo que parecer, emquanto não for constrangido a vir tomar conta da ocupação que pertendeo ou a desistir della, para S. Mag.ᵉ approvar em que quizer, [...] e poder ficar desembaraçado o miseravel tenente para poder recolherse a esta Cidade e tratar de sua saude, como pertende [...] Thedozio Roiz da Costa por varias e repetidas vezes tem requerido que o amova daquella ocupação e ultimamente me fez aprezentar varias certidões de cyrurgioes daquelles districtos, por donde se manifesta o deploravel estado a que esta reduzida a sua saude e a precizão que tem em passar a outro clima, donde se possa administrar os remedios de que necessita.

Thedozio Rodriguez da Costa estava em Ajudá desde 30 de agosto de 1751, tornando-se diretor interino em 21 de setembro de 1751, data do falecimento de Luiz Coelho de Brito.[77] Sua situação não era nada invejável: além do péssimo estado de saúde em que se encontrava após tão longa estada nessa região insalubre, e os inconvenientes de ter a seu lado um capelão de gênio tão pouco acomodado, devia ainda mandar executar ordens e instruções concebidas na calma das secretarias dos ministérios de Lisboa, com uma visão dos problemas mais teórica do que prática.

A essa organização do comércio da Costa da Mina, dirigida pela Bahia, funcionando relativamente bem e que excitava a admiração dos srs. Pruneau e Guestard, sucedia uma desorganização total, sob o pretexto de tornar o comércio livre a todos aqueles que o desejassem.

A excessiva centralização administrativa em Lisboa tinha inconvenientes que já assinalamos. Os pedidos eram enviados de Ajudá para a Bahia e retransmitidos com as demoras indispensáveis a Lisboa, onde eram objeto de consultas e decisões frequentemente adiadas. As respostas, voltando pelo mesmo caminho da Bahia, chegavam em Ajudá com tal atraso que o assunto geralmente já tinha caducado havia muito. Os negócios eram algumas vezes tratados com muita negligência. A substituição do diretor Luiz Coelho de Brito, falecido em 21 de setembro de 1751, resolvida pelos cuidados de Lisboa, é um exemplo disso: seu sucessor chegou somente em 2 de janeiro de 1760.

As contradições e incoerências que resultavam da dualidade do controle e execução entre a Mesa de Inspeção, que dependia de Pombal, e a expedição dos alvarás de navegação e carregamento de tabaco, que dependia do vice-rei, repercutiam até na África.

O primeiro-ministro, futuro marquês de Pombal, mandara decretar a liberdade do comércio na Costa da Mina por lei de 30 de março de 1756. As modalidades de aplicação previam que o diretor da fortaleza de Ajudá tivesse o cuidado de deixar apenas um único capitão português fazer o tráfico num porto, e nunca tolerar a presença de mais de um navio dessa nação.[78]

Em sua resposta de 9 de agosto de 1756, o vice-rei observava:[79]

> Vai ser difícil ao diretor desta fortaleza fazer respeitar esta nova resolução. Faltar-lhe-á autoridade sobre os capitães de Pernambuco e Paraíba, e não vemos como poderá fazer para obrigá-los a voltar com suas cargas de tabaco aos portos do Brasil. E mesmo se o diretor conseguir disciplinar os capitães dos navios do tráfico, não o poderá sem ter dificuldades com os negros, porque estes querem um comércio florescente em seus portos, para daí tirar o maior benefício. Se quisermos privá-los por estes meios de coerção, será correr o risco de receber de novo insultos iguais aos que já fizeram à nossa fortaleza.

Impedir dois capitães de navios portugueses de traficarem ao mesmo tempo foi fonte de numerosas dificuldades para o tenente Theodozio Roiz da Costa. O rei do Daomé o considerava diretamente responsável por medidas tão vexatórias e contrárias aos seus interesses.

Theodozio Roiz da Costa escrevia ao vice-rei em 10 de dezembro de 1757 para lhe dar conta da delicada situação em que o colocava a nova decisão, dando a todos a liberdade de comerciar, com a restrição, entretanto, de que, no caso em que diversas embarcações se apresentassem ao mesmo tempo em um porto, ele, diretor da fortaleza de Ajudá, tivesse o cuidado de organizar as entradas e as saídas das embarcações nos portos de seu descarregamento, de modo que não só não entrassem duas simultaneamente, mas ainda que não entrasse nem uma única, todo o tempo em que uma outra estivesse fazendo o seu tráfico.[80]

E como ao depois de seu recebimento chegasse o hiate *Santa Anna, Santo Antonio e Almas* de que he capitão Manoel Antonio Matheus, em 27 de novembro [de 1757], com este executei a ordem que recebi para que nenhum capitam podesse saltar em o porto em que outro se achasse fazendo resgate de escravos, mandando lhe intimar pelo escrivão deste Almoxarifado a referida ordem [o capitão vinha] com sessenta escravos, fora da sua equipagem, alem da molestia, a cuja em terra queria procurar remedio, o que não podia fazer no mar por não ter agoa nem porto desocupado de navio para onde fosse fazer o seu resgate e que precizamente havia de acudir ao seu remedio, tomando por ultima resolução o desembarcar neste porto, depois de varias cartas que lhe escrevi para que o não fizesse, tomando por protestos a sua necessidade, asegurandome não fazia negocio enquanto os navios que estavam no porto o não concluissem, o que com effeito executou até hontem, nove do corrente mes, dia em que o Rey Daomé mandou dous talhados [recadeiros] com o bastam convocando aos Directores das nasções estrangeiras e todos os capitaes portuguezes que aqui se achavam, e em geral a todos, disseram os dittos talhados em nome do Daomé que elle em todo o tempo que governava e os seus antecessores o fizerão, nunca os navios esperaram huns que outros acabassem o seu negocio para principiarem o seu; antes todos igualmente o fazião aonde milhor lhe convinha.

[…] Este estilo de negociar nunca tinha sido praticado pelos francezes e inglezes, e so agora o era pelos portuguezes; que também naquella occazião [o Daomé] ordenava aos seus mercadores,[81] que hum so fizesse negocio com cada capitão, e que aos navios que aribassem a outros portos não cessarião as suas tropas em esperalos ao seu desembarque, fazendo aos capitães prisioneiros, e nos quaes ressarceria todo o prejuiso que podesse ter em o comercio.

Em seu depoimento ao inquérito feito em seguida na Bahia, o capitão Alfonso Pereira de Matos acrescentava:[82]

Aboga que he o negro que governa ali a terra [...] disse pelo seu lingua [intérprete], em prezença dos talhados que ahi se achavam tambem, que razão tinha elle, Director portuguez, para não deixar fazer negocio o ditto Capitão Manoel Antonio Matheus, depois de ter perguntado a esta porque não fazia o ditto negocio, a o que respondeu o Director que Sua Magestade Portugueza prohibira que o ditto capitam fizesse negocio, o que tornou a insistir o Aboga pelo ditto lingua que o Rey Daomé mandara que fizessem negocio todos os Capitaes que se acharem no seu porto, e a qui se foi levantando o ditto Aboga e foi apontando para huns negros chamados de coral que se achavam tambem presentes, e para com cada hum fazer cada capitão o seu negocio, e acrescentou tambem que Sua Magestade Portugueza sabia governar as suas terras, tambem o Daomé sabia governar as suas. [...] A este tempo se levantou o Director portuguez e disse que de negocio portuguez se não tratavam na Fortaleza ingleza, mas que devião ser tratados na portugueza, e com efeito se veyo embora para a ditta Fortaleza portugueza e mandou os Capitaes portuguezes que fossem para la; sendo la todos veyo o ditto Aboga com os dittos talhados e mais negros chamados de Coral, e ahi na ditta fortaleza portugueza se passou o mesmo que se tinha passado na Fortaleza ingleza e por ultimo, por insistencia do ditto Aboga, dizendo este que elle governava aos brancos que ali se achavam e que todos haviam de fazer negocio a o mesmo tempo que os que ali estavam, ditto se fes hum papel em que todos, ou a maiyor parte dos Capitães que ali estavam, assinarão.

O tenente dava alguns detalhes a respeito dos movimentos das embarcações, em carta de 10 de março de 1758:[83]

Pegou fogo em este porto na galera *Nossa S.ʳᵃ do Monte do Carmo e o Senhor do Bonfim*, de que era capitão João Ferreyra Quaresma, de cujo incendio se queimarão alguns oitenta e tantos negros, tabaco e mais fazenda com que se achava ainda o Capitão para fazer negocio, não escapando mais de todo o casco que seis pessoas de artelharia e algúa ferrage que se pode apanhar de hum resto de casco que encalhou em terra […] vindo os cativos do preço de desasseis rolos a treze, em este porto [de Ajudá] e no novo porto [Porto Novo] que a V. Ex.ª avizey abrira João de Oliveyra, de doze rolos a oito […] com esperanças de vir [a mercadoria] a sua antiga estimação, por não haverem neste continente mais que duas embarcações desta cidade e húa de Pernambuco em diferentes portos; porem não durou muito este descanço, que não chegassem em vinte do mes passado tres embarcaçoes juntas, duas dessa cidade e húa de Pernambuco, ficando esta em o Popo, e aquellas húa para Badagre e a outra para o novo-Porto, e segundo as noticias que derão da quantidade que vinha atras não sey aonde zelam de enterter, athe que deixem concluidos resgates dos que o estiverem fazendo, tanto porque neste continente não ha mais portos para nos comerciarmos, senão este, e o porto Novo, e Badagre, e o Popo por necessidade; como tambem por o tabaco não ser genero que consinta demoras pela damnificação que tem e velhacaria com que muito descalidade vem erolado, tendome os negros que costumão vender os cativos feito varias representações a este respeito porque como o recebem sem fazer escolha nem meter ferro, palavra antigamente ajustada pelo Director que foy desta fortaleza João Bazilio, vem a ficar do prejuizo que depois de o receberam achão o rolo por fora bom, e o dentro podre e palha de bananeira feita della corda de tabaco.

Na mesma época, na Bahia, o vice-rei comunicava as cartas do tenente Theodozio Roiz da Costa à Mesa de Inspeção do Tabaco,[84] a fim de encontrar uma solução para a situação complicada na qual se encontrava o diretor de Ajudá. As brigas continuavam entre órgãos administrativos que dependiam de chefes diferentes. Consultava-se Lisboa para desempatar as partes. Nada era feito para dar instruções de caráter prático ao diretor de Ajudá.

O rei do Daomé estava cada vez mais descontente em "ver a maneira com a qual o diretor português estraga o comércio", pois via nele "um homem oposto às melhorias que se podiam, pelo contrário, esperar da embaixada enviada à Bahia alguns anos antes e que as trocas de presentes que se seguiram deixavam prever".

Em 31 de maio de 1759, escrevia:[85]

Nesta fortaleza Cezarea de Ajudá veyo o Abogá Governador da terra pelo potentado com dous talhados ou mensageiros […] trazia o bastão do dito Daomé e por elles foi dito ao Thenente Director Theodozio Rodrigues da Costa que o Rey mandara perguntar porque motivo passavão as embarcaçoens aos Portos de baixo a fazer negocio. Recado este que ja outra vez tinha vindo com ameaças ao dito Thenente e no presente respondeo se admiravão [dessa queixa] do Rey de falta de navios quando se achavão dous em seu Porto.

Segue-se uma discussão pouco cordial. Aboga retirou-se e mandou os dois talhados ao rei.

De que resultou mandar o Dagomê os mesmos talhados em quatro do corrente mes dizer ao Thenente Director da Fortaleza que dentro de tres dias embarcasse para bordo dos navios que se achavão no Porto, deixando a Fortaleza entregue ao Almoxarife Antonio Nunes de Gouvea. [...] A esta repetida violencia decidirão os Directores, o francês Miguel de Bordeu e o Inglez Guilherme de Vans, os capitaes José Alves de Abreo e João Ferreyra Quaresma, e os officiaes desta Fortaleza, a ver se por algú modo se mitigava a paixão do negro, o que absolutamente se não pode conseguir mais que a demora de oito dias, que terão principio ao dia seis do corrente, para nestes dispor as couzas que estavão a seo cargo. [...] Diz o Almoxarife na sua carta q., como não sabia se seria perguntado por mim da verdade desse sucesso, pedira ao Avogã q. lhe desse a cauza porq. o Rei de Daomé mandava excluir ao Director do Governo da Fortaleza da sua terra, e q. este lhe respondera q. era pelo Rey não tolerar. Sendo perguntado novamente que dicesse quaes erão as intolerancias ou imprudencias q. o dito Director havia tido com o Rey, lhe não respondera outra cauza sinão que por não o poder tolerar. [...] Vendo o Thenente Director o obrigavão a embarcar, e a não facer-lho se expunha a hua mais indecorosa invasão e prejuizo da dita Fortaleza.

Uma das testemunhas declarou, por ocasião do inquérito, ter visto nas proximidades do forte mais de 250 negros armados de azagaia e fuzis. Consequentemente, Theodozio Roiz da Costa passou a direção da fortaleza cesárea de Ajudá a Antonio Nunes de Gouvea, em 9 de junho, com as usuais recomendações: "Prometteo o ditto Almoxarife em tudo fazer guardar o praticado neste continente sem alteração na forma que o regime te ordena". Theodozio também fez a entrega de "todas as suas moniçoens de guerra e mais pertences que constão de sua escrita [...] de forma que não tenha a fazenda de Sua Magestade o mais leve descaminho".

Com todas essas disposições tomadas, o tenente dirigiu-se à praia, seguido de muita gente armada. Entre a terceira e a quarta lagoas encontrava-se o chefe Cacaracu, acompanhado de sessenta homens armados. Ele seguiu o tenente até a praia e o viu entrar numa canoa, com perigo iminente de vida, pois o mar estava muito agitado na barra — com tal força que uma testemunha, o capitão Quaresma, mandou duas canoas para socorrer o tenente em caso de necessidade. O dito Cacaracu permaneceu vigiando na beira da lagoa até que a canoa do tenente tivesse ultrapassado a barra.

Embarcando a bordo da corveta *Nossa Senhora da Conceição, Santo Antonio e Almas*, cujo capitão era José Alz de Abreu, o tenente chegou à Bahia em 22 de agosto de 1759. Por ordem do vice-rei, foi recolhido à cadeia desta cidade, tendo também

> ordenado ao Ouvidor Geral do Crime, como Auditor da gente de guerra o autue, e devasse delle, p.º com a culpa q. lhe rezultar haver de dar conta a S. Mag.ᵉ, porq'he certo q. achandose este homem entregue daquella Fortaleza, não podia sair della sem q. lhe fosse sucessor, ou expressa ordem de S. Magestade, ou deste Governo [da Bahia].

Seu sucessor, Félix José de Gouvea, nomeado três anos antes, fazia já vários meses que se encontrava na Bahia, e criava dificuldades para embarcar aos navios de comércio que iam para a Costa da Mina. Theodozio já não era mais tenente da fortaleza por ocasião de sua chegada à Bahia; nove dias antes, ele fora posto em licença pelo vice-rei e substituído pelo almoxarife, Antonio Nunes de Gouvea.[86]

> Não consta [que Theodozio Roiz da Costa] fizesse nem a mais leve rezistencia. Parece com q. o delicto q. cometeo em largar aquella Fortaleza era digno de hua indagação formal, porque della se pode vir ao conhecimento si elle cooperou da sua parte para q. o Daomé lhe fizesse aquelle insulto para por este modo si ver livre de assistir da Costa da Mina, donde a muitos tempos estava, m.ᵗᵒ contra sua vontade, porq. repetidas vezes me tinha pedido sucessor; elle havia respondido que logo q. chegasse o novo Director q. se ficava esperando, serião atendidas as suas suplicas.

Theodozio se saiu bem desse processo, e com todas as honras. Como estava doente, referindo-se ao precedente criado por João Basílio em caso semelhante, o tenente foi autorizado, em 7 de setembro de 1759, a se tratar na cidade.[87] Tinha por fiadores os negociantes Joaquim da Cruz e Francisco Borges dos Santos.

Em março de 1760,[88] foi enviado para julgamento em Lisboa, sendo solto em 21 de abril de 1761[89] e finalmente absolvido em 30 de setembro desse mesmo ano.

Quanto ao rei do Daomé, os tribunais portugueses concluíam com perfeita lógica que:

> Porem, pella devaça se venha no concluimento da sua inocencia [de Theodozio], necessariamente se ha de provar sem contradição o insulto do Rey de Daomé poder se lhe pedir hua satisfação condigna a desordem que cometeo e tal qual elle a dir se lha aceitar, por q. julgo não he conveniente o perdermos o comercio daquelle Porto, por q. são tão poucos os q. temos na Costa da Mina q. não deixara de nos fazer hua grande falta qualquer delles para a extração dos tabacos q. não tem a qualidade necessaria para o consumo deste Reyno.

Convinha, pois, que não fossem ultrapassados os limites de uma simples ameaça.[90]

Aguardando a saída para Ajudá do novo diretor, Félix José de Gouvea, o vice-rei escrevia ao almoxarife do forte de Ajudá em 27 de agosto de 1759:[91]

> Vindo o q. vm. [vosmecê] me participa na carta desaseis de julho sobre o absoluto procedimento que o Rey de Daomé rezou com o Tenente Theodozio Rodriguez da Costa, se me oferece por agora dizer lhe se não q., como o Derector Felix José de Gouvea hia a partir m.º brevem.ᵗᵉ p.ª ese Porto, ha de levar as instruçoens necessarias p.ª saber do mesmo Rey qual foi a cauza ou motivo q. teve p.ª obrar hum similhante atentado, esquecendo se absolutamente de tudo o a que se obrigou pelo seos embaixadores q. mandou a este Governo no anno de 1750, pois he certo q. todas as Capitulaçoens estipuladas por eles se achão com este facto alteradas, e me obrigara a tomar as medidas convenientes p.ª fazer conservar o decorozo respeito q. he devido aos vassalos de S. Mag.ᵉ fidelissima q. se achão empregados no serviço das suas fortalezas.

FÉLIX JOSÉ DE GOUVEA, DIRETOR DO FORTE PELA SEGUNDA VEZ, 1759-62

Félix José de Gouvea já tinha ocupado o cargo de diretor da fortaleza e feitoria cesárea de Ajudá em 1747, quando lá foi para expulsar Francisco Nunes Pereira.

Nomeado em 1756, parecia preferir o clima de Lisboa ao de Ajudá. Em 5 de janeiro de 1759, um ano depois do insistente apelo ao vice-rei para que um novo diretor fosse urgentemente mandado para a Costa da Mina, o secretário de Estado, Thomé Joaquim Corte Real, o fazia saber: "Pela prezente frota embarca Félix José de Gouvea, nomeado Director da sobredita Fortaleza, e tivera passado a ella muito antes se a grave molestia que padeceu lhe não tivesse causado legitimo embaraço, para embarcar na frota proxima precedente, ou em a Nao de licença que se seguio".[92]

Félix José de Gouvea era um "glorioso" e criava muitos embaraços. O vice--rei teve trabalho para convencê-lo a viajar para assumir seu cargo. Os navios de comércio não tinham arqueação nem conforto suficientes. Ele queria que se fretasse um navio de tipo especial para que pudesse ir para sua fortaleza, da qual aliás ninguém na época queria assumir a direção, a não ser Francisco Xavier da Silveira, para quem esse cargo era a única chance de sair da prisão, onde permanecia por causa de suas dívidas para com a Fazenda Real.

Em 18 de maio de 1759, o vice-rei escrevia ao secretário de Estado:[93]

Chegou com efeito este homem, e entrando eu a persuadillo p.º q. quanto antes houvesse de ir occupar o emprego p.º q. vinha destinado, entrou a pedir que lhe desse embarcação em que podesse transportarse para o porto de Ajuda, porq. as q. frequentão prezentemente o commercio da Costa da Mina não tinhão a comodidade necessaria para poder embarcar nellas e levar o seu fato e os mantimentos precizos pª a sua subisistencia, porq. toda a praça q. lhe dessem para estas acomodações lhe ficava fazendo hua falta consideravel por não poderem levar o tabaco, sem o que não tirarião as utilidades a q'os convidão as viagens aquelles portos. Não attendi a este requerimento, não obstante me parecer justo; porem remeti o para a Meza de Inspecção, donde pertence o regulamento dos navios q. comerção na Costa da Mina, mas incontrou a mesma dificuldade por que a Meza deferio-lhe q. não podião dispensar ne Ley q. prohibe o irem navios a q'elles portos d'hayão

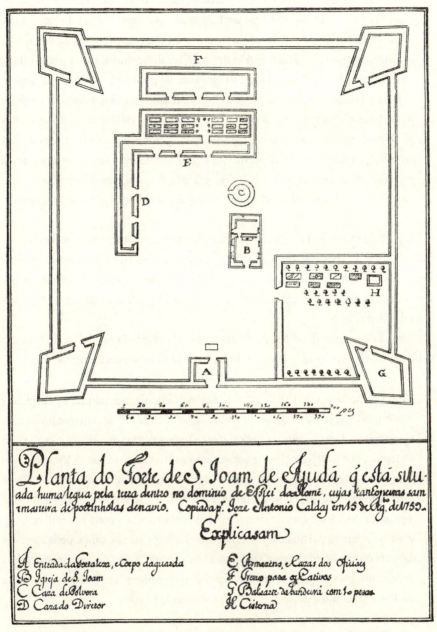

Planta do forte de São João de Ajudá, segundo a obra de José Antonio Caldas, Noticia Geral desta Capitania de Bahia (*Bahia*, 1759).

de carregar mais de tres mil rollos de tabaco. Nestes termos, não teve outro remedio q. o de sugeitarse a embarcar em húa destas embarcações, sendo precizado a
deixar o seu fato pº pelo discurso do tempo se lhe remetter, se houver quem queira
sugeitarse a transportallo, o q' não deixa de ser difficultoso, ainda por avultado
frete. Em quanto se poem prompta a embarcação pª se poder metter em viagem,
se poram também promptos pela fazenda Real as fazendas q. se devem comprar
pa as daxas q' dão e sempre derão os novos Directores de todas as Nações ao Rey
de Daomé, aos seos cabeceiras e mais pessoas, q. por estilo antigo sempre as per-
ceberão, por q. comprandose nesta Cidᵉ, e em conjunctura tão oportuna como a
prezente, em q. chegou a nao da India, sera esta despeza muito menor do q. feita
na Costa da Mina, donde toda a qualidᵉ de generos sobem a preço mᵗᵒ excessivo.

Em 29 de maio de 1759, Félix José de Gouvea comunicava ao secretário de
Estado: "Estar a espera de embarcação que o conduza a sua Fortaleza e informa
da necessidade que havia de enviar para alli materiaes e generos, referindo-me
à forma como se achava regulada pela Meza da Inspecção a navegação para a
Costa da Mina".[94]

Em 13 de agosto de 1759, nove dias antes da chegada na Bahia do tenente
Theodozio Roiz da Costa, o mesmo Félix José de Gouvea confirmava:[95]

Ponho na prezença de V. Ex.ᵃ q. ainda fico nesta Bahia, por não ser possivel des-
cubrir modo de passar a costa em embarcação q. tenho como, em que possa com
agazalho recolherme, porq. se os capitães e toda a equipagem delles vão ao rigor
do tempo, que posso eu esperar achar como comodidade nelles. O Vice-Rey não
quer nisso intermeterse, por q. me satisfaz com os avizos de V. Ex.ᵃ. A Meza de
Inspecção intende que eu sou lá inutil, e por isso se não embaraça em facilitarme
o passar; estou desenganado de que elles me conhecerão o preztimo milhor do q.
V. Ex.ᵃ. Suporto a partida da frotta, me acho ha hum mez de cama, pella molestia
da gotta que a isso me obriga; tenho tomado a rezolução de me embarcar em hua
destas sumacas em que, por grande atenção, me pirmitem hum caixão em q. possa
me librar da chuva e do sol, hei de hir metido toda a viagem.

Félix José de Gouvea embarcou finalmente a bordo de uma sumaca comandada por José Pereira Lima.[96]

Em 30 de outubro de 1759, o vice-rei mandava instruções ao novo diretor:

"Com toda a cautela e segredo a examinar a cauza, o motivo q. teve o Tenente Theodozio Rodriguez da Costa, q. servia de Director da mesma Fortaleza [...] foi constrangido pelo Rey de Dagomé, q. pelos seos subditos lhe fez intimar ordem pozitiva para que no perentorio prazo de tres dias saise para fora das terras dos seos dominios".

Para fazer seus presentes ao rei do Daomé e a seus cabeceiras, Félix levava "trinta e oito covados e húa terça de damasco carmezim, seis centos treinta e nove covados duas terças de húa quarta de cada de varias cores, tres pesas de labaya, meya aroba de insenso, e nove pelles de carneiro".

Logo ao chegar em Ajudá, Félix José de Gouvea inundou o vice-rei com as mais extravagantes queixas e reclamações.

O marquês do Lavradio acabava de chegar na Bahia como governador-geral, no momento em que ordens haviam sido dadas para expulsar os jesuítas do Brasil e sequestrar todos os seus bens. As queixas de Félix José de Gouvea eram de pouca gravidade ao lado dos problemas apresentados por aquela audaciosa medida.

Uma carta um pouco seca do marquês do Lavradio, de 28 de maio de 1760, servia[97]

de resposta a trez cartas [...] recebidas sucessivamente no espaço de pouco dias. Na primeira de 13 de janeiro de 1760 da conta Vm. de haver chegado a esa Fortaleza a dous do referido mes, e que pela molestia de q. ficava oprimido, não podia noticiar ainda do q. lhe fora encarregado; arguindo ao Cap^m Joze Pereira Lima de insolente por lhe não entregar as cartas q. erão de Theodozio Rodriguez da Costa para aquelas pessoas, de que na sua mesma carta faz menção, e suposto vm. considere a esse homem de maneira q. o declara por duvidar na entrega das ditas cartas. Como vem a perceber, o movimento desta diligencia procedera sem duvida algúa de industria de vm., mas não de ordem passada por este Governo, e me não consta por modo algum a que fim se dirigia a prehensão das referidas cartas. Não sera justo aplicar o castigo que vm. prezume, e seria competente em tal culpa se tivesse eu na certeza de q. o dito capitão José Pereira Lima faltara a ordem deste governo em materia pertencente ao Real Serviço, ou ainda a vm. no devido respeito e obediencia pelo cargo em que se acha.

Na mesma carta referia Vm. q. a tardança dos generos q. havião determinado para a oferta ao Rey desa terra, como he costume na primeira vizita [...] embarasava o dar o principio averigoasão que lhe foi recomendada por este Governo [em vista da falta de alguns gêneros] e querendo adiantar a deligencia, expedira hum avizo ao mesmo Rey que não quizera admitir a sua vizita sem levar a oferta praticada em similhante ocasião, como pois d'esta falta dos géneros procede a bem a da conta e noticia, q. Vm. deve dar individualmente de tudo q. lhe fora encarregado pelo Sr. Conde dos Arcos, para eu ficar certo dos seos encargos e do modo com q. forão executados por V.m. […] a respeito da ma vontade com que os negros se mostrarão por não virem nesse porto e nos mais douz Navios juntamente fazendo negocio, importo pouco esta sua ma vontade, mas sera de muito grande importancia que V.M. asim o fara executar em observancia da Real ordem q. mandou previnir esta cautela. Terceira e ultima carta recebi com data de treze de abril representa Vm. a chegada do preto barbeiro, e a grande necessidade em q. fica de cyrurgião nomeado para a Fortaleza.

[…] Cuidarei muito em provar o Capelão, quanto antes for possivel, mandalo em razão do grave dano que a cada instante podera resultar da sua falta, e a respeito de segundo Capelão para a mesma Fortaleza, pelas cauzas justamente ponderadas […].

Não sera pois necessario finalmente advirtir V.m. couza algúa q. julgar conducir para a boa armonia com esse Regulo Potentado, porq' a grande experiencia que Vm. tem deste Paiz e dos barbaros dominadores dele o fará cuidar muito em portarse com eles por modo tal q', sem perda do respeito em que deve tratarse, os vá contemporizando amigavelmente, para que não succeda esperimentar o mais leve desgosto; antes sim entre os mais Directores a maior distinção da sua Pesoa, a quem Deos goarde.

O marquês do Lavradio morreria algumas semanas mais tarde, em 4 de julho de 1760. O chanceler Thomaz Ruby Barreto assumiu o governo interino.

Em 28 de janeiro de 1761, Félix José de Gouvea pôde finalmente escrever que havia se desincumbido, em 20 de novembro de 1760, da missão urgente da qual o tinha encarregado o vice-rei.[98]

A rezão que teve o Tenente Theodozio Roiz da Costa para sahir fora da Fortaleza e ceder o Governo della com Antonio Nunès de Gouvea, que servia de Almoxarife, foi que o Rey de Dagomé assim o mandou intimar, por suas ordens, a que se não rezistir pela má situação em que achão as Fortalezas nesta Ajudá. Pelos brancos que se achão no Paiz todo o tempo q. Theodozio Roiz da Costa governou a Fortaleza, pude só alcançar que o Thenente era salvo de politica e prudencia q. hé pressizo concorrer nos sugeitos q. hão de ocupar semelhantes empregos [...].

Asertado em que não hera desneçesario pedir satisfação ao Rey do atentado q' cometeo com o dito Tenente, lhe fiz saber em 2 de novembro prossimo passado, que me achava em dezposição de marchar para a sua corte.

Prontamente recebi avizo com demonstraçois da impaciencia de que me esperava; em 19 foi a estrada, e fui recebido com as puliticas que ao seo modo mais atentes se praticão. Logo na noute seguinte fui testado pelo primeiro Ministro para depor o que levava para oferecer ao Rey e seos conselheiros; fez lhe logo entrega, e tudo receberão com demonstrações de satisfeitos; demandarão que propositos levava para representar a seo rey e satisfislhe dizendo que [...] vinha pedir satisfação do procedimento que teve com o Thenente Theodozio Roiz da Costa, mandando o por fora da Fortaleza e violentamente embarcar, e que esperava permissão do Rey para na marinha levantar huma bataria [...] para defender a praya dos insultos q. os seos inimigos tem feito varias vezes nas barracas, roubando fazendas e apanhando brancos, e também para la tomar as salvas aos navios. Respondeo o Ministro q. tinha entendido as minhas rezois, que sossegasse, q. o seo Rey me havia de satisfazer a tudo, com benevolencia.

No dia 20 tive a prim^a audiencia del Rey, a q. asestio o Capp^o Joseph Alz de Abreo, q. me acompanhou, e depois de feitos os primeiros e costumados cumprimentos, participou o Rey a sacar rezois para justificar os motivos que tem para mandar sahir fora das suas terras ao Thenente Theodozio Roiz da Costa, e por seo interpretre disse as formais palavras: que o Thenente não hera boa gente, que continuo estava em palavras com os seos comerciantes, que a todos dez compunha, e athe aos seos cabeçeiros, que de tudo fora bem informado, e da má cabeça quelle tinha que varias vezes o mandara advertir, para que não fizesse asim; que nunca quis entender a sua cota [...] concluhio dizendo q. gente de boca suja como o Thenente lha não tornassem cá a mandar, e que não falasse mais nelle, e me despedio dizendo que do mais me daria satisfação em outra audiencia.

No dia 21 tive a 2ª audiencia do Rey; expus o mais que pedia e repeti as rezois q. me obrigavão a pedir a concepção de levantar na praya a bataria, que pertendia me rendesse dous escravos para o serviço da Fortaleza que se achavão em seo poder e tinhão sido della no tempo do Director João Bazilio; tudo concedeo, porem emmediattamente dise q. prestava pela reformação das novas ordens q. S. Mag^e

Fidelissima tinha mandado dar para a regulação do comercio no seo porto; que elle as tolerava, em q' la pudesse legar este aviso, e que se não tomasse milhor forma elle mandaria proceder como milhor lhe conviesse […].

Para levantar na praya a bataria em que açima falo, não tive instrução nem comissão, e como […] nesta obra se ha de fazer despezas avultadas, estou obrigado a dar arrezão que tive para entrar neste empenho. Ha muitos annos que as nasçoens Francezas e Inglezas tem pertendido deste regullo a permissão de tresladar deste sitio para a praya as fortificações que aqui tem, porem nunca poderão conseguir; nem o Director João Basilio, que com despezas grandes se empenhou na mesma pertenção. Se isto que acabo de relatar parecia no tempo preterito conveniente, hoje não he desneçessario; antes prefiro por alguns motivos: o primeiro por ser credito da nação Portugueza, sendo a premeira em conseguir estas deficuldades; o segundo, e principal, o q. para o futuro nos promete.

Em 21 de janeiro, com asistencia dos Directores e Capitaes das nasçois estrangeiras, de todos os Portuguezes que se achavão no Paiz, do governador que o Rey de Dagomé tem neste Prezidio, e de dois generaes que tem de goarda alli, cheguei no sitio que me pareceo mais acomodado para levantar a bataria e nelle arvorei bandeira de Sua Mag^e Fidelissima e tomei posse nas prayas de Ajudá. Aplaudiusse esta função com repetidas salvas de Artilharia e com hum banquete que no mesmo sitio lhe mandei preparar.[99]

O Rey me aplica todos os dias que ira dar principio com vigor a esta obra, porém ainda que elle offereçe o seo adjutorio, eu o vou intertendo athé me chegar expressa ordem de Sua Mag^e ou desse Governo Geral.

Félix José de Gouvea não viveu tempo bastante para realizar seus ambiciosos projetos, pois morreu pouco tempo depois, em 1762.

Francisco Xavier da Silveira, que não pudera assumir o cargo em 1754, foi novamente nomeado por Lisboa, em 9 de outubro de 1762, e não tardou também em falecer em Ajudá.[100]

JOSÉ GOMES GONZAGA NEVES, DIRETOR DO FORTE, 1764-7

Em 1763, a capital do Estado do Brasil foi transferida da Bahia para o Rio de Janeiro. Em 3 de maio de 1764, do Rio de Janeiro,[101] o vice-rei nomeara José

Gomes Gonzaga Neves como diretor da fortaleza de Ajudá por três anos, o que provocou um conflito de atribuições com o governador interino da Bahia,[102] que indagou a Lisboa se essa nomeação era de sua alçada ou do vice-rei. Para apaziguá-los, o secretário de Estado escrevia nos dias 2 e 4 de fevereiro de 1765, respectivamente ao vice-rei e ao governador da Bahia: "Esses tipos de nomeação deviam ser feitas pelo rei, mas concordo em conservar interinamente o governador assim nomeado".[103]

Entretanto, como os navios que iam do Brasil para a Costa da Mina eram todos da Bahia ou de Pernambuco, a correspondência dos diretores do forte de Ajudá continuava a ser dirigida ao governador da Bahia.

O diretor José Gomes Gonzaga Neves informava por carta de 10 de novembro de 1767 ao arcebispo governador interino da Bahia:[104]

> Recebi um mensageiro do rei deste continente, pelo qual mandou dizer que estava muito escandalizado pelos portugueses, aos quais não fizera nenhum mal. Perguntou por que razão os navios portugueses não faziam mais atualmente o comércio como dantes, quando havia neste porto quantos navios quisessem lá estar. Se atualmente, em certos casos, faltassem cativos em seu porto, era porque os mercadores do sertão não queriam mais tabaco, que chegava podre por causa da espera dos navios em Popo, e que, se viessem em número suficiente, resultaria em grande abundância [de escravos].

Toda essa exposição significava que o rei desejava que o comércio retomasse naquele porto a forma que tinha anteriormente e, caso contrário, não queria comércio algum. O rei também se queixava de que "os capitães não mais traziam ouro para negociar, como fora praticado em outros tempos".

A tudo isso respondera o diretor que iria transmitir a mensagem ao rei de Portugal, mas que não podia por sua própria autoridade mudar o que quer que fosse das ordens recebidas.

O diretor assinalava que na fortaleza faltava pólvora e que seria necessária uma grande quantidade, pois uma invasão de coiranos[105] estava sendo esperada.

Em sua resposta, em 1º de maio de 1768, o governador da Bahia recomendava ao diretor da fortaleza que fizesse observar ao rei que a qualidade do tabaco não mudara na saída:[106]

Para manter a organização do comércio nas mesmas bases, até que El Rei Nosso Senhor tome outras medidas, convém não responder ao "Daomé" tirando-lhe as ilusões a respeito dos resultados de sua embaixada; mas é preciso, pelo contrário, contemporizar e explicar-lhe os longos prazos que necessitam a transmissão e o exame da questão perante o rei; prazos motivados pela grande distância em que o governo se acha da corte. [...] Logo que ele tiver uma resposta, esta lhe será transmitida, a fim de manter a amizade recíproca que sempre existiu entre o potentado do Dagomé e nós; os outros diretores sempre estiveram em paz com ele, essa embaixada não é aliás a primeira enviada para tratar desse assunto.

6. O tráfico de escravos no golfo do Benim

INÍCIO DO CICLO DO TRÁFICO DE ESCRAVOS NO GOLFO DO BENIM

Uma das consequências diretas da lei de 30 de março de 1756, destinada a tornar o comércio na Costa da Mina livre para todos, foi controlá-lo no porto de Uidá, onde o diretor da fortaleza devia fazer respeitar as ordens do rei de Portugal, enquanto o comércio tomava maior extensão em outros portos do golfo do Benim, nos quais os capitães podiam fazer seu tráfico todos ao mesmo tempo, sem obstáculos.

Originariamente, os holandeses haviam concedido quatro portos aos portugueses para que fizessem seu tráfico na Costa a Sotavento da Mina: Popo, Ajudá, Jaquin e Apá. Em seguida, novos centros de tráfico foram criados em Porto Novo, Badagri e Onim (nome dado na época a Lagos).

O nome desse novo porto (Porto Novo) aparece em 1758 na correspondência de Theodozio Roiz da Costa: "[...] Vindo os cativos do preço desaseis rolos a treze, em este porto [Ajudá] e no novo porto, que a V. Exª avizey abrira João de Oliveira de doze rolos a oito [...]".

Esse João de Oliveira era um antigo escravo alforriado, tão bem adaptado à vida brasileira que não fizera a viagem de volta à África para reencontrar a terra natal, mas para comerciar com negros e enviá-los para a Bahia.

Em sua velhice, aposentou-se com a fortuna feita nessa cidade, mas teve a infelicidade de estar a bordo de um navio que transportava mercadorias de contrabando pertencentes a outro passageiro. Foi injustamente implicado nesse caso, e entre os documentos apresentados para sua defesa havia um atestado dos comerciantes da Bahia, no qual eram confirmados os serviços prestados pelo negro João de Oliveira ao comércio da Costa da Mina.[1] João de Oliveira estabecelera-se na Costa da Mina 27 anos antes (1733), sempre defendendo os interesses da navegação portuguesa. Mandara abrir a suas expensas, no mesmo continente, dois portos de comércio, Porto Novo e Onim, onde os navios da Bahia e de Pernambuco podiam ir fazer seu tráfico mais facilmente.[2]

A política dos reis do Daomé, desde a conquista de Ajudá, em 1727, procurava obter que o comércio com os estrangeiros na costa se fizesse exclusivamente com aquele porto. Jaquin escapando a seu controle, conquistaram-no em 1732 e o destruíram em 1743.

Se, em direção ao oeste, Popo fornecia poucos cativos, em compensação, em direção ao leste, o comércio tendia a se desenvolver em Porto Novo, Badagri e Lagos. Em consequência, o comércio de Ajudá sofria com isso.

Em 1774, Tegbessu morria e seu irmão Kpengla o sucedia.

Em 1775, o rei de Porto Novo, ou rei de Ardra,[3] enviava uma carta ao governador da Bahia, Manuel da Cunha Menezes, por intermédio do capitão Luiz Vieira da Silva, na qual, depois de ter louvado as vantagens do tráfico em Ardra (Porto Novo), dizia:[4]

Vou por esta pedir a V. Ex., queira mandar crear nesta minha terra de Ardra huma Fortaleza ou Caza Forte, donde eu e os vassalos tenhamos o gosto de ver a bandeira de S. M. Fidelíssima alvorada, mandando V. Ex. seguir os mesmos costumes da Fortaleza de Ajudá. Pois, com o muito trabalho que sempre tenho com o Governo dos particulares de minha terra, mal posso acudir ao bom regimen e boa forma que carecem dos navios que aqui vem fazer negocio, e sendo assim serão os Capitães delles alliviados de alguns descomodos que tem com a falta de quem olhe para tudo o que lhes convem.

Para esta creação, peço a V. Ex. queira mandar sugeito experiente desta Costa com os requisitos de prudencia e zelo do serviço de S. M. Fidelíssima e da sua nação, que em mim e todos os meus vassallos achará todo o amor e correspondencia a este benefício, [...] de me aliviar da carga que tenho com a regencia dos ditos navios.

Enquanto para a dita Fortaleza se fazer offereço a V. Ex. o meu poder, para com a minha gente ajudar a sua feitura e so dependera de V. Ex. mandar alguma madeira para portas, vigas para troncados, dous o trez carpinteiros para obras de madeiras, miudezas de ferragens e 11 a 13 peças de artilharia e as que V. Ex. for servido para sua compostura.

Em 16 de outubro de 1775, transmitindo para Lisboa essa carta do rei de Ardra, o governador da Bahia notava: "Sendo do interesse do dito Rey o ter a fortaleza e feitoria no seu território, se lhe podia consentir, obrigando-se ele a pagar toda a despeza que a mesma fizer, não só na edificação, mas também a de petrechos e guarnição que deve ter".[5]

Nenhum seguimento foi dado a essa sugestão.

BERNARDO AZEVEDO COUTINHO, DIRETOR DO FORTE, 1778

Faltam informações a respeito da fortaleza cesárea de Ajudá entre 1767 — época da última carta enviada a José Gomes Gonzaga Neves — e uma dezena de anos mais tarde, quando, em 3 de fevereiro de 1778, Bernardo Azevedo Coutinho foi nomeado diretor do forte por três anos.

Entretanto, em Portugal, o rei d. José morria em 24 de fevereiro de 1777. Sua filha, d. Maria, o sucedeu em 1º de março, e cinco dias depois o marquês de Pombal não era mais primeiro-ministro.

Em 25 de novembro de 1780,[6] o novo diretor correspondia-se diretamente com Martinho de Melo e Castro, ministro da Marinha e Ultramar,[7] a respeito do comércio dos navios portugueses na Costa da Mina.

Não havia mais nem disciplina nem autoridade no forte português. O forte francês não estava em melhor estado, desde que a França perdera suas colônias em 1763, pelo Tratado de Paris, no fim da Guerra dos Sete Anos.

O forte inglês estava meio abandonado após a independência dos Estados Unidos, reconhecida pelo Tratado de Versalhes em 1783. Os ingleses começavam a se desinteressar pelo tráfico. Os espanhóis de Cuba e os norte-americanos iriam substituir a Inglaterra e passar a fazer o tráfico de escravos para o abastecimento de mão de obra à América Setentrional.*

Os tempos estavam mudando, e os funcionários eram mandados para o litoral africano um pouco por hábito, e também porque as outras nações continuavam a fazê-lo. Esses postos não tinham mais razão de ser. Os diretores estavam mais ocupados com seus interesses pessoais do que com a aplicação de diretrizes caídas no esquecimento e que nem mesmo lhes eram mais renovadas.

Do lado português, esse estado de desorganização se traduziu durante vários anos em queixas contra os diretores do forte de Ajudá, queixas essas muitas vezes injustificadas de funcionários subalternos e capitães de navios que vinham fazer o tráfico.

Jerônimo Gomes, o escrivão do almoxarife da fortaleza, apresentava em 23 de julho de 1781 uma queixa contra Bernardo Azevedo Coutinho:[8]

> Que o Director tem com estes procedimentos escandalizado não so aos da terra, mas também aos q'nella vão fazer negocio; em forma q. virão a deixar aquelle Porto de Ajudá cuja Fortaleza não da utilidade a Real Fazenda. [...] Os commerciantes [...] não tem [...] necessidade de hir delle soffrer os dispotismos do Director; na mesma Costa [...] existem outros para os [...] negocios de escravos; por q. de Ajudá, oito legoas pela costa a pé, o Porto de Apé; e deste duas legoas o Porto Novo, [...] dos principaes para o negocio, e deste a nove legoas esta o Porto de Badagre; e mais abxº de Onim, e asim se vão seguindo os mais, de sorte q'escandalizados os comerciantes tem m^{tos} portos honde vão negociar sem ser o de Ajudá honde esta a Fortaleza em q'reside aquelle Director de suas próprias conveniencias.

As queixas formuladas contra Bernardo Azevedo Coutinho revelaram-se inexatas. No entanto, o documento mostra a tendência do tráfico de ir para os portos a leste de Ajudá, em prejuízo da atividade da fortaleza-feitoria cesárea.

Por outro lado, sabemos muito bem que os capitães iam traficar em outra

---

* América Setentrional, neste caso, não se refere apenas ao que conhecemos como América do Norte. Há uma definição de América Setentrional que inclui todo o território a que chamamos de América Central, tanto a continental quanto a insular. O tráfico descrito aqui era para abastecer de mão de obra as Antilhas e os Estados Unidos. (N. E.)

parte além de Ajudá, por razões entre as quais a conduta até mesmo escandalosa do diretor da fortaleza entrava muito pouco em linha de conta.

FRANCISCO DA FONSECA E ARAGÃO, DIRETOR DO FORTE, 1782

Em 22 de abril de 1782,[9] Alfonso Miguel de Portugal e Castro, capitão-geral e governador da Bahia, nomeava Francisco Antônio da Fonseca e Aragão para o cargo de diretor da fortaleza cesárea de Ajudá.[10]

As instruções não falavam mais em proibir a entrada de mais de um navio de cada vez no porto. Refletiam essencialmente preocupações com a respeitabilidade e a prática religiosa.

> Por ser conveniente ao Serviço da Rainha Minha Senhora. Terá particular cuidado na fortificação daquela Fortaleza, e que se conserve o respeito fazendo com que os officiaes della vivão com bom procedimento, e que assistão a todos os actos de nossa Religião com a reverencia devida a ella, para que com o seo exemplo a guarnição da dita Fortaleza assim o pratique, obrigando-os a rezar o Terço de Nossa Senhora [do Rosário].
>
> [...] Procurará o mesmo Director saber se com effeito as Embarcaçoens levão ou não Capellão, para me informar logo se o apresentarão, e no cazo de dizerem os Capitaens dellas que morrera, os obrigará a apresentar certidão ou documentos, porque consta do seu falecimento, afim de se evitar de alguma sorte o perniciozo abuzo que tem introduzido os referidos capitaens de não levarem os ditos capelaens contra as ordens de S. Mag.[e], de tudo o que lhe constar será obrigado o dito Director a participar me pella mesma embarcação em que fizer este exame, não consentindo que voltem sem capellaens. [...] Porque sou informado da desordem em que vivem os Capitaens das Embarcaçoens que vão negociar a aquella Costa, procurando promover a sua maior utilidade sem respeito as Reais ordens e as da Meza de Inspecção, que foi criada para dirigir a negociação.

Assim documentado, o diretor fazia um relatório:[11]

> Eu tenho observado serem quaze todos os capitaêns americanos [brasileiros] que para aqui navegão enteiramente devolutos, en nam fazem caso de leys Divinas

nem humanas, e tenho visto aqui alguns q. nem o preceito quaresmal tem compri-do, estando aqui todo o tempo dentro do qual erão obrigados a cumpri lo, e nem em missa ouvem [...] se acazo se lhe diz algúa couza ou sabe em q. se mormura destes [...] muitos maus procedimentos desprezam enteiramente esta Fortaleza e nunca mais querem vir a ella e nem consentem q. seus famulos venhão ao menos ouvir missa; e carecendo de alguma couza, o vam procurar nas outras Fortalezas só pelo não pedir a esta [...].

E tanto assim q., vindo a este porto Manoel da Graça Livramento, homem par-do, por Cap^m de hũa curveta da B^a, e porque lhe perguntei se trazia capelão, e outras perguntas mais por ordens que tenho do Exmo Marques de Valença general da Bahia, se levantou comigo irado, e atrevidamente respondendo me não era de minha conta nem me devia emportar com os navios, e que estas terras eram do Rey Dacome, e não de V. Mage, que aqui não podia mandar ordens algúas, e q. seu mandasse a bordo de seu navio havia de meter a embarcação a pique e maquinou tais desordens com o Rey que chegou a o exsesso de oferecer lhe daixas para me fazer embarcar, com o pretexto de que corria com os navios de seu porto e pren-dendo eu este cap^m por conta destas e outras grandes absolutas, como consta de hum proseço q. mandei tirar e remeti, fuy obrigado a soltalo por instancias de ambaixadas e meaças deste Rey, a quem aquele Cap^m sobornou com daixas; [...] tudo consta dos depoimentos do ditto proseço,[12] e por esta e outras cauzas seme-lhantes he certo nam serve esta Fortaleza aqui maiz que tam somente para alguns Capitaens comedido q. sam muito poucos sendo americanos [brasileiros] e em nada fazem cazo della por estar distante das prayas mais de legoa e meya.

Este porto he o primeyro dos de resgate desta costa para os portuguezes, e o melhor de todos os mais e d'aqui sahio sempre a milhor e mais abundancia de es-cravatura. Mas a dois annos para cá q'esta decadente, não so pela rezam deste Rey ser teimozo em vedar para as terras donde manava a milhor e mayor parte de es-cravatura alguns generos e altiar exurbitantes preços em outros, alem dos tributos ou direitos q. empoz aos mesmos generos, com que deu motivos a q. agora passe a escravatura para os portos de cabo corço a Anababú, livres só para os inglezes, e alem disto tem perturbado os mais portos e terras, q'o contestão com guerras, por cuja cauza se acha bem destituido de força, mas não da sua barbara soberba q. sempre finge no mayor auge. Eu e os mais Directores temos feito as mayores instâncias afim de que mudem os referidos tributos e estabeleça paz com os mais portos e terras donde entrava a escravatura, afim de que corra o commercio e se não perca o seu porto a q. sempre nos diz, q'sim cobra tudo pelo contrário a muito abundancia de navios portuguezes tem sido cauza de hirem deste e maiz portos se hão perdidos pouco menos, o q. não acontecia no tempo das esquadras, em que entrava tão somente hum navio em cada porto de coatro em coatro meses, e assim fazião boas conveniencias; este gentio se portava mais comodado, pela dependencia, o q. agora obra pelo contrario por se ver tam abundante com cinco, seis e sete navios portugueses nos portos, como eu aqui tenho dito, cuja abundancia os tem feito cada vez mais soberbos, atrevidos e ladroens, o q'não acontece quando tem um navio só, e este anno e o passado se tem baldiado ao mar hum grande numero de tabaco, por se não poder entregar e alguns captivos que tem resgatado he por enxurbitantes preços, e só se podia fazer conveniencia avultada neste commercio e resgate regulando-se os navios a cada porto, hum de 4 em 4 mezes, com penas de não poder durante elles entrar outro, sem q. aquelle finalize o seu resgate [...] por huma bem regulada companhia, e do contrario tudo ham de ser desordens e perdiçoens.

Abaixo deste Porto os portuguezes não tem mais q. tam somente tres, a saber, Porto Novo, Badagre e Onim, advertindo que o de Onim não he porto para embarcaçoens grandes, e so sim pequenas, e não tem os portuguezes, nesta Costa, portos sufficientes e livres mais q. tam so mente 3, q. são este, porto novo e badagre.

O termo "americano", que se encontra várias vezes sob a pena de Francisco Antônio da Fonseca e Aragão, já fora mencionado nas instruções que cinco anos antes haviam sido entregues ao marquês de Valença.[13]

O diretor de Ajudá parecia compartilhar dos sentimentos agressivos contra os "americanos", já expressos nas instruções em questão.

Nesse mesmo relatório, Francisco Antônio da Fonseca e Aragão justificava o seu predecessor Bernardo Azevedo Coutinho das acusações do escrivão do almoxarife, Jerônimo Galvão Machado, e declarava:

Aquele escrivão [é] sugeito a hũa perversa conduta e aserrimo jugador, e quaze efetivamente estava na Fortaleza e Feitoria franceza a jugar com alguns sugeitos della, de forma q. nunca foy procurado neste para as suas obrigaçoẽns q. se acha se prompto, e por conta de dividas de jogos lhe aprenderão na mesma fortaleza hum unico escravo q. o servia.

O próprio Francisco Antônio da Fonseca e Aragão deveria ser também objeto de numerosas queixas.[14] Não possuímos detalhes a respeito do fundamento delas, nem seguimento que lhes tenha sido dado, mas é certo que o diretor cuidava mais de seus interesses do que das obrigações que lhe impunha o cargo, assim como veremos mais tarde,[15] numa carta enviada em 1795 por Agonglô, rei do Daomé.

DECADÊNCIA DO COMÉRCIO EM UIDÁ; IMPORTÂNCIA CRESCENTE DO COMÉRCIO DE PORTO NOVO, BADAGRI E ONIM (LAGOS); REAÇÃO DO REI DO DAOMÉ; PROJETO DE CONSTRUÇÃO DE UM FORTE EM PORTO NOVO

Ardra (Porto Novo) era chamada a representar um papel cada vez mais importante no tráfico, o que provocava ciúme ao rei do Daomé, que não podia atacar muito abertamente Ardra, apoiada por seu poderoso vizinho, o rei de Oyó, de quem o próprio Daomé era tributário. Porto Novo, o porto de Ardra, ficava situado à beira-mar, além da lagoa, e muito exposto às eventuais incursões das tropas daomeanas. O rei do Daomé tinha todo interesse, no momento em que as embarcações do tráfico eram numerosas, em criar perturbações nas operações comerciais dos portos rivais de Ajudá, e também em saquear e fazer prisioneiros. Essa faixa de terra para além da lagoa, que se estende sem interrupção desde a desembocadura do Mono, perto de Grande Popo, até a entrada do "rio Lagos", era o caminho seguido pelos exércitos daomeanos. O rei de Ardra projetara a construção de um forte nessa faixa de terra, entre o mar e a lagoa, com a intenção de fechar o caminho e proteger seu porto.

Não somente os portugueses foram solicitados a erigir essa fortaleza, mas também os franceses.

Um memorando, lavrado em 23 de julho de 1777 por Baud Duchiron, já indicava:[16]

Para formar um novo estabelecimento, os portos de Porto Novo e Badagri são os mais consideráveis. Os "aiôs", muito poderosos, protegem-nos, e o tráfico por lá é muito considerável. O essencial é conservá-lo graças a fortes que estabeleceremos, e, para consegui-lo, deveremos usar de muita política para com a gente da terra.

Será por meio de um forte construído em madeira de França, para estabelecê-lo à beira-mar.

O rei do Daomé vigiava ciosamente o movimento dos navios de tráfico naqueles portos do leste. Em 1776, pensou em restaurar em seu proveito o porto de Jaquin, invadido por suas tropas uma primeira vez em 1732 e completamente destruído em 1743.

Dewarel, diretor do forte francês, escrevia de Ajudá em 1º de novembro de 1776 ao Ministério das Colônias:[17]

Tenho a honra de lhe informar que o rei deste país, por estar resolvido a fazer novo estabelecimento para o resgate dos negros de Jaquin, pequena aldeia situada à beira-mar, a três léguas acima de Judá, mandou reunir os chefes das três nações que aqui residem para lhes dar conhecimento de seu projeto e ao mesmo tempo perguntar-nos, a todos, se esse empreendimento não nos causaria pesar; respondi-lhe que não poderia deixar de aplaudir o seu projeto e o animar a executá-lo, mas que também deveria tomar cuidado para que o tráfico dos negros, por ter diminuído muito em Judá e sendo obrigado a dividi-lo entre o novo porto e este, isso poderia levar os traficantes das diferentes nações a descer para Porto Novo ou Badagri, onde o tráfico rende desde alguns anos.

Esse projeto foi sugerido a esse príncipe por um tal de Sessu, capitão de guerra e primeiro negociante em Badagri, que, tendo desejado tornar-se rei neste país, foi ferido e perdeu boa parte de seu exército em uma batalha que lhe fez um dos filhos do antigo rei. Como é um negro intrigante e ousado, refugiou-se junto ao rei deste país e pediu-lhe a graça de deixá-lo estabelecer-se nessa nova feitoria, com a promessa de mandar vir do interior das terras muitos escravos para esse novo porto. O rei dos daomeanos, lisonjeado pela esperança de um comércio mais brilhante para seu reino, fez construir consequentemente três pontes sobre o rio, uma em Jaquin e a outra abaixo, para poder ajudar-se mutuamente, facilmente, no caso de ataque de seus inimigos. [...] Penso, Vossa Senhoria, que esse estabelecimento, estando muito perto de Judá, torna-se inútil, e só tende a criar problemas, ou pelo menos enfraquecer esse último.

Nenhuma das três nações ficou tentada pela ereção de um forte em Jaquin. O rei do Daomé construíra três pontes com uma intenção pretensamente defensiva, mas na realidade esses trabalhos eram dirigidos contra o porto vizinho de Epê.

Um ano mais tarde, um novo diretor do forte francês, Ollivier Montaguère, escrevia ao mesmo ministério para informar que "o rei dos daomeanos, em 27 de setembro último, mandou propor aos governadores dos três fortes que escrevessem aos armadores das três nações respectivas, a fim de animá-los a enviar navios ao porto de Jaquin para o tráfico e contribuírem nas despesas desse estabelecimento, com a promessa que lhe foi feita de ajudá-lo".[18] Ollivier Montaguère dava a seguir seus argumentos contra esse estabelecimento: "Os daomeanos estão em um estado de enfraquecimento que não lhes permite obter cativos pela guerra". Descrevia-os como em completa decadência:

> Se alguns dos poderosos vizinhos que os cercam, tais como os aiôs, aos quais pagam tributos, os atacassem, seriam incapazes de resistir.
>
> No ano passado houve pouco tráfico por aqui, por duas razões evidentes: a primeira é que os portos de Badagri e sobretudo de Porto Novo estavam guarnecidos de navios. Portanto, havia escravos suficientes naqueles portos para que refluíssem consideravelmente nesse último, mas como os daomeanos tiveram desavenças com os reis estabelecidos nos caminhos que vão de Porto Novo e Badagri a Judá, os cativos não podem passar com toda a segurança. Tendo essas brigas acabado por volta de março daquele ano, a Companhia da Guiana e outros navios desembarcaram mercadorias. Tendo os portos de baixo poucos navios naquele tempo, os cativos de Porto Novo e Badagri vieram em grande quantidade. Disso tudo resulta que os aiôs fornecem os cativos para Porto Novo, Badagri, Epê e aqui, e os daomeanos, nada ou quase nada. Resulta ainda que, estabelecendo um porto a mais e o Daomé não estando em condições de aumentar o número de cativos para o tráfico, esse estabelecimento nada mais é do que uma farsa destinada a atrair negociantes com a finalidade de arranjar maior arrecadação. Dever-se-ia partilhar o que fornecem inteiramente em Judá entre esse último estabelecimento e o novo.

Não conseguindo fazer reviver o tráfico em Jaquin, o rei do Daomé pôs em execução seu projeto de ataque contra o rei de Epê, que impedia a passagem dos escravos entre Porto Novo, Badagri e Judá.[19]

Ollivier Montaguère escrevia novamente, em 30 de dezembro de 1780:[20]

O rei de Hardre, vulgarmente chamado Porto Novo, mandou-me em 30 de novembro um mensageiro para me encarregar de pedir a Vossa Grandeza que estabelecesse uma feitoria em sua cidade capital. Respondi-lhe que não podia despachar seu pedido, a não ser que ele consentisse com que esse estabelecimento fosse erguido à beira-mar; que com essa condição tomaria a liberdade de avisar-vos, e que eu tinha esperança de que teríeis deferido minha solicitação [...].

Esse local é aquele da costa onde se faz a quase totalidade do comércio, pelo fato de que o rei dos aiôs, que é todo-poderoso nessas terras, olha esse país como se fosse seu, e que não faz quase nada nos outros lugares. Isso fez com que decaísse muito Judá, pela razão de que o rei do Daomé não é bastante poderoso para poder obrigá-lo, como no passado, a levar-lhe seu comércio.

Creio que se nos estabelecêssemos nesse lugar, que é mais ou menos o centro do comércio do país, haveríamos de atrair o comércio de todas essas partes, e tornar-se-ia um lugar consequente para a nação. Tanto mais que os negros desse país são os nagôs, os mais estimados nas colônias.

Seria seguramente um estabelecimento muito vantajoso; vejo apenas a dificuldade de construir nele um forte um pouco sólido, devido às fundações, que são apenas areia. Há madeira a pouca distância, que serviria. Também entre Ardra e a beira do mar há um terreno onde portugueses desertores fabricam tijolos. Assim, poder-se-ia mandar trabalhar nisso, como fiz aqui; haveria somente a dificuldade de transporte, que seria pouca coisa, tendo aguardente e outras bugigangas que daríamos aos nativos da terra [...]. Creio que seria bom ter casas inteiramente feitas de madeira e uma pequena fortificação de doze a quinze canhões, pronta para ser colocada na areia ao chegar, isso para se proteger e poder se impor até que o edifício de tijolos estiver em condições de ser levantado.[21] Para construir esse estabelecimento com um custo menor e para evitar que os europeus contraiam as doenças que são inevitáveis nesse país, creio que se poderia tomar do Senegal muitos pedreiros, ajudantes negros e mesmo alguns mulatos [...].

Para essa empresa, haveria necessidade de um homem que esteja acostumado com a terra e que conheça particularmente o gênio dessa nação. [...] Se o senhor Sénat for homem bastante afortunado para que sua inocência e equidade sejam conhecidas de Vossa Grandeza, não conheço homem mais capaz do que ele para lidar com os negros, de quem ele se faz adorar.[22]

O rei de Ardra (Porto Novo) não apenas tinha que se defender contra seu vizinho do oeste; tinha também que lutar contra os do leste, Lagos e Badagri, quando o apoio do rei dos aiôs (Oyó) veio a lhe faltar. Em 24 de setembro de 1781, Ollivier Montaguère prevenia:

> Uma guerra bastante considerável dos povos de Badagri, Onim e de toda parte do Benim, que se coligaram contra os povos de Porto Novo e Epê, com inveja de seu comércio, apoderaram-se da beira-mar e por esse meio interromperam-no completamente. Isso obriga todos os navios a fixarem-se aqui, e trouxe de volta todo o antigo esplendor de Judá. Se isso continuar, certo é que esse porto se tornará o único merecedor de alguma consideração, o que não é muito provável, visto o poder do rei dos aiôs, que sustenta os povos de Porto Novo.

Abson, diretor do forte William em Uidá, escrevia em 13 de outubro de 1781:[23] "O rei do Daomé mandou um exército contra Apee [Epê], Gauza e Kitonne [Ketonu], sob pretexto de que haviam participado das depredações cometidas pela gente de Badagri, na praça de Porto Novo".[24]

Em 11 de abril de 1783, ele informava: "O exército daomeano está agora diante de Badagri, auxiliado pelos de Porto Novo e Sessu; assim, imagino que vai cair. Há pelo menos quatro ou cinco vasos franceses em Badagri e quatro portugueses. Três dentre os primeiros podem conter seiscentos escravos cada, e dois dos portugueses não são para menos".[25]

Em 4 de dezembro de 1783, Abson anunciava: "Badagri foi destruída pelos daomeanos há quatro dias, e mais de mil escravos foram capturados, ao que contam aqui. Dizem que todos os capitães franceses e portugueses do lugar vão ter a mesma sorte".[26]

De acordo com Akindélé e Aguessy,[27] o rei de Ardra (Porto Novo), Dé Ayikpé (1775-83), dava hospitalidade a um certo brasileiro de nome Pierre, que deixou seu nome ao bairro Fiekomé (deformação de Pierrekomé, ou bairro de Pierre) do atual Porto Novo.

Segundo Adams,[28] esse Pierre Tamata era haussá, e o recebeu para almoçar em casa por ocasião de sua passagem em Ardra, no decorrer de uma de suas viagens empreendidas na costa da África, entre 1786 e 1800. Acrescenta que Pierre fora levado para a França por seu amo, capitão de um navio francês, onde recebeu alguns rudimentos de educação que lhe permitiram, na volta a Porto Novo, fazer uma brilhante carreira. Tornou-se secretário do rei.

Ele serviu o rei de Ardra por muito tempo, pois uma carta endereçada ao sr. Harismendy, capitão de um navio ancorado ao largo de Judá, datada de 24 de junho de 1778, assinada Desnerai, rei de Ardra, traz a menção "para o rei, Pierre".[29]

Esse mesmo Pierre, escrevendo de Ardra em abril de 1787 para o marquês de Castries, ministro da Marinha e secretário de Estado em Versalhes, apresenta-se ele próprio como tendo sido "criado na nação francesa e vinculado a essa respeitável nação por reconhecimento e princípio".[30]

Finalmente, um navegador, escrevendo para a Câmara de Comércio de La Rochelle, descrevia "o sr. Pierre [negro criado na França], secretário do rei de Ardra, como uma espécie de esfinge que se aparenta ao macaco, à raposa e à águia, com a malícia do primeiro, talvez mais esperto do que o segundo, tem a rapacidade do terceiro, a orelha do rei, e não teme pessoa alguma em Ardra".[31]

Pierre compelia o rei de Ardra a mandar construir o forte já mencionado, a fim de proteger os navios do tráfico contra as incursões do rei do Daomé.

Essa sábia medida, se pudesse ter sido levada a cabo, teria evitado muitos problemas aos capitães e tripulações dos navios negreiros que iam fazer seu tráfico nas praias de Porto Novo e Badagri.

Tratava-se mesmo de edificar três fortes, em locais que variavam de acordo com o tempo e os acontecimentos. Em 6 de julho de 1786, o rei de Ardra concedia a licença aos franceses para construírem três fortes em seus Estados: primeiro o de Epê, depois dois outros em Porto Novo.[32] Em 17 de abril, Gourg informava ao Ministério das Colônias que "os locais onde devem ser erguidos os fortes são Porto Novo, Badagri e Onim [Lagos]".

O rei do Daomé opunha-se completamente a todos esses projetos, destinados a organizar o comércio em proveito de Porto Novo e Badagri, em prejuízo de Uidá. Mandou suas tropas para as praias de Porto Novo, em 6 e 8 de junho de 1787, quando onze navios franceses e alguns portugueses se encontravam ancorados. Os daomeanos trouxeram prisioneiros catorze franceses, um português e oitenta canoeiros da Costa do Ouro que estavam a seu serviço.[33]

Gourg, diretor do forte francês, foi a Agoua, junto ao rei do Daomé, onde permaneceu de 6 a 19 de julho. Fez um relatório, na forma de diário minucioso e detalhado, do modo como os oficiais, marinheiros e canoeiros negros foram resgatados por ele, depois de intermináveis discussões com o rei Kpengla.[34]

Gourg, depois de ter longamente debatido e regateado o preço dos resgates, acabou por chegar a um acordo para que "os capitães dos navios pagassem os seis oficiais, à razão de 26 onças cada, pagáveis em búzios, e os marinheiros, à razão de 24 onças cada, pagáveis dois em aguardente e búzios, um em lenços de brim e panos para vestidos, um em *platilles* e um em sedas e corais ou em mercadorias sortidas". Quanto aos canoeiros, negros, depois de quase ter que resgatá-los a um valor mais alto do que os brancos, para sua maior mortificação, conseguiu resgatar os chefes ao preço dos oficiais e os canoeiros ao preço dos marinheiros.

De acordo com Dalzel, "o conjunto do resgate elevou-se a 4600 libras esterlinas; [...] 36 dos canoeiros morreram de varíola antes de serem entregues aos diversos capitães para os quais trabalhavam".[35]

Gourg, em seu relatório, assinalava a presença de numerosos portugueses, prisioneiros do rei do Daomé já havia vários anos. Os governadores da fortaleza cesárea de São João de Ajudá não se preocupavam em absoluto em libertá-los. Cuidavam de exigir a volta dos escravos do forte, mas não se ocupavam com os marinheiros livres capturados pelas tropas do rei do Daomé por ocasião de suas incursões nas praias de Porto Novo e Badagri.

Gourg escrevia então em 17 de julho:

> Oito portugueses e dois ingleses vieram igualmente para me ver. Entre os portugueses, há quatro que estão em cativeiro já faz sete anos, três há três anos e um que foi aprisionado em Porto Novo com os franceses. Os mais antigos me disseram que seu governador sempre recusou-lhes os mais necessários socorros, e que não quer resgatá-los. Pediram-me papel, penas e tinta para redigir uma memória, e solicitaram-me que a endereçasse ao ministro para ser apresentada à sua rainha; por estarem nus e na maior miséria, dei a cada um vinte tostões em búzios. Os dois ingleses disseram-me que haviam fugido de Judá, mas que Pierre os mandara prender em Porto Novo e devolveu-os para cá.
>
> Os oficiais mercantes franceses me asseguraram que os daomeanos devolveram todos os negros pertencentes ao rei de Porto Novo e a Pierre que haviam sido apanhados com eles, o que confirma que o rei de Porto Novo e Pierre entenderam-se com o rei do Daomé na pilhagem que fizeram. Acabam de me garantir também

que o rei de Porto Novo mandou avisar o rei do Daomé que o sr. Ollivier fora lhe pedir licença para estabelecer um forte francês em seu território; seus mensageiros o disseram publicamente.

19 de julho — Vossa Senhoria verá, por todos os detalhes que tenho a honra de lhe contar, quanto os negros são tiranos e esclarecidos, e todo mundo está de acordo em que o são muito mais desde que têm os portugueses. Ignoro qual é a política de seu governador em deixar esses homens no cativeiro, que, para obter algumas regalias, instruem os negros e fazem um mal irreparável ao comércio.

Pierre redigiria em seguida a essa incursão — ao sucesso da qual não era completamente estranho — uma carta aos negociantes e armadores de La Rochelle, aqueles que mais haviam sofrido com a invasão dos daomeanos,[36] rogando-lhes encarecidamente que mandassem construir uma fortaleza nas proximidades da praia.[37]

Em consequência desse aviso, os comerciantes de La Rochelle escreviam em 4 de abril de 1788 aos outros portos interessados no tráfico de escravos, para que pedissem todos ao governo que mandasse erigir um forte em Ardra (Porto Novo).[38]

Foram enviadas respostas de Bordeaux, Nantes, Le Havre e Saint-Malo, respectivamente nos dias 15, 16, 17 e 26 de abril de 1788. O governo respondia por sua vez à Câmara de Comércio de La Rochelle que "realizaria a coisa na primeira ocasião".[39] Na realidade, o forte nunca foi construído.

Na mesma época, o rei de Ardra, assustado por seu vizinho do Daomé, fazia esforços por intermédio de Pierre para tornar menos aparente o comércio em Porto Novo e manter uma grande discrição a respeito da empreitada da construção do forte.

Pierre, escrevendo em 3 de junho de 1788 para Gourg, lhe aconselhava "uma grande dissimulação a respeito do forte", e declarava que era melhor "começar os trabalhos quando os navios estiverem aí, de acordo com o arranjo feito em 1787 com o sr. Flottes".[40] Acrescentava algumas palavras contra Antônio Vaz: "É verdade que é um grande espião que conta tudo o que se faz e diz aqui; mas o rei de Ardra o apoia sempre e não quer que lhe seja feito nenhum mal".

Em 22 de julho de 1788, ele mandava uma carta a um certo capitão Dubosque para o desaconselhar formalmente de ir comerciar em Ardra, em Badagri ou em Onim (Lagos). Sugeria que fosse para Judá, e dava como motivo que o rei de Ardra "roubaria os capitães e que não queria mais navios com temor do Daomé".[41]

A situação complicava-se em Badagri. Assim escrevia Gourg em 31 de agosto de 1787:[42]

Acabo de saber que um dos filhos de Guinguin, antigo rei de Badagri, expulso de seu país, acaba de chegar do Brasil, onde se refugiara, pedindo os socorros do rei de Ardres e de Onim para subir ao trono de seus antepassados. O rei do Daomé, Vossa Senhoria, por ter destruído esse reino e feito o impossível para ter a cabeça desse último, receio muito, se esses dois reis o apoiarem e tornarem a colocá-lo no trono, que isso ocasione uma guerra nociva aos interesses do comércio que os franceses fazem em Porto Novo, porque o rei do Daomé para ali levará necessariamente a guerra.

O rei do Daomé, além das guerras com seus vizinhos do litoral, continuava suas campanhas contra os do interior. Gourg o relata ao ministério regularmente, por cada correio. Em 16 de julho de 1788, escrevia:[43]

Os daomeanos foram contra os nagôs, pelo que pude saber, pois os negros são muito reservados; estiveram a catorze dias de caminho em um país nagô, onde fizeram uma grande pilhagem. Mas, ao voltar, foram atacados por um exército de nagôs que destruiu quase inteiramente o dos daomeanos. Quase todos os soldados da guarda do rei foram mortos ou feitos cativos. Se essa perda, junto com uma epidemia que destruiu muitos negros este ano, pudesse abrir os olhos do rei e lhe dar conhecimento que ao procurar fazer cativos pela via da guerra ele faz inimigos que mais cedo ou mais tarde cairão em cima dele e destruirão seu país, como o fez a outros, isso o determinaria talvez a ser mais sociável e atrair o comércio que se afasta cada vez mais desta parte. [...] Este país está inteiramente perdido para o comércio se não se produzir uma revolução que destrua inteiramente o Daomé.

Em 17 de novembro de 1788: "A última investida dos daomeanos foi mais feliz, destruíram inteiramente um pequeno país de nagôs. Isso resultará em cativos".

Em 28 de janeiro de 1789:

Em 24 de novembro passado, às seis e meia da manhã, sentiram em Beaumé [Abomé] um abalo e tremor de terra bastante fortes. A direção era do sudoeste para o nordeste. Durante esse abalo, o estrondo subterrâneo era igual ao de vários carros. Os negros, de memória de homem, nunca haviam sentido tal coisa, entretanto eu encontrei restos de lava. Ficaram muito assustados, mas como era na volta do exército vitorioso do rei, lisonjeadores, disseram que a terra dançava para felicitar sua vitória, e os negros, que são muito crédulos, o acreditaram. Nada se sentiu em Judá.

Em 28 de fevereiro de 1789: "O exército do rei acaba de voltar. Foi para muito longe dentro das terras contra os nagôs. Assegura-se que destruiu muitas aldeias, e é nisso que se limita sua vantagem, pois trouxeram poucos cativos".

Gourg anunciava também as mortes de Kpengla, rei do Daomé, e de Abiodun, o Alafin de Oyó, que aconteceram quase na mesma época. Em 25 de abril de 1789, escrevia:

O rei do Daomé morreu no dia 13 deste mês, às cinco horas da manhã, de varíola. Seu filho, rapaz de 22 ou 23 anos, o sucedeu. Seremos obrigados a ir oferecer-lhe os presentes usuais, que são os mesmos, para os costumes. [...] Receio que essa mudança prejudique os nossos projetos, e como esse rapaz é cercado de pessoas que só procuram prejudicar o comércio, é de se recear que nossa posição não se torne melhor.

Em 28 de junho de 1789: "O rei dos aiôs morreu quase ao mesmo tempo que o rei do Daomé e mesmo um pouco antes, isto é, em abril passado".

Abson, diretor do forte inglês de Uidá, dava também a notícia da morte do rei do Daomé, atingido pela varíola, mas, por sua vez, falava favoravelmente do seu sucessor, que julgava muito diferente do finado rei, "sendo mais suave no seu governo, e dando todos os encorajamentos e todas as proteções aos comerciantes".[44]

O pessimismo do sr. Gourg era sem dúvida bem fundado, pois um dos primeiros atos de Agonglô, o novo rei do Daomé, foi expulsá-lo sem consideração.[45]

INTERVENÇÃO DOS INGLESES EM FAVOR DOS PORTUGUESES
CONTRA OS HOLANDESES NA COSTA DA MINA

A imposição feita pelos holandeses aos portugueses de passar no castelo de São Jorge da Mina e pagar uma taxa de 10% sobre o tabaco trazido do Brasil continuava a ser aplicada com severidade e firmeza. As galeras da Companhia Holandesa das Índias Ocidentais perseguiam impiedosamente os navios portugueses que procurassem escapar a essa obrigação.

Os navios holandeses suspeitos eram perseguidos com a mesma inflexibilidade. Somente os navios da Companhia Holandesa tinham, entre as pessoas deste país, o direito de comerciar ao longo daquela costa.[46]

Os ingleses instalados no castelo de Cape Coast, vizinho, também procuravam obter fumo da Bahia. Assim, eram levados a defender os portugueses contra a ação dos holandeses, na intenção prática de conseguirem maiores quantidades de tabaco necessárias ao seu comércio na costa.

É assim que, em 30 de dezembro de 1768, Gilbert Petrie, governador daquele castelo, escrevia aos seus diretores em Londres:[47]

O modo de agir dos holandeses com os portugueses torna-se cada dia mais rigoroso por parte dos primeiros, e mais desonroso e ruinoso para esses últimos.

Em minha carta de 15 de maio passado, informava-lhes que a fragata holandesa que chegara à costa cerca de dois meses antes tomou uma grande nau portuguesa, porque descobriram que o capitão tinha quebrado a parede [do porão] antes de chegar em Elmina, e quatro patrões holandeses convencidos a negociar com ele foram condenados a uma multa de seiscentas libras esterlinas cada um.

A presa, depois de ter sido condenada e descarregada, foi equipada como guarda costeira, para ser empregada a espreitar os navios portugueses na costa ao vento e trazê-los para Elmina, comboiando-os daí e passando todos os fortes a sotavento a fim de excluir os ingleses da possibilidade de se abastecerem em tabaco com os portugueses. O cruzador, por ter sido equipado com 24 canhões, é muito capaz de exercer sua força. Pouco tempo depois, fixei-me sobre as intenções dos holandeses a nosso respeito, sobre o comércio do fumo brasileiro. No primeiro comboio que por aqui passou, mandei uma canoa como de costume, com algumas mercadorias para comprar daquele artigo, mas o tenente da guarda, que eu encarregara da comissão naquela ocasião, nem bem chegara a bordo do vaso português, o cruzador atirou logo acima dele. Isso intimidou aqueles com os quais iria tratar suficientemente para impedir o êxito de sua diligência, e então retirou-se sem o tabaco deles.

Antes da volta da guarda costeira de Uidá, outro português desceu, e o capitão Cuming, do *Friendship*, estando fundeado a meu pedido, foi para fora com seu navio, chegou perto do português e, sem nenhuma dificuldade, trocou por minha conta quarenta rolos, para satisfação do capitão português e a minha própria. O primeiro, entretanto, logo teve razões de arrependimento, pois, ao descer ao longo da costa, encontrou o cruzador cujo capitão apresou o navio quando soube do ocorrido, aprisionou todos os portugueses e os trouxe de volta para Elmina. Ali, um processo foi formalmente instaurado e prosseguiu perante o presidente e o conselho, que, depois de ter fixado a multa moderada de 324 rolos de tabaco, liberou os presos e lhes devolveu o seu navio.

Mais ou menos na mesma época, o capitão de outro navio português, suspeito de ter dado ao fiscal um falso manifesto de carga, foi levado para terra e colocado em estreita detenção durante um mês. Seu navio foi apresado e a maior parte de sua carga trazida para terra; toda sua tripulação foi do mesmo modo guardada na prisão. Após muitas consultas, inquéritos e exames do capitão e de seus homens, o verdadeiro manifesto foi finalmente encontrado, e pouco depois os portugueses foram liberados e colocados a bordo de seu navio, mas não sei em que condições. Entretanto, sei que enquanto o capitão se encontrava preso, oferecera várias vezes quatrocentos rolos pela sua liberdade, o resgate de seu navio e sua carga.

Há cerca de um mês, um navio dessa nação parou no Cabo Apolônia, e o capitão, ao ser informado do tratamento que aí tinham recebido seus compatriotas, resolveu evitar Elmina e refugiar-se em Cape Coast. Desceu durante a noite, mas encontrava-se em Anamabu de manhã. No dia seguinte mandou um oficial solicitar que eu me dignasse ordenar que fosse protegido, pois tinha razões para temer que de outra forma seria apanhado pelos holandeses e levado para Elmina, onde não poderia se vangloriar de encontrá-los, de acordo com a ofensa que cometera ao vender alguns rolos de tabaco em Cabo Apolônia. Poder-se-ia considerar feliz de sair com a metade da carga para escapar ao confisco.

Não hesitei em atender seu pedido e consequentemente mandei catorze dos melhores homens que tinha para o sr. Grosle, com ordem de não tolerar que o português fosse molestado enquanto estivesse na zona de tiro dos canhões do forte. Esperava ser chamado a prestar contas aos meus vizinhos por essa maneira de proceder, mas nunca me perguntaram nada a esse respeito.

O chefe de Cormantyn foi a bordo do navio no dia seguinte à sua chegada e fez todo o possível, com ameaças e promessas, em nome do presidente e do conselho, para obter do capitão que fosse para Elmina.

Não teve êxito, entretanto, e a chegada dos homens que eu enviara daqui pôs fim a suas admoestações, que não renovou mais depois.

De vez em quando eu era informado dos preparativos que se faziam em Elmina para apanhar o português durante a noite e levá-lo ao ancoradouro de Anamabu por meio de canoas e grandes pirogas, e que na noite anterior à tentativa todos os canoeiros de Elmina que deviam ser empregados nela haviam deixado a cidade. Seja como for, nenhuma tentativa foi feita, e o português ficou tranquilo até há dez dias, quando ia para Uidá comboiado pelo *Antelope*. Uma semana antes, o cruzador holandês [ou guarda costeira] tinha escoltado a sotavento três outros portugueses. Assim, não será de todo impossível que na volta se encontre com o *Antelope* e seu comboio. Nesse caso, sem dúvida, seria ele levado para Elmina, para vergonha nossa e alegria dos holandeses, cuja exultação nessa ocasião seria sem limites.

Qual efeito tal modo de agir produzirá na Europa, não sei, mas sei que isso responderia a parte das intenções de nosso vizinho, de nos privar dos meios de obtermos tabaco português para cobrir as despesas de muitos de nossos encargos públicos, e tornar-nos completamente dependentes deles para esse valioso produto.

Em 1774, os ingleses e os holandeses tentavam concluir um tratado pelo qual sua gente poderia viver em paz na costa ocidental da África.[48] Os negociadores eram Sir Joseph York e um pensionista holandês. No decorrer da discussão, procuravam estabelecer os respectivos direitos das duas nações nessa costa, mas o objeto principal da discussão era o tabaco trazido do Brasil pelos portugueses. O primeiro procurava obter que os holandeses deixassem os portugueses livres para comerciarem com os ingleses. Em contrapartida, esses últimos desistiam de pedir aos holandeses que parassem de exigir dos portugueses a taxa de 10%, salientando que tinham interesse em se entender, senão uma terceira potência aproveitar-se-ia dessas dissensões para minar sua influência e recolher os benefícios.

Em 20 de novembro de 1780, John Robers, governador inglês do castelo de

Cape Coast, escrevia ao marquês de Valença na Bahia a respeito das violências que praticavam os holandeses contra os capitães portugueses e das "excelentes disposições" dos ingleses para com estes:[49]

O presidente do conselho holandês em Elmina obriga cada capitão de navio que vem do Brasil a pagar 10% do valor de sua carga. Obriga-o a pagar um preço exorbitante a tudo que ele tem necessidade de comprar. Além do mais, trata os capitães com um desprezo inimaginável, muito afastado da maneira com a qual os súditos de uma nação europeia devem tratar aos de uma outra nestes países bárbaros. O dito presidente permite que seus oficiais subalternos tratem os portugueses da mesma maneira, procurando, por todos os meios, intimidá-los e impedi-los de comerciar com os ingleses. Não posso descobrir a razão pela qual os súditos portugueses são submetidos a tratamento tão arbitrário.

E acrescentava: "Garanti ao capitão Bernardino de Sena e Almeida que protegeria todos os navios portugueses que viessem ancorar junto a este forte contra os insultos dos holandeses e que, sob a proteção das armas inglesas, nada mais haviam a temer. Recomendei que comunicasse tudo isso aos comerciantes do Brasil".

Pouco tempo depois, em 1781, os negociantes da Bahia mandavam ao governador dessa cidade uma petição na qual se queixavam dos Estados Gerais (Províncias Unidas dos Países Baixos):[50]

[...] Que aproveitaram dos sessenta anos de calamidades sofridas por Portugal sob o jugo espanhol para se estabelecer em suas possessões das costas da África e tomaram a exclusividade do comércio, o que lhes contestava a Grã-Bretanha. A consequência foi que as duas nações construíram mais de trinta fortalezas, à vista umas das outras, em menos de cem léguas de litoral. Assim, as duas conservaram direitos iguais para seu comércio, com a diferença de que o comércio inglês nunca impediu que as outras nações da Europa viessem comerciar, permitindo até que os franceses e dinamarqueses construíssem alguns baluartes e feitorias. Mas o mesmo não se dá com a nação holandesa, que estabeleceu uma companhia exclusiva deste comércio. Priva os particulares de sua própria nação de aí mandarem navios e lhes concede alvarás sob o título de "ilegais", obrigando-os a pagar à companhia entre 10% e 20%. Os holandeses impedem os portugueses de comerciarem nesse litoral, salvo nos portos de Ajudá, Epê, Porto Novo e Badagri, onde se encontram alguns escravos, e isso com a condição de que tenham ido pagar direitos no castelo da Mina.

A nação inglesa não age dessa forma e lamenta os vexames que os holandeses fazem aos súditos de Sua Majestade Fidelíssima.

O governador da fortaleza de Cape Coast, capital dos estabelecimentos da Grã--Bretanha, decidiu mandar uma carta a Vossa Excelência, e em razão desses vexames oferece uma proteção geral ao comércio português contra essas violências. Declarou-o assim aos capitães, mas estes, sem forças para resistir aos vigorosos insultos, não ousam aceitar esse oferecimento sem a intervenção das cortes, que decidem tudo. A coisa é de grande importância, tanto para a Coroa quanto para seus súditos, a segurança do Estado e o patrimônio da Coroa [...].

Em 26 de outubro de 1781, o mesmo governador do castelo de Cape Coast escrevia a seus diretores de Londres:[51]

E agora, meus senhores, deixai-me vos salientar o benefício que seria adquirido para o serviço, se pudéssemos encorajar os portugueses a virem aqui, em lugar de irem para Elmina. Anualmente, treze portugueses vêm para esta costa. Se fossem abastecidos pela companhia em pólvora, panos e aguardente — o que todos querem para seu tráfico na Costa a Sotavento e que devem obter na costa, seja nos fortes, seja junto dos navios —, isso traria um lucro líquido de mais de duzentas libras esterlinas por cada navio, o que daria 2600 libras esterlinas por ano, somente pela troca, e seria um bom aumento para nosso fornecimento anual. Os holandeses não têm somente esse lucro, mas também os 10%, o que, de um navio pelo outro, se eleva a quatrocentos rolos (esta é, estou absolutamente certo, uma avaliação muito modesta), que produzem uma quantia de 26 mil libras esterlinas, o dobro do montante de nossa subvenção [...].

Consequentemente, não é de admirar que os holandeses tenham tanto mais poder e influência do que todos os outros europeus neste país, quanto têm a vantagem de poder dar aos nativos muito mais do que os outros.

Em setembro, um capitão português, tendo fundeado neste porto, veio em terra e solicitou minha proteção, que lhe foi prometida, e mandei a bordo um oficial com vinte escravos da companhia, bem armados, para montar guarda, com receio de que os holandeses pudessem à noite cortar os cabos, o que fizeram algumas vezes ao largo de Anamabu. Ele ficou muito reconhecido pelos homens e pediu que eu lhe arranjasse uma piroga e canoeiros, e que lha mandasse o mais depressa possível, o que fiz em dez dias, tendo-lhe fornecido canoeiros de Anamabu, e ele fez vela para a Costa a Sotavento.

Troquei com ele por quarenta rolos de tabaco, que, a cinco libras por rolo, fazem duzentas libras, pelas quais dei-lhe quarenta meias barricas de pólvora, a três libras.

Os diretores da companhia inglesa respondiam com entusiasmo em 26 de junho de 1782:[52]

Vemos com prazer a troca proveitosa que fizestes com o tabaco do Brasil, e desejamos que deis todo o encorajamento possível aos capitães portugueses para que tratem com a navegação e os fortes ingleses. Estamos muito interessados em saber quanto o comércio na África seria melhorado pelas relações livres com os navios portugueses do Brasil. Tomamos todas as precauções em nosso poder, enviando um memorial aos ministros de Sua Majestade para que, no tratado de paz com a Holanda, essa questão seja resolvida nas melhores bases e para a vantagem do comércio britânico.

O governador de Cape Coast escrevia novamente em 7 de fevereiro de 1793: "Todos os navios portugueses, salvo aqueles que vão à força para Elmina, vêm aqui para receber fornecimento de pirogas e canoeiros, e em todas as relações recebem as mesmas expedições que em Elmina".[53] E formulava o voto de que:

Os ingleses venham com força suficiente para tomar o castelo de Elmina e adquirir assim um direito de receber os 10% dos direitos que os portugueses pagam desde tempos imemoráveis para tocar a Costa do Ouro, a fim de lá receberem fornecimento de pirogas e canoeiros. Há dezesseis que vêm todos os anos do Brasil com um carregamento médio de 4 mil rolos cada um. Os direitos de 10% permitiriam manter uma guarnição respeitável e colocar o forte em bom estado de defesa. Uma outra vantagem material seria a possessão de Elmina.

Mas se a coisa fosse um sucesso, haveria de se temer que, no tratado de paz, o castelo de Elmina não fosse devolvido. Nesse caso, meus senhores, espero que tentarão obter em troca qualquer coisa de substancial e em relação ao rendimento de 120 mil libras que poderia proceder das taxas sobre o tabaco.

Em 20 de setembro de 1790, a direção da companhia inglesa enviava instruções ao governador de Cape Coast:[54]

Vemos pela vossa carta de 5 de maio que um presidente e um vice-presidente chegaram da Holanda em São Jorge d'Elmina, ao mesmo tempo que um secretário, vinte oficiais subalternos e cinquenta soldados. Pensamos que fareis bem em cultivar uma amizade íntima e amigáveis relações com as pessoas nas diversas guarnições holandesas, especialmente nesta época em que parece estarmos na véspera da guerra. Os Estados Gerais são firmemente aliados de nosso país, circunstância que tornará a situação dos fortes ingleses muito mais segura contra todo ataque do que quando da última guerra, em que a Holanda era aliada da França. Recomendamos tomardes precauções em Uidá, onde os franceses, que estão com força, poderão atentar contra a segurança do forte William.

Dois anos mais tarde, em 12 de outubro de 1792, o governador de Cape Coast escrevia:[55]

Uma nova contestação está prestes a ser feita. Eu a considerei como fazendo parte de meu dever. Tenho debatido com o general, um antagonista astucioso, mas creio na justiça de minha causa. De cinco vasos brasileiros, quatro vieram fundear sob meu convite no ancoradouro de Cape Coast desde minha chegada, e proclamei tanto quanto possível nossos tratados aos holandeses. O general não ofereceu publicamente nenhum sintoma de inveja, embora eu saiba que está muito desgostoso.

Propus uma renovação do tratado na chegada do primeiro vaso de guerra inglês. Espero que aprovareis as medidas que tomei enquanto aguardava. A correspondência sobre o assunto está em anexo. Enviei uma tradução portuguesa dos tratados, pensando que isso pudesse ser útil para comunicar o negócio ao enviado português.

A companhia inglesa escrevia em 13 de fevereiro de 1793 que a França declarara guerra à Grã-Bretanha e à Holanda no dia primeiro daquele mês.[56] Em 20 de fevereiro de 1793, comunicava:[57]

Após uma leitura cuidadosa da correspondência relativa aos navios portugueses do Brasil, aprovamos grandemente as medidas que tomastes para dar aos navegantes ingleses uma participação nesse estimável e importante ramo de comércio feito sobre o tabaco a bordo das naus, que foi, durante tantos anos, privilégio exclusivo dos holandeses. A habilidade e moderação com as quais agistes, a fim de fazer abandonar por esses comandantes sua prevenção contra a ideia de resistir aos pedidos feitos pelo holandês para obter uma participação inteira nos direitos pagos até agora àquela nação, e a prudência que observastes, não dando ao general de Elmina um pretexto para usar de violência ou força para obter o que desejais, são altamente meritórias. Isso, esperamos, vai nos dar o privilégio do qual nosso comércio foi privado durante tanto tempo, devido a pretensos tratados (que caem em desuso) muito mais que pelo exercício de um direito legalmente admitido.

Efetivamente, desde 1791 os holandeses haviam deixado de cobrar os 10%, devido à grande decadência e ruína em que se encontrava a Companhia Ocidental, como escreveria alguns anos mais tarde o governador da Bahia ao secretário de Estado em Lisboa.[58]

Em 1797, o reverendo padre Vicente Ferreira Pires e seu companheiro, chegando ao castelo de São Jorge da Mina, escreviam:[59]

Logo fomos convidados, com os termos mais políticos, pelos Oficiais do Castelo vindos a nosso bordo, em nome do presidente Governador dele [...] e certificando-nos que os holandezes estavam com a mesma paz e amizade com os portuguezes e inglezes, não obstante quaesquer dissenções, que entre estas Nações pudesse haver, ou ter havido, e muito principalmente pelo que tendia aos navios portuguezes, que navegavam por aquela costa: tanto assim que até mesmo já estavam dispensados do antigo quartiamento, que como feudo pagavam os ditos navios que iam fazer comércio naquele porto.

CORSÁRIOS FRANCESES EM UIDÁ, 1795

Desde 1793, a Inglaterra e a França estavam em guerra. Um tratado de neutralidade assinado em 1704[60] proibia aos navios das quatro principais nações que faziam o tráfico no porto de Uidá que se entregassem a atos hostis, ancorados ou à vista do ancoradouro. Esse acordo foi rompido em 1794 por corsários franceses que cruzavam ao longo da costa da África à procura dos navios ingleses e seus aliados.

A narração desse incidente e de suas consequências junto às autoridades daomeanas foi feita por Lionel Abson, diretor do forte William, em Uidá. Em 22 de dezembro de 1795, ele escrevia a seus diretores:[61]

Na noite de 7 de dezembro, chegou neste ancoradouro uma esquadra de navios franceses composta de: um vaso de guerra de cinquenta canhões chamado *Expérience*; uma fragata de 32 canhões da qual não sei o nome; dois vasos de guerra; brigues de 22 canhões, chamados *L'Épervier* e *La Mutine*; um grande transporte de 22 canhões chamado *La Harpie*; e uma presa que eles tinham feito na ilha da Madeira.

No dia 8, ao amanhecer, logo que a bruma se dissipou, vimos seis vasos estrangeiros no ancoradouro, todos com o pavilhão inglês, exceto um que era o hospital, com flâmulas que tremulavam ao vento. Pouco depois, vimos os mastros do navio de Lisboa caírem um após o outro. Naquele momento, recebi a visita do governador francês, de um capitão francês e de outros franceses, que vinham me apresentar seus pesares a respeito das dificuldades que iria ter com os portugueses e os daomeanos. Pouco depois chegou o governador português, que me pediu para escrever que o barco que eles maltratavam não estava na realidade sob pavilhão sueco. Aparentemente ainda não tinham maltratado os outros dois vasos portugueses, um navio comandado por João Sylverio de Villas Boas e um brigue comandado por Joaquim Setuval, ambos da Bahia.

O último tinha embarcado com a intenção de sair naquela manhã, e nem um nem outro haviam arvorado seus pavilhões, o que parecia de mau agouro, pois o dia da Imaculada Conceição da Santíssima Virgem Maria é sempre uma grande festa para os portugueses, e João ordenara que alçassem seus pavilhões e flâmulas e salvassem com 21 tiros de canhão a bordo de seus navios às seis horas da manhã. Dirigiu-se imediatamente para a praia, e eu mandei meu filho George (com uma carta endereçada ao comandante da esquadra britânica), em companhia do tenente português da parte de seu governador. Antes que tudo isso acontecesse, tive a visita de Eubegah, o vice-rei, com quatro outros cabeceiras, vindo me perguntar quais eram esses navios que praticavam tais desatinos. Respondi que não sabia. Perguntou-me quais bandeiras ostentavam. Respondi que eram inglesas, mas que em tempo de guerra não se devia confiar nas bandeiras. Começou a se encolerizar, e eu lhe disse que se acalmasse até o momento em que eu tivesse recebido resposta a minhas cartas ou até que soubéssemos mais a respeito desse negócio. Tornou a sair, e por volta das onze horas recebi uma mensagem de George, informando-me da praia que nenhuma piroga queria sair, mas que um oficial descera do navio de Lisboa e o informara de que eram navios franceses sob pavilhão inglês que cometiam essas depredações contra a navegação portuguesa. Depois disso, o oficial português veio aqui e trouxe uma mensagem do comandante do *Expérience*, que mandou cortar os mastros de seu navio porque era o maior e mais adequado, e que se propunha a colocar nele todos os escravos do brigue que estava com a vela de traquete desfraldada, à deriva e em fogo. Logo após o envio de um sinal ao comodoro, os dois brigues colocaram-se a caminho e o conjunto da esquadra seguiu. Soube que três velas haviam sido vistas no sudeste, aparentemente seguindo ao longo da costa; era o motivo de sua saída. Eles tinham tomado do vaso português diversos tonéis de aguardente; do brigue, seis libras de ouro; dos dois vasos, todas as roupas dos capitães, oficiais e marinheiros, deixando-os apenas com o que vestiam no corpo; do vaso de Lisboa, conhaque e roupas.

Mas onde fizeram a maior afronta aos portugueses foi destruindo os paramentos para a missa, suas imagens, batinas etc., tomando os cibórios de prata, neles bebendo conhaque e vinho e quebrando-os a seguir com um martelo e jogando-os por cima de bordo. Tudo isso se deu na segunda-feira pela manhã, e na terça-feira às oito horas tivemos a visita de Bopa, um cabeceira do Daomé, acompanhado por um meia-cabeça [nome dado aos mensageiros do rei que raspam os cabelos alternativamente nas duas metades da cabeça]. Ele descia para perguntar se sabíamos se, alguma vez, semelhantes depredações tinham ocorrido naquele ancoradouro; tinha ordens para reunir todos os anciãos dos três fortes e a gente do Daomé; mas, antes de fazer essa requisição, ia diretamente da estrada até a praia, dizendo que recebera ordem de pôr o pé no lugar onde o crime havia se produzido. Quando voltou, fomos todos chamados na casa de Eubegah para ouvir a mensagem do rei. Os governadores francês e português tiveram então a mais horrível das discussões, da qual o capitão francês Defaux tomou parte, o que a meu ver complicou muitíssimo o caso. Ele dizia que seu navio saíra daqui com receio de ser apresado pelos ingleses e que tinha ido à ilha do Príncipe para estar fora da rota durante um certo tempo, pensando voltar em seguida para terminar suas compras, mas que o governador português tinha parado e apresado seu navio contendo coral, seda e outras mercadorias de valor; em seguida vendeu o navio aos ingleses. É impossível repetir-vos tudo quanto se disseram, um chamando o outro de ladrão e bandido, e ameaçando-se de tudo quanto fariam um ao outro caso não estivessem neste país. O vice-rei e os cabeceiras que tinham descido por parte do rei fizeram tudo quanto foi possível para acalmá-los, mas em vão; a seguir foram convidados a se retirar, até que estivessem mais calmos.

No dia seguinte, fomos todos novamente convocados. Quando Eubegah insistiu para que os brancos não brigassem mais, o governador português trouxe um sacerdote, padre de um dos navios, para contar as indignidades a que fora submetido quando prisioneiro ancorado, e como os franceses ameaçaram enforcá-lo e o que haviam feito com os paramentos da sua capela e da sua pessoa, como dito acima.

Depois de tudo isso, acalmaram-se, e Bopa nos disse que ia imediatamente embora. Nós também nos retiramos.

No dia 14, por volta das onze horas da noite, fui chamado à casa do vice-rei, para onde me acompanhou o sr. Alexander; lá encontrei um meia-cabeça; pouco depois chegaram também os srs. Denyau, Defaux e Gaborie, o governador português, os dois capitães dos vasos da Bahia, assim como João Salomon, o agente do navio de Lisboa. A mensagem nos foi então entregue: era para nos dizer que, em consequência do desastre, o rei iria tomar em mãos a administração dos fortes, e insistiu para que de manhã eu lhe fornecesse a lista de todas as pessoas e objetos pertencentes ao forte e das propriedades privadas, que eu deveria assinar e lhe enviar. Devíamos todos escrever aos nossos mandatários. Insistiu para que fossem encontrados os autores da catástrofe e que lhe fossem mandados. Depois de termos ouvido a mensagem, fomos autorizados a nos retirar para nossas casas. Eubegah, após ter ido ao forte francês, onde recebeu a lista dos objetos do forte, daqueles que pertenciam aos próprios srs. Denyau, Defaux, Gaborie e Louisomme, até suas roupas, veio aqui e insistiu para ver a mesma coisa, o que recusei positivamente. O sr. Alexander fez o mesmo, dizendo que eu não estava de modo algum na discussão. [...] Eubegah foi a seguir ao forte português, onde recebeu uma recusa por parte do governador e de todos os capitães. No dia 18, um meia-cabeça veio e somente eu, o governador francês e o governador português fomos chamados. Quando nos reunimos, a bengala do rei passou em toda a volta com os cumprimentos reais, e depois disso foi novamente entregue entre as mãos do governador francês. Foi-lhe dito que os senhores deste forte e os negros tinham

270

autorização para irem ao mercado e ao local de abastecimento de água, mas que as mercadorias que no outro dia tinham sido mostradas para Eubegah não poderiam ser utilizadas para o tráfico, embora pudessem comprar toda espécie de mantimentos, como de costume. Depois disso, a bengala me foi entregue, proibindo-me, assim como a todos do forte, brancos e pretos, de ir ao mercado; nenhum de nós poderia ir aos fortes portugueses ou franceses; nenhuma das pessoas desses fortes ou feitorias poderia vir aqui; somente o local de abastecimento de água nos era permitido, e ninguém poderia ir além. Era-me proibido mandar George a bordo de quaisquer naves inglesas ou de ir eu próprio [...].

Tivemos notícias de Porto Novo. Queimaram ali o paquete *Africano* e um grande brigue que o velho Manuel Martinez comandava naquele ano; tinha chegado na véspera. O cúter *Neptuno* foi entregue ao seu comandante com um passaporte do comodoro francês para trazer aqui o resto dos prisioneiros. O pobre João Sylverio teve a mortificação de vê-lo ancorado e sem patrão para comandar o que quer que fosse, desfraldar as velas e sair. Dois reverendos tomaram o comando do mestre, insistindo para que lhes fosse entregue para levar todos os prisioneiros para a Bahia. No entanto, conseguiu mandar a bordo o seu segundo mestre e o mestre, com três ou quatro brancos, parte da tripulação do *Neptuno*. A nau de São Tomé, um cúter, também havia sido apanhada no ancoradouro de Porto Novo, e foi entregue ao sr. Manuel Gonzalves para receber o resto dos prisioneiros, onde o capitão João Sylverio encontrou a bordo seis marinheiros brancos. Ele tem mais de 350 escravos, os mantimentos são notavelmente caros e raros; está no último dos desesperos. João Salomon está um pouco melhor, mas os franceses o prejudicaram muito ao cortar seu mastro e tomar suas roupas e mantimentos. O outro português tem 258 escravos e não tem búzios para alimentá-los.

Sob a assinatura do rei do Daomé, Agonglô, o tenente Francisco Xavier Álvares do Amaral dava detalhes a respeito desse negócio:[62]

No dia 8 de dezembro de 1794, ao amanhecer, encontravam-se no ancoradouro do meu porto [de Ajudá] um navio, três fragatas e dois bergantins da nação francesa, os quais aí encontraram uma charrua, uma galera e um bergantim, todos portugueses, ocupados no tráfico de escravos. O bergantim estava pronto para zarpar, com todos os escravos, a tripulação e os oficiais a bordo, esperando apenas o vento da terra para desfraldar as velas. As três embarcações foram apresadas pelos franceses.

Esses foram a bordo da charrua e a arrasaram, sem leme e incapaz de navegar. Fizeram transportar nela todos os escravos das ditas embarcações, com os oficiais e as tripulações, e por volta das duas horas da tarde atearam fogo nas duas outras e partiram. No dia 9, desembarcaram os cativos e outras pessoas que estavam a bordo da charrua e as levaram para a fortaleza portuguesa, como deveria ser feito, onde foram muito mal recebidos pelo diretor, que em nada parecia ser português.

Encontraram melhor acolhida nos estrangeiros, que não somente lhes ofereceram suas fortalezas, mas ainda aquilo de que necessitavam. Ao capitão, que terminara seu tráfico, meu cabeceira deu imediatamente uma casa para morar com seus escravos até que tivesse um navio para seu transporte. Os ditos capitães da Bahia, estando sem meios para a manutenção de seus escravos, foram ao diretor pedir socorro, para que ele lhes arranjasse búzios a fim de comprar alimentação para os escravos, e para pagar os búzios dar-lhe-iam promissórias sobre suas mercadorias. O diretor os insultou com muitas palavras, e lhes faltou nesse auxílio: tanto demorou a mandar, que resultou em uma grande quantidade de mortos entre os escravos. Disse-lhes que eu [o rei] iria tomar os cativos e prender os capitães. Procedimento que me escandalizou até o fundo da minha alma, porque esse diretor não pode pretender que eu jamais tenha praticado semelhante ação contra quem quer que seja, e o faria menos ainda contra os portugueses em tais circunstâncias. Esse diretor não foi castigado por mim porque me lembrei que Vossa Majestade o tinha enviado para essa fortaleza. Deixo o castigo à Real Vontade de Vossa Majestade.

No que se refere à charrua, não precisava de abastecimento para sua carga de escravos, porque os franceses a deixaram com tudo quanto havia dentro de mantimentos e carga, só levando o que encontraram no camarote e no convés e o que havia nos cofres. Se os escravos sofreram essa mortandade, com grande prejuízo para os negociantes, foi por culpa do capitão e do sobrecarga [antigamente assim chamado quem negociava o carregamento de um navio], e por causa do mau modo de agir do diretor.

O capitão e o sobrecarga fizeram levar todos os búzios e mantimentos que estavam a bordo para a fortaleza, pedindo ao diretor que lhes emprestasse um almoxarifado para recolher o que havia. O diretor colocou à disposição um almoxarifado que fica sob a casa onde ele mora, e o capitão e o sobrecarga fizeram-no guardião da chave, pensando ter seu capital protegido. O dito diretor aproveitou-se da noite para fazer transportar, por rapazes a seu serviço, quando estava fechada a porta do forte, os búzios para fora do almoxarifado, para sua casa. Mais de oitenta sacos foram assim desviados. Tive o cuidado de mandar vir à minha presença as pessoas que serviam tanto ao capitão e ao sobrecarga quanto ao diretor, e delas tomei conhecimento, de fonte segura, da usurpação que havia feito o diretor ao capital pertencente à charrua. Para terminar, o diretor aconselhou que se fizesse um leilão dos escravos, e naquele dia ele os comprou por um preço muito reduzido. Não sei se se trata de uma conspiração contra o dito diretor, mas de modo algum deve o proprietário da charrua suportar tal prejuízo.

O governador da Bahia, em carta ao ministro da Marinha e Ultramar de 29 de abril de 1795,[63] informava que o cúter *Neptuno* chegara à Bahia em 23 de abril com parte das tripulações, e que o mestre da embarcação lhe havia contado os acontecimentos passados em Ajudá, mas ainda não tinha recebido o relatório do diretor da fortaleza.

Ele dava o nome dos navios portugueses: a galera colocada sob a invocação do *Santíssimo Sacramento e Nossa Senhora da Penha*, o bergantim *Pinto Bandeira*, ambos da praça da Bahia, e a charrua de Paulo Jorge, chamada *Dois Irmãos*, vinda de Lisboa.

As embarcações que se encontravam em Porto Novo eram a corveta *Sororoca* com sua goleta, o cúter *Neptuno*, da praça da Bahia, e uma outra da ilha de São Tomé. Um navio sueco que lá se encontrava não foi queimado, sem dúvida devido à sua neutralidade, mas como havia a bordo um carregamento de tabaco vindo de Lisboa, jogaram-no ao mar, e libertaram os escravos do rei de Ardra. Anteriormente, a mesma esquadra francesa tinha apresado e queimado em Acra a corveta *Panella*, da Bahia.

Para justificar tal ação, o capitão da corveta *Eyriès* escrevia em um relatório em 1795:[64]

Há três fortes em Judá: um dos franceses (acho que este estabelecimento deve ser abandonado, visto que os republicanos não mais devem comerciar com escravos), um outro pertencente aos ingleses e um aos portugueses. Só se pode descer em terra com pirogas.

Daomé, rei de Judá, proíbe as potências europeias que estão em guerra de tomar qualquer embarcação no ancoradouro de Judá.

Como não devemos mais ter estabelecimento nas suas terras, podemos, apesar de suas proibições, apoderarmo-nos dos navios inimigos naquelas paragens.

TENTATIVA DE CONVERSÃO DO REI DO DAOMÉ

O diretor da fortaleza de São João de Ajudá, Francisco Antônio da Fonseca e Aragão, sem dúvida afetado por uma estadia muito prolongada na costa da África, não manifestava mais o bom zelo de outrora; não atormentava mais os "americanos" para obrigá-los a irem à missa, e negligenciava seriamente o serviço de Sua Majestade Fidelíssima, deixando cair em ruínas a fortaleza. Tampouco se preocupava, como o vimos, com a triste sorte dos marinheiros portugueses capturados pelos daomeanos.

O tenente do forte, Francisco Xavier Álvares do Amaral, que chegou em Uidá em 1791, influenciava Agonglô, rei do Daomé, e o aconselhava que mandasse uma embaixada, não para a Bahia, como Tegbessu em 1750, mas para Portugal, junto à rainha d. Maria, para propor que o comércio de escravos dos negociantes da Bahia fosse exclusivamente feito com Uidá.

Em 1795, o rei do Daomé mandava para a Bahia dois enviados acompanhados por Luiz Caetano, um intérprete mulato, escravo do diretor do forte de Ajudá, que fugira da casa de seu amo e se colocara sob a proteção do rei em Abomé.

O tenente estava nos piores termos com o seu diretor, e então organizou essa embaixada a fim de poder redigir, em nome do rei Agonglô, suas próprias queixas contra Francisco Antônio da Fonseca e Aragão, na tentativa de que o chamassem de volta. Ele encontrou na pessoa do intérprete um aliado cheio de boa vontade para ajudá-lo em tal empreitada. Essa embaixada partiu, sem pedir o parecer do diretor, e desembarcou na Bahia em 26 de maio de 1795.

Detalhes a respeito de como foram recebidos são dados no capítulo seguinte. Os dois embaixadores foram batizados em Lisboa; um deles morreu lá e o outro tornou-se cavaleiro da Ordem de Cristo. Este teve uma permanência agitada na Bahia, quando da sua volta. A sofreguidão em cortejar o "belo sexo" escandalizou o governador, que com alívio o viu embarcar em 29 de dezembro de 1796, a bordo da corveta *Nossa Senhora da Glória e Santa Anna*.

O governador Francisco Antônio da Fonseca e Aragão morreu nesse meio-tempo, e seu sucessor, Manoel Bastos Varela Pinto Pacheco, partia para assumir o cargo na mesma época.[65]

O embaixador do rei do Daomé estava acompanhado de dois sacerdotes católicos, Cypriano Pires Sardinha e Vicente Ferreira Pires, enviados pela rainha de Portugal, d. Maria, para tentar converter ao catolicismo o rei do Daomé.

Vicente Ferreira Pires deixou uma narração de sua missão.[66] Fez um relatório muito animado dessa viagem e daquilo que entreviu na corte do rei do Daomé. É cheio de preconceitos desfavoráveis sobre o que observou por lá e se exprime muitas vezes com violência, mas as informações que deu são repletas de interesse. Teve como informantes os infelizes portugueses prisioneiros do rei do Daomé.

No que se refere às suas atividades apostólicas, a narração é muito mais suspeita.

Em 6 de março, depois de 67 dias de travessia, os viajantes estavam à vista da África, ao largo da Costa da Malagueta. Daí, navegando ao longo da costa e parando de vez em quando para adquirir ouro, chegaram no dia 21 ao castelo de São Jorge da Mina, onde, pela primeira vez, é mencionada a presença do "nosso Director de Ajudá".[67] Como o governador da Bahia não se referia a ele como tendo viajado em companhia do embaixador e dos enviados apostólicos, faz-se supor que Manoel Bastos Varela Pinto Pacheco tenha ido até o castelo da Mina a bordo de um outro navio.

Depois de algumas outras escalas, acabaram chegando em Uidá em 8 de abril de 1797:[68]

> Para os aprestes necessários desembarcou o Diretor no dia 11 do dito, e no sucessivo eu, o Embaixador e o meu Companheiro, em uma grande canoa, que o mesmo Director havia mandado. [...] Portanto, dadas as providências pelo Director, aprontaram-se as macas em que eu e meu companheiro nos dirigimos à casa do Avogá, para depois seguirmos viagem com o Embaixador, na forma das ordens que levávamos, mas encontrando-se estas com as do rei do Dahomé, tivemos o desgosto, que nos fez saber o Avogá, de não ser permitido a nenhuma pessoa mais que ao Rei e aos brancos, o poderem andar em macas; e, portanto, não podia o Embaixador servir-se dessa comodidade; nem ele Avogá podia de seu motu-próprio, sem ordem do Rei, consentir em semelhante dispensa. Neste caso, bem a nosso pezar, deixamos o Embaixador.

Em 23 de abril, eles foram recebidos por Agonglô (a quem Vicente Ferreira Pires chama Adarunza VIII).[69] Após os cumprimentos e libações de uso, apresentaram o objeto de sua missão:[70]

O Príncipe nosso Senhor nos enviava para o batizarmos e faze-lo católico, se ele quizesse viver e morrer na verdadeira Lei de Deus, a cuja proposta ele, vindo-se cheio de satisfação, respondeu-nos que sim, e que isso mesmo era o que ele queria, e pelo que há muito suspirava, e portanto pretendia que nós logo, e sem dilação, o batisássemos. Fizemos-lhe saber que se não podia efetuar aquele batismo sem que primeiro o Rei visse se a Lei dos brancos lhe agradava e, justamente os preceitos da Lei de Deus, pois que este era o costume dos brancos, assim como se fez com o seu Embaixador em Portugal. Ao que ele então, cheio de um vivo desejo, nos disse que lhe explicássemos, por escrito, tudo quanto fosse preciso para o batismo, pois tinha quem soubesse ler a escrita portuguesa e assim mais depressa aprenderia a Lei de Deus e dos brancos.

Os dois bons padres, cheios de alegria, já se viam, depois da conversão do rei, prestes a colocar no caminho da salvação as almas de toda a população do Daomé e dos países circunvizinhos.

Terminada a audiência, retiraram-se para o palácio da Canamina, onde receberam por volta das oito horas da noite a visita do embaixador que desaparecera da narração desde o incidente das macas em Ajudá.

Uma semana se passou no trabalho de redação dos dez mandamentos, e também em preocupações mais materiais para obter uma dieta mais adequada a seus hábitos alimentares. Tiveram que sofrer igualmente seus primeiros acessos de febre:

Não deixamos de ter bastante desgosto quando no outro dia nos mandou dizer Meú que o Rei estava doente de bexigas [...]. Na madrugada do dia 1º de maio, pelas 4 horas,[71] ouvimos um estrépito e tal alarido para a situação onde ficava a morada do Rei, que assentamos ser o estrondo de um poderoso exército que entrasse pelo Palácio a fazer-lhe guerra, como já sabíamos era costume em semelhante país.

Contudo, a nossa presunção verificando-se passou ainda muito além das nossas ideias, pois que o Dogan, Irmão do Rei, sabendo o desígnio em que estava de se batizar, e que, portanto, com o seu grande poder levaria após de si a maior parte do seu povo, seguindo a religião católica; e explicando-se a ele que seu irmão queria fazer coisa que nenhum outro Rei havia feito [fez um arranjo com uma negra que era parente do rei] e com ela fez todos os partidos, e lhe prometeu que, a troco de ministrar-lhe o veneno em algum remédio que lhe fosse a dar, ele casaria com ela e ficaria sendo Rainha [...].[72] Ah! Leitor, julga então qual seria a amargura e penetrante dor que devorava os nossos corações, de uma parte como mais importante objeto, e o ardente desejo de verificarmos uma e tão justa incumbência; da outra parte a cruel moléstia, que tanto nos atacava, deixando-me apenas uma parte da razão livre para discorrer, e, por isso mesmo, era maior o meu sentimento.

Tudo isso fazia produzir em nós uma espécie de loucura, de tal forma que, mesmo assim abatido, instado da obrigação que a Lei e a Natureza impõem, saimos arrebatadamente ao campo, aonde com mais energia ouvimos os tristes gemidos dos exangues e moribundos, e onde também com maior força retumbavam nos nossos ouvidos o estrondo e atividade da artilharia e, finalmente, todo este espetáculo por certo nos fazia acreditar ser tambem dirigido ao nosso martírio. Sim, antes padecermos do que fomentarmos ideias de escapar do perigo.

[...] Té que, às 11 horas da noite, foi o mesmo Senhor Imenso servido inspirar no coração do bárbaro Meú, que por um moço seu em segredo nos mandou dizer, que não tivéssemos suste algum, pois que tudo estava sossegado [...].

[...] Na noite do dia 5 do dito mes, debaixo de todo o segredo e cautela, e com muita tropa, fizeram os Secretários mudar o Príncipe Ariconúm para o Palácio de Abomê, levando, além de todo este acompanhamento, a segurança do tremendo Pacca e o Attó, seu Ajudante, aonde chegado que foi tomou Ariconúm posse do Governo [com o nome de Adarunza ix (Adandozan)] não sem antes ter guerreado contra um de seus irmãos chamado Anibabel[73] e logo principiou a castigar os criminosos de Estado [...].

Vicente Ferreira Pires[74] assinala ter visto

entre as mulheres do defunto Rei [Agonglô] uma mulata [...] filha do Governador francez do porto de Ajudá, o qual por grandeza a foi oferecer ao Rei como Mulher. A infeliz coitadinha inda hoje suspira por se ver livre daquela vida, isenta daquele serralho onde vive sem religião, sendo criada com os inteiros conhecimentos da Lei de Deus.[75]

Enquanto aguardava ser recebido pelo novo rei, Vicente Ferreira Pires relata:[76]

Neste e em outros intervalos de tempo que tínhamos, em que falávamos com algumas pessoas da terra e com outros mulatos e pretos cristãos americanos [brasileiros], que por desgraçados alí existiam como cativos do Rei — pois que para se verem livres do cativeiro do Diretor de Ajudá[77] foram oferecer a cabeça ao Rei, proposta com a qual ficam isentos de outros que por naufragados alí deram à Costa, que de comum sempre nos acompanhavam na nossa choupana, talvez pela fome de que padeciam e [falta] de vestuário; deles inquirimos os usos e costumes mais célebres deste gentilíssimo onde estávamos metidos.

Passamos todo o dia 14 do dito,[78] em cujo tempo não peoramos e quase se pode dizer, a moléstia não fez termo. Neste dia, pela repartição de Meú recebemos um recado do Rei, a saber de nós, e assim mais um presente, que constava de dois panos da Costa e quatro dentes de elefante, cujo presente mandava o Rei a Seu Irmão Rei de Portugal; da mesma forma mandava, para cada um de nós, um pano, uma negra, e uma ancoreta de aguardente de cachaça, bem como um dos nossos barris de manteiga e mais cinquenta galinhas de búzio, dinheiro da terra […] tudo para despezas do caminho, ordenando-nos mais que à vista de qualquer melhora que tivéssemos nos fôssemos dele despedir para seguir viagem à Fortaleza; visto que ele estava com todo o cuidado na nossa moléstia, e muito mais, que não morrêssemos nos seus domínios […].

Em consequência das ordens que tínhamos recebido[79] e das diminutas melhoras que tínhamos no dia 4 de júlho, nas nossas costumadas carruagens seguimos em direitura ao Palácio de Abomê […] entramos pela palhoça onde o Rei estava disposto a receber-nos. Pouco em nós, só lhe ouvimos os sentimentos que ele mostrava a respeito da nossa moléstia. Nesta ocasião fez-nos entregar mais um pano de presente para o Príncipe de Portugal seu Irmão, mandando também dar a cada um de nós um pano; e concluído isto, despediu-se, certificando-nos que Meú seria o Portador que à Fortaleza fosse levar as Vias Reaes.

Tendo ainda perdido alguns dias,

na madrugada do dia 10 do dito partimos para a Fortaleza, passando por estes caminhos os costumados incômodos e sustos, té o dia 12, em que fomos pernoitar na nossa Fortaleza de Ajudá.

[...] Meu companheiro o Padre Cipriano Pires Sardinha [...] em menos de três dias perdeu o uso da fala, e os cincos dias sucessivos levou a agonizar té o dia 20 do dito, em que faleceu.

O padre Vicente Ferreira Pires teve então dificuldades com o diretor da fortaleza,[80] das quais não explica nem a causa nem a natureza, mas que o obrigaram a voltar para Abomé no dia 4 de setembro, aonde chegou no dia 9:

Apenas recebeu notícia, o rei veio do Seu Palácio d'Abomê nesta mesma noite para Canamina, a falar-me; [...] ele imediatamente ordenou que me retirasse para a Fortaleza na seguinte madrugada, aonde acharia todas as providências e ordens para a minha subsistência e transporte.

[...] Com efeito, partindo, cheguei à Fortaleza a 13 do dito. [...] Logo o Avogá, procurando-me, fez-me saber que tinha ordem de Meú e do Rei para me suprir com tudo té o dia em que eu embarcasse e que, na primeira embarcação que daquele porto saísse, eu nela havia de ir.

Parece que o padre Vicente Ferreira Pires sofria de delírio de perseguição, e atribuía ao diretor da fortaleza os mais sombrios propósitos, pois escreve que:

No dia 29 de outubro[81] do dito ano passei o tremendo banco, onde cuidei fosse a minha sepultura, já não tanto pelo perigo da passagem, porque era a segunda vez, mas porque é costume entre nossos europeus, aqueles que têm governo e inspecção, satisfazerem o seu ódio ou má vontade. Pois que nesta ocasião é o que fazem, para cujo efeito determinam ao piloto da canoa que a faça virar no banco; e se a desgraçada vítima do seu rancor vai só, e sabendo nadar, em vez de o salvarem os negros puxam-lhe pelas pernas, para mais depressa morrer. Se, com efeito, vão mais passageiros, vão salvando a todos, menos àquele que levou o sinete.

Este negócio custa uma ancoreta de aguardente e um rôlo de tabaco. [...] Meu susto era grande, ainda apezar de me ver prevenido trazendo ordem do Rei para o Avogá chamar os negros da canoa e dizer-lhes que o Rei não queria que uma só pinga d'água caisse no meu corpo, ou dentro da canôa.

Mas ainda não terminavam aí as emoções pelas quais iria passar o reverendo padre.[82]

Ao tempo em que estávamos para levar âncora nos apareceu uma nau, uma fragata e um brigue içando bandeira ingleza e firmando-a com um tiro de peça, ao que nós reconhecemos. Mas, pouco depois de estarmos juntos, içou bandeira franceza, com dois tiros de bala, e gritaram pela buzina que nos entregássemos e arriássemos as bandeiras, e que do contrário iríamos para o fundo, não havendo remédio senão em nos entregarmos.

E porque um dos navios portuguezes não arriou bandeira, logo lhe deram seis tiros de bala, em que lhe fizeram seu prejuízo, e logo arriou bandeira. Então vieram a nossos bordos os Oficiais e soldados francezes, e então fizeram as suas prezas na forma do costume, roubando, acutilando aqueles que lhes resistiam, ficando todos com a roupa só do corpo.

Que aflições então não seriam as minhas, em semelhante caso? Porém, a mesma moléstia fez com que eles por mim passassem deixando-me no camarote, sem que me fizessem mal; e assim se foram para os outros navios, deixando em todos sentinelas. O Governador francez da Fortaleza de terra, a quem o Rei do Dahomé havia posto uma grande palavra pela primeira desordem semelhante a esta que os francezes fizeram naquele porto, temendo que o Rei o mandasse matar, o que certamente lhe sucedia se não fugisse, pediu licença para ir a bordo da nau falar ao Comandante, afim de serenar aquela desordem.

O Avogá, fiado nesta promessa, o deixou ir, mas dizem que este já fôra com o sentido de fugir e na certeza de mais não voltar; e como este Governador fosse muito meu conhecido e do Capitão da nossa corveta, logo lhe escrevemos para que por nós se interessasse, pedindo aos francezes.

Com efeito, tivemos a felicidade de darem esta corveta por estar já pronta a sair, e nela meterem a companha dos dois navios para que todos se transportassem a suas terras, levando então eles todas as mais embarcações e o Governador.

Assim fizeram a sua presa em forma e com tiro de peça, e com esta máquina de gente, que fazia o número de 800 pessoas, entre cativos e equipagem, seguimos a nossa viagem em o $1^{\underline{o}}$ de Novembro para a Bahia, sempre em desordens de facadas e mortes, por não haver superior e todos serem iguaes, por causa dos francezes.

Três meses depois, em 16 de maio de 1798, o padre Vicente Ferreira Pires escrevia ao secretário de Estado em Lisboa, d. Rodrigo de Souza Coutinho: "Tendo chegado em 5 de fevereiro, único sobrevivente da missão apostólica enviada por Sua Alteza, D. João, impedido pela doença e seus trabalhos, não pude ir para a Corte no presente comboio, mas conto fazê-lo no próximo que sairá do Rio de Janeiro".[83]

Finalmente, em "1º de fevereiro de 1799, dia feliz, em que embarquei para Lisboa no Comboio, com viagem de 5 mezes e 7 dias feitos em 7 de júlho do mesmo ano, aonde finalizei a minha digressão".[84]

Alguns meses mais tarde, em 1800, ele oferecia a Sua Alteza Real, o príncipe regente, que o enviara em missão junto ao "Dagomé", o manuscrito conservado na Biblioteca da Ajuda, em Lisboa.

O padre Vicente especifica que as cartas escritas pelo rei (Adandozan) ao príncipe d. João de Portugal, e que ele transmitira, haviam-lhe sido enviadas para Ajudá pelo Meú.[85]

O governador da Bahia, para quem essas cartas foram encaminhadas em 26 de julho de 1799 de Lisboa para que desse seu parecer a respeito,[86] respondia em 18 de dezembro de 1799: "Esqueci de dizer a Vossa Excelência que parece que as cartas do príncipe do Dagomé estão escritas do próprio punho do padre Vicente Ferreira Pires".[87]

Três cartas foram assim retransmitidas para a Bahia. Ao examiná-las com atenção, é fácil verificar que a primeira parece autenticamente ditada por Adandozan, se comparada às outras mandadas por ele. Encontramos nessa carta a mesma preocupação de fazer com que o príncipe de Portugal envie aquilo que seu secretário denomina "galanterias" — isto é, esses objetos, artigos, peças de vestuário luxuosas e dignas de um grande rei, armas e munições para a guerra. É muito diferente das outras duas que, ao contrário, parecem ter sido inspiradas pelo padre Vicente ou pelo tenente Francisco Xavier Álvares do Amaral, que devia ter alguma parte no mal-entendido que surgiu entre o diretor e o padre Vicente.

Essa primeira carta, que coroava a missão apostólica, mensagem de príncipe para príncipe, era assim redigida, sem data:[88]

Sereníssimo Senhor,
Como eu estou tão acostumado a receber favores tão preclaros de V. Alteza

[gostaria que me fizesse] a honra de me mandar huma carruagem que seja boa, cuja despeza eu satisfarei na Fortaleza de V. Alteza, e igualmente quero que V. Alteza me faça o favor de mandar de Polvora duzentos ou trezentos barris, cujo bom pagamento eu farei em excelentes captivos na mesma Fortaleza de V. Alteza, cujo mesmo bom pagamento me obrigo a fazer por todas as pessas de seda que V. Alteza fizer remeter para a dita Fortaleza, com a cautela della as não partirem, e Espingarda das que uzão a gente de guerra de V. Alteza, e algumas mais curtas; chapeos de sol o mais grande que posção ser e ricos, e hú ou dous centos de xifarotes com os seos bocaes e ponteiras de prata que sejão bons, não passe de tres palmos e outro mais compridos, e alguns frascos lapidados grandes e pequenos para conservar bebidas, e algumas galanterias com que V. Alteza me queria fazer o favor honrar e mais doze cadeiras boas, e vinte e quatro chapeos de galão de prata e ouro, do que tudo eu farei bom pagamento em escravos bons no Forte de V. Alteza. Deus guarde a V. Alteza.

De V. Alteza seo Irmão,

Rey Dagomê.

E torno advertir a V. Alteza que os barris de polvora que [...] seja boa feita, com muita largura, por dentro que traga ou leve bastante polvora, e ha de ser madeira boa, que não bota polvora a perder.

Imaginamos que o padre Vicente, recebendo uma tal carta a ser transmitida ao príncipe, que o mandara converter o rei do Daomé e seu povo, não tinha um documento exaltante a apresentar a respeito de suas atividades missionárias.

Esse aspecto da sua viagem não é muito convincente. O extremo entusiasmo espontâneo de Agonglô para fazer-se batizar com urgências parece ou fruto da imaginação do padre Vicente, ou um meio para dar a impressão de que sua missão tinha encontrado perspectivas de sucesso. Justifica-se não haver tentado catequizar Adandozan devido às febres de que foi atacado, e esses argumentos são "atestados" na segunda carta do rei (ou atribuída ao rei, escrita pela mão do padre Vicente, de acordo com o parecer do governador da Bahia).[89]

Sereníssimo Senhor,

Recebeo o meo amado Pay com a ultima alegria os Padres e as Cartas que Vossa Alteza lhe enviou, e sobrevindo-lhe dentro em poucos dias a doença leve de poucas bexigas, se aproveitarão os opostos ao seo sistema a esta occazião e o matarão com veneno no termo de duas horas. Esta desgraça transtornou tudo quanto o Senhor Rey meo Pae tinha projectado, e inhabelitou me para eu poder condescender com a vontade de V. Alteza nem poder dar adiante hú so passo sem o Conselho dos meos secretarios. O meo Embaixador me certificou das muitas honras e grandezas com q. V. Alteza tanto enobreceo, favor que eu agradeço e jamais poderei compensar. Eu não pude viar o mesmo com os padres enviados por Vossa Alteza porque me não deo tempo a rigoroza molestia que os atacou por tres luas neste paiz.

Não tenho mais q. diga a V. Alteza senão que eu terei o último cuidado de que a sua Fortaleza seja respeitada com todos os seos officiaes, com aquele cuidado que me merece o affecto com que V. Alteza me estima.

Deus guarde V. Alteza muitos annos para gloria e felicidade dos seos Povos.

De V. Alteza,

O Irmão muito affectivo,

Adanruzan, Rey do Dagomê.

Remeteo a V. Alteza quatro dentes de Alefantes e dous panos de Alageres para o meo Irmão; perdoeme a pouca limitação [a modéstia do presente].

Essa carta, salvo o postscriptum, parece ter sido escrita por uma pessoa com um estilo melhor que o do padre Vicente, que era execrável. (Cláudio Ribeiro de Lessa fez uma análise pertinente sobre isso.)[90] É bem provável que tenha sido ditada pelo tenente Francisco Xavier Álvares do Amaral, que introduzia discreta alusão aos oficiais da fortaleza. Além disso, seu estilo não deixa de lembrar o das cartas oficiais do rei do Daomé, entregues aos embaixadores enviados a Portugal.[91]

E finalmente a terceira carta:[92]

Serenissimo Snr. D. João Príncipe de Portugal.

Meo Irmão. No dia 9 de Setembro de 1797 de mim se veio valer o Pe. Vicente Ferreira Pires; ainda doente como estava, depois de eu o ter despachado para Ajudá, queixandose com muita razão contra o Director agora vejo quando pode hú Director; eu ouvi tudo quanto me dice o Padre, e elle melhor lhe dirá, e para evitar muita escrita só digo que ultimamente [vem] dandolhe mil maltratação, que me dis o Pe. Vicente. Se hé assim ou não melhor lhe dira mesmo o Padre. O dito Director passou ordem ao Capitão do navio para não receber o Pe. Vicente a bordo do navio, e como foi Deos servido levar para si o Pe. Cipriano [...] o Pe. Vicente e he que me leva todas as ordens a V. Alteza. Escrevi ao dito Governador ou Director para deixar embarcar o Pe. Vicente a hir aos pés de V. Alteza, pois sou seo irmão, pesso lhe muito e dezejo que V. Alteza o despache a este Padre naquilo que elle pedir, pois muito merece pelos trabalhos e doenças que he compadecido. E mas não tenho que dizer a V. Alteza; que Deos guarde por muitos annos, Deos guarde por muito e muita felicidade para amparo de seos povos.

Seo Irmão muito obrigado,
Adanruza Rey de Dagomê.

O contraste é evidente entre as duas últimas cartas e a primeira. Com elas, o padre Vicente poderia apresentar-se de cabeça erguida diante de seu soberano. E não deixaria de fazê-lo, nem de importunar Sua Alteza Real com pedidos de cargos e prebendas para ele e seus filhos, pois, apesar do hábito, tinha tido dois filhos, e, como bom pai, preocupava-se com o futuro deles.[93]

Há um certo número de contradições ou de inexatidões na narrativa do padre Vicente, que fazem pensar que alguns episódios são de sua invenção. Ele diz com efeito que se achava a bordo de uma corveta portuguesa no momento do ataque dos corsários franceses correspondente à saída do governador francês, apesar de documentos irrefutáveis estabelecerem que esse acontecimento se tenha passado em 17 de agosto de 1797.

Não está claro como o padre Vicente pôde ir entre os dias 4 e 13 de setembro para Abomé e conseguir essa carta datada de 9 de setembro, ou seja, mais de três semanas depois de ter embarcado. Se ele inventou o episódio do ataque dos corsários franceses, também pode ter inventado o da viagem-relâmpago para Abomé, e a assinatura do rei do Daomé, que consistia em uma cruz, pode ter sido traçada pelo padre, que veremos ser tratado a seguir como "padre miserável" pelo governador da Bahia.

EXPULSÃO DE MANOEL BASTOS VARELA PINTO PACHECO E DE ALGUNS OUTROS DIRETORES DO FORTE PORTUGUÊS

Pouco tempo depois da partida do padre Vicente Ferreira Pires, o diretor da fortaleza, Manoel Bastos Varela Pinto Pacheco, foi expulso sem consideração.

Vergonhosamente despojado de suas vestes, amarrado, foi colocado a bordo de um dos navios de tráfico e enviado para a Bahia, sem poder levar seus pertences.[94]

Acompanhava-o uma carta, escrita para o rei do Daomé por um dos numerosos cativos portugueses que este guardava na corte de Abomé:[95]

Serenissimo Senhor,

Meu Irmão e Snr. muito da minha veneração. Em primeiro lugar, estimarey q. estas duas regras chegue aos pes de V. Alteza [seguem votos de que se encontre em boa saúde].

Meu Irmão e muito meu S^r, sirvo esta de lhe dar parte e quexas do meu e seu governador da fortaleza de Ajuda, que me fez o fidillisimo S^r a onra de me mandar, o qual sempre pensei sendo pr^a director do meu tempo, q' faziam boa companhia. Porem, tudo pello o contrario, pois todo q^{to} o dito me suplica são huas fallas dezatenta, couza nenhum dos Directores por mas vim não metem dito pois vão [...] que poso suplicar a V. Alteza porem a mayor queixas he [...] hum veneno chamado Ryzalgol, q' he os mesmos brancos, q'he couza muito ruím e q'videntemente dando embebida mata aqualquer pessoa ela. Como do dito Reçebo alguas bebidas e outros q'quer couza, mandey lhe pedir q' me mandou p^a botar fora [aquela] que matta; não me quis o dito Sn^r mas dar [por essa] razão remete o a V. Alteza o dito Director, q. não quero na minha terra, o fidellicimo Sn^r ha q' comsertar o forte com esta deza a bom saudasoens, mc fara m^{to} mandarme outro p^a sua fortaleza. [Após essas linhas, vemos numa linguagem pouco clara que pede um novo diretor; depois a carta toma forma mais inteligível.]

[...] Tambem dou parte a V. Alteza que o Director q'moreo, chamado Francisco Antonio [da Fonseca Aragão], tinha o defunto o meo pay dado 40 captivos para o dito o dispor em varias gallanterias. Moreo o d^o sem dar conta a d^o q^{to}, e como sabia desta devida o defunto tenente Francisco Alvares do Amaral, q' he do mesmo forte, e o cap^m Martins da Costa Lisboa, he q'levou os bens do d^o e como pago me tudo entregou o meu e o d^o Director. [Novo trecho confuso a respeito desse assunto de pagamento, donde se conclui que haviam falado mal dele.]

Nessa carta, encontra-se também que "pois ainda q'negro sou Snr. de Minha Terra". E parece pretender que os embaixadores "dividirão as lembranças mandadas da Bahia, que recuso pagar, pagarei somente as lembranças enviadas de Lisboa". Depois de outras frases confusas, termina afirmando que:

Meu Porto fica aberto pª as nassoens portuguezas [...] espero boa resposta e bonde do meu Irmão, não deixas a fortaleza dezamparada.

O çeo guarde a pesoa Rial por muitos annos.

Irmão muito afetivo,

Andaruzâ Rey do Dagomê.

Essa carta, retransmitida da Bahia para Lisboa em 28 de junho de 1799, estava acompanhada dos seguintes comentários:[96]

Remete-me V. Exª com o Officio de 26-VII-1799 passado, nº 40, humas cartas do Principe Dagomé escritas a Sua Alteza Real, para que informe se seria conveniente deixar lhe ainda os portugueses que lá ficarão, e se deve continuar esta correspondência com esperança de que elle produza alguma vantagem a Religião e ao Estado.

De acompanharem ao Embaixador deste Potentado que se retirou dessa Corte para o seu continente, os dois Padre Cypriano Pires Sardinha e Vicente Ferreira Pires, a fim de o cathequizarem nos princípios da Religião Catholica; nenhum fruto se tirou, como sempre prezumi desta providencia, por causa da barbaridade e ignorancia em que ali se vive, e por confiar receo do prestimo e talentos dos que forão encarregados de comissão tão delicada.

O governador, escrevendo para Lisboa a respeito do diretor Manoel Bastos Varela Pinto Pacheco, declarava:[97]

Não é possível fazer um inquérito localmente a respeito do que se passou, pois somente ficaram lá soldados negros a serviço de Sua Majestade. É junto dos capitães dos navios que fazem o tráfico de escravos que podemos ter as únicas informações, donde concluímos que as acusações feitas contra o diretor por Adandozan parecem desprovidas de base.

De acordo com a opinião do governador da Bahia, essas acusações tinham nascido possivelmente de pessoas que fomentavam intrigas e que apenas não gostavam dele, como o tenente daquela fortaleza, Francisco Xavier Álvares do Amaral, já falecido, e o padre Vicente Ferreira Pires, "um padre miserável, completamente desprovido de educação e tampouco capaz de preencher a missão para a qual tinha sido encarregado, por ordem real, de catequizar o rei Dagomê, pai do atual". Não é crível que ele tenha levado veneno consigo, como o indicava "em uma de suas cartas mal redigidas e provavelmente ditadas pelo próprio padre Vicente".

Logo que chegou à Bahia no navio negreiro, Manoel Bastos Varela Pinto Pacheco reembarcou a bordo do navio (de guerra?) *Infante D. Pedro* para expor suas desventuras à corte.[98] Em 11 de junho de 1800,[99] mandou três petições. Na primeira, pedia para ser nomeado governador da Paraíba, do Piauí ou de Sergipe, e lembrava que fora tenente comandante da fortaleza de São Sebastião no porto da ilha de São Tomé e diretor da de Ajudá. Na segunda, solicitava para continuar recebendo seu soldo de diretor do forte, de onde tinha sido expulso com violência pelo rei do Daomé. Na terceira, falava dos insultos que recebera do dito rei, com provas a seu favor.

O governador da Bahia, consultado a respeito das pretensões do antigo diretor, respondia em 12 de novembro de 1800:[100]

> O suplicante executou algumas ordens que lhe tinha dado, tocante ao serviço real, e fez o mesmo com aquelas dadas pela Fazenda Real a respeito da recuperação das somas devidas pelo seu predecessor Francisco Antonio da Fonseca e Aragão à mencionada Fazenda; não há dúvida a respeito das violências praticadas contra ele por ordem daquele potentado, naquele lugar em que nos é impossível ter uma força capaz de reprimir os excessos praticados por príncipes despóticos que não conhecem a civilidade e o direito das pessoas observadas pelas potências civilizadas.
>
> Quanto a lhe confiar o governo de uma das capitanias solicitadas por ele, em remuneração de seus serviços, considero que o suplicante não tem as qualidades necessárias para um daqueles empregos, pois mesmo que se trate de governos subalternos, eles são de uma certa importância, e é necessário que as pessoas que lá empreguemos tenham muita prudência, sagacidade e alguma instrução e conhecimentos; o que não possui, visto que o acho como tendo um talento médio, e uma falta de inteligência para empregos diferentes dos que já ocupou, e seus serviços passados não são tais que mereçam a recompensa que solicita.

E terminava sua carta, fazendo notar que, "bem que convenha castigar o príncipe Dagomé, os meios para fazê-lo serão custosos, enviando lá embaixo armamentos em um clima tão insalubre; e mesmo inúteis, pois este potentado vive no interior das terras, em um país pouco conhecido e envolto com um grande número de bárbaros, seus súditos".

Em 5 de setembro de 1800, o governador da Bahia respondeu a propósito da sugestão de Manoel Bastos Varela Pinto Pacheco a respeito da manutenção da fortaleza de Ajudá:[101]

A construção de uma fortaleza semelhante à de Porto Novo, na praia, na margem da lagoa, seria incomparavelmente mais útil e indicada para nosso comércio que aquela de Ajudá, porque ela poderia repelir não importa quais insultos do rei do Daomé, por mais poderosos que fossem, na praia. E o tráfico far-se-ia mais facilmente lá que indo três léguas ao interior das terras, como eram obrigados a fazê-lo os capitães em Ajudá.

Mas como é necessário que os materiais e os operários para esta edificação sejam enviados de São Tomé e da Bahia, e que isso requererá um gasto elevado, no momento em que as finanças reais encontram-se agravadas por outras despesas indispensáveis, julgo mais prudente preocupar-se simplesmente em desmantelar à fortaleza de Ajudá, ainda mais que o comércio se tem feito até aqui em Porto Novo, onde há uma grande afluência de escravos, mesmo que não tenha ali feitoria portuguesa.

Nesse meio-tempo, o governador havia escrito em 18 de dezembro de 1799:[102]

O emprego de tenente da fortaleza de Ajudá encontra-se vago pelo falecimento de Francisco Xavier Álvares, homem muito intrigante e que pode ter sido a causa pela qual aquele potentado tinha enviado uma embaixada a esta corte e de outras desordens, e que tinha ficado naquele posto por ordem do secretário de Estado porque gozava da estima de rei Dagomê. Tinha nomeado em seu lugar José Ferreira de Araújo, que fora suboficial do primeiro regimento de linha desta praça da Bahia, e o tinha empregado interinamente da direção do forte, enquanto o príncipe nosso senhor não se dignasse nomear um outro.

O governador anexava a cópia da carta confiada ao tenente para o rei do Daomé:[103]

Bahia, 14 de dezembro de 1799.

Ao muito grande e poderoso rei Dagomé, senhor de grandes exércitos.

Recebi a carta que o rei me enviou, expondo a causa do reenvio para esta cidade da Bahia do atual diretor Manoel Bastos Varela Barca. Ressenti-me que tenha dado motivo a semelhante ação, visto que se justifica atribuindo tudo à calúnia de algumas pessoas que não o estimavam; queixava-se de ter sido retirado violentamente desta fortaleza e conduzido a bordo da embarcação que o transportou ignominiosamente amarrado e maltratado. Mas penso que o rei não daria tais ordens a respeito de um vassalo da Coroa de Portugal, diretor de uma fortaleza, e não pode atribuir este fato senão a excessos praticados por algum súdito do rei. Nesta ocasião, o tenente José Ferreira de Araújo parte para esta mesma fortaleza, em substituição do defunto. Comandará enquanto Sua Alteza Real não nomeie novo diretor. Estou persuadido que merecerá toda a boa acolhida e ganhará vossa estima para que continue a boa harmonia e a amizade com a Coroa de Portugal, que contribui tanto ao aumento do comércio entre as duas potências.

O tenente Ferreira de Araújo não ficou lá muito tempo. Em 1801, era expulso e substituído por José Joaquim Marques da Graça, o antigo almoxarife do forte. Este, por sua vez, foi expulso em 1803. Uma carta do rei do Daomé dava o motivo:[104]

O tenente comandante, que se acha em meu porto no forte português, está perdendo completamente o comércio em meu porto. Uma charrua de Lisboa fazia o tráfico como de hábito; o dito comandante ensinou ao capitão a não fazer o pagamento na forma habitual. Ele diz ao capitão de não dar grandes ancoretas que tinha o costume de dar por cada cativo e mandou fabricar pequenas ancoretas para fazer o pagamento aos negociantes que não querem aceitá-las.

O rei de Portugal é meu irmão; é pois a ele que devo queixar-me das coisas más que fazem os portugueses em meu país. Enviai-me um governador para o forte português, porque se tem um governador no forte, se eu quiser alguma coisa, eu lhe peço; e se quer alguma coisa igualmente, ele deve pedir-me. Os tenentes são ridículos e não são pessoas de bem [...].

Amigo,

Adandouza Rei do Dagomé.

O governador da Bahia retransmitia essa carta para Lisboa em 20 de fevereiro de 1804, acompanhada dos seguintes comentários:[105]

O rei do Dagomé, tendo expulsado da fortaleza cesárea São João d'Ajudá o diretor interino, pelos motivos expostos na carta que me enviou no fim do ano passado, e julgando que é necessário enviar um oficial [...] Jacinto José de Souza, ajudante do 4º regimento de milícias desta cidade da Bahia, tendo me requerido a outorga deste posto em atenção aos 49 anos passados no serviço real, encarreguei-o daquele posto por decreto de 3 de fevereiro de 1804.

ABANDONO DO FORTE PORTUGUÊS DE AJUDÁ (UIDÁ)

Menos de um ano mais tarde, Jacinto José de Souza estava morto.[106] O almoxarife Francisco Xavier Rodrigues da Silva ficou como diretor da fortaleza.[107] Era auxiliado em sua tarefa pelo escrivão do almoxarife Francisco Félix de Souza, que se tornaria alguns anos depois o mais famoso negreiro do período de tráfico clandestino. Os primeiros traços de sua presença no forte de Ajudá remontam a 1803.[108] Francisco Félix de Souza tinha estabelecido naquele ano uma procuração a respeito de disposições financeiras tomadas por um funcionário do forte que queria que fossem pagos os emolumentos em Portugal. Esse documento estava assinado por Francisco Félix de Souza a título de "escrivão do almoxarife e tabelião". Teria sido o irmão do governador do forte, Jacinto José de Souza.[109] Francisco Félix de Souza saiu da Bahia em 1800 e estabeleceu-se em Badagri, onde florescia naquele tempo uma colônia de portugueses. Por ter sofrido alguns reveses comerciais, transferiu sua residência para Ajudá, entrando então nas funções indicadas no forte de São João. Dizem que obteve esse trabalho pela influência de seu irmão, que era diretor do forte. (O ato assinalado acima, datado de 1803, antes da chegada de Jacinto José de Souza em 1804, invalida essa suposição.)

Em 1806, ele ainda ocupava essas mesmas funções, e o governo do forte era garantido pelo chefe direto, o almoxarife. Faltam documentos a respeito do que se passou na fortaleza de Ajudá depois dessa época, além do fato de que ainda havia empregados por lá em 1815,[110] e que o forte, deixado ao abandono, era mantido só pelo "zelo de Francisco Félix de Souza e do tambor da antiga guarnição, um certo Taparica".[111]

ABANDONO DO FORTE FRANCÊS DE JUDÁ (UIDÁ)

Em 16 de março de 1798, o governador da Bahia fazia saber ao secretário de Estado em Lisboa que:[112]

> Dois corsários franceses, três mastros, chamados *Surprise* e *Vengeur*, chegando em Ajudá em 17 de agosto de 1797, lá encontraram duas corvetas portuguesas, *Graça* e *São João Nepomuceno*, pertencentes a esta praça da Bahia. Tomaram a primeira com toda a sua carga (tinha dois dias que chegara) e roubaram uma parte da segunda, tomando-lhe oitenta cativos que tinha a bordo. Passando no porto de Apé, levaram consigo igualmente toda a carga de um bergantim chamado *Zabumba*, e, entrando finalmente em Porto Novo, lá tomaram uma sumaca e a deram para transportar a tripulação do *Zabumba*.

O diretor do forte francês, antigamente chamado Denyau de la Garenne, depois da Revolução de 1789 tinha adotado o nome de Denyau.[113] Em 20 de agosto de 1797, a bordo do *Vengeur*, fundeado em Judá, ele escrevia para Pierre Bonon que, sendo forçado a seguir o destino do capitão francês, que não quis deixá-lo em terra após o rapto que fizera dos navios portugueses, iria ao Senegal, onde tinha ordens e provisões para Judá que não pudera mandar por falta de ocasião. Em consequência, Pierre Bonon, mulato livre, tomava a seu cargo e guardaria o forte da República francesa, velaria por sua conservação e pela segurança das coisas e das pessoas ligadas ao forte e mandaria fazer só os consertos urgentes. Pediria ao sr. Abson, governador inglês, para lhe dar uma situação das mercadorias, búzios e aguardente em depósito, e servir-se-ia deles para sua manutenção.

Pagaria ao rei os costumes de uso e, se pudesse, evitaria a viagem de Beaumé. Enfim, faria o melhor até que recebesse novas ordens ou que Denyau chegasse, o que não demoraria. Opor-se-ia fortemente a que o rei do Daomé fizesse alguma violência contra o forte ou contra os que lhe eram ligados, não tendo nenhuma ordem de abandoná-lo.

Velaria também todos os papéis e as roupas do diretor, a fim de que ninguém os tocasse, e, se pudesse, colocaria as despesas por escrito. Terminaria o jardim e teria tudo em bom estado.

Chegando em França, o cidadão Denyau, diretor da feitoria de Judá, escrevia ao cidadão Bruix, ministro da Marinha e das Colônias. Ocorre que o último diretor do forte francês Saint-Louis de Grégoy modificou totalmente o estilo de suas cartas. Alguns anos antes, sentia-se nelas o homem de bom-tom, começando por "Meu Senhor, tenho a honra de anunciar a Vossa Grandeza", e terminando por "Sou com respeito, Meu Senhor, vosso muito humilde e muito obediente servidor, Denyau de la Garenne".

Os tempos tinham mudado. Eis algumas amostras de seu novo estilo:

Paris, 25 nivoso, ano VII [Paris, 25º dia do quarto mês do calendário republicano, ano de 1799].

Cidadão Ministro,

Faz mais de seis meses que fui forçado a deixar a feitoria de Judá para vir dar conta ao governo da miséria em que se encontrava este estabelecimento, em razão do abandono em que se encontrava desde o ano II [...]. Coloquei em falta, mesmo com perigo de minha vida, a vigilância do Daomé [...]. Dei-lhe a garantia que iria trabalhar eficazmente para merecer a benevolência da Grande Nação e sobretudo para decidir obter os meios de lhe fazer pagar os costumes.

Escravo de minha palavra, queimo-me em provar a esse africano que a palavra de um francês é sagrada [...]. Saudações e Respeito.

Denyau.

Sénat, genro de Ollivier Montaguère, fez uma tentativa em 1803 para obter um posto de diretor do forte de Uidá, mas sem sucesso.

O forte continuava abandonado. Pierre Bonon ficara como governador interino, depois de ter sido almoxarife por trinta anos. Não recebia mais soldo.

Em 20 pluvioso, ano XI (vigésimo dia do quinto mês do calendário republicano, ano de 1803), o cidadão Hipolite Arnoux, comandante da corveta *L'Impatient*, entregava-lhe um certificado, renovando-lhe a direção do forte até nova disposição do ministro, e lhe mandava um jovem como ajudante para manter as escritas.

Muito curiosamente, tinham escolhido para esse cargo um semianalfabeto. Alguns extratos do último documento que existe a respeito da fortaleza Saint-Louis de Grégoy estão publicados em nota.[114]

ABANDONO DO FORTE INGLÊS DE WHYDAH (UIDÁ)

Desde 1790, uma certa inquietude reinava entre os empregados ingleses dos fortes na costa da África. Em 30 de abril de 1790, um deles escrevia de Cape Coast:[115]

Por informações de fonte privada de 7 de março último, como também por notícias impressas, percebemos que é mais ou menos a opinião geral de que somente a total abolição do tráfico de escravos poderá satisfazer o sr. Wilberforce e seus aderentes. Seria uma grande satisfação para nós, senhores, em particular, e para o serviço geral, se isto estivesse em vosso poder, se vós nos tivésseis comunicado informações a este respeito, graças às quais poderíamos ter estado em medida de acertar nossos negócios privados, a fim de que se esta abolição se instaurasse, pudéssemos realizar o que cada um de nós possui aqui, com as mínimas das desvantagens possíveis. Todo aviso e informação que pudesse nos favorecer neste respeito seria considerada como uma marca de vossa consideração.

Em 12 de março de 1797, o diretor de Cape Coast escrevia para Londres: "A situação de Whydah é alarmante; não temos novidades satisfatórias. Parece que ou o sr. Abson não tem tendência a obedecer a vossas e a nossas ordens, ou então está impedido de deixar o país pelo tirano daomeano. Nos dois casos, os negócios da companhia tendem rapidamente para a destruição".[116]

Em 10 de janeiro de 1804, o mesmo diretor de Cape Coast relatava: "Julgamos bom não nomear sucessor ao falecido sr. Abson, chefe do forte de Whydah, até que nos enviem ordens. O sr. James, cirurgião, continua encarregado pelo momento".[117]

Em 9 de maio de 1805, eles comunicavam laconicamente: "Não nomeamos nenhum oficial em Whydah".[118]

Uma comissão nomeada para fazer um inquérito sobre o estado dos fortes da companhia inglesa recomendava em um relatório de 22 de outubro de 1811 que "os fortes de Succondee, Commenda, Fantumquerry, Winnebah, Pram-

pram e Whydah sejam abandonados",[119] e que se o conjunto não o fosse, no que concernia a Whydah, não poderia haver questão de conservá-lo, pois tinha se tornado completamente inútil.

Portanto, tinha sido decidido autorizar a African Company a manter todos os fortes, à exceção do de Whydah, e era recomendado ao Parlamento não aprovar nenhum crédito para sua manutenção.

7. Embaixadas dos reis do Daomé e dos países vizinhos para a Bahia e Portugal

Um aspecto pouco conhecido das relações entre a Costa a Sotavento da Mina e a Bahia é o das diversas embaixadas enviadas pelos reis do Daomé, de Ardra (hoje Porto Novo) e de Onim (atual Lagos) para a Bahia e Lisboa.[1]

Entre 1750 e 1811, encontramos os traços de quatro embaixadas enviadas pelos reis do Daomé, duas tentativas infelizes dos reis de Onim e uma desse mesmo caráter por um rei de Ardra.

Na base dessas embaixadas encontramos algumas vezes razões triviais. A segunda embaixada do rei do Daomé parece ter sido provocada por um tenente do forte português de Uidá, desejoso de prejudicar seu diretor, e uma das embaixadas do rei de Onim é explicada como um subterfúgio utilizado por um capitão negreiro para salvar uma carga de tabaco em deterioração. Seja como for, isso mostra nos reis africanos, em sua relação com os negociantes, uma vontade de manter ligações comerciais estreitas entre seus países e a Bahia.

PRIMEIRA EMBAIXADA DO REI DO DAOMÉ (TEGBESSU), 1750

Nos capítulos anteriores, fizemos alusão aos desagradáveis incidentes que se desenrolaram em Ajudá: destruição de um forte pelas tropas do rei do Daomé e expulsão do diretor João Basílio, em 1743, e expulsão do reverendo padre Francisco do Espírito Santo e nomeação de Francisco Nunes, em 1746.

Em 25 de julho de 1747, Lisboa declarava que "seria justo que o régulo africano sofresse algum castigo que o obrigue a ter mais atenção e respeito pela nação portuguesa". Da Bahia respondiam que "a dificuldade reside no caminho a seguir, para que seja possível castigar o bárbaro Daomé sem prejudicar a extração dos escravos, que nos são tão necessários para as obras no Brasil".[2]

Em 13 de março de 1750, o vice-rei confirmava da Bahia: "Não há nenhum meio de intimidar os negros deste país. Não faltam, é verdade, outros portos nesta costa, mas serviria somente para experimentar os mesmos inconvenientes, insultos e incivilidades de semelhantes régulos".

Em 29 de junho de 1751, o mesmo vice-rei, conde de Atouguia, relatava para Sua Majestade:[3]

> O Daomé enviou para a Bahia dois mensageiros cumprimentar-me de sua parte, e pedir-me para continuar o comércio. Tinha sido avisado desta visita pelo diretor, Félix José de Gouvea, com o qual esta delegação se entendeu. Este diretor pensava também facilitar a extração dos escravos daquela costa, tão necessários a este Estado do Brasil, não somente para a utilização destes escravos, mas também para a saída de muito tabaco de terceira qualidade, um dos principais produtos desta praça da Bahia, que não tinha saída senão por aquele caminho.

Detalhes a respeito dessa embaixada são dados em uma pequena brochura, bastante rara, intitulada *Relaçam da Embayxada que mandou o poderoso Rey de Angome Kiay Chiri Broncom, Senhor dos dilatadissimos Sertoens de Guiné, enviou ao Illustrissimo e Excellentissimo Senhor D. Luiz Peregrino de Ataide, Conde de Atouguia* [seis linhas de títulos diversos] *e vice-rei do Estado do Brasil, pedindo a amizade e a alliança do muito Alto e muito Poderoso Rey de Portugal Nosso Senhor, escrito por J. F. M. M., Lisboa, 1751.*[4] Essa obra não tem mais de nove páginas de texto, onde o autor dá, para a parte africana de seu relato, informações um pouco fantasiosas. Chama o rei Tegbessu pelo nome de Kiay Chiri Broncom, e assinala como limites do Daomé o rio dos Bons Sinaes e o reino de Bonsolo, ao norte, e o reino do poderoso rei de Inhaque, ao sul. Coloca ao oeste o golfo do Benim, que se encontra na realidade ao sul, e aí situa o porto de Tanixumá.

296

Essa obra não faz nenhuma alusão ao forte português de Ajudá, nem aos acontecimentos que recentemente haviam provocado sua destruição parcial:

> O Rey, que actualmente domina o Estado de Angome, se chama Kiay Chiri Broncom. He amante da Nação Portugueza, a mais antiga no trato daquella Costa; e dezejando fazer hum tratado de amizade e comercio com o nosso Augusto Soberano, resolveo, para lhe fazer esta proposta, mandar huma embaixada ao Illustrissimo e Excellentissimo Conde de Atouguia, Vice-Rey do Brasil, de cujo generoso espirito e acertadas acçoens tinha ouvido repetidos applausos aos nossos Navegantes [portugueses].
>
> Elegeo para esta função hum dos vassallos da sua mayor confiança, chamado Churumé Nadir, moço de gentil presença e de aspecto nobre, e mandando-o recolher da Campanha, onde o servia, o encarregou da execução deste projecto. Dando-lhes as instrucçoens convenientes, o fez embarcar em hum navio pertencente a Luiz Coelho, morador da Bahia,[5] de que era Capitão Manoel Luiz da Costa, o qual se achava no porto de Tanixuma. Ordenou que o acompanhassem por seus Gentishomens dous Alcatys, titulos que no seu Paiz se dá aos que entre os mais tem distinção de nobres, cujos nomes proprios são, de hum, Grijocome Santolo, do outro Nenin Radix Grytonxon, para se instruirem na lingua e nos costumes dos Portuguezes.

José Freire de Monterroio Mascarenhas dá detalhes um pouco mais dignos de fé sobre a permanência dos embaixadores na Bahia. O autor, entretanto, não deixa de se lançar em descrições que nos parecem pouco fiéis, se compararmos os detalhes do protocolo das recepções e as roupas usadas por Churuma Nadir com aqueles dos embaixadores enviados em seguida para a Bahia e Lisboa.

O vice-rei, de seu lado, mostra-se infinitamente mais reservado e reticente em suas relações com o enviado de Tegbessu, de acordo com os documentos existentes nos arquivos da Bahia e de Lisboa.

José Freire de Monterroio Mascarenhas continua em seu relato:

> Embarcou-se o Embayxador com os dous Gentishomens, com hum interprete da sua Nação que sabia sufficientemente a lingua Portugueza, com a sua comitiva e com os presentes que o seu Rey destinava para a Magestade Fidellissima do nosso Rey e para o Conde, seu Vice-Rey no Brasil. Fretou a camara do navio, no qual

chegarão todos com bom successo ao porto da Cidade do Salvador da Bahia de Todos-os-Santos, na manhã do dia de S. Miguel, 29 de Setembro do anno de 1750.

Fez o Capitão logo avizo ao Excellentissimo Conde Vice-Rey das pessoas que trazia a seu bordo, e Sua Excellencia com a promtidão possivel fez todas as dispoziçoens convenientes para o Embaixador ser recebido e alojado com as honras decentes ao Ministro de hum Rey, cuja amizade he muy importante ao nosso comercio.

Ajustou com os RR.PP. da Companhia de Jesus que o hospedassem no seu Collegio e ordenou que hum Militar no seu escaler o fosse buscar a bordo, e que as Fortalezas o salvassem com a sua artilheria.

Os RR.PP. fizerão logo armar a salla em que costumão receber os Vice-Reys da India quando voltão daquelle Estado, ou a outras pessoas de grande distinção; todo o tecto armado de preciosas colchas e o pavimento de finissimas esteiras. Cadeira de espaldas magnificas e tamboretes almofadados, tudo guarnecido de franjas. Preparão-lhe huma camara rica em hum leito de evano, marchetado de marfim e de tartaruga; lançoes de Holanda, entremeados e guarnecidos de finissimas rendas de Flandres; cobertor de téla carmesi, com franjas e borlas correspondentes à sua riqueza, e tudo primorosamente coberto com hum véo de gaza.

Chegou o Embayxador a terra no escaler de Sua Excel., desembarcou no trapiche de Juliam, junto ao Forte de S. Francisco, que o recebeo com huma salva de toda a sua artilheria. Entrou logo em hum Palenquin, que ja achou pronto e armado de boas sedas, e os dous Gentishomens em duas cadeiras de mãos. O Embayxador he huma bem feita e nobre figura; trazia vestido hum roupão similhante á toga de hum Dezembargador com huma capa de veludo cor de nacar. Turbante com seu penacho mettido em hum caftão de ouro guarnecido de boas pedras.

Os dous Gentishomens são moços bem feitos e bem figurados, vestião ao uzo do seu Paiz, trazião quantidade de criados e quatro raparigas de idade de 10 annos nuas ao modo da sua terra, mas bem parecidas, as quaes chamão Mobandas, comitiva de que uzão por grandeza.

A esta grande novidade, nunca vista no Brasil, começou a concorrer gente de toda a parte, e o Embayxador, para evitar o embaraço que podia fazer-lhe o concurso de tanto povo, disse pelo seu interprete aos portadores do Palenquin e cadeirinhas que apressassem o passo; o que elles fizerão, e chegarão com mayor brevidade à o portaria do Collegio, onde os PP. os esperavão e o receberão com demonstraçoens de agrado e de respeito [...].

298

Logo que o Vice-Rey soube que o Embayxador tinha chegado ao Collegio, mandou huma guarda com seu Cabo para a portaria. Os PP., que a julgavão desnecessaria, persuadirão ao Embayxador que a despedisse; porém elle o não fez, dizendo que seria oppor-se ás dispoziçoens de Sua Excellencia, e mostrou-se-lhe pouco agradecido ao seu favor, e muito menos sendo huma honra que se lhe fazia em obsequio do seu Monarcha, a quem elle representava no Brasil; e que se daria por mal servido de que a regeitasse, e assim não podia seguir o seu conselho, como prejudicial ao respeito do Seu Soberano.

Pedio este Ministro dia para sua primeira audiencia; e o Conde, valendo-se de alguns pretextos, lha differio até o dia 22 de Outubro; sendo o fundamento desta demora, dar-lhe ocasião para que elle e a sua comitiva ajuizassem, pela magnificencia com que em parte tão distante se festejava o anniversario do nosso Soberano, qual he a grandeza deste Monarcha e quanta a veneração que os seus vassallos lhe tributão [...].[6]

Para suavizar ao Embayxador a impaciencia que sempre costumão produzir as dilaçoens, lhe mandou o Vice-Rey dizer que podia divertir-se vendo a Cidade e os seus contornos, as Igrejas, os Conventos e as Fortalezas, para o que lhe offereceo a sua Cadeira portatil e outras para os dous Fidalgos seus companheiros. Agradeceo esta offerta com demonstraçoens de obrigado, dizendo que nesta ocasião não podia aceitá-la; mas que a rezervava para depois de ter a sua primeira audiencia.

Intentou Sua Excellencia fazer vestidos ao Embayxador, e os dous Gentishomens, para que no dia da Embayxada apparecessem no traje Portuguez, e para este effeito mandou buscar a mais rica tela, o mais excellente veludo e os melhores damascos e brilhantes, que se puderão achar na Cidade, e lhos mandou à mostra, para que escolhessem, comunicando-lhes o para que. Não se agradou elle desta offerta, e mandou dizer que não carecia de vestidos para dar a sua Embayxada, porque delles vinha bem provido; nem elle a devia dar vestido à Portuguesa, mas ao uso de seu Pais, para representar o Rey, de quem era Ministro.

No meyo tempo desta demora lhes dava o seu Kalendario huma festa, que elles e os seus celebrarão, segundo o rito Gentilico que professão. Matarão muitas aves, e untando-se com o sangue dellas, fizerão banquetes de iguarias ao seu modo, e porque não usão de vinho nem de outras bebidas fortes,[7] brindarão à saúde do seu Monarcha e da felicidade do seu governo, com café e com chocolate, que o Conde Vice-Rey lhes mandava todas as manhãs.

Appareceo em fim o dia 22 de Outubro, destinado para esta grande função.

Ajuntarão-se por ordem de Sua Excellencia logo de madrugada, no terreiro do Collegio, de fronte ao alojamento do Embayxador, todos os Regimentos de Infantaria da guarnição da Cidade, e nelle se detiverão formados até as nove horas, em que desfilarão para a Praça, cada hum com os seus officiais na vanguarda, todos vestidos de galla, e depois de nella fazerem as costumadas continencias, se dividirão em varios corpos, que se postarão em differentes sitios. Achava-se o Palacio todo bem armado, o Vice-Rey debaixo de um rico doçel assistido de todo o Corpo do Senado e de toda a nobreza da Bahia, sem se ver outra couza mais que vestidos ricos e de bom gosto, tudo galhardia, tudo pompa. Havia se formado na praça hum navio de sufficiente grandeza ja de verga de alto, no qual com especiosa disposição se via hum Capitão no portaló vestido de panno verde com hum alfange na mão direita, embraçando com a esquerda um broquel. O Piloto na bitacula encaminhando o rumo, os marinheiros subindo pelas enxarcias para largarem o panno, e tudo tão artificiozamente disposto que se equivocava a vista, esperando quando levantava ferro, para se fazer à vela.

Assim como se ouvirão as dez horas no relogio da Sé, expedio o Conde Vice-Rey hum Sargento mór com dous Capitaens de infantaria, o convidar o Embayxador para vir ter a sua Audiencia, mandando-lhe a sua cadeira e outras duas para os Fidalgos que o acompanhavão. Todos se tinhão postos promptos, esperando este avizo. Estava o Embayxador vestido com hum sayal de tela carmesi, todo guarnecido de rendas de ouro crespas, com hũa especie de saya como de mulher, sem coz, a que elles dão o nome de Malaya,[8] tambem do mesmo estofo, todo guarnecido de franjas de seda, hum sendal curto com borlas pendentes e huma capa com huma grande cauda, como roupa Real, de tela frutacores, forrada de setim branco e com listas de cores differentes, Turbante magnifico e preciozo, e os borzeguins dourados. Os dous Fidalgos vestião pela mesma moda, mas com differença nas cores e nos estofos. Metterão-se nas cadeiras e os seguio a pé a sua comitiva por entre quantidade de plebe, e chegando à esquina de caza da moeda, se apearão das cadeiras e continuarão o caminho a pé para o Palacio com os seus criados, e as quatro raparigas vestidas ao uzo do seu Paiz com lenços envoltos nas cabeças, mas sem camizas. Ao entrar na Praça começarão, com o sinal prevenido de hum foguete, à salvá-lo o Navio que estava nella, e as Fortalezas do mar, com as descargas dos seus canhões, festejo que o uzo tem feito solemne, mas horrorozo, pois fere com o seu fogo os ares, e deixa com o seu estrondo magoados os ouvidos.

Entrou o Embaixador na salla com grande confiança, fazendo cortezias para huma e outra parte, observando huma gravidade sem affectação, até chegar ao lugar que o Conde Vice-Rey occupava; e não distinguindo a sua pessoa entre a magnificencia que divisava em todos, perguntou pelo seu interprete qual era, e logo, sem perder a soberania do seu aspecto, o cortejou primeiro à Portugueza com tres cortezias, feitas com muito ar, e immediatamente, ao modo do seu Paiz, prostrando-se por terra com os braços estendidos e as mãos huma sobre outra, e trincando os dedos, como castanhetas, ceremonia com que em Angome [Daomé] costumão venerar aos seus Reys, indicando-lhes deste modo o gosto com que lhes fazem esta prostração. Levantou-se, offereceo-lhe o Vice-Rey assento, para o que estava preparada huma cadeira junto à sua, que se distinguia só em ter nella hum cochim, porem elle o repugnou, dizendo que o assento se fizera para huma conversação dilatada e assim se não dava na sua Corte aos Embaixadores, cujo recado he sempre breve.

Tinha o Conde Vice-Rey junto a si dous Interpretes, hum Portuguez, que havia assistido em Angome, e hum mulato filho da Mina, que fallavão elegantemente a sua língua, e lhe explicavão o que dizia o Embayxador, e este fallou a Sua Excellencia nesta forma: Aquelle Alto e Soberano Senhor, Monarcha de todas as Naçoens da Gentilidade, assim as que habitão as Costas do Oceano como as que vivem nos dilatados Sertoens, de que ainda se não descobrio o fim, a quem temem os Povos de mayor valor, entre os quaes excede a todos o de Angome; dezeja aliar-se e tratar-se com muita amizade com o grande Senhor do Occidente, o Inclyto Rey de Portugal; e fazendo no seu Conselho eleyção da minha pessoa, pela fidelidade, zelo e segredo que em mim tem reconhecido, me fez recolher da Campanha, onde o servia, para mandar-me ao Brasil e concedendo-me todos os poderes da sua Real Pessoa, me ordenou faça a Vossa Excellencia nesta tosca representação as asseveraçoens do seu dezejo. Por mim envia saudar a Vossa Excellencia, não obstante a differença que a Religião tem feito entre o Christão e o Gentio; porque aquelle Altissimo Senhor, que, sem a minima duvida, creou este Orbe e a immensidade do firmamento que aos nossos olhos se apozenta, não prohibe a comunicação dos que vivem em diferentes leys, nem a paz e a boa amizade que tanto convem ao comercio dos viventes. Esta amizade, que dezeja com a Coroa de Portugal, promette, com a palavra de Rey, observar fielmente, e na falta da Sua Pessoa, deixa-la recomendada aos seus sucessores. A prova da verdade das minhas expressoens verá Vossa Excellencia firmada com o Signete Real da sua grandeza.

A este tempo tirou do seyo huma Carta e a entregou ao Conde, recomendando-lhe o segredo della; e continuou dizendo: Receba Vossa Excellencia esta reprezentação da parte daquelle grande Monarcha, que o elegeo para occupar este lugar. O Prezente ven dentro do Pacote, que mandarei entregar logo a Vossa Excellencia, a cujos pés ponho na prezença de todo este auditorio a minha pessoa.

Tenho satisfeito ao que o meu Soberano me encarregou. O segredo, que Vossa Excellencia verá na sua Carta, não será publico nem manifesto sem expressa Ordem do Seu Soberano Monarcha e do meu grande Rey de Angome.

Despedio-se com estas ultimas palavras, e com as mesmas cortezias. Foi reconduzido com igual acompanhamento ao Collegio em que estava alojado e chegando à Portaria mandou dar vinte moedas de ouro aos Negros da cadeira do Vice--Rey, em que tinha ido. Oppunhão-se os Officiaes Militares que o acompanharão a esta dadiva, persuadindo aos Negros a que não aceitassem; o que elle rebateo dizendo que ninguem tinha jurisdição para limitar as acçoens dos Principes.

Mandou pouco depois os presentes que trazia do seu Rey. Estes constavão de dous caixoens chapeados de ferro com as fechaduras lavradas, um para o nosso Augustissimo Rey, outro para o Conde com as quatro Negrinhas. Correo a vóz de que tambem fez hum prezente ao Conde de cem Negros para o servirem. Póde ser se equivocasse o vulgo com a carregação do Navio em que o Embayxador veyo de Angome.

Sem embargo da permissão que o Conde Vice-Rey lhe havia concedido para ver a Cidade e as couzas que nella ha de mais grandeza, se não aproveitou o Embayxador della antes da sua primeira audiencia. Depois o fez, acompanhado de hum Ajudante e quatro Sargentos que o Vice-Rey mandou para lhe assistirem e mostrarem as Fortalezas, Conventos, Igrejas e tudo o que ha mais digno da curiosidade. Em alguns Conventos se lhe offerecerão refrescos. Observou-se que aprenzentando-lhe o Guardião de hum dos Franciscanos vinho e doce o não aceitou, dizendo que nunca o bebera.

Nunca se divulgou nunca nem o que a Carta continha, nem o que os cayxoens encerravão.

Correo em Lisboa que chegara da Bahia hum dos cayxoens para Sua Magestade, e tres Negrinhas.

Certos detalhes desse relato são confirmados por documentos encontrados nos arquivos da Bahia e de Lisboa,[9] nos quais o vice-rei faz saber que tinha efetivamente hospedado no colégio da Companhia de Jesus os dois enviados (e não a numerosa delegação descrita por J. F. M. M.), e também que todas as despesas da estadia foram pagas pela Fazenda Real de Portugal e que os enviados lhe ofereceram uma caixa contendo panos daquela costa (isso desvenda o segredo do misterioso conteúdo das caixas que menciona J. F. M. M.) e quatro negras. Tudo isso foi expedido ao rei de Portugal, à exceção de uma das negras, que tinha perdido a visão depois de sua chegada à Bahia.

Ele não fez alusão ao conteúdo da carta, mas o vice-rei confirma ter recebido os embaixadores em audiência no dia do aniversário do rei de Portugal (João V, cuja morte ainda ignorava),[10] mandando dizer aos enviados de Tegbessu:

> Como o Daomé violou tão escandalosamente a boa-fé com a qual vinha a ele a nação portuguesa, não pode nem fiar-se aos seus protestos, nem menos ainda receber mensagens de sua parte ou os reconhecer por seus ministros, e a recepção que lhes tinha feito não era mais que uma simples demonstração de hospitalidade que Sua Majestade tem o hábito de oferecer aos estrangeiros que algum incidente ou necessidade comercial fazem vir a seus portos.
>
> Mas se o Daomé deseja o comércio com a nação portuguesa, deve previamente mandar colocar a fortaleza de Ajudá no estado em que ela estava antes que seu exército a invadisse, e restituir aos particulares os escravos e mercadorias levadas, porque sem o cumprimento dessas condições é impossível consentir qualquer comércio com ele, e se Sua Majestade não estivesse persuadida de que a fortaleza de Ajudá, dominada por seu real pavilhão, tivesse direito em todos os tempos ao mesmo respeito que se ela estivesse situada em suas próprias possessões, não teria consentido em uma construção, engajando tais despesas de sua Fazenda Real como em Ajudá, e após isso os tinha despedido.

Pouco tempo depois, em 21 de outubro de 1751, o secretário de Estado informava ao vice-rei:[11]

> Entreguei a Sua Majestade vosso ofício de 6 de abril.
>
> Tão logo chegou o navio de licença, mandei desembarcar as três negras e o pacote de panos da Costa da Mina; tudo foi enviado ao Palácio, onde as três negras servem no quarto da Rainha.
>
> Sua Majestade recomenda vivamente a Vossa Excelência de manter a melhor

harmonia possível com o Daomé, para a conservação da fortaleza de Ajudá, e de lá fazer o comércio dos escravos para a manutenção deste Estado do Brasil.

Como parecera necessário ao vice-rei que os enviados do Daomé levassem algum presente em recompensa daquele que haviam trazido, ele dera ordens de "preparar uma roupa de acordo com o costume de seu país, e a tinha mandado entregar no momento de seu embarque. Despesa que, como aquela de sua estadia, tinha sido imputada à consignação da feitoria de Ajudá".[12]

Essa embaixada retornava para a Costa da Mina em 12 de abril de 1751, a bordo do *Bom Jesus d'Além — Nossa Senhora da Esperança*, cujo capitão era Mathias Barboza.[13]

PRIMEIROS ENVIADOS DO REI DE ONIM (LAGOS), 1770

Veremos mais tarde[14] a má sorte de que foi vítima João de Oliveira, africano, antigo escravo liberto que voltava para a Bahia com a idade de setenta anos, em 1770, após 37 anos passados fazendo o tráfico de escravos na Costa a Sotavento da Mina. Vindo retirar-se nesta cidade da Bahia, tinha desastradamente tomado passagem em um navio, *Nossa Senhora da Conceição e Almas*, que transportava mercadorias de contrabando pertencentes a um outro passageiro, circunstância que o fez ser preso para investigação: "Todos os seus bens foram sequestrados durante um mês. Dos 79 escravos machos que figuravam no inventário, somente 69 estavam ainda em vida quando lhe foram restituídos. Quatro dentre eles eram negros livres, cabeceiras do rei de Onim, que os tinha enviado como tal para acompanhar o sequestrado àquela cidade". Assim diziam os termos do processo, e deviam retornar para junto do mesmo rei em Onim. Devido às circunstâncias desagradáveis que tinham envolvido a chegada na Bahia do infeliz João de Oliveira, não tiveram outra saída senão tomar o caminho de volta.

Além desses enviados e embaixadores, numerosos africanos livres iam para a Bahia, seja para entregar-se ao comércio, seja para receber educação. Entre esses últimos, encontravam-se filhos de cabeceiras ou mesmo de reinantes.

E foi assim que Guinguin, rei de Badagri, fora sequestrado em 1781 por seus súditos e entregue a bordo de um navio português para ser levado ao Brasil, onde foi educado. Forneceram-lhe vinte escravos para sua subsistência.[15]

Ele (ou um de seus filhos) voltou em 1787, época sobre a qual Gourg escreve que "um descendente de Guinguin, antigo rei de Badagri, acaba de chegar do Brasil, onde tinha se refugiado, e pede a ajuda dos reis de Ardres e de Onim para subir ao trono de seus ancestrais".[16]

B. Campbell, cônsul britânico naquele lugar, escrevia: "Kosoko, quando estava no auge de seu poder como rei de Lagos, foi importunado pelos mercadores de escravos para que enviasse alguns de seus filhos a receber uma educação na Bahia. Enviou três filhos escravos que foram muito bem tratados na Bahia, como se fossem príncipes. [...] Eles são agora seus empregados, e um dentre eles disse-me que eram amavelmente tratados".[17]

Entre as cartas encontradas no palácio de Kosoko, quando do ataque de Lagos pelo comodoro Bruce,[18] existem duas escritas pelo capitão Désonnais, comandante do vaso *L'Industrie*, de Nantes.

Na primeira, de 16 de março de 1850, informava ao rei Kosoko que tinha recebido a bordo a visita de seu cabeceira, portador de sua bengala (recado). Enviava-lhe pelo escaler tudo o que tinha para ele, e muito civilmente lhe levava uma caixa de vinho Muscadet de seu país, que rogava ao rei aceitar, em sinal de respeito de sua parte.

Na segunda, de 28 de agosto do mesmo ano, informava-lhe que tinha a bordo seus três filhos, o sr. Simplício, o sr. Lourenço e o sr. Camílio, que estavam em perfeita saúde, ainda que no momento de embarcar estivessem em um estado de saúde deplorável. Graças à Providência, pôde salvá-los da febre (amarela) que reinava na Bahia e, como eles mesmos o disseram, tratou-os como se fossem seus próprios filhos, e para isso tinha somente necessidade de lembrar-se que eles eram filhos de um de seus melhores amigos.

SEGUNDA EMBAIXADA DO REI DO DAOMÉ (AGONGLÔ), 1795

Foi dito anteriormente que o tenente Francisco Xavier Álvares do Amaral tinha feito com que Agonglô, rei do Daomé, decidisse enviar dois embaixadores para a rainha d. Maria de Portugal, para propor que os negociantes da Bahia fizessem seu comércio com exclusividade em Uidá. O tenente do forte português estava em muito maus termos com seu diretor, Francisco Antônio da Fonseca e Aragão, e tinha redigido ele próprio, com o desconhecimento deste último, as cartas endereçadas pelo rei Agonglô à rainha de Portugal e ao governador da Bahia. Ele apresentou tais cartas sob forma de petição contra o diretor do forte de São João de Ajudá, revelando as diversas faltas e abusos por este cometidos. Eram as próprias queixas do tenente que estavam assim expostas. Para maior segurança, fez acompanhar os dois mensageiros do rei por um intérprete chamado Luiz Caetano, um escravo mulato pertencente ao diretor do forte de Ajudá que tinha fugido e pedido proteção ao rei Agonglô.

O texto da carta do rei do Daomé era o seguinte:[19]

Abomé, 20 de março de 1795.

Envio na presença de Vossa Excelência meu branco chamado Luiz Caetano, e com ele dois embaixadores cuja missão vos é já conhecida [exclusividade do tráfico do Brasil para Ajudá].

E acrescentava:

Garanto a Vossa Excelência que nenhum [dos capitães] sofrerá perdas em meu porto, e que podem levar seda, ouro trabalhado e prata sob a forma que queiram, em obra ou a peso. Para isso lá tem cativos em excesso, a mais daqueles que se vendem contra o tabaco e aguardente, como o sabem aliás os capitães.

Em 21 de outubro de 1795, o governador da Bahia, Fernando José de Portugal, enviava um ofício ao secretário de Estado em Lisboa, Luiz Pinto de Souza Coutinho, informando:[20]

Em a Corveta *Santissimo Sacramento e São Francisco das Chagas*, de que he Mestre Manoel Jorge Martins, que entrou neste Porto vinda da Costa da Mina em vinte e seis do mez de Maio passado, chegarão dous Embaixadores da parte do Rey do Dagomé com Cartas para este Governo e para sua Magestade, e entrando em duvida sobre a formalidade que com elles devera praticar, por serem pouco frequentes neste Paiz similhantes embaixadas, examinando para esse fin os livros da Secretaria, me constou que no anno de mil sete centos e sincoenta, sendo Vice Rey do Estado do Brasil o Conde de Atouguia, viera a esta Cidade hum mensageiro com o seu Secretariado da parte do mesmo Rey, a dar-lhe as boas vindas e a pedir a continuação do comercio, os quaes forão hospedados no Colegio da Companhia, onde se lhe fizerão as despezas do seu sustento e trato por conta da Fazenda Real, que forão aprovadas por Provisão de dezassete de Julho de mil sete centos e cincoenta e dous, numero primeiro, alem de outras distinçoens que o mesmo Vice Rey com elles praticára; a vista de similhante exemplo, os fiz conduzir por hum Capitão de Infantaria de hum dos Regimentos desta Cidade para o Convento dos Religiosos Franciscanos, onde forão hospedados e sustentados com decencia à custa de Sua Magestade, mandando-lhes fazer huma roupas compridas de seda para se me aprezentarem, por virem unicamente cobertos com hum pano da Costa sem mais alguma roupa, e sem pessoa alguma incumbida de os servir, a excepção do mesmo Lingoa escravo do atual Diretor da nossa Fortaleza de Ajudá, que havia annos tinha fugido de seu Senhor e buscado a protecção dáquelle Potentado. Chegando o dia de Corpo de Deos, depois de acabada a Procissão, vierão dar a Sua audiencia, escolhendo este dia por se achar a Tropa postada a imitação do que praticara o mesmo Vice Rey, que destinou para os receber o dia dos Annos do Senhor Rey Dom João Quinto, de Gloriosa Memoria.

Logo que se me apresentarão, me entregarão a carta da copia junta, numero segundo, dizendo-me que trazião outra para Sua Magestade, que não sei se contem o mesmo negocio ou outro differente, e nessa incerteza vou expór a V. Ex^{ca} que pertendo responder a sobredita carta, não sendo de nenhum modo conveniente aos interesses do Estado a pertenção do dito Rey Dagome.

He impraticavel o Comercio privativo do Porto de Ajudá, como elle pertende, por muitas consideraçoens.

Primeira, por que concorrendo em algumas occazioens cinco ou seis embarcaçoens deste Porto nos da Costa da Mina a fazerem o resgate dos escravos, se forem brigadas todas a fazelo no Porto de Ajuda, necessariamente hão de sofrer grande detrimento, não só pela grande demora que de necessidade hão de experimentar, com a qual se hade arruinar o Tabaco e consumir os mantimentos para a torna viagem, mas tãobem por que o dito Potentado augmentará excessivamente o preço dos escravos como costuma, logo que no dito Porto entra alguma embarcação, estando la outra pedindo por cada hum delles quatorze rolos em lugar de doze que dantes pertendia.

Segunda, porque não terão os Mestres das Embarcaçoens liberdade que escolherem os escravos e serão obrigados a aceitar os que lhes quizer dar o mesmo Potentado, pelo preço por elle arbitrado.

Terceira, porque em todos os mais Portos daquella Costa se resgatão os escravos por muito menor numero de rolos do que no Porto de Ajudá, não devendo ser privados desta comodidade nem os que se empregão neste comercio, de tanto risco e despeza, nem igualmente a Lavoira da utilidade de comprar a melhor preço os escravos resgatados nos outros Portos.

Ponho na Prezença de V. Ex^ca estas reflexoens na perzunsão de que a resposta que se der ao Potentado Dagomé, fundada sobre ellas, será sem duvida a mais conveniente aos interesses de Sua Magestade e das Conquistas; ignoro se elle se queixa tãobem à mesma Senhora do actual Director Francisco Antonio da Fonseca e Aragão, mas no cazo que assim seja, como prezume o mesmo Diretor na Carta que me escreve,[21] numero terceiro, está dada para o futuro a providencia, por se achar nomeado Manoel Bastos Varela Barca para lhe succeder naquelle emprego, como he constante pelos papeis publicos.

Como entre os Potentados e Regulos da Costa d'Africa reina ainda muito a barbaridade e grosseria, e se não praticão aquellas formalidades que a civilidade e a politica tem introduzido entre os Principes Europeos para tratarem mutuamente as suas negociaçoens, não he de admirar que estes chamados Embaixadores se aprezentassem sem fausto e sem ostentação e que eu os reconhecesse como taes, para merecerem alguma attenção, e contemplação à vista da carta que me aprezentarão do Rey Dagomé, escripta pelo Tenente da nossa Fortaleza de Ajudá, a quem elle mandára chamar para esse fim, e da participação que me fez o mesmo Director da sua vinda, e da consideração de que convem a boa armonia com este Potentado sumamente ambiciozo e soberbo, em razão do comercio do resgate dos escravos tão interessante à Real Fazenda e tão necessario para a subzistencia da Lavoura destas Colonias.

Nesta embarcação que segue viagem para essa Costa [corveta *Nossa Senhora da Glória e Santa Anna*] os fiz embarcar, por me requerer o mesmo Rey Dagomé na carta que me escreveo que na primeira occazião que se offerecesse os enviasse a Prezença de Sua Magestade; ao Mestre da mesma embarcação ordenei os tratasse com decencia e os não deixasse desembarcar sem pozitiva ordem de V. Ex^ca, e por conta da Real Fazenda lhe mandei satisfazer toda a despeza que com elles houvesse de fazer no seu transporte.

Luiz Pinto de Souza Coutinho respondia ao governador da Bahia em 5 de janeiro de 1796:[22]

Os embaixadores chegaram bem a bordo da dita corveta. Tudo o que fizestes a respeito dos embaixadores mereceu a real aprovação de Sua Majestade, e todas as reflexões feitas por vós a respeito do comércio de Ajudá parecem pertinentes. A rainha ordena que respondeis neste sentido com toda a moderação e polidez que saiba usar Vossa Excelência.

Sua Majestade, vendo que o tenente-diretor parece ser o favorito do dito rei, julga preferível deixá-lo para o momento no mesmo cargo para não escandalizar.

O rei do Daomé escrevia em 20 de março de 1795 uma longa carta,[23] da qual demos um trecho em outro capítulo,[24] a respeito da conduta do diretor do forte português quando da passagem por Uidá dos corsários franceses. Essa carta começava muito nobremente:

Fidelíssima Dama Dona Maria Primeira.

Lembrando-me da grande amizade que o Rei Meu Senhor e Pai, que tenha as santas glórias, e os outros Senhores Reis seus predecessores sempre conservaram com Vossa Majestade e com seus leais vassalos, tanto diretores que negociantes, que vieram a este porto, e eu mesmo querendo esta amizade, boa união e paz fiel com Vossa Majestade, e que desta maneira meu porto seja frequentado pelas embarcações portuguesas, para lucro tanto dos leais vassalos de Vossa Majestade como dos meus, e que nossos tesouros cresçam e aumentem.

Mas como não pode haver uma amizade firme e fiel entre os soberanos quando os vassalos, pouco fiéis às leis de seus monarcas, de qualquer uma das partes as transgridem para aumentarem sua fortuna pelo espírito de ambição e de avareza que os domina, não levando em conta a honra com a qual devem servir o cargo que seu soberano lhes confiou, a razão desta minha narrativa é exposta em seguida:

Vossa Majestade dignou-se enviar como diretor da fortaleza que se acha em meu porto a Francisco Antonio da Fonseca e Aragão, o qual esquece completamente as obrigações de seu cargo, preocupado somente em aumentar suas próprias finanças, desinteressando-se completamente do cargo que Vossa Majestade lhe confiou. Depois de ter tomado posse do governo, faz seis anos, depois da morte de meu pai amado Rei, Senhor e Pai, informei-me da maneira de viver do diretor e como serve Vossa Majestade. De acordo com as justas leis que Vossa Majestade fez para o bem de seu real serviço, julgo que as transgrediu; da mesma maneira escandalizei-me de ter ele faltado às obrigações que deve a seu cargo.

Há numerosos anos já, bem antes de meu governo, que na fortaleza encontram-se dois bastiões desmoronados do lado da praia e sua artilharia desmontada, sem a carreta dos canhões e incapaz de servir em caso de necessidade. Estes bastiões, sendo daquele lado as principais defesas, tanto da mesma fortaleza quando de meu país, os cabeceiras que tenho naquele lugar me informarem do estado das fortalezas, dizem-me todos que a francesa e a inglesa estão em boa ordem e que aquela de vossa terra encontra-se no estado já indicado, com os bastiões desmoronados pelo chão e sua artilharia derrubada. Quis saber do próprio diretor o motivo pelo qual mantinha a fortaleza em semelhante estado. Respondeu-me que não tinha ferramentas com as quais trabalhar, tanto na tarefa de levantar os bastiões, que para fazer a carreta dos canhões.

Desculpa que aceitei, sabendo que o diretor foi enviado por Vossa Majestade, mas os bastiões são construídos de terra e erguidos pelos soldados da fortaleza, aos quais Vossa Majestade, por real grandeza, manda dar um soldo diário, e não faz outra despesa fora daquele soldo. Não quero que Vossa Majestade faça despesas importantes, esta fortaleza estando em meu país para minha defesa, as carretas dos canhões podendo ser fabricadas na fortaleza mesmo, pois em meu país existe madeira e, na fortaleza, soldados carpinteiros.

Sei que nos anos de 1791 um tenente veio para a dita fortaleza, e no mesmo ano o diretor o enviou para a cidade da Bahia para procurar ferramentas e outros detalhes para as obras. No ano de 1792 a fortaleza foi provida de todo o necessário para sua execução,[25] e até o presente ano de 1795 encontra-se no mesmo estado; ele quer que as carretas dos canhões venham da cidade da Bahia, quando Vossa Majestade não deve fazer semelhantes despesas.

Existe em meu país, como já o disse, madeira para fazer este trabalho com uma despesa muito reduzida.

Esta é a conduta do diretor, e ele uma tal baixeza de espírito que se serve do nome de Vossa Majestade, em seu Real Serviço, para ganhar três cortes de panicule [fazenda] de cada navio da nação que vem negociar neste porto, e a fortaleza lhe fornece um padeiro, dois carregadores de água e uma lavadeira, escolhidos entre as pessoas de sua localidade, além do que os ditos capitães dão, no fim das operações, um rolo de tabaco a cada um de seus servidores e um corte de panicule para seu vestuário; e como é costume que os capitães enviem as ditas panicules ao diretor, para entregá-las aos servidores, ele as guarda para si, e tem a audácia de dizer que são para fazer pavilhões para a fortaleza e mortalhas para os soldados que morrem. Esta ação espanta os estrangeiros pois sabemos, eu e todos, que da cidade da Bahia vem tudo o que é necessário para a fortaleza, e ainda mais, em matéria de pavilhões; que dois pavilhões vieram da Bahia nos anos de 1792, e mortalhas para os mortos e outras despesas estão a cargo da fazenda real de Vossa Majestade, pela cidade da Bahia. Enfim, não penso que possa ter aí ações que possam ser feitas por um espírito mais vil. Assim, espero que Vossa Majestade agirá contra um homem semelhante com a retidão de sua Real Justiça.

Eis o que eu tinha de informar a Vossa Majestade. Espero ver castigar de maneira exemplar [o diretor], como é costume se fazer em semelhantes ocasiões.

Envio à presença de Vossa Majestade meu Branco e dois embaixadores, para entregar mais facilmente esta carta a Vossa Majestade.

O príncipe d. João, futuro João VI, respondeu em nome de sua mãe d. Maria, em 6 de janeiro de 1796, ponto por ponto à carta recebida.[26] Anunciava que um novo diretor tinha sido nomeado, e que o necessário seria feito para consertar o forte. Agradecia ao rei do Daomé pelo que este fizera quando do ataque dos corsários franceses, e acrescentava:

Entretanto me dizem que pessoas pertencentes a meus vassalos ficaram cativas e escravas; espero de Vossa Justiça e Vossa Amizade que as façais libertar imediatamente, e enviá-las aos seus respectivos senhores.

Vossos embaixadores comportaram-se nesta Corte com muita decência e com a honra própria de seu caráter, dando-me todas as provas de seu zelo pelo vosso serviço, mostrando-se dignos de minha Real Atenção, e em consequência merecem vossa benevolência, à qual os recomendo.

Os fiz ajudar em tudo aquilo que tiveram necessidade para viver decentemente, o que podeis constatar pela conta que vos transmito;[27] fiz igualmente prever suas passagens até a Bahia ordenando ao Governador daquele Estado que os ajude igualmente em tudo que tiverem necessidade, até o momento em que alcancem vossas possessões.

Além de vossa carta, encontrei um papel sem assinatura pelo qual me solicitais um bergantim, completamente equipado, para a guarda de vosso porto, e igualmente um homem que saiba bem ler e escrever para ficar convosco; e finalmente me solicitais de vos enviar um navio cujo carregamento seja de boa seda, de ouro e de prata trabalhada, e todo o resto que pertence a um rei; e finalmente quarenta peças de bronze e ferro bem reforçado para suprir vosso país. Farei o necessário para vos dar satisfação quando a coisa for possível, tão logo as circunstâncias me permitirão, porque presentemente me é impossível fazê-lo, não somente por falta de tempo, mas por outras razões sobre as quais é supérfluo informar-vos, desejando em tudo agradar-vos como importa à minha fiel amizade.

Nobre e Respeitável rei do Dagomé, que Nosso Senhor vos esclareça com sua graça, e que com ela tenha Vossa Pessoa em sua Santa Guarda.

Os embaixadores foram bem acolhidos na corte da rainha de Portugal. Eles chegaram pagãos e voltaram devidamente batizados na religião católica apostólica romana. Entretanto, um dos dois não resistiu à mudança de clima e morreu em Lisboa. O outro voltou usando o nome de João Carlos de Bragança, tendo tido o príncipe d. João por padrinho. A rainha d. Maria anunciou-o ela própria ao rei do Daomé, em uma carta enviada do palácio de Queluz, em 19 de fevereiro de 1796:[28]

O embaixador d. Manoel Constantino Carlos Luiz morreu de um resfriado que se agravou. Faleceu em 1º de fevereiro, foi enterrado no dia 2 na igreja das Pequenas Religiosas Francesas, e antes de morrer foi batizado sem qualquer dificuldade, batismo que reclamava com insistência. Seu companheiro está pronto a embarcar com todo o conforto possível no navio que o trouxe da Bahia a este reino de Portugal, com o intérprete e a família que trouxe. Receberá os refrescos necessários para sua viagem e nada lhe faltou das atenções às quais ele tem direito.

O secretário de Estado, escrevendo em 3 de abril de 1796 ao governador da Bahia, informava:[29]

O príncipe embaixador do rei do Dagomé, que apresentará esse certificado a Vossa Senhoria, teve a boa sorte de ser catequizado e receber a água do batismo. Seus padrinhos foram os Príncipes Nossos Senhores, e como pela Santa Religião que abraçou não lhe é possível ter mais de uma esposa, e pretende casar-se neste país do Brasil para voltar em seu país do Dagomé, Sua Alteza Real recomenda muito a Vossa Senhoria que lhe consiga todos os meios de casar-se à sua satisfação, seja com uma negra, seja com uma mulata clara que queira contratar com ele este casamento.

Em 7 de abril, enviava dois outros ofícios ao governador da Bahia, informando-lhe por um deles que[30]

Sua Magestade fora servida conferir ao Embaixador do Rey Dagome e ao seu Secretario Luis Caetano da Assumpção, ao primeiro o Habito da Ordem de Christo, e ao segundo o de S. Tiago da Espada, de que se lhes não passou Portaria, e em conformidade da referida Carta passei as Ordens necessarias ao Director da Fortaleza de Uidá, para que não ponha impedimento algum no uzo das insignias das mesmas ordens, e para que satisfizesse a quantia que pedira emprestado ao sobredito Embaixador em Lisboa, o que prontamente executou logo que lhe ensinuei que a pagasse.

O secretário de Estado anunciava pelo outro ofício o envio de uma missão apostólica ao Daomé:

Sua Majestade ordena de prevenir Vossa Senhoria que com o príncipe embaixador do rei do Dagomé, dois padres de nome Cypriano Pires Sardinha e Vicente Ferreria Pires deviam acompanhá-lo àquele reino, na intenção de catequizar o rei e convertê-lo ao cristianismo. A mesma Rainha digna-se ordenar que Vossa Senhoria os faça ajudar, às expensas da fazenda real, de todas as despesas de seu transporte até o porto de Ajudá, como também as despesas necessárias para sua volta, logo que tenham terminado sua missão, que não pode ser de uma duração menor que dois anos, exceto se, em caso de doença estiverem na impossibilidade [de continuar]. Sua Majestade digna-se ordenar que estejam providos de hábitos sacerdotais e outros objetos necessários à celebração do Santo sacrifício da missa.

Francisco José de Portugal, governador da Bahia, escrevia de volta em 31 de dezembro de 1796, relatando a chegada da corveta *Nossa Senhora da Glória e Santa Anna*, trazendo o embaixador do rei Dagomé e seu séquito. Ele confirmava o recebimento dos diversos ofícios e acrescentava com resignação:[31]

Seria necessário tomar muito tempo a V. Exª, se expozesse largamente os obstáculos que encontrei sobre o transporte do Embaixador e da sua comitiva. Basta
dizer a V. Exª que todos os Proprietários e Mestres das Embarcações dirigidas para
a Costa d'Africa procuravão escuzar-se por todos os modos de similhante transporte, alegando prejuizos, e que as Embarcações, por serem pequenas e por hirem
sumamente carregadas de Tabaco, não tinhão comodos suficientes, e ja ultimamente representando que, em razão do mao Caracter do Interprete, e não sei se
diga do mesmo Embaixador, receavão alguma desordem abordo da Embarcação
que os transportasse; porem, todas as dificuldades se vencerão finalmente, fazendo embarcar ao sobredito Embaixador e aos dous Padres em a mesma Corveta
Gloria que os transportou de Lisboa, em o dia vinte e nove do corrente, sem levar
em sua Companhia o Secretario Luis Caetano d'Assunpção por hacontecer o desastre de cahir de huma janella abaixo de que resultara quebrar ambas as pernas,
segurando-me os Professores que não estava em estado de seguir viagem, ficando
de acordo de o remeter na primeira occazião oportuna logo que se restabeleça.

Persuada-se V. Exª, que não forão poucas as impertinencias, groçarias e incivilidades que sofri do Embaixador, apesar da afabelidade e attenção com que sempre
lhe falava, ja pertendendo que lhe assestisse com dinheiro da Real Fazenda para
manter tal ves os seus vicios, quando só me achava authorizado para lhe dar o que
fosse precizo para a sua sustentação e tratamento, ja demorando se extraordinariamente nesse Palacio, por varias vezes sem querer sahir dele quando me falava no
seu transporte, e já finalme pondo-se a bordo da referida Corveta as escondidas,
tendo-lhe destinado outra embarcação para o transportar; porem, a consideração
das honras e destinções com que Sua Magestade o tratou e do caracter de que vinha
revestido, posto que delle se não fizesse merecedor, e a reflexão de ter nascido entre
barbaros, aonde se desconhece a civilidade e polides e aonde so reina a barbaridade
e groçaria, me fes fechar os olhos e desfarçar aquelas dezordens q̃ obrava, que só se
poderião cohibir por meios violentos de que me não rezolvi a uzar, nem contra elle,
nem contra o seu Interprete, homem de pessimos custumes.

Ainda que Sua Magestade me recomendou, em Carta expedida por sua Secretaria datada em tres de Abril do prezente anno, que proporcionasse ao Embaixador todos os meios para cazar nesta Cidade, como pertendia, ou fosse com
alguma Preta, ou Parda, que quizesse contratar com elle o mesmo Consorcio,
não se effectuou o Cazamento, por muitos incovenientes q̃ encontrei e pela variedade com que o mesmo Embaixador me falava nesta materia, na escolha de

diferentes escravas e de outras pessoas libertas que não achei serem proporcionadas para esse fim.

TERCEIRA EMBAIXADA DO REI DO DAOMÉ (ADANDOZAN), 1805; INNOCÊNCIO MARQUES DE SANTA ANNA

Em 20 de fevereiro de 1805, uma terceira embaixada de um rei do Daomé (Adandozan) chegava à Bahia. Era composta de dois embaixadores acompanhados de um intérprete brasileiro, Innocêncio Marques de Santa Anna, que era um dos numerosos prisioneiros portugueses que Adandozan guardava em sua corte de Abomé.

O governador do forte português, ao contrário dos franceses e ingleses, recusava-se a resgatar os marujos capturados por ocasião das incursões dos daomeanos contra as praias de Porto Novo e Badagri. O rei do Daomé, considerando-os prisioneiros de guerra, não queria soltá-los sem resgate. Assim, alguns deles estavam abandonados havia mais de 24 anos.[32]

Francisco da Cunha Meneses, governador da Bahia, escrevia em 15 de março de 1805 ao visconde de Anadia, secretário de Estado em Lisboa:[33]

No dia 20 de Fevereiro passado, chegou a este Porto o Bergantim denominado *Lepus*, hum dos do giro do Comercio desta Praça para a Costa da Mina, trazendo a seu bordo dous Embaixadores do Rey do Dagomé com huma carta a mim dirigida,[34] de que remeto a V. Ex^ca a Copia, a fim de serem daqui enviados para essa Corte a entregarem pessoalmente a Sua Alteza Real huma carta que trazem d'aquelle Potentado d'Africa.

A exemplo do que o meu Antecessor praticou em outra similhante Embaixada no anno de 1795 e cujo procedimento mereceo a Real Aprovação como se participou por Officio expedido por essa Secretaria de Estado em data de 5 de Janeiro de 1796, de que tão bem remeto a Copia, bem como de tudo o mais a esse respeito relativo, determinei ao Intendente da Marinha e Armazens Reais assistisse aos mesmos Embaixadores com tudo necessario, à custa da Real Fazenda e pela consignação da Fortaleza de São João de Ajudá, na forma determinada pela Provisão Regia de 17 de Julho de 1752, expedida em circunstancias analogas, e encarreguei da sua hospedagem em todo o tempo que nesta Cidade se demorassem ao Guardião do Convento de São Francisco, onde tãobem residirão os que anteriormente vierão.

Não tendo podido deprehender da Carta do dito Rey o fim a que se dirige esta sua Mensagem, procurei entrar no espirito della por intervenção do Interprete ou Lingoa dos mesmos Embaixadores, o pardo Innocencio Marques, natural desta Cidade, e que foi aprizionado injustamente na Guerra que aquelle Potentado deo ao de Porto novo, onde elle se achava por ter hido na Corveta *Diana* à negociação de escravos. Elle me disse confidencialmente serem os fins da Embaixada:

1º: instar sobre a pertenção, já intentada no anno de 1795, do negocio exclusivo do Porto de Ajudá;

2º: sobre a exploração de Minas de Ouro d'aquelle Territorio, offerecidas a Sua Alteza Real com certos amnus;

3º: a respeito da Fortaleza de Ajudá e a abolição da Directoria della.

À vista disto, lembreime de remeter por copia o Officio com que o meu Antecessor, D. Fernando José de Portugal, remeto os outros Embaixadores, no qual acho reflexões as mais acertadas a respeito do primeiro Artigo a que se encaminhão os prezentes Embaixadores; que nesta occazião seguem viagem no *Navio Espírito Santo*, de que he Mestre Jozé de Oliveira Guedes Travessa, a quem se satisfez pela passagem a quantia de quinhentos e trinta mil reis.

Para maior decencia dos ditos Embaixadores, nomeei para os acompanhar na viagem a Joaquim Jozé Machado, com o vencimento de doze mil reis em cada mez, pagos, bem como todas as mais despezas com elles feita, pela sobredita consignação da Fortaleza de São João de Ajudá.

O mencionado Interprete me deo a Relação junta de alguns Vassalos de Sua Alteza Real que se achão aprizionados injustamente no Territorio do Rey Dagomé[35] pelo que, na primeira occazião que se offerecer, heide responder-lhes à sua Carta, segurando lhe haver enviado para essa Corte os seus Embaixadores, significando-lhe juntamente que deve pôr em liberdade aos Portugueses que elle detém em injusto captiveiro; pois que de outro sorte fugirão os Armadores desta Cidade de hir comerciar aos seus Portos, com o receio de serem tão bem alguma vez allí aprizionados, tão contra o Direito das Gentes.[36]

Em 30 de julho de 1805, o secretário de Estado encaminhava para a Bahia a cópia de duas cartas, uma do rei de Abomé, trazida pela embaixada, e a outra enviada pelo rei de Ardra, com as respostas feitas por ele sobre a ordem de Sua Alteza Real. Das informações recolhidas aqui, escrevia:[37]

> Parecia que o comércio estava quase inteiramente abandonado em Ajudá, em razão das vexações impostas naquele lugar por aquele potentado, e afirmavam ao contrário que seria muito útil proteger o tráfico em Porto Novo, nos Estados do rei de Ardres, que propunha interditar a comunicação por via terrestre entre o Dagomé e Porto Novo, cortando um pequeno banco de areia.

A carta, enviada em 20 de novembro de 1804 por Adandozan ao príncipe d. João de Portugal,[38] é muito longa e escrita em um português pouco literário, mas é de um interesse extraordinário porque Adandozan, sem conselheiro para informar sobre o teor de coisas a dizer ou não dizer, exprime-se mais livremente. Não há dúvida de que essa missiva reflete melhor a personalidade real de Adandozan do que as cartas inspiradas e escritas pelo padre Vicente Ferreira Pires ou pelo tenente Francisco Xavier Álvares do Amaral. As minas de ouro das quais oferecia exploração ao príncipe de Portugal eram inexistentes e somente destinadas a provocar belos presentes. Na carta ele fala de sacrifícios humanos, de seu grande deus Legba, em uma linguagem que tem muito pouca relação com as preocupações de fazer justiça ao padre Vicente, perseguido pelo "diretor vilão" da fortaleza. Adandozan procura com astúcia esquivar-se de suas responsabilidades a respeito das expulsões de diretores da fortaleza, mas não é muito convincente.

O pequeno golpe teatral no fim da carta, obra do português encarregado de escrever a missiva, que aproveitou o fato de não ter nenhuma pessoa que soubesse ler para chamar a atenção do príncipe João de Portugal para a triste sorte dos prisioneiros portugueses, acrescenta um curioso detalhe cheio de interesse humano (o texto, mesmo sendo um pouco longo, está reproduzido em nota).[39]

Nenhuma das propostas do rei do Daomé parecia digna de consideração em Lisboa. O comércio era mais vantajoso em Porto Novo, Badagri e Onim (Lagos).

Entretanto, com a intenção de obter a libertação dos prisioneiros portugueses, importava-lhe dar a esperança de que suas propostas poderiam ser aceitas, desde que esses prisioneiros fossem soltos previamente. Cartas escritas nesse sentido foram então entregues aos embaixadores pelo secretário de Estado e pelo ministro da Marinha e Ultramar. O príncipe regente havia declarado que não podia escrever ele mesmo ao rei do Daomé enquanto muitos de seus vassalos estivessem retidos injustamente em Abomé.[40]

Os embaixadores foram transportados de novo para a Bahia. Pelo mesmo navio, o secretário de Estado enviava em 31 de julho de 1805 o seguinte despacho:[41]

> A excessiva despeza que se fez pela Real Fazenda com os Embaixadores do Rei do Dagomé que aqui vierão no anno de 1795 [em Lisboa] e o nenhum fruto que della resultou, como se convence pelas vexaçoens e roubos praticados ultimamente pelo dito Rei no Porto de Ajudá, deo motivo a que com os dois Embaxadores que agora voltão se rezumisse a dita Despeza ao necessario, sem faltar à decencia. Elles forão alojados em hũa muito boa caza de Pasto, onde forão assistidos com tudo o de que precizarão e agora que estão proximos a se retirarem; se deo a cada hum em dinheiro hũa pequena Ajuda de custo, e se lhe entregou hum caixote em que vão seis Cortes de vinte a vinte trez covados das melhores sedas da nossa Fábrica, de Prezente, em nome de Sua Alteza Real, para o Rei de Dagomé.
>
> O que tudo com a despeza de sua passagem para a Bahia importou o que consta da Memoria junta que me parece conveniente remeter a V. Sª para sua informação.[42]

Instruções eram dadas a respeito da volta dos embaixadores, às quais eram acrescentadas as seguintes medidas, em caso de eventuais novas embaixadas africanas:

> Finalmente, Sua Alteza Real ordena que se o rei de Dagomé, ou qualquer outro potentado da costa da África, queira enviar por esta capitania [da Bahia] emissários a esta Corte [de Lisboa], Vossa Senhoria fará primeira parte do objeto de sua missão, enviando as cartas que trarão e todas as informações necessárias, detendo-os por aí até nova ordem. As grandes despesas que causam missões tão inúteis poderão ser assim evitadas.

Em 16 de outubro de 1805, o governador da Bahia informava a Lisboa que os embaixadores tinham partido da Bahia para Ajudá em 14 de outubro a

318

bordo do bergantim *Aurora*, tendo sido pagos oitocentos mil-réis para aquele efeito ao capitão Manoel Jorge Martins.[43]

Ele também enviou uma carta a Adandozan, rei do Daomé, intimando-o a colocar em liberdade os portugueses prisioneiros e declarando-lhe que, caso contrário, o porto de Ajudá seria abandonado completamente em proveito do de Onim, onde seriam mais bem tratados e estariam protegidos de seus insultos e violências.[44]

Todas essas cartas ficaram sem resposta. Os portugueses continuaram sua vida cativa em Abomé e nenhum novo governador foi nomeado para o forte de São João de Ajudá.

O "condutor" dos embaixadores, Innocêncio Marques de Santa Anna, cuja atitude altiva tinha impressionado Adandozan a ponto de lhe restituir sua liberdade e enviá-lo ao rei de Portugal, declarando que podia fazer o que de melhor lhe parecesse, fez boa impressão em Lisboa. Ele voltou em companhia dos embaixadores até a Bahia, onde o governador recebia pelo mesmo transporte o seguinte despacho do visconde de Anadia, secretário de Estado:[45]

> Innocencio Marques de Santa Anna, que veio a esta Corte servindo de Interprete dos Embaixadores do Rey de Dagomé e agora volta com elles para a Bahia, merecêo, pélo seu bom comportamento, e pela intelligencia que tem mostrado nas informaçoens que dêo sobre o Commercio dos Portos de Ajudá e Porto Novo, que o Principe Regente Nosso Senhor o attendêsse, honrando-o com o Posto de Capitão do quarto Regimento de Milicias de Homens Pardos dessa Cidade, de que subio Decréto para a Real Assignatura, e logo que a Patente esteja prompta eu a remetterei a V. S.ª para que lha mande entregar; entre tanto, Ordena Sua Alteza Real que V. S.ª lhe mande assentar Praça do dito Posto, e que offerecendo-se occazião de o empregar na Costa da Mina e de Guiné, se possa servir utilmente do seu préstimo e da vantagem que resulta de saber a Lingoa do Paiz, e do conhecimento que tem d'aquella Costa e seus Portos. Enquanto, porem, V. S.ª o não empréga em alguma coiza que lhe seja util, he Sua Alteza Real Servido que V. S.ª lhe mande dar annualmente, a titulo de ajuda de custo, o equivalente do soldo de Capitão de Infantaria.

Innocêncio Marques de Santa Anna se tornaria, junto aos governadores da Bahia, uma espécie de conselheiro dos negócios na costa da África, e sua influência iria se fazer sentir nas relações do governo da Bahia com os diversos reis daquela costa.

Duas de suas cartas estão reproduzidas em notas deste livro. Elas provam seu bom senso quando se levanta contra a ideia de se fazer todo o comércio com exclusividade com qualquer um dos reis locais. É igualmente partidário da abertura da faixa de terra entre a lagoa e o mar, para proteger Porto Novo e Badagri contra as incursões das tropas do rei do Daomé.[46]

A carta do rei de Ardra ao príncipe João de Portugal, da qual já tratamos antes, era a seguinte:[47]

> Ardra, 18 de novembro de 1804.
>
> Soberano Senhor,
>
> Vou por esta a pedir-lhe e rogar-lhe o favor de mandar hum Engenheiro a este Paiz, para eleger o modo porque se poderá abrir huma Lagoa, que se acha distante do Mar o espasso de cinco braças. Pois, Senhor, este lugar me leva muito precizo ser aberto com o Mar, para privar a passagem do Agomé para estas praias, pois que me priva de todo o Commercio, principalmente do dos Portuguezes, que cultivão effectivos esta terra; de sorte que [os agomés] não só captivão os Nacionais, como tambem os officiaes e Barqueiros dos Portuguezes que na praia vão fazer os pagamentos, e juntamente os captivos quando se embarcão. V. Alteza perde os seus devidos Direitos, que lhe pagão os Portuguezes nas suas Alfandegas. Este Porto, Senhor, he o mais abundante de Captivos e a elle se encaminhão os moradores, que trazem, Ayonos e Males, como poderá V. Alteza mandar informar na Cidade da Bahia, se he ou não verdade. Por cujo favor fico certo no que peço, e sempre me achará prompto no que for do seu serviço, pois sou de V. A. Irmão o mais attenciozo, Venerador e Creado.
>
> O rey de Ardra, Hypo.

Essa carta mostra a importância que tinha para a passagem dos exércitos do rei do Daomé a faixa de terra que se estendia sem interrupção, além da lagoa, entre a embocadura do Mono e a entrada do "rio Lagos".

O rei de Ardra, ao contrário, tinha interesse em barrar-lhe o caminho. O projeto de cavar um canal entre a lagoa e o mar vinha substituir aquele pelo qual, trinta anos antes, havia solicitado aos portugueses e outras nações que frequentavam seu porto, isto é, de construir lá uma fortaleza.[48]

SEGUNDA EMBAIXADA DO REI DE ONIM (LAGOS), 1807

O conde da Ponte, governador da Bahia, informava em 7 de outubro de 1807 ao visconde de Anadia, secretário de Estado em Lisboa:[49]

Em 1º de outubro, o bergantim *Thalia* chegou na Bahia vindo da Costa da Mina, tendo a bordo um embaixador e seu secretário, enviados pelo príncipe Ajan, do reino do Oynim. Não apresentaram-se ainda porque foi necessário vesti-los, quero dizer, cobri-los decentemente, e é porque ignoro o objetivo de sua embaixada, mas posso já garantir que este príncipe era dos menos fiéis daquela costa, e as pessoas que traficam naquele porto, sem poder ir em outro, são da pior qualidade, e se distinguem sob o nome de nagôs. Estão no convento dos franciscanos, e exigirei deles as cartas que vieram destinadas a S. A. R. [Sua Alteza Real], e agirei de acordo com as instruções passadas ao meu predecessor por ofício de 30 de julho de 1805.

Uma semana mais tarde, em 14 de outubro, o governador relatava:[50]

No dia 11 do prezente mez apresentarão-se-me os Emissários do Príncipe de Onim, Ajan, e forão recebidos sem outras differentes formalidades q' a q' meu Antecessor havia praticado com os Enviados pelo Dagomé, no anno 1804.

Nada declararão do objecto de sua Embaixada, respondendo que pelas suas ordens e instruções commigo nada mais tinhão q' o exigirem o que seu Principe me rogava na Carta original que nessa occazião me intregarão, e que remetto a propria. Instei q' devião confiar de mim a carta q'seu Principe escreveria ao Meu Soberano para eu a remetter, pois que pelas Ordens dirigidas a este Governo não se lhes permitiria a passagem para Lisboa sem preceder certo procedimento de sua parte [...] e sem o qual se retiravão sem tratarem de sua negociação; responderão que em caza consultarião nesta materia e me darião a resposta. Ontem treze enviarão o seu lingoa a certificar me que não podião entregar a carta para S. A. R. senão pessoalmente, e que se eu não lhes permittia o passarem a Lisboa sem a entrega della que daqui darião parte ao seu Principe e esperarião novas ordens; pelo mesmo lingoa respondi que não lhe consentia a passagem como requerião, e q'elles mesmos deverião na primeira Embarcação regressar para

Onim e darem parte do inconveniente q'havião encontrado na execução das Ordens que tinhão recebido, pois que o deterem-se nesta cidade era so concedido quando se remetião as cartas da Embaixada para Lisboa, e se esperava a resposta della.

Quando lhes mandei esta resposta pozitiva ja tinha na minha mão a copia fiel da carta que o Principe de Ajan dirige a S. A. R. o Principe Regente Nosso Senhor, a qual remetteo, e a vista de seu contehudo conhecera V. Ex[a] o insignificante objecto de que pretendem tratar, em nada relativo ao Commercio daquelles Portos, e em tudo dispendiozo à Real Fazenda à qual jamais satisfazem.

O governador dá em seguida os detalhes que teve de Innocêncio Marques:

O Reyno de Onim he sujeito ao Rey de Benim, o qual eleje e nomeia o Rey daquelle Reyno, observando-se em reconhecimento desta sujeição o serem conduzidos os ossos do defunto Rey de Onim a prezença do Rey de Benim, que sem esta formalidade não procede a nova eleição; o Príncipe Ajan era filho do falecido Rey e

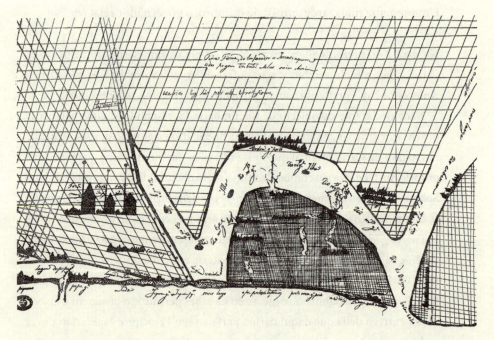

Mapa da costa do Daomé, desenhado em 1807 por Innocêncio Marques de Santa Anna (AHU, São Tomé).

governa interinamente, porem não esta eleito Rey por ora pela falta da refferida solemnidade.

O Commercio do Porto de Onim foi effeito das guerras do Dagomé com o Rey de Porto Novo, e da pouca fidelidade que no momento destas dissensões guardarão em seus contractos com os moradores do interior do Imperio d'Ayono e d'outros potentados d'Apé do Rey, e Badagre, concorrendo para Onim, obrigando nossas embarcações pela falta d'escravos nos ditos Portos a descerem pela Costa athe o mesmo Porto.

No principio forão interessantes as negociaçoens, porem a frequencia das embarcaçoens inundando o Paiz de Tabacos bem depressa o constituio igual ou peor que os outros, reputando nelle a treze e quatorze rôlos por cabeça que ha sete ou oito annos valião cinco a seis, e o Principe [que no tempo em que seu pai era vivo] agazalhava com grandes afagos os Portuguezes, he hoje para elles duro, eterniza as carregaçoens com mil pretextos e contribuiçoens que ha estilo exigirem dos Mestres, e sem as quais não admitem negociar.

Todos estes potentados nada fazem sinão por interesse, e por elle são capazes de obrar as maiores traições e quebrar os tratados mais solemnes.

Empreguei para exame da região entre Monte Diabo e a Costa do Benim ao Capitão Innocencio Marques, muito practico daquelles sitios, e fiz arranjar o Mappa mais exacto que he possivel,[51] e medir e sondar o passe estreito que communica Ajuda com Porto Novo conhecido pelo nome de Cuta Auto e a vista delle, quando o Principe Nosso Senhor queira algumas informaçoens alem das que devem suppôr ja lhe terão sido prezentes por parte do meu Antecessor, com a remessa do Mappa direi o meu parecer a esse respeito.

Com o Rey d'Ardra e Porto Novo será interessante algum contracto, o qual vantajozo a esta Praça e a elles, seja mais duravel; e nas com o Principe Ajan deve athe chorar-se a despeza em comer, e transporte dos seus desnecessarios Enviados; fico portanto na rezolução de os fazer partir na primeira Embarcação que seguir viagem para aquella Costa, com a maior commodidade da Real Fazenda que for possível.

Nove dias depois, em 23 de outubro de 1807, nova comunicação do governador a esse respeito:[52]

Os embaixadores não ficaram muito satisfeitos da minha resolução e tentaram obter para ficar até a resposta de seu príncipe. Conservei maneiras afáveis e os persuadi a renunciar à sua fechada resistência; contentei-os com 30 mil-réis, que lhes fiz entregar pela comissão da Fazenda Real, ordenando que pela Intendência da Marinha 200 mil-réis sejam entregues ao capitão do bergantim *São José Diligente* para seus gastos de mesa, e felizmente os vi partir ontem deste porto. Posso confiar a Vossa Excelência o verdadeiro motivo desta grande embaixada. O capitão do bergantim *Thalia*, que os trouxe, arriscava-se a perder seu tráfico em razão da má qualidade do tabaco da qual sua carga se compunha, e o capitão e o piloto da dita embarcação retiraram-se com jeito, persuadindo aquele príncipe a enviar seus emissários e oferecendo-se a transportá-los gratuitamente. Esta oferta, e o interesse que fizeram-no antever daquele envio, teve o efeito desejado a favor do tráfico, da embarcação e dos direitos reais que, para quatrocentos e tantos cativos, são quatro contos e alguns mil-réis, o que nesta ocasião cobre mais que a despesa feita em alimentação, tratamento e passagem para eles.

Os embaixadores trouxeram uma carta do governador, escrita em 16 de outubro de 1807, expondo ao príncipe a impossibilidade de enviar seus emissários para Lisboa:[53]

> Estimo muito a constância com a qual os embaixadores do príncipe de Onim respeitaram exatamente as ordens que receberam, e sujeitaram-se a voltar na presença de seu príncipe, antes que desobeder ou agir além daquilo que estavam autorizados a fazer. É de toda maneira meu dever lembrar ao príncipe de Onim que as boas negociações feitas por nossas embarcações em seu porto, e a boa vontade com a qual o mesmo príncipe dispõe a encorajar o carregamento das ditas embarcações, é o que podia ser o verdadeiro motivo de ver seus embaixadores bem recebidos pelo Príncipe Regente Nosso Senhor.

Todas essas cartas, enviadas ao visconde de Anadia, não devem ter sido jamais lidas, pois em 27 de novembro seguinte o príncipe regente, a rainha d. Maria e toda sua corte emigraram precipitadamente de Lisboa para o Rio de Janeiro.[54]

Foi então para o Rio de Janeiro, em 21 de março de 1808, que o governador da Bahia enviou ao mesmo visconde de Anadia — confiado ao seu oficial de ordenança, o coronel Józé Antonio do Passo — um pigmeu oferecido pelo príncipe de Onim a Sua Alteza Real, o príncipe regente.[55]

Contrariamente às suas esperanças, o governador da Bahia viu voltarem os embaixadores do príncipe de Onim, e teve que deplorar novas despesas. Em 7 de maio de 1808, escrevia que o bergantim *São José Diligente*, que navegava para Onim, fora apresado por uma fragata francesa, a qual, expulsando da tripulação o capitão e o piloto, os substituiu por alguns franceses. Mas, chegando à ilha de São Tiago, viram um brigue inglês que se encontrava no porto com uma bandeira francesa na popa e uma portuguesa na proa. Eles foram apresados por tal embarcação e, após uma convenção com o governador do local, a fragata foi entregue em troca de novecentos mil-réis e dois bois, e voltou à cidade da Bahia com os dois embaixadores, a quem fez alojar de novo no convento de São Francisco antes de enviá-los na primeira oportunidade a seu reino, lamentando as despesas que se faziam com tais emissários.

Uma nova carta foi entregue aos embaixadores para seu príncipe em 18 de junho, quando o mesmo bergantim voltou para Onim.

PRIMEIRA EMBAIXADA DO REI DE ARDRA (PORTO NOVO), 1810; QUARTA EMBAIXADA DO REI DO DAOMÉ, 1811

Em 7 de setembro de 1810, o rei de Ardra (Porto Novo) enviava para o Rio de Janeiro uma embaixada junto a Sua Alteza Real, o príncipe regente. Os embaixadores chegaram à Bahia e entregaram ao governador, em conformidade com as instruções recebidas, a carta destinada ao príncipe regente, a qual foi transmitida ao Rio de Janeiro. Os embaixadores ficaram na Bahia, "tanto para não fazer despesas inúteis quanto para evitar de dar à população da capital um espetáculo de novidade que teria provocado confusões".[56] O governador estava encarregado de discutir com os embaixadores e de dar conta à corte do Rio de Janeiro, que lhe recomendava receber os ditos embaixadores "com toda a atenção que pode merecer seu caráter, se a conduta deles for normal, e não os torna indignos desta atenção".[57]

Em 6 de fevereiro de 1811, o príncipe regente escrevia ao rei de Ardra uma carta diplomática dando as razões da parada na Bahia da viagem dos embaixadores: "Evitar a estes mensageiros a fatiga da segunda parte da viagem, da Bahia para o Rio de Janeiro; a dificuldade em achar embarcações diretas para a volta, sendo que a navegação para a Costa da Mina fazia-se ordinariamente a partir do porto da Bahia, e que todas estas demoras eram nocivas à boa e rápida marcha das negociações".[58]

Em 30 de janeiro de 1811, quatro emissários do rei de Agomé (Daomé) chegavam à Bahia portando um presente para o príncipe regente. As mesmas disposições foram tomadas para retê-los ali.[59]

O conde dos Arcos, governador da Bahia, escrevia ao rei do Daomé pelo bergantim *Providência*, cujo capitão era José Joaquim Vianna:[60]

O abaixo assinado apresenta seus cumprimentos ao rei Dagomé. Agradece com as mais vivas expressões a carta que recebeu por seus embaixadores, assim que pela moleca que a acompanhava, que guarda e aprecia muito.

José Joaquim Vianna, mestre deste navio, levará a parte que foi possível satisfazer do pedido mencionado na dita carta, e que consiste em dois galgos, macho e fêmea, e dois outros cães, macho e fêmea. O abaixo assinado está desolado que não seja possível neste país satisfazer completamente e perfeitamente todo aquele pedido.

Tem também o grande prazer de poder afirmar a consideração com a qual se declara o amigo muito obrigado da Nobre e Distinguida Pessoa do Rei do Dagomé.

[Assinado] Conde dos Arcos.

O conde dos Arcos estava em grande embaraço: tinha duas embaixadas nas mãos, vindas uma e outra para concluir um acordo comercial. O conde das Galveas, ministro da Marinha, escrevia-lhe do Rio de Janeiro:

As pretenções do rei de Agomé encontram-se em completa oposição àquelas do rei de Ardra, no que o primeiro pretende que nosso comércio se faça exclusivamente em seus portos, enquanto o segundo oferece o seu mediante toda sorte de ajuda de sua parte para torná-lo mais vantajoso e mais seguro. É provável que as queixas e as invectivas que fazem mutuamente estes dois régulos resultem desta oposição. Sua Alteza Real não pode entrar nestas considerações e contenta-se, simplesmente, na ocasião, em procurar tirar a claro a conduta e os procedimentos do rei de Agomé contra alguns vassalos portugueses, do que o acusa aquele de Ardra. Ele não nega aqueles fatos de maneira nenhuma, visto que procura apresentá-los como praticados contra súditos que pertencem ao partido de seu inimigo.

O conde dos Arcos queria também saber se aquelas conversações mereciam prosseguir após a recente assinatura da aliança de 19 de fevereiro de 1810 com a Grã-Bretanha, tendendo a restringir o tráfico de escravos.

Esperavam ainda, no Rio de Janeiro, poder continuar a fazer o tráfico em Uidá, e, em consequência, o governador da Bahia recebia as seguintes instruções:

Pela continuação que Vossa Excelência deve dar ao tratado comercial com os ditos embaixadores e para os esclarecimentos que ela deseja ter a respeito do artigo 10 do tratado de aliança de 19 de fevereiro de 1810, interrogando-se sobre o valor que devemos dar à intenção de abolir gradualmente o comércio de escravos — o que não deixará de ser muito apolítico nas circunstâncias atuais —, resulta da resposta do conde de Linhares, que foi o negociador daquele tratado, que o comércio dos vasos portugueses na Costa da Mina pode ser feito em toda liberdade.[61]

Devo acrescentar a Vossa Excelência, por ordem de Sua Alteza Real, a declaração de que está longe de ser de sua real intenção restringir de alguma maneira aquele comércio. O mesmo senhor se propõe, ao contrário, a promovê-lo e facilitar na medida do possível, bem convencido da necessidade que há de apoiar o único recurso que temos para aumentar a população daquele vasto continente, onde a falta de braços que Vossa Excelência conhece é tão sensível, e não somente para a agricultura, mas ainda para todos os outros tipos de obras.

Tendo em conta estes princípios, Vossa Excelência poderá organizar aquelas negociações, sendo entendido que as restrições e o monopólio que pretende o rei de Agomé não podem ser admitidos, aquelas ditas pretensões sendo expressamente contrárias ao sistema e aos princípios de comércio liberais que Sua Alteza Real ordenou adotar, para a vantagem reconhecida de seus fiéis vassalos.

Sua Alteza Real não enviou ainda daqui as cartas que os emissários devem entregar a seus reis; não será difícil a Vossa Excelência adiar e temporizar com eles, até que Sua Alteza Real lhes dê uma resposta definitiva.

Essas duas embaixadas, chegadas em dezembro de 1810 e janeiro de 1811, iriam esperar até outubro de 1812 para poder voltar à África.

O secretário Francisco Elesbão Pires de Carvalho e Albuquerque foi encarregado de "adiar e temporizar". Isso lhe deu a ocasião de escrever aos embaixadores do rei Dagomé, em nome do governador conde dos Arcos, uma série de respostas a suas perguntas a respeito da recepção feita pela corte do Rio de Janeiro às propostas de seus senhores.

Em 2 de setembro de 1811: "Ele toma nota do conteúdo de sua carta. Tão logo as ordens reais lhe sejam comunicadas a respeito de sua embaixada, mandará previni-los".[62]

Em 23 de outubro de 1811: "Recebi vossa carta, cujas lisonjeiras expressões me são agradáveis, e vos desejo boa saúde e felicidade".[63]

Em 15 de novembro de 1811: "Agradeço-vos a civilidade com a qual me cumprimentam na carta que me endereçastes recentemente. Podeis estar certos que, tão logo uma resolução de Sua Alteza Real venha da corte do Rio de Janeiro, comunicar-vos-ei".[64]

Em 13 de janeiro de 1812: "Não posso dar outra resposta à vossa carta enviada hoje senão aquela de aguardar a deliberação da corte do Rio de Janeiro a respeito da vossa missão".[65]

Em 24 de fevereiro de 1812: "Lamento não poder deferir à súplica de vosso protegido Benedito Pires, para sua isenção ao serviço no terceiro regimento de milícia onde ele é soldado, esta pretensão sendo contrária às ordens reais".[66]

Em 10 de março de 1812: "Lamento não poder condescender, malgrado vossos numerosos pedidos, em vos deixar retornar ao vosso país, pois devo esperar receber a decisão da corte do Rio de Janeiro a este respeito".[67]

Em 2 de abril de 1812: "Agradeço-vos muito vossa atenção. Tão logo haja melhora, vos avisarei".[68]

Em 16 de maio de 1812: "Agradeço-vos do cuidado que tendes de minha saúde e de todas as expressões lisonjeiras da carta que acabais de me endereçar".[69]

Em 19 de junho de 1812: "Agradeço-vos muito de vossos cumprimentos e vos garanto de novo que vos avisarei tão logo a resolução de vosso retorno, já solicitada, chegue da corte do Rio de Janeiro".[70]

Em 22 de agosto de 1812: "Asseguro-vos não ter recebido nada ainda a vosso respeito da corte do Rio de Janeiro".[71]

Em 9 de setembro de 1812, o conde de Águias respondia finalmente do Rio de Janeiro: "Sua Alteza Real ordena mandar retornar aos seus países os embaixadores dos reis de Ardra e de Agomé".[72]

O conde dos Arcos recebia instruções a fim de

dar a cada um dos chefes das duas embaixadas uma bandeja com um aparelho de chá completo, como é conveniente para despedir a tais embaixadores, com algum testemunho da real munificência. Isso foi praticado aqui no Rio de Janeiro com o embaixador do rei de Cabinda, que se encontrava recentemente nesta corte. Se, entretanto, tais presentes não tenham sido dados na cidade da Bahia nessas ocasiões, o governador pode fazer o mesmo, limitando-se em lhes facilitar uma confortável passagem de volta, conseguindo, por esse meio ou qualquer outro que lhe pareça indicado, animar as relações com essas pessoas, pois a despeito dos princípios filantrópicos que foram adotados nesses últimos tempos, não sem discussão da opinião contrária que favorece o tráfico dos escravos, é inteiramente certo que deve ser sustentado por nós com toda essa atividade que exige a imperiosa necessidade de braços neste vasto continente, cuja fraca população não pode deixar de ser ajudada por esse único recurso que se oferece ainda para fazer face às obras da indústria e da agricultura.

Em seguida a esse ofício, os embaixadores do Daomé receberam finalmente comunicações em outro tom.

Em 10 de setembro de 1812: "O governador vos agradece pelas expressões corteses de vossa carta. Quanto ao que solicitais, vos darei sábado uma resposta completa".[73]

Em 17 de outubro de 1812, informava-lhes enfim que, "conforme as últimas ordens reais recebidas da corte do Rio de Janeiro, designei, de acordo com vosso pedido, o bergantim *Pistola*, em que Antonio Narcizo é o mestre, para vos transportar com conforto e decência ao porto de Ajudá".[74]

A mesma comunicação fora feita aos embaixadores do rei de Ardra; o bergantim *Constante*, do qual Francisco Xavier de Abreu era o mestre, estava igualmente designado para o transporte com conforto e decência para Porto Novo.

PRESENÇA DE UM EMBAIXADOR DO REI DE ONIM NA BAHIA NO MOMENTO DA INDEPENDÊNCIA, 1823

Entre os documentos relacionados à independência da Bahia em 1823, encontramos uma série de relatórios enviados da Bahia ao imperador do Brasil por um misterioso personagem que assina as cartas como embaixador do rei de Onim.[75] Em uma delas, "o embaixador d'África, o tenente-coronel Manoel Alves Lima, faz saber a Vossa Imperial Majestade as atrocidades cometidas pelos portugueses contra os brasileiros na Bahia em 9 de fevereiro", e em seguida relata alguns detalhes a esse respeito.

Depois envia uma nova missiva, em 1º de abril de 1823:

Aos Pez de Vossa Magestade Imperial com toda a submissão se prostra o humilde criado de V. M. I. [Vossa Majestade Imperial] a participar q. chegou nesta Provincia no dia 31 do preterito Março huma expedição da Europa em 9 vazos Portuguezes, dizem q. dois Batalhões. Isto fez huma grande comoção nos miseraveis, q. pela indigencia senão poderão retirar para o Reconcavo, onde existe o Exercito de V. M. I., pois a necessid.ᵉ tem sido cauza de conduzirem-se muitas victimas à sepultura. São de parecer o P.ᵉ Ignacio, Jose Antonio Roiz Vianna e o Vigario Capitular Freire, q̃. como ha abundancia de vazos, q̃ he bem se dividão em duas esquadras e se mande huma contra essa Corte, e outra contra Pernambuco.

Fallei em particular com Sua Mag.ᵉ Fidelissima, Pai de V. M. I. Elle me determinou q̃ eu fosse a V. M. I.; aqui me acho retido sem poder sahir. Esta Provincia actualm.ᵉ se acha inhabitavel, e não dão licença p.ª a minha retirada. Deos g.ᵉ a V. M. Imperial com muitas prosperidades em feliz Comp.ª da Minha Senhora Imperatriz p.ʳ m.ᵒˢ an.ˢ, como bem deceja este [...].

[Assinado] O Inviado do Rei de Onim,

Manoel Alves Lima.

Em 23 de maio, enviava numerosos relatórios sobre os acontecimentos da Bahia.

Em 7 de julho de 1823, falava das destruições feitas pelas tropas europeias (de Portugal) antes de sua partida da Bahia em 2 de julho.[76]

À primeira vista, todas essas cartas poderiam parecer obra de um louco, atacado de um delírio de grandeza, escrevendo ao imperador do Brasil e lhe transmitindo mensagens de seu pai, rei de Portugal, usando o título de embaixador do rei de Onim e tomando-se por tenente-coronel, se, por outro lado, nos registros de passaportes, não encontrássemos por duas vezes[77] a menção do embaixador e coronel Manoel Alves Lima, indo em grande aparato para a costa da África, seguido cada vez de cinco de seus criados, em 3 de setembro de 1829 e 22 de janeiro de 1830. E encontramos também vestígios de uma de suas voltas

330

à Bahia em 20 de novembro de 1827, vindo de Onim em 43 dias, a bordo do brigue brasileiro *Camboata*, cujo capitão era José Joaquim da Costa Freitas, no qual viajava em companhia dos capitães e mestres dos navios brasileiros *Providência*, *Diana*, *Henriqueta* e *Dois Amigos*, todos apresados pelos cruzadores britânicos.[78]

Tratava-se, sem dúvida, de algum comerciante amigo do rei de Lagos, que usava o título de embaixador.

Essa hipótese parece ser confirmada por alguns documentos publicados em uma revista do Rio de Janeiro, cuja existência me foi dada a saber por Alberto da Costa e Silva.[79]

Um deles, datado de 4 de dezembro de 1824, declara enfaticamente que:

> Manoel Alves Lima, Cavaleiro da Ordem de Nosso Senhor Jesus Christo e de São Thiago da Espada, Coronel da Corporação da Ilha de São Nicolau, tudo pela graça de Sua Majestade o Rei Dom João VI, que Deus o Guarde, Embaixador de Sua Imperial Majestade de Benim e alguns reis de África, certifica e faz saber que sendo encarregado da Embaixada daquele Imperador do Benim para saudar e fazer saber a Sua Imperial Majestade Dom Pedro Primeiro, Perpétuo e Constitucional Defensor do Brasil, em nome do Imperador do Benim e Rei Ajan e alguns outros Reis Africanos, que eles reconhecem a Independência deste Império do Brasil e esta corte do Rio de Janeiro. Eu nomeio como secretário desta Embaixada o Tenente José Vicente de Santa Anna.

Foi somente no ano seguinte que Inglaterra, Portugal e França reconheceram a independência do Brasil.

Outro curioso documento é este pedido oficial, registrado no Rio de Janeiro em 31 de julho de 1824, feito pelo rei Ajan a Sua Imperial Majestade d. Pedro I:

> Uma caixa com uma tampa redonda e a mais rica decoração imaginável, contendo seis peças de tecido damasco com ramos dourados, e todo o espaço restante cheio com as maiores contas de coral possíveis. As dimensões do cofre devem ser de três palmos [66 centímetros] de comprimento, dois palmos [44 centímetros] de largura e dois palmos [44 centímetros] de altura.
>
> Uma grande carruagem em boa condição.

Duas baterias de artilharia, calibre 3, com todos os seus acessórios.

Quatro dos mais ricos chapéus arredondados com largas bordas.

Uma bomba de incêndio de tipo grande.

Em 1835, durante a Revolta dos Malês, ter-se-ia notícia de um outro personagem não menos estranho, que morava perto da igreja de São Miguel, que dão como sendo o embaixador do rei do Daomé.

8. Bahia, 1810-35: relações econômico-filantrópicas anglo-portuguesas e sua influência no tráfico de escravos no Brasil

Em 1807, dois acontecimentos mudaram completamente as condições das relações comerciais entre a Bahia e a Costa da Mina.

O Parlamento inglês votou a abolição do tráfico de escravos e, após ter repelido aquela lei durante sete anos consecutivos, esforçou-se para fazer adotar seu ponto de vista pelas outras nações.

Em 27 de novembro de 1807, fugindo das tropas de Napoleão, o príncipe João, regente de Portugal, embarcou precipitadamente de Lisboa para o Rio de Janeiro, acompanhado de sua esposa, a princesa d. Carlota Joaquina, e de sua mãe, a rainha d. Maria, cuja loucura tinha-se acentuado já fazia muitos anos mas que, apressada para embarcar, julgou muito judiciosamente a situação, declarando: "Não tão depressa, pareceríamos estar fugindo". Mais de 13 mil pessoas da corte os seguiram, empilhando-se com todas as riquezas transportáveis do reino nos navios da esquadra e em todos os navios mercantes disponíveis.

D. João, após ter longamente hesitado entre uma aliança com a França ou a Inglaterra, terminou cedendo à pressão de lorde Strangford, o embaixador britânico, que lhe tinha informado que a Inglaterra "ocuparia" o Brasil, por medida de segurança, se o príncipe e sua família viessem a cair nas mãos de Napoleão.

O general Junot chegava a Lisboa em 30 de novembro pela manhã, algumas horas depois da partida da frota, que, para maior angústia dos fugitivos, ficou retida dois dias no porto devido a ventos contrários.

O príncipe regente foi acolhido em sua passagem pela Bahia, de 22 de janeiro a 26 de fevereiro de 1808, pelo governador João Saldanha da Gama Melo e Torres, conde da Ponte. D. João, constatando então que não havia mais relações comerciais possíveis com Portugal, ocupado pelos franceses, abria os portos do Brasil aos navios estrangeiros, por um decreto provisório de 28 de janeiro de 1808 — provisório mas que, felizmente para a economia do Brasil, iria se tornar definitivo. As trocas comerciais foram estabelecidas de forma direta com as nações estrangeiras. A Inglaterra devia ser a principal beneficiária dessa medida.

As pressões econômicas e políticas inglesas seriam exercidas diretamente sobre o Brasil, e manifestavam-se em um sentido que desorientava os comerciantes deste país.

Os ingleses não hesitaram em fazer guerra, um século antes, para obter o contrato de fornecimento de escravos do *asiento* espanhol, mas tinham-se tornado fervorosos abolicionistas, tendo entretanto modificado completamente a estrutura econômica das ilhas britânicas. Assim esclarece Dike:[1]

> No fim do século XVIII, uma era de caráter industrial sucedia a uma época de caráter comercial. Na Grã-Bretanha, onde a mudança industrial era mais marcante, o comércio de escravos, perfeitamente ajustado ao sistema da época comercial, tinha-se tornado antiquado devido aos rápidos progressos tecnológicos da produção industrial. A abolição do comércio de escravos era, pois, somente uma manifestação da passagem da era comercial à da revolução industrial.

As campanhas abolicionistas de Wilberforce foram bem-sucedidas, em parte porque seus fins humanitários correspondiam aos interesses daquela indústria nascente. A extinção do *asiento* inglês do fornecimento de escravos às Índias de Castela, a revolta das colônias da América do Norte, a Declaração de Independência de 4 de julho de 1776 e a guerra que se seguiu até o tratado de paz de Versalhes, em 3 de setembro de 1783, tinham igualmente dado um duro golpe no comércio de escravos dos ingleses.

O problema da renovação da mão de obra servil para a cultura da cana-de-açúcar estava limitado a Guiana, Trinidad e Jamaica. Veremos mais tarde de que maneira essa questão foi resolvida a favor da repressão ao tráfico dos negros.

Os últimos laços foram desfeitos entre a Espanha e suas colônias da América, tornadas independentes, à exceção de Cuba, que seria o lugar nas Antilhas em que o tráfico se manteria por mais tempo (1864).

Os franceses, cedendo a Louisiana e perdendo o Haiti, viram a procura de mão de obra limitar-se às necessidades das colônias de Guadalupe, Martinica e Guiana.

Somente o Brasil e Cuba tinham ainda sua economia baseada no antigo sistema, e foi preciso esperar até a metade do século XIX para que a política do Brasil se tornasse francamente favorável à abolição do tráfico, que aceitara durante vários decênios, com muita má vontade e sob constante pressão do Foreign Office.

Não entra no quadro deste trabalho a história da luta empreendida pela Inglaterra durante a primeira metade do século XIX para garantir, por uma política de livre-comércio, a saída de seus produtos manufaturados, a não ser na medida em que ela afeta os interesses da Bahia e suas relações com o golfo do Benim.

Os dinamarqueses foram os primeiros a abolir o tráfico de escravos, em 1802, seguidos pelos Estados Unidos, em 2 de março de 1807. Alguns dias depois, em 25 de março, os ingleses decretavam por sua vez uma lei proibindo a seus vassalos o tráfico de escravos. A medida tornava-se efetiva em 1º de janeiro de 1808, no momento mesmo em que o príncipe regente e a corte de Portugal viajavam para o Brasil.

A Inglaterra entendia que todo o resto do mundo seguiria sua nova política. A questão da abolição do tráfico de escravos foi, durante a primeira metade do século XIX, uma das principais preocupações do Foreign Office, poderosamente ajudado nessa tarefa pela Royal Navy: "A supressão do tráfico de escravos foi obra comum da Royal Navy e do Foreign Office, um colocando em execução os acordos negociados pelo outro. A imponente massa de 1529 volumes de documentos classificados sob a rubrica FO 84 no Public Record Office de Londres é disso a prova palpável e monumental".[2]

Em 1808, a abertura dos portos permitia à Inglaterra relações diretas com o Brasil, mas seus produtos manufaturados pagavam os 24% de direitos alfandegários aplicáveis a todas as nações estrangeiras.

Em 1810, um tratado comercial assinado entre o Brasil e a Inglaterra abaixou esses direitos alfandegários para 15%, tarifa mais favorável que a de Portugal, que pagava ainda os 16% previstos em 1808, e que não tinha mais sequer a possibilidade de fazer transitar em Lisboa os objetos manufaturados na Inglaterra, pois no mesmo ano de 1810, em 19 de janeiro, um serviço mensal de paquetes era inaugurado entre a Inglaterra e o Rio de Janeiro.[3]

Portugal, ocupado momentaneamente pelas tropas de Napoleão, devia perder para sempre a soberania sobre sua antiga colônia do Brasil, que agora se tornara reino, com a chegada da corte em 1808. Uma única tentativa séria foi feita em 1822 para restabelecer esse poder, mas o resultado foi somente provocar a independência política do Brasil.

Para obter sua liberdade econômica, o Brasil tinha que lutar mais contra a Inglaterra do que contra Portugal, sua antiga metrópole. A luta entre os dois países não se caracterizava entretanto por guerras de conquista ou de libertação.

As teorias abolicionistas vinham contrariar aqueles que sustentavam a necessidade da mão de obra servil. Os conflitos tomavam a forma de notas diplomáticas e discussões em torno da assinatura de tratados de comércio, ou de aliança e amizade, de convenções e artigos adicionais entre altas partes contratantes.

Nessa nova era que se abria, era muito difícil ao Brasil saber se se tratava de interesses econômicos, de filantropia ou de industrialização. Antigamente lhe entregavam patentes para ir fazer o tráfico na Costa da Mina, declarando "o grande serviço que faz a Sua Majestade indo procurar escravos naquela costa e trazendo-os para esta cidade da Bahia, em razão da grande falta que se faz sentir nos campos de cana e nas fábricas de açúcar".[4]

A teoria da "salvação das almas pagãs trazidas à cristandade" era substituída por aquela "da injustiça e da má política do comércio de escravos e das grandes desvantagens que nascem da necessidade de introduzir e de renovar constantemente uma população insociável e artificial para assegurar o trabalho e a indústria [do Brasil]".[5]

A Inglaterra assinou uma série de tratados e de convenções com Portugal e o Brasil entre 1810 e 1826. O Brasil os complementou por meio de leis em 1831 e 1850. Esse conjunto de atos teve a mais profunda influência sobre a situação na Bahia e modificou o caráter de suas relações com o golfo do Benim.

Por outro lado, as nações europeias que se tinham tornado abolicionistas pelas razões já indicadas iam à África pelas necessidades da indústria nascente, que as fazia procurar algodão e azeite de dendê no mesmo lugar onde obtinham até então os escravos. As feitorias abandonadas com o declínio do tráfico estavam ocupadas pelos comerciantes de Marselha e de Londres.

O sistema de transportes e comunicações evoluía. O estabelecimento, a partir de 1810, de linhas de navegação ligando regularmente a Europa com a América do Sul, de um lado, e mais tarde com a costa da África, de outro, deveria firmar cada vez mais um movimento de trocas de produtos manufaturados da Europa por matérias-primas da América do Sul e da África, além de cortar completamente as relações comerciais instauradas desde vários séculos entre a Bahia e o golfo do Benim.

Apesar dos tratados, o tráfico iria manter-se muito ativo até 1851. Os últimos decênios foram sem dúvida a época mais florescente desse comércio.

BAHIA NO COMEÇO DO SÉCULO XIX; OPINIÃO DE ALGUNS INGLESES, VIAJANTES OU RESIDENTES

Thomas Lindley, passando pela Bahia em 1803,[6] teve seu navio apresado pelas autoridades portuguesas por contrabando e lá ficou como prisioneiro algum tempo. Sua descrição das casas da Bahia ressente-se do mau humor que produziam suas dificuldades com a justiça.

> Alguns habitantes da classe mais alta, mas não muitos, construíram para si grandes e elegantes residências (sobretudo nos arredores da cidade) e as mobiliaram de modo adequado. As habitações das outras pessoas opulentas são vastas e convenientes, mas sordidamente mobiliadas. Vistas da rua, têm uma aparência triste e suja, e o que prometem do exterior é completamente realizado no interior. De fato, nunca vi um país onde os habitantes sejam tão negligentes a respeito de limpeza quanto os brasileiros. As casas pertencentes aos comerciantes e lojistas são ainda mais repugnantes: em vez de janelas envidraçadas, têm postigos com grades nas quais falta até mesmo uma camada de pintura para alegrá-las e preservá-las. As da classe mais baixa, dos soldados, mulatos e negros são cabanas cobertas de telhas com simples janelas engradadas. Todas essas casas e diversos edifícios (salvo uma rua ou duas) estão misturados ao longo da cidade, à qual dão um aspecto colorido e desagradável.

James Prior, oficial da Royal Navy, relata lembranças marcadas de desprezo. Ele passava pela Bahia em 1813[7] no momento mais agudo da disputa que opunha baianos e ingleses a respeito do injusto apresamento feito pelos últimos de doze navios dos primeiros.[8]

São Salvador [Bahia], outrora a capital do Brasil, estende-se por um comprimento de aproximadamente duas milhas, não apenas no cume de uma colina, mas ao longo da praia embaixo. A altura da primeira por cima da segunda é de duzentos a trezentos pés, em certos lugares quase perpendicular, em outros mais oblíquo, de maneira que as casas são construídas sobre a inclinação e assim ligam o que poderia ser chamado de Cidade Alta e Cidade Baixa. Entre elas existem diversos zigue-zagues, ou ruas e caminhos tortuosos, que não são praticáveis para as rodas das viaturas. Por essa razão, palanquins são utilizados sobretudo por aqueles que não sobem nem descem a pé. E mais, suas avenidas em geral são estreitas e sujas, as casas medíocres, as pessoas pobres e imundas, olhando furtivamente através das vidraças quebradas e das grades desconjuntadas, de mulheres de acesso fácil exibindo seus atrativos aos imprudentes, e algumas vezes crianças, seminuas, pedindo a caridade. O cume do talude é a única região elegante: carruagens, bonitas casas, pessoas joviais, bonitas igrejas e algumas ruas convenientes. A praia, ou Cidade Baixa, é o depósito do comércio e da sujeira; estes e os portugueses parecem companheiros inseparáveis.

Na primeira, vemos as pessoas alegres e bem-vestidas gozando de bom ar e de boa saúde; na última, os homens de negócio estão misturados com os negros, seminus, arrastando fardos e tonéis; uns e outros parecem, pela sua indiferença, desprovidos do sentido do olfato. Na primeira estão as igrejas, os bailes e as óperas; na última os escritórios, as lojas e os depósitos. Marinheiros e fidalgos, soldados, policiais e espécies de vadios dão ainda mais diversidade à mistura, enquanto em cima das portas a vista é acolhida várias vezes por suas inscrições: "Fornecimentos para a navegação no prazo mais rápido".

A Cidade Baixa concentrou tudo isso em uma rua principal, que se estende por todo o comprimento. As casas são construídas de forma irregular, sujas e pouco cômodas. Por sorte, como muitos de seus locatários se atarefam normalmente com a preparação de tabaco de rapé, o aroma penetrante que escapa por todas as fendas na rua ou faz espirrar o estrangeiro de passagem no momento em que ele chega, desde o desembarcadouro, no arsenal, ou então fortifica suas qualidades olfativas contra o poder de odores menos saborosos. "Cloacinas" parecem quase publicamente honradas, e seus devotos são tão sinceramente seus admiradores, que as oferendas nunca são retiradas, exceto sob a influência combinada do sol, do vento e da chuva.

Todos os edifícios religiosos apresentam o mesmo aspecto: ornamentos supérfluos de toda a sorte, a chama de inumeráveis velas, o som dos órgãos, a fumaça do incenso, os padres oficiando com uma grande solenidade, enquanto os mosquetes, os fogos de artifício, tambores, tamborins e clarins, e os gritos do povo, formam um coro contínuo fora das portas, para a adoração do Céu, entre os católicos, lembrando-me involuntariamente os prelúdios de um espetáculo de marionetes ou a parada das barracas da feira de Bartolomeu. Um homem liberal e esclarecido, se bem que ao mesmo tempo zeloso católico, fez-me esta observação em uma daquelas ocasiões: "Se os fogos de artifício e a música são um passaporte para o Céu, os habitantes de São Salvador estão certos de fazer sua salvação".

Três regimentos estão aquartelados na cidade e arredores, sendo um de pessoas de cor.

A população é de 80 mil habitantes, sendo que 18 mil podem ser brancos ou mulatos.

Os comentários de Lindeman, cônsul inglês na Bahia entre 1811 e 1815,[9] são igualmente desprovidos de indulgência, mas ele dá detalhes sobre a economia da Bahia depois da recente abertura dos portos ao comércio de diversas nações.

A baía, muito vasta, estende-se por uma distância de umas trinta milhas e contém diversas ilhas. A nove milhas de distância em frente à cidade da Bahia encontra-se a ilha de Itaparica, de tamanho considerável (sessenta a setenta milhas de volta). Ela é extremamente fértil, e produz açúcar, cacau, milho, ananás, laranjas, bananas etc., que abastecem em parte a cidade da Bahia. O sr. inspetor-geral Filisberto tem uma grande propriedade na ilha de Itaparica, e instalou recentemente em seu engenho de açúcar uma máquina a vapor que fez vir da Inglaterra.

As canas-de-açúcar do Brasil não crescem tão altas, nem são de uma natureza tão forte e luxuriante como as das Antilhas; as charruas não são utilizadas; todas as operações de lavragem são feitas na enxada pelo trabalho manual dos escravos.

A capitania da Bahia produz um excelente algodão, geralmente vendido nos mercados europeus por um dinheiro a libra. Uma média de 60 mil a 80 mil sacos de 160 libras são exportados por ano; 30 mil são expedidos para a Inglaterra nos porões dos vasos britânicos, o resto vai para Lisboa pelos vasos portugueses.

Desde a abertura dos portos deste continente, os navios de Hamburgo, Bremen, Amsterdam, Gotemburgo e de diversos portos franceses aventuraram-se aqui para obter algodão.

O vinho francês não se vende bem na Bahia; os do Porto, Madeira e Tenerife são preferidos. Os ferros da Suécia e de Milão, a joalheria, as modas e perfumes franceses encontraram uma venda passável. A venda da vidraria inglesa vai logo conhecer uma sensível diminuição, devido, em parte, à importação de vidros da Boêmia, e também em razão da instalação de uma manufatura de vidro por um português. Esta pessoa teve a destreza de persuadir dois operários ingleses de Bristol a acompanhá-lo ao Brasil; um deles está morto, e tive muito trabalho para fazer voltar o outro para a Inglaterra; mas temo que sua arte tenha sido já aprendida, visto que o estabelecimento continua a funcionar.

Existem alguns pesqueiros que utilizam cerca de quinhentos a seiscentos escravos; dois para a pesca da baleia e os outros dois para pegar o cavalo e outros grandes peixes de qualidade inferior; o primeiro é comido pelos brancos e os outros são salgados para os escravos. O Arsenal Real não tem uma aparência digna de seu nome; uma fragata de 38 canhões foi terminada durante minha residência na Bahia; ela esteve cinco anos no estaleiro. No entanto, os construtores de navios privados os fazem com grande espírito de atividade. O sr. Costa constrói excelentes navios mercantes e é muito rápido em seus serviços. A polícia da Bahia é muito ruim; roubos são cometidos cotidianamente com impunidade, e são frequentes os assassinatos.

A corte de justiça é pior; existem oito juízes desembargadores; todos recebem "gorjetas" sem disfarce e sem vergonha; de todos eles, o atual juiz conservador dos ingleses, sr. Osório, é geralmente considerado o mais venal e corrompido. Quando acontece a um criminoso ser condenado à morte, se tem dinheiro e amigos, a sentença é na maior parte das vezes mudada em deportação para a costa da África, tudo é facilmente abafado em seguida, e o condenado escapa ou é abertamente colocado em liberdade.

A força militar da Bahia tem cerca de 2 mil soldados de infantaria e 280 cavaleiros; a milícia monta a aproximadamente 3 mil homens, contando os dois regimentos de negros livres (crioulos); são em geral bem equipados, mas mal e irregularmente pagos; as tropas regulares são formadas sobretudo por mulatos; são os maiores ladrões, depredadores e perturbadores da paz pública.

As finanças e o crédito do governo não são muito bons na Bahia. A corte do Rio de Janeiro requer tanto dinheiro, que tão logo as taxas e os direitos entram, são gastos com as letras de câmbio que a corte emite constantemente sobre o Tesouro da Bahia; algumas vezes as faturas não podem ser honradas, mesmo muitos meses depois de terem sido debitadas.

Lindeman dá um certo número de detalhes sobre a situação dos escravos:

A importação de escravos é geralmente estimada em 10 mil ou 12 mil ao ano. Alguns carregamentos são reexpedidos, em princípio para Pernambuco ou Maranhão, mas, quando estão no mar, mudam muitas vezes seu destino para uma colônia espanhola, em Havana ou em volta do cabo Horn, para Lima e para o Chile, onde os escravos são vendidos por 130 a 150 libras esterlinas. O preço de um bom escravo na Bahia é de 130 a 150 mil-réis (45 libras esterlinas).

Maria Graham, em sua chegada à Bahia, em 17 de outubro de 1821,[10] maravilhava-se com a beleza da baía e a situação da cidade pendurada no cimo da falésia:

Uma vegetação riquíssima surge entremeada às claras construções, e além da cidade estende-se até o extremo da terra, onde fica a pitoresca igreja de Santo Antônio da Barra. Aqui e ali o solo vermelho vivo harmoniza-se com o telhado das casas. O pitoresco dos fortes, o movimento do embarque, os morros que se esfumam à distância e a própria forma da baía, com suas ilhas e promontórios, tudo completa um panorama encantador. Depois, há uma fresca brisa marítima que dá ânimo para apreciá-lo, não obstante o clima tropical [...].

Desembarcamos no arsenal, onde não há nada da limpeza que se observa em nossa terra. A primeira coisa que vimos, contudo, foi uma bela fragata de 58 canhões nos estaleiros, cujo modelo vi elogiar como belo pelos entendidos [...].

A rua pela qual entramos através do portão do arsenal ocupa aqui a largura de toda a Cidade Baixa da Bahia, e é sem nenhuma exceção o lugar mais sujo em que eu estive. É extremamente estreita; apesar disso, todos os artífices trazem seus bancos e ferramentas para a rua. Nos espaços que deixam livres, ao longo da parede, estão vendedores de frutas, de salsichas, de chouriços, de peixe frito, de azeite e doces, negros trançando chapéus ou tapetes, cadeiras (espécie de liteiras) com seus carregadores, cães, porcos e aves domésticas, sem separação nem distinção. E como a sarjeta corre no meio da rua, tudo ali se atira, das diferentes lojas, bem como das janelas. Ali vivem e alimentam-se os animais. Nessa rua estão os armazéns e os escritórios dos comerciantes, tanto estrangeiros quanto nativos.

Chovia quando desembarcamos. Por isso, como as ruas que conduzem para fora da imunda Cidade Baixa não permitiam o emprego de veículos de roda, em virtude das suas íngremes subidas, alugamos cadeiras e as achamos se não agradáveis, ao menos cômodas […].

[…] A Cidade Alta é magnificamente situada na cumeeira entre o mar e o dique. Pela sua elevação e pela grande inclinação da maior parte das ruas, é incomparavelmente mais limpa que o porto. […] Terminamos nossa perambulação pela cidade indo de noite à ópera. O teatro é colocado na parte mais alta da cidade, e o patamar diante dele domina o mais belo panorama imaginável […].

Durante a representação, os cavalheiros e damas portugueses pareciam decididos a esquecer o palco e a rir, comer doces e tomar café, como se estivessem em casa. Quando os músicos, porém, começaram a tocar a ouverture do balé, todas as vistas e vozes voltaram-se para o palco. Seguiu-se a exigência de ser entoado o Hino Nacional, e só depois de tocá-lo e repeti-lo por duas vezes permitiu-se que o balé continuasse […].

[…] A casa do cônsul William Pennell,[11] como todas as dos comerciantes ingleses, fica um pouco longe da cidade, no subúrbio de Vitória, que ocupa um estreito espigão, estendido da cidade até Santo Antônio. Sua muito agradável casa-jardim se dependura literalmente sobre a baía.

TRATADO DE ALIANÇA E AMIZADE ANGLO-LUSITANO DE 19 DE FEVEREIRO DE 1810

Em seus esforços para impor a Portugal sua nova política, a Inglaterra marcava um primeiro ponto em 1809. Um empréstimo de 600 mil libras esterlinas era concedido ao governo português pouco tempo depois de sua instalação no Rio de Janeiro — empréstimo que foi logo seguido de uma convenção entre as duas partes, em 19 de fevereiro de 1810.

Um tratado de aliança e amizade entre o rei da Inglaterra e o príncipe regente de Portugal era assinado no Rio de Janeiro.[12]

O artigo 10, lançando as bases de uma futura abolição do tráfico, era assim redigido:

Sua Alteza Real o Príncipe Regente de Portugal, estando plenamente convencido da injustiça e da má política do comércio de escravos e das grandes desvantagens que nascem da necessidade de introduzir e de renovar constantemente uma população insociável e artificial para assegurar o trabalho e a indústria em suas possessões da América do Sul, resolveu cooperar com Sua Majestade Britânica na causa de Humanidade e de Justiça, adotando meios dos mais eficazes para obter em toda a extensão de suas possessões uma abolição gradual do comércio de escravos. E tocado por este princípio, Sua Alteza Real o Príncipe de Portugal se compromete a que seus vassalos não sejam mais autorizados a continuar o comércio de escravos em nenhuma outra parte da costa da África que não sejam atualmente possessões de Sua Alteza Real, nas quais este comércio tenha sido já abandonado pelos Poderes e Estados da Europa que lá fizessem o comércio antigamente. Ele reserva entretanto para seus próprios vassalos o direito de comprar e de negociar escravos nas possessões africanas da Coroa de Portugal nos territórios de Cabinda e Molembo, direitos tais, em outros tempos, disputados pelo governo da França, não limitando nem restringindo o comércio de Ajudá e outros portos da África situados na costa habitualmente chamada na língua portuguesa a Costa da Mina, e que pertencem à Coroa de Portugal, ou sobre as quais ela tenha pretensões. Sua Alteza Real o Príncipe Regente de Portugal está resolvido em não deixar perder suas justas e legítimas pretensões aos mesmos, nem o direito de seus vassalos de negociar naqueles lugares, exatamente da mesma maneira como o tem feito até então.

Uma certa inquietude tinha se manifestado nos meios dos negociantes da Bahia a respeito do alcance do Tratado de Aliança e Amizade e sobre as consequências que deviam ser esperadas do artigo 10. O conde dos Arcos tinha feito alusão ao fato quando da chegada na Bahia de embaixadas dos reis de Ardra e do Daomé.

APRESAMENTO INJUSTIFICADO DE DEZESSETE NAVIOS PORTUGUESES
PELA ROYAL NAVY, 1811-2

As preocupações dos negociantes da Bahia eram justificadas.

Os cruzadores da Marinha de Guerra inglesa apresaram dezessete navios no espaço de dois anos. Todos, salvo dois, cuja presença em Cuba e Porto Rico dificilmente se explicava, faziam o tráfico na costa da África, em lugares autorizados pelo artigo 10 do tratado de 19 de fevereiro de 1810.

Notas diplomáticas foram trocadas entre o Rio de Janeiro e Londres. Uma disputa azeda surgiria a propósito da utilização da bandeira portuguesa em navios de construção estrangeira e a respeito do tráfico negreiro, cujo volume não diminuía.

O conde de Linhares, ministro dos Negócios Estrangeiros e da Guerra, em nome do príncipe regente de Portugal, advertia, tanto na corte de Londres, por intermédio de seu ministro plenipotenciário, o conde de Funchal, quanto ao lorde Strangford, enviado extraordinário e ministro plenipotenciário inglês no Rio de Janeiro:[13]

Na Grã-Bretanha, a maioria do Parlamento britânico teve que lutar mais de vinte anos antes de obter da oposição a abolição do tráfico de negros. Agora, mesmo que uma população exuberante encha o território (exíguo) das ilhas [Antilhas], ela quer exigir que Sua Alteza Real de Portugal possa abolir subitamente um comércio que é o único a poder fornecer os braços indispensáveis às minas e às culturas do Brasil. É evidente que, mesmo em meio século, Sua Alteza Real não poderá acabar no Brasil com este comércio triste mas necessário, como desejaria muito, se a coisa fosse compatível com o bem público e a existência de seus povos. Tal resultado pode ser obtido apenas lenta e progressivamente, e nunca pela força, procedimento que o governo britânico parece querer adotar, que irrita sem produzir nenhum bem.

O injusto apresamento dos vasos portugueses faz temer Sua Alteza Real que o povo e os negociantes portugueses cheguem a um ponto de irritação tal que se tornará difícil a Sua Alteza Real reprimir as manifestações sem que resulte em vinganças contra as propriedades inglesas no Brasil, o que causaria uma pena imensa a Sua Alteza Real. Tudo isso poderia assim arruinar em um momento os esforços constantes de Sua Alteza Real para fundamentar sobre bases permanentes a Aliança e a Amizade perpétua entre as duas Nações.

As consequências seriam das mais deploráveis para o sucesso da luta contra o inimigo comum.

Ele insistia, além do mais, sobre estes pontos:

Os direitos de Sua Alteza Real de fazer o comércio nas costas de Bissau, na Costa da Mina, nas costas vizinhas das ilhas de São Tomé e Príncipe, como no porto de Calabar e nas costas de Cabinda e Molembo, devem ser respeitados, e nenhum julgamento dos navios apresados deve ser feito sem que todos estes pontos sejam devidamente discutidos.

O governo britânico, "novo campeão da causa de humanidade e de justiça", em um despacho de lorde Strangford de 30 de março de 1812 ao conde das Galveas, colocava em princípio o que devia ser feito a respeito da África:[14]

1º: Considerar Sua Alteza Real o Príncipe Regente do Reino Unido da Inglaterra e de Irlanda como protetor e até certo ponto aliado daquelas nações infelizes e oprimidas. E como este laço está fundamentado sobre as bases imutáveis de humanidade e da razão, Sua Alteza Real não pode ver com indiferença a menor circunstância que pudesse aumentar as penas daquelas infelizes populações, o que daria ao tráfico uma extensão fora dos limites, que uma imperiosa necessidade já obrigou Sua Alteza Real a reconhecer.

2º: Deste princípio resulta que, bem que Sua Alteza Real tenha resolvido respeitar suas promessas da maneira a mais escrupulosa e deixar os vassalos de Portugal fazerem livremente o comércio com as colônias daquela Coroa, transportando de lá para o Brasil todos os negros que pudessem ser necessários para o serviço deste país, Sua Alteza Real está bem determinada, entretanto, em não deixar os vassalos de Portugal transportarem os negros por conta de qualquer outra nação. Em consequência, toda embarcação portuguesa assim empregada se arriscaria a ser capturada e examinada pelo Almirantado britânico.

3º: Sua Alteza Real não pode consentir que os vassalos de outras potências abusem da bandeira portuguesa. É necessário que todas as embarcações que fazem o comércio de negros sejam portuguesas de boa-fé, registradas, e naveguem de acordo com as leis portuguesas, com uma tripulação de portugueses em número suficiente, e se a embarcação não for de construção portuguesa, é necessário produzir documentos autênticos legitimando a venda.

4º: Sua Alteza Real não duvida que os vassalos portugueses não limitem suas atividades para o tráfico de negros a seus próprios estabelecimentos e feitorias.

Sobre as dezessete embarcações apresadas pelos navios de guerra ingleses, julgadas e condenadas pelas autoridades nos dois anos que seguiram a assinatura do Tratado de Aliança e Amizade de 19 de fevereiro de 1810, doze pertenciam aos negociantes da Bahia.[15]

O conde dos Arcos informava ao Rio de Janeiro, em 30 de março de 1812,[16] que o descontentamento era grande na Bahia, e transmitia uma petição dos principais negociantes da cidade. As capturas realizadas pelos corsários e navios de guerra britânicos faziam a praça da Bahia sofrer uma perda considerável, estimada em mais de 800 mil cruzados. Os habitantes estavam exasperados pelos fatos "tão escandalosos que são sem exemplo na história das nações". O governador da Bahia se encontrava em uma difícil posição para colocar os bens dos vassalos de Sua Majestade britânica ao abrigo de suas reações.

O conde de Linhares, ministro dos Negócios Estrangeiros e da Guerra, tinha morrido havia pouco. O conde das Galveas, ministro da Marinha, encarregado interinamente daquelas funções, estava gravemente enfermo. O conde de Águias foi encarregado pelo príncipe regente de responder ao conde dos Arcos, em 21 de maio de 1812:[17]

Sua Alteza Real lhe faz dizer que é doloroso para seus sentimentos beneficentes o não poder nesta conjuntura dar toda a publicidade que deseja às negociações que mantém com a corte de Londres, e poder dar assim a seus vassalos uma prova tangível da proteção que podem esperar de um verdadeiro pai.

A petição dos comerciantes da Bahia será transmitida ao lorde Strangford, de um lado, e à corte de Londres, de outro. Não há dúvida no espírito de Sua Alteza Real que se possa esperar que a resposta do governo britânico dará a mais completa satisfação à reclamação feita contra os procedimentos verdadeiramente hostis e, em consequência, contrários às relações de aliança e amizade que, felizmente, existem entre as duas nações.

Sua Alteza Real não quis entretanto negligenciar esta ocasião de testemunhar o quanto o seu real sentimento se aflige em ver estas agressões contínuas e repetidas, provocadas unicamente pela ambição e avidez dos comandantes britânicos, que não deixarão de ser desaprovadas e punidas pelo governo deles, cuja dignidade e boa-fé reconhecidas são essencialmente interessantes a uma rápida e imediata reparação dos fatos assinalados por esta petição.

Lorde Strangford assegurou que aquelas reclamações seriam transmitidas para Londres com todo o seu apoio.

Sua Alteza Real espera que o conde dos Arcos saberá tranquilizar os espíritos daquela capitania, fazendo-os entrever as indenizações que Sua Alteza Real está certo que podem esperar da boa-fé e da generosidade de seu aliado, e por esta mesma razão seria desejável que a nobreza dos sentimentos de seus fiéis vassalos se manifesta nesta ocasião, mantendo toda a boa compreensão e harmonia que foram estabelecidas com os ingleses.

O cônsul britânico, Frederic Lindeman, que tinha tomado posse de seu cargo na Bahia em 9 de fevereiro de 1810, fazendo um relatório alguns anos mais tarde, em 16 de julho de 1816, intitulado *A situação presente na Bahia*, não compartilhava com aqueles pontos de vista otimistas:[18]

A Bahia tem um jornal, editado por um padre sob a imediata inspeção e censura do governo, chamado *Idade d'Ouro*. Este jornal não tem nada de particular, salvo que não é muito amigável para com a Inglaterra. Este sentimento, de que partilham todos os funcionários e negociantes na Bahia, é fundamentado sobretudo em que nossos negociantes açambarcam uma grande parte do comércio; é devido também à captura de navios negreiros da Bahia na costa da África pelos navios de Sua Majestade.

Incidentes se produziram.[19] A hostilidade da população da Bahia contra os ingleses se manifestava sob forma de vexações e ameaças às tripulações dos navios britânicos que se abasteciam no porto.

Em 14 de setembro de 1812, o cônsul Lindeman protestava a respeito do paquete *Swallow*, que tinha obtido água com dificuldade. Além disso, as mangueiras de alimentação deviam ter sido cortadas pelos portugueses, e o forte tinha lançado "por engano" tiros de canhão.

James Prior, da Royal Navy, que voltava de uma viagem pela costa oriental da África, passou pela Bahia em novembro de 1813 e notou, em um livro sobre o Brasil,[20]

os sentimentos de inveja geralmente propalados contra a influência inglesa nos negócios do governo. A penhora dos escravos na costa da África foi causa de consideráveis reclamações contra nosso país; existe aí, entretanto, um sentimento de amargura habitualmente ressentido por todo o comerciante descoberto em vias de fazer especulações contrárias aos tratados, e que se queixe de tirania etc.; da mesma maneira, os ladrões poderiam se queixar dos oficiais de justiça.

São Salvador não tinha somente uma grande parte neste tráfico, mas, de acordo com relatórios fidedignos, fornecia falsos contratos e falsos documentos e bandeiras aos especuladores de carne humana de todas as nações. O comércio de escravos na África era o principal ponto de inveja da Inglaterra. A parte comerciante da população e todas as classes nisso estavam interessadas de uma maneira ou de outra, e nele se agarravam como se fosse sua última aposta. Todas as outras considerações apagavam-se diante do comércio de escravos: Portugal e Espanha, Inglaterra e França, Wellington, Bonaparte e o príncipe podiam ir de cabeça ao reino das sombras, pouco importava, contanto que seu precioso tráfico, causa de seus sonhos de dia e de noite, pudesse ser mantido. Essa afeição, nenhum poder de raciocínio podia vencê-la, somente o argumento da força o conseguiria.

Os espíritos estavam tão excitados contra os ingleses que estes eram acusados de fomentar as revoltas que se sucediam na Bahia desde 1807.[21]

CONVENÇÃO E TRATADO DE 1815 E CONVENÇÃO ADICIONAL DE 1817

O Congresso de Viena, em 1815, dava uma solução às divergências entre as cortes do Rio de Janeiro e de Londres a respeito das capturas dos navios portugueses pelos navios de guerra ingleses. Dessa maneira, a Inglaterra marcava um segundo ponto.

Dois atos foram assinados em Viena entre as altas potências da Grã-Bretanha e de Portugal.

O primeiro:[22]

Convenção entre os muito altos e muito poderosos Senhores o Príncipe Regente de Portugal e El Rey do Reino Unido da Grande Bretanha e Irlanda, para terminar as questoens e indenizar as perdas dos vassalos Portuguezes no trafico de escravos de Africa, feita em Vienna pelos Pleniponciarios de huma e outra Coroa em 21 de janeiro de 1815 e ratificada por ambas [...] 300000 libras esterlinas pagadas em Londres a pessoa designada por S. A. R. Pr. Reg. para satisfazer as reclamações feitas dos Navios Portugueses apresados pelos cruzadores Britanicos antes de 1-Junho-1814, pelo motivo allegado que faz hum comercio illicito de escravos [...].

O seguinte:[23]

Tratado da Abolição do Tráfico de Escravos, em todos os lugares da Costa da África ao norte do Equador, entre os muito altos e muito poderosos Senhores o Príncipe Regente de Portugal e El Rey do Reino Unido da Grande Bretanha e Irlanda, feito em Vienna pelos plenipotenciarios de huma e outra Corte, em 22 de Janeiro de 1815 e ratificado por ambos [...] Rio de Janeiro, na impressão regia 1815 [...].

A Inglaterra renuncia receber o que lhe he devido do emprestimo de 600000 libras esterlinas de 1809.

Artigo adicional:

Convencionou-se, no caso de algum colono Portuguez querer passar dos estabelecimentos da Coroa de Portugal na Costa da Africa ao Norte do Equador com os Negros bona fide, seus domesticos, para qualquer outra Possessão da Coroa de Portugal, teria a liberdade de faze-lo, logo que não seja a bordo de navio armado e preparado para o trafico, e logo venha munido dos competentes passaportes e certidões conforme a norma que se ajustar os dois Governos [...].

O príncipe regente ratificou esses atos em 8 de junho de 1815. Em 30 de junho, foram enviadas cópias ao conde dos Arcos, na Bahia. A publicação foi feita em 26 de julho. Daí em diante, o tráfico na Costa da Mina estava proibido.

Os negociantes da Bahia não se conformavam com essa proibição e continuavam enviando seus navios para fazer o tráfico naqueles lugares, apesar da estreita vigilância dos cruzadores britânicos na repressão ao tráfico ilícito. Durante 35 anos, os negociantes da Bahia iriam prosseguir suas atividades, e com uma intensidade maior do que na época em que o tráfico era legal.

Em 1º de outubro de 1815,[24] o conde dos Arcos enviava ao Rio de Janeiro um relatório no qual propunha o abandono do castelo de Ajudá em razão da extinção do tráfico de escravos ao norte do equador, e pedia instruções a respeito dos funcionários que lá ainda se encontravam.

O governo do Rio de Janeiro dava de volta as instruções:[25]

Longe de ser das Reaes Intençoens haver por extinto aquelle estabelecimento na Costa da Africa, Quer o Mesmo Augusto Senhor que elle se conserve com todos aquelles empregados, que são de sua primitiva creação, visto que, não devendo limittar se àquele nosso commercio do trafico excluzivo de escravos, pode e deve prosseguir se em quaes quer outros ramos que offereça aquelle mercado, tanto mais quanto isto he conforme ao que ja ahi se praticou a respeito de Navios dessa Praça que, posteriormente ao tratado pelo qual ficou extincto o Commercio de Escravos ao Norte do Equador, sahirão desse Porto da Bahia com destino à Costa da Mina, afim de traficarem em outros generos, como V. Ex. mesmo participou.

Aos conhecimentos e penetração de V. Ex. não pode certamente ser desconhecida a politica e importancia desta medida, e por isso confia S. A. R. que V. Ex., longe de admitir a idéa de abandono daquelle commercio, procurará cuidadozamente inculcalo e promovelo por todos os meios que o seu zelo lhe suggerir, approveitando habilmente o genio especulador e industrioso dos habitantes dessa Praça [da Bahia].

O governo do Rio de Janeiro confirmava ao governo da Bahia, em 6 de fevereiro de 1816:

Parece prematuro pensar que o comércio com a Costa da Mina vai acabar completamente após a supressão do comércio de escravos. A importância política da questão é suficiente para ter certeza de não abandonar aquele estabelecimento, mesmo que os custos tenham dobrado. O governo do Rio de Janeiro confirma ao conde dos Arcos as ordens reais de 27 de novembro de nomear imediatamente os empregados destinados a substituir aqueles que faltam ao dito castelo.

Um relatório enviado ao Foreign Office em 5 de junho de 1816 pelo cônsul britânico na Bahia, A. Cunningham, confirmava aquele ponto:[26]

Soube que Whydah e Ajudah recebiam antes suas guarnições desta província,[27] mas que o governador e seus oficiais, que não eram de uma classe elevada, estão todos mortos.

O tráfico de escravos não sendo mais legal ali [em uma latitude de cinco graus a norte], o conde dos Arcos rejeitou numerosos pedidos que lhe fizeram as pessoas desejosas de ocupar aqueles cargos. No entanto, um apelo foi endereçado por aquelas pessoas desapontadas às altas autoridades do Rio de Janeiro, e uma ordem foi dada para a imediata reinstalação daqueles estabelecimentos. Não parece, pois, que o governo tenha a intenção, direta ou não, de impulsionar o comércio com energia.

Entretanto, como dois vasos realizaram viagens vantajosas na África ao norte do equador, fazendo a troca de mercadorias daqui com marfim e pó de ouro, podemos pensar que Whydah e Ajudah serão reinstaladas sob o mesmo pé que antes, não somente para as necessidades dos vasos portugueses, mas igualmente para manter os direitos de possessão.

Cunningham descreve em seguida o estado de irritação que reinava na Bahia contra os ingleses:

Considerando as medidas tomadas pela legislatura britânica e os esforços feitos pelo governo de Sua Majestade para realizar a abolição universal do desumano tráfico de escravos, e estando agora colocado como cônsul de Sua Majestade, em um lugar do Brasil onde o tráfico de escravos é praticado ainda de maneira considerável, penso que é meu dever fazer saber a Vossa Excelência que o número de escravos importados nesta cidade durante o ano de 1815 monta a 6750.

Pode ser também útil comunicar a Vossa Excelência que uma extrema má vontade persiste nos espíritos contra a Inglaterra.

Os habitantes portugueses desta província, que sofreram perdas provenientes da captura de seus vasos pelos cruzadores de Sua Majestade, conquanto estivessem em viagens ilícitas além dos limites prescritos pelo tratado, dão a prova por seu comportamento.

Eis um triste exemplo: na noite de 22 de março último, por volta das sete horas, um grande número de marujos portugueses reuniu-se na margem da água na Cidade Baixa e atacou os navios britânicos em terra, com grandes facas e grandes bastões, declarando que iriam matar alguns antes que a noite passasse; e isso teve lugar sem a mínima provocação, pois conheço bem o caráter de nossos marujos quando estão em terra. Tomei um cuidado particular em verificar os fatos antes de me aventurar a formular uma queixa junto a Sua Excelência, o governador conde dos Arcos, o que fiz quando foi descoberto o cadáver de um jovem inglês, morto vítima da raiva e da violência daquela multidão vingativa. Muitos outros se salvaram saltando para a água, e vários dentre os que puderam refugiar-se a bordo de seus vasos ficaram indisponíveis durante longo tempo, em razão das contusões e das feridas que lhes infligiram.

Tive também que protestar ao mesmo tempo contra o insulto feito à bandeira inglesa por um navio português e um brigue ancorados neste porto. Ambos içaram várias vezes as cores britânicas pelo avesso, sob sua própria bandeira, e aproveitaram todas as ocasiões para injuriar, de passagem, os membros das tripulações de todos os vasos ingleses.

Sua Excelência respondeu imediatamente minha nota e enviou um coronel, um de seus ajudantes de campo, com o intuito de conferir comigo e tomar as disposições necessárias para tentar prender os culpados, a fim de que fossem punidos; mas não tivemos sucesso, pois o culpado não pertencia à tripulação de nenhum dos vasos que se encontravam no porto, mas era desempregado e fugiu para o interior do país [...].

O cônsul observava que um navio português tinha deixado a Bahia fazia quatro meses, sob as cores espanholas, embora fosse propriedade de um português, e foi pegar 385 escravos em Onim, mas na verdade deve ter ido pegá-los ao norte do equador,[28] porque trouxe notícias do brigue *Temerário*, equipado igualmente na Bahia e que, armado, tinha partido com a intenção de se vingar dos navios ingleses que passassem ao seu alcance.[29] Ele terminava seu relatório assinalando "que os escravos têm tendência a se sublevar contra seus senhores e que, em dois outros lugares, tinham matado seus proprietários e incendiado casas e engenhos de açúcar, mas uma milícia a cavalo, recentemente equipada, colocou fim a suas tentativas".

O conjunto desse relatório mostra que a irritabilidade dos meios marítimos contra os ingleses se avivara; os armadores estavam decididos a continuar fazendo o tráfico na Costa da Mina; os laços entre a Bahia e Uidá subsistiam e não estavam prestes a se romper; revoltas de escravos aconteceram, manifestações que iriam logo determinar um movimento de volta para a África.

Uma convenção adicional foi assinada em Londres entre Portugal e a Grã-Bretanha em 28 de julho de 1817.[30] Continha doze artigos e três atos anexos, compostos de numerosos parágrafos, determinando os detalhes de aplicação do tratado de 1815. Especificava o direito de visita recíproca dos navios mercantes das duas nações pelos navios de guerra das duas marinhas reais.

Os navios de tráfico não podiam ser apresados a não ser que fossem encontrados com escravos a bordo ao norte do equador, e não podiam sê-lo ao sul a não ser que a perseguição tivesse começado ao norte da linha.

Nesse caso, deviam ser julgados por tribunais mistos anglo-lusitanos estabelecidos para aquele efeito.

Em casos de detenções arbitrárias e sem causa legal de navios mercantes, indenizações cobriam as perdas injustamente sofridas pelos proprietários, devendo ser pagas pelos governos aos quais pertenciam os cruzadores responsáveis.

Os navios portugueses que iam fazer o comércio de escravos nos lugares autorizados deviam estar munidos de um passaporte.

Os navios não podiam ser visitados nos portos nem nas águas territoriais pertencentes às duas nações.

O capitão e os dois terços da tripulação dos navios portugueses deviam ser de nacionalidade portuguesa. Os marujos negros (mesmo escravos) eram considerados vassalos da Coroa portuguesa. Os navios podiam ser de construção estrangeira.

Comissões mistas seriam estabelecidas em Londres, Rio de Janeiro e Serra Leoa.

Elas comportariam um comissário juiz e um comissário árbitro para cada nação. Essa comissão mista julgaria a legalidade da detenção e, em caso de liberação do navio, a indenização a ser paga ao proprietário.

Os julgamentos seriam feitos pelos dois juízes comissários. Se não pudessem entrar em acordo, um dos comissários árbitros seria designado por sorteio e a sentença final pronunciada de acordo com o voto da maioria da assembleia, dos dois juízes e do árbitro.

Em casos de condenação de um navio por viagem ilícita, o casco e a carga seriam declarados "boa presa" e vendidos em leilão público em benefício dos dois governos. Os escravos encontrados a bordo receberiam sua carta de alforria e seriam consignados ao governo do país onde residisse a comissão que tivesse pronunciado a sentença. Eles seriam empregados na qualidade de domésticos e trabalhadores livres. Cada governo se encarregaria de garantir a liberdade dos indivíduos que lhe fossem assim consignados.

Os navios apresados depois de 1º de junho de 1814 deviam ser julgados por aquelas comissões mistas.

Consequentemente, em 4 de setembro de 1818, Portugal designava o cônsul português em Londres, Ignacio Palyart, como comissário juiz, e um comerciante português, Custódio Pereira de Carvalho, como comissário árbitro. Em 18 de agosto de 1818, no Rio de Janeiro, essas nomeações eram completadas pelas de Silvestre Pinheiro, deputado na Câmara de Comércio, na qualidade de comissário juiz, e João Pereira de Souza, comerciante, na qualidade de comissário árbitro. Em 6 de fevereiro de 1820, em Serra Leoa, João Jacomo Altavilla tornava-se comissário juiz, e Joaquim Cezar de la Figanière, comissário árbitro.

Os comerciantes da Bahia, temendo as consequências do tratado para o bom andamento de suas empresas comerciais na costa da África, como resultado da proibição de ir fazer seu tráfico nos lugares de costume, tiveram suas queixas apresentadas ao príncipe regente pelo governador da Bahia.

Em 20 de setembro de 1815, o marquês de Aguiar respondia do Rio de Janeiro:[31]

> S. A. R. com attenção tanto o que se continha naquelles papeis, como o que V. Ex.ª expõe a respeito dos prejuizos que se seguem a essa Capitania da cessação do trafico de escravos na Costa da Mina.
>
> Não tinhão certamente escapado à Consideração de S. A. R., quando Ratificou o sobredito Tratado e Convenção, os inconvenientes apontados por V. Ex.ª e o Mesmo Senhor. Nada desejando tanto como a prosperidade e augmento dos Seus fieis Vassallos, muito estimaria ter podido prevenilos, se as circunstancias e o bem geral do Estado o permitissem. Mas sentindo os inevitaveis transtornos e embaraços que huma semelhante alteração repentina deve sem duvida causar àquelle mui considerável ramo de Commercio e Agricultura d'essa Capitania, todavia não julga S. A. R. que taes embaraços e inconvenientes sejão duraveis, nem os males tão grandes como V. Ex.ª à primeira vista parece recear, pois que dando-se natural seguidamente outra direcção aos Capitaes e Industria até agora applicados exclusivamente para o Commercio de Escravatura da Costa da Mina, elles irão prosperar ramos talvez tão prosperos ou ainda mais que aquelle que provavelmente

agora hé mais sensivel, por isso que estava estabelecido e geralmente seguido de longo tempo.

Os Portos de Africa ao Sul do Equador podem fornecer a Escravatura, que deixa de vir da Costa da Mina, e assim se suprirá a Lavoura de braços, ao mesmo tempo que as Rendas Reais não soffrerão o consideravel abatimento que V. Ex.ª suppõe.

A plantação do tabaco na verdade extensissimo e proveitoza, quando [mesmo que] venha a ser menor, talvez sem custo se trocará na do Algodão, Anil, ou outro qualquer genero não menos proveitozo e rico, se o terreno assim o permittir, e pela ordem natural das coisas se restabelecerá a confiança que no primeiro momento de crise parece abatida e aniquilada.

Quanto a ser examinado o tabaco pela Mesa da Inspecção, Ordena S. A. R. que se continue a praticar o mesmo que se achava ate agora estabelecido, podendo ter o que for refugado, e que não hé permittido embarcar para Portugal nem para as Ilhas, muitos outros destinos, ou seja para Gibraltar, ou para quaesquer outros Portos onde tenha extracção.

Pelo que respeita, porem, ao que V. Ex.ª representa sobre ouvir as Pessoas mais intelligentes e praticas nos Negocios d'essa Capitania, convem S. A. R. que V. Ex.ª os oiça particularmente sem maior apparato, e fazendo as suas reflexões e interpondo o seu parecer, dê conta de tudo para S. A. R. decidir o que for devido.

INDEPENDÊNCIA DO BRASIL, 1822; INDEPENDÊNCIA DA BAHIA, 1823

A rainha d. Maria tendo falecido em 16 de março de 1816, o príncipe regente tornava-se o rei d. João VI.

Em 26 de janeiro de 1818, o conde das Palmas sucedia o conde dos Arcos no governo da Bahia.

Em 1820, uma revolução de caráter liberal decidia em Portugal que a monarquia deveria ser constitucional, mas a corte do Rio de Janeiro continuava reticente.

Da Bahia, o cônsul William Pennell e o vice-cônsul William Follett, seu sobrinho, expunham ao Foreign Office[32] a situação política desordenada e a repercussão na Bahia dos acontecimentos de Lisboa e do Rio de Janeiro.[33]

Em 8 de dezembro de 1820, um despacho assinalava a "dificuldade em harmonizar as aspirações [chamadas de invejas e antipatias pelo cônsul] dos portugueses e dos brasileiros, mulatos e negros habitantes deste país. Dois partidos estão em presença, um português e conservador, partidário da união com Portugal, o outro brasileiro, liberal e partidário da independência".

Em 10 de fevereiro de 1821, a Constituição era proclamada na Bahia, encontrando oposição do governo. Porém, após algumas escaramuças, as tropas amotinaram-se e se juntaram aos insurretos. O governador foi obrigado a se aliar ao movimento, que tomou uma forma antilusitana e até mesmo um caráter separatista, dirigido contra o Rio de Janeiro. Um governo foi constituído por uma junta provisória.

Em 19 de fevereiro chegavam notícias a respeito da reação da corte no Rio de Janeiro contra a Constituição, e em maio vinham informações da partida do rei d. João VI, em 22 de abril, para Portugal, para onde voltava após treze anos de ausência. Ele tinha deixado a regência do Brasil para seu filho d. Pedro, com os poderes de ministro de Estado e secretário de Estado interino.[34]

Em 26 de agosto de 1821, o cônsul britânico comunicava em seus despachos: "Mil homens de tropa enviados de Portugal chegaram no dia 23 para a maior satisfação do partido português".

Em 5 de novembro de 1821: "No dia 3, o partido brasileiro tentou em vão derrubar o governo; as tropas do partido brasileiro, entrincheiradas no forte de São Pedro, renderam-se finalmente sem derramamento de sangue". O cônsul britânico tinha solicitado ao capitão Graham, do *H.M.S. Doris*, para ficar alguns dias a mais na Bahia, para proteger os interesses britânicos.[35]

Em 5 de fevereiro de 1822: "A vitória foi completa para o partido brasileiro nas eleições. Dentre as sete pessoas eleitas para o governo, seis são nascidas no Brasil e uma em Portugal. Nenhum membro do antigo governo foi reeleito. O antigo governador teve somente um voto; o novo obteve 237 dos 259 votantes".

Em 20 de fevereiro: "O governo português de Lisboa nomeou um general português, Madeira, para comandar as forças da província da Bahia, em substituição a um brasileiro. Essa nomeação provocou combates entre as tropas brasileiras e portuguesas. Os primeiros foram obrigados a evacuar o forte de São Pedro".

Em 13 de maio de 1822, William Pennell parecia duvidar de que a chamada das tropas portuguesas não expunha a população da província aos perigos de uma insurreição dos negros, e assinalava uma sublevação de escravos que tinha acontecido na antevéspera na ilha de Itaparica, pela qual a política não parecia a responsável.

A volta aos princípios da monarquia absoluta em Portugal e a tentativa de manter o Brasil sob o status de colônia provocaram uma forte reação no Brasil, seguida da proclamação de sua independência.

William Pennell comunicava ao Foreign Office, em 3 de junho de 1822:

A informação chegou na Bahia que: "Sua Alteza Real o Príncipe Herdeiro aceitou no Rio de Janeiro, do povo e das tropas, o título de Príncipe Regente, Protetor e Defensor perpétuo e constitucional do Reino do Brasil. As disposições dos habitantes e das tropas daquela província estão em uníssono com as do Rio de Janeiro, mas a presença de tropas portuguesas e a decisão tomada pelo general Madeira de obedecer somente ao governo de Lisboa impediram até agora de se formular uma declaração igual".

Em 28 de junho de 1822: "A tranquilidade pública foi preservada na cidade até agora, mas em Cachoeira o príncipe foi proclamado".

Em 4 de agosto: "O partido brasileiro corta a chegada de víveres na Bahia".

Em 28 de agosto: "Duas esquadras chegaram, uma de Lisboa, com quinhentos soldados portugueses, e outra do Rio de Janeiro, com tropas comandadas pelo general francês Labatut. Os primeiros desembarcaram no porto da Bahia e os outros nos arredores da cidade. Os residentes ingleses estão unanimemente a favor dos brasileiros".

Em 25 de setembro: "Alguns índios, chamados caboclos, juntaram-se ao partido brasileiro e, armados de arcos e flechas, atacaram alguns postos avançados, sem grande efeito".

Em 20 de março de 1823: "A situação não mudou, a cidade está sitiada pelos brasileiros e há escaramuças".

Em 11 de abril: "Em 31 de março, uma expedição chegou de Lisboa, constituída pela fragata *Pérola* e nove vasos de transporte, trazendo 1400 homens e artilharia. O partido português está satisfeito, mas o sítio da Bahia continua. As provisões tornam-se raras; a angústia das pessoas pobres é extrema".

Em 28 de abril: "O bloqueio do porto foi feito por uma esquadra organizada por lorde Cochrane".

Em 26 de maio: "A situação agrava-se; o general Madeira assumiu os poderes civis e militares e provoca um descontentamento geral. As finanças públicas estão esgotadas e a fome reina na cidade".

Em 21 de junho: "Dois vasos chegaram de Lisboa em 31 de maio, trazendo a nomeação de um novo governo civil. O Tesouro Real recusa-se a pagar as tropas portuguesas".

Em 4 de agosto:

A evacuação da cidade pelas tropas portuguesas foi realizada em 2 de julho, e elas embarcaram no porto em um comboio de oitenta vasos, quase todos portugueses. Conseguiram embarcar toda sua bagagem e seus bens, uma grande quantidade de artilharia e material naval, e finalmente partiram quando a esquadra do Rio de Janeiro estava à vista no porto.

Esse acontecimento, que geralmente se supunha passar com muita desordem e perigos, passou-se no meio da maior calma. Os portugueses partiram e os brasileiros entraram na cidade no mesmo dia, sem que o menor tiro de fogo tenha sido dado. Isso é atribuído a algum acordo secreto entre os dirigentes das duas partes opostas, sábia medida de precaução, se isso for verdade, que economizou grandes efusões de sangue e impediu a perda de muitos bens.

Os portugueses, antes de partir, tomaram pela força quase todas as provisões que restavam na cidade.

A boa ordem e a tranquilidade que reinam desde a entrada das forças brasileiras nesta praça são geralmente atribuídas às prudentes disposições tomadas pelo general Lima, comandante militar.

Em 7 de julho, o governo civil, constituído de sete membros eleitos antecipadamente em Cachoeira sob as ordens do Rio de Janeiro, chegou e entrou imediatamente em função.

Cerca de dez dos vasos que partiram em 2 de julho foram capturados pela esquadra do Rio de Janeiro e enviados aqui como presa, tendo quase oitocentos homens da tropa portuguesa a bordo.

As disposições amigáveis manifestadas pelas autoridades e todas as classes da sociedade para com os súditos britânicos não poderiam ser maiores, e o governo, por essa atitude, parece sinceramente disposto a respeitar com lealdade e fidelidade o tratado com Portugal.

A confiança e o comércio não foram restabelecidos tão rápido quanto se previa, sobretudo por causa dos temores dos residentes portugueses e do emprego muito geral de soldados negros.

O cônsul recusara ao novo governo um empréstimo dos negociantes britânicos.

Em 20 de setembro:

Nos dias 5 e 6 deste mês, uma agitação considerável e um grande alarme foram provocados pela renúncia do comandante das forças, dada ao governo civil, e pelo temor de que as tropas desta província e aquelas do Rio de Janeiro, invejosas umas das outras, se entregassem a atos de violência.

A ordem prevaleceu, e no dia 7 o general aceitou conservar o comando e tomar medidas mais eficazes para a repressão das desordens e a restauração da tranquilidade, durante um conselho militar em que os governadores civis estiveram presentes. Em consequência, perto de 360 soldados negros [escravos] foram embarcados para o Rio de Janeiro, e uma nova polícia foi formada.

A confiança pública foi consideravelmente sacudida por todos esses acontecimentos, o que, aliado a um espírito de republicanismo que se desenvolveu aqui na Bahia, faz entrever sombrias perspectivas.

Em 13 de outubro: "A animosidade dos brasileiros contra os portugueses é manifesta e provoca inquietude e agitação".

CONVENÇÃO ANGLO-BRASILEIRA DE 13 DE NOVEMBRO DE 1826

O Brasil tinha proclamado sua independência, mas a Inglaterra colocava a abolição total e quase imediata do tráfico de escravos como condição essencial ao reconhecimento daquela independência.

Sir George Canning, ministro dos Assuntos Estrangeiros britânico, encarregava lorde Amherst de sondar oficiosamente a opinião do novo governo sobre as conclusões adotadas pelo recente Congresso de Verona a respeito da abolição do tráfico de escravos. Em 28 de fevereiro de 1823,[36] fazia-o saber que aquela missão confidencial lhe fora confiada porque, estando em rota para as Índias, não fazia figura de enviado diplomático, e porque as relações pessoais que tivera no passado com o príncipe regente poderiam ser úteis à sua missão. Era-lhe recomendado, em suas conversações com o ministro Andrade, não comunicar os resultados dos debates no Congresso de Verona com um ar de ameaça ou de intimidação, mas simplesmente exprimir o desejo do governo britânico de que um gesto assim necessário fosse proposto, de preferência por um ato voluntário do governo brasileiro, em antecipação ao desejo da Grã-Bretanha, antes de obter o resultado por outros meios.

Ele devia assegurar ao sr. Andrade que o caráter das relações consideradas pela Grã-Bretanha com o novo governo do Brasil dependia somente da proclamação ou não da abolição do comércio de escravos por aquele governo.

Em 17 de maio de 1823, lorde Amherst comunicava a Sir George Canning, em sua passagem pelo Rio de Janeiro, que o sr. Andrade parecia a par das resoluções tomadas no Congresso de Verona, e não achou necessário delas fazer alusão. A animação crescente do tom da conversação podia fazer crer que o sr. Andrade não considerava aquela comunicação uma ameaça, como em alguns termos que dela se poderia extrair.

Era-lhe difícil relatar com fidelidade e precisão a conversação, à qual convinha melhor chamar "oração muito expressiva", pois fugia a todo instante do assunto para entrar em considerações gerais sobre a situação e sobre o caráter do novo governo e do povo, cuja recente independência parecia absorver o espírito e preencher os propósitos do ministro, que contribuiu de maneira decisiva para aquele acontecimento.

A primeira objeção levantada pelo sr. Andrade à imediata renúncia do tráfico vinha do perigo de que esta ameaçaria a existência do novo governo, se ele adotasse com precipitação uma medida para a qual o espírito dos habitantes do país não estava suficientemente preparado.

Ele propunha suprimir o tráfico de escravos progressivamente, em dois ou três anos, e incentivar uma imigração branca para resolver o problema da mão de obra.

O sr. Andrade tinha igualmente assinalado que, se lorde Amherst desejava relações amigáveis com a Grã-Bretanha, não queria ouvir falar naquele momento de relações com Portugal.

Alguns meses mais tarde, o encarregado de negócios britânico do Rio de Janeiro escrevia para George Canning, em 21 de outubro de 1823, informando que José Joaquim Carneiro Campos, sucessor de Andrade, transmitia a insatisfação do governo brasileiro a respeito do curto termo (de um ano) considerado para pôr fim ao tráfico, e falava em cinco anos.[37]

Em 1825, a independência do Brasil foi reconhecida pelos governos português e inglês, e pouco tempo depois um tratado foi assinado entre o Brasil e a Grã-Bretanha para a abolição do tráfico de escravos.

Na Bahia, em março do mesmo ano, essa novidade foi acolhida por festas públicas.[38]

Seis meses mais tarde, o cônsul britânico naquela cidade escrevia: "Ontem as cópias do tratado entre Portugal e o Brasil chegaram; 101 tiros de canhão foram dados pelo forte e houve outras festas públicas".

Em 14 de março de 1826, o encarregado de negócios britânico, de passagem pela Bahia, a caminho para o Rio de Janeiro, escrevia para o Foreign Office:[39]

> A urgente necessidade de ratificar o tratado para a supressão do tráfico de escravos vê-se nesta província.
>
> A população negra excede em muito a de brancos e pessoas de cor, e é mantida pela importação anual de 18 mil escravos. E falo com moderação quando asseguro que os nove décimos dessa quantidade são trazidos de países da África ao norte da linha, e são em consequência o resultado de um tráfico que, pelos velhos tratados, é ilegal.

Esse novo tratado foi firmado no Rio de Janeiro entre o imperador d. Pedro do Brasil e o rei George, em 13 de novembro de 1826, assinado respectivamente pelos marqueses de Inhambupe e de Santo Amaro, de uma parte, e por Robert Gordon, de outra, e ratificado no mesmo dia por d. Pedro:[40]

> Em nome da Santissima e Indivisivel Trindade, havendo S. Mag.ᵉ o Imperador do Brasil e sua Mag.ᵉ o Rei do Reino Unido da Grã-Bretanha, reconhecido respectivamente a obrigação que pela separação do Imperio do Brasil do Reino de Portugal se lhes devolve, de renovar, continuar e dar pleno effeitos as estipulações dos Tratados para a regulação de commercio de escravatura na Costa d'Africa, que subsistem entre as Corôas da Grã-Bretanha e Portugal, enquanto estipulações são obrigatorias para com o Brasil; e como para conseguir este tão importante objecto Sua Mag.ᵉ o Imperador do Brasil e Sua Mag.ᵉ o Rei do R. U. da G. B. e Irlanda se

achão animados do mais sincero desejo de determinar e definir a epocha em que a total abolição do dito commercio terá lugar, em quanto respeitar os dominios e subditos do Imperio do Brasil; Suas Mag.[es] ditas tem nomeado seos plenipotenciarios para concluir uma Convenção a este fim, a saber […].

Artigo 1º: Acabados tres anos depois da troca das ratificações do presente tratado, não sera licito aos subditos do Imperio do Brasil fazer o commercio de escravos na Costa d'Africa, debaixo de qualquer pretexto ou maneira que seja. E a continuação d'esse commercio, feito depois da dita epoca por qualquer pessoa subdita de sua Magestade Imperial, sera considerada e tratada de pirataria.

Artigo 2º: S. Mag.[e] o I. do Brasil e S. Mag.[e] o R. do Reino Unido do G. B. e I., julgando necessario declararem as obrigações pelas quaes se achão ligados para regular o dito commercio até o tempo de sua abolição final, concordão por isso mutuamente em adoptarem e renovarem, tão efficazmente como se fossem inseridas palavra por palavra n'esta convenção, todos os artigos e disposições dos tratados concluidos entre Sua Mag.[e] Britannica e El Rei de Portugal sobre esse assunto em 22 de janeiro de 1815 e 28 de julho de 1817 sobre os vários artigos explicativos que lhes têm sido addicionados […].

Toda uma série de protocolos complementares foi acrescentada a esse tratado em 30 de outubro e nos dias 2, 21, 22 e 23 de novembro de 1826.

Em 27 de novembro, Robert Gordon informava ter recebido notas dos dois ministros plenipotenciários brasileiros que tinham assinado o tratado, transmitindo-lhe seus temores e requerimentos junto ao governo britânico a respeito do que lhes parecia ser o fatal resultado da convenção para a abolição do tráfico de escravos neste país.[41]

Ele acrescentava que não se podia negar que aquela medida era impopular em seu mais alto grau, e tinha imediatamente julgado imprudente ceder aos desejos de Sua Majestade Imperial, que lhe pedia para esperar por sua conclusão até a reunião da Assembleia, porque o resultado tinha sido contrário e o imperador não fora autorizado a assinar o tratado.

Ele podia prever que o tráfico seria feito durante aqueles três anos, e num volume dez vezes maior do que antes, e continuaria depois por um sistema de contrabando, com a conivência do governo, o que seria também revoltante para a boa-fé e para a humanidade. Todo o trabalho de varrer o mar voltaria assim para a Grã-Bretanha.

O tratado tendo sido ratificado pela Inglaterra em 13 de março de 1827, três anos mais tarde, em 13 de março de 1830, o tráfico deveria ter sido totalmente abolido no Brasil.

No entanto, o país encontrava-se em guerra nas suas fronteiras do Sul, e em 1827 a situação estava longe de ser positiva.

Esses acontecimentos tiveram uma forte repercussão na Bahia. O cônsul Pennell escrevia em 21 de março de 1827: "Rumores circularam ontem de que o exército brasileiro foi derrotado pelas tropas de Buenos Aires, o que, combinado a outras razões de descontentamento, fez cair o câmbio sobre a Inglaterra em 47 d. [pence] por mil-réis. No Rio de Janeiro, a situação é pior ainda, caiu até 39 d.".[42]

Tudo isso provava uma falta de confiança na estabilidade do governo.

Em 7 de maio, Pennell confirmava que "os desastrosos acontecimentos da guerra no Sul, a captura de vasos brasileiros na costa da África e as depredações cometidas pelos corsários de Buenos Aires provocaram a inquietação e o descontentamento na cidade. A isso podemos acrescentar a má qualidade da moeda e a falta total de perspectivas de melhoria na condução dos negócios públicos".

Embora não fosse esperado um movimento de caráter revolucionário, Pennell temia um desmembramento progressivo do Império, em razão de sua grande extensão e da dificuldade que este tinha em fazer compreender às províncias do Norte que sua prosperidade podia depender do Rio de Janeiro, mesmo o governo sendo pouco eficiente e não inspirando respeito.

Em 26 de maio, Pennell comentava a respeito de uma conspiração tendente a mudar o governo ou a Constituição:

A opinião geral, bem ou mal fundada, é que os oficiais negros e as tropas negras tomaram parte na conspiração da qual são os instrumentos. No presente, a quantidade de negros e de mulatos armados nesta cidade da Bahia excede em muito o número daqueles de toda outra natureza. É um dos resultados da expulsão dos portugueses. A população branca é colocada assim em uma posição muito perigosa.

Ele relatava a extrema complicação da situação devido à circulação de uma enorme quantidade de falsas moedas de bronze.

Em 30 de maio: "O pouco interesse que os habitantes desta cidade dão à atual Constituição aparece no fato de que nas últimas eleições senatoriais não houve mais do que 296 votos expressos dos 9900 a que se tem direito".

Em 4 de setembro: "Algumas pessoas, inclusive um padre, foram presas. As pessoas não duvidam que esse fato tem conexão com uma tentativa de mudança do regime, onde suspeitam que os republicanos tenham feito maquinações com os negros".

Em 17 de setembro: "A crise da falsa moeda de cobre agrava-se cada vez mais".

O presidente da província fora substituído por José Egídio Gordilho de Barbuda, visconde de Camamu, mas a crise continuava. No começo de 1828, um certo Armando, sócio da casa Joseph Vanzeller e Cia., foi assassinado quando tentava levar à frente dos tribunais alguns responsáveis pela cunhagem das falsas moedas.

As coisas melhoraram ligeiramente em meados de 1829, como resultado de medidas tomadas, em 1º de abril daquele ano, pelo ministro das Finanças do Rio de Janeiro, Miguel Calmon du Pin e Almeida.[43]

O cônsul informava que o passivo da sociedade Joseph Vanzeller e Cia., liquidada em seguida ao assassinato do sr. Armando, tinha sido tomado por José de Cerqueira Lima.[44]

Charles G. Weiss, encarregado do consulado britânico na Bahia, depois da ida de William Pennell para o Rio de Janeiro,[45] não era mais otimista que seu predecessor a respeito do espírito de cooperação das autoridades brasileiras para terminar com o tráfico de escravos. Em 25 de fevereiro de 1830, ele comunicava os boatos que corriam na Bahia, segundo os quais o tráfico iria continuar sob bandeira francesa, e acrescentava:

No presente caso, nenhum navio brasileiro será capturado no Brasil pela importação ilegal de escravos. Durante qualquer investigação a este respeito, perjúrios e compras de consciência são obrigatórios, da maneira mais aberta e mais desavergonhada, e, no fim, a justiça é zombada. Considerando a organização ineficaz da justiça deste país, e a opinião unânime de todas as classes do povo, do mais alto colocado ao mais humilde, sobre a moralidade do tráfico de escravos e os motivos do governo britânico para ousar tentar suprimi-lo, está claro que nenhuma medida efetiva será tomada pelo governo brasileiro para abolir o tráfico ou punir os culpados, mas, ao contrário, o governo imperial e as autoridades locais farão tudo o que estiver em seu poder para proteger e ajudar os que, na esperança de ganhos imensos, são incitados a continuar o abominável tráfico, que é sempre geralmente considerado como estreitamente ligado aos melhores interesses do país.

Pennell enviava do Rio de Janeiro para lorde Palmerston, em 22 de abril de 1830, uma série de considerações sobre a questão do mercado de trabalho:[46]

Por estar o mercado subestocado de trabalhadores, houve recentemente uma importação dos Açores; eles devem ser imediatamente empregados, sobretudo para a agricultura. Os capitães dos vasos pegam passageiros por seu próprio risco para receber, da pessoa que vai empregá-los, cinquenta dólares por cada um deles. Chegam de vinte a sessenta em cada vaso.

O aumento da população da Irlanda e os recentes progressos das máquinas foram as causas aparentes das desordens na Inglaterra.

Os trabalhadores constituem uma mercadoria como outra qualquer.

Se o mercado está subestocado, os que têm para vender devem se submeter, quer dizer, principalmente no Brasil, aos proprietários de escravos, como na Inglaterra [ocorre com os] trabalhadores livres. A Irlanda subestoca o mercado inglês de trabalho, enquanto as máquinas diminuem a demanda; o conjunto contribui para produzir os baixos salários e a miséria temporária.

O contraste que existe entre a necessidade de trabalhadores no Brasil e na Inglaterra o convida a mencionar as relações vantajosas com os Açores, sem saber se poderia ser dado um encorajamento a semelhantes trocas entre os governos inglês e brasileiro, cujo resultado seria muito vantajoso para as duas partes.

Em 12 de fevereiro de 1831, ele escrevia:[47]

A abolição do tráfico de escravos não parece ser muito efetiva no Brasil. As penalidades previstas convidaram, com efeito, muita gente a abandoná-lo, mas os lucros elevados que acompanham a importação fraudulenta excitaram a cupidez das pessoas mais empreendedoras que os comerciantes precedentes.

Durante minha residência na Bahia, tive a ocasião de saber que o mercado era quase exclusivamente aprovisionado de escravos do norte da linha, em violação ao tratado então válido, e que todos os gastos britânicos em vidas e tesouros para o fazer aplicar eram considerados na Bahia não somente como inúteis, mas pior ainda, pois todas as capturas feitas pelos cruzadores dos navios com escravos a bordo pertenciam a este porto, aumentando os males que o tratado procurava suprimir ou curar.

Em minhas relações com os mais inteligentes negociantes britânicos residentes, achei que, mesmo que eles considerassem a abolição efetiva do tráfico de escravos como altamente honorável para o caráter nacional britânico, pensavam entretanto que comprar ou intimidar este governo para que adote o ponto de vista britânico era uma tarefa vã, e que não havia nada mais desastrado que interdições ineficazes a respeito do tráfico de escravos. Pareciam pensar que os preceitos e o exemplo britânicos teriam um efeito salutar neste Império, e temiam que tentar apressá-lo, apesar do emprego de meios aparentemente mais eficazes, podia ter um efeito contrário.

ABDICAÇÃO DE D. PEDRO I EM FAVOR DE D. PEDRO II, 7 DE ABRIL DE 1831; SUBLEVAÇÃO FEDERALISTA NA BAHIA

Em 1831, quatro partidos estavam presentes no Rio de Janeiro:[48]

— O partido recolonizador, composto de portugueses partidários do retorno do Brasil ao estatuto de colônia.

— O partido monarquista absoluto, partidário de d. Pedro I e cujo jornal era *O Cruzeiro*.

— O partido moderado, monarquista constitucional, cujo jornal era *A Aurora Fluminense*.

— O partido federalista, republicano, cujo jornal era *A República*.

Não nos cabe entrar nos detalhes das intrigas e da atmosfera apaixonada que reinava no Brasil, arrastado entre tendências tão diversas. Assim, de acordo com as indicações enviadas em 23 de abril de 1831 para o Foreign Office por John Parkinson, contentar-nos-emos em assinalar que:[49]

No dia 5 de abril de 1831, o imperador d. Pedro I, cujos laços com Portugal estão longe de estar completamente cortados, querendo suspender os direitos constitucionais por dez dias, teve manifestações muito vivas do povo que se reuniu sob o controle do general Lima e Silva no campo de Santa Anna. No dia 6, houve tentati-

366

vas de negociação, que fracassaram. No dia 7, o imperador, à frente de suas tropas, avançou desde Boa Vista contra o povo revoltado, mas foi abandonado pelos seus soldados quando se aproximava do campo de Santa Anna. Aqueles uniram-se aos descontentes e, no fim das contas, o imperador encontrou-se rodeado somente por seis guardas fiéis. Abdicou então em favor de seu filho, ainda menor, que se tornou o imperador d. Pedro ii. Uma regência foi designada, composta do marquês de Caravelas, Francisco de Lima e Vergueiro.

A notícia de sua abdicação chegou somente no dia 23 de abril na Bahia, onde reinava uma agitação semelhante àquela do Rio de Janeiro. Os sentimentos estavam especialmente exacerbados contra os portugueses e sua tentativa de manter sua influência por meio de um dos partidos indicados acima.

A cidade da Bahia tinha sido teatro de alarmantes tumultos. Os residentes britânicos desejavam vivamente a presença de um navio de guerra britânico no porto, caso as coisas terminassem mal.

Bandos de mulatos armados e outras pessoas desfilavam pelas ruas da Cidade Baixa, reivindicando a destruição dos portugueses, sua expulsão do solo brasileiro, e cometendo alguns atos de violência contra eles. Os espíritos esquentariam cada vez mais durante a noite, tendo os descontentes do partido brasileiro se reunido em torno do forte do Barbalho. O comandante de armas, o general Callado, tinha colocado as tropas em estado de alerta, mas elas o abandonaram em sua quase totalidade, pois o comandante era português. Ao se ver só, embarcou a bordo da fragata *Isabelle*. Aquele que foi designado como seu sucessor era um brasileiro zeloso, o visconde de Pirajá. O presidente da província, perplexo, quis se demitir, mas finalmente ficou para dirigir um governo antilusitano.

Centenas de portugueses tinham se refugiado a bordo dos vasos ancorados no porto; alguns foram massacrados e seus corpos deixados expostos nas ruas. A nova força dos negros e dos mulatos desfilava em todos os cantos da cidade. Os britânicos não foram molestados. Petições circulavam pedindo a expulsão dos portugueses. Sob pretexto de doença, o presidente Bastos deixou seu posto no governo para João Gonçalves Cezimbra, um velho negociante brasileiro.

Em 13 de abril, cedendo à pressão popular, o governo decidiu expulsar todos os portugueses não casados e que não fossem pais de filhos brasileiros.

Os espíritos estavam muito excitados, e ouvia-se frequentemente as pessoas declararem: "O pai [o imperador] deve partir; o filho pode não ficar". A separação com o Rio de Janeiro parecia o intuito real.

Os comerciantes ingleses não mostraram inquietação, mas estavam preocupados com as perdas que aquelas expulsões iriam lhes causar, pois os comerciantes portugueses lhes deviam quase meio milhão de libras esterlinas.

Naquela mesma noite de 13 de abril, tendo corrido o boato de que um brasileiro tinha sido apunhalado por um lojista português, de quinze a vinte portugueses foram massacrados sem piedade. Quase todas as suas lojas foram saqueadas. O visconde de Pirajá (Santinho) teve muita dificuldade para restabelecer a calma na cidade. Ele mandou anunciar que todas as armas deviam ser depositadas no arsenal, sob pena de severa punição para os que se recusassem a fazê-lo. Os principais agitadores foram presos e conduzidos a bordo dos vasos para serem enviados a julgamento no Rio de Janeiro. Os portugueses, mesmo os casados, continuavam refugiados a bordo dos navios no porto, e não se arriscavam a sair, apesar das garantias dadas pelo governo.

Em 23 de abril, a notícia da abdicação de d. Pedro I causou um efeito extraordinário na Bahia. A plebe, louca de alegria, pensava ver o fim da temida influência dos portugueses na sede do governo no Rio de Janeiro. Sua inveja e seu ódio mortal contra os portugueses proscritos da Bahia tinham cedido lugar à boa vontade e à gentileza.

Os vasos de guerra e os fortes deram tiros de salva; todas as barcas disponíveis foram invadidas pelos mulatos, e os negros brasileiros cercaram os vasos onde os portugueses haviam se refugiado, convidando-os a voltar em toda a segurança para suas ocupações e suas casas. Tudo estava agora completamente pacífico, e os comerciantes britânicos, que tinham temido sua ruína devido às expulsões, reencontravam a esperança de um eventual pagamento.

A situação na Bahia, entretanto, era mais complexa e matizada, e não podia se resumir a uma oposição semelhante àquela de 1823 — partido brasileiro contra partido português. E tinha ainda, como no Rio de Janeiro, o partido federalista, de tendência republicana, que se opunha ao partido monarquista constitucional, no poder havia pouco. O primeiro apoiava-se sobretudo nos mulatos e contava com a simpatia dos negros libertos. O segundo, que era composto de proprietários de terra e senhores de engenho, uma vez que a influência do partido recolonizador e do partido monarquista absoluto estava definitivamente afastada, tinha tendência a se aproximar dos portugueses contra seus compatriotas de ideias muito avançadas para a época, e nas controvérsias dava-se frequentemente ênfase às questões de cor da pele.

Um pouco mais tarde, o cônsul britânico informava ao lorde Palmerston que, em 30 de abril de 1831,[50] os agitadores Barata, João Primo e o barão de Itaparica tinham conseguido criar confusão. Os portugueses, tendo aceitado a proteção recentemente prometida, ficaram outra vez com medo e se refugiaram a bordo de navios.

O partido de Barata tinha anunciado sua intenção de alforriar todos os escravos crioulos. Armas tinham sido distribuídas, e tentativas foram feitas para seduzir os soldados regulares, oferecendo-lhes maiores soldos e três dias de pilhagem.

Santinho, ajudado pelo general Antero e sustentado pelo presidente do Conselho, tinha mostrado uma grande firmeza.

Na manhã de 28 de abril, Barata foi preso e conduzido a bordo da corveta *Defensor*; João Primo e o barão de Itaparica, igualmente presos, foram detidos a bordo do *Isabelle*. O processo desses personagens devia ser instruído, e seus partidários mantiveram-se tranquilos. A confiança havia sido recuperada.

Em 14 de maio, o cônsul escrevia ao mesmo lorde que o breve período de calma tinha sido perturbado novamente por um motim do 20º Batalhão de Caçadores; o comandante fora feito prisioneiro e o forte de São Pedro encontrava-se tomado. Os soldados amotinados tinham sido acompanhados pela plebe e foram abandonados pelos seus oficiais. Com uma atitude bastante provocadora, eles reivindicavam:

1º: A expulsão dos portugueses não casados;

2º: A demissão do vice-presidente Cezimbra e do governador de armas Santinho, visconde de Pirajá;

3º: A libertação de criminosos em prisão, acusados de arrombamento de domicílios e de homicídios quando dos últimos ataques contra os portugueses;

4º: Desculpas pela afronta que lhes tinha sido feita, oferecendo-lhes o "perdão" se voltassem à obediência.

Em vão, o arcebispo e o general Antero fizeram esforços para trazer os amotinados à razão.

Em 27 de maio, nova carta informava que o motim do 20º Batalhão de Caçadores tinha terminado em triunfo. Cezimbra e Santinho haviam se demitido; uma grande quantidade de portugueses ia ser expulsa, mas o vice-

-presidente tinha assegurado ao cônsul que os indivíduos com grandes dívidas junto aos ingleses não fariam parte do lote; os prisioneiros políticos foram libertados.

Em 14 de julho, o cônsul dizia que "Sua Majestade a plebe mulata e negra" era a favor de uma forma federal de governo, e pensava que logo os Estados Unidos do Norte teriam sua correspondência aqui no Sul.

Ele contava também que uma centena de colonos irlandeses, atraídos pela esperança de aqui se estabelecer, tinha morrido recentemente na miséria. O que restara de seu grupo era vítima da febre: mães, crianças, pais, órfãos, expatriados e sem amigos, faltando-lhes comida e roupas e encontrando-se na mais total privação. A caridade privada não podia vir em auxílio a um número tão grande de pessoas. Ser-lhes-ia permitido mandar alguns de volta para a Irlanda? Às suas piedosas súplicas, o cônsul opôs uma enérgica recusa. No entanto, queria saber por algumas palavras do encarregado de negócios se (oficialmente) tinha procedido bem.

Em 31 de julho, houve um novo levante, dessa vez do regimento de artilharia, também no forte de São Pedro. Os insurgentes haviam resistido às tentativas de apaziguamento da parte do general Antero, e somente em 1º de setembro eles largaram sua posição, quando oitenta deles passaram a receber seus soldos atrasados e acabaram sendo liberados de seus serviços. Em 2 de setembro, um novo grupo, mais numeroso, receberia o mesmo tratamento.

A conduta do general Antero foi duramente criticada, e os principais senhores de engenho foram ver o presidente. A ele ofereceram uma força de mil homens, pagos pelos proprietários de terra, para o apoio do governo estabelecido e contra as facções de insurretos e militares daquela cidade.

Em 29 de outubro, uma parte do 10º Batalhão e do corpo de polícia dissolvido fez uma manifestação na praça do palácio para pedir a imediata expulsão dos residentes portugueses que haviam sido armados e incorporados à guarda municipal. Mas esta acabou repelindo a "canalha federalista" com grande firmeza, para maior satisfação da boa classe da sociedade que não gostava que as mudanças fossem efetuadas por pessoas daquela outra classe.

Em 28 de fevereiro de 1832, um partido que se autodenominava "federal",[51] composto de soldados demitidos e dirigido por alguns demagogos sediciosos e fugitivos da justiça, ousara entregar-se a atos de hostilidade contra o governo. Eles estavam reunidos nos arredores da cidade de Cachoeira e, após terem devastado um engenho, se apoderaram de São Félix, local que está separado de Cachoeira pelo rio Paraguaçu.

Ao receber a notícia, o governo colocou uma pequena tropa em movimento, o que dava certa esperança. Os principais proprietários de terra tinham expressado em conjunto sua determinação em colocar um termo àquela insurreição. Agindo de acordo com esse princípio, atacaram os "assim chamados federalistas" em São Félix, e em 22 de fevereiro os expulsaram com uma baixa de dezessete mortos, além de treze prisioneiros. Entre esses últimos encontravam-se quase todos os líderes da insurreição, incluindo um boticário daquela cidade, conhecido havia muito como sendo um dos principais "desorganizadores".

Em 6 de março de 1833,[52] a tranquilidade da província estava mais uma vez ameaçada. Diziam que a facção dos negros livres e mulatos se propunha a fazer uma revolta, começando por assassinar os homens no poder. Havia grande miséria entre as pessoas de baixa classe, devido aos exorbitantes preços da farinha de mandioca e de outros artigos de primeira necessidade, e disso o partido revolucionário tirava vantagem, sendo igualmente ajudado pela desastrosa situação da moeda.

Em 30 de abril de 1833, um grupo de prisioneiros de Estado e de criminosos detidos no "Forte do Mar" — uma bateria formando uma ilha redonda com 26 canhões com calibres de 24 e 26 milímetros, comandando a baía e a Cidade Baixa da Bahia — dominou a guarnição e o comandante do forte. No dia seguinte, pela manhã, retiraram a bandeira brasileira e, em seu lugar, colocaram outra, feita de três tiras perpendiculares (azul, branco, azul), à qual chamaram de "bandeira federal".

O demagogo Barata — que durante anos representara um papel preponderante, excitando ao tumulto os mulatos de Pernambuco e Bahia — e outros prisioneiros do forte, já conhecidos como "desorganizadores", eram os líderes do movimento, e certamente contavam com vigorosa cooperação em terra. Os insurgentes bombardeariam o arsenal e o palácio do governo.

Este último precisou de quase 24 horas para tomar suas disposições. Baterias foram apressadamente construídas nas colinas dominando o forte. A corveta *Regeneração* também abriu fogo. Canhões foram instalados no arsenal. Finalmente, após ter completado seus preparativos, o governo lançou um vigoroso ataque e aprisionou os insurgentes.

O mais perigoso nesse acontecimento era a possibilidade de um levante dos mulatos e negros livres. Mas o governo organizara o pouco das tropas de que dispunha ao lado dos guardas municipais e permanentes e da guarda nacional para manter afastada a população partidária da federação.

LEI DE 7 DE NOVEMBRO DE 1831; O TRÁFICO TORNA-SE ILEGAL

Em 1831, o governo do Brasil tomava pelo avesso a política seguida por d. Pedro I e inclinava-se para a abolição do tráfico de escravos, completamente proibido a partir de 13 de março de 1830, após o tratado de 23 de novembro de 1826.

Além da obrigação de respeitar os termos de uma convenção, mesmo assinada a contragosto com a Grã-Bretanha, alguns fatores comerciais compeliam o governo do Brasil a querer o fim do tráfico.

Os principais interessados nesse comércio eram os portugueses estabelecidos no Brasil. Eles tinham convivido em bons termos com o governo precedente e acumulado grandes fortunas durante o tráfico. Muitas vezes, vendiam escravos concedendo altos créditos aos proprietários de terra de origem brasileira. Assim, os sentimentos antilusitanos eram levados em conta, e com tamanha consideração que as somas devidas pelos proprietários de terra eram garantidas por hipotecas que pesavam muito em seus orçamentos.

Uma série de revoltas e insurreições ocorreu na Bahia, em particular nos anos de 1826, 1828 e 1830. A mais importante delas ainda estava por vir. Poder-se-ia temer no Brasil o desenrolar de eventos sangrentos, semelhantes aos que tinham acontecido no Haiti alguns anos antes.

O autor de um artigo publicado em 10 de agosto de 1831 no jornal *A Aurora Fluminense*, atacando o marquês de Baependi por ter armado seus escravos, declarava: "Os escravos são inimigos naturais de seus senhores".[53] Essa frase foi sublinhada por William Pennell, que enviou um exemplar do periódico a Palmerston com o seguinte comentário: "Uma expressão que diz muito mais do que inúmeros volumes sobre a escravidão".

O partido monarquista constitucional, no poder, era favorável aos interesses dos brasileiros brancos, que começavam a temer a perda do poder em favor do partido federalista, que se apoiava sobre a massa de mulatos e negros livres. O governo estava assustado com as enormes cifras das importações de escravos feitas nos anos precedentes, e começava mesmo a ser tomado por certo pânico diante daquela maré que arriscava submergir a parte branca da população do Brasil.

Em 7 de novembro de 1831, o governo brasileiro decretou uma lei proibindo a entrada de novos escravos no Brasil.[54] Eis os principais pontos:

Artigo 1º: Todos os escravos que entrarem no território ou portos do Brazil vindos de fora ficão livres. Exceptou-se:

I — Os escravos matriculados no serviço de embarcaçoens pertencentes a paiz onde a escravidão é permitida, enquanto empregados no serviço das mesmas embarcações.

II — Os que fugirem do território ou embarcação estrangeira, os quaes serão entregues aos senhores que os reclamarem e reexportados para fora do Brazil.

Artigo 2º: Os importadores de escravos no Brazil incorrerão na pena corporal do Art. 179 do Codigo Criminal imposto aos que reduzem a escravidão pessoas livres, e a multa de duzentos mil reis (200$000) por cabeça de cada um dos escravos importados, além de pagarem despesas de reexportação para qualquer parte da Africa; reexportação que o governo fará effectiva com a maior possível brevidade, contractando com as autoridades Africanas para lhes darem um asylo. Os infratores responderão cada um por si, e por todos.

Artigo 3º: São importadores:

I — O comandante, mestre ou contramestre.

II — O que scientemente deo ou recebeo o frete, ou por qualquer outro titulo, a embarcação destinada para o comercio de escravos.

III — Todos os interessados na negociação e todos que scientemente fornecerão fundos, ou por qualquer motivo derão ajuda a favor, auxiliando o desembarque ou consentindo-o nas suas terras.

IV — Os que scientemente comprarem, como escravos, os que aqui são declarados livres no Art. 1º; estes porem so ficarão obrigados subsidiariamente as despesas de reexportação, sujeitos contudo a outras penas.

[...]

Artigo 7º: Não sera permitido a qualquer homem liberto, que não for Brazileiro, desembarcar nos portos do Brazil debaixo de qualquer motivo que seja. O que desembarcar sera imediatamente reexportado.

Artigo 8º: O comandante, mestre ou contra-mestre que trouxerem as pessoas mencionadas no artigo antecedente incorrerão na multa de 100$000 por cada uma pessoa, e farão as despesas de sua reexportação. O denunciante receberá da Fazenda Publica a quantia de 30$000 por pessoa.

Essa lei não era especialmente vantajosa para os britânicos, que não mais poderiam trazer para o Brasil os navios por eles capturados, com escravos a bordo, sem ter que reexportar aqueles escravos para a África, "não sendo feita nenhuma exceção na lei para os casos em questão".

A. Cunningham e F. V. Grigg, comissários juízes e árbitros da comissão mista anglo-brasileira do Rio de Janeiro, faziam notar a lorde Palmerston, em 22 de fevereiro de 1832:[55]

> É preciso ver se essa lei e sua aplicação não são contrárias ao espírito e à significação das estipulações passadas entre a Grã-Bretanha e o Brasil a respeito do tráfico de escravos, e se essa medida pode ou não contrariar as intenções humanitárias do governo de Sua Majestade britânica e de seu povo com relação aos próprios africanos. Pois, com efeito, essa medida os priva da possibilidade de encontrar sua subsistência durante um certo número de anos, e os priva de dinheiro e de sua liberdade em seguida. Essa lei obriga também a expô-los a uma nova viagem por mar em sua volta para a África com os inerentes riscos.

Essa lei foi complementada por um decreto de 12 de abril de 1832 regulando a reexportação dos negros que pudessem ser trazidos futuramente ao Brasil.[56] Tal regulamentação dava à polícia um poder extraordinário para examinar cada vaso que chegava ou partia: se um negro fosse encontrado e caísse sob a ação da lei, mesmo sendo ele livre, seria imediatamente colocado no depósito; o importador seria obrigado a depositar a soma julgada necessária para sua reexportação e, se o recusasse, suas mercadorias seriam apresadas e ele próprio perseguido como criminoso.

O encarregado de negócios britânico no Brasil informava a Palmerston:[57]

> O ministro dos Assuntos Estrangeiros assinalou na Assembleia as dificuldades encontradas a respeito da execução do art. 2º da lei de 23 de novembro de 1831, na parte relativa à negociação com as autoridades africanas para dar um asilo aos negros importados no Brasil. Nenhuma delas parece querer tomá-los a seu cargo. O governo imperial pensou que o meio mais prático para executar a lei seria propor

ao governo britânico receber aqueles negros no estabelecimento de Serra Leoa, onde seriam entregues às autoridades britânicas.

Palmerston respondia ao encarregado de negócios em 5 de junho de 1833:[58]

Relativamente à lei de 7 de novembro de 1831 e ao decreto de 12 de abril de 1832, apresentareis uma forte advertência ao governo brasileiro contra a medida em questão. Uma tal medida será suscetível de infligir muitos sofrimentos aos negros. Embora o ministro dos Assuntos Estrangeiros tenha reconhecido a dificuldade de encontrar um asilo para eles junto às autoridades africanas, deu a ordem positiva para que os negros sejam enviados aos pontos de onde foram embarcados, ou em um ponto da África que melhor convenha.

A sorte do infeliz indivíduo ao qual esta ordem poderá ser aplicada é muito certa. É bem conhecido que os negros que chegam ao Brasil sofreram muito durante uma viagem, onde foram comprimidos em um pequeno espaço, nutridos parcimoniosamente e muitas vezes doentes. Mas durante aquelas viagens de volta para a África, além da repetição daqueles sofrimentos, serão submetidos a maus-tratos, em razão da cólera e do desapontamento dos traficantes de escravos que estariam por eles encarregados. Durante a viagem para o Brasil, a esperança de um lucro pela venda calculada dá aos traficantes alguns motivos para preservar a vida de sua carga; durante a viagem de volta para a África, esse frágil motivo desaparecerá, e o interesse pecuniário do traficante o levará com efeito para disposições contrárias.

Em tais circunstâncias, poucos deles chegarão vivos à África, e os que assim chegarem não terão uma sorte melhor que aquela de seus companheiros, pois uma vez desembarcados na costa, se não forem mortos pelos habitantes do lugar, serão provavelmente feitos prisioneiros e vendidos de novo na primeira ocasião.

O encarregado de negócios escreveu de volta a Palmerston em 3 de agosto de 1833:

O ministro, sr. Lisboa, recebendo esta comunicação, mostrou uma surpresa extrema e empregou naquela ocasião uma linguagem muito enérgica que é inútil reportar. Declarou que era absolutamente impossível permitir a importação de africanos neste país, que a segurança de toda a população branca pedia sua completa interdição, que era particularmente perigoso tentar civilizá-los e torná-los livres enquanto uma parte tão importante da população estava em estado de escravidão.

O sr. Lisboa estava particularmente excitado pelo que chamava de mudança inesperada nos sentimentos de Sua Majestade britânica, para a qual não estava de maneira alguma preparado pela precedente aprovação da lei e do decreto em questão.

Na entrevista seguinte, insistiu sobre o fato de que a segurança do Brasil como nação seria comprometida com novas admissões de africanos, cujo número já era muito grande. O exemplo do que se passava agora nas Antilhas tinha alarmado no mais alto grau todas as classes de brasileiros: a nação brasileira não queria civilizar ou emancipar a população negra, mas impedir seu aumento.

Entretanto, o sr. Lisboa admitia a impossibilidade de levar a bom termo a volta dos negros aos países da África de onde vieram, ou achar um soberano para recebê-los.

Declarou-me que estava pronto a considerar qualquer arranjo para exportar os negros para Serra Leoa ou para a Libéria, para uma ilha qualquer das Antilhas ou para uma colônia britânica sobre a costa norte da América do Sul, e que o transporte deveria ser feito às expensas do comerciante de escravos.

Pouco tempo antes, em 1º de março de 1833, o encarregado de negócios informava a Palmerston que:

A situação da população escrava e negra é tal que dá grandes inquietações às autoridades em muitos lugares do país. Dizem que homicídios, acompanhados de mais ou menos violências e traições, insurreições parciais e outros males, acontecem diariamente, e são raramente tornados públicos, ou mesmo ocultados com precaução.

O governo teme a excitação que produziria, entre a população de cor, o conhecimento desses fatos. Por razões semelhantes, muitas crueldades e grandes atrocidades da parte dos mestres e vigilantes foram silenciadas, ou apenas ligeira e acidentalmente assinaladas. Nessas condições, é muito difícil ter uma ideia exata da situação da população escrava deste país.

Mais tarde, em 26 de junho de 1834, o encarregado de negócios britânico no Brasil informava:[59]

Agentes diplomáticos do Brasil na Europa procuram promover por todos os meios a imigração para este país de colonos — holandeses e suíços em particular — e, desde que foi proibido introduzir africanos no país, há uma grande diminuição da mão de obra empregada na agricultura.

9. Revoltas e rebeliões de escravos na Bahia, 1807-35

Quando o sr. Gentil de la Barbinais passou pela Bahia, contou que os portugueses naturais do Brasil possuíam muitos escravos — tanto para seu serviço quanto para alugar seu trabalho ao público —, e que esses escravos causavam muita confusão na cidade devido à sua conduta. Ele os julgava capazes dos maiores crimes, mesmo porque seus senhores os autorizavam a portar armas para defendê-los, vingar injúrias que haviam recebido e assassinar seus inimigos. E comentava: "Política ruim essa de permitir a escravos o uso de armas. Fiquei cem vezes admirado pelo fato de que não tivessem ainda ousado submeter um país onde seu grande número e a cega indulgência que se tem por eles são um feliz pretexto e uma ocasião favorável".[1]

Naquela época, rebeliões estavam ocorrendo nas minas do interior da província:[2]

Que como nas Minas s'experimentou, ja que os negros q̃ nellas assistem intentarão sublevarem-se contra os brancos, o que conseguirião se não houvesse entre elles a differença de que os negros d'Angola queirão que fosse Rey de todos hum dos do seu Reyno e os Minas tãobem, de que fosse da sua mesma Patria, cuja conspiração se descubriu por especial favor de Deos e se acudio a tempo a se atalhar o damno que este movimento podia occazionar a conservação das Minas, as quaes absolutamente se perderião se elles as dominassem, e entrariamos no cuidado de dar huma Guerra a qual não so seria muito custoza, maz arriscada, sendo necessárias todas as forças do Brazil para nos tornarmos a restituir daquella porção de terras que elles possuissem, nesta consideração. Me parecêo ordenar vos informeis do meio que se vos offerece para evitar este risco, que he de tão altas consequencias, e se convêm que se vão para as Minas os negros de Angola, pois se tem visto que estes são mais confidentes, mais sugeitos e obedientes do que os Minas, a quem o seu furor e valentia póde animar a entrarem em alguma deliberação de se oppôrem contra os brancos [...] para conforme a vossa notícia e informação poder Eu mandar dar neste particular aquella providencia que pede huma materia de tanto porte [...] a fez em Lisboa occidental a dezoito de Junho de mil sete centos e vinte e cinco.

O vice-rei respondia em 23 de fevereiro de 1726: "Os angolas não servem para o trabalho nas minas; os que são comprados pelos proprietários destas minas servem por lá somente como lacaios. Não é possível impedir o recrutamento dos negros da Costa da Mina, e supondo que sejam resolvidos e sem medo, eles não poderiam causar desordens nas minas se agíssemos com prudência e precaução".

De 1807 a 1835, uma série de revoltas de escravos e de africanos emancipados produziu-se na Bahia, tanto nos engenhos do interior da província quanto em Salvador, a capital.

O caráter daquelas rebeliões permaneceu durante muito tempo inexplicável. Nina Rodrigues o expôs com clareza em um estudo sobre os negros muçulmanos no Brasil, publicado em 2 de novembro de 1900 no *Jornal do Commercio*, do Rio de Janeiro,[3] no qual mostrava que:

Para os cronistas do começo do último século, aquelas revoltas eram simplesmente a manifestação dos sentimentos perversos e cruéis dos negros, o que provocava sua maior indignação; para os espíritos mais benevolentes, eram apenas as justas represálias exercidas por seres brutalizados contra senhores desumanos; os escritores de alma mais liberal viam nas insurreições dos negros uma revolta nobre de seres oprimidos contra a usurpação de sua liberdade, que eles reivindicavam por este corajoso e heroico exemplo.

Pode ser que tivesse um pouco de tudo aquilo naquelas revoltas, mas eles esqueciam o mais importante fator, mola daquelas rebeliões, que era na realidade a presença do islã na Bahia.

Guerras se desenrolavam na África Ocidental, e a pressão do islã sobre o mundo iorubá provocava nele transformações políticas e guerras intertribais, o que fazia com que os negreiros da costa obtivessem muitos cativos.

As notícias dos acontecimentos da África chegavam regularmente à Bahia, com cada desembarque de escravos trazidos do golfo do Benim. Os cativos africanos a bordo — que tinham tido tempo, durante as longas travessias, de saber o que ocorria em seu país natal — comentavam aquelas notícias e transmitiam--nas aos negros carregadores dos cantos de trabalho da rua do Corpo Santo, aos portadores de palanquins (em sua maioria haussás) e aos estivadores que carregavam as mercadorias de tráfico a bordo dos navios negreiros.

Os novos escravos, transportados clandestinamente, apesar dos cruzadores britânicos de repressão ao tráfico, vinham juntar-se algumas vezes àqueles que tinham sido trazidos muitos anos antes. Assim, verdadeiros pedaços de "nações" reorganizavam-se na Bahia. Constituíam sociedades distintas que guardavam seus costumes (alguns dos quais se conservam até hoje), praticavam com discrição seus cultos tradicionais e falavam línguas específicas que permaneciam desconhecidas dos outros. Mantinham suas presunções, paixões, simpatias e seus ódios recíprocos, conservando sua identidade e a fé de seus ancestrais.

O governo encorajava essas divisões, que tornavam mais difícil uma rebelião geral dos escravos contra seus senhores, como aquela que havia ocorrido recentemente na ilha de São Domingos (Haiti).

Essas revoltas na Bahia eram obra dos muçulmanos; eram guerras religiosas, repercussão direta das guerras que ocorriam na África. A jihad, ou guerra santa dos fulanis, declarada em 1804, juntamente com o progresso do islã no norte do país iorubá, provocou a chegada de contingentes de prisioneiros de guerra haussás e também de iorubás muçulmanos convertidos pouco tempo antes.

Essa guerra santa continuava na Bahia sob a forma de revoltas de escravos e de africanos libertos. Assim, houve a rebelião dos haussás entre 1807 e 1816 e a dos nagôs-malês entre 1826 e 1835.

As chegadas maciças de prisioneiros, resultantes das guerras intertribais iorubás, vinham contribuir para dar uma nova força aos sentimentos de revolta dos escravos, particularmente dos muçulmanos, que, cativos na Bahia e reduzidos à impotência, seguiam de longe os progressos e conquistas de seus correligionários.

Assim escreveu Nina Rodrigues:

Não eram negros boçais os haussás que o tráfico lançava no Brasil. As nações haussás, os célebres reinos de Wurnô [Bornu], Sokotô, Gandô etc., eram florescentes e das mais adiantadas da África Central. A língua haussá, bem estudada por europeus, estendia-se como língua de comércio e das cortes por vastíssima área; sua literatura, ensina Élisée Reclus, era principalmente de obras religiosas, mas além disso havia manuscritos da língua indígena, escritos em caracteres árabes.

Era natural e de se prever que de uma nação assim aguerrida e policiada, possuída, além disso, de um sentimento religioso capaz de grandes empreendimentos como era o islamismo, não poderia fazer passivas máquinas de plantio agrícola a ignorante imprevidência de senhores, que se davam por tranquilizados com a conversão cristã dos batismos em massa e deixavam, de fato, aos negros, na língua que os brancos absolutamente ignoravam, inteira liberdade de crenças e de pensamento.

Isto era verdade tanto para os muçulmanos quanto para os fetichistas. Sem o conhecimento dos senhores, todos estes cultos estavam sendo reconstituídos.

Por sob a ignorância e brutalidade dos senhores brancos reataram-se os laços dos imigrados; sob o duro regime do cativeiro reconstruíram, como puderam, as práticas, usos e crenças da pátria longínqua. O islamismo organizou-se em seita poderosa; vieram os mestres que pregavam a conversão e ensinavam a ler no árabe os livros do Alcorão, que também de lá vinham importados.

Francis de Castelnau, cônsul da França na Bahia, sublinha o caráter guerreiro e insubmisso dos haussás, escravos na Bahia:[4]

Em termos de desenvolvimento intelectual, esses negros geralmente são muito superiores aos negros da costa; são também dotados de uma grande força corporal, mas em geral mostram menos submissão e resignação em sua posição de cativos que os nagôs. A maioria é empregada na Bahia como negros de palanquim. Esses negros, sempre em hostilidade contra seus povos vizinhos, a quem procuram reduzir à escravidão, foram prisioneiros de guerra; também, mesmo que sejam bastante numerosos na Bahia, é, ao contrário, muito raro de lá encontrar as mulheres de sua nação.

Eles vêm quase todos via Onim [Lagos].

Francis de Castelnau tentara interrogar um fulani na Bahia, por volta de 1848.[5] A descrição que ele faz mostra o caráter altivo de alguns muçulmanos na Bahia:

Esse ancião, Mohammad-Abdullad, fulani, que está na Bahia há trinta anos, libertou-se da escravidão pelo seu trabalho e segue hoje a profissão de carpinteiro. Tem instrução, e sabe ler e escrever não somente em sua língua, mas ainda em português. É de resto muito intolerante, muito fanático, e procura por todos os meios converter-me; e, mesmo que eu o tenha recebido da melhor forma possível, lhe tenha dado dinheiro, [...] recusa-se a vir à minha casa, dizendo para um outro negro que não quer ir à casa de um cão cristão. Deve ter setenta anos. Era marabu e fez a viagem para Meca. É de cor chocolate e tem os cabelos retos; zomba muito dos negros haussás, que, diz, amarram no queixo barbas de bode para darem-se aparência de homem. Nativo de Kano, fora pego em Katchina pelos negros de Ussá, contra os quais os fulanis estavam então em guerra. Veio para a costa pelo caminho de Eko [Lagos].

De resto, esse ancião não tem senão uma lembrança confusa daquela viagem, e retorna sem parar para a fé de Maomé, que chama o fundamento e que, de acordo com ele, é a única coisa deste mundo com que vale a pena se ocupar. Os negros haussás que estão em minha casa parecem ter muita veneração por esse homem e, pelo seu exemplo, se põem a murmurar cantando os versos do Alcorão.

REBELIÃO DE 1807

A primeira tentativa de rebelião estava prevista para 28 de maio de 1807.[6]

Os escravos haussás haviam preparado arcos e flechas e tinham alguns facões, pistolas e fuzis. Assim, tanto os da cidade quanto os dos engenhos deviam se juntar fora de Salvador na noite daquele 28 de maio, por volta das sete horas. Propunham-se a "fazer guerra ao branco", matar seus senhores e envenenar as fontes públicas. Queriam também retornar para a África apoderando-se de navios ancorados no porto. Eles tinham previsto colocar fogo na alfândega e na capela de Nazaré para desviar a atenção das autoridades e do povo.

Em 22 de maio, seis dias antes, o governador foi prevenido desses planos por um habitante da Bahia, colocado a par da conspiração por um de seus escravos.

Um inquérito revelou a organização minuciosa dessa rebelião, que possuía um líder, Antônio, haussá, morador da rua do Corpo Santo. Ele tinha o título de embaixador e era ajudado por "capitães" designados para cada bairro da cidade. Antônio era comerciante, e negociava com os haussás escravos da cidade de Santo Antônio.

Em 27 de maio, véspera da rebelião, era dia da festa de Corpus Christi. O conde da Ponte seguia a procissão, sem deixar transparecer seu conhecimento dos planos dos haussás. Por volta das seis horas da tarde, mandou guardar as portas da cidade e cercar as casas onde se reuniam os conspiradores. Todos foram presos.

Em 20 de março de 1808, Antônio, o líder, e Balthazar, seu principal lugar-tenente, foram condenados à morte.

Balthazar era escravo de Francisco das Chagas e morava na mesma rua do Corpo Santo. Em seu quarto foram encontradas quatrocentas flechas, varas e cordas destinadas a fazer arcos, além de fuzis, pistolas e um tambor.

Os outros dez acusados, cuja responsabilidade era menor, foram condenados a serem chicoteados em praça pública. Eram eles: Tibúrcio, escravo do capitão Antônio Guimarães; Guilherme, escravo de João Álvares Branco; André, escravo da viúva de Jacinto Dias Damázio; Luiz, escravo do capitão Joaquim de Souza Portugal; Faustino e Alexandre, escravos de José Pires de Carvalho e Albuquerque; Simplício, escravo de Antônio Muniz de Souza Barreto; Francisco, escravo de Antônio de Souza Lisboa; Cosme, escravo de Agostinho Barboza de Oliveira; e Ignácio, escravo de Antônio Lopes Duarte.

Em seu ofício de 16 de junho de 1807, o conde da Ponte escreveu:[7]

A colônia da Bahia, pela produção do tabaco que lhe é particular, tem o privilégio da exclusividade do comércio da Costa da Mina. Os navios importaram no ano passado 8307 escravos jejes, haussás e nagôs [do atual Daomé, Ussá e Iorubá], e assim, de ano em ano, uma grande parte permanece nesta capitania e uma quantidade considerável nesta província [da Bahia].

383

Para impedir novas revoltas, declarou que "todo escravo encontrado na rua depois das nove horas da noite sem autorização de seu senhor será colocado em prisão e condenado a receber cem chicotadas".

REBELIÕES DE 1809 E 1810

A resolução não impediu que se produzisse uma nova insurreição de escravos haussás e nagôs, inimigos na África mas unidos na Bahia pelos laços do islã. As autoridades não foram prevenidas como da outra vez. O segredo bem guardado dessa ação causou grande surpresa e inquietação na época.[8]

Em 26 de dezembro de 1808, os escravos haussás e nagôs fugiram de diversos engenhos da região açucareira do Recôncavo baiano, de Nazaré das Farinhas e de Jaguaripe em particular. Em 4 de janeiro de 1809, os da capital partiam por sua vez, passando pelo caminho das Boiadas, entrincheirando-se em alguns novos lugares da cidade e oferecendo uma resistência obstinada à tropa enviada para combatê-los.

Muitos morreram. Os escravos revoltados não queriam se render, e o conde da Ponte tinha dado ordem para atirar sobre todos aqueles que resistissem. Em 6 de janeiro, 89 prisioneiros foram reconduzidos, e alguns dias depois enviaram outros 23 da região de Nazaré. Todos foram condenados a trabalhar acorrentados no serviço de transporte de entulhos e de terra, para fazer o aterro da futura praça do teatro.

Uma outra revolta, em fevereiro de 1810, foi igualmente reprimida pela tropa.

O príncipe regente d. João deu ordem para que os escravos daquelas duas últimas revoltas fossem chicoteados em praça pública, e que seus senhores fossem vendê-los fora da província, "considerando que os trabalhos forçados aos quais estes escravos acorrentados foram condenados não são uma punição suficiente pelo crime atroz perpetrado por estes negros insolentes".

REBELIÃO DE 1814

Em 28 de fevereiro de 1814,[9] por volta das quatro horas da manhã, todos os escravos das peixarias de Manuel Ignácio da Cunha Menezes, de João Vaz de

Carvalho e de alguns agricultores vizinhos, em número de mais de seiscentos, atacaram as instalações dos senhores aos quais pertenciam, ateando-lhes fogo. Eles mataram um dos contramestres, sua família e outros brancos que lá se encontravam. Em seguida, atacaram a cidade vizinha de Itapuã e, ajudados pelos negros daquele lugar, atearam fogo em algumas casas, matando os brancos que resistiam ou que tentavam impedi-los.

Ao todo, treze brancos foram mortos e oito gravemente feridos. Os negros resistiram, lançando-se com uma tal fúria sobre as tropas de cavalaria e de infantaria enviadas contra eles que não cediam a não ser quando caíam mortos.

Depois de um combate de várias horas, 56 negros, quase todos haussás, foram mortos. Por volta das seis horas da tarde o conflito estava terminado.

O governo-geral do Rio de Janeiro respondia ao ofício enviado pelo conde dos Arcos, recomendando vivamente uma

> providência muito mais severa na epoca presente, e particularmente nessa Cidade [da Bahia] em que o Negro escravo tem dado demonstração por mais de huma vez a serem propensos a tumultos e levantamentos e de querer sacodir o jugo da escravidão, de que podem resultar consequencias perniciosíssimas.
>
> Debaixo, pois, destes principios, Determina Sua Alteza Real que V. Exª prohiba absolutamente os ajuntamentos de Negros chamados vulgarmente batuques, não só de dia, mas muito particularmente de noite, pois ainda que se lhes permitisse isto para os fazer contentes não deve continuar esta especie de divertimento, depois de terem abuzado tanto dele.
>
> Verdade he que nesta Cidade se tem permitido aquelles ajuntamentos, que já a Ordenação do Reino havia proibido em Lisboa, mas alem de não ter havido até agora desordens, bem sabe V. Exª que ha huma grande diferença entre os Negros Angolas e Benguellas desta Capital [Rio de Janeiro] e os dessa Cidade [Bahia], que são muito mais resolutos, intrepidos e capazes de qualquer empreza, particularmente os da Nação Aussá, servindo de provação que acabo de ponderar o facto acontecido; pois atacarão com tal furia e desesperação que só cedião à morte.

Em consequência dessa ordem, foi renovada para os escravos a proibição de circular à noite, salvo se estivessem munidos de uma autorização de seus senhores. A punição em golpes de chicote a serem dados aos faltosos foi elevada a 150.

Porém, o conde dos Arcos era partidário dos batuques que reagrupavam periodicamente os escravos por nação.[10] Assim eles se lembrariam de suas origens e das animosidades recíprocas que separavam uns dos outros quando estavam na África. Ele considerava que os batuques eram um fator de desunião entre aquelas diversas "nações", e que sua subdivisão em grupos adversos tornava mais difícil uma revolta fomentada pelo conjunto.

Desse modo, atenuou a ordem recebida e, em 10 de abril de 1814,[11] publicou um decreto no qual as danças em questão eram totalmente proibidas nas ruas. No entanto, recomendava que as patrulhas encarregadas de manter a ordem na Bahia moderassem na execução de suas instruções. Fazia ressalvar que "alguns proprietários de escravos reconheciam a necessidade e a vantagem que há em diminuir o horror do cativeiro, permitindo a seus escravos se divertir, esquecendo durante algumas horas sua triste sorte". Levava em conta igualmente que, "em toda cidade civilizada do mundo, os divertimentos públicos são autorizados, mesmo às pessoas das mais baixas classes". Decidia que "os ajuntamentos de escravos não serão impedidos em dois lugares da cidade, aquele da Graça e do Barbalho, onde poderão até a hora da ave-maria, momento em que terão que se retirar para a casa de seus senhores".

Esse decreto provocou uma petição dos comerciantes e outros cidadãos da praça da Bahia, inimigos do conde dos Arcos, que se diziam muito assustados pelas recentes revoltas de escravos. Nessa petição, eles lembravam que, durante o recente motim no pesqueiro de Manuel Ignácio, os revoltosos gritavam "Liberdade! Vivam os negros e seu rei!" e "Morte aos brancos e aos mulatos!". Eles esperavam que a sorte dos colonos do Haiti não lhes fosse reservada, levando em conta a enorme desproporção entre o número de negros e de brancos, além do perigo que apresentavam tantas pessoas tão guerreiras e bárbaras e que não temiam a morte.

Queixavam-se também do relaxamento dos costumes e da falta de polícia na cidade da Bahia, de sorte que os insultos eram contínuos. Os negros atacavam "sem vergonha" as mulheres brancas na rua e chegavam a retirar os prisioneiros das mãos da justiça, como ocorreu em uma ocasião, quando os serventuários da alfândega e da justiça, que levavam um negro para a prisão por roubo e subiam um beco chamado Escadinhas do Palácio, foram cercados por um grupo de negros carregadores que geralmente estacionavam na porta da alfândega. Os negros cortaram os laços do prisioneiro e o libertaram, ameaçando os serventuários com seus facões.

Os cidadãos reclamavam da indulgência do governo da Bahia perante os negros e indignavam-se com o fato de que os batuques fossem autorizados aos domingos, enquanto os brancos pobres, soldados e empregados, não conheciam nem domingo, nem feriado.

Ademais, observavam sobre o perigo que havia em deixar o paiol de pólvora do Matatu à guarda de uma patrulha de apenas oito soldados, em um lugar cercado de aldeias de negros fugitivos.

Queixavam-se ainda de que as reuniões de negros continuavam à noite, como antes; que os negros conversavam em suas línguas e lançavam livremente assobios e outros sinais de reconhecimento. Falavam mesmo abertamente em português de suas revoltas, e comentavam os acontecimentos do Haiti, que conheciam. Tinham discursos revolucionários e chegavam mesmo a dizer que, por volta do próximo São João, não haveria mais um branco ou mulato vivo.

No fim de maio daquele ano, o advogado Lasso denunciou ao governo da Bahia os seguintes fatos:[12]

> Os negros haussás preparavam um grande levante, que irromperia na noite do dia 23 de junho e nele tomariam parte, além dos ganhadores dos cantos do cais da Cachoeira, cais Dourado e cais do Corpo Santo, os principais cabeças do Terreiro e do Poço do Saldanha, e que alguns pretos de outras raças entravam na sedição, forros e cativos, tanto da cidade como do Recôncavo. Os centros desses conluios eram uma capoeira que ficava pelos fundos das roças do lado direito da capela de Nossa Senhora de Nazaré, uma roça na estrada do Matatu, fronteira à Boa Vista, Brotas e os matos do Sangradouro. O plano combinado era romperem desses lugares na véspera de São João, com o pretexto do barulho de semelhantes dias, matarem a guarda da Casa de Pólvora do Matatu, tirarem pólvora de que precisassem, molhando o resto, e quando acudissem as tropas e estivessem entretidos com aqueles sublevados, sairiam os cabeças existentes na cidade e degolariam todos os brancos.

Embora percebesse que essas demonstrações tinham origem em um grupo de descontentes que procuravam lançar o descrédito sobre sua administração, o conde dos Arcos publicou em 20 de junho um decreto proibindo expressamente os divertimentos habituais de São João — foguetes e fogos de artifício —, ameaçando punir aqueles que não respeitassem seu decreto, qualquer que fosse sua classe social.

As investigações feitas nos lugares apontados não permitiram encontrar traços das reuniões indicadas na denúncia.

Em 13 de novembro, o tribunal condenava os acusados da rebelião de 28 de fevereiro em Itapuã. Dentre eles, doze tinham morrido na prisão; quatro escravos de Manuel Ignácio foram enforcados no dia 18 na praça da Piedade, em presença de todas as tropas da guarnição; 23 foram chicoteados e enviados à prisão perpétua nos presídios de Moçambique, Benguela e Angola. Os outros escravos acusados foram chicoteados e entregues aos seus senhores.

Acreditava-se que os ingleses estavam por trás daquelas revoltas de escravos, e como prova diziam:[13]

> Atualmente, faz poucos dias, no lugar chamado Pedreiras, onde se encontrava um grupo de negros recentemente importados, comprados por Antônio Ferreira Coelho e seu sócio José de Almeida Lima, por enviá-los ao Maranhão, um negro do cônsul inglês ousou incitá-los a se revoltarem, assegurando-lhes que os brancos eram muito pouco numerosos [e dos quais já havia morrido uma grande parte], que não se deixassem embarcar, valia mais ficar para ajudá-los, em pouco tempo seriam senhores de tudo. [...] Isto é o que foi entendido por um dos negros gangos encarregado de vigiar os outros; este lhe deu alguns golpes para expulsá-lo do lugar.

REBELIÃO DE 1816

Apesar das medidas de repressão, as revoltas continuaram.

O cônsul da Inglaterra, A. Cunningham, escrevia da Bahia para o Foreign Office, em 5 de junho de 1816:[14]

> Em janeiro e fevereiro deste ano, os escravos pertencentes aos engenhos de açúcar que rodeiam a baía [o Recôncavo] mostraram fortes disposições para a revolta. Em dois ou três lugares sublevaram-se e mataram seus senhores, queimaram as casas e engenhos de açúcar. As destruições seriam gerais se um corpo

de milícia a cavalo, recentemente organizado, não interviesse a tempo. Essas rebeliões tiveram lugar nos engenhos de açúcar Caruassu, Guaíba e outros, e foram aniquiladas em Quibacá por Jeronimo Moniz Fiuza Barreto, que recebeu o nome de "Salvador do Recôncavo".[15] Essa revolta provocou uma reunião do conselho dos oficiais da milícia na cidade de São Francisco, sob a presidência do futuro marquês de Barbacena [curioso congresso de senhores irritados por seus escravos, observa Wanderley Pinho].[16]

INCIDENTES DE 1822 E 1826

William Pennell, cônsul da Inglaterra na Bahia, sucessor de Cunningham,[17] escrevia em 13 de junho de 1822 a respeito da próxima partida das tropas portuguesas, e assinalava o perigo a que a província seria sem dúvida exposta por parte da população negra. Ele fundamentava sua opinião sobre uma sublevação que tinha acontecido na antevéspera na ilha de Itaparica, situada a dez milhas de distância de Salvador, revolta essa que foi dominada pela milícia. Ao final, vinte negros foram mortos e outros vinte ficaram feridos.

Em 1826, dois incidentes foram assinalados, mas sua natureza não estava bem definida e não sabemos se devemos ligá-los aos movimentos das revoltas de caráter muçulmano. Nesse caso, mais parece se tratar da formação de quilombos, aldeias de negros fugitivos.

Em 25 de agosto de 1826:[18]

Nesta sexta-feira, às quatro ou cinco horas da tarde, os guardas da cidade e a tropa deslocaram-se para o lado de Cachoeira, em razão de uma revolta de negros africanos. O rei dos negros foi feito prisioneiro, tinha uma bandeira vermelha, uma coroa sobre a cabeça e um barrete decorado com fitas, uma capa de veludo verde com galões de ouro. Rendeu-se somente após ter sido gravemente ferido. Os guardas e os soldados continuavam fazendo prisioneiros um pouco por todos os lados.

Em 17 de dezembro de 1826:[19]

Fora feita uma denúncia de que negros tinham fugido para um quilombo e propunham-se fazer uma revolução na cidade para o Natal. Os nagôs da cidade e dos engenhos dos arredores deveriam tomar parte. Mas alguns dias antes, alguns capitães de mato [homens encarregados de perseguir os negros fugitivos], não suspeitando da força real dos negros escravos, os atacaram. Foram repelidos e três dentre eles feridos. Animados pelo sucesso, os negros do quilombo atacaram alguns passantes, na estrada do Cabula, ferindo uma jovem. A polícia e a tropa intervieram duramente. Massacraram e capturaram, após um sério combate, alguns negros revoltados, entre eles uma negra, Zeferina, que tinha um arco e flechas na mão.

Nos dias seguintes, uma série de inquéritos levou a inúmeras prisões, na cidade e nos arredores. A polícia recolheu atabaques, enxota-moscas, um chapéu vermelho e outros artigos que parece terem sido destinados mais a algum candomblé e à adoração dos orixás nagôs do que a uma sangrenta revolução.

Por outro lado, Nina Rodrigues observa que o quilombo contra o qual os capitães do mato se tinham lançado em assalto era situado na mata do Urubu, em Pirajá, e que se mantinha com a ajuda de uma casa de "fetiches" dos arredores, chamada "casa do candomblé".

REBELIÃO DE 1827

É por volta dessa época que as palavras "nagô" e "malê" começam a aparecer nos relatórios policiais. Muito se escreveu e presumiu a respeito da origem e do significado da palavra "malê".[20]

Em 22 de abril de 1827,[21] a rebelião da parte muçulmana dos escravos do engenho de açúcar Vitória, em Cachoeira, arrastou outras rebeliões nos engenhos do Recôncavo, que foram dominadas somente após dois dias de luta.

REBELIÃO DE 1828

Na noite de 11 de março,[22] escravos da nação nagô fugiram da cidade e esconderam-se na mata. No dia seguinte, invadiram a peixaria de Manuel Ignácio da Cunha Menezes, onde havia ocorrido a revolta de 28 de fevereiro de 1814, e atearam fogo em algumas casas cobertas de palha. Porém, nem os escravos daquela peixaria nem os da peixaria vizinha de Francisco Lourenço Herculano quiseram juntar-se aos revoltosos, a não ser uma meia dúzia de negros recentemente chegados da África. A polícia colocou-se em sua perseguição e os alcançou no local chamado Engomadeira. Os negros defenderam-se com tal fúria que a polícia foi obrigada a se retirar, mas a chegada do 2º Batalhão de Infantaria de Pirajá e uma luta sangrenta levaram à destruição o grupo de revoltosos, dos quais um grande número foi massacrado.

REBELIÃO DE 1830

Em 10 de abril de 1830,[23] por volta das sete horas da manhã, dezoito a vinte negros da cidade entravam na loja de quinquilharias de Francisco José Tupinambá, na rua Fonte dos Padres, Cidade Baixa. Tomavam à força doze espadas e cinco facões, ferindo o proprietário no peito e seu empregado José Silveira Rapozo com uma estocada na nádega. Na loja vizinha de Manoel Joaquim Coelho Travaça, diante da resistência do proprietário e de seus empregados, conseguiram apoderar-se somente de um facão. Indo para a loja de Francisco José Pereira, tomaram mais seis facões. Assim armados, passando pela rua do Julião, eles foram ao depósito de escravos de Wenceslão Miguel d'Almeida, recém-trazidos da África, e libertaram-nos. Mais de cem deles se juntaram aos revoltosos, que feriram gravemente os dezoito que não quiseram se unir a eles. Assim constituído, acompanhado por outros escravos da cidade, armados de varas e de facões roubados das lojas, o grupo foi em direção à Soledade e atacou o posto de polícia, composto de um sargento e de sete soldados. Feriram um deles e apoderaram-se de sua arma.

Chegando ao local, a polícia e a tropa fizeram quarenta prisioneiros e mataram cinquenta negros. Os outros escaparam e, perseguidos pela tropa e por civis, refugiaram-se nas matas de São Gonçalo e de Oitim, onde mais tarde foram feitas algumas prisões.

Essa expedição era destinada a conseguir armas com vistas a uma revolta de grande envergadura, prevista para 13 de abril. A polícia foi colocada na pista dessa conspiração por uma denúncia de Alexandrina Joana da Conceição, que morava na rua do Baixo. Uma série de interrogatórios levou à prisão dos condutores, todos nagôs, cujos cabeças eram: Francisco, escravo de João Joaquim, que já tinha tomado parte na revolta de 11 de março de 1828; Epifânio, escravo da viúva Pestanha; e Antônio, escravo de Catharina de Tal...

REVOLTA DOS MALÊS EM 1835[24]

Em 1835 aconteceu a última e mais grave sublevação de toda essa série de insurreições. Ficou conhecida sob o nome de Revolta dos Malês.[25]

A revolta deveria ocorrer na madrugada de 25 de janeiro de 1835, num domingo. O momento foi particularmente bem escolhido, pois era aquele em que se celebrava a festa de Nossa Senhora da Guia (oito dias depois da festa do Senhor do Bonfim). Muitas pessoas da cidade iam fazer a vigília na igreja do Bonfim e passar a noite na península de Itapagipe. A hora prevista era aquela em que os escravos saíam das casas para ir buscar água nas fontes públicas. Assim, poderiam juntar-se em grande número aos insurretos.

O plano tinha sido inteligentemente estabelecido. Os revoltosos deveriam provocar incêndios simultâneos em diversos pontos da cidade para desviar a atenção da polícia e da tropa e tirá-las de suas casernas, e deviam aproveitar a confusão para atacá-las e desarmá-las.

Uma vez senhores da cidade, contavam juntar-se com os escravos dos engenhos do Recôncavo. Esse plano tinha mais chances de sucesso do que as tentativas precedentes de rebelião, que começavam fora da cidade e tornavam as chances do ataque final problemáticas, estando as tropas já alertadas e na defensiva.

Uma denúncia in extremis fez fracassar essa revolta.

Na véspera, por volta das nove horas da noite, ou seja, apenas oito horas antes do momento previsto para a ação, uma mulher nagô emancipada, Guilhermina Roza de Souza, que tinha sido escrava de Firmiano Joaquim de Souza Velho, veio prevenir seu vizinho da rua do Bispo, o cidadão André Pinto da Silveira,[26] do que se tramava para o dia seguinte de madrugada:

> Ela tinha obtido a informação de várias fontes. De uma parte, seu amigo e pai de
> seus filhos, Domingo Fortunato, nagô, escravo de Fortunato José da Cunha, tinha

ouvido conversas entre negros de saveiros [tipos de barcos a vela da região da Bahia] afirmando que alguns nagôs de Santo Amaro tinham chegado para encontrar um africano, mestre Aluna, já na Bahia fazia alguns dias, para se apoderarem da cidade no dia seguinte com outros negros e matar todos os brancos, cabras e crioulos, e igualmente negros de outras nações que não quisessem se juntar a eles; os mulatos seriam poupados, para servir-lhes de lacaios e de escravos. Ela própria, estando em sua janela, tinha ouvido dois nagôs dizendo em sua língua que, de madrugada, quando do toque de alvorada dos soldados e os escravos saíssem para buscar água nas fontes, os guardas deviam sair igualmente, porque haveria incêndios na Cidade Baixa, e não faltaria gente vindo de Santo Amaro para nisso contribuir. Além disso, ela tinha encontrado sua comadre, Sabina da Cruz, mulher nagô emancipada, que fora escrava de Jozé Manoel Gonçalves. Esta lhe confidenciara que, na casa da esquina da rua de Guadalupe, havia muitos negros armados que se aprontavam para fazer a guerra no dia seguinte de manhã. Ela soubera da coisa pois tinha brigado no sábado, por volta das quatro horas da manhã, com seu amigo, o pai de seus filhos, Victório, nagô cujo nome em seu país era Sulé. Após ter passado como de costume o dia na Cidade Baixa para seu comércio, ela voltara no fim da tarde para casa, onde era, com seu amigo, sublocatária de um africano liberto, Belchior da Silva Cunha. Ela encontrou o quarto desarrumado, suas roupas e coisas em desordem. Persuadida de que Victório a tinha abandonado após a querela da manhã, pôs-se à sua procura nas casas de diversos conhecidos. É assim que ela foi a uma casa de alguns negros de Santo Antônio da rua Guadalupe, amigos de Victório. Uma vez no corredor, ela escutou, mas não ousou entrar: numerosos nagôs reunidos ali faziam grande barulho e discutiam com animação, na língua deles. Amedrontada e prestes a se retirar, ela viu sair do quarto onde acontecia a reunião uma mulher nagô, Egba [da região de Abeokutá], cujo nome na África era Edum, mas ignorava seu nome no país dos brancos. Levava seu filho nas costas, e naquele mesmo sábado ela lhe havia comprado inhames com uma moeda de três patacas de prata. Sabina lhe perguntou se Sulé estava no quarto vizinho, e com sua resposta afirmativa lhe pediu para chamá-lo, de sua parte; Edum lhe respondeu que fosse até lá ela mesma, e que por outro lado não sairia a não ser no dia seguinte, quando seria a hora de tomar a terra. Na hora do toque de alvorada dos soldados, um foguete seria lançado de uma loja da praça, os conjurados sairiam armados e, ajudados por outros escravos, matariam os brancos e os negros crioulos e guardariam os mulatos para escravos. Os inhames que Edum lhe tinha comprado eram para o mestre Aluna; ele estava lá, bem armado, bem preparado e com muita gente.

Como Sabina lhe respondeu que o mestre Aluna e todos os outros no dia seguinte seriam proprietários da surra [sova de golpes de chicote] e não da terra, Edum a injuriou e lhe disse para aguardar sua resposta no dia seguinte. Apavorada, ela fugiu e veio relatar a coisa para sua comadre Guilhermina e lhe pedir que a ajudasse a encontrar dois soldados para prenderem Sulé, o pai de seus filhos, que se encontrava lá, tendo trazido uma parte de suas roupas e de suas coisas.

André Pinto da Silveira preveniu imediatamente o presidente da província e o chefe de polícia, Francisco Gonsalves Martins. Em seguida, todas as disposições de defesa foram tomadas e a tropa foi alertada.

As buscas começaram sem demora nas casas dos africanos. Às onze horas da noite, realizaram uma batida na segunda casa da ladeira da Praça, após uma denúncia feita na polícia de que lá haveria uma reunião clandestina de numerosos africanos. O principal inquilino, um mulato, Domingos Marinho de Sá, tentou negociar, mas a polícia estava decidida a entrar. A porta do térreo se abriu, um tiro de bacamarte ecoou, e uns sessenta negros saíram violentamente armados com espadas, lanças, pistolas e bacamartes. Eles dispersaram os policiais e feriram seu chefe, o tenente Lázaro, além de um guarda, Fortunato Jozé Braga, e um civil. É verdade que, para opor-se aos insurretos, somente dois guardas tinham suas armas carregadas, por ordem do juiz de paz do distrito, quando faziam o cerco da casa. Um dos insurretos foi morto a golpes de bastão por um vizinho, Joaquim Pereira Arouco Júnior, ajudado por um moleque crioulo escravo de Pedro José de Sant'Anna e por um moleque nagô chamado Duarte, escravo do juiz de paz do primeiro distrito, que tinha acompanhado seu senhor.

Junto ao corpo do negro abatido, encontraram uma espada e muitos papéis em língua árabe, contidos dentro de uma algibeira.

Os revoltosos, separados em dois grupos, puseram-se a percorrer a cidade. Atacaram a guarda do palácio e a do colégio dos jesuítas, matando dois soldados e um civil. Tentaram quebrar a porta da prisão da rua da Ajuda para libertar os prisioneiros. Não conseguindo, continuaram seu caminho. Puseram em fuga uma patrulha de oito soldados e se dirigiram para a caserna da artilharia do forte de São Pedro, atacando, ferindo e matando todas as pessoas em sua passagem. No forte, mataram um sargento, forçaram as tropas a se retirarem e uniram-se a um grupo de revoltosos do bairro da Vitória, apesar das descargas feitas pelos ocupantes do forte de São Pedro para impedi-los. As forças conjuntas dos revoltosos tentaram então apoderar-se da caserna dos policiais da Mouraria. Não o conseguiram, a despeito de uma viva troca de tiros de fuzil, os policiais tendo se entrincheirado no interior. Forçaram ainda diversos destacamentos de polícia a se fechar em seus postos. Passando pela Barroquinha, fizeram uma nova tentativa para libertar os prisioneiros da rua da Ajuda, mas sem sucesso, e colocaram-se a caminho para tentar se juntar aos escravos dos engenhos fora da cidade...

Durante esses acontecimentos, o chefe da polícia tinha ido ao Bonfim para lá organizar a resistência em caso de ataque. Reuniu as famílias na igreja, que era um lugar de defesa mais fácil. Preparava-se para mandar vir as forças da cavalaria de maneira a colocá-las em um lugar favorável para impedir a junção dos revoltosos com os negros dos engenhos. Quando foi avisado do avanço dos insurretos em direção a Água de Meninos, onde se encontrava a caserna da cavalaria, para lá seguiu imediatamente. Ali, fechou os soldados de infantaria na caserna, para guardar a porta e fazer fogo sobre os insurretos pelas janelas, e empregou a cavalaria para receber os agressores. Dispunha igualmente da ajuda de algumas chalupas e das tripulações armadas de duas fragatas de guerra ancoradas nas proximidades.[27] Os africanos chegaram por volta das três horas da manhã, atacando com intrepidez tanto a caserna quanto a cavalaria. Mas, repelidos pelos defensores da caserna e perseguidos pelos cavaleiros que os atacavam com rigor, foram colocados em fuga, deixando quarenta mortos e muitos feridos; alguns jogaram-se ao mar bem próximo e se afogaram; outros buscaram refúgio na mata vizinha.

Assim terminou a revolta. O pequeno grupo de insurretos tinha entretanto conseguido, em algumas horas, intimidar a guarda do palácio e resistir ao batalhão de infantaria. Eles obrigaram a polícia a se fechar em seu quartel da Mouraria, e só encontraram resistência e contra-ataque no quartel da cavalaria.

No dia seguinte, saíram às ruas alguns conjurados que não estavam cientes do desastre sofrido por seus companheiros.

INQUÉRITOS E INVESTIGAÇÕES ENTRE OS LETRADOS MUÇULMANOS

Desde aquele domingo, 25 de janeiro, a polícia fez rigorosas buscas na segunda casa da ladeira da Praça, onde estavam reunidos os insurretos que tinham tentado prender na véspera à tarde. As batidas ocorreram na presença do mulato Domingos Marinho de Sá, principal inquilino, mas estavam ausentes seus sublocatários, os negros Manoel Calafate, Aprígio e Conrado. A polícia procurava armas, mas encontrou túnicas e barretes brancos e uma dezena de tabuletas e papéis cobertos de escrita árabe.

O chefe da polícia enviava no mesmo dia as seguintes instruções aos diversos chefes de distrito:[28]

> Enviareis imediatamente os inspetores de cada quarteirão a todas as casas e lojas pertencentes aos negros africanos, para proceder a uma rigorosa investigação visando a descobrir homens, armas e documentos escritos. Levareis em conta que nenhum deles goza de direitos de cidadão ou de privilégio de estrangeiro, e que a polícia exige que toda a possibilidade de tentativa como aquela da última noite seja eliminada de uma vez por todas. Convocareis para este fim os cidadãos de vosso distrito, os que julgardes necessários, obrigando-os a obedecer, se o patriotismo e o interesse de sua própria conservação não os convencerem, pois a partir de hoje será necessário fazer, de dia e de noite, numerosas patrulhas de cidadãos e aumentar a vigilância das autoridades policiais.

No dia seguinte, o presidente da província da Bahia, Francisco de Souza Martins, recomendava aos diversos juízes de paz que os processos das pessoas implicadas na insurreição da véspera fossem encaminhados o mais rápido possível, particularmente os processos dos líderes do movimento e daqueles que tinham sido presos com arma na mão. Ele lembrava que não deixassem de recolher todos os fatos e testemunhos que pudessem provar o crime e sua gravidade, como também a identidade das pessoas, de maneira que tudo estivesse pronto para o julgamento quando da próxima sessão judicial.[29]

Naquela mesma segunda-feira, 26 de janeiro, o inquérito começava pela audição das primeiras testemunhas, Guilhermina Roza de Souza e Sabina da Cruz, seguido de uma investigação numa casa na rua da Oração (vizinha daquela em que morava Sabina). O locatário principal era um africano nagô emancipado, Belchior da Silva Cunha. Lá também a polícia descobriu papéis repletos de caracteres árabes e túnicas iguais àquelas que usavam os revoltosos encontrados mortos em Água de Meninos.

Três mulheres foram presas: Agostinha, nagô emancipada, amiga de Belchior; Thereza, tapa emancipada; e Marcelina, da nação mundubi, escrava da irmã d. Ifigênia d'Argolo, do convento do Desterro. Marcelina era católica e brigava com os habitantes da casa, que se separavam tanto pela etnia (ela era mundubi e os outros eram nagôs) quanto pela religião. Durante o interrogatório, Marcelina não hesitou em dizer tudo aquilo que sabia. De suas respostas, ressaltava que aqueles papéis eram preces malês escritas pelos mestres da nação haussá e alguns também da nação tapa, que ensinavam aos nagôs que não as conheciam... O mestre de Belchior e do grupo que se reunia na rua da Oração era um certo Luiz, chamado Sanim na língua de seu país, escravo de Pedro Ricardo da Silva, que morava ao pé da Guadalupe e possuía um entreposto para enrolar tabaco no cais Dourado. Ela acrescentava que Sanim era da nação tapa, mas conhecia a língua haussá. Não sabia mais nada, pois aquela gente que se reunia a detestava, dizendo que ela ia à missa para adorar um pedaço de madeira vestido sobre o altar e que as estátuas não eram santos. Ela sabia que Belchior tinha sido convocado por seu mestre Sanim e que, da mesma maneira, todos os outros mestres tinham convidado seus alunos a fazerem guerra aos brancos. Agostinha declarou que tinha se jogado nos joelhos de Belchior para tentar impedi-lo de sair, dizendo-lhe que os brancos não tinham feito mal aos negros, que ela viera escrava de seu país e que um branco a emancipara.

Thereza, da nação tapa, deu os nomes de certos escravos que se reuniam habitualmente na casa de Belchior, do qual alguns eram sublocatários. Todos foram presos e interrogados.

O inquérito confirmava as indicações de Marcelina: todos os habitantes daquela casa eram nagôs, emancipados ou escravos, alunos de Sanim, um letrado da nação tapa.

O conjunto das investigações nas habitações dos escravos e emancipados africanos levou à descoberta de numerosos papéis e brochuras descritos nos relatórios policiais como sendo "escritos à maneira dos hebreus", "brochuras hebráicas", cobertos de caracteres "harabes", escritos "arabicamente", em "hiheroglificos" ou "em caracteres estrangeiros".

De fato, tratava-se de inscrições extraídas do Alcorão que, colocadas dentro de pequenas bolsas de couro, serviam de talismã aos africanos, insurretos ou não. Eles também encontraram tabuletas que pensavam serem feitas para impressão tipográfica ou litográfica, mas que na realidade serviam aos letrados para ensinar os versos do Alcorão a seus alunos.

Em sua ignorância, a polícia pensava que se tratava de documentos em caracteres desconhecidos, graças aos quais os insurretos se comunicavam uns com os outros, o que lhes parecia comprovado pela presença, nos diversos locais das investigações, de papéis e livros cobertos com a mesma escrita misteriosa.

A partir daí, a simples descoberta de um desses documentos em posse de um africano causaria, por vários meses, a condenação do infeliz detentor desse amuleto à deportação, se fosse emancipado, e a algumas centenas de chicotadas, infligidas em praça pública, caso fosse escravo.

A polícia encontrou também "bonés brancos e túnicas brancas com mangas imitando as capas dos monges beneditinos", como indicavam os relatórios. E de acordo com Bento, nagô, escravo de José Soares, da rua do Sodré, aqueles trajes eram em seu país "ornados da mesma maneira e eram das pessoas importantes, aquelas que tinham relações com os reis e seus nobres".

De acordo com Higínio, nagô, escravo de José Maria da Fonseca, que morava nas novas casas do cais, "essas túnicas vinham do mesmo lugar que os panos da costa da África, país onde não os vendiam nas ruas; ele confirmava que os que as vestiam quando iam à guerra eram pessoas importantes".

A polícia também encontrou durante suas buscas uns rosários sem crucifixo, mas com um pequeno bastão na extremidade e argolas de metal branco.

O conjunto do inquérito mostrava a importância do papel representado por um certo número de letrados haussás, tapas e nagôs, que eram os professores dos escravos emancipados, nagôs em sua maioria.

Dos 286 acusados, havia 194 nagôs, 25 haussás, seis tapas, sete minas, nove jejes e dezoito cuja nação não consta nos interrogatórios. O resto era de diversas nações, próximas dos países iorubás; somente sete entre eles eram originários de regiões da África situadas ao sul do equador, e três eram mulatos.

Uma grande parte dos insurretos era de africanos emancipados; entre eles, 126 figuravam dentre os acusados, perante 160 escravos.

O dr. Francisco Gonçalves Martins, que se tornou mais tarde visconde de São Lourenço, teve que reprimir a revolta de 1835, como chefe de polícia. Em seu relatório ao presidente da província, escreveu:

Fiz o necessário para revistar todas as casas dos africanos, sem nenhuma exceção. Os resultados serão apresentados a Vossa Excelência no momento oportuno. Posso assegurar a Vossa Excelência que a insurreição se tramava desde há muito tempo em segredo absoluto e seguindo um plano muito superior àquele que poderíamos esperar de seres ignorantes e grosseiros. Em geral, todos sabem ler e escrever em caracteres desconhecidos, que parecem ao árabe utilizado pelos haussás, que mostram entenderem-se hoje com os nagôs [iorubás]. Essa nação é aquela que antigamente se sublevou por diversas vezes nesta província [Bahia] e que em seguida foi substituída pelos nagôs. Havia instruídos entre eles, que davam lições e procuravam organizar a insurreição, entre os quais fazem parte muitos africanos libertos e até alguns dentre eles que se tornaram ricos. Foram encontrados já muitos livros, que dizem ser preceitos religiosos tirados do Alcorão. É certo que a religião teve parte nessa revolta, e os líderes faziam crer a esses miseráveis que alguns daqueles papéis os preservariam da morte; é por isso que encontramos junto aos corpos das pessoas mortas durante a revolta uma grande quantidade daqueles papéis.

Assim, as investigações giravam em torno dos letrados, que parecem ter instruído os outros, estabelecendo e combinando habilmente o plano daquela insurreição.

Os processos que se encontram nos arquivos da Bahia são infelizmente incompletos, e os documentos originais que serviram para arquitetar o plano da rebelião desapareceram. Eles figuravam entre os documentos tomados pela polícia na casa da rua da Oração, de Gaspar e Belchior da Silva Cunha. No fim do século XIX,[30] conhecia-se somente a tradução feita em 7 de fevereiro de 1835, ou, mais exatamente, o relatório do conteúdo desses diversos papéis, escritos em caracteres árabes, fornecido por um haussá, Albino, cristão em princípio, escravo do advogado Luiz da França de Athayde Moscoso.

De acordo com Albino, alguns daqueles papéis eram instruções dadas aos insurretos que viriam do bairro da Vitória para se apoderar do país e matar todos os brancos, e que passariam por Água de Meninos para juntarem-se todos no local chamado Cabrito, atrás de Itapagipe, "onde as pessoas dos engenhos do interior deveriam encontrá-los". Outros eram destinados a proteger os insurretos contra balas da tropa e da polícia.

Um dos papéis, assinado por Mala Abubakar, era uma espécie de proclamação exortando-os a se reunir e afirmando que nada de mal poderia lhes acontecer no caminho.

Um dos documentos era escrito por um negro de nome Allei para um outro de nome Adão, escravo de um inglês morador do bairro da Vitória, onde lhe dizia que ele "chegaria naquele lugar às quatro horas da manhã e que não deveria partir sem ele".

A polícia se esforçou para encarcerar todos aqueles "mestres do Alcorão", que para ela eram igualmente perigosos agitadores. Alguns eram negros emancipados que haviam conquistado um certo conforto; outros eram escravos, mas de uma inteligência e de um valor moral muitas vezes superiores àqueles de seus proprietários. Assim, encontravam-se de novo na mesma situação que na África, onde membros de uma pequena comunidade muçulmana estavam submetidos à autoridade de um soberano africano pagão e fazendo parte de uma minoria afogada em uma maioria de pagãos. O que mudava na Bahia era o fato de que estavam rodeados de cristãos e os tinham por senhores. Tanto pagãos como cristãos eram, em seu espírito, igualmente "cães infiéis".

Aqueles dentre os mestres muçulmanos que a polícia conseguiu identificar e acusar foram todos classificados como líderes da insurreição.

Havia o negro nagô conhecido no seu país sob o nome de Aluna ou Aruna (de estatura mediana, com quatro escarificações étnicas na face, nos cantos da boca), escravo cujo senhor fora recentemente morar num engenho em Santo Amaro e que era proprietário de um terreno na rua das Flores, onde se vendia água a cinco réis.

Belchior, durante seu interrogatório, declarou:

> O Aluna era muito amado pelos seus "parentes", e muitos o acompanharam quando foi embarcado pelo crime [não especificado] que havia cometido na casa e enviado ao seu senhor em Santo Amaro. Ele [Belchior] diz de sua alegria em saber de sua volta [ver denúncia de Guilhermina Roza de Souza] e do espanto que lhe causava sua prisão, pois ele não tinha feito nada.

Havia também o negro nagô Victório, que em seu país se chamava Sulé, emancipado, habitando à rua da Oração; vendia panos que transportava em um cesto.

Havia o negro tapa Luiz, conhecido em seu país pelo nome de Sanim, escravo de Pedro Ricardo da Silva, que morava numa rua atrás do Candeeiro (estatura mediana, cabeça grande, nariz chato, barba raspada, "mãos fouveiras", estava vestido com uma calça azul e uma camisa de pano de saco). Belchior, em seu depoimento, confirmava que Luiz era o mestre que lhe ensinava, assim como aos outros, a prece dos malês, e que também lhes lembrava para fazerem associações em que cada negro dava uma meia pataca ou uma pataca para obter em seguida vinte patacas para as roupas (organização semelhante às tontinas muito frequentes no país nagô), e o que reunissem a mais serviria para pagar a semana a seus senhores ou para se emanciparem.

Havia o negro Pacífico, conhecido entre os seus pelo nome de Licutan, escravo do dr. Varela, morando no Cruzeiro de São Francisco (de altura elevada, magro, nariz chato, muito pouca barba, cabeça e orelhas pequenas, com escarificações étnicas perpendiculares e outras transversais no rosto, vestido com uma calça azul e uma camisa de algodão branco). Esse Pacífico Licutan inquietava bastante a polícia, porque gozava de um prestígio muito grande ante os outros nagôs, que se ajoelhavam com todo respeito quando o encontravam e lhe pediam a bênção. Ele sabia ler e escrever as preces malês.

Em novembro de 1834, Licutan tinha sido colocado como garantia na prisão de Ajudá por dívida contraída pelo dr. Varela junto aos padres carmelitas. Como Licutan não era prisioneiro por crime, tinha o direito de receber visitas, que vinham muito numerosas e a toda hora do dia. Seus amigos nagôs até fizeram contribuições para obter sua liberdade, mas seu senhor se opôs. A polícia pensava que Licutan era um dos principais líderes da insurreição, fundamentando-se nos dois ataques que os insurretos tinham feito na noite de 24 de janeiro de 1835 contra a prisão, e suas vãs tentativas para derrubar a porta e libertar os prisioneiros.

A justiça retinha contra ele o profundo abatimento que dele se apoderara no dia seguinte ao da insurreição, sua dor, e as lágrimas que tinha derramado quando os prisioneiros foram levados para o cárcere. O testemunho vinha de um negro mina emancipado, Paulo Rates, almoxarife da prisão. No entanto, nada foi provado contra ele. Interrogado, Licutan se limitava a responder que em suas conversações com seus compatriotas os aconselhava a ter paciência, quando se queixavam das infelicidades de seu cativeiro. Entretanto, foi condenado a receber mil chicotadas.

Entre os letrados, é preciso citar ainda Elesbão do Carmo, da nação haussá, emancipado e conhecido pelo nome de Dandara entre os seus. Morava no Caminho Novo do Gravatá e possuía uma barraca de comércio no beco dos Tanoeiros. Interrogado pelo juiz, reconhecia com certo orgulho que era "mestre" em seu país, que seu prazer era receber seus compatriotas em sua barraca, que nela dava lições, mas que não era para o mal, e que escrevia em sua casa, como em sua barraca, para aqueles que não o sabiam, tanto o nagô quanto o haussá.

Havia outro Luiz, escravo nagô de Domingos Pereira Monteiro, que morava fazia catorze anos na casa de seu senhor. Foi condenado não somente porque era respeitado por seus compatriotas, que lhe beijavam a mão, mas também porque tinha confeccionado túnicas iguais àquelas que eram usadas pelos revoltosos. Luiz recebeu quinhentas chicotadas, mesmo que seu advogado tenha feito notar que ele era respeitado devido à sua idade (cinquenta anos) e que os outros lhe pediam a bênção.

Entre os africanos classificados como líderes da insurreição, havia Belchior da Silva Cunha, nagô, emancipado, pedreiro, antigo escravo de Manoel da Silva Cunha, vivendo naquela casa da rua da Oração fazia quinze anos, desde o tempo em que era escravo. (De alta estatura, magro, com um véu no olho direito, o rosto marcado de varíola, pouca barba, cabeça e orelhas pequenas, três marcas étnicas de seu país em cada lado do rosto e mais três na testa. Estava vestido com uma calça e uma camisa de um tecido riscado de azul.)

Gaspar da Silva Cunha, nagô, alfaiate, emancipado pelos herdeiros do mesmo senhor de Belchior, morava fazia três anos na rua da Oração. (De estatura mediana, corpulência normal, barbudo, nariz pequeno e delgado, cabeça e orelhas pequenas. Estava vestido com uma camisa e uma calça brancas.) Para sua defesa, argumentava que não sabia de nada a respeito dos papéis tomados pela polícia, pois começara a aprender havia cerca de dois meses. Ele foi perseguido para que estudasse e parasse de ir à missa, mas continuava como seu senhor lhe tinha ensinado. E acrescentava que as preces eram feitas no sótão de Belchior, onde ele não era admitido por ser apenas um principiante.

Entre os frequentadores da casa da rua da Oração, havia: Ova, carregador de palanquim, cujo senhor morava na rua das Laranjeiras (pagava três patacas e meia a Belchior pelo aluguel de seu quarto); Matheos Dada, ferreiro, escravo de J. Pereira do Nascimento, ferreiro na Barroquinha, no beco do Arcebispo; Ojo, carregador de palanquim, nagô, escravo do vigário da rua do Passo; Namonim, nagô, escravo do padeiro Pedro Luiz Mefre, que morava na igreja do hospício do Pilar; José Aliara, nagô emancipado, carregador de cal, mas que continuava a viver na casa de seu antigo senhor João Damázio, na Casa Grande do Caminho Novo do Bonfim, herdeiro testamentário de seu senhor.

Nessa mesma casa da rua da Oração, a polícia também prendeu José, da nação congo, escravo de Gaspar da Silva Cunha, alfaiate como seu senhor, que argumentava não ter podido participar da insurreição porque, sendo sua origem étnica diferente, seu status de escravo não lhe permitia frequentar os amigos de seu senhor, embora alguns deles fossem escravos, mas que o consideravam como de contrabando em suas reuniões.

ESCRAVOS DOS ESTRANGEIROS ACUSADOS

O temor provocado por aquela revolta foi noticiado pelo cônsul da Inglaterra na Bahia, John Parkinson, em sua correspondência com o Foreign Office.

Em 26 de janeiro de 1835, no dia seguinte à tentativa de revolta, ele escrevia ao duque de Wellington: "Os habitantes brancos estão muito alarmados e temem que os escravos dos engenhos dos arredores se revoltem contra seus senhores".[31]

Três dias depois, ele dava detalhes sobre a organização da revolta do dia 25, e constatava que a população tinha escapado por pouco de um grande desastre.

Na noite de 24 de janeiro, muitos dos escravos domésticos dos estrangeiros tinham tomado parte na insurreição. Eles saíram discretamente das casas de seus senhores e formaram um grupo que se juntou àquele que saía da ladeira da Praça. Depois de seu fracasso em frente ao quartel da cavalaria em Água de Meninos, muitos deles, escapando das perseguições, puderam voltar para a casa de seus senhores sem serem molestados.

Parkinson assinalava que os insurretos tinham sido derrotados, e que alguns escravos que fugiram foram rastreados em casas inglesas e exigidos pelos perseguidores. Dois deles foram obrigados a sair da casa de seu genro (Frederick Robillard), o vice-cônsul britânico, e foram imediatamente entregues. Como a transação teve lugar sob seus olhos, testemunhou de bom grado a conduta correta e na verdade respeitosa do oficial encarregado daquela tarefa. Parkinson observa que não ficaria espantado se, em um momento de revolta de escravos, a atitude tivesse sido menos cortês.

Criticando a atitude menos conciliadora de alguns ingleses, o cônsul comentou:

Em outros casos, tais requisições tropeçaram em uma recusa categórica e, sob o pretexto do privilégio britânico, os delinquentes obtiveram um abrigo para o qual as autoridades legais viram-se recusar obstinadamente as entradas. Assim, os fanáticos, implicados em uma conspiração organizada para fazer uma devastação e um massacre geral, encontraram asilo e refúgio e foram protegidos do desafio das leis civis e militares. A tolerância da polícia não pode ser consumida em um tal momento de excitação. Essa pretensão de privilégio não deixou de exacerbar os sentimentos desfavoráveis contra os ingleses em geral. Eles são acusados abertamente de incitar seus próprios escravos a se insurgir e a repetir os horrores do Haiti.

A atenção da polícia foi assim atraída não somente para as atividades revolucionárias dos letrados malês, mas também para os escravos pertencentes aos estrangeiros e particularmente aos ingleses.

Em 3 de março, no dia seguinte às quatro primeiras condenações à morte dos malês da rua da Oração, o presidente da província pronunciou um discurso, elogiando o cônsul britânico: "Além de uma profissão de fé contra o tráfico de escravos, ele deixava prever medidas enérgicas contra os africanos escravos e livres residindo na Bahia".

Essas medidas foram votadas em fins de março pela Assembleia Provincial.[32] Elas suspendiam a lei das garantias civis individuais por um período de trinta dias. Investigações podiam ser feitas em todas as casas, por precaução contra uma insurreição ou uma rebelião de africanos, e para que todos os suspeitos fossem capturados. Os juízes de paz tinham a ordem de mandar examinar e revistar todas as casas que contivessem escravos, "fossem nacionais ou estrangeiros".

Investigações passaram a ser feitas com energia renovada, tanto nos bairros do centro da cidade, onde habitavam os negros emancipados e os negros carregadores de "aluguel" e carregadores de palanquins, quanto nos bairros residenciais da Vitória, onde vivia a maioria dos estrangeiros. Dos 160 escravos acusados, cinquenta eram empregados domésticos pertencentes a estrangeiros (45 eram escravos de ingleses, três de franceses, um de hamburguês e um de norte-americano). De acordo com os relatórios policiais,[33] esses escravos tinham formado clubes e se reuniam em cabanas de palha que haviam construído, notadamente no fundo do jardim dos ingleses Stuart, na ladeira da Barra, e Abraham, no caminho da Vitória.

"Mestres do Alcorão" nagôs, tais como Dassalu, Nicobé e Gustad, todos os três escravos de Stuart, ensinavam os outros a rezar e a ler os versos do Alcorão escritos em árabe; eram conhecidos pelos nomes de Mama, Sulé e Buréma. Ali encontravam-se os escravos dos ingleses Stuart, Clegg e Jones, Abraham, José Mellor Russell, John Foster, William Benn, James Rides, Schind, Lins, Moir, dr. Dundas etc., além dos escravos do vice-cônsul britânico, Frederick Robillard — de cinco dos seus escravos presos (Carlos, Thomas, Martinho, Ricardo e Manoel), dois foram condenados à morte, e ao final viram sua pena alterada para banimento.

Durante as diversas investigações, alguns escravos de estrangeiros do bairro da Vitória foram reconhecidos pelas pessoas que tinham se entrincheirado em sua passagem para o forte de São Pedro, e outros foram denunciados como fazendo parte dos clubes de que acabamos de falar. Dentre eles, alguns foram convencidos de ter participado da revolta.

Nem todos os escravos de estrangeiros escaparam tão facilmente quando das primeiras investigações; citemos os casos de:

Francisco, da nação nagô, escravo dos ingleses Clegg e Jones (chegado na Bahia fazia seis anos, empregado em lavar louça, limpar a mesa e as cadeiras, varrer o chão e servir na cozinha, e que ia também fazer compras no mercado). Foi preso em 26 de janeiro, em casa, sentado na cozinha, fazendo as contas das despesas da casa para apresentá-las ao seu senhor. Era acusado de ter saído durante a noite de 24 para 25, e foi condenado a quinhentas chicotadas.

José, da nação nagô, escravo do franco-suíço Gex Decosterd, preso quando passava pela rua do Cabeça transportando garrafas; tinha em sua posse um papel escrito em caracteres desconhecidos e anéis iguais aos dos insurretos. O inquérito tendia a provar que ele tinha saído no dia 25 à uma hora da manhã. Foi condenado a oitocentas chicotadas.

Outros, cuja falta tinha sido notada, foram entregues à polícia. Esse foi o caso de João, escravo nagô, cozinheiro do inglês José Mellor, que morava no caminho da Vitória. Ele tinha voltado na manhã de 25, e seu senhor o amarrou com a correia do cavalo que mandou buscar na estrebaria. Nessa ocasião, João confessou o lugar onde tinha escondido "um par de pistolas e uma espada, que foram encontrados, como também uma caixa contendo diversos papéis escritos em estranhos caracteres e sete túnicas brancas".

O inquérito fez com que se descobrissem também armas escondidas, em pequeno número e em lugares muito diversos, a maioria das vezes encobertas na terra ou embaixo do assoalho das casas. Por vezes perdiam-se em pistas falsas. Uma delas provocou numerosos inquéritos a duas negras que tinham saído do beco do Açouguinho levando na cabeça pratos de acaçá (nome daomeano para pequeno bolo de milho branco, cozido e envolvido em folha de bananeira) com toalhas muito limpas dobradas por cima (os acaçás eram muito bonitos e maiores do que os que se vendiam costumeiramente na rua). José, da nação jebu, que tinha a reputação de ler o futuro e cuidar das pessoas com suas ervas e seus "fetiches", as acompanhava. Esses três misteriosos personagens passaram pela rua Maciel de Cima em direção a Santo Domingo.

Nagôs que faziam cerimônias a seus deuses "pagãos", os orixás, eram denunciados algumas vezes para a polícia pelos vizinhos, inquietos com as reuniões que tinham acontecido antes da insurreição. Foi o caso de Thomás Antônio, nagô emancipado, antigo escravo do sargento-major Antônio José Alvarez, e de Domingos da Silva, nagô igualmente emancipado, que, na casa deles, na rua do Passo, vestidos com camisas brancas decoradas com motivos vermelhos e usando numerosos colares de contas de vidro caindo até o ventre, dançavam e cantavam em sua língua em companhia de vários outros negros e negras nagôs.

Anna Maria, escrava nagô de Anna Joaquina, ela própria antiga escrava emancipada da nação mina, foi encarcerada com sua senhora porque, na casa em que habitavam, tinham sido encontrados dois tambores, um grande e um pequeno, três sinetas de lata, chifres pintados de vermelho e uma cruz de madeira. Tudo pertencia a Francisco José Cabinda, que explicou em seguida que seus instrumentos musicais lhe serviam para se divertir com seus conterrâneos cabindas em dias de festa, como aqueles do Senhor do Bonfim, em que iam dançar. Depois que o juiz de paz interditou aquelas danças, guardou esse material em casa.

Pedro de Lima, da nação mina, também teve problemas, pois encontraram em sua casa, na rua do Tijolo, uma boneca ornada com contas de vidro e um enxota-moscas feito com um rabo de cavalo montado em um cabo decorado com búzios, que não tinham, porém, relação nenhuma com a revolta dos negros malês.

PROCESSOS E CONDENAÇÕES

Os juízes, estimulados pelo temor de uma nova revolta da população de cor, instruíam os processos dos acusados com um zelo e uma velocidade pouco comuns. Em 23 de fevereiro de 1835, menos de um mês após o levante, o júri se pronunciava a respeito de um primeiro grupo de acusados; em 2 de março já se deu o julgamento. As sentenças foram tão severas quanto rápidas as decisões do tribunal. Desse primeiro grupo, quatro acusados, Belchior da Silva Cunha, Gaspar da Silva Cunha, Jorge da Cruz Barbosa, todos emancipados, e Luiz Sanim, escravo, foram condenados a sofrer a morte "natural" por enforcamento no patíbulo, de acordo com as disposições dos artigos 38 e seguintes do Código Criminal.

Pacífico Licutan, contra o qual não encontraram nada mais que a estima com que o cercava o conjunto da população nagô na Bahia, foi condenado, "por ser o maior e mais distinguido entre eles", a receber mil chicotadas, em um lugar a ser indicado mais tarde, e que, não sendo nas ruas, fosse, entretanto, em local público.

José Congo, sendo escravo de Gaspar e por isso supostamente a par da conspiração, foi condenado a seiscentas chicotadas.

Agostinha, nagô liberta, e Thereza, tapa liberta, amigas respectivas de Belchior e Gaspar, foram pela mesma razão condenadas cada uma a 24 meses de prisão com trabalhos forçados.

É difícil encontrar o conjunto das penas infligidas durante as ações judiciais estabelecidas após a revolta de 25 de janeiro, pois os processos dos arquivos da Bahia não são completos e é quase impossível saber quais condenações foram seguidas de real execução. Uma vez passados os primeiros momentos de pânico, muitas medidas de clemência intervieram e transformaram as penas de morte de alguns emancipados em trabalhos forçados, a galeras, ou em deportação, e aquelas dos escravos em chicotadas.

De dezoito condenações à morte, cinco somente foram executadas em 14 de maio de 1835. Os haussás emancipados Jorge da Cruz Barbosa e José Francisco Gonçalves e os nagôs Gonçalo, Joaquim e Pedro, escravos respectivos de Lourenço de Tal, Pedro Luiz Mefre e Mellor Russell, não foram enforcados pura e simplesmente, como previa a lei. Como escreveu Nina Rodrigues: "Pois o destino quis que os heróis da insurreição tivessem direito a uma maneira de execução digna deles. Não encontravam carrasco, e os negros condenados foram fuzilados como soldados".

Existe nos arquivos da Bahia uma lista de 294 acusados que, devido a anulações e a nomes colocados duas vezes, reduziu-se a 286, dos quais 260 eram homens e 26 mulheres; 160 eram escravos e 126 emancipados; 189 tinham sido encarcerados. Os outros 97 nomes se referem ou a processos abertos contra pessoas denunciadas que não foram encontradas, ou aos que tinham morrido durante a insurreição e foram identificados depois.[34]

A respeito desses 189 acusados, encontramos os traços de somente 119 julgamentos, os outros setenta sendo ou de graças concedidas, ou de condenações que escapam às pesquisas.

Vimos que as penas infligidas consistiam em condenações à morte, em trabalhos forçados ou nas galeras, ao banimento e a inúmeras chicotadas.[35]

Os relatórios policiais mostram que a pena do chicote era infligida nos seguintes locais: Campo da Pólvora, Campo Grande e Água de Meninos. O castigo era dado à razão de cinquenta golpes por dia, o que exigia o deslocamento (que demorava a metade de um dia) de um escrivão e de quatro funcionários da polícia, cujos emolumentos eram pagos pelos proprietários dos escravos.

Em conformidade com o artigo 60 do Código Penal, essas chicotadas eram dadas todos os dias úteis em que o condenado pudesse suportá-las, e só eram suspensas se sua vida estivesse em perigo.

Nos documentos redigidos pelos escrivães de serviço, podemos constatar que Lino, escravo de José Soares de Castro, ou da irmã Feliciana de Jesus, condenado a oitocentas chicotadas, as recebeu cinquenta de cada vez, nos dias 10, 11, 12, 15, 16 e 17 de fevereiro e 3, 4, 5, 6, 10, 11, 12, 13, 14 e 16 de março.

Pacífico Licutan, escravo do cirurgião Antônio Pereira de Mesquita Varela, recebeu suas mil chicotadas entre os dias 10, 11, 13 e 14 de abril, 8, 9, 11, 13, 18, 19, 20, 21, 22, 23 e 30 de maio e 5, 6, 10, 11 e 12 de junho.

José, escravo da viúva Maria de Souza, recebeu suas mil chicotadas nesses mesmos dias.

Um outro José, escravo de Gex Decosterd, também recebeu as oitocentas chicotadas a que fora condenado nos mesmos dias, mas terminou em 5 de junho.

Sabino, escravo de Bernardo V. Ramos, menos resistente, recebeu suas seiscentas chicotadas nos dias 10, 11 e 13 de abril, 19, 20, 21, 22, 23 e 30 de maio e 5, 6 e 10 de junho.

Agostinho, escravo do convento das Mercês, recebeu quinhentas chicotadas nos mesmos dias que Pacífico, terminando sua pena em 19 de maio.

Francisco, escravo no mesmo convento, não podendo receber as suas nos dias 13 e 18, terminou somente em 19 de maio.

Luiz, escravo de Bernardo Monteiro, que era o menos resistente do lote, viu suspenderem a execução de sua pena depois de 11 de maio, e terminou de receber suas quinhentas chicotadas nos dias 15, 16, 17, 19, 20 e 22 de junho.

A interrupção das chicotadas entre 14 de abril e 8 de maio é justificada por uma nota ao juiz municipal Vicente d'Almeida Caetano Júnior, em 2 de maio, na qual o fazem saber que "o médico, tendo examinado o estado dos condenados, estima que somente dois entre eles, chamados José um e outro, escravos respectivos de José Marinho e de Falcão, estão em estado de poder continuar a suportar sua sentença, todos os outros estão na impossibilidade de suportá-la, em razão de grandes chagas abertas que têm nas nádegas".

Em 18 de setembro de 1835, uma nota do médico Prudêncio José de Souza Britto Cotegipe certificava ao mesmo juiz que "os negros africanos condenados ao chicote, Carlos, Belchior, Cornélio, Joaquim, Thomaz, Lino e Luiz, que estão na prisão da Relação, encontram-se em tal estado que, se continuarem atualmente a suportar as ditas chicotadas, poderão provavelmente morrer".

Foi o caso de um certo Narciso, nagô, escravo de José Moreira da Silva Macieira, vulgo José Bixiga, que foi preso de armas na mão em Água de Meninos e condenado a 1200 chicotadas, mas não resistiu ao tratamento infligido. Hospitalizado na Santa Casa da Misericórdia em 29 de janeiro de 1836, faleceu em 27 de maio seguinte.

Seis outros escravos, julgados ao mesmo tempo que ele, cujos nomes eram Onophre, Fernando, Cipriano e Tito, escravos da irmã do visconde de Pirajá, Adriano, escravo da mãe do mesmo visconde, e Sebastião, escravo de Falcão das Alvarengas, todos nagôs, foram condenados às galeras em perpetuidade.

Uma vez completamente purgadas as penas do chicote, os escravos eram devolvidos aos seus senhores. Mas estimavam-nos capazes de organizar novas revoltas. Por isso, os julgamentos especificavam que, antes de sua saída da cadeia, o carcereiro vitalício da prisão da Relação (Tribunal), Antônio Pereira de Almeida, colocar-lhes-ia no pescoço um colar de ferro encimado de uma cruz, ou prender-lhes-ia algemas e correntes nos pés, as quais seus senhores estavam na obrigação, sob pena de perseguições judiciais, de fazê-los conservar todo o tempo em que estivessem na província da Bahia. O fato de esses escravos não poderem trabalhar de maneira ativa, dado o incômodo daqueles ferros, obrigava seus senhores a deles se separarem, vendendo-os para fora da província.

Os condenados às galeras em perpetuidade não teriam todos um fim trágico. Um deles, João, escravo de uma firma inglesa, Clegg e Jones, enquanto purgava sua pena no Arsenal da Marinha, foi libertado em 1837, junto com os outros prisioneiros, por aqueles que participavam da Sabinada.[36] Os insurgentes libertaram os prisioneiros para fazê-los pegar em armas, e João foi colocado no forte do Barbalho, onde, vinte anos depois, foi encontrado, esquecido por todos, tendo se tornado servidor do coronel Paula, comandante da fortaleza. Em 5 de dezembro de 1858, ninguém mais sabia se ele era prisioneiro ou livre. A questão provocou alguma discussão em 1857, e um ano mais tarde ele foi finalmente agraciado pelo imperador do Brasil.

Comentando essas insurreições, Nina Rodrigues conclui: "Provavelmente, nunca se descobriu quem era o verdadeiro líder dessa revolta, pois o nome do imame [ministro da religião muçulmana] da Bahia naquela época era desconhecido pela polícia". Luiz, que no tempo de Nina Rodrigues assegurava aquelas funções, e com o qual ele estava em termos amigáveis, revelara-lhe que, em 1835, o imame se chamava Mala Abubakar entre os malês, e era o signatário da proclamação escrita em árabe encontrada na casa de Gaspar e Belchior. O nome brasileiro de Abubakar era Thomé, e ele seria deportado mais tarde para a África. Nina Rodrigues acrescenta que nenhum Thomé representou um papel importante na insurreição, mas pode ser que o zelo dos fiéis o tenha colocado ao abrigo das buscas policiais, pois, segundo ele, na lista do inquérito figuravam somente dois homens de nome Thomé, dos quais um tinha morrido na Bahia, e não diz que o outro tenha sido deportado.

Comentando essas diversas revoltas dos africanos na Bahia, entre 1807 e 1835, Nina Rodrigues observa:

A força da organização religiosa, da propaganda e do ensino do Islã, sua extensão e sua influência, compreende-se através do estudo dessas insurreições. Ali, como em tantas outras situações históricas, o ardor e o zelo religioso preservaram aqueles negros da desagregação moral que é fatal consequência da aniquilação da vontade nos seres reduzidos à escravidão. A grandeza moral de que alguns insurretos fizeram prova, face ao perigo e à morte, fornece a verdadeira chave das insurreições, que não devem ser atribuídas nem ao desespero da escravidão, pois as pessoas livres e ricas nela participaram, nem a um nobre sentimento de solidariedade social, uma vez que os compatriotas infiéis ou não convertidos eram excluídos do grupo revolucionário, nem aos laços de sangue de uma mesma raça, uma vez que os negros fetichistas e crioulos estavam incluídos nos planos de massacre. A mola e a origem de todas aquelas explosões eram o islamismo e seu fanatismo. Assim o mostra claramente a história das insurreições.

É bastante curioso constatar que Manuel Querino tenha chegado a uma conclusão diametralmente oposta, declarando com muita convicção:[37]

Não há razão ou fundamento de verdade no facto de attribuir aos africanos Malês o levante de 1835, nesta Capital [Salvador].

De longa data, desde o domínio colonial, vinham os escravizados reagindo, por meio de insurreições, contra as barbaridades dos senhorios. Em todos estes movimentos, figuravam como elemento de destaque os Nagôs e o Aussás, os quaes exerciam notoria preponderancia sobre as outras tribus, notadamente os Nagôs, por serem mais inteligentes.

O dr. Francisco Gonçalves Martins, chefe de polícia da época em seu relatorio, manifestou-se do seguinte modo: "Em geral, vão quasi todos sabendo lêr e escrever em caracteres desconhecidos que se assemelham ao Arabe, usando entre os Aussás, que figuram terem hoje combinado com os Nagós". O facto da proclamação dos insurrectos ter sido escripta em graphia desconhecida semelhante à arábica não quer dizer que sómente os Malés podiam redigi-la, visto que africanos de tribus differentes immiscuiam-se na seita mahometana, sem comtudo observar-lhe os preceitos mas por simples distração, como acontecia. No Archivo Publico existem 234 processos de revoltosos africanos, sendo 165 Nagôs, 21 Aussás, 6 Tapas, 5 Bornos, 4 Congos, 3 Cambidas, 3 Minas, 2 Calabares, 1 Ige-bu, 1 Benim e 1 Mendobi, não se encontrando, porém, um só de Malê.

Pela tradução que então fez o Padre Etienne de um boletim dos revoltosos, verifica-se que entraram em combate mil e quinhentos africanos; pois bem, não se apurou nesse numero um só representante da seita mahometana. Comparado o numero de insurrectos, conforme a indicação acima, vê-se que a maioria é de

Nagô, e immediatamente seguem, em número, os Aussás. Do exposto, torna-se evidente que, absolutamente, os Malês não tomaram parte dos levantes de 1835, que fôra, sem dúvida, o mais perigoso de quantos aqui se verificaram.

Manuel Querino atribui a responsabilidade da revolta aos ingleses. Corria o boato de que os ingleses domiciliados na Bahia — que era a colônia estrangeira mais numerosa naquela época — foram os instigadores do movimento e fornecedores de armas como facas, espadas, chuços e pistolas. "Constou na época que o governo colheu provas materiaes do crime, mas prudentemente as desprezou, para evitar conflicto com uma nação poderosa. Não se pode negar que havia um fim político nesses levantes, pois não commettiam roubos nem matavam seus senhores occultamente."

Por outro lado, Manuel Querino consagra páginas muito elogiosas aos malês da Bahia, dos quais conhecia um grande número, e tudo leva a crer que eram seus amigos.[38]

Portanto, é difícil saber se essa falta de informação e aquela contraverdade flagrante são devidas à discrição dos malês perante Manuel Querino ou à posição deste último perante seus leitores.

Duarte Mendes e sua parceira Sabina da Cruz, africanos emancipados, denunciando a planejada revolta, "renderam assim um serviço notório à população da capital da Bahia". Foram "recompensados" pela lei nº 344 de 5 de agosto de 1848 e de 2 de agosto de 1850, pela qual a Assembleia Provincial, "em reconhecimento a este ato de fidelidade" para com sua nova pátria, dispensou-os de ter que pagar seus impostos provinciais.[39]

10. Bahia, 1835-50: rumo ao fim do tráfico de escravos

EXPULSÃO DOS AFRICANOS EMANCIPADOS SUSPEITOS

O espírito de insubordinação manifestado pelos africanos muçulmanos — escravos ou emancipados — e a série de revoltas acontecidas na Bahia provocavam reações profundas no Brasil.

O caráter particular daquelas sublevações não era claramente compreendido pelas autoridades brasileiras, que nelas viam sinais precursores de uma revolução sangrenta, comparável àquela do Haiti.

No Rio de Janeiro, o partido monarquista, composto de brasileiros brancos, acusava o partido federalista, composto em sua maioria de mulatos, de servir-se daquelas revoltas de negros para massacrá-los.[1]

O governo brasileiro procurava dissimular a gravidade da situação, dando o mínimo de publicidade aos atos de crueldade dos senhores e às reações dos escravos.[2]

A Revolta dos Malês de 1835 instigava ainda o temor de ver o Brasil dominado por uma população negra, temendo-se para o país as "consequências funestas de sua emancipação" e a possibilidade da intervenção deles na política. Ao desejo de diminuir o seu número, mandando para fora do Brasil os escravos clandestinos aqui introduzidos, acrescentava-se o de enviar para a África os antigos escravos emancipados.[3]

O presidente da província da Bahia, Francisco de Souza Martins, em discurso de 3 de março de 1835,[4] declarava que precisava

> fazer sair do território brasileiro todos os africanos libertos perigosos para nossa tranquilidade. Tais indivíduos, não tendo nascido no Brasil, possuem uma língua, uma religião e costumes diferentes, e tendo se mostrado inimigos de nossa tranquilidade durante os últimos acontecimentos, não devem gozar das garantias oferecidas pela Constituição unicamente aos cidadãos brasileiros.

A opinião pública pedia a expulsão obrigatória dos africanos emancipados, e o presidente foi autorizado a mandar para fora da província as pessoas suspeitas, "sem formalidades de provas legais de culpabilidade".[5]

A Assembleia Legislativa da Bahia, cuja presidência era então exercida pelo arcebispo, que tinha por secretários Joaquim Ignácio da Silva Pereira e Joaquim Ignácio de Aragão Bulcão, mandava em 11 de maio de 1835 para a Assembleia Geral do Rio de Janeiro a seguinte representação:[6]

> Os acontecimentos desastrosos que ensanguentaram as ruas da capital desta província em 25 de janeiro obrigaram a Assembleia Legislativa da Bahia, em observância ao §4º do art. 83 da Constituição, representar à Assembleia Geral a urgente necessidade de obter:
>
> 1º: O estabelecimento de uma colônia em qualquer porto da África, para onde seja possível repatriar todo africano que se liberte, ou mesmo o africano liberto que ameace nossa segurança;
>
> 2º: Uma convenção com o governo do Estado Oriental do Uruguai e das Províncias Unidas do Rio da Prata, pela qual será absolutamente proibida a importação de africanos naquelas regiões a título de colonos;
>
> 3º: Completa interrupção de qualquer comércio entre nossos portos e os da África Ocidental e Oriental, à exceção da colônia do Cabo, recusando qualquer passaporte, pelo tempo que se julgar necessário, a qualquer embarcação comercial.
>
> A primeira medida é fundada no espírito de rebelião e de desrespeito provado pelos libertos africanos neste país, que exige imperiosamente que se encontrem os

meios de devolvê-los à sua pátria, sem faltar às leis de humanidade, aos preceitos da religião cristã e aos princípios da civilização atual.

A segunda tem por objetivo privar os contrabandistas de escravos de seu único motivo para atravessar o oceano Austral com navios carregados de africanos. A importação ilegal de milhares de bárbaros, feita de maneira mais escandalosamente vergonhosa em nossos portos, é sem dúvida alguma fatal à nossa moral, nossa segurança e nossa prosperidade. Seu espírito de insurreição e de rebelião foi manifestado recentemente; ele é de maneira indubitável excitado e alimentado pelo recrutamento constante de novos africanos, vindos para aumentar o número e o atrevimento dos escravos e dos emancipados vivendo entre nós.

A terceira medida, enfim, é destinada a retirar dos contrabandistas sem moral a faculdade legal de enviar os navios para a costa da África.

Todo mundo sabe que, fora os escravos, não existe nenhum artigo de troca nos portos ao norte do equador exceto os tecidos, que gozam atualmente de bem pouca voga no mercado, depois que os ingleses se puseram a imitá-los. Além disso, não será difícil de obter, via Portugal e outros países, os produtos de África de que precisamos.

Esse documento mostra a confusão que reinava na Bahia a respeito dos africanos, escravos e emancipados, vivendo na província. A Assembleia Legislativa, esquecendo completamente a absoluta necessidade da manutenção e da renovação da única mão de obra disponível na época para o trabalho nas plantações e nas minas, considerava cortar todas as relações com suas fontes de "recrutamento", satisfazendo assim todos os mais caros votos do governo britânico. Mas o aspecto complementar do projeto, a criação nas costas da África de uma colônia para onde seriam deportados do Brasil os africanos emancipados, parecia aos ingleses muito menos desejável, uma vez que não lhes eram completamente estranhos os problemas do recrutamento de "trabalhadores livres" para resolver os problemas de mão de obra em suas possessões nas Antilhas, haja vista a correspondência do enviado britânico no Rio de Janeiro com o Foreign Office. Em 5 de janeiro de 1836, esse funcionário escrevia:[7]

Desde a última rebelião dos negros na Bahia, uma espécie de lei dos estrangeiros foi decretada pelos poderes legislativos desta província, dando ao governo provincial o poder de mandar os africanos libertos para fora do país, em um momento qualquer e em qualquer quantidade, se isso for julgado necessário para a segurança pública.

Esses negros emancipados, importados originariamente da África como escravos, são chamados "africanos livres", em oposição aos "crioulos livres", que são homens livres, nascidos no Brasil de pais escravos. Aqueles da primeira classe, mesmo livres, são estrangeiros de acordo com a lei; os da segunda gozam até certo ponto dos direitos dos cidadãos brasileiros, e o governo da Bahia não foi investido com o mesmo poder arbitrário sobre eles. Entretanto, creio que a distinção não foi observada na aplicação da lei. Esses negros não estão incluídos na categoria daqueles que foram libertos de acordo com a convenção da abolição do tráfico de escravos, e, em consequência, temo que não tenhamos nenhuma objeção a emitir contra seu transporte. A aplicação de uma tal lei sobre os estrangeiros, mesmo se executada honestamente, deve ser de qualquer maneira muito cruel. Dar a ordem de voltar ao país de origem a pessoas nascidas em um país civilizado pode ser alguma vez causa de dano, mas não é um ato de barbaria. Expulsar um africano livre de um país onde ele até certo ponto tornou-se civilizado e devolvê-lo à comunidade selvagem de onde foi extraído, algumas vezes ainda criança, parece-me uma medida muito mais odiosa. Mas o mal não para aí. Não duvido muito que, de certa maneira, esse transporte de negros do Brasil para a África vai ser transformado em um outro sistema de tráfico de escravos ou de pirataria.

Em seus esforços para criar uma colônia ou expedir os africanos emancipados indesejáveis, a exemplo do que os ingleses tinham feito em Serra Leoa com os negros fugitivos da Jamaica, o governo brasileiro tinha pensado originalmente nos territórios portugueses de Angola.[8]

Um cônsul-geral brasileiro foi enviado para morar na costa da África, o tenente E. A. da Veiga (antigo comandante do *Zébre*, que tinha capturado o *Santo Antônio* em 1834). Em sua chegada a Luanda, as autoridades da praça se recusaram a recebê-lo, "apoiando-se sobre o fato de que era uma colônia, e tendo sido depois recusado o *exequatur* [autorização para exercer funções de cônsul] pela mesma razão em Lisboa, o tenente Veiga voltou a esta cidade [Rio de Janeiro]".

Em agosto e setembro de 1835,[9] boatos e denúncias despertaram novos temores de insurreição. A polícia recebeu ordem para prender e deportar todos os africanos livres suspeitos.

Em março de 1836, o presidente da província da Bahia declarava:[10]

Este governo não pode ficar indiferente às informações repetidas que recebe sobre a possibilidade de uma nova insurreição. Tomando todas as medidas de precaução em seu poder, deu imediato efeito às leis autorizando a banir todo africano livre suspeito. Em consequência, 150 desses africanos foram enviados para a costa da África, às custas da Fazenda Pública; 120 deles foram banidos como suspeitos; e os outros são uma parte daqueles tirados do tráfico de contrabando, que é indispensável reexportar imediatamente, de acordo com a mesma lei.

Entre trezentas e quatrocentas pessoas foram encarceradas, e 148 embarcadas em 12 de novembro de 1835 a bordo da goleta brasileira de 120 toneladas, *Maria Damiana*, para a costa da África, sem indicação de distância entre seu país de origem e o porto de seu desembarque. Outras deixaram o país em 15 de novembro de 1835 na goleta brasileira *Annibal e Oriente*.

O resultado imediato dessa medida foi a partida voluntária de muitos outros africanos, e muitos mais se preparam para deixar nosso território.

Assim, mais de setecentos passaportes foram fornecidos por este governo, durante esses poucos últimos meses, para africanos que se retiraram para seu próprio país. O mal foi seriamente diminuído, e o temor de uma nova insurreição é agora menos justificado. Entretanto, se esse perigo não é iminente, não está afastado, e ainda que por muito tempo esses bárbaros, nossos inimigos inevitáveis, vivam entre nós, nunca desistirão de seus negros desígnios.

O CASO DO *NIMROD*

Os africanos emancipados tinham que viver em uma atmosfera de suspeita e desconfiança, mantida por medidas tomadas pelo governo, constantes investigações feitas pela polícia e prisões arbitrárias efetuadas às centenas. O simples achado de um talismã, feito de alguns versículos do Alcorão ou de anéis de metal iguais àqueles usados pelos insurgentes quando da rebelião de 1835, valia ao seu dono centenas de chicotadas, se fosse escravo, e banimento ou deportação, se fosse emancipado.

As autoridades não percebiam que as revoltas eram estritamente limitadas aos muçulmanos, relativamente pouco numerosos, e não tinham o caráter de uma sublevação geral dos africanos contra os brancos.

A polícia fazia seus inquéritos e suas buscas sem comedimento ante o conjunto dos africanos, sem distinguir entre eles os que se tinham tornado católicos e os que eram muçulmanos. As deportações ordenadas pelo governo contra os últimos avivaram entre os primeiros o desejo de voltar às suas terras de origem para escapar às vexações de que eram vítimas em um país para o qual foram trazidos à força, mas do qual tinham finalmente adotado o modo de vida e onde criaram um lar e uma família. Alguns tinham se "abrasileirado" a tal ponto que não poderiam se reabituar à vida na África. Mas o horror das milhares de chicotadas aplicadas diariamente nas praças públicas e as centenas de condenações injustas incitavam-nos a partir no navio de sua escolha e para um porto próximo de seu lugar de destino, antes de serem embarcados à força por ordem das autoridades da Bahia, com o risco de serem deixados em um ponto qualquer da costa da África.

Assim, partiam nos navios brasileiros, portugueses ou sardos que faziam regularmente a ligação entre a Bahia e o golfo do Benim.

Dois africanos, Antônio da Costa e João Monteiro, tiveram a ideia de fretar, para desembarcar na África, uma goleta inglesa, *Nimrod*, que chegara à Bahia uma semana antes da saída da *Maria Damiana* e do *Annibal e Oriente*. Suas famílias e os outros 160 africanos livres que se juntaram a eles para o retorno à África seriam assim mais bem protegidos pela bandeira britânica contra as possíveis dificuldades com os cruzadores da repressão ao tráfico de escravos. Uma tal quantidade de passageiros africanos não deixaria de levantar a suspeita de que se tratava de uma forma desviada de tráfico de escravos. Puseram-se então de acordo para que a dita goleta, comandada pelo capitão Dambrill, transportasse suas pessoas e seus bens para os portos de "Arriba, Athuna, Agoué, Aunim [Lagos] e Minas pequenas". Antônio da Costa e João Monteiro deveriam pagar a soma de oito contos de réis (1400 libras esterlinas ao câmbio da época) aos consignatários Lyon e Parkinson para fretar a dita goleta, que, de acordo com as convenções passadas em 20 de novembro de 1835, devia estar pronta para se pôr ao mar em 24 de dezembro do mesmo ano, ou pagar uma multa de dez mil-réis por dia de atraso. Os africanos obrigaram-se a carregar e descarregar a goleta às suas custas, isso porque deviam lhes ser concedidos cinco dias de trabalho, com bom tempo, em cada um dos portos, "exceto no porto de Agoué, onde sete dias de trabalho seriam concedidos para esse efeito". Comprometiam-se também a observar e fazer observar durante sua travessia a paz, a boa ordem e a harmonia a bordo. Foi ainda acordado que todos os passageiros a bordo seriam obrigados a mostrar seus passaportes, devida e legalmente fornecidos pelo presidente e autoridades da província da Bahia, pelos quais seria provado que eram livres e suscetíveis de empreender livremente e sem constrangimento sua viagem.

O capitão, por sua vez, era obrigado a fornecer somente a madeira, a água e o sal para 160 pessoas, e todo o resto devia ser embarcado às custas dos passageiros.

A partida do *Nimrod* iria provocar um sério escândalo na colônia britânica da Bahia.

Uma descrição desse meio de respeitáveis comerciantes tinha sido feita por Maria Graham doze anos antes:[11]

A sociedade dos ingleses é exatamente o que podíamos esperar: alguns comerciantes [dezoito casas comerciais inglesas, duas francesas e duas alemãs], não de primeira ordem, cujos pensamentos giram em torno do açúcar e do algodão, em exclusão de toda a preocupação a respeito dos negócios públicos que não estejam em ligação particular com o comércio. Eu estava desesperada pela conversa daqueles fabricantes de dinheiro, inteiramente desprovidos de curiosidade.

São hospitaleiros e sociáveis entre eles e jantam frequentemente juntos. As mulheres amam a música e a dança, e alguns homens jogam tanto quanto os portugueses. De maneira geral, a sociedade dos ingleses é de nível muito baixo.

No fim de 1835, o consulado britânico não era gerido por um cônsul de carreira. J. Parkinson, o último na função, tinha deixado a Bahia em 4 de março de 1835 a bordo da goleta britânica *Laura*, ficando o encargo para seu genro, Frederick Robillard, o vice-cônsul.[12] Este, por sua vez, deixava a Bahia em razão de seu mau estado de saúde, devido a doze anos de residência no país e a alguns arranjos comerciais privados, fazendo necessária sua volta para a Inglaterra.[13] Confiou o consulado a seu irmão, John Hocart Robillard, corretor marítimo chegado recentemente de Buenos Aires. Este último mostrava, no exercício de suas novas atribuições, um espírito mercantil incompatível com a função de cônsul.

John Hocart Robillard conseguiu levantar contra ele o conjunto da colônia inglesa da Bahia, pelas maneiras desastradas e deselegantes com as quais tinha tratado a firma Lyon e Parkinson. Os comerciantes britânicos consignatários do

Nimrod não estavam de acordo com o cônsul interino, uma vez que este pretendia receber uma quantia de 2,5 dólares por passageiro embarcado naquela goleta, ou seja, um total de quatrocentos dólares, quando eles estimavam que eram necessários apenas 2,5 dólares para que a assinatura exclusiva do presidente da província, Joaquim Marcelino de Brito, fosse aposta ao final da lista de passageiros, provando que se tratava de negros libertos e não de escravos.[14] Os dois comerciantes britânicos afirmavam que esse documento devia ser uma prova suficiente do aspecto legal da viagem do *Nimrod*, no caso de encontro com um cruzador de Sua Majestade britânica durante sua viagem em direção ao golfo do Benim, fundamentando-se na opinião de lorde Edward Russell, comandante do cruzador britânico *Acteon*, de passagem pela Bahia na época.

Forçado a renunciar a essa entrada de dinheiro, Robillard acusava Lyon e Parkinson, bem como ao capitão Dambrill, do *Nimrod*, de querer se entregar ao tráfico de escravos.

A pedido de Lyon e Parkinson, foi organizada uma reunião de comerciantes britânicos em 8 de janeiro, para verificar as afirmações de J. H. Robillard. A acusação foi considerada caluniosa, e como o vice-cônsul se recusava a apoiá-la com provas e se refugiava em um silêncio completo, foi acusado de ter faltado com a honra.[15]

Entretanto, J. H. Robillard tentava justificar sua posição pelas seguintes insinuações feitas ao cônsul-geral britânico no Rio de Janeiro:

> Aos olhos da lei, aqui e na conversa em geral, os negros são considerados e vistos como escravos até que mostrem sua carta de alforria. O carregamento de tabaco parece pertencer quase inteiramente aos afretadores, dois negros ricos. É notório aqui que os maiores negociantes de escravos na Bahia são as pessoas de cor [...].
>
> Chamo a atenção sobre o fato de que dois negros ricos fretaram o *Nimrod* por 1400 libras esterlinas, ou 8 contos de réis de papel-moeda, para ir aos portos da África com suas famílias e seus bens. Outros negros juntaram-se a eles, mas parecem ter tão somente os meios de se abastecer com as provisões necessárias para a viagem.
>
> Parece que dois negros vão pagar 1400 libras esterlinas na intenção filantrópica de transportar 150 pobres negros através do Atlântico. Sou completamente incapaz de compreender o objetivo que os afretadores têm em vista.
>
> A última insurreição dos negros nesta província e as leis que foram passadas

proibindo enviá-los aos outros portos do Brasil tornaram os negros da Bahia de uma difícil venda, e seu valor caiu muito aqui. Isso tornou necessário exigir provas muito completas de que nenhum dos negros partindo pelo *Nimrod* fosse escravo.

Na Bahia, os comerciantes britânicos e o vice-cônsul trocavam cartas das mais insultantes. O capitão Dambrill, indignado pela má-fé do vice-cônsul, também não media seus termos.

O *Nimrod* partia finalmente em 25 de janeiro de 1836, com um mês de atraso, após diversas trocas de cartas entre o consulado e o governo da província da Bahia. Em 7 de janeiro de 1836, o vice-presidente respondia que "as razões apresentadas pelo cônsul não são suficientes para retardar a partida de um navio levando africanos emancipados, devidamente munidos de passaportes, como é o caso".[16] Em consequência, dava a permissão da partida solicitada.

Lyon e Parkinson davam as instruções habituais ao capitão Dambrill antes de sua partida, comunicando-lhe os termos dos acordos que os ligavam a Antônio da Costa e João Monteiro. Eles lhe recomendavam:[17]

Evitar, se o puder, de ir a Onim, onde somente Agostinho e sua família deviam desembarcar, e propor de lhe pagar alguma coisa para que desembarcasse com os outros. Uma vez todos os passageiros desembarcados, ele irá para Uidá à procura de uma carga de retorno, seja para a Bahia, seja para a Inglaterra. Ele recebeu uma carta de André Pinto [da Silveira] para Xaxá a fim de embarcar o azeite de dendê que pudesse ter para ele. Se pudesse encontrar quinhentas libras esterlinas de frete para a Inglaterra, eles o aconselhavam a aceitá-lo em vez de voltar em lastro para a Bahia. Poderá aceitar, em pagamento para o tabaco, 25 dólares por cada mangote. Esse dinheiro deverá lhes ser entregue na sua volta, na Bahia, e a Lyon e Woodward, em caso de volta para a Inglaterra.

Em sua volta, Robert Dambrill informava: "Desembarquei todos os meus passageiros com suas bagagens nos lugares convencionados de Elmina, Winnebah e Agoué. Parti em 14 de abril para Uidá, onde vendi o que restava de tabaco, 934 mangotes, para Francisco Félix de Souza, conhecido sob o nome de Xaxá".[18]

J. H. Robillard criou novas dificuldades aos consignatários do *Nimrod* e recusou anular a caução de mil libras esterlinas subscrita por Lyon e Parkinson.[19]

O caso tomava pouco a pouco um volume considerável. O Foreign Office recebia queixas das duas partes, e o proprietário do navio, Daniel Buchanan, "um negociante de grande respeitabilidade de Liverpool", fazia intervir em seu favor lorde Landon. Palmerston enviava instruções para Hamilton Hamilton, encarregado de negócios britânico no Rio de Janeiro, recomendando-lhe designar o cônsul Heskell, do Rio de Janeiro, para fazer uma investigação sobre as circunstâncias que haviam provocado a contenda entre o vice-cônsul e os srs. Lyon e Parkinson.[20]

Heskell deu conta de sua chegada na Bahia:[21]

Encontrei J. H. Robillard pouco inclinado a me facilitar o trabalho, e a confrontação das duas partes tornada difícil por manifestações de animosidade violenta e de declarações contraditórias, a ponto de ter que fazer minha investigação frente a testemunhas, um comitê composto de diversos membros da colônia britânica, e fazer prestar juramento às partes presentes de declarar somente a verdade.

Após um mês de trabalho, Heskell escrevia:[22]

Considero a conduta do sr. Robillard no caso do *Nimrod* como altamente repreensível, porque nenhum dos fatos constatados justificava suas dúvidas e as precauções oficiais, mas, ao contrário, provavam que somente se mostrava desconfiado a propósito da viagem do *Nimrod*, na medida em que isso servia a seus interesses privados. Para defender e desculpar tal conduta, recorreu a declarações evasivas e contraditórias que não podem ser toleradas da parte de um agente consular.

Em 4 de maio, nomeei John Whateley como vice-cônsul interino.

EXTENSÃO DO MOVIMENTO DE RETORNO

O exemplo de Antônio da Costa e João Monteiro logo seria seguido.[23] Os comissários britânicos da comissão mista anglo-brasileira escreviam em 5 de março de 1836:

Soubemos que um número considerável de africanos livres, de duas a três centenas, está a ponto de embarcar para a costa da África, e que um navio britânico foi fretado por eles por 5 contos de réis [875 libras esterlinas na época] para conduzi-

-los ao lugar de onde vieram, um ponto chamado Onim [Lagos], a três ou quatro graus ao norte da linha.

Um inquérito mostrou que a empreitada era dirigida por um negro liberto que fazia parte da carga de escravos trazida aqui pelo *Emília* em 1821. Tendo adquirido certa influência entre seus concidadãos emancipados, utilizou-a para induzi-los a voltarem para seu país natal. A fim de facilitar a operação, ele vendeu diversos escravos de sua propriedade e deu a liberdade a outros seis que deveriam acompanhá-lo. Verificamos que, do total dos que partiam, sessenta faziam parte do carregamento do *Emília*.

Eram braços que escapavam ao recrutamento dos trabalhadores "livres" para as colônias das Antilhas Britânicas.[24]

Em meados de 1836, os espíritos começavam a se acalmar, e não temiam mais aquela sublevação geral da população africana, que tanto tinha assustado durante o ano precedente.

Medidas de clemência concedidas aos condenados em 1835 transformaram as penas de prisão em banimento, o que contribuía para aumentar o volume de retornos de africanos emancipados a seus países de origem.[25]

A tomada dos navios brasileiros pelos cruzadores britânicos e o descontentamento que aumentava contra a intransigência da política da Grã-Bretanha provocaram uma reviravolta na opinião pública, e os discursos a respeito da presença em solo nacional de tantos africanos emancipados diminuíam em violência.

Os comissários britânicos J. Jackson e Fred Grigg escreviam em 20 de agosto de 1836:[26]

Anexamos um trecho do recente discurso de um dos deputados da Bahia, o sr. Calmon du Pin e Almeida, que foi outrora ministro dos Assuntos Estrangeiros e um dos mais capazes membros da atual Câmara dos Deputados. Ele trata da reexportação dos negros, e sustenta que essa medida é necessária, apesar do forte sentimento contrário que prevalece atualmente neste país. Fundamentando sua opinião sobre o suposto sucesso da boa acolhida que os espera na costa da África, recomenda não aceitar nem a oferta condicional do governo de Sua Majestade de receber os negros libertos na ilha de Trinidad, nem aquela dos Estados Unidos de admiti-los na Libéria.

A notícia dessa boa acolhida, declarou, incitou muito os negros libertos a retornarem voluntariamente para seu país natal, e insiste para que a partida dessa gente seja facilitada pela concessão gratuita de seu passaporte, e por pequenas ajudas quando estas forem necessárias. Assim, atingiriam uma dupla meta: libertar o país do perigo de sua instalação e formar uma colônia brasileira na costa da África.

Eis algumas passagens desse discurso:

É certamente vantajoso que esses homens libertos, semibárbaros, voltem para seu país natal. Essa medida é necessária para o avanço de nossa civilização, para a diminuição da ameaça das insurreições e para encorajar a introdução no Brasil de uma mão de obra mais útil. Com tal intenção, o governo se esforça em encontrar para eles um asilo em Serra Leoa e na colônia norte-americana da Libéria.

O governo de Londres se ofereceu para recebê-los na ilha de Trinidad, sendo determinado que para lá os enviaremos. O governo de Washington nos encaminhou para a sociedade filantrópica que sustenta a Libéria, e ela consentiu em recebê-los, sob a condição do pagamento de cinquenta dólares por cada homem liberto enviado para lá.

Sou de opinião que nenhum desses projetos deveria ser aceito por nós. A Divina Providência que protege nosso país tirou-nos do maior dos embaraços.

A lei provincial da Bahia decidiu que o presidente desta província faça enviar para a costa da África esses africanos libertos e suspeitos de ter preparado a insurreição de janeiro de 1835. Em consequência, mais de cem africanos foram colocados a bordo de um navio cujo mestre tinha recebido a ordem de ir para a costa da África e de entrar em um porto que melhor lhe conviesse. A pedido dos exilados, o navio entrou em um dos portos da Alta Guiné [nome dado antigamente à parte da costa ocidental da África, ao norte do equador], o mais frequentado pelo tráfico de escravos. Um dos chefes do país, mais esclarecido que os outros, não somente recebeu os homens libertos, mas lhes deu um lugar para se instalar, e como havia um bom número de pedreiros e de carpinteiros entre eles, parece que edificaram rapidamente uma pequena aldeia e começaram a cultivar. Sendo conhecida essa boa acolhida no retorno do navio, muitos africanos libertos da Bahia começam a organizar espontaneamente seu transporte para a nova colônia, e, com efeito, mais de quatrocentos passaportes foram dados pelo governo provincial para indivíduos e famílias que os pediram. Duas ou três expedições já partiram para lá.

Vejo nesse estabelecimento não somente um depósito sem despesas para nossos africanos libertos, mas um núcleo de população ou talvez um novo Estado que, participando de nossa civilização e de nossa língua, contribuirá um dia para a extensão de nosso comércio e de nossa indústria nascente.

LUTA EM TORNO DOS ARTIGOS ADICIONAIS, 1835; INFLUÊNCIA DOS IRMÃOS CERQUEIRA LIMA, OPOSITORES DESSE ACORDO; AMEAÇA DE TRÁFICO DE ESCRAVOS FEITA POR MONTEVIDÉU

Os tratados em vigor entre o Brasil e a Grã-Bretanha a respeito do tráfico de escravos não autorizavam, em princípio, os cruzadores britânicos a aprisionar, tampouco aos tribunais mistos de Serra Leoa a condenar os navios de tráfico encontrados ao norte da linha, se não houvesse provas claras e irrefutáveis de que tinham sido colocados escravos a bordo para o tráfico ilegal ao norte da linha durante essa viagem particular.

Em 1827, entretanto, seis daqueles barcos fretados na Bahia, com passaportes expedidos para Molembo, ao sul da linha, tinham sido apresados e condenados pelo tribunal misto de Serra Leoa. Quatro deles pertenciam a José de Cerqueira Lima (independentemente de outros vasos que também lhe pertenciam e que tinham sido tomados, mas em condições que não podiam ser colocadas em discussão quanto à aplicação das estipulações dos tratados).

Os seis navios em questão tinham a bordo um equipamento que provava que iam entregar-se ao tráfico, oficialmente ao sul da linha, mas no momento do apresamento não havia nenhum escravo naqueles vasos. O advogado Manoel de Cerqueira Lima, irmão de José, esforçou-se para demonstrar que, de direito, o apresamento era ilegal. Desse modo, reuniu os poderes dos proprietários de 33 navios, dos quais 24 eram da Bahia, seis do Rio de Janeiro, dois de Pernambuco e um do Pará, que tinham sido assim "ilegalmente" apresados entre 1822 e 1828.[27] O conjunto representava um montante de 4 mil contos de réis, o que na época [o câmbio era de três shillings por um mil-réis] equivalia a 600 mil libras esterlinas, e a parte de José de Cerqueira Lima e sua família representava mais de 20% do conjunto. Como Manoel de Cerqueira Lima devia receber 25% das somas a recuperar para os outros proprietários de navios, tratava-se, para a família Cerqueira Lima, de uma quantia de aproximadamente 250 mil libras esterlinas.

Partindo dos precedentes estabelecidos pelo empréstimo de 600 mil libras esterlinas em 1809, dado pelos ingleses antes da assinatura do Tratado de Aliança e Amizade de 19 de fevereiro de 1810, e da indenização de 300 mil libras esterlinas pelo apresamento ilegal de dezessete navios portugueses na véspera do Tratado de Viena sobre a abolição do tráfico de escravos, de 22 de janeiro de 1815, a família Cerqueira Lima podia tentar recuperar uma boa parte dessa soma por meio de um acordo prévio à assinatura dos artigos adicionais que Palmerston procurava fazer aceitar pelo governo brasileiro, a fim de tornar legal o apresamento dos navios feito nas condições em que os navios negreiros haviam sido apresados recentemente. Para isso, precisava convencê-los sobre a cláusula do equipamento dos navios de tráfico, isto é, que os navios fazendo o tráfico de escravos podiam ser apresados se se encontrassem ao norte da linha, mesmo sem escravos a bordo, mas com um equipamento que demonstrasse que a viagem era feita com vistas ao tráfico de escravos e não para o comércio de produtos da costa da África, autorizados e legais.

Essa cláusula apareceu pela primeira vez em um tratado assinado entre a Grã-Bretanha e a Espanha em 1835.

O Foreign Office se esforçava para obter do Brasil um acordo sobre um artigo adicional nesse mesmo sentido. Dois outros artigos deviam tornar efetiva essa medida: a obrigação de arrombar os cascos dos navios vendidos em leilão após seu apresamento, para evitar que fossem novamente utilizados para o tráfico, e a ratificação dessas cláusulas, feita oito meses após a assinatura do ato.

O encarregado de negócios britânico no Rio de Janeiro tinha escrito para Palmerston em 10 de setembro de 1834:[28]

> Um homem nascido no Brasil, de nome Manoel de Cerqueira Lima, está prestes a ir à Inglaterra pelo presente paquete, encarregado, creio ter compreendido, de uma espécie de operação da parte das pessoas da Bahia para solicitar de novo a atenção do governo de Sua Majestade para algumas reivindicações feitas a respeito da indenização de navios brasileiros apresados no exercício do tráfico ilegal de escravos e condenados pela comissão mista em Serra Leoa. Reivindicações que, creio eu, foram há muito tempo examinadas e finalmente recusadas pelo governo de Sua Majestade. Esse senhor, naturalmente, não se colocou em contato comigo

a esse respeito, e não fui informado sobre a maneira pela qual ele tem a intenção de prosseguir em seu desígnio. Mas sou capaz de vos afirmar que ele não só não recebeu nenhum poder oficial, como também nenhum encorajamento da parte do governo brasileiro, e presumo, em consequência, que não receberá nenhum da legação brasileira em Londres. O sr. Cerqueira Lima e sua família têm um interesse muito grande nessas reivindicações. Ele deveria ter ido em maio último para a Inglaterra, mas foi de novo para a Bahia para obter de um maior número de queixosos da província a procuração necessária para representá-los, e também para receber do governo do Rio de Janeiro poderes oficiais para atuar como agente governamental. Isso, entretanto, lhe foi recusado. Devo informar esses detalhes porque o sr. Cerqueira Lima, que parece um personagem ativo e intrigante, pode muito provavelmente pretender, quando chegar em Londres, que está encarregado de uma missão de seu governo, o que certamente não ocorre. Em maio último, publicou em um dos jornais do Rio de Janeiro a mais injustificável e injuriosa afirmação a respeito das reclamações indicadas, sob a forma de uma petição ao imperador.

O sr. Cerqueira Lima, em uma ocasião precedente, passou algum tempo na Europa e casou-se com uma senhora inglesa.

A ofensiva dos Cerqueira Lima contra o governo britânico começava na Bahia por uma ação intentada contra o cônsul pelo apresamento "ilegal" de um dos navios pertencentes a José de Cerqueira Lima.

Parkinson escrevia para Palmerston em 5 de dezembro de 1834:[29]

Fui citado recentemente, como cônsul britânico nesta província, a aparecer como defensor em uma ação de dano contra o governo de Sua Majestade, por um procedimento supostamente ilegal de detenção da sumaca *Dois Amigos* por um dos cruzadores de Sua Majestade, em setembro de 1834.

A citação é, pela forma, certamente mais ligada com a massa de queixas, tão obstinadamente feita por diversos comerciantes de escravos, portugueses e brasileiros, confiados agora especialmente ao sr. Manoel de Cerqueira Lima. A comissão do sr. Cerqueira Lima para esse trabalho montará a 25% das somas recebidas, sendo uma grande quantia paga antecipadamente. Outras queixas estão em vias de serem preparadas com vistas ao seu reconhecimento pela mesma intervenção.

A proposta do encarregado de negócios britânico ao ministro dos Assuntos Estrangeiros do Brasil a respeito da assinatura dos artigos adicionais havia encontrado, dois meses antes, uma viva oposição, que foi provocada, como o mostra a última frase do despacho que seguirá, pelos apresamentos considerados ilegais dos navios de diversos proprietários defendidos por Manoel de Cerqueira Lima.

Em 15 de outubro, o encarregado de negócios britânico informava a Palmerston[30] que a carta enviada ao ministro dos Assuntos Estrangeiros do Brasil, Aureliano de Souza e Oliveira Coutinho, concernente às cláusulas do "equipamento para o tráfico de escravos" e o "arrombamento dos cascos dos navios condenados pelas comissões mistas", tinha sido oficialmente comunicada à Assembleia e lhes tinha sido lida pelo ministro. Nessa ocasião, infelizmente, tanto o ministro quanto a carta foram mal acolhidos, e sua leitura provocou somente um vivo ataque contra o governo, acusado de deixar ditar sua conduta pelos estrangeiros, e contra a Grã-Bretanha, que se permitia dar conselhos ao Brasil. A Assembleia solicitava ao mesmo tempo a supressão das comissões mistas do Rio de Janeiro e de Serra Leoa e a renovação de seus apelos e reclamações contra numerosas sentenças daquelas comissões.

No entanto, sem se desconcertar, Palmerston enviava em 31 de dezembro ao encarregado de negócios um projeto para os dois artigos adicionais, "equipamento dos navios para o tráfico" e "arrombamento dos cascos dos navios condenados", com plenos poderes para negociá-lo com o governo brasileiro.[31]

Um elemento novo vinha complicar a situação: Montevidéu ameaçava entregar-se ao tráfico de escravos, com a única intenção de reexportá-los para o Brasil em seguida.

Em 23 de dezembro de 1834, Fox chamava a atenção de Palmerston para a extensão que tomava o comércio de escravos em Montevidéu: "Aquele território fazia antigamente parte do Brasil, mas a 'Banda Oriental' é agora um Estado independente, e seus habitantes escapam aos compromissos assumidos quando eram súditos do Brasil".[32]

Em 20 de janeiro de 1835, confirmando seu despacho anterior, ele assinalava[33]

a criação de uma colônia de africanos livres em Montevidéu, que não é mais que um simples pretexto para importar escravos para passá-los em seguida fraudulentamente ao Brasil. Os africanos são ostensivamente importados na "Banda Oriental" com contratos de trabalhadores livres e permissão do governo de Montevidéu.

Seria desejável fazê-los entender que sua bandeira não seria respeitada se fosse utilizada para encobrir o tráfico de escravos. Estão preparados para serem tratados assim. O sentimento geral não está, como aqui, engajado a favor do tráfico. É somente um negócio de alguns indivíduos pagos para emprestarem seus nomes. Os interesses engajados são inteiramente brasileiros. As pessoas implicadas no tráfico dizem abertamente aqui que, se esse subterfúgio não for autorizado como o esperam, acharão imediatamente uma outra bandeira para continuar. Em termos teóricos e legais, um tratado é necessário, mas estaríamos em erro se considerássemos as repúblicas sul-americanas como melhores para a organização, a fé nacional e a civilização que os estados barbarescos.

Fox assinalava em apoio a isso que

o governo brasileiro autorizou um paquete de Buenos Aires, em péssimo estado, a deixar em terra um depósito de quinhentos escravos. Um ataque foi realizado contra seus guardas ingleses, e duzentos escravos foram roubados. O jornal oficial publicou uma carta do juiz de paz deste distrito [provavelmente um interessado indireto], insinuando que as forças britânicas foram subornadas.

PÂNICO PROVOCADO PELA REVOLTA DOS MALÊS, CIRCUNSTÂNCIA CONSIDERADA FAVORÁVEL PELOS INGLESES PARA INCITAR O GOVERNO BRASILEIRO A ASSINAR OS ARTIGOS ADICIONAIS

As sublevações de escravos, tanto nos engenhos do Recôncavo baiano quanto nos arredores imediatos da capital, pareciam sinais precursores de uma revolta geral. Já em 1814, os habitantes da Bahia tinham se apavorado com os motins. Os gritos de "Liberdade!" e "Vivam os negros e seu rei!", o afrouxamento dos costumes, a negligência da polícia e a atitude insolente dos negros tinham dado durante muito tempo aos habitantes da Bahia o temor de que a população negra viesse a dominar o país. O medo de ver estourar uma revolução semelhante àquela de São Domingos (Haiti) perseguia os espíritos, a ponto de algumas pessoas, cedendo à sua imaginação, acreditarem, já o dissemos, que os ingleses incitavam os escravos a se revoltar contra seus senhores.

Por volta de 1816, os proprietários dos engenhos do interior organizaram uma milícia a cavalo, que representou um papel importante no combate às sublevações de escravos.

Em 1822, essas milícias entraram de novo em ação. Na Bahia, as autoridades procuravam momentaneamente sustar a importação clandestina de escravos. Em 10 de julho de 1834, em consequência de uma denúncia, a polícia conseguiu prender 159 escravos dos duzentos desembarcados de contrabando em 28 de junho na praia de Itapuã e levados para a fazenda de José Raposo Ferreira, situada entre Santo Amaro de Ipitanga e Pirajá.

A Revolta dos Malês, em 1835, viu seu sucesso prejudicado pelas disposições tomadas às pressas pelas autoridades, alertadas apenas algumas horas antes do momento marcado para a insurreição.[34]

Assim, desde aquele 25 de janeiro, o chefe de polícia mandou organizar, através dos diversos chefes de distrito da cidade, patrulhas de cidadãos armados que deviam percorrer as ruas de dia e de noite.

Apesar dos conselhos do cônsul Parkinson, alguns ingleses se recusavam a deixar a polícia fazer buscas em suas casas, entrincheirando-se atrás dos privilégios de que gozavam. Essa atitude não deixou de excitar os sentimentos de ódio contra os ingleses, nem de estes serem mais uma vez acusados abertamente de incitar seus escravos à revolta e "repetirem os horrores do Haiti".

Em 2 de fevereiro, poucos dias depois, Parkinson escrevia ainda:

No sábado, dia 31 último, um oficial superior, acreditando nas indicações dadas pelo rumor público de que diversos mulatos e negros insurretos do Rio Vermelho propunham-se a atacar a cidade durante a noite, foi prevenir às pressas o presidente da província, que reuniu imediatamente à sua volta as pessoas de confiança, e foram dadas ordens a fim de que tudo estivesse pronto para enfrentar o conflito.

A consternação era universal. Os naturais do país e os estrangeiros foram convidados a se armarem. Grandes foram os preparativos. A Bahia parecia estar em estado de sítio. Um destacamento de fuzileiros navais de uma corveta dos Estados Unidos foi mesmo colocada em terra para guardar as casas dos cidadãos americanos.

Uma noite sem sono passou-se em armas. Não apareceu nem a sombra de um rebelde, e, ao nascer do sol, 125 mil almas tiveram o agrado de descobrir que tinham agido somente sob o efeito de um falso pânico.

Em 21 de fevereiro, o chefe de polícia da Bahia notificava por intermédio de um decreto que "todo escravo encontrado na rua sem papel de seu senhor dando o motivo de sua saída e até que horas, o domicílio etc., será posto em prisão e receberá cinquenta chicotadas. Não será liberado a não ser que seu senhor justifique sua qualidade, a ausência de crime, e se pagar as despesas de encarceramento".[35]

Em 3 de março de 1835, o cônsul Parkinson dava conta de um discurso do presidente da província: "Francisco de Souza Martins, cheio de zelo pelos verdadeiros interesses dos brasileiros", falava abertamente de "seu vivo desejo de colocar um fim ao tráfico de escravos, chegando até a sugerir que cortassem todas as relações comerciais com a costa dos escravos". O cônsul continuava com otimismo: "O discurso fez profunda impressão, e se Sua Excelência não for contrariado em sua marcha viril e esclarecida pelas maquinações da poderosa facção dos negociantes de escravos, a província da Bahia terá sólidas razões em se alegrar de ser presidida por tal personagem". Voltando à questão das sublevações, ele relatava: "Medidas enérgicas contra a população de escravos e os residentes negros livres são pretendidas. Os brasileiros estão, em geral, com o temor e a apreensão de uma nova revolta, enquanto os residentes britânicos têm o conforto de verem ancorar no porto o navio de guerra de Sua Majestade, *North Star*".[36]

O cônsul Parkinson embarcava naquele mesmo dia no brigue inglês *Laura*, após ter confiado o consulado a seu genro e vice-cônsul, Frederick Robillard.[37]

Por um despacho de 28 de março de 1835, este último fazia saber que a Assembleia Provincial decidia, no fim daquele mês, suspender a lei das garantias civis por um período de trinta dias, no decorrer do qual todas as casas contendo escravos poderiam ser revistadas pelas autoridades policiais, sem distinção da nacionalidade do locatário principal.

Frederick Robillard, por sua vez, deixava a Bahia em 23 de junho de 1835 a bordo do navio francês *Cérès*, confiando o posto a seu irmão, John Hocart Robillard.[38]

Entre agosto e setembro de 1835, novos alarmes, rumores e denúncias faziam prever uma nova insurreição.[39] A polícia recebia ordens para apreender e deportar todos os africanos livres. De trezentas a quatrocentas pessoas foram encarceradas e em parte embarcadas para a costa da África nos dias 12 e 15 de novembro de 1835, a bordo das goletas brasileiras *Maria Damiana* e *Annibal e Oriente*.

No Rio de Janeiro, temia-se que os movimentos sediciosos ganhassem a capital. A moção votada pela Assembleia Provincial do Rio de Janeiro,[40] dirigida por intermédio do presidente da província ao governo central, fazia alusão a

esses temores de que a paz e a tranquilidade desta província não venham a ser interrompidas e perturbadas pelos últimos acontecimentos da Bahia. Uma insurreição de escravos parece ameaçar de ruína total não somente esta bela parte do Império, mas também todas as outras províncias. Os membros da Assembleia Legislativa temem pelo Rio de Janeiro, em razão da quantidade de escravos e da presença perigosa de africanos livres e residentes, em muito grande número entre nós. É evidente para todos que as doutrinas haitianas são pregadas aqui, que os escravos são atraídos pela isca da liberdade, e são incitados pelos espíritos "vertiginosos" nacionais e estrangeiros, do interior e do exterior, a entrar em movimentos semelhantes àqueles que lhes mostrou o funesto exemplo da Bahia. Existem na Corte sociedades secretas que trabalham sistematicamente nesse sentido. Existem caixas às quais contribui um grande número de sócios de cor, libertos e cativos. Dessas caixas provêm os subsídios com os quais são mantidos e enviados os emissários encarregados da propagação das doutrinas subversivas entre os escravos dos engenhos, onde se introduzem a título de vendedores ambulantes e mascates.

A Assembleia Legislativa do Rio de Janeiro lembra, pois, que é oportuno interditar o desembarque imprudente de escravos ladinos trazidos da Bahia e dos outros portos do norte para serem vendidos aqui, e de mandar proibir a entrada de africanos emancipados, seja qual for a sua proveniência. Todos os africanos capturados pelos vasos de guerra nacionais e estrangeiros deverão ser exportados para fora da província.

Em 25 de março de 1835, Fox observava a Palmerston:[41]

O terror que se propaga longe e largamente através do Brasil, desde a última insurreição dos negros da Bahia, tornou o momento presente favorável para que este governo receba bem toda disposição melhorando e reforçando a legislação contra o tráfico de escravos. Os olhos de quase todas as pessoas começam a se abrir, se não à infâmia do tráfico de escravos, pelo menos ao enorme perigo de se deixar espalhar pelo Brasil essa nova multidão de africanos.

A Regência decidiu dar ao ministro plenos poderes para a assinatura dos dois artigos adicionais propostos pelo governo de Sua Majestade. Nas circunstâncias atuais, nenhuma demora e nenhuma dificuldade devem ser temidas para impedir que se obtenha a sanção da Assembleia Legislativa.

De acordo com a presente Constituição, instituída pela revolução de abril de 1831, nenhum tratado ou convenção é válido no Brasil, mesmo assinado e ratificado, se não for aprovado pela Assembleia Geral Legislativa do Império.

O mesmo estado de espírito vai provocar o desejo de achar uma solução para enviar para fora do país os negros libertos. É impossível que seja de outro modo, pois são os negros livres e os mulatos que trarão o verdadeiro perigo para os habitantes brancos do Brasil. A grande massa da população escrava não está disposta a se revoltar, se ela não for trabalhada e levada à violência pelos homens livres de sua cor.

Em 13 de abril de 1835, G. Ouseley informava ao Foreign Office que

esse estado de espírito não corre o risco de durar muito tempo, a menos que novas agitações aconteçam, o que não me parece ser o caso agora. Mas é entretanto certo, dentro de uma época a chegar, pois em geral as medidas deste governo são adotadas às pressas: elas preveem pouco ou muito pouco, são raramente levadas a cabo e muitas vezes abandonadas mesmo na primeira dificuldade encontrada.

RATIFICAÇÃO DOS ARTIGOS ADICIONAIS IMPEDIDA PELAS DILIGÊNCIAS DOS IRMÃOS CERQUEIRA LIMA

Com o tempo, o encarregado de negócios britânico foi mais bem informado sobre a importância do papel desempenhado pelos Cerqueira Lima na política do Brasil.[42]

Em 30 de maio de 1835, voltando atrás do que havia declarado sobre Manoel de Cerqueira Lima, Fox comunicava a Palmerston que as pessoas por conta das quais ele protesta a respeito dos apresamentos que alegam ser ilegais conseguiram interessar ao ministro, e, mesmo que o sr. Cerqueira Lima não assuma a função em caráter oficial, a legação do Brasil em Londres tem recebido agora instruções para lhe dar toda ajuda em seu poder pela perseguição de seus objetivos.

E lembrava que eles já tinham sido rejeitados pelo governo de Sua Majestade.

O encarregado de negócios britânico fazia saber a Palmerston em 4 de agosto de 1835:

Três artigos suplementares à convenção de 23 de novembro de 1826 foram assinados em 27 de julho por Sua Excelência, pelo sr. Manoel Alves Branco e por mim:
1º: Artigo sobre o equipamento;
2º: Navios condenados deviam ter o casco arrombado;
3º: Ratificação dentro de oito meses.

Essa ratificação nunca foi votada pela Assembleia Legislativa, contrariamente às previsões otimistas de Fox.

Em uma carta confidencial anexa àquele despacho, Fox acrescentava:

A espera para obter a assinatura do ministro foi longa, por motivos que sou incapaz de explicar. Ele transfere sempre, de semana em semana, a conclusão do acordo final do negócio. Não tentei insistir de maneira peremptória para obtê-lo, para não correr o risco de romper as negociações.

Em seguida, Fox se lançava em uma justificativa de sua paciência, explicada pelo caráter desconfiado de seus interlocutores brasileiros:

Notei que em toda espécie de negócio privado ou público com as autoridades ou os habitantes deste país, eles são geralmente inclinados a ser razoáveis e corteses, se os deixamos proceder com sua própria maneira de fazer, lenta e dilatória. Mas se fazemos um esforço para apressá-los, raramente deixam de se mostrar irritados, e recusam mesmo um ato ordinário de justiça, de cortesia ou favor.

E acrescentava:

Em uma certa época, durante essa negociação, o ministro brasileiro fez-me, por ordem da Regência, a estranha proposta de assinar três outros atos adicionais que deveriam ser anexados da mesma maneira à Constituição, sobre o tráfico de escravos, a saber:

1º: Um artigo comprometendo a Grã-Bretanha a pagar as indenizações reclamadas por alguns navios de tráfico de escravos anteriormente capturados na costa da África [os de Cerqueira Lima incluídos];

2º: Um artigo estipulando o envio para uma colônia britânica dos negros que estão no Brasil sob sentença da comissão mista;

3º: Um artigo comprometendo a cooperação da Grã-Bretanha para promover uma convenção geral entre todos os Estados da América do Sul, visando a abolir o tráfico de escravos e aplicar a esse tráfico proibido as penalidades previstas para a pirataria.

No que concerne ao primeiro artigo, respondi que não saberia admitir a discussão a respeito das reclamações, e que pelos outros dois não tinha os poderes para fazer a negociação por conta própria.

O encarregado de negócios britânico rejeitava assim o pagamento das indenizações pelos navios de tráfico apresados, suprimindo aquilo que, para o Brasil, era uma justa compensação pela ratificação dos artigos adicionais propostos pela Grã-Bretanha.

Em 28 de outubro de 1835, Fox informava que a sessão das câmaras legislativas do Brasil tinha sido suspensa sem que sancionassem os artigos adicionais. Ele atribuía essa demora à falta de energia do antigo governo, e fundamentava suas esperanças sobre o novo regente, Feijó, que sem dúvida os faria passar no ano seguinte.

Foi enviada para lorde Palmerston a tradução de um artigo violento contra a Inglaterra, sobre os artigos adicionais e as reivindicações brasileiras a respeito dos apresamentos dos navios de tráfico:[43]

Nosso governo se mostrou muito ansioso em sustentar a dignidade da nação contra o papa quando sua dignidade não estava de modo algum comprometida. Mas quando a honra e o respeito de nossa bandeira e os interesses de muitas famílias brasileiras são atacados por uma poderosa nação, o Brasil o ignora, e o Ministério disso não se ocupa.

Esses assuntos são dignos apenas de sete curtas linhas em um relatório magro e coxo, que diz: "Nossas advertências ao governo britânico a respeito das capturas feitas pelos cruzadores britânicos nas costas da África não receberam respostas favoráveis. O governo imperial deu as mais enérgicas ordens para que o ministro em Londres termine esse importante assunto".

Tratava-se também do capital de 4 mil contos de réis reivindicado pelos Cerqueira Lima, o que bem mostrava quem havia inspirado o artigo em questão.

Durante a sessão da Assembleia Legislativa de 1837, o acordo da Câmara dos Deputados a respeito dos atos adicionais, assinados no Rio de Janeiro em 27 de julho de 1835 pelos senhores Fox e Alves Branco, foi recusado pela comissão diplomática:[44]

> Tendo em conta as reclamações do governo brasileiro no tocante às indenizações por capturas feitas pelos cruzadores britânicos na costa da África, abusando dos poderes que lhes foram conferidos, é da opinião dos abaixo assinados, Araújo Ribeiro e Manoel Mário do Amaral, que o governo de Sua Majestade Britânica, não tendo consentido dar até agora a mínima satisfação a esse respeito, o governo imperial agiria com inconsequência, concedendo àqueles cruzadores poderes ainda mais extensos, tais como os que preveem os artigos adicionais negociados nesta corte em 27 de julho de 1835.
>
> Os abaixo assinados estão autorizados a supor que as capturas, pelas quais o governo do Brasil reclama a restituição, foram feitas ilegalmente, e chegam à única conclusão de que esses abusos vão aumentar se uma maior extensão de poder for conferida aos indivíduos encarregados da captura das presas, a julgar pelas instruções que lhes são dadas.

O comitê diplomático da Câmara dos Deputados acrescentava que teria aprovado aqueles artigos adicionais se o governo britânico tivesse dado garantias de que aqueles abusos seriam evitados, ou que, caso fossem cometidos, isso seria remediado.

Os Cerqueira Lima não foram reembolsados pela captura "ilegal" de seus navios, mas o governo britânico não obteve a ratificação dos artigos adicionais.

REVOLTA DA SABINADA NA BAHIA, 1837-8

A Bahia tinha sido seriamente sacudida pela Revolta dos Malês, na noite de 24 para 25 de janeiro de 1835, após a qual muitos negros livres foram enviados para a África ou para lá voltaram por sua própria vontade.

Em 7 de novembro de 1837, estourava uma revolta de caráter diferente, conhecida por "Sabinada",[45] de acordo com o nome do dr. Francisco Sabino Álvares da Rocha Vieira. Ela representava o espírito federalista em oposição à aristocracia conservadora. O promotor da revolta proclamava a república da Bahia, sublevando o corpo da artilharia, a guarda nacional e a polícia. O presidente da província, deposto, refugiou-se a bordo de um navio de guerra. As autoridades retiraram-se para o Recôncavo. O animador da reação foi o chefe de polícia, dr. Francisco Gonçalves Martins (mais tarde visconde de São Lourenço), que, fugindo para o Recôncavo, reuniu grandes senhores de engenho, como os das famílias Bulcão, Argolo e Sá Barreto, assim como vários membros da Casa da Torre. Eles sitiaram a Bahia com as tropas governamentais, ao mesmo tempo que um bloqueio marítimo impedia o abastecimento da cidade, onde se encontravam 5 mil homens armados.

Em 8 de março de 1838, o coronel Hygínio Pires Gomes partiu em expedição ao Recôncavo à frente de seiscentos homens para desviar a atenção, mas a cidade foi atacada e tomada em 13 de março. Hygínio Pires Gomes resistiu à perseguição de um exército de 6 mil homens enviado contra ele e recuou para o interior, onde acabou por licenciar seus partidários em 9 de junho de 1838.

Uma série de relatórios do cônsul da Inglaterra, John Whateley, nomeado desde 5 de maio de 1837, dá informações precisas sobre essa página da história da Bahia. Se reproduzirmos aqui o conteúdo, estaremos nos afastando de nosso assunto. Mas vale notar que alguns participantes dessa revolta, como Hygínio Pires Gomes e seu adversário, o chefe de polícia Francisco Gonçalves Martins, iriam se defrontar novamente durante os acontecimentos do *Relâmpago*, em 1851.[46]

TENSÃO CRESCENTE ENTRE O BRASIL E A GRÃ-BRETANHA

A rigidez demonstrada pela Grã-Bretanha em suas relações com o Brasil, sua determinação em não querer deixar colocar em discussão a legalidade das capturas feitas pelos cruzadores na costa da África — capturas que pareciam tanto mais ilegais aos brasileiros quanto mais os ingleses insistiam pela ratificação da assinatura dos artigos adicionais, destinados, a seu ver, a justificar tarde demais a legalidade de suas capturas — e a pressa mostrada naquela ocasião por Palmerston eram julgadas intempestivas pelos membros da Assembleia Legislativa. As publicações oficiais do governo britânico, tais como os *Parliamentary Papers on the Slave Trade*, que saíam todos os anos e continham expressões e referências muitas vezes injuriosas ao Brasil, não passavam desapercebidas. A falta de entusiasmo dos brasileiros em pôr um fim real ao tráfico de escravos, as ações vigorosas dos cruzadores britânicos para obrigá-los a isso, todos esses elementos entravam em jogo para provocar uma tensão cada vez maior entre os dois governos. Daí resultou uma aproximação momentânea do Brasil com Portugal, bem como o desenvolvimento do poder dos comerciantes portugueses, principais interessados no tráfico de escravos. Eles mantinham sua influência e mesmo seu controle sobre alguns partidos políticos e sobre o governo, fosse de maneira direta, graças à sua fortuna, ou indireta, pela pressão que exerciam sobre os proprietários de terra, frequentemente muito endividados ante eles pelo fornecimento de escravos feito com créditos prolongados e garantidos por pesadas hipotecas.

Os comissários juízes e árbitros ingleses da comissão mista do Rio de Janeiro escreviam para Palmerston, em 4 de setembro de 1837:[47]

> Rebouças, um deputado da província da Bahia, exprimiu recentemente a opinião de que a atual lei é totalmente inadequada para a repressão do tráfico, uma vez que priva o tesouro de duas fontes de renda, quer dizer, dos direitos recebidos anteriormente sobre a importação dos escravos e da vantagem que resultava do transporte das mercadorias estrangeiras através do Brasil para a África. A isso é preciso acrescentar a perda resultante da não produção das outras mercadorias, outrora provenientes do Brasil e que eram então exportadas para a África, ao mesmo tempo que as mercadorias estrangeiras eram destinadas àquele mercado.

438

Na opinião desse mesmo deputado, a lei dá à importação em contrabando de escravos um prêmio equivalente à taxa de importação anulada, pelo qual os importadores são capazes de comprar as cumplicidades ou a ajuda daqueles que deveriam executar essa lei e guardar a exclusividade desse comércio, enquanto os magistrados, não podendo suspeitar de venalidade, fecham os olhos diante do que se passa, em vez de infligir as penalidades extremas da lei aos importadores contrabandistas.

O deputado acrescenta que, no lugar onde essa lei é aplicada, agravam-se a miséria e as perdas de vida dos infelizes africanos, não somente em razão de que a mortalidade pela doença é mais forte, mas ainda porque, no novo sistema, devemos algumas vezes sacrificar carregamentos inteiros.

Para remediar todos esses males, o deputado Rebouças propõe decretar fortes taxas sobre os importadores de escravos, pagáveis na alfândega.

Depois de uma troca de governo no Rio de Janeiro, os mesmos comissários do tribunal misto escreviam de novo para Palmerston, em 17 de novembro de 1837:[48]

A troca que aconteceu no governo brasileiro teve uma consequência importante sobre o tráfico de escravos. O último governo parecia decidido a abolir o tráfico por princípio e por convenção com a Grã-Bretanha. O governo atual, na medida em que é representado pelo sr. Vasconcellos, ministro da Justiça e provisoriamente ministro do Império, declarou que o tráfico é indispensável ao país e manda libertar aqueles que são perseguidos, tendo assim levado a zero o comprometimento ante a Grã-Bretanha, neste capítulo.

O sr. Vasconcellos, por ter suprimido o impedimento oficial de praticar o tráfico, verá sua popularidade aumentar consideravelmente junto ao corpo inteiro dos proprietários de terras, e é possível que obtenha a maioria dos votos nas próximas eleições para a Regência, mesmo que esteja competindo com o atual regente interino.

Os desembarques de escravos são cada vez mais numerosos, e o grosso do tráfico se faz mais abertamente com o Rio de Janeiro.[49]

Os carregamentos de escravos eram garantidos regularmente por companhias de seguro. Existia mesmo uma companhia que emprestava dinheiro em *respondentis* para os carregamentos. Alguns traficantes de escravos se organiza-vam para utilizar navios a vapor.

Ouseley escrevia a Palmerston em 7 de maio de 1839:[50]

Um verdadeiro motim aconteceu no Rio de Janeiro contra os ingleses, quando o sr. Bulhões, um respeitável brasileiro, foi morto por acidente com um tiro de mosquete, disparado por uma sentinela de guarda a bordo do *Ganges*, presa feita por um cruzador britânico. O cônsul de Portugal no Rio de Janeiro, sr. Moreira, que tem grandes interesses no tráfico de escravos e entrega documentos portugueses aos navios de tráfico quando a utilidade se faz sentir, é acusado de ser o instigador.

Um ano mais tarde, em 4 de maio de 1840, o mesmo cônsul assinalava:[51]

Uma petição foi feita em 13 de abril de 1840 em Minas Gerais pela municipalidade de São João Baptista do Presídio contra a lei de 7 de novembro de 1831. Pela primeira vez em um documento público, a sinceridade e o desinteresse da Grã-Bretanha em sua vontade de abolir o tráfico de escravos são colocados em dúvida, e sua política atribuída a um desejo de embaraçar, por via indireta, a indústria e a agricultura deste país, com a intenção de promover aquelas das colônias britânicas.

Respondendo em 18 de outubro de 1841 a um ofício no qual o encarregado de negócios britânico Hamilton Hamilton denunciava com firmeza uma série de infrações às estipulações do tratado feitas pelos mercadores de escravos, o ministro brasileiro Aureliano de Souza e Oliveira Coutinho lhe afirmava com uma ponta de irritação:[52]

Nesta ocasião, entretanto, não deixarei de fazer observar ao sr. Hamilton Hamilton o que já tenho outras vezes significado à legação britânica desta Corte, isto é: que, malgrado todos os esforços empregados pelo governo imperial para frustrar tais tentativas criminosas, não pode se iludir fazendo cessar de um só golpe um tráfico, apoiado por presunção de uma grande parte dos agricultores do Brasil e pela ambição dos contrabandistas que, em todas as partes do mundo, não respeitam nem leis, nem tratados, nem moral; a mais, são beneficiados pela extensão do litoral do Império.

O sr. Hamilton Hamilton, cujo espírito ilustre é suficientemente conhecido, não desconhece certamente as dificuldades levantadas por esta grave questão, no começo para o próprio governo britânico, que não as pode vencer senão lentamente e com o passar do tempo. Não as venceu ainda completamente, pois mesmo na atualidade encontra dificuldades, pela falta de braços nas colônias depois da emancipação dos negros, que não se dão mais a um trabalho regular e abusam da liberdade de uma maneira proporcional à sua falta de previsão, de educação e de caráter.

O ministro brasileiro fazia também alusão aos esforços empregados pelos ingleses a fim de expedir para as Antilhas Britânicas os negros recentemente desembarcados no Brasil e emancipados pela comissão mista do Rio de Janeiro.

HÁBIL SOLUÇÃO DAS AUTORIDADES BRITÂNICAS PARA OS PROBLEMAS DE RECRUTAMENTO DE MÃO DE OBRA PARA AS ANTILHAS BRITÂNICAS

O cônsul Ouseley escrevia em 29 de janeiro de 1839 ao capitão Herbert, da Royal Navy, ancorado no Rio de Janeiro,[53] informando-lhe que, diante de suas dificuldades com o governo brasileiro, sua não cooperação e o embargo que colocava sobre os julgamentos da comissão mista do Rio de Janeiro, os britânicos tomavam disposições para expedir para Demerara, Trinidad ou qualquer outra ilha das Antilhas Britânicas o último lote de negros emancipados.

Em sua resposta, o capitão Herbert fazia saber que o transporte poderia ser assegurado dentro de 24 horas.

Em 27 de maio de 1839, o Foreign Office sugeria à legação britânica no Rio de Janeiro:[54]

Em razão dos inconvenientes que podem surgir do número sempre crescente dos negros emancipados no território brasileiro, é provável que nem o governo nem a Assembleia Legislativa do Brasil verão inconvenientes na conclusão de um acordo entre a Grã-Bretanha e o Brasil, pelo qual os negros capturados e libertos por sentença da corte de justiça mista sejam confiados às nações às quais pertençam os cruzadores que tenham feito a captura.

Poderão ser transportados pelos ingleses segundo sua escolha, seja para Serra Leoa, seja para as Antilhas Britânicas.

Este último destino é preferível, em razão de sua maior proximidade, e porque isso garantirá o recrutamento da mão de obra para as plantações nas colônias, não sendo mais admitida a importação pelo tráfico.

Já em 1835, o governo britânico procurava resolver a difícil questão do recrutamento de mão de obra para suas colônias nas Antilhas.

O duque de Wellington, secretário de Estado para Assuntos Estrangeiros, escrevia em 11 de março de 1835 para a legação britânica no Rio de Janeiro:[55]

Se o governo brasileiro deseja aproveitar a ocasião para se isentar da carga dos africanos libertos por sentença da comissão mista do Rio de Janeiro, no que toca ao transporte daqueles africanos para Trinidad, escolhereis uma pessoa que seja capaz de fazer esse trabalho. Os negros emancipados pela comissão mista do Rio de Janeiro não podem ser recebidos em Serra Leoa, mas não há objeção em receber em Trinidad qualquer negro emancipado nestes últimos dois anos ou que o será no futuro no Rio de Janeiro, contanto que o governo brasileiro pague as despesas e estabeleça uma vigilância para que seu transporte seja feito em condições convenientes.

Era especificado também que deveria ser dado um mês de aviso prévio ao governo de Trinidad antes de embarcar os negros, e trinta dias de provisões suplementares deviam ser previstos para sua estadia na chegada. Os lotes deveriam consistir em um número igual de homens e de mulheres, todos bem de saúde e com menos de trinta anos de idade, e as famílias não seriam separadas. Cada negro seria munido com duas roupas, um boné, um cobertor e uma colher de madeira. Finalmente, não seriam enviados pelo mesmo navio que os havia trazido para o Brasil, a menos que esse navio fosse comprado pelo governo.

Palmerston tomava disposições para que os negros desembarcados no Rio de Janeiro e emancipados pela comissão mista, com sede na capital do Brasil, pudessem ser recebidos como trabalhadores nas Antilhas Britânicas. Assim, em 12 de março de 1841, enviava instruções aos comissários britânicos, dizendo:[56]

Quando os negros emancipados pela comissão mista forem levados perante ela, os comissários britânicos deverão pedir a cada um, separadamente, se ele ou ela quer ir para uma colônia inglesa, explicando-lhe que a escravidão foi completamente abolida nos domínios britânicos. Eles estarão certos de lá serem livres, e se os comissários brasileiros fizerem objeções a essa maneira de proceder, eles deverão responder que aqueles negros são livres tanto pelo tratado quanto pela sentença da corte mista, e que, sendo livres, podem ir aonde lhes agrade, sem ter que pedir permissão ao governo brasileiro. Aqueles que aceitarem deverão ser confiados aos cuidados de um funcionário, que será designado pelo encarregado de negócios para recebê-los e enviá-los para uma colônia britânica.

Em 15 de março, o encarregado de negócios britânico recomendava ao capitão Jones, da Royal Navy, "enviar o navio *Dois de Fevereiro*, apresado por ele, para Demerara ou Trinidad, e não para Santa Helena, com os 180 africanos encontrados a bordo".

Em 30 de abril, ele confirmava ao Foreign Office que aquele navio tinha sido enviado para Demerara com os 180 africanos, para lá ser condenado. O encarregado de negócios sublinhava "as vantagens que existem para os africanos e para as colônias de Sua Majestade em enviar para Demerara todos os vasos capturados sob as cores portuguesas".

Em 21 de junho de 1841, o encarregado propunha que todos os africanos libertos por sentença da comissão mista no Rio de Janeiro fossem enviados para uma colônia britânica.[57]

FIM DOS TRATADOS; O BILL ABERDEEN DE 1845

Em 1840, a Regência acabou no Brasil após uma série de revoltas. No Rio de Janeiro, os poderes soberanos eram dados diretamente ao imperador d. Pedro II.

A Marinha Real Britânica passava por um período de atividade e audácia, tanto nas costas da África quanto nas do Brasil; seus oficiais ultrapassavam frequentemente os limites admitidos nas relações existentes entre nações ligadas por tratados de aliança e amizade.

Nas costas da África, os capitães dos cruzadores destruíam as instalações dos traficantes em Galinhas e nos rios Geba e Pongo, destruindo ao mesmo tempo as propriedades estrangeiras que nada tinham a ver com o tráfico.[58]

Nas costas do Brasil, sem chegar a tais extremos, várias vezes os cruzadores britânicos tinham desrespeitado os limites das águas territoriais, e numerosos e violentos incidentes produziram-se em terra entre os brasileiros e as tripulações dos navios ingleses.

Em Londres, Palmerston tinha sido substituído em 2 de setembro de 1841 por lorde Aberdeen. O Partido Whig, de Palmerston, perdera a maioria após a adoção de um projeto de lei baixando os direitos de entrada do açúcar estrangeiro, que lhe valera no Parlamento os votos dos partidários do livre-comércio, mas o faria perder, algumas semanas mais tarde, os votos dos eleitores consultados para as eleições naquele mesmo Parlamento.

Uma missão dirigida por Ellis foi enviada de Londres em 1842 para tentar obter a assinatura de um tratado comercial entre a Grã-Bretanha e o Brasil.[59] Contudo, seus esforços foram vãos, pois o projeto era implicitamente ligado ao reconhecimento dos dois artigos adicionais de 1835, aos quais acrescentava-se um terceiro, segundo o qual os negros "libertos" provenientes dos vasos capturados deveriam ser entregues à nação a que pertencesse o cruzador responsável pelo apresamento.

Em 26 de novembro de 1842, Ouseley fazia saber a Aberdeen que "o novo tratado comercial que apresentou foi recusado pelo governo brasileiro. Os projetos dos artigos adicionais à convenção de 23 de novembro de 1826 lhe foram também devolvidos".[60]

E lhe foi respondido:

Em diversas ocasiões, os pagamentos das indenizações pelas perdas devidas em razão de injustas detenções de vasos capturados pelos cruzadores britânicos não foram feitos [...]. Apesar do desejo do governo de Sua Majestade Imperial de realizar a abolição, não lhe é possível adotar um projeto que não leve em conta os deveres que tem perante seus súditos brasileiros.

E, finalmente, vendo os rápidos e recentes progressos da abolição, poucos indivíduos estão agora dispostos a arriscar seus capitais. Os esforços do governo da rainha para impedir o tráfico na costa da África revelaram-se tão felizes que o governo de Sua Majestade Imperial considera inútil toda nova disposição a respeito do tráfico de escravos.

No mesmo dia, Ellis escrevia para lorde Aberdeen explicando que a não cooperação das autoridades brasileiras vinha de seu profundo ressentimento contra as operações feitas nas águas territoriais brasileiras pelos cruzadores britânicos.

Ele assinalava um insolente artigo no *Jornal do Commercio*, sobre a insultante atitude inglesa, calculada para obter o tratado de comércio.

Hamilton Hamilton observava a lorde Aberdeen, em 22 de março de 1843:[61]

> De acordo com os textos dos tratados em vigor, resulta que a convenção da Grã-Bretanha de 28 de julho de 1817 com Portugal foi completada em 11 de setembro de 1817 por um artigo separado, especificando que a duração daquela convenção será de quinze anos, a partir do momento em que a abolição geral do tráfico se torne efetiva da parte do governo português. O tratado de 28 de novembro de 1826 entre a Grã-Bretanha e o Brasil adotava e renovava todos os tratados passados com Portugal sobre a questão do tráfico de escravos. A abolição tornou-se efetiva três anos após a ratificação de 13 de março de 1827, isto é, em 13 de março de 1830. Daí resulta que esse tratado, regido pela estipulação dos quinze anos feita em 1817, terá fim em 13 de março de 1845, momento em que todas as convenções concernentes ao tráfico de escravos cessarão de ter seus efeitos.

Após longas considerações sobre todas as infrações do Brasil aos acordos tendentes à abolição do tráfico de escravos, Aberdeen fazia saber a Hamilton Hamilton, em 5 de julho de 1843:[62]

> É chegado o momento de o governo de Sua Majestade declarar claramente ao governo brasileiro que ele não entende que as obrigações contratadas, de acordo com a convenção de 1826, cessem por falta de uma cooperação tão contínua e inutilmente solicitada por seu governo ao governo do Brasil, e se ele ainda se recusa a entrar em um acordo formal, calculado para dar seu pleno efeito às intenções declaradas pelas partes da convenção de 1826, pela total e final abolição do comércio de escravos, Sua Majestade tomará sozinha e por seus próprios meios as medidas que ela pensar dever adotar, para levar a bom termo a missão humanitária a que Sua Majestade se determinou pelo primeiro artigo da convenção de 23 de novembro de 1826, entre a Grã-Bretanha e o Brasil.

Em 12 de março de 1845, o ministro dos Assuntos Estrangeiros, Ernesto Ferreira da França, notificava a Hamilton Hamilton, enviado plenipotenciário e extraordinário de Sua Majestade britânica, que "as conversações entre a Grã-Bretanha e o Brasil sobre o tráfico de escravos expiram amanhã, 13 de março de 1845. O governo imperial propõe prolongar a existência da comissão mista de Serra Leoa durante seis meses, ou seja, até 13 de setembro, para concluir os julgamentos dos casos em instância".[63]

Em consequência, o Ministério da Justiça encarregou os tribunais de paz ordinários a tomar conhecimento dos processos dos navios capturados por tráfico ilícito de escravos, enquanto não se criasse um organismo especial.

Durante uma sessão da comissão mista anglo-brasileira, em 18 de junho, o juiz comissário britânico declarava não admitir a exatidão da interpretação dada à duração dos tratados existentes para a supressão do tráfico de escravos, subitamente anunciada pelo ministro dos Assuntos Estrangeiros, e como o governo britânico não tinha passado instruções a seus funcionários, estes não podiam cessar as atividades das quais estavam encarregados.

Por outro lado, ele havia comunicado o texto das instruções passadas pelo Almirantado britânico em 9 de abril, pelo qual, de acordo com as convenções acertadas entre Grã-Bretanha, Portugal e Brasil, os cruzadores tinham autorização expressa e tinham recebido o poder e a ordem de examinar e conduzir para que fosse julgada qualquer embarcação suspeita de servir ao tráfico de escravos.

Portanto, havia razões para acreditar que, em caso de detenção de um navio brasileiro, ele seria apresentado a essa comissão, e seria difícil prever as consequências que poderiam daí resultar se o comissário juiz brasileiro se recusasse a tomar conhecimento do caso.

Em 2 de julho de 1845, Antônio Paulino Limpo de Abreu comunicava a Hamilton Hamilton:[64]

O governo imperial não tem como se exprimir para fazer saber o espanto que sente diante das declarações do juiz comissário inglês. A decisão comunicada ao sr. Hamilton por carta de 12 de março expressa claramente o que é convencionado pelos tratados entre o Brasil e a Grã-Bretanha, e pergunta se aqueles tratados e convenções comportam para o Brasil unicamente obrigações e nenhum direito. O governo brasileiro não se recusa a uma convenção justa e razoável, adaptada às novas circunstâncias, para evitar o tráfico de escravos.

Entretanto, lorde Aberdeen colocou em discussão no Parlamento um projeto de lei pelo qual o tribunal do Almirantado e todo o tribunal do Vice-Almirantado da Grã-Bretanha seriam, daí em diante, investidos do direito de julgar todo navio que, sob pavilhão brasileiro, fizesse o tráfico dos negros em contravenção às cláusulas da convenção de 1826.

Esse projeto, tendo recebido sanção real, tornou-se lei em 8 de agosto de 1845 e ficou conhecido sob o nome de Bill Aberdeen.

Em vão, o governo brasileiro protestou com termos os mais enérgicos, tanto no Rio de Janeiro, em 22 de outubro, junto a Hamilton Hamilton, quanto em Londres, por seu enviado especial, o marquês de Lisboa, em 25 de julho (enquanto o projeto ainda estava em discussão) e em 27 de dezembro.

O governo britânico apoiava seus direitos de apresar os navios de tráfico brasileiros no artigo 1º do tratado de 1826, pelo qual era previsto que os súditos de Sua Majestade Imperial que fizessem o comércio depois da data da abolição seriam considerados piratas. A Grã-Bretanha, adotando esse ponto de vista, trataria como piratas os brasileiros que fizessem o tráfico. Assim, nem o Brasil nem os brasileiros poderiam se queixar.

Esse raciocínio era falho em apenas dois pontos: a lei internacional não reconhecia o tráfico de escravos como ato de pirataria, e o tribunal de uma nação não podia julgar os súditos de outra nação de acordo com as leis dessa outra nação.

Era isso que o marquês de Lisboa destacava no protesto que apresentou em Londres.

LEI INGLESA SOBRE OS DIREITOS DE ENTRADA DO AÇÚCAR, 1846; REINÍCIO DA ATIVIDADE DO TRÁFICO DE ESCRAVOS

Na Inglaterra, a aplicação dos princípios do livre-comércio determinava que os preços das mercadorias de primeira necessidade fossem baixos, a fim de que o preço de custo dos artigos manufaturados ficasse em um nível aceitável nos mercados estrangeiros.

O projeto de lei sobre o preço dos cereais passava no Parlamento após anos de luta, limitando os direitos de entrada na Inglaterra dos cereais estrangeiros, mas o ministério de Peel — de quem lorde Aberdeen era ministro dos Assuntos

Estrangeiros — foi posto em minoria sobre uma questão legal relativa à Irlanda. Palmerston voltou ao Foreign Office em 6 de julho de 1846 com o novo ministério, presidido por John Russell. O projeto de lei sobre o açúcar foi votado. Era de capital importância para as economias do Brasil e de Cuba, pois previa na Inglaterra a igualdade dos direitos de entrada que incorriam tanto sobre o açúcar produzido por trabalho escravo quanto sobre aquele produzido por trabalhadores livres. Ao fim de cinco anos, uma limitação progressiva dos direitos de entrada devia deixar o açúcar do mundo inteiro entrar na Inglaterra pagando os mesmos direitos que os que eram reservados até então ao açúcar das colônias inglesas.

O projeto de lei passou, apesar dos ataques dos adversários do governo, que temiam, com justa razão, o grande encorajamento que aquela lei daria ao tráfico de escravos. A necessidade de um maior número de braços seria fatalmente sentida no Brasil e em Cuba, para lidar com a possibilidade do aumento de exportação de seus produtos.

O governo britânico seguia de perto as condições econômicas sob as quais o açúcar era produzido naquelas regiões. Em 16 de dezembro de 1847, Palmerston enviava um questionário de seis pontos aos diversos cônsules ingleses no Brasil e em Cuba.[65]

Porter respondia a esse questionário da Bahia, em 24 de fevereiro de 1848.[66] Pelo mesmo correio, ele dava um resumo da situação na Bahia:

> Corre o boato de que é desejada uma separação com o Rio de Janeiro, estando os habitantes na sua maioria desejosos de se ver libertos das constantes exigências de dinheiro feitas pelo governo central. A raridade da moeda e a parada de todas as obras públicas irritam vivamente as classes baixas, e as classes altas estão descontentes com os impostos elevados e com o estado de abandono desta província.

Em 20 de junho, ele informava sobre os sentimentos antibritânicos que tinham estourado na Bahia quando passara no porto a *Bella Miquelina*, um navio de tráfico apresado pelo cruzador britânico *Grecian*. Sérios incidentes ocorreram após uma tentativa de rapto daquela presa por um grupo de pessoas armadas...

Os presidentes da província da Bahia sucediam-se a um ritmo acelerado:

em 18 de outubro de 1847, era o desembargador João José de Moura Magalhães; em 17 de maio de 1848, Joaquim José Pinheiro de Vasconcellos; em 22 de setembro de 1848, João Duarte Lisboa Serra; e em 13 de novembro de 1848, Francisco Gonçalves Martins.

O cônsul da França na Bahia também mudava. Mauboussin, cônsul do rei da França, Luís Filipe, era substituído por Francis de Castelnau, cônsul da Segunda República.

AS FORÇAS NAVAIS BRITÂNICAS EM AÇÃO NAS ÁGUAS TERRITORIAIS BRASILEIRAS

O governo britânico endurecia cada vez mais sua posição a respeito do tráfico de escravos. Palmerston escrevia a Hudson, encarregado de negócios britânico no Rio de Janeiro, em 23 de abril de 1849:[67]

> Vós direis que, pelo tratado de 1826, o governo do Brasil comprometeu-se a pôr fim ao crime do tráfico de escravos por todos os súditos da Coroa do Brasil, e que é também obrigado a tratar como ato de pirataria todo ato de tráfico de escravos cometido direta ou indiretamente por todo súdito brasileiro.
>
> O governo de Sua Majestade pede formalmente que o governo brasileiro cumpra sem nenhum atraso os compromissos desse tratado e que ponha fim às violações flagrantes e notórias daquele tráfico e da lei brasileira passada em consequência daquele compromisso, que se fazem continuamente no Brasil. Esses procedimentos escandalosos não poderiam existir sem a conivência das autoridades brasileiras, que têm por dever impedi-las, e essa conivência não pode acontecer sem a tolerância do governo imperial.
>
> O governo e o Parlamento britânicos sentiram-se contrariados em tomar de uma certa maneira a cargo a execução daqueles compromissos, mas os abusos contra os quais o ato do Parlamento de 1845 foi dirigido existem sempre.
>
> O governo de Sua Majestade faz mais uma vez apelo à boa-fé e ao senso de honra do governo brasileiro, e espera que uma acolhida favorável a esse apelo lhe economizará o recurso a outras medidas para obter um leal e completo cumprimento do tratado, ou seja, dos compromissos tomados pela Coroa do Brasil.

Legalmente, o Brasil estava no seu direito. Tendo os tratados chegado a seu termo, o governo brasileiro podia exigir o fim do controle do tráfico pelos cruzadores britânicos. Em espírito, e no terreno da "filantropia", a Grã-Bretanha não estava errada em pretender que as metas propostas pelos tratados não tinham sido atingidas.

Para a Grã-Bretanha, sob a pena de Palmerston, as convenções e os tratados tornaram-se "tratados-compromissos perpétuos", e os oficiais da Marinha de Guerra inglesa se comportaram no Brasil como em um país conquistado. Os cruzadores receberam a instrução de apresar os navios de tráfico, tanto nas águas territoriais brasileiras quanto fora delas.

Em 23 de junho de 1849, o capitão Bailey, do *Sharpshooter*, tomou um navio negreiro sob os canhões do forte de Macaé.[68] Irritados, alguns membros da Assembleia Legislativa do Brasil quiseram propor um projeto de lei anulando aquele de 7 de novembro de 1831.[69]

Em 5 de janeiro de 1850,[70] Schomberg, comandante do *Cormorant*, fazia o apresamento do *Santa Cruz* em águas territoriais brasileiras.

Hudson, o encarregado de negócios britânico, assinalava a Palmerston, em 9 de março de 1850: "Os atos dos cruzadores de Sua Majestade excitam o espírito nacional em favor do tráfico de escravos e dão maior poder aos negociantes de escravos". E dizia também que "um ataque traiçoeiro e o assassinato a sangue-frio de um marinheiro do vaso *Rifleman* foram perpetrados por um bando de cortadores de garganta, os comerciantes de escravos que são a desgraça deste século".[71]

O governo brasileiro tendo se queixado de que os cruzadores britânicos detinham e visitavam os navios nacionais no interior das águas territoriais brasileiras, e especialmente logo à saída do porto da Bahia, James Hudson respondeu em 23 de março de 1850 ao ministro dos Assuntos Estrangeiros, Paulino José Soares de Souza:[72]

> O governo de Sua Majestade lamenta muito que a necessária e inevitável conduta dos cruzadores britânicos nas costas do Brasil para a supressão do tráfico de escravos não encontrou a aprovação do governo brasileiro, e isso tanto mais que é impossível ao governo de Sua Majestade mudar sua maneira de agir até que o governo brasileiro tome as próprias medidas para satisfazer o tratado-compromisso da Coroa do Brasil relativo à total e inteira supressão do tráfico de escravos no Brasil.

Entretanto, o governo de Sua Majestade pode assegurar com a maior sinceridade ao governo do Brasil que, em ordenando aos oficiais da Marinha britânica que continuem a tomar as medidas necessárias para a supressão do tráfico de escravos, longe está das intenções do governo de Sua Majestade atentar à honra e à dignidade da Coroa do Brasil. Sua intenção é, ao contrário, sustentar a dignidade e a honra, colocando fim à direta e flagrante violação do compromisso solene da Coroa do Brasil, que é altamente derrogatória à honra e à dignidade do governo imperial.

MUDANÇAS NA SITUAÇÃO INTERNA DO BRASIL EM FAVOR DO FIM DO TRÁFICO DE ESCRAVOS; PRESSÃO OFICIOSA DA GRÃ-BRETANHA SOBRE A OPINIÃO PÚBLICA

Enquanto o governo britânico discutia com o do Brasil e passava do terreno da diplomacia para o da ação das esquadras — o que poderia criar, a cada instante, um conflito de caráter mais grave —, o encarregado de negócios da legação britânica mostrava-se muito mais otimista. James Hudson escrevia em privado a Palmerston em 5 de agosto de 1848:[73]

Uma mudança muito satisfatória parece fazer-se no espírito do governo e do público brasileiros a respeito da importação de escravos. Essa mudança se deve ao efeito combinado do Bill Aberdeen e das capturas feitas em consequência do mesmo; ao terror provocado entre os membros deste governo e as pessoas sensatas, pelas recentes importações maciças de escravos; e também ao isolamento em que se encontra agora o Brasil, que perdeu o apoio da França e da Áustria.

O ministro dos Assuntos Estrangeiros, Souza Franco, me disse na noite anterior que o governo está decidido a parar a importação de escravos. Tive que observar que ele e seu partido na Câmara decidiram fazer uma mudança completa na administração demasiado venal da alfândega. Disse-me que seus colegas preparavam uma lei sobre a colonização. Como o atual chefe do governo, sr. Paulo Souza, é um homem perfeitamente honesto e é bem sustentado pelo partido Santa Luzia, pode fazer aquilo que nenhum primeiro-ministro brasileiro pôde conseguir até agora.

Pela primeira vez em três anos, tenho alguma esperança de resolver a questão da importação de escravos.

Em 1845, Macaé, que estava então à frente do governo, era muito corrompido, e muito intimamente aliado a Manoel Pinto [da Fonseca], a quem desejava ter como genro; Cavalcanti, seu sucessor, era muito teórico; Limpo d'Abreu, muito fazedor de projetos; Alves Branco, muito dogmático e perdido em reverências poéticas sobre a perfectibilidade em matéria de governo; Paulo Souza, o atual primeiro-ministro, é honesto e ama sua pátria. Ele vai parar, estou convencido, a importação, se puder obter um pouco de honestidade entre seus guardas e oficiais de alfândega.

Os oficiais do Exército e da Marinha prenderiam voluntariamente os traficantes de escravos se para isso estivessem autorizados.

Os agricultores, que foram forçados a hipotecar suas propriedades aos comerciantes de escravos portugueses em pagamento de seus trabalhadores, quando o câmbio era de 28 pence por um mil-réis e o café valia 3500 réis (oito shillings) a arroba (36 libras), resmungavam com boas razões contra o lucro feito sobre eles pelos comerciantes de escravos, agora que o câmbio caiu a 22 pence o mil-réis e o café não pode achar comprador a 2500 réis a arroba (quatro shillings e seis pence).

A lista das capturas feitas na costa produz um efeito imenso.

Os brasileiros sentem assim que os últimos acontecimentos na Europa os privaram de dois amigos políticos, a França e a Áustria, e lhes fecharam dois mercados, Hamburgo e Trieste.

A estrela do general Rosas lhes aparece também em um período ascendente, e a impossibilidade em que se encontram os franceses de manter sua esquadra no rio da Prata os faz pensar que Rosas ou seus protegidos não ocuparão a Banda Oriental e não reanexarão o Paraguai como fizeram com Corrientes.

Devido à tensão entre a Grã-Bretanha e Rosas, os brasileiros esperam a ajuda da Grã-Bretanha, no caso de Rosas atacar a Banda Oriental. Mas dão-se conta de que, para se conciliarem às boas graças de Palmerston, eles deveriam fazer um sacrifício e, em consequência, oferecem o tráfico de escravos como o presente mais aceitável.

São suscetíveis de realizá-lo por uma feliz conjuntura de circunstâncias:

— A queda das rendas apavorou os políticos.

— Uma multidão de bárbaros, trazendo consigo seus costumes e doenças, aterrorizou os cidadãos.

— A total depravação e a corrupção da administração das alfândegas acenderam a cólera dos contribuintes.

— As revoluções na Europa, que dispersaram seus laços e suas alianças, alarmaram a família imperial.

— Em consequência, o governo brasileiro pode agora fazer prova de autoridade e, por uma reforma geral das alfândegas e por um projeto bem desenvolvido sobre a colonização, forçar os importadores de escravos a relaxar o aperto sobre este país escravocrata.

O governo brasileiro espera que, se a importação de escravos for efetivamente impedida, Palmerston terá uma liberdade maior para fazer a concessão que lhe agradar a respeito dos cruzadores e substituir um tratado àquele de lorde Aberdeen.

Uma vez esse ponto adquirido, não haverá mais a mínima dificuldade entre a Inglaterra e o Brasil. Ela retomará, junto a esta Corte e neste mercado, a posição que foi sua antigamente.

SUSTENTAÇÃO DADA PELO GOVERNO BRITÂNICO AO PARTIDO ANTIESCRAVISTA

Hudson escrevia pelo mesmo correio: "Um dos jornais que publicavam artigos contra o tráfico de escravos, o *Monarquista*, foi comprado por comerciantes de escravos".

Em 9 de novembro de 1848, ele assinalava ao Foreign Office:

O presidente desta província impeliu-me fortemente a sustentar uma publicação defendendo a causa da supressão do tráfico de escravos no Brasil, no terreno da humanidade e da economia política, e que dá a prova das perdas morais, sociais e financeiras consecutivas à escravidão.

Consenti em fazer àquele jornal uma doação de quinze libras esterlinas por mês, durante seis meses, ou seja, até o momento em que poderei conhecer a opinião de lorde Palmerston sobre a necessidade de continuar o adiantamento de fundos após aquele período.

Essa publicação é inteiramente consagrada à questão antiescravista, à exclusão de toda questão política.

Adiantei assim cinquenta libras esterlinas ao presidente de uma sociedade contra a escravidão formada nesta cidade, para a compra de uma prensa e de caracteres tipográficos, com a intenção de colocar o impressor da publicação sob o abrigo da pressão financeira dos comerciantes de escravos.

Em 13 de agosto de 1849, Hudson escrevia mais uma vez:[74]

Um pedido me foi feito recentemente para adiantar uma soma de dinheiro ao *Correio Mercantil* (o mais importante jornal deste país, sustentado pelo partido brasileiro, ou partido Santa Luzia, em oposição ao que governa atualmente, o partido Saquarema, que é todo devotado aos portugueses e aos interesses do comércio de escravos), com o objetivo de defender os pontos de vista antiescravistas, e consenti em adiantar a soma de cem libras esterlinas, para se fazer e para assegurar a rentabilidade do *Correio Mercantil* até 1º de janeiro.

Vejo bem que os assinantes do *Correio Mercantil* diminuem. A influência do governo atual se fez sentir depois dos resultados da eleição geral.

Alguns amigos, convencidos dos interesses antiescravistas, estão entretanto comprometidos em continuar a publicação do *Correio Mercantil*. À sua frente encontra-se Muniz Barreto, o antigo vice-presidente da Câmara dos Deputados, que será certamente reeleito para a Assembleia Legislativa brasileira no próximo ano. Serei feliz em ajudá-lo na publicação de seu jornal, tanto mais que o senador Vasconcellos procura por todos os meios possíveis separá-lo de seus interesses antiescravistas. Barreto, porém, está ligado à supressão do tráfico de escravos e fora do alcance dos golpes da tentação.

Com ele, tem o mais hábil advogado e defensor do Brasil, Luís Fortunato de Brito, e um jovem autor popular em ascensão. O chefe do *Correio Mercantil* é ajudado pelo deputado Marinho, comumente chamado "Boca de Fogo", por causa da natureza ardente de seus discursos. É um padre, vigário de uma grande paróquia desta cidade.

Esses são os homens aos quais serei feliz em apoiar os serviços, de toda maneira, para os seis meses que virão.

Por ato de 18 de outubro de 1848, lorde Palmerston autorizava o sr. Hudson a sacar dos fundos do serviço secreto quinhentas libras em 1848 e quinhentas libras a mais em 1849.

Em 17 de janeiro de 1850, Hudson escrevia a Palmerston:[75]

Uma proposta me foi feita para garantir a supressão do comércio de escravos nesta costa. O conhecimento que tenho das pessoas interessadas me incita a lhe apresentar.

As pessoas em questão pertencem a diferentes classes da sociedade. Alguns são funcionários a serviço do Brasil, outros têm uma fortuna independente, outros ainda são pilotos costeiros, oficiais aduaneiros etc. Todos, com uma exceção, oferecem seus serviços gratuitamente, e a única despesa que o governo de Sua Majestade poderia ter que fazer é uma pensão anual a um só indivíduo, se supusermos que o governo de Sua Majestade consinta em fazer serem bem-sucedidos a experiência e o projeto.

O plano apresentado por aqueles personagens é que o governo de Sua Majestade designe para o porto do Rio de Janeiro quatro pequenos vapores rápidos e duas escunas, tendo todos um calado reduzido e um armamento leve. Terão uma tripulação numerosa e barcas equipadas de maneira tal que possam ficar independentes dos vasos durante vários dias. Os cruzeiros serão feitos de acordo com as informações comunicadas por essas pessoas à legação.

O principal mérito desse projeto é a quantidade e a certeza das informações suscetíveis de serem obtidas pelos esforços associados das pessoas em questão, que têm os meios e as ocasiões de conhecer os movimentos e os segredos dos comerciantes de escravos. Dois terços do tráfico de escravos poderão ser suprimidos em doze meses.

Outras despesas ocasionais devem ser previstas para obter as informações sobre as intenções dos comerciantes de escravos. Avalio-as em 5 mil a 7 mil libras esterlinas por ano, porque alguns funcionários das justiças de paz e das alfândegas brasileiras, assim como os pilotos que será necessário empregar para tanto, estão acostumados a receber enormes somas dos comerciantes de escravos.

No que tange ao efeito que poderá produzir sobre o governo brasileiro, a Assembleia Legislativa e o povo, o funcionamento desse projeto torna-se todos os dias mais aparente para eles, que não podem disputar com a Inglaterra nem o direito de pedir a supressão do tráfico de escravos ao Brasil, nem seu poder de impor esse direito, se ela o julgar conveniente. Com efeito, estão à mercê do almirante britânico. Sua situação política não lhes permite entregar-se a nenhum ato de violência, e a experiência do último ano mostrou que eles se submetem calmamente às condições contra as quais protestaram altivamente, na esperança de que suas reclamações receberão uma boa acolhida.

Não prevejo, pois, nenhuma dificuldade que possa ser provocada pela presença de cruzadores nesta costa. Não vejo ainda como o governo brasileiro poderá se queixar do esforço feito pelo governo de Sua Majestade para destruir o tráfico de escravos nas costas do Brasil. A partir do momento em que as autoridades brasileiras não mais permitem navios negreiros a se equiparem nos portos brasileiros com a impunidade atual, o tráfico de escravos será quase aniquilado. Mas eles temem que o preço dos escravos aumente e que, em consequência, o mesmo ocorra com os produtos brasileiros. Por isso não tomam nenhuma medida para impedir o equipamento dos navios para o tráfico de escravos.

Palmerston respondia a Hudson em 4 de abril de 1850:[76]

Comuniquei aos lordes comissários do Almirantado as informações e sugestões contidas em vosso despacho, e estou certo de que farão o necessário para prover a estação do Brasil de cruzadores bem adaptados ao alvo fixado. Entrementes, vós encorajareis as pessoas às quais fazeis alusão a dar as informações a respeito do tráfico de escravos, e a regularização de nosso litígio com o governo de Buenos Aires vai deixar logo livre para estacionamento no Brasil a maior parte dos cruzadores, atualmente no rio da Prata.

O cônsul Robert Hesketh escrevia por sua vez a Palmerston, em 14 de março de 1850:[77]

O partido antiescravista é brasileiro. O número de seus membros aumentou consideravelmente em tempos recentes, e se espalha por todo o país, [...] sem procurar saber se a primeira razão de ser desse partido procede da convicção da torpeza moral ligada ao comércio de escravos ou da determinação de atacar seus adversários políticos em um ponto tão vulnerável. Seja qual for o motivo que tenha provocado esse clamor contra a escravidão, o partido ergue-se agora, opondo-se abertamente a novas importações de escravos, e proclama mesmo a necessidade de adotar todos os meios para a gradual extinção da mão de obra escrava.

Suas opiniões são livre e vigorosamente proclamadas na imprensa. Eles expõem todos os casos de cumplicidade do governo com os importadores de escravos, e publicam mesmo os nomes dos proprietários que privam seus escravos da fraca proteção que a lei lhes concede.

Esse partido colocou em seus interesses três jornais desta capital: o *Philantropo*, o *Correio Mercantil* e o *Grito Nacional*. E me disseram que demonstrações de semelhantes sentimentos contra o tráfico de escravos são publicadas em muitos jornais da província.

De seu lado, membros das duas câmaras legislativas falaram da cumplicidade do Executivo com os importadores de escravos africanos, como sendo a raiz dos grandes males do país, e da origem das medidas coercitivas e desagradáveis impostas pela Grã-Bretanha nas costas. A política de supressão de toda nova importação de escravos no Brasil e a detestável influência dos comerciantes de escravos foram evocadas com semelhante vigor.

A parte da imprensa estipendiada pelos interesses do comércio de escravos se contradiz agora com as publicações adversas que mostram como os mercadores de escravos dissimulam seus atos criminosos e, cada vez que se fazem capturar por um cruzador britânico nas paragens, a versão deformada que dão ao acontecimento.

Essas refutações, frequentemente conduzidas com vigor, colocam em relevo a pertinência e a justeza das medidas tomadas pelo governo de Sua Majestade contra os refúgios dos comerciantes de escravos brasileiros, e como os jornais são lidos por mais classes do que geralmente se supõe, a antiga irritação contra os cruzadores britânicos vigiando a costa desapareceu em grande parte.

Os portugueses, ou partido do comércio de escravos, não têm mais agora os meios de fazer nascer, como antes, os sentimentos de rancor contra os interesses e as pessoas britânicas.

Eles não ousam mais, mesmo apoiados como o são, arriscar-se a renovar os ultrajes cometidos anteriormente em diversos lugares da costa. Eles contam agora com a inveja que os brasileiros ressentem diante da influência desses estrangeiros, e se tentassem continuar sua ação, a hostilidade nacional voltar-se-ia contra os portugueses, e o Executivo, em semelhante caso, não poderia protegê-los.

Quando dos últimos acontecimentos — como o incêndio do navio negreiro *Santa Cruz* pelo vaso de Sua Majestade, *Cormorant*, ou a captura do *Providência*, entre outros casos —, o partido dos comerciantes de escravos fez todo o possível através de sua imprensa para exasperar o espírito público com toda sorte de relatos falsos, ou habitualmente truncados, sobre fatos reais. O governo executivo lhes prestou ajuda. Mas a imprensa antiescravista desmontou todas aquelas alegações, relatando os fatos com sinceridade e justificando a ação dos cruzadores. Os esforços malfazejos dos portugueses, nessas ocasiões, não tiveram nenhum sucesso nos jornais e nas duas câmaras legislativas.

A imprensa fez muito para colocar em sua verdadeira luz a questão da abolição da escravidão em virtude dos tratados com a Grã-Bretanha, e os brasileiros passam a ficar a cada dia mais surpreendidos pelas consequências ruinosas, para eles, do aumento de sua população de escravos.

Em 1º de fevereiro de 1850, Palmerston fazia saber que, pouco tempo antes, autorizara o envio de dois exemplares suplementares dos *Parliamentary Papers*, tendo em vista a sua utilização por alguns gentlemen brasileiros que publicavam jornais contra o tráfico de escravos.[78]

Em 27 de julho de 1850, um despacho separado de Hudson assinalava o acordo concluído com uma pessoa bem informada sobre as atividades dos comerciantes de escravos, dando informações que levariam à captura de navios negreiros, com a condição de receber 10% do preço da tonelagem da presa e do prêmio.[79]

LEI EUSÉBIO DE QUEIRÓS, 1850

Em 27 de julho de 1850, Hudson informava a Palmerston que no Senado, na sessão de 13 de maio passado, um projeto de lei tinha sido apresentado por Candido d'Oliveira e Hollanda Cavalcanti em favor dos comerciantes de escravos, mas que a Câmara dos Deputados, por meio de uma manobra audaciosa, tinha-se colocado à frente do movimento antiescravista.[80]

Ele acrescentava que o comércio de escravos no Brasil era conduzido exclusivamente a partir dos dois centros, Rio de Janeiro e Bahia, e concentrado nas mãos de uns vinte ou trinta aventureiros, sobretudo de origem estrangeira e de baixa classe, em suma, verdadeiros párias da raça humana.

Pelo mesmo correio, fazia saber que, em 26 de junho, o *Cormorant* capturara o famoso navio negreiro *Rival* em Macaé, captura esta precedida de três outras em Paranaguá, com o *Sereia*, o *Leônidas* (primeiro batizado como *Donna Anna*) e o *Campeadora* (que antes se chamava *Camponeza*, ou ainda *Lucy Ann*); fazia saber também que o *Astro* (outrora *Flora*) fora destruído pela sua própria tripulação.

458

Foi subindo o curso do rio Paranaguá, perto de Cabo Frio, que o *Cormorant* efetuara as duas últimas capturas. Saindo do rio, os navios negreiros a reboque, seu comandante, Schomberg, tinha trocado tiros de canhão com o forte localizado na embocadura.

De acordo com as informações do encarregado de negócios britânico, fundadas sobre os esclarecimentos do grupo de pessoas de que já tratamos, todas aquelas capturas foram operadas em estrita aplicação das ordens dadas em 22 de junho pelo almirante Reynolds.

Em 15 de outubro de 1850, tendo tomado conhecimento de que um forte brasileiro ousara atirar em um navio de guerra britânico, Palmerston, com sua mais bela pena, sem levar em conta que o navio britânico tinha violado as águas territoriais brasileiras e lá se entregado a atos hostis, redigiu uma nota ao encarregado de negócios britânico no Rio de Janeiro, dando-lhe a ordem de notificar

o descontentamento ressentido pelo governo de Sua Majestade, ao saber do ataque mortífero, digno de piratas, perpetrado sobre um navio de Sua Majestade por pessoas que ocupavam um forte pertencente ao imperador do Brasil.

O governo de Sua Majestade espera sinceramente que o resultado do inquérito junto ao governo brasileiro mostre que se tratava de um ato de um bando de piratas que, tendo dominado a guarnição militar do forte, dele tomou posse.

O governo brasileiro deve verificar se a guarnição do forte fez uma resistência honorável ao ataque ilegal daqueles piratas, ou se o forte rendeu-se a esses saqueadores por falta de coragem, ou por uma conivência criminal de seus oficiais e homens — aos quais o governo imperial havia confiado a guarda — com aquele bando de piratas que conseguiu obter a possessão de um forte brasileiro e voltar os seus canhões a um navio de guerra britânico.

A reparação deve ser feita pela garantia formal do governo brasileiro, exprimindo seu profundo pesar de que um tal ultraje tenha sido cometido, e pela punição dos piratas, que foram culpados pela morte de um súdito de Sua Majestade e pelo ferimento de outros dois.

Hudson continuava seu relatório de 27 de julho:

O comandante Schomberg chegou ao Rio de Janeiro na sexta-feira, 5 de julho, voltando do cruzeiro. A novidade de suas capturas espalhou-se no sábado, dia 6.

No dia seguinte, domingo, vários pequenos grupos de pessoas dos meios do tráfico de escravos foram vistos arrastando-se em volta do desembarcadouro desta cidade, vaiando todos os oficiais ou marinheiros ingleses que apareciam. Esses bandos de bandidos foram trazidos para a praça do palácio por dois irmãos do célebre comerciante de carne humana Manoel Pinto da Fonseca, e continuaram durante dois dias (domingo e segunda-feira) a infestar o cais. Os homens sob suas ordens eram, na maior parte, estrangeiros da mais baixa classe e de maneiras as mais brutais. Um desses bandidos tendo empurrado um marinheiro inglês do cais para a água, um brasileiro presente tomou sua canoa e ameaçou vingá-lo. Então os estrangeiros soltaram a presa e se foram.

Hudson escrevia ainda a respeito dos rumores e dos falsos boatos propagados a propósito de dois oficiais mortos, de outros apedrejados, de uma meia-nau afundada e de cartazes com inscrições "Morte aos ingleses". Os comerciantes de escravos enviavam provocadores divulgando mentiras para incitar os ingleses a bombardear a cidade do Rio de Janeiro, acusando-os de destruir os vasos suspeitos, de violar a Constituição e de levar as joias da Coroa.

Os brasileiros mantiveram-se perfeitamente calmos ante todas essas tentativas dos comerciantes de escravos; estava claro que eles não tinham tomado parte naquelas desordens.

Na terça-feira, dia 9, os insultos aos súditos de Sua Majestade no Rio de Janeiro terminaram repentinamente diante da atitude dos brasileiros, que estavam indignados de ver o que havia de mais baixo e mais degradante na raça humana (ou seja, os comerciantes de escravos) ousar desafiar as leis na capital brasileira. Um grupo de gentlemen brasileiros, tendo encontrado na praça do palácio os conhecidos comerciantes de escravos Ramos e Fonseca, os aterrorizaram tanto com seus gestos de ameaça que os forçaram rapidamente a bater em retirada.

Depois disso, Hudson não mais ouvira falar que algum comerciante de escravos do Rio de Janeiro se aventurara a fazer novas manifestações, nem que algum súdito de Sua Majestade tinha sido molestado ou aborrecido na capital. Com efeito, a hostilidade do povo brasileiro lhes tinha sido manifestada tão claramente que não restava mais nenhuma dúvida no espírito dos comerciantes de escravos sobre a posição que a partir dali os esperava no Brasil.

Durante as sessões da Câmara dos Deputados no Rio de Janeiro nos dias

28 de junho, 1º, 8, 15 e 20 de julho de 1850, os debates foram exaltados, mas na sessão de 15 de julho, Paulino José Soares de Souza, ministro dos Assuntos Estrangeiros, proferiu um discurso em que esclarecia a questão e fazia o balanço da situação com uma objetividade que Hudson observou em sua correspondência com Palmerston.[81]

Entretanto, Hudson pedia ao almirante Reynolds para suspender por algum tempo a ação dos cruzadores britânicos no interior das águas territoriais brasileiras, a fim de acalmar a opinião pública no Brasil e não tornar muito ingrata a tarefa das autoridades locais.

Assim, Schomberg esperou até outubro para ir à Bahia e continuar sua ação.

Enquanto isso, em 4 de setembro de 1850, Eusébio de Queirós Coutinho Matoso da Câmara, então ministro da Justiça, fez passar uma lei que ficou conhecida como Lei Eusébio de Queirós, que praticamente pôs fim ao tráfico de escravos no ano seguinte.[82]

As disposições tomadas por Hudson com a intenção de acalmar a opinião pública foram desastrosamente publicadas nos *Parliamentary Papers*. Em 11 de junho de 1852, o encarregado de negócios britânico no Rio de Janeiro informava:[83]

Foram publicados despachos confidenciais de Hudson relatando as negociações com o governo brasileiro para a supressão do tráfico de escravos e, mais particularmente, a respeito das ordens dadas aos cruzadores de Sua Majestade. Esses despachos foram utilizados pelos jornais da oposição para mostrar que o sr. Paulino, ministro dos Assuntos Estrangeiros, tinha consentido em ser colocado na mais humilhante posição pelo ministro britânico, e forçado a se submeter às injunções do sr. Hudson, comprometendo a honra e a dignidade do Brasil.

Durante esse penoso debate, o sr. Paulino contestou a exatidão das declarações de Hudson.

Em 15 de julho de 1852, ele escrevia a respeito do discurso pronunciado em 8 de julho último por Eusébio de Queirós (ex-ministro da Justiça) na Câmara dos Deputados:[84]

Aquele deputado se esforçou em demonstrar da maneira mais laboriosa que o sr. Hudson não tinha relatado lealmente ao governo de Sua Majestade as transações que conduzira nestes dois últimos anos, quando o sr. Eusébio era um membro eminente do governo.

A publicação do despacho do sr. Hudson no *Blue Book* foi considerada aqui como uma séria afronta ao governo brasileiro, pois, pela leitura dos despachos do sr. Hudson, tornou-se evidente ao mundo inteiro que a supressão do tráfico de escravos foi imposta a este governo, enquanto o sr. Eusébio e seus colegas fundamentam suas pretensões no fato de que, espontaneamente e por princípio, conduziram por bem aquele louvável assunto.

O discurso do sr. Eusébio atesta suas qualidades de advogado, e dizem que fez grande efeito na Câmara. Entretanto, penso que não abalou em nada a opinião geral, segundo a qual o governo brasileiro não queria ou não podia fazer nada sozinho.

Hudson foi pouco feliz também a propósito de seu principal informante. Em 11 de abril de 1851, escrevia a Palmerston:[85]

Quando me aventurei a sugerir a Vossa Excelência a necessidade de tomar uma pessoa ao soldo da legação para dar informações a respeito dos movimentos dos comerciantes de escravos na capital e perto dela, não esperava nunca e jamais teria acreditado que a remuneração que o governo de Sua Majestade lhe concedesse pudesse ser ultrapassada pelo governo brasileiro para tal serviço. Por esse motivo, com a maior satisfação, tenho a honra de fazer saber a Vossa Excelência que o governo brasileiro presenteou o informante do tráfico de escravos acima mencionado com a gratificação de 2500 libras esterlinas pelo serviço que recentemente prestou, fornecendo as informações corretas ao governo imperial a respeito do tráfico de escravos durante os últimos meses.

Creio que o motivo dessa despesa da parte do governo brasileiro deve se encontrar no fato de que nenhuma carga de escravos tenha sido desembarcada nesta costa e naquela das províncias vizinhas do Espírito Santo e São Paulo sem que eu tenha tomado conhecimento antes do governo brasileiro.

Em consequência, por memorando privado, tenho sempre convidado o ministro dos Assuntos Estrangeiros a não perder tempo enviando forças da polícia ao lugar indicado, e como a cada ocasião a informação que eu transmiti se mostrou ser correta nos mínimos detalhes, quanto ao nome, classe, construção, aparelhagem, proprietário, consignatário e histórico do navio negreiro em questão, o ministro da Justiça, o chefe da polícia e o ministro dos Assuntos Estrangeiros ficaram com vergonha de que um agente estrangeiro saiba tanto mais que eles mesmos a respeito de sua própria costa, do tráfico de escravos e dos comerciantes de escravos, e perguntaram-me de onde eu tinha aquelas informações.

Sob a condição de que a proteção da pessoa fosse garantida (porque sua vida estava ameaçada naquele tempo), dei a resposta necessária. Esse informante teve então a confiança do ministro da Justiça e do chefe de polícia, e ficaram tão satisfeitos com seus serviços que ele recebeu a muito bela remuneração que mencionei.

Vossa Excelência não deve concluir deste relato que todos os membros do gabinete brasileiro têm a mesma capacidade e a mesma nobreza que o ministro da Justiça, sr. Eusébio.

Era o ministro da Fazenda, sr. Torres, quem devia pagar ao informante a soma em questão. Este último recebeu em consequência uma carta privada do ministro da Justiça para o sr. Torres. Quando o informante lhe apresentou a carta, o ministro da Fazenda deu imediatamente a ordem para que ela seguisse a fieira de todas as formalidades públicas requeridas para os pagamentos da tesouraria, e aquela soma que deveria ser imputada na conta do serviço secreto, como o sr. Eusébio tivera intenção, foi paga de maneira pública.

Essa medida teve por efeito colocar mais do que nunca a vida do tal informante em perigo, pois de cada cem pessoas nesta cidade, 99 têm alguma coisa a ver com o tráfico de escravos. Um informante junto à legação britânica sobre o tráfico de escravos é considerado um inimigo público.

A traição do procedimento do sr. Torres deriva das seguintes circunstâncias:

Faz alguns meses, um navio negreiro pertencente a Manoel Pinto da Fonseca desembarcou uma carga de escravos ao norte desta cidade. Alguns de seus escravos foram presos pelo delegado de polícia no porto de Caxias, naquela baía.

Pinto da Fonseca obteve de Honório, conselheiro de Estado e ex-ministro, com uma "gorjeta" de quarenta negros, que lhe conseguisse uma carta de recomendação para o ministro da Fazenda, sr. Torres, e o irmão de Manoel Pinto da Fonseca conseguiu obrigar o delegado de polícia a libertar os escravos.

Chegando o fato ao meu conhecimento, fiz advertências a esse respeito ao sr. Paulino, que se mostrou indignado com minhas desconfianças. Pedi um inquérito. Aconteceu. O sr. Paulino admitiu que eu dissera a verdade e prometeu que Joaquim Pinto da Fonseca seria deportado na primeira ocasião, o que foi feito mais tarde.

O sr. Torres, que jamais me perdoou por isso (seu próprio irmão é comerciante de escravos), tenta agora desacreditar os esforços do sr. Eusébio.

Posição do gabinete brasileiro:

— Ministro da Justiça: contra o tráfico de escravos.

— Ministro dos Assuntos Estrangeiros: contra o tráfico de escravos.

— Ministro da Fazenda: a favor do tráfico de escravos.

— Ministro do Império: duvidoso.

— Ministro da Guerra: duvidoso.

— Ministro da Marinha: é a favor do tráfico de escravos porque detesta a Inglaterra.

FEBRE AMARELA NA BAHIA, 1850

O ano de 1850 na Bahia foi marcado por uma forte epidemia de febre amarela, que pensavam ter sido trazida pelos navios negreiros vindos da África.

Em março, o cônsul britânico escrevia: "A epidemia se acalma gradualmente em terra, mas infelizmente ainda faz muitas vítimas entre as tripulações dos navios. Cerca de 100 mil pessoas foram atingidas. A mortalidade é muito forte entre os marujos: quase 35% deles faleceram".[86]

Em agosto, o cônsul britânico informava que corria um boato segundo o qual

a febre amarela foi trazida para a Bahia pelo brigue americano *Brasil*, chegado em setembro de 1849, vindo oficialmente de Nova Orleans, mas vindo em realidade de Havana, onde teria deixado uma carga de escravos, pois é um navio negreiro regularmente empregado naquele detestável tráfico. Sem nenhuma dúvida, alguns membros da tripulação morreram durante a viagem para a Bahia, circunstância que não foi assinalada ao oficial da saúde. O brigue foi em consequência autorizado a fundear entre os navios mercantes. A febre fez sua primeira aparição em uma casa frequentada pelo capitão do brigue. Ela atacou duas pessoas, das quais uma morreu após alguns dias de doença. O cônsul americano Turner, que pensam ter ido a bordo do brigue, foi também atingido entre os primeiros: morreu ao mesmo tempo que quatro ou cinco pessoas que residiam no mesmo hotel que ele. A febre amarela começou por se manifestar a bordo dos vasos fundeados mais próximos ao brigue, e em alguns dias contagiou a população da cidade, espalhando-se gradualmente através da província.

Não se sabia nada na época sobre a maneira pela qual a febre amarela se propagava, e iriam se passar muitos anos antes que fossem descobertos, de uma parte, o perigo que constituíam os mosquitos cuja picada podia inocular a doença e, de outra parte, as vacinas preventivas. Meio século mais tarde, essa ignorância iria contribuir para tornar particularmente desanimadora a chegada em Lagos de um grupo de africanos libertos em seu retorno para a África a bordo do patacho *Alliança*.[87]

ENÉRGICA PRESSÃO EXERCIDA CONTRA O TRÁFICO PELOS CRUZADORES BRITÂNICOS NA BAHIA, 1851

Em uma série de despachos, o cônsul britânico na Bahia mostrava a evolução da opinião pública da cidade e como a presença dos cruzadores britânicos contribuía para essa reviravolta.

Em 28 de agosto de 1850: "Quando as notícias da captura de diversos navios negreiros ao sul desta província e da demolição do forte de Paranaguá pelo *H.M.S. Rifleman* chegaram a esta cidade da Bahia, a plebe, muito excitada, ameaçou se vingar dos residentes britânicos. Até o presente, em apenas dois casos os súditos britânicos foram molestados".[88]

Em 7 de setembro de 1850: "Foi dada a ordem pelo presidente desta província para que os fortes e as baterias sejam colocados em estado de repelir qualquer tentativa que possa ser feita para capturar os vasos fundeados sob sua proteção. Relatam que aquelas ordens foram dadas pelo governo central em consequência da captura dos navios negreiros pelo *H.M.S. Rifleman*, em Paranaguá, em junho último".

Em 9 de outubro de 1850:

A chegada dos vapores *Cormorant* e *Sharpshooter* provocou consternação entre os comerciantes de escravos e, sem dúvida alguma, tenderá a torná-los mais discretos no exercício de sua nefasta atividade. Dizem que dois vasos chegados recentemente foram destruídos imediatamente após o desembarque dos escravos, o que será feito com todos os navios de pouco valor.

Sua Excelência, o presidente, declarou ao comandante Schomberg que colocará em jogo toda sua influência para cooperar na supressão do tráfico de escravos. Se sua resolução fosse tornada pública, ela teria o efeito de convencer os comerciantes de escravos de que, daqui por diante, não lhes será mais permitido fazer impunemente seu tráfico.

Mas depois do que aconteceu ao famoso paquete negreiro *Maria Até Ver*, que foi libertado e cuja tripulação viu-se absolvida, e também ao bem conhecido navio negreiro *Fé*, cuja existência foi oficialmente negada [!], estou certo de que a supressão do tráfico de escravos neste porto repousa inteiramente numa frota naval britânica estacionada aqui com essa intenção.

Em 23 de outubro de 1850: "Relatam, e creio ser verdade, que a absolvição do bem conhecido navio negreiro *Maria Até Ver* e de sua tripulação foi obtida por 12 mil-réis (aproximadamente 1400 libras esterlinas). Essa custosa 'gorjeta' reduziu muito lucros de sua viagem e contrariou todos os que estavam nela interessados".

Em 11 de janeiro de 1851:[89]

Chegada do vapor *Cormorant* no dia 6 do corrente. O presidente estando no interior até o dia 8, o comandante Schomberg pediu-me no dia 9 para acompanhá-lo e explicar os argumentos da carta que ele deveria apresentar a Sua Excelência, requerendo a captura imediata pelas autoridades brasileiras de cinco navios declarados negreiros, fundeados acima do forte do mar. Ele já tinha informado o presidente em seu ofício de setembro último. Mesmo assim, o vapor *Sharpshooter* foi retido aqui na intenção de transmitir a resposta de Sua Excelência ao Rio de Janeiro para que fosse levada ao conhecimento do comandante em chefe das forças navais de Sua Majestade no Brasil, caso as autoridades não acedessem ao seu pedido.

O presidente declarou que mandaria a polícia revistar os vasos. Se encontrassem a bordo a mínima prova de que fossem utilizados para o tráfico de escravos, seriam abertos processos contra eles, de acordo com a lei. Caso contrário, ele relataria ao governo imperial e agiria conforme as ordens que recebesse, solicitando ao mesmo tempo que lhe fosse permitido aproveitar a ocasião do *Sharpshooter* para transmitir uma mensagem ao seu governo.

Ele acrescentou que fez os maiores esforços para suprimir o tráfico de escravos naquela província, que nenhum navio com escravos tinha entrado naquele porto desde o começo de novembro último e que, em razão de suas medidas de precaução, nenhum vaso pudera ser equipado para aquele tráfico.

Hoje de manhã fui ver o presidente. Ele me informou que o forte do mar era o único depósito de pólvora desta praça, que o depósito continha de 12 mil a 16 mil barricas, tudo pertencente a comerciantes ingleses, e que se por infelicidade explodisse, uma grande parte da cidade antiga seria destruída.

Durante o tempo em que o *Sharpshooter* esteve aqui atracado, uma grande consternação reinava entre os traficantes de escravos, que têm agora medo de empenhar uma fração importante de seu capital no tráfico, e estou certo de que dois ou três pequenos vapores a hélice poderiam rapidamente aniquilá-lo.

O presidente da província, Francisco Gonçalves Martins, enviava ao cônsul em 12 de janeiro de 1851 um longo ofício, do qual reproduzimos algumas passagens:

A repressão ao tráfico neste porto será eficaz enquanto nenhum dos atos dos cruzadores britânicos vier fazer fracassar o zelo das autoridades brasileiras. Estas não querem de nenhuma maneira demonstrar que trabalham com energia sob o impulso de uma nação estrangeira, a qual poderia ser considerada com maior direito de ser obedecida que o governo de Sua Majestade, o imperador, que manifesta a firme vontade de ver seus súditos cessarem de alimentar um semelhante e ilícito tráfico.

Em tais circunstâncias, poderemos achar justo, ou mesmo de prudente política, da parte das forças inglesas, o desencadear de um ato de violência contra um porto amigo no momento em que, mais do que nunca e mesmo completamente, o governo britânico vê realizar seus desejos de total supressão do tráfico? Tal procedimento não produziria uma reação contra as ideias morais que vão se propagando entre a população, de acordo com as quais o tráfico ilícito deve terminar? As autoridades brasileiras não parecerão fazer prova de covardia se, vendo a honra da nação ofendida, continuarem a aplicar as medidas firmes e sábias que tomaram?

Não parecerão ser assim mais instrumentos do estrangeiro do que executores de suas próprias leis?

Agora discutirei a questão da reivindicação, e vou falar do pedido de captura dos cinco navios que o comandante do *Cormorant* acusa pertencerem ao tráfico de africanos, e que ele requereu até a prisão de suas tripulações e das outras pessoas que neles estão interessadas. São todos vasos portugueses fazendo sua primeira viagem, chegados neste porto faz certo tempo, não tendo partido daqui para nenhum lugar e tendo ainda conservado sua nacionalidade. Parece que alguns têm de ser vendidos, e os outros são destinados ao transporte de cargas.

Pode muito bem ser que esses navios tenham sido enviados para este porto em vista de sua venda para o tráfico ilícito de escravos. Por enquanto é somente uma suposição que, aliás, pode se revelar falsa, porque esses navios podem muito bem ter outro destino. E como as autoridades brasileiras poderiam punir de simples intenções os proprietários portugueses?

Vossa Excelência ignora que cheguem aqui muitos panos ingleses cujos fabricantes sabiam desde antes, aliás muito bem, que não tinham outro destino além do comércio africano. O que se passaria se fossem apresados?

Se a nação portuguesa não tem forças suficientes para obrigar o Brasil a indenizar seus súditos por prejuízos tão arbitrários e gratuitos, é uma razão a mais para que as autoridades brasileiras procedam em todas as circunstâncias com relação a esses mesmos súditos portugueses, com circunspeção e com toda a justiça. Assim, qual seria o dever dessa autoridade se as forças de Sua Majestade britânica se arriscassem a se apoderar de tais navios pela força, enquanto estivessem sob a proteção das baterias dos fortes? Essa autoridade deveria sem dúvida executar as ordens imperiais de repelir a força pela força, utilizando todas as armas que o direito das nações autoriza em tais casos.

Mas acabo de desenvolver uma hipótese que julgo impossível. A boa harmonia que reina entre as duas nações não pode ser quebrada por um motivo tão injustificado, provocando sem dúvida grandes perdas ao comércio britânico, que não deixaria de sofrer, durante um conflito, a exaltação dos espíritos e as destruições que poderiam ser feitas a esta cidade.

O *Cormorant* e o *Sharpshooter* cruzavam à vista da Bahia. Em 24 de janeiro, Porter fez saber que o navio negreiro *Maria Até Ver* fora incorporado ao serviço brasileiro sob o nome de *Brazil*, e em 28 de janeiro ele informou que o presidente da província tinha tomado para o serviço da Marinha brasileira um outro vaso chamado *Constante*, agora *Bahiana*, cuja captura fora pedida pelo comandante Schomberg.[90] Em 13 de fevereiro, o apresamento e a condenação do brigue negreiro *Encantador* foram outras medidas que consternaram os meios dos comerciantes de escravos.

Em 17 de fevereiro de 1851: "Houve uma visita do presidente da província ao *H.M.S. Cormorant*, não somente para devolver a visita do comandante Schomberg, mas mais especialmente para mostrar aos habitantes que uma boa e mútua compreensão continuava a existir entre seus respectivos governos a respeito das medidas tomadas para tornar mais efetiva a supressão do tráfico de escravos".

Em 31 de dezembro de 1851, o cônsul Porter poderia escrever que somente dois navios negreiros tinham conseguido desembarcar sua carga, e que a ativa e amigável cooperação dos vasos de Sua Majestade Imperial com os cruzadores britânicos tinha tido o melhor efeito nos sentimentos da população da Bahia.

11. Astúcia e subterfúgios no tráfico clandestino de escravos, 1810-51

ASTÚCIA E SUBTERFÚGIOS UTILIZADOS PELOS NEGREIROS DO TRÁFICO CLANDESTINO

As convenções e os tratados assinados entre Grã-Bretanha e Portugal subverteram todas as bases do tráfico de escravos.

No começo, foram raras as reações violentas da parte dos capitães e das tripulações dos navios portugueses.

Em 1816, John Marsh Suett, comissário do *H.M.S. Ulysses*, tinha deixado o cruzador britânico na ilha do Príncipe.[1] Decidido a fazer fortuna comerciando ao longo das costas da África, ele havia comprado um barco que batizara de *África*, mas pouco tempo depois, chegando em Uidá, foi capturado por um navio português do tráfico de escravos, o *Temerário*, comandado por Januário Feliciano Lobo. Despojado de tudo aquilo que possuía, incluindo suas roupas, seu navio destruído, foi posto na prisão pelas autoridades de Uidá. Mais tarde, solto por ordem do rei do Daomé, regressou à Inglaterra.

Em seguida, o *H.M.S. Barnes* apoderou-se do *Temerário* (ver apêndice I, captura 24).

Em geral, os métodos seguidos pelos comerciantes da Bahia eram menos brutais e mais sutis. Para garantir a continuidade do tráfico no golfo do Benim, apesar das convenções e dos tratados impostos pela Grã-Bretanha, recorriam a subterfúgios sempre renovados.

PASSAPORTES EMITIDOS PARA MOLEMBO OU CABINDA, MAS VIAGEM DE FATO FEITA PARA O GOLFO DO BENIM

Entre 1810 e 1815, o tráfico estava autorizado somente em Uidá, para o hemisfério Norte.

Entre 1815 e 1831, o tráfico ainda era permitido ao sul do equador. Os navios, para frustrar a interdição de fazer o tráfico no lugar onde pudessem escoar seu tabaco, partiam oficialmente com passaportes autorizando-os a se abastecerem com escravos em Molembo e Cabinda, mas a maior parte continuava indo fazer seu tráfico clandestinamente em Uidá, Porto Novo, Badagri e Lagos.

O caso do *Cisne* foi o primeiro a ser assinalado.[2] Essa galera, comandada por Vicente Paulo e Silva, obteve um passaporte de nº 492, em 24 de outubro de 1817, para ir buscar uma carga de escravos em Molembo, com escalas previstas nas ilhas de São Tomé e Príncipe. Cunningham, cônsul britânico na Bahia, informava ao Foreign Office: "Recolhi depoimentos de vários membros da tripulação do barco inglês *Star*, cujo capitão é William Brown, onde notei que, em 18 de dezembro de 1817, eles estavam ancorados em Popo, junto ao *Cisne*, embarcando escravos destinados à Bahia".[3]

O cônsul Cunningham preveniu as autoridades brasileiras de que, de acordo com todas as probabilidades, os escravos trazidos pelo *Cisne* em 2 de fevereiro de 1818 tinham sido carregados ao norte do equador, e que o navio em questão era suspeito de ter feito assim o tráfico ilegal. O assunto foi submetido ao rei d. João VI, que decidiu que devia ser aberto um processo e que o caso fosse julgado legalmente.[4] Não se seguiu nenhuma condenação, e o *Cisne* continuava a navegar e a trazer escravos, que em princípio eram de Molembo.

Um outro caso, sobre o qual uma documentação mais completa foi encontrada, é o do brigue *Henriqueta*,[5] cujo proprietário era José de Cerqueira Lima, tendo como capitão João Cardoso dos Santos. Esse brigue, em seis falsas viagens para Molembo, trouxe 3040 escravos do golfo do Benim, obtendo um lucro estimado em 80 mil libras esterlinas. Entretanto, já em 16 de novembro de

1825, o cônsul William Pennell havia chamado a atenção de Georges Canning, ministro dos Assuntos Estrangeiros em Londres, a respeito do referido brigue:[6]

Em 3 de novembro de 1825, o brigue *Henriqueta* chegou aqui, em princípio de Molembo, em dezoito dias. Mas o barco americano *Lafayette*, tendo chegado em Onim em 25 de outubro, o viu lá [em Onim] esperando um carregamento de escravos.

Quando o *H.M.S. Maidstone* apareceu em Onim, o *Henriqueta* tinha uma parte dos escravos a bordo, mas teve somente o tempo de enviá-los para terra, escapando assim à captura. Na partida do *Maidstone*, os escravos foram carregados de novo, e o brigue tomou o mar. Pouco depois, o *Maidstone* apareceu novamente e começou a persegui-lo, mas o *Henriqueta* conseguiu escapar. O brigue, que estava armado, tinha preparado seus canhões para resistir. Ele tinha sido segurado no Rio de Janeiro quando da sua última viagem, e o prêmio cobria o risco da captura pelos cruzadores britânicos.

Ninguém é tão notoriamente conhecido por ser engajado no comércio ilícito do tráfico de escravos quanto o proprietário do *Henriqueta* [José de Cerqueira Lima], e não há um comerciante brasileiro que goze de maior consideração em todas as classes da sociedade da cidade. Ele foi muito feliz nas especulações em regiões proibidas. Mesmo quando seus navios foram capturados, geralmente escaparam das condenações, e dizem que as indenizações que lhe foram pagas pelo governo britânico aumentaram seu capital e suas empresas.

Vinte meses mais tarde, em 4 de julho de 1827:[7]

O brigue *Henriqueta* partiu para a África em 12 de abril, depois de aqui chegar a informação de que os cruzadores britânicos capturaram, na costa da Guiné, todos os vasos brasileiros do tráfico, com ou sem escravos a bordo, seguindo as novas ordens recebidas do governo inglês. Em consequência, aquele navio recebeu a instrução de não ancorar e de tomar as precauções para escapar aos perigos criados por aquelas novas ordens.

Ele chegou aqui no dia 30 do último mês (após uma ausência de apenas 49 dias) com um carregamento de 544 escravos, depois de ter ficado poucos dias naquilo que é chamado pelo tráfico de latitudes perigosas.

Incluindo essa viagem, o lucro está estimado, desde março de 1825, em 80 mil libras esterlinas, e a última viagem compensa a perda de três navios do mesmo proprietário que foram capturados recentemente.[8]

Não há dúvida de que aquele brigue pertencente a José de Cerqueira Lima ia carregar seus escravos no golfo do Benim e não em Molembo, como o provará o que segue.

Em Serra Leoa, em 30 de outubro de 1827, sabia-se que o brigue *Henriqueta*, tendo saído da Bahia em 12 de agosto, depois de 22 dias de viagem, chegava em Lagos em 2 de setembro, descarregava sua carga de importação, embarcava 569 escravos e partia, sendo capturado no dia 6 de setembro, algumas horas após ter deixado o porto, pelo *H.M.S. Sybill*, comandado pelo comodoro Collier.[9] O vaso chegou em Serra Leoa em 23 dias, durante os quais morreram doze daqueles infelizes. O comissário juiz da comissão mista de Serra Leoa relatava:

A única coisa que nos impressiona é a prontidão com a qual são obtidos agora aqueles infelizes em portos onde, até pouco tempo atrás, os vasos deviam esperar meses para obter sua carga. Isso pode ser atribuído à quantidade de navios de tráfico ilícito recentemente capturados pelos cruzadores antes que pudessem embarcar as vítimas de sua cupidez e, em consequência, à quantidade agora disponível em terra esperando os meios de transporte. Isso é ainda uma prova da facilidade com a qual se age contra as disposições do tráfico.

Sobre os 54 casos julgados pela comissão mista de Serra Leoa entre 1822 e 1830, quarenta tinham passaportes emitidos para Molembo ou Cabinda, mas todos aqueles navios tinham sido capturados no golfo do Benim.[10]

PASSAPORTES EMITIDOS PARA O COMÉRCIO LEGAL NA COSTA DA MINA, FACILITANDO AOS NAVIOS O TRÁFICO DE ESCRAVOS NESSA REGIÃO

Os passaportes eram algumas vezes tirados pelos proprietários dos navios para fazer o comércio legal dos produtos africanos na Costa da Mina. A convenção autorizava os cruzadores britânicos a apresar somente ao norte do equador e julgar apenas os navios com escravos a bordo. Portanto, o risco corrido pelos navios de tráfico era reduzido a alguns dias em que, após ter carregado seus escravos, não tinham ainda conseguido passar a linha do equador.

A história do *Volcano do Sul*, que terminou tragicamente para a tripulação de apresamento inglesa colocada a bordo e provocou um sério incidente diplomático entre Grã-Bretanha e Portugal, ilustra esse método empregado para o tráfico clandestino.

Esse brigue obteve na Bahia um passaporte de nº 338, em 14 de julho de 1819, "para ir à costa da África fazer o comércio lícito de marfim, ouro, óleo de dendê e tecidos, mas não de escravos".[11] Pertencia ao sr. Nobre e seus sobrinhos, e era comandado por Francisco Xavier do Espírito Santo.

Em 10 de outubro de 1819, o cruzador britânico *H.M.S. Pheasant*, comandado por Benedictus Marwood Kelly, se apoderou do *Volcano do Sul* no golfo do Benim. Havia a bordo 270 escravos embarcados em Ohne (Onim), na entrada do rio Lagos, e seguia para o porto de "San Salvador, no Brasil".[12] O comandante do *Pheasant*, tendo decidido enviar o *Volcano do Sul* a Serra Leoa para lá ser julgado, retirou o conjunto da tripulação, composta de 27 a 28 pessoas, à exceção do mestre Xavier, mulato nascido na Bahia de aproximadamente trinta anos, do mestre da tripulação, branco de 35 anos, de um marinheiro, do cozinheiro negro e de um rapaz de dezesseis anos, servidor do capitão. O resto da tripulação desembarcou em novembro na ilha do Príncipe. Um aspirante do *Pheasant*, John Coutter, quatro marinheiros ingleses e quatro krumen foram postos a bordo como tripulação de apresamento.

O *Volcano do Sul* nunca chegou a Serra Leoa. Soube-se somente que o brigue veio para os arredores da Bahia desembarcar os negros do carregamento e que a tripulação se dispersou no interior do país. Não se ouviu mais falar do aspirante nem dos marujos ingleses postos a bordo para conduzi-lo a Serra Leoa. Supôs-se que tivessem sido massacrados pelos poucos brasileiros deixados a bordo.

Em 24 de dezembro de 1819, o governador da Bahia informava ao cônsul inglês William Pennell que esperava em breve mandar aprisionar a tripulação do *Volcano do Sul* e colocar sob sequestro os bens de seu proprietário.[13]

Em 12 de julho de 1821, apesar de todas as buscas e ordens de perseguição, não tinham ainda achado os acusados, que jamais foram encontrados.

NOME DE MOLEMBO DADO NOS DOCUMENTOS DE NAVEGAÇÃO
A UM PORTO SITUADO AO NORTE DO EQUADOR

A goleta *Emília* obteve em 22 de setembro de 1820 um passaporte de nº 21 (nº 469 do registro) para ir carregar 316 escravos (tonelagem 158,5) em Molembo e Cabinda. Seu proprietário era Manoel Francisco Moreira, e o comandante era Severo Leonardo.[14]

A goleta foi detida em 14 de fevereiro de 1821, na latitude 3°50' Norte, longitude 3°30' Leste, com 397 escravos a bordo, pelo *H.M.S. Morgiana*, cujo capitão era Finlaison.[15] O cruzador britânico dirigiu-se com sua presa para Serra Leoa, mas, percebendo que os escravos estavam exageradamente amontoados no *Emília*, tomou uma parte a bordo e dirigiu-se a Acra e Cape Coast para abastecer se de água e provisões. O capitão Finlaison tomou então uma maior quantidade de escravos a bordo do *Morgiana*, cerca de duzentos, e finalmente decidiu levar sua presa ao Brasil. Em 21 de maio de 1821, ele passava pela Bahia.

A população, já irritada por uma série de apresamentos recentes de diversos navios portugueses, manifestou sua hostilidade. E aconteceram incidentes: o aspirante Wilson foi maltratado quando desceu em terra para abastecer de água o *Morgiana* e o *Emília*.

O capitão Finlaison comunicou ao cônsul inglês William Pennell que iria armar os navios. Então, veio em terra, e recusou-se a ter qualquer contato com as autoridades da Bahia.

William Pennell pediu ao Foreign Office que[16]

> os comandantes dos vasos de Sua Majestade, quando estiverem em um porto de uma potência com a qual são mantidas relações amigáveis, façam por intermédio dos cônsules de Sua Majestade as reclamações que puderem ter para formular ao governo em questão, levando em conta que toda outra manifestação de proceder provoca discussões exaltadas e perturba as relações amigáveis existentes.

O cônsul tinha recebido, em 23 de maio de 1821, uma carta de reclamação do presidente da Junta, José Linho Coutinho, contra o fato de os oficiais da tripulação do *Emília* estarem detidos a bordo da goleta e não poderem se comunicar com seus amigos em terra. Parecia-lhe que tal atitude do comandante britânico não era prevista pelas determinações dos tratados, nem compatível com as leis das nações que mantêm relações amigáveis. O presidente rogava-lhe mandar levar o capitão da goleta portuguesa ao palácio do governo, sem com isso querer imiscuir-se nas questões que diziam respeito à comissão mista do Rio de Janeiro.[17]

Os dois vasos chegaram ao Rio de Janeiro em 7 de julho, e no dia 10 a comissão mista começava o processo.[18]

Somente um branco que participara da viagem esteve presente na audiência: era Manoel Alcântara, o mestre da tripulação. Todos os outros tinham abandonado o navio no momento de sua passagem pela Bahia. Após seu depoimento perante a comissão mista, foi sua vez de fugir. Ele declarou perante a comissão mista que o *Emília* saíra da Bahia e passara por Acra e por Mina para reabastecer-se de água e comprar canoas, e em seguida foram para Molembo, Novo Molembo ou ainda Onim. Dois negros da tripulação confirmaram que os escravos tinham sido embarcados em Onim. O mestre da tripulação era o único que designava com ambiguidade aquele mesmo lugar sob o nome de Molembo ou Novo Molembo. Reconhecendo que o tinham deixado três dias antes do momento de sua captura, a comissão concluiu que o *Emília* não poderia ter vindo do verdadeiro Molembo, no hemisfério Sul, em tão pouco tempo.

Um livro de bordo mantido pelo capitão indicava bem a saída de Molembo dois dias antes da captura da goleta, mas evidentemente era falso. Um outro livro de bordo, mantido pelo piloto, indicava que a goleta fora diretamente da Bahia para Onim.

A defesa dos direitos do proprietário do navio apresado estava assegurada por um célebre advogado da Bahia (seu nome infelizmente não consta no relatório). Ele tinha produzido dezesseis declarações sob juramento, das quais três pelos membros da tripulação que fugiram na Bahia e que afirmavam que as cartas encontradas a bordo com o endereço de Onim lhes tinham sido trazidas por um pequeno navio vindo do norte.

Entre os testemunhos recolhidos na Bahia, havia um fornecido por Caetano Alberto da França, capitão do *Rosália*, outro navio que fazia o tráfico e pertencia ao mesmo proprietário do *Emília*. Essa testemunha declarou ter assistido ao embarque dos escravos a bordo do *Emília* em Molembo e também sua partida, em fins de janeiro de 1821. De fato, cartas escritas pela testemunha traziam a data de 1º de fevereiro e a subscrição de Molembo, mas foi provado por outras testemunhas que o *Rosália* tinha ficado em Onim. Todas as cartas encontradas a bordo — salvo uma, datada de Onim — estavam, de acordo com o passaporte, sistematicamente datadas de Molembo.

A comissão mista, frente àquelas provas evidentes de que o "Molembo" onde o *Emília* tinha carregado seus escravos não era outro senão Onim ou Lagos, condenou o navio em 10 de agosto.

A goleta foi entregue ao juiz do contrabando para ser vendida em benefício dos dois governos, o que não deixou de provocar em seguida um mal-estar entre Hayne, o juiz comissário britânico, e o governo português.[19] A goleta demorava a ser vendida e o casco se deteriorava dia a dia. Assim, Hayne compeliu seu colega português a mandar ativar a venda da presa, o que lhe valeu uma portaria de Vieira, ministro dos Assuntos Estrangeiros, ao comissário juiz português, fazendo-lhe saber que Hayne, com tais representações, tinha ultrapassado os limites de suas funções de uma maneira que não estava autorizada pelas determinações das convenções passadas, e que o comissário português tinha atribuído a si mesmo um caráter diplomático ao condescender em responder àquela requisição ilegal. Por isso é que ele incorria em uma reprimenda e recebia a ordem peremptória de no futuro não mais responder a semelhantes requisições, nem transmiti-las a seu governo.

Os 351 escravos restantes (dezoito doentes foram deixados em Cape Coast e 28 morreram durante e depois da viagem) receberam um certificado de emancipação e foram entregues aos cuidados do juiz do distrito, conforme previam os acordos.

As minutas do inquérito feito a respeito do *Emília* mostram que, entre os vinte marujos, dezessete eram escravos, dos quais dois pertenciam ao capitão Severo Leonardo e doze outros a Vicente Ferreira Milles, que tinha ido da Bahia para a costa da África com o *Emília* e ficara como agente e correspondente do proprietário Manoel Francisco Moreira. Os outros três pertenciam respectivamente a três pessoas da Bahia: Joaquim Carneiro de Campos, Ignácio José Ferreira e José Ramos.[20]

Maria Graham relata em seu diário que:[21]

Em 6 de novembro de 1821, o *Morgiana* chegou ao Rio de Janeiro. O comandante Finlaison contou-me sobre o comércio de escravos coisas que me fizeram gelar o sangue a respeito dos horrores cometidos pelos navios negreiros. Os navios de guerra britânicos na costa da África estão autorizados a alugar negros livres para completar suas tripulações. Havia um certo número naquele momento a bordo do *Morgiana*, dos quais dois eram oficiais subalternos, e considerados auxiliares muito úteis. Os negros da nação kru vêm de muito longe para Serra Leoa a fim de serem alugados para não importa qual serviço durante seis, oito e dez meses, e algumas vezes até mesmo um ou dois anos. Depois disso, ganham dinheiro suficiente para voltar para casa e lá viverem como grandes senhores durante um período de pelo menos o dobro daquele de seu serviço, e em seguida voltam para trabalhar [...].

O mesmo caso apresentava-se pouco depois[22] com o *Santo Antônio de Lisboa*.[23] Esse bergantim obteve, em 2 de maio de 1822 (nº 244 do registro), um passaporte de nº 13 para Molembo, com escalas nas ilhas de São Tomé e Príncipe. O proprietário era Francisco Xavier Leão e o capitão, José Machado. Estavam autorizados a transportar 295 escravos. Em 5 de outubro de 1822, o bergantim foi aprisionado (latitude 6º20'N, longitude 2º43'L) com 336 escravos a bordo pelo *H.M.S. Bann*, cujo capitão era Phillips.

O capitão José Machado afirmou ter descarregado sua mercadoria em Elmina e Porto Novo e ter carregado seus escravos em Molembo. O jornal encontrado a bordo do vaso acusava a chegada em Porto Novo em 27 de junho de 1822 e indicava o que tinha se passado até o dia 5 de outubro, enquanto o navio estava em Porto Novo, e relatava que a carga tinha sido descarregada em Porto Novo. A inscrição da carga da volta começava assim:

Sábado, 5 de outubro de 1822, 145º dia da viagem. De madrugada, o céu e o horizonte estavam encobertos, o vento fresco de oeste-sudoeste, canoas vieram de todos os vasos, nos trazem nossos pacotes em número de 330. Sentimos o maior prazer que se possa conceber. Fizemos vela às quatro horas da tarde de Molembo para a Bahia.

O vaso foi apresado algumas horas depois de sua partida de Porto Novo, o "Molembo" daqueles comerciantes de escravos.

Eis agora o caso do *Dianna*.[24] Esse bergantim obteve em 12 de março de 1824 (nº 154 do registro) um passaporte de nº 12 para Molembo. Tinha como proprietário Manoel Joaquim Carvalho da Fonseca e por capitão Manoel dos

Santos Costa, estando autorizado a transportar trezentos escravos. Foi apresado em 11 de agosto de 1824 pelo *H.M.S. Victor*, cujo capitão era Woolcombe, na latitude 2º15'N, longitude 5º13'L, com 143 escravos a bordo.[25] O livro de bordo indicava: "Viagem de ida Bahia-Molembo, carga tabaco, aguardente, panos, pólvora, chapéus. Viagem de volta Molembo-Bahia".

O "Molembo" em que o *Dianna* terminou sua viagem de ida era indicado com latitude 4º30'N, longitude 2º30'L, perto do rio Formoso, no golfo do Benim, enquanto Molembo encontra-se em realidade na latitude 5ºS, longitude 13º30'L.

Alguns vasos tinham passaportes para Molembo para fazerem o tráfico de escravos, e também para a Costa da Mina, em vista do comércio legal dos produtos da África. Innocêncio Marques teve essa ideia.[26] O navio *Juliana*, pertencente ao antigo intérprete da embaixada do rei do Daomé, foi aprisionado em outubro de 1822 pelo *H.M.S. Bann*, cujo capitão era Phillips, perto de Porto Novo. Embora a viagem tenha começado na Bahia, ele não havia recebido nenhum documento antes de deixar a cidade. Não se encontram nos livros de passaportes indicações de embarcações entre os dias 17 de agosto de 1821 e 1º de abril de 1822, devido sem dúvida aos acontecimentos políticos que opunham o partido brasileiro ao partido português. Entretanto, esse navio tinha dois passaportes antigos, entregues na ilha de São Tomé pelo governo provisório. Um deles datava de 12 de julho de 1821, para ir carregar 460 escravos em Molembo, via Grão-Pará, o que explicava sua presença no hemisfério Norte. Mas o que justificava melhor a presença do *Juliana* em Porto Novo era o segundo passaporte, de 9 de outubro de 1821, autorizando-o a fazer o comércio lícito de ouro, marfim, tecidos e óleo. Os cruzadores britânicos que patrulhavam ao longo da costa não achavam nada nele para censurar, e seu passaporte mostrava que o navio tinha sido abordado pelos botes de numerosos cruzadores:

— Em 18 de abril de 1822 pelo *H.M.S. Morgiana*, assinado Thos. Ross, tenente.

— Em 6 de maio de 1822 pelo brigue *Phaesant*.

— Em 29 de maio de 1822 pelo brigue *Thistle*.

— Em 15 de julho de 1822 pelo *H.M.S. Driver*, assinado J. King, tenente.

— Em 8 de agosto de 1822 pelo *H.M.S. Snapper*, assinado J. King, tenente.

— Em 30 de agosto de 1822 pelo *H.M.S. Bann*, assinado J. Hudson, tenente.

— Em 25 de outubro de 1822 pelo *H.M.S. Bann*, assinado J. Hudson, tenente.

Como não havia nenhum escravo a bordo do *Juliana* no momento de suas vistorias, nenhuma suspeita aflorou no espírito dos visitantes britânicos, e em consequência o vaso não foi molestado.

Em 30 de outubro, embarcavam no vaso 112 escravos. No dia seguinte ele era apresado pelo *Bann* e enviado para Serra Leoa, onde foi julgado boa presa, e os escravos que se encontravam a bordo foram emancipados.

ARQUEAÇÕES EXCESSIVAS

Em 26 de janeiro de 1824, o cônsul-geral britânico Chamberlain escrevia para Luís José de Carvalho e Mello "a respeito da maneira de arquear os navios destinados ao tráfico legal".[27] Ele fazia notar que os navios eram estimados como tendo uma capacidade superior àquela que na verdade tinham, e que, em caso de detenção arbitrária pelos cruzadores britânicos, daí resultariam reparações e indenizações bem mais elevadas do que aquelas que deveriam normalmente ser pagas.

Ele dava o exemplo dos vasos *Nova Sorte, Conceição, Lisboa* e *Comerciante*, cujo conjunto, estimado em 672 toneladas para 1677 escravos, representava na realidade 446 toneladas para 1106 escravos, ou seja, um excedente de 226 toneladas e 571 escravos. E dizia: "Dessa maneira, eles carregavam um número muito maior daqueles infelizes".

A isso, respondiam-lhe em 13 de agosto de 1824 que, desde o Império, novos sistemas de arqueação tinham sido adotados pelo governo brasileiro.

Um deles era válido para as cargas comerciais de acordo com o peso e o volume das mercadorias, e um outro era adotado para os escravos, na proporção de cinco cativos para cada duas toneladas.

Os britânicos retorquiam de Londres, em 16 de março de 1825, com mau humor: "De acordo com os sistemas adotados, um navio cuja tonelagem real é de 189 toneladas chega a ter trezentas toneladas, o que permite transportar 750 seres humanos amontoados em um espaço menor do que aquele que ocuparia seu peso em chumbo".[28]

As trocas de cartas eram numerosas a esse respeito, e o tom da correspondência refletia algumas vezes a irritação das duas partes. Em 17 de fevereiro de 1824, o visconde de Queluz escrevia para William Pennell sobre o navio *Rosália*, recentemente vindo de Molembo com 406 escravos: "É de meu dever vos dizer que o navio possui um passaporte autorizando-o a transportar 495 escravos, de acordo com a arqueação feita pela intendência da marinha. Ele poderia ter trazido 89 escravos a mais dos 406 que o acusais de ter transportado, por vosso ofício do dia 15 [...]. Que Deus vos guarde [...]".[29]

Manuel Ignácio da Cunha Menezes escrevia ao mesmo cônsul, em 30 de maio de 1827:[30]

Quando recebi vosso ofício do dia 28, no qual me fizestes saber que constatastes no registro do porto que o brigue *Tibério* lá chegou no dia 25, vindo de Molembo em 23 dias e tendo a bordo 520 cativos, quinze passageiros e 32 membros de tripulação, e tendo morrido 134 em viagem, que, somados aos 520, faziam um total de 654, quantidade consideravelmente superior àquela que estava autorizado a transportar de acordo com a arqueação feita pela intendência da marinha, nosso governo tinha já enviado ordens ao juiz da alfândega para impor as penas que a lei prevê contra aqueles que serão convencidos de serem cúmplices de tal infração, e para que as mesmas disposições fossem aplicadas ao *Zepherina*, que tinha transportado 92 escravos a mais que sua arqueação lhe permitia, conforme as indicações encontradas nesse mesmo registro.

Quanto ao fato de que, de acordo com o rumor geral e pelo que vós dizeis, a maior parte dos escravos que são importados para esta cidade vem de portos situados ao norte do equador, e que essa infração ao tratado poderia ter consequências desastrosas, como aquelas que se produziram durante a breve viagem do *Tibério*, agradeço-vos pelos sentimentos de humanidade que testemunhais, fazendo pela primeira vez as representações oficiais a esse respeito. Tendo essa calamidade me inspirado de semelhantes sentimentos, farei proceder com todo o rigor da lei contra aqueles que forem encontrados em falta, se outras informações, que não sejam simples rumores, permitirem-me o uso de minha autoridade. Tenho entretanto a certeza de que existe ao norte do equador, nos mares da costa da

África, uma força naval que, pela sua atividade, proíbe de lá se fazer o comércio ilícito de escravos nos portos adjacentes.

Parece-me que nenhum especulador arriscaria sua fortuna e seu crédito em tal empresa se fosse para obter somente resultados incertos, como o vimos nos recentes apresamentos de embarcações que, de acordo com seu proprietário, tinham ido lá fazer o comércio lícito de ouro e marfim.

Entretanto, tão logo as provas suficientes me sejam dadas para agir contra os infratores dos artigos dos tratados concluídos entre Sua Majestade o imperador do Brasil e Sua Majestade britânica, podeis estar certo de que não esperarei a mínima representação de vossa parte para executar aquilo de que estou encarregado. Deus vos guarde.

O cônsul William Pennell comunicava ao Foreign Office em 16 de junho de 1827: "O brigue brasileiro *Felicidade* chegou de Lisboa no dia 9, arqueando 144 toneladas, e partiu para Cabinda arqueado aqui com 202 toneladas, obtendo um passaporte de nº 18 em 9 de junho para importar 505 escravos de Cabinda".[31]

Em 24 de dezembro de 1827, o cônsul escrevia: "Hoje eu tive uma conversa com o intendente da marinha, que me assegurou que o novo regulamento será fielmente respeitado em seu departamento. Por exemplo, o *Henriqueta*, que de acordo com o antigo sistema era autorizado a transportar seiscentos escravos, não poderá, conforme o decreto de 12 de agosto de 1827, ser autorizado a transportar mais que 490 cativos".

Em 18 de junho de 1827, os comissários do tribunal misto de Serra Leoa assinalavam[32]

o caso do *Creola*, que, embora tenha sido arqueado para 214 escravos, transporta 308, fazendo uma média de sete escravos para cada duas toneladas. A rapacidade do desumano capitão [Manoel Jozé de Souza Guimarães; o proprietário era Antônio Pedroso de Albuquerque] agrava assim da mais cruel maneira a horrível miséria de suas vítimas, com uma barbaria que desafia as leis de seu próprio país.

Em sua chegada aqui, ele apresentava o chocante aspecto de uma massa viva, e se o *Maidstone* que o capturou não o tivesse tomado em reboque, o que reduziu a viagem em catorze dias, sua loucura e sua péssima navegação teriam, sem dúvida alguma, prolongado ainda mais a travessia. Vinte mortes ocorreram durante essa passagem.

PASSAPORTES EMITIDOS PARA MOLEMBO COM MENÇÃO DE ESCALA NA ILHA DE SÃO TOMÉ, PARA JUSTIFICAR MAIS FACILMENTE A PRESENÇA DE NAVIOS AO NORTE DO EQUADOR

Um grande número de navios que partiam da Bahia para Molembo era encontrado ao norte da linha pelos cruzadores britânicos, no golfo do Benim, com ou sem escravos a bordo. Eles justificavam sua presença no hemisfério Norte pela permissão que tinham, na passagem para Molembo, de tocar as ilhas de São Tomé e Príncipe e lá comerciar. Por outro lado, havia a velha obrigação imposta aos navios negreiros de parar na ilha de São Tomé para lá pagar as taxas sobre os escravos transportados. Sob o pretexto de ventos contrários, os capitães portugueses e brasileiros podiam assim justificar sua presença no hemisfério Norte.

Essa cláusula, indicada nos passaportes, parecia suspeita às autoridades britânicas.

Seguiu-se uma longa polêmica entre os dois governos.[33] Houve o caso do *Zefiro*, que obteve na Bahia um passaporte de nº 1, em 31 de maio de 1823, para Molembo, pelo qual estava autorizado a trazer 341 escravos (nº 110 do registro). Seu retorno estava previsto para o Maranhão, certamente para melhor justificar sua presença no hemisfério Norte com escravos a bordo (note-se que São Luís do Maranhão está situado não longe do equador, bem ao norte da Bahia ou de Pernambuco). O proprietário era Vicente Paulo e Silva e o capitão, João Nery da Silva.

Em 3 de setembro de 1823, a embarcação foi encontrada perto de Uidá pelo *H.M.S. Driver*, cujo capitão era Bowden. O capitão do *Zefiro*, João Nery da Silva, declarou que não pudera chegar a Molembo devido a ventos contrários, e que, frustrado por esse primeiro alvo da viagem, tinha ido a Uidá para tentar achar uma carga de óleo de dendê e marfim, o que não pudera ainda realizar. Não tendo escravos a bordo, o vaso não podia ser retido.[34]

Ele voltou em 13 de dezembro de 1823 para a Bahia,[35] onde seu proprietário, Vicente Paulo e Silva, fez desembarcar 293 escravos, trazidos (em princípio) de Molembo em 25 dias.[36]

O que complicava o caso é que o *Zefiro* era portador de um segundo passaporte dado no Rio de Janeiro, por onde tinha passado e embarcado em 11 de julho de 1823 para Molembo, igualmente com retorno para o Rio de Janeiro, mas descarregara na Bahia e não no seu destino original.[37]

Tendo pedido explicações às autoridades da Bahia, o vice-cônsul William Follett recebeu do presidente da província, Francisco Vicente Viana, a garantia de que[38]

o inquérito ordenado junto ao desembargador provedor da alfândega, solicitando-lhe para examinar muito escrupulosamente o caso, tem por objetivo saber, com toda a certeza, se aquela embarcação violou os tratados que são agora religiosamente respeitados neste Império do Brasil, e se ela fez comércio ilícito e proibido. Tenho a satisfação de poder vos responder que o mais rigoroso inquérito e as buscas feitas junto a testemunhas a esse respeito provaram que o *Zefiro*, forçado pelo tempo, teve que ir deste porto para Ajudá, e mais tarde foi para Molembo, de onde trouxe 299 escravos.

Chamberlain, cônsul-geral da Inglaterra no Rio de Janeiro, escrevia a Luís José de Carvalho e Mello, em 20 de outubro de 1824:[39]

Recebi instruções para fazer saber a Vossa Excelência que os comissários de Sua Majestade em Serra Leoa fazem frequentemente representações para seu governo a respeito dos perniciosos efeitos da prática das autoridades brasileiras, que dão aos vasos com destino a Molembo para o comércio de escravos a permissão de fazer escala nas ilhas de São Tomé e Príncipe. Com tal permissão, esses vasos têm uma desculpa para serem vistos perto da Costa dos Escravos, ao norte do equador, e em geral se aproveitam da ocasião para obter carregamentos de negros naqueles lugares onde, pelas leis de todas as nações civilizadas, o tráfico de escravos foi estritamente proibido. É de meu dever acrescentar que o governo de Sua Majestade espera que o governo brasileiro, agora que está ciente dos males que resultam da forma pela qual os passaportes são redigidos, não perca mais tempo para fazê-los mudar.

Após essa carta, o secretário dos Assuntos Estrangeiros no Rio de Janeiro, em nome do imperador do Brasil, ordenava em 27 de outubro de 1824 ao presidente da província da Bahia "examinar a realidade daquelas afirmações e dar sua opinião ao mesmo augusto imperador".[40]

Na mesma época, o *H.M.S. Bann*, cujo capitão era Courtnay, tendo cruzado os golfos do Benim e do Biafra, fora do rio Lagos, apresou três vasos brasileiros de tráfico de escravos, de nomes *Minerva*, *Cerqueira* e *Creola*, e depois disso, perto da ilha de São Tomé, apresou o brigue brasileiro *Bom Caminho*.[41]

Os nomes dos proprietários e capitães daqueles três primeiros navios eram, respectivamente, João Victor Moreira e Manoel Joaquim d'Almeida, José de Cerqueira Lima e Manoel Cardoso dos Santos, e Vicente Paulo e Silva e André Pinto da Silveira, dos quais já falamos e falaremos longamente em outro momento. Eram todos ativos negreiros.

Nenhum daqueles navios foi condenado. Os três foram libertos em 29 de abril de 1824 e partiram à procura de seus capitães. Estes estavam em terra no momento da captura. Todos tinham passaportes para Molembo, com permissão para fazer escala em São Tomé, o que facilitava o tráfico ilegal, mas não havia escravos a bordo no momento do apresamento.

Depois disso, o cônsul-geral britânico no Rio de Janeiro, voltando à carga, escrevia uma carta para Luís José de Carvalho e Mello, em 10 de setembro de 1825, "a respeito das perniciosas consequências provenientes da outorga dos passaportes para Molembo, com faculdade de fazer escala nas ilhas de São Tomé e Príncipe".[42]

Ele dava as características de mais de dez vasos encontrados em diversas épocas ao longo da costa nos distritos proibidos ao norte da linha. Muitos deles tinham a bordo carregamentos de escravos, e todos haviam partido da Bahia, dois para as ilhas de São Tomé e Príncipe e os outros oito diretamente para Molembo, com permissão de fazer escala e comerciar naquelas ilhas e no rio Camarão. E seguia com suas considerações:

> Um tal número de casos semelhantes prova com uma certeza moral que o pretexto de "abandono" é falso e fraudulento. Se os navios de tráfico tocam aqueles portos ao norte da linha e lá ficam, não é para lá se abastecerem nem para reparar alguma avaria, mas sim para pegar escravos naqueles portos ou naquelas regiões proibidas.
>
> Podemos crer, por exemplo, que o *Cerqueira*, após somente 22 dias no mar, esteja na necessidade de se reabastecer, ou que o pretexto pelo qual ele ficou 44 dias em Onim seja o verdadeiro? E houve nisso alguma diferença material entre esse caso e aqueles do *Minerva* e do *Creola*?

O *Estrella*, com permissão de tocar São Tomé e a ilha do Príncipe e de lá fazer o comércio, em viagem para Molembo, não teve a preocupação de se aproximar somente daquelas ilhas; mas parece, de acordo com o livro de bordo, que colocou imprudentemente o rumo para a Costa do Ouro, de onde foi para Onim, sendo capturado pouco depois de ter deixado aquele porto com um carregamento completo de escravos.

O *Santo Antônio de Lisboa*, indo para Molembo com permissão de tocar as mesmas ilhas, rumou igualmente para o golfo do Benim, ficou em Porto Novo cinco meses, pegou um carregamento de escravos e foi capturado pouco tempo após sua partida para a viagem de volta. O *Comerciante*, com igual permissão de tocar São Tomé, a ilha do Príncipe e o rio Camarão, e de lá fazer o comércio, em viagem para o mesmo porto de Molembo, dirigiu-se em direção a Palmas, em uma latitude de cinco graus a norte, onde chegou trinta dias após ter deixado a Bahia. Entrou oito dias depois no rio Camarão, lá ficando sete semanas, e foi capturado pelo *H.M.S. Driver*. Podemos crer que nenhum desses navios tenha tido jamais a intenção de ir para Molembo? Poderiam ter um outro objetivo, obtendo a permissão de tocar as ilhas de São Tomé e Príncipe e Camarão e lá fazer o comércio, senão o de ter uma desculpa pronta para justificar sua posição ao norte da linha?

Tudo isso dá a prova certa e a demonstração irrefutável de que o verdadeiro motivo da escolha de um percurso tão circular e desvantajoso para uma meta outra, que não a fraude pretendida, foi o de ir da Bahia para Molembo e escapar às leis do país.

Uma tal rota não pode ser escolhida a não ser com sinistras intenções. É bem sabido que, numa viagem em direção à parte baixa da costa desde aquelas ilhas em direção aos portos ao sul da linha, os navios encontram ventos e correntes contrários. Os livros de bordo e as explicações registradas pelos capitães daqueles vasos são em alguns casos a melhor e frequentemente a única desculpa que podem dar por serem encontrados ao norte da linha, e que os ventos e as correntes para lá os tenham feito derivar malgrado todos seus esforços para ir em direção ao sul.

É concebível que um vaso que quer de boa-fé ir para Molembo siga essa rota e encontre obstáculos? Pode haver somente um motivo para isso.

Em consequência, a necessidade de colocar um termo completo à entrega desses passaportes não deixa nenhuma dúvida. Meu governo conta com as medidas imediatas para evitar que essa fraude continue impunemente, e para que seja enviada às autoridades respectivas a ordem de não mais inserir tais permissões nos passaportes emitidos a partir de agora para navios de tráfico de escravos em direção às regiões ao sul da linha, onde esse infeliz comércio ainda está autorizado.

Em 4 de janeiro de 1826: "Diante dos reiterados pedidos britânicos, o governo imperial julga bom ordenar que as escalas nas ilhas de São Tomé e Príncipe não devem mais ser permitidas aos vasos indo para Molembo".[43]

Em 14 de julho de 1826: "Diante das reclamações dos negociantes brasileiros e considerando que a decisão tomada em 4 de janeiro é contrária à dignidade nacional, Sua Majestade Imperial julgou dever deferir com benevolência à súplica dos ditos negociantes brasileiros, restabelecendo aquilo que se fazia antigamente a esse respeito".[44]

PASSAPORTES DUPLOS

O bergantim brasileiro *Heroína* (proprietário Manoel Cardoso dos Santos e capitão Michael Antônio Neto), tendo passaporte para Molembo, foi condenado em 24 de janeiro de 1827.[45] Embora na ocasião não tivesse escravos a bordo, havia descarregado suas mercadorias. A comissão mista criava assim um precedente jurídico, condenando-o por infração às cláusulas de seu passaporte e declarando que, com ou sem escravos a bordo, um vaso era suscetível de ser apresado e condenado quando fosse encontrado ao norte do equador com uma licença irregular, isto é, se a escala na ilha de São Tomé estivesse indicada ou não.

A partir da condenação do *Heroína* e fundamentando-se em tal princípio, a comissão mista procedia uniformemente em relação a todas as embarcações.

O conde de Dudley, então ministro dos Assuntos Estrangeiros, comunicava a sua concordância em 31 de agosto de 1827.

Assim, catorze vasos foram apresados e condenados, não sem provocar violentas reações na opinião pública da Bahia e sobretudo das partes de José de Cerqueira Lima, que tivera três navios apresados e condenados, de Joaquim José de Oliveira, que tinha tido igualmente três, de José Alves da Cruz Rios, dois, de Antônio Pedroso de Albuquerque e de Manoel Francisco Moreira, um cada, além de outros comerciantes menos conhecidos do tráfico.[46]

Para desarticular essa nova medida, aplicada sob iniciativa dos britânicos pela corte mista de Serra Leoa, os negociantes da Bahia tomavam uma contramedida, fornecendo a seus navios dois passaportes: um levava o nome verdadeiro do vaso para ir fazer o tráfico lícito de escravos ao sul do equador, e o outro, o nome de um outro vaso, pertencendo geralmente ao mesmo proprietário, para ir fazer o comércio de produtos africanos tais como óleo de dendê, ouro, marfim e tecidos na Costa da Mina, ao norte do equador. Essa segunda embarcação ficava na Bahia.

Os comandantes dos cruzadores britânicos assinalavam a presença daqueles navios negreiros, munidos de passaportes regulares para fazer o tráfico legal na Costa da Mina:[47]

H.M.S. *Brick Conflict*, tenente Wakefield, chegou aqui da Costa a Sotavento, onde cruzou durante vários meses. A esquadra não fez nenhuma presa.

Os navios brasileiros começam a vir para a costa munidos de passaportes para fazer o comércio na Costa da Mina, e nos deu a lista de quatro vasos, todos da Bahia, ancorados em Lagos, notoriamente conhecidos como navios de tráfico de escravos, que pretendiam fazer o comércio de óleo de dendê e de outros produtos autorizados na África. O tenente Wakefield exprime sua convicção de que estão munidos de dois passaportes, dos quais um para fazer a viagem do tráfico de escravos, e que seu objetivo em Lagos era esperar uma ocasião favorável para tomar um carregamento de escravos.

Eis a lista dos quatro vasos, todos da Bahia:

— *General Almeida*, cap. João Sabino, prop. Cerqueira Lima, 180 toneladas.
— *Comprador*, cap. J. F. Florie, prop. Ant. de Arreiro, duzentas toneladas.
— *Águia da Bahia*, cap. Jm. Je. de Mello, prop. Jm. Je. Ferreira, 112 toneladas.
— *Victória*, cap. J. Maria, prop. José de Sacare, 56 toneladas.

Foi somente em 1830 que o sistema dos dois passaportes foi claramente analisado.

Em 27 de março de 1830[48] — apenas alguns dias após a total abolição do tráfico de escravos no Brasil, decretada em 13 de março de 1830 —, o encarregado de negócios britânico no Rio de Janeiro, Arthur Aston, avisava o Foreign Office que tinha entregado uma nota oficial ao ministro brasileiro, Miguel Calmon du Pin e Almeida, a respeito do sistema dos dois passaportes, que havia sido empregado pelos comerciantes da Bahia para continuarem a fazer o tráfico de escravos nas regiões ao norte do equador com um mínimo de risco de serem apresados pelos cruzadores britânicos.

As informações lhe tinham sido enviadas em 8 de fevereiro pelo vice-cônsul britânico na Bahia, Charles G. Weiss, que havia feito, um pouco tardiamente, um inquérito sobre a questão durante o segundo semestre de 1829. Ele fizera um levantamento das listas dos pedidos de passaportes para o comércio legal de escravos ao sul do equador e para o comércio dos produtos africanos ao norte. As cifras montavam respectivamente em 43 e 42, ou seja, 85 para os seis meses. Comparando essa cifra com o total de 53 vasos que efetivamente saíram durante aquele período, ele encontrou uma diferença de 32. Quase todos os navios que não tinham saído haviam retirado passaportes para ir ao norte do equador para fazer o comércio de produtos africanos como óleo de dendê, marfim, ouro, tecidos etc., menos de escravos.

Weiss declarava que aqueles passaportes tinham sido levados por outros vasos que iam fazer o tráfico ao sul do equador, mas estavam resolvidos a fazê-lo no golfo do Benim, região onde esse comércio era proibido pelos tratados em vigor. Quando eles estavam ao norte do equador, apareciam assim sob um falso nome com o passaporte destinado ao comércio legal dos produtos africanos, e no sul do equador retomavam sua identidade. O único momento em que se arriscavam a serem apresados era durante alguns dias em que, depois de terem embarcado os escravos, poderiam encontrar um cruzador britânico no hemisfério Norte.

Foi assim que, durante muitos anos, os comerciantes da Bahia encontravam uma resposta às disposições tomadas pelo tribunal misto de Serra Leoa, que considerava como "boa presa" os navios que iam para Molembo (mesmo com licença para parar na ilha de São Tomé) e eram encontrados no hemisfério Norte, jurisprudência que tinha sido estabelecida com o caso do *Heroína*.

O encarregado de negócios britânico pedia, a respeito daquele estranho fenômeno que lhe fora assinalado pelo vice-cônsul, que fosse verificado se não havia naquilo a prova de alguma transação ilícita relativa ao tráfico de escravos. Em consequência, o ministro brasileiro confiou às autoridades da Bahia o cuidado de proceder a um inquérito.

O cônsul inglês dava cinco exemplos daquelas disposições tomadas pelos proprietários das goletas da Bahia:

— *Santo Antônio*, passaporte nº 431, sob o nome de *Terceira Rosália*.
— *Providência*, passaporte nº 585, sob o nome de *Diligência*.
— *Leal Portuense*, passaporte nº 450, sob o nome de *Furão*.
— *Maria Roza*, passaporte nº 451, sob o nome de *Bahiana*.
— *Fortuna*, passaporte nº 431,* sob o nome de *Esperança*.

Estudando as listas transmitidas pelo cônsul da Bahia, somos surpreendidos pelo fato de que, entre os vasos para os quais os passaportes foram solicitados, e que não saíram, figuravam os nomes de alguns que tinham sido recentemente apresados e condenados pelo tribunal misto de Serra Leoa, tais como: *Bonfim* (nº 48), *Heroína* (nº 57), *Providência* (nº 62), *Triumpho* (nº 73), *Bom Sucesso* (nº 32) e *Carlota* (nº 60).

Chegamos a reconstituir 25 daquelas combinações de passaportes duplos (ver detalhes em nota).[49]

FALSOS APRENDIZES E FALSOS DOMÉSTICOS; FALSAS COLÔNIAS DE NEGROS AFRICANOS LIBERTOS EM MONTEVIDÉU

Em março de 1830, o tráfico de escravos era oficialmente abolido no Brasil, após o tratado de 1826.

O governo britânico não tinha nenhuma ilusão sobre as disposições da maioria dos comerciantes de escravos no Brasil e sua determinação em continuar aquele comércio sob uma outra forma.

Em 7 de dezembro de 1829, lorde Aberdeen escrevia aos comerciantes britânicos do tribunal misto no Rio de Janeiro:[50]

Corre o boato aqui que os comerciantes brasileiros têm a intenção de, no dia em que o tratado para a abolição do tráfico for aplicado, continuar a trazer negros da costa da África, sob o pretexto de que serão colonos ou domésticos. Eles os farão

---

* A repetição do passaporte nº 431 trata-se, possivelmente, de um lapso do autor. (N. E.)

entrar no país com contratos para servir os importadores ou seus agentes durante um certo número de anos, em troca de uma determinada soma em dinheiro ou em mercadorias que lhes será emprestada, com a qual deverão comprar sua liberdade. A hipótese foi submetida ao advogado-geral de Sua Majestade, que declarou que a importação de negros para o Brasil, sob qualquer forma que seja, não pode ser considerada a não ser como tentativa de continuar o comércio de escravos sob um outro nome, e que todo súdito brasileiro que utilizar esse expediente depois daquela data será culpado do mesmo modo que se tivesse se entregado ao tráfico de escravos de maneira mais direta ou mais reconhecida.

De fato, algumas importações de escravos foram tentadas sob aquele pretexto.

Houve o caso do *Destemido*, que em 1831 trouxe cinquenta negros com autorização do governo da Bahia como aprendizes, para que fossem reexportados para Ajudá tão logo tivessem se tornado peritos nas profissões que iriam aprender.[51]

Houve, em 1835, a organização de uma pretensa colônia de negros africanos libertos na Banda Oriental de Montevidéu,[52] com a única intenção de reexportá-los para o Brasil.[53]

Houve também a chegada na Bahia, em 24 de junho de 1841, de 24 negros vindos da ilha de São Tomé a bordo do vaso português *Conceição*, todos munidos de passaportes do governo daquela ilha, com o título de colonos.[54] O cônsul Porter pensava que era um plano para introduzir negros na província da Bahia. Veremos mais adiante que havia um movimento de ida e volta de africanos libertos entre o golfo do Benim e a Bahia, e que as suspeitas dos funcionários britânicos nem sempre eram bem fundadas.

MUDANÇAS DE BANDEIRAS

Todo navio brasileiro que transportasse escravos da África para o Brasil e que tivesse iniciado sua viagem de volta depois de 13 de março de 1830 podia ser apresado, e seu proprietário, o capitão e os membros da tripulação eram passíveis de processos por atos de pirataria. O uso da bandeira brasileira tornava-se muito arriscada por aqueles que iriam continuar fazendo o tráfico clandestino. Para reduzir a gravidade da falta e fazê-la passar de crime para delito, era preciso navegar com documentos e bandeira de outra nacionalidade.

O vice-cônsul britânico na Bahia, Charles Weiss, ao mesmo tempo que enviava os resultados de seu inquérito sobre os duplos passaportes utilizados até aquela época pelos navegantes da Bahia para dissimular suas atividades negreiras na Costa da Mina, dava parte a lorde Aberdeen, em 25 de fevereiro de 1830, de suas dúvidas quanto à realidade de um fim efetivo do tráfico:[55]

> É óbvio que o tráfico de escravos da África é sempre planejado, porém clandestinamente e de maneira menos intensa. Soube de fonte fidedigna que o plano dos importadores era obter passaportes franceses dirigindo-se a agentes autorizados pelo governo francês (como em Gibraltar, por exemplo), que parecem capazes de autorizar o uso da bandeira francesa em determinadas circunstâncias e sob certas condições, e estima-se que, sob essa bandeira, os vasos utilizados serão menos vítimas da obstrução durante suas operações nas costas da África. Uma vez que escapam daqueles lugares, seu objetivo será alcançar um dos inúmeros pequenos portos da costa do Brasil, em muitos dos quais não há autoridades locais, e mesmo onde houver, tais transações serão não somente toleradas, mas ainda receberão ajuda e encorajamento.
>
> De acordo com a opinião de pessoas bem informadas, será impossível destruir e abolir o tráfico de escravos com a África de maneira efetiva, a menos que se admita o recurso a medidas tais que exponham inevitavelmente os proprietários e os importadores deste país às mais pesadas penalidades. Do modo como vão as coisas atualmente, nenhum vaso pode ser apresado no Brasil pela importação ilegal de escravos. Durante qualquer investigação em tais casos, recorre-se ao perjúrio e à compra das consciências da forma mais aberta e vergonhosa, e os objetivos da justiça não são assim nunca alcançados. Considerando a ineficácia da administração da justiça neste país e a opinião unânime das classes da sociedade, da mais alta à mais baixa, que aceita o tráfico de escravos do ponto de vista moral e julga mal os motivos do governo britânico para esforçar-se em suprimi-la, é claro que nenhuma medida efetiva será tomada pelo governo brasileiro para aboli-lo ou para punir os culpados. Ao contrário, governo imperial e autoridade local atuarão para proteger e ajudar aqueles a quem a esperança de imensos lucros incita a continuar esse nocivo tráfico, que em geral é considerado estritamente ligado ao bom interesse do país.

Em Serra Leoa, os comissários britânicos tinham os mesmos temores, e em 17 de abril de 1830 escreviam:[56]

Para evitar as desvantagens do crime de pirataria, os súditos brasileiros vão provavelmente esforçar-se para obter documentos portugueses e navegar sob as cores de Portugal, comprando-os das autoridades desse país nas ilhas de São Tomé e Príncipe ou nas ilhas de Cabo Verde (disseram-me que, por alguns dólares, estão prontos a fornecê-los).

Mas o artigo 4º do tratado de 22 de janeiro de 1815 entre a Grã-Bretanha e Portugal estabelece que este último, entregando-se ao tráfico de escravos, não permitirá o uso de sua bandeira, salvo na intenção de abastecer as possessões transatlânticas pertencentes à Coroa de Portugal. Ora, o Brasil tornou-se um Estado independente, e Portugal, desde aquela época, não tendo mais possessões transatlânticas pessoais às quais fornecer escravos, aboliu completamente o tráfico de escravos por aquele mesmo tratado.

Esse argumento foi certamente contestado, pois em 26 de fevereiro de 1827 o Foreign Office informava:[57]

Os vasos portugueses *Orfeo*, *Nove de Março* e *Boa Viagem* chegaram ao Brasil com carregamentos de escravos da África. Tendo sido feitas advertências, o governo brasileiro recusou-se a tomar conhecimento, fazendo notar que não há atualmente nenhum acordo entre a Inglaterra e o Brasil que o proíba de receber escravos importados por vasos portugueses.

William Pennell, cônsul britânico no Rio de Janeiro, escrevia a Palmerston em 2 de março de 1831:[58]

Suas viagens são feitas sob uma bandeira que protege os culpados da pena de morte prevista no tratado de abolição. Como esses trajetos são efetuados em pequenos navios de baixo valor, e uma viagem bem-sucedida compensa a perda de cinco, é preciso supor que, mesmo que nossos cruzadores tomem um número considerável daqueles navios, não podemos esperar que bastem para destruir o mal, e a despesa feita pelo governo de Sua Majestade não será compensada por resultados filantrópicos.

As vantagens do uso das bandeiras estrangeiras ressaltam nos seguintes casos:

— O do *Destemido*, cuja carga de cinquenta negros foi liberada, ainda que o capitão alegasse que eram aprendizes trazidos com a permissão do governo da Bahia, mas o navio foi devolvido ao proprietário português.[59]

— O do navio espanhol *Segunda Tentativa*, equipado no porto da Bahia para o tráfico de escravos na costa da África e que não pôde ser apresado, este caso não sendo concernente à jurisdição do governador.[60]

Em seu relatório de 5 de janeiro de 1833, os comissários da comissão mista de Serra Leoa indicavam que somente cinco vasos tinham sido julgados, sendo quatro espanhóis e um português. Eles pensavam que a bandeira francesa também era utilizada, e tinham ouvido dizer que vasos portugueses serviam em Uidá e em outros lugares para introduzirem clandestinamente escravos no Brasil, desde que o tráfico havia se tornado pirataria sob a bandeira desse país.

Em lº de maio de 1833, o cônsul inglês Parkinson, exercendo função de cônsul português, recusava dar sua assinatura para a partida do navio veleiro rápido *Josephina*, que vinha de Havana e da costa da África e tinha certamente sido utilizado no tráfico de escravos. Para justificar sua decisão, escrevia: "A Bahia é um dos pontos de encontro dos mais notórios traficantes de escravos do Brasil".[61]

Em 8 de junho de 1833, ele afirmava que vasos para o tráfico de escravos usando as cores argentinas eram equipados no rio da Prata, e que um tal navio tinha partido da Bahia para o Rio de Janeiro sob a bandeira da Argentina.

Em julho de 1833, escreviam do Rio de Janeiro que os navios *Africano Oriental*, *Destemido* e *Adelaide* tinham sido recentemente equipados para o comércio de escravos e partiram para a costa da África sob as cores portuguesas.

O *Destemido* podia igualmente içar as cores argentinas, pois estava munido com um duplo conjunto de documentos, mesmo sendo de propriedade brasileira.

Em 10 de dezembro de 1834, era a vez da bandeira espanhola ser ativamente empregada por conta dos brasileiros para fazer o tráfico em Havana, com capitães brasileiros, como era o caso do *Três Manoelas*,[62]

um navio muito rápido que acaba de chegar em Cuba. Deixou a Bahia em janeiro com uma carga destinada à costa da África, carregou em Onim e nas suas proximidades quinhentos escravos, que desembarcou sem obstáculo em Havana, e trouxe dessa especulação um lucro que dizem atingir 10 mil libras esterlinas, em dólares espanhóis e letras de câmbio sobre Londres. Seu proprietário real é um rico mulato brasileiro desta cidade, André Pinto da Silveira, correspondente e agente aqui de Francisco Félix de Souza, conhecido como Xaxá de Onim na costa da África.[63] O mesmo André Pinto da Silveira acrescentou aos navios negreiros habituais o brigue argentino *General Rondeau*, um vaso que se distingue por suas qualidades de fino veleiro e sua capacidade de combate. Está equipado para trazer 550 escravos. Aquele brigue foi um cruzador muito ativo e eficaz contra o Império [do Brasil] durante as hostilidades entre Brasil e Buenos Aires. Não sabemos ainda sob qual bandeira vai deixar a Bahia para seu novo destino, mas não há nenhuma dúvida que terá um duplo conjunto de documentos, portanto os selos e assinaturas oficiais requeridos para torná-lo brasileiro ou espanhol, de acordo com as circunstâncias.

Em 29 de junho de 1835, o ex-cônsul britânico na Bahia, John Parkinson, escrevia de Londres para Palmerston:[64]

O contrabando de escravos é sobretudo levado para a Bahia sob as cores portuguesas e espanholas, a verdadeira propriedade dos vasos sendo geralmente brasileira, ou de nascença ou por naturalização.

A barca *Maria da Glória*, que foi apresada faz dois anos sob as cores portuguesas pelo *H.M.S. Snake* com um carregamento completo de escravos, tendo sido remetida pela comissão mista do Rio de Janeiro para aquela de Serra Leoa e liberada por aquele tribunal, foi para a costa com o resto da carga original de cativos. Foi apresada a uma curta distância da Bahia por ordem do presidente dessa província e trazida ao porto; foi objeto de um inquérito local. Acabou sendo liberada sob o pretexto de que é propriedade estrangeira, mesmo que seus proprietários sejam brasileiros notórios em parceria com um judeu de Liverpool. Eles se propunham a obter importantes indenizações pela primeira detenção.

O brigue *Esperança*, considerado português, foi construído recentemente em Baltimore. Seu proprietário aparente é João Ramos de Souza, um português, simples marujo, enquanto os proprietários reais são alguns franceses e belgas, lojistas residentes na Bahia [Martin e Gantois]. O *Esperança* é propriedade comum deles, pago com os lucros de várias viagens bem-sucedidas com escravos da costa da África para Havana.

Os funcionários britânicos previam que

após o tratado de 28 de maio de 1835 com a Espanha,[65] comportando a cláusula do equipamento para o tráfico de escravos, os vasos espanhóis vão todos ter, no futuro, documentos portugueses. Tendo assumido assim o caráter português, não poderão mais ser tocados a uma milha ao sul da linha, mesmo se estiverem carregados de escravos a ponto de fazer sufocar os infelizes. Os Estados Unidos podem também servir para o mesmo objetivo.

De fato, já fazia algum tempo que os navios ou as bandeiras dos Estados Unidos participavam daquele tráfico na Bahia.[66] Um inquérito do Comitê de Inspeção em 1836, feito por ordem do presidente da província da Bahia por solicitação do cônsul americano a respeito dos navios nacionais que sabia viajarem para a África com a bandeira dos Estados Unidos, permitiu verificar que, da Bahia, havia as seguintes embarcações: as goletas *Lançador* (proprietário João Victor Moreira, capitão José Barbosa), *Mariana* (proprietário José Alves da Cruz Rios, capitão José da Silva Rios), *Tentador* (proprietário e capitão Innocêncio dos Santos Lopes), *Desengano* (proprietário e capitão José de Oliveira Lessa) e *Flor da Etiópia* (proprietário e capitão Manoel Correia), e os brigues *Henriqueta* (proprietário José de Cerqueira Lima, capitão João Cardoso dos Santos) e *Venturoso* (proprietário Antônio Pedroso de Albuquerque, capitão Francisco Barbosa de Oliveira).

Em 1839, os comissários britânicos de Serra Leoa davam a lista de doze vasos que dissimulavam uma verdadeira identidade espanhola (Havana) sob a bandeira dos Estados Unidos, e de um outro, russo, que não puderam ser julgados pela comissão mista anglo-espanhola.[67]

Em 12 de novembro de 1838, o tenente Thomas Birch escrevia da Bahia ao comodoro Sullivan no Rio de Janeiro a respeito do brigue americano *Dido*, que tinha partido de Havana em março de 1837 para a costa da África.[68] De passagem em Boa Vista, ilhas de Cabo Verde, tinha obtido os documentos portugueses, havia estado no golfo do Benim e depositado sua carga em Lagos, depois fora para Uidá reabastecer-se e embarcar 575 escravos. Quando o *Dido* estava sob a bandeira dos Estados Unidos, Phillips era o capitão e Manuel o sobrecarga, e, reciprocamente, quando viajava sob as cores portuguesas, Manuel

1. Plano da Bahia em 1625, extraído de Bartolomeu Guerreiro, *Jornada dos vassalos*.

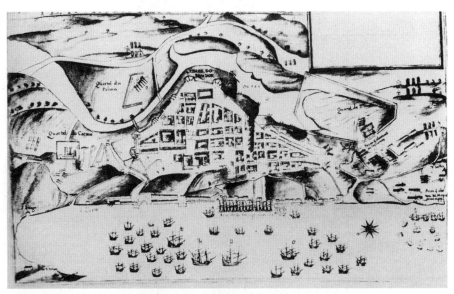

2. Plano da Bahia em 1631, extraído de João Teixeira Albernaz, *Atlas do Brasil*.

3. Vista da Bahia em 1696, publicada por Froger.

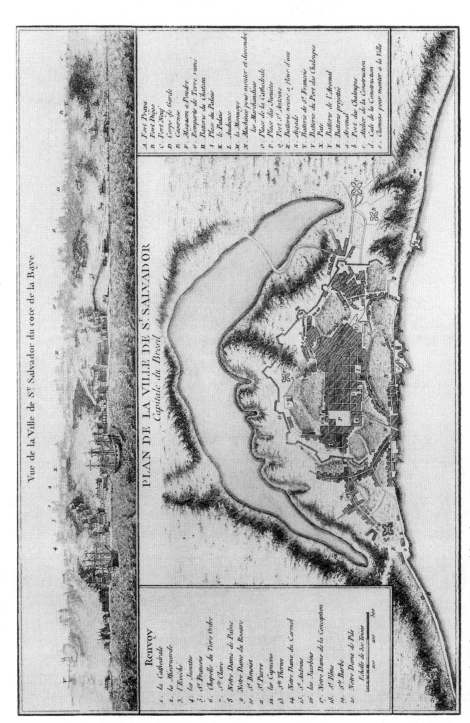

4. Vista da Bahia em 1714, publicada por Frézier.

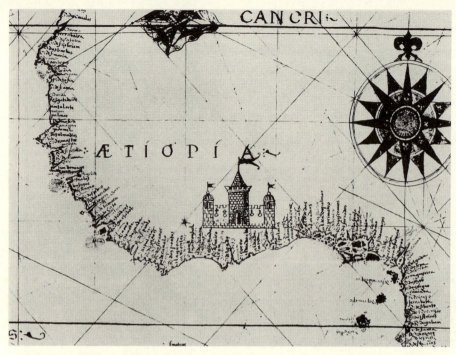

5. Mapa das costas ocidentais da África, desenhado em 1560 por Bartolomeu Velho.

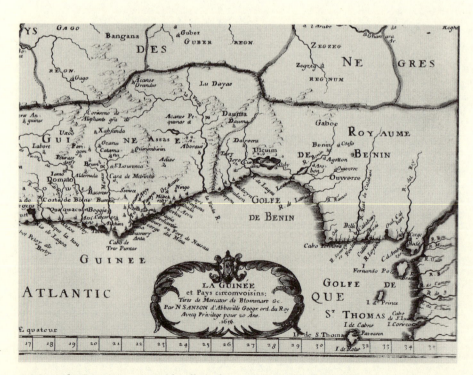

6. Mapa da Guiné em 1656 (detalhe), feito por Sanson d'Abbeville, de acordo com o *Mercator* de Blommart.

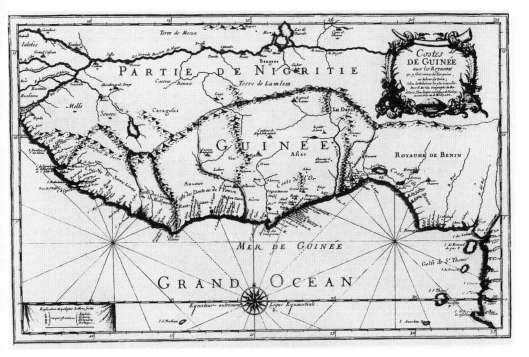

7. Mapa das "costas da Guiné" em 1671, feito por Duval, em Paris.

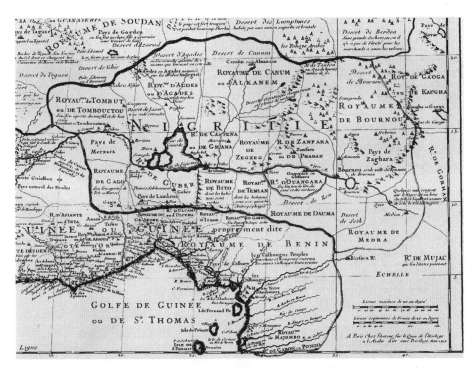

8. Detalhe da *Carta de la Barbarie, de la Nigritie et de la Guinée*, de 1707, feita por Guillaume de l'Isle, em Paris.

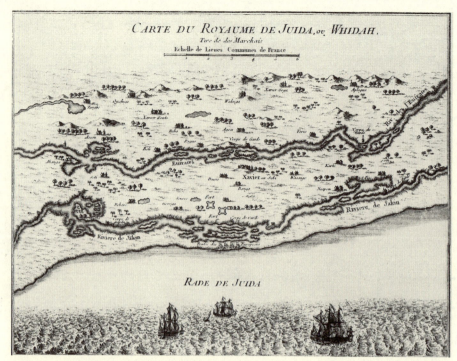

9. Mapa do "reino de Juida" em 1725, extraído de *Voyage du chevalier Des Marchais*, do reverendo padre Labat.

10. Detalhe do mapa da Guiné em 1730, feito por Bonne, em Paris.

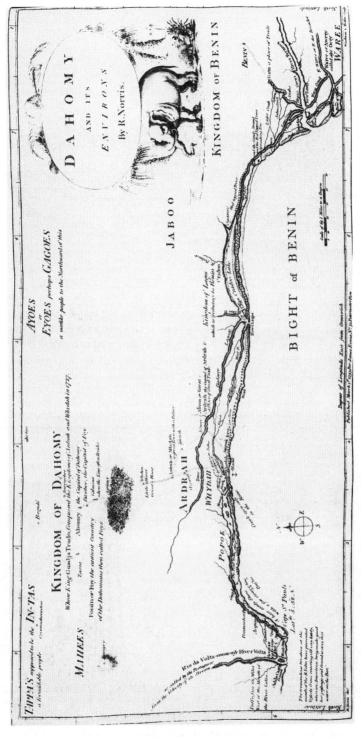

11. O Daomé e adjacências em 1773, por Norris.

12. Figuração imaginária de Tozifon, rei de Ardra, por volta de 1650, segundo Duflos, *Histoire du costume*.

13. Figuração imaginária de Agaja, rei do Daomé (1708-40), segundo Duflos, *Histoire du costume*.

15. Descendente de Béhanzin, rei do Daomé, com um cachimbo na boca à imagem de seus ancestrais, que só fumavam tabaco da Bahia.

14. Estátua de São José Resgatado, patrono dos negreiros no século XVIII, igreja de Santo Antônio da Barra na Bahia.

16. *Negros no porão do navio*, litografia de J. M. Rugendas, 1835.

17. *Mercado de escravos*, litografia de J. M. Rugendas, 1835.

18. *Transporte de uma leva de negros*, litografia de J. M. Rugendas, 1835.

19. *Festa de Nossa Senhora do Rosário, padroeira dos negros*, litografia de J. M. Rugendas, 1835.

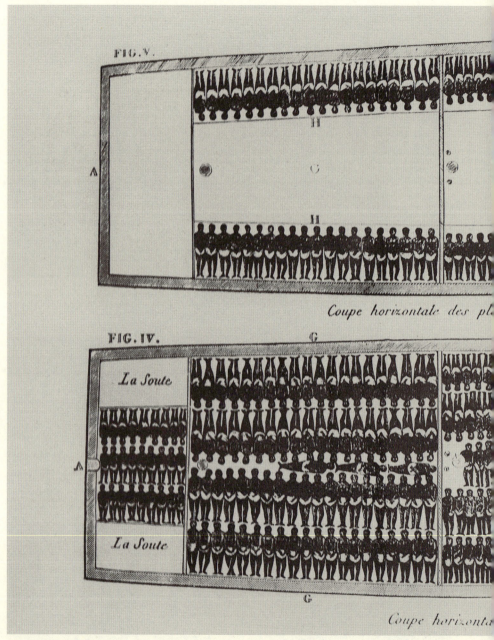

20. Disposição interna de um navio negreiro. Planos extraídos do *Rapport* (relatório) de Clarkson, 1815.

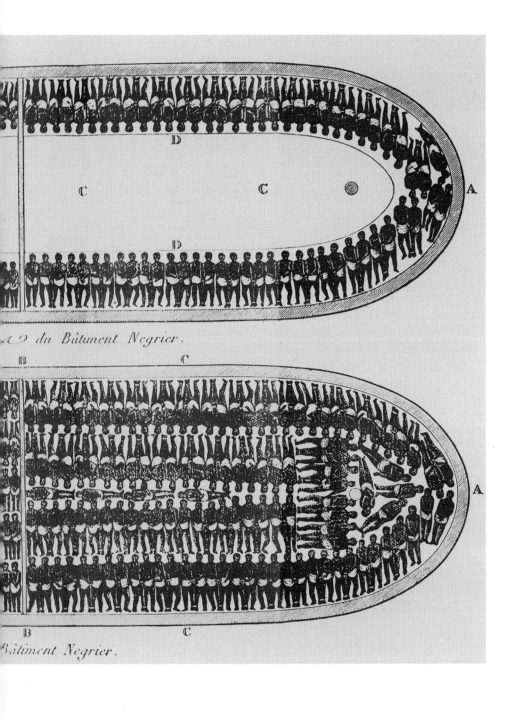

21. Retrato de Joaquim Pereira Marinho, salão de honra da Santa Casa de Misericórdia da Bahia.

22. Estátua de Joaquim Pereira Marinho, erigida em frente ao Hospital Santa Isabel, na Bahia.

23. Cemitério da Bahia. Da esquerda para a direita, túmulos de Joaquim Pereira Marinho, José Godinho e Antônio Pedrozo de Albuquerque.

24. Retrato de Francisco Félix de Souza (Xaxá 1), em Uidá, Daomé.

25. Retrato de Isidoro Félix de Souza (Xaxá II), em Uidá, Daomé.

26. Retrato de Francisco (Chico) Félix de Souza (Xaxá III), em Uidá, Daomé.

27. Inscrição em memória de Joaquim d'Almeida em Aguê, Daomé.

28. Túmulo de Francisco Félix de Souza em Uidá, Daomé.

29. Túmulo de Yaya Tokumboh em Lagos, Nigéria.

30. Passaporte do Brasil conservado em Lagos por um descendente de "brasileiro".

31. Festa do bumba meu boi no Recife, Brasil.

32. Festa da burrinha em Porto Novo, Daomé.

33. Os santos Cosme e Damião no Recife, Brasil.

34. Os santos Cosme e Damião em Porto Novo, Daomé.

35. Vendedora de acarajé na Bahia, Brasil.

36. Vendedora de acará em Uidá, Daomé.

37. Sobrados no Recife, Brasil.

38. Casa de Joaquim Branco em Lagos, Nigéria.

39. Holy Cross Church, igreja do bairro brasileiro em Lagos, Nigéria.

40. Arquitetura brasileira. Mesquita de Lagos, Nigéria.

41. Arquitetura brasileira. Sobrado clássico em Lagos, Nigéria.

42. Arquitetura brasileira. Sobrado em estilo influenciado pelo islã em Iwo, Nigéria.

43. Arquitetura brasileira. Portal em Lagos, Nigéria.

44. Arquitetura brasileira. Portal em Lagos, Nigéria.

45. Arquitetura brasileira. Balcão em ferro forjado em Lagos, Nigéria.

46. Arquitetura brasileira. Casa em Lagos, Nigéria.

47. Cândido J. da Rocha, nascido na Bahia, morto em Lagos em 1960.

48. Manoel Nascimento de Santo Silva, ou Gibirilu.

49. Vendedora de cocada em Saketê, Daomé.

50. Maria dos Anjos, nascida no Brasil, passageira do patacho *Aliança*.

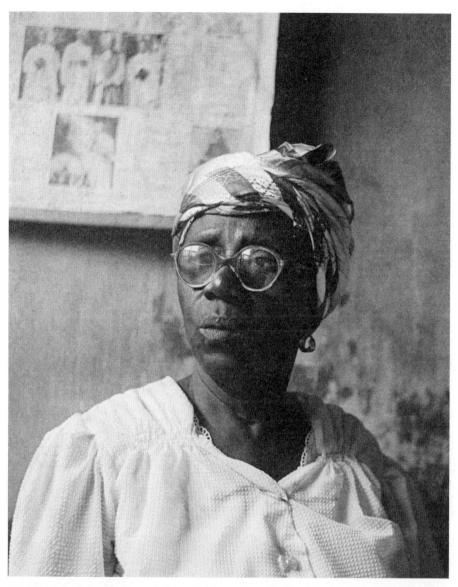

51. Maria Romana da Conceição, nascida no Brasil, passageira do patacho *Aliança*.

52. Festa do Senhor do Bonfim em Porto Novo, Daomé.

era o capitão e Phillips o sobrecarga. Depois de uma travessia de três semanas, desembarcaram os escravos perto de uma colina de areia na Bahia, não longe da aldeia de Itapuã.

O *Mary Lushin*, de Baltimore, cujo capitão era Tyler e o sobrecarga e provável proprietário Fernando Reys, viajava com documentos americanos, mas tão logo a carga de escravos estava a bordo, o capitão passava o comando ao sobrecarga e içava as cores espanholas. Esse vaso realizou algumas idas e vindas entre Lagos e a Bahia.

Diversos navios americanos entraram no porto do Rio de Janeiro em 1841 vindos da África, após terem descarregado escravos em um porto da costa. Eram os vasos *Solon*, *Simmaleh*, *WM Jones*, *Sophia* (incendiado quando estava a ponto de ser capturado pelos cruzadores de Sua Majestade), *Pilgrim*, entre outros.[69]

Em 16 de junho de 1841, o encarregado de negócios britânico no Rio de Janeiro avisava ao Foreign Office da necessidade[70]

de obter do comodoro americano sua colaboração para fazer cessar o uso da bandeira dos Estados Unidos, tão utilizada para o tráfico de escravos.

A possibilidade de uma guerra entre a Grã-Bretanha e os Estados Unidos, combinada com a incerteza que reina a respeito da eleição presidencial, faz com que o comodoro americano tenha julgado preferível não levar essa questão mais adiante. Entretanto, depois que a morte do general Harrison foi anunciada e que os princípios do governo, tal como tinham sido adotados pelo antigo presidente, perderam sua importância, encontrei o comodoro Ridgeley aparentemente disposto a agir de novo contra o tráfico de escravos feito por seus compatriotas.

Em seu zelo para lutar contra o tráfico de escravos, os funcionários britânicos cometiam por vezes alguns erros que não deixavam de provocar comentários irônicos entre os comerciantes de escravos.

O cônsul Robert Hesketh escrevia do Rio de Janeiro ao Foreign Office em 23 de abril de 1842:[71]

Fala-se do fato de que os comerciantes de escravos são agora ajudados materialmente no transporte de suas cargas destinadas ao seu abominável objetivo pelos vasos americanos, porque, sob a bandeira dos Estados Unidos, durante a parte de sua viagem em direção ao leste, eles gozam de uma segurança que não podem pensar encontrar sob as bandeiras brasileira e portuguesa.

Ele juntava uma cópia de seu ofício enviado ao ministro de Sua Majestade, Hamilton Hamilton,[72]

a respeito da expedição feita abertamente na África por um vaso americano, de uma grande quantidade de ferros para escravos [*shackles*]. Assim, temos a prova de que os traficantes de escravos estão confiantes em sua perfeita segurança sob a bandeira americana, e abandonam presentemente, com um ar de triunfo, toda dissimulação e astúcia com que fizeram até agora suas viagens ilegais para a África.

A interpretação do cônsul britânico da palavra *manilhas* traduzida por *shackles* tinha sido um pouco apressada e falseada pelo desejo exagerado de desmascarar as infrações dos brasileiros às cláusulas dos tratados e convenções a respeito do tráfico de escravos. Um mês depois, ele escrevia de novo para retificar seu erro:

Diversas pessoas foram atraídas pelo relatório da alfândega sobre uma carga de *shackles* [...]. O consignatário declarou que a palavra *manilhas* significava pulseiras de cobre, e não algemas ou ferros para prisioneiros ou escravos, e mostrou um punhado dessas pulseiras, declarando que tinham sido levadas a bordo do *Independência*.

O cônsul britânico, entretanto, perseverava em sua interpretação:

Mesmo que a palavra *pulseiras* possa ser a significação exata da palavra *manilhas*, não é porém menos verdadeiro que, entre os comerciantes, as *shackles* são chamadas *manilhas* [...]. Mas aí ainda, como nas circunstâncias atuais, uma advertência ao governo imperial não seria seguida de nenhum efeito. O sr. Hamilton fez-me compreender que a isso renunciaria.

TRÁFICO FEITO EM DOIS TEMPOS: MERCADORIAS ENVIADAS POR UM PRIMEIRO NAVIO, ESCRAVOS TRAZIDOS RAPIDAMENTE POR UM SEGUNDO

Era importante deixar os vasos de tráfico na zona de perigo durante o menor tempo possível. A partir de 1833, dois novos sistemas foram adotados pelos proprietários de navios.[73]

Um consistia em enviar primeiramente navios com um carregamento apropriado para comprar os escravos em terra, deixando passar um tempo suficiente para reunir o carregamento de escravos, e em seguida, para trazê-los, enviar o mais rápido veleiro que se pudesse obter, perfeitamente preparado para transportar os escravos. Isso podia ser feito em poucas horas, ao contrário do antigo sistema em que as mercadorias de tráfico eram enviadas pelo mesmo navio, que trazia os escravos na viagem de volta.

O outro plano era enviar o navio de tráfico diretamente para o lugar em que se propunha embarcar seus escravos. Ele desembarcava seus produtos e suas mercadorias, e em seguida ia a qualquer outro lugar a duzentas ou trezentas milhas para se reabastecer de madeira e água e colocar em ordem o equipamento para o alojamento dos escravos durante a viagem de volta. Se um cruzador britânico o abordava nesse meio-tempo, o comandante do navio de Sua Majestade, imaginando que os escravos a carregar estavam nas redondezas imediatas, ficava cruzando não longe dali na espera de ver o navio negreiro sair com sua carga, e este, por sua vez, aproveitando a ocasião, voltava para carregar os escravos e escapava.

A primeira maneira de fazê-lo se tornou clássica, a organização se aperfeiçoava. Os comerciantes da Bahia e de outras regiões tinham seus agentes estabelecidos na costa da África, cuidando de seus interesses.

O mecanismo dessas operações é explicado em um relatório do comandante Tucker, do *H.M.S. Wolverene*, de 30 de setembro de 1840:[74]

> O sistema atual do tráfico de escravos no golfo do Benim, empreendido pelos mercadores de Santiago de Cuba, de Havana e do Brasil, é o seguinte: enviam agora as cargas de mercadoria de tráfico e de dinheiro por vasos americanos e hamburgueses e por seus agentes em diversos lugares do golfo do Benim para a compra de escravos, que são reunidos e mantidos prontos para serem embarca-

dos, logo que chegue o aviso. Então enviam veleiros muito bons, completamente equipados, com todas as provisões, água e combustível, prontos para receber os escravos no momento de sua chegada no lugar de destino. Ali, se encontram o lugar vigiado por um cruzador, ficam à distância, atraindo-o à sua perseguição e cruzando ao largo, reaproximando-se na ocasião certa. Se percebem que o cruzador não voltou, embarcam os escravos, o que podem fazer agora num tempo entre duas e quatro horas (já foram embarcados quatrocentos em três horas), seja ficando ancorados, prontos para escapar, ou ficando em marcha um pouco ao largo e prontos para fugir à aproximação de um cruzador. Se acham o lugar vigiado, e pensam que têm pouca chance de embarcar seus escravos, vão para um outro lugar em que não haja cruzador, e os escravos são enviados por um rio (que faz comunicação desde o cabo Saint-Paul até o velho Calabar). Esses vasos são tão finos veleiros que penso que o próprio *Waterwitch* não poderia pegá-los. Todos os cruzadores que tenho atualmente sob meu comando são muito inferiores.

A enorme rapidez dos navios negreiros é confirmada por uma carta do tenente Levinge, do *H.M.S. Buzzard*, de 4 de janeiro de 1841, que assinala que o brigue *Águila*, enquanto estava ao largo de Lagos no dia 20 último, o venceu "da mais ridícula maneira, e fugiu de vista em menos de três horas".

Em 24 de janeiro, ele escrevia que, tendo de novo visto o *Águila*, o perseguiu durante duas horas com o mesmo insucesso.

Os cruzadores britânicos foram mais felizes com os vasos de abastecimento mais pesados e lentos. Os brasileiros utilizavam navios estrangeiros para fazer esses envios. Em 1841, três daqueles vasos foram apresados pelos cruzadores. Um deles era o inglês *Guiana*, de Liverpool, que foi condenado em Serra Leoa.

Depois foi a vez da barca hamburguesa *Louise*, presa pelo *H.M.S. Grecian*, cujo capitão era Smyth. Ouseley escrevia a esse respeito em 1º de março para Palmerston:[75]

Nenhuma dúvida pode existir sobre a participação desse vaso no comércio de escravos. Treze passageiros portugueses notoriamente engajados nesse tráfico estavam a bordo, e nele foi encontrada uma volumosa correspondência destinada aos comerciantes de escravos. A detenção desse vaso causou a mais viva consternação entre os mercadores de escravos, e lamento ter de reconhecer que tenho razões para temer que muitas das casas inglesas estejam interessadas, indiretamente pelo menos, em tal especulação.

O cônsul de Bremen, agindo como cônsul de Hamburgo, endereçou um protesto a respeito desse vaso. Ele recomendava enviar o *Louise* para Cuxhaven, conforme a estipulação do Tratado de Hamburgo.

Ouseley acrescentava:

O sucesso dessa experiência sob a bandeira de Hamburgo teria logo encorajado esse mesmo abuso sob outras bandeiras, e seria suscetível de levar ao fracasso as medidas tomadas pelo governo de Sua Majestade para a supressão do tráfico. A maioria dos cruzadores dessa estação não é provida pelo Almirantado com os documentos e instruções necessários para nações tais como a Suécia, a Dinamarca, as Cidades Hanseáticas, a Toscana, Nápoles etc. A bandeira suíça é talvez a única que pode não ser utilizada para o tráfico de escravos.

O brigue francês *Marabout*, cujo capitão era Hippolyte Paul Dejoie, foi apresado pelo *H.M.S. Rose*, cujo capitão era Peter Christie, que, segundo o cônsul Porter informava a Palmerston, retornou em 11 de novembro de 1841 julgando ter encontrado a bordo provas suficientes para justificar seu envio frente à corte francesa de Caiena.[76]

De acordo com Lacroix:[77]

Uma falsa ponte de tábuas, de madeira bruta, para uso de seus passageiros, foi considerada como destinada a fazer um cercado para escravos. Os víveres e as provisões de água potável tinham sido calculados para garantir a volta até Nantes, devido à dificuldade de os conseguir na costa da África. O comandante Christie recusou-se a admitir essa explicação e, tendo percebido fragmentos de papel ao redor da embarcação, afirmou que deveriam ser documentos do tráfico. Então notificou ao capitão que seu navio era boa presa, guardou-o prisioneiro no *Marabout* com o grumete e o cozinheiro e transportou o resto da tripulação e os onze passageiros a bordo do *Rose*. O *Marabout* foi em seguida dirigido para Caiena sob a condução de um capitão de presa, Crampton, e de pessoal inglês. O Rose fez rota para a Bahia, onde entregou seus prisioneiros para a fragata britânica *Crescent*, que os transferiu posteriormente a bordo do vapor *Ardent*, o qual, enfim, os entregou em Caiena em 21 de dezembro de 1841.

Uma série de protestos foi feita pelo consulado da França na Bahia e pelo barão de Rouen, ministro da França no Rio de Janeiro, contra a detenção do *Marabout*, e também por parte do ministro dos Assuntos Estrangeiros do Brasil,[78] a respeito dos cidadãos brasileiros feitos prisioneiros.[79]

Em 14 de dezembro de 1841, o tribunal de Caiena, após exame das provas, absolveu o *Marabout* e concedeu ao capitão Dejoie o seguinte:[80]

1º: 274 863,50 francos por perdas e lucros;

2º: os salários e víveres da tripulação pelo tempo de detenção;

3º: todos os custos.

O Select Committee, encarregado dos negócios da costa ocidental da África no Parlamento britânico, em sua sessão de 29 de abril de 1842, tinha-se ocupado do assunto do *Marabout*. Os srs. Wood e Forster interrogaram o sr. Swanzy a esse respeito (questões 1132 a 1146). Este último respondia que "não pensava que aquele vaso fazia o tráfico de escravos".

Em 8 de junho de 1842, lorde Aberdeen, por meio de uma nota para seu embaixador em Paris, o informava que o advogado da rainha renunciava em apelar do julgamento de Caiena, mas contornou a dificuldade, solicitando a revisão da cifra das indenizações.

Em 2 de abril de 1844, Dejoie recebeu a notificação de uma oposição ao julgamento do tribunal de Caiena. O julgamento final aconteceu somente em 16 de junho de 1851, dez anos após o incidente, mas Dejoie havia morrido nesse meio-tempo.

O assunto do *Marabout* causou tantos problemas que a convenção sobre o direito de visita recíproca dos vasos franceses e britânicos pelos cruzadores dessas duas nações, assinada em 30 de novembro de 1831, não foi renovada, o que não deixou de influir na queda do Ministério Guizot.

DESEMBARQUE CLANDESTINO DE ESCRAVOS NOS ARREDORES DA BAHIA; PARTIDA DOS NAVIOS DE TRÁFICO PARA UM FALSO DESTINO E SUA VOLTA DECLARADA "EM ARRIBADA" OU "EM LASTRO"

Não bastava aos vasos de tráfico escapar aos cruzadores britânicos na costa da África; era preciso também evitá-los na sua chegada em águas do Brasil e operar o desembarque dos escravos em um lugar discreto, longe das vistas do cônsul britânico, que não deixava de chamar a atenção do governador da província sobre os fatos que lhe pareciam constituir uma infração aos tratados e convenções contra o tráfico. As partidas e chegadas dos vasos eram seguidas de perto por esse mesmo cônsul. Para frustrar sua vigilância, os navios de tráfico declaravam frequentemente, na partida, um outro destino que não aquele das costas da África, tal como as ilhas de Cabo Verde, ou mesmo um porto da costa do Brasil, e na volta, para justificar a falta de vistos oficiais do lugar onde supostamente teriam estado, argumentavam não ter podido atingir seu objetivo e voltar "em arribada" após supostas avarias. Como já tinham desembarcado sua carga da volta, declaravam voltar "em lastro".

É sobre isso que o cônsul britânico Parkinson escrevia, em 18 de dezembro de 1833, a respeito do brigue *Atrevido*, chegado pouco antes com uma carga de quatrocentos escravos. Após tê-los desembarcado nos arredores da Bahia, apresentou-se como tendo chegado "em lastro". Essa operação tinha sido feita três vezes em curto espaço de tempo. O proprietário do brigue era Francisco Félix de Souza, o famoso Xaxá de Uidá.

O cônsul obteve um depoimento sobre a maneira como o desembarque tinha sido feito:[81]

> Que no dia em que amanheceo neste porto o brigue escuna *Atrevido*, debaixo da bandeira Portugueza, elle logo foi para bordo, onde esteve té o dia 8 do corrente, e lá soube que o navio tinha desembarcado huma legoa adiante da Torre grande parte do carregamento de escravos e que o resto que ficou a bordo passou ao entrar para huma garoupeira, a qual seguio encostada a Ilha de Itaparica para o saco de Itapagipe, e desembarcou os negros no Engenho do Cabrito, ficando a bordo sete que se achavão doentes os quais ficarão té vinte e quatro horas depois do navio fundado escondidos debaixo da antecamara, tendo à vista muito que comer e

agoa e hum homem com xicote na mão para não os consentir fallar. Outro sim, na entrada o navio foi perseguido por huma baleeira onde devião vir gente armada da Torre, e fazendo lhe o brigue escuna fogo com huma peça, chegou a falla e passou-se a equipagem da baleeira para o navio e veio ella a reboque para dentro; não sabe se a visita não deo pelos negros por negligencia ou suborno, o facto he que não foi ninguem em baixo e só olharão pelas escotilhas.

Para desembarcarem os negros, fizerão vir huma viola de terra, e poz se o capitão à mira com o guarda como para se divertirem, e com effeito fizerão o guarda beber bastante e aproveitando-se do somno passarão os negros para o bote e foram desembarcar no Caes Dourados perto da casa de Vicente de Paula Silva, onde entrarão pelas quatro horas da manhã.

Uma declaração feita em 10 de abril de 1834 por um marinheiro do navio *Musca* dá detalhes semelhantes a respeito do desembarque na Bahia de 228 escravos mandados pelo Xaxá de Souza, de Uidá. O marinheiro desceu para terra com o segundo capitão para tomar disposições com o consignatário na região da "Torre". Então navegaram quatro ou cinco dias ao largo da "Torre", e uma grande garoupeira veio pegar os escravos a bordo e trouxe uma carga de pedras como lastro.[82]

Mais tarde, o tenente Birch, comandante do brigue *Wizzard*, enviava do ancoradouro da Bahia ao comodoro britânico Sullivan no Rio de Janeiro, em 12 de novembro de 1838, uma declaração sobre o caso do brigue americano *Dido*, do qual já tratamos e que, chegando em Salvador com 575 escravos, estava à vista das dunas de areia das praias da Bahia:[83]

Tendo visto a corveta *Sparrow Hawk* ancorada, içou as cores americanas de sua bandeira, distintivo que foi reconhecido pelo povoado fora da barra. Na mesma noite, 570 escravos (cinco tinham morrido durante a travessia) foram entregues no povoado perto da ponta de Itapuã. O *Dido* foi limpo durante a noite e, no sábado seguinte, fez sua aparição na Bahia sob as cores americanas.

Ele obtinha "todas essas informações de um certo James Fox, que tinha sido marujo a bordo do *Dido* e servia atualmente a bordo do *Wizzard*. Esse homem estava disposto a confirmar sob juramento o que estava exposto acima, se recebesse a garantia de não ser perseguido".

504

Em 31 de agosto de 1841, o cônsul Porter escrevia para Hamilton Hamilton, no Rio de Janeiro, a respeito do brigue-goleta *Picão*, que havia desembarcado 480 escravos na costa oeste da ilha de Itaparica, na frente da Bahia: "Após o sucesso com o qual essa embarcação tinha realizado várias viagens semelhantes, indivíduos organizaram aqui uma companhia a fim de promover esse detestável tráfico. Já compraram cinco vasos que estão prontos e em vésperas de partir".[84] O cônsul aproveitava a ocasião para pedir o reforço da fiscalização dos cruzadores britânicos.

Em 31 de março de 1842, o mesmo cônsul fazia saber que o brigue-goleta *Picão* e o brigue *Viajante Feliz* tinham deixado aquele porto em agosto e setembro de 1841, o primeiro em princípio para Valparaíso, o segundo para Lima. O *Picão*, após ter descarregado seus escravos, acabou voltando, declarando que o vaso não estava estanque e "fazia água". O *Viajante Feliz* continuou para Montevidéu, de onde voltou depois, carregado de bois.[85]

Em 2 de julho de 1842, o cônsul confirmava que "os mercadores de escravos, para evitar as intervenções no livre uso de seus vasos, declaravam invariavelmente que retornavam de portos afastados da costa da África, o que torna difícil a obtenção de informações corretas a respeito dos movimentos de navios".

Em 20 de novembro de 1844, o cônsul informava:[86]

O famoso brigue-goleta *Picão* foi tomado pelos cruzadores de Sua Majestade na costa da África. Condenado pela corte mista de Serra Leoa, e ali vendido e enviado pelo novo proprietário para Londres, voltou aqui sob bandeira britânica com o nome de *Isabelle-Anne*, de Londres, cujo capitão e proprietário é Abraham Faircloth. Voltando aqui com um imenso lucro, o dito brigue-goleta chama-se agora *Esperança*. Partiu para a costa da África e voltou no dia 4 do corrente, declarando-se em arribada, mas sabemos muito bem que desembarcou 380 escravos nos arredores, tendo assim recomeçado sua nefasta carreira.

No mesmo dia, dava detalhes a respeito do brigue americano *Sooy*, posteriormente chamado *Fortuna*, apresado por um brigue de Sua Majestade, o *Racer*, ao largo do porto:

Foi encontrado abandonado pela sua tripulação em uma posição perigosa, no meio dos recifes. Como o equipamento de um navio de tráfico está ainda a bordo, dá a impressão de que uma carga de escravos foi desembarcada há pouco. Entre as cartas e os documentos descobertos a bordo, encontrava-se uma carta de instruções da casa Gantois e Pailhet, datada de 16 de agosto de 1842, endereçada ao sr. Topham ou a qualquer marinheiro vindo a bordo, pela qual ele era avisado que um brigue de guerra, cruzando no lugar indicado pelo sr. Sala para impedir qualquer vaso de ir para lá, enviamos uma baleeira que, esperamos, será capaz de vos encontrar e dar este aviso. Tão logo tenhais recebido nossa carta, em direção ao norte da "Torre", tão longe quanto possível, calculando vossa volta ao mesmo lugar no momento em que lhes tenhamos enviado de nove a dez baleeiras, para tomarem a carga de escravos que tendes a bordo. Devereis tomar cuidado para não esquecer de jogar ao mar tudo aquilo que possa parecer suspeito [...].

Em 4 de maio de 1846, o cônsul assinalava a carga sem precedentes que o *Três Amigos* tinha desembarcado: 1350 escravos, tendo perdido somente cinquenta na viagem.[87]

O mesmo *Três Amigos* figurava na lista de partida de 3 de julho para os Açores, de onde voltou em 24 de setembro, em arribada depois de 71 dias, mas não havia nenhuma dúvida que tinha ido fazer seu tráfico nesse intervalo e tinha deixado sua carga em um dos pontos de desembarque habituais nos arredores da cidade da Bahia.

No mesmo ano, o *Andorinha*, pertencente a Joaquim Pereira Marinho, começava uma brilhante série de dez viagens à costa da África, anunciando uma primeira partida em 17 de outubro de 1846 para as Canárias.

O cônsul Porter escrevia em 1º de abril de 1847:[88]

A importação de escravos é feita com a maior atividade; 3 mil foram desembarcados nos arredores da Bahia durante o último trimestre. Em consequência dessa massiva importação, os traficantes não foram capazes de vender seus escravos tão rápido quanto antes, e os preços caíram 20%. Até poderia parecer estranho dizer que a opinião das pessoas em relação ao tráfico de escravos era de que esse comércio cessaria por si próprio se os cruzadores deixassem as costas da África. De início, o desenvolvimento da importação reduziria tanto os preços dos escravos que as entradas não compensariam as despesas feitas para o armamento dos vasos. Não há dúvida que, se os escravos fossem importados em maior quantidade, as autoridades brasileiras seriam forçadas a adotar para sua própria segurança medidas a fim de evitar aquele afluxo. Mesmo na situação atual, a população branca está em estado de alerta, no temor de uma revolta de escravos.

Ao receber essa carta, lorde Palmerston escrevia ao cônsul, em 26 de junho de 1847, com uma pena mordaz:

A respeito da parte do ofício em que vós mencionais a opinião expressa pelas pessoas em relação ao tráfico de escravos, de que se os cruzadores fossem retirados da costa da África o comércio de escravos cessaria por si só, [...] tenho que vos fazer observar que o absurdo de supor que o tráfico de escravos veria seu fim, caso permitíssemos que ele se fizesse sem que fosse molestado, é muito grande e por demais evidente para pedir que seja exposto a sério.

Em 18 de outubro de 1847, o cônsul assinalava:[89]

A importação aumentou ainda mais, pois contam-se 2233 escravos durante o terceiro trimestre, contra 1500 para o segundo e 1180 para o primeiro. O tráfico se faz agora sem que se procure esconder o mínimo do mundo. Na ilha de Itaparica, bem em frente à cidade, a uma distância de mais ou menos oito milhas, foram construídos locais de desembarque normais, e em plena noite [são utilizadas] luzes para assinalá-los e guiar os vasos. Dali os escravos são levados para depósitos bem conhecidos desta cidade [Bahia], onde são vendidos sem medo da intervenção das autoridades.

Tenho a satisfação de poder declarar que sete vasos pertencentes a este porto foram capturados pelos cruzadores de Sua Majestade, em pouco tempo. Apesar dessa perda, muitos vasos estão atualmente equipados para ir à costa da África.

Em 31 de dezembro de 1847, ele fazia saber que

foram desembarcados 3500 escravos nos arredores da cidade durante o quarto trimestre; é a maior importação de escravos que houve durante os últimos oito anos. O tráfico de escravos aumentou muito, o que pode ser atribuído às companhias estabelecidas para isso, em que cada um pode comprar uma ação e participar assim de seu desenvolvimento.

Os vasos chegam frequentemente dos Estados Unidos e do Mediterrâneo, comprados por essas companhias e enviados para a costa da África sob a bandeira das nações às quais pertenceram originalmente. A bandeira do Brasil lhes é substituída no momento em que eles recebem sua carga de escravos a bordo.

O cônsul citava "o caso do brigue americano *George*, que partiu para a costa da África em 29 de agosto último e voltou aqui no dia 16 do corrente sob o nome de *Tentativa*, com as cores brasileiras, desembarcando uma carga de 726 escravos em um miserável estado de fome; 111 dessas criaturas pereceram por falta de água e de provisões".[90]

Em 30 de setembro de 1848, ele assinalava[91]

a extraordinária performance do iate brasileiro *Andorinha*, de oitenta toneladas, pertencente a Joaquim Pereira Marinho, que já fez com sucesso oito viagens à costa da África. Ele desembarcou assim 3392 escravos neste porto da Bahia, recebendo o frete ao preço ordinário de 120 mil-réis por cabeça; isso perfazia 407$040 réis, ou, ao câmbio de 24 pence por mil-réis, algumas 40 704 libras esterlinas (somente pelo transporte). Esse iate custou, tudo incluído, 2 mil libras; o lucro é, portanto, considerável. O iate parte sempre pelo leste para diversas partes do mundo e retorna aqui após uma ausência de aproximadamente sessenta dias, declarando que se encontrava em arribada.

Em 23 de agosto de 1849, o *Andorinha* foi capturado. Ele fez dez viagens, desembarcou 3800 negros, ganhando 46 mil libras sobre o frete no curto espaço de 32 meses.[92]

Em 13 de maio de 1850: "O tráfico de escravos continua na Bahia com o maior sucesso. Durante o último mês, foram desembarcados mais de 1100 escravos, na maioria nagôs, haussás, tapas e jejes. A maior parte provém dos portos de Onim e Ajudá".[93]

Em 18 de novembro de 1850, o cônsul comunicava:

Depois da entrada em vigor do novo decreto imperial sobre o tráfico de escravos, os mercadores tornaram-se mais prudentes em suas atividades e tentam agora encobrir seu detestável tráfico sob a bandeira da Sardenha, colocando em uma posição particularmente difícil os oficiais da Marinha de Sua Majestade, que devem, após seu apresamento, enviar aqueles vasos a Gênova para fazê-los julgar.

Ele dizia que a maior parte do tráfico era feita da Bahia para a costa da África pelos vasos da Sardenha.[94]

FIM DO TRÁFICO DE ESCRAVOS NA BAHIA

Após a aprovação da Lei Eusébio de Queirós, em 4 de setembro de 1850, a importação de escravos no Brasil passou a ser considerada crime de pirataria. A expulsão dos principais traficantes do Rio de Janeiro — os dois irmãos portugueses Manoel e Antônio Pinto da Fonseca e o italiano Pareti[95] — serviu de advertência aos comerciantes de escravos da Bahia, e o tráfico cessou completamente ao fim de um ano.

O cônsul britânico escrevia: "Nenhum navio foi equipado para o tráfico em 1851. A ativa e amigável cooperação dos vasos de Sua Majestade Imperial com aqueles de Sua Majestade britânica tivera o mais feliz efeito para dissipar a atmosfera de suspeita. Somente duas cargas de escravos foram desembarcadas nesta província".[96]

A história das duas últimas chegadas de navios negreiros na Bahia vale a pena ser contada. O nome do antepenúltimo vaso não pôde ser encontrado nos arquivos.

Em 17 de setembro de 1851, o cônsul britânico relatava:[97]

No dia 5 do corrente, aproximadamente seiscentos escravos foram desembarcados perto de Ilhéus, um pequeno porto situado a noventa milhas ao sul da Bahia. O vice-presidente da província, ao receber a notícia, enviou dois iates de guerra para ajudar na captura dos negros. O juiz de Ilhéus já prendeu 112 daqueles escravos e os enviou para a Bahia a bordo do *Itapagipe*. O navio negreiro foi afundado pelo seu capitão. A tripulação fugiu para o interior do país.

Wanderley Pinho dá detalhes a esse respeito e afirma que o desembarque foi feito na praia de Mamoan:[98] uma parte dos negros presos pelo juiz fugiu com três cúmplices dos contrabandistas; outros tinham escapado em direção ao norte, rumo à Barra do Rio de Contas, com o comandante e a tripulação. Wanderley, auditor da Marinha na época, prendeu Francisco Balduíno Ferreira, administrador das armações de baleias, e João da Costa Júnior, proprietário delas. Uma parte da carga pertencia a José Joaquim de Mattos, que foi condenado a três anos de prisão e às multas correspondentes a um terço daquele tempo, pelo crime de importação de escravos.

Detalhes sobre esse desembarque figuram em cartas de um colono suíço, David Besuchet, da fazenda Bom Gosto, em Cachoeira de Ilhéus, para Raphael Floquet, na Bahia, enviadas em 17 de setembro de 1851:[99]

> Faz uma dezena de dias que um infeliz negreiro veio dar na costa a três léguas de Ilhéus, com falta de tudo; já tinham morrido tantos e tantos; os outros foram desembarcados. Isso durou três dias e ninguém sabia de nada. Não tinha lá a não ser aquele burro do major Balduíno, comandante da guarda nacional em Ilhéus, que é o diretor do pesqueiro de João da Costa, que poderia ter salvo a todos. Em vez disso, estava passando a noite na casa das putas. Na cidade, todo mundo [disso] falava. O juiz de direito não pôde fazer de outro modo, a não ser chamar a guarda nacional e ir ver o que se passava. Era o terceiro dia, e chegaram só às quatro horas no lugar em que desembarcaram. Malgrado todo esse tempo [passado], encontraram 112, uns em canoas, outros na praia. O juiz de direito não pôde fazer outra coisa senão prendê-los. Eles comportaram-se muito bem, mas aquele animal do Balduíno deveria ser preso. Deveis conhecê-lo: é o major do batalhão de Brotas, tem o ar de um alemão. Não digais o que vos escrevo, podeis ver pelas gazetas, como se pode ter fé nos relatórios de todos aqueles doutores.

> Que bela ocasião para comprar. Se aquele Duvoisin quisesse dar um pagamento por conta, seria bem recebido. Se os vendem a crédito, estou no caso de comprar cinco ou seis, pagáveis em um ano ou dois. Verei, quando os proprietários que estão na Bahia chegarem, se existe um meio de arranjar isso.

A ÚLTIMA VIAGEM DA GOLETA *RELÂMPAGO*

O ponto final do tráfico de escravos entre o golfo do Benim e a Bahia foi marcado pela viagem da goleta *Relâmpago*.[100] Como veremos adiante,[101] sua partida de Lagos havia provocado uma forte reação do Almirantado britânico, devido à demora imposta ao embarque de um súdito inglês a bordo do *Token*. Esse incidente, de pouco importância em si, foi o pretexto e o ponto de partida de medidas que deveriam levar ao bloqueio dos portos do golfo do Benim (excetuando Badagri), ao ataque de Lagos e à substituição do rei Kosoko por seu tio Akitoyê. A chegada à Bahia dessa mesma goleta teria que ser feita em penosas condições.

Em 14 de novembro de 1851, o cônsul britânico escrevia:[102]

No dia 29 último, o iate de guerra de Sua Majestade Imperial, *Itapagipe*, perseguia em direção à costa a goleta sarda *Relâmpago*, de 221 toneladas de carga, outrora *Empério*, de Baltimore. Ela tinha partido em 9 de julho último para a costa da África, com uma carga legal. O proprietário é Jerônimo Carlos Salvi, um italiano bem conhecido por ter participado desse tráfico iníquo, como feitor, durante muitos anos, na costa da África, sendo o segundo do famoso *Picão* e traficante de escravos aqui. Ele desapareceu imediatamente quando da chegada do *Relâmpago*, rebocado pelo vapor de Sua Majestade, *Locust*, em 6 de novembro último.

De acordo com as anotações de vários interrogatórios que figuram nos processos feitos contra as diversas pessoas acusadas no caso do *Relâmpago*, ressalta-se que, quando chegou em Lagos em 1851, a goleta usava bandeira sarda, pertencia a Jerônimo Carlos Salvi e era comandada pelo capitão Ghigliazi, mas foi comprada ali pelo famoso sr. Marcos (Marcos Borges Ferras). Benito Denizan tornou-se então o capitão. Já estava a bordo na saída da Bahia (encontramos um passaporte feito em seu nome em 7 de julho de 1851 pela polícia da Bahia). Era ajudado pelo piloto Melchior Garcia e um segundo, Miguel Marinho, ambos súditos espanhóis.

A partida de Lagos da goleta *Relâmpago* foi informada pelo capitão Lewis J. Jones, do cruzador *Sampson*, em 3 de outubro de 1851, ao comodoro Bruce, a propósito do incidente do embarque de um súdito britânico.[103]

Chegando perto das costas da Bahia, à vista de Morro de São Paulo, em 29 de outubro de 1851, a goleta foi percebida por volta das oito horas da manhã pelo iate de guerra brasileiro *Itapagipe*, comandado por Manoel Ernesto de Souza França. Ela foi perseguida pelo navio de guerra e depois por dois botes do *Itapagipe*, quando o fundo não mais permitiu ao iate continuar se aproximando da terra. Por volta das dez horas, o *Relâmpago* encalhava em um lugar chamado Pontinha e procedia a toda a pressa ao desembarque de sua carga de escravos. Como a goleta dispunha de apenas um bote, os negros foram obrigados a se lançar na água e ganhar a terra próxima a nado. Alguns deles se afogaram durante esse precipitado desembarque. Eram aguardados na praia por um grupo de pessoas que, soube-se mais tarde, faziam parte do engenho de Hygínio Pires Gomes. Todos os recém-chegados, oficiais, tripulação e algumas centenas de africanos, foram levados em direção à casa-grande da fazenda Pontinha, pertencente a Hygínio Pires Gomes, situada a algumas léguas do local do desembarque. Lá chegaram por volta das oito horas da noite.

Nesse meio-tempo, os botes do *Itapagipe*, comandados pelo piloto Adolfo Pereira de Brito, chegavam perto do navio encalhado duas horas depois de o *Relâmpago* ter assim terminado sua viagem. Uma dezena de cadáveres africanos estendia-se na praia. O piloto e seus poucos homens seguiram os fugitivos pelo rastro e chegaram a uma casa da fazenda, mas ali não encontraram mais que o guarda e algumas bagagens trazidas do *Relâmpago*, abandonadas em um dos quartos. O piloto não foi além, pois não tinha com ele mais que dois marinheiros, uma vez que os outros se perderam na mata à procura dos últimos africanos desembarcados. Por volta das cinco horas da tarde, haviam reunido 49, dos quais cinco morreriam de esgotamento na noite seguinte.

O iate *Itapagipe*, durante esse tempo, tinha voltado ao porto da Bahia para alertar as autoridades. O presidente da província era Francisco Gonçalves Martins (o antigo chefe de polícia, da época da Revolta dos Malês), e o chefe da polícia e auditor da Marinha era João Maurício Wanderley (futuro barão de Cotegipe).

Os grupos de africanos e de marinheiros do *Relâmpago* chegaram ao cair da noite ao engenho de Hygínio Pires Gomes, que distribuiu panos aos escravos. Estes foram então cercados por dezenove homens armados a cavalo (dezesseis escravos de Hygínio e três homens livres), comandados por Augusto da Silva Nunes, genro de Hygínio, e foram levados de novo às quatro horas da manhã, através da mata, durante um dia inteiro sem receber nada para beber ou comer.

Os membros da tripulação foram levados por um outro lado por uma escrava de Hygínio Pires Gomes em direção a um porto vizinho e de lá alcançaram a Bahia, sem obstáculos.

O chefe da polícia, João Maurício Wanderley, tinha sido alertado, naquele mesmo 29 de outubro, entre nove e dez horas da noite.[104] À meia-noite embarcou no vapor *Catharina* com o tenente da Marinha Ignácio Accioly de Vasconcelos, marinheiros, o alferes Hermenegildo do Amaral e quarenta soldados.

Na manhã do dia 30, a expedição descia em terra, não longe do local em que o *Relâmpago* tinha encalhado, e seguiu para a fazenda de Hygínio Pires Gomes. As pessoas interrogadas opuseram uma resistência passiva e não deram nenhuma informação. Wanderley requisitou as guardas nacionais e a polícia de Santo Amaro, Catu e Jaguaripe, e foi em companhia do tenente Accioly para Jiquiriçá, onde pensava encontrar os africanos importados. Instalou seu quartel-general na fazenda Santo Antônio das Flores, no distrito de Rancho Velho, Valença, perto do rio Jiquiriçá.

Ali ele encontrou Hygínio Pires Gomes, seu antigo colega de Assembleia Provincial, um dos líderes da Sabinada, contra quem tinha lutado em 1837. Hygínio negou toda participação no desembarque dos africanos e queixou-se de que seus escravos, apavorados pela presença da polícia, tinham fugido.

Diversos grupos de guardas nacionais e da polícia participavam na procura dos fugitivos. Em 1º de novembro, 24 guardas nacionais do distrito de Estiva, conduzidos pelo tenente Maximiano Nunes Sarmento, os encontraram. Após uma troca de tiros de fuzil entre as duas partes, os escravos de Hygínio responsáveis pelos "africanos recém-chegados" foram feitos prisioneiros, deixando dois mortos no chão. Dos africanos que tinham se refugiado na mata durante a escaramuça, 209 foram reunidos e outros dezoito foram encontrados no dia seguinte.

Hygínio Pires Gomes foi trazido e trancado no forte de São Pedro. Foi acusado por Wanderley, com provas de apoio. No entanto, Hygínio contava nos tribunais com amigos poderosos que lhe concederam a absolvição.

Os 285 africanos restantes dos quinhentos que haviam sido embarcados foram declarados livres (uma liberdade relativa). Empregados em trabalhos de aterro, recebiam um salário de 120 réis para os homens, oitenta réis para as mulheres e sessenta réis para os menores. Foram devidamente batizados depois de alguns meses, quando os rudimentos da doutrina cristã lhes haviam sido inculcados.[105]

A goleta *Relâmpago*, antes *Empério*, construção americana de Baltimore, de 229 toneladas (inglesas), 295 pés de comprimento, 23 pés e oito polegadas de largura e dois mastros, foi vendida em leilão em proveito dos captores pela soma de 10$500 réis. O resto dos objetos foi comprado por Lourenço da Costa, que fez uma oferta de um mil-réis acima dos 49$950 réis da estimativa.

Entre os objetos encontrados na fazenda Pontinha, havia algumas cartas endereçadas a Melchior Garcia, em Onim (Lagos), cujo conteúdo iria servir de prova, alguns anos mais tarde, para acusar Marcos Borges Ferras.

Em uma delas, um certo Fraga, em 5 de setembro de 1851, rogava a Melchior Garcia evocá-lo na lembrança dos srs. Marcos, Pinto e Nobre.

Em outra, de 3 de julho de 1850, Marcos Borges Ferras recomendava a Antônio Martins de Oliveira um oficial da Marinha, Melchior Garcia, e lhe agradecia por aquilo que pudesse fazer.

Em 30 de julho de 1852, Melchior Garcia (nascido em Málaga e residindo havia sete anos em Itapagipe) e Miguel Marinho (nascido em Málaga e residindo na cidade da Bahia, em Portas da Ribeira) eram acusados do crime de importação de escravos. Durante o processo, o primeiro afirmava ser passageiro a bordo e não piloto, e o segundo disse que vivia na casa de uma mulher chamada Thereza na época da chegada do *Relâmpago*, mas ambos foram condenados a três anos de prisão, a uma multa de duzentos mil-réis por cabeça de escravo e à obrigação de pagar as despesas de sua volta para a África.

Os seis marinheiros processados como cúmplices afirmaram ou que estavam na Bahia, ou que viajavam na qualidade de simples passageiros. Eles foram condenados aos mesmos três anos de prisão, com multa de um terço do tempo, mas sem as despesas relativas aos escravos.

Os cúmplices foram agraciados em 31 de julho de 1854 pelo imperador, mas com a obrigação de servir nos navios de guerra uma vez que seus três anos de prisão fossem cumpridos, o que aconteceu em 30 de julho de 1855.

Jerônimo Carlos Salvi, que tinha fugido no momento da captura do *Relâmpago*, reapareceu na Bahia e pôde provar que havia vendido sua goleta em Onim, colocando-se assim fora da causa.[106]

Os dois principais acusados, Marcos Borges Ferras, proprietário do *Relâmpago*, e Benito Denizan, seu capitão, foram condenados somente em 1858, respectivamente em 5 de janeiro e 17 de março, às mesmas penas que Melchior Garcia e Miguel Marinho.

Benito Denizan havia nascido na Venezuela, em 1818. Para sua defesa, afirmava não ter estado a bordo do *Relâmpago* quando da infeliz viagem de volta de 1851, e dizia que, na época, estava em Ajudá tentando fazer o comércio inocente do azeite de dendê.[107]

Declarava ter conhecido outrora e muito pouco a Hygínio Pires Gomes, e que conhecia só de vista os outros principais acusados. Negava ter sido um dia capitão do *Relâmpago*, mas somente passageiro, quando das suas diversas viagens.

Benito Denizan alegava não saber ter sido acusado em 1851. Ele dizia não se esconder e viver em plena luz do dia naquela cidade, e a prova disso era sua detenção quando ia para a Cidade Baixa.

Marcos Borges Ferras, por sua vez, estava efetivamente na costa da África no momento do apresamento do *Relâmpago* pelo iate de guerra *Itapagipe*, e seu nome figura nos relatórios do cônsul britânico Beecroft quando da tentativa de desembarque britânico em Lagos.[108] Em 1856 ele havia feito uma viagem à Bahia e voltara para costa da África sob um nome emprestado, Marcolino Adolfo de Lima. Em 1857 ele voltou para a Bahia, sempre sob seu falso nome, e foi preso em 17 de novembro de 1857, seis anos após ter sido acusado de importação clandestina de escravos.

Durante o interrogatório da polícia, ele declarou ser Marcolino Adolfo de Lima, filho natural de Antônio Adolfo de Lima e de Águida Maria, ter quarenta anos, ser celibatário, brasileiro, nascido na cidade da Bahia na paróquia de São Pedro, sabendo ler e escrever. Com efeito, trocava apenas seu nome e o de seu pai, Manoel Ferras Borges de Queiroz, e o fato de que era filho legítimo. Todas as outras indicações eram exatas.

Declarava, o que era sem dúvida verdade, que tinha deixado a Bahia em 1843 para a costa da África, de onde voltara em novembro de 1856, e que tinha partido novamente com um passaporte em seu nome (Marcolino Adolfo Lima) para a costa da África em 31 de março de 1857, a bordo do lúgar francês *Indépendance*, na qualidade de sobrecarga.[109] Declarou conhecer Antônio Martins de Oliveira, mas que nunca tinha feito negócios com ele, nem na costa da África nem na Bahia. Dizia conhecer também Benito Denizan, com quem tampouco tinha feito negócios. Sabia que Melchior Garcia era navegante e casado em Itapagipe, tão somente como poderia sabê-lo de um outro navegante qualquer.

A carta escrita por ele em 1850 para Antônio Martins de Oliveira, em que recomendava Melchior Garcia, foi-lhe então mostrada, e lhe perguntaram se reconhecia a escrita e a assinatura de Marcos Borges Ferras, e se não fora escrita por ele.

Marcos negou inicialmente a evidência, e declarou não conhecer o autor. Ele tinha ouvido falar de um Marcos Borges Ferras na costa da África, mas jamais o havia encontrado. Sabia apenas que era negociante de mercadorias legais no litoral africano. Insistiu em negar sua identidade, e afirmava não ter conhecido seu falecido tio João Borges Ferras, a não ser de vista. Declarou que seus pais estavam mortos, sua mãe no ano de seu nascimento e seu pai em 1830.

Após um momento, declarou então que, tendo refletido, não poderia mais dissimular seu verdadeiro nome, que era Marcos Borges Ferras. Ele viera para a Bahia no ano anterior para se defender, mas não tinha ousado apresentar-se frente às autoridades por medo de ser colocado em prisão por muito tempo, mas que não era culpado de coisa alguma.

Perguntaram-lhe se não havia comprado a goleta na costa da África. Respondeu que esta fora comprada por Kosoko, o rei de Onim (Lagos), que a carregara de escravos para Havana. Pessoalmente era pobre e não tinha meios de comprar um navio. Fazia apenas o comércio legal e vivia sobretudo mantendo a contabilidade dos negócios do rei. Ele tinha feito a compra do navio para o rei Kosoko, sem saber qual seria seu emprego ou destino.

A carta que enviara em 3 de junho de 1850, recomendando Melchior Garcia a Antônio Martins de Oliveira, não poderia servir para acusá-lo. Naquele momento, a goleta *Relâmpago* pertencia a Jerônimo Carlos Salvi, e o rei Kosoko havia feito a compra apenas em 1851.

Na Bahia, Marcos Borges Ferras tinha trabalhado como simples caixeiro de Joaquim Alves da Cruz Rios em sua loja de quinquilharias existente ainda na época na rua Guindaste dos Padres, mas era tão mal pago que pensara em partir para a costa da África, onde se tornou caixeiro do falecido André Pinto da Silveira. Empregado ali em trabalhos de escrita para aumentar seus magros emolumentos, fazia o comércio de azeite de dendê e de panos indígenas, que trocava por tabaco, mas nem comprara nem vendera escravos.

Com a morte de seu patrão, André Pinto da Silveira, ele fez a contabilidade e outros trabalhos de escrita de alguns comerciantes locais, entre os quais figurava o rei Kosoko.

Transpondo os acontecimentos de 1851 e o incêndio de seus barracões pelos ingleses, ele falava em seguida de uma revolta que lá teria ocorrido contra os brancos, da qual escapou somente com as roupas do corpo, e que os indígenas lhe roubaram o pouco que possuía, incendiando e destruindo tudo.[110]

Apesar dos esforços de seu advogado, Marcos Borges Ferras foi condenado, cumpriu seus três anos de prisão e voltou para a costa da África para instalar-se em Uidá, Porto Novo e Lagos, onde o encontraremos nos capítulos seguintes.

Marcos Borges Ferras não voltava amargurado com sua permanência na prisão. O abade Pierre Bouche, que o encontrou dez anos mais tarde, relata: "Conheci um certo Marcos que, tendo se arriscado a ir ao Brasil acertar suas contas com seu consignatário, lá foi retido vários anos em prisão. Voltou para Uidá, onde me contava alegremente sua desgraça: 'Admitiram-me na Academia, e de lá saí com meu diploma'".[111]

12. Principais navegadores e comerciantes da Bahia que tomaram parte no tráfico clandestino de escravos

A maior parte de nossas informações a respeito dos principais navegadores e comerciantes da Bahia que participaram do tráfico clandestino de escravos procede de fontes britânicas. Portanto, sofrem de uma certa deformação, devido ao "partido" tomado pelos funcionários "engajados" em uma cruzada "filantrópico-abolicionista". Eles tinham que adaptar seus relatórios ao generoso tema da luta contra o tráfico de escravos.[1]

Sem procurar fazer apologia dessa instituição, devemos entretanto restabelecer os fatos e indicar que a atividade ostentada por aqueles que abasteciam o Brasil com mão de obra servil era considerada na época, neste país, como eminentemente útil e desejável para o bem maior da economia nacional. Eles tinham, consequentemente, "boa consciência". A correspondência oficial brasileira falava "de um comércio triste, mas o único capaz de fornecer os braços indispensáveis para as minas e para as culturas do Brasil".[2]

Os funcionários britânicos encarregados da repressão ao tráfico procuravam com o mesmo empenho obter aquela mesma mão de obra recuperada dos navios negreiros apresados e condenados em Serra Leoa ou no Rio de Janeiro. Essas pessoas eram chamadas "trabalhadores livres", e os ingleses nada mais lhes perguntavam, nem mesmo se os lugares de seu destino nas plantações das Antilhas Britânicas eram aqueles de sua escolha. A resposta do juiz Macaulay às questões (números 5534 e 5535) que lhe foram feitas durante os inquéritos do Select Committee do Parlamento britânico de 1842 bem o especifica:

> Não há meio de deixar a escolha aos novos africanos, libertados em Serra Leoa, se eles quiserem optar pelas Antilhas [Britânicas] ou não. Atualmente, isso não se faz, e o Ato do Parlamento não encara sequer a possibilidade de que uma tal opção lhes seja oferecida. O negro é levado para Serra Leoa e colocado lá sem que seja consultado sobre sua opinião ou sobre seus desejos. E da mesma maneira podem ser transportados para as Antilhas.

Os comerciantes e capitães que abasteciam a Bahia de mão de obra servil na época em que os tratados a isso se opunham eram de diversas origens, e suas atividades anteriores eram muito variadas.

Eram antigos capitães de navios negreiros, que por sua vez tornaram-se proprietários, como Innocêncio Marques de Santa Anna, João e Manoel Cardoso dos Santos ou Vicente Paulo e Silva; ou então comerciantes importantes da praça da Bahia que acumularam fortunas consideráveis, tanto com o tráfico de escravos quanto em outras operações comerciais, como José de Cerqueira Lima, Antônio Pedroso de Albuquerque, José e Joaquim Alves da Cruz Rios e Joaquim Pereira Marinho; eram também pessoas que passavam uma parte de seu tempo na Bahia e outra na costa da África, como André Pinto da Silveira e Manoel Joaquim d'Almeida; ou outros, ainda, que viviam completamente instalados no golfo do Benim, como Francisco Félix de Souza (o famoso Xaxá), ou Domingos José Martins, Marcos Borges Ferras, Joaquim d'Almeida e José Francisco dos Santos (este denominado Alfaiate).

CAPITÃES DE NAVIOS NEGREIROS QUE SE TORNARAM PROPRIETÁRIOS DE VASOS E COMERCIANTES

Innocêncio Marques de Santa Anna

Entre os capitães que se entregavam ao tráfico de escravos e se tornaram em seguida proprietários de navios negreiros, reencontramos o nome de Innocêncio Marques de Santa Anna, o antigo intérprete da embaixada do rei do Daomé, em 1805.[3]

Navios comandados por ele foram apresados duas vezes pelos cruzadores britânicos.

Em 7 de maio de 1815, a chalupa *Conceição Santa Anna,* cujo proprietário era Manoel Gonçalves Rodrigues, foi capturada por engano pelo *H.M.S. Diligent,* cujo capitão era Thomas Brent, sendo este último vaso o auxiliar do *H.M.S. Ulysses.* Os autores da captura julgaram que se tratava de um veleiro em estado deplorável e, segundo pensavam, incapaz de ir até Serra Leoa,[4] onde deveria ocorrer o julgamento, mesmo que de acordo com os registros da Bahia se possa constatar que a chalupa tinha feito cinco viagens sucessivas para a Costa da Mina.[5] Decidiram guardá-la no castelo de Cape Coast até a passagem de um cruzador de Sua Majestade. Sua carga foi depositada nos armazéns do castelo, mas a *Conceição* foi abandonada. Destituída de suas âncoras, encalhou e quebrou sob os muros do forte de Fantim.

Como o apresamento não foi justificado, a comissão mista de Londres concedeu ao proprietário 6278 libras, oito shillings e seis pence das 12762 libras, sete shillings e quatro pence por ele reclamados.[6]

Em 10 de junho de 1816, o *Scipião Africano,* comandado por Innocêncio, foi capturado pelo *H.M.S. Inconstant,* cujo comandante era Sir James Lucas Yeo, e foi injustamente condenado pelo Vice-Almirantado de Serra Leoa. Os três proprietários, Antônio José Pinheiro, Francisco José de Brito e João Teixeira de Oliveira da Bahia receberam uma quantia de 9328 libras, oito shillings e um penny de indenização, concedida cinco anos mais tarde pela comissão mista de Londres.[7]

Em 31 de outubro de 1821, um navio que lhe pertencia, o *Juliana,* foi capturado e condenado.

Innocêncio Marques de Santa Anna possuía ainda o brigue *Santa Anna* e o *Flor d'África,* com o qual ele próprio navegava, tendo confiado um outro de seus vasos a Manoel Joaquim d'Almeida.[8] Innocêncio o chamava *Flor d'América.* Ele gostava que seus navios fossem a flor de um continente, mas gostava menos dos ingleses, que tratavam tão duramente seus vasos.[9] Isso foi o que demonstrou quando, três anos mais tarde, sendo um respeitável cidadão da paróquia do Pilar, o capitão Innocêncio Marques enviava uma petição ao comandante e intendente da marinha da Bahia, em seu nome e no dos outros habitantes da rua do Coqueiro, denunciando que, apesar das ordens que tinham sido dadas para que o lastro dos navios fossem lançados ao mar, longe das praias, a fim de que a maré pudesse levá-los, os vasos britânicos lançavam seu lastro na baía, em frente às casas dos habitantes da paróquia do Pilar, por onde passavam as embarcações locais, vindas do Recôncavo ou do exterior, atrapalhando assim sua livre passagem em direção aos armazéns e aos depósitos. Innocêncio e seus concidadãos pediam que fossem tomadas medidas para obrigar os mestres dos navios britânicos a respeitarem os regulamentos em vigor.

João Cardoso dos Santos

De 1825 a 1827, João Cardoso dos Santos foi capitão do brigue *Henriqueta*, pertencente a José de Cerqueira Lima. Nesse período, fez seis viagens bem-sucedidas para a costa da África, de onde trouxe 3040 escravos, dando ao seu proprietário, somente pelo frete, 80 mil libras esterlinas.[10] Na sétima viagem, o brigue foi capturado, em 6 de setembro de 1827.

João Cardoso dos Santos partia novamente em 1828 como capitão da goleta *Terceira Rosália*, cujo proprietário era Manoel Francisco Moreira, e voltava em 6 de março de 1829, trazendo de Onim 275 escravos que afirmava ter trazido de Cabinda.[11]

Tendo-se tornado proprietário da goleta *Umbelina*, de 172 toneladas, João retirava em 10 de setembro de 1829 um passaporte nº 43 que lhe permitia trazer 358 escravos. Partindo no dia 19 seguinte, em princípio para Cabinda, ele voltaria em novembro de 1829 com 376 escravos e partia de novo no dia 29 do mesmo mês, depois de permanecer na Bahia apenas quinze dias (passaporte nº 66). Tendo embarcado 377 escravos em Lagos, foi capturado em 15 de janeiro de 1830 pelo *H.M.S. Sybill*, cujo comandante era Collier, na latitude 3º48'N e longitude 4º12'E.[12] A goleta foi levada para Serra Leoa; 214 escravos morreram durante essa curta travessia. Dentre eles, trinta foram atacados de oftalmia e vinte sofreram de disenteria, havendo ainda alguns casos de varíola.

Os membros da comissão mista, tendo solicitado um inquérito a esse respeito para J. Bayles, doutor daqueles tribunais, este respondia, em 14 de maio de 1830:

Não está em meu poder achar a causa imediata da quantidade, sem exemplo até agora, de mortes e de doenças neste caso. Mas, a respeito da excessiva mortalidade que se produz geralmente entre os escravos trazidos para este porto para serem julgados, posso afirmar com certeza que o mal vem de uma falta de conhecimento da parte dos oficiais de apresamento, tanto sobre a maneira de tratar essas pessoas, quanto sobre cuidar das doenças que grassam habitualmente entre eles.

A goleta *Umbelina,* condenada em 13 de maio, foi recomprada na venda do leilão que houve no dia 27 por João Cardoso dos Santos, pela soma de 660 libras. Ele recomprou igualmente os barris que serviam para receber as provisões de água destinada aos escravos.

O piloto da *Umbelina,* José Pinto, e mais dezoito membros da tripulação tinham chegado à Bahia, de volta da costa da África, em 24 de fevereiro, a bordo do *Triumpho.*[13]

Apenas o cozinheiro Antônio José Lopez ficara como testemunha ao lado de João Cardoso dos Santos em Freetown.[14]

Os arquivos não conservaram documentos sobre a data de volta da *Umbelina,* mas em 19 de julho de 1831 ela partia comandada por Libório Nunes d'Oliveira Barros novamente para a costa da África, e a composição de sua carga mostra bem que era para a Costa da Mina que ela voltava: levava 1662 mangotes de tabaco, dois barris do mesmo produto, oito pipas de aguardente, quatrocentos fuzis e seis fardos de tecido.

Manoel Cardoso dos Santos

Não sabemos quais eram os laços de parentesco que existiam entre João Cardoso dos Santos e Manoel Cardoso dos Santos, mas no momento de sua partida em setembro de 1829, a *Umbelina,* com o passaporte nº 43 para ir a Cabinda, levava um segundo passaporte retirado para a goleta *Carolina,* de propriedade de Manoel Cardoso dos Santos. Já explicamos o uso do duplo passaporte para Cabinda e a Costa da Mina.

Manoel Cardoso dos Santos era português de nascimento, comerciante residente na Bahia.

Nos arquivos, encontramos traços de quatro de seus comandos a bordo de navios de tráfico, os brigues *Victória* e *Cerqueira,* e mais tarde como proprietá-rio dos brigues *Heroína* e *Tibério* e da goleta *Maria Thereza,* tendo ele feito no total onze viagens para a costa da África.[15]

Vicente Paulo e Silva

De 1809 a 1818, Vicente Paulo e Silva havia feito treze viagens para a costa da África.[16]

Naquela época, ocorreu na carreira do capitão Vicente um incidente rela-tado por Sir Henry Huntley, comandante da fragata *Tinette,* da Marinha Real Britânica:[17]

Xaxá de Souza havia um dia confiado um carregamento de negros a Vicente Paulo e Silva, capitão de um navio negreiro brasileiro, que tinha se engajado a vendê-lo por conta de Souza, mas durante a viagem ele projetou e realizou o plano de ven-der o carregamento em seu proveito. Depois disso, viveu como grande senhor no Brasil.

Mas tendo gastado o dinheiro tão desonestamente adquirido, voltou para a costa com um outro vaso para um novo carregamento.

Sua conduta era entretanto conhecida, e ninguém quis nele depositar confian-ça para um outro carregamento. Arrastava-se de ancoradouro para ancoradouro, evitando sempre Uidá, até que caiu numa grande privação, tendo esgotado quase todos seus recursos, mesmo o necessário destinado à compra da alimentação de sua tripulação. Sua situação foi mencionada acidentalmente na frente de Souza, que, após inquérito, soube que Vicente Paulo e Silva estava em Lagos, um lugar situado a 120 milhas de distância aproximadamente.

Por um vaso que ia para lá, Souza mandou dizer a Vicente Paulo e Silva que estava ciente de sua miséria e lhe conseguiria provisões e um carregamento de es-cravos se ele fosse para Uidá. Vicente Paulo e Silva tinha a escolha entre morrer de fome ou confiar na generosidade de Souza; escolheu a confiança e, tão logo pôde, apresentou-se em Uidá.

Souza o recebeu com gentileza e disse: "Estais na miséria, é de vossa própria culpa; mas mesmo que tenhais vos conduzido mal para comigo, não creio que me enganareis uma segunda vez; um homem pode se arrepender de uma má ação e, em seguida, é digno de ser ajudado. Desejais provisões e um carregamento; dai os detalhes de nossas necessidades, elas serão satisfeitas; preparai vosso vaso e, quando estiver pronto, enviarei os escravos a bordo".

Tudo aquilo foi fielmente cumprido por Souza, e ele não teve somente a sorte de ver seus escravos serem levados sãos e salvos para o Brasil, como Vicente Paulo e Silva, uma vez ali, os entregou honestamente ao consignatário de Souza. Mesmo entre os mercadores de escravos, "a honestidade é a melhor das condutas".

A partir de 1820, ele figurava como proprietário de navios, e enviou para a costa da África 38 vasos em sete anos, dos quais somente três foram capturados.[18]

COMERCIANTES DA PRAÇA DA BAHIA

José de Cerqueira Lima

Já tratamos longamente de José de Cerqueira Lima nos capítulos anteriores, e notadamente sobre a influência que exerceu em 1835 para impedir a assinatura dos atos adicionais, negociados durante longos anos e sem sucesso pelo encarregado de negócios britânico.

Francisco Marques de Goes Calmon, que foi governador do estado da Bahia, declara a respeito dele:[19]

O grande nome do comerciante daquela época [1824] era José de Cerqueira Lima, com um grande tráfico de importação de escravos da costa ocidental da África, proprietário do pequeno palácio no "corredor da Vitória", que conhecemos durante numerosos anos como palácio residencial dos presidentes da província e em seguida dos governadores, no momento da República; aquele imóvel comunicava com a praia por um longo subterrâneo que servia de passagem aos comboios de escravos.

J. da Silva Campos dá os seguintes detalhes sobre aquele subterrâneo:[20]

O antigo palácio da Vitória era [em 1824] a mais luxuosa residência que havia na antiga Bahia. Era aquela do riquíssimo comerciante José de Cerqueira Lima, que importava em grande escala os escravos da costa da África. O tráfico estando então proibido pelo governo imperial, mandou abrir um subterrâneo, a fim de poder fazer vir para terra desde o mar, em paz e em completa segurança, sua viva mercadoria. Tendo sido o antigo edifício demolido em 1927, o atual palácio da Saúde Pública foi então construído naquele lugar. O enorme e grande túnel com muros de tijolo apareceu quando abateram a mata [...] no lugar onde se encontra o muro do fundo do atual armazém da Saúde Pública.

O longo subterrâneo existe ainda, mesmo que suas duas extremidades tenham sido tampadas. Termina na beira do mar, entre a Gamboa e o fundo da igreja da Vitória, em um ponto que se chamava antigamente o porto Cerqueira. Sua entrada era lá em uma casa que passou de José de Cerqueira Lima ao conde Pereira Marinho, deste para José de Nova Monteiro, e pertencente hoje à firma Wildberg e Cia.

Francisco Marques de Goes Calmon afirma que

os negócios de José de Cerqueira Lima abraçavam outros ramos da importação e da exportação; tinha um grande renome e mantinha uma situação de primeira ordem não somente pelo volume de suas transações, mas também pelo fausto e o luxo de sua maneira de vida. De sua baixela de ouro vimos ainda uma soberba tigela. O mobiliário de seu salão de recepção era incrustado de marfim. Seus móveis e sua prataria serviram para mobiliar o palácio do governo quando d. Pedro II esteve aqui.

Os jornais da época davam a descrição: "O palácio imperial na Bahia [...]. Sabemos que faz dezesseis dias, uma comissão, composta dos senhores Joaquim Pereira Marinho, Antônio Pedroso de Albuquerque [nas páginas seguintes, trataremos desses dois riquíssimos comerciantes, que deviam sua fortuna ao tráfico de escravos] e Manoel José de Almeida Couto, trabalha no palácio do governo para torná-lo digno das augustas pessoas que vai hospedar [...]".[21] Em sua descrição, o jornalista fala de um admirável relógio de bronze dourado, relíquia do magnífico mobiliário de Cerqueira Lima, e nota ainda que "sobre os aparadores há cestos com frutas muito delicadas, e dois pares de bandejas de confeitos de bronze dourado com pequenos pratos de cristal montados em colunas, que pertenceram também ao serviço de mesa do finado Cerqueira Lima".

O dinheiro que Cerqueira Lima tinha acumulado vinha principalmente do tráfico de escravos.

Nos arquivos, encontramos 35 partidas de seus navios, que devem ter sido muito mais numerosas. Apenas seis vasos foram apresados pelos cruzadores (casos números 57, 60, 66, 67, 105 e 107), e somente um deles tinha escravos a bordo.[22]

Além do caso já citado do *Henriqueta*,[23] o da goleta *Carlota* é também notável. Esse vaso, entre 1823 e 1826, tinha completado oito viagens; condenado e vendido nos leilões em Serra Leoa, retornou à Bahia pouco tempo depois; voltava a ser propriedade de José de Cerqueira Lima, retomava suas viagens na costa da África com o mesmo capitão e faria ainda três viagens entre 1829 e 1830.

Carlota era o nome da mulher de José de Cerqueira Lima, e seu nome completo era: Carlota Maria José de Figueroa Nabuco Azevedo de Cerqueira Lima. Essa informação encontra-se nos passaportes emitidos pela polícia e nas minutas de alguns processos abertos contra os herdeiros de José de Cerqueira Lima em 1840 para o pagamento de fornecimentos feitos para o *Golfinho* e o *Calliope*.[24]

Esses dois vasos, tendo deixado a Bahia respectivamente em 17 de agosto e 13 de setembro de 1839, foram detidos em Lagos em 19 de setembro e 27 de outubro do mesmo ano, um pelo *H.M.S. Termagant* e o outro pelo *H.M.S. Waterwitch,* e foram condenados pela corte mista de Serra Leoa em 30 de outubro e 3 de dezembro de 1839.

A carta dada por José de Cerqueira Lima em 4 de agosto ao capitão David Thomas Pinto e ao segundo Manoel Antonio Pereira Guimarães é típica, e vale a pena ser publicada:

> Senhores, se Deus quiser, partireis amanhã, se a coisa for possível, com o patacho *Golfinho*, que comandais. Ireis diretamente deste porto para aquele de Onim [Lagos], onde entregareis o conjunto de vossa carga ao sr. Manoel Joaquim de Almeida, para quem ela é consignada conjuntamente com o dito vaso, e recebereis dele todas as ordens e instruções como se emanassem de mim.
>
> No caso em que um acontecimento imprevisto vos impeça de encontrar o dito sr. Manoel Joaquim de Almeida ou Manoel Luiz Pereira, que um e outro deixaram aquela praça no brigue português *Firmeza*, agireis imediatamente de acordo com as ordens e instruções de que são atualmente portadores, não divulgando a

natureza a ninguém dos que estão interessados neste negócio, pelo fato que ele é muito importante.

Elas contêm as instruções relativas ao desembarque da carga do *Calliope*. Tereis o cuidado de agir de acordo com seu capitão, sr. José Francisco da Costa, entendendo-se com ele sobre a melhor maneira de realizar o negócio no qual estais engajados, um e outro. Tão logo tenhais saído da barra deste porto, vos enviarei uma lista de toda a carga que haveis tomado a bordo, para que possais calcular o montante.

Tenho grande confiança em vossa prudência, estando certo de que obedecereis às ordens e instruções que tendes, como também às que vos serão enviadas. [...] Desejando-vos boa viagem e fazendo votos para que possas dar resultados tão felizes quanto o desejamos [...].

Antônio Pedroso de Albuquerque

Francisco Marques de Goes Calmon, falando de Antônio Pedroso de Albuquerque, declara:[25]

Ele era uma figura do tipo monopolista. Tomava tudo em pagamento das importantes dívidas que tinham contratado com ele os proprietários dos engenhos de açúcar. Tornava-se proprietário de engenhos de açúcar, recebia terras de todas as partes, vilas de casas inteiras, construía outras, aceitava garantias hipotecárias, ouro, prata, e os diamantes de antigas e importantes famílias enchiam seu cofre.

Nos arquivos, encontramos 31 saídas de seus navios de tráfico de escravos, dos quais somente quatro foram apresados pelos cruzadores britânicos.[26]

O famoso *Príncipe de Guiné*, cujo capitão era Manoel Joaquim d'Almeida, foi um deles (trataremos do assunto mais tarde, de seus altos feitos e do respeito que lhe testemunhavam os oficiais da Marinha Real Britânica).

Joaquim Pereira Marinho

Francisco Marques de Goes Calmon[27] fala de Joaquim Pereira Marinho e da importância de suas operações comerciais que dominavam o mercado do charque (a carne seca ao sol, uma das bases alimentares na Bahia e em todo o norte do Brasil):[28]

> Ele possuía navios para o transporte de suas mercadorias, e as pessoas disputavam as letras de câmbio assinadas por ele, preferindo-as aos títulos bancários. Nos diversos ramos de suas atividades, ele tinha uma tendência ao açambarcamento, que foi a característica daqueles que, por sua audácia, grande perspicácia e vivacidade da inteligência, chegaram a posições dominantes nos meios comerciais. Pereira Marinho foi quem tomou a sucessão, assim como o poderio de dinheiro, daquele domínio exercido durante longos anos por Pedroso de Albuquerque. Possuindo capitais importantes para a época e detentor da maior parte dos bens de Pedroso após a morte deste, concorreu igualmente com seu gênio construtivo e seu trabalho obstinado para construir um grande número de edifícios no caminho da Vitória, no farol da Barra e no bairro comercial. Soube aproveitar igualmente as crises financeiras que se produziam com grande frequência entre os plantadores de cana e os proprietários de engenho de açúcar para aumentar o número considerável de suas casas, comprando-as a preço vil.

Joaquim Pereira Marinho tornou-se cada vez mais rico, e a Corte de Portugal lhe outorgou sucessivamente os títulos de barão, visconde e conde. Foi membro fundador do Banco da Bahia, em 1857, e diretor da Companhia da Estrada de Ferro de Juazeiro. No fim de sua vida, fez parte de instituições de caridade de renome como a Santa Casa de Misericórdia, da qual foi provedor durante vários anos. Seu testamento[29] contava com uma fortuna considerável, aproximadamente 6 mil contos de réis, que em 1884 (quando fez seu testamento, três anos antes de sua morte) valiam, ao câmbio de vinte pence ingleses o mil-réis, algumas 500 mil libras esterlinas, ou 2,5 milhões de dólares, o que na época representava muito dinheiro.[30]

Em seu testamento, Joaquim Pereira Marinho tinha previsto generosas doações para obras de caridade e, após a enumeração de seus bens, acrescentava escrupulosamente: "Declaro finalmente que não devo nem um real a quem quer que seja".

Seu testamento terminava com uma profissão de fé de retidão comercial: "Com a consciência tranquila de passar à vida eterna sem jamais ter contribuído para fazer mal ao meu próximo, e a convicção de que a fortuna que deixo foi adquirida pelo meu trabalho perseverante, com economia, honestidade e honra em minhas transações comerciais, nunca deixando de fazer ao meu próximo o bem que pudesse fazer".

Marinho possuiu numerosos vasos que faziam o tráfico de escravos na costa da África entre 1839 e 1850.[31] Nos arquivos, encontramos 36 partidas (ou voltas, ali onde as partidas precedentes não foram encontradas) de navios, entre os quais somente quatro foram apresados pelos cruzadores britânicos (casos números 106, 152, 166 e 180).[32] Outros vasos que lhe pertenceram foram também apresados, mas já haviam sido vendidos a outros comerciantes.

Os deslocamentos do *Andorinha,* que realizou dez viagens em 32 meses, desembarcando 3800 negros e rendendo 47 mil libras esterlinas, somente pelo frete, para Joaquim Pereira Marinho, já foram indicados.

O correspondente de Joaquim Pereira Marinho na costa da África era o famoso Domingos José Martins. Do mesmo modo, Joaquim Pereira Marinho era o procurador de Domingos José Martins na Bahia e, além disso, tutor de seus filhos e seu executor testamentário.[33]

Só a associação de dois comerciantes de uma tal qualidade poderia permitir a extraordinária performance do *Andorinha,* assinalada pelo cônsul inglês e realizada no momento em que a vigilância dos cruzadores britânicos era mais rigorosa nas duas costas do Atlântico. Apesar disso, as partidas faziam-se com uma regularidade digna de uma navegação mais independente dos elementos do que aquela do tempo dos veleiros.

O *Andorinha* partiu da Bahia nas seguintes datas: em 17 de outubro de 1846; em 17 de abril, 17 de julho e 17 de outubro de 1847; em 17 de janeiro, 17 de abril, 17 de julho e 17 de outubro de 1848; e, por fim, em 28 de janeiro de 1849. As partidas eram efetuadas todos os semestres, exatamente no dia 17 do mês nas oito primeiras vezes. As voltas, sempre dois meses depois, mostram diferenças de apenas alguns dias; as datas dadas pelo consulado inglês são os dias 12, 21, 8, 23 e 16 dos respectivos meses. Os locais de destino dados na partida eram as Canárias, a ilha do Príncipe, os Açores, Santa Catarina (no Brasil) ou México.

O *Andorinha* havia sido comandado sucessivamente por Francisco Alberto dos Santos, João Pereira, J. L. Vieira, José Ribas, D. Costa Lage e J. P. da Fonseca.

Gantois e Martin, Gantois e Pailhet, Gantois e Marback

Os cônsules britânicos na Bahia falavam com frequência em seus relatórios de Édouard Gantois e dos navios que possuía em associação sucessivamente com Martin, Pailhet e Marback. Ele era belga, seus dois primeiros sócios eram franceses e o terceiro, um inglês de Liverpool.

John Parkinson afirmava, em 29 de maio de 1836, que os verdadeiros proprietários do *Esperança* e do *Atalaya* eram Gantois e Martin, que apareciam nos papéis tão somente como consignatários desses navios.[34]

Em 26 de janeiro de 1840, Gantois e Martin enviaram um agente, Manoel Joaquim Bacelar, para Onim (Lagos), concedendo-lhe uma comissão de seis dólares por fardo comprado por conta deles e cem dólares a mais para suas outras despesas.[35]

Já tratamos do caso do *Sooy* (depois *Fortuna)*, encalhado perto da Bahia, e da carta de instrução de Gantois e Marback encontrada a bordo.[36]

Em 1851, cartas da mesma firma comercial foram descobertas no palácio do rei Kosoko e publicadas nos *Parliamentary Papers* de 1851 e 1852. Elas mostram que os negócios nem sempre eram fáceis com aquele soberano.

Uma delas, escrita na Bahia em 5 de fevereiro de 1850, informava Kosoko:

Snr. Rey Cocioco, Onim

O Sr. Domingos Gomes Bello nos entregou sua ordem para lhe entregarmos o liquido dos fardos que Vmce. nos consignou por *Andorinha*, *Felicidade* e *Esperança*.

Causou nos surpresa esta ordem quando, pelas cartas que lhe temos dirigido, Vmce. terá informado de que não podia ser cumprida, em consequencia de termos dado atenção à sua ordem para empregarmos os fundos que nos remetteo, e os que nos devia remetter em um palhabote que se acha quasi prompto.

Remettemos inclusa 3ª via das nossas cartas e das contas de venda dos fardos pr. *Felicidade* e *Esperança* que Vmce. se queixa ao Sr. Bello não ter recebido.

Em uma de suas cartas em resposta ao nosso aviso de ter chegado tarde sua contra ordem para obstar a compra do palhabote, Vmce. se conforma com a nossa deliberação, e nos promette que nos faria mas remessas.

Sirva-se pois dizer-nos de quem devemos receber o saldo que possa haver a nosso favor, quando apresentarmos a conta de construção do palhabote, ja que Vmce. cessou de fazer nos as remessas.

Diga nos tambem a quem o devemos entregar, e se no caso de não precisar delle, se o devemos vender no estado em que se achar por sua conta.

Estas mesmas ordens por vezes lhe temos pedido, porem, Vmce. nenhũa attenção nos dêo, e ao contrario, exige que entregemos o liquido das suas remessas ao Sr. Bello, como jà exigio que entregassemos ao Sr. Godinho, obtendo de nos esta mesma resposta.

Esperamos, pois, solução deste negocio com a maior brevidade, pr. q. não podemos ficar em desembolço, quando acabar a construção do navio.

De Vmce...

Ed. Gantois & Marback.

Essa carta continha diversas cópias da correspondência anterior e as contas das operações feitas com os envios do rei Kosoko. Como elas resumem com um tom seco e comercial o drama do transporte e da venda dos escravos, uma daquelas contas é dada aqui:

Bahia, 28 de setembro de 1849.

Conta de venda & liquido producto de 12 fardos que de Onim nos consignou o Sr. Rey Cocioco pela Escuna Felicidade, entrada em 12 de fevereiro.

12 fardos, a saber:

1º de março	4 vendidos	a 9 meses	a 400$000 réis	1600$000 réis
5 de março	2 vendidos	a 9 meses	a 380$000 réis	760$000 réis
15 de março	1 vendido	a 9 meses	a 380$000 réis	380$000 réis
23 de março	1 vendido	a 6 meses	a 380$000 réis	380$000 réis
30 de março	1 vendido	a 3 meses	a 380$000 réis	380$000 réis
16 de abril	1 vendido	a 6 meses	a 380$000 réis	380$000 réis
26 de julho	1 vendido	a 6 meses	a 350$000 réis	350$000 réis
	11 vendidos			4230$000 réis
	1 avariado durante a viagem			
	12			

Despesas:

Frete e desembarque aqui e roupas . . . . 11 a 141$320	1554$520
Depósito . . . . 11 a 4$000	44$000
Transporte para o depósito . . . . 11 a 2$000	22$000
Remédios e tratamentos	24$000
Diversos	49$760
Desconto de 2740$000 réis.	134$000
Garantia 2,5%	68$500
Comissão 5%	211$500

2108$220 réis

Produto (em dinheiro) líquido, salvo erro ou omissão 2121$780 réis

Domingos Gomes Bello

De acordo com as declarações de seu testamento, feito em 1856, Domingos Gomes Bello era "cidadão brasileiro, nascido no reino de Portugal e batizado na paróquia de Santa Maria da cidade de Castello Branco, no lugar de Marciaes, filho legítimo de Manoel Gomes Ruivo e de sua mulher Rosária Dias Bello".[37]

Dos arquivos, anotamos onze partidas de seus vasos: *Taglioni* (três partidas), *Bella Miquelina* (uma), *Tentativa Feliz* (duas), *Mosquito* (três), *Atrevido* (uma) e *Dois Amigos* (uma). Desses navios, somente dois (*Taglioni* e *Bella Miquelina)* foram apresados pelos cruzadores britânicos.[38]

Onze de suas cartas, escritas entre 14 de agosto de 1849 e 25 de outubro de 1850, foram encontradas no palácio do rei Kosoko em Lagos em 1851.[39]

Elas contêm o mesmo gênero de conta que as de Gantois e Marback. O tema principal de suas cartas é o de persuadir o rei Kosoko a enviar "mercadoria da melhor qualidade", a fim de vender-se melhor e mais rapidamente.

Em 11 de setembro de 1849 (carta nº 12): "Estes negócios aqui não vão bem, e pr. isso repito que se tiver de me continuar suas remessas seja com faz[as] de prompta venda, poiz que a ordinr[a] mal se pode reputar, mesmo ainda franqueando-se com longo prazo".

Em 15 de outubro de 1849 (carta nº 15): "Peço-vos de novo de não consignar-me mercadoria ordinária, que dá muito trabalho para ser vendida, mesmo se a oferecemos a preços miseráveis. Me será impossível para o momento satisfazer vossos desejos, pois atualmente as pessoas que possuem aqui bons trabalhadores, carpinteiros e tanoeiros, não querem vendê-los por nenhum preço".

Em 18 de janeiro de 1850 (carta nº 24): "Não pude ainda concluir a venda de vossas últimas remessas, devido ao fardo com avaria, vos peço de novo [...]".

Em 15 de abril de 1850 (carta nº 29): "Não pude vender ainda os quinze fardos vindos pela *Polka*. Tenho o pesar de vos dizer que aquela mercadoria continua a ser nauseabunda".

Apesar de todas essas queixas, de 10 de setembro até 20 de dezembro de 1849, ou seja, em quatro meses, Domingos Gomes Bello vendeu 59 fardos que somavam, com todas as despesas pagas, 11 993$940 réis líquidos, creditados na conta do rei Kosoko.

Em suas últimas cartas, Bello afirmava a Kosoko: "Não quero mais receber daqueles fardos, pois o governo está decidido a terminar com aqueles tipos de negócios. Continuo entretanto à vossa disposição para todos os negócios lícitos de óleos, panos da costa e marfim".

Francisco José Godinho

Oito de suas cartas foram encontradas no palácio do rei Kosoko em 1851. Elas tratavam dos mesmos assuntos que as de Gantois e Marback e de Domingos Gomes Bello. Nelas encontramos a alusão ao navio construído para Godinho por intermédio de Gantois, por conta dos envios de "fardos", além de outros temas comerciais.

Em algumas de suas cartas, Godinho dá a Kosoko notícias de seus três filhos, dos quais já falamos em capítulo anterior.[40]

Em 3 de abril de 1849 (carta nº 4): "Vossos filhos continuam seus estudos e terão sem dúvida terminado no fim do ano, quando estarão à vossa disposição e prontos a seguirem o destino que decidireis".

Em 13 de julho de 1850 (carta nº 35): "Amanhã, a barca [francesa] *Industrie* vai partir. Vossos filhos vão a bordo como passageiros [...]".

José Alves da Cruz Rios

Nos arquivos, encontramos 28 partidas de seus navios para a costa da África, entre 1806 e 1833, das quais uma dezena se deu com o brigue *Tibério,* na época em que o tráfico ainda era legal. José Alves da Cruz Rios foi proprietário das goletas *Rosália* (uma partida) e *Carolina* (duas), do brigue *Tibério II* (uma), da goleta *Marianna* (três), das sumacas *São João Espardate* (três), *Trajano* (uma) e *Esperança* (três), da goleta *Fortuna* (duas) e do brigue *Clara* (duas).

Das dezoito partidas de seus navios para o tráfico clandestino de escravos, em somente duas eles foram apresados pelos cruzadores britânicos: o *Trajano* (caso 58) e o *Esperança* (caso 68). José Alves recomprou esse último vaso e o recolocou em serviço no mesmo tráfico, sob o mesmo nome e comandado pelo mesmo capitão.

Joaquim Alves da Cruz Rios

Joaquim Alves da Cruz Rios era sem dúvida filho de José Alves. Ele parece ter manipulado muito dinheiro pertencente a diversos traficantes da época. O testamento de Joaquim d'Almeida o cita como sendo a pessoa com a qual a maior parte de seus fundos estava depositada. Era igualmente o segundo executor testamentário e tutor dos filhos de Domingos José Martins, citado depois de Joaquim Pereira Marinho e antes de Francisco José Godinho. Joaquim Alves tinha sido o correspondente na Bahia de José Francisco dos Santos (Alfaiate) até por volta de 1847, época em que Francisco Lopez Guimarães, esposo da futura viúva Lopez, geriu os interesses do Alfaiate.[41] Entre 1846 e 1850, anotamos catorze partidas entre o brigue *Brasiliense* (quatro partidas), o iate *Diligência* (quatro), o iate *Segredo* (três), o felucho *Polka* (duas) e o iate *Sophia* (uma), que parecem todos ter escapado dos cruzadores britânicos e dos quais, portanto, os cônsules contavam, para treze de suas voltas, com o desembarque de 5194 escravos vindos de Onim e de Ajudá.[42] As partidas desses navios tinham sido dadas geralmente para Santa Catarina ou Macaé, no Brasil. Um deles, o *Brasiliense,* durante quatro viagens, trouxera 3237 escravos entre 1845 e 1847, depois do que foi vendido para a viúva Lopez.

Francisco Lopez Guimarães

Nascido em Portugal na Ponte de Lima, Braga, Francisco Lopez Guimarães tinha se fixado na Bahia. Era proprietário de algumas goletas, como *Queri*, *Maria* e *Chinfrim*.

Na correspondência enviada de Uidá por José Francisco dos Santos, encontramos o envio de 177 "fardos", tanto homens quanto mulheres, ocorridos em 1846 e 1847.

Entre as pessoas que lhe deviam dinheiro no momento de sua morte, podemos notar os nomes de Antonio Félix de Souza, com 1732$000 réis, e Zé Alfaiate, mais modestamente, com 115$692 réis.

Por volta de 1834, casou-se com d. Maria Ramos, que, tornando-se viúva, casou-se com o pai de Castro Alves, célebre por seus poemas contra a escravatura. O filho único de Francisco Lopez Guimarães tornou-se o marido de d. Elisa, a irmã primogênita de Castro Alves, aproximando assim, por um duplo casamento, o dinheiro adquirido pelo tráfico de escravos e a revolta generosa do poeta contra o tráfico.[43]

Joaquim José de Oliveira

Joaquim José de Oliveira merece ser citado nesta lista por ter expedido mais de 57 navios para a costa da África entre 1809 e 1829 e ter tido somente seis apresados pelos cruzadores britânicos: os bergantins *Bom Sucesso* (caso 11) e *Triunfo Africano* (caso 13), o patacho *Providência* (caso 62), o brigue *Andorinha* (caso 74) e as goletas *Nao Lendia* (caso 81) e *Nossa Senhora da Guia* (caso 82).

COMERCIANTES E CAPITÃES ESTABELECIDOS TANTO NA BAHIA QUANTO NO GOLFO DO BENIM

Manoel Joaquim d'Almeida

Entre os negociantes e capitães que se entregavam ao tráfico, alguns deles alternavam suas permanências na África e na Bahia.

O capitão Manoel Joaquim d'Almeida era um deles. Ele tinha a seu serviço Joaquim d'Almeida, de quem falaremos mais tarde, e Antonio d'Almeida, de quem falamos em uma outra obra.[44]

De acordo com seu testamento — feito em 16 de outubro de 1854, pouco antes de sua morte, em 20 de novembro seguinte —, ele nasceu em Pernambuco em 1791, filho de Joaquim José Henriques e Josefa Joaquina.[45] Em um outro capítulo,[46] falaremos de Manoel Joaquim d'Almeida a respeito do apresamento injustificado de um vaso que comandava, o *Minerva*, e de sua presença em 1824 em Lagos, onde possuía uma feitoria, apesar de ser ao mesmo tempo capitão de um navio que fazia o tráfico.[47]

Nos arquivos, há traços de suas viagens na costa da África entre 1814 e 1826. Ele havia comandado sucessivamente:

— em 04/06/1814, o bergantim *Boa Hora*, pertencente a Nobre Sobrinho e Moreira;

— em 07/03/1816, o bergantim *Paquete de Bahia*, pertencente aos mesmos;

— em 06/03/1818, o brigue *Comerciante*, pertencente aos mesmos;

— em 05/08/1818, o mesmo brigue;

— em 21/06/1819, o mesmo brigue;

— em 14/05/1820, a goleta *Juliana*, pertencente a Antônio José Teixeira;

— em 07/04/1821, o brigue *Flor d'América*, pertencente a Innocêncio Marques;

— em 12/11/1823, a galera *Minerva*, pertencente a João Victor Moreira;

— em 04/09/1824, o brigue *Paquete de Bahia*, pertencente ao mesmo Moreira;

— em 10/10/1826, o mesmo brigue;

— em 18/11/1826, o brigue *Príncipe de Guiné*, pertencente a Antônio Pedroso de Albuquerque.

Todas as saídas estavam anotadas para Molembo ou Cabinda, mas na realidade os navios iam para o golfo do Benim. Manoel Joaquim d'Almeida teve somente dois incidentes com os cruzadores britânicos: um, quando o *Minerva* foi apresado, mas o vaso lhe foi devolvido por falta de provas; e o outro, quando estava a bordo do famoso *Príncipe de Guiné*, assunto que será tratado em um capítulo seguinte.

Em seguida, continuou a viajar entre a Bahia e a África como comerciante e permanecia por períodos alternados nos dois lugares.

536

Em maio de 1839, encontramos um sinal seu como passageiro a bordo do *Firmeza,* em companhia de Manoel Luiz Pereira, e como encarregado dos interesses de vários comerciantes da Bahia, inclusive José de Cerqueira Lima.[48]

Em uma carta de 5 de setembro de 1841 — que figura entre aquelas encontradas a bordo do *Marabout* —, uma senhora chamada Maria de Santa Anna queixa-se amigavelmente de sua longa ausência.[49]

Em 1848, tem-se notícia de seu retorno à Bahia, através de suas cartas ao rei Kosoko, encontradas ali pelos oficiais dos cruzadores britânicos após o bombardeio de 1851.[50] Em uma delas (nº 2), datada de 16 de julho de 1848, Manoel Joaquim d'Almeida exprime um mau humor evidente a respeito do comportamento do rei de Lagos:

> Recebi no dia 4 do corrente vossa carta de 2 de junho, e vejo que não estais somente satisfeito em me [palavra ilegível], não querendo pagar-me rapidamente o que me deveis. Vos previno que se daqui sessenta dias não estiver pago, e que se ao mesmo tempo não tiverdes enviado alguém para tomar conta da goleta depois de pagar-me tudo aquilo que me deveis, a tomarei para pagar-me. Enviastes fardos pelo *Miquelina,* e não me eram destinados. Vi que enviastes outros pela Segunda Andorinha que não me eram tampouco destinados. Que Deus faça que a goleta venha aqui que a apresarei. Sabeis que recebi apenas dois maus fardos, e que um morreu aqui em terra.

Os irmãos Asselino, Joaquim e Pedro Martins Jambo

Pelo registro de entrada de passageiros, sabemos que os três irmãos Asselino, Joaquim e Pedro Martins Jambo eram de cor branca e nascidos na Bahia, em 1820, 1822 e 1824.

Entre 1848 e 1858, anotamos quinze partidas dos três irmãos: oito de Asselino, quatro de Pedro e três de Joaquim.

Em um capítulo seguinte, veremos as dificuldades que encontraram para se estabelecer em Lagos em companhia de Louis Lemaignère, um francês de quem também trataremos e que foi sócio deles em Palma, a leste de Lagos, e em Badagri, a oeste da mesma cidade.

André Pinto da Silveira

André Pinto da Silveira, brasileiro, mulato claro, enviou o seu bergantim *Scipião Africano* a três viagens para a costa da África, entre 1813 e 1814.[51]

Por volta de 1823, era capitão dos vasos *União* e *Crioula*, pertencentes a Vicente Paulo e Silva, com os quais fez duas viagens à costa ocidental africana.

Em 1834, dava muito trabalho aos cruzadores britânicos com os brigues *Três Manoelas* e *General Rondeau*,[52] que navegavam sob bandeira argentina.[53]

Em 1835, foi graças à sua intervenção junto às autoridades da Bahia que a Revolta dos Malês não aconteceu de acordo com o plano estabelecido pelos conjurados muçulmanos.[54]

Em seguida, instalou-se em Lagos e Uidá, onde empregou Marcos Borges Ferras.

Por volta de 1844, era um dos principais correspondentes dos negociantes da Bahia na costa da África, e lhes remetia "fardos" ativamente.[55]

Entretanto, viajava com frequência para a Bahia. Há traços de seu retorno momentâneo em companhia de Marcos Borges Ferras e José Joaquim Couto a bordo do *Novo Destino*, chegado à Bahia em 18 de abril de 1846 de Onim (tendo feito o percurso em 34 dias),[56] e de sua volta para Lagos em 4 de julho seguinte a bordo do *Eclipse*.

Caetano Alberto da França

Caetano Alberto da França era um mulato claro (pardo). Ele tinha sido capitão de vasos que fizeram o tráfico entre 1818 e 1824, e encontramos traços de sete viagens suas a bordo do *Lucrécia* (três), do *Rosália* (três) e do *Minerva* (uma), pertencentes a Manoel Francisco Moreira. A devoção de Caetano Alberto da França pelo seu antigo patrão ia até o testemunho tendencioso, como no caso do *Emília*.[57] No fim da vida, viveu pacificamente na Bahia.

Em 1854, ocupou-se da herança deixada por Manoel Joaquim d'Almeida a seus cinco filhos menores, dos quais era tutor.

Em 1857, foi a vez da herança de Joaquim d'Almeida, da qual teve que se ocupar, como também da educação de seu filho Sotero.

No mesmo ano, serviu de testemunha de defesa no processo aberto contra Marcos Borges Ferras, proprietário do *Relâmpago*.[58]

Era um dos correspondentes de José Francisco dos Santos, o Alfaiate, e cuidava para ele das questões concernentes à sua mãe e ao seu filho.

Não fez fortuna e não deixou mais que uma pequena casa no número 65 da ladeira da Saúde, avaliada em quatro contos de réis, e móveis cujo valor era estimado em 140 mil-réis.[59]

Foi Cândido Joaquim d'Almeida, um dos filhos de Manoel d'Almeida, quem pagou a soma de 28 mil-réis destinada a fazer celebrar três missas para o repouso da alma de Caetano, morto aos 82 anos, em 1871.

Antônio Querino

Antônio Querino, nascido em Lisboa,[60] teve uma parte ativa no tráfico como capitão de navios, sobrecarga e, mais tarde, como proprietário de um depósito de escravos. Ele acumulou propriedades e sobrados no melhor bairro da Bahia, o da Vitória. Em seu testamento figuram quinze sobrados, três casas térreas, três galpões, um depósito e dois terrenos vagos, cujo conjunto era avaliado, em 19 de janeiro de 1850, dia em que fez seu testamento, em:

Conjunto de imóveis	248 200$000 réis
Dinheiro em banco	8 878$775 réis
Valor de 33 escravos (quinze homens e dezoito mulheres)	33 200$000 réis
Valor dos móveis	989$000 réis
Total	291 267$775 réis

Ele deixou somente quinhentos mil-réis para as obras de caridade da Santa Casa de Misericórdia, com a obrigação de os membros da confraria acompanharem seus restos mortais ao cemitério.

COMERCIANTES INSTALADOS NA COSTA DA ÁFRICA

Francisco Félix de Souza, o Xaxá de Uidá

Em Uidá, o forte de São João de Ajudá tinha ficado até 1807 sob a responsabilidade exclusiva de Francisco Félix de Souza, o único funcionário da Coroa portuguesa que permaneceu no local. De guarda-livros do almoxarife, o mais modesto dos empregos previstos para os funcionários enviados da Bahia para Ajudá, ele se tornaria a autoridade suprema da fortaleza-feitoria fundada em 1721.

Seu nome foi encontrado em 1865 por Carlos Eugênio Corrêa da Silva nos registros deixados no forte de São João Baptista de Ajudá, onde, "como guarda-livros do almoxarife e escrivão do forte, tinha inscrito a cópia de uma procuração estabelecida por ele a respeito de disposições financeiras tomadas por um oficial desejoso de delegar uma parte de seu soldo para Portugal".[61]

Nos arquivos da Bahia, encontramos igualmente a cópia de um documento escrito por ele, no cargo de escrivão e comandante do forte, em 6 de novembro de 1806.[62] Trata-se de uma forma de protesto, em treze artigos, contra as violências praticadas pelos ingleses sobre a pessoa de Manoel Duarte da Silva, capitão do bergantim *Canoa*, em Cape Coast. Esse protesto, em defesa dos interesses do proprietário José Joaquim da Silva, mercador na Bahia, foi feito e encaminhado por Francisco Félix de Souza para Henry Hamilton, governador do forte William. Tudo redigido nas formas jurídicas exatas, provando que o Xaxá de Souza tinha suficientes e sólidas noções do direito das pessoas e um perfeito conhecimento das leis.

Francisco Félix de Souza tornar-se-ia o mais famoso e opulento dos negreiros de toda a costa da África até sua morte, em 1849, que precedeu em muito pouco a abolição total do tráfico de escravos.

Sua importância é confirmada pelas numerosas perguntas feitas a seu respeito durante os inquéritos do Select Committee do Parlamento britânico, em 1842.[63]

Frederick E. Forbes, no começo de um de seus livros, declarava:[64]

Conversando uma noite a bordo do *H.M.S. Cyclop* com o honorável capitão Hastings, este fez notar que a visita de um oficial da marinha ao rei do Daomé permitiria a obtenção de resultados encorajadores, em um momento em que a morte de Souza, agente chefe do rei e seu principal comerciante, deixava-o livre de exercer seu humanismo e escutar os apelos tão frequentemente repetidos de abandonar o tráfico de escravos em seus domínios.

Forbes se ofereceu para realizar tal missão. Sua solicitação chegou no momento em que Duncan, o novo vice-cônsul, pedia que um oficial da Marinha o acompanhasse à corte do rei do Daomé. Assim, o comandante em chefe o encarregou de ir a Abomé em companhia de Duncan.

No mapa que acompanha o relatório do dr. Madden para o Select Committee, o nome de Whidah está acompanhado da menção "A feitoria portuguesa do ilustre Souza".

Frédéric Broquant, em seu livro *Esquisse commerciale de la côte occidentale d'Afrique depuis Gallinas jusqu'au Gabon*, escrito em 1839, relatava sem dúvida com algum exagero:

> Todo o comércio de Uidá se faz com d. Francisco de Souza, vulgarmente chamado de Tiatia [o que quer dizer ágil, na língua local]. Esse homem tinha o privilégio do Dahomet de monopolizar o tráfico de escravos; assim, os outros feitores tinham somente aquilo que ele não queria para si. Ele contribuiu consideravelmente para o abandono dos fortes pelos europeus; foi o motor de todas as guerras feitas no país.

Vários autores falaram do Xaxá de Souza, e aqueles que tiveram a ocasião de conhecê-lo pessoalmente o fizeram sempre com estima.

John Duncan escrevia:[65]

> Mesmo os maiores inimigos do sr. Souza, se o conhecessem, admitiriam que é muito generoso e bom, um perfeito cavalheiro em suas maneiras. [...] Não pude deixar de lamentar que um tal homem fosse implicado em um tráfico tão abominável como o de comprar e vender seres humanos, pois ostenta verdadeiramente as características do mais generoso e humano homem das costas da África.

O capitão Monléon declarava: "Fora de seu comércio de escravos, este ancião é grande, bom e generoso; seu espírito justo, leve e de uma finura remarcável faz lamentar que não tenha aplicado suas felizes faculdades ao verdadeiro bem-estar deste país que adotou".[66]

O príncipe de Joinville, por sua vez, escrevia:[67]

Iria eu ver um curioso personagem, mais rei em Ouidah que o próprio rei do Daomé, que não pode passar sem ele, pois é o fornecedor dos fuzis e da pólvora para ir à guerra, e da aguardente para exaltar as amazonas. É um brasileiro chamado d. Francisco de Souza, mais universalmente conhecido sob o nome de Xaxá, domiciliado em Ouidah faz 43 anos e negreiro veterano, de quem os ingleses tomaram 34 navios, dos quais dois ainda recentemente. Pequeno ancião de olhar muito vivo e de rosto expressivo, dizem que tem 2 mil escravos em seus barracões, e é pai de oitenta filhos machos; não contaram as filhas. Todos os seus filhos são educados convenientemente, e os vejo passearem vestidos de branco e com a cabeça coberta com chapéu panamá. São em geral mulatos muito bonitos.

Posteriormente, outros autores o retrataram como um ser depravado vindo ao Daomé, como o fez o capitão Canot:[68]

Depois de ter desertado as bandeiras de seu imperial senhor, construiu uma vasta e cômoda casa para sua principal residência em um lugar pitoresco, perto de um antigo forte português em ruínas. Todos os confortos da vida, tudo aquilo que o luxo pode imaginar para a gratificação dos sentidos, abundavam em seu estabelecimento. Havana, Londres e Paris contribuíam igualmente para isso; vinhos e as mais deliciosas iguarias enchiam sua mesa.

Seu guarda-roupa teria feito honra a mais de um príncipe; as mais belas mulheres da costa não resistiam ao chamado de seu ouro. Encontravam-se em sua casa vários bilhares e mesas de jogo, abertos aos navegantes da costa que sentiam a necessidade de distrações. Em uma palavra, o traficante mulato vivia como sibarita ou sardanapalo, no meio das pompas de Satã, muito bem representado pelo rei do Daomé.

Frederick E. Forbes relatava: "Souza chegou pobre. Ele deixou o Rio de Janeiro por algum crime político, em que tinha a escolha entre ser encarcerado ou o exílio de sua pátria".[69]

Édouard Foa afirma: "Condenado à deportação por agitações políticas e emissão de falsa moeda [...]".[70]

Francisco Félix de Souza estava longe de ter origens tão carregadas. Ele simplesmente foi para a costa da África como funcionário da feitoria de Ajudá. Um documento conservado nos arquivos da Bahia o confirma:[71]

> Sua Mag[e] El-Rey Nosso Senhor, Attendendo a suplica que fez subir a sua Real Prezença Francisco Felix de Souza, que por muitos annos tem servido com prestimo e zelo na Fortalesa de S. João Baptista d'Ajudá na Costa da Mina. Foi servido permittir lhe licença para se recolher a essa Cidade da Bahia, trazendo consigo aquella parte de seus escravos que se julgarem proprios de seu pessoal serviço.
>
> Palacio do Rio de Janeiro em 9 de Abril de 1821.
>
> Joaquim Joze Monteiro Torres aos S[res] da Junta Provizoria do Governo da Provincia da Bahia.

Francisco Félix de Souza teve desentendimentos com Adandozan, o rei do Daomé, a respeito da troca de escravos por mercadorias fornecidas por ele. Xaxá foi retido como prisioneiro pelo rei em sua capital, Abomé, e lá foi tratado de maneira humilhante.

Paul Hazoumé escreve: "Quatro ou cinco vezes em cada lua, ele era imerso em um grande tacho de índigo, a fim de que não pudesse prevalecer-se da brancura de sua pele".[72] E continua: "Após vários meses de reclusão, escapou e voltou para a costa, ajudado por Gakpe [futuro rei Ghezo], meio-irmão do rei [Adandozan] e na época afastado da corte. Entretanto, seu pai o tinha designado para sucedê-lo, mas Adanzan [Adandozan] lhe havia defraudado o direito ao trono".[73]

Le Hérissé dá outra versão das razões da querela surgida entre Xaxá e o rei:[74]

> Souza veio para Abomé pela primeira vez nos últimos anos de Adanzan [Adandozan]. Mas, como todo mundo, sofreu o despotismo maldoso do rei, que se apoderara de uma de suas mulheres e se recusava a devolvê-la. Para vingar-se de tal afronta, Souza, tão logo voltou para Uidá, mandou fechar todos os caminhos para o Daomé: nem tecido, nem álcool, nem mesmo a pólvora necessária aos nossos guerreiros chegava mais em Abomé.[75]

Em contrapartida, de acordo com Paul Hazoumé:

Souza não esquecia seu "irmão" [tinha feito um "pacto de sangue" com Gakpe];
enviava-lhe bebidas alcoólicas, tecidos e tabaco, com a recomendação de distri-
buí-los aos fiéis de seu inimigo comum a fim de ganhá-los pouco a pouco para
sua causa. E logo Gakpe viu acorrerem mesmo os seus inimigos: todos vinham
receber belos panos, beber do bom *agudabon* [rum] e encher seus cachimbos de
agudazo [tabaco], coisas que não achavam na casa de Adanzan [Adandozan].[76]

Xaxá teria escrito então para seus correspondentes, dizia Norbert de Souza, para que os navios não fossem mais descarregar suas mercadorias em Uidá.[77]
De fato, Xaxá não tinha o poder de fechar os caminhos, nem o de impedir
os navios de fazer o comércio em Uidá. Mas os ingleses contribuíram indiretamente para o seu sucesso, porque, durante os dois anos que seguiram a assinatura do tratado de 1815, que abolia o tráfico ao norte do equador, os navios
portugueses não chegaram do Brasil a não ser em muito pequeno número. A
rarefação no mercado de produtos vindos do estrangeiro foi atribuída à ação e
à iniciativa de Xaxá, irritado pelo tratamento indigno que tinha recebido em
Abomé.

O melhor estudo publicado sobre Francisco Félix de Souza deve-se à pena
de Sir Henry Huntley, comandante da fragata *Tinette,* que cruzou ao longo da
costa ocidental africana entre 1831 e 1838:[78]

O secretário do forte português era Souza, chamado para suceder o governador
em caso de morte deste, e preencher suas funções até que o bom prazer de seu
soberano fosse conhecido. Esse acontecimento se realizou, permitindo a Souza assegurar o governo do estabelecimento português, ou mais exatamente da feitoria
de Whydah, e mesmo que muitos anos tenham se passado, o governo português
não se preocupou em absoluto com a situação, e Souza, achando que seu próprio
governo o tinha deixado "sozinho na glória" e descobrindo também que não se
lembrava mais quando dos pagamentos do soldo feitos pelo tesouro aos funcionários da Coroa, sem hesitação mergulhou no tráfico de escravos, mesmo que este
tivesse se tornado ilegal ao norte do equador.

Embora se entregasse a essa ocupação, Souza conservou sua posição de governador quando foi necessário assumi-la em diversas circunstâncias frente às

autoridades locais e outras, mas conduzia todas as suas operações de tráfico com uma integridade tão inflexível e indiscutível que muito cedo foi procurado como elemento de transação para todos os negócios comerciais do lugar, e assim se tornou agente de venda de escravos. Nisso, adquiriu tanto dinheiro que se tornou ele próprio comerciante de escravos e provavelmente o homem mais rico na terra. Mas por mais rico que pudesse ser, como o veremos, suas riquezas não lhe serviam para nada, pois fora das trocas de negros por ouro e prata trazidos pelos traficantes de escravos de Cuba e dos Brasis, não pôde empregá-las de outra maneira que não para a satisfação de seu gosto pessoal, que é principesco, e para suas necessidades domésticas, que eram muito importantes pelo fato de que recebia sempre à sua mesa os capitães dos navios negreiros fundeados no ancoradouro.

Para Souza, seria inútil enviar para a Europa as enormes somas de ouro que juntou, pois, em primeiro lugar, o rei do Daomé guarda uma vigilância constante sobre ele, a fim de impedi-lo de deixar Whydah. Agora, mesmo que idêntica vigilância seja mantida, Souza está totalmente a par daquele controle, que é talvez inútil, pois esse homem está completamente isolado de qualquer relação com a Europa, onde não tem amigos nem conhecidos, tampouco hábito de vida. Ele é africano ao mesmo tempo em todos seus pontos de vista, e é provável que nenhum lugar do mundo possa lhe oferecer atrativo suficiente para fazê-lo deixar Whydah, mesmo se pudesse levar suas riquezas, tendo em vista os hábitos que contraiu na África.

Souza vive em uma morada bem construída sob seus cuidados. Uma parte foi reservada para seu uso pessoal; outra parte está aberta aos capitães dos navios negreiros que comem e dormem ali; o resto fica reservado para o tráfico. É um homem de hábitos estranhos, sombrio e solitário. Não aparece nunca entre os capitães que hospeda, salvo na hora do jantar, onde não se dirige, a não ser raramente, para algum deles. Detém o controle, o mais absoluto e o mais arbitrário, sobre todos eles. Seria-lhes impossível tomar um escravo a bordo sem sua permissão. De certa forma, estão mais sob seu controle do que um navio de guerra está sob o controle do almirante. Nenhum capitão conhece o momento em que pode ser chamado a tomar o mar. Souza dará de repente a ordem a um deles de manter-se pronto para um certo dia, e imediatamente a água, o combustível, a farinha para os escravos, tudo é enviado para bordo, e o capitão deve ter completado sua parte. As velas são içadas e tudo está pronto para a tarde indicada. Naquele momento, os botes com os negros chegam ao longo do bordo e são amarrados com pressa no lugar previsto para sua recepção. O vaso deixa o ancoradouro com todas as suas velas. Souza mergulha de novo em sua letargia aparente, e os capitães são deixados a festejar, jogar e especular sobre o próximo entre eles a ser enviado.

Essa era a prática antes que os navios pudessem ser apresados estando "equipados para tomar escravos a bordo". Agora as disposições são tomadas em Cuba ou no Brasil antes da partida para a costa, e o negreiro chegará a uma hora e tornará a partir para um daqueles lugares poucas horas depois, a notícia de sua partida tendo sido enviada com antecedência para Whydah ou para não importa qual outro depósito de escravos.

Perto da residência de Souza estão os barracões ou depósitos de escravos, que são grandes espaços descobertos rodeados de muros ou de fortes paliçadas, no interior dos quais estão os abrigos para os negros no caso de mau tempo, durante o extremo calor do dia ou durante a noite. Ali estão frequentemente reunidas várias centenas de jovens e de adultos, de homens e de mulheres; poucos velhos tiveram a infelicidade de chegar aos barracões: suas misérias terminam com suas vidas no dia de sua captura, quando, após exame, forem julgados invendáveis.

Naquele lugar, tão logo o sol se eleva em seu esplendor eterno, podemos ver os habitantes se arrastarem com indolência fora de suas choupanas. Os capitães dos navios negreiros saem também do abrigo da colunata, sem dar a mínima atenção à sua primeira *toilette*, mas usam largos chapéus de palha e fumam seus charutos até a hora em que o *breakfast* está sobre a mesa. Só veem Souza bem mais tarde durante o dia. Com o tempo eles se reúnem para dividir uma refeição que é feita de todas as coisas que são a delícia nestes lugares: chá, café, vinho, cervejas Guinness e Bass, pão preparado de diversas maneiras, frutos e doces, tudo espalhado em uma luxuosa desordem para aqueles mercadores de carne humana. A melancolia e a manutenção da impressão de cansaço de muitos deles demonstram os efeitos do clima, e deixam-se cair com indolência sobre qualquer cadeira ou leito desocupado que possam encontrar. Outros lançam brincadeiras com apatia e riem às gargalhadas ao atacarem as iguarias colocadas à sua frente. Poucos deles são culpados de embriaguez; esse vício ainda não juntou sua hediondez ao caráter revoltante dos capitães negreiros. A refeição testemunha a riqueza de Souza: o serviço é de bela porcelana da China, com copos admiravelmente talhados, pratos de prata, colheres e garfos em ouro mesmo. Tudo aquilo que as manufaturas inglesas produzem decora a mesa e prova a natureza remuneradora do tráfico de escravos.

O dia passa, uma simples repetição da indolência do precedente, até as quatro

546

horas da tarde, quando chega a hora do jantar. A mesa é de novo coberta com a mesma desordem luxuosa; os capitães dos navios negreiros colocam-se em volta com suas roupas brancas, limpas e frescas, pois se faz muita atenção naquele momento à correção da *toilette*; então aproxima-se um homem de 65 a setenta anos, corpulento e pesadamente constituído. Seus grandes olhos negros apenas perderam o primeiro brilho; com um olhar ele reconhece cada um dos que estão em volta da mesa e nota tudo aquilo que se passa, sem o mostrar. Toma seu lugar e convida os capitães reunidos a fazer o mesmo. É Souza. Sua roupa, em oposição à dos outros assistentes, é um roupão descuidado, com um pequeno barrete de veludo sobre a cabeça, de onde escapam seus longos cabelos, apenas tornados grisalhos. Suas roupas de baixo não são cuidadosamente trocadas e suas calças compridas arrastam-se com desleixo sobre seus chinelos, que usa sem meias. Quase nenhuma sílaba escapa de sua boca durante todo o jantar, no qual ele é servido com solicitude por africanos, provavelmente guardas daomeanos. Souza é muito sóbrio em se tratando de quaisquer maneiras à mesa, e ali fica por um tempo muito curto, tão indiferente em aparência ao esplendor da exibição de seus pratos de ouro e prata quanto o é, incontestavelmente, aquele das iguarias delicadas oferecidas aos seus hóspedes.

Souza, se podemos julgá-lo pelo que resta dos nobres traços de seu caráter, era digno de uma vida menos infame do que aquela que abraçou e perseguiu com ardor e sem reservas. Alguns incidentes de sua vida valem a pena ser indicados, ainda que apenas para mostrar como é difícil acalmar a voz dos bons princípios, mesmo que tenham que lutar para se manterem no meio dos vícios e das intenções, que são neles próprios tão execráveis que, inclusive aqueles que nele se encontram engajados, embora não tenham a coragem moral de resistir a suas tentações, defendem sua prática somente no terreno do maior benefício que dela resulta em comparação com os outros comércios, pois é habitual ganhar de 400% a 600% sobre um carregamento de escravos, o que explica facilmente as riquezas de Souza.

Essa integridade observada por Souza em suas operações comerciais o impedia de supor que alguém que o conhecesse pudesse se recusar a acreditar em sua palavra. Em uma certa ocasião, um navio mercante inglês tinha trazido algumas mercadorias para ele, em Whydah, e estava prestes a partir para sua viagem de volta. Souza mandou procurar seu capitão e lhe pediu para trazer 3 mil onças de baixela de ouro em sua próxima viagem, e o capitão prometeu fazê-lo. Na Inglaterra, entretanto, não encontrou ninguém pronto a arriscar um carregamento de tal valor, tendo como única garantia a palavra de Souza. Assim, o envio não foi feito. Na chegada do capitão, Souza, pedindo-lhe a baixela, soube que seu pedido não fora satisfeito. Não acrescentou nada e fez com o capitão as outras transações que tinha de realizar. Quando chegou o dia da partida, Souza mandou procurar o capitão uma hora antes que fizesse vela e lhe disse: "Vós não quisestes trazer-me a baixela sem ter o dinheiro para pagá-la! Não quisestes crer em minha palavra! Tomais estas caixas, elas contêm mais dinheiro que o necessário para a baixela, pagai-a, e trazei-a para mim quando de vossa próxima viagem. Posso confiar em vós, se bem que vós não tivesses feito o mesmo com relação a mim". Então ele ordenou que seus serviçais abrissem as caixas, mostrou os rolos de dobrões, encaixotou-os e os enviou a bordo pelos mesmos botes que levaram o capitão, recusando inclusive tomar um recibo pelo dinheiro, ou uma constatação qualquer. A baixela foi trazida na próxima viagem do vaso, e cedo cintilou na mesa de Souza para seu uso cotidiano.

Souza recebeu em Whydah até mesmo oficiais da esquadra inglesa [de repressão ao tráfico de escravos], o que lhes permitiu visitar aquele grande depósito de escravos. Ainda que sua presença lhe fosse naturalmente desagradável, tratou-os sempre com a maior civilidade durante as diversas ocasiões em que teve que lhes mostrar seus sentimentos.

Detalhes dignos de fé foram dados a respeito da morte de Xaxá de Souza por um dos primeiros pastores protestantes fixados em Uidá, o sr. Dawson:[79]

O velho senhor Francisco Félix de Souza, ou Xaxá, morreu em 8 de maio de 1849. Tão logo o rei Ghezo soube de sua morte, enviou sete pessoas para serem sacrificadas, mas o filho primogênito do sr. Souza, Isidoro Félix de Souza, não quis permiti-lo, fundamentando-se no fato de que seu pai era branco e que as cerimônias daquela espécie não eram necessárias. A amizade que existia entre o sr. Francisco Félix de Souza e o rei Ghezo era muito grande e digna de ser notada. Tão logo a notícia de sua morte chegou ao rei, ele enviou dois de seus filhos, Dako Dubo e Armuwanu, com oitenta amazonas, a fim de celebrar os ritos de "costume" para seu melhor amigo. Entre outros presentes para sua família, ele enviou 51 panos do país, correspondendo ao número de filhos e de filhas em vida, o que é um hábito entre os daomeanos. Em poucas palavras, Ghezo fez para seu amigo o que teria feito para um rei do Daomé.

Domingos José Martins

Domingos José Martins devia ter uma personalidade muito forte. Basta ler o diário mantido por Frazer, vice-cônsul britânico, para perceber:[80]

22 de julho de 1851. Uidá. Existe no sr. Domingos José Martins alguma coisa de semelhante ao que deve ser o poder de fascinação que têm as serpentes sobre as aves. Assim, mesmo vendo-o quase todo o dia, não posso deixar de olhar para ele, e quando se desloca ocasionalmente fora de minha vista, surpreendo-me trocando de posição involuntariamente para conservá-lo à vista.

Está com uns cinquenta anos de idade, mesmo que não pareça ter mais de quarenta. Mede mais ou menos cinco pés e oito polegadas, é amarelo de pele, tem os traços pesados, os olhos penetrantes e uma aparência melancólica, mas podeis ver um sorriso jovial clarear sua expressão por um momento e desaparecer tão rapidamente quanto veio.

Sobre a cabeça usa um barrete de rede. A roupa que veste é uma espécie de blusa com bolsos nas laterais, em chita muito escura, e calças do mesmo tecido. Calça botas iguais àquelas dos guardas de corpo, mas de cor marrom claro. Na rua da cidade, faz-se acompanhar por seu tambor, que faz um barulho contínuo, e por um séquito considerável, dos quais muitos, ao que parece, pertencem ao rei do Daomé. Está aqui por pouco tempo, tratando de carregar azeite de dendê nos navios; seu estabelecimento principal está em Porto Novo. Testemunham-lhe aqui muito respeito, mas parece que em Porto Novo as pessoas se prostram e jogam poeira em suas próprias cabeças quando ele passa.

Ele é da Bahia, e encontra-se há dezoito anos nesta costa. Suas encomendas na Inglaterra são extraordinárias. Encomendou recentemente cinco ou seis cofres de prata, valendo setecentas libras esterlinas cada um, que chegaram já faz algum tempo; foram deixados na praia durante cinco semanas sem que ele se preocupasse nem um pouco.

Dizem que tem um extraordinário sortimento de joias de valor e pedras preciosas. Mandou confeccionar camisas cujo pano tinha sido tecido especialmente para ele. Sempre encomenda roupas de toda sorte, mas o vemos raramente vestido de outra maneira que não a descrita.

Ele recebe as coisas, paga-as, mas quase nunca olha para elas. Há pouco tempo enviou um navio — já fez a mesma coisa antes — aos senhores Forster e Smith de

Londres com 80 mil galões de óleo, e as únicas ordens que deu são de lhe enviarem um carregamento de mercadorias, sem indicar quais, sua qualidade ou os preços.

Dizem que ultimamente fretou um navio da Inglaterra, após tê-lo retido aqui durante algum tempo, pagou 5 mil dólares ao capitão e o devolveu vazio, enquanto tinha naquela época uma grande quantidade de óleo.

Já tratamos das relações que uniam Domingos José Martins e Joaquim Pereira Marinho, e com que eficácia e rapidez os carregamentos de escravos eram feitos, por seus cuidados, nos navios do comerciante da Bahia, o *Andorinha* em particular.

Em um capítulo seguinte,[81] trataremos da conversão de suas atividades em direção ao comércio legal de azeite de dendê e de sua retirada progressiva do tráfico de escravos. Mas os negócios importantes realizados nesse novo ramo de atividade não davam os mesmos lucros que o comércio anterior.

O período de maior opulência de Domingos José Martins se deu entre 1845 e 1850. No momento em que o comércio clandestino de escravos era ainda florescente, o de azeite de dendê trazia para o traficante um complemento de lucros apreciável.

Foi em 1845 que Domingos José Martins, de passagem pelo Brasil, fez seu testamento (cujo texto é dado nas notas).[82]

Frederick E. Forbes estava em missão em Abomé, já o vimos, depois da morte de Xaxá de Souza. Em um de seus livros ele fala diversas vezes, com uma certa ironia, das liberalidades e do fausto principesco que rodeavam Domingos José Martins.

Em 25 de outubro de 1849, estando em Uidá e tendo alugado um quarto na cidade, ele informava:[83]

Eu tinha acabado de me instalar ali quando ouvi com espanto 21 tiros de canhão, atirados do forte inglês. E por quê? Em honra a um presente enviado por Domingos José Martins ao rei, de trinta barris de rum! Uma distribuição de um valor de 5 mil dólares ao rei, aos cabeceiras, à família do finado Souza e ao povo. Três tonéis foram levados à praça pública para a plebe.

27 de outubro de 1849. Passei para agradecer Martins. Sua casa é bem mobiliada, sendo porém um mero objeto de ostentação. Ele vive em um pequeno lugar ao lado. Tem um grande jardim no estilo europeu com um bom bosque de laran-

jeiras. Colocou amavelmente um remador à minha disposição, o que aceitei, com prazer, pois a feitoria britânica não tinha nenhum.

[...]

1º de junho de 1850.[84] Os soldados do rei do Daomé saudavam Domingos José Martins, o mercador de escravos, que acabava de chegar de Uidá em dezesseis horas [foram colocadas mudas de carregadores de rede ao longo do caminho]. Agradeciam a ele pelos mosquetes e pólvora que lhes tinha dado para a última guerra. De novo, dançaram, saudaram e se foram.

As amazonas avançavam agora na mesma ordem e, tendo saudado o rei, ele [Domingos José Martins] juntou-se a elas, e de novo fez uma dança de guerra. Elas cantaram também em agradecimento às liberalidades do traficante de escravos, que lhes tinha dado mosquetes e pólvora para fazerem a guerra contra seus inocentes vizinhos para enriquecer, abastecendo o mercado de escravos. Esses são os costumes que devem ser extirpados. Esse mesmo homem faz diretamente o comércio e recebe seus mosquetes e aquela pólvora dos agentes de navegação britânicos.

O coro de seu canto corria assim:

Dae mee goo

Acotoo ah noo

Ah dae mee goo.

Que pode ser traduzido por:

Domingos

Nos deu mosquetes e pólvora

Para combater por Ghezo.

Por volta de 1859, dificuldades de dinheiro o forçaram a vender uma parte de seus bens na Bahia para fazer face às suas obrigações.

Entre as cartas encontradas na casa do rei Kosoko em 1851, quando da demonstração de força dos britânicos, quatro eram de Domingos José Martins. Elas foram publicadas como todas as outras nos *Parliamentary Papers* sobre o tráfico de escravos, editados em 1852, tanto em sua versão original quanto traduzidas em inglês, para a orientação dos que não conheciam a primeira língua. Podemos constatar que os tradutores, em seu zelo para glorificar a ação dos cruzadores de Sua Majestade britânica e para melhor justificar as iniciativas de uma política de intervenção e de demonstração de força, não traduziam sempre com fidelidade os textos das cartas encontradas na casa do rei de Lagos, e não hesitavam em insinuar que os correspondentes e amigos de Kosoko eram gente cínica e sem palavra. Assim o foi em uma das cartas de Domingos José Martins (nº 48), de caráter anódino, de 22 de dezembro de 1850, em que ele escreve ao rei: "Recebi vossa carta do dia 13, em que vejo que me pedistes para comprar uma mulher. Porque ela não quer ir para vossa companhia, a fazeis vender. Tenho a vos dizer somente que esta mulher não vale um copo de aguardente".

A última frase, escrita com erros ortográficos — "Pro tanto sinto nao le puder servir a seo portador a torna levar, pois milhor sabera Vmce o seo destino" —, é traduzida por: "Desculpe-me, entretanto, não poder vos ajudar a ter seu portador de volta, mas sabereis, pode ser, o que aconteceu a ele". Tal versão deixa supor ao leitor indignado que Domingos José Martins o tinha retido como prisioneiro para vendê-lo como escravo.

A Lei Eusébio de Queirós, decretada no Brasil em 1850,[85] punha fim ao tráfico de escravos no país. Domingos José Martins sofreu os efeitos da lei. O vice-cônsul Frazer escrevia, em 30 de julho de 1851:[86]

> Um brigue estava ancorado aqui; tinha vindo, dizem, na intenção de levar o sr. Domingos José Martins para a Bahia, mas, após a nova lei brasileira, não ousa ir para lá, temendo ser, no mínimo, preso.
>
> Domingos oferece sua casa, móveis, terrenos e barracões na praia, todos muitos vastos, por 1500 libras esterlinas. Uma outra grande casa com terrenos, recentemente construída, é agora proposta por 1200 libras.

Tudo isso refletia um certo desencorajamento, além do medo de não poder mais viver da mesma maneira na África, onde, para manter sua posição de primeiro dos brancos, gastava com extravagância em todas as circunstâncias.

Domingos José Martins sonhava seriamente em voltar para a Bahia em 1857, época em que o cônsul Campbell, em Lagos, ostentava contra o tráfico de escravos um zelo muito mais vivo do que aquele de 25 anos antes.

Em 26 de setembro de 1857, Campbell enviava um ofício para seu colega Morgan, na Bahia, fazendo-lhe saber que:[87]

> Há alguns meses, o sr. Carrena tinha sido convidado por Domingos José Martins a lhe dizer se lhe daria um passaporte para enviar seis de seus filhos para ter a

sua educação na Bahia. O caráter das relações do sr. Carrena com o consulado, não justificando assim uma diligência pessoal, assinalou o fato ao cônsul sardo, que lhe respondeu que era perfeitamente inútil me fazer tal pedido. Eu soube em seguida que eram seis jovens cativos de escolha dos dois sexos que Domingos Martins se propunha enviar de seu estabelecimento como presente a um dos principais funcionários do governo da Bahia.

O cônsul John Morgan transmitiu o conteúdo desse ofício em 30 de outubro ao governador da Bahia, João Lins Vieira Cansanção de Sinimbu, sem omitir o último parágrafo.[88]

O governador da Bahia respondia a essa comunicação em 5 de novembro:

> Fui abordado faz uns quinze dias por uma pessoa respeitável desta cidade da Bahia, que recebeu uma carta sobre essa tentativa de Domingos José Martins. Nessa carta, datada de julho deste ano, ele declarava sua intenção de deixar a África para vir residir na Bahia; acrescentava que não poderia fazê-lo sem que colocasse antes em segurança, enviando-os imediatamente ao Brasil, seus filhos, que são em número de seis, de diferentes mães, pelas quais serão acompanhados. Ele queria saber se as autoridades deste país criariam dificuldades, e afirmava estar pronto a dar todas as garantias que pudessem ser exigidas. Minha resposta foi que, devido à parte ativa que o solicitante teve no tráfico de escravos, precisará que eu consulte o governo imperial antes de dar uma resposta.
>
> Para honra do país e em homenagem à verdade, tenho a dizer ao cônsul que o último parágrafo do ofício de Lagos é inexato. A presidência não conhece nenhum funcionário desta província que ousaria cometer um tal crime. De acordo com os termos da carta que me foi mostrada, está provado que Martins deseja uma intervenção junto às autoridades unicamente para que sua vida, acompanhado de seus filhos e mulheres, não encontre oposição, e que dará todas as provas solicitadas pelo governo imperial da condição de livres de todas aquelas pessoas.

Domingos José Martins encontrava-se em uma situação financeira difícil em 1859, mas continuava a se mostrar igualmente generoso em suas despesas de parada no Daomé.

O ofício de Benjamim Campbell, de 7 de fevereiro de 1859, no qual anunciava a morte de Ghezo, o rei do Daomé, informa sobre isso:[89]

Para suas exéquias, o notável Domingos José Martins (mesmo que digam estar prestes a entrar em bancarrota) trouxe uma grande quantidade de mercadorias, rum, pólvora e fuzis, tabaco etc. Trouxe também, como presente para o defunto monarca, para ser enterrado com ele a fim de que possa gozá-lo na outra existência, um grande prato de prata sobre o qual brilhavam claramente 170 novos dólares, e uma bela reprodução de um carvalho de prata, de trinta polegadas de altura aproximadamente, nas folhas do qual estavam presos pequenos ganchos, e naqueles ganchos estavam suspensas algumas centenas de charutos dos mais finos de Havana. Oitocentos homens foram sacrificados; era para serem 2 mil, mas não puderam achar aquela quantidade.

Nas cartas enviadas na época para Joaquim Pereira Marinho, Domingos José Martins se queixava da má gestão de seus bens feita por Bernardo Dias Moreira, a respeito da manutenção de suas casas, escravos e de outras possessões que ficaram na Bahia.[90] As contas não eram mantidas em ordem, as promissórias emitidas e aceitas em seu nome não eram honradas, e o que ele possuía na Bahia estava arruinado por aquela negligência.

Em 26 de fevereiro, ele escrevia de Cotonu, autorizando Joaquim Pereira Marinho a

vender todo o resto dos escravos, tendo em vista a maneira de se conduzirem e a imoralidade de suas vidas sob a influência de Bernardo Dias Moreira. Conservareis somente uma negra para cada um de meus filhos, e aqueles que forem necessários para a conservação da casa e do jardim, e igualmente a mulher mulata e seus filhos, que desejo conservar por sentimento de equidade; também o cozinheiro Pedro, que me foi dado pelo seu antigo proprietário, e que é o primeiro escravo que possuí, e por isso, seja qual for sua conduta, deverá conservá-lo, e de todo o resto podeis dispor.

Em 14 de julho ele escrevia novamente e, rendendo-se às razões expostas por Joaquim Pereira Marinho em uma carta de 4 de abril, achava

perfeitamente justo que coloqueis em locação a casa do bairro dos Barris e que as crianças possam viver em outras casas menores. A respeito da hipoteca de meus

554

bens em um banco, acharei bom tudo aquilo que tereis feito, declarando-me satisfeito.

Reconheço vossa proteção como um ato nobre e feito em meu interesse. Deixo-me em vossas mãos e vos peço proteção, visto que minha má sorte colocou-me em tais atrasos imprevistos, não perdendo a esperança de que vós tereis benefício. É no momento em que Deus mergulhou-me na maior necessidade que peço a proteção de meu benfeitor Joaquim Pereira Marinho, e que tenha a paciência de suportar as infelicidades de seu velho amigo Martins.

Meu bom amigo, eu poderia pôr à venda tudo que possuo na Bahia, de desgosto pela má administração do ingrato Bernardo Dias Moreira. Mas o que dirão as pessoas? É certo que a opinião me censura de nada mais ter, nem mesmo a proteção de meu verdadeiro amigo, que me dispensais já faz tanto tempo. Em consequência, vos peço não vender meus móveis e alugar o conjunto com a casa e os escravos para conservação, de maneira que minha vida devotada à infelicidade não seja mais criticada.

Naquele mesmo ano de 1859, Martins procurava levantar junto a um banco da Bahia um empréstimo hipotecário de 150 contos de réis, com juros de 8% durante catorze anos.[91] A operação não pôde ser efetuada porque o procurador de Domingos José Martins era Joaquim Pereira Marinho, e este era ao mesmo tempo diretor-presidente do banco. A procuração deveria ser delegada, portanto, a uma terceira pessoa. Além disso, as propriedades já estavam hipotecadas ao mesmo Joaquim Pereira Marinho.

Este não parecia decidido a ter a paciência solicitada por Domingos José Martins, nem em lhe evitar a crítica das pessoas da Bahia. Ele não havia hesitado em exibir as promissórias, cujos extratos foram dados acima, quando a Sociedade de Comércio da Bahia exigia dele, como procurador de Domingos José Martins, o reembolso de uma promissória de 16106 pesos mexicanos, descontada por ela e emitida por este último sobre Bernardo Dias Moreira, que se recusava a honrá-la, mesmo a tendo aceitado.

Ademais, Marinho declarava que Domingos tinha um domicílio incerto e que não se sabia se ele residia ainda em Porto Novo.

Dois anúncios publicados no *Jornal da Bahia*, respectivamente em 14 e 20 de outubro, mostram a desordem e o abandono da casa-grande, orgulho de Domingos José Martins.

Um deles informava "a fuga da casa do bairro dos Barris, pertencente a Domingos José Martins, de uma escrava de nome Luciana, mulata escura, pequena e gorda, de cinquenta anos, cabelos curtos, vestida com uma roupa de percalina, pano da costa da África azul desbotado, lenço branco na cabeça. Quem a trouxer aos escritórios de Joaquim Pereira Marinho será bem recompensado".

O outro noticiava, quatro dias mais tarde, que "o dr. Abílio César Borges, devendo instalar proximamente sua escola na casa-grande do bairro dos Barris, pertencente a Domingos José Martins, coloca à venda sua propriedade do Barbalho".

Em dezembro de 1863, Richard Burton passava em Uidá, a caminho de Abomé. Em sua descrição, ele apresenta a casa de Domingos José Martins como a melhor da cidade. Tal como Forbes, admira as laranjeiras, e do mobiliário da casa, com suas salas vastas e frescas, faz alguns comentários sobre "as caixas de música, que são uma das maldições da costa oeste da África, pois os brancos não podem lhe fazer o maior cumprimento se não as fazem tocar, e os negros, se possuem seis, as fazem funcionar todas ao mesmo tempo".[92]

Na última vez que Burton o viu, Domingos José Martins já estava doente fazia algumas semanas. Morreu em 25 de janeiro de 1864.[93]

Ele deixou uma grande família, constituída de mulheres do país. Seu filho primogênito, Domingos Rafael Martins, é um jovem de aproximadamente vinte anos; não está sem educação, fala inglês e francês. Como seu pai o mantinha sob controle, ele desaprendeu a ser empreendedor. O rei do Daomé apoderou-se por direito de usurpação de uma boa parte das riquezas do defunto, e seria bom para o herdeiro que tivesse deixado um "saco bem rechonchudo" na Bahia.

Seu testamento foi aberto na Bahia em 5 de abril de 1864, e no dia 9 foi aceito pelo executor testamentário Joaquim Pereira Marinho.

Domingos José Martins tinha deixado alguns bens na Bahia, entre os quais 25 escravos (sete homens e dezoito mulheres), estimados em 16 950$000 réis. Os outros bens foram inventariados (bens móveis) e estimados em 2811$000 réis.

O que veio do Rio de Janeiro foi uma decepção: uma pesada mala de couro e uma caixa fechada a chave. Uma vez forçadas, a mala continha somente cartas velhas e contas de negócios de Domingos na África, e a caixa continha uma de suas caixas de música (que tanto faziam sofrer a Richard Burton), que estava suja e mal regulada; foi avaliada em trinta mil-réis.

Havia ainda cinco sobrados e uma casa térrea, avaliados em seu conjunto em 102 contos de réis. Entre prata e ouro, foi encontrado o equivalente a 41 412$070 réis.

Da soma do conjunto de bens, obteve-se um total de 163 203$070 réis.

O valor dos imóveis era muito maior. Um dos sobrados, estimado em sessenta contos de réis, foi vendido em leilão em 17 de setembro de 1864 por 82 100$000 réis.

As cinco filhas que ficaram na Bahia, tornando-se ricas herdeiras, casaram-se todas num espaço de dois meses e meio, seis meses após a morte de Domingos José Martins.

Maria Augusta, nascida na África em 20 de dezembro de 1840, casou-se com Pedro João Gualberto, em 28 de julho de 1864.

Leocádia Maria, nascida na África em 30 de novembro de 1840, casou-se com Innocêncio José Barbosa, em 21 de setembro de 1864.

Adelaide Constância, nascida na África em janeiro de 1842, casou-se com Joaquim Victor Pereira Baião, em 8 de outubro de 1864.

Angelina Josefa, nascida na Bahia em 12 de abril de 1842, casou-se com Izidoro da Silva Neves, em 23 de julho de 1864.

Marcolina Joana, nascida na Bahia em 25 de abril de 1842, casou-se com Miguel Arcanjo Brun, em 10 de setembro de 1864.

Domingos José Martins havia deixado ainda na África uma numerosa família. Além de Rafael, que recebeu uma parte da herança da Bahia, tinha outros cinco rapazes (Thompércio, Casuza, Luis, Marcelino e Bento) e seis moças (Benvinda, Ludovica, Catharina, Sofia, Jerônima e Isabel).

Na geração seguinte, Rafael não teve filhos; Thompércio teve onze filhos e cinco filhas; Casuza teve quatro filhas; Luis teve somente um, Sylvestre, que se tornou o chefe da família; Marcelino teve quatro filhos e uma filha; Bento teve só um filho.

Paramos por aqui com essa enumeração dos descendentes de Domingos José Martins, que vivem em uma parte e outra do Atlântico sem nada mais saber, nem uns nem os outros, o que aconteceu a seus primos do outro lado do oceano.

Joaquim d'Almeida

Joaquim d'Almeida, africano da aldeia de Hoko, no país dos mahis, membro da família Azima, teve uma longa permanência na Bahia a serviço do capitão Manoel Joaquim d'Almeida. Ele se tornou livre e viajou várias vezes entre a costa da África e a Bahia, de 1835 a 1845, ganhando algum dinheiro no tráfico de escravos. Em um outro capítulo,[94] trataremos do testamento (datado de 17 de dezembro de 1844) que deixou antes de partir em definitivo para se instalar em Agoué.

Como veremos com maiores detalhes mais adiante, Joaquim construiu a primeira capela católica naquela parte da costa da África. Ele tinha tido tamanha participação no tráfico de escravos que, em um comunicado do cônsul da Bahia, de 18 de março de 1853, figurava entre os que, no estilo dos despachos oficiais da época, eram qualificados como "agentes na costa da África que possuíam instalações no abominável fito do comércio de escravos".[95]

No mesmo comunicado, o cônsul chamava a atenção dos cruzadores de Sua Majestade britânica para obter sua expulsão daquele lugar ou a destruição de suas instalações. Era citado como terceiro e último de uma lista em que era precedido por João José de Lima (instalado em Lomé, sobre o qual poucas informações foram encontradas) e Domingos José Martins.

Marcos Borges Ferras

O essencial do que foi encontrado sobre ele nos diversos arquivos em que fizemos nossas pesquisas já foi dado em alguns capítulos desta obra.

José Francisco dos Santos, o Alfaiate

Um estudo a respeito de José Francisco dos Santos foi publicado há alguns anos, fundamentado em 112 cartas cujas cópias foram encontradas na casa de seu neto, em Uidá. O leitor interessado poderá se reportar a ele.[96] Ali constatamos que aquelas cartas eram enviadas aos diversos negociantes da Bahia e aos capitães dos navios, de quem já tratamos nas páginas precedentes.

Joaquim Alves da Cruz Rios havia recebido doze cartas (e dezoito "fardos", tanto homens quanto mulheres).

Joaquim Pereira Marinho, dez cartas (e 55 fardos).

Manoel Luiz Pereira, oito cartas (e 26 fardos).

Antonio Gomez Neto, três cartas (e catorze fardos).

José Pereira Coelho da Cunha, treze cartas (e 86 fardos).

Francisco Lopez Guimarães, catorze cartas (e 177 fardos).

Domingos Gomes Bello, uma carta.

José Pinto Novaes, quatro cartas (e treze fardos).

Querino Antônio, dez cartas (e duzentos fardos).

João Gonçalves Baeta, nove cartas.

Caetano Alberto da França, duas cartas.

Marcos Borges Ferras, uma carta.

José Francisco dos Santos, mais familiarmente conhecido como Zé Alfaiate, era também chamado Djorodego, cognome que tomou de Theodoro d'Almeida, um dos filhos de Joaquim d'Almeida. Viajando em sua companhia e na de Nicolas do Rego, passando por um lugar chamado Lama, no caminho de Abomé, Zé Alfaiate tinha perdido a paciência com um serviçal que não misturava suficientemente rápido a massa de acaçá com água, e lhe havia ordenado em língua fon, que falava bastante mal: "*Djorodego kede kedo niwaja*" ("Tem que mexer para diluir"). Essa frase, repetida várias vezes com cólera em direção ao criado que não o compreendia, lhe valeu o cognome.

A propósito de cognomes, constatamos que, sob a pena de Casimir Agbo, dito Alidji, o Alfaiate se transformou gloriosamente em Lafayette.[97]

13. Condições de vida dos escravos na Bahia no século XIX

Durante a primeira metade do século XIX, os africanos da Bahia, escravos e alforriados, tinham reações e sentimentos muito diversos em relação ao meio social e às formas de cultura de seus senhores ou antigos senhores, indo da revolta aberta à aceitação sem reservas.

Já tratamos, em um capítulo precedente, das sublevações dos haussás e nagôs-malês, fundamentadas em parte nas questões religiosas. Entretanto, não se deve exagerar a amplitude daquelas manifestações hostis.

Nina Rodrigues tinha uma tendência a mostrar o espírito de segregação e de reserva manifestado pelos escravos e alforriados: eles "ficavam segregados da população geral, no seio da qual viviam e trabalhavam, para fechar e limitar seu círculo aos pequenos grupos particulares das diversas nações africanas". Conservavam zelosamente sua língua, suas tradições, suas crenças.[1]

Isso era verdadeiro apenas em parte, pois, mesmo que as revoltas de escravos não tenham sido generalizadas, mas limitadas a certos setores da população africana da Bahia, o desajuste ao novo meio não era completo. Gilberto Freyre analisa um outro aspecto das relações entre senhores e escravos na sociedade patriarcal brasileira, que assumia muitas vezes um traço quase familiar.

Não eram somente o caráter e as disposições de espírito do escravo ou do alforriado africano e de seu senhor ou antigo senhor que tornavam possível ou não aquela integração; outros fatores importantes intervinham, em particular o tipo de escravidão que era imposto ao africano trazido ao Brasil.

A adaptação do escravo estava condicionada também ao ambiente geral do lugar em que tinha que morar e à maior ou menor dificuldade que ele tinha de ali se sentir à vontade.

Ele podia ser trabalhador na grande plantação de um senhor opulento, reencontrando companheiros de origem e uma forma material de vida e de atividades agrícolas que lhe fossem familiares, encontrar uma companheira e ter filhos, e ter assim uma vida apenas "desafricanizada".

Ou podia trabalhar em uma fazenda pequena e pertencente a um senhor necessitado, que maltrata seus escravos e apenas os alimenta.

Ou podia ser trabalhador em uma mina, conduzido duramente por um contramestre sem piedade.

Nesses diversos casos, ele vivia longe da vista de seu senhor.

Mas podia, ao contrário, ser empregado doméstico, no interior ou na cidade, em contatos frequentes com o senhor, e levado assim a se submeter a um modo de vida brasileiro e a contrair novos hábitos.

Na cidade, ele podia trabalhar pelo *ganho*, alugando seus serviços na rua como carregador para levar dinheiro a seu senhor; como vendedor ou vendedora ambulante; como "escravo de rua", em contraste com o "escravo de casa", de quem Gilberto Freyre fala longamente em suas obras, e de que trataremos mais tarde.[2]

As facilidades com as quais o escravo podia se alforriar dependiam muito do tipo de trabalho servil que lhe era reservado.

Para os trabalhadores dos campos e das minas, por exemplo, comprar sua liberdade era praticamente impossível.

Alguns escravos domésticos podiam esperar sua carta de alforria por ocasião da morte de seu senhor, em recompensa aos bons e leais serviços prestados.

Os negros de *ganho* e vendedores ambulantes, ativos e hábeis, que tinham o direito de guardar para si uma parte de suas receitas, compravam facilmente sua liberdade.

O conjunto dos escravos formava uma classe distinta daquela dos senhores. Tudo os separava: condição social, raça, cor. No interior daquela classe de pessoas de condição servil, existiam nuanças, diferenças que a fracionavam em vários grupos específicos. Havia em princípio a distinção entre africanos e crioulos, negros ou mulatos.

A integração dos escravos crioulos na sociedade brasileira apresentava menos problemas do que a dos africanos, cuja religião e língua inculcadas na infância tinham sido diferentes. Segundo Nina Rodrigues, "os crioulos, livres ou escravos, achavam que os africanos ficavam sempre marcados por suas origens pagãs, e estes preferem a convivência dos patrícios, pois sabem que, se os temem pela reputação de feiticeiros, não os estima a população crioula".[3]

Nina Rodrigues escrevia ainda: "O africano importado pelo tráfico contra sua vontade não se integrava na vida do país, não se nacionalizava e não adotava o Brasil como nova pátria. No Brasil, os negros africanos ficavam segregados da população geral, no seio da qual viviam e trabalhavam, para fechar e limitar seu círculo aos pequenos grupos particulares das diversas nações africanas".[4]

Eles conservavam até a morte a esperança de rever a terra de seus ancestrais. Disso resultaram muitos retornos para a África no fim do século XIX:[5]

> Tudo isso demonstra que a afirmação do governo monárquico [*Diário Oficial de 27 de agosto de 1864*], de que os africanos apreendidos no tráfico acabaram preferindo espontaneamente ficar no Brasil a serem reexportados para a África, não passou de recurso para se eximir de oneroso encargo, reconhecidamente impraticável.
>
> O governo brasileiro tinha-se comprometido com o inglês a repatriar os negros de contrabando encontrados nos navios negreiros apreendidos. Mas o número deles se tornou tão avultado que as despesas eram superiores aos recursos do tesouro nacional.

Havia com frequência o caso contrário: africanos que se abrasileiravam a tal ponto, e estavam tão habituados às novas maneiras contraídas, que não se sentiam mais à vontade quando de volta à África, e alguns deles, após uma tentativa de readaptação no país natal, faziam a viagem de "volta ao Brasil", como fez no século XIX João de Oliveira, de quem tratamos em um capítulo precedente.[6]

FONTES E DOCUMENTOS SOBRE A SITUAÇÃO DOS ESCRAVOS NO BRASIL DURANTE O SÉCULO XIX

Relatos de viajantes

Os mais conhecidos documentos que tratam da situação dos africanos escravos e alforriados são os relatos de viajantes. Esses "estrangeiros" de passagem, cidadãos de países em cujas colônias a escravidão havia sido abolida, professavam em geral ideias "filantrópicas" com tanto mais ardor quanto mais recente fosse a conversão de seu próprio país àqueles princípios generosos. Seus escritos são geralmente coloridos com esse ponto de vista virtuoso.

Entre os viajantes que escaparam a tais excessos, podemos relacionar citações de alguns deles.

Thomas Lindley escrevia em 1802:[7]

Na lembrança dos últimos acontecimentos de São Domingos [Haiti], e em razão do grande número de escravos que há no Brasil, poderiam pensar que a tranquilidade pública poderia ser perturbada. Mas era de longe o contrário, pois todas as licenças ali eram toleradas, e os negros ali são felizes e contentes, não sendo extenuados de trabalho e dispondo da mesma alimentação que em seu país de origem.

Henry Koster escrevia por volta de 1809:[8]

Os escravos no Brasil gozam de maiores vantagens que seus irmãos das colônias britânicas. Os muitos dias santos para os quais a religião católica exige observância dão aos escravos vários dias de repouso ou o tempo para trabalharem para eles próprios. Em 35 daqueles dias e aos domingos lhes é permitido empregar seu tempo como lhes apraz.

Von Spix e Von Martius passaram pela Bahia por volta de 1818 e escreveram:[9]

A condição social desses escravos não é tão triste assim como o pensam na Europa. Não sofrem da falta de alimentação, vestem-se tanto quanto o clima o exige e são raramente sobrecarregados de trabalho.

Acrescentando sobre Koster, eles confirmavam:

Além dos domingos e dos 35 dias santos, mais dezoito dias foram decretados feriados pelo governo atual, e os escravos podem trabalhar para eles próprios naqueles dias.

Uma sorte que é preferível, em muitos pontos de vista, ao estado de inquietude anárquica e à indigência em que eles viviam em sua pátria, aviltada pelos perversos artifícios dos europeus.

Aqui gozam a vida, e geralmente não é a escravidão que lhes tortura a alma, mas a separação da família e os tratamentos desumanos durante o transporte, horrores nos quais infelizmente sucumbe um grande número dessas infelizes vítimas.

George Gardner, por sua vez, escrevia:[10]

Antes de minha chegada ao Brasil [em 23 de julho de 1836], eu tinha sido levado a crer, pelas notícias publicadas na Inglaterra, que a conduta dos escravos no país era a mais abominável que se possa conceber, e os relatos que ouvi quando desembarcava, feitos por pessoas que hoje sei serem mal informadas sobre a questão, tendem a confirmar essa ideia. Alguns anos de residência no país contribuíram para mudar sensivelmente aquelas primeiras impressões.

Relatórios consulares e discursos de políticos

Os relatórios enviados pelos cônsules e diplomatas das potências europeias aos seus respectivos ministros de Assuntos Estrangeiros estavam cheios de ensinamentos, mas muitas vezes eram também tingidos de um rígido espírito antiescravista; faltava-lhes objetividade e eram deformados pelas preocupações humanitárias dos governos que representavam.

Naquela época, como em outras, os discursos dos políticos dos diversos países sofriam de duas doenças crônicas: a eloquência e o calor da causa. Essas características produziam belas mostras de retórica, mas davam pouquíssimos detalhes sobre as reais condições de vida dos membros da "sociedade dominada" dos africanos escravos e alforriados.

Gilberto Freyre nos dá uma ideia sobre o fato, quando escreve:[11]

É verdade que, nos meados do século passado, a propaganda antiescravista britânica muito comentou o "cruel tratamento dos escravos" no Brasil. Mais tarde, esses sombrios comentários ingleses foram repetidos no Brasil por oradores brasileiros contrários ao cativeiro, entre eles Joaquim Nabuco e Rui Barbosa — homens inflamados pelo idealismo burguês e liberal de Wilberforce, e cada um deles, animado pelo desejo, de resto muito humano, de glória pessoal ligada a uma causa humanitária.

Fontes mais objetivas

Existem outras fontes de informação mais objetivas sobre as condições de vida dos escravos, documentos em que a escravidão é um estado de coisas aceito, estabelecido, onde essa instituição não é colocada em questão, censurada ou louvada.

Entre essas fontes de informação figuram os classificados dos jornais da época,[12] que contêm uma documentação de primeira ordem, cuja importância para esse tipo de pesquisa foi enfatizada por Gilberto Freyre. Em várias de suas obras, ele faz frequente uso daqueles anúncios que tratavam das vendas e das fugas de escravos, e observa: "Para a reconstituição antropológica do aspecto e a recomposição sociológica do passado do escravo africano ou já brasileiro que, durante o século XIX, integrou-se na vida ou na civilização brasileira, podemos afirmar que não há material que ultrapasse os anúncios de jornais em importância e em capacidade".

Os inquéritos judiciais provocados por acontecimentos dos quais os escravos africanos ou alforriados participaram, como as revoltas ou sublevações, continham também muitas informações úteis.

A parte "não editorial" dos jornais da época, tais como os relatórios policiais a respeito de diversas pequenas ocorrências em uma cidade, fornecem informações que não estão limitadas apenas aos delinquentes e às pessoas de vida duvidosa, mas dão uma visão sobre o comportamento das diferentes camadas da sociedade urbana e sobre certas reações típicas durante suas atividades cotidianas.

Os testamentos de escravos alforriados são testemunhos eloquentes de sua "brasilianização". Já os dos senhores comportam frequentemente um artigo pelo qual "aliviam" suas consciências alforriando após sua morte uma parte de seus escravos, através do seu executor testamentário.

As correspondências comerciais ou privadas trocadas entre o Brasil e a costa da África, pelo fato de não terem sido encontradas entre dois correspondentes do Brasil, mostram muitas vezes a existência de laços de caráter familiar e afetuoso entre antigos senhores e antigos escravos.

ESCRAVOS, BENS MÓVEIS E GADO

Nos inventários das sucessões dos séculos XVIII e XIX, os escravos eram uma parte capital dos bens móveis, e figuravam nas listas antes mesmo do gado, dos instrumentos agrícolas e do mobiliário da casa.

Portanto, não é preciso se espantar ao encontrar, nos classificados dos jornais, aquela mesma "promiscuidade" que pode, em nossos dias, parecer injuriosa e atentatória à dignidade humana.

Ei-los:

(*CM*, 17/09/1846): No escritório de Joaquim Pereira Marinho vende-se um bonito escravo pardo, excelente montador e boleeiro; no mesmo escritório se dirá quem vende um dos mais bonitos cavallos que tem aparecido nesta cidade (russo) e perfeito em habilidade.

(*JB*, 30/03/1854): Para vender ou alugar. G. A. Blosen vende ou aluga sua casa na rua do Canella, como também uma mulata, e a Incyclopédia Britannica em 26 volumes in-quarto, obra a mais perfeita que pode ser.

(*JB*, 31/03/1854): O Dr. E. J. Pedroza está autorizado para vender um escravo, bom padeiro e que entende de mar e de roça, um piano usado e alguns trastes de casa. Mora na rua do canto de João Freitas, juncto da botica do Sr. Barata.

(*JB*, 09/05/1855): B. Ariani fará um leilão nesta sexta-feira, 11 do corrente, ao meio-dia, na rua Nova do Commercio, de alguns escravos, alguns cavallos e um burro.

(*JB*, 16/06/1855): B. Ariani fará leilão sexta-feira, 15 do corrente, na rua Nova do Commercio, as onze horas em ponto, de diversos escravos e alguns cavallos; na mesma occasião vender-se-há também uma mulata bem prendada, no estado em que se achar.

(*JB*, 11/09/1859): Espinola e filhos compram acções do Banco da Bahia e escravos sãos, 10 a 15 annos; endereçar-se a qualquer hora à rua Julião, nº 2.

(*JB*, 30/03/1854): A venda uma escrava cabra [mulata] ainda moça: com seu filho ou sem ele, sabe coser lizo, engoma, cozinha, lava e faz todo o serviço da casa. Quem a pretender dirija-se ao caes Dourado, armazém nº 3.

É difícil distinguir no seguinte anúncio se se trata de um ser humano ou de um animal:

(*JB*, 01/10/1859): Na rua do Paço compra-se uma cabra de leite, que seja boa; se for assim, pagarse-a um bom preço.

Uma "cabra de leite" podia ser tanto uma escrava cabra (mulata), vendida como ama de leite, quanto uma cabra leiteira, pois alguns anúncios especificavam "cabra" (animal).

(*JB*, 18/12/1859): Attenção para a loja da rua da Fonte dos Padres nº 53, diriase que possui uma cabra [animal] para vender, a qual dá muito leite.

(*JB*, 03/09/1861): À venda duas cabras [animais], uma com filho e muito boa leiteira, a outra prenha; tratar na ladeira da Praça, casa nº 5.

Mas no caso seguinte, mesmo que ela esteja sendo tratada como animal, trata-se entretanto de um ser humano:

(*JB*, 25/05/1860): Attenção gratifica-se generosamente (na rua do Caquende, sobrado 37) a quem trouxer uma cabra um tanto baixa, grossa do corpo, desdentada, com algumas cicatrizes velhas pelas costas (de golpes de chicote), fala perturbada e chama-se Guilhermina.

Continuando:

(*DB*, 14/10/1865): Leilão de Móveis, Escravo, Fazendas — Casa Estrella, largo d'Alfandega — Sábado, 14 de outubro, às 11 horas.
João Virgílio Tourinho venderá em leilão, no sábado em seu armazém, diversos móveis, louça, vidros, fazendas, artigos de armarinho, relógios patentes e um bom escravo, pardo, com 21 anos de idade, óptima figura para pagem, criado ou boleeiro.

(*JB*, 04/03/1854): Editaes — O doutor José Joaquim Simões, juiz municipal da Terceira vara do civil nesta cidade da Bahia e seo termo [etc.].
Faço saber que no dia 14 do corrente março, depois d'audiência d'este juízo, no escriptório d'ella, sito à rua Direita do Palacio, às dez horas da manhã, se hão de arrematar na praça d'este juízo, por quem por elles mais der e maior lanço fizer, os bens seguintes:
— Francisco, nagô, carregador de cadeira e do serviço de roça, sem moléstia, avaliado em 60 000 réis.
— David, nagô, do mesmo serviço, sem moléstia, avaliado em 600 000 rs.
— Bruno, nagô, moço do mesmo serviço, sem moléstia, avaliado em 600 000 rs.
— Julio, ussá, do serviço da roça, quebrado das virilhas, 400 000 rs.
— Um burro com grande defecto no pé esquerdo e magro, avaliado em 20 000 rs.
— Um dicto [burro] com defecto no quadril direito, magro, 20 000 rs.

A venda em leilões públicos desses bens móveis variados era algumas vezes contestada pelas pessoas lesadas em seus direitos de legítimos proprietários. Foi o que ocorreu, nove dias mais tarde, com relação ao anúncio anterior:

(*JB*, 13/03/1854): D. Josefa Cassimira Pedreira, D. Maria Leopoldina Pedreira Ferraz e D. Joaquina Candida das Neves fazem público que ellas tem requerido e protestado perante o respectivo juiz municipal da 3ª vara d'esta cidade, para ser intimado esse seu protesto do exequente e arrematante o que lhe foi deferido usar da competente acção de reivindicação, como lhe permite a ley, contra quem quer que arremate os escravos Francisco, David e Bruno, nagôs, e Júlio, ussá, e dous burros pertencentes às anunciantes e penhorados por José Gomes Villarinho a pretexto de pertencerem a Luiz Joaquim de Magalhães e Castro, e que tem de ser arrematados a 14 do corrente, segundo os respectivos anúncios e edital no Jornal da Bahia de 4 do corrente, visto lhes haverem sido desprezados os embargos de terceiras senhoras e possuidoras que em tempo competentemente oppuzeram a tal execução e o publicam para que chegue ao conhecimento de todos e de quem quer que os pretenda arrematar, para que em nenhum termo se possa chamar a ignorância.[13]

Que o escravo fazia parte dos bens móveis, deduz-se da história de Luis Raimundo Nunes de Barros, interrogado pela polícia quando da sublevação de 1835.

Luis Raimundo Nunes de Barros, alforriado da nação haussá, estava na Bahia desde os dezoito anos. Tinha tido quatro senhores, Felipe Basteli sendo o primeiro. Este o havia comprado do navio e empregou-o no serviço de uma tulha. Seu senhor, vendendo a tulha a um tal Oliveira, foi vendido junto, porque estava habituado ao trabalho naquele estabelecimento, onde ficou em seu emprego de cobrador. Oliveira, vendendo a dita tulha a João Antonio dos Santos, incluiu-o igualmente naquela venda. E quando João Antonio, seu senhor, emigrou para Portugal no momento da guerra da independência, seus bens, dos quais ele fazia parte, foram sequestrados e vendidos em leilão. Ele foi comprado por Raimundo Nunes de Barros, ao qual serviu durante vários anos. Para obter sua liberdade, lhe pagou a soma de 340 mil-réis, que quitou com um negrinho no valor de 300 mil--réis, mais 40 mil-réis em dinheiro [o que mostra que havia casos de escravos que possuíam seus próprios escravos]. Depois disso, ganhava a vida vendendo tecidos. Foi preso, mesmo que nada de suspeito tenha sido encontrado em sua casa, contra a vontade do inspetor do bairro, mas os guardas que o acompanhavam insistiram em prendê-lo porque era preto, dizendo que, como era preto, deveriam levá-lo à prisão. Ele não sabia nada da revolta, era amigo dos brancos e submisso, tinha relações somente com os brancos, e era devedor em três lojas onde comprava tecidos, uma das quais de José Pinto, na Cidade Baixa, que tinha confiança nele, porque havia sempre mostrado verdade, sinceridade e rapidez em seus pagamentos.

Os ladrões ciganos vinham algumas vezes perturbar as pessoas pobres em seu gozo pacífico. Um deles, assim espoliado, tomava em um anúncio o público e o subdelegado de polícia para testemunhar seu infortúnio:

(*CM*, 11/04/1846): Senhor redactor. Acho-me muito zangado! Pois há de um homem trabalhar, comprar um escravo para o servir, nesta terra onde não há criados e, no fim de contas, adeos escravo e acaba-me tudo: hoje que cada um custa 600 e 700 e mais mil reis! E não apparece uma só providencia e os roubos continuam da mesma maneira, embora este mesmo jornal já nisso se tivesse fallado! Sendo um dos pacientes não posso deixar de rabiscar estas linhas para pedir ao Snr. subdelegado de S. Antonio para acabar com essa quadrilha de ciganos que lá se acha postada e de emboscada, apanhando os negrinhos dos pobres; quando fossem somente ricos, eu iria bem, porém, pobre como sou, e tendo-me cahido o raio em casa, não tenho remédio senão por caridade christã pedir ao Snr. Dr. subdelegado, que sendo médico, ha de os conhecer pela phisionomia, porque deve ser phisiológico, de varrer dahi para bem longe essa gente diabólica. Espero pois do Snr. Dr. tão christão, como deve ser, de compadecer-se da gente neste tempo de penitencia em que se deve obter tudo quanto se pedir, e mesmo porque deve acreditar-se na sua vida de magistrado de polícia para ir ganhando opinião e postos. Tenho também a rogar ao Snr. subdelegado de Brotas e da freguesia onde está situado o caminho da fonte das Pedras, por onde passão os da quadrilha com os fardos roubados, que não consintão que por ahi marchem escravos acompanhados por bohemios, porque são furtados, e creiam ss.mm. que lhes hão de ir também por casa, e que a autoridade de que estão revestidos não prohibirá de soffrerem também. Em que sou um

Paciente.

Pode parecer estranho que a caridade cristã seja invocada na época para salvaguardar o direito das pessoas de possuir seus escravos pacificamente, como bons pais de família.

Esse mesmo apelo aos sentimentos de decência familiar manifesta-se em anúncios em que os escravos constituem um capital destinado a alimentar inocentes crianças.

(*JB*, 04/05/1854): Bastos e Irmãos previnem ao público [...] que os dous escravos, Domingos e Francisco, nagôs, lhes estão hypotecados, cujos escravos se acham em poder de Firmino José Ferreira Rodrigues, para do que ganham serem alimentados seus tres afilhados, filhos de Firmino Ferreira Rodrigues e D. Luizia de Brito, os innocentes Julio, Domingo e Maria Adelia.

E também, sem o mesmo enternecimento, procurava-se valorizar o mais possível os interesses do proprietário de não menos inocentes criaturas.

(JB, 24/02/1857): Vende-se um moleque de 6 a 7 annos, crioulo; tractar na ladeira de São Miguel n° 9.

(*JB*, 09/04/1858): No Gravatá, andar n° 44, há a venda um par de negrinhos muito bonitos e sem defeitos, a femea tendo 10 annos e o macho 9; quem quizer [comprar] deve endereçar-se ali e encontrará com quem tractar.

Esses jovens escravos, um pouco abandonados algumas vezes, não perdiam entretanto sua vitalidade; gostavam de andar pelas ruas e viver as distrações barulhentas das crianças daquela idade, o que nem sempre lhes valia a aprovação dos guardiões da ordem pública:

(*DB*, 20/07/1865): Por ordem do Sr. Dr. chefe de polícia da província, foram hontem apprehendidos na freguezia da Sé nove moleques escravos, que fazia algazarras pelas ruas, os quaes tiverão de ser entregues a seos senhores, com recomendação de os punir correccionalmente.

Esses tipos de bens eram perccíveis. Era preciso assegurar-se contra a possível morte dos escravos e tratá-los quando adoecessem.

(*JB*, 12/01/1855): Companhia Previdência. Seguro contra a mortalidade de escravos. Escriptório a rua da Alfandega n° 37, 2° andar.

(*JB*, 11/04/1855): O Dr. Antonio José Alves recebe para tractar em sua casa à rua do Paço no 47, escravos affectados de moléstias de olhos e moléstias cirúrgicas, mediante a quantia de 1000 a 2000 réis diários, conforme a importância do tractamento.

(*JB*, 26/07/1861): Casa de Saúde da Barra, do Dr. Adriano Alves de Lima Gordilho. Preço Diário:
doentes escravos, 1500 a 2000 réis;
doentes livres, 4000 a 5000 réis;
doentes graves, 10 000 réis.

Esta casa, além dos banhos salgados, tem os frios de choque, os de bareges e os de vapor, o que a torna útil ao rheumatismo, à paralysia, às moléstias syphilíticas, escrophulosas, escobúrticas, nervosas etc.

O transporte dos doentes será feito à expensa da mesma casa. Consultas e operações grátis aos pobres.

Como havia muitos escravos, os comerciantes tinham interesse em vender artigos para seu uso, fossem tecidos sem viço ou importados especialmente para seu consumo.

(*DB*, 28/08/1865): Grande Pechincha para os escravos:

Zuarte liso muito bom à 5$500 a peça ou 289 réis o côvado com algum pequeno defeito, vende a loja da rua Grades de Ferro nº 71.

Mais Fazenda para escravos!!! Brins muito encorpados para 280, 320, 360 e 400 réis o côvado.

Chitas! Chitas! Existe uma grande porção por preços baratíssimos, tendo algumas com pequenas pintas de mofo...

(*JB*, 19/09/1861): Saias de chita feitas para escravas, encontram-se na loja bem conhecida de venda barato, que tem a estátua da fama em cima da porta.

Algumas vezes os escravos se suicidavam, ou então não resistiam aos tratamentos infligidos.

(*CM*, 08/04/1846): Terrível e horroroso acontecimento teve lugar hontem em a rua do Corpo Santo! Uma escrava lançou-se de uma janella abaixo, e chegando à rua partio o cranio de forma que expirou imediatamente. Ignoramos as razões porque essa infeliz se quiz suicidar tão desgraçadamente, e lastimamos que em nossa capital appareção de quando em quando factos trágicos, que se não compadecem com o grao de civilisação à que temos chegado.

(*CM*, 25/04/1846): Em 20 de abril, ao meio dia, foi encontrado em a cozinha do cidadão Manoel Martins Vianna, o seo escravo José, enforcado com uma corda que, segundo as indagações feitas, elle mesmo amarrara à comieira, tendo tido a precaução de feichar a janela para não ser visto.

572

(*JB*, 12/02/1859): Corpo de delicto. Hontem à tarde fez-se corpo de delicto no cadáver de uma preta fallecida em uma casa da rua Rosário, de João Pereira, por se suppor que ella houvera succumbido a castigo excessivo e brutal.

Von Spix e Von Martius relatam o seguinte:[14]

Nas cidades, eles devem trazer todos os dias uma certa quantia [240 réis] de seus ganhos para seus senhores. Isso porque são considerados como sendo um capital de ação e os senhores não os poupam, desejando, no mais curto espaço de tempo possível, recuperar o capital adiantado com seus respectivos juros. É triste dizer que aqueles escravos, uma vez envelhecidos e incapazes de trabalhar, são liberados e assim deixados ao abandono.

Essa indicação é confirmada pelo pequeno artigo que segue:

(*JB*, 04/04/1857): Communicam-nos que fora visto hontem um preto a expirar em uma das portas da Igreja da Piedade, sem o menor socorro de qualidade alguma! Custa a crer! Acrescenta-se que esse preto tinha sido libertado pelo senhor, dous dias antes, por lhe ser inútil em virtude de seu estado de saúde! Será possível?

Nem todos os senhores eram tão desumanos. Assim, em outros anúncios, sentimos através da redação o apreço que o senhor tinha por seu escravo e a preocupação em que o deixava seu desaparecimento, fundada não pela perda de capital, mas motivada por um sincero sentimento de estima.[15]

(*JB*, 19/04/1859): Desaparecimento de escravo.
No dia 18 de janeiro do corrente desappareceo da Estrada Pública, nas inmediações das terras do engenho Querente com as da fazenda denominada Quitanda, proprietário o coronel Joaquim Ignacio Bulcão, o escravo de nome Liberato, nação nagô, ainda moço, alto, magro, barba em todo comprimento da cara, pés grandes, feios e ossudos, official de carpina, cujo escravo, tendo de ir para o engenho de Agoa Comprida por constar achar-se adoentado, o feitor do engenho mandou levar-lhe um burro que, encontrando-o naquelle lugar da referida estrada endireitando-se para montar, o burro espantou-se, fugio e, seguindo os dous moleques, um que levou-lhe o burro e outro que vinha com elle, depois que pegaram no ani-

mal não mais acharão o referido escravo Liberato no logar em que o haviam deixado, nem mais souberam delle. Também consta que andava um pouco maníaco de preocupado, de modo que, si está vivo, só assim o poder-se-hia ausentar, uma vez que era comportado e da confiança de seu Senhor, o coronel João de Taive e Argollo, que gratifica generosamente quem lhe der uma notícia certa, além do que roga as dignas autoridades desse districto de Passé, proprietários, lavradores, roceiros, viajantes, caçadores, a attenção maior que lhes for possível para bem de uma notícia certa.

CONDIÇÕES DE VIDA DOS ESCRAVOS NA CIDADE E NO CAMPO

As opiniões que julgavam se as condições de vida do escravo eram melhores na cidade ou no campo eram divididas.

O cônsul britânico Lindeman, servindo na Bahia entre 1811 e 1815, escrevia que os portugueses não tratavam muito bem seus escravos: sua alimentação consistia em farinha de mandioca, carne-seca, peixe salgado, bananas, jacas, mas raramente tinham carne fresca. Em sua opinião, os escravos das cidades eram mais bem tratados do que os das plantações.[16]

Para Von Spix e Von Martius: "Os trabalhos nos engenhos de açúcar e nas plantações são dos mais fatigantes, mas duram menos tempo. A mais, o escravo no campo goza de uma certa liberdade e vive tranquilamente com sua família, habitando ordinariamente sua própria senzala. Nas cidades eles estão em uma situação muito mais triste".[17]

De acordo com Maria Graham:[18]

As plantações de cana e os engenhos de açúcar têm uma pequena comunidade de escravos em volta, e em suas senzalas eles podem experimentar alguma coisa que parece com a liberdade, nos laços e benefícios da família que não estão proibidos de formar. [...] Entrei em algumas daquelas senzalas, e as encontrei mais limpas e mais confortáveis do que esperava. Cada uma delas comportava quatro ou cinco quartos, e em cada quarto vivia uma família. Aqueles escravos, que viviam fora da casa dos senhores, pertenciam aos grandes engenhos de açúcar. Estavam, em geral, em melhores condições de vida que os escravos cujos senhores ocupavam posição que mais se aproximava àquela dos escravos.

George Gardner, por sua vez, escrevia em 1842:[19]

Na maioria das plantações, os escravos são bem tratados e parecem muito felizes. Conversei com muitos deles, em todos os lugares do país, e ouvi somente alguns exprimirem o desgosto de terem sido arrancados de seu país ou o desejo de para lá retornarem.

Em algumas das grandes fazendas onde residi por curtos períodos, o número de escravos chegava às vezes a trezentos ou quatrocentos, e se eu não tivesse prévio conhecimento de qual era sua condição, nunca teria descoberto, por simples observação, que eram todos escravos. Vi grupos de trabalhadores contentes e bem-dispostos que saíam de suas pequenas senzalas, algumas vezes rodeadas de hortas, a caminho de seu trabalho diário, do qual retornavam à tarde, nada esgotados pelo peso de sua tarefa.

Pode ser que a condição de escravo doméstico seja ainda melhor que a dos outros. São mais bem alimentados, mais bem vestidos, e com um trabalho mais leve.

Gilberto Freyre é dessa opinião, quando escreve:[20]

O escravo de casa-grande ou sobrado grande, de todos os elementos da sociedade patriarcal brasileira, o mais bem nutrido. Nutrido com feijão e toucinho; com milho ou angu; com pirão de mandioca; com inhame; com arroz — dado pelo geógrafo alemão A. W. Sellin como, em algumas regiões brasileiras, "alimento fundamental" "para os escravos" e não apenas para os senhores.

Também o quiabo, o dendê, a taioba e outras "folhas", outros verdes ou "matos" de fácil e barato cultivo, e desprezados pelos senhores, entravam na alimentação do escravo típico. São "matos" cuja introdução na cozinha brasileira — em geral indiferente ou hostil à verdura — se deve ao africano: como quituteiro ou cozinheiro, contribuiu ele — principalmente através da chamada "cozinha baiana" — para o enriquecimento da alimentação brasileira no sentido do maior uso de óleos, de vegetais, de "folhas verdes". E até — com os Malês — de leite e de mel de abelha. Escravo, o africano foi, de modo geral, elemento mais bem nutrido que o negro ou o mestiço livre e que o branco pobre de mucambo ou palhoça do interior ou das cidades, cuja alimentação teve de limitar-se, de ordinário, ao charque ou ao bacalhau com a farinha. Mais bem nutrido que o próprio senhor de engenho ou o fazendeiro ou o dono de minas quando meão ou médio nos seus recursos — e os fazendeiros ou senhores de engenho desse tipo foram, entre nós, a maioria — de alimentação também caracterizada pelo uso excessivo do charque e de bacalhau mandados vir das cidades.

[...]

De modo geral, o escravo das áreas ortodoxamente patriarcais — as caracterizadas pelo maior domínio de família tutelar — tiveram um tratamento, um regime de alimentação, um gênero de vida superiores aos dos escravos em área já industriais ou comerciais, embora ainda de escravidão, caracterizadas pela tendência à impersonalização ou despersonalização das relações de senhor com escravo, reduzido à condição impessoal de máquina e não apenas de animal.

[...]

O surto do café representou no Brasil[21] a transição da economia patriarcal para a industrial, com o escravo menos pessoa da família do que simples operário ou "machina de fazer dinheiro".

[...]

Havia escravos[22] que fugiam de engenhos de senhores pobres ou sovinas para os senhores mais abonados, moradores de casas-grandes assobradadas e homens quase sempre mais liberais nas suas relações com os escravos e nas suas exigências de trabalho que os menos opulentos.

Os escravos fugiam algumas vezes das casas de seus senhores na cidade para voltar para seus antigos senhores no campo, seja porque não se acostumavam à nova vida que iriam ter, seja por fidelidade ao ex-senhor, ou ainda pela lembrança da vida mais folgada nos campos, onde podiam dispor muitas vezes de um pequeno terreno para cultivarem sua horta após terem terminado o trabalho para seus patrões.

É possível que tenha sido esse o caso de Manoel Ozório, cuja fuga provocou o seguinte anúncio:

(*JB*, 09/01/1854): Fugio da casa do abaixo assignado, em 1º do corrente, um de seus escravos, chamado Manoel Ozório, nação Nagô, com algumas marcas no rosto, com idade de 30 a 40 annos, magro e de altura normal; tem um defeito nos dois últimos dedos da mão direita, não os pode fechar. Estava vestido com um calção longo e com uma camisa de algodão de fábrica de Valença, tinha o costume de alugar seus serviços como carregador, transportando fardos num cesto, e usava um chapeo de palha de 20 reis que tinha sempre na cabeça, e enfiava as fraldas de sua camisa dentro do calção; era escravo de plantação, vindo do exterior recentemente; quem o reconduzir ao seu senhor, na rua S. Francisco de Paula nº 24, do lado do mar, será bem gratificado. José Maria de Souza Castro.

Um pouco mais tarde, em 24 de março de 1854, o mesmo anunciante fazia saber que:

Fugio no 1º de dezembro do anno p.p. um preto da nação nagô de nome Manoel Ozório. [...] Foi do engenho do Snr. Sancho Bittencourt denominado Pau da Longa, lá foi pegado no mesmo engenho por ordem do Snr. Sancho e remettido a esta cidade ao Snr. Silva Lima, o qual este snr. diz que o mandou solto para casa de seu snr. Como até esta data não tenha apparecido, julga-se está de novo fugido. A pessoa que delle souber e o levar à casa de seu snr., à rua S. Francisco de Paula no 24, será bem recompensado. O anunciante protesta criminalmente contra quem o tiver ocultado.

Algumas vezes, ao contrário, os escravos fugiam dos engenhos para a cidade, como no caso dos dois anúncios seguintes, um deles redigido por um doutor em estilo um tanto militar, e o outro por um tenente-coronel (título, aliás, associado a um status social), em linguagem de médico do campo:

(*JB*, 18/05/1855): No dia 10 do corrente maio fugio da fazenda da Penha, na ilha de Itaparica, pertencente ao Dr. Bento José Fernandez d'Almeida, um seo escravo por nome Antonio, conhecido por Antonio Vapor, nação Nagô, alto, magro, maior de 50 annos, fala um pouco atrapalhado, porém entende-se bem: a roupa do serviço é calça de algodão da fábrica e camisa de baeta azul: fora d'isso, tem calça comprida branca e jaqueta de chita. Foi visto no dia 12 na Fonte das Pedras, e desconfia-se que se encaminhasse para Brotas ou Cabulla. Quem o prender e trouxer n'esta cidade a Antonio de Souza Galvão ou em Itaparica a seu snr. será bem recompensado.

(*JB*, 27/04/1857): No dia 26 de março próximo passado desappareceu da fazenda Copimba o escravo pardo de nome Basílio, pertencente ao tenente-coronel Francisco José da Silva. Figura ter de idade 25 annos pouco mais ou menos, tem uma cicatriz sobre uma sobrancelha que faz o olho respectivo figurar mais pequeno e uma outra no braço direito abaixo da mão e mais juncto da juncta que lhe chamão cotovello, que foi com um carbúnculo. Levou, além da roupa de serviço, uma camisa de baeta vermelha e um paletot preto de merino já velho e chapéo de palha fabricado na Bahia pelos pretos. Tem estatura regular e bem robusto. Quem o prender e levar a seu senhor na villa Matta de S. João receberá ao entregar 40 000 reis ou o que a difficuldade da prisão exigir, e nesta cidade no escriptório do Sr. José Pinto Novaes.[23]

ESCRAVOS DE CASA, ESCRAVOS DE RUA

Gilberto Freyre chama a atenção sobre "a diferenciação profunda que se estabelecia entre escravo de casa — ou de sobrado — e escravo de rua. [...] Dois tipos nitidamente diferenciados de escravos: o que se conservava no serviço das casas, 'de portas a dentro', e o que se destinava à rua, aos serviços de rua, a 'vender na rua'. Aquele em contato com os brancos dos sobrados como se fosse pessoa família. O outro, menos pessoa de casa que indivíduo exposto aos contatos degradantes da rua".[24]

Essa rua que, ao contrário, de acordo com Roger Bastide, "é sobretudo o domínio do populacho. Os brancos não fazem mais do que por ali passar; os escravos ali se demoram, ali se encontram: é lugar de suas conversas, o instrumento de sua solidariedade. Pela rua eles escapam à dominação do *pater familias*, à integração na família patriarcal, para recriar uma agregação étnica e de classe social".[25]

A diferença entre esses dois tipos de escravos, diz Gilberto Freyre, aparece nos anúncios de venda:[26]

Nos anúncios de escravos de jornais brasileiros do século XIX, percebe-se a valorização dos escravos de tipo físico e de características culturais mais semelhantes aos da população culturalmente dominante. Pelo menos quando eram escravos destinados ao serviço doméstico: a pajens e mucamas, sobretudo. É evidente que, tratando-se de escravos destinados ao serviço agrário ou ao agropastoril, os preferidos eram os que representassem principalmente força ou vigor para o trabalho físico, independentemente de seus traços físicos ou de seus característicos culturais se assemelharem aos da população culturalmente dominante. Tais virtudes são por vezes acentuadas nos anúncios de escravos à venda: acentuadas ou mesmo exageradas.

Em apoio ao que diz Gilberto Freyre, eis alguns anúncios extraídos de jornais da Bahia, no mesmo espírito daqueles que ele publicou em seu livro:

(*JB*, 11/01/1854): Vende-se uma escrava moça, nação Nagô, sem vícios, sabendo lavar e cosinhar. Quem a pretender dirija-se ao armazém do Snr. Antonio Francisco de Oliveira, rua Nova do Comércio.

(*JB*, 25/02/1854): Quem precisar comprar dous pretos e uma preta, nagôs, ainda moços, bem acostumados ao serviço de casa, de estrebaria e tracto dos cavallos e das vaccas. Todas tres cosinham o ordinário de uma casa, e servem bem de copeiros; lavam e engomam bem, os pretos, roupas de homem, e a preta, roupa de senhora, sabendo ella fiar e coser lizo. Os pretos são boa parelha de cadeira, e um delles não pode ser melhor carregador; ambos acostumados às viagens do Sertão, e practicos de arrumar a carga. Quem precisar, dirija-se ao grande armazém, à Praça de S. João, do Snr. Manoel Teixeira de Carvalho ou antiga viúva Neto e Carvalho.

Lá também pode-se informar quem precisa de alugar duas pretas e um preto para serviço de casa e estrebaria, tendo jeito uma das pretas para engomar e outra para vender leite e algumas hortaliças, e todas tres tendo mais vontade para trabalho do que para preguiça.

(*JB*, 11/02/1854): No Restaurant Français, à venda uma negra nagô, muito moça e sadia sabendo cozinhar perfeitamente, lava e passa uma coisa, não tem vício e o motivo da venda não desagradará ao comprador. Praça San João.

Esses motivos para venda de escravos domésticos não deixavam de ter importância para os senhores, que estavam destinados a viver em contato permanente com eles.

Nesse sentido, havia anúncios que não escondiam a personalidade às vezes difícil e desconfiada de alguns africanos.

(*CM*, 01/05/1846): O cirurgião-mor Sebrão, morador na rua Pão de Ló nº 59, vende um de seus pretos, carregador de cadeira, simplesmente por não o querer servir: não duvidará vender ambos os carregadores.

(*JB*, 22/03/1854): Vende-se uma negra nagô, moça e sadia. Cozinha o diário, lava e faz todo o serviço interno e externo de uma casa; acha-se recolhida ao Aljube por não querer servir à Sra. Quem a pretender dirija-se defronte do mirante da Soledade nº 49, para tractar.

(*JB*, 22/03/1854): A quem faltar uma preta da nação nagô, que não quer dizer o nome de seu senhor, procure no armazém de Manoel Ignácio de Mello, Santa Bárbara no 79 F que, dando os sinaes certos e pagando a despeza d'este annúncio e as mais que occorerem, lhe será entregue.

(*JB*, 10/01/1857): Na rua Direita do Commercio, nº 44, compra-se duas escravas moças e de boas figuras; uma que saiba lavar e passar e outra para o serviço de portas a dentro, que saiba cozer, engomar e vestir uma senhora: agradando não se olha preço.

(*JB*, 09/02/1858): Quem quizer comprar uma escrava da nação nagô, sabendo fazer todo o serviço necessário para casa, lava, engoma, cosinha e sabe fazer todas as qualidades de doces, dirija-se à rua S. Raymundo, do lado esquerdo, juncto à porteira do convento, que achará com quem tractar.

(*JB*, 14/02/1855): Vende-se uma escrava de nação nagô, moça e bonita figura, lava, engoma, cosinha e faz doces. Tracta-se no escriptório de Joaquim Pereira Marinho e Co.

(*JB*, 17/02/1855): José Joaquim de Magalhães vende uma escrava nagô perfeita lavadeira, sem vício ou defeito.

(*JB*, 28/03/1854): Vende-se um preto nagô, carregador de cadeiras: moço, bonita figura e sem vícios: quem o quizer comprar, dirija-se à meza de rendas provinciaes, que achará com quem tractar.

(*JB*, 06/06/1859): No entreposto Barnabé, dirão quem vende um belo preto nagô, jovem, portador de cadeira, chamado Fortuna, que se encontra na prisão do Aljube.

(*JB*, 21/09/1859): Joaquim Pereira Franco, morador no sobrado denominado Sete Candieiros, vende um escravo de óptima figura e moço.

(*JB*, 14/08/1861): Vende-se um escravo pardo de bella figura, idade de 16 annos, official de alfaiate, copeiro e bom lacaio, sabendo muito bem sellar e lidar com animaes, sem defeito nem vícios, cuja conducta se garante; igualmente se vendem tres excellentes pardinhas, óptimas para mucamas, por terem sido criadas no rigor da moral, com zelo e recato, e só serão vendidas para casa de família, sendo uma de 16 annos, outra de 15 e outra de 11. Vendem-se mais dois pardinhos muito lindos para criados, sendo um de 13 annos e outro de 9, e todos estes escravos são irmãos. Recebe-se em pagamento acções do Banco do Brasil, ou alguma propriedade que agrade dentro desta cidade. Para tractar-se, no escriptório de Fortunato Zagury, às Grades de Ferro nº 65.

(*JB*, 12/09/1861): Aluga-se uma escrava que cosinha, lava e engoma bem, por 16000 reis mensais; tem-se um negro africano robusto para todos os serviços, por 4000 reis diários, voltando em casa para dormir, na rua Direita da Misericórdia nº 4, 2º andar.

PROFISSÕES EXERCIDAS PELOS ESCRAVOS

Os seguintes anúncios nos mostram quais profissões exerciam os escravos. (Mais adiante, falaremos daqueles que alugavam seus serviços ou vendiam na rua a fim de ganhar dinheiro para seus senhores.) Os escravos eram empregados nos trabalhos agrícolas, que executavam até uma idade avançada:

(*CM*, 17/04/1846): Monteiro & Cia, tendo seus escriptórios em cima do Trapiche Grande, lº andar, vende a bom preço seis escravos para os trabalhos do campo, com idades de 60 a 70 annos.

Eles eram artesãos e trabalhadores de diversos ramos profissionais:

(*CM*, 17/04/1846): Compram-se escravos com offício, carpinteiros de preferência, paga-se bem se conhecem bem seu trabalho; endereçar-se aos escriptórios de Joaquim Pereira Marinho, na rua Direita do Commercio, nº 42 M.

(*CM*, 16/09/1846): Gratificação de 100 000 reis. No dia 17 de Junho do corrente, fugio a Domingos Joaquim Alves um escravo de nome Francisco, de 18 a 20 annos de idade, nação Nagô, e com os signaes seguintes: altura regular, um tanto fulo, tres signaes curtos e largos ao alto da cara de cada lado do rosto, um dito pequeno ao pé de cada olho, alguns riscos pelo corpo e sem barba. Levou vestido calça e camisa de algodão branco, transado novo, sendo a camisa de mangas curtas, alguma cousa sujas de pó de ferreiro, bonet de lã pintado de branco, azul e encarnado. Foi visto pelos lados de Bonfim. Quem o levar à tenda do ferreiro de fronte da igreja do Corpo Santo, receberá o prêmio acima.

(*CM*, 29/09/1846): Joaquim Pereira Marinho compra, e não duvida pagar bem, uma preta que seja prendada e sem vícios, bem como dois escravos, officiaes perfeitos de carapina e pedreiro.

Eles trabalhavam a bordo de navios, o que lhes dava inúmeras ocasiões para fugir:

(*CM*, 16/09/1846): 30 000 reis de gratificações. Domingo, 6 do corrente mez, desapareceo um escravo de nome Bruno, nação Nagô, idade de pouco mais de 26 annos, baixo, cheio do corpo e bem retinto, remador de saveiro, o qual tem sido visto em diferentes lugares desta cidade; por isso, quem delle der notícias certas, ou o traga à rua das Louças nº 38, loja Ferraz Correia, a quem pertence, receberá a gratificação acima dita.

O próprio governo percebia vantagens em utilizar mão de obra servil e fazer com que os escravos aprendessem profissões vantajosas para as finanças reais. Em 18 de dezembro de 1800, era enviado um ofício de Lisboa para Francisco da Cunha Menezes, governador da Bahia,[27] ordenando-lhe que

> V. S. examine se nos arsenais de Marinha desta cidade [da Bahia] se poderião crear e formar Aprendiz de Negros Escravos, que se comprassem por Conta da Real Fazenda, os quaes viessem a ser bons Carpinteiros de Machado e bons Calafates, para serem, depois de ensinados e feitos hábeis officiaes, empregados em todos os Arsenaes e estaleiros públicos nas Construções das Embarcações de Guerra, e até mesmo nos Navios Mercantes, à preço mais commodo e com grande vantagem da Real Fazenda.

De volta aos anúncios de jornais:

> (*JB*, 20/05/1858): Escravo fugido. Desappareceo à bordo do brigue "Castro", no dia 15 do corrente, o escravo marinheiro Cassiano, mina, alto e cheio do corpo; tem lábios grossos e dentes bastante alvos, falla bem, já acostumado a fugir e nunca sahe para fora da cidade, costuma offerecer-se as casas de arrecadação para trabalhar. Quem o descobrir e o levar ao escriptório do consignatário Francisco Godinho será recompensado.

> (*JB*, 02/05/1859): Marinheiro à venda. Vende-se um preto nagô, moço e perfeito marinheiro do Recôncavo. Quem pretender, dirija-se a Francisco Ribeiro Moreira, no escriptório de A. F.

> (*JB*, 12/05/1857): Fugio dia 7 do corrente mez, da casa de José Pinto Novaes, um escravo, Manoel, do serviço de alvarengas [barcos], de nação Angola [...]. Quem o trouxer ao seu escriptório na rua Julião nº 4 [...].

Outros tinham atividades relacionadas ao tabaco, que desempenhara tão importante papel nas relações com a costa da África.

> (*JB*, 03/09/1859): Vende-se um escravo, excelente figura, official de charuteiro; para tractar, no escriptório de Joaquim Pereira Marinho.

Outros escravos eram sapateiros.

Os anúncios de fuga de escravos não tinham sempre como fim principal encontrar o bem desaparecido; serviam também para "lavar roupa suja em público", o que parece ser bem o caso dos dois anúncios seguintes, publicados com dois dias de intervalo:

(*CM*, 04/07/1846): Fugio a Joaquim Cardozo Marques, antes das 8 horas da noite do dia 1º do corrente julho, seo escravo, o pardo Braz, official de sapateiro, com idade de 17 annos, estatura e corpo regular, alto, sobrancelas feixadas, cara cumprida, olhos vivos affectando a vesgo, e anda descalço; levou vestido camiza e jaqueta branca, e calça escura de quadro ja uzada; quem o levar à casa do seo senhor, à rua dos Capitães, sera bem recompensado, o qual protesta pelos dias de serviço, e acções crimes e civis contra quem o seduzio, e o tem occulto.

(*CM*, 06/07/1846): Faz sciente ao público Joaquim Cardozo Marques que, depois do seo annuncio de 4 do corrente mez sobre a fugida de seo escravo, o pardo Braz, desaparecido no dia 1º do dito mez sem motivo algum, foi, na manhã do dia de hontem, 5 do corrente, declarado em casa de pessoas fidedignas de inteiro conceito, por Domingos Cardoso Marques, que desde as ditas horas da fuga elle tinha o dito escravo em protecção quando não devia apoiar clandestinamento um escravo fugido contra o direito de propriedade, ou aconselhar-se que lhe ficava mais airozo à entrega do mesmo escravo ao seo senhor, pedindo lhe o disfarce do facto pueril que praticara.

ESCRAVOS VENDENDO NAS RUAS

A maior parte dos escravos que fugiam era constituída por aqueles que viviam da venda nas ruas por conta de seus senhores.

As principais atividades desses vendedores e vendedoras ambulantes, indicadas pelos anúncios, eram as seguintes:

(*CM*, 16/09/1846): Desappareceo a Manoel da Costa Lima, no dia 3 do corrente, uma negra nagô por nome Carolina, que andava vendendo agoa em um barril: de boa figura, cheia de corpo e fula, com os signaes de sua terra muito miúdos, sendo três de cada lado; levou vestida saia de chita, camiza azul. Quem della der notícia no armazém de Santos Moreira e Irmão será bem recompensado.

(*JB*, 13/01/1854): Desappareceo em 11 do corrente de Joaquim Ignácio Ribeiro dos Santos uma sua preta nagô de nome Adriana, com os signaes seguintes: alta do corpo e com duas cicatrizes no rosto; foi vista pelas 5 horas da tarde [no mercado] em Santa Bárbara com taboleiro de fructas de sua roça; e não havendo motivo para deixar de procurar a casa de seo senhor, julga-se que estará abafada; sendo assim, o annunciante procederá rigorosamente contra quem a tiver.

(*JB*, 18/01/1854): Quinta-feira, 12 do corrente, sahio com venda de roça, um taboleiro grande, o preto José, nagô ou fulani de estatura, e figura como carregador de cadeira fulo com signaes miúdos na cara de sua nação, a perna direita enchada com signaes de ventosa, e consta andar pela Victoria, largo do Cabeça; leva calça de riscado miúdo e camisa de algodão por cima das calças; pedindo à polícia a apprehensão do dicto, a quem o pegar, que remunerará. O mesmo tem para alugar, um escravo bom copeiro, para limpeza da casa e fiel. Ass.: Domingos Francisco Ribeiro.

(*JB*, 10/02/1854): Fugio no dia 4 do corrente ao abaixo assignado, uma negra de nome Felisberta, de nação nagô, altura regular, cheia do corpo e fula, com falta de dois ou três dentes no queixo de cima, pés e pernas grossas; levou saia de chita cor de café com chuvesquinhos brancos, pano inglez de riscas azues e brancos, camiza branca; occupava-se em vender pão com bolos de milho. Quem della der notícia certa ou a levar à casa n° 28 a rua da Preguiça, receberá 10 000 reis de gratificação. O annunciante protesta contra quem a occultar, pelos dias de serviço e pelo que ella levou. Ass.: José Francisco Mendes Chamusca.

(*DB*, 14/10/1865): Escravo fugido. Constatando o abaixo assignado que o seo escravo Lourenço, cabra claro, moço, sem barba, corpo cheio, estatura baixa, official de carpina e fugido há tempos, acha-se munido de uma carta em que se lhe concede licença para trabalhar onde quizer e dormir fora de caza, declara que tal carta não lhe foi dada por seo senhor, e que nenhum valor e importancia deve merecer — pois que também esse não autorisou a pessoa alguma para fazer tal concessão.

É certo que actualmente estava trabalhando e dormindo em uma cazinha junto ao recolhimento de S. Raymundo. O abaixo assignado protesta pelos serviços contra quem o tiver occultado e recompensa generosamente a quem o trouxer à Casa de Correção. Dr. Cícero Emiliano de Alcamin.

(*JB*, 17/03/1857): Na padaria da ladeira do Brocó precisa-se de um preto para vender pão: paga-se 15 000 reis mensalmente e se dá sustento.

(*JB*, 17/03/1857): O estabelecimento de carros da Victoria precisa contractar alguns bulieiros forros ou captivos; para tractar-se, no mesmo estabelecimento, a qualquer hora.

(*JB*, 04/03/1854): Desappareceo no dia 1º do corrente sahindo a vender inhame cozido em uma lata de folha de Flandres, uma preta da nação nagô, de nome Lena; baixa, corpo regular, fula com furo na venta esquerda; os signaes são pouco visíveis em razão de muitas marcas de bexiga; levou vestida saia de chita de pano branco, camisa de algodão e pano de zuarto, todo usado. Quem della souber e levá-la à casa de seo senhor, defronte do mirante da Soledade, nº 49, será bem recompensado. O annunciante protesta criminalmente contra quem a tiver occultado.

(*JB*, 08/05/1855): Fugio no dia 5 do corrente ao abaixo assignado, uma sua escrava de nome Maria, nação Nagô, que andava pelas ruas d'esta cidade a vender obras de folha de Flandres em um taboleiro; levou vestida saia de zuarte azul, camisa de brim, pano da Costa inglez já velho com listas vermelhas e azues. Quem a levar à casa do mesmo abaixo assignado, à rua da Piedade, será recompensado. Ildefonso Ferreira de Araújo.

(*JB*, 22/06/1858): Desappareceo do abaixo assignado um seo escravo da nação Nagô, por nome Antonio, fulo, baixo, com braço esquerdo amputado, anda pelas bandas de Pirajá, em um lugar chamado Cajazeira, costuma fazer covas [fornos] de carvão e também andava vendendo pela cidade; quem o trouxer a seo senhor será recompensado. Ass.: Joaquim Francisco Neves.

ESCRAVOS DE *GANHO*

Os carregadores de palanquim de aluguel e os negros de *ganho* — trabalhadores que se reuniam nos *cantos*, ou seja, em esquinas de ruas ou estações em que a clientela sabia poder requerer seus serviços — estão geralmente ausentes dos anúncios de negros fugidos e procurados por seus patrões. Essas duas categorias de trabalhadores eram frequentemente de alforriados ou prestes a sê-lo, graças à organização de *juntas*, de que trataremos mais tarde.

Os escravos de ganho, os carregadores, não levavam uma vida tão penosa quanto poderíamos imaginar, e em geral gozavam de grande "liberdade".

O governador conde da Ponte escrevia em 16 de junho de 1807 para Lisboa, explicando:[28]

> Quando tive a honra de tomar posse deste importante governo da Bahia, em 14 de dezembro de 1805, os escravos desta cidade não tinham nenhuma obrigação imposta por ordem ou medida do governo. Reuniam-se onde e quando o queriam; dançavam, tocavam ensurdecedores batuques em toda a cidade e a qualquer hora; nas festas campestres, sozinhos, tornavam-se donos da situação, interrompendo toda outra função ou canto; detestavam seus senhores, que os oprimiam e chegavam mesmo a ameaçá-los de morte; reuniam-se em casebres onde dissimulavam jovens escravas, que usavam de maneira impune. A escravidão consistia geralmente em empregar seus serviços durante o dia; à noite, tinham plena liberdade. Retribuindo aos seus senhores com oito e até doze vinténs, procurando livremente os meios para ganhá-los e aqueles para os quais os senhores empregavam no serviço diurno, eles gozavam à noite de plena liberdade para os divertimentos e reuniões de que gostavam.

O cônsul britânico na Bahia, James Wetherell,[29] deixou uma descrição muito viva dos negros, e os descreve como sendo

> uma bela raça de homem de forma atlética. Quando trabalham, estão nus tanto quanto possível: sua roupa é feita com calção insuficiente e grosseiro. Carregam as coisas mais miúdas em cima da cabeça, enquanto os objetos mais volumosos, como os tonéis de vinho, são suspensos em varas que carregam nos ombros. Vi

imensos blocos de madeira sendo transportados por mais de trinta negros, e o conjunto parecia ser como uma imensa centopeia.

Enquanto transportavam aquelas pesadas cargas através das ruas, cantavam uma sorte de coros, maneira muito útil de prevenir as pessoas para que saíssem de seu caminho, pois o ruído dos passos não é ouvido naquele barulho circundante. Esses coros começam geralmente com uma observação cantada por um dos negros sobre uma coisa qualquer que ele vê, que pode ser mais ou menos ridícula e que os outros retomam em coro.

Mesmo que coletivamente os negros transportem cargas muito pesadas, cada um deles, tomado individualmente, não carregará tanto quanto um europeu. São muito independentes, e preferem perder a ocasião de receber como pagamento pelo que carregarem mais do que lhes pareça justo. Do contínuo costume que têm de carregar coisas sobre a cabeça, o porte do corpo é muito reto. As mulheres em particular são muito hábeis: uma laranja, uma xícara de chá, uma garrafa, uma vela acesa, tudo é colocado sobre a cabeça, e assim as mãos ficam livres. As coisas parecem ser carregadas com a mesma segurança se colocadas sobre a cabeça nua ou sobre o lenço que serve de turbante.

Nos últimos séculos, todos os viajantes eram surpreendidos pela presença das "cadeiras" de arruar na Bahia. No século XVII eram redes.
O sr. Froger já escrevia em 1696:[30]

Como a cidade é alta e baixa, e por conseguinte as viaturas são impraticáveis, os escravos executam função de cavalos, e transportam de um lugar para outro as mais pesadas mercadorias. É assim, por essa mesma razão, que o uso do palanquim é ali tão ordinário. É uma rede coberta por um pequeno dossel de bordados e carregada por dois negros, por intermédio de uma longa vara, na qual ela está suspensa pelas duas pontas. As pessoas de qualidade nela se fazem transportar para a igreja, em suas visitas e mesmo para o campo.

Maria Graham, chegando à Bahia em 17 de outubro de 1821, relatava:[31]

Alugamos cadeiras e as achamos, se não agradáveis, pelo menos cômodas. Elas consistem em uma cadeira de vime com descansa pé e um espaldar recoberto de couro. Cortinas geralmente ondulantes, com galões dourados e dobrões de algodão ou de linho, são dispostas em volta do espaldar ou abertas, à vontade. Tudo isso é suspenso pela parte superior por uma vara que dois negros carregam nos ombros.

Daniel P. Kidder, pastor americano, passando pela Bahia por volta de 1839, declarava:[32]

O passante não encontra nem ônibus nem viaturas para transportá-lo, mas a cada canto de rua ou em todo lugar público há uma fila de cadeiras fechadas com cortinas, cujos carregadores, de chapéu na mão, cercam avidamente os possíveis clientes, oferecendo com insistência: "Quer uma cadeira, senhor?".

ASPECTOS E COMPORTAMENTO DOS ESCRAVOS

Os pequenos anúncios nos jornais da época nos descrevem os aspectos dos escravos e seu comportamento, suas qualidades e seus defeitos, e mesmo seus vícios, suas deformações corporais resultantes dos trabalhos aos quais estavam submetidos, os traços dos castigos infligidos, a maneira com que estavam vestidos, suas ocupações, enfim, a qualidade das relações, rabugentas ou bondosas, que se estabeleceram entre eles e seus senhores.

Os escravos fugiam para longe da casa de seu senhor, fossem suas personalidades melancólicas ou alegres:

(*CM*, 29/10/1846): Fugirão da padaria de S. Felippe Nery dous escravos, um na tarde de 23 do corrente, em occasião que accompanhava dous burrinhos que trazião agoa da fonte do Forte de S. Pedro, levando também um barril d'agoa; este preto é um tanto alcatrusado, de semblante melancólico, e tem um burro crescido, e alguns cabellos na barba, o seo nome é Manoel. O outro, de nome Elesbão, fugio na manhã do dia 24, às 6 horas; este tem o rosto marcado com cortes e é esguio, com falta de dentes na frente e semblante mais alegre; ambos são africanos e forão vestidos com calças de riscado azul e camizas brancas de algodão trançado americano. Quem os trouxer ou der delles notícia certa será generosamente gratificado.

(*JB*, 14/02/1857): Fugio no dia 21 de janeiro o escravo mina de nome David, indo vender pão no Bonfim. Estatura regular, cheio do corpo, três cortes de cada lado da face, muito risonho. Tem sido visto da Calçada até o Bonfim; desconfia-se estar occulto, e assim desde já se protesta pelos dias de serviço e pelos objectos que levou. Quem o pegar e levar a seo senhor no Hospício nº 44 receberá 20 000 reis de gratificação.

O sorriso não era obrigatoriamente sinal de alegria, e tudo leva a crer que os sorrisos que acompanhavam as palavras de Tito eram muito mais um sinal de embaraço do que de alegria:

(*JB*, 07/01/1858): 50 000 reis de gratificação. A quem apprehender e levar a seo senhor, na rua dos Barris nº 23, sobrado, e nas Grades de Ferro nº 63 (armazém), o escravo Tito, da nação Nagô, boa physionomia, baixo, magro, pés pequenos e com feridas, pronuncia certas palavras de modo a não se entenderem, e tem a fala accompanhada de sorriso. Foi vendido para cozinheiro ao annunciante em janeiro de 1856 por Bernardino Antonio de Amaral Ferreira, morador primeiro na Roda da Fortuna e por último na Calçada. Evadio-se da supra-dicta casa ao Barris em a noite de 1 de janeiro de 1858 às 8 horas, levou vestido calça de algodão mesclado. Protesta-se contra quem lhe der acolhida.

Francisco Pereira Novaes fala sem indulgência do cozinheiro que alugou ao sr. Gex Decosterd, e não nos diz, no anúncio que publicou dois dias depois, se é o mesmo Sallustiano de quem procurava valorizar os talentos de cozinheiro:

(*JB*, 22/02/1854): No dia 20 de fevereiro desappareceo do abaixo assignado o seo escravo de nome Sallustiano, nagô, idade 24 annos, não muito cheio de corpo, cabeça pequena, sem signaes da nação, beiços grossos, pés malfeitos, falla quase imitando a de mulher, e um tanto atrapalhado; leva camizas de riscado de listras d'algodão grosso, jaqueta preta, calça branca, chapeo de palha alto. Talvez negue o nome, pelo qual se recomenda que se vá logo nomeando pelo nome acima dicto, a fim de mais facilmente ser conhecido. É cozinheiro e estava alugado no Campo Grande, em casa dos senhores Gex Decosterd. Quem der notícia delle ou o levar em casa do senhor, à Fonte dos Padres, na fábrica de chapeos, será bem recompensado. Francisco Pereira Novaes.

(*JB*, 24/02/1854): Na fábrica de chapeos, à quina da rua da Fonte dos Padres, há para alugar um cozinheiro bom, africano e muito indicado para o serviço de qualquer casa regular.

Alguns eram barbeiros, tocavam instrumentos e formavam orquestras:

(*JB*, 19/04/1854): No dia 8 do corrente mez, fugio do abaixo assignado o crioulo de idade de 19 annos, magro, olhos vivos e mui ágil; tem no lado do olho esquerdo uns signaes, como os pretos minas; muito conhecido n'esta cidade e em várias partes do Reconcavo, a onde tem por muitas vezes ido tocar na banda de música de barbeiros, cujo offício tem. Quem d'elle souber ou troxer prezo a seo senhor, morador na loja de barbeiros nº 27, ao largo do Terreiro de Jesus, será recompensado com 20 000 reis, e no caso de ser occulto por alguém, desde já protesta pelos dias de serviço, e o mais que a lei lhe concede. Ass.: João Domingos dos Santos.

(*DB*, 03/08/1865): O escravo fugido, de nome Galdino, crioulo, cheio de corpo, estatura regular, pés grossos e raxados. Toca flauta, é muito prosista e tem o costume de fugir.

Thomas Lindley, quando ficou detido na prisão do Forte do Mar (atual forte São Marcelo), entre 20 e 21 de outubro de 1802,[33] notara

as bandas de músicos que passavam frequentemente perto do forte em grandes canoas, tocando no caminho rumo às aldeias vizinhas da baía, para comemorar o aniversário de algum santo ou outra festividade privada.

Para os navios mercantes da Europa, era também costume terem música em sua chegada ou saída, além do primeiro dia em que tomavam sua carga. Esses músicos são todos negros dirigidos por barbeiros e sangradores da mesma cor, e que foram músicos itinerantes desde tempos imemoriais.

Eles têm sempre uma orquestra pronta para tocar e uma série de jovens alunos, cujos tons discordantes são horrivelmente estridentes, quando passais à porta da loja na qual se exercitam.

Os barbeiros entregavam-se também aos jogos de azar, apesar das proibições da polícia:

(*JB*, 09/03/1854): Prisioneiro à disposição da polícia, o africano alforriado Tito Antonio Machado, barbeiro, por permitir jogos proibidos em sua loja.

Este outro Tito deve ter sido um "grande" de sua nação. Isso ele demonstrava usando o guarda-sol, ao qual somente os "cabeceiras" tinham direito em seu país:

(*JB*, 31/05/1854): No dia 29 de maio fugio do abaixo assignado um escravo de nação Nagô, de nome Tito, com os signaes seguintes: alto, corpo regular, beiços grossos, os pés grandes e feios; levou vestido calça branca, jaqueta de riscado azul, chapeo de palinha e guarda de sol verde com beira encarnada; é official de pedreiro. Quem delle der notícia certa ou o levar à casa de seo senhor, na Mangueira da Calçada do Bonfim ou no beco do Sudré, na barraca de carne do sertão nº 7-B, será gratificado de seo trabalho. Severino José de Sant'Anna.

Felicidade devia ter simpatias pelos orixás de seu país, pois o nome de Xangô, deus do trovão, intervém no nome do pequeno cão que a acompanhava por todo lugar:

(*JB*, 09/10/1861): Fugio no dia 22 de setembro próximo findo, do abaixo assignado, uma de suas escravas, mayor de 40 annos, de nome Felicidade, de nação Nagô, com os signaes seguintes: alta, cheia do corpo, com signaes pelo rosto de bexiga e sempre consigo trazia um cachorro, a que appellidava de Changololo. A pessoa que della der notícia ou levar em sua casa, à ladeira da Fonte Nova, será generosamente recompensada. Presciliano Euclides Fernandes.

Benedito devia ser muçulmano, pois usava daqueles anéis que tanto haviam intrigado a polícia 23 anos antes:

(*JB*, 29/01/1858): Fugio de Manoel Firmino Lopes, residente na cidade de Nazareth, um seo escravo de nome Benedicto, africano, meio fulo, idade 25 annos mais ou menos. Tem os seguintes signaes: é alto, bonita figura, cabeça pequena, beiços grossos; tem 2 a 3 annéis grossos de aço nos dedos da mão esquerda; com três cortes em cada lado da cara, este escravo consta ter vindo em um dos barcos da aldeia para aqui, e já tem sido visto pelo caes de Dourado, Praça da Piedade: quem o agarrar e trouxer na loja nº 83 C.D. em Santa Bárbara será bem recompensado.

O modo de andar do escravo em fuga é frequentemente especificado:

(*JB*, 04/01/1854): Desappareceo hontem às 8 horas pouco mais ou menos, de casa de Christovan Ruge, morador ao Campo Grande, o escravo André, nagô, cheio de corpo e não alto, retinto. Tem o offício de pedreiro e anda desembaraçado; pertence ao abaixo assignado e trabalhava quase sempre nas suas obras; quem o levar ao referido Ruge ou ao annunciante será bem recompensado. Joaquim Pereira Marinho.

(*JB*, 09/01/1854): Desappareceo no dia 30 de dezembro de 1853, a Manoel do Carmo Moreira, um seo escravo carregador de cadeira, de nome Izaac, nação Ussá, cara bonita, com signaes próprios de sua nação, baixo, reforçado, bem preto, piza com os pés para dentro, levou vestido camiza e calça d'algodão de Valença. Quem delle der notícia ou o trouxer à Baixa dos Sapateiros, casa 8, será recompensado.

(*JB*, 08/02/1859): Attenção. Gratifica-se a pessoa que capturar e levar à casa do abaixo assignado, à rua dos Barris nº 25, fronteira à roça do senhor Dominguinhos, o negro Justo, da nação Nagô, que se acha fugido desde quarta-feira, 26 de janeiro findo. É elle de estatura regular, corpo reforçado e anda um pouco assamangado; tem no rosto logo abaixo do olho direito uma cicatriz bem saliente, bem como outra igual na testa; seo trajar é calça e camiza de algodão. Manoel Lazaro Mendes.

Christina era notada tanto pelo seu andar embaraçado quanto pela falta de cabelos na parte de cima da cabeça, por ter o costume de carregar um característico "tabuleiro de baiana":[34]

(*JB*, 18/02/1860): Fugio no dia 8 do corrente do abaixo assignado a escrava Christina, nação Mina. Idade 25 a 30 annos, cor fula, alta, peito em pé, com um signo de queimadura em cima dos peitos, cabeça pequena com falta de cabello no meio da cabeça, por andar acostumada a andar vendendo fructas e leite (sobre um tabuleiro). Seca de corpo, queixadas largas, caminha meio atrapalhada, por encostar os joelhos um com o outro, braços compridos, mãos grossas, pés regulares; levou vestida camiza de riscado azul, saia da mesma fazenda, pano inglez de listra azul. Quem a trouxer na fazenda do Matatu Grande será generosamente recompensado. José Antonio Pinto.

Íria tinha os calcanhares fendidos de tanto andar na areia quente da praia quando ia comprar peixe para revender, mas, em compensação, tinha quarto na cidade e roupas elegantes:

(*JB*, 25/10/1859): Gratificação de 50000 reis. No dia 23 de outubro do corrente anno desappareceo a escrava do abaixo assignado, de nome Íria, nagô, estatura regular, peitos pequenos, levando vestida saia de chita vermelha com franjas amarellas, camiza de madrasto com bicões na golla, pano da Costa com riscas vermelhas e torço de chita; talvez já tenha mudado de trajo, por costumar ter roupa fora de caza; tem os calcanhares grelhados pela grande continuação de andar por areia, pois a occupação della era vender peixe; é moça bem fallante. Quem a mesma descobrir e trouxer à caza do mesmo, a rua do Paço, ou no seu armazém ao Beco do Sodré nº 2, será recompensado com quantia acima. José Pereira Ifiank Maltez.

Algumas deformações rituais, como a dos dentes limados em pontas, são por vezes indicadas:

(*CM*, 28/05/1846): Fugio a Frederico Hasselmann de sua roça, na quinta da Barra, um seo escravo chamado João, nação Nagô, idade de 24 annos, estatura regular, cheio do corpo, cor um tanto fula, cara redonda, dentes limados; levou vestido calça de aniagem, camiza d'algodão da terra, carapuça de veludo já velha. Quem o levar na sobredita roça ou na Cidade Baixa, escriptório do Sr. Giuseppe Carrena, receberá 10000 réis de gratificação.

(*JB*, 20/06/1854): Fugio no dia 18 do corrente o preto africano de nação Nagô por nome Sabino, estatura baixa e reforçado, tendo os dentes da frente limados pontudos, cor muito preta, levou vestido calça e camiza de algodão riscado. Quem o trouxer à loja ou à caza de seo senhor, o abaixo assignado, será recompensado. Victorio do Nascimento Pinto Neves.

Algumas vezes, defeitos acidentais ou consequências de doenças denunciavam os escravos fugitivos à atenção dos caçadores de recompensas:

(*JB*, 23/01/1855): Fugio no dia 21 do corrente d'este engenho Timbó, de Ignacio Borges de Barros, uma escrava de nome Maria, nação Nagô, com os signaes seguintes: baixa e grossa de corpo, cara bem alanhada e com a orelha direita tirada um pedaço da parte de cima, traz sempre um torço na cabeça por causa da dicta orelha. Quem a trouxer ou der notícia certa sua será bem recompensado de seo trabalho. Pode ser entregue na Bahia a Alvares Leite, Irmão e Co.

(*JB*, 02/01/1857): No dia 29 passado fugio do poder do abaixo assignado um preto de nome João, nação nagô, baixo e reforçado, tem signaes no rosto e o dedo mínimo de uma das mãos cortado pelo meio; parece no primeiro aspecto ter defeito na vista. Quem o prender e levar no Hotel das Nações ou recolher no Aljube será generosamente recompensado, procedendo-se contra quem o tiver occultado. João Duarte Ferreira.

(*JB*, 16/01/1857): Desappareceo no dia 12 do corrente a escrava Efigênia, de nação Nagô, do serviço de rua [vendedora ambulante]. Anda vestida de lucto, falla bem, coxeia de uma perna muito pouco. Quem a achar e levar na Lapinha, na casa da viúva Dourado ou na Cidade Baixa, na loja do senhor Leite Costa, será bem recompensado.

(*JB*, 28/03/1860): Fugio do abaixo assignado no dia 25 do corrente uma sua escrava de nome Justina, nação Jeje, idade 50 anos, tem um lobinho bem voluminoso do lado esquerdo e falta de dentes na frente, padece de uma perna, levou vestida camiza d'algodão saia de chita cor de rosa, panno da Costa inglez com listas da mesma cor. Quem a pegar e levar à marcinaria de fronte da Companhia Predial será recompensado. Protesta-se contra quem a tiver occultado. H. Brinckman.

(*JB*, 27/09/1861): Desappareceo em 21 do corrente da padaria dos Caes Dourados um escravo de nome Joaquim, nagô, estatura regular, cheio do corpo, lábios grossos, fisionomia acarrancuda e aleijado da mão esquerda. Quem o pegar e o levar à referida padaria, nº 73, será recompensado.

(*JB*, 07/12/1861): Fugio da casa do abaixo assignado o seo escravo por nome Antonio, de estatura regular, nação Mina, sem signaes, levava vestido camiza d'algodão suja com mangas curtas, calças pardas, tem os escrotos bastante crescidos. Há quem o visse pela rua das Flores, em direcção à Estrada Nova. Quem o trouxer à rua Nova do Commercio, loja de louça nº 32, será bem recompensado. Francisco Leite de Castro.

O fato de ser albino e ter a pele "alaranjada" não devia ajudar Philippe a passar despercebido:

(*JB*, 13/04/1859): Fugio da caza do abaixo assignado, no dia 20 de setembro de 1858, um mulato de nome Philippe, 25 annos, cor de laranja, alhos azues, cabelos carapinos e avermelhados [...]. Manoel Pereira de Carvalho e Cia.

A personalidade do autor do anúncio, algumas vezes, sobressaía tanto quanto a do escravo procurado por intermédio dos jornais.

Cinco anos após a fuga de seu escravo José, o senhor Jeronymo Denegri, ainda raivosamente, oferecia a quem o trouxesse uma recompensa de trezentos mil-réis, que devia ser mais ou menos o valor dele, visto que era manco e tinha o corpo torto:

(*JB*, 30/03/1854): Gratificação de 300000. Desappareceo a Jeronymo Denegri, em abril de 1849, um seo escravo por nome José, nação Jeje, idade 30 annos pouco mais ou menos, cor preta com alguns signaes de bexiga e com alguns signaes de sua terra, rosto comprido, sem barba, com a parte da banda direita mais alta que a esquerda, e alguma cousa manca da dicta parte. Quem o pegar em qualquer parte, fugido ou vendido, e o trouxer à casa do seo senhor, Sancto nº 62, receberá a gratificação acima.

Ao contrário, um outro proprietário colocava à venda seu escravo desaparecido (também havia cinco anos) por cem mil-réis, mas ainda era preciso encontrá-lo:

(*JB*, 13/03/1855): Quem quizer comprar um escravo da idade de 30 a 35 annos pouco mais ou menos, fugido em 1850, por 100000 réis, dirija-se à rua da Preguiça nº 34, lº andar.

14. Emancipação dos escravos

Na cidade, os escravos de *ganho*, que alugavam seus serviços e deviam levar somente uma parte do ganho para seus senhores, libertavam-se mais facilmente comprando sua emancipação.

Henry Koster escrevia em 1816: "Um escravo pode obrigar seu senhor a lhe dar sua liberdade, oferecendo-lhe a soma pela qual foi comprado".[1] E acrescentava que "muitos escravos são libertados por ocasião da morte de seus senhores".[2]

Ele explicava também que

o preço de um recém-nascido é de cinco libras esterlinas [20 mil-réis]. O senhor é obrigado a libertar a criança se esta é apresentada sobre as fontes batismais. Frequentemente as mulheres escravas pedem às pessoas importantes para apadrinharem seus filhos, na esperança de que o orgulho que aquelas pessoas possuem no mais alto grau as levará a não permitir que seus afilhados continuem a ser escravos.

O direito que tinham os escravos de comprar sua liberdade era reconhecido, e na segunda metade do século XIX a opinião pública se levantava contra os abusos de alguns senhores que queriam passar ao largo dessa lei.

Um trecho do *Jornal da Bahia*, de 23 de janeiro de 1855, reflete esse ponto de vista:

Acto de philantropia. O senhor chefe de polícia acaba de practicar um acto de philantropia digno de louvor. Informado que o senhor de um escravo que em setembro próximo passado tirara na loteria um prêmio de 400 000 reis lhe tomara esse dinheiro e depois castigara e vendera o escravo, não obstante ter-lhe prometido alforria dentro de 3 annos, mandou chamar à sua presença aquelle indivíduo, bem como a pessoa que comprara o preto, e verificando ser exacta a informação que tinha, conseguiu que os 400 000 reis fossem restituídos ao escravo e que o novo senhor somente o libertasse mediante a quantia de 1 200 000 reis. O escravo possuia somente 400 000, mas achou logo, graças à intervenção do senhor chefe de polícia, quem lhe emprestasse 800 000 reis para serem pagos em serviços por espaço de seis annos.

O fato de haver escravos crioulos, quase brancos, começava também a chocar a consciência dos habitantes da Bahia. Os fatos assinalados pelos artigos dos jornais que seguem demonstram esse estado de espírito:

(*JB*, 07/02/1859): Acção louvável. Há dias fazia-se na cidade da Bahia um leilão de escravos de pessoa que se havia mudado para Portugal; nesse leilão havia uma criancinha de 17 meses, mais alva do que muitas pessoas brancas. Um dos concorrentes, senhor Matheus dos Sanctos, commovido, agenciou alli mesmo a quantia sufficiente para dar-lhe a liberdade e a carta foi immediatamente passada. Acções como essa não devem ficar desapercebidas.

(*JB*, 15/03/1855): Sendo hontem conduzida à secretaria da polícia uma mulher de 18 annos de idade, quasi branca, para ser despachada para o Rio de Janeiro, despertou dentre os empregados daquella repartição tal sentimento de comiseração que, consultado o nobre chefe de repartição, abriram uma subscripção apresentada pela mesma à S. Exa. o senhor Presidente, este distinto cavalheiro se dignou com a melhor vontade assigná-la, bem como o illustre dr. Chefe de Polícia, seus dignos empregados e diversas outras pessoas.

A quantia já arrecadada monta em cerca de 200 000 reis, mas estando elle muito aquem da de 1 000 000 de reis que exigem os senhores da dicta escrava, os negociantes d'esta praça Antonio Joaquim de Guerra Bastos & Cia, pede-se em nome da Religião, da humanidade, do progresso da civilização, para que se prestem as almas bem formadas a concorrer para tão nobre fim. A subscripção está sendo agenciada pelo despachante João da Silva Freire Junior, a quem muito deverá a beneficiada pelo trabalho que de bom grado a sí tomou.

(*JB*, 16/03/1855): Uma pessoa que assignou a subscripção que corre em favor da liberdade da parda tão clara que parece branca, a cujo respeito fallou hontem este mesmo Jornal, pede pelo amor de Deus e em nome da humanidade para que ninguém a quem for apresentada a referida subscripção, se negue a concorrer para uma acção tão philantrópica, que demonstrará por certo a bondade d'alma daquelles que se prestarem a tão nobre empenho.

(*JB*, 20/03/1855): João da Silva Freire Junior, depositário da escrava Rosalina, parda, vai pedir a aquellas pessoas que por favor se encarregaram da subscripção para a liberdade da mesma, a graça de remetterem hoje as quantias que agenciaram visto expirar amanhã o praso marcado para a apresentação da quantia de 1 000 000 reis, preço que exigiram os senhores da referida escrava. O annunciante, certo de que tem de levar-se a effeito a alforria da mencionada Rosalina, por isso que foram incançáveis diversas pessoas, as quaes philantropicamente a isto se prestaram, deseja saber se alguma família quer tomá-la para criada, no que concorda a beneficiada, sendo tal vontade muito conforme à moral.

(*JB*, 29/03/1855): Um voto de gratidão. À generosidade e à beneficência dos muitos dignos senhores Exmos. Presidente da Província e dr. Chefe da Polícia e seus amigos, officiaes e alguns despachantes da repartição de polícia, cidadão João da Silva Freire Junior e diversas outras pessoas, deve a abaixo assignada sua liberdade, que lhe foi hontem conferida em presença do muito philantrópico referido chefe de polícia, o Ilmo. senhor commendador Innocencio Marques de Araujo Goes. Aceitem, pois, tão nobres cavalheiros, cujas plantas sobre maneira penhorada por tal mercê beija a beneficiada um voto de eterno reconhecimento que a todos os seos protetores dirije do fundo d'alma, e hoje, graças a elles, feliz. Rosalina, a liberta.

(*JB*, 30/03/1855): Relação das pessoas que concorreram para a liberdade da parda Rosalina, da qual foi depositário o abaixo assinado.

262 pessoas [das quais um certo número é citado a seguir]:

Excel. Commendador J. M. Wanderlei	20000
Commendador M. A. Goes	5000
Antonio Augusto da Costa Lacerda	5000
Por uma pessoa q. não quiz dar seo nome	5000
Ernesto Pereiro Coelho da Cunha	5000
D. G. Bello	20000
F. J. da Rocha	2000
Joaquim Pereira Marinho	5000
Gantois	5000
José Pedro de Souza Paraiso	5000
José Pinto Novaes	5000

João da Silva Freire Junior dá mais 880 reis para atingir o total de 1000000 reis.

N.B.: Alem d'estes 880 reis para completar, fez-se a despesa com a carta, cadeira etc., 20020 reis, com que concorreu mais [...] o abaixo assinado [...].

Ass.: João da Silva Freire Junior.

Os proprietários que começavam a emancipar voluntariamente seus escravos não mais tinham "boa consciência" quando os escravos eram mulatos claros ou crianças nascidas de escravas, que somente iriam se tornar livres no nascimento com a Lei do Ventre Livre, de 27 de setembro de 1871. No entanto, as almas compassivas interessavam-se pela sua sorte:

(*JB*, 04/07/1859): No dia 2, durante a festa na igreja da Misericórdia, foram solenemente entregues às menores Estellita, Liberata e Isabel as cartas de alforria obtidas pela mesa administrativa daquelle estabelecimento, em virtude de uma doação do senhor Commendador Godinho e de uma derrama feita pelos mesários, entre elles.

(*JB*, 31/08/1859): Em favor de uma escrava. Hoje, no teatro San Pedro Alcantara, um espetáculo de variedades cuja receita tem por fim a libertação de uma escrava mulata clara. A senhora Mulder ofereceu-se para honrá-lo com sua presença.

O cônsul britânico assinalava em seus ofícios:[3]

Em 24 de setembro de 1862, o ato filantrópico de quatro damas residentes em sua propriedade de Embira, no município de Cachoeira — Ignez e Angélica Maria da Conceição, Maria e Anna Francisca da Conceição —, que emanciparam espontaneamente e sem reservas todos os seus escravos, jovens e velhos, 73 no total, e mandaram registrar devidamente as cartas de alforria de todos no tabelião público do lugar.

Mais tarde, por volta de 1865, quando o Brasil estava em guerra com seus vizinhos do sul, alguns escravos eram libertados por pessoas que não queriam ir para a guerra e os enviavam em seu lugar.

(*DB*, 14/10/1865): Attenção. Quem preciza de uma pessoa para marchar para o sul em seo lugar, e quizer libertar um escravo robusto, de vinte annos, que deseja encorporar-se ao exército, declare por este jornal seo nome e morada onde possa ser procurado, e por preço commodo achará quem lhe substitua nos contingentes destinados à guerra.

O decreto nº 2725, de 6 de novembro de 1865, veio logo regulamentar a emancipação dos escravos que partiam para a guerra. Esse decreto ordenava que "a liberdade seja dada gratuitamente aos escravos da nação que estejam em condição de servir no exército, para que se empreguem no dito serviço; este mesmo benefício é estendido às mulheres dos que são casados".

Em 30 de dezembro de 1870, o cônsul britânico observava:[4]

Uma sociedade para a emancipação foi estabelecida na Bahia em 7 de setembro de 1869. Durante o primeiro ano, cem cartas de emancipação foram dadas: 53 obtidas gratuitamente pela sociedade e 47 sob os fundos pagos pelos membros; setenta são mulheres e trinta homens; 36 têm mais de doze anos e 64 menos dessa idade.

As 47 emancipações compradas pela sociedade custaram 11 288 mil-réis, ou 1200 libras esterlinas.

Ao lado das atividades desta sociedade, um número muito grande de escravos recebeu sua liberdade, muitos por disposição testamentária, outros por ocasião de festas familiares, e muitos outros ainda por espírito de caridade.

Tudo isso, entretanto, era muito pouca coisa em relação à imensa quantidade de escravos que havia no Brasil.

Na Bahia, foi sobretudo por seu esforço pessoal, e comprando eles mesmos sua liberdade, que a maior parte dos africanos se emancipou.

AS *JUNTAS*, SOCIEDADES DE ALFORRIA

Manuel Querino dá uma boa descrição das sociedades de alforria organizadas pelos escravos:[5]

Havia as *caixas de empréstimo*, destinadas pelos africanos à conquista de sua liberdade e de seus descendentes, caixas a que se denominavam *juntas*.

Com esse nobilíssimo intuito reuniam-se sob a chefia de um delles, o de mais respeito e confiança, e constituíam a caixa de empréstimos. Tinha o encarregado da guarda dos dinheiros um modo particular de notações das quantias recebidas por amortização e prêmios.

Não havia escripturação alguma; mas, à proporção que os tomadores realizavam as suas entradas, o prestamista ia assignalando o recebimento das quantias ou quotas combinadas, por meio de incisões feitas num bastonete de madeira para cada um.

Outro africano se encarregava da colecta das quantias para fazer entrega ao chefe, quando o devedor não ia levar, espontaneamente, ao prestamista a quota ajustada.

De ordinário, reuniam-se aos domingos para o recebimento e contagem das quantias arrecadadas, commummente em cobre, e tratarem de assumptos relativos aos empréstimos realizados.

Se o associado precisava de qualquer importância, assistia-lhe o direito de retirá-la, descontando-se-lhe, todavia, os juros correspondentes ao tempo. Se a retirada do capital era integral, neste caso o gerente era logo embolsado de certa porcentagem que lhe era devida pela guarda dos dinheiros depositados. Como era natural, a falta de escripturação proporcionava enganos prejudiciaes às partes.

Às vezes, o mutuário retirava o dinheiro preciso para sua alforria e, diante os cálculos do gerente, o tomador pagava pelo dobro a quantia emprestada.

No fim de cada anno, como acontece nas sociedades anônimas ou de capital limitado, era certa a distribuição de dividendos. Discussões acaloradas surgiam nessas occasiões, sem que todavia os associados chegassem às vias de facto, tornando-se desnecessária e imprópria a intervenção policial.

E assim auxiliavam-se mutuamente, no interesse principal de obterem suas cartas de alforria, e della usaram como se se encontrassem ainda nos sertões africanos.

Algumas dessas juntas perpetuaram-se até nossos dias, não mais sob a forma de sociedades de alforria, mas como sociedades de ajuda mútua, tal como a Sociedade Protetora dos Desvalidos, cuja sede fica no nº 17 do largo do Cruzeiro de São Francisco.

Ela foi fundada por iniciativa de Manoel Victor Serra, africano, ganhador no canto da Preguiça. Ele convidou alguns de seus amigos a participar, em 10 de setembro de 1832, de uma reunião na capela dos Quinze Mistérios, onde, após discussão, foi decidido reunirem-se de novo no dia 16 seguinte para fundar uma junta que levaria o nome de Irmandade de Nossa Senhora da Soledade Amparo dos Desvalidos.

Dezenove africanos alforriados foram os fundadores dessa instituição. Victor Serra foi nomeado juiz fundador, Manoel da Conceição (marceneiro) era tesoureiro e Luiz Teixeira Gomes (pedreiro) era o encarregado da escrita. Os três tinham as chaves de um cofre que não podia ser aberto a não ser que as três chaves estivessem sendo utilizadas ao mesmo tempo. O cofre ficava na casa do vigário da paróquia de Santo Antônio, o reverendo padre Joaquim José de Sant'Anna, de quem um empregado, José Maria Vitela, fazia parte do comitê administrativo.

Os outros membros fundadores eram Gregório M. Bahia, marceneiro, cuja reputação era tal que diziam que as pessoas que possuíam cadeiras feitas por ele não as cederiam nem por cinquenta contos de réis; Ignácio de Jesus e Barnabé Álvaro dos Santos, cuja profissão não conhecemos; Bernardinho S. Souza e Pedro Fortunato de Farias, pedreiros; Gregório do Nascimento, carroceiro, que era rico; Balthazar dos Reis e Manoel Sacramento Conceição Roza, marceneiros; Theotônio de Souza, que fazia vinagre; Francisco José Pepino, calafate; Daniel Correa, do canto do Pilar; Roberto Tavares, que era carregador de água e possuía um asno para transportá-la; José Fernandes do Ó, vendedor de toucinho; e, por fim, Manoel Martins dos Santos, que trabalhava no "porto da lenha".

O número de associados não era limitado, mas deviam ser exclusivamente de cor preta.

O artigo 3º do estatuto previa que era estritamente proibido aos membros do comitê revelarem a quem quer que fosse, amigos ou parentes, as diversas questões discutidas durante as reuniões do comitê.

Em 17 de dezembro de 1848, a confraria transferia sua sede para a igreja de Nossa Senhora do Rosário às Portas do Carmo, e três anos mais tarde transformava seu nome para o que ela usa ainda atualmente, de Sociedade Protetora dos Desvalidos.

Em 10 de maio de 1868, após dificuldades surgidas entre essa confraria e a da igreja de Nossa Senhora do Rosário, a sede da sociedade foi transferida para a rua do Bispo, e dezenove anos depois ela passou a funcionar em um imóvel que era de sua propriedade e que ainda hoje ocupa, perto da igreja de São Francisco.

Fato um pouco ignorado, sob aparências tão católicas, o de que muitos membros dessa confraria eram ao mesmo tempo cristãos e muçulmanos. Conheci pessoalmente dois deles que estavam nesse caso: um era Manoel Nascimento de Santo Silva, chamado Gibirilu (Gabriel) do lado muçulmano, filho de José Maria do Santo Silva, nascido em Ifé, na Nigéria, conhecido sob o nome de Alufá Salu, e de Marcolina Constância da Silva, cuja mãe, Felicidade Constância da Silva, fora trazida de Lagos para a Bahia; o outro era Tibúrcio, igualmente muçulmano, filho de um africano vindo da região dos tapas. Os dois faziam parte da sociedade em questão e, mesmo sendo muçulmanos, eram também membros da Confraria de Nossa Senhora do Rosário das Pessoas de Cor, no Pelourinho.

Eles aderiam simultaneamente, e com a mesma sinceridade, ao catolicismo e ao islamismo, mas observavam a mais extrema reserva nas manifestações de sua fé muçulmana. Os malês que escaparam no século XIX às investigações da polícia após as revoltas e sublevações, sobretudo com a Revolta dos Malês de 1835, haviam adquirido hábitos de prudente desconfiança, que transmitiram aos seus filhos.

Essa justaposição de duas religiões tão intransigentes e exclusivas, e o igual respeito que elas inspiraram (e ainda inspiram) em alguns descendentes de africanos, é sem dúvida um caso único, que no entanto não sobressai do sincretismo entre duas religiões, ponto do qual trataremos mais tarde.

Alguns dos escravos africanos eram muçulmanos quando de sua chegada à Bahia, mas foram obrigatoriamente batizados na religião católica "para a salvação de suas almas". Essa nova religião tinha sido para eles nada mais do que uma simples concessão às exigências de seus senhores, e continuavam às escondidas a recitar suas preces a Alá, o Misericordioso.

Até a revolta de 1835, eles o faziam sem tomar muitas precauções para dissimular as manifestações de sua verdadeira religião. Mais ainda, realizavam numerosas conversões entre os outros escravos africanos cuja passagem do animismo ao catolicismo tinha sido mais uma formalidade do que uma adesão de coração e de espírito a uma nova fé.

Tendo chegado animistas na Bahia, muitos nagôs voltaram para a África convertidos, não ao catolicismo, mas ao islamismo. Foram eles que formaram o bairro Maro, em Uidá. E muitos desses muçulmanos usavam nomes bem cristãos, tais como Das Chagas, Da Redenção, Da Glória, De Jesus, Da Cruz, Da Conceição, D'Assunção, Da Trindade etc.

AFRICANOS ALFORRIADOS DIVIDIDOS POR QUESTÕES DE LUGAR DE ORIGEM, RELIGIÃO E DESIGUALDADE SOCIAL

Os inquéritos policiais que se realizaram após a Revolta dos Malês em 1835 dão detalhes sobre certos problemas de coexistência de escravos e alforriados africanos na Bahia, colocando em evidência alguns aspectos de suas divisões.

Estas eram algumas vezes provocadas por uma diferença de religião entre africanos de uma mesma nação, uns dóceis aos ensinamentos religiosos de seus senhores brancos e outros que os rejeitavam e preferiam escutar as palavras dos "mestres" muçulmanos, os *alufás*, escravos como eles ou recém-libertos que lhes pregavam as doutrinas do Islã.

A oposição que daí resultava se fazia sentir nas relações entre João Ezequiel, nagô alforriado, que foi escravo de d. Maria Ezequiel, e Cornélio, nagô escravo de João Firmino Caldeira. O primeiro foi uma testemunha convocada pela polícia, mas não incriminado, que não havia se deixado converter antigamente pelo segundo, porque, dizia ele, "todos querem ser padres e não comer toucinho".[6]

Era também o caso de Feliciano, nagô, escravo de Joaquim Teixeira, que morava em São Miguel e estacionava como carregador de palanquim no beco do Mucambinho. Feliciano foi feito prisioneiro em 25 de janeiro de 1835, domingo, às cinco horas da manhã, na ladeira de São Francisco, quando saía da casa de seu senhor para ir ao seu canto de trabalho. Mesmo que passasse todo o tempo na rua, jamais ouvira seus "parceiros" falarem em se revoltar, e mesmo que fosse negro antigo no país dos brancos, fazia apenas sete meses que tinha vindo da cidade de Jiquiriçá para estar em poder de seu novo senhor, porque este era credor de seu antigo senhor, Antônio Rodrigues Ribeiro, falecido naquela cidade de Jiquiriçá. Os outros negros não podiam lhe confiar nenhum segredo, pois não tinham a mesma religião, dizia ele.

Os africanos na Bahia eram muitas vezes separados uns dos outros por rancores antigos de nação para nação e pela lembrança das guerras que os opunham na África. A desgraça comum não conseguia sempre fazê-los esquecer tal passado.

Houve, por exemplo, o caso de João Duarte da Silva, alforriado jeje, cozinheiro de navios, morador em São Miguel na mesma casa que José, jeje, embaixador de Agoumé (Abomey), que declarava não saber falar nagô, porque estes eram pessoas inimigas dos jejes. Francisco Mello Santiago, igualmente alforriado jeje, cozinheiro em navios e morador em São Miguel, declarava, ele também, nada ter sabido sobre a revolta feita pelos malês, e que tinha ido à missa em São Francisco no domingo de manhã pelas seis horas, tendo encontrado a igreja fechada.

Marcelina, da nação mundubi, escrava da freira d. Ifigênia D'Argolo, do convento do Desterro, dizia não poder informar a polícia porque as pessoas que se reuniam na casa de Belchior da Silva Cunha, alforriado nagô, a detestavam, afirmando que ela ia à missa adorar um pedaço de madeira vestido sobre o altar, pois as estátuas, diziam eles, não são santos.

Muitos eram haussás que afirmavam em sua defesa não conhecer nada da língua dos insurretos nagôs. Assim foi com Narciso Pinheiro, haussá alforriado, carregador de palanquim que vivia fazia um ano na rua da Oração. Ele foi preso quando voltava para casa na hora da Ave-Maria. Seu compatriota João Borges, igualmente alforriado, morava com ele fazia onze meses. Seu trabalho consistia em carregar palanquins, mas, depois de um pequeno acidente, passou a vender mercadorias na rua. A respeito da insurreição, ele respondeu que, desde o tempo em que era escravo, havia recebido dois golpes de faca de um de seus compa-

606

nheiros nagôs, que queria obrigá-lo a participar do primeiro levante que tinha ocorrido entre os africanos daquela nação. Ele ainda estava doente, e tomou uma tal raiva daquela gente que não queria ter nada com eles. É tão verdade que, morando em cima da casa de um nagô casado, muito belicoso, que sempre procurava brigas com sua mulher, nunca desceu para entrar naquela casa, nem seus companheiros.

José Gonçalves, alforriado haussá, morador da rua Maciel de Baixo, onde havia se instalado fazia quatro meses vindo da rua da Poeira, trabalhava recolhendo amostras de açúcar para os negociantes e ganhava dois vinténs por caixa. Ele não conhecia a língua dos nagôs e não tinha nenhum amigo daquela nação.

Essa divisão entre os africanos produzia-se até mesmo no interior daquela que se acreditava na Bahia ser uma só nação. Era o caso dos nagôs, que falavam todos a mesma língua mas que não se frequentavam indistintamente, tal como Antônio, escravo nagô do brigadeiro Manoel Gonçalves da Cunha, carregador de palanquim e que fazia consertos na casa. Ele declarou à polícia que as túnicas e tabuletas descobertas no térreo deviam pertencer sem dúvida ao seu confrade, Joaquim, que preparava refeições com carneiros que matava na casa do reverendo padre Ignácio José de Santa Anna, onde reuniam-se diversos negros da mesma nação que Joaquim, pois, como dizia, mesmo sendo todos nagôs, cada um tinha sua religião. Ele não conhecia aqueles negros porque morava na sobreloja, e nunca havia parado para vê-los, nem se preocupava com eles.

O Joaquim assim denunciado era um nagô, escravo do mesmo senhor e carregador de palanquim. Ele tentou negar no inquérito ser aquele que organizava os festins rituais dos muçulmanos na casa do padre Ignácio, mas uma mulher da nação jeje, Ellena, que morava na casa de seu antigo patrão Ignácio José de Santa Anna, na rua das Laranjeiras, declarou reconhecer Joaquim, escravo do brigadeiro morador da casa vizinha, acrescentando que ele alugava um quarto do patrão dela. O dito Joaquim devia muito bem saber quem era o proprietário dos anéis encontrados em seu quarto, pois ele mesmo guardava as chaves. Ele tinha o costume de matar carneiros e de organizar durante o dia reuniões em seu quarto com seus camaradas, porque, sendo escravos, eles deviam sem dúvida se encontrar de noite nas casas de seus senhores. Além dos negros da praça, o negro Joaquim, escravo do reverendo padre deão, e o negro Licutan, escravo do cirurgião Mesquita, vinham também tomar parte naquelas reuniões. Ellena não os compreendia, pois não conhecia a língua dos nagôs. Ela não sabia nada mais porque vivia em um quarto que dava para a rua, e o quarto em que eles se reuniam para comer e festejar ficava em uma parte mais interna da casa, voltado para o quintal. Além disso, sua profissão era vender peixe na rua, e ela saía cedo pela manhã para procurar mercadoria junto aos pescadores e voltava somente à noite, por isso nada tinha visto além do que dizia, nem aos domingos e dias de festa, quando não saía para vender na rua.

Alguns alforriados possuíam escravos. Era o caso já citado de José, da nação congo, escravo de Gaspar da Silva Cunha. Eles apareciam em grande número nos inquéritos policiais.[7]

Havia o caso de alforriados ex-escravos de alforriados, estes mesmos antigos escravos de alforriados, tal qual Antonio, nagô, alforriado que foi escravo de Sabino José Vieira, haussá, alforriado, ele próprio tendo sido escravo de Domingo Vieira, da nação nagô.

João, da nação haussá, alforriado que morava de graça na casa do brigadeiro Manoel Gonçalves da Cunha, porque tinha sido escravo de um ex-escravo do dito brigadeiro, havia trabalhado como carregador de palanquim, mas depois, devido a doenças, ocupava-se de trançar esteiras. No tal 24 de janeiro, ele estava em casa, calmo e pacífico. João dormia no térreo, e em sua casa não encontraram nada de suspeito. Ele não sabia falar nagô e não estava a par de nada; saía de manhã cedo e só voltava tarde da noite. Isso foi confirmado por um certo José, escravo nagô do mesmo brigadeiro, que acrescentava em sua declaração: "Esse negro só se recolhe de noite para cozinhar ou tomar cachaça".

Havia, pois, entre os africanos da Bahia, diferenças de status social que nem sempre se baseavam nas classes da sociedade brasileira ou em sua condição de escravos ou de alforriados, mas que atuavam dentro dos diversos meios que se tinham recriado entre os africanos exilados na Bahia.

José, da nação congo, escravo de Gaspar da Silva Cunha, alfaiate como seu senhor, não podia frequentar em pé de igualdade os amigos de seu senhor, mesmo escravos de brasileiros.

O fato de ser escravo de brasileiro não criava um fosso entre aqueles que tinham sido alforriados e os que ainda não o eram. Um escravo de brasileiro podia ser mestre corânico de africanos alforriados, porque aquela sociedade formada por africanos prestes a se revoltarem contra os brasileiros estava fundada sobre valores africanos.

Havia, no entanto, entre pessoas da mesma nação e da mesma religião muçulmana, diferenças e grupos separados com base no grau de conhecimento que eles tinham do Islã. Já vimos a declaração de Gaspar e aquela feita por Higínio, o escravo nagô de José Maria da Fonseca, que insistia, durante seu testemunho, sobre as diferenças de condição entre africanos transportados para o Brasil.

Ele confessava ter seguido os revoltados, mas de longe, porque os grandes, os mais fanfarrões, estavam na frente e não tinham confiança nos pequenos, pois pensavam que os mesmos iam fugir e revelar coisas aos brancos tão logo fossem presos. Ele não sabia, então, nada a respeito da organização daquela revolta, e isso seria difícil de saber, porque os mortos não falam e os outros estavam de volta às casas de seus senhores.

OS *CANTOS*, PONTOS DE ENCONTRO DAS DIVERSAS NAÇÕES AFRICANAS

Nina Rodrigues viu muito bem esse fracionamento por nação dos africanos emancipados quando escreveu, no fim do século XIX:[8]

Não se deve crer que todos os africanos, isolados da população mestiça e crioula, confundem-se em uma colônia estrangeira grande e uniforme. Cada um procura viver junto dos de sua terra, e é de acordo com os sentimentos e as afinidades da pátria que nesta cidade se dividem os últimos africanos em pequenos círculos e sociedades. As nações ainda numerosas possuem seus *cantos*, lugares da cidade onde os velhos atendem à clientela trançando chapéus e conversando sobre os benditos tempos da juventude.

Na Cidade Baixa, nos Arcos de Santa Bárbara, ficam os guruncis; alguns passos mais adiante, entre os Arcos de Santa Bárbara e o Hotel das Nações, alguns velhos cansados, sonolentos, são os últimos representantes da colônia, outrora enérgica, belicosa e aguerrida dos haussás; eles juntam-se ali todos os dias.

Os cantos dos nagôs são mais numerosos. Os velhos reúnem-se nos cantos do mercado, na rua do Commercio do lado dos Cobertos Grandes, em diversos pontos da rua das Princesas, e em frente aos escritórios comerciais.

Os cantos da Cidade Alta são também dos nagôs ainda fortes, robustos, numerosos e faladores. Os negros desta origem juntam-se nos cantos da rua da Ajuda, atrás do prédio da Câmara Municipal, no largo da Piedade, em frente ao convento, na porta da casa que se acha ao lado do Hotel Paris, na ladeira de São Bento.

Nestes últimos cantos estão os africanos que possuem e que carregam os palanquins.

No canto do Campo Grande, a alguns nagôs se juntam três ou quatro jejes.

As mulheres encontram-se no canto da rua da Vala, canto de São Miguel, na rua da Guadalupe, na rua do Cabeça, no largo Dois de Julho, no cais de desembarque e na ladeira do Boqueirão de Santo Antônio. Mas elas não se separam por nações tanto quanto os homens.

Silva Campos, em um ensaio sobre a vida dos africanos na Bahia, descreve o que era um desses cantos:[9]

Por volta de 1875, a população africana aqui na Bahia era muito densa, e vivia principalmente pelos lados da rua do Alvo e da rua dos nagôs [nagô tedo, como eles se chamavam]. Eram negros libertos, aos quais me refiro, pois os escravos geralmente moravam em sua maioria sob o teto de seus senhores.

De manhã, os negros desciam aos entrepostos onde trabalhavam como carregadores. Os que eram ganhadores dirigiam-se para seus cantos, divididos em todos os lugares deste bairro, principalmente desde o cais do Ouro até a praça da Conceição da Praia, e em diversos pontos da Cidade Alta. O canto era o agrupamento de um certo número de africanos, de preferência em um cruzamento de ruas, que obedeciam a um chefe chamado capitão do canto.

Os trabalhadores ou ganhadores do canto usavam nos dias de trabalho roupas de tecido grosseiro de algodão, de sacos de farinha de trigo ou sacos de juta que servem para embalagem do charque, calça curta descendo a dez centímetros abaixo dos joelhos e camisola comprida indo até os joelhos.

Os africanos que utilizavam calças, paletó, chapéu e sapatos eram pessoas ricas.

Enquanto esperavam o chamado de um cliente, sentados em um banquinho baixo de três pés, os negros nunca estavam inativos. Entregavam-se à confecção de chapéus de palha, de pequenos cestos, de correntes de arame para papagaios, de gaiolas para pássaros, de pulseiras de contas de origem vegetal ou mineral, ou de couro de verniz com incrustações de pequenas conchas etc. Consertavam também guarda-chuvas, objetos muito estimados pelos africanos, que os transportavam para todos os lugares por onde iam e que geralmente eram feitos de tecido nanquim amarelo. Nos cantos vinham os barbeiros ambulantes, geralmente africanos; mediante o pagamento de meia-pataca [160 réis], nunca deixavam cair no chão o cabelo cortado.

Nas primeiras horas da manhã, as negras vinham ao canto trazendo grandes panelas de angu de milho e de tapioca, que os ganhadores engoliam com pão. Elas vendiam também acaçás quentes.

Entre duas e três horas da tarde, outras negras vinham para vender arroz feito à maneira haussá com carne-seca frita, preparado com um molho de pimenta seca, bolinhos de inhame lambuzados com água açucarada, carne de baleia assada, inhames cozidos, caruru etc.

Os africanos, se não eram carregadores nos entrepostos, eram vendedores ambulantes de diversos artigos. Eram operários de várias profissões, especialmente barbeiros. Eram açougueiros, pequenos comerciantes, portadores de cadeiras, o que faziam nas ocasiões solenes com a seguinte vestimenta: chapéu de tecido encerado preto com um galão de ouro como fita, paletó preto, de forma alta, calça branca e… pés descalços.

As mulheres eram vendedoras ambulantes, cozinheiras, vendedoras de diversos artigos etc. Elas carregavam nas costas seus filhos e netos, ou os filhos de seus senhores, de maneira tal que as mãos ficavam livres para todo e qualquer trabalho.

Jean-Baptiste Debret,[10] descrevendo uma negra da Bahia, vendedora de "atacaçá", escreve que, com as perturbações políticas da Bahia em 1822, tinha havido uma imensa imigração de trânsfugas para o Rio de Janeiro, e que desde então as negras da Bahia estavam misturadas com as vendedoras das ruas. Elas se faziam reparar pela sua "toalete" e inteligência; umas vendiam musselinas e xales; outras, menos comerciantes, ofereciam como novidades guloseimas importadas da Bahia e que faziam grande sucesso. Entre elas figurava o acaçá — creme de arroz frio, açucarado e enrolado em folhas de bananeiras — e bolinhos de canjica — massa açucarada de farinha de milho e leite em folhas de mamoeiro.

A negra da Bahia era facilmente reconhecida pelo seu turbante, como também pelo tamanho exagerado de suas echarpes de seda. O resto de sua roupa compunha-se de uma blusa de musselina bordada, sobre a qual ela colocava uma faixa cujos riscos caracterizavam a fabricação da Bahia. A riqueza da blusa e a quantidade de joias de ouro eram os principais objetos de sua elegância.

Essa descrição de uma mulher da Bahia é válida, ainda hoje, para as vendedoras de acaçá, acarajé, efó, abará e outras especialidades da culinária baiana, e podemos encontrá-las até hoje vendendo seus produtos nos cantos das ruas da Bahia ou no Rio de Janeiro, onde elas continuam indo fazer seu comércio, ainda que as perturbações políticas de 1882 estejam agora bem distantes.

James Wetherell, falando dos vestidos usados pelas mulheres da Bahia, escreveu:[11]

Os vestidos de gala das mulheres negras são muito particulares e muito elegantes. A parte superior do vestido, acima da saia, é feita de fina musselina, simples ou trabalhada, algumas vezes tão transparente que apenas dissimula o corpo da cintura para o alto. A parte em torno do busto é bordada com uma larga renda; braçadeiras ricamente trabalhadas são presas por um duplo botão de ouro; esta parte superior do vestido é tão frouxa que um ombro da mulher fica sempre nu. A saia do vestido é muito volumosa, formando um círculo completo quando é estendida no chão; a borda inferior é bordada com rendas, onde está ornada com um arabesco branco costurado por dentro; o saiote interior é também bordado com renda. Os pés nus estão enfiados em pequenos sapatos que cobrem as extremidades dos artelhos; os saltos são muito altos e finos, não alcançando o calcanhar do pé. Os braços estão cobertos com braceletes de coral, de ouro, de contas etc. O pescoço é carregado de correntes e os dedos vêm com anéis, particularmente aqueles da mão que é mais frequentemente exibida fora das pregas do xale.

Um elegante pano da costa [da África] é jogado sobre os ombros. Esses panos, tecidos em estreitas bandas com algodão colorido, de duas a quatro polegadas de largura, ou com riscos de uma só cor, e costurados juntos, formam o xale. Os de melhor qualidade, que são importados da costa da África, valem pelo menos cinco libras esterlinas. Os mais caros, e naturalmente os preferidos, são de um fundo cinza azulado, com riscos vermelho-escuro. Um grande lenço de rede preta ou de rede branca, de renda ou de musselina com uma borda de renda branca, é muito graciosamente enrolado em turbante na cabeça, e curiosos brincos completam essa roupa.

Apesar de seus ridículos sapatos, as mulheres andam de maneira graciosa e, às vezes, não sem afetação, na ocasião em que estão elegantemente vestidas.

O mesmo autor observava que "os negros, quando se encontram, repetem, como os persas, as mesmas palavras de saudação várias vezes: *'Selamat'* (ou *'Salamalaikun'*, 'Eu vos saúdo por vossa saúde'), *'Teijibeen'* (ou 'Esteja bem') e *'Occuginio'* (ou *'Oku ji ni o'*, 'Espero que vós tenhais levantado bem')".[12]

O vice-cônsul mostra assim que os negros da Bahia se exprimiam indiferentemente em língua árabe, português ou nagô-iorubá.

AS CONFRARIAS RELIGIOSAS CATÓLICAS DAS DIVERSAS NAÇÕES AFRICANAS

As diferentes nações africanas não se reuniam somente nos diversos *cantos*; elas também haviam formado confrarias religiosas católicas, ligadas a distintas igrejas.

Uma das mais antigas confrarias era a da Venerável Ordem Terceira do Rosário de Nossa Senhora *às* Portas do Carmo, fundada na igreja de Nossa Senhora do Rosário do Pelourinho, que era "uma associação religiosa de católicos dos dois sexos, de cor preta, de vida exemplar, tendo meios honestos de subsistência e praticando como bons cristãos os mandamentos de Deus e da Igreja".

Essa confraria era frequentada sobretudo pelos negros angolas. Em 1786, eles enviaram para a rainha de Portugal, d. Maria, a seguinte súplica:[13]

> Dizem os negros, devotos da Gloriosa Senhora do Rosário, da cidade da Bahia, que antigamente lhes era permitido, para o maior e geral contentamento e felicidade da festa da mesma Senhora, usarem máscaras e dançarem cantando em idioma angola, com acompanhamento dos instrumentos para as cantigas e louvações. Porque estão privados e que em outros países da cristandade isto se pratica, eles solicitam à Vossa Majestade pela sua alta piedade e real grandeza, para o serviço de Deus e da mesma Senhora, que se digne conceder a permissão aos suplicantes de realizarem suas festividades, pois parece agradar muito à sempre gloriosa Mãe de Deus.

Os daomeanos jejes reuniam-se na igreja do Corpo Santo, na Cidade Baixa, e tinham formado a confraria do Senhor Bom Jesus das Necessidades e Redenção dos Homens Pretos, fundada em 1752.[14]

Foi uma reprodução dessa imagem guardada no Corpo Santo que Joaquim d'Almeida, africano liberto da nação jeje mahi, levou com ele quando voltou a fixar-se na África, e foi sob esse mesmo vocábulo que erigiu em Agoué uma capela católica.

As mulheres nagô-iorubás da nação ketu reuniam-se na igreja da Barroquinha e haviam formado a confraria de Nossa Senhora da Boa Morte, que saía em procissão sempre aos 15 de agosto. Foi à sombra dessa igreja que se reuniram os primeiros participantes nos cultos aos deuses africanos da nação ketu.

Roger Bastide observa: "Assim criou-se um catolicismo negro que se conserva dentro das confrarias e que, não obstante a unidade dos dogmas e da fé, apresenta características especiais".[15]

TENDÊNCIA ENTRE OS AFRICANOS EMANCIPADOS A SE ABRASILEIRAR

Uma dupla tendência se manifestava entre os africanos emancipados: uns se achavam à vontade na Bahia e tendiam a se integrar na vida do país, a imitarem e se adaptarem ao seu modo de vida; outros ficavam ligados às origens africanas e procuravam retornar para a África (trataremos em seguida dessa questão do retorno).

A primeira tendência foi posta em evidência nos inquéritos feitos pela polícia, quando das sublevações de 1835, por algumas das respostas obtidas, entre as quais a de Ignácio José de Santa Anna, nagô emancipado, que morava na rua das Laranjeiras com três filhos crioulos e a mãe deles. Ele ganhava a vida vendendo madeira, carvão e diversos artigos na porta de sua casa. Foi preso dentro de casa, de onde não saía já fazia muito tempo devido à idade. E nada de suspeito foi encontrado ali. Ignácio se ocupava somente com a educação de seus filhos — um era carpinteiro, outro ia à escola, e o terceiro, que era ainda pequeno, ele criava —, por isso não sabia nada sobre a insurreição que os outros tinham feito. Por outro lado, sua maneira de viver era muito bem conhecida por todos os brancos de sua rua.

Havia também Luiz Ribeiro, mina alforriado, morador na rua do Tijolo com seu "parente" Pedro de Lima, da mesma nação que ele. Após ter vindo do sul, onde tinha sido soldado e colocado em licença, fazia comércio em Santa Bárbara. Na segunda-feira, após a festa do Bonfim, foi para o interior, na casa de

Lessa, para se tratar, e ali ficou até o domingo (25 de janeiro de 1835), quando, por volta das nove horas da manhã, um de seus filhos, crioulo, foi chamá-lo porque os nagôs tinham-se revoltado e podiam vir matá-lo. Por essa razão, voltou para casa no domingo à noite, mas encontrou a casa vazia, pois seu "parente" havia sido preso pela polícia.

Comunidades africanas emancipadas — que haviam formado famílias, tinham numerosos filhos crioulos e viviam da pesca em uma pequena aldeia nos arredores da Bahia — são outros exemplos de adaptação dos africanos emancipados ao novo meio onde o acaso os tinha chamado para construir suas vidas.

Em 9 de janeiro de 1827, o cônsul britânico William Pennell enviava suas observações sobre as condições de vida dos escravos emancipados, após uma estadia de alguns dias em um pequeno lugarejo chamado Santa Anna, no Rio Vermelho.[16] Sua população era composta de cinquenta brancos, cinquenta escravos, novecentos negros livres e quarenta mulatos e cabras. Ele achou que era uma boa ocasião para fazer uma pesquisa imparcial sobre os resultados do trabalho livre naquela pequena escala, onde os fatos reais podiam ser verificados, e ainda mais porque aquele lugar pouco importante não havia chamado a atenção particular nem do governo, nem de nenhuma pessoa influente. Assim, mostrava uma imagem natural e verídica das disposições e dos esforços dos negros livres pelo seu próprio bem-estar.

Com essa intenção, visitou várias choupanas e ouviu histórias dos habitantes, de viva voz. Em seguida, teve conversas com o pároco local e com alguns dos habitantes brancos para recolher mais informações e também para verificar a exatidão daquelas informações recebidas. Com essas diversas fontes, teve a convicção de que o trabalho livre era eminentemente favorável, não só ao aumento do número, como também à melhoria dos hábitos morais dos negros daquelas províncias.

Durante seus 25 anos, a população de Santa Anna mais que duplicou: além desse aumento em número, forneceu uma grande quantidade de soldados, artesãos e trabalhadores para outras localidades. Vinte anos antes, possuíam apenas catorze jangadas, e no momento da pesquisa tinham 47. (Em geral, uma jangada é feita com seis troncos de madeira de aproximadamente 25 pés de comprimento, amarrados uns aos outros, sobre os quais são montados dois mastros e um assento. Geralmente, três negros vão pescar pela manhã a uma distância considerável e só voltam à noite.)

Trabalhadores livres podiam ser obtidos à razão de duzentos réis por dia para a agricultura, excetuando-se a lavoura da cana-de-açúcar. Essa exceção se aplicava de maneira geral em toda a província, de forma que uma diminuição da produção parecia inelutável no caso da abolição do tráfico de escravos, a menos que um melhor sistema de cultivo da cana-de-açúcar pudesse ser descoberto e aplicado.

Os negros de Santa Anna eram em sua maioria casados, e o pároco local falava muito favoravelmente sobre o cumprimento de seus deveres morais e domésticos.

O cônsul britânico William Pennell acrescentava à sua pesquisa a história dos habitantes das duas primeiras choupanas que tinha visitado, não pelo fato de elas conterem qualquer coisa de notável, mas, ao contrário, na medida em que não continham nada que não fosse aplicável ao resto da população, elas deixavam uma justa impressão de conjunto e permitiam ao observador tirar daqueles fatos deduções e conclusões de ordem geral.

A escola mais próxima de Santa Anna ficava a cerca de seis quilômetros de distância, até o momento em que um habitante branco, tendo aberto uma na aldeia, passou a ensinar dezesseis rapazes negros à razão de um quarto de dime por mês. Essa indicação é interessante se se considerar que, abrindo essa escola, o mestre não tinha em vista senão seu próprio interesse, fundamentado sobre os sentimentos dos pais negros pelos seus filhos, já que esses pais exprimiam frequentemente seu pesar por não saberem ler nem escrever. Não havia magistrado em um raio de quatro milhas em volta de Santa Anna, e a necessidade de punir um crime qualquer era muito rara. Pennell não tinha visto mendigos ali, e o padre lhe havia garantido que a população dava muita atenção aos indigentes, fato que ele atribuía ao parentesco de todos os negros, em diversos graus.

Se os brancos não se ocupavam com a pesca, diziam, é porque não podiam suportar serem expostos ao sol todo o dia sobre a jangada.

Dado o grande número de crianças em boa saúde nas portas das choupanas, era evidente para o mais superficial observador que a população de Santa Anna estava aumentando significativamente.

A primeira cabana em que o cônsul entrara era habitada por Manoel de Santa Anna. Este negro, de mais de sessenta anos, já nascera livre, e tinha duas irmãs vivas que estavam em serviço na Bahia. Manoel era casado e tinha tido dez filhos de sua atual esposa, dos quais quatro rapazes e uma moça estavam

616

vivos. O mais novo contava mais ou menos dezenove anos. Dois de seus filhos eram pescadores, o terceiro era carpinteiro e o outro, soldado. Nenhum deles era casado. Sua filha tinha duas crianças de um pescador da Mariquita (localidade próxima), que não queria desposá-la. Manoel tinha mais ou menos um acre de terra próximo à choupana, pelo qual pagava dezessete shillings por ano, além de algumas galinhas, que sua mulher tratava. Antes de se casar, tinha tido um filho de outra mulher. Este filho, pescador, vivia na mesma aldeia, era casado e tinha sete filhos. Um ou dois dos seus pequenos netos estavam sempre com ele. Manoel estava então doente, por isso não ia mais pescar no mar, mas ocasionalmente pescava perto da praia. Não ganhava a vida, mas seus filhos lhe davam o necessário. Nenhum membro daquela família sabia ler ou escrever.

A segunda choupana visitada por Pennell era habitada por Francisco de Souza, um negro livre de mais ou menos 38 anos, primogênito de doze filhos do mesmo pai e da mesma mãe; oito deles estavam ainda vivos, dos quais, além de Francisco, quatro eram pescadores (um deles, casado fazia três anos, tinha duas crianças), um alfaiate, um carpinteiro e uma mulher casada havia três anos com um pescador, sem filhos.

Francisco era casado e tinha oito filhos vivos com sua mulher, e esperavam mais um; o primogênito tinha mais ou menos quinze anos. Era proprietário de uma jangada e provia as necessidades de sua família pescando, ajudado pelos dois filhos mais velhos. Sua jangada lhe tinha custado aproximadamente oito libras esterlinas, incluindo as velas. Tinha a posse de uma cabana e um pedaço de terra, pelos quais pagava mais ou menos dezessete shillings por ano. Nenhum dos membros de sua família sabia ler ou escrever.

Joaquim d'Almeida, chegado à Bahia como escravo do capitão Manoel Joaquim d'Almeida, rapidamente libertado, tornou-se em alguns anos completamente brasileiro de hábitos e de comportamento.

Foi ele quem mandou erigir uma capela católica em Agoué, na costa da África, vários decênios antes da chegada dos missionários católicos naqueles lugares.

Seu testamento mostra como ele tinha se integrado profundamente na sociedade brasileira e católica, que era a de seu senhor, e os laços de amizade que se tinham atado entre o ex-escravo e o ex-senhor.

As últimas vontades desse africano chegado à Bahia vindo do país dos mahis, ao norte de Abomé, estão aqui publicadas em nota.[17]

Essa tendência para o abrasileiramento havia sido ilustrada por João de Oliveira em 1770, na sua volta para a Bahia, no momento da sua velhice.[18]

Preso alguns dias depois de sua chegada, quando se tinha alojado na praia, aos pés da igreja do Pilar, ele era acusado erroneamente de ter desembarcado clandestinamente mercadorias carregadas a bordo do navio que o trazia da costa da África, onde tinha ficado 38 anos fazendo comércio. Seu nome foi citado nos relatórios do diretor do forte de São João de Ajudá, o tenente Theodozio Rodriguez da Costa, quando faz alusão ao novo porto (Porto Novo) que João de Oliveira mandara abrir ao comércio português. Em súplica enviada pelo seu advogado, são mencionadas suas atividades a favor do comércio dos negociantes da Bahia, e alude-se aos sentimentos cristãos de João de Oliveira, cuja ambição era morrer entre os católicos, e não ter que voltar entre os pagãos da costa da África.[19]

Dos 79 escravos que figuravam no termo de sequestro, 69 lhe foram devolvidos, dez haviam morrido.[20] Quatro deles eram livres e cabeceiras enviados pelo rei de Onim (Lagos), e deviam voltar para a costa da África. Duas das escravas eram destinadas à igreja de Nossa Senhora da Conceição dos Militares, em Pernambuco.

O caso de Osifekunde, nascido na África, na aldeia de Omaku, no país dos ijebus, raptado aos 22 anos, por volta de 1820, e trazido para o Brasil, onde foi tornado escravo de um francês, sr. Navarre, é igualmente digno de ser citado como prova da afeição de um escravo pelo Brasil, preferindo aqui viver a voltar para a África.

Osifekunde tinha sido levado a Paris pelo seu senhor em 1836. Ali tornou-se livre de direito, pois a escravidão não era reconhecida na França, e serviu de informante ao sr. D'Avezac.[21] Quando seu senhor voltou para o Brasil, ele ficou em Paris, e em 1839, mesmo podendo voltar para a África, preferiu retomar suas correntes no Rio de Janeiro, cedendo às promessas de bom tratamento, à sua afeição pelo antigo senhor e, sobretudo, à lembrança do clima feliz do Brasil e de um filho que aqui tinha tido.

Duncan, por sua vez, relata que em 1845, quando estava no interior da África, em Adofodia, foi saudado por um antigo escravo que tinha vivido na Bahia:[22]

Este pobre homem fez-me uma breve mas interessante narração de sua vida. Era nativo de Bornu, mas foi preso na guerra e vendido como escravo. Foi passando de um grupo a outro, até que chegou em Uidá, onde ficou alguns meses e foi bem tratado. Foi então embarcado para a Bahia e ficou como escravo durante 21 anos. Por dez anos, foi cozinheiro-chefe da casa Boothby & Johnston, de Liverpool.

Quando eu lhe disse que conhecia bem Liverpool, ele pareceu absolutamente encantado e mostrou um grande desejo de para lá me acompanhar.

Falou-me muito de seus antigos senhores e do tempo de sua servidão como dos mais felizes de sua vida. Disse-me ter sido libertado quando da emancipação dos escravos pertencentes aos súditos britânicos, e que os primeiros sonhos de sua infância estavam tão gravados em sua memória que preferiu visitar o lugar de seu nascimento em vez de ficar como servidor de aluguel na Bahia. Ele voltou para Uidá e se encontrou com diversos conhecidos da Bahia.

Ali ficou alguns meses, depois foi para o país dos yarribas, e após alguns meses chegou à sua terra natal. Mas agora o encantamento estava quebrado, e todos os felizes sonhos de vinte anos tinham desaparecido. Sua cidade natal tinha sido queimada duas vezes pelo inimigo e era habitada principalmente por alógenos vindos de um país longínquo. Era agora um obscuro estrangeiro e visto com desconfiança, e seu lar, por tanto tempo amado, não era para ele mais do que um vazio desolador. Com um coração solitário, partiu de novo daquele lugar e retomou sua viagem, com a intenção de voltar para a costa e, se possível, para a Bahia.

TENDÊNCIA À REVOLTA E AO RETORNO PARA A ÁFRICA ENTRE OS AFRICANOS EMANCIPADOS

A segunda tendência dos escravos alforriados, de recusa à integração na sociedade brasileira e de se fecharem em si mesmos, com ou sem manifestações de sentimentos agressivos contra os brancos e de rejeição de sua cultura, encontra-se também nos diversos documentos consultados.

Esse estado de espírito se traduzia algumas vezes pela conversão ao islamismo, cuja doutrina de desprezo pelo "infiel" tinha com que atrair o escravo ou o alforriado humilhado e lhe devolver sua altivez, dando uma base religiosa ao seu ressentimento contra aquele que o mantinha ou o havia mantido em condição servil. Os sentimentos de hostilidade contra o grupo dominante e as aspirações de retorno à terra natal incitavam alguns escravos à revolta.

É assim que a manifestação verbal de sua rebelião era censurada durante os interrogatórios das testemunhas ouvidas, como o de Aprígio, nagô alforriado que foi escravo do falecido capitão Geraldo, e o de Belchior, nagô alforriado que foi escravo de Guilherme Soeiro, ambos carregadores de palanquim de aluguel no canto da Mangueira, acusados de terem tomado parte na insurreição, tendo sido vistos confeccionando túnicas e barretes iguais aos que usavam os revoltosos. Uma testemunha declarou que esses dois carregadores haviam recusado transportar um dia um homem bêbado, a despeito do pedido de um soldado e do porteiro do tribunal, e uma vez que os dois tinham se distanciado, a testemunha os ouvira gritar: "Aguardem um pouco, e quando procurardes negros no canto e não os encontrardes, será vós mesmos que levarão palanquins nos ombros". Essas palavras, relacionadas com os acontecimentos que se seguiram, pareciam revelar sinistras intenções.

Alguns tinham conversas mais inquietantes, como Paulo, nagô, escravo de Rita Maria da Paixão, da nação mina, carregador de palanquim de um canto do qual era capitão na Cidade Baixa, chegado à Bahia fazia muito tempo, na época do conde dos Arcos. Paulo havia dito em português a um outro negro, após a vã insurreição de 24 de janeiro de 1835: "Em Havana, os negros se revoltaram e mataram todos os brancos; os negros ali sabem como endireitar os brancos".

Os escravos e alforriados ultrapassavam algumas vezes o estágio de simples ameaças e se sublevavam, como o fizeram em várias ocasiões entre 1807 e 1835.[23]

Outros procuravam mais pacificamente retornar para a África, escondendo-se a bordo de navios negreiros, com a cumplicidade de alguns membros da tripulação, muitas vezes eles mesmos escravos.

Esse era sem dúvida o caso de Jonas, de que trata um anúncio de jornal:

(*JB*, 18/02/1854): Desapareceu no dia 6 do corrente da casa de seu senhor um negro da nação mina, de nome Jonas, com uns trinta anos de idade, estatura elevada, de rosto redondo e bochechudo, dois ou três tumores no tornozelo do pé esquerdo, e os dedos da mão como que paralizados, sempre meio fechados, pois não os pode estender; levou camisa com riscos e uma calça branca; pode ser que ele tenha se escondido na embarcação que partiu domingo, 12, para a costa [da África], após ter frustrado a busca da polícia. Será que ele escapou? Na loja de Francisco José Gonçalves, no cais do Moreira, quem o trouxer de volta será bem recompensado.

TENDÊNCIA À ACEITAÇÃO SIMULTÂNEA DAS CULTURAS BRASILEIRA E AFRICANA

Outros escravos e alforriados ainda procuravam um compromisso e se resignavam com sua sorte. Adotavam uma vida de tipo brasileiro na aparência. Reuniam-se em pequenos círculos e nas *juntas*, das quais já tratamos. Ali eles podiam cultivar, longe dos curiosos, suas religiões e seus costumes particulares.

Já falamos em outra parte dos encorajamentos dados pelo governo para que os escravos africanos se encontrassem aos domingos nos batuques organizados por nação de origem. Essas nações, inimigas na África, haviam se enfrentado em combates, e seus respectivos prisioneiros, vendidos aos portugueses da costa, acabaram se encontrando na Bahia, reduzidos à mesma servidão. Para evitar que um mal comum os aproximasse, o governo achou prudente autorizar suas distrações dominicais, que semanalmente lhes lembravam sua identidade africana, e também os preconceitos e ódios que haviam colocado uns contra os outros. No entanto, o resultado daquelas reuniões acabou sendo o de manter o culto aos orixás e aos voduns, divindades dos nagôs e dos fons do Daomé, pois os cantos e as danças que podiam assim praticar em público não eram outros senão aqueles trazidos de seu país natal e que se endereçavam a seus deuses, ritualmente em sua língua, sem que seus senhores o soubessem, pois viam naquilo apenas negros dançando alegremente ao som de tambores e de sinetas.[24]

Entre os objetos que a polícia encontrou na Bahia durante as buscas nas casas habitadas pelos africanos, havia muitos instrumentos musicais e acessórios destinados às sessões de candomblé.

Não é fácil assegurar se as religiões de matriz africana que se mantêm até hoje no Brasil, e sob certa forma em estado muito puro na Bahia, são do tipo sincrético, fruto da aproximação, da fusão, da identificação do conjunto ou de uma parte dos dogmas, mitos, rituais de duas ou mais religiões postas lado a lado, ou se, na origem, fossem somente uma simples máscara da religião oficial, recobrindo as práticas daquelas que haviam sido trazidas do país natal.

Essa fidelidade aos cultos africanos, guardada pelos escravos apesar de sua conversão mais ou menos sincera ao catolicismo, é difícil de ser revelada nos antigos documentos. Roger Bastide assinala que "em 1618, quando da visita da Inquisição na Bahia, Sebastião Barreto denunciava o costume que tinham os negros de matar animais quando em luto para lavarem-se em seu sangue, dizendo então que a alma deixava o corpo para subir ao céu".[25]

Por volta de 1768, foi denunciada a existência de verdadeiras casas de culto africanas, e algumas delas foram objeto de perseguições judiciais em Pernambuco: "As danças eram feitas à escondidas pelos negros da Costa da Mina, em casas ou no campo, com uma negra dirigente, um altar e ídolos".[26]

Já assinalamos que, em 1785, os negros angolas da Bahia pediam permissão para celebrar a Gloriosa Senhora do Rosário com máscaras, danças e cantos em idioma de Angola acompanhados de seus instrumentos musicais, como o faziam antigamente.

Não há nenhuma dúvida de que, sob o pretexto de festividade católica, se tratava também de celebrar as divindades africanas, como sempre foi o caso nesta Bahia de todos os santos e de todos os orixás, particularmente para a tão popular festa do Senhor do Bonfim.

Von Spix e Von Martius, que assistiram a algumas daquelas festas, deram a seguinte descrição:[27]

> Quem teve a ocasião de observar as canções e as alegres danças que são executadas ao pôr do sol nas ruas da Bahia por grandes grupos de negros, que se elevavam algumas vezes a um entusiasmo selvagem, dificilmente se convenceria de que se tratam de festas iguais àquelas que escritores filantropos, descrevendo com exagero como próxima da animalidade, taxam-nas de manifestações estúpidas do mais vil egoísmo e de todas as vergonhosas paixões.
>
> Na festa do Senhor do Bonfim, o barulho e a alegria sem freios de muitos negros reunidos imprimem àquelas festas populares um cunho especial e bizarro, que somente aqueles que puderam observar diversas raças humanas intimamente misturadas podem ter uma ideia.

A lavagem da igreja do Bonfim provocava sempre reações nos jornais:

(*JB*, 16/01/1856): Hontem era dia da lavagem da igreja do Senhor do Bonfim, para sua festa que celebra-se-á domingo próximo. Como sempre, a afluência era muito grande, e como sempre houve no templo actos de desrespeito capazes de fazer estremecer um herático.

(*JB*, 14/01/1858): Abuso e costumes que a civilização condena. Entre os escândalos que deploramos faz muito tempo, e que várias vezes censuramos, aquele da lavagem do Bonfim os ultrapassa a todos; é uma orgia desordenada, um verdadeiro bacanal dos tempos pagãos. Felizmente, portanto, de acordo com as declarações do *Nouvelliste Catholique*, aquelas cenas de deboche, de torpezas e de revoltantes imoralidades estão já quase banidas. A moralidade ultrajada, a religião insultada e ofendida receberão agora, mesmo tardiamente, a recompensa merecida. Assim, é preciso que não se ouça mais dentro do recinto do templo canções de prostíbulos, e que os olhos não verão mais aqueles gestos que provocam e desencadeiam os mais sensuais e desordenados desejos.

(*JB*, 13/01/1860): A lavagem do Bonfim. Ontem foi a lavagem da igreja do Senhor Bom Jesus do Bonfim, cuja festa será celebrada domingo próximo: bem que a lavagem de hoje não tenha oferecido cenas de escândalo de antigamente, malgrado tudo ainda há do que queixar-se.

(*JB*, 14/01/1860): A lavagem do Bonfim. A alegria da lavagem não passou sem incidentes deploráveis. Isto não surpreendeu aqueles que sabiam que naquela ocasião afluem ao Bonfim milhares de pessoas de todas as condições. A humildade dos pés dos devotos e das devotas leva à necessidade de esquentar os estômagos. Nada parece mais próprio e mais aconselhável que a cachaça ou mesmo o vinho, e então reina a alegria, a licenciosidade, e como consequência inevitável, os insultos e os golpes de bastão. Afora algumas disputas daquela ordem, produziu-se um ato muito repreensível. De tarde, o povo saiu para percorrer o porto do Bonfim, música na frente, e uma embarcação estando ali carregada de melancias, um grupo numeroso dela aproximou-se e deixou-a vazia, cada um levando sua melancia... O pobre que era proprietário dela estava prestes a ficar louco.

Encontramos nos jornais da época algumas informações sobre os candomblés da Bahia no século XIX. A rubrica das atividades da polícia mostra o seguinte:

(*JB*, 03/03/1854): Prenderam Francisco e Caetana, alforriados, para obter deles os detalhes a respeito de diversos objetos de candomblé encontrados em sua possessão.

(*JB*, 13/03/1854): Manoel Damião de Jesus exigia dinheiro de africanos ignorantes, passeando com uma serpente viva enrolada em volta do pescoço, e provocava desordens na cidade.

Os africanos Manoel de Cerqueira Braga e Jesuina de Sancta Anna foram presos por ter provocado desordem, objetos pertencentes ao candomblé foram encontrados na casa deles.

(*JB*, 31/05/1855): Foram presos e postos à disposição da polícia Cristovam Francisco Tavares, africano emancipado, Maria Salomé, Joanna Francisca, Leopoldina Maria da Conceição, Escolástica Maria da Conceição, crioulas livres, e os escravos Rodolpho Araujo Sá Barreto, mulato, Melonio, crioulo, e as africanas Maria Thereza, Benedicta, Silvana, com um recém-nascido, e Maria, igualmente com um filho, que estavam no lugar chamado Engenho Velho, em uma reunião que eles chamam de candomblé.

(*JB*, 15/04/1855): Na noite de 12 para 13 do corrente, uma casa conhecida na paróquia da Victoria como candomblé, onde tem o hábito de se reunirem muitas pessoas para diversos fins, foi cercada. A maior parte da sociedade era composta de crédulos que iam consultar a sorte mediante oferendas. 32 pessoas assim presas foram transferidas anteontem de manhã para a prisão do Aljube.

A municipalidade da Bahia publicava avisos a respeito de uma decisão tomada em 27 de fevereiro de 1857: "Os batuques, danças e reuniões de escravos estão proibidos em qualquer lugar e a qualquer hora, sob pena de oito dias de prisão para cada um dos contraventores".

E os anúncios de jornais:

(*JB*, 12/02/1859): Foram presos e colocados à disposição da polícia, por terem se reunido em batuques no lugar chamado Quinta das Beatas, 42 indivíduos, dos quais 7 eram escravos; havia 17 homens e 25 mulheres, 4 mulatos escuros, 8 crioulos e 30 africanos.[28]

(*JB*, 17/07/1859): O fetichista Grato, africano que foi preso pela polícia em uma casa do Conceição do Boqueirão, no meio de seu laboratório para prever a sorte,

624

e que era pai de terreiro de seu candomblé foi deportado pela polícia para a costa da África, na barca portuguesa D. Francisca.

(*JB*, 26/10/1861): Foram presos e colocados à disposição da polícia os africanos livres Jaime e Eliseo, este último do serviço de iluminação pública, e o outro da Quinta dos Lazaros [leprosário], encontrados de madrugada transportando um fardo contendo roupas, esculturas e outros objetos do ritual de danças e feitiçarias dos africanos.

(*JB*, 03/11/1865): Na paróquia do Pilar, os africanos Tibério, Antonio, Maurício e Spiridião, libertos, e Samuel Manuel, Ovídio e Antonio, escravos, foram encontrados [pela polícia] em grupo e perturbando o silêncio público com batuques.

Tratava-se provavelmente de samba ou de candomblé, mas seja qual for o motivo daquelas reuniões, não havia separação entre os escravos e os alforriados, mesmo que aos olhos da lei os estatutos fossem diferentes. É assim que, no caso de serem presos, não podiam ser confundidos e encarcerados no mesmo estabelecimento penitenciário:

(*JB*, 24/03/1857): Lei Municipal. Todo ganhador que não portar, de maneira visível, a placa entregue pela municipalidade, será condenado a passar oito dias na prisão do Aljube, se for escravo, e na Casa de Correção, se for libre.

(*JB*, 05/06/1858): Os homens livres que se achavam recolhidos à prisão do Aljube, que é só para escravos, foram transferidos na quarta-feira para a Casa de Correção, entre uma escolta de soldados da polícia, comandada por um oficial. Cessou felizmente este abuso, que o Sr. Dr. Policarpo Lopes de Leite, chefe interino da polícia, permitiu, por tão longo tempo.

CRIOULOS LIVRES E AFRICANOS LIVRES

Com o fim do tráfico de escravos, efetivado em 1850, uma discriminação nascia entre os crioulos livres e os africanos emancipados. Era a consequência da chegada no Brasil de um certo número de colonos brancos, trabalhadores braçais, que não queriam trabalhar indistintamente no meio das pessoas de cor, escravas. O aparecimento desse fenômeno e de tal preconceito está exposto em um relatório do cônsul britânico no Rio de Janeiro, de 31 de março de 1851.[29] Ele enviava os números do recenseamento efetuado em 1848. Na cidade do Rio de Janeiro, havia 8449 africanos livres e 5012 crioulos de cor, livres, contra 110512 escravos.

Havia ali 142403 brancos, entre os quais 37924 eram estrangeiros (26749 portugueses), e mais ou menos 8 mil colonos brancos, entre os quais agricultores e artesãos estabelecidos na cidade ou nas imediações. De fato, estes últimos eram suficientemente numerosos para afetar as possibilidades de emprego dos trabalhadores de cor livres que, descontentes com a redução de seus ganhos, consequência da concorrência com os brancos, estavam desejosos de retornar para a África. Um africano livre, inteligente, tinha vindo pedir ao cônsul que o ajudasse a achar um navio britânico para transportá-lo para lá, como também as quinhentas pessoas que tinham a mesma disposição. O cônsul afirmava que eles "recusavam ir para outro lugar que não fosse a África". Nenhuma esperança, pois, de as Antilhas verem aumentar a quantidade de sua mão de obra.

Na mesma época, em 18 de novembro de 1850, o cônsul escrevia da Bahia: "De conformidade com o decreto promulgado pelas autoridades desta província, visando encorajar o trabalho da mão de obra nacional, é proibido a todo barqueiro africano fazer seu serviço nos cais e nas entradas públicas da cidade. Esse serviço, de agora em diante, será garantido por brasileiros ou por crioulos livres".[30]

E acrescentava que "aproximadamente 750 africanos foram assim expulsos de seu emprego; muitos deles obtiveram sua emancipação pagando somas consideráveis para seus proprietários. Os brasileiros consideram que essa medida incitará gradualmente a população branca a empreender trabalhos ao ar livre, para os quais até agora mostraram a maior aversão".

Essa medida foi celebrada dez anos mais tarde, como relatam os jornais da época:

(*JB*, 01/11/1861): Festa dos Saveiristas. Hoje é o aniversário da admissão dos homens livres para o serviço dos saveiros, excluídos os africanos e os escravos.

(*JB*, 22/09/1861): Antonio Fernandes Reis Vianna e Cia, aceitam homens livres para o trabalho de estivagem; apresentar-se de manhã, às seis horas, no caes Dourado.

Em 1853, o mesmo cônsul John Morgan mostrava as consequências do exagerado zelo da polícia da Bahia para aliviar o mercado de trabalho do excesso de mão de obra de origem africana, antigamente tão procurada.

Ele escrevia, em 13 de maio de 1853:[31]

Na noite de 8 do corrente, os habitantes desta cidade foram incomodados por um grito de alarme, de chamada da guarnição às armas, na espera de uma insurreição iminente da população escrava. A imprensa do governo não diz uma palavra a este respeito, mas naquela noite grandes destacamentos de cavalaria patrulharam as ruas e a infantaria foi mantida em armas na caserna. Dizem que armas e munições foram encontradas escondidas nas casas de alguns africanos livres da nação nagô ou mina, assim como bandeiras e roupas de mascarada iguais àquelas que foram utilizadas na última grande insurreição de 1835.

As prisões estão cheias de africanos livres, e as visitas domiciliares da polícia são deploráveis. Creio, entretanto, que as apreensões do governo provincial são maiores do que os fatos parecem justificá-las, e que essas medidas são tomadas para forçar os negros libertos a retornar para a África. Eles não têm os meios, mas a lei e todos os princípios de justiça obrigam o governo a repatriá-los às suas próprias custas.

E confirmava em 6 de junho seguinte:[32]

No meu último despacho, eu fazia saber a *Vossa Excelência* as medidas em vias de adoção nesta cidade pelas autoridades brasileiras para se desvencilharem dos negros livres, no temor de que sua residência permanente nesta província seja um perigo para a paz pública e um obstáculo à permanente sujeição da população escrava.

E acrescento que no dia 2 do corrente, o chefe de polícia, para reforçar sua interpretação da lei brasileira, ordenou à escuna holandesa *Gouverneur Van der Eb* que estivesse pronta para partir para a colônia de Elmina, e tentou forçar esse pavilhão a transportar negros que estão atualmente na prisão esperando serem enviados para a costa da África. Assim, sem pedir autorização, sem oferecer o pagamento da passagem dos indivíduos transportados, sem abrir inquérito para saber se uma bandeira estrangeira poderia ser submetida à política brasileira, voltando às infrações que foram cometidas durante tantos anos contra toda lei moral e toda justiça, o chefe de polícia persistia em sua determinação de violar as mais comuns noções da lei das nações. Ele estava pronto para fazer das bandeiras estrangeiras em partida para a costa da África os instrumentos da injustiça que é transportar uma classe de pessoas cuja liberdade constituía o maior de todos os crimes, liberdade que haviam comprado depois de anos de privação e economias. Esses africanos são agora arrancados de suas mulheres e de seus filhos com a mesma barbárie que aquela dos infames ladrões de homens que os haviam arrancado, antigamente, de seu país natal.

Desagradavelmente impressionado por um ato tão arbitrário, o cônsul dos Países Baixos endereçou-se a mim e ao cônsul da França para conselho. O presidente da província, que colocava em cruel embaraço uma questão de direito tão elementar, ordenou depois de três dias de deliberação que o *Gouverneur Van der Eb* fosse solto.

15. O golfo do Benim após 1810: do "tráfico culpado" de escravos ao "comércio inocente" de azeite de dendê

REPRESSÃO AO TRÁFICO DE ESCRAVOS PELOS CRUZADORES BRITÂNICOS

Faltam-nos documentos sobre o que se passou em terra na cidade de Uidá depois do abandono dos fortes inglês, francês e português. Não ficaram mais no local nem funcionários, nem diretores para enviar relatórios sobre a situação do país.

No forte português havia ainda Xaxá de Souza, mas este cuidava de seus assuntos pessoais muito mais do que dirigia um forte pelo qual, na Bahia, havia um desinteresse total.

Após a série de expulsões dos diretores do forte de São João de Ajudá efetuadas pelo rei Adandozan, o governador da Bahia não mostrava nenhum entusiasmo em nomear novos funcionários para o forte em questão. Era visível a sua má vontade em relação às ordens recebidas do governo imperial no Rio de Janeiro, que queria manter, de maneira concreta, a presença e os direitos dos portugueses naquela parte da costa da África. Uma troca de cartas a esse respeito ocorreu depois da assinatura do tratado anglo-português de 1815.[1]

O Parlamento britânico inquietava-se muito com o que acontecia nos fortes africanos dependentes da Companhia dos Mercadores que traficava na África e com as atividades que ali se desenvolviam. Um Select Committee foi nomeado para cuidar do assunto, e as minutas dos inquéritos feitas a esse respeito foram impressas em 26 de abril de 1816, por ordem da Câmara dos Comuns. De forma alguma se tratava de reocupar o forte Williams de Uidá. O capitão Frederick Paul Irby, comandante do *H.M.S. Amélia* entre 1811 e 1813 na costa da África, dava alguns detalhes sobre isso, observando em seus depoimentos:[2]

> Os pavilhões das três nações, francesa, portuguesa e inglesa, flutuavam sobre seus respectivos fortes durante os anos em que estive na costa. As bandeiras das duas primeiras eram ali içadas pelos negros para entregarem-se ao tráfico e assinalar aos traficantes que havia escravos disponíveis naqueles fortes, utilizados como depósito pelas autoridades locais.

Os navios negreiros obtinham seu carregamento de escravos indiferentemente nos três fortes, mas não havia sido possível aprisioná-los nem enviá-los para julgamento em Serra Leoa, pois usavam bandeira portuguesa quando ancorados ao largo de Uidá, onde, pelo tratado de 1810, tinham sido especialmente autorizados a fazer seu "diabólico comércio". Por outro lado, os navios examinados em Porto Novo e Onim foram enviados para os tribunais do Almirantado de Serra Leoa e acabaram condenados. Entre eles estavam os vasos *Lindeza*, *Flor do Porto*, *Americano*, *Destino* e *Desengano*, todos da praça da Bahia.

Havia na época cerca de 45 navios da Bahia fazendo o tráfico de escravos entre o cabo Palmas e Calabar. Todos partiam oficialmente para a Costa da Mina para fazer o tráfico legal, e traficavam sobretudo em Popo, Ajudá, Porto Novo, Badagri e Onim.

Para fazer seu comércio, continuavam a ser auxiliados por canoas no castelo de Cape Coast. Foi o que o capitão Irby quis impedir, escrevendo ao governador daquele forte em 5 de janeiro de 1812 para "não mais fornecer canoas e seus canoeiros; se, no futuro, os encontrar a bordo dos navios portugueses, enviá-los-ei para Serra Leoa".[3]

Decisão contra a qual se levantava o sr. Swanzy, que, em 24 de agosto de 1812, ressaltava:[4]

> O uso de canoas da Costa do Ouro é indispensável aos portugueses para que possam fazer seu tráfico em Ajudá. Essas canoas de grande porte são manobradas por equipes de dezessete a 21 canoeiros, que recebem seu pagamento

quando o vaso completa seu carregamento; o montante de seu salário é considerável. A iniciativa do comandante Irby pode privar os indígenas vizinhos do forte de Cape Coast de lucros importantes, estimados em trezentas libras esterlinas para cada um dos trinta vasos que ali têm o costume de ir anualmente. A privação de tais lucros pode provocar graves reações das populações contra os europeus do lugar, e tenderá a levar os indígenas de novo e completamente à sua antiga barbárie.

O governador Smith queixava-se em 1817, porque os holandeses do castelo da Mina forneciam água aos espanhóis e canoas aos portugueses, em detrimento das atividades do castelo de Cape Coast.[5]

Durante alguns anos, a partir de 1823, os movimentos dos navios negreiros e as presas feitas pelos cruzadores britânicos são indicados nos relatórios dos juízes às comissões mistas sediadas em Serra Leoa, em virtude das cláusulas dos tratados e convenções.

Eis alguns extratos dos relatórios que foram enviados pelos comissários britânicos para o Foreign Office.

RELATÓRIO DE 15 DE MAIO DE 1824:

Desde 29 de abril de 1823,[6] somente sete navios de tráfico foram apresados no golfo do Benim e no golfo do Biafra. Pensamos, porém, que o comércio de escravos teria sido levado com maior extensão se as desordens no Brasil, e mais particularmente na Bahia, não tivessem impedido os brasileiros de nele estarem mais ativamente empenhados. Depois da rendição da Bahia às forças brasileiras e a volta à tranquilidade, parece, de acordo com as informações recebidas, que os navios de tráfico de escravos fizeram de novo seu aparecimento no golfo do Benim. Não ouvimos falar de que se tenha visto algum navio no golfo do Biafra.

No fim de janeiro último, o *H.M.S. Bann* cruzava os golfos do Benim e do Biafra. Ao largo do rio Lagos, no golfo do Benim, tomou três navios negreiros brasileiros, o *Minerva*, o *Cerqueira* e o *Crioula*, e em seguida, perto da ilha de São Tomé, tomou a escuna brasileira *Bom Caminho*.[7]

Os três primeiros vasos foram postos em liberdade em 29 de abril de 1824 e retornaram a Lagos à procura de seus mestres, que ficaram em terra.

Entretanto, Manoel Cardoso dos Santos, mestre da escuna *Cerqueira*, havia redigido um enérgico protesto. O conteúdo desse longo documento de grande interesse está publicado in extenso em nota.[8]

RELATÓRIO DE 10 DE ABRIL DE 1825:[9]

O tráfico de escravos certamente aumentou nos golfos do Benim e do Biafra e nos grandes rios que afluem por lá, naquelas latitudes. Podemos atribuir esse fato ao grande número de vasos que partiram do Brasil durante os últimos doze meses. Treze deles foram registrados como tendo deixado a Bahia mais ou menos ao mesmo tempo, com destino a Badagri; quatro deles, *Diana, Dois Amigos Brasileiros, Aviso* e *Bella Elisa*, foram capturados pela esquadra e enviados para cá durante os dois últimos meses do ano passado, tendo a bordo perto de 1200 seres humanos; os outros puderam, sem dúvida, levar suas vítimas. O mestre de presa do *Dois Amigos Brasileiros*, quando de sua vinda para cá, a uma distância de aproximadamente 250 milhas ao sul do cabo Formosa, também encontrou dois grandes vasos sob as cores espanholas, repletos de escravos.

Este ano, o *Bonfim*, tendo a bordo 149 escravos, sob as cores brasileiras, foi trazido aqui para julgamento. Os portos geralmente frequentados são Badagri, Lagos, Popo e Uidá, no golfo do Benim.

RELATÓRIO DE 10 DE MARÇO DE 1826:[10]

Apesar do zelo, da vigilância e da reconhecida atividade da esquadra de Sua Majestade no cumprimento de seu dever, e de seus esforços para pôr um fim ao tráfico ilícito de escravos, e mesmo que os navios de Sua Majestade tenham capturado ultimamente mais vasos procedendo em seu detestável tráfico, em um espaço de tempo ainda mais curto que em nenhum período precedente após o estabelecimento das cortes das comissões mistas, é com sentimentos de penoso pesar que constato que o tráfico não diminuiu e que está sempre florescente.

Dos dezesseis vasos aprisionados nos últimos nove meses, sete carregaram sua carga em Lagos, três no rio Calabar e dois em Popo e redondezas. Todos esses lugares estão profundamente no interior dos golfos do Benim e do Biafra.

A Bahia foi o porto principal de onde os navios partiram sob as cores brasileiras para sua viagem de tráfico de escravos, em direção a Molembo, mas, em cada um dos casos julgados recentemente pela corte da comissão mista, foi provado de maneira indiscutível que as cargas tinham sido pegas em Lagos. Falsos livros de bordo e falsos diários de suas viagens foram mantidos regularmente, como se viessem do porto ao qual juravam ter ido. A necessidade fez nascer um sistema de prevaricação e de grosseiros falsos testemunhos.

RELATÓRIO DE 22 DE AGOSTO DE 1827:[11]

O último relatório da esquadra na Costa a Sotavento da Mina nos faz saber que não houve navios de tráfico de escravos na costa. Essa situação pode ser devida tanto à atividade da esquadra empregada para impedir o abominável tráfico — apoiada pela última decisão da comissão mista, pela qual os navios encontrados no hemisfério Norte com um passaporte para o hemisfério Sul (com ou sem escala na ilha de São Tomé) estavam suscetíveis a serem condenados, o que aparentemente paralisou os audaciosos que se entregavam ao tráfico de carne humana — quanto às pessoas empenhadas em tal comércio, que, em razão das enormes perdas que sofreram, reduziram o tráfico nos limites prescritos pelo tratado. Existe ali boa matéria para felicitar todos aqueles que se interessam com o bem-estar da África, pois isso tenderá, esperamos, a orientar os comerciantes para um tráfico inocente.

Desde o estabelecimento da comissão mista até o presente, houve nada menos que 59 vasos julgados pela corte luso-britânica, 35 dos quais da Bahia.[12]

A bandeira brasileira desapareceu do tráfico pela entrada em vigor, em 13 de março de 1830, do tratado de 1826, mas o tráfico continuou sob bandeira portuguesa, auxiliado por passaportes duplos.

RELATÓRIO DE 5 DE JANEIRO DE 1833:[13]

Durante o último ano, pouquíssimos navios negreiros foram condenados, em comparação com aqueles com os quais esta corte tinha se ocupado nos anos anteriores.

Somente cinco vasos foram julgados e condenados: quatro espanhóis e um português.

Cremos que o tráfico continua a ser feito com igual perseverança e sucesso de outrora sob a bandeira espanhola. Constatamo-lo com pesar, mas acreditamos que a bandeira francesa está sempre suja pelo mesmo tráfico, e ouvimos falar de vasos portugueses que ainda estão empenhados no tráfico em Uidá e em outros lugares nas redondezas para fazer o contrabando de escravos para o Brasil, agora que o tráfico se tornou um ato de pirataria sob a bandeira dessa nação.

Poucas capturas foram feitas em razão do pequeno número de vasos de Sua Majestade a estacionar naquelas paragens, devido ao estado de guerra entre o rei da Barra e o estabelecimento de Sua Majestade na Gâmbia. É provável também que o insucesso da esquadra provenha de dois novos sistemas empregados pelos proprietários de navios negreiros, particularmente os espanhóis: os navios negreiros ficam um tempo mínimo na região em que carregam os escravos, a mercadoria sendo transportada por outros navios enviados anteriormente.[14]

RELATÓRIO DE 2 DE FEVEREIRO DE 1836:[15]

Em 1835, quatro vasos portugueses e doze espanhóis foram julgados e todos acabaram condenados, e 4645 escravos foram libertados. O total desde 1819 é de 37 248 africanos.

Todos os navios portugueses recebem seus documentos do governo provincial na ilha do Príncipe.

Após o tratado com a Espanha, de 28 de junho de 1835, um grande passo foi dado em direção à abolição total. Mas os navios espanhóis vão obter documentos portugueses no futuro. Quando tiverem assumido a característica portuguesa, seremos incapazes de atingi-los a uma milha ao sul da linha, mesmo que os escravos estejam empilhados a ponto de serem sufocados.

Os Estados Unidos podem servir igualmente na mesma intenção. *Atrevido*, *Legítimo Africano* e *Thereza*, três dos quatro vasos portugueses condenados, tinham ido da ilha do Príncipe para Uidá, onde seu carregamento havia sido feito pelo experiente mercador de escravos Souza, aliás "Charchar" [Xaxá].

No Rio de Janeiro, o hábito é transferir os navios brasileiros para cidadãos portugueses, colocando assim os ditos navios sob a bandeira portuguesa para utilizá-los impunemente.

RELATÓRIO DE 5 DE JANEIRO DE 1837:[16]

Em 1836, 51 navios foram levados frente à comissão mista: catorze portugueses e 37 espanhóis (28 destes equipados para o tráfico de escravos). Dos 51 navios, quatro não foram condenados, e 5904 escravos foram emancipados. Desde 1819, 277 navios foram julgados (dezoito não condenados) e 44154 escravos emancipados. Dos 51 navios, 41 pertenciam a Cuba e três a Porto Rico, e os sete restantes eram de Cádiz, Lisboa, Rio de Janeiro, Bahia e ilha do Príncipe. Dos 51 navios, 27 foram aprisionados no golfo do Biafra e sete no golfo do Benim, treze na costa ocidental da África, entre o cabo Palmas e o cabo Roxo, e quatro ao sul da linha.

O golfo do Biafra foi o principal ponto de apresamento dos cruzadores, devido às dificuldades que têm os navios negreiros de entrar e sair dos rios. No golfo do Benim, uma vez que o navio efetuou seu carregamento ao longo das praias, todos os ventos sopram para afastá-lo da África, e quando um negreiro começa a sua partida, somente um veleiro de primeira classe pode ter a oportunidade de apanhá-lo. As corvetas e os velhos dez canhões empregados para esta costa não podem competir com os clippers de Baltimore empregados pelos negreiros.

RELATÓRIO DE 1º DE JANEIRO DE 1838:[17]

Em 1837, 27 navios foram julgados: dezoito portugueses, um brasileiro e oito espanhóis.

(Dos espanhóis, cinco por tripulação e três com escravos a bordo. Dos portugueses, sete deles tinham documentos fornecidos nas ilhas de Cabo Verde, mas são provavelmente espanhóis).

Um total de 6083 escravos foram emancipados.

Entre os 27 navios julgados, vinte para Cuba, três para Porto Rico, três para a Bahia e um para o Rio de Janeiro. Seis foram capturados ao vento no golfo do Benim, onze no golfo do Biafra e um ao sul do equador.

RELATÓRIO DE 31 DE DEZEMBRO DE 1838:[18]

Em 1838, 5341 escravos foram emancipados. Um total de 55578 desde 1819. Trinta navios foram capturados (sete deles nas Antilhas). Todos se diziam portugueses, mas quatro eram indubitavelmente brasileiros (*Deixa Falar*, *Gratidão*, *Camões* e *Veloz*). Um deles, o Camões, foi devolvido por aprisionamento irregular. Eles foram despojados de sua máscara portuguesa e condenados na comissão mista espanhola.

Dos trinta navios, dezessete receberam seus passaportes nas ilhas de Cabo Verde, quatro nas ilhas do Príncipe e São Tomé, três do cônsul-geral do Rio de Janeiro, três do cônsul português em Cádiz e um em Lisboa*. Destinos: dois para a Bahia, dois para Pernambuco, 24 para Cuba e dois para Porto Rico.

Dos dezenove navios portugueses, quatro foram aprisionados em Gallinas, um em Sherbro, dois em Rio Nuñez, cinco em Lagos, dois em Calabar, dois em Bonny, um em Benim, um em Nun e um em Uidá.

Os brasileiros frequentam sempre seus antigos covis das baías e ao sul do equador.

Não há propriamente nenhum navio de tráfico português, e não vemos como poderia sê-lo, seguindo o novo princípio de que a nacionalidade do navio é determinada pelo domicílio do proprietário e pelo modo como ele é utilizado.

O grande ponto a ser obtido é a aplicação dos artigos adicionais ao tratado com o Brasil.

O cônsul britânico na Bahia, Whateley, enviando em 24 de outubro de 1839 a lista trimestral das partidas e chegadas dos navios da África, entre julho e setembro de 1839, notava que "o tráfico de escravos diminuiu por diversas causas, entre as quais o aumento da vigilância dos cruzadores de Sua Majestade na costa da África e as grandes perdas sofridas por muitos dos interessados no incêndio de grandes feitorias em Onim que continham bens de muito valor, o que extinguiu a especulação no momento".[19]

A Marinha Real Britânica afirmava seu poder. No Brasil, não respeitava mais o limite das águas territoriais. Nas costas da África, empenhava-se em uma série de operações dirigidas contra as instalações dos traficantes de escravos.[20]

Em 1840, o capitão Denman destruía as instalações de Pedro Blanco em Gallinas, o capitão Hill fazia o mesmo com aquelas dos traficantes do rio Shebar e o capitão Nurse com as do rio Pongo, mas este cometeu o erro de destruir as propriedades de estrangeiros que nada tinham que ver com o tráfico de escravos.[21]

No Parlamento inglês, produziram-se reações entre os partidários da livre-troca, como Cobden e Hutt, com o intuito de entravar o desenvolvimento do comércio legítimo.

"Que garantias teriam os comerciantes ingleses e estrangeiros de que um

---

* A omissão de dois navios nessa enumeração trata-se, possivelmente, de um lapso do autor. (N. E.)

636

oficial da marinha, mui zeloso, não viria queimar suas mercadorias nas praias da África?"

Os advogados da Coroa estavam igualmente preocupados, pois lhes parecia duvidoso que algum dos tratados existentes pudesse encobrir medidas tão radicais.

RELATÓRIO PARA 1839:[22]

A comissão mista julga e condena onze navios (sob bandeira portuguesa, mas propriedade de brasileiros), sendo dez da Bahia.

Domingos José Martins aparece como correspondente em Lagos de diversos comerciantes da Bahia, a exemplo de Joaquim José de Brito.

O brigue *Guiana*, pertencente aos comerciantes ingleses James Logan e John Moor Jr., de Liverpool, comandado por George Nickel Jr., está sendo processado na Corte do Almirantado de Serra Leoa por transportar mercadorias da Bahia para a costa da África (Elmina, Agoué e Lagos), em combinação com o *Santo Antonio Victorioso*, aprisionado pelos cruzadores.

Calliope e *Golfinho*, pertencentes a José de Cerqueira Lima, foram ambos aprisionados.

RELATÓRIO PARA 1840:[23]

A comissão mista julga e condena oito navios, sendo três da Bahia: *Conceição*, *Santo Antonio Victorioso* e *Gratidão*.

RELATÓRIO PARA 1841:[24]

A comissão mista julga e condena dez navios, sendo quatro da Bahia: *Feliz Ventura*, *Juliana*, *Firme* e *Nova Fortuna*.

RELATÓRIO PARA 1843:[25]

A comissão mista julga onze navios (um devolvido), dois com escravos a bordo e os outros oito condenados de acordo com o artigo 1º da convenção de 23 de novembro de 1826.

Os seis da Bahia foram todos declarados como sendo destinados a portos da costa do Brasil, mas na verdade partiam para Uidá.

RELATÓRIO PARA 1844:[26]

A comissão mista julga catorze navios (um devolvido); todos, salvo um, foram condenados pelo artigo 1º, e quatro são da Bahia.

Os escravos do *Santa Anna* eram destinados a João da Costa Júnior, Joaquim Pereira Marinho e Joaquim Alves da Cruz Rios. O *Ave-Maria* era consignado para João Francisco de Souza Paraíso ao feitor André Pinto da Silveira, de Lagos, ou, em sua ausência, para Joaquim José Couto.

RELATÓRIO PARA 1845:[27]

A comissão mista julga 21 casos, sendo dezenove condenados. Os dois últimos (*Mariquinha* e *Fantasma*) não puderam ser julgados devido ao fim da convenção de 1817. Um caso com os escravos a bordo, os outros devido ao artigo 1º. [...] Onze eram da Bahia, mas os tribunais do Almirantado em Santa Helena, no cabo da Boa Esperança, foram encarregados pelo governo britânico de julgar os navios aprisionados depois de 18 de março de 1845, data da expiração dos tratados e convenções sobre o tráfico existentes com o Brasil.

Na Bahia, o *Correio Mercantil* de 4 de agosto de 1846 publicava o seguinte:

A corveta brasileira *Bertioga*, que partiu em cruzeiro em 26 de maio passado, retornou ao porto do Rio de Janeiro, após ter tocado as ilhas de Santa Helena, Ascensão e Trindade. Em Santa Helena, o comandante da corveta teve a ocasião de fazer algumas reclamações às autoridades britânicas a respeitos dos processos intentados ali contra alguns brasileiros que, por simples presunções, foram acusados de fazer o tráfico de escravos. Felizmente, aqueles brasileiros foram absolvidos e muitos deles voltaram para esta corte pela corveta *Bertioga*; os demais estão sendo esperados pela corveta *Sete de Abril*, que chegou em Santa Helena na véspera da partida do *Bertioga*.

Em Santa Helena, dezesseis navios brasileiros já haviam sido condenados, como suspeitos de terem servido para o tráfico. Eles foram vendidos para serem desmontados, e alguns deles alcançaram apenas vinte shillings, o que é menos de 10 mil-réis.

PROVEITOSO COMÉRCIO EM TORNO DOS DESPOJOS DOS NAVIOS NEGREIROS VENDIDOS EM LEILÃO EM FREETOWN

Em 25 anos, os cruzadores britânicos levaram 531 navios para as comissões mistas em Serra Leoa,[28] enquanto outros 686 foram julgados pelos tribunais do Almirantado britânico.[29]

Uma análise do conjunto das operações que aconteciam em Freetown envolvendo os despojos dos navios e das cargas vendidas nos leilões, e também sobre as fortunas que foram edificadas mediante aquelas transações, foge do quadro do presente estudo.

No entanto, veremos que uma parte dos funcionários encarregados de reprimir o tráfico de escravos encontrava vantagens e lucros naquelas operações. Em 1831, o governo britânico instaurou um inquérito que foi seguido pela demissão de um certo número de funcionários, tendo à frente o comissário avaliador Thomas Harrison Parker. Sete anos mais tarde, um de seus sucessores, Thomas Hamilton, entregava sua demissão, justamente a tempo de não ter o mesmo destino.

FACE OCULTA DAS VENDAS EM LEILÕES DOS NAVIOS CONDENADOS

Em 1832, no momento da reorganização dessas comissões mistas, 183 casos foram julgados e 25 996 escravos libertados. Aqui trataremos somente dos 43 casos referentes aos navios pertencentes aos negociantes da Bahia, julgados pelas comissões mistas luso-britânicas e britânico-brasileiras entre 1824 e 1830, sobre os quais encontramos informações.[30]

Durante esse período, navios e mercadorias eram vendidos a preços irrisórios. Temos elementos de comparação partindo do pedido de indenização global feito em 20 de julho de 1827 por José de Cerqueira Lima ao governo inglês pelo aprisionamento de sete navios (*Venturoso, Bahia, Trajano, Tentadora, Carlota, Independência* e *Eclipse*), dos quais três lhe pertenciam. Por esse conjunto ele reclamava 1200 contos de réis, que, no câmbio da época, representavam, segundo o cônsul britânico, aproximadamente 337 500 libras esterlinas.[31]

Um pouco mais tarde, pelos mesmos sete navios, seu irmão Manoel de Cerqueira Lima reclamava uma soma mais moderada: 742 574 876 réis, que, pelo mesmo câmbio, representavam 209 098 libras.[32] Porém, aqueles sete vasos, vendidos em Serra Leoa por ordem da comissão mista, haviam produzido uma soma de 4628 libras, dois shillings, sete pence e um quarto. Uma vez pagas as despesas de corretagem aos comissários avaliadores, além de outras despesas diversas, a metade daquela soma ia para o governo britânico, que a vertia em parte para os captores, e a outra metade ia para o governo brasileiro. Entendemos facilmente a falta de entusiasmo do governo britânico em autorizar indenizações que se elevavam às 600 mil libras esterlinas pedidas por Manoel de Cerqueira Lima por 33 navios.[33]

Os 43 navios pertencentes à praça da Bahia vendidos entre 1824 e 1830 em Freetown somaram um total de 16 677 libras, dezenove shillings e dois pence (dos quais 9138 libras pelos cascos e 7539 libras, dezenove shillings e dois pence pelas mercadorias).[34]

Soma total: 16 677 libras, dezenove shillings e dois pence.

Despesas pagas aos corretores e diversos: 4292 libras, doze shillings e dez pence.

Restante: 12 385 libras, seis shillings e quatro pence.

Os navios aprisionados e condenados eram algumas vezes recomprados pelos comandantes dos cruzadores britânicos, que os transformavam em navios auxiliares ligados às diversas unidades da esquadra.

Uma das aquisições mais célebres foi a do *Henriqueta*, que tinha pertencido a José de Cerqueira Lima e lhe rendera 80 mil libras esterlinas de lucro em seis viagens. Comprado pela soma de 330 libras no leilão de 5 de janeiro de 1828 por Macaulay, que servia de agente aos capitães dos cruzadores ingleses, foi recomprado pela Marinha Real Britânica como navio auxiliar e, de 1828 a 1832, esteve ligado ao navio almirante.[35] Então, rebatizado como *Black Joke*, comandado pelo tenente Downes com 34 homens na tripulação e armado somente com um canhão de dezoito libras montado sobre pivô, ele capturou, entre outros, o navio *El Almirante*, armado com catorze canhões. Cristopher Lloyd indica que, quando o *Black Joke* foi desmontado, em 1832, mostras dos vigamentos podres do navio foram enviadas ao Almirantado em Londres, e, depois disso, tudo o que restou desse famoso caçador de negreiros foi um envelope cheio de pó escuro no Public Record Office, classificado em Adm. 1/74: "Um curioso lugar de repouso".[36]

Mas o fim dos navios auxiliares não se dava sempre de forma tão administrativa, e nem todos terminavam seus dias a serviço da luta antiescravista. Alguns voltavam aos seus primeiros destinos, tal qual o *Príncipe de Guiné*, cuja vida, das mais movimentadas, desenrolou-se a serviço dos dois campos.

Essa escuna havia aparecido na costa da África, em Uidá, em 1826, sob a bandeira americana. Ela acabava de ser construída na Filadélfia sob ordens de Francisco Félix de Souza, o famoso Xaxá de Uidá.[37] O capitão Wills, do *H.M.S. Brazen*, a abordara em Uidá em 30 de dezembro de 1825 para verificar sua identidade, e a descrevia como uma escuna bem preparada para receber dezesseis canhões, então equipada com um canhão longo de 24 libras, montado sobre pivô, e seis canhões menores. Ela lhe teria parecido o mais bem construído de todos os navios americanos conhecidos. Segundo o capitão, nenhum navio de guerra que se encontrasse na costa poderia disputar em velocidade com o *Príncipe de Guiné*. Assim sendo, havia pouca chance de que essa escuna fosse um dia aprisionada, salvo por canoas, em caso de calmaria do vento, quando começasse a fazer o tráfico de escravos, propósito de sua construção e de sua aquisição por Xaxá de Souza por uma soma de dinheiro considerável. No momento da visita do cruzador britânico, o *Príncipe de Guiné* estava descarregando uma carga de grande valor para Xaxá de Souza em Uidá; arqueava 260 toneladas e podia transportar de quinhentos a seiscentos escravos. O comandante americano preparava-se para partir para a Bahia com um carregamento de azeite de dendê e devia deixar a escuna ali, uma vez tendo os documentos trocados.

Em 10 de setembro de 1826, o cônsul britânico na Bahia, William Pennell, escrevia que a escuna esperada da Filadélfia tinha chegado em 29 de março, tendo antes tocado a costa da África.[38] Construída sob as ordens de Xaxá, partiu para Molembo em 3 de junho sob a bandeira brasileira. Ela pertencia a Antônio Pedroso de Albuquerque e era comandada por Manoel Joaquim d'Almeida.

Ela foi arqueada na Bahia em 28 de abril, estimada em 280,750 toneladas e com capacidade para carregar 701 escravos.[39]

Em agosto, foi aprisionada perto de Uidá, onde tinha ido carregar escravos após um "*smart engagement*" com o *H.M.S. Maidstone*, comandado por Bullen, e condenada em 26 de setembro daquele ano (caso 52).[40]

Vendida em leilão, foi recomprada por 450 libras por Tucker por conta do comodoro Bullen, que a empregou como navio auxiliar, mas por pouco tempo, pois em 24 de julho de 1827 os comissários britânicos em Freetown observavam com severidade:[41]

> Se os oficiais de esquadra de Sua Majestade vendessem as presas (após serem condenadas, compradas e utilizadas durante um certo tempo como navios auxiliares) nas ilhas de Cabo Verde, eles prestariam auxílio assim às necessidades imediatas do tráfico de escravos nas paragens desta colônia [de Serra Leoa]. Todos os navios de Sua Majestade em serviço nessa esquadra tinham o poder de utilizar uma quantidade qualquer de navios auxiliares, mas essa era a primeira vez que uma venda a estrangeiros chegava ao seu conhecimento. Quando os navios capturados eram comprados naquele lugar depois da condenação por um habitante qualquer, eram munidos de permissão britânica e, em consequência, garantidos contra um uso nocivo; mas ele não tinha igual garantia se, após ter sido comprado pelos oficiais da esquadra, fosse revendido sem documentos.

E acrescentavam que

> Clemente José Alves Martins, antigo capitão do *Toninha*, tomou conhecimento de que o *Andorinha* e a escuna *Príncipe de Guiné*, agora chamada *Volante*, haviam sido vendidos a Manoel Martinez, das ilhas do Cabo Verde, pelo comodoro Bullen, em Porto Praia. Ele tinha visto o *Andorinha* e a escuna *Príncipe de Guiné* ou *Volante* partindo para o porto da Bahia, no Brasil, o *Volante* em 15 de abril de 1827 e o *Andorinha* em 22 de maio de 1827; o carregamento consistia em sal.[42]

O *Príncipe de Guiné* obteve documentos brasileiros e trocou de nome. Tornando-se *Vingador*, voltou para a costa da África comandado por Miguel Antônio Neto e foi capturado com escravos a bordo pelo *H.M.S. Sybill*, cujo comandante era Collier, perto de Uidá.[43] Ao ser condenada pela comissão mista, a escuna foi comprada em 19 de setembro de 1827 por 880 libras por John Mardon Brockington, que a batizou de *Perseverance*.[44]

Em 13 de fevereiro de 1829, o Colonial Office enviava para o Foreign Office uma nota a respeito dos navios brasileiros que haviam sido condenados em Serra Leoa pelo tráfico ilegal de escravos e recomprados para serem empregados de novo sob bandeira brasileira no mesmo e proibido tráfico. Segundo eles, tudo levava a crer que cidadãos britânicos estavam implicados naqueles negócios, fosse como agentes, fosse como principais interessados. Uma lista anexa dos cidadãos britânicos acusados daquele tráfico não foi encontrada na documentação transmitida em 27 de fevereiro de 1829 ao consulado britânico do Rio de Janeiro.[45]

Tempos depois, quando se tornou cônsul britânico em Lagos, entre 1853 e 1859, Benjamin Campbell daria provas de sentimentos antiescravistas. Mas na época em que era comerciante em Serra Leoa, viu-se envolvido em todas aquelas operações proveitosas que aconteciam em torno dos navios condenados pelas cortes mistas.[46]

As negociações acerca dos navios vendidos nos leilões pelas cortes mistas atingiram seu auge em 1830. No começo daquele ano, o capitão Alexandre Maclean Frazer, governador interino da colônia, exercia a função de comissário juiz da comissão mista britânico-brasileira, tendo William Smith como comissário avaliador do lado britânico.[47]

Do lado brasileiro, o comissário juiz era Paiva, antigo vice-cônsul brasileiro em Jersey, tendo chegado em 9 de novembro de 1828, e o comissário avaliador brasileiro era um comerciante britânico que vivia em Freetown, Henry Savage.[48]

Por razões que ignoramos, violentas querelas eclodiram entre Frazer e Walter William Lewis, nomeado secretário da comissão mista em questão. Frazer não aceitava a presença de Lewis no tribunal, não podendo assim ser pronunciado nenhum julgamento. As intervenções de Paiva em favor de Lewis foram inúteis.

Frazer, encontrando-se em um impasse, partiu em viagem. Ele nomeou Weston para o cargo de comissário juiz, mas manteve o veto contra a posse de Lewis.[49]

Em 24 de abril, o tenente-coronel Findlay era nomeado tenente governador da colônia de Serra Leoa e reconhecia a nomeação de Lewis como secretário da comissão mista.

Em 17 de maio, dificuldades surgiram entre o secretário Lewis e os comissários avaliadores das vendas dos navios condenados, os srs. Cole e Parker, a respeito da maneira com que as negociações estavam sendo encaminhadas. Cole e Parker, manifestando uma extrema má vontade, foram substituídos por Thomas Hunt Barber.

Em 22 de maio, os atos de Frazer foram declarados ilegais.

No dia 31 seguinte, Sua Majestade Real dignava-se desaprovar a nomeação de quatro membros do conselho que haviam sustentado Frazer em sua briga contra William Smith e Walter William Lewis, o que lhes foi comunicado pelo tenente governador quando assumiu seu posto, e então Smith e Lewis tornaram-se membros do conselho.

O que se deduz de tudo isso é que uma boa parte das pessoas que sustentavam o antigo governador interino, Alexandre Maclean Frazer, parecia ter tido interesses nas especulações pouco recomendáveis em torno dos despojos dos navios condenados.

Weston, comissário juiz interino, havia comprado sucessivamente e em alguns meses os navios *Tentadora*, por 250 libras, *Carlota*, por 185 libras, *Sociedade*, por 220 libras, *Esperança*, por 153 libras, *Clementina*, por 680 libras, e *Minerva da Conceição*, por 42 libras. Uma prova do caráter dessas transações é a nota do cônsul da Bahia, que assinalava: "O *Carlota*, recentemente capturado pelos nossos cruzadores, chegou aqui [Bahia] em 9 de julho daquele porto [Freetown], onde foi comprado por um preço muito baixo por algum comerciante de escravos, e vai ser provavelmente utilizado da mesma maneira".[50]

De fato, o *Carlota* retomou suas viagens para o mesmo proprietário, José de Cerqueira Lima, e com o mesmo capitão, José Francisco da Costa. Três novos retornos desse navio serão assinalados entre 1829 e 1830, com um total de 905 escravos vindos de Onim, e não de Molembo.

Thomas Harrison Parker, o antigo comissário avaliador, figura como comprador do *Nossa Senhora da Guia* por 180 libras, por conta de um comerciante de escravos espanhol, Salvador Lorens, em combinação com o famoso negreiro Pedro Blanco, de Gallinas.[51]

Após essa operação, o tenente governador demitiu Parker de seu cargo de magistrado na polícia e abriu uma ação judicial contra ele.

Cole, seu associado, comprava por sua vez o *Nova Resolução* por cinquenta libras, mas não sabemos por conta de quem.

O próprio Savage, juiz árbitro brasileiro, mesmo sendo cidadão britânico, havia feito uma operação assaz curiosa, ao comprar, em 5 de outubro de 1827,[52] o *Três Amigos* por 32 libras e cinco shillings, cobrindo exatamente os custos da corretagem, de 32 libras e cinco shillings.[53]

Um caso não menos curioso é o de João Cardoso dos Santos, que comprou em leilão, por 660 libras, a escuna *Umbelina*, da qual tinha sido capitão e proprietário e a qual o *H.M.S. Sybill*, cujo comodoro era Francis Augustus Collier, havia aprisionado em 15 de janeiro de 1830 em Lagos, tendo sido condenada em 13 de maio seguinte, mesmo não sendo encontrados escravos a bordo.[54] A escuna deixava Freetown em 12 de julho. Em 6 de outubro ela foi vista pelo capitão do *Santa Efigênia*, quando deixava Uidá com trezentos escravos com destino à Bahia, por conta de seu antigo e novo proprietário.

Savage havia também recomprado por 710 libras o *Esperança*, que era de propriedade de José Alves da Cruz Rios e foi capturado em Lagos pelo mesmo *H.M.S. Sybill*.

O *Esperança* já tinha um passado aventureiro: havia aparecido na costa da África como navio holandês, o *Hoop*, e fora condenado pela comissão mista britânico-holandesa em 1826. Ao ser recomprado pelo comodoro Bullen, foi rebatizado de *Hope*. Tendo servido como navio auxiliar do *Maidstone*, chegou a aprisionar, entre outros vasos, o *Príncipe de Guiné*, que o substituiu como navio auxiliar, e então o *Hope* foi vendido a alguém nas ilhas do Cabo Verde, que o enviou para a Bahia, onde recebeu documentos brasileiros e o nome de *Esperança*.

Por fim, damos um último exemplo das transformações sofridas pelos navios de tráfico de escravos.

O *Trajano* (caso 58), que tinha pertencido ao mesmo José Alves da Cruz Rios, também aprisionado sem escravos a bordo, em 30 de abril de 1827, foi comprado em leilão por Walter Atkins, um comerciante inglês da colônia de Serra Leoa que o rebatizou de *Corsair*. Vendido para Juan Fernandez, agente de Francisco Félix de Souza, o famoso Xaxá de Uidá, ele foi para a ilha do Príncipe receber seus documentos, e passou a ser chamado de *La Hassé*. Capturado no caminho para o Brasil com um carregamento de escravos pelo *H.M.S. Sybill*, cujo comodoro era Collier, ele foi condenado em junho de 1829, e seria posto à venda quando afundou no porto de Freetown.[55]

John Hamilton, comissário avaliador das cortes mistas, tinha comprado 22 navios entre 21 de maio de 1831 e 22 de junho de 1837, pela quantia de 5348 libras esterlinas.[56] Querendo retirar-se dos negócios e voltar para a Europa, demitiu-se em 30 de junho de 1838, justamente a tempo de evitar uma destituição desonrosa, pois o governo inglês tinha ouvido rumores da compra e revenda de um navio condenado ao agente londrino de Pedro Blanco.[57] Palmerston anotava assim em seu relatório sobre o assunto: "Se estiver de novo implicado, direta ou indiretamente, na compra de qualquer parte de navio condenado, não será mais empregado como comissário avaliador".[58]

AS LUCRATIVAS NEGOCIAÇÕES COM MERCADORIAS ENCONTRADAS A BORDO DOS NAVIOS NEGREIROS CONDENADOS

As mercadorias encontradas a bordo dos navios aprisionados e condenados eram vendidas em leilão a um preço muito baixo.[59]

Detalhes sobre a maneira como eram negociadas essas mercadorias foram dados por Henry William Macaulay, quando dos inquéritos realizados pelo Select Committee do Parlamento britânico sobre a situação na costa ocidental da África:[60]

5128 — [M. W. Patton perguntava para Macaulay] Não achastes, quando estivestes em Serra Leoa, que os preços pagos pelas mercadorias vendidas nos leilões eram superiores ou inferiores aos preços das mercadorias importadas de outra maneira?

— [Macaulay respondia] O lançamento no mercado de uma tal quantidade de mercadorias ao preço das vendas dos leilões, que devem obrigatoriamente ser vendidas pela maior oferta, naturalmente faz cair os preços. Considero que o valor irrisório pelo qual os africanos libertos podiam obter aquelas mercadorias, que antes teriam somente com preços muito altos, era a vantagem que resultava para eles daquelas vendas.

5129 — Como explicaríamos que os comerciantes de Serra Leoa não podiam comprar, eles próprios, aquelas mercadorias?

— Os comerciantes estabelecidos em Serra Leoa não podiam comprar aquelas mercadorias porque não tinham dinheiro algum. Havia um ou dois que tinham dinheiro ali; quase todos recebiam suas mercadorias de casas da Inglaterra; estão geralmente muito endividados perante as pessoas que lhes enviam as mercadorias; os únicos que tinham dinheiro na colônia, à exceção daqueles dois senhores, eram os africanos libertos, e muitos deles têm grandes capitais.

5130 — [Sr. Forster, fazendo perguntas] O comércio de Serra Leoa não teria sido, ao vosso ver, florescente durante anos?

— Foi florescente para os africanos libertos.

5131 — Não o foi para os comerciantes britânicos?

— Os negócios dos comerciantes ingleses sofreram por terem um estoque de mercadorias adquiridas a um preço muito alto, e não tinham dinheiro para comprar as que eram vendidas a preços mais baixos. Posso assinalar somente um caso de um comerciante branco de Serra Leoa que tinha fundos e podia entrar em competição com os africanos libertos; ganhou muito dinheiro assim. Mas o fez porque tinha dinheiro; os outros tiveram prejuízo porque não tinham nem um pouco.

5132 — Quais eram as vantagens que a população negra tirava da venda daquelas mercadorias?

— A população negra de Serra Leoa tem podido, graças aos benefícios daquelas vendas, ver alguns de seus membros tornarem-se mascates e comerciantes ambulantes nos países vizinhos, pois de fato os indígenas da África são mais inclinados àquela sorte de atividade do que em trabalhar a terra.

Mais tarde, Macaulay indicava:

5239 — O fato de que os africanos libertos fizessem comércio com maior lucro do que os comerciantes brancos não provinha unicamente da compra das mercadorias nos leilões públicos, pois já desde muitos anos eles vinham sendo bem-sucedidos; muitos deles são bons comerciantes, e as pessoas que suplantaram eram preguiçosas, indolentes, sem valor, e não podiam concorrer com eles. Após terem colocado fora do mercado os maroons e os colonos, eles agora tiram gradualmente os comerciantes brancos.

As respostas dadas naqueles mesmos inquéritos por Logan Hooks, coletor da alfândega durante quinze anos em Serra Leoa, mostram o grau de riqueza, algumas vezes respeitável, que alcançavam os africanos libertos:

8328 — [Sr. Forster faz perguntas] Quantos africanos libertos achais que se tornaram comerciantes e pessoas ricas?

— São muitos; não posso dizer o número, algumas centenas; eles acumulam bens muito rápido na cidade; compram toda a terra, as casas sobre as quais podem pôr a mão.

8329 — Considerando o número [de africanos libertos] que, segundo vós, encontram-se ali, em quanto estimais o capital possuído?

— É muito difícil responder. É impossível fazer uma estimativa de sua riqueza. Falo da melhor classe dos africanos libertos, aqueles que têm casas e lojas.

8330 — A questão não se refere aos simples mascates e comerciantes ambulantes, mas às pessoas que podeis propriamente classificar na classe dos comerciantes coloniais?

— É esse tipo de pessoa que tento descrever, a melhor classe dos libertos africanos. Não posso dizer que são comerciantes no sentido estrito do termo, mas são lojistas e comerciantes muito respeitáveis.

8331 — [Visconde Sandon] E são proprietários de navios?

— E proprietários de navios também.

8332 — [Sr. Forster] Quantos, pensais, possuem navios?

— Conheço três ou quatro que fazem o tráfico ao longo da costa. Eles desciam até Uidá e Costa do Vento, traziam produtos e, muitas vezes, dobrões e dólares.

8333 — Quantos, a vosso ver, têm um capital que se eleve a quinhentas libras esterlinas?

— São muitos os que podem ter isso. Conheço vários que são ricos, possuem bens respeitáveis. Suas casas são muito bem mobiliadas.

8334 — Se tivésseis que adivinhar o número, o que diríeis?

— Diria que não há cinquenta que valham menos de quinhentas libras, mas muitos deles têm pequenos capitais. Conheço alguns que poderiam mostrar 3 mil libras ou 4 mil libras só em dinheiro.

Frederick E. Forbes[61] chega mesmo a dizer que

o africano liberto alcança frequentemente a fortuna, e possuir de 8 mil a 10 mil libras esterlinas não é uma raridade para eles. Podemos vê-los galopar sobre rápidos corcéis, ao anoitecer, em volta do campo de corridas. Dois, em particular, os srs. Pratt e Isidore, são pessoas de grande riqueza e comerciantes na colônia. São africanos libertos, extirpados de seus países no horror dos navios negreiros. Pratt e Isidore são ambos akus.[62]

Os akus são os judeus da África, e muitos deles, tendo feito fortuna, voltaram para seu país.

648

TENDÊNCIA DOS AFRICANOS LIBERTOS EM FREETOWN A VOLTAR PARA BADAGRI E ABEOKUTÁ; CHEGADA DOS PRIMEIROS MISSIONÁRIOS PROTESTANTES

A tendência dos africanos libertos em Freetown a voltar para o país natal era assinalada por Macaulay durante o inquérito do Select Committee, que tratava notadamente da recepção reservada entre os meios akus à ideia de emigrar para as Antilhas Britânicas.

A esse respeito, Macaulay respondia (questão 5469):

Entre eles não havia grande desejo de emigrar, contrariamente ao que pensamos. Alguns africanos libertos estão ansiosos para voltar ao país de onde foram arrancados como escravos e onde têm amigos; mas, fora isso, não existe grande desejo de emigrar; se houvesse necessidade de que aquele desejo existisse, haveria necessidade de fazê-lo nascer. O governador e o conselho não veem nenhum obstáculo em permitir a partida das pessoas desejosas de deixar a colônia; ao contrário, pouco antes da minha partida, havia sido feito um pedido por um grupo de africanos libertos ao governador, para que fossem enviados para Badagri. O governador e o conselho responderam que podiam partir se esse era seu desejo, mas que o governo não podia fazer nenhuma despesa para enviá-los. Alguns deles partiram, e desde então a emigração tomou uma grande extensão para Badagri; agora existe por lá um grande número de africanos libertos, que encontram seu caminho para o Níger; em uma carta recebida recentemente, um *gentleman* de Serra Leoa me diz que os africanos vão sempre para Badagri, e que o lugar está tomando importância.

Em 1838, um daqueles comerciantes africanos libertos, chamado James Ferguson,[63] e alguns de seus companheiros, convertidos ao protestantismo metodista, compraram do governo um pequeno navio, antigo negreiro, o qual rebatizaram de *Wilberforce*, e, com um capitão inglês que tinham contratado, navegaram em direção ao leste, ao longo da costa. Após terem feito um comércio satisfatório, foram até Lagos, e reconheceram o lugar que chamavam de Eko e de onde haviam sido enviados como escravos. Eles desceram em terra e alguns deles seguiram para Abeokutá, fundada fazia pouco tempo, após

649

guerras intertribais que haviam assolado as terras iorubás. Ali foram recebidos com muita euforia. De volta a Freetown, fizeram a narração da viagem. Outros navios tinham sido adquiridos, e um grande movimento de retorno começou em direção ao seu lugar de origem. É estimado que, entre 1839 e 1842, perto de quinhentos deles deixaram Serra Leoa. Os que desembarcaram em Badagri saíram-se relativamente bem, mas a maioria dos que rumaram para Lagos foi roubada pelos chefes escravistas locais, e escaparam em direção de Abeokutá apenas com algumas roupas que puderam salvar.

Thomas Birch Freeman, filho de pai africano e mãe inglesa, tornando-se missionário da igreja metodista, chegava em 24 de setembro de 1842 em Badagri com um daqueles grupos de africanos libertos de Serra Leoa. Em 11 de dezembro, subiu até Abeokutá, voltando na véspera do Natal. Na volta para Badagri, encontrou o missionário protestante Townsend, da sociedade das missões cristãs, que ali havia chegado fazia alguns dias. Ele também tinha "vindo de Freetown a bordo de um pequeno navio, antigo negreiro, fretado por três jovens indígenas, que lhe ofereceram gratuitamente a passagem. O grupo havia partido de Serra Leoa em 14 de novembro de 1842 e chegado em Badagri em 19 de dezembro".[64]

INCENTIVO AOS AFRICANOS LIBERTOS EM FREETOWN
PARA EMIGRAR PARA AS ANTILHAS BRITÂNICAS

O recrutamento de mão de obra para as Antilhas Britânicas, tendo-se mostrado difícil em Freetown, era incentivado em Serra Leoa, de modo que para lá fossem os escravos libertos dos navios de tráfico aprisionados pelos cruzadores na costa da África:[65]

Quando de sua emancipação em Freetown, eles tinham a escolha de ir para as Antilhas como aprendizes livres, juntar-se a um regimento de tropas negras de Sua Majestade ou, ainda, estabelecer-se em uma das terras nas cercanias de Freetown.

Ali lhes era concedida uma meia *rood* de terra (cerca de cinco ares), que cultivavam sob a vigilância de um responsável por aproximadamente mil negros, cada um deles tendo recebido da generosidade do governo uma panela de ferro para fazer sua comida, uma enxada, uma colher e uma jarda e meia de tecido de algodão para tornarem-se decentes.

Se acrescentarmos que a região não era saudável, pouco restava ao negro sobrevivente, se não tivesse uma alma guerreira, a não ser a solução de ir trabalhar nas plantações das Antilhas.

Em 20 de novembro de 1840, o Colonial Office britânico enviava o dr. Madden para a costa ocidental da África para fazer um inquérito sobre diversas questões em relação ao tráfico de escravos. Um dos pontos principais de sua missão era estudar "o futuro e a maneira de fazer a emigração de Serra Leoa para as Antilhas Britânicas".

Antes de sua partida, o lorde John Russell lhe dava instruções, das quais extraímos as passagens que se seguem e que testemunham sentimentos cristãos e de aparente filantropia, mas não abordam a fundo o problema, que é o de abastecer com mão de obra de salário reduzido as plantações de cana-de-açúcar britânicas, a fim de tornar sua exploração competitiva em face das do Brasil e de Cuba, onde o trabalho servil era mantido:[66]

> Parece ao governo de Sua Majestade que, de um lado, as pessoas nascidas na África que foram levadas para a civilização e instruídas na cristandade na Jamaica e em Barbados seriam os melhores professores dos negros da própria raça africana, e que, de outro lado, os miseráveis súditos de um chefe africano poderiam adquirir na Jamaica, em Trinidad ou na Guiana meios convenientes, o conhecimento da verdadeira religião e o deleite da vida social.
>
> Mas tais mudanças seriam ao mesmo tempo capciosas, se os indígenas da África fossem instigados, por constrangimento indireto ou falsas representações, a atravessar o mar como trabalhadores em nossas colônias. É claro que uma tal emigração, levando as características do tráfico de escravos, seria injusta para as pessoas assim transferidas, e poderia induzir a erro as potências estrangeiras, que se arriscariam a confundir aquela emigração com o verdadeiro tráfico de escravos.

Uma comunicação do Foreign Office ao Colonial Office não deixava de assinalar, em 26 de agosto de 1841,[67] que, de acordo com o governo francês, os ingleses compravam escravos em Serra Leoa e os enviavam como aprendizes para Demerara, nas Antilhas, por um período de catorze anos. No fim desse período, eles eram libertados: "Roga-se a lorde Russell que faça saber de lorde Palmerston se os negros livres (se existem os que vão de Serra Leoa para as Antilhas) alistam-se para trabalhar durante um tempo determinado para algum senhor determinado, ou se vão como os emigrados daquele país [Inglaterra] ao Canadá ou aos Estados Unidos para encontrar o emprego que puderem".

John Russell respondia a essa carta em 31 de agosto: "Para os contratos livres, os mais longos alistamentos autorizados são de treze meses; os homens são livres da mesma maneira que qualquer servidor alugado no reino".

Em 27 de julho de 1840, o tenente governador de Trinidad, McLeod, informava que ali havia grande necessidade dos serviços daquelas pessoas, que viriam como residentes e encontrariam uma demanda crescente para seu trabalho: "Ser-lhes-ão fornecidos uma casa e um terreno para cultivar seus próprios vegetais; receberão por cada trabalho meio dólar em dinheiro, meia libra de peixe e uma pequena quantidade de rum. Duas de suas tarefas podem ser feitas algumas vezes em um só dia".

Macaulay, respondendo a diversas questões do Select Committee de 1842, dá seu ponto de vista com uma franqueza que o honra, mas o sistema que propõe está fundado em preocupações de caráter econômico, muito mais do que filantrópico. É, pois, muito difícil dizer se é realmente diferente do sistema servil:

5523 — Após sua emancipação, os negros deveriam ser enviados para as Antilhas, da mesma maneira que o foram às diversas colônias a partir de Havana.

5524 — O envio deveria ser feito imediatamente após a emancipação.

5529 — Haveria uma vantagem material em colocar os africanos libertos nas Antilhas em vez de mantê-los seis meses às custas do governo em Serra Leoa, para deixá-los em seguida às suas próprias custas.

Economia para o governo e vantagem para a colônia, que, mesmo sendo capaz de alimentar sua população atual, não pode sonhar com uma futura importação, a menos que estenda seu território.

O avanço das pessoas já estabelecidas em Serra Leoa é retardado igualmente pela recente importação de selvagens, cada vez que um navio negreiro é julgado.

5534 — As condições materiais e morais dos negros residentes em Serra Leoa e dos negros que enviaremos para as Antilhas serão em muito melhoradas se os novos africanos libertos forem colocados nas Antilhas.

5535 — Não haveria meio de deixá-los optar para irem às Antilhas ou não;

atualmente isso não se faz nunca, e o Ato do Parlamento não pretende nem que essa opção lhes seja oferecida; o negro é levado para Serra Leoa e colocado ali, sem se levar em conta sua opinião ou seus desejos, e da mesma maneira é transportado para as Antilhas.

5539 — Pelos tratados, os negros capturados devem ser fixados nas colônias da nação que os capturou [artigo 7º do tratado português e do antigo tratado espanhol]. O ato não pretende que a pessoa aprisionada possa escolher, pois permite empregá-las no exército ou na marinha sem se referir à sua própria vontade.

5541 — Uma grande vantagem resultaria da colocação dos escravos emancipados nas ilhas, onde seriam incentivados a cultivar cana-de-açúcar, o que com efeito obrigaria o comerciante de escravos a abandonar seu comércio.

5542 — Pois o produto tornar-se-ia mais barato, e seu preço elevado é a mola que impulsiona o comércio de escravos. O fato de cultivar cana-de-açúcar em nossas colônias lhe permitiria fazer concorrência àquela que é plantada com mão de obra servil; e tudo o que pudermos provocar de dificuldades para o fornecimento de escravos, através do Atlântico, é acrescentado ao preço da mão de obra e ao preço do açúcar produzido naquelas condições.

COMÉRCIO BRITÂNICO E COMÉRCIO DE ESCRAVOS

O Select Committee do Parlamento britânico, que examinou em 1842 o relatório do dr. Madden, preocupava-se com os efeitos que poderia ter, sobre a abolição do tráfico de escravos, a interdição da venda de produtos manufaturados britânicos aos traficantes estabelecidos na África, sem levar em conta o comércio legítimo.

A maioria dos artigos de tráfico era de proveniência inglesa, o que provocava comentários irônicos, como aqueles do capitão Canot, relatando em suas memórias o que se passava na costa da África por volta de 1827:[68]

A Inglaterra, apesar de toda sua filantropia, envia sob o estandarte de São Jorge, para os cômodos e espaçosos entrepostos do comércio legítimo da costa ocidental, fuzis de Birmingham, tecidos de algodão de Manchester, chumbo de Liverpool e outros produtos não menos legitimamente pagos em Serra Leoa, Acra ou na Costa do Ouro, por vales e letras brasileiros ou espanhóis em Londres. Existe um só comerciante inglês que ignore o destino daquelas mercadorias? A França, com todas suas máximas de liberdade, igualdade e fraternidade universal, não manda menos, de seu lado, tecidos de algodão de Rouen, suas aguardentes e uma infinidade de artigos de quinquilharia para o mesmo destino. Enfim, a filosofia alemã não recusa sua parte do bolo temperado com o sangue e o suor dos negros, como diria um negrófilo; ela envia para a costa da África seus espelhos e suas contas. Os cidadãos dos Estados Unidos, por sua vez, tanto dos estados onde a escravidão está abolida quanto dos demais estados, aqueles mui dignos cidadãos dos Estados Unidos, que não hesitam, dizem, em pendurar um negreiro como pirata se o pegam em flagrante, lhe fornecem indiretamente tabaco, pólvora, todas as mercadorias de sua fabricação ou de sua produção, tanto o rum ianque quanto bíblias da Nova Inglaterra que possam desejar, para melhor esconder seus jogos e dar ares de pequenos santos frente aos cruzadores ingleses. É a tentação de todas as coisas, não falo das bíblias, que entretanto alimenta as guerras interiores da África; é pela pólvora, pelo tabaco, pela aguardente, pelos tecidos de algodão etc. que é trocada a carne negra. "O que fazer?", dirão aqueles bons apóstolos. "O tráfico dos negros é a abominação das abominações, mas o ouro não traz o cheiro de onde ele vem. Os tratados são legais e pagos pontualmente."

Os inquéritos deveriam mostrar a impossibilidade de se estabelecerem aquelas restrições. Uma série de respostas de Macaulay às questões apresentadas pelos membros do Select Committee indicava a complexidade do problema:

5542 — Os produtos manufaturados servem, de certa forma, para facilitar o comércio de escravos.

5543 — Indiretamente, através do Brasil e de Cuba, pelas mercadorias da Inglaterra vendidas às pessoas que as utilizam para trocá-las por escravos.

5544 — Em consequência, de certa forma, as mercadorias inglesas servem para facilitar o comércio de escravos.

5545 — Considero indesejável impor restrições sobre a vinda de mercadorias inglesas para a costa da África e interditar a venda de mercadorias de caráter legal nos lugares onde se pratica o comércio de escravos, visando suprimir tal tráfico.

5546 — Nenhuma restrição pode ser aplicada a nenhum tipo de mercadoria que possa intervir materialmente no comércio legal.

5547 — Seria um prejuízo sério para o povo da África, e para a causa da civilização na África, o impedimento do comércio legal.

5548 — No conjunto, o bem que disso emanará vai depender, e muito, das facilidades adicionais que obtiver do comércio de escravos. Os indígenas, frente à repressão do comércio de escravos pelos nossos cruzadores, estão prontos para comercializar com produtos legais, se para isso tiverem os meios. O que lhes será impossível se os navios de comércio ingleses não puderem ir àqueles portos.

5549 — É desejável que os indígenas vejam o comércio legal lhes ser oferecido por pessoas que não estejam ligadas ao tráfico de escravos.

5450 — Não é possível interditar o acesso desses portos aos navios estrangeiros levando artigos legais, mesmo se fosse possível fazê-lo para os navios ingleses.

5452 — Assim, no conjunto, não se conseguiria suprimir o comércio de escravos, e, interditando o livre acesso dos portos suspeitos aos navios ingleses, perderíamos muitas vantagens que permitiriam a abolição.

5453 — Fazer o comércio legítimo mesmo com os indígenas que fazem o comércio de escravos pode incitá-los, pela negociação, a renunciar ao tráfico.

5120 — Não há meio de distinguir o comércio legal daquele que é ilegal; aí se encontra, penso eu, o perigo de tentar intervir naquelas relações.

5121 — Se tentássemos prejudicar o comércio ilegal, disso resultaria um mal muito maior, proveniente da incidência que aquela medida não deixaria de ter sobre o comércio lícito.

5068 — Para lutar contra o tráfico de escravos, não há nada mais do que o bloqueio.

5069 — O bloqueio não significa o fechamento do comércio legítimo; eu o entendo como sendo o impedimento de sair um navio equipado para o tráfico de escravos. É sobre o bloqueio das instalações que repousa o sucesso dos cruzadores, e não sobre a destruição dos barracões.

5070 — As pessoas habituadas a receber mercadorias dos comerciantes de escravos procurarão obtê-las de alguma outra maneira, quando o bloqueio as impedir de obtê-las pelas vias habituais.

5071 — Será pelo comércio legítimo que as obterão, e mais tarde não terão mais necessidade do comércio de escravos para recebê-las.

5072 — Estabelecer um tal bloqueio na costa não é intervir no comércio legítimo. Penso que se os indígenas conhecessem a razão da presença dos cruzadores, considerariam sua presença antes como uma proteção ao comércio legítimo.

A importância da posição ocupada por Francisco Félix de Souza no tráfico mede-se pela frequência com que seu nome era pronunciado no curso dos inquéritos do Select Committee.

Com grande constância, o sr. Forster questionava diversas testemunhas para saber se, no caso em que os comerciantes britânicos recusassem as mercadorias de que precisasse, Francisco Félix de Souza teria dificuldades em consegui-las em outro lugar. Ao que lhe respondiam que Xaxá não seria absolutamente incomodado, e que as conseguiria com a maior facilidade com outros comerciantes. Forster queria fatos mais precisos, e John Georges Nicholls — que antes de se tornar membro da African Merchant em Londres tinha sido secretário do governo de Serra Leoa de 1792 a 1794 — respondia (nº 289) que "o sr. Souza poderia obtê-las de qualquer porto vizinho de Popo ou Badagri". Francis Swanzy, que viveu na África de 1831 a 1841, respondia (nº 720) que "ele se abasteceria a bordo de navios americanos, franceses e de Hamburgo". O capitão Henry Dring, que ia para a costa desde 1818 (nº 2212), declarava que o sr. Souza "não teria nenhuma dificuldade, visto que o Xaxá lhe tinha mostrado, ele próprio, mercadorias inglesas mais baratas que as suas, adquiridas em Havana".

O ESTABELECIMENTO DO COMÉRCIO "INOCENTE" DO AZEITE DE DENDÊ

A conversão do tráfico de escravos para o de azeite de dendê, de algodão, de peles e de outros produtos que vinham se juntar ao comércio já estabelecido do ouro, da goma-arábica, da pimenta-malagueta, da cera e do marfim foi, no começo, muito mais o resultado de iniciativas privadas — de alguns comerciantes de Londres e de Marselha — do que de uma política deliberada dos governos da Inglaterra e da França, mesmo que sua doutrina oficial tenha sido definida em termos bem gerais, tais como "a supressão do tráfico culpado de escravos e o incentivo a ser dado aos indígenas das terras africanas para que o substituíssem pelo exercício de um comércio inocente".[69]

Alguns comerciantes ingleses haviam formado o Comitê dos Mercadores de Londres para fazer o comércio na África. Por volta de 1830, seus mais influentes membros eram Forster e William Mackintosh Hutton. Este último tinha um sobrinho, Thomas Hutton, instalado em Cape Coast, com feitorias na Costa dos Escravos em Agoué, Grande Popo, Uidá e Badagri, para nelas fazer o comércio de azeite de dendê. Sua primeira tentativa em Uidá, em 1838, foi infeliz, obtendo apenas a metade do carregamento de um pequeno navio,[70] mas, não tendo podido escoar toda a mercadoria trazida para trocar por azeite de dendê, deixou no local um agente, o sr. Brown,[71] que ali fez bons negócios, até o dia em que um dos cruzadores britânicos da esquadra de repressão ao tráfico de escravos deu alguns tiros de canhão contra o mastro de sinalização de Xaxá de Souza, para impedi-lo de se comunicar com os negreiros que estavam na barra. A feitoria de Thomas Hutton foi destruída após esse incidente, e o sr. Brown, temendo por sua vida e seus bens, retornou para Cape Coast.

Em 1840, Thomas Hutton fez as pazes com Francisco Félix de Souza, que o convidou a acompanhá-lo a Abomé para assistir aos "costumes" de Ghezo.[72] Em 1842, obteve permissão para instalar-se no antigo forte William de Uidá, com uma feitoria de azeite de dendê. Algum tempo mais tarde, em 1846, carregava de oito a dez navios por ano, unicamente com esse produto.[73]

Do lado francês, alguns armadores de Le Havre, Bordeaux, Marselha e Nantes enviavam de tempos em tempos navios para fazerem a troca na costa.[74] A casa dos irmãos Victor e Louis Régis de Marselha era então a mais importante do comércio "legal" francês na costa ocidental da África: "Os Régis tinham oito navios ocupados naquele comércio, sobrepujando todos os outros armadores franceses que, juntos, não tinham mais de cinco ou seis naquela costa".[75] Os navios dos Régis frequentavam Uidá desde 1832.[76]

Os irmãos Régis, pela sua poderosa organização, tinham um monopólio de fato do comércio na costa oeste da África, onde aquela casa teve a iniciativa de fundar feitorias, notadamente em Uidá, onde se instalaram em 1841 no antigo forte francês, abandonado desde a brusca partida do último diretor, Denyau.

O começo dos Régis em Uidá foi trabalhoso, pois esse porto tinha a reputação bem estabelecida de ser o mais importante centro do tráfico de escravos.[77]

Bernard Schnapper indica que os irmãos obtiveram a concessão do forte Saint-Louis a fim de fundar ali uma feitoria privada para o comércio de azeite de dendê, ficando todos os gastos com reparação e manutenção a cargo dos mesmos. Eles não tinham o direito de içar a bandeira francesa, nem de contar com apoio militar permanente, e não podiam se entregar ao tráfico de negros, sob pena de revogação imediata da concessão.

Tão logo as condições foram aceitas, em setembro de 1841, Régis enviava o capitão Provençal a Uidá para preparar a ocupação do forte.[78] O capitão embarcou o material e as mercadorias, mas uma parte foi roubada pelos daomeanos. Havia necessidade de se entender com o rei em Abomey para dele obter a autorização de instalar a feitoria e fixar os direitos a serem pagos.

Essa negociação foi obra de Brue, sucessor de Provençal, que desembarcou em 15 de março de 1843 em Uidá e pediu para ser recebido pelo rei. Uma vez autorizado, para lá ele foi, e, acompanhado por d. Francisco de Souza, chegava em Abomey em maio, sendo um dos primeiros europeus a ficar ali por seis meses.

Blaise Brue fez muito bem os negócios de seu patrão, mas melhor ainda os seus próprios.[79] É fato que Brue fazia o tráfico de negros, e com uma tal atividade que a casa Régis teve que se livrar dele e se reorganizar.

Victor Régis ficou sozinho na direção da casa, e renunciou ao envio de seus navios para fazerem viagens de ida e volta entre Uidá e a Bahia.

Bernard Schnapper dá alguns números a respeito das exportações de azeite de dendê de Régis:

Em 1841, ele fez 40 barricas de 400 litros	16 000 litros
Em 1843	600 000 litros
Em 1844, mais do que o dobro.	1 200 000 litros
Em 1850, ultrapassava 3000 barricas	1 200 000 litros
Em 1866, exportava 2300 tonéis de 1000 quilos	2 300 000 quilos
para atingir rapidamente 2700 tonéis	2 700 000 quilos

Hutton, como Régis, para realizar seu comércio de azeites, devia se dobrar aos hábitos comerciais do país e oferecer, além dos objetos manufaturados na Europa, tabaco em rolos da Bahia e cachaça, e para isso organizar um movimento de navios direto entre a costa da África e a Bahia, o que podia torná-lo suspeito de entregar-se ao tráfico de escravos. Isso explica a prudência extrema das respostas de William Mackintosh Hutton às perguntas feitas pelo seu confrade Forster frente ao Select Committee, em 1842.

Ele esclarecia cuidadosamente que não tinha agentes em Uidá e que seu agente de Cape Coast tinha ali apenas um correspondente (perguntas nº 10 254 e nº 10 268).

Em 1848, quando do inquérito do Select Committee daquele ano, John Duncan respondia com menos reticências (3139) que a feitoria inglesa estabelecida em Uidá, no antigo forte Williams, pertencia ao sr. Hutton, de Watling Street, e que seu sobrinho, estabelecido em Cape Coast, a tinha fundado e nela fazia um considerável comércio de azeite.

O tráfico de escravos, chegando ao seu fim, obrigou os brasileiros estabelecidos na costa a consagrar uma parte de suas atividades ao comércio de azeite de dendê. Essa foi a fonte de algumas dificuldades para a casa Régis e para Hutton. Este último tinha recebido de Uidá uma carta de seu sobrinho, que lhe dizia:[80]

> Temos muitas dificuldades em negociar. Os portugueses não se preocupam, pois podem suportar perdas no azeite, visto os benefícios que obtêm com o tráfico de escravos. Fazem o comércio do azeite somente para encorajar os navios a trazerem carregamentos e, quando uma boa ocasião se apresenta e nenhum navio de guerra está à vista por um ou dois dias, compram escravos e o navio se vai, o mestre da tripulação sendo transferido para um outro navio. Os comerciantes de escravos lançam no mercado uma tal quantidade de mercadorias, a preços tão baixos e de uma tão boa qualidade, que não podem ter concorrência, pois fazem seu lucro na venda de escravos e não sobre as mercadorias vendidas intencionalmente muito baratas aos chefes indígenas para incitá-los a lhes trazer escravos.

Frederick Forbes descreve como, em 12 de março de 1849,[81] tinha visitado as instalações de d. José dos Santos,[82] que, mesmo sendo comerciante de escravos, era comprador de azeite por atacado:

> Ele chegou aqui sem um shilling, e tem agora um imenso estabelecimento, ainda que pouco capital. Com efeito, dizem-no endividado, devido à incerteza do comércio. Tendo-se lançado no comércio de escravos, tornou-se jogador, e muitas vezes suas especulações lhe causam perdas. D. José tem uma plantação na qual produz azeite. Seu pátio está cheio de vendedores, uns somente com um galão, outros tendo escravos carregados com grandes cabaças de azeite. Entretanto, uma dúzia de seus próprios escravos contam búzios para pagar o produto.

O maior concorrente das casas europeias era Domingos José Martins; elas eram obrigadas a transigir com ele, que pouco a pouco se tornou seu principal fornecedor.

John Duncan assinalava, em 22 de setembro de 1849: "Domingos, de Porto Novo, outrora notório negociante de escravos, faz agora tanto comércio com azeite de dendê que os comerciantes europeus me pedem para tentar persuadir o rei de impedir seus súditos de lhe venderem seu azeite".[83]

Francisco Félix de Souza permaneceria fiel ao tráfico de escravos até sua morte, em 1849. Domingos José Martins, entretanto, soube evoluir.

Frederick Forbes, então em missão em Abomey junto ao rei Ghezo, conta que, passando pelas grades do palácio em 10 de junho de 1850, viu Sua Majestade mandar passar em revista três regimentos de amazonas para a despedida de Domingos José Martins, o que era uma grande honra.[84] Aquele milionário, a pedido do rei e em seu próprio interesse, tinha ido visitar os "costumes", mas voltava então para Porto Novo para carregar dois navios ingleses, o *Foam* e um outro. Forbes acrescentava:[85]

> Ninguém duvida que Domingos José Martins seja o maior comerciante de escravos de toda a África, e no entanto faz um comércio importante com os navios britânicos.
>
> Durante a tarde, Martins veio descansar e sentou-se por um longo tempo. A conversa estava inteiramente dirigida para o comércio; declarou ter feito 80 mil dólares no último ano com o azeite de dendê, que o comércio de escravos e o de azeite ajudavam um ao outro, e que não sabia qual era o mais lucrativo.
>
> Foi muito "civilizado", nos oferecendo todas as coisas que sua casa de Uidá pudesse conter; agradecemos-lhe, mas não tiramos proveito.

O cônsul Beecroft, enviado em companhia de Forbes para aquela missão, dava os mesmos detalhes em seu relatório ao Foreign Office. Ele observava que, naquela conversa, "Domingos José Martins dizia ter enviado a bordo do *Foam*, cujo capitão era Wood, 90 mil galões de azeite de dendê, em trinta dias. Era um bom trabalho, em uma praia aberta exposta à brisa do mar e às vagas do Atlântico Sul. Eram, em média, dez toneladas por dia".[86]

Em seu relatório anual, o juiz britânico junto às comissões mistas em Serra Leoa escrevia:[87]

> Considero que é no golfo do Benim que se tem produzido uma marcante mudança quanto ao tráfico legal e que enormes progressos seguem seu curso; parece que

suplanta rapidamente o tráfico de escravos, com os capitais de antigos e notáveis traficantes.

A consignação de azeite de dendê, em um navio francês de cargas, feita por d. Domingos José Martins para os srs. Forster e Smith, de Londres, é um exemplo.

O envio de azeite de dendê desta costa neste ano é igualmente mais importante do que o de qualquer ano precedente, sobretudo nos porões ingleses, e vejo uma segunda feitoria francesa em Badagri.

O vice-cônsul Frazer, estacionado em Uidá, parece ter sido vivamente impressionado pela forte personalidade de Domingos José Martins.[88] A esse respeito, ele escreveu em seu diário:[89]

22 de julho de 1851 — O comércio de azeite de dendê de Martins, de acordo com o seu próprio empregado (Amadie, um austríaco), ultrapassa 200 mil dólares anuais. Já fretou neste ano cinco navios para Bristol, além das quantidades que forneceu a diversos navios. Ele está disposto a assinar por sua própria conta um tratado contra o comércio de escravos, e quer também ajudar o governo inglês a pôr nele um termo.

TOMADA DE POSIÇÃO BRITÂNICA EM FAVOR DOS EGBÁS DE ABEOKUTÁ ATACADOS PELO REI DO DAOMÉ; VÃ TENTATIVA DE IMPOR A GHEZO, NO DAOMÉ, E A KOSOKO, EM LAGOS, UM TRATADO CONTRA O TRÁFICO DE ESCRAVOS

O rei do Daomé encontrava-se em péssimos termos com os ingleses e todo pronto a favorecer os franceses, que podiam estender seu comércio sem medo de concorrência.

Os ingleses, em dificuldade com Kosoko, rei de Lagos, eram naturalmente conduzidos a sustentar contra ele as populações do interior, sobretudo a confederação dos egbás, cuja capital era o campo fortificado de Abeokutá. Ora, os egbás eram uma das populações que o rei de Abomé assolava com mais frequência. A resistência dos egbás recebia a ajuda dos ingleses, que nisso viam um meio de solapar o poderio do rei de Lagos e estancar na fonte seu abastecimento em escravos, e era também uma forma de descontentar o rei do Daomé.[90]

A essa exposição de Schnapper, acrescentemos que a presença em Abeokutá de grupos de africanos libertos, que tinham se tornado protestantes e súditos
ingleses em Serra Leoa, impunha à Inglaterra uma política de sustenção aos
seus dependentes contra os ataques do rei do Daomé.

Em 13 de agosto de 1850, o cônsul Beecroft informava o Foreign Office a
respeito da ilha de Fernando Pó:[91]

> O comodoro endereçou uma enérgica advertência ao rei do Daomé contra todo
> ato de hostilidade ou de opressão cometido contra o povo de Abeokutá, pois o
> governo britânico tem um grande interesse em seu bem-estar, e veria com muito
> desagrado todo ato de violência cometido contra ele, pois, além disso, numerosos
> africanos libertos e súditos nascidos britânicos estabeleceram-se entre aquelas tri-
> bos, e o governo britânico está obrigado a protegê-los contra todo prejuízo.

Os africanos emancipados não se constrangiam em continuar fazendo o
tráfico de escravos. Um pouco antes de se tornar cônsul britânico em Uidá,
Duncan escrevia:[92]

> Em minha residência aqui como servidor intérprete, tive um desses colonos, que
> foi ele próprio escravo, mas que tinha sido capturado por um cruzador britânico
> durante sua travessia em direção ao Brasil, levado para Serra Leoa e educado ali.
> Em seguida, emigrou para "Embaixo da Pedra", ou Abeokutá, aquela santa praça
> de tantos convertidos, e começou a fazer o tráfico de escravos. Quando de passa-
> gem por um navio negreiro, foi de novo aprisionado com diversos escravos em
> sua possessão. Os escravos foram levados para Serra Leoa, mas ele foi desembar-
> cado com a tripulação do negreiro em Uidá, onde reside atualmente, na colônia
> dos africanos libertos de Serra Leoa.
>
> Quando visitava Serra Leoa, o dr. Oldfields, cuja sinceridade não pode ser colo-
> cada em dúvida e a quem sua posição dá um conhecimento superior daquele tráfi-
> co, informou-me que muitos daqueles escravos libertos em Serra Leoa provinham
> das atividades dos colonos de Abeokutá.

O comandante Frederick Forbes e o cônsul Beecroft foram enviados em
missão em 1850 junto ao rei Ghezo, em Abomé, para tentar fazê-lo assinar um
tratado para a supressão do comércio de escravos. Não o conseguindo, Pal-

merston enviou uma carta em 11 de outubro de 1850 ao rei do Daomé para informá-lo do descontentamento do governo britânico a respeito de suas intenções de guerrear com Abeokutá:[93]

> A rainha da Inglaterra demonstra um grande interesse por aquela cidade e seu povo, e se dais algum valor à amizade da Inglaterra, deveis vos abster de todo ataque e de toda hostilidade contra aquela cidade e seus habitantes.
>
> A respeito do comércio de escravos, o governo britânico está muito decepcionado com a vossa resposta, pois esperava que aceitásseis seus mui razoáveis pedidos, acompanhados da bela oferta de uma compensação completa por toda perda momentânea que vós pudésseis ter ao renunciar ao comércio de escravos. Mas como recusastes o que a Grã-Bretanha vos pediu fazer, a Grã-Bretanha será obrigada a alcançar seu fim por seus próprios meios, e como a Inglaterra está certa de obter êxito em todas as coisas que ela estiver determinada a empreender, o resultado será que o comércio de escravos será suprimido no Daomé pelos cruzadores britânicos, e assim sofrereis uma perda temporária sem receber compensação. Mas o governo de Sua Majestade terá ao menos a satisfação de pensar que essa perda de renda será sentida por vós somente durante um tempo limitado e que os benefícios provenientes do comércio legal compensarão, em breve e amplamente, toda diminuição de vossas rendas provenientes da cessação do comércio de escravos.

Pelo mesmo correio, o Almirantado era avisado da situação pelo Foreign Office e a comentava da seguinte maneira:

> Parece que o rei do Daomé não será convencido a dar seu acordo para abandonar o comércio de escravos enquanto o chefe de Lagos não tiver sido levado antes a suprimi-lo definitivamente. Parece ao lorde Palmerston, em consequência, que medidas devem ser tomadas para se pôr um fim ao comércio de escravos em Lagos. Por isso, o chefe atual de Lagos [Kosoko] deveria ser convidado a assumir um compromisso semelhante àquele que aceitaram os chefes de Gallinas, e em caso de recusa, medidas iguais àquelas tomadas em Gallinas seriam aplicadas em Lagos [destruição por bombardeio feito pelos cruzadores]. Por conseguinte, disposições devem ser tomadas para recolocar no poder o antigo chefe [Akitoyê], que se en-

contra atualmente em Badagri e que estaria, assim pensamos, disposto a assinar o compromisso proposto.

Ao mesmo tempo, seria desejável que a mais rigorosa vigilância seja estabelecida para evitar que os escravos sejam exportados de Uidá. É evidente que o rei do Daomé, que é o grande responsável pelo comércio de escravos daquela parte da África, não consentirá em perdê-lo, a não ser obrigado pela necessidade ou quando estiver certo de que os lucros que perderá ao renunciar àquele comércio não passarão para as mãos de algum vizinho menos conciliador.

Em 21 de fevereiro de 1851, o cônsul Beecroft recebia de Palmerston instruções a respeito do tratado a ser concluído com o chefe de Lagos (Kosoko):

Fazei saber que o governo britânico está resolvido a pôr um fim ao comércio de escravos africanos, e tem para isso os meios e o poder; que ele emprega esses meios com um sucesso que vem aumentando dos dois lados do Atlântico; que o governo britânico impeliu com sucesso os governos da Espanha e do Brasil a interditarem a importação de escravos para Cuba e para o Brasil, e que assim a demanda de escravos vai ser em muito diminuída, senão completamente terminada, enquanto, por outro lado, o governo britânico assinou tratados com a maioria dos chefes indígenas da costa ocidental da África; que o comércio legal é mais vantajoso para as nações da África do que o comércio de escravos; que a Grã-Bretanha é poderosa ao mesmo tempo no mar e na terra; que é bom ter sua amizade, e evitar seu desagrado; que a amizade da Grã-Bretanha é obtida pelos chefes africanos somente com a condição de que abandonem o comércio de escravos e expulsem os comerciantes de escravos, e que os chefes que recusarem a fazê-lo poderão incorrer no desagrado do governo britânico. Se o chefe mostrar disposições para recusar, vós devereis suplicar para lembrar-se que Lagos está perto do mar, e que sobre o mar há os navios e os canhões da Inglaterra; e também que guarde em sua memória que não detém sua autoridade sem rivais, e que os chefes das tribos africanas não guardam sempre seus postos até o fim de suas vidas.

Naquele tempo, Beecroft tinha ido fazer uma visita de inspeção em Badagri e Abeokutá, e no mesmo dia 21 de fevereiro de 1851 enviava ao Foreign Office um copioso relatório sobre a viagem.[94] Ele assinalava ter trazido a bordo do *Jackal* o ex-chefe Akitoyê, duas de suas mulheres e três servidores, em direção à ilha de Fernando Pó. Dali, Akitoyê fez uma petição para que sua volta ao trono lhe fosse facilitada pelos ingleses. Ele se comprometia a suprimir o tráfico de escravos e expulsar de Lagos os traficantes tão logo estivesse de volta e no trono.

Em 3 de março de 1851, o rei Ghezo lançava um novo ataque contra Abeokutá, mas foi repelido pelos egbás.[95]

Em 14 de maio de 1851, Ghezo, tendo necessidade de armas para continuar suas guerras, enviava aos ingleses mensagens cordiais, graças às quais esperava obter as armas em questão. O yevogan mandara escrever, por um intérprete, duas mensagens.[96]

A primeira declarava cortesmente:

Os melhores cumprimentos de Ghezo, rei do Daomé, a todos aqueles a quem isso possa concernir. Saudações. Ele diz que a rainha da Inglaterra foi a primeira a enviar um governo branco para Uidá para fazer amizade com eles antes que os franceses e os portugueses se estabelecessem aqui. Ele está desejoso que se saiba que é amigo dos ingleses, e que se eles perderem seja o que for, os encontrará e os protegerá, e espera deles que façam o mesmo. Por Ghezo, rei do Daomé, yevogan Dagwah.

A segunda era mais precisa:

Os melhores cumprimentos de Ghezo, rei do Daomé, aos capitães dos navios de guerra na costa: ele deseja saber se poderão fornecer algumas *long Dane guns* e alguns mosquetes [seguida da mesma assinatura].

Em 28 de junho de 1851, o comodoro Bruce escrevia ao cônsul Beecroft, aconselhando-o a ir fazer uma viagem para Abomé com vistas a renovar as relações com o rei Ghezo, tendo em conta os reveses sofridos por suas tropas contra os yarribás [iorubás] e o fato de que o tráfico estava quase terminado, podendo ser proveitosamente utilizado para impeli-lo de assinar com a Grã-Bretanha um tratado contra o comércio de escravos.[97]

Em 4 de outubro de 1851, Beecroft fazia saber que o vice-cônsul Frazer, enviado para Abomé após um convite de Ghezo, rei do Daomé, havia trazido uma carta destinada à rainha Vitória, na qual o rei pedia para que lhe enviassem um oficial da Marinha para discutir o tratado. Eis os termos dessa carta:[98]

Para Sua Mui Graciosa Majestade, Vitória, Rainha da Inglaterra, protetora da lei
[...].

O rei do Daomé envia seus cumprimentos a Sua Majestade, saudações e votos
[...] que ela queira lhe enviar um soldado com uma boa cabeça que ouça algumas
palavras de sua boca na cidade de Abomé, a fim de que possa relatá-las a Sua Majestade.

Assinada por Ghezo [rei do país do Daomé], George Prior, através de Madakie,
intérprete; Edw. Dennis, testemunha.

Em 24 de dezembro de 1851, Palmerston respondia a Beecroft com um
tom contrariado (sem dúvida pela ingerência do Almirantado no domínio do
Foreign Office):

Tenho a declarar que não convém que vós ou o sr. Frazer ou algum outro oficial
britânico possais ir de novo para Abomé nas circunstâncias atuais.

Enviei a ordem ao vice-cônsul Frazer de mandar uma carta ao chefe do
Dahomey, lembrando-lhe que o governo britânico espera e exige que se abstenha
de fazer qualquer ataque a Abeokutá.

(Notaremos que, de acordo com o grau de estima, um rei africano tornava-se simples chefe ou reencontrava seu título sob a pena dos ministros e
funcionários britânicos.)

Uma pequena guerra entre Kosoko e Badagri veio complicar as coisas, e,
para embrulhá-las ainda mais, os franceses enviavam armas para Ghezo por
intermédio de um oficial da Marinha enviado em missão para Abomé.

Em outubro de 1851, uma carta do tenente governador da Costa do Ouro
assinalava[99]

a passagem por Christianborg do capitão Auguste Bouet, da Marinha francesa, a
caminho do Daomé, enviado em missão especial junto ao rei desse país pelo governo francês e portador de presentes estimados em 3 mil dólares para Sua Majestade. Essa missão ocorre em momento pouco oportuno, em que mal-entendidos
foram criados entre os ingleses e o rei do Daomé, este último suspeitando que os
comerciantes ingleses de Badagri tenham fornecido aos habitantes de Abeokutá

armas e munições, pela presença dos quais ele atribui a última e severa derrota sofrida pelas tropas daomeanas sob os muros daquela cidade.

Naqueles presentes figuravam duas peças de campanha de bronze (canhões), sobre as quais estava escrito: "Oferta a Guizot [sic], rei do Dahomey, do presidente da República Francesa, 1851".[100]

Além disso, foram-lhe oferecidos quatro tapetes dos Gobelins e um tratado de amizade, que foi assinado entre Bouet, em nome da França, e Ghezo, em 1º de julho de 1851.[101]

Forbes publicou um livro em que, ao contar sua missão em Abomé,[102] exerce sua verve e seu humor contra os brasileiros e os daomeanos. Essa obra não demorou a ser enviada para Uidá, por seus correspondentes em Londres, a Domingos José Martins, que se deu o prazer de traduzir as mais insultantes passagens para uso das autoridades daomeanas. Isso não tornou as relações entre o Daomé e a Inglaterra mais amigáveis. O vice-cônsul Louis Frazer estava no local. Foi ele quem "recebeu" as manifestações de desagrado do rei Ghezo, que não havia apreciado as enérgicas advertências do comodoro Bruce, como o evidente interesse dos ingleses por seus inimigos de Abeokutá, as derrotas de suas tropas frente àquela cidade — que ele atribuía ao fornecimento de armas inglesas aos egbás — e, por fim, o ultimato apresentado por Frazer em nome do governo britânico de ter que se abster de atacar Abeokutá.

Por duas vezes, Frazer foi acusado em público pelo rei de ser ladrão, mentiroso, espião e intrigante.[103]

Frazer explicava que:

Quando de minha primeira visita a Abomé, em setembro de 1851, roubaram-me uma carta que o bashorun, um dos dignatários de Abeokutá, havia me enviado, e que, invertendo os fatos, o rei Ghezo alegava que eu tinha subtraído aquela carta [primeira acusação]; que, negando tê-la subtraído, eu era um mentiroso [segunda acusação]; que a carta revelava que eu tinha vindo ao país a fim de encontrar informações para seus inimigos [terceira acusação]; que eu havia deixado o país para organizar junto com o comodoro o bloqueio do país [quarta acusação]. O rei exigiu em consequência minha demissão.

Esse incidente foi relatado ao comodoro da frota britânica em 18 de janeiro de 1852 por um segundo comandante Forbes, Theo Geoffrey Forbes, do *H.M.S. Philomel*, enviado por sua vez em companhia de Frazer para tentar, em vão, obter do rei Ghezo a assinatura do tratado contra o comércio de escravos.[104]

O comandante escrevia: "Estou contrariado de ter que vos informar que o rei Ghezo tem uma grande aversão ao sr. Frazer". Após ter exposto a história da carta e das acusações, concluía: "Ele poderia ter alguma falta de tato na maneira pela qual trata as pessoas não civilizadas, o que pode ser a causa dessa aversão".

Em 16 de fevereiro, o comodoro Bruce transmitia o relatório ao Almirantado, acompanhado do comentário: "De tudo aquilo que eu soube, sou levado a crer que o sr. Frazer foi muito arrogante em suas relações com o rei, e que lhe falta aquele tato e o conhecimento do caráter africano, algo tão necessário de se possuir para uma pessoa de sua posição".

O dossiê passou do Almirantado para o Foreign Office, e em 19 de abril de 1852 o cônsul Frazer era repreendido. O fracasso da missão do segundo comandante Forbes foi atribuído à arrogância com a qual havia levado as negociações com o rei Ghezo em outras ocasiões. O lorde Malmesbury lhe escrevia:[105]

Apesar de os hábitos e os princípios bárbaros dos chefes africanos serem naturalmente repugnantes para um espírito europeu, e mesmo que seja necessário que os funcionários de Sua Majestade tenham um linguajar firme, decidido e sem comprometimento para com todo chefe que pareça hesitar em abandonar o comércio de escravos, estou certo de que no futuro tereis em mente que uma tal firmeza não perde nada da sua força, se ela é temperada por constantes maneiras corteses e disposições conciliatórias.

Alguns meses mais tarde, Frazer não era mais vice-cônsul de Sua Majestade britânica.

Nesse meio-tempo, havia anotado em seu diário, em 10 de novembro de 1851:[106]

O sr. Hutton explica todas as minhas pequenas dificuldades assim: o yevogan lhe disse que estava certo que eu vinha com uma prevenção contra eles após aquele livro de Forbes. Ele fala muito mal de nós, nos chama de "trapaceiros".

Domingos enviara aquele livro antes para o rei com anotações, e as pessoas não gostam de ver seu nome impresso, muito menos quando não for lisonjeiro.

Henry Stanhope Freeman, o primeiro governador de Lagos, dava uma outra interpretação à atitude de menosprezo de Ghezo para com Frazer. Doze anos após aquele incidente, em 9 de abril de 1864, ele escrevia:[107]

> Representação e ostentação impressionam sempre os africanos, muito mais que qualquer outra coisa, e o grau de um oficial é sempre calculado de acordo com o ouro que tem em seu uniforme. O falecido rei do Daomé se recusava a tratar com o vice-cônsul Frazer porque seu uniforme estava bordado com prata somente, e o rei estava acostumado a tratar com oficiais da Marinha, que naturalmente usam galões dourados.

INCIDENTES ENVOLVENDO A PARTIDA DE LAGOS PARA A BAHIA
DO ÚLTIMO NAVIO NEGREIRO, O *RELÂMPAGO*; PRETEXTO
DE UM BLOQUEIO ESTABELECIDO EM LAGOS PELA ESQUADRA BRITÂNICA;
EXTENSÃO DO BLOQUEIO; RECUSA DE KOSOKO EM ASSINAR UM TRATADO
COM A INGLATERRA; BOMBARDEIO DE LAGOS; FUGA DE KOSOKO;
ENTRONIZAÇÃO DE AKITOYÊ; EXPULSÃO DOS TRAFICANTES BRASILEIROS

No momento em que o cônsul Beecroft se apressava para apresentar a Kosoko, rei de Lagos, um tratado-compromisso abolindo o tráfico de escravos e obrigando-o a expulsar de seu reino os traficantes, brasileiros em sua maioria, estes últimos preparavam seus derradeiros envios de escravos. Em 1851, somente o *Sylphide* e o *Relâmpago* foram enviados para a Bahia, onde foram aprisionados logo na chegada.

O último navio negreiro ligando o golfo do Benim à baía de Todos-os-Santos (Bahia) foi o *Relâmpago*, do qual já tratamos em um capítulo precedente.[108] Um incidente ocorreu quando de sua partida de Lagos. O rei Kosoko tinha proibido todas as comunicações entre a terra e os navios ao largo, durante os dois dias que precediam e os dois dias que se seguiriam à partida do *Relâmpago*, a fim de guardar segredo sobre a hora de sua partida e tornar impossível aos cruzadores britânicos sua perseguição e captura. Um súdito inglês que tinha uma passagem reservada no *Token* foi mantido em terra durante quatro dias e não pôde embarcar.

Em 6 de outubro de 1851, Lewis J. Jones, comandante do *H.M.S. Sampson*, escrevia a esse respeito ao comodoro Bruce, e comentava o incidente com grande veemência:[109]

> É da parte do rei de Lagos um ato de agressão que exige reparação, e, em consequência, dei ordem ao cruzador ao largo de Lagos para exercer uma grande vigilância sobre as relações entre os navios de qualquer natureza que sejam, e a terra, e não permitir nenhuma comunicação, a menos que as partes possam dar um relatório preciso de seus negócios.
>
> Vossa carta ao rei de Lagos voltou aberta, o que é um ato adicional de sua parte tornando indispensáveis as medidas coercitivas para forçá-los a dar explicações.
>
> Penso, Sir, que se tivéssemos o poder de declarar o bloqueio de qualquer porto quando nele houver evidências positivas de que escravos ali tenham sido embarcados, seria um grande passo em direção ao término do abominável tráfico, e uma punição adequada dos culpados.

Aquela sugestão pareceu interessante ao comodoro Bruce, que por sua vez escrevia ao secretário do Almirantado, em 1º de novembro de 1851,[110] pedindo autorização para fazer o bloqueio de Lagos, porque:

> 1º: O rei de Lagos havia detido pela força um súdito britânico em terra, enquanto ele [o rei de Lagos] expedia um carregamento de escravos a bordo de um navio ao largo [o *Relâmpago*]. 2º — O rei de Lagos havia recusado entrar em relações com o chefe das forças navais de Sua Majestade e tinha devolvido de maneira insolente uma carta que aquele oficial lhe endereçara.

Em 26 de novembro de 1851,[111] o cônsul John Beecroft informava ao Foreign Office que embarcara no dia 10 do corrente a bordo do *H.M.S. Bloodhound*, acompanhado do rei Akitoyê e sua corte. Ele tinha chegado ao largo de Lagos no dia 13 e havia se comunicado com o comandante Wilmot, da corveta *H.M.S. Harlequin*, que o informara de ter descoberto um canal seguro no rio Ogun. Em visita a Coisoco [Kosoko], Wilmot fora recebido amavelmente por ele, que lhe havia dado a impressão de estar pronto a aceitar as condições do cônsul, caso estas lhe fossem propostas. Isso fez Beecroft pensar que a ocasião era favorável para entrar imediatamente em negociações com o dito chefe. O cônsul escrevia:

No dia 20, deixamos a corveta *H.M.S. Harlequin* às seis e meia, com dez barcos e uma bandeira branca de parlamentar. Desembarcamos em uma ponta arenosa na entrada leste do rio, para esperar que as águas subissem e permitissem aos barcos pesados entrar. Existem naquele lugar algumas cabanas e dois hangares pertencentes ao sr. Marcos [Borges Ferras] e ao sr. Nobre, ambos brasileiros.

Uma mensagem enviada pelo Coisoco chegou declarando que, se fôssemos em direção a Lagos com dez barcos, atirariam em nós. Ele desejava que um único barco fosse destacado em sua direção. Protestei junto ao sr. Marcos contra o completo absurdo de Coisoco, que impedia uma conveniente escolta de acompanhar os representantes de Sua Majestade em uma missão de paz e de amizade. Eu estava a ponto de voltar, mas, após ponderada deliberação, disse ao mensageiro, por intermédio de meu intérprete, que somente um barco não era suficiente para transportar todos os oficiais destinados àquela conferência; que iria com dois barcos, sabendo muito bem, ao mesmo tempo, que estaria colocado em perigo iminente, com um chefe assim sedento de sangue.

Devo declarar que o sr. Marcos e o sr. Nobre estavam cheios de deferências.

Às dez horas partimos. O sr. Marcos acompanhava-me, como também o comandante Wilmot, Gardinn e Patey, com meu intérprete no segundo escaler. Chegamos à cidade à uma e vinte; fomos conduzidos à casa do sr. Marcos, e esperamos ali durante duas horas antes de sermos introduzidos junto ao chefe Coisoco. Ele estava rodeado de pessoas armadas. Perguntei-lhe se desejava se tornar um amigo da Inglaterra e assinar um tratado para a supressão total do comércio estrangeiro de escravos nos limites de seu território. Coisoco respondeu-me que não era seu próprio senhor, mas que dependia do rei do Benim. Declarei-lhe então que iria para Benim interceder junto ao rei a respeito daquele tratado. Eu havia perguntado antes ao chefe Coisoco se estaria disposto a assinar aquele tratado, supondo que o rei do Benim o fizesse. Ele declarou distintamente, por intermédio de seu primeiro-ministro, que não queria assinar nenhum tratado com os ingleses e não desejava sua amizade.

O cônsul entrava em seguida em considerações sobre a legitimidade duvidosa de Kosoko como rei de Lagos, e aquela mais certa de Akitoyê:

Após o fracasso de nossa conferência, onde nossas propostas haviam sido recusadas, foi decidido dar uma demonstração de força com o que dispúnhamos naquele momento, com a firme convicção, de acordo com o caráter dos chefes africanos, que levaria Coisoco a aceitar nossas condições. Entramos no rio Lagos com a bandeira branca dos parlamentares. Três tiros de canhão foram dados pelo *Bloodhound* na entrada do rio em alvos considerados postos avançados que disparavam sem autoridade. A bandeira branca flutuava até o largo da cidade, quando os tiros dados da cidade foram tão eficazes que tornavam a bandeira branca inútil. Quando ela foi arriada, um tiro geral foi aberto pelos escaleres e pelo *Bloodhound*. A ajuda deste último aos nossos escaleres infelizmente foi ineficaz após seu encalhe em altas águas.

A lagoa foi limpa de suas canoas e uma parte considerável da cidade foi incendiada, mas os muros de terra e as ruas estreitas ofereciam tanta vantagem aos inimigos, e estes formigavam em tão grande número e mostravam-se tão bons atiradores, que pareceu prudente chamar de volta nossa gente para os escaleres, pois haviam sofrido muito.

Sem dúvida para desforrar-se de uma demonstração de força de tão pouco sucesso, em 30 de novembro de 1851, os comandantes Wilmot e Coote, das corvetas *H.M.S. Harlequin* e *H.M.S. Volcano*, fizeram desembarcar, na ponta leste da entrada do rio, uma pequena força que destruiu com o fogo os hangares pertencentes aos srs. Marcos, Nobre e Lemon, todos brasileiros.[112]

No dia seguinte, 1º de dezembro, o cônsul John Beecroft voltava ao porto em que servia, na ilha de Fernando Pó.

Em 6 de dezembro,[113] o comodoro Bruce, dando desenvolvimento ao projeto que havia formado após a partida do *Relâmpago*, informava ao cônsul John Beecroft sua

intenção de estabelecer o bloqueio de todos os portos no golfo do Benim (excetuando-se Badagri), porque:

1º: Os reis do Daomé e os chefes de Lagos e Porto Novo continuavam o tráfico de escravos.

672

2º: Durante as festas públicas, eram feitos sacrifícios humanos em Abomé, na presença dos oficiais, apesar dos esforços para dissuadir o rei.

3º: Todos os três continuavam a caça aos escravos e, a despeito das advertências, Abeokutá e Badagri foram atacadas, enquanto diversos missionários britânicos e africanos libertos vivem naqueles lugares.

4º: Todos os três se recusaram a respeitar a vida de súditos britânicos que vivem em Lagos.

5º e 6º: Repetem as duas razões já citadas no despacho precedente.

Em 18 de dezembro de 1851,[114] o comodoro Bruce chegava à ilha de Fernando Pó com o *H.M.S. Penelope* e comunicava ao cônsul a ordem, recebida de Londres, de atacar Lagos, de colocar Akitoyê no trono e de notificar o bloqueio geral do golfo do Benim.

Em 25 de dezembro, a cidade de Lagos foi atacada com uma força que demonstrava melhor do que a vez anterior que "a Inglaterra é poderosa tanto no mar como em terra". Kosoko foi obrigado a fugir, e Akitoyê tomou seu lugar.

O cônsul escrevia em seu relatório:

Neste 25 de dezembro, por volta das três e quinze, uma canoa, com uma bandeira branca na proa e uma insígnia brasileira na popa, veio ao longo da praia com o sr. Marcos. Este teve uma curta conferência com o capitão Jones, ao qual pediu autorização para ir até sua casa ver como andavam seus negócios. A permissão foi negada, e declararam-lhe que ele havia tido muitas ocasiões, antes do ataque, de pedir proteção. Mas, supondo que eles se consideraram protegidos atrás de suas paliçadas, fossas e trincheiras [...].

Dois despachos foram enviados pelo Foreign Office ao cônsul Beecroft, nos dias 24 de janeiro e 23 de fevereiro de 1852.[115] O primeiro continha uma repreensão: "O governo de Sua Majestade lamenta ser obrigado a desaprovar vossa conduta a respeito do ataque a Lagos em 20 de novembro, feito pelo comandante Forbes com vossa autorização". O segundo era de felicitações:

Tenho que lhe informar que o governo de Sua Majestade soube com muita satisfação que a formidável resistência do rei de Lagos e de seus chefes foi completamente dominada graças ao talento e à intrepidez tão eminentemente empregados pela força naval de Sua Majestade durante o ataque àquela cidade nos dias 26 e 27 de dezembro. O governo confirmou o tratado de 1 de janeiro e aprovou inteiramente vossa atividade em 30 de novembro.

No palácio de Kosoko, foram encontradas 48 cartas enviadas da Bahia pelos seus correspondentes, que vendiam por sua conta os escravos por ele enviados. Essas cartas foram entregues pelo comodoro Bruce em 3 de janeiro de 1852 ao Almirantado em Londres, e se tornaram objeto de publicação nos *Parliamentary Papers on Slave Trade*.[116]

Os principais nomes que aparecem entre aqueles comerciantes são: Domingos Bello (onze cartas), Francisco José Godinho (oito cartas), Domingos Martins (cinco cartas), Gantois e Marbak (três cartas), Manoel Joaquim d'Almeida (duas cartas) e Joaquim Pereira Marinho (uma carta).

Os detalhes do bloqueio não se enquadram no presente trabalho, mas ele provocou muitas reclamações, entre as quais a da casa Régis, que via suas atividades neutralizadas por aquela medida, enquanto as feitorias britânicas de Badagri nada sofriam.[117]

Os portugueses protestaram igualmente, enviando o comandante da corveta de guerra *Ninfa* para perguntar por que o forte português e o distrito de São João de Ajudá não tinham sido excluídos do bloqueio. O comandante Strange, tendo solicitado detalhes a respeito daquela possessão portuguesa, recebeu resposta do vice-cônsul Frazer,[118] dizendo-lhe que no forte havia

o padre, o tambor e um homem que passeia na cidade, de quando em vez, com uma sorte de vestimenta militar comportando quatro largas bandas vermelhas no braço. Todos os três são negros. O Xaxá Isidoro de Souza tem o grau de tenente--coronel e o título de governador civil e militar do distrito e do forte português de São João de Ajudá. Mas não estou oficialmente a par dessa presença portuguesa naqueles lugares.

Com a entronização de Akitoyê, o governo britânico praticamente controlava Lagos.

O contrato de compromisso, assinado por Beecroft em nome de Sua Majestade britânica com Akitoyê, previa com efeito que:[119]

674

1º: A exportação de escravos para países estrangeiros fica abolida para sempre no território de Lagos, e os chefes de Lagos se comprometem a criar uma lei proibindo a todos os seus súditos vender ou ajudar a vender algum escravo para ser transportado para um país estrangeiro.

2º: Nenhum europeu que se dedique àquele tráfico poderá receber autorização para residir no território de Lagos, e se hangares ou casas foram erigidos para aquele tráfico, eles poderão ser destruídos por qualquer oficial britânico empregado na luta contra o tráfico.

3º: Se, no futuro, o tráfico de escravos for feito a partir de Lagos, este poderá ser destruído pelos britânicos; os navios aprisionados e os chefes incorrerão na maior censura por parte da rainha da Inglaterra.

4º: Os escravos prontos para a exportação serão entregues ao cônsul de Sua Majestade britânica, com vistas a serem levados para as colônias inglesas e ali libertados, e todos os edifícios a serviço do tráfico de escravos serão destruídos.

5º: Os europeus e outras pessoas que atualmente se ocupam em fazer o tráfico de escravos serão expulsos do país. Suas casas e seus hangares serão destruídos se, dentro de três meses, não tiverem sido convertidos à prática de atividades legais.

6º: Os súditos da rainha da Inglaterra poderão sempre fazer livremente o comércio com as pessoas de Lagos, e não haverá favor ou privilégio concedido aos estrangeiros que não sejam também dados aos britânicos.

7º: A República Francesa poderá fazer parte deste tratado, em conformidade com a Convenção de 2 de maio de 1845, entre a França e a Inglaterra.

Com tais disposições, a Inglaterra, que já dominava Badagri, controlava praticamente o interior do país dos egbás, cuja capital era Abeokutá. Kosoko havia se refugiado a leste de Lagos no país dos jebus, em um porto chamado Palma, de onde podia continuar suas atividades de tráfico de escravos com Cuba, já que aquele com o Brasil tinha sido abolido. Palma deveria se tornar também um grande centro de exportação de azeite de dendê, e ali foram instaladas, em seguida, numerosas feitorias europeias.

Burton escrevia em 1862:[120]

Até 1851, quando o sr. McCoskry veio pela primeira vez a Lagos, havia trinta portugueses [brasileiros] e quatro ingleses somente; nenhum deles, salvo ele próprio, sobreviveu ou pelo menos ficou aqui. Eram tempos felizes; os comerciantes de escravos viviam a dormir e fumar, e faziam as refeições com champanha na praia. Em 1851, vieram os tempos do azeite de dendê.

Em 13 de fevereiro de 1852, Arthur P. E. Wilmot, que teve um papel importante nos ataques britânicos contra Lagos, enviava um relatório a respeito dos portugueses (brasileiros) naquela cidade:[121]

Sei de muito boa fonte que o sr. Lima, um dos principais comerciantes de escravos e com quem pessoalmente mantenho relações, que tinha o maior hangar na ponta, não somente disparou o primeiro tiro em direção aos nossos navios, mas ainda havia armado seus escravos, em número de duzentos, na mesma intenção por ocasião de nosso primeiro ataque. Parece que vários portugueses deixaram a cidade depois do primeiro alarme, entre eles o sr. Lima; refugiaram-se em alguma parte no país dos jebus, a vinte milhas de Lagos, na margem direita da lagoa; alguns voltaram. O comandante Gardner enviou-me sete jebus; entre eles havia José Pinto, um velho homem que viveu 44 anos em Lagos e foi, em tempos idos, o mais famoso comerciante de escravos da praça e está agora completamente decrépito; e também o sr. Nobre, um jovem, filho de outro comerciante de escravos, com o qual igualmente mantenho relações. Jantei na casa dele quando da minha primeira visita a Lagos. O pai não estava presente durante o ataque; havia partido na noite anterior em um navio de Hamburgo. Está atualmente, creio eu, em Uidá. Autorizei os portugueses a revisitar Lagos, sendo entendido que deverão deixar o país na primeira ocasião.

O sr. Nobre, pai do já mencionado jovem, havia partido na véspera do ataque para Uidá com a intenção de incitar o capitão de um vaso de guerra qualquer que pudesse encontrar, francês ou americano, para vir imediatamente a Lagos e hastear a bandeira francesa ou americana sobre a cidade. Oferecia como presente 5 mil libras esterlinas. A malícia do procedimento estabeleceu o fato de que os portugueses eram hostis aos ingleses de todas as maneiras. Assim, o combate foi travado, e pensaram que se tivéssemos visto a bandeira francesa ou americana desfraldada em algum lugar da cidade, teríamos parado e refletido sobre as consequências antes de fazer nosso ataque.

Louis Frazer, vice-cônsul em Uidá, foi destacado para Lagos. Ele logo ouviu falar de seus velhos conhecidos de Uidá. Entre eles um austríaco, Amadie, que havia sido preso pelo rei Akitoyê por ter-se dedicado ao tráfico de escravos, a despeito das novas proibições.

Em 27 de maio de 1853, Frazer escrevia em seu relatório ao cônsul Beecroft, de quem dependia:[122]

Esforcei-me em persuadir Akitoyê a libertar Amadie, não porque queira protegê-lo, mas o precedente é mau: um negro tendo um tal poder sobre um branco. Se fosse encorajado a isso, nenhum comerciante estaria em segurança ao longo da costa. Até aqui, um branco tem sido considerado uma espécie de "fetiche".

Alguns dias mais tarde, em 16 de junho de 1853, foi-lhe entregue um atestado em que se declarava:

Em 15 de junho, às dez horas da noite, Auguste Amadie, nascido na Áustria, passou em frente à casa do sr. Couto, prisioneiro em uma canoa e chamando por ajuda, repetindo os nomes de Couto e Marinho. Como gritava que queriam matá-lo, os negros que conduziam a canoa lhe taparam a boca para abafar seus gritos. Ele foi visto pelos servidores de Joaquim José Couto, e seus gritos foram ouvidos por Francisco Gil d'Aguiar e Pedro Martins Jambo, que correram para a margem do rio, chamando seus servidores. Então o sr. Frazer, vice-cônsul, e Joaquim José Couto, que conversavam juntos em uma casa próxima, foram chamados para o local. Mas, quando chegaram, não se podia ver mais nada.

Com isso, o vice-cônsul, sr. Frazer, enviou Ângelo Custódio das Chagas em uma pequena canoa para verificar a direção tomada pela outra canoa. Enquanto isso, os srs. Francisco Gil d'Aguiar, Thomas Tickel, Pedro Martins Jambo e Antônio José Marinho partiam em uma grande canoa para tentar salvar a vida daquele desafortunado.

(O documento está assinado com os nomes citados acima e os seguintes: W. R. Hansen, Herman Grote, Leonard Pereira de Moraes, Joaquim José Pereira, Joaquim Pereira Machado, Marcos Borges Ferras, Estevão dos Santos Barros e João Hoanwineka.)

É bom citar esses diversos fatos porque mostram que existia então uma certa harmonia entre funcionários britânicos e comerciantes brasileiros, e porque o documento nomeia um certo número de brasileiros que viviam em Lagos na época — Marcos Borges Ferras em particular, que alguns anos mais tarde conheceria a prisão na Bahia por ter sido o proprietário do *Relâmpago*, aprisionado em sua chegada ali em 29 de outubro de 1851. Mas foi uma harmonia bem passageira, porque menos de um mês mais tarde, em 19 de junho, o vice-cônsul Frazer escrevia ao comandante Phillips para transmitir-lhe sua convicção de que todo o assunto não passava de uma peça que lhe havia pregado Akitoyê em combinação com os portugueses. Amadie tinha ido em direção a Porto Novo para continuar até Agoué, e Frazer solicitava a ajuda do comandante para realizar aquilo que seus protestos não podiam obter: a expulsão dos portugueses.

Em 20 de junho, o comandante Phillips, mais ponderado, respondia-lhe não poder de nenhuma maneira sustentar ou aconselhar uma tal medida contra súditos de uma nação com a qual estavam em paz.

Em 29 de junho, Frazer voltava à carga e citava, como prova de cumplicidade, um presente de vinte dobrões de Amadie para Akitoyê a fim de que o transportassem até Porto Novo, e o de cinco peças de veludo em um valor de 225 dólares, feito por Domingos José Martins, com a mesma finalidade.

BENJAMIN CAMPBELL, CÔNSUL BRITÂNICO EM LAGOS, 1853-9

Em 19 de fevereiro de 1853, o Foreign Office avisava o cônsul Beecroft de que o vice-consulado de Uidá tinha sido suprimido, mas que um consulado havia sido criado para a região desde o cabo Saint-Paul até o cabo Formoso. O sr. Benjamin Campbell fora designado para aquele posto (de cônsul residente em Lagos). Louis Frazer podia ser despedido.[123]

Em capítulo anterior, vimos certos aspectos das atividades comerciais do novo cônsul em Freetown e nas ilhas de Loos. Em seguida ele se tornou magistrado de polícia em Serra Leoa. Foi o comodoro Bruce quem o recomendou para seu novo emprego.[124]

Os seis anos que passou em Lagos caracterizaram-se por uma sólida aversão à influência francesa e pela obsessão das atividades da casa Régis; por um extremo menosprezo pelos portugueses e brasileiros que, acreditava, entregavam-se ao tráfico clandestino e tinham maus costumes; por uma tenaz desconfiança contra o ex-rei Kosoko e uma certa sra. Tinubu, a quem expulsou de Lagos, unindo a seu ressentimento aquele dos seus colaboradores que não partilhavam cegamente seus pontos de vista, como McCoskry.

BENJAMIN CAMPBELL TENTA EXPULSAR DE LAGOS OS ANTIGOS TRAFICANTES PORTUGUESES, BRASILEIROS E FRANCESES

Em 25 de julho de 1853, Benjamin Campbell, logo em sua chegada, enviava uma advertência ao sr. Marcos Borges Ferras e aos portugueses (brasileiros) residentes em Lagos:[125]

> O cônsul de Sua Majestade britânica, tendo tomado conhecimento de que os residentes portugueses têm incitado há algum tempo dois chefes de Lagos a se rebelar contra a autoridade do rei Akitoyê, e que durante os últimos três dias os portugueses forneceram armas e pólvora àqueles chefes rebeldes, previne nesta aos residentes portugueses de Lagos que serão tidos como responsáveis de toda desordem que possa acontecer, e que o almirante comandante em chefe das forças navais de Sua Majestade britânica nesta costa, esperado para logo ao largo de Lagos, verá com extremo desagrado aqueles que incitam os chefes indígenas a tomar as armas contra seu chefe legal, Akitoyê.

É sobre isso que Marcos Borges Ferras respondia imediatamente:

> Estive visitando os portugueses aqui residentes no dia seguinte àquele em que recebi a carta oficial endereçada a eles, bem como a mim. Foi-me respondido que uma petição já vos havia sido enviada pelo sr. Sandeman; assim devo responder somente por mim mesmo. É verdade que tenho feito negócios com fuzis e pólvora, porque esses artigos foram trazidos para o mercado e, até o presente, não há nenhuma proibição a esse respeito. Mas, doravante, não venderei e não farei vender essa sorte de artigos ou de mercadorias sem a autorização do cônsul de Sua Majestade britânica.
>
> Afirmo, entretanto, que os negócios foram feitos diretamente com as pessoas, e jamais com um chefe em particular, o que vos peço levar em consideração.

Em 27 de julho, o cônsul escrevia uma carta cheia de insinuações ofensivas para J. G. Sandeman:

Recebi ontem uma petição assinada por vós, pelo sr. Price, o sobrecarga da barca *Lídia*, e pelo sr. Langdon, o sobrecarga da corveta *Hope*, na qual estavam apostas as assinaturas de três portugueses.

Devo vos fazer uma observação pessoal de que não haveis julgado conveniente me fazerdes uma visita desde minha chegada como cônsul de Sua Majestade, para apresentar-me os cumprimentos de uso.

Não creio indicado levar em conta a petição feita por vós, dois sobrecargas e os comerciantes portugueses. E mesmo que não escolhais seguir o caminho que a simples cortesia e os hábitos recomendam, estou pronto a receber, no entanto, todas as comunicações que possais ter que me fazer, e a vos levar a ajuda a que tendes direito.

A respeito dos comerciantes portugueses, cujas assinaturas estão apostas na petição que me foi apresentada, e dos outros comerciantes portugueses em Lagos, peço-vos que se lembre da descrição que me fizestes daquelas mesmas pessoas, quando de vossa passagem no paquete a vapor *Faith*, e quando vos encontrei na casa do sr. Oldfields em Serra Leoa, em que se ressaltava que aqueles homens eram da mais baixa classe de comerciantes de escravos, e introduziam entre os indígenas a mais revoltante prática de [...]. Vós haveis utilizado esta palavra exatamente, e ela fez uma impressão muito profunda na minha memória para que a possa esquecer. Entretanto, na minha chegada em Lagos, encontro o senhor, não somente associado com aquelas pessoas, mas também, se estou bem informado, seu fiador comercial. As consideráveis compras de fuzis, pólvoras e outras mercadorias, feitas recentemente em dois navios ao largo, foram realizadas por vós. Mesmo que não caiba a mim vos impor aqueles com os quais vós vos associais ou fazeis negócios (isso é uma questão de escolha pessoal), não tendes o direito de pretender que me associe à petição assinada por pessoas que me descrevestes em Serra Leoa como sendo tão odiosas ou que eu aceite tal petição.

Uma semana depois, em 3 de agosto, o cônsul escrevia para o Foreign Office comunicando que havia recebido a visita do sr. Sandeman em um estado de grande excitação, queixando-me de que o cônsul havia relatado em uma comunicação oficial aquilo que lhe tinha declarado em confidência em Serra Leoa a respeito dos portugueses residentes em Lagos, e que se sua descrição fosse publicada, estaria constantemente em perigo de ser assassinado. Como o sr. Sandeman é vítima de tal terror a respeito das pessoas com as quais está associado, Vossa Excelência será sem dúvida bastante bom para aliviá-lo, mandando suprimir nas publicações sua descrição dos portugueses residentes em Lagos.

Em 3 de setembro, Akitoyê falecia, e seu filho Docemo o sucedia.
Em 19 de setembro, Benjamin Campell escrevia:

Todos os comerciantes de escravos do golfo do Benim, Domingos Martins e os outros, fazem agora o comércio do azeite de dendê ao mesmo tempo que o anterior, o que aumenta as dificuldades da supressão do comércio de escravos.

Ao todo, 80% do tabaco e do rum da Bahia são consignados ou comprados por Domingos Martins. Ele tem em estoque 8 mil rolos da primeira mercadoria citada. Esse tabaco é quase o único artigo de troca para se obter escravos. Ele enviou circulares para Liverpool anunciando que forneceria em azeite de dendê até 4,5 galões por um dólar espanhol.

Em 1º de maio de 1854,[126] o cônsul descarrega de novo seu mau humor contra os portugueses, falando de seu bairro,

que tem toda a fachada em direção ao rio, onde eles vivem mais como porcos do que como seres humanos, mesmo que vindos das regiões classificadas entre as partes civilizadas do globo, e levam aos indígenas seus próprios hábitos imundos e obscenos. Fizeram com que aquela parte da cidade, bem situada para o comércio, fosse deixada de lado pelos comerciantes que estão aqui agora.

Em 5 de dezembro, ele assinalava:

Marcos Borges Ferras, outrora intensamente empenhado aqui no tráfico de escravos, e expulso de Lagos, desembarcou recentemente sob pretexto de recuperar uma grande quantidade de azeite que lhe é devida por diversos comerciantes da praça. Sabendo que estes lhe devem uma quantidade considerável de azeite, pedi ao rei Docemo para autorizar o sr. Marcos (como geralmente é chamado) a ficar três meses em Lagos para permitir-lhe obter o pagamento do que lhe é devido.

O sr. Jambo, outro traficante de escravos, chegou aqui também na qualidade de sobrecarga, durante um mês. Desembarcou uma grande quantidade de tabaco de uma escuna cujo nome não pude saber, e mandou a escuna para Uidá durante o tempo que ficou em terra. Uma grande parte dos rolos de tabaco desembarcados por Jambo foi comprada a crédito por uma mulher chamada Tinnaboa [Tinubu]. Suspeito que ela pagará em escravos enviados de Abeokutá, via Okeodan, para Uidá.

Em 21 de dezembro, Campbell voltava à mesma questão, acreditando ter descoberto no retorno de um certo número de portugueses (brasileiros) uma tentativa de fazer reviver o tráfico de escravos:

Além dos dois brasileiros já indicados, sabe-se da chegada do sr. Joaquim Pereira Machado, todos os três velhos traficantes de escravos desta praça, expulsos com alguns outros quando o atual rei Docemo tomou o poder. Eles foram recebidos muito favoravelmente pelo rei, seus chefes e pela sra. Tinubu. O sr. Marcos chegou de Acra pela fragata a vapor Bacchante. O sr. Jambo e um assistente vieram pela escuna portuguesa Liberal. O sr. Joaquim Pereira Machado, com seu assistente Leonardo Pereira Moraes, empregado de Domingos Martins, chegou pela fragata sarda Destino, tendo a bordo uma pequena quantidade de rum e uma grande quantidade de rolos de tabaco; ele vinha sob o pretexto de comprar azeite de dendê, mas na verdade veio para comprar escravos, visto que o Destino não estava munido com tonéis vazios para o azeite de dendê, e que tais coisas não podiam ser compradas aqui por preço algum.

Não hesitei em aconselhar o rei Docemo a não dar autorização para aquelas pessoas se reinstalarem em Lagos. No começo, deu-me a promessa que não teriam a permissão para fazê-lo. Depois da chegada do Destino, os srs. Machado e Moraes vieram ao consulado com vistas, penso eu, a sondar-me a respeito da possibilidade de se estabelecerem aqui. À minha pergunta sobre a natureza da carga que tinham trazido para vender, disseram-me que ela consistia em 2 mil rolos de tabaco e um pouco de rum. Disse-lhes que o sr. Jambo já havia entupido Lagos de tabaco; que ele, sr. Machado, não seria capaz de dispor do seu tabaco para os comerciantes de azeite de dendê, uma vez que não podia ser oferecido a não ser para os indígenas, que não têm nenhum meio de pagamento a não ser em escravos. O sr. Machado e seu assistente então se retiraram.

Na manhã seguinte, recebi uma mensagem do rei Docemo, agradecendo-me ironicamente por ter dito aos srs. Machado e Moraes que eles não teriam autorização para ficar em Lagos. A esse respeito, enviei por três imigrantes de Serra Leoa, e por escrito, minha opinião sobre os três traficantes de escravos.

Ao retornarem, os srs. Thomas, Goodin e Turner me informaram de que o rei e os chefes estavam todos muito satisfeitos com minha mensagem. Na manhã seguinte, fiquei sabendo que ela fora mal interpretada: os chefes se felicitavam uns aos outros, bem como aos traficantes de escravos, por terem obtido do cônsul a autorização para permanecer.

Enviei o sr. Williams para explicar ao rei e aos chefes o verdadeiro sentido de minha mensagem. O rei ficou seriamente irritado, e sua resposta foi pouco satisfatória. Eles queriam saber se Kosoko estava ligado da mesma maneira por um tratado que não permitia aos traficantes de escravos residirem junto a ele.

Mais tarde, o sr. Williams voltava com uma vaga promessa do rei Docemo de que eles não seriam autorizados a ficar. Mesmo assim, o rei deu ao sr. Marcos uma casa para morar, e os srs. Machado e Moraes obtiveram também uma casa onde ficar. Eles descarregaram seu tabaco e o venderam principalmente a Tinubu, e em breve pretendem expedir o navio Destino de volta à Bahia.

O sr. Jambo voltou a Uidá no Liberal. Sem dúvida, deve voltar a Lagos pela lagoa, após ter-se certificado de que chegaram bem os escravos, aqueles que a notável Tinubu enviou daqui para Uidá, via Abeokutá e Okeodan.

Os traficantes de escravos contam com a proteção de um cônsul da França que, segundo me asseguraram, estava a caminho de Lagos, só esperando em Uidá a chegada do navio de guerra francês Entreprenant para ser levado a Lagos de maneira oficial.

Fiquei sabendo que a pessoa que se dizia cônsul em Lagos não era outro senão o sr. Louis Lemaignère, conhecido nos anais do tráfico de escravos como Don Luis, aquele que foi, durante vários anos, ou o sócio ou então agente de Pedro Blanco em Gallinas e Shebar. Enquanto permanecera em Gallinas, parece que Don Luis estava bem informado do que ocorria em Serra Leoa e dos movimentos da esquadra. Ao tomar conhecimento de que o comodoro tinha a intenção de destruir as feitorias de escravo em Gallinas, ele fretou um navio americano e foi-se embora para a Bahia com todas as coisas que pôde levar. Desde então, lá vive faustosamente, fato que, acrescido a seu gosto pelo jogo, parece tê-lo colocado em situação delicada. Dizem que na Bahia ele está em contato com o sr. Gantois. Ouvi dizer que Don Luis às vezes se encontra com Domingos Martins e ocasionalmente vai a Uidá.

Se o capitão Villeneuve levasse consigo Don Luis, eu não deixaria de levar a seu conhecimento a história das atividades passadas de Don Luis.

O rei Docemo deixa a mulher Tinubu dominá-lo e dar-lhe ordens.

Em 2 de fevereiro de 1855, Benjamin Campbell dava notícias sobre o rumo que ele havia dado aos acontecimentos:[127]

O sr. Louis Lemaignère está em Lagos há três semanas. De manhã bem cedo, acompanhado do sr. Jambo, ele chegou numa canoa, vindo de Uidá pela lagoa. À sua chegada, o sr. Jambo enviou um recado ao rei Docemo para informá-lo de que o cônsul da França e ele próprio iriam vê-lo logo cedo.

O rei Docemo vestiu-se com esplendor e recebeu os srs. Lemaignère e Jambo com grande cerimônia.

Após sua conversação com o rei Docemo, os srs. Lemaignère e Jambo vieram me ver. O primeiro remeteu-me uma carta de apresentação do sr. Lartigue, gerente da feitoria francesa de Uidá, declarando que o objetivo da vinda do sr. Lemaignère era instalar uma feitoria em Lagos.

Ao mesmo tempo, o sr. Lemaignère pediu-me que lesse uma carta aberta do cônsul da França na Bahia, endereçada ao comandante da estação francesa na costa ocidental da África. Ele observou ter ouvido dizer que havia objeções ao estabelecimento do sr. Jambo e de outros brasileiros em Lagos. Informei-lhe que, segundo os termos do tratado assinado entre o rei Akitoyê e o governo de Sua Majestade britânica [tratado do qual o governo imperial da França passou desde então a fazer parte], nenhum traficante de escravos reconhecido estava autorizado a permanecer em Lagos, e que os srs. Jambo e Machado, ambos em Lagos na ocasião, entravam nessa categoria.

O sr. Lemaignère observou então que, por ter a intenção de estabelecer uma feitoria francesa em Lagos, necessitava de uma pessoa a par dos negócios nessas regiões, trazendo consigo o sr. Jambo, e que, de fato, tanto um como outro tinham interesse na carga do navio *Liberal*, uma parte da qual fora descarregada em Lagos.

Após outras observações de ordem geral, os srs. Lemaignère e Jambo se retiraram.

Devo informar a Vossa Excelência que o sr. Lemaignère, durante o nosso encontro, não fez a menor alusão ao consulado da França.

Fico sabendo agora que, chegando em Lagos, o sr. Marcos alugou ao sr. Lemaignère uma casa na qual, hasteando a bandeira francesa, este último instalou-se imediatamente. Recebeu logo a visita dos chefes e de outras pessoas, bem conhecidas por seu desejo de ver reavivado o tráfico de escravos.

Ao constatar a excitação dos ânimos provocada pela chegada do sr. Lemaignère e as esperanças que ele suscitava, não perdi tempo em levar ao rei Docemo a história dessa pessoa e a ativa participação que, durante vários anos, teve no tráfico de escravos em Gallinas e Shebar, enfim, todas as coisas que pude ler na correspondência impressa referente ao ano de 1838 e sobre o tráfico de escravos, da qual eu possuía felizmente uma cópia. Participei-lhe minha opinião: o sr. Lemaignère viera a Lagos com a intenção de reavivar o mesmo tráfico e de ajudar portugueses e brasileiros, os traficantes de escravos expulsos, a se restabelecerem em Lagos; e além disso, sua residência aqui, bem como a dos brasileiros e portugueses, era proibida pelos tratados.

Como o rei Docemo não deu grande atenção às minhas exposições, levei todo esse caso ao conhecimento do comandante do *H.M.S. Crane*, oficial superior da Divisão das Baías, que, imediata e peremptoriamente, reivindicou ao rei Docemo que todos os traficantes de escravos conhecidos fossem expulsos de Lagos.

O rei Docemo enviou sua comunicação oficial aos srs. Lemaignère, Jambo, Machado e outros, para que eles saíssem de Lagos.

Pouco depois de ter recebido a mensagem do rei, no mesmo dia, o sr. Lemaignère enviou-me uma carta reclamando minha proteção. Informei ao rei que o sr. Lemaignère pedira formalmente minha proteção contra sua expulsão. Para ele solicitei a permissão de permanecer em Lagos até a chegada do navio de guerra francês, o *Entreprenant*, cujo capitão era Villeneuve, a quem o sr. Lemaignère poderia comunicar o caso.

Vários dias se passaram. Como o sr. Jambo e os outros continuavam na cidade, e à medida que a população se inflamava, o comandante Miller escreveu novamente ao rei Docemo para exigir a expulsão dos traficantes de escravos.

Com isso, o sr. Marcos e os demais embarcaram em canoas que se dirigiam a Uidá pela lagoa. Alguns dias depois, os srs. Jambo, Machado e Lemaignère vieram ao consulado. Os dois primeiros me responsabilizaram por sua expulsão de Lagos, fizeram protestos e pediram que os anotasse oficialmente, o que foi feito. O sr. Le-

685

maignère declarou que não queria ficar em Lagos se o sr. Jambo fosse obrigado a partir e, logo depois, seguiu a este último numa canoa rumo a Uidá.

O retorno dos traficantes de escravos — estes inteiramente seguros de que seriam bem recebidos e protegidos pelo rei Docemo, por seus chefes e pelo povo, seguros ainda de que a proteção da bandeira do consulado francês seria capaz de evitar sua expulsão — criou muita agitação na cidade. Acrescido a outras influências então ativas, tal fato conduziu a um complô que tinha por objetivo o meu assassinato e a expulsão ou assassinato dos ingleses e daqueles que poderiam supostamente ser favoráveis aos ingleses.

O sr. Lemaignère chegou há quatro meses num brigue sardo, vindo da Bahia, cidade onde residiu a maior parte do tempo desde sua partida de Gallinas [...]. Ele mantém relações com o sr. Gantois [Marback e Gantois] e outras casas baianas muito comprometidas com o tráfico de escravos no golfo do Benim, e tais nomes figuram na correspondência que foi traduzida, aquela encontrada na casa de Kosoko após sua fuga.

O cônsul Morgan já chamou a atenção de Vossa Excelência sobre a tentativa feita por umas firmas baianas para estender o tráfico de escravos ao golfo do Benim. Fui informado de que essas firmas contavam com a ajuda do sr. Lemaignère e, por meio dele, com a proteção da bandeira francesa para os seus agentes.

Ao vir aqui, o sr. Lemaignère não podia prever que seria reconhecido, nem que todos estariam a par de suas antigas atividades como traficante de escravos. Se ele tivesse chegado a Lagos vindo da França com a intenção honesta de estabelecer uma feitoria francesa para o comércio legítimo, eu não teria certamente divulgado suas atividades do passado, durante o tempo em que ele se restringisse a praticar o comércio legal. Porém, vindo como veio, acompanhado de gente notoriamente envolvida no comércio de escravos, considerei meu dever prevenir o rei Docemo, relatar todo o caso ao comodoro Adams e ao oficial superior da Divisão das Baías.

A reclamação de Pedro Martins Jambo — sobrecarga do brigue brasileiro *Liberal* — a respeito de sua expulsão em cinco dias, a pedido de Benjamin Campbell, foi transmitida à delegação brasileira em Londres. Em 12 de abril de 1855, o ministro Sérgio de Macedo fez um protesto oficial insistindo nos seguintes pontos:[128]

1º: Há algum tempo, ele fez na Inglaterra operações tão lucrativas no comércio de azeite de dendê, devido à alta do preço dessa mercadoria, que nenhum contrabando de negros poderia igualá-las, sobretudo ao se considerar o risco de ser preso.

2º: Em novembro de 1854, ou seja, imediatamente após sua chegada em Lagos, ele deu a seu correspondente, aqui, instruções visando assegurar condicionalmente uma porção de azeite de dendê que ele pretendia embarcar nos navios seguintes. Obtive essas duas informações de uma casa comercial de Londres, digna de confiança.

3º: Ele já adiantou somas ou mercadorias para obter azeite de dendê e outros produtos do país que não lhe foram ainda entregues, e apresentou ao cônsul os detalhes dessas transações.

Esses mesmos lucros, resultantes do comércio legal com Lagos, devem ser uma razão para que cada um empregue meios próprios a fim de consegui-los. Não pode ser justo, tampouco, fazer parte das intenções do governo britânico afastar a concorrência para garantir o monopólio a quaisquer indivíduos. O governo inglês, pelo contrário, quer a liberdade do comércio, mesmo em suas colônias.

Peço a meu Senhor que dê as ordens necessárias para que este caso seja examinado e para que justiça seja feita a este homem.

George Villiers, conde de Clarendon, ministro das Relações Exteriores da Grã-Bretanha na época, respondeu então em 26 de abril:

O fato de o sr. Jambo estar muito ocupado com o comércio de azeite de dendê não é por si só suficiente para provar que ele não seja capaz de traficar escravos, pois é sabido que Domingos Martins, o maior dos mercadores de escravos do golfo do Benim, tem negócios importantes com azeite de dendê, e não é menos notório que, sob o disfarce desse comércio, os mercadores praticavam comodamente o tráfico de escravos, não somente nesta baía mas também em outros portos da costa africana.

A proximidade de Badagri obrigou Campbell a intervir inúmeras vezes nos negócios internos dessa cidade.

Em 1º de março de 1856, ele escrevia aos chefes de Badagri:[129]

O sr. Joaquim Carvalho é e foi comerciante de escravos, assim como todos os comerciantes portugueses que vivem em Uidá e em outras cidades. O cônsul lhe disse, quando pedira a este autorização, que ele não podia residir em Lagos nem tampouco em Badagri.

Durante todo o tempo em que os chefes de Badagri sofriam no exílio, o cônsul nunca ouviu dizer que as pessoas implicadas no comércio de escravos lhes tivessem enviado uma ajuda ou procurado trazê-los de volta para a sua cidade.

Em 14 de abril, ele enviava uma carta ameaçadora ao rei de Porto Novo:[130]

O chefe Mowu de Badagri e os outros chefes da mesma cidade, bêbados e inúteis, não devem supor que a Inglaterra, que comanda navios de guerra grandes e pequenos, dos quais alguns podem ir a Badagri, irá permitir que seus comerciantes que praticam um tráfico legal sejam impunemente roubados. Ele espera que o rei de Porto Novo intervenha para impedir que seu porto de Badagri seja destruído e para fazer com que o azeite roubado seja restituído à gente do sr. Hutton.

Ao mandar expulsar de Lagos a sra. Tinubu, uma rica comerciante de Abeokutá, Campbell entrou em conflito com McCoskry, a quem acusara de ter prevenido a senhora, o que lhe permitira esconder-se na casa de um serra-leonês chamado Turner, para somente partir no dia seguinte. Campbell então retirou de McCoskry o vice-consulado de Badagri e de Porto Novo, bem como a alocação de cem libras esterlinas.[131]

Em 28 de julho, ele entrava em conflito com as missões protestantes (Christian Mission Society) a respeito da localização do consulado e de um terreno anteriormente concedido por Akitoyê às ditas missões.

Em 4 de outubro, os mercadores e residentes britânicos de Lagos enviavam acusações contra Campbell e intervinham em favor de Kosoko. O documento estava assinado por Sandeman, McCoskry, Tickel, Cole etc.

Em 15 de outubro, o cônsul solicitava ao comodoro que enviasse o *H.M.S. Minx* ao rio para dar confiança às autoridades indígenas, ao povo e aos imigrantes de Serra Leoa, do Brasil e de Cuba, além de satisfazer as pessoas amigas da paz.

BENJAMIN CAMPBELL EM DESACORDO COM A CASA RÉGIS

No mesmo dia 15 de outubro de 1856, Campbell enviava um despacho hipócrita a Kosoko, felicitando-o pela presença em Palma de feitorias pertencentes a respeitáveis comerciantes, particularmente a da rica casa francesa Régis: "Outros comerciantes virão. Palma se tornará importante".

Em 4 de fevereiro de 1857:[132] "Relataram-me que foram feitos embarques em Appe-Vista [Kutenu, para os indígenas][133] e em Jabu-Vista, a dez milhas de Palma, onde o sr. Lemaignère [Don Luis] possui um estabelecimento com o sr. Jambo".

A partir de 1857, em todos os seus despachos, Campbell acusa a casa Régis de exercer o tráfico de escravos.

Schnapper escreve a esse respeito:[134]

Nada permitia acusar a casa Régis de participar diretamente do tráfico. Mas as suspeitas que pesavam sobre essa casa foram reavivadas quando ela começou a transportar voluntários livres para as Antilhas, os quais, na verdade, ela comprava como escravos aos chefes africanos.

Régis torna-se uma das maiores preocupações dos meios antiescravistas ingleses, tanto mais por ter ele procurado recrutar voluntários justamente em Uidá e em Lagos.[135] Uma das razões dadas pelos ingleses para ocupar Lagos em 1861 foi o desejo de sustar as operações de tráfico.

Em 10 de agosto, Campbell denunciava a casa Régis, que "envia um vapor para transportar 1200 escravos comprados a cinquenta dólares e os faz passar por imigrantes livres".[136] Campbell sustentava que a guerra de Abeokutá se relacionava com essa expedição.

Em 5 de setembro, ele fazia alusão às dificuldades que Régis tivera no passado.

Em 2 de março de 1858, falava do caráter irascível dos agentes da casa Régis, que surravam os indígenas.[137]

Em 6 de maio, ele prestava contas da visita do almirante Protêt à cidade de Abomé para ajudar Régis e, depois, da visita do mesmo almirante a Palma e ao rei Kosoko.

Nesse meio-tempo, a Marinha francesa, fazendo uma investigação sobre o passado de Benjamin Campbell, descobria que, outrora, houvera uma certa sra. Campbell proprietária de uma feitoria de escravos no rio Pongo, que essa pessoa era esposa do cônsul de Lagos e filha de uma certa sra. Lightburn, que tinha uma feitoria de escravos no mesmo local, e que a irmã da sra. Campbell possuía também uma feitoria de escravos.[138]

O relatório foi enviado triunfalmente ao governo britânico, com sua conclusão:

> Assim, a sogra do sr. Campbell trafica, a própria sra. Campbell trafica, a cunhada do sr. Campbell trafica, e é o sr. Campbell quem denuncia o sr. Régis, negociante perfeitamente honrado!
>
> É esse mesmo sr. Campbell que se compadece da sorte reservada aos "voluntários" e que, nessa sua filantropia da boca para fora em nome da raça negra, confunde a emigração francesa com tráfico!

De posse desse relatório, lorde Malmesbury enviou um pedido de explicação ao cônsul, então de licença na Inglaterra. Este respondeu apressadamente nos seguintes termos:

> Estando mal de saúde e nos últimos preparativos de partida pelo navio a vapor que amanhã de manhã deixará este porto de Liverpool para a costa ocidental da África, tendo a solicitar a Vossa Excelência a indulgência de permitir-me adiar minhas observações a respeito da comunicação do ministro da França até o momento de minha chegada. Estou certo de que essas explicações serão consideradas completamente satisfatórias por Vossa Excelência.

Em 28 de janeiro de 1859, Campbell explicava:[139]

> Com efeito, conheci essa pessoa 25 anos atrás, quando eu era comerciante em Rio Nuñez e nas ilhas de Loos, tendo mantido com ela relações que, longe de chocar o senso moral das comunidades indígenas, eram aprovadas por esses últimos como sendo necessárias em razão das vantagens daí resultantes para eles.
>
> Usei de toda minha influência para incitar a sra. Lightburn a renunciar ao tráfico, o que ela prometeu. Mas, como não manteve sua palavra, retirei-me e denunciei-a

aos comissários de Serra Leoa. Isso provocou a ação do comodoro Nurse, que bombardeou legalmente os ditos estabelecimentos antes mesmo que eu tivesse tempo de retirar o que eu lá possuía. Logo em seguida, retirei-me de minhas atividades comerciais, e há dez anos cortei minhas relações com a filha da sra. Lightburn.

Por fim, terminava seu despacho com novos ataques contra o plano de emigração do sr. Régis.

Campbell não tinha muito tempo de vida: morreu de uma disenteria em 17 de abril de 1859.

Entretanto, ainda teve tempo de enviar alguns últimos despachos.

Em 7 de fevereiro de 1859, ele anunciava a morte de Ghezo, rei do Daomé.[140]

Em 19 de março, prestava contas da captura do navio negreiro *El Dorado* e anunciava que o bergantim *Tyrant* escapara de Uidá com um carregamento completo de escravos. O primeiro estava entregue ao sr. Carvalho, de Uidá. Os escravos haviam sido enviados dentro do segundo pelo sr. Baeta, "um brasileiro da província da Bahia".

CHOQUE DAS AMBIÇÕES E DAS POLÍTICAS INGLESA E FRANCESA NO GOLFO DO BENIM

Em 6 de fevereiro de 1858,[141] Campbell tinha enviado um relatório sobre a

possibilidade de ocupar e vigiar Uidá, visando acabar com o tráfico de escravos. A cidade poderia ter uma guarnição de tropas africanas. É possível que Vossa Excelência não soubesse que a força do regimento das Índias Ocidentais foi mantida pelo recrutamento de escravos capturados aos espanhóis, enviados dos portos do golfo do Benim, principalmente nativos dos países Iorubá e Popo. Assim, uma das vantagens que se pode esperar da ocupação de Uidá é que os recrutas do regimento das Índias Ocidentais poderiam ser conseguidos regularmente com as populações vizinhas.

Em 3 de novembro de 1859, o tenente Lowder comunicava:[142]

O capitão Barbotin, comandante do *Renaudin*, da Marinha francesa, veio ao consulado de Lagos em 22 de outubro de 1859 para me informar que, na véspera, pedira ao rei Docemo explicações a respeito de uma pesada multa imposta ao sr. Lemaignère, seguida de sua expulsão. O rei se refugiara sob a autoridade do consulado. O capitão novamente fez perguntas a mim. Como minha posição era provisória, vi-me embaraçado para responder. No dia seguinte, o comandante Barbotin partia para Epê em visita a Kosoko.

George Brand, o novo cônsul, chegava em 25 de novembro de 1859 e morreria em 16 de junho de 1860, também de uma disenteria, como Campbell.

Em 21 de dezembro de 1860 chegava o cônsul Foot, que, por sua vez, morreria de uma disenteria e de febre em 17 de maio de 1861.

Em sua descrição de Lagos, um ano mais tarde, Richard F. Burton escrevia com ironia macabra: "O consulado britânico, um caixão de zinco ondulado, contendo a cada ano um cônsul morto".[143]

Entretanto, Foot teve tempo de anotar, em 7 de janeiro de 1861, a visita feita a Kosoko pela fragata francesa *Danaé*.

Em 7 de fevereiro, ele propunha

colocar destacamentos de tropas em Lagos, digamos cem homens, e destacamentos em Badagri, Porto Novo, Uidá, Agoué, Benim; um sargento seria suficiente para estes últimos lugares. Tais homens seriam tropas negras, chamadas guardas consulares, e seriam colocadas ali devido ao estado de agitação do país, para a proteção de súditos britânicos, sob o controle imediato de agentes consulares. Vapores de pequeno porte, a metade das canhoneiras atualmente empregadas [...].

Em cima desse despacho, Palmerston escrevia, de próprio punho, em 25 de março: "Essas sugestões do sr. Foot parecem merecer uma séria consideração".

Em 9 de fevereiro do mesmo ano, o cônsul Foot prestava contas de uma série de amigáveis visitas trocadas com o comodoro francês de retorno a Palma.

Em 8 de março, ele anunciava "o bombardeio de Porto Novo a que fui obrigado a fazer".

A notícia foi comentada com entusiasmo por Palmerston:

O sr. Foot merece grandes cumprimentos pelo que fez em Porto Novo. É muito importante, e o resultado mostra tudo o que um pouco de energia local é capaz de realizar. A derrota do tráfico de escravos em Lagos, há alguns anos, foi o primeiro passo importante. Forçar o chefe de Porto Novo a expulsar o tráfico de escravos é um segundo passo de grande importância. Resta forçar o rei do Daomé a abandonar o tráfico, bem como os sacrifícios humanos.

Em 9 de março, Foot enviava um plano de "como o ataque poderia ser feito de maneira mais vantajosa contra o território do rei do Daomé".

Em 9 de maio, ele informava que um novo bombardeio de Porto Novo tinha ocorrido em 26 de abril.

Em 17 de maio, ele morria.

Em 22 de junho, o Foreign Office enviava ao já falecido cônsul Foot a ordem de tomar posse da ilha de Lagos.

Em 7 de agosto, McCoskry comunicava ao lorde Russell: "Assumi o título de governador interino, ao invés de cônsul interino, seguindo para tanto o conselho do oficial da Marinha mais graduado da região".

A intenção da Inglaterra parecia ser a de estabelecer uma ligação entre Lagos e a Costa do Ouro, "com o propósito de suprimir o tráfico de escravos".

Contudo, os franceses protegiam o rei do Daomé contra tais ambições. Eles enviavam frequentemente navios de guerra para fazer "visitas de cortesia" a Kosoko, em Palma, a leste de Lagos. Isso parecia resultar em um pedido de protetorado. Henry Stanhope Freeman, o novo governador de Lagos, escrevia em 1º de julho de 1862 que seria melhor autorizar Kosoko a voltar para Lagos.[144]

Em 8 de dezembro, os dois primos, Docemo e Kosoko, apertavam-se as mãos no jardim de Freeman.

O protetorado da França foi concedido ao rei de Porto Novo em 1863, depois retirado e novamente concedido.

Os ingleses estabeleceram o bloqueio da costa repetidas vezes.

O tráfico de escravos com Cuba estava terminado, e as razões da presença das potências europeias tinham mudado de caráter. A partir daqui, elas saem do quadro deste estudo.

As relações entre o golfo do Benim e a Bahia se tornavam mais raras, apesar das provas de fidelidade para com as religiões trazidas do golfo do Benim, dadas pelos descendentes de africanos na Bahia. Porém, os que tinham voltado para a África permaneceriam ligados ao modo de vida adquirido no Brasil.

16. Formação de uma sociedade brasileira no golfo do Benim no século XIX

Em um discurso sobre a reexportação dos negros, Miguel Calmon du Pin e Almeida, deputado da Bahia,[1] de quem já tratamos em capítulo anterior,[2] declarava que um dos chefes de um país da Alta Guiné, exatamente onde o tráfico de escravos era mais florescente, mostrava-se mais esclarecido do que os outros: ele não só tinha acolhido muito bem os africanos libertos e expulsos da Bahia, mas também lhes havia concedido terra onde se instalarem; e como existia entre eles um bom número de pedreiros e carpinteiros, parece — dizia o deputado — que construíram rapidamente uma aldeia e passaram a cultivar a terra. Ao saberem dessa boa acolhida quando da volta da corveta que levara aqueles emigrantes, muitos africanos libertos da Bahia começaram a organizar espontaneamente o seu transporte para a nova colônia, e, de fato, mais de quatrocentos passaportes foram expedidos pelo governo da província às pessoas e famílias que os requeriam. O deputado profetizava:

> Vejo nesse estabelecimento não somente um lugar em que os nossos africanos libertos podem viver sem despesas, mas também um núcleo de população, talvez mesmo um novo Estado, que, participando da nossa língua e da mesma civilização, contribuirá um dia para a extensão de nosso comércio e de nossa indústria nascente.

A volta dos africanos emancipados ao seu local de origem era o resultado de dupla influência: uma voluntária e espontânea, feita por lealdade à terra de onde tinham sido arrancados contra a sua vontade, e a outra, passivamente sofrida e involuntária, provocada pelas medidas tomadas pela polícia em consequência das revoltas e sublevações dos africanos, escravos e emancipados.

A influência dessa intervenção da polícia nas partidas dos africanos emancipados e o brusco e passageiro aumento destas por volta de 1835, em seguida à Revolta dos Malês, naquele mesmo ano, medem-se pelo número dos passaportes expedidos pela polícia na época.[3]

Os africanos emancipados, de volta para os diversos portos do golfo do Benim, voluntariamente ou à força, estavam profundamente transformados pela estada no Brasil. Gilberto Freyre escreve a propósito:[4]

Esses africanos que tinham vivido no Brasil retornaram para a África não mais africanos tais como tinham chegado à Bahia, mas "brasileiros", quer dizer, africanos abrasileirados pelo contato com a natureza, o meio e a cultura já vigorosamente mestiça desta parte da América. [...] Esses africanos e descendentes de africanos, tendo vivido no Brasil, principalmente na Bahia, voltaram para a África com costumes, hábitos, modos de vida que tinham adquirido em terra estrangeira aos quais se tinham ligado para sempre. Eles retornavam à África abrasileirados, abaianados, aportuguesados nos seus diversos hábitos, gostos, costumes, até mesmo nos vícios. Eles levaram para a África o gosto pela farinha de mandioca, pela goiabada, pelas comidas brasileiras, pelos hábitos brasileiros. Perpetuaram na África devoções como a do Senhor do Bonfim e festas, com danças e cantos, muito brasileiras, já mestiçadas.

O fenômeno de inadaptação de alguns africanos no Brasil, de que nos ocupamos em capítulo anterior,[5] teve sua correspondência no desarraigamento dos africanos abrasileirados em seu retorno para a África. Se eles cultivavam o seu particularismo africano no Brasil, por outro lado foi um apego aos costumes e hábitos adquiridos neste país que eles fizeram questão de manter quando de volta à costa africana.

Em capítulos precedentes, já tratamos dos retornos organizados por Costa e Monteiro no *Nimrod*, em 1836. Na mesma época, Joaquim d'Almeida, originário da região Mahi, ao norte de Abomé, estabelecia-se em Agoué, cidadezinha situada na fronteira atual entre o Daomé e o Togo.[6]

O abade Pierre Bouche, que esteve em Agoué como missionário em 1874, escrevia:[7]

Aí, como em Lagos, encontrei certo número de negros vindos do Brasil que conservam aparência de cristãos. E mais: eles tinham uma igrejinha para reuniões piedosas. Por volta de 1835, uma cristã que voltara do Brasil construiu em Agoué uma capela que, depois de um incêndio, deixaram tombar em ruínas. Em 1842 ou 1843, Joaquim d'Almeida, crioulo brasileiro [ele era na verdade africano emancipado], estava prestes a deixar a Bahia. Ele adquiriu os objetos necessários à celebração da missa, disposto a edificar uma capela na África logo que chegasse, e a proporcionar-se a felicidade de assistir ao santo sacrifício desde que a oportunidade de dispor de um padre se lhe oferecesse. A capela ficou pronta em fins de 1845 e foi dedicada ao Senhor Bom Jesus da Redenção, em lembrança de uma igrejinha da Bahia, conhecida por tal nome, onde há grande afluência de peregrinos. As origens cristãs de Agoué remontam, portanto, a mais de trinta anos antes da nossa chegada definitiva. Diversos padres portugueses ou franceses já tinham concedido o batismo a mais de oitocentas pessoas nessa localidade, desde a construção da capela de Joaquim d'Almeida [...].

O abade Laffitte, chegando a Agoué, constatava:[8]

Foi nesse momento que chegaram muitos negros que reconheci serem escravos libertos do Brasil, por causa de suas roupas: estavam vestidos de camisões estampados de flores. Os brasileiros conduziram-me a uma pequena capela que o mais rico deles tinha mandado construir nos limites de sua propriedade.

Borghero,[9] descrevendo essa capela, indicava que

ela era provida de todo o necessário ao exercício do culto, suntuosamente decorada para a região; nada lhe faltava; havia até um carrilhão com cinco sinos. Ele [Joaquim d'Almeida] ia construir uma grande igreja no centro da cidade para o bem de todos, quando a morte veio afastá-lo de seus projetos.

O que impressionava os missionários católicos ao chegarem à costa da África era aquele igual respeito que os africanos abrasileirados tinham tanto pela religião que adotaram na América do Sul como pela que conservavam de seus ancestrais. Verificação que o reverendo padre Borghero fazia em termos severos:[10]

> Ficamos no entanto com muita pena de ver que esses portugueses, negros e brancos, que se dizem cristãos, vivem em sua maioria exatamente como pagãos. Os brancos de Portugal, assim como todos os outros europeus, são polígamos; os seus descendentes, que se tornaram quase negros, têm como religião um amálgama monstruoso de paganismo, práticas cristãs e superstições fetichistas.

O abade Pierre Bouche escreve sobre a mesma questão:[11]

> Alguns deles jamais tiveram de cristão senão o nome, e aqui retornaram às práticas do paganismo ou da religião muçulmana. "Eu era escravo quando fui batizado", dizem eles, "e estava sob o poder de meu amo: meu amo quis que eu fosse batizado, então deixei fazer."

O abade Laffitte acrescentava que os "brasileiros" só tinham de cristão o batismo, e que continuavam prazerosamente a invocar as divindades negras. "Por um orgulho muito inocente", notava ele, "esses brasileiros não querem ser tratados como negros, sendo os fiéis todos nagôs de origem que retornaram do Brasil."

Esse ponto é extremamente importante, porque demonstra como a religião católica era identificada com os brancos, que desfrutavam na costa da África de certos privilégios: muitas profissões de fé entre os "brasileiros" e outros convertidos repousavam nas vantagens sociais que provinham de sua condição de cristão, mais do que numa adesão sincera e profunda aos dogmas da Igreja.

Essas vantagens indiretas que os novos cristãos obtinham foram expressas pelo reverendo padre Borghero, quando escreveu:

> O batismo é como uma espécie de libertação que faz considerar o filho do escravo como filho do senhor. Essa influência do cristianismo tem sido tão forte que, mesmo na língua dos nativos, os nomes de branco, de cristão, são sinônimos de

senhor e de livre, enquanto negro e pagão equivalem a servo, escravo. No Daomé, sobretudo, chamam-se brancos a todos os cristãos, mesmo que sejam negros como ébano.

Os nativos pagãos, mesmo os que estão hierarquicamente mais próximos do rei, se dizem abertamente seus escravos, dobram o joelho diante dele, cobrem de poeira a cabeça e o corpo, enquanto os cristãos, mesmo sendo negros, saúdam o rei somente à maneira europeia.

Essa diferença de condição foi confirmada pelo governador do forte de São João Batista de Ajudá em 1877,[12] que fala dos "passageiros", nome dado aos africanos que o tinham sido duas vezes: a primeira nos navios que os levaram ao Brasil para "receber uma educação", e a outra quando voltaram à pátria que os vendera. Esses "passageiros" são considerados brancos de uma nova espécie, em que a cor da pele não interfere em nada para a classificação.

EMANCIPADOS DO BRASIL E EMANCIPADOS DE SERRA LEOA

A sociedade brasileira que se formava em algumas cidades do golfo do Benim, como Agoué, Uidá, Porto Novo e Lagos, principalmente, era composta de comerciantes de escravos vindos de Portugal e do Brasil, de seus descendentes mulatos, de seus antigos servidores, de capitães de navios negreiros estabelecidos na África e de africanos libertos que tinham voltado do Brasil, sobretudo da Bahia. Mais tarde, libertos vindos de Cuba se juntaram a eles.

O laço que unia essa gente de origem e de passado tão diversos era a religião católica.

Um outro grupo importante de libertos africanos de retorno àquela parte da costa da África era constituído de escravos libertos em Serra Leoa. Iorubás em sua maioria, eles tinham sido libertados pela ação da Royal Navy, no transcurso de sua viagem para o Brasil ou Cuba. Eles eram chamados akus em Freetown, por causa das várias saudações que começavam por *oku* que utilizavam em seus encontros na rua, e salôs ou sarôs, diminutivo de Serra Leoa, quando de sua volta para o golfo do Benim.

Forbes fala deles sem indulgência quando anota:[13]

17 de março de 1850, Uidá — Domingo, dia que difere muito pouco dos outros, salvo no que tange às alegres vestes dos africanos libertos, que, em testemunho de civilização, guardam o dia de repouso vestindo-se com as mais belas roupas. É a maior glória para um negro ser da religião dos brancos; e todos, quer sejam da Bahia ou de Serra Leoa, proclamam-se cristãos, e o são, sem dúvida, na acepção comum do termo.

Pode-se ao menos considerar que eles se encontram numa posição mais feliz do que se seguissem a religião local e adorassem a serpente ou o leopardo, o fetiche de Abomé. Nominalmente cristãos, não quereríamos injuriá-los tratando-os como pagãos.

A salvação de sua alma requer um esforço imediato dos verdadeiros cristãos. Uma soma irrisória da parte de cada um poderia permitir a construção de uma capela; e assim o desprezo dos da Bahia não cairia sobre os seus vizinhos de Serra Leoa.

Os sarôs separavam-se dos "brasileiros" por sua conversão às diversas formas de protestantismo e pela língua "crioula", baseada no inglês, que empregavam para se diferenciar dos "indígenas" que nunca haviam saído de sua terra. Igualmente, os que retornavam do Brasil ou de Cuba se exprimiam em português ou em espanhol.

Os muçulmanos que tinham voltado do Brasil formavam um grupo a mais. No entanto, uma vez de retorno à costa da África, eles encontravam-se muito mais próximos, pelos hábitos e pelo modo de vida, dos católicos "brasileiros" do que de seus próprios correligionários que permaneceram na África.

Muitas dessas conversões ao islamismo, feitas na Bahia, tinham sido frequentemente provocadas por sentimentos de revolta contra os senhores brancos — sentimentos que se acalmaram e suavizaram após o retorno à África. Muitos desses escravos, sobretudo os que a polícia obrigara a partir, tinham, apesar dos períodos de amargura conhecidos no Brasil, guardado saudades da Bahia.

Passando em Uidá em 1845, Duncan foi testemunha de um embarque de uma "corrente" de escravos, e escreveu a propósito:[14]

Fiquei surpreso de ver com que animação eles iam, como se fossem para uma feira. As pessoas que voltaram ou os escravos libertos eram todos testemunhas da procissão, a qual parecia dar-lhes grande satisfação, pois declaravam que tinham passado seus mais felizes dias na Bahia. A alguns eu perguntava que razões os levaram a fugir de tão agradável "escravidão": eles asseguraram-me que sua partida se deveu à revolta de alguns escravos na Bahia; ela tinha levado à ruína muitos proprietários de escravos e de engenhos, os quais mostraram-se incapazes de empregá-los por muito mais tempo. Ao que tudo indicava, porém, esses homens eram do grupo dos amotinados e tinham sido mandados de volta da Bahia.

Os muçulmanos da África nem sempre levavam a sério aqueles que haviam sido convertidos no outro lado do Atlântico. O conhecimento que estes tinham do Alcorão era frequentemente bastante limitado. Tal estado de espírito contribuía para estreitar os laços da comunidade brasileira.

O espírito de tolerância e de compreensão mútua que existia na Bahia prolongava-se até a África. Na Bahia, havia quem fosse ao mesmo tempo católico, pela autoridade de seus senhores, e muçulmano, como forma de oposição a essa coação, e continuava ligado ao culto dos orixás e voduns ancestrais.

Existem atualmente no Daomé e na Nigéria muitas famílias que descendem de "brasileiros". Alguns de seus membros são católicos ou protestantes e outros são muçulmanos, mas todos participam financeiramente para a manutenção dos deuses africanos da família. Não é raro também que nessas famílias os recém-nascidos recebam, quando batizados, prenomes tirados das três religiões.

Portanto, a distinção dessas diferentes categorias de imigrantes no golfo do Benim era marcante, especialmente entre os escravos libertos que tinham ido ao Brasil ou às Antilhas e os que permaneceram em Serra Leoa, libertados do estado de servidão poucos dias após o seu embarque nos navios negreiros.

Os primeiros, quando de seu retorno, instalaram-se em Agoué, Uidá, Porto Novo, Badagri e Lagos. Já os outros tinham revelado uma inclinação — sobretudo a partir de 1851, após a intervenção britânica em Lagos — a se fixar nas duas últimas cidades citadas, que eram pontos favoráveis para se dirigirem para as regiões dos iorubás e particularmente para o território dos egbás, de onde muitos deles eram originários. A presença dos missionários protestantes Townsend, Gollmer e outros valia-lhes o apoio e a proteção do governo britânico, que não encontrava nesses lugares a oposição de uma autoridade firme, como existia mais a oeste, nas regiões dominadas pelo rei do Daomé.

Com o desenvolvimento da influência britânica em Lagos e em Badagri, baseada na luta contra a escravidão e na defesa dos missionários protestantes e de seus fiéis, os "brasileiros" que tinham participado do tráfico foram expulsos desses territórios e refugiaram-se em Porto Novo, Uidá e Agoué, lugares onde a reação à política britânica fazia com que os sarôs não fossem bem acolhidos, pois eram facilmente considerados espiões dos ingleses.

Eis o que escreve o abade Pierre Bouche a esse respeito:[15]

Na costa, os ingleses tinham espiões encarregados de assinalar os pontos em que se preparavam embarques de escravos. Apenas os negreiros se esquivavam das armadilhas dessa vigilância indesejada, graças à proteção do rei e dos chefes, e chegavam até mesmo a comprar a cumplicidade dos espiões ingleses. Eles [os homens de confiança dos cruzadores] eram pagos, mas aceitavam sem escrúpulos nem vergonha favorecer o tráfico e os negreiros, duplicando assim o seu soldo com a colaboração fraudulenta que emprestavam aos negreiros.

Ademais, não desempenhavam mal o papel de traidores subornados, que um deles soube aliar às obrigações de pastor metodista. O sr. B. [Bernasko], ricamente dotado pela sociedade wesleiana e subvencionado pelos abolicionistas, explorava com arte a posição que lhe tinha sido concedida em Uidá. Em vez de dar aos cruzadores as informações que devia, por múltiplas razões, ele semeava a maior perturbação entre os vigilantes, enviando-os a leste quando o carregamento se preparava para ir a oeste, e distraindo-os com manobras que permitiam aos negreiros terminar sem dificuldades as suas operações.

Skertchly tem para Bernasko frases ainda mais severas. Ele acusa o reverendo de ser "atraído pelas coisas espirituais em mais de um sentido [recorde-se que, em inglês, *spirit* significa álcool], e não conduz a sua família, em especial as suas filhas, pelos caminhos da virtude".[16]

Forbes, por sua vez, declara: "Um negro de Serra Leoa é sempre considerado um espião em Uidá; ele coabita com mulheres da região e retorna à sua idolatria nativa".[17]

O contraste entre o espírito disciplinado dos "brasileiros" que tinham conhecido um longo período de escravidão e a indolência dos sarôs levava alguns viajantes e funcionários britânicos a concordar, no que concerne à formação de hábitos de trabalho, com uma certa superioridade da instituição da escravatura sobre os princípios da livre educação dispensada em Serra Leoa. Como Duncan, que escrevia:[18]

A parte portuguesa de Uidá, onde se tinham estabelecido os "brasileiros" emancipados, superava, em toda a acepção do termo, a parte inglesa e a francesa. Isso podia ser atribuído à superioridade de seus conhecimentos em agricultura, em economia doméstica e conforto. Um grande número de fazendolas está em ótimo estado de cultivo; eles são muito mais asseados em suas vestes e em sua pessoa do que aqueles que jamais saíram de sua pátria como escravos. Os "brasileiros" vivem também com conforto e têm casas bem construídas e bem mobiliadas, enquanto os outros vivem atolados na ignorância e na pobreza, vivendo em cabanas sujas e em ruínas.

O campo, dez ou doze milhas em torno de Uidá, é muito interessante: o solo é bom e plano, e em diversos trechos é cultivado pelos que retornaram do Brasil, como já disse. Eu soube que muitos deles haviam sido expulsos de lá porque se tinham metido numa tentativa de revolução de escravos, que se revoltaram contra os seus senhores. Eles são, de longe, o povo mais industrioso que já encontrei. A seis ou sete milhas de Uidá, diversas fazendas magníficas estão em bom estado de cultivo. As casas são limpas e confortáveis, e estão situadas nos mais belos pontos que a imaginação pode pintar. É muito agradável encontrar inesperadamente uma casa onde se é recebido à moda europeia, e nos pedem para aceitar um refresco. Invariavelmente, verifiquei que essas pessoas tinham sido escravas, o que parece provar que, para essa região, a escravidão não deixa de ter seus bons e maus efeitos.

Mas, em contraste com as linhas precedentes, ele notava também:

Há uma outra classe de colonos, escravos emancipados de Serra Leoa, que emigraram para Uidá, com a intenção de se dedicar à agricultura; mas eles são inferiores nessa ciência de primeira classe, se bem que a maior parte deles saiba ler e escrever um pouco. Infelizmente, os homens parecem quase tão indolentes quanto os indígenas não civilizados, embora o rei do Daomé os tenha encorajado de todas as maneiras, fazendo-lhes doação gratuita da terra na qual construíram uma vila. A sua subsistência advém-lhes sobretudo das mulheres, que se empregam durante a estação de colheita dos cocos de dendê para fazer azeite: é quando não falta trabalho. Outras empregam-se como lavadeiras dos negreiros europeus, que são numerosos aqui.

Voltando aos "brasileiros", escrevia ainda Duncan:

Eu fiquei surpreso em encontrar este grande núcleo desprovido de artesãos. Não há aqui, de fato, um operário capaz de executar o mais insignificante trabalho, nem mesmo o mais rudimentar, em ferro ou madeira. Não há dúvida de que é preciso atribuir ao tráfico de escravos, feito aqui em larga escala, a falta de interesse por tudo o que visaria outra finalidade. O tráfico era uma especulação tão lucrativa que os comerciantes eram capazes de trazer do Brasil tudo o que lhes fosse necessário para o uso. Os mercadores de escravos têm belas casas, mobiliadas com elegância.

Alguns desses "brasileiros" emancipados e de retorno à África tinham aprendido na Bahia algum ofício manual. Artesãos, pedreiros e carpinteiros não faltavam entre eles, e muitos acabaram encontrando no tráfico de escravos uma atividade mais lucrativa, e assim, de mercadoria, tornaram-se mercadores.

Para suprir a falta de mão de obra especializada, os "brasileiros" enviavam aprendizes à Bahia para que se formassem em um ofício. Se em 1831 essa ideia parecia um subterfúgio para mandar escravos para a Bahia, dez anos mais tarde a situação tinha mudado, em razão do grande afluxo de emancipados e da formação de "colônias" brasileiras no golfo do Benim.

Entre as cartas particulares encontradas a bordo do *Marabout*,[19] traduzidas para o francês e que figuram nos autos do processo na Guiana em apoio à acusação, há uma que mostra bem a realidade desse esforço.

Luís Xavier de Jesus, chamado Galinheiro, que voltara da Bahia para Uidá, enviou alguns africanos a um antigo escravo seu, Antônio Xavier de Jesus, entre eles três "moleques", para serem confiados a Antônio Alves. Alves escreveu a seguinte carta (nº 24):

Sr. Luís Xavier de Jesus, em Judá — Bahia, 30 de agosto de 1841.

Eu recebi os bons escravos que me enviou para aprenderem a ser pedreiros. Eles me foram entregues pelo sr. Antônio Xavier em seu nome. Um se chama Inácio, outro Francisco, e o último Domingo. Eu os recebi com muito gosto, para fazer com que aprendam esse ofício.

E então ele formulou as seguintes queixas: "Eles não sabem falar português e não foram instruídos na doutrina cristã, o que pode revelar a sua situação de negros recém-chegados".

NO DAOMÉ, DECADÊNCIA PROGRESSIVA DOS DESCENDENTES DOS GRANDES COMERCIANTES BRASILEIROS; LENTA FORMAÇÃO DE UMA SOCIEDADE DE PEQUENOS COMERCIANTES E DE ARTESÃOS QUE RETORNARAM DO BRASIL

Em Uidá, Agoué e Porto Novo, os "brasileiros" emancipados que tinham retornado encontravam-se até 1850 diante de um grupo numeroso de brasileiros e de portugueses. Burton calcula em duzentos, todos mais ou menos envolvidos no tráfico de escravos e integrados na vida da região. Alguns eram até mesmo dignitários do reino de Abomé, com direito a guarda-sol e a uma escolta de músicos, carregadores de rede e servidores armados, como os chefes daomeanos. Eles estavam submissos às leis do país e, quando morriam, todos os seus bens passavam para o rei, que transmitia apenas uma parte aos herdeiros.

Quando o Xaxá Francisco Félix de Souza morreu, em 1849, os cargos por ele desempenhados foram divididos entre três de seus filhos.[20] Isidoro, o mais velho e mais rico, tornou-se Xaxá; Inácio, o segundo, apoiado por Domingos Martins, tornou-se o cabeça; e o terceiro, Antônio, recebeu o título de Amigo do Rei. Cada um era considerado oficial e pagava um bom tributo ao rei, que recebia assim três tributos, cujo total seria talvez igual às grandes doações do falecido pai.

Diversos viajantes descreveram Isidoro de Souza, tanto em pessoa quanto por meio de um retrato seu pintado na Bahia e que pode ser visto ainda hoje.[21] Por sua diversidade, essas descrições mostram como seus autores eram pouco objetivos e como convicções sólidas os tinham influenciado, num sentido ou noutro. Forbes o via assim:[22]

Um retrato em pé desse mercador de escravos, bastante parecido, mulato escuro, com cabelos lanosos. Mas certamente desenho de fantasia quanto à sua posição: a mão direita repousando numa escrivaninha, sobre a qual estão papéis, um tinteiro etc., enquanto ao fundo se vê um paraíso imaginário, raramente apreciado por esses senhores: uma biblioteca. Esses homens jamais leem e quase nunca escrevem; sua alma é inteiramente envolvida de prazeres sensuais, em estado de seminudez, fumando continuamente e passando a maior parte da vida em seus haréns.

No mesmo dia, o cônsul Beecroft constatava: "Esse homem está agora vendido ao rei do Daomé, por toda a vida: ele não ousará sair do país. É um personagem aborrecido, e eu não gostaria de me encontrar em seu caminho".[23]

Alguns anos antes, Duncan fazia a seguinte descrição: "Isidoro é um homem grande e sólido, com simpática expressão e agradáveis maneiras. Ele é bom e generoso para com seus empregados domésticos, que vivem à vontade, na indolência".[24]

Corrêa da Silva, por sua vez, descrevendo o mesmo retrato quinze anos depois de Forbes, declara, pelo contrário: "Vi o retrato de Isidoro em Ajudá. Era um homem branco, a testa alta, o olhar vivo, e em tudo aparentando inteligência, o que demonstrou quando foi investido do poder".[25]

Forbes[26] e Beecroft[27] descrevem as condições e o modo de vida dos brasileiros estabelecidos no Daomé naquela época. Alguns excertos dos diários que um e outro mantiveram quando em missão em Abomé dão uma ideia da forte autoridade que o rei do Daomé exercia sobre os brasileiros e do quanto eles lhe eram submissos.

Forbes escrevia em 25 de maio de 1850: "Eu ia chegando a Caná e fiquei subitamente incomodado com a pompa, o barulho e a algazarra da chegada do Xaxá, à frente de 140 soldados em uniforme, armados e equipados. Dos dois lados do chefe, havia diversos mercadores de escravos, protegidos por grandes guarda-sóis vistosos".

Beecroft, por sua vez, escrevia: "À hora exata, o Xaxá fez sua entrada; os tambores e os instrumentos de sopro faziam um barulho horrível, ao qual se misturava o dos tiros de fuzil. Inácio, o cabeça dos brancos, foi ao encontro de seu irmão e o saudou; depois eles vieram e apertaram nossas mãos gentilmente".

Continuando sua narração, Forbes escrevia em 26 de maio:

Levantando-nos de madrugada numa bela manhã, íamos a Abomé. Como estávamos prestes a partir, as tropas do Xaxá, prontas também para se porem em marcha, preparavam redes e arreios vistosos para transportar esses vendedores de sangue humano para a corte do maior caçador de escravos de toda a África. Logo por detrás das grades, havia um grande bergantim sobre rodas, de vinte pés de comprimento e com todas as velas desfraldadas. Embora se tratasse de um presente do último Xaxá, ele deve ter sido posto lá em honra à nossa chegada de navio, pois a Union Jack tremulava no grande mastro, enquanto a bandeira tricolor pendia molemente de outro. Em sua popa figurava o seu nome escrito com letras de ouro: "Ghezo, rei do Daomé". Enquanto a orquestra tocava e os tambores batiam, viu-se chegar a horda de brasileiros, dourados e sujos. Então o Xaxá tomou a decisão de ser o grande homem da circunstância. Mas, como a maioria dos que tentam tomar atitudes de que não são dignos, ele não o conseguia de forma alguma. O Xaxá tinha tomado posição junto a nós, e tivemos de passar adiante dele para a recepção. Logo após nos termos colocado, ele foi chamado e nos teria ultrapassado se não tivesse sido forçado a ficar na mesma fila que nós. Sua raiva se fez evidente e, ao ocupar o seu lugar, ele murmurava distintamente e de mau humor: "Políticos… Políticos…". Os cabeças avançavam enquanto retumbavam 21 tiros de canhão em honra de Sua Majestade, a rainha da Inglaterra, e treze por cada um de seus plenipotenciários, para grande contrariedade de nosso companheiro, que então se inclinou e seguiu tranquilamente nossa rede em direção ao pavilhão régio, onde foi recebido depois de nós.

Beecroft, o companheiro de Forbes, é menos afirmativo quanto à vitória britânica nessa luta de precedência, e escrevia: "Xaxá parecia contrariado e não sabia exatamente qual era a sua posição em relação a nós e ao rei. Ele deveria saber melhor essas coisas, sendo funcionário real. O bastão do rei foi-lhe apresentado antes de vir até nós; ele teve então a certeza da sua precedência".

Beecroft descreve as roupas dos "brasileiros" nessa oportunidade: "Suas vestes eram simples, exceção feita aos barretes de veludo, bordados de ouro, colocados no alto das cabeças, além de anéis, correia de relógio de ouro e colares; mas alguns membros de suas famílias estavam vestidos de chita estampada trivial".

A completa integração dos filhos de brasileiros e a parte ativa que tomavam na vida da região ressaltam das frases do comandante Forbes, descrevendo os costumes de Abomé:[28]

1º de junho de 1850 — Depois da passagem dos cabeças, os ministros executaram a mesma cerimônia; prosternaram-se, dançaram e deram tiros de mosquete, e então cada um recebeu, como sinal de distinção, uma garrafa de rum. Entre eles estava o sr. Inácio de Souza, comerciante de escravos e cabeça, à frente dos recrutas de seu irmão, o Xaxá. Como eles dançavam, descendo em direção à cadeira real, o rei saiu de seu trono e veio dançar com ele.

13 de junho — Uma quinta amazona acrescentou: "Sou a mãe de Antônio [de Souza]; desejo matar um elefante para ele, a fim de lhe demonstrar a minha consideração, mas os atakpames devem ser exterminados antes".

O quarto regimento de amazonas chegou; algumas mulheres de farda, que pertenciam à família do Xaxá de Souza, juntaram-se a elas.

Uma outra amazona disse: "Sou a filha do rei, sob a sua proteção. Ele me deu ao precedente Souza; a morte o levou; pertenço agora a Antônio; meu nome é Agessi, e tudo o que quero é fazer a guerra contra Abeokutá".

A mulher do Xaxá, enfeitada com cerca de cem onças de ouro puro, tinha-se incorporado ao quinto regimento, que avançava. Depois de todas saudarem o rei com as cerimônias habituais de prosternação, mostraram o seu equipamento e cantaram: "Aonde formos assim equipadas, queremos vencer".

As amazonas avançaram e cantaram de novo, incitando Souza a ser o êmulo do pai: "Tal como o porco-espinho, que quando espinhos lhe caem são substituídos por outros que nascem em seus lugares, assim devem ser as coisas no porto de Uidá: um barco deve substituir o outro".

20 de junho — Como um brasileiro (pois é assim que o Xaxá designa a si mesmo) pode justificar levar 140 homens ao rei para ajudá-lo em caças mortíferas de escravos, não posso compreendê-lo. Um pouco de disciplina, como em Gallinas, daria rapidamente um pouco de juízo a esses mercadores devastadores.[29]

25 de junho — Xaxá, Inácio de Souza e o yevogan ficaram encerrados com o rei o dia todo, falando, sem dúvida alguma, das vantagens do comércio de escravos. Antônio de Souza ausentara-se sem permissão. Ele retornou hoje muito abatido, e soube-se logo o motivo: notícias do Brasil tinham-lhe informado da chegada próxima de uma escuna completamente equipada. Antônio chegou de Uidá na noite de 22, e no dia seguinte viu o *H.M.S. Gladiator* passar rebocando a escuna.

O retorno de Forbes e Beecroft não foi mais glorioso do que o de Antônio de Souza, pois não conseguiram fazer com que o rei do Daomé se decidisse a assinar o tratado suprimindo o tráfico de escravos.[30]

Por volta de 1862, no momento da passagem de Richard Burton, enviado em missão junto ao rei Glelê, já não havia muitos portugueses e brasileiros importantes em Uidá. Ele enumera cerca de trinta, fora a família de Souza (três portugueses brancos, catorze brasileiros brancos e mulatos, quatro mulheres e dez africanos, "brasileiros" libertos).

A partir de 1863, com o fim do tráfico de escravos em Cuba e com a morte de Domingos José Martins, a situação dos "brasileiros" sofreu um eclipse durante uns trinta anos. O comércio de azeite de dendê era praticamente monopolizado pelos comerciantes franceses Régis, Daumas e Fabre. Somente os Xaxá de Souza, nomeados tenentes-coronéis na milícia portuguesa, conservavam ainda algum prestígio e viviam dos restos do esplendor de Francisco Félix de Souza.

Isidoro Félix de Souza, o segundo Xaxá, tinha morrido em 8 de maio de 1858. De acordo com Corrêa da Silva:[31]

> Por falta de autoridade, o forte estava ao abandono; se se lembravam do de Ajudá em São Tomé, era apenas para se desfazerem de um padre negro qualquer, sem moral, que era nomeado indiferentemente cura da paróquia de São João Batista, ou capelão da fortaleza. Algumas vezes eram enviados oficiais para lá. Punidos por essa nomeação do governador ou de comandante, os oficiais chegavam lá só para sofrer de fome e miséria, prova da incúria de que os negócios portugueses padeciam. O Xaxá de Souza zombava daqueles comandantes de nada, confiava-lhes as chaves do forte para lhes permitir morar na casa e concedia-lhes a esmola de recebê-los à mesa se simpatizava com eles; e os infelizes esperavam penosamente o seu repatriamento para São Tomé. Foi assim, sem grandes alterações, que viveram sucessivamente em Ajudá: o tenente de infantaria José Joaquim Libano, em 1844; o tenente de milícias Quaresma, em 1849; em 1851, alferes Elesperch; e, em seguida, o alferes Justino.

Em 1861, os missionários franceses instalavam-se lá com a permissão das autoridades daomeanas, mas os portugueses, ausentes já havia anos, não tinham sido consultados. Essa notícia chegou finalmente ao governo português. Em 1864, o ministro da Marinha e do Ultramar, José da Silva Mendes, ordenou ao governador de São Tomé, Estanislau Xavier de Assunção e Almeida, "ir pessoalmente fazer a inspeção das possessões portuguesas em Ajudá e lá estabelecer uma guarnição suficiente para que os estrangeiros aí residentes se retirem".[32]

A escuna de guerra *Napier* foi então enviada, levando a bordo o governador das ilhas de São Tomé, acompanhado de alguns oficiais, do alferes José Maria Borges de Sequeira, nomeado governador (cargo que lhe foi retirado em seguida, em proveito do Xaxá), e do padre Jerônimo Pereira Barbosa Neto, nomeado cura da paróquia de Ajudá.

O tenente de corveta Carlos Eugênio Corrêa da Silva, que comandava o *Napier*, deixou uma narração contando a retomada da fortaleza, ocupada pelos missionários franceses até 13 de março de 1865:[33]

> Eles desembarcaram em 7 de março de embarcações enviadas por João Branco, um português de Figueira, vindo do Brasil por conta de uma casa comercial e estabelecido em Uidá.
>
> Em terra o esperava Francisco Félix de Souza [o terceiro Xaxá], tendo junto a si três grandes sombrinhas de seda colorida com franjas. Ele estava cercado de oitenta a cem de seus escravos, bem vestidos até a cintura e armados de fuzil, de facões e de machados, com cintos de couro e cartucheiras decoradas com búzios, que as tornavam vistosas e engraçadas.
>
> O Xaxá, mulato claro de boa aparência e fisionomia simpática, bastante tímido de maneiras, mostrava-se um pouco constrangido, talvez pelo hábito de ter os seus negócios sobretudo com negros; estava vestido pouco luxuosamente, se bem que trouxesse ao pescoço grossas correntes com cruzes de ouro e nos dedos numerosos anéis; tinha na mão um cachimbo de grande tamanho e uma grande bengala com castão de ouro, que lhe serviam de insígnia nas relações com os indígenas. Tinha a cabeça coberta de um gorro de veludo verde, com uma borla e galões de ouro. Alguns membros de sua família, que o seguiam, estavam bem vestidos e falavam com naturalidade, demonstrando que tinham recebido educação fora desse lugar, em um país civilizado.
>
> Francisco Félix de Souza, o primeiro Xaxá, deixou ao morrer 53 mulheres, mulatas e negras, com as quais viveu. Seus netos são inumeráveis, e toda esta família, com os que dela dependem, forma uma grande parte da população de Ajudá. Eles seguem em tudo os hábitos da região; em geral, nada conhecem das leis europeias; reúnem-se à maneira da terra, casam-se, herdam, fazem o testamento à maneira das populações com as quais vivem e das quais se distinguem somente pela cor.
>
> Da fortuna deixada pelo primeiro Xaxá não resta, segundo eles, grande coisa. No entanto, perto de 12 mil escravos dependeriam ainda da família, que deveria

em princípio receber uma cota-parte dos seus ganhos. Afora isto, os escravos servem-lhes de pouco, porque jamais, ou dificilmente, conseguirão embarcá-los para o outro lado do mar.

Não se pode contar, do ponto de vista português, com o novo Xaxá, por causa de sua falta de energia ou da extrema bondade que lhe atribuem; e sobretudo porque ele é mais daomeano que português, estando completamente ligado aos usos de uma terra donde jamais saiu.

Todos os membros dessa família consideram-se súditos do Daomé; alguns têm direito a grandes honras, como príncipes do reino; vivem à maneira da terra em tudo; reconhecem o Xaxá como chefe, embora seja um jovem irmão, porque ele foi nomeado pelo rei do país; enviam a este escravos armados para as suas guerras e, quando falam do rei, dizem sempre "nosso rei". Daí pode-se concluir que eles são tudo o que se quiser, salvo verdadeiros portugueses.

Se um navio português aparece lá, é por conta de uma casa da Bahia.

Todavia, famílias de africanos emancipados do Brasil chegavam regularmente todos os anos ao golfo do Benim. Era o que constatava o tenente de corveta Gellé em um relatório ao Ministério da Marinha da França, em 1864:[34]

Os negros do Brasil são antigos escravos originários do golfo da Guiné que, após terem sido libertos ou comprado a própria liberdade, vieram se fixar em Porto Novo.

Quase todos são titulares de passaportes visados regularmente pelas autoridades da Bahia, pois esta província, que sempre demandou muitos trabalhadores ao tráfico, é a que mais tem feito para obrigar os escravos que se tornam livres a retornarem ao seu país.

Não há navio chegando da Bahia que não repatrie alguns.

Dorat, o residente francês em Porto Novo, enviava em 1884 um relatório sobre a situação econômica da cidade:[35]

Na cidade, conta-se uma centena de indivíduos de raça negra ou mesclada, chamados crioulos. Essa gente provém em maioria do Brasil, o resto de Serra Leoa ou de Uidá; dedicam-se ao pequeno comércio, e tendo vindo frequentemente sem família, formam uma na região.

As casas de comércio estão todas instaladas em Porto Novo, e contam-se aí três feitorias francesas, três alemãs e uma portuguesa. É esta casa portuguesa que abastece a região de fumo em rolo e cachaça de proveniência brasileira. As únicas coisas que os indígenas fornecem são o azeite, as amêndoas de palmeira e nozes--de-cola. Estas últimas são expedidas para o Brasil.

As comunicações com o Brasil se fazem por Lagos, por meio de navios a vela. O preço do frete é de cem francos a tonelada, enquanto para Marselha é oitenta.

A leitura do *Journal Officiel* dos estabelecimentos franceses do golfo do Benim permite calcular a importância da posição ocupada pelos "brasileiros" nas atividades comerciais no Daomé. Em 1º de março de 1882, no terceiro número de seu primeiro ano, pode-se notar que sete dos 25 negociantes instalados em todo o país eram "brasileiros", e que 78 dos 154 comerciantes também o eram, isto é, quase um terço dos negociantes e metade dos comerciantes.[36]

No número de dezembro de 1892 do *Journal Officiel*, onde há notícia de uma subscrição em favor da "obra dos túmulos", notamos quarenta nomes de brasileiros — num total de 74 doadores — que contribuíram com 753 francos sobre um total de 2629 francos.

Uma decisão estampada no mesmo *Journal Officiel* especificava que "nas publicações deste órgão, a menção '*monsieur*' deve preceder os nomes de franceses, e '*sieur*' os de 'brasileiros', e '*le nommé*' [o chamado] deve ser empregado diante dos nomes indígenas". Isso atribuía uma condição peculiar aos "brasileiros", que não eram considerados pela administração inteiramente como brancos, mas tampouco como indígenas.

Paul Mercier explica:[37]

Eles formaram com o tempo uma espécie de burguesia, bastante impressionante por sua dignidade e finura, um tanto fora de moda. Conservamos a lembrança de alguns anciãos empobrecidos, mas que tinham como ponto de honra manter as aparências. Retrato estereotipado, com bigode branco, roupa severa, chapéu de palha e bengala; seus filhos fundiram-se na nova elite africana. O importante papel de intermediário entre os africanos e os europeus que eles desempenharam durante certo período aos poucos desapareceu, porque tinha cada vez menos razão de ser. Eles foram a certa altura educadores; as pessoas confiavam-lhes os filhos para que com eles aprendessem as boas maneiras. Os que eram muçulmanos dirigiram por algum tempo a comunidade religiosa de sua cidade; o mesmo se passou em Porto Novo. Depois, essa posição dominante foi contestada. Todavia, como grupo que trouxe novas influências, eles deixaram traços por todo o país, em particular essa arquitetura dita "brasileira", efetivamente herdeira de certo barroco do Brasil do século XVIII e que conserva ainda hoje o seu prestígio. E isso não somente em cidades como Porto Novo, Uidá e Lagos, mas também numa ou noutra vila do interior da região dos iorubás, onde vimos comerciantes enriquecidos mandarem construir, para quando se retirassem dos negócios, casas com esculturas de estuque, portões complicados, vidros coloridos, que se diriam transplantados da brasileira Bahia.

EM LAGOS, FORMAÇÃO MAIS RÁPIDA DE UMA SOCIEDADE CONSTITUÍDA PELOS ANTIGOS ESCRAVOS DE VOLTA DO BRASIL

Pouco tempo após sua chegada como cônsul em Lagos, Benjamin Campbell escrevia, em 28 de dezembro de 1853:[38]

Há umas 130 famílias de africanos emancipados por seus próprios esforços no Brasil que fazem parte da população desta cidade. Eles tinham sido expedidos outrora desta parte da costa como escravos e, tendo tido a boa sorte de escaparem, foram mandados para as minas e plantações do Brasil, onde souberam, com seu trabalho, sua frugalidade e sua boa conduta, resgatar a própria liberdade e a de suas mulheres e filhos. São todos originários da região iorubá e, principalmente, da província dos egbás.

Durante o reinado de Kosoko, ao chegar a Lagos, essa gente era espoliada por ele, e, algumas vezes, quando tentavam resistir a tais extorsões, eram massacrados. Parece que viviam aqui sem proteção, e o fruto de seu trabalho e até mesmo os seus filhos eram presa de qualquer despotazinho que desejasse roubá-los.

Pouco depois da expulsão de Kosoko, em agosto passado, uma deputação de seus dirigentes veio fazer-me visita e expor a miséria extrema de sua situação; as crianças tinham-lhes sido arrancadas e vendidas como escravas e eles eram despojados de tudo o que tinham podido adquirir com seu trabalho.

Tendo verificado que essa gente é trabalhadora e conduz-se bem, não hesitei

712

em prometer-lhes que, no futuro, eles receberiam toda a proteção que a influência de minha posição me permitia exercer, com as seguintes condições:

1ª: Que considerassem Akitoyê como o verdadeiro rei de Lagos.

2ª: Que abandonassem todas as relações com o comércio de escravos.

3ª: Que deviam apresentar e registrar neste consulado uma lista de todos os chefes de família (o que já fizeram).

4ª: Que enviassem os filhos às escolas dos missionários [protestantes] para sua instrução e para aprenderem a nossa língua, o que representa uma força de oposição ao tráfico de escravos.

Eles concordaram em observar fielmente essas condições, e desde então tenho podido, em diversas circunstâncias, dar-lhes proteção contra os males e as opressões de que são vítimas.

Espero que Vossa Excelência aprove a proteção concedida por mim a essa parte maltratada da população de Lagos.

Em 18 de junho de 1854, o cônsul inglês assinalava:[39]

Pelo último paquete chegaram duas famílias africanas de Havana, emancipadas com os próprios esforços. Haveria lá duzentas famílias que têm meios para pagar as passagens e que estão desejosas de vir. Essas pessoas encontram dificuldade em razão das extorsões de que são vítimas para obter permissão.

Não poderia o cônsul de Sua Majestade intervir para facilitar essa emigração para Lagos? O acréscimo desses emancipados africanos do Brasil e de Cuba à população de Lagos é muito desejável, pois com seus hábitos de trabalho e com suas maneiras civilizadas, formam um contrapeso à escória da antiga população do tráfico de escravos desta cidade, de que se manterão separados em virtude de velhos ódios e animosidades.

OS CASOS DO *LINDA FLOR*, DO *GENERAL REGO* E DO *EMÍLIA*

A volta dos emancipados que retornavam do Brasil não transcorria sem incidentes, chegando a ter às vezes graves consequências para as vidas e os bens dos passageiros.

Em 4 de maio de 1854, o cônsul Campbell solicitava ser investido pelo governo britânico da autoridade necessária para intervir no caso de 230 africanos libertos, recentemente chegados a Lagos do Rio de Janeiro e da Bahia no três mastros português *Linda Flor*.[40] O sobrecarga insistia em reter a bordo os seus bens e lhes exigia o pagamento de uma dívida de mil dólares correspondentes à despesa para o transporte deles. O cônsul, sabendo que o valor desses bens era três vezes maior, suspeitava que o sobrecarga queria fazer uma manobra e ficar com tudo para si.

Ele prosseguia:

Muitos africanos emancipados vivem nas principais cidades do Brasil, para onde foram mandados outrora do golfo do Benim. Eles estão muito desejosos de vir para Lagos. Por um lado, são instigados pelo governo brasileiro a emigrar; por outro, impedem-nos de fazê-lo as exigências exorbitantes dos funcionários do governo e as dificuldades para obter passagens através do oceano em corvetas outras que não as portuguesas, a bordo das quais são muito maltratados. Eles não estão ao abrigo do risco de serem desembarcados contra a vontade em Uidá, ou em outro lugar qualquer, onde seriam imediatamente apanhados, reduzidos de novo à escravidão, e os seus bens a bordo tornar-se-iam propriedade dos capitães e sobrecargas portugueses.

Assim, nessas condições, o cônsul sugeria

fazer intervir os cônsules nos principais portos do Brasil para facilitar as coisas, a fim de que essa pobre gente obtenha passagem para Lagos sem sofrer tantas exigências e sem correr o risco de ser despojada de seus bens e reduzida de novo à escravidão.

Sempre há, na Bahia e no Rio de Janeiro, corvetas inglesas à procura de frete. Com as passagens e o transporte de seus bens, essas pobres pessoas poderiam pagar um frete remunerador, e qualquer barco inglês pode estar certo de uma carga de azeite de dendê deste porto para a Inglaterra.

Em 2 de janeiro de 1856, o cônsul Campbell mandava um ofício assinalando:[41]

A corveta portuguesa *General Rego*, comandante Domingo José da Costa Lage, sobrecarga Ângelo Custódio Ribeiro Debarco, trouxe da Bahia quarenta africanos emancipados como passageiros, devendo por contrato desembarcá-los com seus bens aqui em Lagos. Em vez disso, esses infortunados foram desembarcados à força em Uidá, onde foram primeiramente roubados de seus bens, e, sob pretexto de que eram egbás, foram enviados em seguida ao rei do Daomé, que mandou matar todos os adultos, conservando as crianças como escravas.

A escuna portuguesa *Emília*, capitão Jacinto, sobrecarga Christophe Custódio, também transportou da Bahia alguns africanos emancipados e, em vez de desembarcá-los em Lagos, como tinha sido acertado, deixou-os em Agoué, contra a sua vontade. Eles puderam sair de lá graças a um comerciante de Serra Leoa chamado Harry Johnson, que passava naquele momento com seu barco por Agoué, mas seus bens tinham sido retidos a bordo do *Emília*.

O cônsul acrescentava que obrigara o *Linda Flor* a deixar em Lagos sua tripulação e seus tonéis com provisão de água para os quarenta passageiros, a fim de evitar que essa corveta se desse ao tráfico de escravos ao retornar para o Brasil. Desde que tomou essa medida, as corvetas portuguesas mostravam grande repugnância em ir a Lagos.

Uma cópia do ofício de Campbell foi transmitida pelo Foreign Office ao encarregado de negócios britânico no Rio de Janeiro, em 29 de março de 1856, para ser submetida à apreciação do ministro das Relações Exteriores brasileiro.[42] A resposta foi dada em 1º de janeiro de 1858.[43] O visconde de Maranguape comunicava:

> O governo brasileiro faz uma distinção entre os africanos que têm o direito à liberdade, por terem sido ilegalmente importados no país, e os que nasceram no país e obtiveram em seguida a liberdade, independentemente do governo, que não tem controle algum sobre eles e não pode intervir em seu favor.
>
> É nessa última categoria que se encontram os negros mencionados no ofício do cônsul Campbell. Em março de 1856, 23 africanos livres e dezoito crioulos partiram no *General Rego*, e treze africanos livres e três crioulos na escuna *Emília*. Nenhum deles foi banido; todos solicitaram passaportes voluntariamente.

As dificuldades para o retorno à África não provinham somente dos capitães dos barcos portugueses. Até mesmo na ocasião do desembarque em Lagos, os passageiros arriscavam-se algumas vezes a surpresas desagradáveis.

715

O cônsul escrevia em 6 de junho de 1857:[44]

Quando o rei Docemo sucedeu a seu pai Akitoyê, ele impôs, como seu pai fizera, a pesada taxa de dez sacos de búzios por cada família de africanos emancipados que desembarcasse aqui, fosse do Brasil ou de Cuba. Após certo tempo, consegui obter que ele reduzisse tal taxa a um saco de búzios e, desde alguns meses, que a abandonasse completamente. Ele autorizou uma imigração de quarenta chefes de família do Brasil e trinta de Cuba, sem nada extorquir deles ao desembarcarem.

Há uma semana uma corveta francesa chegou da Bahia com 120 africanos emancipados (o número de duzentos é exagerado), e o rei Docemo mandou-me prevenir que ele tinha a intenção de impor uma taxa a esses imigrantes, que traziam muito dinheiro. Fiz enérgicos protestos contra o rompimento da promessa que ele me tinha feito, e assim abandonou suas intenções.

O cônsul acrescentava: "Parece haver na Bahia e em outras cidades brasileiras muitas centenas de africanos emancipados que desejam muito voltar para cá, agora que têm certeza de estarem protegidos e de poderem desembarcar em Lagos e não alhures, segundo o capricho dos capitães de navio".

REAÇÃO DOS HABITANTES DE LAGOS MAIS FORTE CONTRA OS IMIGRANTES DE SERRA LEOA DO QUE CONTRA OS DO BRASIL

A chegada de inúmeros imigrantes de Serra Leoa e do Brasil não deixava de provocar sentimentos hostis por parte de alguns habitantes de Lagos, especialmente entre os chefes do círculo do rei Kosoko, exilado em Palma, e entre todos os que viviam outrora do tráfico de escravos. Os que retornavam de Serra Leoa causavam mais inveja do que os que vinham do Brasil. Os primeiros tinham um comportamento calcado no dos ingleses, que Forbes definia nos seguintes termos: "O extraordinário desdém que um negro educado pode ter pelo seu vizinho ainda grosseiro é inconcebível, e os que assistem às reuniões nos templos vão lá antes de tudo para mostrar sua educação, e depois para exibir suas belas vestes".[45] A reação era menos forte contra os brasileiros, que tinham um comportamento mais modesto. Ao lado dos sarôs, quase sempre enriquecidos no comércio dos despojos dos navios capturados pela Royal Navy, eles faziam figura de parentes pobres.

Na época em que Benjamin Campbell seguira para a ilha de Fernando Pó, alguns distúrbios ocorreram em Lagos. William McCoskry, que o substituíra, enviou-lhe em 17 de março de 1856 a seguinte mensagem:[46]

> A sra. Tinubu e os cabeças, logo que souberam de sua partida, começaram as intrigas para provocar desordens. Eis de que se queixam: os serra-leoneses e os outros imigrantes tornam-se donos da cidade, enquanto o rei e os indígenas são deixados de lado. A ocasião pareceu-lhes boa para atacar e espoliar os imigrantes e os comerciantes. Houve muita excitação ontem de noite entre os imigrantes, que passaram a noite em armas.

De volta, Benjamin Campbell comunicava em 26 de março ao comandante Hickley, do *H.M.S. Childers*, oficial superior que comandava a esquadra britânica, os resultados do inquérito sobre as desordens. Ele confirmava as informações de McCoskry e acrescentava: "O movimento parece dever-se aos capitães de guerra que estão sem emprego desde a extinção do tráfico e aos partidários que vierem com Akitoyê. Não parece que Kosoko tenha participado".

Em 7 de abril de 1857,[47] Benjamin Campbell enviava ao Foreign Office um relatório revelador dos princípios que guiavam os europeus, para os quais cristianismo e civilização eram sinônimos.[48]

> Lagos, 7 de abril de 1857 — Desde algum tempo, um profundo sentimento de inveja se desenvolve entre os habitantes indígenas de Lagos contra os imigrantes de Serra Leoa, cuja inteligência superior e posição social mais elevada provocam a aversão daqueles. Os indígenas não hesitam em exprimir abertamente essa inveja contra homens dos quais eles dizem que, após terem sido vendidos somente há alguns anos, voltaram bem superiores a eles, ocupam uma porção considerável da melhor área da cidade e beneficiam-se de uma grande parte de seu comércio.
>
> Se bem que os africanos emancipados do Brasil e de Cuba estejam domiciliados em Lagos em tão grande número quanto os de Serra Leoa, eles não provocam a mesma antipatia entre os indígenas, o que pode dever-se à grande diferença de educação, se posso empregar o termo, entre pessoas da mesma classe submetidas a duas escolas diferentes! Os cubanos e os brasileiros emancipados foram disci-

plinados num estado servil na escola da escravidão. Adquiriram assim hábitos de deferência e de submissão em relação a seus iguais e a seus superiores, enquanto os de Serra Leoa, que não tiveram de sofrer longa servidão, tornaram-se logo homens livres, subindo os degraus da escala social e participando de todos os atributos dos cidadãos de uma comunidade livre, onde são chamados a exercer as diversas atividades. Em consequência, receberam a marca exterior de homens livres, dos quais os aproximam o seu aspecto e as suas maneiras, conforme a igualdade republicana. É por tudo isso que os habitantes indígenas se sentem ofendidos.

Tenho certeza que nenhum dos adultos serra-leoneses procura dar motivos de justo ressentimento aos vizinhos indígenas. Mas há entre eles muitos jovens crioulos nascidos em Serra Leoa cujos pais resistiram a todo esforço de cristianização e que, por conseguinte, não fizeram senão bem poucos progressos para civilizar-se. A conduta desses jovens, ouvi dizer, poderia provocar um dia um conflito entre os indígenas e os serra-leoneses. Preveni as pessoas das classes mais respeitáveis do perigo em que se achariam no caso de não reprimirem nos jovens esse comportamento insultante. Quase se dá uma explosão há pouco tempo entre as duas classes. [...] Os indígenas mostraram claramente seus profundos sentimentos de ódio contra os serra-leoneses.

Mas Campbell logo mudou de tom quanto às qualidades dos imigrantes de Serra Leoa, que, tendo tido um ajuste de contas com o cônsul, queixaram-se dele ao Foreign Office.

O próprio Campbell queixava-se de um certo Turner,[49]

um desses africanos livres que saíram de Serra Leoa para fazer fortuna aqui. É um tipo cheio de presunção, de autoimportância e de inteligência muito limitada comparada à dos outros de sua classe. Fala inglês tão mal que, para compreendê-lo, devo pedir ajuda ao meu secretário.

Os serra-leoneses recusam-se a pagar os direitos de exportação instituídos pelo rei de Lagos; têm horror de pagar os direitos de alfândega ou as taxas municipais, de pagar qualquer coisa, exceto por algo de valor equivalente.

Alguns anos mais tarde, o primeiro governador de Lagos, Henry Stanhope Freeman, queixava-se por sua vez do mesmo Turner:[50]

Ele faz parte dessa classe de gente que, devendo à filantropia britânica sua educação e o menor vintém que possui, nem por isso deixa de empreender sistematicamente, na volta ao seu país de origem, um trabalho de minar a influência britânica e fazer com que os indígenas se voltem contra os brancos. Com as tinturas de educação que receberam e o pouco de civilização que assimilaram em Serra Leoa, poderiam facilmente obter a dominação sobre os indígenas, se o branco abandonasse o país. Sua máxima é "a África para os africanos".

MOVIMENTO DE RETORNO DO LITORAL PARA O INTERIOR

Por volta de 1858, um movimento de retorno às suas regiões de origem, no interior, tinha-se esboçado entre os imigrantes em Lagos. Em 4 de janeiro de 1859, Campbell informava ao Foreign Office:[51]

Muitos africanos emancipados do Brasil manifestaram grande desejo de retornar às suas regiões de origem: iorubá, haussá e nufê [tapa]. A título de experiência, forneci-lhes passaportes impressos em inglês com a minha assinatura e o selo consular. Quando na Inglaterra, pensei que passaportes redigidos em árabe teriam mais peso junto aos chefes maometanos. Por isso mandei expedir alguns passaportes em caracteres árabes, de que remeto em anexo um exemplar.

Um mês depois, Campbell relatava um incidente relacionado com essas partidas para o interior do país:[52]

Alguns dias antes da partida do dr. Baikie para Rabba, por via terrestre, um homem chamado Crook, o intérprete nufi da expedição, esteve secretamente entre os escravos de sua raça e os haussás pertencentes a diversos indígenas de Lagos para incitá-los a abandonar seus senhores e virem juntar-se à expedição para Rabba. Muitos escravos desertaram e foram esperar a expedição na estrada de Abeokutá. Os proprietários, alguns dos quais imigrantes emancipados do Brasil, furiosos com a perda de seus escravos, esconderam-se no mato a umas quatro milhas na mesma estrada e tomaram emprestados alguns mosquetões a um grupo de caçadores indígenas que tinham encontrado. Ao aproximar-se o dr. Baikie, dispararam uma rajada contra a fila dos carregadores, matando um deles e ferindo outro. Isso provocou grande agitação em Lagos, em particular entre os africanos vindos do Brasil, que são os que mais perderam escravos nessa ocasião. Um inquérito foi realizado por Docemo: um dos brasileiros acusados escapou e se jogou numa laguna, mas foi retirado e levado para a prisão.

Alguns dias depois, o rei mandou dizer a Campbell que o homem sofria as consequências da longa imersão e que, como ele e os outros tinham sido provocados e sofreram prejuízos, ele desejava relaxar o homem após adverti-lo vigorosamente por ter-se servido de um fuzil. Soube-se mais tarde que o homem morto pertencia ao rei e que ele tinha desertado com a mulher e o filho, e que também o ferido pertencia ao rei.

A COLÔNIA BRASILEIRA DE LAGOS

Em 1868, o abade Pierre Bouche instalou uma missão católica em Lagos:[53]

Havia lá uma colônia bastante importante de brasileiros. Até a chegada dos missionários, e sem contar as visitas mais ou menos regulares dos padres de São Tomé, essa comunidade tinha sido mantida, dirigida e orientada nas práticas religiosas por um liberto conhecido pelo nome de Padre Antônio, excelente cristão que viu com alegria os padres chegarem. Mas, para ter certeza de que se tratava realmente de católicos romanos, ele pediu que recitassem o rosário. Depois de ouvi-los, Padre Antônio disse aos cristãos reunidos: "Eis os nossos padres: são os verdadeiros, rezam pela Santa Virgem".[54]

Quanto a Lagos, o reverendo padre Bouche confirma:[55]

Quase todos os cristãos vindos do Brasil conservam certa devoção exterior pela Imaculada Conceição, devoção que se traduz por cânticos e novenas. Os cristãos de Lagos pertencem a uma mesma classe social, e conseguir-se-ia sem dificuldade mantê-los em estreita união. Há entre eles um espírito de corpo muito pronunciado, que se mostra frequentemente por cerimônias e festas em que domina a ideia religiosa. No ano passado [1867], durante o Natal, prepararam um altar diante do qual se reuniam para rezar, enquanto os protestantes celebravam o seu Christmas.

> No Dia de Reis, conduziram um boi e um burro pelas ruas e representaram a chegada dos reis magos e a sua adoração pelo Cristo recém-nascido. Eles fizeram uma parada na feitoria francesa do sr. Régis.

A descrição de Bouche mostra a fidelidade dos "brasileiros" aos costumes da Bahia, fidelidade que conservam até hoje. Não se trata do boi e do burro a assistir ao nascimento de Cristo, mas de costumes que existem ainda hoje na Bahia e em Pernambuco, do lado brasileiro, e também em Porto Novo, Uidá e Lagos, do lado africano: são diversões chamadas bumba meu boi ou burrinha.[56] E ainda existem sociedades de brasileiros nessas cidades africanas. A de Porto Novo, cujo presidente, Casimiro de Almeida, é neto de Joaquim d'Almeida, celebra a festa do Senhor do Bonfim todos os anos, no terceiro domingo seguinte ao Dia de Reis, exatamente como na Bahia. Depois da missa, à qual assistem todos os membros da confraria do Senhor do Bonfim, cada um deles trazendo sobre o peito, em diagonal, uma faixa verde e amarela, organizam um piquenique, durante o qual as diversas famílias de "brasileiros" fazem refeição composta de pratos com receitas trazidas por seus avós: feijão de leite, moqueca de peixe, pirão, feijoada... O almoço é seguido de samba dançado como na Bahia, ao som de pandeiros e com palmadas ritmadas. Na véspera, a burrinha faz sua aparição nas ruas da cidade, acompanhada de outros animais presentes em tais diversões: o boi e a ema. Os membros da sociedade cantam em português velhas canções do Brasil, algumas das quais já esquecidas no país de origem.[57] Gilberto Freyre escreveu a esse respeito um pertinente comentário.[58]

Esse fenômeno de fidelidade é comparável ao dos descendentes de africanos que, na Bahia, continuam a celebrar o culto dos deuses levados pelos seus ancestrais do golfo do Benim e cantam em iorubá os mesmos cânticos da África.

Em jornais de Lagos, também encontramos vestígios de saída da burrinha. O conteúdo de um artigo do *Lagos Standard* de 8 de janeiro de 1896 demonstra no entanto que não a exibiam ali com regularidade todos os anos. Assim, lemos que "segunda-feira, e ontem à noite, as companhias reunidas Aurora e Burrinha saíram com suas máscaras e desfilaram pela cidade até a madrugada. A representação inclui um touro, um cavalo e um avestruz. A última vez que celebraram o Dia de Reis dessa forma foi em 1886".

Laotan, evocando lembranças da festa do Bonfim, escrevia:[59]

Os brasileiros a celebravam com desfiles noturnos e levando a passeio diversas figuras de um lado para outro da cidade. A figura mais famosa dessas mascaradas era o boi, que em geral saía por último e fazia demonstrações a cada parada, e é por isso que as festas populares anuais conservaram o seu nome. Havia sérias disputas nessas ocasiões, com cabeças e braços quebrados, resultado inevitável dos cantos de desafio, das pedras jogadas e dos cacos de garrafas provenientes dos quintais das regiões invadidas. Após a demonstração na cidade, havia um piquenique geral numa das fazendas nos arredores de Ikoyi, especialmente nas de Gilpin ou de Sifre.

Se levarmos em conta um artigo publicado no *Lagos Times* de 19 de agosto de 1891, uma certa hostilidade se manifestava algumas vezes na cidade entre protestantes e católicos. É o que lemos nesse jornal:

> Foi anunciada a entronização do padre Chausse como bispo da diocese dos iorubás, recentemente criada pelo papa de Roma. Os protestantes da missão iorubá veem grandes dificuldades, pois, além de um bradado maometismo e de um paganismo enfeudado, vão se defrontar com o temível inimigo que é um agressivo catolicismo romano. A menos que cessemos de ser protestantes, nossa atitude em relação ao sistema católico romano só pode ser a de declarada hostilidade.

INCENTIVO OFICIAL DAS AUTORIDADES BRITÂNICAS AOS IMIGRANTES "BRASILEIROS"

Os imigrantes de Serra Leoa formavam em Lagos uma classe média de comerciantes e de funcionários subalternos na administração britânica. A formação que recebiam em seu país, a adoção da língua inglesa, o protestantismo que exibiam e a sua condição de cidadãos britânicos os tornavam mais próximos dos funcionários e comerciantes ingleses vindos da metrópole do que os imigrantes brasileiros, que estavam separados dos britânicos pelos hábitos adquiridos no Brasil, pela língua a que se tinham acostumado a falar, pela religião católica e, enfim, por sua condição de estrangeiros. Ao chegar, poucos desses "brasileiros" tinham fortuna, e, como já o dissemos, eles faziam mais propriamente figura de parentes pobres ao lado dos serra-leoneses.

A administração britânica conservava um preconceito desfavorável em relação ao Brasil e aos brasileiros. No entanto, africanos emancipados que voltavam para Lagos eram bem-vindos. Vimos os esforços realizados pelo cônsul Benjamin Campbell para incitar os navios da Bahia a irem para Lagos e não para Uidá. A mesma linha de conduta seria seguida até fins do século XIX pelos governadores de Lagos. Mas estes os consideravam "iorubás repatriados" e não "imigrantes brasileiros". Veremos mais adiante que Sir Cornelius Alfred Moloney põe em evidência, num discurso aos "brasileiros" em 1887, que eles são "iorubás" e que o seu bairro chama-se "brasileiro" por erro. Ele volta ao assunto em 1890 e insiste no fato de que "o iorubá é a sua língua [dos brasileiros]", repetindo em uma ocasião diante deles um texto preparado para os membros da Sociedade de Geografia de Manchester.

Os excertos dos ofícios seguintes mostram o interesse das autoridades britânicas em conseguir trabalhadores "imigrados brasileiros".

Em 24 de fevereiro de 1871, John Hawley Glover, governador de Lagos, prestava contas de uma "viagem de inspeção na parte norte de Lagos, onde constatei a existência de uma floresta virgem cujo solo é rico, feito de argila branca e vermelha".[60] Ele concluía dizendo que a terra estava destinada sem dúvida alguma a ser povoada e cultivada pelos escravos emancipados de volta do Brasil e pelos imigrantes do interior.

Em 14 de outubro de 1872, Henry Fowler, administrador interino, escrevia a propósito das constantes chegadas de imigrantes brasileiros: "É desejável que se incentive essa classe de semicivilizados que são os emancipados brasileiros a se instalarem nas terras nos arredores de Lagos, pois são bons agricultores".[61]

Por ocasião da celebração do jubileu da rainha Vitória, sabemos pelo *Lagos Observer* de 18 de junho de 1887 que, no dia 12, quarta-feira, houve um desfile de "caretas" (máscaras), e então enviaram a seguinte mensagem ao capitão Cornelius Alfred Moloney, governador da colônia de Lagos:

> Com licença de Vossa Excelência,
>
> É um agradável dever que nos impele, aqui, hoje, a unirmo-nos aos milhões de cidadãos britânicos para oferecer, tendo como intermediário Vossa Excelência, à Sua Mui Graciosa Majestade a Rainha, as mais sinceras felicitações dos "brasileiros" e brasileiros natos que residem em Lagos, na ocasião de seu jubileu, e seus vo-

tos de longo e pacífico reinado. Rogamos continuar, Sir, os humildes e obedientes servidores de Vossa Excelência.

Assinado: Prisco F. da Costa — J. J. J. da Costa — J. M. Assumpção — M. P. da Silva — Lazaro B. da Silva — P. M. dos Anjos — T. T. Souza Marquis — E. Sho S. da Silva — J. de Castro — M. F. Figueiredo — F. Gomes — Marcos A. Cardoso — H. N. Beraud — P. L. da Silva — L. A. Cardoso — Salvador Lemos das Neves — J. Campos — P. F. Gomes — Sr. Salvador etc.

A resposta do governador de Lagos aos brasileiros foi a seguinte:

Senhores,

1. Recebi com prazer a vossa mensagem.

2. Sois o corpo representativo do fluxo contínuo e firme dos africanos que voltam do Brasil para o país de vossos pais e antepassados, a grande, rica e intelectual terra iorubá, e ninguém melhor do que eu para apreciar a importância para a região do desenvolvimento ativo de tal repatriamento, pois, graças a Deus, a emigração forçada foi substituída pela imigração voluntária para o vosso próprio país.

3. As circunstâncias que envolvem tal retorno, após tantos anos de cruel exílio, sem nenhuma ajuda externa nem incentivo algum, são únicos na história da África Ocidental.

4. Se me fosse pedido que exprimisse os sentimentos que orientaram tal movimento, as minhas palavras — uma prova a mais da base comum da humanidade, quaisquer que sejam as diferenças de cor ou de hábitos — seriam simplesmente: "*Home, sweet home, there is no place like home*".

5. O que é chamado erroneamente a parte brasileira desta capital, composta de mercadores, negociantes, artesãos, marinheiros, agricultores, operários e outros representantes da comunidade avançada, ordenada, ativa, estável e respeitável, apresenta um exemplo de cidadãos geralmente dignos de louvor.

6. Para regiões como a África Ocidental, o desenvolvimento de novos interesses agrícolas, e consequentemente seus planos econômicos, é da maior importância. Assim, o repatriamento de seus artesãos e agricultores qualificados é particularmente desejável e deveria receber incentivo geral.

7. Repito, os "repatriados", se posso empregar a palavra, representaram e representarão entre os seus concidadãos menos desenvolvidos da região iorubá um

núcleo admirável de difusão do progresso e da civilização que adquiriram de forma cruel.

8. A vossa mensagem fala por si mesma e agirá, se necessidade houver, como um parecer, garantindo àqueles de vossos concidadãos que permanecem ainda no Brasil, e sei que há milhares, que eles serão bem acolhidos aqui, com as condições de conforto que desfrutais, sob as leis da Rainha, na colônia de Lagos, e no país inteiro.

9. Vinda de um corpo representativo de tal interesse e de tal importância, tenho confiança que vossa leal mensagem será bem-vinda à vossa Rainha, nossa Mui Graciosa Soberana.

Em 20 de julho de 1887, Cornelius Alfred Moloney, transmitindo ao governador-geral Sir Henry T. Holland Bart uma mensagem sobre o seu discurso, especifica bem no seu ofício: "Essa mensagem provém de uma deputação representando os iorubás repatriados, chamados localmente de 'brasileiros'".[62] E acrescentava:

São os que, nascidos na região iorubá, foram capturados e enviados para o Brasil como escravos; ou os seus descendentes; ou, em certos casos, alguns que, tendo sido levados também como escravos para o Brasil de outros pontos da África, fixaram-se em Lagos.

Eles começaram a voltar para cá por volta de 1840, mas, devido às confusões na região litorânea e à reputação de ser Lagos um entreposto para exportação de escravos, muitos emigraram para o interior do país iorubá, por isso não retornaram em grande número à pátria antes da concessão de 1862. Eles começaram a se estabelecer aqui [Lagos] em 1847, desde que passou a haver certa segurança, em consequência do incentivo e das garantias dados aos negros do Brasil por uma visita do chefe tapa, conhecido como Osodi, sob a autoridade de Kosoko, então rei de Lagos.

O falecido Sir John Glover reservou para eles uma parte desta ilha, e em 1809 muitas ruas receberam o nome dos principais habitantes da cidade: Pedro Street, Martins Street, Bamgboshe Street, Tokunboh Street etc.

Havia 1237 repatriados do Brasil em 1871, e cerca de 2732 em 1881. Durante os cinco últimos anos (1882-6), chegaram 412 por veleiros, entre os quais cinquenta mulheres e dezessete crianças.

Sir Moloney desejava ajudar de todas as maneiras possíveis esses imigrantes, sobretudo com o estabelecimento de uma ligação por vapor entre essa colônia de Lagos e o Brasil. Assim, escrevia de novo em 4 de agosto de 1887, transmitindo a correspondência trocada entre o governo e o sr. Neville, agente em Lagos da British African Company e da African Steamship Company, acerca da proposta de criação de tal serviço, mediante um subsídio anual de 1800 libras esterlinas.

Ele acrescentava um quadro com as importações e as exportações do Brasil: as primeiras compunham-se sobretudo de charutos, tabaco e rum; as segundas eram tecidos locais feitos de algodão europeu, nozes-de-cola e azeite de dendê. Em média, as importações e as exportações tinham sido, respectivamente, de 19084 e de 11259 libras esterlinas nos cinco últimos anos, como se vê a seguir:

ANO	IMPORTAÇÕES	EXPORTAÇÕES
1881	26110 libras	12868 libras
1882	19948 libras	16177 libras
1883	16455 libras	6083 libras
1884	16925 libras	10401 libras
1885	19983 libras	10764 libras

Sir Moloney acrescentava:

É surpreendente constatar o volume de trocas comerciais e de passageiros, apesar dos transportes lentos e incertos em pequenos veleiros. Poder-se-ia esperar um aumento considerável de umas e outros se um serviço de vapores substituísse os veleiros. Não se pode esquecer que existem estaleiros para reparos dos navios no Rio de Janeiro, a dois dias da Bahia, porto que se encontra a nove ou dez dias de navegação a vapor através de calmas latitudes. A mão de obra no Brasil é constituída sobretudo de ex-escravos e seus descendentes e de negros escravos. Só a Bahia, segundo um relatório consular que data de 1884, tem 108 mil escravos de todo o Império do Brasil. Os trabalhos para que são arrastados são as culturas de cacau, café, arroz, índigo, tabaco e algodão, e também para a colheita da borracha. Todos esses produtos já existem na colônia ou podem ser facilmente aclimatados aqui.

726

Moloney terminava o seu ofício solicitando que "as autoridades consulares britânicas no Brasil sejam alertadas para darem a sua cooperação ao plano que estabeleci para facilitar o retorno dos iorubás a seu país".

A criação de uma linha de navegação a vapor entre Lagos e a Bahia foi tentada em 1890. Sir Alfred Moloney tinha se empenhado vivamente para a sua realização, inclusive por meio de um discurso feito diante dos membros da Sociedade de Geografia de Manchester.

O *Weekly Times* de Lagos publicou uma série de artigos para pôr seus leitores a par dos resultados dessa iniciativa.

Em 16 de agosto de 1890, o jornal noticiava que em 6 de agosto fora organizada uma reunião na sede do governo com as presenças do governador Moloney, do chefe da Justiça, John Smalman Smith, do secretário colonial, do agente representante da companhia marítima, sr. Neville, do intérprete iorubá, sr. Hethersett, de representantes dos repatriados do Brasil e de Havana, além de alguns gentlemen europeus e de "nativos".

O diálogo entre o governador e os representantes foi o seguinte:

Governador [G.]: Gostaria de saber se podeis todos compreender a língua iorubá?

Representantes [R.]: Nós todos podemos falá-la.

G.: Fico contente de sabê-lo, pois iorubá é a língua de vossos antepassados e a terra natal à qual retornastes após muitos anos de ausência. É agradável saber que a tradição de vossa língua natal foi conservada nesses países longínquos.

Desejo falar-vos de um assunto que toca de perto o sentimento patriótico que demonstrastes, quero dizer, as relações com vosso país de adoção, o Brasil, melhoradas e tornadas bem mais rápidas com o uso de barcos a vapor.

Em 1887, uma deputação de repatriados brasileiros veio solicitar-me que usasse de minha influência para assegurar ligações por vapor com o Brasil... As previsões ofereciam garantias suficientes para permitir a uma empresa particular estabelecer comunicações regulares por vapor.

Tendo agora diante de mim uma representação que reúne os repatriados do Brasil e de Havana, ficaria satisfeito se tivesse informações sobre um ou dois pontos que não conheço.

A última vez em que fui à Inglaterra, disseram-me haver dúvida quanto a um desejo geral de repatriamento por parte dos negros do Brasil. Gostaria de ter vossa opinião nesse ponto.

R.: Todos desejam voltar ao seu país.

G.: O que me disseram é que os crioulos não desejariam a mudança, mas que a geração mais velha, que nasceu na África, deseja a volta aos seus lares.

R.: É verdade que os velhos têm mais desejo de voltar do que os crioulos.

G.: Podeis indicar-me em números a proporção da geração antiga e a dos crioulos?

R.: Não podemos dizer qual é o número relativo, mas temos certeza de que a maioria deseja voltar para a África.

G.: Espero que vossas informações sejam exatas. Podemos pensar, segundo o que dissestes, que 50% dos negros do Brasil desejam voltar aos antigos lares.

O último recenseamento brasileiro estima que a população negra eleva-se a 2 milhões, mais ou menos. Parece, pois, que cerca de 1 milhão de negros desejariam voltar.

R.: A pobreza é o único obstáculo no caminho daqueles que o desejam.

G.: Empreendi muitos esforços para incentivar o mundo do comércio a ajudar-nos nessa empresa, apoiando a minha recomendação em estatísticas comerciais de intercâmbio entre esta colônia e o Brasil.

Sir Cornelius Moloney fez então uma longa exposição, donde se evidenciava que, com o retorno dos trabalhadores africanos do Brasil, novas culturas poderiam ser praticadas em Lagos, com mais lucro em exportações futuras. E continuava:

Menciono todos esses fatos a fim de que possais tomar consciência da importância do papel ativo que podereis assumir nesse novo desenvolvimento de comunicações que é de vosso interesse. As comunicações por vapor são um negócio puramente comercial que depende inteiramente de carga e de passageiros. Por conseguinte, pedi-vos que viésseis hoje para incitar-vos a utilizar vossa influência, aqui e no Brasil, entre os vossos compatriotas com menos sorte.

Depois de indicar que tinha conseguido que o vapor *Biafra*, da British African Company e da African Steamship Company, fizesse uma primeira viagem, Sir Moloney finalmente terminou sua longa exposição, declarando: "O sucesso desse empreendimento depende inteiramente dessa primeira viagem, e o sucesso dessa viagem depende inteiramente de vós e de vossos amigos compatriotas no Brasil".

Outros funcionários e diversas personalidades tomaram a palavra em seguida.

O honorável chefe da Justiça:

Não posso acrescentar senão muito pouca coisa no terreno das sugestões práticas ao que Vossa Excelência acaba de dizer. Entretanto, como de certo modo conheço melhor do que outros a condição social da população de Lagos, por causa de minhas experiências cotidianas na Corte, tenho muita satisfação em oferecer meu testemunho da boa e leal conduta dos repatriados brasileiros em geral. A eles, Lagos deve seus trabalhadores qualificados. A maior parte dos melhores artesãos encontra-se entre os vindos do Brasil.

O honorável secretário colonial em exercício:

Acho que a colônia deve felicitar-se diante da perspectiva da instituição de uma linha de barcos a vapor entre Lagos e o Brasil. As pessoas que voltarem vão trazer uma média de compreensão mais elevada do que a que tem prevalecido até agora, e sua presença tenderá a aumentar o nível geral de inteligência aqui.

O agente do correio marítimo:

Nada tenho a acrescentar. Gostaria no entanto de assinalar que a companhia e eu próprio assumimos uma grande responsabilidade lançando-nos a essa nova empresa. Só em carvão, vamos queimar trezentas toneladas no decorrer da viagem, e vamos gastar seiscentas libras em instalações para adaptar o navio a esse serviço especial. Temos sido obrigados a gastar uma soma considerável. A corveta assim equipada oferecerá todo o conforto aos que queiram viajar. Os passageiros do convés do navio estarão completamente protegidos da chuva e terão pranchas levantadas onde dormir. Há também boas instalações para trinta passageiros de primeira classe. As tarifas de frete e de passagens são as mesmas pedidas pelos barcos a vela, enquanto as vantagens de velocidade e de conforto são bem maiores. Espero que tenhamos o maior apoio de todos os brasileiros deste país.

O sr. Ferreira: "Agradeço a Sua Excelência todos os esforços que empregou para obter essas vantagens".

O sr. Augusto Mendes: "Estamos contentes de saber da existência desse novo empreendimento e agradecemos ao governador pela parte que tomou na sua organização. Escreveremos a nossos amigos do Brasil a esse respeito".

O sr. P. F. da Costa: "Agradecemos ao governador pelo trabalho que teve e esperamos que ele viverá para ver as vantagens que resultarão disso".

E outra vez Sir Moloney: "O próprio interesse da companhia de barcos a vapor a levará a oferecer todas as facilidades. É importante que escrevais a vossos amigos do Brasil para fazer propaganda em favor desse empreendimento".

Em 11 de outubro de 1890, o *Weekly Times* assinalava

o retorno do vapor *Biafra* de sua viagem inaugural iniciada em 16 de agosto. Ele voltou da Bahia no dia 9 do corrente, tendo saído daquele porto em 24 de setembro, com 110 passageiros a bordo e quatrocentas toneladas de frete. Temos todas as razões para crer que a viagem do *Biafra* foi um sucesso, e felicitamos aqueles que contribuíram para esse feliz resultado.

O *Weekly Times* de 8 de novembro de 1890 assinalava que o *Biafra* estava novamente "de partida para a Bahia em 1º de dezembro, levando carga e passageiros".

O vapor retornou em 6 de abril do ano seguinte, conforme se lê na edição de 11 de abril de 1891 do mesmo semanário, "tendo estado na Bahia, no Rio de Janeiro, em Pernambuco e Santos, e trouxe 73 passageiros e 517 toneladas de carga".

A companhia sofreu perdas significativas com essas viagens inaugurais e não persistiu mais. Os "brasileiros" continuaram a viajar nos pequenos veleiros habituais.

O resultado mais evidente dessa iniciativa foi fazer com que subissem os preços das casas e dos terrenos em Lagos, em razão do suposto afluxo de gente que o novo serviço de vapores iria trazer para a cidade.

ASPECTOS DA VIDA SOCIAL DOS "BRASILEIROS" DE LAGOS

Os "brasileiros" e aqueles que retornaram de Havana formavam um grupo bastante homogêneo e compunham uma sociedade em que as preocupações mundanas não estavam ausentes. Os anúncios dos jornais de Lagos refletiam bem essas preocupações sociais.

O *Lagos Times* de 8 de dezembro de 1880 anunciava: "Uma representação dramática, em honra do nascimento de d. Pedro ii, imperador do Brasil, foi dada pela companhia dramática brasileira no Phoenix Hall, no dia 2 do corrente, à noite. O espetáculo teve muitos assistentes e foi animado por música de uma orquestra".

O *Lagos Observer* de 4 de agosto de 1888 publicava um artigo felicitando "nossos amigos concidadãos brasileiros pelo ato verdadeiramente grande e nobre da emancipação de 13 de maio".

Em 20 de outubro do mesmo ano, o jornal fazia uma descrição minuciosa das festividades realizadas na colônia por causa da emancipação dos negros do Brasil:

> Diversos arcos bem decorados, com dois magníficos pavilhões, foram erigidos em Campos Square e em Campbell Street, perto da igreja católica romana, no bairro chamado propriamente de brasileiro. Uma missa solene foi dita na sexta-feira, 28 de setembro, à qual assistiram todos os imigrantes brasileiros, tendo à frente o sr. Antonio Miguel d'Assumpção, seu presidente. À noite foi dirigido um discurso ao governador Moloney, no pavilhão de Campos Square.

Entre 27 de setembro e 5 de outubro, houve uma série de manifestações: grande baile no Glover Memorial Hall, fogos de artifício, uma representação dramática na escola católica, um desfile carnavalesco através da cidade, uma recepção municipal e um baile à fantasia no Glover Hall.

Os casamentos eram anunciados com simplicidade ou solenidade segundo a condição social dos pais dos noivos e suas inclinações à mundanidade: "Celebrou-se com grande brilho, na igreja católica romana, em 27 de setembro de 1890, o casamento do sr. Júlio J. Martins, professor na escola católica, com a srta. Victória Pinto, primogênita da sra. Felicidade Maria de Jesus".

Na mesma igreja, em 8 de outubro, ocorreu o "casamento do sr. Ignácio Pinto com a srta. Ângela R. da Silva, filha do sr. F. R. da Silva. A cerimônia foi celebrada pelo reverendo padre Pied. A noiva foi conduzida pelo seu primo, sr. F. Medeiros".

Em 10 de dezembro:

Realizou-se a cerimônia do casamento da srta. Eugênia Margarida de Carvalho com o sr. Jerônimo S. Medeiros, na igreja católica. O reverendo padre Pelley deu a bênção nupcial. A noiva usava um vestido de seda branca macia, enfeitado com flores de laranjeira, e uma cauda em veludo de seda branca, levantada por dois pajens muito bem vestidos, cada qual levando uma corrente e uma medalha de prata, presentes do noivo. Após a cerimônia, toda a companhia dirigiu-se ao Carvalho Hall, residência da mãe da recém-casada, onde foi servido um lauto almoço. O casal partiu de tarde para passar a lua-de-mel na praia de Vitória. Desejamos vida longa e todas as felicidades aos recém-casados.

Em 1º de abril de 1896, o *Lagos Standard* publicava os seguintes comentários:

Apesar da Quaresma, a estação elegante em Lagos está no auge. Já houve a celebração do casamento do sr. L. A. Cardoso, merceeiro bem conhecido de Bamgboshe Street, com a srta. Joana G. Bastos, filha da sra. Felicidade M. da Conceição, que é, sem dúvida alguma, uma das luzes do bairro brasileiro.

Em maio, a srta. Júlia Campos, jovem dama muito gentil, tomará por esposo o sr. Maximiliano A. Lino, de Porto Novo. Será certamente um casamento que atrairá numerosa assistência. O sr. e a sra. J. A. Campos são muito conhecidos e altamente respeitados na comunidade; por outro lado, o sr. Lino, de Porto Novo, é conhecido do sr. W. W. Lewis e da sra. George Smith, do Carvalho Hall.

Em outras entrelinhas de jornais, podia-se ler, em 8 de abril de 1896: "A srta. Maria Francisca Ramos envia seus sinceros agradecimentos a todos os gentis amigos que, por visitas, cartas ou de outra maneira, manifestaram-lhe simpatia por ocasião do recente falecimento de sua mãe, sra. Luiza Antônia da Purificação, em Bamgboshe Street".

Ou, ainda, em 27 de maio do mesmo ano: "O chá e a palestra na sociedade fraternal dos egbás, sexta-feira à noite, no Glover Memorial Hall, foram um grande sucesso. O sr. F. Germano Martins, do Departamento de Inspeção, foi o mestre de cerimônias".

Algumas vezes havia anúncios redigidos em francês, prova de uma educação esmerada e marca de parisianismo, como este de 6 de abril de 1882:

Cher Monsieur Campbell [não confundir com o falecido cônsul Benjamin Campbell], j'ai goûté votre "canna" [rum] africaine, et vraiment je vous fais mes compliments. Son goût est délicat, et la couleur limpide; votre "canna" sera parfaite aprés un an de bouteille. Je désire envoyer à Madame Del Grande un petit baril de ce produit de Lagos, convenue de lui faire une surprise et un agréable cadeau, et comme moi elle préférera certainement votre "canna" à celle de Bahia. C. Del Grande.

Muitos brasileiros eram comerciantes, e suas lojas não estavam livres de roubos.

Em 4 de dezembro de 1886, J. J. J. da Costa se queixava: "Nada de polícia ou de proteção no bairro brasileiro. Houve quatro tentativas de arrombamento da loja de meu pai, em Bamgboshe Street, nesses últimos cinco meses".

Em 10 de maio de 1890, vem-se a saber que "um roubo audacioso foi cometido nas instalações do sr. J. Sant'Anna e Cia., em Kakawa Street".

Os ofícios exercidos pelos brasileiros apareciam também em trechos de jornais.

Em 15 de janeiro de 1887, sabia-se que "o sr. B. J. dos Reis recebeu uma medalha por uma mesa redonda, trabalho de marcenaria feito com várias espécies de madeira, apresentada na Exposição Colonial das Índias, em maio último em Kensington [Londres]".

Outros anúncios informavam que:

E. F. Gomes, na loja The Marina, vende a preços reduzidos à sua freguesia e ao público em geral os artigos seguintes: *pints* de Stout Guinness, *ginger ale*, champanhe de cidra, xerez, vinho do Porto, vinho tinto e a água favorita, Telitzer.

Ramon Campos, em Campos Square, vende miudezas, artigos de ferro branco, pintura, pincéis, pregos e material de construção de toda espécie, agulhas, linhas de coser, tecidos de seda e linho e grande sortimento de outros artigos. Barato! Barato! Barato!!!

Em 1900, havia um Restaurant da Rocha em Tinubu Square, em Lagos: "Os visitantes terão muitas vantagens em permanecer neste hotel calmo e confortável, como se estivessem em casa. O preço dos quartos é de quatro a seis shillings por dia, e a refeição à mesa de hóspedes é de quatro shillings por dia e por pessoa".

Além disso, podia-se encontrar riquixás (sem condutor) para alugar por cinco shillings a corrida ou cinquenta shillings por mês.

Alguns brasileiros ricos gostavam de possuir cavalos de corrida.

O *Lagos Standard* publicava, em 9 de outubro de 1895:

> Há algum tempo houve um *scratch meeting* no hipódromo, e vários espectadores estavam lá para presenciar uma corrida de duas milhas entre The Tempest, de C. J. da Rocha, e o novo animal do sr. Thomé, agente do sr. Swanzi e Cia., para uma aposta de dez libras oferecidas pelo sr. Thomé. The Tempest manteve-se à frente do começo ao fim da prova e terminou ganhando facilmente.

Quando havia corridas de cavalos, a escola São Francisco Xavier fechava as portas uma hora mais cedo para permitir que os alunos assistissem a elas. Um traço disso é encontrado num diário mantido pelo diretor da escola, notadamente nos dias 4 e 28 de outubro de 1898.

Nos dias de chegada e partida dos veleiros que ligavam Lagos à Bahia, toda a comunidade se reunia no porto para acolher os parentes, amigos ou conhecidos, ou para dar-lhes adeus, e no mesmo diário se faz menção disso com frequência:

> 19 de fevereiro de 1890 — Muitos alunos ficaram hoje fora da escola por causa de seus parentes que voltaram do Brasil.
>
> 20 de junho de 1892 — Houve vários ausentes hoje. Os rapazes foram retidos pelos parentes recém-chegados do Brasil para os ajudarem nas formalidades necessárias ao desembaraço de seus pertences.
>
> 12 de abril de 1893 — Alguns rapazes do curso Standard IV e V estiveram ausentes da escola por causa do navio português que entrou no porto recentemente: os parentes lhes pedem que os ajudem a retirar suas bagagens (e mercadorias que pagam taxas de importação) da alfândega.
>
> 11 de julho de 1894 — Muitos faltosos hoje em Standard IV e V: os pais enviaram seus filhos à alfândega para retirar alguns barriletes de fumo.
>
> 8 de outubro de 1896 — Por causa da corveta brasileira que sai hoje de Lagos, muitos rapazes foram retidos em casa por seus pais para ajudá-los a levar as mercadorias que exportam para o Brasil.

As ligações entre o golfo do Benim e a Bahia continuavam sendo feitas por pequenos veleiros desconfortáveis. Já vimos que as poucas viagens de ensaio realizadas pelo vapor *Biafra* não tiveram êxito. A iniciativa de Sir Alfred Moloney não teve seguimento devido às perdas sofridas em cada viagem, pois afinal os milhares de emigrantes do Brasil que contavam transportar reduziam-se somente a algumas centenas.

Os passageiros sofriam terrivelmente no decorrer dessas travessias. Em 13 de setembro de 1882, o *Lagos Times* exprimia sua lástima por ter de anunciar a morte do sr. M. J. de Sant'Anna, comerciante em Lagos, sobrevinda a bordo do bergantim *Africano* em 29 de agosto, no ancoradouro. O falecido voltava do Brasil após uma ausência de quase dezoito meses, com a mulher com quem se casara recentemente.

Mas nem todas as chegadas tinham um fim tão trágico. Em 19 de fevereiro de 1896, o *Lagos Standard* assinalava que "o sr. J. A. Fernandes, que deixou esta praça há uns cinco anos, retornou à colônia na semana passada. Lembramo-nos bem que o sr. Fernandes é muito conhecido comerciante de especiarias, estabelecido em Tinubu Square. Desejamos cordiais boas-vindas ao sr. Fernandes".

A VIAGEM DEMASIADO LONGA DO BERGANTIM *ALIANÇA* E SUA PENOSA RECEPÇÃO EM LAGOS

A travessia Bahia-Lagos que o bergantim *Aliança* efetuou em 1899 ficou tristemente famosa nos anais da navegação entre os dois portos.

O barco fazia frequentes viagens de ida e volta entre as referidas cidades. Era um velho patacho que, segundo um artigo do *Lagos Standard* de 19 de fevereiro de 1896, "foi comprado para servir numa linha entre o Brasil e este porto de Lagos por uma companhia de jovens cujos antepassados eram originários desses lugares. O barco parte hoje com 48 passageiros daqui para o Brasil. Em seguida, será vendido para uma casa da Bahia".

Três anos mais tarde, quando de uma viagem entre os dois portos, foram encontrados vestígios do *Aliança*.[63] Em 25 de outubro de 1899, o governador de Lagos enviava um ofício ao honorável Joseph Chamberlain, membro do Parlamento britânico e secretário de Estado para as Colônias:

1. Tenho a honra de informá-lo que o bergantim *Aliança* chegou ao ancoradouro desta praça em 24 de junho, vindo da Bahia, de onde partiu em 13 de abril. Havia a bordo 61 passageiros para Lagos e uma tripulação de onze pessoas. Muitos dos passageiros, ou os seus pais, nascidos em Lagos ou em regiões circunvizinhas, foram escravos. Grande parte deles são pessoas velhas e gastas que desejariam voltar para morrer em sua pátria. Quase todos gastaram seus parcos recursos na compra de rum, tabaco, carne-seca etc., com a esperança de poder obter aqui algum pequeno lucro.

2. A febre amarela devastava a Bahia quando o *Aliança* partiu, e seu boletim de saúde era falso. Onze passageiros morreram durante a viagem, e um outro morreu após a entrada do barco no ancoradouro de Lagos.[64]

3. É evidente que uma quarentena rigorosa era necessária nesse caso. Todos os esforços foram empregados para convencer o comandante a voltar para a Bahia: ofereceram-lhe provisões, água, medicamentos, assistência médica, roldanas novas, material de calafetagem, velas, cordas e um escaler para que pudesse atingir seu porto de origem. Ele recusou, e não houve meio de forçá-lo. Disseram-lhe que em caso algum ele poderia ser admitido aqui. Foi fornecido ao barco, em quarentena no ancoradouro, todo o necessário até 22 de agosto. Enquanto estava de quarentena, com os passageiros ainda a bordo, foi rebocado até a extremidade de Lagos, em direção ao mar. O velho iate *Margaret* foi reparado e ancorado sob a ponte Bruce para a recepção dos passageiros, que foram retirados do *Aliança* em 23 de agosto e mantidos isolados no outro barco em estrita quarentena até 12 de setembro, data em que afinal puderam desembarcar em Lagos, sob vigilância. Nenhum sinal de febre amarela apareceu entre os desembarcados desde o último falecimento, em 27 de junho.

4. Os passageiros para Lagos não foram autorizados a retirar nem bagagem nem roupas do *Aliança*. Além dos passageiros, nada foi desembarcado aqui. O oficial médico achou que não havia meios nesta praça para limpar e desinfetar um velho barco de madeira dos germes da febre amarela. Por conseguinte, julgou-se impossível que o bergantim pudesse continuar a servir: foi-lhe fornecido todo o necessário para que retornasse à Bahia, e em 14 de setembro ele foi rebocado para fora da barra, já equipado para tal viagem.

5. É lamentável que tal incidente tenha provocado despesas relativamente grandes, mas tive certeza de que elas mereceriam a vossa aprovação, em vez de possibilitar a introdução da febre amarela neste porto. Uma discriminação das despesas

aproximadas segue em anexo. Tomei todo cuidado em evitar qualquer despesa inútil.

6. Logo à chegada desse barco, a bordo do qual se instalara a febre amarela, enviei mensagens para prevenir disso todos os governadores das diversas colônias da costa ocidental.

7. É um desastre que barcos dessa categoria sejam autorizados a viajar da Bahia para esta colônia sem estarem convenientemente apetrechados. O *Aliança*, com três vezes mais passageiros do que podia suportar, tinha um só escaler, que foi utilizado como lenha, o que aconteceu também com os leitos e os caixotes dos passageiros. Suas velas e o cordame estavam apodrecidos. Um barco nessas condições não deveria ser autorizado a fazer-se ao largo. Ele chegou aqui na situação de um navio em perigo, e o comandante assegurava que fazê-lo retornar sem o reequipar inteiramente seria sacrificar a vida de todos os que se encontrassem a bordo. Em tais circunstâncias, agradeceria se vós pudésseis fazer com que o cônsul britânico tente recuperar do governo brasileiro ou dos proprietários do *Aliança* a soma gasta pelo governo de Lagos para reequipar esse barco e mantê-lo todo esse tempo aqui. Seu proprietário é o sr. Luciano Crispim e Cia., rua de São João, Bahia.

8. O agente do *Aliança* nesta cidade adiantou as somas indicadas na conta em anexo, além das outras já discriminadas. Ele agradeceria poder recuperá-las na Bahia, por intermédio do cônsul britânico.

9. Desembarcando, os passageiros deixaram a bordo do *Aliança* somas de dinheiro e outros artigos mencionados no documento anexo. Também deixaram as mercadorias enumeradas no quarto documento anexo. Elas não puderam ser retiradas por causa da quarentena imposta. Como não temos certeza de que o *Aliança* tenha podido regressar à Bahia, é muito difícil saber o que aconteceu com o dinheiro, as joias e as mercadorias dos passageiros que vieram para Lagos. Todos os esforços possíveis deveriam ser empreendidos para recuperar tais artigos, ou o equivalente de seu valor, junto aos proprietários do bergantim, se não se puder obtê-lo por justa indenização do governo brasileiro. Eu queria, em consequência, solicitar os vossos bons ofícios para que os interesses dessa pobre gente sejam protegidos pelo cônsul britânico.

10. Deve ficar claro que, devido ao perigo do contágio, não pudemos sequestrar ou deter o barco, tampouco obter satisfação do seu comandante, nem para este

governo, nem para os passageiros. Nossa maior preocupação foi afastar o *Aliança* desta praça, sem nos aproximarmos dele senão o absolutamente indispensável.

Tenho a honra de permanecer, Sir, vosso mais obediente servidor.

Entre os vários documentos que foram anexados a esse relatório, figurava a lista dos nomes das diversas famílias chegadas a Lagos pelo bergantim *Aliança*. Eram, conforme a ordem no documento mencionado: Cesar Fernandes, Oseni Giwa, Joaquim da Costa, Joaquim Pereira da Costa, Damiano, Antonio Pereira da Costa Xisto, Umbelina, Benvinda, Cristela, Firmina Umancio, Antonio, Delfina, Felicidades, Maria Saba, Izabel, Fructuoso d'Almeida e Catharina Maria Chaves.

Chegamos a encontrar em Lagos muitos dos sobreviventes da penosa viagem: eram os netos de Catharina Maria Chaves, como Maria Romana da Conceição, sua irmã Luísa e seu irmão Manuel, todos os três nascidos em Pernambuco, e também Maria dos Anjos, filha de um certo Manuel Cancio, de Nazaré das Farinhas (cidade do Recôncavo baiano). Todos guardavam vívidas lembranças de sua travessia e, embora tivessem saído bem jovens da Bahia, falavam ainda o português cantante dessa região.

O mais ardente desejo de todos eles era poder fazer uma viagem à sua terra natal.

Romana da Conceição teve essa sorte e pôde passar 83 dias no Brasil, de 17 de maio a 9 de agosto de 1963.[65] Ela foi acolhida de braços abertos pelos descendentes de africanos que vivem no Brasil, os quais fizeram celebrar uma Missa de Ação de Graças pelas irmandades de Nossa Senhora do Rosário e São Benedito, na sua igreja da rua Uruguaiana, no Rio de Janeiro. Ela foi também recebida em audiência pelo presidente da República e por governadores de diversos estados.

Romana passou outra vez por Pernambuco, onde reencontrou membros da família com os quais tinha perdido todo contato desde fins do século XIX. Em seguida, fez uma estada na Bahia, onde tinha embarcado no patacho *Aliança*, e finalmente voltou para Lagos. Nessa viagem não houve incidentes semelhantes aos que tinham marcado a sua primeira travessia.

Três anos mais tarde, Américo Bispo da Silveira, presidente da irmandade que recebera Romana no Rio de Janeiro, foi por sua vez visitar os lugares de onde saíram os seus antepassados.

Um ano depois foi a vez de Deoscóredes Maximiliano dos Santos fazer uma peregrinação às suas origens. Filho de uma das mais conceituadas mães de santo da Bahia, Maria Bibiana do Espírito Santo, mais conhecida como Mãe Senhora, ele reencontrou sua família em Ketu, na República Popular do Benim, pois sabia saudar seus ancestrais com as mesmas fórmulas rituais conhecidas por seus primos da África. Isso mostra a fidelidade com a qual certas tradições africanas se conservaram na Bahia. Havia mais de 150 anos que as duas partes dessa família estavam separadas!

Serão essas poucas viagens sentimentais o prelúdio do restabelecimento dos laços que existiram outrora entre o golfo do Benim e a baía de Todos-os--Santos?

Sentimo-nos tentados a responder afirmativamente a essa questão, pois desde quando a formulamos na edição francesa desta obra, em 1968, delineou--se um movimento que promoveu reencontros entre esses africanos abrasileirados e brasileiros africanizados, encontros que não são desprovidos de uma emoção sincera de ambas as partes, e que foram possíveis graças a viagens de estudos e iniciativas individuais de pesquisadores, ao intercâmbio de professores de português e iorubá entre universidades, colóquios e outras reuniões entre intelectuais... E ainda a um nível mais caloroso e animado, nos foi dado presenciar a familiaridade com a qual pessoas profundamente envolvidas com os cultos religiosos de tradição africana participaram de cerimônias na margem do Atlântico oposta àquela onde vivem atualmente.[66]

Houve, por exemplo, em 1973, a viagem do pai de santo Balbino Daniel de Paula, que reencontrou raízes certas de sua família na República Popular do Benim, quando encontrou um egum (representação de um ancestral que volta à terra para saudar seus descendentes) que tinha o mesmo nome de um dos que por ele são cultuados na Bahia.

Os próprios governantes, tanto em nível ministerial quanto municipal, começam a se interessar por essas tendências à reaproximação por meio da celebração de acordos tornando gêmeas cidades situadas nas duas margens do Atlântico, adicionando assim considerações sentimentais aos interesses comerciais e econômicos que marcaram as relações entre os territórios em questão.

Notas

INTRODUÇÃO [pp. 19-33]

1. Verger (II).

2. De acordo com Luiz Vianna Filho, p. 28. No entanto, segundo minhas próprias pesquisas, modifiquei sua classificação a partir do fim do século XVIII.

3. Barros, v. 1, fl. 41:

"E porque este Reyno de Benij era perto do castelo de São Jorge da Mina, e os negros que trazião ouro ao resgate della folgavão de comprar escravos para levar suas mercadorias: mandou el Rey assentar feitoria em hũ porto de Benij a que chamão Gató, onde se resgatão grande número delles, de q̃ na Mina se fazia muito proveito, porq̃ os mercadores do ouro os compravão por dobrado preço do que valião cá no Reyno. [...] Porem depois per muito tempo assi em vida delRey dom João, como delRey dom Manuel correo este resgate d'escravos de Benij pera a Mina: cá ordinariamẽte os navios q̃ partirão deste Reyno os hião lá resgatar, e dahi os levarão à Mina, te q̃ este negocio se mudou por grãdes inconveniẽtes q̃ nisso avia. Ordenandose andar hu caravelão da ilha de S. Thomé onde concorrião assi os escravos da costa de Benij, como os do Reíno de Cõgo: por aqui viré ter todalas armações q̃ se fazião pera estas partes, e desta ilha os levava esta caravela à Mina".

4. Mauro, p. 166.

5. Citando Luciano Cordeiro, v. 1, cap. 6.

6. Ryder (I).

7. Johannes de Laet, *Anais da Companhia das Índias Ocidentais*, citado por Luiz Vianna Filho, p. 51.

8. Vianna, p. 60.

741

9. Vilhena, p. 46.

10. APEB, 389 e 399. [Todas as referências ao acervo do APEB dizem respeito à numeração dos códices da época em que Verger ali pesquisou. Isso vale para acervos de todos os arquivos citados pelo autor.]

11. APEB, 390, fl. 28v.

12. AHU, doc. da Bahia 29873.

13. Citado por Oliveira Lima, v. 2, p. 979.

14. PRO, FO 84/56.

15. PRO, FO 13/121.

16. Gardner, p. 16.

17. Castelnau, p. 7.

18. PRO, FO 84/223.

19. ADM, 39 E-103, n. 12, cópia das cartas de V. e L. Régis Frères, 1847-8, pp. 40-1.

20. Ver Apêndice 3.

21. AAPB, v. 37.

22. Ott (I).

23. Reclus, "Afrique", p. 470.

24. Deschamps, p. 7.

25. Lacombe, p. 21.

1. AS TRÊS RAZÕES DETERMINANTES DAS RELAÇÕES DA COSTA A SOTAVENTO DA MINA COM A BAHIA DE TODOS-OS-SANTOS [pp. 35-71]

1. Vianna, p. 64.

2. Vianna, p. 67.

3. Amaral (J. A. do) (I), v. 3, p. 205:

"Uma estatística do ano de 1797 salienta a importância do tabaco para o comércio na Costa da Mina e sua ausência no trato com Angola e Benguela. Os números indicam que, com efeito, foram para a costa 61383 rolos de fumo, muito pouco açúcar e aguardente, e a terça parte em acessórios, enquanto para Angola não houvera tabaco, tudo era constituído de mercadorias de Portugal e zimbo (pequena concha).

Dezoito navios haviam partido e dezoito haviam voltado da Costa da Mina; um navio havia partido para Angola e ainda não voltara, mas um navio saído de Lisboa, a galera *Certorio*, havia voltado. Esses dezoito navios vindos da Costa da Mina importavam:

3938 escravos a 100$000	393:800$000
Ouro em pó entrado na Casa da Moeda	12:220$000
Panos e azeite de dendê	6:000$000
	412:020$000

O navio que voltava de Angola importava:

580 escravos a 80$000	46:400$000
70000 libras de cera bruta a 300$000	21:000$000
	67:400$000

De uma importação total para a Bahia de 2880:366$000, 412:020$000 vinham pois da Costa da Mina e somente 67:400$000 de Angola.

Nas mesmas proporções, numa exportação total da Bahia de 3003:862$830, 413:064$220 iam para a Costa da Mina e 31:488$760 para Angola".

4. Dampier, v. 2, p. 382.

5. Antonil, pp. 107-9.

6. De acordo com o padre Antonil, um rolo de tabaco de oito arrobas, posto da Bahia na alfândega de Lisboa e já despachado e pronto para sair dela:

O rolo do tabaco	8$000
O couro e o enrolado nele	1$300
O frete para o porto da Cachoeira	$550
O aluguel no armazém da Cachoeira	$040
O frete para a cidade da Bahia	$080
A descarga no armazém da cidade	$020
O aluguel no armazém da cidade	$040
O chegar à balança do peso	$010
O pesar a dez réis por rolo, e botar fora	$010
O peso da balança, a três por arroba	$024
Direitos, fretes e mais gastos em Lisboa	2$050
	12$124

O que tudo importa doze mil, cento e vinte e quatro réis.

Dão ordinariamente, cada ano, da Bahia, vinte e cinco mil rolos de tabaco; e a doze mil, cento e vinte e quatro réis,

importam trezentos e três contos e cem mil-réis .... 303:100$000

Dão ordinariamente, cada ano, de Alagoas de Pernambuco 2500 rolos, a 16$620; por ser melhor o tabaco, importam.............. 41:550$000

344:650$000

7. AHU, doc. da Bahia 10319.

8. APEB, 27, doc. 78.

9. AHU, cód. 254, fls. 100v-102v.

10. APEB, 41, fl. 19v.

11. AN, col. C6/28.

12. AHU, doc. da Bahia 10907.

13. APEB, 128, fl. 85.

14. APEB, 83, fl. 134.

15. AHU, doc. da Bahia 29873.

16. APEB, 5, doc. 48.

17. APEB, 6, doc. 5.

18. AHU, doc. da Bahia 1046.

19. AHU, doc. da Bahia 1622.

20. APEB, 11, doc. 79.

21. APEB, 11, doc. 80.

22. APEB, 19, doc. 64.

23. AHU, doc. da Bahia 1623.

24. AHU, doc. da Bahia 1046.

25. APEB, 47, fl. 223.

26. AHU, doc. da Bahia 10319.

27. APEB, 103, fl. 175.

28. Froger, p. 79.

29. APEB, 12, doc. 30a.

30. APEB, 20, doc. 126.

31. ARG, Guiné, 237 e 238.

ANO	TOTAL	BAHIA	PERNAMBUCO	PARAÍBA	RIO DE JANEIRO	NÃO INDICADO
1727	35	17	11	–	–	6
1728	23	14	6	1	1	2
1729	29	17	8	2	–	2
1730	28	17	11	–	–	–
1731	21	15	4	1	–	1
1732	14	6	5	1	–	2
1733	18	9	8	1	–	–
1734	19	12	6	–	–	1
1735	19	14	8	–	–	–
1736	13	7	3	3	–	–
1737	8	6	2	–	–	–
1738	1	1	–	–	–	–
1739	–	–	–	–	–	–
1740	4	4	1	–	–	–
	226	129	73	9	1	14

32. AHU, doc. da Bahia 341.

33. AHU, doc. da Bahia 2464.

34. APEB, 53, fl. 309.

35. AN, col. C6/25.

36. CCR, pasta 19.

37. AN, col. C6/26.

38. Dalzel, p. 228.

39. ARG, 7029.

40. ARG, 7029.

41. ARG, 7029.

42. ARG, 7029.

43. ARG, 7029.

44. Bosman, p. 96.

45. Caldas, p. 291.

46. Caldas, p. 303:

"Gastos que se fazem no Castelo da Mina com qualquer embarcasaò, ou seja de maior ou de menor lote.

De toda a Carga que leva des por cento.

Aos Ofic.es q. fazem a vizita, onze rolos de tabaco, que à razão de des mil reis como fica dito importa	110$000
Ao Governador, des rolos de tab.°, seis arr.as de asucar, e doze boioens de dose, q. tudo regulado pelos presos que asima se fas mensão importa	126$400
Ao Fiscal, des rolos, tres arr.as de asucar, e seis boioens de dose, que tudo importa	113$200
Ao Grande Coquemane, arroba e meia de asucar, tres boioens de dose, que tudo importa	6$600
Ao Baxa, pela pedra q'dá para o lastro, dos rolos de tabaco, duas arrobas de asucar, e quatro boioens de dose, que tudo importa	28$800
Ao Secretário do passaporte, hum rolo de tabaco, q'importa	10$000
Ao Guarda q'esta abordo hum rolo, meia arroba de asucar e hum boião de dose, que importa	12$200
Canoa para servir o navio, dés rolos, que importa	100$000
Aos Canoeiros que servem na dita Canoa, trinta é hum rolos de tab., q'importa	310$000
Importa esta despeza no d. Castelo, não entrando nesta conta os des por cento, aq'chamão quartiamento	827$200

O que no conjunto representa, sem o des por cento, 77 rolos de tabaco, 13 arrobas de asucar e 26 boioens de dose".

47. APEB, 127, p. 249.

48. AHU, São Tomé, cx. 7. Os passaportes expedidos aos capitães portugueses eram redigidos de acordo com o seguinte modelo:

"Nós, Pieter Woortmann, Diretor Geral da Costa Norte e Sul da África, em Nome e a Mando de Suas Altas Potências, e Companhia autorizada das Índias Ocidentais. A todos que virem ou entenderem o presente [passaporte], cumprimentos, e levamos ao seu conhecimento que o navio português, *Nossa Senhora do Pillar, Santa Luzia e Almas*, comandado pelo Capitão Manuel Gomez da Cruz, vindo da Bahia, tendo chegado ao Castelo Forte de São Jorge d'Elmina para pagar e despachar os direitos de sua carga à referida Companhia, o mesmo nos pediu insistentemente que lhe déssemos um passaporte a fim de que pudesse prosseguir a sua viagem em direção à parte baixa da Costa de Popo, Fida, Jacquin e Apá, sem que possa comerciar acima de Popo.

Com essa condição, não quisemos recusar-lhe este passaporte e, pelo mesmo, autorizamos o Capitão Manuel Gomez da Cruz a fazer o seu comércio. Ordenamos a todos os Governadores, Capitães, Comandantes e Servidores da referida Companhia e todas as outras pessoas a quem poderia pertencer, que deixem o dito Capitão comerciar livremente e sem nenhum empecilho, dando-lhe todo o socorro possível em caso de necessidade.

Dado e assinado em nosso Castelo Forte de São Jorge d'Elmina, em 16 de novembro de 1770.

Pieter Woortman".

49. Instruções inéditas de d. Luiz da Cunha a Marco Antonio Azevedo Coutinho, Coimbra, 1729. (Esse texto me foi indicado por Charles Boxer.)

50. AN, col. C6/25.

51. Barbinais, p. 212.

52. AN, col. C6/28, *Réflexions sur Juda*, cap. 9, intitulado "Du Fort portugais".

53. Pires, p. 16.

54. Davies, p. 276.

55. PRO, T 70/50, p. 125:

"Vimos os diversos atestados que mandastes, pelos quais parece que o vaso e sua carga, assim como os dois outros navios portugueses e suas cargas, foram apresados, em consequência da imprudente declaração do português de que havia então guerra entre nós e eles, enquanto na realidade não havia absolutamente, mas houvera, e que sólida paz existia entre as duas Coroas, e que, como bem o sabeis, nós nunca vos demos ordem para que apresásseis nenhum navio, nem nenhuma carga pertencendo a não importa qual nação que não fosse a francesa.

Por isso lamentamos que tenha sido feito. Deveis saber que o enviado de Portugal, em nome d'El Rei seu Senhor, queixou-se à Rainha a respeito dessa ação e pediu não somente a restituição dos navios e mercadorias, mas também que aqueles que a executaram fossem punidos de modo exemplar. Em consequência, para impedir alguma nova queixa e para que a amizade entre as duas Coroas possa ser conservada, vos requeremos expressamente e damos ordem, assim como a todos os outros oficiais sob vossas ordens, de colocar em liberdade sem demora todos os portugueses presos nesta ocasião, a fim de que possam continuar livremente sua viagem com os referidos navios e cargas, como os mesmos o julgarem conveniente, e que vós mesmos observais e façais preencher os seguintes artigos:

1º: A restituição dos três referidos navios portugueses com todo o equipamento que tinham na época da captura, ou o produto de tal parte que pudera ser vendida.

2º: A restituição das mercadorias que estavam a bordo dos navios no momento da captura ou o produto de tal parte que pudera ser vendida.

3º: Se os marinheiros portugueses tiverem sido licenciados e partiram, devereis nesse caso vos esforçar para fornecer aos capitães dos referidos três navios portugueses um número suficiente de marinheiros para velejarem em direção a São Tomé, os referidos marinheiros sendo ingleses, negros da região ou de qualquer outra nação, e os capitães portugueses comprometendo-se a pagar às suas próprias custas a volta dos ditos marinheiros na Guiné.

Deixamos que vos arranjais para o restante e contamos convosco para uma rápida execução desses artigos.

Tratamos o capitão da Silva como a um amigo, a quem atendemos obsequiosamente e que teve sua passagem de volta sem ter nada que pagar, e vós tereis que mandá-lo de volta, assim como aos outros capitães e seus homens, com toda a gentileza e amabilidade possíveis. Eis o que nos parece a propósito de vos escrever neste caso".

56. APEB, 7, doc. 108.

57. Imposto de um quinto sobre o ouro produzido no Brasil.

58. APEB, 7, doc. 218.

59. PRO, T 70/5, p. 25v.

60. PRO, T 70/5, p. 28r.

61. PRO, T 70/5, p. 27r.

62. PRO, T 70/5, fl. 46v.

63. PRO, T 70/52, p. 185.

64. PRO, T 70/52, p. 193.

65. PRO, T 70/5, fl. 29v.

66. PRO, T 70/52, pp. 201-2.

67. PRO, T 70/5, p. 44.

68. O nome de Joseph de Torres, de quem se falará longamente num próximo capítulo, estava envolvido nesse tráfico de ouro. Numa carta escrita em 18 de fevereiro de 1708, o capitão Willis dizia que recebera as instruções a respeito de Torres e que as cumpriria.

69. PRO, T 70/5, p. 70v.

70. APEB, 11, doc. 79.

71. APEB, 11, doc. 80.

72. PRO, T 70/885.

73. PRO, T 70/6, p. 81.

74. PRO, T 70/885 e 886.

75. PRO, T 70/53, pp. 34-5.

76. PRO, T 70/53, pp. 70-1:

"A carta expressava a satisfação da direção da Companhia pelo fato de que seus agentes na costa da África tratavam os portugueses com civilidade. Dizia também das vantagens que tinham em dar carga aos navios dos portugueses; um comércio muito lucrativo podia ser assim realizado com o Brasil. A Companhia soubera da iniciativa do capitão Martin, que carregara em Elmina sessenta negros para o Brasil. A Companhia teria a possibilidade de fazer isso com vantagem. Em consequência, a direção desejava que um semelhante acordo fosse feito com o primeiro português que aparecesse no castelo de Cape Coast, e que uma experiência fosse assim feita com o número de negros que parecesse indicado.

Recomendavam que enviasse a bordo um feitor, que o arranjasse no Brasil e que firmasse um acordo com um dos *gentlemen* britânicos estabelecidos na Bahia ou no Rio de Janeiro. Parecia-lhes mesmo mais indicado mandar esse feitor sem o carregamento de negros e não deixar conhecer as intenções da Companhia ao capitão português, apresentando a viagem como se fosse visitar amigos por lá. Após ter discutido com os negociantes ingleses do Brasil, a Companhia poderia tomar suas medidas para fazer esse tráfico de escravos para o Brasil, levando em conta a grande quantidade de que necessitavam lá para suas minas. A Companhia pensava que isso não poderia deixar de dar certo".

77. PRO, T 70/53, pp. 120-1. A direção deplorava a dificuldade em obter o comércio dos portugueses:

"Esse ramo de comércio é muito estimável. Deixamos que julgueis e tomeis medidas úteis. Como não estamos muito a par desse comércio, vos pedimos que nos deis todos os detalhes que puderdes obter. Que espécies de mercadorias possuem fora o ouro e o tabaco? A quem se destinam essas mercadorias? Que preços dão eles para os seus negros? Poderíamos vos mandar esses mesmos tipos de mercadorias. Tomaríamos também em troca desses negros letras de câmbio sobre Lisboa ou Londres, se pensais que apresentam bastante garantias e que serão pagas. Esse método os colocaria ao abrigo dos perigos aos quais são expostos por parte dos holandeses".

78. PRO, T 70/53, pp. 162-6:

"Estamos muito satisfeitos com os vossos esforços para obter boas relações com os portugueses. Esses têm mais vantagem em tratar conosco do que os holandeses, que exigem 10%.

Estamos contentes da ocasião que vos é dada, graças ao sr. Baille, de fazer com o capitão de Pernambuco, João da Silva, transações que servem aos nossos interesses com os negociantes do Brasil.

Aprovamos o contrato que fizestes com ele, e que lhe tenhais dado um crédito em mercadorias para seu tráfico, pagável em ouro na próxima viagem, com promessa de estender nossos negócios com ele.

Quanto a vossas intenções de exercer represálias contra os holandeses, se eles apresarem navios portugueses em transporte de vossos escravos e tendo a proteção da Companhia, nós vos recomendamos de fazê-lo de tal maneira que não provoque disputas entre as duas nações".

79. PRO, T 70/53, p. 183. O Comitê de Direção escrevia aos mesmos funcionários do castelo de Cape Coast:

"Estamos informados de que o sr. Tho. Castell, o feitor, foi mandado para o Brasil com o capitão Silva para procurar melhorar o comércio e estabelecer relações com alguns negociantes de importância por lá".

80. PRO, T 70/53, pp. 208-9:

"O sr. Phips recebeu encorajamentos de seus correspondentes da Bahia. Os negociantes brasileiros estavam inteiramente dispostos a estabelecer relações comerciais com a Companhia, e por essa razão mandar-lhe o seu ouro, se estiverem certos de serem abastecidos em escravos, búzios e outras mercadorias próprias ao comércio em Uidá. Entretanto, tememos que essa espécie de comércio possa ser prejudicial aos interesses da Companhia. Ficaríamos muito contentes em conseguir o seu ouro, mas fornecer-lhes mercadorias para negociarem em Uidá, e colocá-los em posição de aumentarem os preços, constitui um lucro de 100% no castelo de Cape Coast que nos faz perder muito mais em Uidá".

81. PRO, T 70/53, pp. 241-2:

"Como tomamos a resolução de mandarmos somente uns poucos navios para o tráfico dos negros em Uidá por nossa conta, até que o preço dos negros tenha-se tornado mais razoável, estamos de acordo em que entregais búzios e outras mercadorias, ou escravos contra ouro, aos navios portugueses a caminho de Uidá.

Ficastes sabendo sem dúvida o que aconteceu em nosso estabelecimento de Cabenda, causado por um navio de guerra português, de acordo com os nativos. Esperamos obter justiça, no momento oportuno. Recomendamo-vos que não maltratem nenhum navio dessa nação que venha fazer comércio convosco; pelo contrário, como em vossa carta declarais vossa esperança de continuar a fazer esse comércio, tratai a eles com civilidade e guardai boas relações comerciais, a menos que recebais de nossa parte instruções em contrário".

82. PRO, T 70/53, p. 246:

"Notificamo-vos os maus resultados da expedição do sr. Flower no Brasil. Procurai livrar-vos da quarta parte que comprou por nossa conta num navio português para exportar escravos para o Brasil".

83. PRO, T 70/53, pp. 251-3:

"Convieram neste dia a Royal African Company of England e o sr. Bento de Arousio e Souza, comerciante do Brasil, o que segue, a saber:

Que o dito sr. Bento de Arousio e Souza, por e em consideração da quantia de 239 onças e 150 *moydores* pagos à vista ao sr. Jose Cleeve, caixa de, e, para uso da dita Real Companhia, reconhece aqui que receberá e lhe será entregue a bordo de tal navio que o dito sr. Bento de Arousio e Souza fornecerá com essa finalidade, pelos agentes da dita Companhia em seu estabelecimento de Cape Coast na Guiné, 65 escravos e um rapaz ou moça nas condições abaixo especificadas:

Quer dizer, que serão todos machos, não com menos de dezoito anos nem acima de 24, bons, sãos, negros vendáveis, que serão marcados pelo dito sr. Bento de Arousio e Souza por ocasião de sua escolha e, a partir daquele momento em que os tiver assim marcado, serão seus e por sua própria conta e risco.

Que o dito sr. Bento de Arousio e Souza providenciará o embarque dos mesmos, às suas próprias expensas, para os transportar de Cape Coast ao Rio de Janeiro; o navio estará pronto a recebê-los a bordo dentro de trinta a quarenta dias após a chegada do aviso do presente contrato em Cape Coast.

Que, até seu embarque, serão mantidos em terra às custas da Companhia, e que para sua viagem ao Rio de Janeiro terão colocado a bordo os mantimentos calculados na proporção da quantidade julgada necessária para cada homem, seja oitenta caixas de milho, cinquenta libras de pimenta malagueta, quatro medidas de sal e cinquenta galões de azeite de dendê.

Que o referido sr. Bento de Arousio e Souza terá sua passagem para Cape Coast a bordo do *Hamilton*, assim como seu servidor ou intérprete e seu negro, e que ele próprio terá sua alimentação de graça na mesa do capitão e o melhor alojamento do navio.

Que na sua chegada em Cape Coast será convidado pelo capitão-geral e negociante chefe à mesa pública durante sua permanência e, que pelo próprio navio que o transporta, as ordens são enviadas ao capitão-geral e negociante chefe, encarecendo-o de executar muito pontualmente e com a máxima rapidez as cláusulas deste contrato.

African House, 30 de julho de 1724".

Segundo contrato com o sr. Bento de Arousio e Souza:

"É estipulado e consentido entre a Royal African Company of England e o portador, o sr. Bento de Arousio e Souza, negociante no Brasil, que no caso em que o dito sr. Bento de Arousio e Souza desejasse posteriormente vir ao estabelecimento da Companhia em Cape Coast e quisesse adquirir uma certa quantidade de escravos de escolha, estes ser-lhe-iam procurados e colocados a bordo nas seguintes tarifas, ficando entendido que o dinheiro seria pago à vista, seja:

— Os homens a quatro onças e um quarto, as mulheres a quatro onças e as crianças a três onças e três quartos.

— Os mantimentos serão igualmente colocados a bordo para sua viagem de acordo com seu número, na seguinte proporção:

Oitenta caixas de milho, cinquenta libras de pimenta malagueta, quatro medidas de sal, trinta galões de azeite de dendê.

É-vos mui vivamente recomendado de cumprir o dito pontualmente.

African House, 6 de agosto de 1724".

84. PRO, T 70/4, p. 85.

85. AHU, doc. da Bahia 1207.

2. BAHIA: ORGANIZAÇÃO DA NAVEGAÇÃO E DO TRÁFICO NA COSTA A SOTAVENTO DA MINA (I) [pp. 72-108]

1. Pyrard, v. 2, p. 225.

2 Le Clerc, v. 2, p. 95.

3. Aldenburg, pp. 111-40.

4. Le Clerc, v. 2, p. 97.

5. APEB, 398, fl. 28v.

6. Mauro, p. 451.

7. Mauro, p. 452.

8. Vidal, v. 5, p. 30:

"Os homens do commercio da cidade de Lisboa, em seu nome, e no de todos os de negocio do reino e fora d'elle, haviam organizado uma Companhia Geral para todo o Estado do Brasil [...].

N'esta companhia entravam todas as pessoas de qualquer qualidade que fossem tanto naturaes como estrangeiras, com a quantia de vinte cruzados para cima, por tempo de vinte annos. Obrigam-se a fazer nos dois primeiros annos 36 naus de guerra, de 20 até 30 peças de artilharia, e d'ahi para cima, guarnecidas de gente de mar e guerra, para irem ao Estado do Brasil em duas esquadras, repartidas de 18 naus em cada um anno, as quais dariam comboio a todos os navios mercantes que demandassem aquellas paragens. Nos mares do Brasil se dividiriam para entrarem em praças e portos d'aquelle Estado e depois de carregados se tornariam a juntar e partiriam para o reino, conforme suas ordens e regimentos.

Em remuneração d'este serviço, apresentava a companhia 52 capítulos e condições, nos quaes se estipulava que poderia ella fabricar os navios que quizesse fazer em qualquer parte que fosse, tendo licença para o corte das madeiras precisas. Ser-lhe-ia concedido mandar tocar caixa na cidade do reino e ilhas e fazer gente de mar e guerra para guarnição das armadas, cabendo-lhe a eleição dos generaes, cabos, capitães e mais officiaes de bordo. As presas tomadas aos enemigos pertencer-lhe-iam todas; não podendo sair navio, caravella ou barco do reino para o Estado do Brasil senão em companhia de suas armadas. Para se poder sustentar e ter lucro, pedia o estanco para o Brasil dos vinhos, farinhas, azeites e bacalhau, pagando à Fazenda as imposições dos vinhos que até alli se pagavam. Que todos os mestres das embarcações vindas do dito Estado, em companhia das armadas, pagariam, em qualquer porto que descarregassem, seiscentos reis por cada caixa de assucar ou tabaco, trescentos reis por cada barril, um tostão por cada rollo de tabaco fora das caixas, seiscentos reis por cada sacca d'algodão e vinte reis por cada couro. Pediam tambem concessão por estanco para todo o pau-brasil que podessem tirar das capitanias de Pernambuco, Bahia, Ilheus e Rio de Janeiro.

As pessoas inscritas com 100 000 cruzados, e d'ahi para cima, gosariam do privilegio da homenagem, e os officiaes ficariam isentos dos alardos, companhias de pé e de cavallo, luttas e mostras geraes. Findavam, depois de outras cláusulas de menor importancia, requerendo por armas a Esphera de D. Manuel, para usar d'ella em seus sellos, mesas, casas [alvará de 10 de abril de 1649]".

9. APEB, 121, fl. 18 (não datada, classificada entre 4 de junho e 19 de outubro 1650):

"Registro de huma carta que os Officiaes da Camara escreverão a Sua Magestade. A Carta de Vossa Magestade sobre aceitação da Companhia Geral recebemos em trese do mes de agosto.

Para se dar a execução, chamamos o Povo a esta Camara, ao qual junto se leo a mesma Carta de Vossa Magestade e os capitulos da instituição da Companhia Geral, que todos abraçamos com alegria geral, rendendo a Deos as graças e a Vossa Magestade pela lembrança que tem de socorrer a todo este Estado tão perseguido [...] com as continuas vexações das armas inimigas. [...] Porem, como Vossa Magestade foi servido conceder a Companhia Geral por estanque os quatro géneros com o preço excessivo, da pipa de vinho por quarenta mil reis, o barril de azeite por dezeseis a arroba, a farinha por mil seiscentos e de bacalhao pelo mesmo, por se dizer, a Vossa Magestade ser este preço mais acomodado que neste tempo se venderão nesta praça, que foi o que moveo a Vossa Magestade para ser servido conceder a Companhia Geral os podesse vender pelo mesmo, sendo este dos mais subidos, que no tempo de mor carestia chegar a valer os ditos géneros e no tempo da confirmação que Vossa Magestade fez da Companhia Geral estando valendo nesta praça a pipa de vinho trinta e cinco mil reis, o barril de azeite dez a arroba, de farinha mil cem reis. Pede a V. Magestade este povo seja servido, como Rey e Senhor, mandar que haja alguma diminuiçam em preço tam excessivo, para sobrar força e servir a Vossa Magestade como taes leaes vassalos. Guarde Deos a Catholica e Real Pessoa de V. Magestade".

10. APEB, 121, fl. 27:

"Procedimentos e excessos dos Ministros da Companhia Geral e dos feitores deste Estado: Que tendo obrigação mandar a este Estado todos os annos 18 navios de guerra a comboiar os mercantes, faltarão ao capitulado na sua instituição e mandarão somente duas Naos genovezas, fretado nellas trezentas toneladas por sua conta a razão de vinte e quatro mil reis tonelada de hida e volta e meio tustão de avarias por arroba, com que ficou este povo não so privado de beneficio de poder navegar seus assucares, se viesse como devera toda a frota, mais ainda sem lugar de poderem carregar nestes dous navios, por virem as praças occupadas e fretadas já do Reino.

[...] Que não somente faltarão ao capitulado na sua instituição em não virem os navios prometidos, mas ainda em huma caravella que fretarão em Lisboa com título de Avizo ocuparão por fretamento a maior parte das praças c não deixarão a pessoa nenhuma desse Reino carregar nella fazenda alguma senão a de sua conta; [desse modo, sendo os] seus géneros sardinhas, agoardente, alguma fazenda seca de que veio carregada, [...] vem a estancar não so quatro mas todos os géneros com notavel perda e escandalo dos vassalos de Vossa Magestade [...].

Assinalava o senado outras violências e abusos de autoridade que exerciam apenas por intimidação e que não estavam fundamentadas em direito, tais como forçar certos capitães a carregarem somente mercadorias por sua conta e recusar as cargas dos particulares, ameaçando-os, caso recusassem, de não deixá-los partir sós ou acompanhados de seus navios.

[...] Antes da creação e instituiçam da Companhia Geral do Comércio tinha a Fazenda Real de Vossa Magestade seis mil cruzados de renda no contracto de vinho de mel e agoardente que na terra se lavra; vendo os homens de negocio que em razão desta bebida tinhão menos gasto os vinhos que vinhão do mar [...] requeirirão ao Governador General, que entam hera deste Estado Antonio Telles da Silva, e a esta Camara, mandassem extinguir e prohibir o dito vinho de mel e que elles em recompença destes 6000 cruzados que ficavão cessando a Fazenda Real de Vossa Magestade [...] se imposesse cinco tustões mais sobre cada pipa de vinho e hum cruzado sobre cada barril de azeite [...].

Seguiram-se dificuldades com 'os taverneiros e vendeiros', para os quais não se faria 'abatimento algum'. Havia, sobretudo relativamente às suas respectivas atribuições, um conflito entre os tribunais da Bahia e esse novo organismo que, ultrapassando os poderes que lhe tinham sido conferidos, não tinha 'poder de passar cartas no Real Nome de Vossa Magestade' em assuntos que 'lhe não são afectos'".

11. Froger, p. 133:

"A frota, que todos os anos vem de Portugal, traz vinhos, farinhas, azeite, queijo, casimiras, panos de linho e todas as mercadorias que são necessárias; em troca carrega açúcar, couros e óleo de peixe, dos quais retira el-rei impostos consideráveis".

12. Dampier, v. 2, p. 381.

13 Frézier, v. 2, p. 536.

14. Barbinais, v. 3, p. 185.

15. Calogeras, v. 1, p. 310.

16. APEB, 398, fl. 28v.

17. APEB, 398, fl. 56v.

18. Luiz Vianna Filho assinala com um "sic" (p. 61) o termo "concedido", impresso em *Documentos Históricos*, v. 28, p. 317. No documento do Arquivo Público do Estado da Bahia, lê-se claramente: "conhecido".

19. Froger, p. 145. Froger, estando na Bahia, anotava, no dia 17 de julho de 1696:

"Entrou um navio português da Companhia da Guiné. Essa Companhia foi recentemente criada, e usa um pavilhão branco com a cruz de sinople".

20. APEB, 5, doc. 80.

21. APEB, 5, fl. 46.

22. AHU, cód. 252, fl. 232r e v.

23. Na falta de detalhes, somos forçados a supor que a localização dessa fortaleza estava prevista à beira-mar, numa faixa de terra (separada por uma lagoa da terra firme e do território do rei de Ajudá) de um sítio praticamente controlado pelo rei de Popo.

24. APEB, 6, doc. 126.

25. APEB, 7, fl. 46.

26. APEB, 7, doc. 5.

27. APEB, 7, fl. 46:

"Declarações que se ham de fazer nas condições da Companhia da Costa da Mina:

18 — A condiçam 18 se declara que as patentes dos postos ham de ser pagadas pelo G^{or} e cap^m G^l deste Estado, às pessoas popostas pella junta de Comp^a, e a Junta os poderá remover todas as vezes que lhe parecer sem contradiçam, por nam ser possivel serem as d^{as} patentes firmadas pella R^l mão de S. Mag^e, em razam que ha da distancia do Brazil a Lxa.

19 — A condiçam 19 se declara, q havia sua Mag^e haver respeito somente a algum assinalado serviço, para premiado por sua R^l Grandeza e q os soldados, marynieros e artilheiros gozem dos privilegios q gozam os da Junta do Comercio.

20 — A condiçam 20 se declara e refuta, é somente na extrema e preciza necessidade de algum grande empenho da Coroa, concorrera com o que puder licitamente, segundo as forças e estado em que estiver de augmento de cabedaes ou diminuiçam delles.

23 — A condiçam 23 se declara, e refuta totalmente, na forma da condiçam 20, de ter 600 homens pagos efectivamente por quanto ham de ser soldados valentes, como se uzou na Companhya, a gente que bastar para o bom fornecimento e guarniçam das naos e embarcaçoes menores.

24 — A condiçam 24, se declara que as bandeyras e flamulas da Comp³ seram como as que trazem as da Junta do Comercio, ou outras quaesquer que Sua Mag⁰ ordenar.

Bª, 15 de agosto de 1702.

Joseph dos Santos Varajam/ Manuel Diaz Filgrª/ Miguel Carvalho Lima/ Nicolao Lopez Fiuza/ Manuel Gomes Lxª".

28. Froger, p. 129:

"Em 20 de junho, chegamos por volta das cinco horas da tarde.

Logo que ancoramos, veio um oficial-tenente do almirante pedir a saudação. O sr. De Gennes respondeu-lhe que tinha ordens do rei de saudar apenas se lhe fosse respondida salva sobre salva, e que mandaria seu segundo capitão para concluir com o governador. O tenente mandou buscar sua chalupa para nos fundear, e depois de mil oferecimentos de serviços, foi com o senhor cavaleiro de Fontenay saudar o governador, com quem não teve grande disputa: porque conveio, em primeiro lugar, de que não haveria salva. Todos os portugueses murmuravam a esse respeito e diziam em alta voz que não se deveria suportar que um francês passasse impunemente nos fortes sem os saudar; mas todo mundo sabe que só se fazem de bravos em sua soleira e que na ocasião recorrem mais ao seu rosário que a essa bravura.

No dia seguinte, festa do Corpo de Deus, o sr. De Gennes, acompanhado de vários oficiais, foi saudar o governador e o intendente, dos quais recebeu mil amabilidades; o governador, d. João de Lencastro, era um dos primeiros do reino e vice-rei do Brasil. De lá foram assistir à procissão do Santíssimo Sacramento que, nessa cidade, pela prodigiosa quantidade de cruzes, relicários, ricos ornamentos, tropas em armas, corpos de ofícios, irmandades e religiosos, é tão considerável quanto ridícula pelos mascarados, instrumentos e dançarinos, que por suas posturas lúbricas perturbam a ordenança dessa santa cerimônia. Depois da procissão, nossos senhores foram assistir à missa na casa dos reverendos padres jesuítas, onde foram recebidos por alguns padres franceses, que lhes confirmaram a perda da cidade de Namur e uma esperança de paz com a Saboia. Depois dos jesuítas, foram almoçar na casa do cônsul francês, onde tomaram conhecimento de diversas outras notícias particulares […].

No dia 9 chegamos mais perto da cidade […].

A Baía de Todos-os-Santos pode passar por uma das maiores, belas e cômodas do mundo; pode abrigar mais de 2 mil navios; o fundo é bom, e não há que se temer os ventos; pescam-se numerosas baleias, e nela se constroem belíssimos vasos; havia nos canteiros um de sessenta peças de canhão. A cidade de São Salvador, que está situada nesta baía, é grande, bem construída e muito povoada, mas sua localização não é vantajosa: ela é alta e baixa, e há apenas uma rua que seja direita; é a capital do Brasil, a sede de um arcebispo e de um vice-rei […].

Pelo lado do mar é defendida por alguns fortes e várias baterias de canhão; é flanqueada em direção do sertão por bastiões de terra bastante mal construídos. Os habitantes (se se excetuar o povo mais humilde, que é insolente ao último grau) são limpos, civilizados e honestos; são ricos, gostam de comércio, e a maioria é de raça judia, o que faz com que, quando um habitante quer fazer de um de seus filhos um eclesiástico, é obrigado a fazer prova do cristianismo de seus antepassados, como os Cavaleiros de Malta, a sua nobreza. Amam o sexo à loucura, e gastam perdulariamente com as mulheres, que de resto são dignas de pena, porque nunca veem ninguém, e saem apenas aos domingos no raiar do dia para irem à igreja; são extremamente ciumentos, e para um homem é ponto de honra apunhalar a sua mulher quando está convencido de sua

753

infidelidade; o que não impede, entretanto, que várias encontrassem o meio de dividir os seus favores com nossos franceses, dos quais apreciam os modos atraentes e livres.

Como a cidade é alta e baixa e, por conseguinte, os carros lá são impraticáveis, os escravos substituem os cavalos e transportam de um lugar para outro as mais pesadas mercadorias; é também por essa mesma razão que é muito comum o uso do palanquim. É uma rede coberta por pequeno dossel bordado e carregado por dois negros, por meio de longa vara, a qual fica suspensa pelas duas extremidades; as pessoas importantes são nele levadas para a igreja, para suas visitas e mesmo para o campo. As casas são altas, e quase todas de pedras e tijolos; as igrejas são enriquecidas de enfeites de ouro e prata, de esculturas e um número infinito de belos ornamentos […]".

29. Dampier, v. 2, p. 381:

"Muitos negociantes residem sempre na Bahia, pois é uma praça em que se faz um comércio importante. Os negociantes que vivem aqui são ricos, dizem, e possuem muitos escravos em suas casas, homens e mulheres; eles próprios são sobretudo portugueses; os estrangeiros têm pouco comércio com eles. Entretanto, havia lá o sr. Cock, negociante inglês, um gentil-homem muito polido e de boa reputação. Tem a patente para ser nosso cônsul inglês. (Faz onze ou doze anos que não atraca nenhum navio inglês.) Havia também um dinamarquês e um ou dois negociantes franceses. (Nenhum outro navio, a não ser português, é admitido aqui para comerciar.)".

Refere-se ao comércio do açúcar e do tabaco (p. 385):

"Ao lado dos negociantes que fazem o comércio desse porto por mar, há outros homens bastante ricos e diversos artesãos e profissionais de diferentes espécies, que pelo seu trabalho e indústria viveu bastante bem, especialmente aqueles que conseguem comprar um ou dois escravos negros. Com efeito, à exceção das pessoas da mais baixa classe, não há quase habitantes que não tenham aqui escravos em sua casa.

Aqueles que são ricos têm escravos dos dois sexos para servi-los nas suas casas e, para o seu prestígio, têm escravos que os acompanham, quer correndo ao lado de seus cavalos, quando viajam para fora, quer para levá-los a passear cá e lá, carregando-os em seus ombros, na cidade, quando vão fazer uma visita curta, perto de suas casas. Cada gentil-homem ou negociante é provido das coisas necessárias para essa espécie de transporte: a coisa principal é uma rede bastante grande à moda das Índias Ocidentais, em geral tingida de azul, com longas franjas caindo dos dois lados. É carregada nos ombros dos negros com o auxílio de um bambu de doze a catorze pés de comprimento, pelo qual a rede está suspensa, e uma cobertura é colocada acima da vara, pendendo de cada lado como se fosse cortina; assim a pessoa transportada só pode ser vista se assim o quiser. Pode ficar deitada à vontade com uma almofada para sua cabeça, ou sentar-se deixando cair as pernas de cada lado da rede. Quando está de humor para ser vista, tira as cortinas e cumprimenta todos os conhecidos que encontra na rua, pois põem um ponto de honra em se cumprimentarem uns aos outros das suas redes, e mantêm assim nas ruas longas conversas. Mas então cada um dos dois escravos que carregam a rede tem um sólido bastão com uma forquilha de ferro em sua extremidade superior e uma ponta de ferro embaixo, como o apoio de um mosquete. Plantam-no no chão e deixam a vara de bambu da rede descansar em cima, até que os negócios ou os cumprimentos dos seus senhores terminem.

Os principais artesãos são: ferreiros, chapeleiros, sapateiros, tanoeiros, marceneiros, carpinteiros, toneleiros, alfaiates etc. Todos esses profissionais compram negros e os formam em suas profissões, o que é para aqueles de grande valia.

Esses escravos são muito úteis para transportá-los da Cidade Baixa para a Cidade Alta.

Mas os negociantes dispõem também da comodidade de um grande guindaste acionado por cabos e roldanas, sendo que uma das extremidades sobe enquanto a outra desce. O edifício em que tal guindaste está instalado fica na beira do barranco em direção ao mar, dominando o precipício, e há tábuas inclinadas ao longo do morro de alto a baixo, contra as quais deslizam as mercadorias quando são puxadas para cima ou descidas.

São tão numerosos os escravos negros nessa cidade que formam a grande maioria dos habitantes. Cada casa tendo, como já foi dito, escravos e escravas, os portugueses que são solteiros guardam como amantes essas negras, apesar de saberem o perigo que correm de serem envenenados por elas se lhes derem motivo de ciúmes. Um cavalheiro de minhas relações, que havia tido familiaridades com a sua cozinheira, estava receoso a esse respeito quando eu me encontrava lá.

O governador tem cerca de quatrocentos homens na guarnição, vestidos de brim pardo".

30. Frézier, v. 2, p. 521:

"Em 26 de abril de 1714, aterramos ao vento da praia de Zumba [...]".

Depois de ter descrito a cidade nos mesmos termos que seus predecessores, faz observar que:

"As redes de algodão que servem para o transporte das pessoas são chamadas serpentinas, e não palanquins, como dizem certos viajantes.

Para guarnecer os fortes e a cidade, o rei de Portugal mantém seis companhias de tropas de ordenança uniformizadas, e não de brim pardo, como diz Dampier; isso mudou. São bem disciplinadas e bem pagas; as que vi estavam em bom estado, bem armadas e cheias de belos homens, só lhes faltando a fama de serem bons soldados [...].

Os habitantes têm aparência bastante boa no que se refere às boas maneiras, limpeza e modo de vestir-se, mais ou menos à moda francesa; falo apenas dos homens, porque mulheres são pouco vistas, delas só se pode falar de modo imperfeito.

Os dezenove vigésimos das pessoas que vemos são negros e negras despidos, salvo as partes que o pudor obriga cobrir, de maneira que essa cidade parece uma nova Guiné. Com efeito, as ruas são cheias apenas de figuras hediondas de negros e negras escravas, que a moleza e a avareza, muito mais do que a necessidade, transplantaram das costas da África para servir à magnificência dos ricos e contribuir para o ócio dos pobres, que descarregam sobre eles seu trabalho; de modo que, para um branco, há mais de vinte negros. Quem o acreditaria! Há lojas cheias desses pobres infelizes que lá são expostos completamente nus, e que aí são comprados como animais, sobre os quais se adquire o mesmo poder. [...] Não sei como se pode conciliar essa barbárie com os preceitos da religião, que os faz membros do mesmo corpo que os brancos, desde que os batizam, e que os elevam à dignidade de filhos de Deus [...].

Os portugueses são cristãos de grande exteriorização religiosa, mais ainda do que os espanhóis. A maioria anda nas ruas de rosário na mão, com um santo Antônio sobre o estômago, ou pendurado no pescoço; por um estranho equipamento veem-se seus quadris carregados com uma longa espada à espanhola do lado esquerdo, e um punhal quase tão grande quanto nossas pequenas espadas francesas do lado direito, a fim de que, na ocasião, não permaneça nenhum braço inútil para degolar seus inimigos. Efetivamente, essas marcas exteriores de religião são muito equívocas entre eles, não somente no que se refere à verdadeira probidade, mas ainda para os sentimentos católicos; frequentemente servem para cobrir, aos olhos do público, grande quantidade de judeus escondidos [...]".

Na descrição das igrejas, ele indica que, na Cidade Baixa, Nossa Senhora do Rosário e do Pilar é para os soldados, Corpo Santo para as pessoas pobres, e a Conceição para os marinheiros:

"O grande comércio que se faz na Bahia dos gêneros do país põe os habitantes numa situação folgada.

Como a cidade fica sobre uma altura muito íngreme, foram feitas três máquinas para fazer subir e descer para o porto as mercadorias da Cidade Alta; dessas três, há uma na casa dos jesuítas. [...] Essas máquinas consistem de duas grandes rodas a tambor, com um eixo comum, sobre o qual é passado um cabo amarrado a um trenó ou carroça, no qual se encontram os fardos de mercadorias que são levados para cima pelos negros que, andando no interior das rodas, giram o cabo no cabrestante; a fim de que o trenó não encontre resistência e deslize facilmente, está apoiado num chassi de juntas contínuas desde o alto até embaixo da montanha, em um comprimento de aproximadamente 140 toesas e não 250, como diz o Flambeau do mar.

Fora o comércio das mercadorias da Europa, os portugueses fazem um comércio considerável na Guiné. Levam para lá cachaça, pano de algodão feito nas ilhas de Cabo Verde, colares de vidro e outras bagatelas, e na volta trazem ouro, marfim e negros, para vendê-los no Brasil".

31. Barbinais, v. 3, p. 155:

"Em 16 de novembro de 1717, às dez horas da manhã, reconhecemos o forte de Santo Antônio, que está construído numa das pontas que formam a entrada da Baía de Todos-os-Santos".

Mais adiante, na p. 166:

"A cidade de São Salvador está situada na entrada dessa baía. Seu porto é belo, mas poderia sê-lo muito mais, se a arte e a indústria ajudassem um pouco a natureza.

A cidade está dividida em alta e baixa. Todos os comerciantes, os homens de negócio e de mar fazem sua moradia na Cidade Baixa por causa da comodidade do porto. Faz-se aí um grande comércio, e esse lugar fornece a outros todos os gêneros que vêm do fundo da baía. Há um arsenal e armazéns reais, onde se confecciona tudo quanto serve à construção dos navios. Essa Cidade Baixa está ao sopé de uma montanha de pouca altura, mas muito íngreme, que nada tem de belo nem curioso, e pareceu-me que o tumulto e a confusão tornavam a estada nela incômoda e enfadonha.

Desde alguns anos o rei de Portugal faz construir navios em todos os portos do Brasil, sobretudo no 'Rio Geneyro' e na 'Baía de Todos-os-Santos'. Esses navios são equipados com muito menos despesas do que na Europa: o país fornece toda a madeira em abundância e a melhor que se possa desejar para a construção dos navios, não somente para os mastros mas ainda as popas, forrações, curvas, lemes etc. É uma madeira incorruptível.

A Cidade Alta fica situada no topo da montanha. As casas são bastante espaçosas e cômodas, mas a desigualdade do terreno lhes tira parte de seu ornamento e torna as ruas desagradáveis. A grande praça, que é quadrada, fica no centro da cidade. O palácio do vice-rei, a Câmara Municipal e a Casa da Moeda formam suas quatro faces. Esses edifícios nada têm de muito notável, a não ser que estão construídos com pedras que vieram de Lisboa, porque a terra não fornece nenhuma que seja própria para a construção dos edifícios. Como cada um mandou construir a sua casa à sua fantasia, tudo é irregular, de modo que a praça principal parece encontrar-se lá por acaso. Há diversos mosteiros, o dos jesuítas etc.".

756

Mais adiante, na p. 183:

"O governo estende sua jurisdição sobre todo o Brasil. O vice-rei é o chefe do Conselho e pode decidir soberanamente sobre todos os negócios. Há dois Conselhos: um nomeado pelos portugueses, o Conselho da Relação, onde são apresentados todos os processos criminais, e o outro chamado Conselho da Fazenda, que julga os negócios comerciais [...].

O comércio no Brasil é considerável, e o luxo de seus habitantes o torna necessário. O país produz açúcar e tabaco em abundância, e as minas dão muito ouro".

Na p. 186:

"Os habitantes do Brasil podem distinguir-se em três classes: senhores de engenho etc., comissários de Portugal e gente do mar. Os primeiros compram escravos tanto quanto precisarem, seja para cultivar as terras, seja para trabalhar nas minas".

Na p. 187:

"As pessoas de mar que navegam para as costas da Guiné carregam seus navios com tabaco, e algumas vezes com pesados tecidos da Inglaterra, que trocam por escravos de ambos os sexos. Esse comércio é bastante lucrativo quando a mortalidade não se instala nos navios, mas muitas vezes, estando excessivamente carregados de escravos, acontece de a morte tirar grande parte deles, quer pela falta de víveres, quer pela sujeira e outros acidentes. Acrescentarei que a melancolia é um veneno que mata vários [...].

O Brasil consome muitos escravos, e estes tornam-se atualmente raros nas minas. Entretanto, todos os anos chegam mais de 25 mil na Baía de Todos-os-Santos, e contam-se mais de 15 mil na cidade de São Salvador; pode-se julgar por isso o número que está espalhado pelo país. Não há português que não tenha nessa cidade uma dúzia de negros, quer para o seu próprio serviço, quer pelo lucro que retira ao alugá-los para o público.

Esses escravos trazem muita confusão nas cidades, e apesar de serem rigorosamente castigados, acontece diariamente alguma nova desordem. São ladrões, traidores e capazes dos maiores crimes. Alguns deles são livres, ou pela boa vontade daqueles que lhes dão a liberdade como preço de seus trabalhos, ou pelo dinheiro que dão para se alforriar.

O Brasil é apenas um antro de ladrões e assassinos; nele não se vê nenhuma subordinação, nenhuma obediência; o artesão com sua adaga e espada insulta o homem honesto e o trata de igual, porque são iguais na cor do rosto [...].

Os escravos que são enviados para as minas são obrigados a fornecer diariamente a seus senhores uma quantidade limitada de ouro. Se o que extraem num dia ultrapassa suas convenções, guardam-no para suprir ao que possa faltar num outro dia. O senhor dá a seu escravo apenas sete libras de raízes de mandioca por semana, e o escravo obtém o restante de suas necessidades por seu trabalho e, na maioria das vezes, por seus furtos.

Faz alguns anos os portugueses negligenciaram o trato de suas lavouras; gostam mais de mandar seus escravos nas minas do que empregá-los utilmente na agricultura [...].

Os povos gostam mais de guardar seu dinheiro para brilhar e exibir sua magnificência numa festa do que fazer uso dele para a sua alimentação: é um vício generalizado.

Caso fossem retirados aos portugueses seus santos ou suas amantes, tornar-se-iam bastante ricos".

Mais adiante, na p. 203:

"As mais virtuosas mulheres, quer dizer, aquelas cuja desordem é menos pública, fazem de suas casas um serralho de escravas. Enfeitam-nas com correntes de ouro, pulseiras, anéis e ricas rendas. Todas essas escravas têm os seus amantes, e suas senhoras repartem com elas os lucros de seu infame comércio.

Os portugueses nascidos no Brasil preferem a posse de uma negra ou mulata à mais linda mulher. Perguntei-lhes frequentemente donde procedia um gosto tão estranho, mas eles próprios o ignoram. Para mim, creio que, criados e amamentados por essas escravas, tomam com o leite essas inclinações [sic]. Conheci uma senhora muito amável de Lisboa que se casara com um homem deste país; a discórdia reinava no casal, e o esposo desprezava sua esposa por causa do amor de uma negra que não teria merecido a atenção do negro mais feio de toda a Guiné".

32. APEB, 6, doc. 139a:

"Em 1701, diz Marceline Dias de Sylvestre, habitava na cidade da Baía de Todos-os-Santos uma mulher negra e escrava de Anna Maria de Souza, da mesma cidade, que a comprou quando do falecimento de João Dias Sylvestre, seu primeiro senhor. A dita Anna Maria de Souza, sendo mulher pública, a pervertia pelo seu mau exemplo, e a suplicante vendo a péssima maneira de viver que ela tinha, queria casar-se com um homem branco chamado João Miranda, operário carpinteiro que queria libertá-la.

Tratando de sua liberdade com a dita dama sua senhora, chegaram em um acordo sobre 70$000 réis que a suplicante lhe entregou em dinheiro de contado, mas que se arrependendo depois [...]".

33. Amaral (J. A. do) (I), v. 1, p. 87:

"O rei, tendo tomado conhecimento do luxo exagerado que mostram em sua maneira de vestir as escravas do Estado do Brasil, e para evitar este abuso e o mau exemplo que poderia seguir-se, Sua Majestade dignou-se decidir que elas não poderão em nenhuma das capitanias usar roupas de seda, nem de tela de cambraia nem da Holanda, com ou sem renda, nem ornamentos de ouro e de prata sobre as roupas. Por este luxo, as escravas introduzem uma perda moral nas capitanias, pervertem os homens brancos, de onde resulta o cruzamento de raças e o aumento sempre em maior número de pessoas de cor, o que não convém de maneira nenhuma".

34. APEB, 7, doc. 616.

35. Amaral (J. A. do) (I), v. 2, p. 313; rei ao governador da Bahia, 10 de fevereiro de 1696.

36. APEB, 13, doc. 140.

37. APEB, 13, doc. 140a.

38. APEB, 131, fl. 39v.

39. Título dado por A. F. C. Ryder a um estudo publicado no *JHSN*, v. 1, n. 3.

40. APEB, 15, doc. 31.

41. APEB, 15, doc. 29.

42. APEB, 15, doc. 34.

43. Sir John Methuen é o autor do célebre tratado firmado em 1703, ao qual ficou ligado seu nome, e que na época colocou a economia de Portugal sob a dependência dos interesses comerciais ingleses. Em seguida a esse acordo, os vinhos de Portugal entravam com facilidade na Inglaterra, mas os tecidos de lã e tecidos ingleses abundavam nos mercados portugueses.

A justiça seguiu seu curso a respeito do negócio do título protestado por Sir John Methuen, e em 15 de agosto de 1722 o vice-rei escrevia: "Vossa Majestade constatará, pelo atestado anexo, a prontidão com a qual os bens de Joseph de Torres foram vendidos. Foram adjudicados em hasta pública, o produto tendo sido depositado na forma prescrita pela lei".

44. APEB, 15, doc. 34a.

45. AHU, Bahia, cx. 27.

46. APEB, 56, fl. 127.

47. APEB, 22, fl. 119.

Em 23 de dezembro de 1723, o rei de Portugal concedeu patente para a formação de uma companhia conhecida pelo nome de Corisco, no Gabão:

"Convém à conservação de meus reinos e ao aumento das conquistas de lá introduzir um grande número de escravos, para desta maneira fornecer às terras do Estado do Brasil que deles precisam para as plantações de açúcar, de tabaco e o trabalho das minas etc. É preciso criar uma companhia para a costa da África que possa retirar os escravos e trazê-los por sua conta a todos os portos do Brasil, o que trará um grande proveito ao comércio deste reino e suas conquistas. Ela construirá com seu próprio capital uma fortaleza no rio dos Anjos e ilha do Corisco, na altura de um grau e trinta minutos na costa do Gabão [...]".

48. AHU, doc. da Bahia 9343.

49. APEB, 20, doc. 105.

50. APEB, 19, doc. 12.

51. Numerosos outros incidentes se deram a propósito de uma balandra da Companhia do Corisco (APEB, 19, doc. 17) que tinha sido desviada para tornar-se pirata. Nenhuma solução foi dada pelo Conselho Ultramarino (APEB, 20, doc. 86) à reclamação feita pelos negociantes da Bahia sobre a Companhia do Corisco. O vice-rei transmitiu a Lisboa (APEB, 20, doc. 131) uma carta do diretor da feitoria da Ajudá, lembrando ao rei o quanto era importante que fosse encontrado um remédio rápido para evitar os insultos renovados dos holandeses. Essa carta de Francisco Pereyra Mendes dizia:

"Em tres de novembro de 1725 deu fundo neste porto hua gallera holandeza, com trinta e seis peças de qualibre de doze, e bastante guarnição, a conduzir a lo que manda sua feitoria. Detevece tres dias, em quanto embarcava toda sua gente e fazenda, pertencente à companhia.

No dia antecedente ao do embarque, teve notícia o capitão Joseph de L. [...] do navio *Tempest*, da Companhia do Corisco, que neste porto se achava fazendo o negocio della, de que o holandes o queria atacar e reprezar; como esta notícia lhe foi dada por hum cabiceira da terra, se embarcou o dito capitão, tendo-lhe no dia antecedente chegado o piloto do seu navio com algua gente mais em hum de Pernambuco, que veyo da Mina, para onde forão levados em Balandra ou Bergantin, pertencente à Companhia do Corisco, preza de hua das galleras holandesas, cujo general os quis enforcar, dizendo herão levantados, por se lhe não achar passaporte.

Achandoce o mesmo capitão e toda a sua equipagem com rezolução de combater com a gallera, lhe mandou o Capitão holandees dizer que se rendece pela Companhia de Holanda, o que lhe respondeu nos mesmos termos. Estando ambos os Navios sobre amarra, [...] atirou o holandes ao portugues sinco peças com bala, e este [...] ao disparar hua peça lhe pegou fogo, voando o navio pelos ares. Não escapou desta disgraça mais que hum. [...] A gallera se demorou mas tres dias neste porto, refazendoce de algum damno que lhe havia feito o dito navio *Tempest*, no combate que tiverão por espaço de hum quarto de hora, e depois foi para Jaquem botar alguns brancos na Feitoria que tem neste porto [...]".

O diretor-geral do castelo da Mina, Peter Val Kenier (APEB, 20, doc. 131), respondendo em 1725 a uma queixa do vice-rei relativa a uma série de abusos perpetrados pelos navios holandeses sobre os navios portugueses, depois de ter dado justificativa, acrescentava:

"Bem poderíamos queixar-nos da injusta tomada do nosso navio *Pedra do Sol*, feita por João Dansaent, e da mesma maneira do bárbaro tratamento dado à nossa gente, porque somente dez pessoas chegarão à Pátria, estando cinco doentes; porém, por não molestar Vossa Excelência sobre esse particular, o deixamos na eleição dos Senhores Estados Gerais e da sua Companhia".

Essa Companhia do Corisco durou apenas poucos anos. Não há mais sinais da passagem dos seus navios nem na Bahia nem em Ajudá depois de 1725.

O rei de Portugal escrevia (AHU, doc. da Bahia 343) em 26 de maio de 1737 a Henrique Luiz Freire de Andrade, governador de Pernambuco, fazendo-lhe saber que um navio português, passando pela ilha de Fernando de Noronha, a encontrara ocupada por franceses, "e porque se tem divulgado que o autor d'este attentado [ocupação da ilha de Fernando de Noronha] […] he hum João Dançaint […] o qual, tendo a honra de ser admittido ao meu serviço no posto de Capitão de Mar e Guerra, se ausentou d'elle ha annos e, passando às Ilhas de Cabo Verde, commeteu n'ellas e em Cacheu vários insultos, pelos quaes se acha pronunciado à prizão. Recommendareis ao mesmo Cabo da expedição que procura com destreza averiguar a dita notícia com os mesmos franceses e que, achando na ilha o dito Dançaint, o leve prezo a Pernambuco, aonde o mandareis metter em prizão fechada e segura e com a mesma cautella o remettereis na frota a entregar na cadeia do Limoeiro, em Lisboa".

De acordo com Amaral (J. A. do) (1), v. 2, p. 168, o vice-rei assinalou em seguida que "os doze franceses haviam abandonado a ilha sem resistência quando da chegada de uma expedição de Pernambuco, mas que o capitão se chamava Lesquelin e não Dançaint".

Uma série de argumentos formulados contra a Companhia do Corisco pelos representantes da Companhia Holandesa das Índias Ocidentais foi discutida em 1727, em Haia, por Diogo de Mendonça Corte Real, "enviado extraordinário de Sua Majestade o Rei de Portugal, junto às Suas Altas Potências, os Estados Gerais dos Países Baixos".

Em 15 de setembro de 1727 (ARG, 1029), apresentou aí um

"Exame e Refutação de uma Demonstração feita pela Companhia privilegiada das Índias Ocidentais destes Países, contendo as razões pelas quais os portugueses não têm o direito de navegar para as Costas da Alta-Guiné e Baixa-Guiné, nem além, nem de outra maneira que não seja diretamente para as praças de seus distritos; e que a outorga que o Rei de Portugal poderia ter concedido em 1724 a um certo João Dansaint, ao contrário, não deve por nenhum obstáculo, nem causar prejuízo à Companhia das Índias Ocidentais desses Países.

E naquilo que diz respeito, aliás, à outorga que dizem ter sido dada no ano passado a Jean Dansaint pelo Rei de Portugal, é peremptório que o dito Rei (isso dito com todo o respeito devido) não teve o direito de fazer tal concessão, ou outras dessa natureza, em prejuízo da Companhia das Índias Ocidentais desses países e contra os Tratados, e as infrações ou contravenções são as seguintes:

1º — Que pelo primeiro artigo se concede ao dito Dansaint o comércio privativo do rio Camarã, ao Norte, até ao Cabo Lopes Gonsalves, no Sul, assim como também na Ilha Corisco, diretamente contra o artigo IV do Tratado de Paz ano de 1661 e o artigo XX da Trégua de 1641.

2º — Que essa outorga se estende até em diversas praças e costas aquém ou ao Norte da

Linha, o que é igualmente contrário aos artigos XII e XIX do Tratado de 1641 a do Tratado do ano de 1661, como o fizemos ver mais amplamente acima.

3º — Que pelo artigo IV da acima mencionada outorga permite-se que sejam enviadas ao novo estabelecimento, como é chamado, as mesmas mercadorias a que a Companhia das Índias Ocidentais desses países acostumou-se vender na Costa Superior, que visivelmente não são autorizadas ou que são de contrabando, como foi demonstrado acima.

4º — Que a supracitada outorga, ou concessão, concede também a construção de Fortes no supracitado novo estabelecimento, e por conseguinte nos lugares em que os navios da C. I. O. são não somente obrigados a aportar para se abastecer de água e lenha, mas também para seu tráfico. Isso é uma nova contravenção que se comete no distrito proibido, e sobretudo nos lugares onde a C. I. O. sempre navegou, e onde não pode tolerar ninguém, para a segurança de sua navegação e de seu comércio.

5º — Que a referida empresa dos portugueses seria uma perfeita novidade e muito insensata, porque destruiria os limites regulados nessas bandas entre Portugal e a Companhia Holandesa das Índias Ocidentais, cujo Regulamento dos limites é suposto pelo artigo XIX da Trégua e dever substituir sempre".

Asserções às quais Diogo de Mendonça Corte Real retorquia:

"Quanto à Companhia do Corisco, responderei em geral que não tenho nenhum conhecimento da outorga de que se fala aqui, ou que ignoro se essa Companhia subsiste ainda, de modo que poderia dispensar-me de entrar no exame dessas cinco Observações ou Agravos. [...] Entretanto, concordo em supor por um momento tal outorga e a existência dessa Companhia; não se concluirá por isso que esses Agravos sejam fundados em razão e em direito. Parece-me que se deveria ter alegado alguns artigos dos Tratados que provam que sua Magestade não tem o direito, ou que renunciou aos mesmos, de modo que essa concessão tornar-se-ia uma infração àqueles Tratados. Ora, como não existem Tratados pelos quais Sua Magestade ter-se-ia despojado de seu direito natural, segue-se que a Companhia não tem razão em acusar o Rei de contravenções e infrações. Que o Rei esteja naturalmente no direito de conceder uma tal outorga para um estabelecimento num país que não é possuído por nenhuma nação da Europa é, creio eu, o que não se disputará a Sua Magestade. Ora, que Corisco e a extensão marcada para J. Dansaint para seu estabelecimento seja um país não ocupado, é o que consta na própria declaração da Companhia, que em parte alguma adiantou que possuísse alguma parte daquelas terras, pois tudo que ela alega no agravo 4 é que esses navios aportam em suas costas para se abastecer em água e lenha e traficar, mas não diz que aí a mesma tenha alguma cabana, forte ou estabelecimento. Assim, esse país sendo *primo occupanti*, o Rei pôde permitir a J. Dansaint ocupá-lo sob sua Real proteção e em seu nome.

O sentido vicioso e muito extenso que a Companhia tem costume de dar ao termo privativo é o único fundamento da primeira acusação. Pois é verdade que se, por essa concessão de um comércio privativo, Sua Magestade entendia excluir os holandeses dos portos, fortes, cidades etc. do novo estabelecimento, poderia passar por contrariar o artigo IV de 1661 ao qual apelam, assim como ao XX de 1641; mas se essa exclusão não se estende além dos súditos de Sua Magestade, como a exclusão expressa na outorga da Campanhia Ocidental não se estende sem dúvida senão aos súditos da República, que encontrará a Companhia nessa concessão, que seja contrária à liberdade concedida aos holandeses pelos dois artigos citados, de navegar e traficar nos estabelecimentos portugueses? Isso nunca lhes foi negado, pois que nunca se queixaram [...].

A terceira acusação é tão ridícula que não merece que se demore sobre ela. Por que os holandeses fazem o tráfico do Colar de Vidro em Cochin, que lhes pertence, não seria permitido aos portugueses levarem Colares de vidro para Goa? Pode-se alguma coisa mais digna de pena? Só faltaria mais a citação de algum tratado, do qual isso seria uma contravenção. Se fosse o caso dos portugueses levarem aos estabelecimentos holandeses gêneros que a Companhia vendesse nesta praça, então ela poderia arrogar-se o direito de proibir-lhes a entrada, se não há tratado contrário a essa proibição, como há um aqui, a saber, o artigo xx de 1641, que estabelece a liberdade de comércio sem restrição de espécies de mercadorias, conquanto sejam descarregadas nos portos ou fortes, e que lá paguem os direitos.

Passemos à quarta acusação. [...] Se é permitido aos portugueses, pelos tratados, de estender seu distrito sobre a Costa da Guiné sem tocar nos estabelecimentos dos holandeses, por que não lhes seria permitido construir fortes na mesma? Existe nos três Tratados algum artigo que lhes ate as mãos a esse respeito? Não existe; ao contrário, o advogado que redigiu essa demonstração não teria deixado de citá-lo. Mas esses fortes não se concedem com as conveniências da Companhia? Também, por que estende a Companhia tão longe suas conveniências? Não somos causa de sua avidez. Além do que, como a Companhia, pelos tratados, é livre de frequentar nossos portos, fortes e cidades, os que edificará a nova Companhia não os impedirá de entrar nos rios, de se abastecer de água e de traficar nas outras colônias e estabelecimentos portugueses, e mesmo ela o fará com mais segurança".

52. AHU, doc. da Bahia 346.

53. APEB, 27, fl. 310.

54. AHU, São Tomé, cx. 3. Esse documento foi sem dúvida classificado por engano na caixa 3 (1701-1725), devido à indicação do ano de 1724 figurando no fim do texto, mas é apenas o fim de uma frase e não a data do documento. O seu contexto bem o mostra. O vice-rei tornou-se conde de Sabugosa apenas em 1729, e é com esse título que é designado. As atividades pessoais a que alude Joseph de Torres se deram em 1731. Esse documento parece ser a sequência lógica daquele que foi citado logo antes (ver nota 52) e data de 1732, mais ou menos.

55. APEB, 27, doc. 74.

56. Instruções inéditas.

57. APEB, 27, fl. 174.

58. APEB, 26, fl. 140.

59. Documento não reencontrado nos arquivos.

60. AHU, cód. 254, fls. 70v e 71r.

61. APEB, 27, doc. 79.

62. APEB, 26, doc. 78.

63. "He esta hũa matéria que reputo pella mais grave, mais importante e de mayor ponderação para a fazenda real e conservação do Brazil por cuja cauza, sem embargo de que os interessados da Costa da Mina, e aos mais homens de negocio a quem me pareceo ouvir digão nos papeis que fizerão por seus procuradores, tudo quanto se lhe offerece, e respeita a esta dependência, não me posso escuzar de dizer a V. Sa. com algua difusão o que sinto para interpor o meu parecer.

He certo e infalível que este Estado não pode subsistir sem escravos para o trabalho dos engenhos, culturas das fazendas de cana, tabaco, rossas de mandioca e lavra das minas. Nesta certeza, se faz necessário que primeyro se mostre a experiência que de outras partes se tira o mesmo número de escravos que saem da Costa da Mina, pois he sem duvida que vindo della só para esta Bahia de hũ anno para outro dez ou doze mil não são os que bastem para aquelles ministérios, nem ainda se satisfazem com os que também vem de Angola, por cuja cauza se vendem todos por excessivo preço.

[...] Ja desta Bahia e do Rio de Janeyro forão duas embarcaçoens a Madagascar, tendo tão mau sucesso na sua viagem que uma destas voltou muyto mal, não tiverão reputação os poucos escravos que trouxe pella má oppinião que se faz delles; aquella [outra embarcação], depois de fazer o seu negócio com bem pouco interesse, pelo que dizem, arribou a Mozambique por não poder montar o "Cabo Cali". Se vendeo a sua carregação para satisfação dos soldados e mais despezas que com aquelle producto se não chegarão a cubrir, e ficarão os interessados perdendo o cabedal, digo, todo o capital com que entrarão para esta sociedade; e o mais que podião intentar a mesma navegação, esmurecidos.

De Cabo Verde a Cacheo muito poucos escravos se podem tirar e assim mostrou já a experiencia por cuja cauza não vão ali embarcações desta Bahia ha mais de quinze annos, nem dessa corte.

De Angola sahem para outros portos do Brazil seis a sette mil escravos cada anno, que he o mayor numero delles que prezentemente se pode tirar daquelle Reyno, e para se aumentar he necessario aproveitarmos Loango, donde ficão expostas as nossas embarcações aos roubos das galera holandezes e às violencias dos mais navios estrangeiros que ali vão comerciar, preferindo o que tem mai forças a todos os outros por estar aquelle porto sem defeza algua e comu a todos.

E ainda que todas estas dificuldades se desvaneção e se facilite daquellas e doutras partes a entrada do mesmo e mayor numero de escravos, encontramos com outra de não menor gravidade e ponderação, que consumo se ha de dar ao tabaco da terceyra e infima qualidade, que em cada hũ anno vay para a Costa da Mina? Com a prohibição do negocio della se perde todo, irremediavelmente, por não ter outra sahida, com ruina total dos lavradores e perdição de todos os direytos que produz aquelle género, pois não havera nenhũ que se queyra occupar na sua cultura para aproveitar somente a da primeyra qualidade e algũa parte da segunda que tiver mais sustancia, e prometer duração.

Do negócio da Costa da Mina vivem todos estes moradores, porq̃ou se utilizão por meyo de mandarem alguas carregações, ou se interessão nas compras e vendas que fazem com os senhores das embarcações e mais pessoas que nelles embarcão, e he o unico remedio que hoje tem especialmente os officiaes e pobreza: aquelles, em que lhe faltava o exercicio de que se alimentão, e esta, porque, não podendo comprar hũ moleque ou negrinho para o seu serviço, por vinte ou trinta mil reis que tem, os emprega em tabaco, e manda para a dita costa, tendo assim a fortuna de ver remediada a sua necessidade.

Tenho dito o que entendo quanto ao publico deste negocio e direy agora o que sinto no que pertence aos interesses da fazenda real, cujo damno he incomprehensivel: prohibindosse a navegação a Costa da Mina e dificultandosse promptamente a introdução de escravos de que o Brazil necessita em cada hu anno, perdesse inteyramente o direyto de tres mil e quinhentos que paga cada hum dos que vem da dita Costa e he aplicado para pagamento dos filhos da folha de Santo Thome que, com esta falta, não poderá permanecer por não ter outra couza de que se alimente.

763

Perdesse o direyto de dez tostões que se estabeleceu para a sustentação da Feitoria de Ajudá, e o dous mil reis com que hão de comtribuir por decurso de vinte annos cada hũ dos escravos que vierem daquella costa para o Donativo dos Casamentos dos nossos Sereníssimos Principes [...].

Terá grande diminuição o contrato das dizimias reaes, por falta de sahida do dito tabaco e receyo de se abandonar a sua planta e, por ter menos reputação, a farinha e outros legumes que para aquela parte tinhao o mayor consumo [...] também a falta de escravos dificultará o trabalho dos engenhos.

Isso mesmo sucedera com o Contrato das Baleas, por lhe faltar o saque das carnes que se lhe dava na mayor parte para a dita Costa; se experimentara nos dez por sento da Alfandega, e justamente se pode recear que se perca o contrato real do tabaco porque, não aproveitando os lavradores o da terceyra e infima qualidade e todos o mais que hé capas de hir para o Reyno, que importa hũ groço cabedal, de cujo producto se fornessem de escravos, deyxarão aquella cultura: como já tem feyto muytos buscando as Minas que he o asilho e perdição de todos.

Tera hum grande abatimento o rendimento do direyto de nove mil reis que paga cada escravo que vay para as ditas Minas e também o das entradas dellas, e por consequencia infalível se diminuhira o rendimento dos quintos por falta de operarios, pois para o lavor do ouro so servem os da Costa da Mina por mais rezolutos, fortes e temerarios. Não será menos censsivel o prejuizo que se experimentara nas alfandegas no Reyno, com a pouca sahida que terão os géneros da Europa no Brazil, pella decadencia em que se vay precipitando, como porque os senhores de engenho, lavradores de canas se achão totalmente impossibilitados pella carestia dos escravos e mais fabrica que se lhe faz preciza, não tendo reputação o assucar que respeite a tantas despezas.

Estes e outros muytos são os damnos, prejuizos e consequências que certamente ha se sentir a fazenda real e bem publico com a prohibição do negocio da Costa da Mina, porque entendo e reconheço que [depende] toda a conservação do Brazil daquella navegação, em quanto por outro meyo se não facilitarem o que pella referida cauza concorrem prezentemente para a sua subsistencia.

Na Companhia insinuada de nenhũa sorte convem aos homens de negocio desta Praça interessaremsse, e assim o declarão nas suas respostas em que apontão razões justtas, sendo igualmente notoria a falta de dinheyro."

64. APEB, 27, doc. 78a.

65. APEB, 27, doc. 78b.

66. APEB, 27, doc. 79a.

67. APEB, 229, fl. 152.

68. AHU, cód. 254, fls. 100v-102v.

69. APEB, 30, fl. 116.

3. BAHIA: ORGANIZAÇÃO DA NAVEGAÇÃO E DO TRÁFICO NA COSTA A SOTAVENTO DA MINA (II) [pp. 109-42]

1. APEB, 131, fl. 106v.

2. AHU, doc. da Bahia 347.

3. APEB, 150, fl. 127.

4. APEB, 41, fl. 1.

5. APEB, 40, fl. 2.

6. APEB, 41, fl. 13v.

7. Bouchot, p. 335.

8. APEB, 150, fl. 155.

9. Transmitindo a opinião da mêsa de Negócio da Bahia, em 14 de setembro de 1743 (APEB, 41, fl. 18), escrevia o vice-rei:

"Eles são de opinião de que esta companhia será muito prejudicial a todos os habitantes desta cidade, do recôncavo e do interior, que são universalmente protegidos pela liberdade com a qual, desde o começo, se faz este comércio, que é atualmente o último fio ao qual estão suspensos, o último sopro e a última respiração que conserva ainda viva esta república [tomada, naqueles tempos de monarquia absoluta, em seu sentido de coisa pública, patrimônio comum], que vai morrer completamente se for impedido pela projetada companhia.

Fazem notar que a companhia não poderá tratar com os proprietários dos engenhos de açúcar e os plantadores de cana e de tabaco, como o fazem os negociantes particulares que lhes concedem longos créditos e recebem os pagamentos em produtos, por que serão esgotadas as fontes encontradas pelas pessoas que emprestam seu dinheiro a risco, e os carregamentos feitos por particulares. Resultaria uma miséria universal, incluindo aquela dos religiosos, das confrarias, das igrejas, das viúvas, das donzelas, dos órfãos e outros pobres aos quais os proprietários dos navios dão com liberalidade. É a crer também que seus navios não sejam utilizados como a experiência o mostrou com a Companhia do Corisco.

Para evitar desordens, propõem-se limitar o número de navios que vão fazer o tráfico na Costa da Mina em 24, divididos e repartidos de três em três com uma espera de três meses entre a saída de uns e a partida de outros, fazendo assim o turno em dois anos. Em vez de tirar a sorte, era preciso dar a preferência aos que, de acordo com as indicações da alfândega, partiram havia muito mais tempo. Quanto aos portos em que farão seu tráfico, de cada três embarcações que sairão deste porto, a primeira que chegará em Ajudá fará seu tráfico e as duas outras irão aos portos de Epê e Apá.

A respeito de Pernambuco, devido ao pouco sucesso de seu tabaco na Costa da Mina, este comércio está abandonado naquela praça, e se quisessem continuar, lhes bastaria uma embarcação de quatro em quatro meses, fazendo o turno a cada dois anos. Este relatório é assinado por onze negociantes: Domingos Pires Monção, Manuel Fernandez Carneiro, Domingos de Azevedo Coutinho, Manuel Barbosa Pereira, Francisco Gonzalvez Barbosa, Manuel da Costa de Oliveyra, João Gonçalves dos Passos, Tomas da Silva Ferras, Manuel Francisco Gomez, Francisco Gomez Lourel, Manuel Gonçalvez de Oliveyra".

O vice-rei transmitiu igualmente a opinião de André Marquez (APEB, 41, fl. 19), o proprietário do navio do qual uma parte da carga tinha sido apresada pelo diretor holandês Hertog em Apá, onze anos antes.

André Marquez mostrava um grande entusiasmo a respeito da criação da companhia, mas de fato propunha a mesma solução que os negociantes, a saber, que o tráfico fosse feito por 24 navios nas mesmas condições que as indicadas por eles. Dava um projeto de estatuto em 31 artigos de uma companhia cuja sede seria na Bahia, e com capitais na maioria do mesmo lugar. A razão principal da criação da companhia consistia, a seu ver, em dar valor ao tabaco, gênero essencial para seu bom andamento e base de todo este edifício. Eis o porquê deveria ser dirigida da cidade da Bahia.

Entre os 31 artigos do projeto de estatuto (ver nas pp. 44-5 os que dizem respeito ao tabaco), ele previa uma duração de dez anos e a interdição de ir à Costa da Mina a todos os outros navios. A companhia seria constituída por um capital de 4 mil ações de cem mil-réis, com direito de preferência dado, ao menos pela metade, aos comerciantes dessa navegação da Bahia e de Pernambuco.

Os diretores seriam eleitos pelos interessados e a administrariam da Bahia, sob a proteção do vice-rei. Os navios seriam de uma capacidade de 440 a seiscentos escravos, e seriam armados para se defenderem dos piratas. A carga principal seria o tabaco, completada com o açúcar e a aguardente do Brasil. O tráfico se faria à razão de cinco a seis rolos de tabaco, e não doze, quinze ou vinte, como algumas vezes acontecia de se fazer, por força da concorrência. Ninguém poderia mandar procurar escravos por sua própria conta. A companhia obrigava-se a trazer todos os anos pelo menos 4 mil escravos à Bahia.

A feitoria de Ajudá seria colocada sob a direção da companhia, e esta última faria todo o esforço para que ela fosse reconstruída em um lugar mais vantajoso, perto do mar, para melhor proteger as mercadorias no momento de seu embarque e desembarque contra os roubos.

Os escravos seriam vendidos na Bahia por 130 mil-réis os da primeira escolha, e por um preço menos elevado os de segunda e terceira escolhas.

A companhia, entretanto, não foi fundada, e a navegação na Costa da Mina foi limitada em princípio a 24 navios, que partiam em esquadras de três, a cada três meses. O que não mudava grande coisa, pois desde muitos anos o comércio na Costa da Mina se fazia com infinitamente menos desordem do que certos conselheiros o pretendiam em Lisboa. A lista dos navios autorizados a carregar tabaco para irem traficar já estava limitada ao número fixado.

10. APEB, 43, fl. 87.

11. AHU, cód. 254, fls. 234-235r.

12. APEB, 50, fls. 199 ss.

13. Em 1745, o capitão Theodozio Rodriguez de Faria construiu, por devoção, uma capela dedicada ao Senhor do Bonfim. Trouxe a imagem do Senhor Crucificado de Setúbal, em Portugal, a mesma que, ainda hoje, ergue-se acima do altar da mais popular igreja da Bahia. A capela foi inaugurada por ele em 1754.

14. AHU, doc. da Bahia 10326:

"Regimento das Casas de Inspecção, que novamente se estabeleceram no Estado do Brasil, pelas leis de 16 e 27 de janeiro de 1751, que deram nova forma ao commercio e navegação dos tabacos e assucares daquelle continente. Lisboa, 1º de abril de 1751. Impresso (Annexo ao n. 10319)".

15. AHU, cód. 254, fl. 237.

16. AHU, doc. da Bahia 721.

17. AHU, doc. da Bahia 730.

18. Joaquim Ignacio da Cruz será administrador da Companhia das Vinhas do Alto Douro em 1757 (AHU, doc. da Bahia 2749), durante o vice-reinado do conde dos Arcos; fará parte, ao lado de Wenceslão Pereira da Silva, dessa sociedade, da qual Sebastião José de Carvalho e Mello

766

(futuro marquês de Pombal) era um dos fundadores em Lisboa; figura como proprietário de três navios na lista publicada em 1750.

19. Theodozio Rodriguez de Faria era também proprietário de três navios.

20. AHU, doc. da Bahia 732.

21. AHU, doc. da Bahia 729.

22. AHU, doc. da Bahia 750.

23. AHU, doc. da Bahia 768.

24. Seu filho, d. Jeronimo de Ataíde, que lhe sucedeu no título de conde de Atouguia, foi implicado num atentado contra d. José I em Lisboa, em 3 de setembro de 1758, e decapitado em 13 de janeiro de 1759.

25. AHU, doc. da Bahia 1395.

26. Tio da primeira esposa de Sebastião José de Carvalho e Mello.

27. AHU, doc. da Bahia 1455-1456.

28. APEB, 53, fl. 38.

29. APEB, 53, fl. 39.

30. AHU, doc. da Bahia 1932.

31. AHU, doc. da Bahia 1755-1758.

32. AHU, doc. da Bahia 1922.

33. Citado por J. Lúcio de Azevedo, p. 183.

34. Pedro Calmon (II), v. 3, p. 110.

35. AHU, doc. da Bahia 2077.

36. AHU, doc. da Bahia 2524-2525.

37. AHU, doc. da Bahia 3279-3280.

38. AHU, doc. da Bahia 2825-2826.

39. Veremos mais adiante que na mesma época, na cidade do Porto, os atos e críticas dirigidos contra um organismo administrativo colocado sob a proteção do rei de Portugal eram considerados crimes de lesa-majestade, de acordo com a doutrina do futuro marquês de Pombal.

40. APEB, 55, fl. 396.

41. APEB, 72, fl. 244.

42. APEB, 54, fl. 220.

43. Vidal, v. 5, p. 239.

44. AHU, doc. da Bahia 2749.

45. AHU, doc. da Bahia 2749.

46. AHU, doc. da Bahia 2753.

47. Somente alguns meses após a sua criação, essa Companhia das Vinhas do Alto Douro tornou-se tão impopular que todos os habitantes do Porto se levantaram contra ela, e os taverneiros lesados provocaram um tumulto em 23 de fevereiro de 1757. Penetraram gritando "Viva o Povo! Morra a Companhia!" na casa do "juiz do povo", e o levaram em sua "cadeirinha" à casa do chanceler, rogando-lhes abolir a Companhia e dar ordens para que cada um pudesse vender e comprar vinho livremente.

Ao mesmo tempo, outro grupo de revoltosos adentrou na residência de Luiz Belleza, o provedor da Companhia, onde foram recebidos com dois tiros de bacamarte. Furiosos, invadiram a casa cujos habitantes haviam fugido, quebraram os móveis e rasgaram os documentos da Companhia.

O castigo exigido pelo governo foi o mais severo e parcial que se possa imaginar, e foi conduzido pelo desembargador João Pacheco Pereira de Vasconcelos e o escrivão José Mascarenhas Pereira Coelho de Mello. A conduta deste último foi especialmente abusiva, sobretudo com as esposas dos acusados que vinham solicitar medidas de clemência para seus maridos. A seguir o escrivão foi mandado para o Brasil para o inquérito sobre os jesuítas e portou-se aqui de tal modo que foi encarcerado até a morte do rei d. José I, em 1778.

As sentenças foram pronunciadas em 12 de outubro de 1756 contra os manifestantes do Porto. Dessa simples manifestação agitada, fizeram um crime de lesa-majestade. No total, 478 presos e condenados (424 homens e 54 mulheres), sendo 21 homens e cinco mulheres condenados à pena capital, o "juiz do povo" o primeiro; 71 homens e dezenove mulheres mandado ao exílio em diversas galés da África, além de outras penas; 26 homens e cinco mulheres proibidos de permanecer no Porto e confisco da quinta parte de seus bens; 54 homens e nove mulheres condenados a seis meses de prisão e diversas penas pecuniárias (Eduardo Vidal, v. 5).

48. Azevedo (J. L. de), p. 190.

49. AHU, São Tomé, cx. 6.

50. Para essa companhia estava prevista uma duração renovável de vinte anos, com um capital de 800 mil cruzados divididos em ações de cem mil-réis. Somente os vassalos de Sua Majestade podiam participar da mesma, a preferência sendo dada àqueles que já comerciavam no ramo; os três quartos desse capital eram reservados à capitania da Bahia e o outro quarto à de Pernambuco, pois eram os dois únicos portos em que havia tabaco.

A companhia seria administrada por um diretor deputado em Lisboa, que seria Antonio Marques Gomes, e treze deputados eleitos, sendo dez na Bahia e três em Pernambuco, ajudados por sete conselheiros.

Os fundos da companhia seriam guardados num cofre de quatro chaves diferentes, que seriam mantidas por quatro deputados e não poderia ser assim aberto a não ser na presença dos quatro reunidos.

Os deputados nomeariam os capitães, pilotos, mestres, administradores, feitores, contadores, porteiros, contínuos e todos quantos julgassem necessários.

Todos os negócios seriam decididos por pluralidade de votos.

Um juiz conservador seria nomeado entre os desembargadores e outra justiça privativa de todos os negócios da companhia. Os deputados e conselheiros não poderiam ser processados perante nenhum tribunal sem a ordem do juiz conservador.

Os deputados regulariam os movimentos das embarcações, a composição de seus carregamentos e as forças da companhia e suas feitorias etc., não somente por pluralidade de votos, mas ainda levando em conta aquilo que o diretor deputado Antonio Marques Gomes teria escrito por sua própria mão, mensagem que seria lida e proposta na reunião antes de ser votada.

51. APEB, 57, fls. 6r-26v, e AHU, doc. da Bahia 2805.

52. O capital estava fixado em 800 mil cruzados divididos em ações de duzentos mil-réis. Sua duração prevista era para vinte anos, que poderiam ser prolongados em dez, a pedido da companhia.

Todas as pessoas que tivessem 10 mil cruzados de ações teriam direito a homenagem em sua própria casa, e os oficiais estariam isentos de comparecer às paradas. Os deputados da primeira fundação estariam habilitados a receber o hábito de uma das ordens militares, ficando entendido que, depois de ter exercido suas funções, eles próprios não venderiam mais na sua loja e não exerceriam nenhuma profissão pouco conveniente para possuidor de tal cargo.

Não poderiam ser processados perante nenhum tribunal sem o consentimento de seu juiz conservador, o qual teria o direito de assinar cartas em nome de Sua Majestade para os contratos que a companhia deveria passar.

A companhia teria a exclusividade do comércio em todos os portos da Costa da Mina, desde o cabo Monte ou Mozurar até o cabo Gonçalves. O comércio por lá seria estritamente proibido aos navios do Rio de Janeiro, com exceção somente para alguns de Pernambuco.

Os preços de venda dos escravos seriam previstos de acordo com a seguinte tabela:

Os melhores escravos, chamados de primeira escolha	140 mil-réis
Os de segunda escolha	130 mil-réis
Os de terceira escolha	110 mil-réis
Os melhores molecões chamados de primeira escolha	120 mil-réis
Os de segunda qualidade	100 mil-réis
Os de terceira qualidade	90 mil-réis
Molecotes bons	85 mil-réis
Molecotes comuns	70 mil-réis
Moleques bons	70 mil-réis
Moleques comuns	60 mil-réis
Molequetes bons	60 mil-réis
Molequetes comuns	50 mil-réis
Molequinhos bons	50 mil-réis
Molequinhos comuns	40 mil-réis
As melhores negras ou moleconas de primeira escolha	90 mil-réis
As de segunda qualidade	75 mil-réis
As de terceira qualidade	65 mil-réis
Molequetas comuns e boas	60 mil-réis
Molequinhas bem-feitas	50 mil-réis
Molequinhas comuns	40 mil-réis

As vendas eram feitas à vista. Em caso de venda a crédito, haveria um juro de 5%, e em caso de pagamento em mercadorias, um acordo seria feito entre as partes.

No caso de excesso de escravos no mercado, poderiam ser vendidos no Rio de Janeiro para Minas Gerais, mas nunca lá diretamente.

A companhia poderia igualmente enviar seus navios para Cabinda e Loango, na costa de Angola, e além do cabo da Boa Esperança, na ilha de Madagascar, rio Sena e Moçambique, mas seriam vendidos por preços menos elevados do que os da Costa da Mina.

A companhia pedia para exercer a administração do castelo ou fortaleza de São João de Ajudá, cujos diretores e outros oficiais seriam nomeados pela companhia e a cargo dela, com a aprovação do vice-rei da Bahia, a patente lhes sendo passada pelo secretariado deste Estado.

Para evitar as invasões e violências que faziam àquela fortaleza os reis e poderosos do país, como fizeram em 1743, a companhia considerava a construção de outra fortaleza num local melhor para se defender contra os inimigos.

Graças à companhia, a fé católica seria propagada entre os bárbaros, quer pela virtude dos missionários que a companhia mandaria, quer tirando os pagãos daqueles países para trazê-los aos da cristandade.

53. apeb, 56, fl. 143.

54. apeb, 56, fl. 85.

55. apeb, 56, fl. 123.

56. A de Lisboa fora suprimida por decreto de 30 de setembro de 1755, por ter protestado contra a criação da Companhia do Grão-Pará e Maranhão, na qual estava interessado Francisco Xavier de Mendonça Furtado, irmão do primeiro-ministro.

57. apeb, 56, fl. 86.

58. Ver Boxer (iii), p. 144.

59. apeb, 60, 22 maio 1758.

60. Título concedido pouco antes ao primeiro-ministro Sebastião José de Carvalho e Mello, em seguida aos bons serviços prestados à Coroa no "negócio do atentado e infame conjuração contra a Fidelíssima e Preciosíssima Vida de nosso Benfeitor e Monarca e Senhor d. José i" e à execução que foi feita no largo de Belém de onze acusados, sendo um em efígie.

61. ahu, doc. da Bahia 4811 (marquês do Lavradio a el-rei d. José i, Bahia, 25 mar. 1760): "Em virtude das Ordens Reais pelas quais Vossa Majestade dignou-se conceder-me o honorífico posto de Vice-Rei do Estado do Brasil, devo fazer saber a Vossa Majestade que cheguei a este porto da Bahia na tarde de 6 de janeiro deste ano, após 44 dias de viagem, e como tínhamos todos em nosso coração e em nossa memória as ordens reais de Vossa Majestade, tão logo chegamos em ancoradouro desta Capital o Coronel Gonçalo Xavier de Barros e Alvim desembarcou na canoa de bordo com as cartas reais de Vossa Majestade ao Conde dos Arcos Don Marcos Noronha, e fiquei a bordo até o dia de minha posse do posto, sob pretexto de doença. Neste Porto um navio do Rio de Janeiro tinha chegado na manhã de 27 de dezembro do ano passado, com as cartas reais de Vossa Majestade de 23 de agosto para o Conde dos Arcos, nas quais Vossa Majestade exprimia ao dito Conde dos Arcos os muito urgente motivos que Vossa Majestade tinha contra os padres denominados da Companhia de Jesus, ordenando-lhe pôr sob sequestro geral todos seus bens móveis e fundos, rendas ordinárias e pensões que os ditos religiosos possuíssem e recebessem em todos o cantões e lugares do território da jurisdição deste Governo e Casa de Relação desta cidade [...].

Com minha chegada, o Conde dos Arcos, d. Marcos de Noronha, recebeu a carta real de Vossa Majestade, em virtude da qual o Conde dos Arcos fez recolher ao Noviciado da Praça todos os padres Jesuítas que se encontravam já reclusos no Colégio desta cidade, os fazendo conduzir de noite, sem escândalo.

Da mesma maneira, fiz entregar ao Arcebispo a carta real de Vossa Majestade, pela qual Vossa Majestade digna-se aceitar seu pedido de renúncia ao governo deste Arcebispado que, pois, abandonou; e enfim, enviei dar licença ao Coronel Jeronymo Tella de Araujo, este estando assim colocado em aposentadoria com meio soldo, e colocando em seu lugar o Tenente-Coronel do mesmo regimento, Manuel Xavier Ala. […] Tudo conforme as disposições de Vossa Majestade, como o mencionado Conde dos Arcos o fará saber com detalhes a Vossa Majestade".

62. AHU, doc. da Bahia 5033.

63. AHU, doc. da Bahia 5268-5269.

64. Pedro Calmon (II), v. 3, p. 290.

65. AHU, doc. da Bahia 6494-6495.

66. AHU, doc. da Bahia 7744.

67. AHU, doc. da Bahia 7824-7843.

68. AHU, doc. da Bahia 7824.

69. AHU, doc. da Bahia 8626-8627.

70. AHU, doc. da Bahia 8661.

71. AHU, doc. da Bahia 10446.

72. AHU, doc. da Bahia 10446.

73. Ver cap. 1, p. 39

74. AHU, doc. da Bahia 10319:

"[…] Senhores, os americanos [brasileiros] daquele commercio e navegação, em lugar de negociar tão somente com os naturaes do Paiz [da costa da África] para a extracção dos negros, do ouro, do marfim e da cera, entrarão igualmente a fazer negocio com os inglezes, francezes e hollandeses, que alli tem estabelecimentos e frequentão aquella Costa, recebendo das ditas nações fazendas da Europa a troco de tabaco do Brazil, as quaes clandestinamente transportavão para os portos da Bahia e Pernambuco […].

78. Por esta forma se reduziu o commercio da Costa da Mina e dois diferentes ramos: hum licito, legal e util, qual he o de resgate dos negros, que os habitantes da Bahia e Pernambuco transportavão para os portos do Brasil; outro illegal, pernicioso e prohibido, qual he o de toda a sorte de fazendas estrangeiras, que à sombra dos mesmos negros introduzirão nos referidos portos.

79 a 82. [O documento indica a tentativa levada a efeito em 1743 de regulamentação do número de navios autorizados a fazerem o resgate na Costa da Mina.]

83. O que ha mais digno de espanto em toda concertação he que, sendo o contrabando de fazendas estrangeiras que os americanos transportavam da Costa da África para o Porto da Bahia o grande objecto a que se desvião applicar as mais efficazes providencias, se cuidasse tão somente em um numero de navios que havião de fazer aquelle commercio, de sorte que por este modo não se tratava de evitar o contrabando, mas diminuir o numero dos contrabandistas.

84. Ultimamente, persuadindo-se esta Corte que, achando-se a Casa da Inspecção da Bahia com a Intendência sobre o artigo do tabaco, ella poderia melhor dirigir e regular o commercio do dito genero para a Costa da África […] se lhe deu esta incumbência por ordem expedida em 17 de janeiro de 1754 que lhe foi repetida em resolução do Conselho Ultramarino de 5 de março de 1756 por alvara do 30 do referido mes e anno, no qual se derão algumas providencias e entre ellas a de se permitir interinamente o commercio livre da dita Costa, prohibindo-se porem que a ella fossem navios grandes, mas pequenos e que cada hum não levasse mais de 3000 rolos de tabaco.

85. Com a liberdade de navegação para a Costa da África, das Capitanias da Bahia e Pernambuco, cresceu proporcionalmente o contrabando em huma e outra parte, até que excluiu-se os naturaes de Pernambuco e entregou-se o commercio da extracção dos negros da dita Costa à

Companhia de Pernambuco. Este foi o meio efficaz com que ficou cessado o dito contrabando, pelo que respeita a esta capitania.

86. Quanto porem à da Bahia, encontravão os homens de negocio naquella praça tanta indulgência da Meza de Inspecção que, sendo-lhes absolutamente defendido embarcarem para a dita Costa outro algum tabaco que não fosse o da ultima sorte, he voz publica e constante que para alli vae o melhor e mais subido, debaixo da denominação de inferior e de refugo e que para este Reino, vem a pior parte delle, de qualidade tão inferior como aos olhos de toda a Praça de Lisboa estão experimentando os homens de negocio, que fazem o commercio deste género.

87. Não fez reparo a dita Meza em que os seus proprios officiaes se interessassem no referido commercio da Costa da Africa, como foi José dos Reis e Souza, que sendo guarda-mor della era igualmente publico negociante daquella Costa; o mesmo terão feito em parte ou em todo os outros individuos daquella corporação, ficando ao mesmo tempo juizes e partes interessadas no referido trafico.

88. Como estas e outras semelhantes relaxações, cresceu de tal sorte o contrabando na Bahia e se vendião as fazendas prohibidas e sonegadas aos direitos com tanta publicidade que, querendo o Conde de Azambuja, Governador e Capitão General daquella Capitania, informar-se mais individualmente dessas prevaricações e mandando com este fim recolher à alfandega toda a fazenda sugeita a sello que se achasse sem elle nas lojas dos mercadores, se recolherão, entre retalhos de peças que se tinhão vendidas e peças que se achavão 58211, o que se lhe fez patente por huma certidão authenticada de que deu parte a esta Corte.

89. Querendo indagar, o mesmo Conde, sea estes enormes descaminhos procedião principalmente dos Negocios da Costa da Mina, assim se lhe affirmou por pessoas praticas e experimentadas, em differentes informações que se lhe derão por escripto, e em que se lhe mostrou que não so havia os descaminhos mas que, para haver mais fundos com que ellas se compassem, se carregavão no porto da Bahia as embarcações com 3000 rolos de tabaco permitidos e além delles com 1500 mais, que se lhe introduzião por alto, remetendo-se igualmente muito ouro lavrado e moeda corrente, como se lhe fez tambem ver por certidão autentica.

90. Com estas noticias, mandou o referido Conde armar hum escaler com ordem ao Capitão da Fortaleza da Barra para que, apenas apparecesse alguma embarcação, vinda da Costa da Mina, lhe metesse tropa a bordo com hum official de confiança e que esta não permitisse que se desembarcasse cousa alguma antes de chegarem os officiaes da alfandega.

91. Assim se praticou e não foi precizo mais que apparecer o primeiro navio para nelle se acharem fazendas de contrabando, que logo forão remettidas para a alfandega da Bahia, confessando assim o mestre delle como o de outros que depois forão apprehendidas, as muitas fazendas prohibidas e desencaminhadas, que se trazião da Costa da Mina e se introduzião clandestinamente naquella Capitania, como tudo consta da copia junta debaixo do nº 8 da Carta que o Desembargador Rodrigo Coelho Machado Torres remetteu a esta Côrte.

92. Na dita carta deve V. Ex. reflectir alem do que acima fica referido, na ousadia com que os interessados e mestres das referidas embarcações pretendião que as fazendas apprehendidas se lhes restituissem e que todas as que viessem da Costa da Africa, em navios portuguezes, se admitissem a despacho, dando por motivo ou servindo-se do pretexto de que os hollandezes obrigaram por força os portuguezes a toma-las. Ainda que isto seja verdadeiro em parte, he certo que no todo não he pois a violeencia dos hollandezes, mais a ambição, a fraude, a prevaricação

dos negociantes da Bahia, são as principais causas de trazerem àquelle porto as ditas fazendas, as quaes, se admitissem a despacho, seria o mesmo que accordar-se aos inglezes, francezes e hollandezes hum comercio franco pelos portos da Africa entre aquellas nações e os dominios portuguezes no Brazil, sem intervenção alguma do Reino de Portugal, contra a regra fundamental geralmente estabelecida entre todas as Nações que tem colonias [...]".

75. AHU, doc. da Bahia 7576.

76. Ato de deposição de 30 de março de 1767, dos capitães Francisco Antonio d'Etre e José Francisco de Azevedo, sobre as razões pelas quais os navios que faziam o comércio na Costa da Mina transportavam frequentemente tecidos estrangeiros para os portos do Brasil:

"Francisco Antonio d'Etre diz que ele, como todos os outros capitães que vão para a Costa da Mina, para poder chegar aos portos de seu tráfico, devem, por causa das grandes correntes marítimas no sul e a leste, procurar a altura do cabo Palmas, para descer de lá ao longo da costa.

Na altura do castelo da Mina e em outros lugares encontram-se geralmente com os navios holandeses e alguns ingleses que fazem o comércio, os quais os abordam, e como os que saem desta América para este tráfico não têm senão trinta pessoas de equipagem e uma meia dúzia de fuzis, com uma dúzia de facões a mais para evitar uma revolta dos cativos, e sem mais artilharia que alguns canhões de calibre limitado para as salvas, e como não têm força para resistir, estão sujeitos às violências dos ditos estrangeiros, que lhes tomam seu tabaco em troca de tecidos que lhes dão para melhor fazer seu comércio naquelas paragens. O mesmo as nações francesas e dinamarquesas, lhes impuseram suas trocas pela violência, e acontece que dentro de seu porto de destino eles encontram-se com outros navios estrangeiros que têm o mesmo tecido em abundância, de maneira que é impossível aos portugueses achar emprego dos que receberam e o trazem às ilhas do Príncipe e de São Tomé, onde lhes acontece ordinariamente a mesma coisa, porque os estrangeiros lá fazem seu comércio. Para isso, eles são obrigados a jogá-los ao mar ou trazê-los para portos da América, bem que sua importação seja proibida. Chegou ao testemunho, em abril do ano passado de 1766, de trazer tecidos em grande quantidade nas corvetas *Nossa Senhora da Guia, Santa Rita* e *São João Nepomuceno*, cuja testemunha é capital, e chegando ao Rio de Janeiro, pode ser que em razão das considerações acima, depositando os tecidos na alfândega, por algum erro que se fez, o juiz lhe deu a liberação, fazendo-o pagar 12,5%, o que fez [...]".

Ofício de 11 de julho de 1770 (AHU, doc. da Bahia 8227) do provedor-mor da alfândega, Rodrigo da Costa de Almeida, a respeito das violências que os ingleses e os holandeses faziam aos capitães e comissários portugueses na Costa da Mina:

"Desde algum tempo, os capitães e outros comissários das embarcações portuguesas que vão navegar na Costa da Mina para lá negociar os escravos, e por isso transportam tabaco em troca, são constrangidos pelos ingleses, e principalmente pelos holandeses, a comprar tecidos brancos e outros, e são obrigados a levá-los ao Brasil, por não achar, nesta costa ou nas ilhas de São Tomé e Príncipe, ninguém para comprá-las, em razão da abundância com a qual os trazem os estrangeiros. Desta infração resulta que eles são apresados pela alfândega, onde grandes quantidades destes tecidos estão depositadas. Em razão do decreto de 8 de fevereiro de 1711, não estou autorizado a liberá-los; isto seria, de fato, negociar estes tecidos neste porto como nos portos da Costa da Mina, e fazer sofrer uma grande perda ao comércio atual destas mercadorias".

77. APEB, 88, fl. 85.

4. COSTA A SOTAVENTO DA MINA: O TRÁFICO EM AJUDÁ (UIDÁ) [pp. 143-87]

1. As primeiras informações a respeito dessa costa são a clássica descrição de Duarte Pacheco Pereira, por volta de 1506 ou 1508, em seu capítulo "Do rio Volta em diante", e aquela de Garcia Mendes Castello Branco, em 1574 e 1575, citado por Luciano Cordeiro:

"Com o nosso amigo rei de Ardra, localidade perto da Mina, enviamos tratar cativos negros, marfim, panos de algodão, azeite de dendê e muitos legumes como o inhame e outros alimentos. Todos os anos sai desse porto um ou dois navios carregados daquilo que é indicado acima".

Em 1588 e 1590 (*Hakluyt's Voyages*, v. 6, pp. 453 e 461), John Birth e John Newton, negociantes de Londres, organizam expedições para o Benim; James Welsh era o comandante do navio *Richard of Arundell*, com capacidade para cem toneladas de carga. Na primeira viagem, assinala uma grande árvore de mata que não tinha folhas, a leste da desembocadura do "rio Lagos". Na segunda viagem, tomou perto de Ardra uma caravela cujos ocupantes haviam fugido para a terra.

Em 1607, um autor anônimo, citado por Luciano Cordeiro (p. 17), escreve: "O resgate em Ardra, que é um porto em terra firme, poderia elevar-se a 800 mil-réis". O que é modesto, se compararmos essa cifra com a dos *asientos* para Angola e Cabo Verde, que, por esse mesmo ano de 1607, elevavam-se respectivamente a 24 e 27 contos de réis (Mauro, pp. 159 e 161).

2. A oeste, a região da Costa do Ouro, atual Gana, não entra no âmbito deste estudo. Com efeito, ela escapou ao controle dos portugueses em 1637, anteriormente ao ciclo da Costa da Mina, e se for questão do castelo de São Jorge da Mina nesta obra, é apenas a respeito das relações com os holandeses. A leste, a região do Benim representou para a Bahia apenas um papel muito apagado no tráfico de escravos.

3. Bosman, p. 346.

4. Id., p. 348.

5. Id., p. 352.

6. Id., p. 361.

7. Dapper, p. 425.

8. Id., p. 303.

9. Id., p. 307.

10. Não se deve confundir o nome aqui indicado (que é o de Cidade do Benim, na atual Nigéria) com o nome da República Popular do Benim.

11. Akinjogbin (I), p. 8.

12. Akinjogbin (II).

13. Labouret, p. 19.

14. Akinjogbin (II), p. 30.

15. Labouret, p. 30.

16. Labat, v. 2, pp. 337-64.

17. Barbot, p. 325.

18. Id., pp. 324-5.

19. Id., p. 350.

20. Labat, v. 2, p. 310.

21. O ano de 1680 é frequentemente dado como a data da construção do forte português de Uidá, e não 1721. Essa confusão de datas parece provir de certos trechos da obra escrita por

José Joaquim Lopes de Lima, *Ensaios sobre a estatística das possessões portuguesas no ultramar* (Lisboa, 1844), onde "por ordem do governo de Sua Majestade Fidelíssima d. Maria II de Portugal, no mesmo ano em que o governador da ilha de São Tomé enviava o tenente de artilharia Joaquim José Libanio para ocupar o forte, em seguida à decisão tomada em 1838 para esse fim por Portugal".

Essa é a época em que, depois de um período de esquecimento, as nações europeias reencontravam, com o desenvolvimento do comércio dos óleos de dendê, um novo interesse na costa ocidental da África, interesse que haviam perdido com o fim do tráfico de escravos.

J. J. Lopes de Lima escreveu (v. 2, parte 2, p. 38):

"Naquele ano (1680), por ordem do regente d. Pedro, dois governadores da capitania de São Tomé e Príncipe, Bernardino Freire de Andrade e Jacinto de Figueiredo de Abreu; o último, vindo substituir o primeiro, chegava de Lisboa com ordens para que ambos fossem juntos para o porto de Ajudá fundar essa fortaleza e começar a construção; o material, pessoal, artilharia, munições e todos os apetrechos necessários foram embarcados a bordo do navio *Madre de Deus* e da fragata *Santa Cruz*. Essa frota chegava na ilha de São Tomé em 1º de fevereiro do mesmo ano. O novo governador Abreu, recebendo seu antecessor Bernardino Freire a bordo do navio que o transportava, partiram ambos em 18 de março. A construção dessa obra foi feita com tal diligência que em 2 de setembro estavam de volta a São Tomé, Bernardino Freire voltando para o reino de Portugal pelo mesmo navio, após ter deixado o governo da capitania a Jacinto de Figueiredo, que lá morreu".

Sem dúvida o autor estava mal informado. Ele próprio declarava (p. 61):

"Jamais visitei as ilhas de São Tomé e do Príncipe, nem o país de Ajudá; os documentos oficiais, recolhidos com grandes penas, narrações de autores escolhidos e competentes e viajantes dignos de fé, guiaram minha pena em tudo o que ela escreveu".

Toda a sua descrição do Daomé é fundamentada num manuscrito do padre Vicente Ferreira Pires, consultado na Biblioteca da Ajuda (não confundir com o forte de Ajudá), em Lisboa. A obra, cujas indicações não primam por escrupulosa exatidão, foi publicada pelos cuidados de Cláudio Ribeiro de Lessa sob o título *Viagem de África em o Reino de Dahomé* (Rev. Pe. Vicente Ferreira Pires, Rio de Janeiro, 1957).

A parte histórica do trabalho de J. J. Lopes de Lima a respeito dessa região da África é baseada num pequeno opúsculo de Raymundo José da Cunha Mattos, *Corografia histórica das ilhas de S. Thomé, Príncipe, Anno Bom e Fernando Po* (Porto, 1842), no qual ele próprio declara ter constatado que as informações para o século XVI não concordavam em absoluto com aquelas dos livros da Torre do Tombo.

Entretanto, é esse texto de J. J. Lopes de Lima que, fundado em informações duvidosas e copiado pelos autores seguintes, estabeleceu a crença de que o forte de Ajudá fora construído em 1680. Um desses autores, Carlos Eugênio Corrêa da Silva, em *Uma viagem ao estabelecimento português de São João Batista de Ajudá na Costa da Mina, em 1865* (Lisboa, 1866), confirma que "não conhecemos nada que tenha sido publicado sobre essa questão, fora da pequena parte que lhe é dedicada por J. J. Lopes de Lima em sua obra, que está cheia de erros".

De fato, levantamos muitos erros, tais como (p. 53):

"Os achantis são todos maometanos. O reino do Daomé se estende até Oere (Warri); a partir de 1684, os capuchinhos italianos missionários tinham instalado sua principal residência na fortaleza de Ajudá; a Companhia de Cacheu e Cabo Verde tomou a seu cargo por volta de 1696 o forte em questão, onde nomeou um diretor, nome que foi conservado nesse cargo por numerosos anos depois da dissolução da Companhia".

Observamos que, se essa fortaleza tivesse sido construída em 1680, e se os capuchinhos nela se encontrassem instalados, assim como um diretor, por volta de 1696, não vemos por que os governadores do Brasil e de São Tomé eram consultados por Lisboa em 1698 a respeito da construção de uma fortaleza em Ajudá.

Veremos no texto desta obra que, quando autorizada sua construção, em 1720, está indicado que essa permissão tinha sido dada, "apesar de os antepassados do rei de Ajudá nunca terem autorizado os portugueses a fazer a fortaleza que pedira o rei d. Pedro II por carta que até hoje tem conservada".

Em parte alguma J. J. Lopes de Lima se refere a Joseph de Torres, nem à decisão do vice-rei Vasco Fernandes César de Meneses.

O autor declara que "o diretor do forte correspondia diretamente com as autoridades da província da Bahia, e por isso na correspondência dos governadores de S. Tomé e Príncipe não encontramos nenhum parágrafo que fale do forte de Ajudá" (p. 38). Mas teria podido encontrar todos esses documentos retransmitidos na correspondência dos governadores da Bahia.

Em parte alguma tampouco J. J. Lopes de Lima faz alusão às obrigações impostas pelos holandeses aos navios portugueses do Brasil de pagarem uma taxa de 10% sobre o seu tabaco. Isso provém talvez do fato de que em 1844 as potências europeias entravam num período de expansão de sua influência sobre a costa da África, de que cada uma delas vigiava invejosamente as atividades das outras nações, e de que todas procuravam salientar nas publicações oficiais apenas os pontos que no passado justificassem seus "direitos históricos" a essas zonas de influência.

22. Labouret, p. 14.

23. Bosman, p. 348.

24. Id., p. 352.

25. Ducasse, p. 15.

26. Bosman, p. 397.

27. Labat, v. 2, p. 112.

28. Davies, p. 276.

29. Ver cap. 1, pp. 70-71.

30. AN, col. C6/25.

31. AN, col. C6/25.

32. Ver cap. 2, pp. 82-3.

33. APEB, 13, doc. 26.

34. Quase não há dúvida a respeito do fato de que essa carta não foi redigida pelo próprio Joseph de Torres. A sugestão de nomear um diretor para essa feitoria e de lhe dar toda a autoridade sobre os vassalos do rei de Portugal naquele lugar não era outra coisa senão uma maneira disfarçada de se impor como senhor naquelas regiões. Os numerosos pedidos que ele fez em seguida para obter esse cargo o provam sobejamente.

35. *Memória da Fortaleza Cezarea que o Capt. José de Torres levantou na Costa da Mina no Porto de Ajuda, no Vice Reinado de Vasco Fernandez Cesar de Meneses*, Ministério das Colônias de Portugal, v. 1, jul./dez. 1917, p. 162. (Essa memória me foi indicada e comunicada por Charles Boxer.)

776

36. APEB, 13, doc. 380.

37. AHU, Bahia, cx. 27.

38. Ver cap. 2, pp. 91-2.

39. Encontramos sinais do comércio feito por Joseph de Torres com os ingleses da Royal African Company em seus livros de contabilidade (PRO, T 70/885).

Joseph de Torres fora condenado em Portugal, em 1719, por operações feitas com 46 escravos, sendo 34 homens, seis mulheres e seis rapazes, por uma soma global de 242-16 libras esterlinas.

Mal egressara da prisão, continuou a comerciar com a Royal African Company, pois encontramos nos livros dessa mesma companhia que, em 1720, ele tinha feito os ingleses participarem no carregamento de três navios:

Representando (em libras)   432-7-6

Por uma metade do bergantim *Nossa Senhora de Montserrat*,
   representando (em libras).   152-13-10

Por um terço sobre a corveta *São Pedro*, representando
   (em libras) . . . . $131-11-^{1/2}$

Sendo um total de (em libras). . . . . $716-12-4^{1/2}$

Em 1721, as "aventuras" dos ingleses feitas com Joseph de Torres
   eram sobre 99 escravos, representando (em libras).   759-12-3

Em 1722, carregam a bordo de quatro navios 250 escravos,
   representando (em libras).   1380

Sendo em três anos a importante quantia de (em libras) . . . . $2856-4-7^{1/2}$

Ao mesmo tempo que mantinha essas relações de negócio com os ingleses, Joseph de Torres agia contra eles com a maior desenvoltura. Naquele mesmo ano de 1720, Joseph de Torres tirava o cirurgião da Royal African Company contra a vontade do diretor local William Baillie, que escreveu uma carta indignada ao capitão (PRO, T 70/54, p. 47):

"Estou com justa razão admirado de vossa pretensão de dar proteção a empregados da Royal African Company e igualmente desencaminhá-los de seus deveres e levá-los para fora da costa. Vossa audaciosa afronta no decorrer desta viagem é intolerável. Levastes o sr. Labat, cirurgião deste castelo, que é o único empregado da companhia que possui qualidades para prescrever remédios aos doentes [...].

Aviso-vos que se ousardes continuar a proteger ou levar o dito John Labat, peço e espero de vós mil libras esterlinas pelo prejuízo causado, e a fim de obtê-las, apresarei, prenderei, colocarei o embargo sobre todo e qualquer navio português que estiver em meu alcance, até o momento em que essa soma de mil libras seja paga à Royal African Company. [...] Sou, senhor, vosso injustamente lesado servidor [...]".

Por não ter havido a restituição do cirurgião, foram apreendidos 190 rolos de tabaco, de acordo com a ameaça feita por William Baillie ao capitão Joseph Luis da Fonseca, em pagamento parcial da multa imposta. Os membros do Conselho de Administração da Companhia em Londres, que na época seguiam uma política de aproximação com os negociantes do Brasil, que lhes traziam ouro, em contravenção às leis de Portugal, responderam a William Baillie lamentando a apreensão assim feita, e escreveram-lhe em 27 de fevereiro de 1721 (PRO, T 70/53):

"Não podemos deixar de aprovar o vosso ressentimento contra a ação de Torres, o português, e vosso esforço para recuperar Labat, o cirurgião que ele tirou. Mas nós vos tínhamos recomendado formalmente que cultivásseis relações amistosas com os portugueses por todos os meios possíveis, com a finalidade de melhorar o comércio com eles. Deixamos vossa discrição agir nesse negócio, de modo a provocar o menor mal e, ao mesmo tempo, manter a honra e o interesse da companhia. Se Torres pode ser levado a dar-vos uma reparação razoável, recomendamo-vos liquidar esse negócio no prazo mais rápido possível".

As coisas tendo-se acalmado, os mesmos escreviam em 13 de abril de 1721 (PRO, T 70/53, p. 71):

"[...] Visto que vos tínhamos recomendado a encorajar de todas as maneiras possíveis o comércio com os portugueses, aprovamos vosso modo de agir, ao restituir o tabaco que havíeis apresado de um navio português em represália ao rapto do cirurgião Labat por Torres".

Alguns meses depois, a paz foi feita entre Torres e o governador inglês (PRO, T 70/53, p. 162):

"Aprovamos o auxílio que destes ao comandante do navio português, pertencente ao capitão Joseph de Torres, queimado pelos piratas enquanto se achava ancorado, ao libertar alguns dos seus homens e obtendo que fossem diminuídas as exigências dos nativos para sua salvação. Por tais procedimentos, temos razões para esperar [...]".

40. Ver cap. 2, pp. 91-2.

41. APEB, 15, doc. 72.

42. *Memória da Fortaleza Cezarea* (ver nota 35).

Essa memória não é nem datada nem assinada, e compreende alguns erros nas datas indicadas e em certos fatos assinalados. Assim, lá consta que o vice-rei do Brasil, Vasco Fernandes César de Meneses, deu a ordem de 1720 para se construir a fortaleza a Joseph de Torres, já muito conhecido neste país pelo grande valor com que tinha combatido alguns dos numerosos piratas que infestavam aqueles mares, e que, fazendo imediatamente a viagem, chegou ao porto de Ajudá. Pedindo uma audiência ao rei, falou-lhe em 20 de novembro do referido ano. Mas isso não é exato, pois a carta escrita pelo rei de Ajudá está datada de 26 de outubro de 1720, quase um mês antes. Além do mais, numa carta de 27 de fevereiro de 1722 (APEB, 25, doc. 30a), o vice-rei declarava:

"Joseph de Torres encontrava-se na Costa da Mina, quando tomei posse dessa vice-realeza [em 23 de outubro de 1720]. De volta, alguns meses depois, na sua chegada, ele [Joseph de Torres] veio à minha presença, como costumam fazê-lo todos os capitães das embarcações que chegam, e entregou-me suas cartas do rei de Ajudá, uma para Vossa Majestade, que mandei pela frota anterior, e a outra para os três governadores que governavam este país no tempo em que Joseph de Torres partiu para a Costa da Mina". (Na memória, a carta é endereçada ao vice-rei.)

Bem parece que essa memória tenha sido escrita pelo próprio Joseph de Torres, que não estava preocupado com as inexatidões de suas afirmações. O episódio da perda dos quatro navios suplementares parece pouco verossímil e destinado a aumentar o crédito que queria adquirir Joseph de Torres. O glorioso papel atribuído ao capitão de mar e guerra e a menção da consignação de dez tostões para a manutenção do forte instituída por ele (disposições sobressaindo das atribuições e dos poderes do Conselho Ultramarino e da Fazenda, e não de um simples capitão de navio) parecem demonstrar que o juízo dos negociantes da Bahia sobre o caráter orgulhoso e o espírito agitado de Joseph de Torres não faltava com a verdade.

43. AHU, cód. 253, fl. 285, e APEB, 17, doc. 44.

44. PRO, T 70/53, p. 164.

45. AN, col. C6/25.

46. Labat, v. 2, p. 40.

47. Snelgrave, pp. 13, 14, 18 e 19.

48. Smith, v. 2, p. 77.

49. Id., p. 82.

50. APEB, 22, doc. 40.

51. AHU, cód. 253, p. 285v.

52. APEB, 17, doc. 44.

53. Caldas, p. 275.

54. APEB, 17, doc. 44a.

55. APEB, 18, doc. 13h.

56. APEB, 18, doc. 13i.

57. Ver nota 39.

58. APEB, 23 (carta do vice rei de 20 de março de 1728).

59. APEB, 18, doc. 56.

60. Snelgrave (op. cit., p. 6) faz alusão a essa luta: "O rei de Ardra, por ter seriamente prejudicado seu próprio irmão de nome Hussar, este último [...]".

61. APEB, 19, doc. 94.

62. AHU, cód. 253, fl. 291v.

63. A respeito das viagens dos capuchinhos ao Benim, ver o artigo de A. F. C. Ryder, "The Benim Missions", *JHSN*, v. 2, n. 2.

64. APEB, 20, doc. 61.

65. De acordo com essas indicações, parece que se trata realmente da feitoria de Savi e não da de Uidá. Na planta de Savi, publicada pelo reverendo padre Labat, segundo o cavalheiro Des Marchais, as feitorias das diversas nações são com efeito vizinhas umas das outras, e ao lado do palácio do rei que residia em Savi, e não em Uidá.

66. APEB, 21, doc. 58.

67. Snelgrave, pp. 10 ss.

68. APEB, 23, fl. 89.

69. APEB, 23, fl. 90.

70. APEB, 23, fl. 40.

71. APEB, 402, fl. 78.

72. APEB, 23, fl. 221.

73. APEB, 402, p. 96.

74. AHU, cód. 254, fls. 61v e 62r.

75. APEB, 24, fl. 158.

76. APEB, 27, doc. 74.

77. APEB, 26, fl. 140.

78. AHU, cód. 254, fls. 70v e 71r.

79. APEB, 27, fl. 80.

80. APEB, 27, fl. 81.

81. Ver Charles Boxer (III), p. 144, a respeito da verdadeira vendeta que existia entre o conde de Sabugosa e d. Lourenço de Almeida.

82. APEB, 402.

83. APEB, 27, fl. 129.

84. AHU, São Tomé, cx. 4.

85. Snelgrave, p. 149.

86. Snelgrave, pp. 149 ss.

87. Uma versão holandesa desses acontecimentos é dada pelo professor Albert van Dantzig em sua obra *Les Hollandais sur la côte de Guinée* (Paris: Société Française d'Histoire d'Outre-Mer, 1980).

88. APEB, 29, fl. 74.

89. APEB, 27, doc. 79.

90. AHU, cód. 254, fls. 100v-102v.

5. COSTA A SOTAVENTO DA MINA: O REI DO DAOMÉ DOMINA A COSTA [pp. 188-242]

1. Aceita-se usual, mas erroneamente sem dúvida, o ano de 1732 como data da morte de Agaja, e acrescenta-se que esta teria ocorrido pouco tempo depois da tomada de Jaquin. Essa data e as de certo número de acontecimentos que se deram no século XVIII no Daomé são baseadas em histórias recolhidas por antigos viajantes. Robert Norris foi o primeiro a dar essa data em suas *Mèmoires du règne de Bossa-Ahadée*, escritas em 1773, de acordo com as informações coletadas por ocasião de diversas viagens, particularmente a de 1772, ou seja, quarenta anos depois da suposta data.

Os documentos de arquivos sobre os quais está baseado o presente trabalho (relatórios dos diretores das feitorias inglesas e francesas de Uidá para a sede de suas companhias, e os do diretor português ao vice-rei da Bahia) estão em desacordo com aquela data, como também com certo número de indicações dadas por Norris e retomadas por Archibald Dalzel e autores posteriores.

Essa morte, veremos adiante, teria sido em 1740.

2. AN, col. C6/25, 28ª peça.

3. É sob o nome de Dadá que os reis do Daomé são geralmente designados pelos autores do século XVIII, o que não facilita sua identificação. Outros viajantes os chamam indiferentemente de Adaruzan ou Adaunsu.

4. "Tendo mandado abrir com a licença do rei os caixotes de presentes da Companhia, pareceu-me, apesar de me agradecer para a Companhia, só dar atenção às pistolas. Tudo mais não lhe parecia nem bastante rico nem bastante belo para deter sua atenção. Percebendo isso, perguntei o que poderia lhe agradar mais, a fim de mandar buscar pelo primeiro navio da Companhia: estava pois plenamente informado que as outras nações lhe fazem anualmente presentes de um valor de 4 mil a 5 mil libras, preço da Europa, sem incluir os que fazem às suas quatro principais esposas, seus conselheiros gerais e capitães, que atingem a metade daquela quantia, o que lhes assegura grande proteção e livre acesso junto ao rei para o comércio, do qual estamos quase privados por não nos igualarmos aos outros em presentes, únicos objetos de seus desejos. Assim, a Companhia me permitirá fazer-lhe observar, se bem que lastime vivamente, as despesas extraordinárias em que empenho, contra a minha vontade, e para seguir o movimento [...]".

A saber, presente para o rei: uma roupa à romana, as pulseiras e o capacete à prova de fuzil, forrados com um cetim vermelho, bem bronzeados e dourados por fora, nas beiradas, para um homem um pouco mais gordo e mais largo de ombros do que o sr. Molière. Vereis, senhores, por esse pedido, que é realmente a armadura de Dom Quixote."

5. AN, col. C6/25, 34ª peça.

6. AN, col. C6/25, 38ª peça.

7. AN, col. C6/25, 35ª peça. O sr. Levet escrevia aos senhores da Companhia, em 26 de agosto de 1733, indicando:

"Durante minha estada em Tota, o rei me propôs que tomasse em troca dos cativos toda a pólvora de guerra daquele forte, e me disse que bastava que eu a mandasse buscar. As trapaças de que eu fora vítima na viagem anterior eram muito recentes para que tornasse a cair na cilada: assegurei ao rei que tudo quanto havia no forte estava a seu serviço, mas que todas as barricas de pólvora tinham sido roídas pelos cupins, por isso seria necessário aguardar que o tanoeiro, que machucara a mão, sarasse, a fim de poder consertá-las. O rei me respondeu que lhe era indiferente que essas barricas estivessem em bom estado, que iria mandar buscar potes vazios para colocar a pólvora. Fiz com que entendesse que o perigo de retirar a pólvora de um lugar para pô-la em outro era de muito grande consequência para que eu não estivesse presente, de modo que, para prevenir os acidentes de tal operação, isso só poderia ser feito quando eu estivesse no forte. A pressa que tinha o rei de ter essa pólvora muito antecipou minha volta. Cheguei ao forte com trezentos potes vazios que sua gente trouxera. Depois de ter adiado mais de quinze dias a entrega da pólvora, com o fato de o tanoeiro ter machucado a mão, foi preciso enfim explicar-me. Perguntei, àqueles que me perseguiam, onde se encontravam os cativos que Dadá enviara para negociar a pólvora. Disseram-me que não os tinham. Respondi-lhes que estava muito desconten-te do último pagamento que me fizera o rei pela pólvora que eu lhe tinha entregado. Bastava que fossem buscar os cativos, e pagá-los-ia com o que fora combinado. Os cativos ainda estão para chegar e a pólvora para ser entregue".

8. AN, col. C6/25, 37ª peça. Em 21 de novembro de 1733, Julien Dubellay escrevia que, tendo sido recebido pelo rei do Daomé e "estando prestes a me despedir, o rei deu ordem para que naquele instante se reunisse o seu conselho, composto de dez dos seus principais oficiais. E após deliberarem entre si, declarou-me em alta voz que era preciso fazer embarcar o sr. Levet em um dos primeiros navios franceses que zarpassem daqui. Surpreso e mortificado no mais alto grau por semelhante procedimento, fiz com que lhe perguntassem as razões que tinha de fazê-lo, visto que a Companhia, tendo-o destinado para me assessorar, não podia fazê-lo por minha própria autoridade, sem legítimas razões. Não me forneceu nenhuma outra razão, a não ser que persistia em me dizer que o queria; acrescentou ainda que me pedia para não dizer ao sr. Levet que isso partia dele".

9. AN, col. C6/25, 40ª peça.

10. APEB, 35, fl. 370.

11. APEB, 52, fl. 86.

12. Lopes (I), pp. 17 e 23.

13. O capitão da galera *Jesus, Maria, José e Santa Ana*, Manuel Francisco da Costa, teste-munha, assim como um outro capitão de Pernambuco, João Batista de Miranda, depondo no processo instruído mais tarde contra João Basílio, declararam que o rei do Daomé dissera perante

todo mundo que liberava o diretor português em consequência do pedido que lhe faziam, mas que seu desejo era expulsá-lo do país, se não lhe cortasse a cabeça, por ter fornecido ajuda ao Chamba, e que João Basílio escutara tudo, pálido e abatido, sem dar resposta, pedindo na saída às testemunhas que nada contassem na Bahia daquilo que tinham ouvido do Daomé.

14. APEB, 150, fl. 99.

15. APEB, 150, fl. 103.

16. APEB, 69, fl. 21.

17. APEB, 150, fl. 103.

18. APEB, 150, fl. 105.

19. APEB, 150, fl. 106.

20. APEB, 406.

21. APEB, 37.

22. APEB, 37, fl. 43.

23. Lopes (I), p. 35.

24. APEB, 37.

25. Akinjogbin (II), p. 153.

26. AN, col. C6/25.

27. APEB, 39, fl. 55.

28. AN, col. C6/25.

29. Em sua correspondência, o diretor do forte francês escreve o nome Basílio "à francesa". Ademais, este Basile nascera na França.

30. AHU, São Tomé, cx. 5. O relatório da prisão de João Basílio e da destruição do forte de Ajudá foi consignado na Bahia, em 29 de outubro de 1744, nos seguintes termos:

"Em dia de São João do anno de 1743, pelas oito horas manhão mais ou menos, chegara o exercito do Rey Daumê athe distancia de hum tipo de arthelaria da Feitoria de Ajudá, e o Cabo do dito Exercito avizara assim a nossa feitoria, como as outras vizinhas, que se não inquietassem porque não queria bolir com as Fortalezas nem com os brancos e que no outro dia sahira o dito Director João Bazilio com o projecto de visitar o dito Rey Daumê, com as daxas como era costume; de que tendo noticias o dito Cabo, mandara prender ao caminho o dito João Bazilio e o tivera no exercito tres ou quatro dias e depois o mandara ao dito seu Rey Daumê. E se seguio pretender o mesmo Cabo que se lhe entregassem huns negros Couranos inimigos do Rey Daumê, que se dizia estarem na dita Fortaleza, e como se não quisessem entregar, o dito Cabo parte ao seu Rey, que lhe respondeo que se não entregasse os ditos negros entrassem na Fortaleza e os tirassem. Como os negros não sairão todos ou porque antes querião morrer na Fortaleza ou pelo fosse, não obstante avizar o dito João Bazilio que se entregasse, começara em 22 de julho o exercito a atirar com artelharia a Feitoria e esta ao exercito. Pegaram fogo [...] no capim que estava por sima da fortaleza, ou de hum cartucho de polvora ou em hum barril que estava em hum baluarte.

Era publico que hum preto da dita Fortaleza puzera fogo na caza de polvora para que ardessem as fazendas que se achavão em outra parte e se não aproveitassem dellas os do exercito, a tempo que ja estavão queimadas as partes onde pegou o fogo, mas inda durando nas cazas e madeiras da mesma Fortaleza, que matarão alguns negros que nella acharão e venderão outros aos franceses e portugueses. [...] Consta que o Tenente Manoel Gonsalves, saindo da dita Fortaleza ao outro dia depois do São João, em que havia chegado o dito exercito, se encontrava um cabo chamado Agahu, que o prendeu".

João Basílio, seu filho Antonio e o tenente Manoel Gonçalves permaneceram durante dois meses prisioneiros do rei do Daomé, depois foram colocados a bordo de um navio de tráfico que voltava para a Bahia.

Uma triste recepção foi reservada a João Basílio: foi instaurado um processo contra ele, e teve um fim miserável.

31. *Acquérat*: termo específico da Costa da Mina que designa os escravos ligados ao forte francês. Estes não podiam ser vendidos, pois faziam parte dos "bens móveis".

32. Robert Norris (pp. 43 ss.) relata a história de João Basílio, mas comete um erro de data, pois situa o ataque contra o forte em 1º de novembro em vez de 21 de julho. A narração do ataque corresponde à descrição feita pelo sr. Levet.

33. Lopes (I), p. 26.

34. AHU, São Tomé, cx. 5, ou APEB, 42, fl. 189.

35. Lopes (I), p. 28.

36. APEB, 41, fl. 85.

37. AHU, São Tomé, cx. 5.

38. Lopes (I), p. 29.

39. Um deles, Antônio, de 22 a 23 anos, que fora preso com ele em Aladá, era o filho que ele tivera com sua escrava Thereza; e a outra, Rosa, de oito a nove anos, era filha gerada com sua escrava Maria, ambas gente da Costa da Mina (Lopes, I).

40. Entretanto, João Basílio morrera em 8 de maio de 1744 (Lopes, I, p. 29): "Tinha feito seu testamento na véspera. Depois de ter recomendado a sua alma a Deus, como bom cristão, declarava ser natural de La Rochelle, filho legítimo de Estève Bazile e Marthe Qua…".

41. APEB, 42, fl. 189.

42. APEB, 43, fl. 39.

43. APEB, 42, fl. 189.

44. AHU, São Tomé, cx. 5.

45. APEB, 41, fl. 45.

46. AHU, São Tomé, cx. 6.

47. Lopes (I), p. 33.

48. AN, col. C6/25.

49. AHU, São Tomé, cx. 6.

50. AHU, São Tomé, cx. 6.

51. AHU, São Tomé, cx. 6.

52. AHU, São Tomé, cx. 6.

53. AHU, São Tomé, cx. 6.

54. AN, col. C6/25, e AHU, São Tomé, cx. 6.

55. AHU, São Tomé, cx. 6.

56. Félix José de Gouvea fora capitão das seguintes embarcações:

— Em 23 de junho de 1729, sumaca *Nossa Senhora da Piedade e São Félix*, cuja proprietária era a viúva de Manoel Gonçalves Vianna;

— Em 3 de setembro de 1732, patacho *Nossa Senhora da Conceição e Santo Antônio da Mouraria*, de propriedade de Antonio Correia Seixas;

— Em 30 de setembro de 1741, corveta *Nossa Senhora da Conceição e Almas*, proprietário não registrado;

— Em 20 de fevereiro de 1743, navio *Bom Jesus da Vila Nova*, de propriedade de Domingos Ferreira Pacheco.

57. Lopes (I), p. 37.

58. APEB, 44, fl. 93.

59. APEB, 44, fl. 122.

60. APEB, 44, fl. 93, ou AHU, São Tomé, cx. 6.

61. APEB, 47, fl. 141, ou APEB, 76, fl. 168.

62. AHU, cód. 254, fl. 245v.

63. Ver cap. 7, pp. 305-6.

64. APEB, 50, fl. 14.

65. Na realidade, o capitão Mathias Barboza estava de volta à Bahia desde 27 de junho de 1752, treze dias antes da data dessa carta. Sem dúvida, o vice-rei tinha suas razões para adiar, até a frota seguinte, de 4 de agosto, as notícias pouco animadoras trazidas pelo capitão.

66. APEB, 50, fl. 49.

67. AHU, doc. da Bahia 426 e 427, ou APEB, 49, fl. 24.

68. APEB, 50, fl. 16.

69. AHU, doc. da Bahia 797.

70. AHU, doc. da Bahia 794. Esse presente foi enviado para Lisboa pelo vice-rei em 20 de novembro de 1753.

71. AHU, doc. da Bahia 6498, ou APEB, 51, fl. 104.

72. AHU, São Tomé, cx. 6.

73. Entre 24 de outubro de 1727 e 5 de abril de 1732, Francisco Xavier da Silveira enviara seis vezes seus navios para fazer resgate de escravos na Costa da Mina. Esses navios eram *Nossa Senhora da Boa Morte e São Caetano*, *São Francisco Xavier e Nossa Senhora do Bom Sucesso*, *Nossa Senhora do Livramento e Nossa Senhora do Bom Sucesso*.

74. AHU, doc. da Bahia 1298.

75. O triunvirato em questão despachou os assuntos correntes entre 7 de agosto e 23 de dezembro de 1755, época da chegada na Bahia do novo governador e vice-rei, d. Marcos de Noronha, sexto conde dos Arcos.

76. APEB, 60, fl. 214, ou AHU, doc. da Bahia 3318.

77. APEB, 68, fl. 96.

78. APEB, 72, fl. 244.

79. APEB, 54, fl. 220.

80. AHU, doc. da Bahia 3515.

81. Uma das testemunhas do inquérito fala desses comerciantes sob o nome de "negros de coral" — certamente devido aos valiosos colares de coral que usavam esses negociantes daomeanos.

82. AHU, doc. da Bahia 3854.

83. AHU, doc. da Bahia 3528.

84. Ver cap. 3, pp. 135-7.

85. APEB, 68, fl. 99, ou AHU, doc. da Bahia 5135.

86. AHU, doc. da Bahia 4091.

87. APEB, 61, fl. 376, ou AHU, doc. da Bahia 4769.

88. APEB, 68, fl. 95.

89. APEB, 64, fl. 294.

90. Carta do conde dos Arcos, Lisboa, 19 de outubro de 1760. Coleção particular de Charles Boxer.

91. APEB, 152.

92. APEB, 61, fl. 26.

93. AHU, doc. da Bahia 4681.

94. AHU, doc. da Bahia 4198.

95. AHU, doc. da Bahia 4681.

96. APEB, 152, fl. 103.

97. APEB, 152, fl. 126.

98. AIIU, doc. da Bahia 5132.

99. Félix José de Gouvea não era o único em Ajudá a sofrer dessa afetação de grandeza; os dois outros governadores pareciam ser igualmente sensíveis a isso. William Devaynes, diretor do forte inglês, atribuía a mudança de mentalidade de Félix José de Gouvea entre as duas estadas que fizera em Uidá a um desejo de se igualar em prestígio ao que pensava ter ele próprio, e escrevia vinte anos mais tarde, em 23 de setembro de 1799 (carta de Devaynes ao comitê dos negociantes que comerciavam na África, PRO, T 70/1537):

"Quando assumira o comando do forte William na qualidade de oficial da Marinha, o povo o respeitava como sendo representante do rei, e isso lhe dava muita honra. Quando se tornou empregado da Companhia, alegou que ainda era oficial do rei, emprestado à Companhia, o que lhe deu muita influência no país, e para elevar-se a seu nível, o governador português, sr. Félix José de Gouvea, que fora à Europa e voltara para Uidá relatando isso à sua corte, teve uma comissão do rei e recebeu a Cruz de Cristo como marca de distinção. E o francês, sr. Guestard, que também vinha da Europa, voltou com uma representação semelhante: teve uma comissão que lhe foi dada pelo rei de França com uma patente em seu serviço. Tudo isso foi feito para se igualar a ele no respeito que lhe tinham os indígenas".

No que se refere a Guestard, que não tinha patente, uma carta indeferindo seus pedidos foi-lhe enviada (AN, col. B. 138, p. 509 — Versalhes, 3 de maio de 1771):

"Respondo, senhor, aos diversos itens da relação que me mandastes, na qual renovais os pedidos que já fizestes de uma patente de governador ou de comandante da feitoria de Judá e de 6 mil libras para as despesas de vossa mesa, a fim de estardes em condição de retribuir os convites dos governadores ingleses e portugueses, vossos vizinhos. A feitoria da qual tendes a administração, não sendo militar, pois o rei não mantém nela nenhuma tropa mas somente empregados, operários e negros comprados, não há razão para vos prover de uma patente militar".

100. AHU, doc. da Bahia 6499.

101. AHU, doc. da Bahia 6495.

102. AHU, doc. da Bahia 6494.

103. APEB, 66, fls. 7 e 8.

104. AHU, doc. da Bahia 7868.

105. Trata-se sem dúvida de pessoas conhecidas então sob o nome de Curamo, nome dado à lagoa das proximidades de Lagos.

106. AHU, doc. da Bahia 7870.

6. O TRÁFICO DE ESCRAVOS NO GOLFO DO BENIM [pp. 243-94]

1. AHU, doc. da Bahia 8245.

2. Akindele e Aguessy (p. 71) confirmam que foi na época de De Houyi (1757-61) que o primeiro navio negreiro chegou em Porto Novo.

3. O rei de Porto Novo seria chamado mais exatamente de rei de Nova Ardres, para evitar uma possível confusão com o rei de Allada, antigamente chamada Grande Ardres, cujo porto era denominado Pequeno Ardres.

4. AHU, doc. da Bahia 8942.

5. AHU, doc. da Bahia 8941.

6. AHU, doc. da Bahia 10872.

7. Martinho de Melo e Castro foi um dos raros ministros a conservar sua pasta no remanejamento geral do gabinete depois da queda de Pombal.

8. AHU, São Tomé, cx. 10.

9. APEB, Atos do Governo, Portarias, v. 21.

10. O nome da fortaleza era em seguida modificado no documento, aparecendo sob o nome de São João de Ajudá pela primeira vez nos papéis encontrados em diversos arquivos. Posteriormente a fortaleza ficou mais conhecida como São João Baptista de Ajudá.

11. AHU, São Tomé, cx. 10.

12. É assim que, chegando a esse porto, Manoel da Graça Livramento, homem de cor (pardo), capitão de uma corveta da Bahia, ao qual o diretor perguntara se havia um capelão a bordo e fizera outras questões de acordo com a ordem que tinha do marquês de Valença, capitão-geral da Bahia, revoltou-se contra ele cheio de cólera, e insolentemente lhe respondeu que aquilo não lhe dizia respeito e que não tinha que se preocupar com os navios; que aquele país era do rei do Daomé, e não de Sua Majestade, que não podia dar nenhuma ordem ali, e que, se o diretor enviasse verificar em seu navio, comandaria para que a embarcação fosse posta a pique, e combinou tais desordens com o rei, que chegou a lhe oferecer dachas para fazê-lo embarcar, sob o pretexto de expulsar os navios de seu porto. Assim, tendo mandado aprisionar o capitão por esse e outros abusos que cometera, como o constata um processo que fez extrair em detalhes e remeter, o diretor foi obrigado a soltá-lo sob as instâncias de uma embaixada e as ameaças do rei que o capitão tinha subornado.

Detalhes dessa disputa entre o diretor e o capitão, Manoel da Graça Livramento, proprietário do bergantim *N. S. da Graça e S. João Nepomuceno* (APEB, 408), são relatados pelo diretor da fortaleza inglesa Abson, em 15 de março de 1783 (PRO, T 70/1545):

"Manoel da Graça, [aquele] que Miles, diretor do castelo de Cape Coast, lhe tinha calorosamente recomendado, foi tratado brutalmente pelo governador português. Eubegah veio ao forte português tão logo o soube, e pediu que Manoel da Graça fosse solto. O governador não quis libertá-lo até que Eubegah tivesse saído. Quando Eubegah partiu e o governador pediu a Manoel para sair, Manoel recusou, até que obteve o mensageiro do rei. Ele saiu e levou consigo seus ferros, mas, uma vez sobre a ponte levadiça do forte, injuriou o governador em termos que escandalizaram fortemente aquele. Foi então à casa de Eubegah e pediu para ser levado a Abomey para ver o rei. De lá veio ontem, escoltado por Mehu e Ajawhe, o chefe conselheiro, para obter do governador que o deixe fazer suas compras em paz. O governador português tentou buscar ajuda dos governadores inglês e francês a fim de mandar pedir ao rei para expulsar Manoel do país. Abson, judiciosamente, recusou".

As causas do conflito não eram muito claras. Abson atribuía isso ao fato de que Manoel viera para terra sem prevenir o governador de suas intenções, e também porque os empregados do forte português repetiram a Manoel aquilo que o governador dissera sobre ele durante sua ausência, e ao governador o que Manoel tinha respondido. Além disso, ter-se alojado no forte inglês e lá ter depositado seus escravos e mercadorias não contava a seu favor. Mas o governador era certamente tão malvado quanto Manoel, pois o primeiro escrevera ao rei os motivos pelos quais Manoel tinha passado em Porto Novo com o rei de Ardra, e também a respeito das discussões que tivera em Cape Coast e sobre o fato de ter recebido pontapés e ter sido espancado por Crawford.

Mais tarde, em 1796, depois da morte de Manoel da Graça, alguns papéis que estavam em seu poder conduziram à descoberta de uma sociedade com seis ações com sede na ilha do Príncipe, que Manoel tinha formado com o sr. Sénat, genro de Ollivier Montaguère, antigo diretor do forte francês de Uidá, e seu sócio, o sr. Bapst de Bordeaux (AHU, São Tomé, cx. 12). Manoel da Graça e Bapst tinham direito, cada um, a 3% dos lucros obtidos pelo transporte de escravos feito aos cuidados de Manoel da Graça (uma ação), com o capital de Sénat (quatro ações) e o complemento das atividades necessárias em Bordeaux por Bapst (uma ação).

Essa associação era ilegal porque, de acordo com o decreto de 18 de março de 1605, nenhum estrangeiro podia fazer parte de uma sociedade que tivesse sua sede em uma "conquista" da Coroa portuguesa.

O magistrado auditor dessa ilha do Príncipe (APEB, 81, fl. 64), Antônio Pereira Bastos Lima Varela Barca, tio de Manoel Bastos Varela Pacheco, então diretor do forte de São João Baptista de Ajudá, e José Mello Pantoja, antigo tenente do mesmo forte (um sujeito bastante nocivo, expulso do forte por Francisco Antônio da Fonseca e Aragão), incriminados nesse negócio, foram enviados prisioneiros para a Bahia, assim como alguns cúmplices dessa história de contrabando, e todos os seus bens colocados sob sequestro.

13. Ver cap. 1, p. 41.

14. AHU, São Tomé, cx. 10. O reverendo padre João Alz de Carvalho escrevia à rainha de Portugal em 24 de março de 1784: "O diretor Francisco Antônio comportou-se mal recusando a um escravo, mulato de nome Antonio, resgatar sua liberdade, de acordo com a lei".

APEB, 149, fl. 36v. Em 22 de novembro de 1785, d. Rodrigo José de Meneses, governador da Bahia, escrevia ao diretor da fortaleza que os capitães das embarcações que iam para a Costa da Mina "queixavam-se das mudanças na maneira de fazer o tráfico e de novas disposições exigidas por esta fortaleza [...] sem permissão nem resolução do governador da Bahia. Daí resultava um grande prejuízo para o comércio, pelas desordens que poderiam resultar de semelhantes pretenções e pelo descrédito que daí refletirá sobre a boa reputação e o respeito que devia ter esta fortaleza".

AHU, doc. da Bahia 13962-13963. Petição em 1790 do capitão Caetano José da Rocha, residindo na Bahia, a respeito de uma ação contra Francisco Antônio da Fonseca e Aragão, na qual lhe pede o valor de seis peças de cetim que lhe confiou.

AHU, doc. da Bahia 14838. Petição de um negociante francês de Nantes, reclamando do mesmo, em 29 de fevereiro de 1792, o preço de seis escravos.

AHU, doc. da Bahia 15466-15467. Petição em 1793 de José Joaquim das Neves, ex-almoxarife da fortaleza, para uma ação contra o mesmo.

15. Ver cap. 7, p. 276.

16. AN, col. C6/26. Memorial servindo para fazer novos estabelecimentos na costa da Guiné, desde o cabo Monte até o rio Benim, por Baud Duchiron.

17. AN, col. C6/26.

18. AN, col. C6/26.

19. Dalzel, p. 166 (1777):

"O rei do Dahomey tinha visto durante muito tempo com olhos invejosos Apée, Porto Novo [o porto pertencente a Ardra] e Badagris, em razão do grande número de vasos que iam traficar nesses portos, enquanto Whydah estava quase totalmente abandonada. Ele adotou a política de seu avô [Agaja], e resolveu ao mesmo tempo estender suas possessões e apropriar-se das mercadorias europeias acumuladas por seus vizinhos.

Mas como os Estados que tinham se tornado objeto de sua inveja e da ambição de Adahunzu eram cercados de lagoas e pântanos — o que tornava a aproximação difícil para os daomeanos, que não estavam acostumados ao manejo de pirogas —, era necessário garantir a amizade de um dos príncipes da região marítima.

A troca de mensagens frequentes entre o rei de Ardra [Porto Novo, 1778] e o rei do Dahomey havia sido notada, mas como suas negociações se davam no mais profundo segredo, tinha sido impossível, durante um certo tempo, saber seus desígnios. No fim, a conspiração foi descoberta, quando estava madura para sua execução. Os daomeanos deviam atacar do lado da terra firme, enquanto os de Ardra deviam interceptar os fugitivos que quisessem escapar pela lagoa, e Apée era a vítima prevista.

O ataque foi então efetuado: Apée foi devastada pelos daomeanos, e enquanto faziam seus prisioneiros, os de Ardra chegavam com todas as suas forças na lagoa para interceptar inimigos que quisessem escapar por aquele lado. Mas o rei de Apée, cercado de um corpo de fiéis partidários, forçou sua passagem, espada na mão, através do exército de Ardra, e, embarcando em canoas, acompanhado de suas mulheres e filhos, de um capitão português e 67 escravos a ele pertencentes, os desembarcou sãos e salvos em Wemé. Depois, reembarcando em suas canoas, os de Apée partiam à procura dos de Ardra, aos quais combateram e colocaram em fuga. A vitória seria completa se os de Ardra não tivessem tido sua retirada coberta por duas canoas equipadas cada uma com quatro canhões de cobre e 24 bacamartes, pertencentes a Antônio Vaz".

Dalzel, p. 169:

"Antônio Vaz Coelho era um negro livre nascido no Brasil, onde lhe ensinaram a ler, escrever e fazer contas. Herdou alguns bens de seus pais e, sendo de natureza empreendedora, fez diversas viagens para Ardra, onde fixou-se finalmente e tornou-se um negociante muito respeitado. Naquele país, estabeleceu prudentes laços matrimoniais, tendo escolhido suas esposas entre as melhores famílias do lugar. Conquistou assim uma posição considerável, que permitia à sua ambição assumir um caráter político, e tinha uma grande influência nos conselhos públicos e na comunidade onde vivia. Era particularmente vaidoso, e tinha um pendor excessivo pelas aventuras militares, que o levavam a fazer a exibição de um equipamento muito superior ao de seus companheiros. Armou seus seguidores com fuzis que tinha comprado dos europeus, e as primeiras canoas de guerra armadas de canhões de eixo foram introduzidas por ele".

20. AN, col. C6/26.

21. Ollivier Montaguère retomava assim, sem citar o autor, os planos de Baud Duchiron.

22. O sr. Sénat era genro de Ollivier Montaguère. Já tratamos disso acima (ver nota 12).

23. PRO, T 70/33, p. 24.

24. Dalzel, p. 131 (1782):

"Badagris está dividida entre diversas facções, o que ocasionou no ano precedente a expulsão de Ginguem, seu último príncipe. Ele foi agarrado pelos seus súditos e entregue a bordo de um navio português para ser levado ao Brasil, onde recebeu sua educação. Forneceram-lhe vinte escravos para sua subsistência, bem como uma carta para o general da Bahia, desejando que pudesse guardar Ginguem por lá.

Assim, Badagris sendo dilacerada por dissensões, o Dahomey ensaiava para daí tirar vantagens".

25. PRO, T 70/1545.

26. PRO, T 70/1545. Em 1784:

"Dois meses após os costumes, o rei do Dahomey preparou uma nova campanha. Acompanhado de mahis e nagôs, com Agaou na linha de frente, foi com grande força em direção a Badagris, conduzido por guias fornecidos pelo rei de Eyeo. Deixou um grande vazio em todo lugar por onde passou, fazendo muitos prisioneiros, imediatamente enviados para Eyeo, de acordo com um tratado estabelecido com esse príncipe.

O poderoso rei de Lagos juntou-se a essa formidável confederação e bloqueou a chegada das provisões que poderiam vir do leste; 32 barcas bloqueavam a lagoa. Fizeram assim muitos prisioneiros. Uma tentativa de saída de Badagris virou em desastre. A cabeça de Davee está em possessão de Agaou.

Os de Ardra apoderaram-se da maior parte da presa e esconderam-na nos pantanais circunvizinhos.

O exército daomeano passou de novo através da lagoa a fim de voltar para casa pela praia, pois o rei de Eyeo tinha enviado um exército em direção ao caminho seguido na ida para surpreender o exército daomeano e lhe subtrair sua presa".

27. Akindele e Aguessy, p. 73.

28. Adams, p. 75.

29. Esse documento faz parte da coleção particular do sr. Jean Polak, livreiro da Rue de l'Échaudé-Saint-Germain, em Paris.

30. AN, col. C6/26.

31. CCR, cartão XIX, Pierre Hardy, carta de 5 de setembro de 1786. Informação comunicada por I. A. Akinjogbin.

32. AN, col. C6/26.

33. Dalzel, p. 194.

34. AN, col. C6/26.

35. Dalzel, p. 195.

36. CCR, cartão XIX, de 4 de abril de 1788.

37. AN, col. C6/26:

"Aviso e certifico a todos os negociantes e armadores na cidade de La Rochelle para comunicar e prevenir o marquês de Castries, ministro e secretário dos Estados e da Marinha em Versalhes, em Ardres.

Nós, o rei de Ardres, ministros, secretários, tesoureiros e cabeceiras de Ardres, comunicamos que, em 6 e 8 de junho último, pessoas do Daomé, tendo fundeado sem ninguém o saber na margem de nossa praia de Porto Novo, cometeram hostilidades, pilhando e queimando as barracas, de onde retiraram toda sorte de mercadorias diversas e especialmente catorze brancos, tanto oficiais quanto marinheiros que as guardavam, como também 69 canoeiros da Chama e da Mina e 38 cativos, tudo isso pertencente aos senhores capitães franceses em tráfico em nossa cidade de Ardres. Os senhores capitães vieram dar queixa e pedir nosso socorro, e expedimos imediatamente um embaixador ao rei do Daomé para lhe perguntar o motivo dessa conduta hostil, bem como a entrega dos brancos e canoeiros que seu pessoal tinha levado. Algum tempo depois, um embaixador enviado para nós da parte do rei do Daomé nos relatou sua resposta, que sua intenção é viver em união e boa inteligência conosco e que não tinha dado a ordem de cometerem as hostilidades pelas quais nos queixávamos. Mas que tinha sabido por intermédio de seu Yavogan ou governador de Judá que este, tendo reparado que nenhum navio francês se fixava em Judá, lhe tinha dito que devia intimidá-los; que eram os oficiais em Judá que tinham vindo aqui em Porto Novo, em uma fragata do rei de França chamada *Junon*, comandada pelo sr. conde de Flotte, chefe de divisão dos exércitos navais, chegada em nosso ancoradouro de Porto Novo em 17 ou 18 de abril de 1787. O sr. Ollivier tinha relatado e garantido ao rei do Daomé e Yavogan, governador de Judá, que nós [rei de Ardres] tínhamos vivamente pedido e solicitado ao sr. Ollivier que nos vendesse canoas e outras coisas semelhantes, e que, para tomar nossas solicitações mais eficazes, tínhamos feito a ele muitos presentes diversos; e após esses propósitos do sr. Ollivier ao Yavogan, governador de Judá, aquele se determinou a enviar homens armados para caírem sobre nossas barracas de beira-mar e lá carregarem nossos homens, mercadorias e outras coisas.

Quanto ao relatório que fizéramos sobre a resposta do rei do Daomé aos senhores capitães em tráfico aqui, solicitaram-nos que lhe déssemos certificado, ao que nós nos determinamos voluntariamente, a fim de fazer justiça à verdade e testemunhar à nação francesa particular afeição, vendo que isso é bem cruel para ela e ocasiona dupla perda.

Acrescentamos que, para evitar em seguida semelhantes infelicidades aos franceses que vêm fazer seu tráfico em nossa cidade de Ardres, cremos que é efetivamente muito necessário estabelecer em nossa beira-mar as fortificações que queremos que lá construam, de acordo com o plano que fizemos, e pedimos e solicitamos de novo ao rei da França e seus ministros terem consideração aos nossos pedidos, tanto para nossa satisfação quanto para a segurança dos negociantes que vêm fazer seu comércio nestes lugares, que por sua situação estão em possibilidade de fornecer o tráfico e expedir muito mais navios que todas as outras praças desta costa juntas. Garantimos a mais ao rei de França que, tão logo seus vasos tenham chegado e fundeado em nosso ancoradouro, forneceremos a eles todos os cuidados e toda a segurança que está em nosso poder para facilitar e acelerar suas operações, porque estamos decididos a ver o comércio dos franceses fixado sólida e unicamente conosco. Nós já fizemos um tratado, enviado em 21 de abril de 1787 pelo sr. conde de Flotte, comandando a fragata do rei de França chamada *Junon*. Assim assinamos o presente certificado, para fazer conhecer ao rei de França o motivo que deu lugar às violências que foram exercidas contra os franceses que estão em tráfico aqui pelo feito das pessoas do rei do Daomé, com o qual não temos nenhum litígio particular.

Feito em Ardres, 25 de setembro de 1787".

38. CCR, cartão XIX, de 4 de abril de 1788.

39. Informações comunicadas por I. A. Akinjogbin.

40. AN, col. C6/26.

41. AN, C 738.

42. AN, col. C6/26.

43. AN, col. C6/26.

44. PRO, T 70/33, p. 220.

45. AN, col. C6/26. Denyau para o ministro, Judá, 30 de setembro de 1791.

46. Phillips, p. 215. Thomas Phillips, comandante do *Hannibal* de Londres, passando nessas regiões em 1694, indica que:

"Somente os navios de sua Companhia da Guiné têm o direito de fazer o comércio e têm ordem de fazer fogo sobre os navios holandeses contrabandistas e aprisioná-los pela força de suas armas, não importa onde eles se encontrem ao longo da costa. Esses navios contrabandistas tornavam-se presas ao mesmo título que os de um inimigo declarado: o navio e as mercadorias eram confiscados em proveito da companhia e os homens colocados em prisão no calabouço da Mina, e, se não me engano, o capitão e os outros principais oficiais eram condenados à morte, pois o general da Mina tem recebido os poderes de prosseguir, condenar e fazer executar, sem apelo na Europa, os criminosos daquela nação, que são achados culpados e estimados a merecer essa sorte por uma corte marcial".

47. PRO, T 70/31, p. 329.

48. PRO, T 70/1532.

49. AHU, doc. da Bahia 10876-10877.

50. APEB, 134, fl. 249.

51. PRO, T 70/33, p. 18.

52. PRO, T 70/69, p. 301.

53. PRO, T 70/33, pp. 57-8.

54. PRO, T 70/70, p. 109.

55. PRO, T 70/33, p. 350.

56. PRO, T 70/70, p. 324.

57. PRO, T 70/70, p. 334.

58. APEB, 131, n. 166.

59. Pires, p. 16.

60. Ver cap. 4, pp. 150-1.

61. PRO, T 70/1570.

62. BN, 563.

63. AHU, doc. da Bahia 16045.

64. AN, col. C6/27: "Memorial pelo capitão de vaso Eyriès sobre os estabelecimentos e fortes que os franceses, ingleses, dinamarqueses e portugueses possuíam nas costas da África".

65. Manoel Bastos Varela Pinto Pacheco deveria ser nomeado em 15 de setembro de 1796 (APEB, 94, fl. 9).

66. Pires, *Viagem de África em o Reino de Dahomé*, cujo manuscrito, que dormia desde 1800 na Biblioteca da Ajuda, em Lisboa, foi publicado e comentado em 1957 por Cláudio Ribeiro de Lessa.

67. Pires, pp. 20 e 21.

68. Pires, p. 25.

69. Pires, p. 58.

70. Pires, p. 62.

71. Pires, p. 70.

72. O episódio do envenenamento, se bem que apresentado de maneira um pouco romanesca, encontrou eco mais tarde em um relatório escrito em Paris, em 25 nivoso, ano VII (1799), pelo cidadão Denyau, o último governador do forte francês (NA, col. C6/27):

"Dahomet foi assassinado em novembro do ano V (1797) por uma de suas esposas, chamada Nai-Uangeri, que tinha o propósito de elevar um de seus parentes. Mas um filho do defunto, tendo reunido amigos e uma parte das tropas de seu pai, foi colocado no trono, e o partido vencido foi inteiramente destruído. Esse jovem, que não tem vinte anos, será sem dúvida mais tratável que seu pai, cuja tirania o tornava abominável pelos seus vizinhos e pelos seus súditos".

Denyau de la Garenne poderia ter obtido este relato do padre Vicente, a quem havia encontrado em Ajudá. O padre faz alusão às boas relações que tinha tido com ele (ver cap. 6, p. 282) quando do negócio dos corsários franceses.

73. Adoukonou, de acordo com Dunglas, p. 34.

74. Pires, p. 86.

75. Tratava-se sem dúvida da esposa de Ollivier Montaguère, deixada à guarda de Kpengla no momento em que foi obrigado a voltar para a França.

76. Pires, p. 86.

77. O reverendo padre deixa-se levar pela sua ideia fixa contra o diretor do forte. Aqueles negros cristãos brasileiros eram os marinheiros feitos prisioneiros pelas tropas do rei do Daomé em Porto Novo e em Badagris.

78. Pires, p. 104.

79. Id., p. 117.

80. Id., p. 122.

81. O reverendo padre comete certamente um erro sobre a data, pois o ataque dos corsários franceses teve lugar em 17 de agosto.

82. Pires, p. 139.

83. AHU, doc. da Bahia 18320.

84. Pires, p. 141.

85. Id., pp. 120-1.

86. APEB, 89, fl. 345.

87. APEB, 137, fl. 246.

88. APEB, 89, fl. 347.

89. APEB, fl. 348.

90. Lessa, pp. XVII e XVIII.

91. Ver cap. 7, p. 311.

92. APEB, 89, fl. 346.

93. Cladio Ribeiro de Lessa faz um estudo bem documentado sobre isso.

94. APEB, 138, fl. 193, ou AHU, doc. da Bahia 21931.

95. AHU, doc. da Bahia 20935.

96. APEB, 137, fl. 246.

97. APEB, 138, fl. 193.

98. Em todos os primeiros ofícios, o governador da Bahia dá a esse diretor o nome de Manoel Bastos Varela Barca, sem dúvida por aproximação com o nome do tio do diretor, Antônio Pereira Bastos Lima Varela Barca, ex-ouvidor da ilha de São Tomé, que tinha sido destituído momentaneamente de suas funções e enviado para a Bahia dois anos antes, devido a brigas com o governador do lugar (J. J. Lopes de Lima, 52 e 53 do catálogo dos governadores da ilha de São Tomé, em *Ensaios*). Ele era também acusado de cumplicidade nas atividades de uma sociedade francesa, da qual faziam parte Manoel da Graça e Sénat, genro de Ollivier Montaguère (ver nota 12). Ref.: AHU, São Tomé, cx. 12, ou APEB, 81, fls. 64-82.

99. APEB, 91, fl. 269.

100. APEB, 138, fl. 193.

101. APEB, 138, fl. 155.

102. APEB, 157, fl. 256v, ou AHU, doc. da Bahia 19648.

103. APEB, 157, fl. 256.

104. AHU, doc. da Bahia 25804, ou APEB, 141, fl. 498.

105. APEB, 141, fl. 200, ou AHU, doc. da Bahia 25803.

106. APEB, 159, fl. 156v.

107. APEB, 143, fl. 167.

108. Silva (Corrêa da), p. 77.

109. Sarmiento, p. 57.

110. APEB, 117.

111. Sarmiento, p. 59.

112. AHU, doc. da Bahia 18125.

113. AN, col. C6/27.

114. "Cidadão Ministro. Tereis a bondade de me perdoar se não me explico muito bem e se falho na ortografia; não sou homem da pena, sou um pobre marinheiro que recebeu pouca educação. Malgrado isso, creio faltar com meu dever não vos instruindo do que se passa neste país; aqui vós sabereis que o costume deste país é que o francês é o primeiro dos três fortes que estão aqui e bem os primeiros fizeram insultos aos franceses, ajuda foi feita pelos portugueses ordinários e que quando chega um navio e que o capitão desce a terra ele vai ao seu forte e quando faz sua visita é no forte francês que vem primeiro. Em 6 frutidor, ano XIII [calendário republicano], fundeou um brigue português; o capitão Cazouze estando em terra foi ao seu forte e enviou sua canoa para prevenir que de tarde faria sua visita. A esperamos como ordinariamente e às cinco horas o vimos sair do forte inglês e vir ao forte francês; o comandante lhe perguntou se

era costume ir ao forte inglês o primeiro, o negou dizendo que isto não era verdade. Mas sabemos que é o medo que teve das ameaças que o comandante inglês lhe fez.

Em 11 vendemiário, ano xiv [calendário republicano], havia um cirurgião no forte inglês, fazia tempo que fazia funções de comandante, na falta de outro.

Enviou sua visita para se fazer receber o governador, quando fizemos os preparativos como ordinariamente carregar os canhões para uma salva de 21 tiros de canhão. O antigo governador saiu com o cirurgião e lhe disse de ir primeiro ao forte português, ele foi, ouvimos a saudação do português, trouxemos imediatamente nossa bandeira e descarregamos os canhões. O comandante logo após enviou um negro na frente deles para lhes dizer que não queríamos sua visita e ao mesmo tempo mandou o primeiro rapaz do forte ao Yavogan, chefe do país, para preveni-lo do insulto que faziam à nação francesa que estava lá mais antiga no país. Em 12 vendemiário o inglês fazia dançar os negros e todo mundo foi ver como é; ordinariamente o comandante inglês fez trazer as cadeiras à nossa gente, querendo zombar deles; eles recusaram dizendo que ordinariamente ficavam de pé e que ficariam mais ainda. Ele lhes disse de sair e chamou muita gente para carregar uma peça de canhão para fazer sobre eles. [...] O comandante francês sofria todas estas tolices sem dizer uma só palavra. Mas se ele fosse um comandante europeu, ele teria para sofrer tudo aquilo que nos fazem aqui. O embaixador que [o rei do Daomé] enviou para Portugal está a pedir um navio, para ele fazer o comércio dos negros para ele daqui para lá. [...] Ele faz tão pouco caso dos brancos depois disso que faz algum tempo que esteve em Porto Novo e pegou oficiais portugueses e bem os colocou para ter necessidade de seus cavalos. [...] Se todavia ele viesse dos navios para o comércio, ele podia ir para Aunis ou Porto Novo sem medo, porque o rei dos aiôs proibiu ao rei de Aumas de ir mais na praia de Porto Novo ou que fossem mercar em seu país; assim aquele tem medo. Pelo último navio do general da Bahia escreveu ao rei do Daomé para lhe pedir os portugueses que detém que se ele tivesse guerra com os negros não tinha com os brancos, e que se não quisesse entregá-los que o diga, porque abandonarão o forte. Ele pede para um segundo capitão 8 mil francos. [...] Havia um capitão português, que o rei diz que era seu amigo, veio aqui e fez muitos presentes ao rei, contando que o favorize a fazer seu tráfico; após ter recebido os presentes lhe forneceu alguns maus cativos. Ele vendo isto, partiu para Aunis para fazer seu tráfico [...].

Chegou os embaixadores de Portugal, que pede pela voz do rei de Portugal os brancos que o Daomé pegou. Sua resposta foi que ele enviou a guerra e que os brancos são seus cativos, e que pede mercadorias e que os cativos pertencem ao comandante do português que deportou de seu país.

É por um capitão português que navega aqui que vos escrevo para que a faça passar ao embaixador francês em Lisboa, para vos fazê-lo passar se sempre quiserdes nos salvar a vida. Mas é preciso a enviar ao embaixador em Lisboa e que a coloque em envelope endereçado em português ao capitão Antoine de Sant Zabel, capitão que anda pela Costa da Mina, nomerador não do tabaco na baía sem isso será preciso pois que algum dia morra de desgosto de ver que me puseram em um país como este para abandonar-me. Mas não, tenho esperança em vossa bondade e em vossa misericórdia para um pobre infortunado francês que está entre os bárbaros, longe de sua pátria.

Feita no forte Sains Louis em Juda, em 4 pluvioso, ano xiv [calendário republicano] da República francesa una e indivisível.

S. M. Goupil."

794

115. PRO, T 70/33, p. 241.
116. PRO, T 70/33, p. 503.
117. PRO, T 70/34, p. 181.
118. PRO, T 70/34, p. 256.
119. PRO, T 70/35, p. 238.

N. T.: Nas notas 72 e 114, os meses são os do calendário revolucionário francês, ou calendário republicano, criado pela Convenção Nacional em 1793, e correspondem a:

vendemiário: primeiro mês do ano no calendário republicano (22 de setembro a 21 de outubro);

nivoso: quarto mês (21 de dezembro a 19 de janeiro);

pluvioso: quinto mês (20 de janeiro a 18 de fevereiro);

frutidor: 12º e último mês do ano no calendário republicano (18 de agosto a 20 de setembro).

7. EMBAIXADAS DOS REIS DO DAOMÉ E DOS PAÍSES VIZINHOS PARA A BAHIA E PORTUGAL [pp. 295-332]

1. J. F. de Almeida Prado abordou a questão em "A Bahia e as suas relações com o Daomé".

2. APEB, 44, fl. 122.

3. AHU, cód. 254, fl. 245v.

4. De acordo com uma indicação que nos foi dada por Charles Boxer, o nome completo desse autor é José Freire Monterroio Mascarenhas, na época redator na *Gazeta de Lisboa*.

5. Sem dúvida, trata-se de Luiz Coelho de Brito, futuro diretor da fortaleza de Ajudá. O alferes Luiz Coelho de Brito era proprietário do "iate" *Nossa Senhora da Ajuda e Bom Jesus de Boucas*, do qual encontramos as saídas de 10 de julho de 1739, 2 de dezembro de 1740 e 26 de novembro de 1742.

6. A notícia da morte de João V, ocorrida em 31 de julho, ainda não havia chegado à Bahia.

7. O autor parece confundir os hábitos dos maometanos com aqueles dos daomeanos.

8. Valaya, ver Verger (II), p. 243 e pp. 64, 66 e 68.

9. AHU, cód. 254, fl. 249v.

10. Francisco José de Portugal, governador da Bahia, confirma 45 anos mais tarde (APEB, 135, fl. 85) que aquele dia tinha sido escolhido porque a tropa estava enfileirada em uniformes de gala, sem que tivessem de fazê-lo especialmente para os enviados do "rei Daomé".

11. APEB, 48, fl. 231.

12. AHU, cód. 154, fl. 245v.

13. Esse navio, que partiu em 12 de abril de 1751 com 8101 rolos de tabaco, voltou em 27 de junho de 1752 com 834 escravos, ou seja, uma média de 9,5 rolos por escravo (APEB, 50, 53, 55).

14. AHU, doc. da Bahia 8246 a 8249.

15. Dalzel, p. 131.

16. AN, col. C6/26.

17. PRO, FO 84/1031, 01/09/1857.

18. Ver cap. 15, p. 678.

19. BN, 552, e AHU, doc. da Bahia 1645.

20. APEB, 135, fl. 85, e AHU, doc. da Bahia 16143.

21. AHU, doc. da Bahia 16146. Francisco Antônio da Fonseca e Aragão não duvidava de que o rei "Dagomé" tivesse enviado queixas contra ele, sabendo que seu tenente lhe servira de secretário; além disso, não tinha sido consultado a respeito do envio dos embaixadores. Assim, escrevia em 11 de abril de 1795:

"O primeiro foi expedido dizem que com tres Embaixadores, e hum delles he hum mulato meu escravo, que foi cativo do Coronel Antonio Cardozo dos Santos, o qual fugindo-me com a mulher para onde está o Rey Dagomé mancomonado com o dito Tenente, foi o dito Tenente tãobem logo atrás delles, e todos asinarão a maior missilania do dito Rey contra mim, de couzas as mais enormes e falsas, como a V. Ex.ª informavão os Comerciantes, e mais gente que aqui vai.

A idea deste Tenente he fazer com que este Rey me fassa o mesmo que fes ao Governador da Fortaleza Franceza [Gourg, expulso em 1790], afim de ficar no meo lugar.

O tempo me não permite mais que o de rogar a V. Ex.ª me mande segurar meo mulato, que vai junto com os Embaixadores, o que V. Ex.ª pode mandar fazer rapidamente e oculto, sem que os ditos Negros Embaixadores o saibão, antes, sim, julguem fugido, ou como V. Ex.ª melhor for servido e mandar render a este Tenente com a maior brevidade, e depois para bem informado ser da verdade, mandar devassar do seu procedimento, e do meu; mas isto tudo deve ser com a maior cautela, de forma que este Rey [do Daomé] o não prezuma".

22. BN, 563.

23. BN, 563.

24. Ver cap. 6, pp. 285-6.

25. APEB, 156, fl. 49v. "Governador da Bahia para diretor da fortaleza de Ajudá, 22-VIII--1793: D. Fernando José de Portugal anuncia ao diretor que o tenente daquela fortaleza, Francisco Xavier Álvares (do Amaral), que se encontrava na Bahia, voltava para Ajudá com as mercadorias e o que fora pedido".

26. BN, 563.

27. AHU, doc. da Bahia 27104:

Despesas que fizerão nesta Corte os Embaixadores que a ela vierão, mandados pelo Rey de Dagomé:

Com o seu desembarque	11$520 réis
Despeza que fez o Ministro da Vizita com os mesmos	96$000
Com o sustento na Caza onde rezidirão	1:487$080
Com seges em que andavão efectivamente	397$040
Dinheiro que por vezes receberão os Embaixadores	2:304$000
Dito ao Interprete	192$000
Dito a hum Clerigo que os acompanha	480$000
Ao capitão do Navio de passagem p.ª a Bahia	800$000
Com ordenados a tres criados q̃ os servirão	91$500
Com refrescos para a viagem	70$260
Despesas miúdas	19$775
Com a molestia e enterro do Embaixador defunto	484$285
	6:433$480 réis

796

28. BN, 563.

29. APEB, 82, fl. 21.

30. BN, 563.

31. APEB, 135, fl. 223, e AHU, doc. da Bahia 16780.

32. Ver cap. 6, p. 258.

33. AHU, doc. da Bahia 27099, e APEB, 140, fl. 295.

34. AHU, doc. da Bahia 27100. Carta do rei do Daomé ao governador da Bahia, Abaimé, 14 de novembro de 1804:

"Saberá V. Ex.ª, que despacho ao meu mandado dois Embaixadores e hum Captivo meo, que cativei na minha guerra que mandei as Prayas do Porto novo no mes de Setembro deste seguinte anno, em que agora por este dito por nome Innocencio Marques envio com os meos a levar essa embaixada a meu mano e Snr. Dom João Carlos de Bragança com cartas minhas a saudalo e o mais tratos sobre as minhas terras e por tanto dezejo de V. Ex.ª todo o bom provimento e acatamento e brevidade no transporte para os ditos seguirem o destino, em que os envio para essa cauza dettermino tudo debaixo da ordem de V. Ex.ª, a pois abono para o dito efeito o suprimento de V. Ex.ª que for precizo aos ditos, e por elles toda a despeza me obrigo a pagar. E assim o que dezejo de V. Ex.ª hé a brevidade, pois sem ella não determino as minhas ordens, e assim rogo a V. Ex.ª como amigo que não me queira demorar os meus Embaixadores".

A carta está assinada com uma cruz, com um A e um R entrelaçados e a menção "A Dandouzan, Rei Dagomé".

35. APEB, 140, fl. 499, ou AHU, doc. da Bahia 27101:

"Lista dos prisioneiros que encontram-se detidos no território do rei de Dagomé na Costa da Mina:

— Innocencio Marques, pardo da tripulação da Corveta *Dianna*, aprizionado em Porto Novo, e veio em comp.ª dos Embaixadores do Rey de Dagomé, como Interprete;

— Manoel Luiz, pardo, escravo do Capitão da mesma Corveta *Dianna*, aprizionado em Porto Novo;

— Manoel da Silva Jordão, branco cazado, Piloto da Corveta *Socorro*, aprizionado em Badagre;

— Manoel de Magalhães, pardo cazado, Barraqueiro da dita Corveta *Socorro*, aprizionado em Badagre;

— Domingos Braga, crioulo, tãobem prezo em Badagre;

— Gonçalo de Christo, crioulo forro, que se entregou voluntariamente aquelle Rey;

— Luiz Lisboa, escravo do Cap.ᵃᵐ. Felix da Costa Lisboa, q̃ tãobem se entregou voluntariamente ao mesmo Rey.

O mesmo intérprete que fez esta declaração, assegurou que havia muitos outros portugueses prisioneiros por lá, cujos nomes ele ignorava".

Lembramos que, quando Gourg foi resgatar os oficiais e marujos franceses em 1787, encontrou em Abomé quatro portugueses, prisioneiros desde 1780, três desde 1784 e um preso naquele ano.

O reverendo padre Vicente Ferreira Pires menciona igualmente dez anos mais tarde, em 1797, sem manifestar muita compaixão, aqueles brasileiros negros cristãos (Pires, p. 86).

36. APEB, 155, fl. 155v. Francisco da Cunha Meneses, do Conselho de S. A. R. (enumera

todos seus títulos e condecorações), respondia em 8 de maio de 1805 ao Mui Alto e Poderoso Rei de Dagomé, para lhe acusar recebimento de sua carta e lhe informar que seu pessoal tinha embarcado para Lisboa:

"Tenho entretanto o maior desprazer em ver que o rei do Dagomé guarda por lá cativos [ele chama 'cativos' a Manoel Luiz, Manoel da Silva Jordão, Manoel de Magalhães, Domingos Braga, Gonçalo de Christo, Luiz Lisboa e outros] contra todos os direitos das pessoas que se encontram em seu território. Peço que os coloque em liberdade, porque, de outra maneira, a boa amizade que reina entre as duas nações ver-se-á ameaçada, e os navios portugueses fugirão sem nenhuma dúvida de seus portos, por medo de sofrer a mesma sorte".

37. bn, 846.

38. bn, 846.

39. "Ao Mui Alto e Poderoso Senhor D. João Carlos de Bragança.

Aboumé, 20 de Novembro de 1804.

Meu Mano e S^r. Grande. Gosto terei eu, Adandozan, Rei deste pequeno Dagomé, se esta minha unica via for aceita, assim como foi a do Defunto S^r. meu Pai, a quem os Deozes varopaci tenhão com todos os seus Estados para honra minha, e de todo este meu Povo.

Meu Amavel Mano; ha muito tempo que fis patente ao meu grande Deos Leba, que pelos seus grandes poderes [ver Pierre Verger (ii), p. 109] lá no lugar onde habita, que levasse em gosto e louvasse a amizade que eu dezejo ter com os Portuguezes, e juntamente o offerecimento e trato que queria fazer, sem faltar ao afronto da minha Religião, e assim como tudo concedeu, faço eu saber a Vós em como ha muito tempo que dezejo eu enviar estes meus Embaixadores, e como não tenho tido pessoa capaz, em que fizesse firme conceito, quis a minha fortuna que mandando eu no tempo a 7 de Setembro de 1804, pela conta dos Estrangeiros, mandasse eu huma guerra às Praças do Porto Novo ou Ardra, por causas que temos de varias palavras ao nosso costume, acharão os meus tres Navios Portuguezes, e como he costume entre nossas Naçoens captivar e apanhar tudo quanto se achar no dito conflicto, quiz a minha fortuna que eu apanhasse este, que agora digo, por nome Innocencio Vacala [por Santa Anna]. Por assinatura e confição que lhe fis fazer, soube por certo o ser Portuguez; e como eu determinei acampar dez mil Homens, para ir outra vez sobre os meus contrarios, porem pela amizade que dezejo ter, e os mais tratos, foi requerido por este dito com razoens fortes, dizendo-me que elle era hum humilde Vassalo do seu S^r. Principe de Portugal, e que por tanto queria debaixo da minha ordem ir fazer retirar os ditos [navios portugueses], pois tornaria a recolher-se como Captivo meu até vir resgate de seu Soberano. Eu como tal soube e queria experimentar as razoens que dava, sempre chamando pelo Amavel Nome do Senhor Meu Mano, quiz saber com certeza quem tanto so lembrava de seu S^r., mandando eu fazer junta de todos os meus Aquegones, para verem a constancia de hũ pequeno Vassalo, a onde vim a louvar e a conhecer com certeza quem são os bons Portuguezes porque mandei vir toda a minha pequena Nobreza à honra da Caza do meu Grande Deos Leba verem jurar um Portuguez, e onde mandei vir o d^o. p^a. no meio de 3000 soldados armados fazer perguntar ao d^o. e dar firme juramento pelo meu Grande Deos, e como o dito me requer, que não podia jurar daquella sorte e que só juraria pela Real Corôa de seu Soberano, ou Retrato conhecido; e que não só jurava como também offerecia-se a morrer. Eu, como me achava na dita ocazião com quatro Reyes, Vassalos meus, e todos louvamos muito as ditas razoens, fiz trazer a estimada Bandeira Portugueza, que concervo com muito gosto, para o dito dar tres juramentos sobre as

798

verdadeiras Divizas ou Signaes; e como do dito assim que a vio prostrou-se de joelhos e jurou com muito contentamento, de que eu e os mais Reyes louvamos muito a boa acção, e por tanto fiz matar onze Homens; em que fiz avizo ao S^r. meu Pai da boa acção deste Vassalo; e que por tanto queria eu ter com o S^r. meu Mano todos os tratos que fossem possíveis, assim como abrir as minhas Minas de oiro, que ainda estão em segredo, e por tanto como achei este bom conductor, para ir com os meus e também cheguei a ver tres vias que paravão em poder do dito, e como soube ser certo virem aquellas vindas da Cidade de S. Thomé para serem remetidas para Lisboa, assim determinei a mandar esta minha feita pelo meu Escrivão, assignada por mim, entregue ao meu Embaixador por nome Moaci Jurethe, juntamente com o seu Secretario Vangaca, onde trato o que agora faço patente ao S^r. meu Mano.

He costume Sr. nestas nossas Naçoens, depois de ser falescido o Soberano do Reinado, ao Successor que tocar não governar sem haver varios costumes passados, porem todos os casos que se fazem de justiça, ou bem ou mal determinados, serem feitos pela vós do Sucessor, e agora como já hé completa a minha idade, e os costumes do falecido todos feitos e eu governar sobre mim, dando-se parte de todos os cazos prezentes e antepassados, onde vim a saber que tinha os meus Aquigones feito prizão em meu nome em dois Governadores da Nobre Fortaleza Portugueza, de que neste cazo tive notavel sentimento, e por esta cauza peço a meu Mano hum amavel perdão.

He certo S^r. que nós não temos guerras com Nação Estrangeira do que toca navegantes, porem tenho eu Guerra com huma Nação onde foi este que vai com os meus apanhado nas ditas Praias, pois bem tenho feito avizo a todos os Portuguezes, Inglezes, e Francezes, que se auzentem do dito Porto, os quaes me não querem ouvir, e assim como já he de costume as nossas Guerras de parte a parte quebrar as Canôas por onde fazem os Navios suas descargas, e cortar os cabos que estão botados em terra, por onde vai Agoa para todos, e captivar tudo quanto achar. Eu, como me confeço por Vosso Irmão e Amigo, não dezejo fazer o mais pequeno damno no seu Commercio, e por tanto rogo-lhe e peço-lhe para que meu Mano queira determinar o seu Commercio, que consultem todos a virem neste Porto [de Ajudá], pois todos os Captivos a este Porto he que hão de vir, e assim rogo-lhe e peço-lhe pelos seus Grandes Deozes haja de determinar o que lhe peço, pois esta Guerra que eu tenho com este Rei Vucanim he sobre uma traição que comigo obrou, e assim eu ja jurei pelo meu Grande Deos Leba, e mandei dizer ao Defunto meu Pai, que lhe mandava aquelle recado por 150 Homens que mandei matar, somente afirmando-lhe que eu me havia de despicar, e por tanto não dezejo fazer mal ao seu Commercio. Neste cazo he o que tenho, para fazer sciente ao S^r. meu Mano.

Faço saber a meu Mano em como dezeja abrir as minhas Minas, e só com o seu adjutorio o poderei fazer, e tambem queria alguns preparos para as minhas Guerras, assim como seja q^{en}. saiba fazer Peças [de canhão], Espingardas, Polvora, e o mais que consta os preparos para o dito effeito. Rogo mais ao S^r. meu Mano para que, quando estes meus vierem, me queira mandar fazer 8 Espingardas de Prata, para caçar, pois he com que mais entretanto, e também alguns Obuses para metralha, e tambem 30 Xapeos finos grandes de varias cores, com suas plumas grandes, e tambem 20 Peças de Sedas dos antigos. Eu tambem offereço nesta minha Aldêa para tudo quanto nella determinar, e assim tudo quanto me falta nesta, que mandei fazer pelo meu Escrivão adverti ao seu bom Vassalo, que pelas suas honras e lialdade lho remetto para que faça delle o que quizer. He quanto se me offerece a fazer neste aviso, e onde todos os meus Aquigones lhe rogão como quem dezejão a sua fiel amizade. Como nesta occazião estou acanpado com 20 mil Homens, não consta comigo se não a Petrechos de guerra, porem em sinal de hum bom Irmão que tem, lhe mando um dos meus Linhos para firmeza de nossa amizade.

[Neste ponto, o escrivão envia uma mensagem ao príncipe João, sem que Adandozan o saiba]

[...]

Eu Escrivão deste Cruel Rei, que aqui me acho à 23 annos fora dos Portuguezes, V. R. Mag^e. me queira perdoar o meu grande atrevimento. Como me mandão fazer este, é força a fiz por não ter outro remedio, pois quem poderá expressar o que vio he este que vai por nome Innocencio. Como eu à 23 annos ainda não achei outro Christão como este, Me fará avizo do que vio e o que padeceu, e como tratão os pobres Portuguezes nesta terra. Eu faço este pequeno avizo porque todos quantos assistem na vista desta não sabem ler, e não me estendo mais por não causar desconfiança. Meu S^r. Jezus Christo queira lembrar de todos quanto aqui estão pensando. Deos dê todas as felicidades a V. Mag^e., como quem dezeja que he o humilde Vassalo João Sathe, Portuguez.

[Neste ponto, Adandozan se despede]

[...]

Com isto não enfado mais ao S^r. meu Mano.

De Vosso Mano Amigo

ADANDOZAN + Rei de Dagomé."

40. BN, 846. O visconde de Anadia e João Fellipe da Fonseca, respectivamente secretário de Estado e ministro da Marinha e Ultramar, confiaram aos embaixadores respostas escritas pelos próprios, em 30 de junho de 1805, dizendo que o príncipe regente tinha feito tratar decentemente em Lisboa aos embaixadores e mandado assegurar sua volta para a Costa da Mina:

"Ao mesmo tempo que S. A. R. leva estas demonstraçoens cinceras de sua benignidade, não pôde deichar de se lembrar das justas queixas que tem do Vosso Comportamento, pelos insultos e violencias praticadas contra o Commandante Portuguez do Forte de Ajudá, não só em offensa da bôa correspondencia e amizade que de Vos se devia esperar, mas até contra as leis da humanidade e da sociedade, sendo também inteiramente opposto à conservação da mesma reciproca amizade o conservalos como escravos varios Portuguezes que tomastes violentamente nas terras de outro Potentado.

Achando-se por este modo offendido o decoro e soberania da Corôa de Portugal, não pode S. A. R. nem escrever-vos directamente, nem condescender no que Vos lhe pedis, sem que primeiro ponhaes em liberdade os Portuguezes que tendes captivos, e restituais ao Comandante de Ajudá os escravos e effeitos que lhe tomastes. Em quanto estas condiçoens não forem satisfeitas, he impraticavel que S. A. R. attenda às vossas supplicas, nem que possa mostrar os effeitos de seu generoso e Real Animo. Não quer porem o Mesmo Augusto Senhor deichar partir os vossos Embaixadores sem vos remetter por elles hum pequeno signal de Sua Real Benevolencia para com Vosco, e da sua propenção a cultivar a antiga amizade e Comercio que de tempos immemoriais tem subsistido entre a Nação Portugueza e os Vossos Vassallos, e que continuará a subsistir logo que da vossa parte se reparem os damnos e offenças que o enterrompem.

Nobre e Honrado Rei de Dagomé Deos vos ilumie e Guarde, e vos de as prosperidades que mais convem".

41. BN, 846.

42. BN, 846.

Despeza feita com os Embaixadores do Rei de Dagomé:

A Caza de Pasto, pelo sustento e alojamento dos dois Embaixadores, seu Interprete e o Conductor, e dois Pretos, a razão de 8$000 por dia, desde 15 de Maio até 31 de Julho de 1805: . . . . 616$000 reis

Pelo valor de seis Córtes de Sedas da nossa Fabrica, como da Conta junta, que se mandão de Prezente para o Rei de Dagomé. . . . . 238$757

Pelo que se deu a os dois Embaixadores em dinheiro: . . . . 96$000

Idem ao Interprete e ao Conductor . . . . 96$000

Por alugueis de Séges para os dois Embaixadores, Vestidos que se lhe fizerão e varias despezas miudas, de que ainda faltão alguns restos para pagar, de que se não sabe a importancia, importando as que se tem feito em. . . . . 173$104

Pago ao M^e. do Navio pela Passagem e sustento até a Bahia, dos dois Embaixadores com o seu Interprete e Conductor. . . . . 400$000

1:619$861

Secretaria de Estado, em 31 de Julho de 1805.

Lisboa, 23 de Julho de 1805.

Conta das Fazendas que forão desta Real Fabrica das Sedas por aviso do Ilm°. e Ca^mo. Sr. Visconde de Anadia, do prezente Mez e Anno, para o Prezente que S. A. R. o Principe Regente N. S. manda a El-Rei de Dagomé, entregues ao Sr. Lazaro José de Brito.

Setim perola matiz e metais — Covados:

    20 a 2120 reis . . . . 42$400 réis

Gorgorão carm^e [carmesim] e matiz — Covados:

    20 a 1800 . . . . 36$000

D° [gorgorão] cor de limão — Covados:

    20 a 1640 . . . . 32$800

D° [gorgorão] azul — Covados:

    23/14 a 1710 . . . . 39$757

D° [gorgorão] roza — Covados:

    20 a 2590 . . . . 51$800

D° [gorgorão] branco — Covados:

    20 a 1800 . . . . 36$000

238$757 réis

43. APEB, 141, fl. 373, ou AHU, doc. da Bahia 27474.

44. APEB, 141, fl. 205.

45. BN, 846, ou APEB, 101, fl. 145.

46. AHU, doc. da Bahia 27486. Innocêncio Marques de Santa Anna ao visconde de Anadia, secretário de Estado, Bahia, 17 de outubro de 1805:

"Senhor, aqui cheguey a esta cidade em o dia 19 de setembro e no dia seguinte fui aos pez do Snr. Governador, fazendo-me patente da grande mercê que sua Alteza Real me fizera por auxillio de V. Exª., e passado alguns dias aprezentey o mapa [...] que em Lisboa aprezentey a V. Exª., do que o ditto Snr. fez chamar hum omem, o qual na verdade tem continuação de viajar por aquelle Costa de Africa, a quem entregou o ditto mapa e o ditto falando com migo ela nos mais aprovarão todos as minhas fracas ideias e o que a mostrava no ditto mapa, e emq^to. ao caminho dizem q̃ todos tem boa noticia do ditto, porem não de o virem, pois nunca passarão por aquella Praia para poderem dar tão boa noticia do ditto como eu e outros mais que temos cidos Prizioneiros do Dagomê. Na minha prezença os vottos mais fortes q ouvi a todos era que desprezaeis o porto e terra do Dagomê e se aceitace os partidos do Rey de Ardra, [eu demonstrei] aos dittos que varios votos e opinioins não servirão ao estado, pois hua couza q̃ se pode fazer sem maior extrondo e despeza muito deminuta era milhor que os dittos alinhavão; [eles prospuseram] que se privaçe a negociação do Porto do Dagomê por espacio de hum anno ou dous, que emtão o gentis ficarião milhores nos seus pareceres; porem, não atendendo que o outro Rey [...] que todos seus Navios só vão aquelle Porto fazer negocio, poderia, como de fato, alevantar o preço dos escravos e cauzar grande dano ao Commercio por espaço de hum anno e, por fim, ficar tudo no mesmo termo; [tal fato] não ha de a conhecer abrindo-se o ditto caminho o que me consta que na ocazião prez^e. a mesma enchente do rio abrira e o mar o tornara a puxar, por não ter quem cavasse o ditto comoro de areia. Sendo que vossa Exª. determine a ver a largura e seu comprimento do ditto comoro, do mar salgado ao Rio dosse, eu trarey as medidas, pois me acho nesta cidade [da Bahia] tallado p^a. hir de caixa fazer a negociação de hum navio ao porto de Onim, e pertendo passar me por dentro do Rio do porto de Ardra, aonde falarey com o ditto Rey e tratarey com elle por modo desfarçado todos os servissos que forem a bem de Sua Alteza Real, e trarey do ditto Rey cartas ou um criado, sendo das pessoas principais da terra para milhor segurança do tratado q̃ se pertende fazer. Para q̃ eu possa fazer esta viagem, vou aos pez de V. Ex^a. pedindo por quem he me queira conceder licença, ficando sempre vencido ajuda de custo que V. Ex^a. me fez mercê alcançar, e portanto pesso licença a V. Ex^a. p^a. que possa fazer esta viagem afim de se cobrar a grande perca q tive no Navio em que fuy a Costa da Africa sendo Prezioneiro, pois veio tudo perdido. Tambem dezejo hir afim de servir Sua Alteza Real e com as medidas e cartas ou emviados que pertendo trazer do ditto Rey de Ardra, V. Exª. saberá a conveniencia que faz o dito [rei], pois que tendo-se amizade com este havera abundancia de escravos, ficando seguro, Snr. dos Portos seguintes, como sejão os Portos de Apê, Porto Novo, Badagre e Onim, e de todas aquellas Praias, e sem esta abertura e trato tudo sera penozo aos nossos Navios, estando em risco de maior danno com o ditto Rey de Agomé.

No Navio Real Fidellissima remeterey douze pez de coqueiros grelados, afim de ver se deitão fruto no mimozo jardim de V. Exª., q me perdoarâ a pequena lembrança, e tambem alguns bichos desta cidade e da Costa da Africa, algumas aves de penas exquipaticas que ouver e veja que será do gosto de V. Exª.

De V. Ex^o. escrevo m^to. humilde".

AHU, doc. da Bahia 27618. Innocêncio Marques de Santa Anna escrevia a João Fellipe da Fonseca, ministro da Marinha e Ultramar, em 23 de dezembro de 1805, a respeito de seu soldo, terminando piedosamente:

"Deus Nosso Senhor e Nossa Senhora da Conceição recompensarão deste grande bem a pessoa de Vossa Senhoria, que Deus guarde numerosos anos.

De Vossa Senhoria o mais obediente escravo [...]".

47. BN, 846.

48. O plano que tinha de cortar essa faixa de terra foi realizado por acidente sobre uma lar-

gura de quinhentos metros em 1885, quando do incidente diplomático entre França e Portugal, em Cotonou, a respeito de uma bandeira portuguesa.

APN, C II, n. 118, tenente Roget para o ministro da Marinha e das Colônias, Cotonou, 17 de setembro de 1885:

"Os chefes indígenas receiam sempre por suas cabeças e estão maldispostos a nosso respeito. Em Cotonou, por exemplo, em razão da enchente extraordinária das águas, a feitoria Fabre está ameaçada. Se o nível aumentar, os agentes serão obrigados a cavar um fosso para fazer descer o excesso das águas para o mar. Os chefes de Cotonou, com a tenacidade de uma inteligência obtusa, imaginam que queremos cavar o istmo que separa a lagoa do mar, o que constituiria um ato formal de desobediência às ordens do rei, se deixassem cavar essa faixa. Serei obrigado, se for o caso, a mandar proteger as obras com meu destacamento".

APN, C II, n. 128, tenente Roget para o ministro da Marinha e das Colônias, Cotonou, 27 de setembro de 1885:

"A abertura do istmo é um fato consumado. Em consequência da violência extraordinária da corrente (as águas tendo atingido em Cotonou uma altura de cinco metros acima do nível da estiagem), a abertura que foi escavada tomou tais proporções que alcança hoje uma largura de quinhentos metros. É uma verdadeira embocadura de rio que se formou. Não conhecemos ainda as condições de navegabilidade do canal e do grande lago, mas é mais ou menos certo que a corrente escavou um leito no canal e que os navios a vapor de uma pequena tonelagem poderiam subir até Porto Novo".

APN, série C III. O "recado" (espécie de bastão que os emissários dos reis do Daomé levavam, simbolizando a própria presença do soberano) do rei do Daomé é comunicado aos franceses na Gorre de Uidá (em 5 ou 6 de outubro de 1885):

"O rei manda dizer aos franceses que não os julgava capazes de uma ação tão tola: aquela de ter aberto a lagoa de Cotonou. [...] O rei crê que se os franceses abriram a dita lagoa, é porque eles viram os portugueses içar sua bandeira em Cotonou. [...] O rei quer que, em pouco tempo, o rio ou a lagoa de Cotonou seja fechada pelos franceses, os quais podem também retirar sua bandeira de Cotonou".

O tenente Roget explicava por "tenacidade de uma inteligência obtusa" uma atitude e uma tomada de posição, cujas razões ele desconhecia, fundadas sob uma longa disputa, de mais de um século, entre os reinos do Daomé e de Porto Novo. A cólera de Behanzin não era um simples capricho passageiro. A abertura do istmo de Cotonou contribuía para criar um mal-entendido que tornava Behanzin hostil à presença francesa no Daomé, com as consequências que conhecemos.

49. APEB, 143, fl. 102.

50. APEB, 143, fl. 109.

51. Ver mapa na p. 324.

52. APEB, 143, fl. 115.

53. APEB, 164, fl. 62.

54. Ver cap. 8, p. 335.

55. APEB, 144, fl. 77.

56. APEB, 112, fl. 50.

57. APEB, 167, fl. 109.

58. APEB, 112, fl. 170.

59. APEB, 112, fl. 314.

60. APEB, 166, fl. 237.

61. APEB, 112, fl. 526.

62. APEB, 166, fl. 284.

63. APEB, 167, fl. 22v.

64. APEB, 167, fl. 31.

65. APEB, 167, fl. 59.

66. APEB, 167, fl. 78.

67. APEB, 167, fl. 84v.

68. APEB, 167, fl. 95.

69. APEB, 167, fl. 112.

70. APEB, 167, fl. 124.

71. APEB, 167, fl. 142v.

72. APEB, 113, fl. 424.

73. APEB, 167, fl. 166.

74. APEB, 167, fl. 167.

75. BN, 1340.

76. BN, 1389.

77. APEB, Passaportes 904.

78. PRO, FO 13/41.

79. *RIHGB*, v. 54, 1891, p. 161.

8. BAHIA, 1810-35: RELAÇÕES ECONÔMICO-FILANTRÓPICAS ANGLO-PORTUGUESAS E SUA INFLUÊNCIA NO TRÁFICO DE ESCRAVOS NO BRASIL [pp. 333-77]

1. Dike, p. 11.

2. Lloyd, cap. 4.

3. Calogeras, p. 344.

4. APEB, 398.

5. Art. 10 do Tratado de Aliança e Amizade de 19 de fevereiro de 1810.

6. Lindley, p. 246.

7. Prior, p. 100.

8. Ver neste mesmo cap. 8, p. 346.

9. PRO, FO 63/198.

10. Graham, p. 144.

11. Id., p. 155.

12. APEB, 112, fl. 516.

13. APEB, 112, fl. 522.

14. APEB, 112, fl. 513.

15. PRO, FO 63/149. Lista fornecida pelo consulado britânico da Bahia, em 21 de maio de 1813, relacionando os vasos portugueses que foram abordados e capturados pelos navios de guerra britânicos, perseguidos e condenados pelas autoridades britânicas após o tratado entre Portugal e Grã-Bretanha, de 19 de fevereiro de 1810.

EMBARCAÇÃO	PROPRIETÁRIO E CAPITÃO	LUGAR E DATA DA CAPTURA	VASO QUE CAPTUROU
1. Brigue *Falcão*	Fran^{co} Ant^o Cap. Fran^{co} Correia Garcia	Porto Rico 05/05/1811	Corsário *Geo Good*
2. Bergantim *Bom Amigo*	Jozé Ant^o Cardoso	Cuba 14/09/1811	Fragata *Indian*
3. Galera *Urbano*	Manoel J^e da Cunha Cap. J^e B. Salazar	Cabinda 26/08/1811	Brigue *Tigress* Cap. R. Bonez
4. Brigue *Calipso*	Guil. J^e Ferreira Cap. M^{el} Pinheiro Guim^{es}	Onim 01/09/1811	Fragata *Thais* Cap. Ed. Scobell
5. Bergantim *Vênus*	M^{el} P. Guim^{es} Rio Cap. J^e Ant. Lisboa	Badagris 28/07/1811	Idem
6. Goleta *Volante*	M^{el} J^e da Cunha Cap. João Ch. Roiz Lopez	Cabinda 28/07/1811	Brigue *Tigress* Cap. B. Bonez
7. Goleta *Marianna*	J^e da Silva Senna Cap. J^e da Silva Senna	Jaquejaque 03/08/1811	Fragata *Amelia* Cap. Paul Joly
8. Bergantim *Prazeres*	Luiz J^e Gomez Cap. Iz. Mi^s Braga	Onim 04/01/1812	Idem
9. Sumaca *Lindeza*	J^e Cardoso Marques Cap. Ant. Siqr^a Lima	Idem	Idem
10. Sumaca *Flor do Porto* ou *Cavalinho*	Ant^o E. dos S^{tos} Cap. M^{el} F^{co} X^{er} de Abreo	Idem	Idem
11. Bergantim *S. Joãozinho*	R^{do} J^e de Men^{es} Cap. For^a Luiz Pinto	Cape Coast 08/01/1812	Idem
12. Bergantim *Americano*	J^e Gomez Per^a Cap. M^{el} Iz. Cardoso	Porto Novo 10/01/1812	Idem
13. Bergantim *Destino*	Ant^o Luiz Ferr^a Cap. J^m J^e de Sampaio	Idem	Idem
14. Bergantim *Dezengano*	J^e Tav^{es} Franco Ant^o Lopez de M^a	Idem	Idem

EMBARCAÇÃO	PROPRIETÁRIO E CAPITÃO	LUGAR E DATA DA CAPTURA	VASO QUE CAPTUROU
15. Bergantim *Piedade*	Antº Ferª Coelho Cap. Meˡ Luiz Perª de Almª		
16. Bergantim *Fragatinha*	Meˡ da Roxa da Frᶜᵃ Cap. Jᵉ Luiz de Souza	Abordados em Onim pela fragata *Amelia*; fundeados em Onim e obrigados a partir em 48 horas com grandes perdas.	
17. Sumaca *Santo Antônio*	Jᵉ Bento Ferraes de Pernambuco		

(Os vasos de número 4, 5, 7, 8, 9, 10, 11, 12, 13, 14, 15 e 16 pertenciam a negociantes da Bahia.)

16. APEB, 112.

17. APEB, 112.

18. PRO, FO 63/198.

19. APEB, 112.

20. Prior, p. 99.

21. Ver cap. 9, p. 390.

22. APEB, 117, fl. 343 ss.

23. APEB, 117, p. 349.

24. APEB, 117, fl. 159.

25. APEB, 117, fl. 579.

26. PRO, FO 63/198.

27. O cônsul britânico não parece ter consciência de que aqueles dois nomes designavam o mesmo lugar.

28. Suas suspeitas tornar-se-iam uma certeza se soubesse que Onim era o nome dado a Lagos.

29. Esse brigue tinha de fato capturado e queimado um navio inglês em Uidá.

30. APEB, 119, fl. 258 ss.

31. APEB, 117, fl. 487.

32. PRO, FO 63/230, 240, 249, 263, 268.

33. Na falta de jornais, eles informavam sobre as mudanças políticas que se operavam na Bahia.

34. APEB, 122, fl. 57.

35. Um relatório desses acontecimentos é dado por Maria Graham em seu livro.

36. PRO, FO 84/24.

37. PRO, FO 84/24.

38. PRO, FO 13/13.

39. PRO, FO 84/56.

40. Amaral (Braz do), p. 488.

41. PRO, FO 84/56.

42. PRO, FO 13/41.

43. PRO, FO 13/66.

44. PRO, FO 13/76.

45. PRO, FO 84/112.

46. PRO, FO 13/75.

47. PRO, FO 84/122.

48. Mello Moraes Filho, p. 33. Brochura sobre a imprensa no Rio de Janeiro no século XIX.

49. PRO, FO 13/88.

50. PRO, FO 13/88.

51. PRO, FO 13/96.

52. PRO, FO 13/105.

53. PRO, FO 84/112.

54. PRO, FO 84/130.

55. PRO, FO 84/129.

56. PRO, FO 84/129.

57. PRO, FO 84/138.

58. PRO, FO 84/141.

59. PRO, FO 84/152.

9. REVOLTAS E REBELIÕES DE ESCRAVOS NA BAHIA, 1807-35 [pp. 378-412]

1. Barbinais, p. 187.

2. APEB, 20, doc. 105.

3. Ver cap. 2 de sua obra *Os africanos no Brasil*.

4. Castelnau, p. 8.

5. Id., p. 46.

6. AHU, doc. da Bahia 29893: conde da Ponte para visconde de Anadia, Bahia, 16 de junho de 1807. APEB, 142, ouvidor-geral do crime para conde da Ponte, Bahia, 8 de julho de 1807. J. do Amaral, 20 de março de 1806. Nina Rodrigues, p. 83.

7. AHU, doc. da Bahia 29893.

8. APEB, 143, fl. 180, Bahia, 19 de janeiro de 1809. Nina Rodrigues, p. 86.

9. APEB, 116, fl. 128, conde dos Arcos, Bahia, 2 de março de 1814. Nina Rodrigues, p. 87 (indica o ano de 1813, erroneamente).

10. Nina Rodrigues, p. 253.

11. BN, I, 107.

12. Nina Rodrigues, p. 88.

13. BN, II, 34, 6, 57.

14. PRO, FO 63/198, Cunningham ao FO, Bahia, 5 de julho de 1816.

15. Pinho, p. 187.

16. Von Spix e Von Martius, p. 142:

"O maior número de escravos negros que foram transportados para a Bahia pertencia às tribos ausazes [haussás] e schéshés [jejes]. Têm a pele negra, são grandes, musculosos, fortes e muito audaciosos, tendo já causado diversas vezes sublevações perigosas, matando seus senhores, incendiando os engenhos de açúcar, forçando assim o governo a tomar medidas.

Misturando as diversas tribos que não se compreendem entre si, evita-se de certa maneira uma revolta de negros assim numerosos".

17. PRO, FO 63/249. Pennell ao FO, Bahia, 13 de maio de 1822.

18. J. do Amaral (II).

19. APEB, I. de E., inv. 506, relatório de José Balthazar da Silva, Bahia, 17 de dezembro de 1826. Nina Rodrigues, p. 90.

20. Ver nota 24 a seguir.

21. Nina Rodrigues, p. 92.

22. J. do Amaral (II).

23. Nina Rodrigues, p. 92.

24. Nina Rodrigues (p. 122) e Manuel Querino (p. 75) os aproximam dos malinkés do Alto Senegal, que teriam sido importados para a Bahia junto com os haussás e muçulmanos. Mais tarde, seriam todos englobados sob o mesmo vocábulo.

Francis de Castelnau, cônsul da França na Bahia, acreditava na existência de um grupo de negros niam-niam, munidos de um apêndice caudal, vivendo na região norte da atual Nigéria. Tendo feito um inquérito a esse respeito entre os escravos da Bahia, ele escrevia com pouco discernimento: "Designa-se pelo nome de malais todos os infiéis, quer dizer, aqueles que não são muçulmanos".

Braz do Amaral (p. 671), mau filólogo, compara "malé" com "má-lei", aqueles que seguiam a má lei, quer dizer, que não seguiam a lei de Deus.

O padre Étienne Brazil cita "sabiamente" seus autores para fazer de "mali-nke" o "homem do hipopótamo" (*A Revolta dos Malês*).

Jacques Raymundo dá a essa palavra iorubá o sentido de renegado que adotou o islamismo (*Jornal do Commercio*, Rio de Janeiro, 26/11/1834, citado por Querino, p. 75).

Manuel Querino, Arthur Ramos e Alberto Duarte citam um artigo de Luiz Lavenière, de Alagoas (*Gazeta de Alagoas*, 18/12/1834), que, tendo ouvido durante uma altercação (pp. 23, 75 e 413) entre dois negros um deles injuriar o outro com a frase "*malé o cô o*", concluiu que "malé" era uma expressão pejorativa entre os nagôs, enquanto o conjunto da frase quer dizer "camponês", "homem dos campos", ou mais exatamente "filhos de uma concubina dos campos" (*omo ale oko*).

Todo dicionário iorubá traduz a palavra *imalê* não como renegado, de acordo com Jacques Raymundo, mas como muçulmano.

Manuel Querino e Nina Rodrigues concordam quanto à época da origem dessa palavra entre os iorubás da Nigéria, mas tal fato não entra no âmbito deste estudo.

Sua presença no reino de Ardra e em Ajudá era assinalada no século XVIII. Um capítulo do *Voyage du chevalier Des Marchais*, intitulado "D'un peuple appelé malais" [De um povo chamado malê], lhe é consagrado (vol. 2, cap. 9, pp. 273-83).

25. APEB; I. de E.; Nina Rodrigues, pp. 93-108; PRO, FO 13/121.

26. Ver cap. 12, p. 540, sobre suas atividades a respeito do tráfico de escravos.

27. PRO, FO 13/121, 19 de janeiro de 1835.

28. APEB, I. de E., fl. 6v.

29. APEB, I. de E., fl. 2v.

30. Nina Rodrigues, p. 105.

31. PRO, FO 13/121.

32. PRO, FO 268/9, vice-cônsul Frederick Robillard ao FO, Bahia, 28 de março de 1835.

33. No capítulo 13, alguns detalhes são dados de acordo com os inquéritos da polícia. Esses

documentos são reveladores do modo de vida dos escravos e dos emancipados africanos no começo do século XIX na Bahia.

34. No conjunto dos acusados, distinguimos que havia:

196	nagôs
1	iabu (jebu)
1	benin
7	minas
9	jejes
1	mundubi
25	haussás
6	tapas
6	bornus
2	baribas
3	grumás
2	calabares
1	camarão
4	congos
3	cabindas
2	pardos (mulatos)
1	cabra (mulato)
94	sem indicação
364	

35. Eis as penas e os destinos desses condenados:

18 condenações à morte, das quais 5 foram executadas

1	condenação a 20 anos de trabalhos forçados
3	condenações a 12 anos de trabalhos forçados
9	condenações a 8 anos de trabalhos forçados
4	condenações a 2 anos de prisão
13	condenações para as galeras perpetuamente
2	condenações a 15 anos nas galeras
4	condenações ao banimento
4	estavam mortos
2	fugitivos
9	liberados, à disposição da polícia
27	absolvidos

2 condenados a 1200 chicotadas	2400
3 condenados a 1000 chicotadas	3000
2 condenados a 800 chicotadas	1600
1 condenado a 700 chicotadas	700
3 condenados a 600 chicotadas	1800

5 condenados a 500 chicotadas	2500
3 condenados a 300 chicotadas	900
1 condenado a 250 chicotadas	250
2 condenados a 150 chicotadas	300
1 condenado a 50 chicotadas	5
	13500 chicotadas

36. Ver cap. 10, p. 439.

37. Querino, pp. 121-2.

38. Na p. 75, ele indica ainda: "Malês de boa natureza, tendo bons costumes, não se imiscuíam, talvez por princípio religioso, nas revoltas e insurreições, aqui tão frequentes entre os outros africanos".

39. Entre as profissões exercidas, divididas entre as diversas nações, encontramos:

	NAGÔS		HAUSSÁS		JEJES	MINAS	
	livres	escravos	livres	escravos	livres	livres	
26 carregadores de palanquins	12	9	9	1	1		1 bornu, escravo
1 acendedor de lanternas							1 cabinda, escravo
4 alfaiates	1	1	1				1 congo, escravo
2 cozinheiros de navio					2		
2 cozinheiros				1		1	
49 empregados domésticos de estrangeiros		49					
2 marujos				2			
4 remadores de saveiro	1	3					
3 pedreiros	1						1 bornu, livre 1 grumá, livre
4 carregadores de fardos	1	1	1				1 bariba, livre
2 barbeiros	1	1					
2 calafetadores	1						1 ?
3 padeiros		3					
1 pescador				1			
1 açougueiro	1						

	NAGÔS		HAUSSÁS		JEJES	MINAS
	livres	escravos	livres	escravos	livres	livres
3 curtidores de pele	3					
1 ferreiro		1				
1 carpinteiro	1					
1 enrolador de tabaco						1 tapa, escravo
1 vendedor de tabaco			1			
1 empregado de botequim		1				
1 comerciante no Recôncavo			1			
1 mercador em Santa Bárbara						1
2 vendedores de mercadorias na rua	1					1 bornu, livre
1 vendedor de cal		1				
1 vendedor de carvão e madeira	1					
1 vendedor de comida nas ruas			1			
2 vendedoras de acaçá					2	
1 vendedora de peixe					1	
1 vendedora de arroz cozido						1 tapa, livre
1 vendedora de mingau e angu						1 ?
1 lavadeira	1					
1 sacador de amostra de açúcar			1			

Para os estatísticos, acrescentaremos que para o conjunto dos acusados:

19 pertenciam ao 1º distrito do Pilar
12 pertenciam ao 2º distrito do Pilar
14 pertenciam ao 2º distrito da rua do Passo
18 pertenciam ao 1º distrito de Santo Antônio
52 pertenciam ao 1º distrito da Vitória
 2 pertenciam ao 2º distrito da Vitória
22 pertenciam ao 1º distrito de Sant'Anna

3 pertenciam ao 2º distrito de Sant'Anna

58 pertenciam ao 1º distrito da Sé

22 pertenciam ao 2º distrito da Sé

1 pertencia ao 1º distrito de Brotas

34 pertenciam ao 1º distrito da Conceição da Praia

7 pertenciam ao 1º distrito da Penha

3 pertenciam ao 2º distrito da Penha

10 pertenciam ao 1º distrito de São Pedro

2 pertenciam ao 2º distrito de São Pedro

17 estão sem indicação

296

10. BAHIA, 1835-50: RUMO AO FIM DO TRÁFICO DE ESCRAVOS [pp. 413-69]

1. PRO, FO 84/112, Pennell para Palmerston, Rio de Janeiro, 27 de novembro de 1831.

2. PRO, FO 84/141, Ouseley para Palmerston, Rio de Janeiro, 1º de março de 1833.

3. Id., Rio de Janeiro, 3 de julho de 1835.

4. PRO, FO 84/174. Extratos do jornal *A Aurora Fluminense*, Rio de Janeiro, 20 de março de 1835.

5. PRO, FO 13/141, Lyon e Parkinson para Palmerston, Bahia, janeiro de 1836.

6. PRO, FO 84/175.

7. PRO, FO 84/204, Fox para Palmerston, Rio de Janeiro, 5 de janeiro de 1836.

8. PRO, FO 84/198, J. Jackson e Fred Grigg para Palmerston, Rio de Janeiro, 5 de março de 1836.

9. PRO, FO 13/121, Lyon e Parkinson para Palmerston, Bahia, janeiro de 1836.

10. PRO, FO 84/198, J. Jackson para Palmerston, Rio de Janeiro, 5 de março de 1836. Extratos traduzidos de um discurso do presidente da província da Bahia.

11. Graham, p. 162.

12. PRO, FO 13/121, F. Robillard para FO, Bahia, 14 de março de 1835.

13. PRO, FO 13/121, J. H. Robillard ao duque de Wellington, Bahia, 25 de junho de 1835.

14. PRO, FO 84/204, Lyon e Parkinson para J. H. Robillard, 2 de janeiro de 1836.

15. PRO, FO 84/204, J. H. Robillard para Fox (Rio de Janeiro), Bahia, 13 de janeiro de 1836.

16. PRO, FO 84/204.

17. PRO, FO 13/141, Lyon e Parkinson ao capitão Dambrill, Bahia, 14 de janeiro de 1836.

18. PRO, FO 84/204, Robert Dambrill para J. H. Robillard, Bahia, 13 de junho de 1836.

19. PRO, FO 84/204, J. H. Robillard para Ouseley, 28 de junho de 1836.

20. PRO, FO 84/204, Palmerston para Hamilton, Londres, 26 de setembro de 1836.

21. PRO, FO 13/141, Heskell para Palmerston, Bahia, 10 de abril de 1837.

22. Id., 3 de maio de 1837.

23. PRO, FO 84/198. J. Jackson e Fred Grigg para FO, Rio de Janeiro, 5 de março de 1836.

24. PRO, FO 84/199, id., Rio de Janeiro, 20 de julho de 1836.

25. Encontramos nos arquivos da Revolta dos Malês de 1835 as seguintes indicações:

— Thomé e Domingos da Silva, deportados em 26 de junho de 1836.

— Ignácio de Limeira e Joaquim José Francisco de Mattos, deportados em 22 de setembro de 1836.

Todos os quatro eram nagôs emancipados, e todos foram condenados a oito anos de prisão. Ajadi Luiz Doplé e sua mulher Felicidade Maria da Paixão, ambos nagôs emancipados, foram condenados ele à morte e ela a dois anos de prisão, agraciados em 6 de julho de 1837 e banidos para o porto de Onim, viajando às suas expensas, em companhia de seus quatro filhos menores.

26. PRO, FO 84/199.

27. IGHB, doc. 19/8.

28. PRO, FO 84/156, Fox para Palmerston, Rio de Janeiro, 20 de setembro de 1834.

29. PRO, FO 84/157.

30. PRO, FO 84/156.

31. PRO, FO 84/156.

32. PRO, FO 84/156.

33. PRO, FO 84/179.

34. Ver cap. 9, p. 394.

35. Extrato do jornal *A Aurora Fluminense*, Rio de Janeiro, 20 de março dc 1835, conservado em PRO, FO 84/174.

36. PRO, FO 13/121.

37. PRO, FO 13/141.

38. PRO, FO 13/121.

39. PRO, FO 13/141, Lyon e Parkinson para Palmerston, janeiro de 1836.

40. PRO, FO 84/174.

41. PRO, FO 84/179.

42. PRO, FO 84/179.

43. PRO, FO 84/218.

44. *Jornal do Commercio*, 12 de setembro de 1837, classificado em PRO, FO 84/223.

45. Pedro Calmon (II), v. 4, p. 311.

46. Ver cap. 11, p. 514. Francisco Gonçalves Martins tinha se tornado presidente da província da Bahia.

47. PRO, FO 84/219.

48. PRO, FO 84/219.

49. PRO, FO 84/222, Hamilton Hamilton para G. A. d'Aguiar Pantoja, Rio de Janeiro, 22 de fevereiro de 1838:

"A respeito dos escandalosos desembarques na fazenda do sr. José Carlos d'Almeida Torres, na lagoa Rodrigo de Freitas, na vizinhança da cidade, 527 escravos desembarcados do brigue *Dom Manoel de Portugal*, depositados perto do Jardim Botânico durante alguns dias; 335 do patacho *Jove* e 297 do paquete *Flor de Luanda*, desembarcados nas imediações da ilha de São Sebastião; 297 do patacho *Dois de Abril* e 614 do brigue *Leão* em Campos; 319 do paquete *Rio Tua* na fazenda de Guimarães na Ilha Grande [...]".

Hamilton Hamilton para Palmerston, Rio de Janeiro, 24 de maio de 1838:

"Era o atual ministro da Fazenda, o sr. Branco, que tinha assinado da parte deste governo os artigos adicionais em 1835, mas o ministro estava em íntimas relações com os comerciantes de escravos, e a pureza de suas opiniões poderia ser justamente colocada em questão. A do ministro da Guerra, sr. Costa Pereira, podia também ser posta em questão, e seus filhos estavam ativamente envolvidos no tráfico".

Hamilton Hamilton para Palmerston, 30 de abril de 1838:

"O número de navios de tráfico entrados somente no mês de março no Rio de Janeiro era dezesseis, e tinham importado 7495 escravos. O *Cérès* era comandado por um oficial brasileiro da marinha imperial, o sr. Francisco Perez de Carvalho; seu nome não aparecia em nenhum papel, nem mesmo como passageiro".

Hamilton Hamilton para Palmerston, 15 de dezembro de 1838:

"Havia quatro grandes depósitos de escravos nos arredores desta cidade. O mais considerável era aquele da baía de Jurujuba, que era dirigido por Jorge José de Souza, José Bernardino de Sá, José Pimenta Júnior e João Machado Cardoso. Na ocasião, havia ali até 6 mil escravos à venda. O segundo em importância era o da Ponta do Caju, onde havia um entreposto perto da praia para a chegada de escravos, e sempre havia destes infelizes para venda. Os dois outros depósitos de Botafogo e São Clemente não eram tão grandes".

50. PRO, FO 84/286.

51. PRO, FO 84/313.

52. PRO, FO 84/360.

53. PRO, FO 84/285.

54. PRO, FO 84/286.

55. PRO, FO 84/179.

56. PRO, FO 84/350.

57. PRO, FO 84/365.

58. Ver cap. 15, p. 638.

59. PRO, FO 84/410.

60. PRO, FO 84/410, Rio de Janeiro, 26 de novembro de 1842.

61. PRO, FO 84/467.

62. PRO, FO 84/468.

63. PRO, FO 84/582.

64. PRO, FO 84/582.

65. PRO, FO 13/251.

66. PRO, FO 13/261.

1º — A respeito da extensão e do custo da cultura de cana-de-açúcar e da manufatura do açúcar pela mão de obra escrava em seu consulado. Ele não conhece a extensão dessa cultura; o custo, na presente taxa de câmbio de 28 d. [pence] por mil-réis dessa cultura, é, por cwt,

112 libras ou 50 quilos aproximadamente.....................	5,6 shillings
manufatura...	6,5 shillings
juros do capital investido em terras e casas....................	4,6 shillings
custo total por cwt.................................	16,7 shillings

2º — Se uma parte do açúcar é produzida por trabalhadores livres? Todo o açúcar é produzido pela mão de obra escrava.

814

3º — Qual o custo de um determinado trabalho, como o de cavar buracos para plantar cana-de-açúcar?

A locação de um escravo é de aproximadamente 10 d. por dia. Calcula-se que, por dia, são necessários treze escravos para cavar os buracos na plantação de um acre (2/5 de hectare aproximadamente) de cana-de-açúcar.

4º — Preço atual de um escravo e a duração média de sua vida?

O preço oscila entre cinquenta e 55 libras esterlinas. A duração média de vida de um escravo, a partir do momento em que começa a trabalhar, é de aproximadamente 25 anos.

5º — Presente condição da cultura do açúcar? Relação da população escrava com os proprietários? Tranquilidade e segurança da propriedade?

Questões infelizmente deixadas sem resposta por este cônsul.

6º — Taxas interiores e direitos de exportação do açúcar?

Respectivamente 4% e 7%.

67. PRO, FO 84/765.

68. Lloyd, cap. 10.

69. PRO, FO 84/802.

70. PRO, FO 84/802.

71. PRO, FO 84/804.

72. PRO, FO 84/803.

73. PRO, FO 84/726.

74. PRO, FO 84/767.

75. PRO, FO 84/801.

76. PRO, FO 84/801.

77. PRO, FO 84/808.

78. PRO, FO 84/801.

79. PRO, FO 84/804.

80. PRO, FO 84/804.

81. PRO, FO 84/804, *Jornal do Commercio*.

82. Eis os principais pontos da Lei Eusébio de Queirós:

Art. 1º — As embarcações brasileiras encontradas em qualquer lugar, e as estrangeiras encontradas nos portos brasileiros, tendo a bordo escravos, cuja importação é proibida pela lei de 7 de novembro de 1831, e tendo-os desembarcado, serão apresadas pelas autoridades brasileiras ou pelos navios de guerra brasileiros e consideradas como importadoras de escravos.

Aquelas que não tiverem escravos a bordo e que não tiverem recentemente desembarcado, mas que se encontrarem tendo as características daquelas que são utilizadas para o tráfico de escravos, serão igualmente apresadas e consideradas como tendo tentado importar escravos.

Art. 2º — O governo imperial determinará por um regulamento as características que constituem a suspeita legal da afetação de uma embarcação ao tráfico de escravos.

Art. 3º — Serão autores do crime de importação, ou de tentativa desta importação, o proprietário, o capitão ou mestre, o piloto e o contramestre da embarcação, o sobrecarga. Serão cúmplices: a tripulação e os que a tiverem ajudado a desembarcar os escravos em território brasileiro ou que tenham concorrido a dissimulá-los do conhecimento das autoridades, ou para os subtrair ao apresamento no mar, ou no momento do desembarque, quando houver perseguição.

Art. 4º — A importação de escravos em território do Império será considerada pirataria e será punida por seus tribunais com as penas indicadas no art. 1º da lei de 7 de novembro de 1831.

Art. 5º — As embarcações de que tratam os arts. 1º e 2º e todos os navios empregados para o desembarque, a dissimulação ou o desvio de escravos serão vendidos com a carga encontrada a bordo, e seu produto pertencerá aos que os terão capturado, dedução feita de um quarto destinado ao denunciador, se houver um. E o governo, se o julgamento for de "boa presa", recompensará a tripulação da embarcação com a soma de 40 mil-réis por cada africano capturado, soma que será distribuída conforme as leis a este respeito.

Art. 6º — Todos os escravos capturados serão reexportados por conta do Estado para seus portos de embarque, ou sobre qualquer outro porto do Império que pareça convir melhor ao governo, e enquanto aquela reexportação não tenha sido feita, eles serão empregados em obras sob a tutela do governo, e em nenhum caso poderão ser cedidos para obras particulares.

Art. 7º — Não será fornecido passaporte para a costa da África sem que seus proprietários, capitão ou mestre, se comprometam a não receber escravos a bordo, pagando uma caução [...].

83. PRO, FO 84/878.

84. PRO, FO 84/879.

85. PRO, FO 84/844.

86. PRO, FO 13/277.

87. Ver cap. 16, p. 737.

88. PRO, FO 84/808.

89. PRO, FO 84/848.

90. PRO, FO 84/848.

11. ASTÚCIA E SUBTERFÚGIOS NO TRÁFICO CLANDESTINO DE ESCRAVOS, 1810-51 [pp. 470-517]

1. PRO, T 70/36, pp. 170 e 188, Simon Cock para FO, CCC, 14 de agosto e 4 de outubro de 1816. PPST, 1816, carta de Sir Lucas Yeo, Londres, 7 de novembro de 1816.

2. APEB, pass. e guia 4.

3. PRO, FO 63/215.

4. APEB, 119, fl. 224.

5. Ver nº 67 da lista do apêndice I.

6. PRO, FO 84/42.

7. PRO, FO 84/71.

8. De acordo com o registro mantido pelo arsenal sobre o brigue *Henriqueta*, comandado por João Cardoso dos Santos:

— 13 de março de 1825,	retorno de Molembo em 19 dias com	504 negros
— 3 de novembro de 1825,	retorno de Molembo em 18 dias com	504 negros
— 11 de março de 1826,	retorno de Molembo em 23 dias com	441 negros
— 1 de outubro de 1826,	retorno de Molembo em 21 dias com	524 negros

— 26 de março de 1827,   retorno de Molembo em 25 dias com . . . . . .   523 negros

— 30 de junho de 1827,   retorno de Molembo em 17 dias com . . . . . .   544 negros

3040 negros

9. PRO, FO 84/66.

10. Ver nº 31 a 85 da lista do apêndice I.

11. APEB, inv. 448.

12. APEB, 120, fl. 119 ss.

13. PRO, FO 63/223.

14. APEB, inv. 450.

15. PRO, FO 84/12.

16. PRO, FO 63/240.

17. APEB, doc. cons. ingl., fl. 14.

18. PRO, FO 84/12.

19. PRO, FO 84/17, Hayne para FO, Rio de Janeiro, 16 de janeiro de 1822.

20. PRO, FO 84/12, Rio de Janeiro, 27 de agosto de 1821.

21. Graham, p. 166.

22. PRO, FO 84/22, SL, 1º de janeiro de 1823.

23. APEB, inv. 450.

24. APEB, inv. 1641.

25. PRO, FO 84/38, SL, 10 de abril de 1823.

26. PRO, FO 84/22, SL, 2 de janeiro de 1823.

27. PRO, FO 84/31.

28. PRO, FO 84/42.

29. APEB, doc. cons. ingl., fl. 110.

30. APEB, doc. cons. ingl., fl. 140.

31. PRO, FO 84/71.

32. PRO, FO 84/66.

33. APEB, inv. 1641.

34. PRO, FO 84/31, Rio de Janeiro, 5 de janeiro de 1824.

35. PRO, FO 84/31.

36. AMB, 45.

37. PRO, FO 84/31.

38. APEB, doc. cons. ingl., p. 84.

39. APEB, 591, fl. 659.

40. APEB, 591, fl. 656.

41. PRO, FO 84/28, SL, 15 de maio de 1824.

42. PRO, FO 84/42.

43. APEB, 593.

44. APEB, 593, p. 542.

45. PRO, FO 84/65, SL, 2 de fevereiro de 1827.

46. Os vasos apresados são os casos 52, 54, 57, 58, 59, 60, 61, 62, 65, 66, 68, 69, 70 e 74 da lista do apêndice I.

47. PRO, FO 84/64, SL, 28 de setembro de 1827.

48. pro, fo 84/112.

49. Detalhes a respeito dos passaportes duplos de 1829:

Na lista que segue, o primeiro vaso nomeado nunca saiu da Bahia e pediu um passaporte para o golfo do Benim, que passou sem dúvida ao segundo vaso nomeado que partiu em viagem de tráfico para o golfo do Benim de fato, e não para Molembo ou Cabinda. O número em parênteses que segue o nome é o do passaporte. Os vasos são sempre da mesma categoria: brigue, goleta, galera etc. Veremos que o nome do capitão é frequentemente o mesmo, e que os navios assim associados pertenciam em geral ao mesmo proprietário. Veremos também que as datas de emissão dos dois passaportes complementares são geralmente muito próximas ou as mesmas:

1) As goletas *Santo Antônio* (431) e *Terceira Rosália* (51), passaportes de 11 de julho e 12 de outubro, mesmo proprietário Manoel Francisco Moreira, mesmo capitão Joaquim Vieira dos Santos. Volta da *Terceira Rosália* em 12 de outubro, em princípio de Cabinda, com 270 escravos a bordo.

2) As goletas *Bonfim* (?) e *Santa Cruz* (31), ambas com passaportes de 18 de julho, mesmo proprietário Antônio José Pereira Arouca, capitão ou capitães respectivos João Francisco dos Santos e João Francisco Carneiro. Volta da *Santa Cruz* em 9 de janeiro, em princípio de Molembo, com 128 escravos a bordo.

3) Os brigues *Leal Portuense* (450) e *Furão* (30) tiveram os passaportes retirados no mesmo 18 de julho, tendo ambos Anacleto José Barboza como proprietário e os respectivos capitães Francisco Theodoro e José Ferreira de Barros. O *Furão* voltava em 6 de novembro, em princípio de Cabinda, com 568 escravos.

4) As goletas *Maria Roza* (451) e *Bahiana* (29), passaportes de 18 de julho. Os proprietários eram João José de Freitas e João Francisco de Souza Paraíso, mas se o primeiro capitão se chamava Isidoro Manoel, o segundo era nomeado Manoel Isidoro. Na volta chamava-se Manoel Isidoro Carreira. A *Bahiana* voltava em princípio de Cacongo, com 180 escravos.

5) As goletas *Providência* (469) e *Bom Sucesso* (32), passaportes de 24 de julho, mesmo proprietário Joaquim José de Oliveira, capitães João da Silveira Villas Boas e José Vieira de Faria. O *Bom Sucesso* voltava em princípio de Cabinda, com 225 escravos.

6) As duas goletas *Carlota*, ambas do mesmo nome (479 e 34), passaportes de 30 e 29 de julho, mesmo proprietário José de Cerqueira Lima e os capitães José Francisco Carreirão e José Francisco da Costa. A *Carlota* voltava em 29 de julho, em princípio de Molembo, com 368 escravos.

7) As galeras *Felicidade* (500) e *Fortuna* (501), passaportes de 11 de agosto, proprietários respectivos Manoel Cardoso dos Santos e Lourenço Antônio do Rego, mesmo capitão Jacinto Pereira Carneiro. A *Fortuna* voltou em princípio de Cabinda, com 640 escravos.

8) As goletas *Barbara* (503) e *Paquete Africano* (28), passaportes de 12 de agosto e 17 de julho, mesmo proprietário Joaquim José Teixeira, capitães respectivos José Cláudio dos Santos e Miguel Antonio. O *Paquete Africano* voltou em 20 de janeiro de 1830, em princípio de Cabinda, com 340 escravos.

9) As goletas *Aurélia* (504) e *Tentadora* (35), passaportes de 5 e 12 de agosto, mesmo proprietário João da Costa Júnior, mesmo capitão Ignácio Manuel de Oliveira. A *Tentadora* foi apresada perto de Lagos em 14 de janeiro de 1830, com 432 escravos a bordo (caso 79).

10) Os bergantins *Águia* (510) e *Felicidade* (36), passaportes de 18 e 14 de agosto, mesmo

818

proprietário Wenceslão Miguel d'Almeida, capitães respectivos Antônio Velasco e Antônio Vieira dos Santos.

11) As goletas *Aurélia* (511) e *Barbara* (37), passaportes de 21 e 14 de agosto, mesmo proprietário Wenceslão Miguel d'Almeida, mesmo capitão José Rodriguez Ferreira. A *Barbara* voltou em 27 de dezembro, em princípio de Molembo, com 251 escravos.

12) As goletas *Triumpho* (518) e *Nossa Senhora da Guia* (39), passaportes de 21 de agosto, mesmo proprietário Joaquim José de Oliveira, capitão ou capitães respectivos Pedro José e José Fernandes Soares. A *Nossa Senhora da Guia* foi apresada perto de Lagos em 7 de janeiro de 1830, com 310 escravos a bordo (caso 82).

13) As goletas *Trahira* (545) e *Ligeira* (41), passaportes de 5 e 1º de setembro, proprietário José de Cerqueira Lima, capitão (ou capitães) Manoel Pereira dos Santos e Manoel Pereira Sarmento. Volta da *Ligeira* em 17 de janeiro de 1830, em princípio de Molembo, com 392 escravos. A volta precedente, em 25 de junho de 1829, também em princípio de Molembo, estava assinalada pelo cônsul como sendo de Ajudá, com 338 escravos.

14) A galera *São Benedito*, dois passaportes (550 e 55), de 10 e 29 de setembro, proprietário Joaquim José de Oliveira e capitão José Antônio do Socorro. Ao contrário da regra habitual, o *São Benedito* foi para Ajudá e voltou em 18 de junho de 1830 com muitos passageiros, retornando em 23 dias de Ajudá com uma carga de azeite de dendê, entre outras mercadorias, e os seguintes passageiros: os espanhóis José de Uraga e Francisco Guerra e os brasileiros José Roza Ferreira e Ignácio de Oliveira (nascido em Portugal), todos navegantes; Manoel José Teixeira, José Medro Marques Lins e um escravo, Ângelo, empregados do comércio e também brasileiros; os negros libertos Joaquim de Meirelles, João Nunes de Barros, Manoel Correa da Costa e José Ignácio, sem emprego; Cândido Fernandez Marcos, carpinteiro; Innocêncio de Araújo de Santa Anna, barbeiro; Euzébio de Jesus Maria, tanoeiro; Bento Martins da Costa Guimarães e Luiz Ferreira dos Santos, cozinheiros; Manoel Lourenço Antônio dos Anjos, Elias Pinheiro, Joaquim Martins, Domingo Maia, Jozé Rodriguez, José Pires, Antônio José da Cunha e Luís Cerqueira, marinheiros; Lourenço Roque, carpinteiro; Miguel da Silva, calafate; João Vieira, seringueiro; e vinham igualmente os seguintes negros: Feliz, escravo de Francisco Nicolão; José, escravo de Innocêncio de Araújo; Roberto de Oliveira e Raphael de Oliveira, escravos de Joaquim José de Oliveira.

15) As goletas *Carolina* (565) e *Umbelina* (43), passaportes de 19 e 10 de setembro, proprietário Manoel Cardoso dos Santos e capitão João dos Santos para a primeira, sendo João Cardoso dos Santos proprietário e capitão da segunda. A *Umbelina* voltou em 20 de novembro, em princípio de Cabinda, com 376 escravos.

16) A goleta *Amazona* (600) e o veleiro *Campeadora* (46), passaportes de 8 e 1º de outubro, mesmo proprietário Antônio Pedroso de Albuquerque e mesmo capitão ou capitães Joaquim Luiz da Cruz e Joaquim Luiz Croze Santos. O *Campeadora* voltava em 15 de março, em princípio de Cacongo, com 402 escravos.

17) As goletas *Providência* (585) e *Diligência* (45), passaportes de 1º de outubro, proprietários respectivos Joaquim Carvalho da Fonseca e Ignácio Garcia Roza. A *Diligência* voltou em 4 de dezembro, em princípio de Cacongo, com 240 escravos.

18) As goletas *Maria Thereza II* (618) e *Maria Thereza I* (50), passaportes de 20 e 17 de outubro, mesmo proprietário José de Cerqueira Lima, capitães respectivos José Rabello e Thomé

Joaquim Rodriguez Palavra. A volta de *Maria Thereza I* se deu em 31 de janeiro de 1830, em princípio de Molembo, com 315 escravos e um passageiro, José Maria da Costa Pimentel, navegante.

19) As goletas *Independência* (625) e *Constituição* (52), passaportes de 21 e 20 de outubro, mesmo proprietário José de Cerqueira Lima, mesmo capitão Francisco Nunes Lopez. Volta da *Constituição* em 2 de abril, em princípio de Molembo, sem escravos, apesar de ter o direito de trazer 495. Mas trazia, isso sim, 28 fardos de panos da costa, geralmente importados da Costa da Mina, e um passageiro doente, o português André Rodriguez Vianna. É provável que essa goleta viesse da Costa da Mina, tendo em vista a mercadoria que trazia, e que os escravos tivessem sido desembarcados antes de chegar ao porto, pois o tráfico de escravos estava proibido desde 13 de março, e mesmo de Molembo podiam ser considerados como tendo sido importados ilegalmente.

20) As goletas *Triumpho* (644) e *Cotia* (57), passaportes de 30 de outubro, mesmo proprietário Antônio Francisco Bahia e mesmo capitão Simão José Pereira.

21) O patacho *Feliz* (657) e a barca *Felicidade* (68), passaportes de 3 e 14 de novembro, proprietários respectivos Manoel Francisco Moreira e João Victor Moreira, capitão ou capitães Bernardo José e José Barbosa.

22) As goletas *Heroína* (663) e *Temerária* (59), passaportes de 6 de novembro e 31 de outubro, mesmo proprietário José de Cerqueira Lima, mesmo capitão José Maria dos Santos. Volta da *Temerária* em 5 de março de 1830, em princípio de Cabinda, com 329 escravos a bordo.

23) As goletas *Fortuna* (422) (servindo pela segunda vez) e *Esperança* (54), passaportes de 10 e 27 de outubro, mesmo proprietário José Alves da Cruz Rios, capitães respectivos João Pinto de Souza e José da Silva Rios. Volta da *Esperança* em 27 de janeiro de 1830, em princípio de Cabinda, com 422 escravos a bordo.

24) As goletas *Victória* (678) e *Carlota* (61), passaportes de 13 de novembro, mesmo proprietário José de Cerqueira Lima, capitães respectivos Sebastião Teixeira Cavalheiro e José Francisco da Costa. Volta da *Carlota* em 29 de março de 1830, em princípio de Cacongo, com 279 escravos.

25) As goletas *Galega* (725) e *Flor da Etiópia* (58), passaportes de 28 e 30 de novembro, mesmo proprietário Antônio Pedroso de Albuquerque, mesmo capitão José Martins Vianna. Volta da *Flor da Etiópia* em 29 de março de 1830, em princípio de Cacongo, com 129 escravos a bordo. Seu capitão era Joaquim dos Santos Mattos, tendo como passageiros Simão Soares de Magalhães, José Calixto e José da Costa, brasileiros.

26) As goletas *Clara* (726) e *Maria* (60), passaportes de 28 e 11 de novembro, mesmo proprietário José Alves da Cruz Rios e mesmo capitão Francisco Souza. Volta da *Maria*, em princípio de Cabinda, em 28 de fevereiro de 1830, com 330 escravos a bordo, embora a *Maria* tenha ficado em princípio na Bahia e a *Clara* tenha partido para a Costa da Mina em 5 de dezembro de 1829.

50. PRO, FO 84/93.

51. PRO, FO 84/120.

52. PRO, FO 84/179.

53. Ver cap. 10, p. 427.

54. PRO, FO 84/368.

55. PRO, FO 84/112.

56. PRO, FO 84/103.

57. PRO, FO 84/71.

58. PRO, FO 84/122.

59. PRO, FO 84/120, Rio de Janeiro, 13 de janeiro de 1831.

60. PRO, FO 84/130, Bahia, 29 de fevereiro de 1832.

61. PRO, FO 84/141.

62. PRO, FO 84/157.

63. No capítulo 9, sobre as revoltas dos escravos, tratamos do papel desempenhado por esse mesmo André Pinto da Silveira no fracasso da Revolta dos Malês, algumas semanas depois dessa comunicação do cônsul Parkinson.

64. PRO, FO 84/180.

65. PRO, FO 84/189.

66. Goes Calmon, p. 44.

67. PRO, FO 84/267.

68. Turnbull, p. 451, e PRO, FO 84/301.

69. PRO, FO 84/365.

70. PRO, FO 84/365.

71. PRO, FO 84/411.

72. PRO, FO 84/411. Robert Hesketh para Hamilton Hamilton, encarregado de negócios britânico no Rio de Janeiro, 20 de abril de 1841:

"Na relação das exportações impressa hoje no *Jornal do Commercio*, aparece o seguinte relatório da alfândega: 'Liberação de saída de 22 do corrente. África, pelo bergantim americano *Independence*. A. A. Ferreira e Silva — três barricas com 413 *shackles*, ferros para escravos'.

Uma tal carga a bordo de um vaso brasileiro tê-lo-ia exposto às penas estipuladas no tratado para a abolição do tráfico de escravos. Parece inacreditável que o governo imperial, de um lado, e as autoridades dos Estados Unidos neste porto, de outro, possam autorizar o envio para a África de um artigo que não pode ter outra utilização ou objetivo senão a infração daquela lei [...] que os dois Estados não somente declaram existir, como a respeito dela dão mostra de uma sensibilidade indignada diante da menor observação sobre o ponto de seu cumprimento".

73. PRO, FO 84/134.

74. PRO, FO 84/383.

75. PRO, FO 84/364.

76. PRO, FO 84/368.

77. Lacroix, p. 34.

78. PRO, FO 84/368.

79. PRO, FO 84/350. Peter Christie faltava com moderação em seus atos e fez uma série de prisões arbitrárias, o que terminou custando caro ao governo britânico.

Houve o caso do brigue brasileiro *Nova Aurora*, cujo capitão era João José Peixoto, com dezesseis homens de tripulação, quinze passageiros e um escravo a bordo. O captor deixou todos os passageiros e a tripulação na Bahia, à exceção do capitão, do segundo, do contramestre e do cozinheiro, e o enviou para o Rio de Janeiro com uma tripulação de apresamento comandada por Edward Edwin Morgan, segundo do *Rose*, chegado em 17 de março. O processo começou em 22 de março e terminou em 15 de abril. O brigue, julgado como tendo sido detido ilegalmente, foi restituído a seus proprietários, que ficaram livres para fazerem suas reclamações.

"Os passageiros viram suas bagagens serem abertas à força e suas caixas quebradas; seu dinheiro e suas roupas foram roubados, e eles ficaram sem recursos na Bahia."

Houve o caso infeliz em que se meteu Christie (PRO, FO 84/406), que, em 1842, tendo abordado o *Bonfim*, abrira um envelope selado com as armas imperiais da alfândega, ato que provocou uma viva reação do governo brasileiro e um incidente diplomático.

Em 3 de maio de 1843 (PRO, FO 84/470), Porter escrevia a um de seus amigos: "Cometemos um grande erro prendendo o *Marabout*, da mesma maneira que o brigue brasileiro *Nova Aurora*. Meu amigo, o capitão Christie, suponho, deve agora prestar conta plenamente".

80. Lacroix, p. 35.

81. PRO, FO 84/141.

82. PRO, FO 84/157.

83. PRO, FO 84/301.

84. PRO, FO 84/368.

85. PRO, FO 84/411.

86. PRO, FO 84/526.

87. PRO, FO 84/632.

88. PRO, FO 84/679.

89. PRO, FO 84/679.

90. PRO, FO 84/679. O cônsul assinalava a progressão da importação de escravos no decorrer dos últimos oito anos:

1840	1413
1841	1470
1842	2520
1843	3111
1844	6501
1845	5582
1846	7354
1847	10064

Em 1851, ele completava aquelas cifras (pro, fo 84/848):

1848	7299
1849	8081
1850	9451
Total	62846

91. PRO, FO 84/727.

92. PRO, FO 84/767.

93. PRO, FO 84/808.

94. As cifras das saídas dos vasos do porto da Bahia entre 1846 e 1850 eram as seguintes (PRO, FO 84/767 e 808):

NACIONALIDADE	1846	1847	1848	1849	1850	TOTAIS
Sardos	12	22	27	26	24	111
Franceses	12	7	11	12	7	49

NACIONALIDADE	1846	1847	1848	1849	1850	TOTAIS
Brasileiros	21	32	45	32	24	154
Americanos	6	6	8	6	2	28
Suecos	2	2				4
Espanhóis	2	1	1			4
Portugueses	1	2	1	2	4	10
Dinamarqueses		1				1
Bremas		1				1
Totais	56	74	93	78	61	362

95. PRO, FO 84/801.

96. PRO, FO 84/848.

97. PRO, FO 84/848.

98. Pinho, p. 205.

99. Cartas da herança de David Besuchet em Ilhéus, morto na Bahia em 1852. Extratos dos documentos do consulado da Confederação Helvética, por Hermann Neeser, para uma obra em preparação sobre a influência da emigração suíça na Bahia.

100. APEB, sec. judic., 1249/2, 1851-6; 497/1, 1851-2; 423/1, 1852.

101. Ver cap. 15, p. 671.

102. PRO, FO 84/848.

103. NNA, col. prof. 4/1.

104. Pinho, p. 210.

105. Sobre os 274 que restavam então, percebemos que 215 eram nagôs, cinquenta haussás, cinco tapas, dois jejes, um fulani e um benin; 243 eram homens e 31 mulheres (trinta nagôs e uma benin).

106. PRO, FO 84/880.

107. Encontramos traços do nome de Benito Denizan nos registros dos passaportes emitidos da Bahia para a costa da África:

— nº 140, em 6 de abril de 1848, a bordo do *Empério*;

— nº 265, em 23 de julho de 1850, a bordo do *Relâmpago*;

— nº 238, em 7 de julho de 1851, a bordo do *Relâmpago*.

108. PRO, FO 84/858.

109. O detalhe da saída desse lugar é exato.

110. Entre as testemunhas citadas na defesa em seguida, figurava Henrique Samuel Marback, branco, casado, nascido na Inglaterra, 58 anos, vivia na rua Baixa, proprietário e negociante. Ele declarou ter sido amigo de João Borges Ferras, administrador, que lhe havia pedido uma recomendação para seu genro e afilhado. Ele confirmava que Marcos Borges Ferras, após ter trabalhado com André Pinto da Silveira, tinha sido empregado por Simões Coimbra e também por José Joaquim Couto.

Uma outra testemunha chamava-se Caetano Alberto da França, mulato claro, viúvo, nascido nesta cidade da Bahia, 68 anos, habitante do bairro da Saúde, negociante.

111. Bouche, p. 384.

12. PRINCIPAIS NAVEGADORES E COMERCIANTES DA BAHIA QUE TOMARAM PARTE NO TRÁFICO CLANDESTINO DE ESCRAVOS [pp. 518-59]

1. PRO, FO, 84/880. Em 31 de dezembro de 1852, o cônsul britânico na Bahia enviava ao Foreign Office a lista das pessoas suspeitas de tráfico de escravos residentes naquela cidade:

Antônio Pedroso de Albuquerque, comendador, comandante superior de Itaparica	brasileiro
Aigines Pereira Gomes (Hygínio Pires Gomes)	brasileiro
Joaquim Alves da Cruz Rios, vice-cônsul da Argentina	brasileiro
João da Costa Junior	brasileiro
Sra. Lopez, casada agora com um homem chamado Alves (viúva de Francisco Lopez Guimarães, tendo casado mais tarde com o pai de Castro Alves)	brasileira
J. A. Roiz Vianna	português
José Joaquim Machado, comendador	português
Querino	português
Joaquim Pereira Marinho	português
Antonio Martins de Oliveira	português
Francisco Teixeira Guimarães	português
Bruno Alves Nobre	português
Miguel Pereira da Silva	português
Justino José Fernandez	português
Estevão José Brochado	português
Domingos Gomes Bello	português
Joaquim Francisco dos Santos	português
Pereira da Costa Bastos	português
Francisco José Godinho, comendador	português
José Joaquim de Almeida	português
Vicente Ignácio da Silva	português
Francisco Alberto dos Santos	português
J. C. Salvi	sardo
Giuseppe Carrena, cônsul de Roma	sardo
L. P. Crocce, cônsul do Chile	sardo
Gantois	belga
Marback	inglês

824

Don Luis (Lemaignère)   francês

A lista dos principais depósitos de escravos era:

— Itaparica

— Manguinho (dois), proprietários Serva e Santa Bárbara

— Fazenda do Daltro, proprietário Paraíso

— Fazenda Grande Conceição, proprietário João da Costa Junior

— Perto da entrada do rio Una, proprietário Aigines Pereira Gomes

— Ilhas dos Frades, proprietário J. Pereira Geremoaba

— Plataforma, proprietário José Roiz da Costa

— Montserrate, proprietário Maia

— Vitória, proprietário Querino Antônio

2. APEB, 113, fl. 522.

3. Encontramos traços de seus embarques no período em que o tráfico ainda era legal ao norte do equador.

A corveta *Diana*, a bordo da qual Innocêncio Marques de Santa Anna estava quando foi feito prisioneiro, em 7 de setembro de 1804, na praia de Porto Novo, pelas tropas de Adandozan, o rei do Daomé, possui indicações de ter tido partidas da Bahia em 5 de dezembro de 1794, 4 de outubro de 1796, 2 de dezembro de 1799, 10 de janeiro de 1801 e 26 de maio de 1802, tendo João José Leal como proprietário e caixa. Em 23 de maio de 1804, a *Diana* tornava-se propriedade de Manoel Ribeiro e Silva.

Após sua volta do cativeiro em Abomé, ele tomou o comando dos vasos que partiam da Bahia nas seguintes datas:

— em 5 de novembro de 1806, o bergantim português *Disforço*, propriedade de José Tavares França;

— em 14 de abril de 1810, o bergantim *Desengano*;

— em 26 de março de 1811, o bergantim *Boa Hora*, propriedade de Manoel Gomes Correia;

— em 14 de fevereiro de 1812, o mesmo bergantim *Boa Hora*;

— em 10 de junho de 1812, o bergantim *Bom Caminho*, propriedade de Francisco de Souza Paraíso.

Os outros embarques aconteceram no período do tráfico ilegal.

4. PRO, T 70/36, CCC, 4 de dezembro de 1815.

5. Em 17 de agosto de 1812, 26 de fevereiro de 1813, 16 de outubro de 1813, 6 de abril de 1814 e 17 de março de 1815, sendo esta última a viagem durante a qual foi capturado.

6. PRO, FO 84/12, 10 de abril de 1821.

7. PRO, FO 84/5.

8. Partidas anotadas em 21 de abril de 1817, 13 de julho de 1818, 24 de julho de 1819 e 1º de março de 1821.

9. PRO, FO 268/6, Bahia, 28 de abril de 1824.

10. PRO, FO 84/71.

11. PRO, FO 84/95.

12. PRO, FO 84/103.

13. PRO, FO 84/112.

14. PRO, FO 84/103.

15. Capitão do brigue *Victória*, 242 toneladas, pertencente a Custódio José Leite, licença de partida nº 326, de 11 de julho de 1818, para Cabinda.

Capitão do mesmo, pertencente a Vicente Paulo e Silva, licença de partida nº 359, de 21 de julho de 1820, rumo a Molembo, para 606 escravos, e licença de partida nº 32, de 17 de janeiro de 1821, para Molembo.

Capitão do brigue *Cerqueira*, 304,5 toneladas, pertencente a José de Cerqueira Lima, licença de partida de 29 de outubro de 1823, passaporte nº 4, com destino a Molembo, para 761 escravos. Partiu em 7 de novembro de 1823 (PRO, FO 84/28), apresado em 30 de janeiro de 1824 em Lagos pelo *H.M.S. Bann*, cujo comandante era Courtnay, o capitão estando em terra. Chegado em Serra Leoa em 5 de março de 1824 (caso 41), julgado e libertado em 15 de maio de 1824, volta a procurar seu capitão em Lagos em companhia de dois outros vasos no mesmo caso, *Crioula* e *Minerva*.

Proprietário do brigue *Heroína*, capitão Miguel Antônio Neto, passaporte para Molembo, capturado em Lagos, condenado pelo tribunal misto em 24 de janeiro de 1827, criando assim um precedente de legislação de apresamento por não observação das cláusulas do passaporte.

Proprietário do brigue *Tibério*, capitão Francisco José d'Almeida. Partida para a Costa da Mina em 2 de fevereiro de 1831, 188 toneladas, quinze tripulantes; volta em 26 de junho de 1831, quinze tripulantes, em 25 dias. Partida para a Costa da Mina em 3 de outubro de 1831, 188 toneladas, quinze tripulantes; volta em 2 de fevereiro de 1832, em 33 dias.

O mesmo brigue, tendo por capitão Miguel Antônio Neto, com partida para a Costa da Mina em 16 de fevereiro de 1833, 188 toneladas, 23 tripulantes.

Em seguida, tendo por capitão Francisco Nunes Lopes. Partida para a Costa da Mina em 4 de março de 1835, 240 toneladas, dezenove tripulantes; volta em 18 de julho de 1835, de Onim, em quarenta dias. Partida para a Costa da Mina em 28 de dezembro de 1835, 256 toneladas, dezenove tripulantes; volta em 20 de maio de 1836, em 33 dias. Partida para a Costa da Mina em 15 de agosto de 1836, 256 toneladas, dezenove tripulantes.

Proprietário da goleta *Maria Thereza*, 190 toneladas, 25 tripulantes, comandada sucessivamente por: capitão Pedro José Neto, volta em 20 de dezembro de 1833 da Costa da Mina, em 24 dias sobre o leste; capitão Francisco da Silva, partida para a Costa da Mina em 26 de julho de 1834, com escala na ilha de São Tomé; capitão João Pereira, volta em 27 de junho de 1835 do Cabo Verde, em 22 dias.

16. Sobre os seguintes vasos:

NOME DO VASO	PROPRIETÁRIO	DATA	LOCAL
Brigue *Tibério*	José Alves da Cruz Rios	26/04/1809	C. da M.
—	José Luiz Ferraz	31/03/1810	—
Brigue *Águia Volante*	José Alves da Cruz Rios	14/05/1811	C. da M.
Brigue *Tibério*	—	06/10/1811	—
Bergantim *Triunfo*	Jᵐ Jᵉ de Oliveira	15/02/1812	—
NOME DO VASO	PROPRIETÁRIO	DATA	LOCAL

Bergantim *Bom Sucesso*	—	—	—
—	—	29/07/1812	Ajudá
—	—	12/04/1813	C. da M.
—	—	21/07/1813	—
—	—	18/02/1814	—
Bergantim *Conde de Amarante*	—	08/08/1815	Cabinda
Bergantim *Diana do Monte*	Thomé Alfonso de Moura	10/07/1816	—
Galera *Cisne*	—	24/10/1817	Molembo
Goleta *Caridade*	Antº Jᵉ do Socorro	07/05/1818	C. da M.

17. Huntley, p. 50.

18.

NOME DO VASO	COMANDADO POR	DATA	LOCAL
Brigue *Victória*	Mᵉˡ Cardozo dos Sᵗᵒˢ	21/07/1820	Molembo
—	—	17/01/1821	—
Sumaca *Primeira Estrella*	Cosme Jᵉ Rodriguez	31/03/1821	—
Navio *Segunda Estrella*	—	17/04/1821	—
Navio *Constituição*	Marcelino Alves da Cruz Rios	02/05/1821	—
Brigue *Zéfiro*	—	22/09/1821	—
Brigue *Vencedor*	—	16/01/1822	—
Brigue *Zéfiro*	João Neri da Silva	16/07/1822	—
Brigue *Vencedor*	José dos Sᵗᵒˢ Ferreira	16/11/1822	C. da M.
Navio *União*	André Pinto da Silveira	04/04/1823	—
Brigue *Zéfiro*	João Neri da Silva	03/05/1823	Molembo
Brigue *Vencedor*	Jᵉ dos Sᵗᵒˢ Ferreira	01/10/1823	—
Sumaca *Crioula*	André Pinto da Silveira	28/10/1823	—
Sumaca *Conceição Estrella*	Jᵉ Maria Alvares	09/12/1823	—
Navio *Estrella*	Cosme Jᵉ Rodriguez	24/12/1823	—
Brigue *Vencedor*	Jᵉ dos Sᵗᵒˢ Ferreira	13/02/1824	—
Navio *Primeira Estrella*	Cosme Jᵉ Rodriguez	15/05/1824	—
Navio *União*	Jᵉ Ferrᵃ de Barros	03/06/1824	—
Brigue *Dois Amigos*	—	04/06/1824	C. da M.
NOME DO VASO	COMANDADO POR	DATA	LOCAL

Iate *Esperança*	J^e Rois Ferreira	23/09/1824	Molembo
Sumaca *Caridade*	J^e dos S^{tos} Ferreira	19/05/1825	—
Iate *Esperança*	J^e Rois Ferreira	19/05/1825	C. da M.
Navio *União*	J^e Ramos Gomez	14/07/1825	—
Navio *Nova Virgem*	—	13/10/1825	Molembo
Navio *Primeira Estrella*	Cosme J^e Rodriguez	10/11/1825	—
Sumaca *Caridade*	J^e Roiz Ferreira	13/12/1825	C. da M.
Brigue *Dois Amigos*	J^e J^m Ladislas	11/02/1826	Molembo
Navio *Nova Virgem*	J^e Ferreira de Barros	06/03/1826	—
Sumaca *Graciosa*	—	24/04/1826	C. da M.
Sumaca *Estrella*	—	26/04/1826	Molembo
Sumaca *Caridade*	—	19/07/1826	—
Sumaca *Victória do Brazil*	—	17/08/1826	—
Brigue *Vencedor*	—	20/12/1826	—
Sumaca *Caridade*	—	01/03/1827	—
Iate *Esperança*	—	11/06/1827	C. da M.
Navio *Nova Virgem*	—	25/09/1827	Molembo
Brigue *Vencedor*	—	04/12/1827	—
Brigue *Ceilão*	—	27/06/1827	C. da M.

19. Goes Calmon, p. 40.

20. Campos (i), p. 353.

21. *Jornal da Bahia*, 7 de outubro de 1859.

22. 19/07/1822, goleta *Constituição*, 124 t, trip. 22, mestre J^m Luiz de Araújo.

19/10/1823, bergantim *Cerqueira*, 304 t, trip. 42, mestre M^{el} Cardozo dos S^{tos}.

17/11/1823, goelta *Carlota*, 176 t, trip. 26, mestre José Ferreira de Barros.

27/02/1824, goelta *Carlota*, 176 t, trip. 26, mestre Thomas Luiz.

03/08/1824, goelta *Carlota*, 176 t, trip. 26, mestre Thomas Luiz.

07/08/1824, sumaca *Conceição Estrella*, 143 t, trip. 18, mestre F^{co} Pinto de Araújo Vianna.

25/08/1824, goleta *Dois de Julho*, 196 t, trip. 25, mestre João da Silv^{ra} Villas Boas.

30/10/1824, brigue *Henriqueta*, 256 t, trip. 30, mestre João Cardozo dos Santos.

06/11/1824, goleta *Carlota*, 176 t, trip. 26, mestre Thomaz Luiz.

15/07/1825, goleta *Carlota*, 176 t, trip. 26, mestre Francisco Costa.

15/07/1825, brigue *Henriqueta*, 256 t, trip. 30, mestre João Cardozo dos Santos.

21/07/1825, bergantim *Feliz Africano*, 227 t, trip. 25, Antonio J. Galvão.

29/11/1825, brigue *Henriqueta*, 256 t, trip. 30, mestre João Cardozo dos Santos.

18/02/1826, brigue *Carlota*, 176 t, trip. 26, mestre José Francisco da Costa.

20/05/1826, brigue *Bahia*, mestre Mathias Bento de Carvalho.

24/06/1826, brigue *Henriqueta,* 256 t, trip. 30, mestre João Cardozo dos Santos.

14/08/1826, brigue *Carlota,* 176 t, trip. 26, mestre José Francisco da Costa.

16/08/1826, goleta *Independência,* 201 t.

05/01/1827, goleta *Independência,* 201 t, mestre Jacinto Antº Perª Carneiro.

18/01/1827, bergantim *General Almeida,* mestre João Sabino.

21/04/1827, bergantim *Camboata.*

12/05/1827, goleta *Carlota,* 176 t, trip. 26, mestre José Francisco da Costa.

20/07/1827, goleta *Ligeira,* 167 t.

20/08/1827, bergantim *General Almeida.*

29/02/1829, goleta *Carlota,* 176 t, trip. 26, mestre José Francisco da Costa.

03/08/1829, goleta *Carlota,* 176 t, trip. 26, mestre José Francisco da Costa.

01/09/1829, goleta *Ligeira,* 167 t.

17/10/1829, goleta *Maria Thereza,* 157 t, mestre Thomé Jᵐ Roiz Palavra.

20/10/1829, goleta *Constituição,* 174 t, mestre Francisco Nunes Lopez.

31/10/1829, goleta *Temerária,* 175 t, mestre José Maria Sephalia.

21/12/1829, golcta *Carlota,* 176 t, trip. 26, mestre José Francisco da Costa.

27/02/1831, goleta *Constituição,* 174 t, mestre Francisco Nunes Lopez.

03/02/1832, goleta *Constituição,* 174 t, mestre Francisco Nunes Lopez.

16/08/1839, patacho *Golfinho,* 190 t, trip. 17, mestre David Thomas Pinto.

05/09/1839, goleta *Caliope,* 181 t, trip. 24, mestre José Francisco da Costa.

23. Das sete viagens do *Henriqueta* (PRO, FO 84/71), encontramos anotadas somente quatro saídas.

24. APEB, sec. judic., maço 2219, nᵒˢ 17 a 23.

25. Goes Calmon, p. 47.

26. 21/03/1824, brigue *Aliança das Nações.*

26/09/1824, brigue *Visconde de S. Lourenço.*

20/06/1825, brigue *Aliança.*

16/09/1825, goleta *Imperatriz,* antiga *Black Bird,* de Filadélfia.

26/09/1835, brigue *Novo Brilhante.*

03/06/1826, bergantim *Príncipe de Guiné,* apresado (caso 52).

29/06/1826, brigue *Novo Brilhante.*

27/08/1826, goleta *Vênus,* apresada (caso 55).

01/10/1826, goleta *Imperatriz.*

20/03/1827, patacho *Despique.*

14/08/1827, goleta *Terceira Rosália.*

10/09/1827, sumaca *Gaivota.*

27/10/1827, goleta *Carolina.*

1827, brigue *Venturoso,* apresado (caso 61).

1827, bergantim *Creola,* apresado (caso 64).

21/11/1827, goleta *Flor da Etiópia.*

07/01/1828, goleta *Terceira Rosália.*

01/10/1829, goleta *Campeadora.*

26/10/1829, goleta *Poderoso.*

30/10/1829, goleta *Flor da Etiópia*.

29/08/1829, goleta *Carolina*.

05/05/1833, goleta *Novo Destino*.

14/07/1833, goleta *Flor da Etiópia*.

25/07/1834, brigue *Veloz*.

22/01/1840, goleta *Picão*.

01/03/1840, goleta *Coquette*.

13/11/1840, goleta *Picão*.

11/12/1840, goleta *Pedro Secundo*.

27/04/1841, goleta *Picão*.

02/08/1841, goleta *Picão*.

02/12/1841, goleta *Picão*.

27. Goes Calmon, p. 80.

28. Joaquim Pereira Marinho era chamado de Carne-Seca por muitos daqueles que tinham alguma razão de se queixar de sua extrema dureza e de sua intransigência nos negócios, e que entravam em frequentes polêmicas nos jornais contra ele, tais como consta no *Diário da Bahia* de 12 e 13 de agosto de 1865.

29. APEB, sec. judic., maço 130, nº 1, 1884.

30. Em seu testamento, Joaquim Pereira Marinho enumera as seguintes somas:

Imóveis	2400000$000 réis
Casa Marinho e Companhia	1000000$000 réis
Ação Companhia Bahiana	650000$000 réis
Em depósito na dita companhia	800000$000 réis
Banco Mercantil	260000$000 réis
Banco do Brasil	300000$000 réis
Ações e valores diversos	400000$000 réis
Total	5810000$000 réis

Somas em que se devem acrescentar em dinheiro de Portugal, Companhia de Tabaco Xabregas	75000$000 réis
Nas mãos de Francisco Almeida Rebello	73000$000 réis
Total	148000$000 réis

Ele também fez uma apólice de seguro de vida de 10 mil libras esterlinas.

31. O texto da carta de instruções dadas por ele ao capitão Manoel Francisco Pinto, comandante do brigue *Destemido*, de 17 de agosto de 1839 (ppst, classe A, 1840, n.º 127), mostra o caráter decidido e voluntarioso de Joaquim Pereira Marinho:

"Amanhã, se o tempo permitir, partireis com o vaso português *Destemido*, sob vosso comando, e ireis aos diversos portos da costa da África onde vós sois enviado. Já vos entreguei uma lista do carregamento, e vos fiz acompanhar na cabine para ajudá-lo, em todos os negócios que podem se apresentar, pelo sr. Querino Antônio, que tomará também o lugar de segundo. Tereis igualmente convosco como passageiro na cabine o sr. José Alexandrino Farruja, que não é necessário vos apresentar, sabendo que estais já em relações com ele.

Prevejo que ireis encontrar, como de hábito, algumas dificuldades da parte dos cruzadores britânicos, vos abordando todas as vezes que vos encontrarem. Sei que é hábito dos vasos utilizados para fazer este comércio de contrabando dar aos cruzadores todas as atenções e facilidades possíveis. Vos faço saber que não tereis que agir de tal modo, e que evitareis de ter com eles mais relações que aquelas que verdadeiramente não puderes evitar; e se procurarem meter a mão em qualquer coisa que seja, e fazer uso da força, protestareis imediatamente de maneira oficial contra tal conduta, e me fareis o relatório, pois será um prazer para mim fazê-los pagar por sua ingerência. Está em vós realizar meus desejos a este respeito, e vos considero responsável de sua boa execução. Tereis o cuidado de me fazer saber a época de desembarque dos africanos, e me informareis tão logo quanto possível de seu embarque".

32.

Partida	1839	brigue	*Destemido*
Chegada	18/02/1844	iate	*Vivo*
Chegada	24/06/1844	iate	*Vivo*
Chegada	09/03/1846	brigue	*Três Amigos*
Partida	07/04/1846	iate	*Sem Par*
Partida	03/07/1846	brigue	*Três Amigos*
Chegada	10/08/1846	brigue	*Eleanor*
Partida	17/10/1846	iate	*Andorinha*
Chegada	15/11/1846	bote	*Bahiano*
Partida	26/11/1846	brigue	*Três Amigos*
Partida	13/12/1846	bote	*Bahiano*
Partida	18/02/1847	brigue	*Três Amigos*
Partida	08/03/1847	bote	*Bahiano*
Partida	17/04/1847	iate	*Andorinha*
Partida	17/07/1847	iate	*Andorinha*
Partida	17/10/1847	iate	*Andorinha*
Partida	10/1847	iate	*Theodozia*
Chegada	08/01/1848	patacho	*Maria*
Partida	17/01/1848	iate	*Andorinha*

Partida	01/03/1848	patacho	*Maria*
Partida	17/04/1848	iate	*Andorinha*
Partida	17/07/1848	iate	*Andorinha*
Partida	12/10/1848	iate	*Andorinha*
Partida	29/10/1848	polaca	*Ligure*
Chegada	19/01/1849	goleta	*Mosca*
Partida	28/01/1849	iate	*Andorinha*
Chegada	21/04/1849	goleta	*Maquim*
Chegada	10/05/1849	iate	*Espanto*
Partida	25/05/1849	iate	*Andorinha*
Chegada	06/08/1849	bote	*Rozita*
Partida	23/08/1849	bote	*Rozita*
Partida	10/09/1849	iate	*Espanto*
Partida	10/12/1849	iate	*Espanto*
Chegada	21/02/1850	goleta	*Terceira Andorinha*
Partida	10/03/1850	goleta	*Terceira Andorinha*
Chegada	11/03/1850	goleta	*Bonfim*
Partida	04/06/1850	goleta	*Catita*

33. APEB, sec. judic., maço 7181, nº 41.

34. PRO, FO 84/180 e 194.

35. PRO, FO 84/337.

36. PRO, FO 84/526.

37. APEB, sec. judic., maço 7163-13.

38. PRO, FO 84/632, 679, 727 e 808.

39. PPST, 1851-2.

40. Ver cap. 7, p. 307.

41. Verger (I), pp. 53-101.

42. PRO, FO 84/632, 679, 727, 767 e 808.

43. Informações dadas por d. Anfrisia Santiago, da Bahia.

44. Verger (I), p. 21.

45. APEB, sec. judic., maço 7174, nº 46.

46. Ver cap. 15, nota 7.

47. PRO, FO 84/40.

48. PPST, classe A, nº 121, 1840.

49. PRO, FO 84/502.

50. PPST, 1852.

51. Passaporte nº 168, de 28 de março de 1825.

52. PRO, FO 84/157.

53. Ver cap. 11, pp. 496-7.

54. Ver cap. 9, p. 394.

55. PRO, FO 84/505.

56. *Correio Mercantil.*

57. Ver cap. 11, p. 477-8.

58. Ver cap. 11, nota 110.

59. APEB, sec. judic., maço 3811, nº 8.

60. APEB, sec. judic., maço 7170, nº 27.

61. Corrêa da Silva, p. 77.

62. APEB, 142, fl. 165.

63. Ver cap. 15, p. 658.

64. Forbes (II), v. 1, p. III.

65. Duncan, v. 1, p. 114.

66. Monléon, *AMC*, maio de 1845.

67. Joinville, p. 343.

68. Canot, cap. 15.

69. Forbes (II), v. 1, p. 106.

70. Foa, p. 22.

71. APEB, 122, fl. 48.

72. Hazoumé, p. 28.

73. Id., p. 5.

74. Le Hérissé, p. 324.

75. Id., p. 324.

76. Hazoumé, p. 29.

77. Relato feito a respeito de Francisco Félix de Souza por Norbert de Souza e Augustin Tigre de Souza, inédito.

78. Ver também Verger (I), pp. 27-52, extratos complementares de 37 autores que trataram do Xaxá de Souza.

79. ACMS, CA/2016, documento que devo o conhecimento a I. A. Akinjogbin.

80. PRO, FO 84/886.

81. Ver cap. 15, p. <completar. No original p. 563>.

82. APEB, sec. judic., maço 7181, nº 41, 1864:

"Em nome de Deos, Amem.

Eu, Domingos José Martins, achando-me de perfeita saúde e no inteiro gozo de meu entendimento, determinei fazer o meu testamento pela forma e man^{ra} seguintes. Antes de tudo, é de meu dever declarar que professo a Religião Cathólica Romana, em cuja fé protesto viver e morrer.

1 — Sou filho natural do S^{nr} Domingos José Martins, já falecido, e da S^{nra} Francisca Romana Pinto, que ainda vive, tendo sido baptizado na Freg^a da Sé da cidade da Bahia, onde tive meu nascimento.

2 — Nunca fui casado, mas nem por isso deixo, por minha fragilidade, de ter descendencia natural, pora^{to} achando-me na costa d'Africa, tive copula carnal, com algumas mulheres, de quem tive os seg^{tes} Filhos: Maria, Leocadia, Rafael, Adelaide, Angelina e Marcolina, os quaes todos são verdadeiramente meos filhos, como taes os reconheço pelo modo mais solemne, e nunca a

respeito de sua filiação se admittirá a menor dúvida, surtindo o meu reconhecimento paterno todos os effeitos que o Direito lhe presta.

3 — Os ditos meos filhos achão-se de presente na cidade da Bahia, entregues aos cuidados de Amigos meos, a saber, Maria, Leocadia, Adelaide e Angelina em poder do S^{nr} José Bento Alves, Rafael em poder do S^{nr} Joaquim Pereira Marinho, e Marcolina em poder do S^{nr} Manuel da Paixão Ferreira.

4 — Forão estes meos filhos baptisados na cidade da Bahia na Freguesia de S^{to} Antonio d'Além do Carmo, tendo sido Joaq^m José de Brito Lima padrinho de Maria, nascida em 20 de setembro de 1840, e de Leocadia, nascida em 30 do mesmo mes e anno, e José Joaquim Gomes Guimarães, padrinho de Rafael, nascido em 24 de outubro de 1841, de Adelaide, nascida três meses depois deste, de Angelina, nascida em 12 de abril de 1842 e de Marcolina, nascida em 25 do mesmo mes e anno. Nascerão as duas últimas minhas filhas na Bahia, e todos os outros em África, sendo N. Sra. Madrinha de todos, o que melhor constará dos respectivos assentos de baptismo a que me reporto, salvo qualquer engano que traga, a qual por nenhum modo prejudicará a filiação, ou por em dúvida o meu reconhecimento paterno.

5 — Instituo meos universaes herdeiros das duas partes de meos bens os ditos meos Filhos — Maria, Leocadia, Rafael, Adelaide, Angelina e Marcolina, como se nascidos fossem de legítimo matrimonio, e quando algum delles venha a fallecer em idade pupillar, ou seus descendentes, determino que sejão herdeiros substitutos dos fallecidos aquelles que sobreviverem, pois que nenhum outros filhos tenho, nem tive, além dos acima declarados.

6 — E porque estes meos Filhos podem ficar em menor idade, nomeio para tutor d'elles em primeiro lugar ao Sn^r Joaq^m Pereira Marinho, em segundo lugar ao Sn^r Joaq^m Alves da Cruz Rios e em terceiro lugar ao Sn^r Francisco José Godinho. A todos estes Sn^{res}, hei por abonados, e d'elles espero a mercé de acceitarem o encargo da tutella, correspondendo assim à grande confiança que sempre me merecerão.

7 — Nomeio para meos testamenteiros aos mesmos Sn^{res} acima designados para tutores de meos Filhos, seguindo-se a ordem de nomeação no caso de falta ou impedimento d'elles, espero tambem a atenção do quanto vou ordenar, no espaço de dois annos, percebendo o que se encarregar a sua respectiva.

8 — Por meu fallecimento, logo que elle conste, gozarão de plena liberdade meos Escravos carregadores de cadeira, que são Francisco, Manoel, Guilherme, Antonio, Aleixo, Albino e Henrique, e tambem os meos Escravos serventes de salla, cozinha, rossa e officinas, a saber, Pedro cozinheiro, Ezequiel, Pedro cozinheiro de Navio, Rufino sapateiro, José marceneiro, Jorge tanoeiro, Felisberto carpinteiro, André por alcunha Aladé, Bento, Joaquim por alcunha Gute, Francisco, Antonio e mais José gordo e Antonio que obrão no serviço do mar, e finalmente a quatro negras que ora existem no Recolhimento dos Perdões na cidade da Bahia, onde tenho a maior parte dos escravos acima apostados. Ficará a presente verba servindo desde já de título das mencionadas alforrias, em quanto o meu testamenteiro não passar as respectivas cartas.

9 — Dará além disto meu testamenteiro a Francisco e Manoel, carregadores de cadeira, duzentos mil reis a cada um, a Guilherme, Augusto e Antonio, também carregadores de cadeira, cem mil reis a cada um, a Pedro cozinheiro, que me acompanha, a André por alcunha Aladé, a Joaquim por alcunha Cute, duzentos mil reis a cada um, a Pedro cozinheiro do mar e a Francisco e Antonio que obrão em saveiros, cincuenta mil reis a cada um.

834

10 — Deixo em legado a meu Filho Rafael a minha Rossa da Bahia, sita aos Barris, com casa nobre de morar, com toda a mobília que n'ella se acha ao tempo de meu falecimento e com oito escravos, para que tudo desfructe; e morrendo solteiro ou sem descendentes, passará este legado à Sta Casa da Misericórdia da mesma cidade da Bahia, exceptuados somente os Escravos, que em tal caso ficarão imediatamente libertos.

11 — Deixo à minha Mãe, a Sn^{ra} Francisca Romana Pinto, a quantia de cinco contos de reis, e quando não me sobreviva, passará esta quantia para meos Filhos, bem como a Casa em que mora a minha Mãe, da qual será apenas usufructuária enquanto viver.

12 — Além do que deixo à minha Mãe, na forma declarada, meu testamenteiro lhe dará uma mesada decente, para sua subsistencia.

13 — Deixo a meu irmão Domingos Rezende de Souza a quantia de dois contos de reis.

14 — Deixo a cada uma de minhas Tias por parte de Mãe a quantia de um conto de reis.

15 — Deixo à minha Tia Marcolina o usufruto somente da casa em que mora e por seu falecimento passará para meus filhos.

16 — Deixo à minha prima Henriqueta a quantia de um conto de reis.

17 — Deixo quatro contos de reis, para serem applicados a obra da capella de N. Srª da Conceição do Boqueirão na cidade da Bahia, de baixo da direcção e vistas de meu testamenteiro, que não entregará à irmandade, e sim por suas mãos distribuirá com as obras que forem precisas.

18 — Deixo ao Convento de S. Francisco, também da cidade da Bahia, a esmolla de dois contos de reis, e mais quinhentos mil reis para o Rev^{do} Guardião mandar distribuir pellos pobres na Portaria, a dez tostões cada um, preferindo os cegos e aleijados.

19 — Meu testamenteiro dará cem mil reis a cada um de meos afilhados, que o mostrarão ser por certidão de baptismo.

20 — Dará meu testamenteiro a minha tia Marcelina uma mesada de trinta mil reis, enq^{to} a mesma viva.

21 — Tendo eu libertado as minhas Escravas Josefa e Joana, que todas existem em companhia de Manoel da Paixão Ferreira, e entendendo que com a alforria que lhes dei não recompensei devidamente os bons serviços que me prestarão, deixo a cada uma d'ellas a quantia de um conto de reis.

22 — Meu testamenteiro passará carta de liberdade às minhas escravas Leopoldina e Izabel, servindo-lhes desde já esta verba de título; além d'isto, dará a cada uma dellas a quantia de quatrocentos mil reis, que também lhes deixo em recompensa dos bons serviços que me prestarão.

Desta forma, hei por concluído este meu testamento e última vontade, que se cumprirá como n'elle se contém, derogado qualquer outro testamento ou codicillo de data anterior, e mesmo que lhe faltem quaesquer cláusulas em Direito necessárias, às quaes todas hei por expressas e declaradas. E para prevenir extravios, fiz trez do mesmo theor e data, que todas forão escriptas a meu rogo pelo Dr. Augusto Teixeira de Freitas, a quem dictei e que depois li, e achei conforme, tendo me em todas ellas assinado n'esta Corte do Rio de Janeiro, aos 10 de dezembro de 1845.

Aprovado em 13 de dezembro de 1845, em a Travessa da Barreira, em Casa de morada de Domingos José Martins".

O pai de Domingos José Martins, aqui citado, do qual ele tinha herdado os nomes e o sobrenome, foi fuzilado na Bahia em 19 de junho de 1817, como traidor da pátria portuguesa, por ter participado em Recife de uma rebelião separatista de caráter republicano.

835

Cem anos mais tarde, sua morte foi comemorada como a de herói da pátria brasileira.

83. Forbes (II), v. 1, p. 91.

84. Forbes (II), v. 2, p. 58.

85. Ver cap. 10, p. 512.

86. PRO, FO 84/886.

87. PRO, FO 84/1021.

88. PRO, FO 84/1021.

89. PRO, FO 84/1088.

90. APEB, sec. judic., maço 2600, nº 3.

91. Banco da Bahia, Registro do Conselho de Direção, sessão de 22 de agosto de 1859. Cópias de cartas, mesma data. Informações que devo à bondade do professor Thales de Azevedo.

92. Burton (III), v. 1, p. 72.

93. Certificado de falecimento:

"Eu, abaixo assinado, certifico que o sr. Domingos José Martins, morador do país da Ajudá, na Costa da Mina, com a idade de mais ou menos cinquenta anos, faleceu no país vizinho de Cotonu, na manhã de 25 de janeiro de 1864, tendo recebido a comunhão da Santa Mãe Igreja Católica; seu corpo foi transportado para esta igreja, onde tiveram lugar as exéquias de acordo com o rito da mesma Santa Mãe Igreja, em 26 de janeiro, e em 27 uma missa para o repouso de sua alma foi celebrada com solenidade.

Na fé do que eu assino

Francisco Borghero

Superior do Vicariato Apostólico do Dahomey".

94. Ver cap. 14, nota 17.

95. PRO, FO 84/912.

96. Verger (I), pp. 53-100.

97. Agbo, p. 202.

13. CONDIÇÕES DE VIDA DOS ESCRAVOS NA BAHIA NO SÉCULO XIX [pp. 560-96]

1. Nina Rodrigues, p. 169.

2. Gilberto Freyre trata particularmente desse contraste entre o "escravo de rua" e o "escravo de casa" em *Sobrados e mucambos*.

3. Nina Rodrigues, p. 173.

4. Id., p. 169.

5. Id., p. 171.

6. Ver cap. 5, p. 232.

7. Lindley, p. 176.

8. Koster, v. 2, p. 229.

9. Martius, p. 143.

10. Gardner, p. 17.

11. Freyre (IV), p. 98.

12. Infelizmente, só consegui consultar coleções bastante incompletas dos seguintes jor-

836

nais: *Correio Mercantil*, 1846; *Jornal da Bahia*, 1854 (1º sem.), 1857 (1º sem.), 1858 (1º sem.), 1859 (1º sem.), 1860 (1º sem.) e 1861 (2º sem.); *Diário da Bahia*, 1865 (2º sem.). Eles serão indicados pelas suas iniciais nos textos que seguem.

13. APEB, sec. judic., 7178, nº 31. É interessante saber como se fazia uma tal venda. O documento a seguir dá o detalhe preciso e circunstanciado da venda em leilão do africano Paulo:

"Aos onze dias do mês de setembro de mil oitocentos cincoenta e sette annos, nesta cidade da Bahia, em leilão público na porta do Doutor Juiz dos Órgãos Casimiro de Sena Madureira, aonde estava eu, escrivão, ahi por ordem deste o Porteiro do auditório Luis Francisco Limoeiro trouxe, em pregão de venda e arrematação, os escravos descritos no Alvará antecedente, dizendo em vozes altas e intelligíveis assim: 'Quem quizer lançar nos escravos pertencentes ao fallecido Joaquim de Almeida, que presentes se achão, chegue-se a mim, que receberei o seo lanço, e se arrematarão', continuando a repetir este pregão de hum para outro lado, sobre os escravos José Pedreiro, Paulo funileiro, Africano, Maria Africana e suas filhas Maria e Veridiana, crioulas, Lucinda e seu filho Leandro, concorrerão diversos lanços sobre o Paulo, avaliado em hum conto e duzento mil reis, que todos foram publicados pelo Porteiro em alto som e ultimamente sobre o mesmo Paulo lançou Julio Emílio Perreira Guimarães trezentos e oitenta mil reis a dinheiro à vista, pagando a meia sisa a sua conta, e aceitando o Porteiro este último lanço o repetiu por muitas vezes diante dos expectadores que alli se achavão, dizendo em altas vozes: 'Trezentos e oitenta mil reis lanção sobre a avaliação de hum conto e duzentos mil reis do escravo Paulo Africano a dinheiro a vista, pagando o arrematante a meia sisa a sua custa, acha quem mais dê chegue-se a mim que receberei o seo lanço, e se arremate'; e porque não houve outro lanço maior, ordenou o Juiz que se approntasse e arrematasses o escravo Paulo, e que o Porteiro assim cumprio dizendo a vistas dos circunstantes: 'Affronta faço, porque mais não acho, si mais achará, mais tomará, dou-lhe huma, dou-lhe duas, huma maior, e outras mais pequenas arremato', e chegando-se para o Arrematante lhe dirigio estas finais palavras: 'Faça lhe Deos bom proveito do escravo Paulo Africano, por hum conto e quinhentos e oitenta mil reis, pagando a meia sisa a sua custa', e logo lhe entregou hum ramo verde em signal desta arrematação, cujo producto deve recolher à Thesouraria em vinte quatro horas, sob pena de prisão. Do que para constar fiz este termo, em que assignarão o Juiz, o Arrematante e o Porteiro, conmigo José Olympio Gomes de Souza, escrivão que o scriveo […]".

14. Martius, p. 143.

15. Freyre (III), p. 32. Em alguns anúncios, sentimos que o negro desaparecido era para seu senhor quase um filho que deixava a casa do pai. Um pai autoritário, exigente. Na verdade, um senhor que punia os escravos, que os alugava para fazê-los trabalhar na rua. Mas aqueles "patriarcas" que puniam os escravos puniam também os filhos.

16. PRO, FO 63/198.

17. Martius, p. 143.

18. Graham, p. 144.

19. Gardner, p. 18.

20. Freyre (I), p. 227.

21. Id., p. 190.

22. Id., p. 190.

23. Id., p. 191. O autor interpreta essas fugas da seguinte maneira:

"Quanto à fuga dos negros e sobretudo dos mulatos dos engenhos para a cidade, ela tinha sem dúvida um outro alvo, aquele de se fazer passar por livre. Os mais entendidos em profissões, funileiros, marceneiros, ferreiros, ganhavam algumas vezes na aventura não somente a liberdade, mas também a realização profissional e social, chegando algumas vezes à pequena burguesia, aquela que morava nas casas térreas com portas e janelas. As mulatas e as negras mais hábeis amasiavam-se com os portugueses e italianos recém-chegados da Europa, aos quais convinham as mulheres de cor capazes de ajudá-los com os ganhos de suas atividades de lavadeiras, passadeiras, vendedoras de doces, lojistas. E algumas delas, fiéis aos seus primeiros amores, acabavam esposas de ricos negociantes e mesmo de 'senhores comendadores', proprietários de sobrados.

A liberdade não era suficiente para dar uma vida melhor, pelo menos material, à vida dos negros fugitivos, que simplesmente conseguiam se fazer passar por livres. Misturavam-se ao proletariado, morando em barracas e pardieiros, e seu nível de vida e de alimentação muito frequentemente baixava. Seus meios de subsistência tornavam-se irregulares e precários".

24. Freyre (i), p. 185.

25. Bastide, p. 165.

26. Freyre (iii), p. 30.

27. APEB, 93, fl. 75.

28. AHU, doc. da Bahia 29893.

29. Wetherell, p. 53.

30. Froger, p. 137.

31. Graham, p. 133.

32. Kidder, p. 8.

33. Lindley, p. 71.

34. Freyre (iii), p. 92. O autor escreve a respeito de um anúncio em que a mesma marca era indicada para um menino negro de doze anos, que tinha uma tonsura não raspada com todo o ritual de uso para os filhos dos brancos que iam ao seminário estudar para serem padres, mas cavada pelo peso bruto dos fardos.

14. EMANCIPAÇÃO DOS ESCRAVOS [pp. 597-628]

1. Koster, v. 2, p. 230.

2. Cópia de duas cartas de emancipação de escravos, do começo do século XIX:

Primeira carta:

"Digo eu, Manoel da Costa Arruda, que entre meus bens há um negro da nação da costa [da África] de nome José, o qual escravo eu libertei para sempre em remuneração de seus bons serviços. Libertei-o por graça e gratuitamente, o que faço de minha própria vontade e por motivo pessoal, sem influência de nenhuma pessoa, e por isso poderá entrar no gozo de sua liberdade como se a tivesse recebido de 'venda livre', sem minha oposição, de meus herdeiros e sucessores. Isso sendo minha vontade, peço à justiça de Sua Alteza Real que faça valer este alforriamento sem oposição nenhuma, e por não saber nem ler e nem escrever, supliquei a João Baptista Ferraro de escrever esta manumissão em meu nome, que assino com minha habitual marca, na presença de testemunhas. Bahia, 1º de dezembro de 1809 [uma cruz]. Escrevi esta a pedido de Manoel da Costa Arruda [...].

João Baptista Ferraro

José Neves de Abreu, Manoel Gonçalves Pereira [assinaturas testemunhando]".

Segunda carta:

"Como executor testamentário do finado Geraldo Rodrigues Pereira, recebi do negro Aprigio, da nação nagô, 150 mil-réis em dinheiro, soma que foi fixada em um artigo do testamento do dito defunto, pela qual lhe concedo a liberdade, que poderá gozar a partir de hoje e para sempre. Solicito às justiças de Sua Majestade Imperial e constitucional que lhe preste toda ajuda necessária para a conservação desta liberdade e para sempre. Declaro passar-lhe a presente, feita e assinada por mim. Bahia, 28 de maio de 1831.

João Pereira de Araújo França, André Pereira de Araújo França como testemunhas, Manoel Roberto Pereira".

3. pro, fo 84/1180.

4. pro, fo 84/1323.

5. Querino, p. 154.

6. Em outros termos, essa frase insinua que todos querem se fazer passar por católicos sem deixar de respeitar as interdições de comer porco, que lhes eram impostas pelo fato de pertencerem ao islamismo.

7. Alexandre, nagô alforriado, que foi escravo do falecido negro Luis, haussá;

Manoel, nagô, escravo do negro haussá João Monteiro, condenado a trezentas chibatadas, mesmo que não tenham encontrado nenhuma prova contra o mesmo;

Francisco, jeje, escravo de Antonio Pereira de Bonfim, jeje, morador da rua das Flores;

Luis, congo, escravo do mesmo Antonio Pereira de Bonfim;

Felicidade, nagô, escrava de um negro mina alforriado que morava nos Barris;

Domingos, barrilha, escravo da negra Christina Maria do Espírito Santo;

Anna Maria, nagô, escrava de Anna Joaquina de Sampaio, mina alforriada;

Thomas, nagô, escravo de José Cerqueira, negro jeje, morador do Caminho Novo, que foi feito prisioneiro na rua da Oração, na casa de Gertrude, irmã do senhor.

8. Nina Rodrigues, p. 173.

9. Campos (ii), p. 289.

10. Debret, vol. ii, p. 223, pl. 33.

11. Wetherell, p. 72.

12. Id., p. 54.

13. ahu, doc. da Bahia 12235.

14. *Livro do Tombo da Freguesia de Nossa Senhora da Conceição da Praia*. Cidade do Salvador, Bahia, p. 33.

15. Bastide, p. 166.

16. pro, fo 84/71.

17. "Joaquim de Almeida, testamenteiro.

Manoel Joaquim de Almeida, executor testamentário.

Em nome de Deus, Amém,

Eu, Joaquim de Almeida, nascido na costa da África, liberto, e encontrando-me atualmente nesta cidade, em estado celibatário, e estando no ponto de partir para a costa da África, não tendo mais a garantia de continuar em vida durante esta viajem, decido fazer meu testamento, última e derradeira vontade, visto que tenho toda a minha razão e meu bom senso.

1º — Se eu morrer fora desta cidade, rezarão aqui, para o repouso de minha alma, quatro missas de capela e mais duas missas pela alma de Quiteria Nunes de Jesus, e duas outras pela alma de Damiana, e duas outras por Antonio dos Anjos, todas com esmolas [feitas com patacas].

No dia que fizer um ano que terei falecido, far-se-á um ofício com cantos no convento de São Francisco desta cidade, e no fim do ofício, dividirão aos pobres que estiverem assistindo 96 mil-réis, a esmola sendo de uma pataca para cada um dos pobres.

E no caso em que eu faleça nesta cidade, far-se-á um outro ofício de corpo presente, com as mesmas esmolas para os pobres. Meu corpo amortalhado no hábito dos religiosos de São Francisco e enterrado no mesmo convento desta cidade, e com 25 missas de corpo presente.

2º — Que sejam meus executores testamentários em primeiro lugar o sr. Manoel Joaquim de Almeida, que foi meu patrão, em segundo lugar o sr. Caetano Alberto da França, e em terceiro lugar o sr. Bruno Alves Nobre, e aquele que aceitar ser testamenteiro, lhe deixo como dote 1 conto de réis.

3º — Declaro que os bens que eu possuo são os seguintes: a soma de 4721850 réis, valor do interesse de um oitavo da carga da polaca sarda, *Joanito*, cujo capitão é Nicolo Besso, e caixa nesta cidade o sr. Joaquim Alves da Cruz Rios, o qual vaso partiu para a costa da África em outubro do corrente ano [1844], aos cuidados de Querino Antônio.

4º — Declaro que possuo a mais o valor de 36 escravos em Havana nas mãos do sr. José Masorra, sobre os quais dei ordem de enviar o montante [do valor] de 26 escravos ao sr. Joaquim Alves da Cruz Rios nesta cidade, como dei igualmente a ordem de remeter o montante [do valor] de dez escravos ao sr. Manoel Joaquim de Almeida nesta cidade, o sobredito primeiro executor testamentário.

5º — Declaro que possuo a mais em Pernambuco nas mãos do sr. Manoel Joaquim Ramos e Silva o valor de vinte escravos. Dei a ordem de remeter o montante ao sr. Joaquim Alves da Cruz Rios, nesta cidade.

6º — Declaro possuir em meu poder nove escravos: quatro mulheres e cinco homens, que são os seguintes: Marcelino, da nação jeje; João, da nação nagô; Felipe, da nação nagô; David, da nação nagô; Feliciano, da nação nagô; Felismina, da nação mina; Maria, da nação jeje; Jesuina, da nação nagô; e Benedictina, da nação nagô.

7º — Declaro que possuo a mais uma pequena casa térrea, situada na rua dos Ossos, na paróquia de Santo Antônio Além do Carmo, que está limitada de um lado pela casa de d. Úrsula e de outro pelo jardim de Maria da Conceição.

8º — Declaro deixar ao sr. Manoel Joaquim de Almeida, que foi meu patrão, meu primeiro executor testamentário, a soma de 800 mil-réis, independentemente da soma de 1 conto de réis que deixo de dote ao meu executor testamentário.

9º — Declaro que devo à sra. Thomazia de Souza, africana liberta, da nação jeje, vivendo atualmente na costa da África, a soma de 4 contos de réis, que a dita sra. Thomazia me emprestou sem exigir de mim nenhum documento, por isso meu executor testamentário deverá pagar imediatamente a dita sra. Thomazia de Souza Paraíso esta dívida.

10º — Declaro que devo igualmente ao sr. Joaquim Alves da Cruz Rios a soma de 600 mil-réis; devo igualmente aos meus afilhados Manoel e Justina, todos dois filhos de meu compadre Benedito Ferr² Galliza, africano liberto da nação jeje, e de Henriqueta Joaquina de Bonfim, igualmente africana liberta da nação haussá; devo igualmente à sra. Maria Costa Franco 100 mil-réis, soma que meu executor testamentário pagará imediatamente.

11º — Declaro que meu executor testamentário libertará imediatamente às custas de meus bens a negra africana Roza, da nação nagô, escrava do sr. Rapozo Ferreira, e lhe pagará depois de sua libertação 200 mil-réis em alívio de minha consciência pelos bons serviços que me forneceu; no caso em que tenha mudado de casa nesta cidade ou fora dela, o executor testamentário fará toda diligência para libertá-la às custas de meus bens, e no caso em que ela seja libertada antes de meu falecimento, meu executor testamentário lhe pagará às custas de meus bens o valor de sua liberação, independentemente dos 200 mil-réis que acima lhe faço pagar. Igualmente, meu executor testamentário libertará imediatamente às custas de meus bens minha escrava Felismina, da nação mina, e da mesma maneira ele libertará minha outra escrava Benedictina, da nação nagô; estas duas escravas gozarão sua liberdade pelos bons serviços que me prestaram.

12º — Declaro a mais que meu executor testamentário dará, às custas de meus bens, para a pequena crioula menor Benedita, filha da negra jeje Francisca e criada pelo sr. Francisco Simoens, a soma de 600 mil-réis pela sua liberdade, e no caso em que ela seja libertada antes de meu falecimento, ela receberá aquela soma de 600 mil-réis quando tiver atingido a maioridade, e aquela quantia será colocada em um depósito público. Assim igualmente ao meu afilhado Felix, pequeno crioulo menor, filho de minha comadre Alexandrinha, igualmente crioula, a soma de 50 mil-réis quando tiver alcançado uma idade suficiente para recebê-la.

Meu executor testamentário pagará também às custas de meus bens para a crioula Luiza Felipa de S. Tiago a soma de 100 mil-réis, da mesma maneira pagará ao meu mestre Nicasso Alves 200 mil-réis, tudo para alívio de minha consciência.

13º — Declaro a mais que possuo um quarto do carregamento da escuna sarda que está presentemente na cidade e pronta para partir para a costa da África, na qual parto na qualidade de caixa, para fazer a negociação na África de todo o carregamento, o sr. Joaquim Alves da Cruz Rios sendo caixa nesta cidade; levo também naquele mesmo vaso, investido em diversas mercadorias e sem participação de ninguém, por minha conta e risco, o valor de 7 contos de réis.

14º — Uma vez realizados os pagamentos e outras disposições: primeiramente, meu executor testamentário deixará como herdeiro das duas partes de meus bens em primeiro lugar o menor Soteiro, filho de minha escrava Felismina, da nação mina, que faço libertar; o menor já está livre desde seu batismo e nomeio como seu tutor em primeiro lugar meu primeiro executor testamentário, em segundo lugar meu segundo executor testamentário e em terceiro lugar meu terceiro executor testamentário.

E em segundo lugar de meu herdeiro menor eu instituo a sra. Thomazia de Souza Paraíso, já mencionada, e instituo como herdeiro do terço em primeiro lugar a menor Benedita, filha da negra jeje Francisca e criada pelo sr. Francisco Simoens, já mencionado, e nomeio como seu tutor os mesmos que para meu primeiro herdeiro das duas partes de meus bens, visto que não tenho nem descendentes nem ascendentes que de direito pudessem herdar das duas partes de meus bens, e em segundo lugar de meu terço instituo o sr. Manoel Joaquim de Almeida.

E desta maneira terminei meu testamento, que desejo ser inteiramente executado. Solicito às justiças de Sua Majestade Imperial [...] que se dignem fazer assim executar e conservar tudo o que se acha por ser minha última e derradeira vontade testamentária.

Pedi ao sr. Guilhermo Martins do Nascimento que a escreva por mim, e após tê-la lido, e achando-a conforme em tudo que eu ditei, assinei-a com a assinatura que utilizo.

Na Bahia, em 17 de dezembro de 1844.

Aberta na Bahia em 9 de julho de 1857.

Aceita na Bahia em 11 de julho de 1857, Caetano Alberto da França."

18. AHU, doc. da Bahia 8249:

"João de Oliveira, originário da Costa da Mina, liberto, ignora quem são seus pais; celibatário, vivia na Costa da Mina fazia 38 anos, onde sempre viveu de seu comércio, e presentemente era habitante da praia desta cidade, aos pés da igreja e paróquia do Pilar; terá perto de setenta anos de idade, não recebeu nenhuma ordem nem benefício eclesiástico; de estatura elevada e corpulento, tem a cabeça pequena e redonda, a fronte alta, orelhas pequenas, olhos pequenos, nariz achatado e a boca grande, lábios grossos, com três marcas dos dois lados do rosto feitas em seu país, a barba e os cabelos brancos, já um pouco calvo. Estava vestido com uma camisa de tecido da Holanda, com volantes, um colete de fustão branco, calças de labaya com flores cor-de-rosa e uma toga de linho azul da costa, pontilhada de branco, com meias de fio branco nos joelhos e chinelos de marroquim com saltos nos pés".

19. AHU, doc. da Bahia 8246:

"João de Oliveira, o qual originário das populações da Costa da Mina, onde foi agarrado por seus habitantes sendo ainda menor de idade, vendido e transportado em um dos navios de Pernambuco que tinha ido fazer o tráfico em um dos portos daquele continente. Alguns anos mais tarde, já tendo entrado no seio da Igreja pelo santo sacramento do batismo, retornou para a Costa da Mina em um navio desta praça [Bahia] e fixou-se entre os habitantes. Tornando-se entre eles, se não a primeira, a segunda pessoa [em importância], e tendo, por aquele meio, recuperado sua liberdade de nascimento, conservou sempre a completa pureza de sua fé católica: [...] reconhecendo, como verdadeiro cristão, os direitos de seus patrões em Pernambuco, que o haviam comprado de boa-fé, enviou para satisfazê-los não somente o valor de sua libertação, mas, lembrando-se igualmente da criação e da doutrina cristã que lhe ensinaram e tendo sabido que sua patroa, tornando-se viúva, estava necessitada, lhe levou socorro enquanto esteve viva, com a liberalidade que Vossa Excelência terá notado nos tempos em que governava com felicidade esta capitania, e mandou também sua contribuição para os trabalhos da capela maior da igreja de Nossa Senhora da Imaculada Conceição dos Militares, da mesma cidade, além das diversas esmolas em escravos com as quais socorreu algumas confrarias nesta cidade durante os 37 ou 38 anos em que residiu e serviu de "cabeceira" de diversos territórios e portos nos quais os comerciantes portugueses, e principalmente aqueles desta praça [Bahia], têm costume de fazer o tráfico de escravos, em troca de tabaco e outros produtos deste país.

O suplicante sempre foi o maior protetor dos portugueses, ajudando-os com pessoas para efetuarem rapidamente seu comércio e para evitar que sofressem, devido à espera, a corrupção e a perda aos quais o tabaco é exposto naquele clima, livrando-os numerosas vezes dos assaltos e protegendo-os contra os roubos que os próprios reis mandavam fazer por bandos de pessoas do país. O mesmo suplicante, abrindo naquela época às suas expensas e com sua gente dois portos, Porto Novo e Onim [Lagos], e mesmo vivendo entre os seus, favorecido pela fortuna, a estima e

842

o respeito, apesar de tudo, desejoso de passar o resto de sua vida entre os católicos, para morrer assim com todos os sacramentos da Igreja, decidiu deixar esta residência bárbara e transportar-se com seus escravos para esta cidade [da Bahia]. O fez em um navio, *Nossa Senhora da Conceição e Almas*, de Jacinto José Coelho, capitão Manoel de Souza Coelho, que ancorou neste porto no dia 11 de maio de 1770, e enquanto o suplicante esperava, em recompensa aos bons serviços que sempre prestou à nação e à Coroa de Portugal, encontrar junto aos vassalos e à justiça de Sua Fidelíssima Majestade todos os favores que supunha ter merecimento, lhe aconteceu tudo ao contrário, pois alguns dias após seu desembarque foi feito prisioneiro e colocado em segredo na prisão desta cidade por ordem do provedor da alfândega. Ficou detido ali durante um mês, sob pretexto e falsa suposição de ter contribuído ao desvio das mercadorias que dizem terem vindo por aquele navio. De fato, as mercadorias foram retiradas sem que o suplicante participasse em nada do que é indicado, nem que tivesse tido conhecimento, e, tendo sempre vivido fora e em uma total ignorância das leis e hábitos deste país, acrescenta que todos os seus bens foram sequestrados, seus escravos, dos quais alguns morreram por falta de cuidado em razão da dita detenção do suplicante, e de outros que ficaram doentes, e à ruína que vai aumentando a cada dia devido àquele sequestro, o suplicante encontra-se reduzido ao estado de não mais saber do que subsistir e encontra-se completamente arruinado por não poder gerir livremente seus bens.

E Vossa Excelência, consentindo em levar em conta o que foi exposto e após ter sido plenamente informado da inocência, ignorância e rusticidade do suplicante, o fará soltar da prisão, suplicando igualmente à Vossa Excelência que mande lhe devolver seus escravos e outros bens sequestrados, para que possa tratar, dispor, vender e alimentar-se de seu produto, e sobretudo em não ver-se reduzido à necessidade de voltar a viver no paganismo. Por isso, ele suplica a Vossa Excelência que bem queira, por piedade inata, grandeza e retidão absoluta com as quais tem o hábito de tomar em consideração os miseráveis e desamparados como o suplicante, de conceder o que pede".

20. AHU, doc. da Bahia 8247.

21. Avezac, p. 23.

22. Duncan, v. 2, p. 175.

23. Ver cap. 9.

24. Verger (II), p. 19.

25. Bastide, p. 181, e Vianna, p. 108.

26. Ribeiro, p. 114, de acordo com J. A. Gonçalves de Melo Neto.

27. Martius, pp. 129 e 144.

28. As religiões africanas tradicionais perpetuam-se até hoje nos diversos terreiros de candomblé da Bahia. Somente na cidade de Salvador, a capital do estado, registram-se mais de mil. São de diversas origens: congo, angola, jeje, nagô, com uma forte predominância desta última nação. [Em um estudo que Vivaldo da Costa Lima está fazendo, das 769 casas de candomblé, 304 já foram estudadas. Dessas 304, 199 se dizem originárias da África — 107 ketus, dezesseis ijexás, catorze jejes (daomeanas), 61 angolas e uma congo — e 105 praticam cultos sincretizados — 103 de caboclos e duas de umbanda (nota redigida nos anos 1960).]

29. PRO, FO 84/848.

30. PRO, FO 84/808.

31. PRO, FO 84/912.

32. PRO, FO 84/912.

15. O GOLFO DO BENIM APÓS 1810: DO "TRÁFICO CULPADO" DE ESCRAVOS AO "COMÉRCIO INOCENTE" DE AZEITE DE DENDÊ [pp. 629-93]

1. Ver cap. 8, p. 351-2.
2. SCFWA, 1816, p. 46.
3. PRO, T 70/1594.
4. PRO, T 70/1551 e 1595.
5. SCWCA, pergunta nº 1347.
6. PRO, FO 84/28.
7. *Cerqueira*: brigue brasileiro ou português, pertencente a José de Cerqueira Lima, comandado por Manoel Cardoso dos Santos, tripulação com 42 membros, armado de dezoito canhões e doze morteiros, carregamento de tabaco, passaporte de 29 de outubro de 1823 para Molembo, capacidade para 761 escravos, 304,5 toneladas. Saiu da Bahia em 7 de novembro de 1823. Capturado ao largo de Lagos em 30 de janeiro de 1824, estando o mestre em terra. Chegou em Serra Leoa em 5 de março de 1824.

Minerva: capturado porque o passaporte tinha o selo imperial do Brasil, dado pelo Governo Provisório da Bahia, em lugar do selo real de Portugal, pertencente a João Victor Moreira, comandado por Manoel Joaquim d'Almeida, tripulação com 39 membros, carregamento de tabaco, aguardente e mercadorias, equipado para o tráfico, passaporte de 12 de novembro de 1823 para Molembo via ilhas de São Tomé e Príncipe, capacidade para 575 escravos, 270 toneladas, devia retornar de Molembo ao Rio de Janeiro via Bahia. Partiu da Bahia em 14 de novembro de 1823. Capturado ao largo de Lagos em 30 de janeiro de 1824 pelo *H.M.S. Bann*, capitão Courtnay, estando o mestre em terra. Chegou em Serra Leoa em 24 de março de 1824.

Crioula: cúter brasileiro da Bahia, proprietário Vicente Paulo e Silva, comandado por André Pinto da Silveira, tripulação com 26 membros, passaporte para Molembo, capacidade para 350 escravos. Partiu da Bahia em 29 de outubro de 1823. Capturado ao largo de Lagos em 30 de janeiro de 1824, estando o mestre em terra. Chegou em Serra Leoa em 1º de abril de 1824.

Bom Caminho: mestre Joaquim Luiz d'Araújo, proprietário Thomé Alfonso de Moura, da Bahia, capturado em Badagris com 334 escravos a bordo, foi condenado.

8. PRO, FO 84/40.

"Termo de Protesto que formula Manoel Cardoso dos Santos contra a nação britânica ou a quem de direito dependa, motivado pela prisão ou detenção do navio *Cerqueira*, do qual sou mestre e sobrecarga, feita pela fragata de guerra inglesa na qual, segundo dizem, encontrava-se o comodoro. Tal brigue é de propriedade brasileira: José de Cerqueira Lima, da cidade da Bahia. E protesto este que faço pelo valor de 60 mil libras esterlinas, valor do dito navio, sua carga total e os lucros 'cessantes e emergentes' pelas violências indicadas mais abaixo.

Visto que, partindo da Bahia em 8 de novembro de 1823 no navio *Cerqueira*, comandado por mim com destino ao porto de Molembo, devido à inconstância dos ventos, decidi dirigir a proa para o norte e, atingindo a terra na Costa da Mina, tomei a decisão de aportar em Onim, para comprar feijão e outras provisões que nos faltavam. Como estivera ancorado na enseada desse porto em 17 de dezembro do mesmo ano, quando eu desembarcava para me reabastecer de feijão, azeite e outras provisões que me faltavam, e como esse porto estava em guerra com o de

Badagris, fui retardado durante mais de três semanas, tempo que durou a guerra, pois não podia me reabastecer.

Visto que, no dia 25 do mesmo mês, fui examinado nessa mesma enseada por uma corveta de guerra inglesa chamada *Bann*, que não encontrou defeito algum nos meus documentos; da mesma forma, em 3 de janeiro de 1824, fui examinado por um segundo navio inglês cujo nome ignoro, que não encontrou nada a repreender; e no dia 13 fui novamente examinado pelo mesmo navio de guerra inglês, que não manifestou qualquer dúvida, como quando do primeiro exame.

Visto que, em 30 de janeiro do mesmo ano, por volta das cinco horas da tarde, uma fragata veio do leste, hasteou a bandeira inglesa com tiros de bala e, assim que ancorou, enviou para bordo do meu navio uma canoa, bem como para outros navios que estavam na mesma enseada, a fim de examiná-los, suponho.

Visto que, no dia 31, por volta das cinco da tarde, apareceram, diante da localidade que fica a três léguas rio acima, duas chalupas e duas canoas, inteiramente armadas com gente à proa, levando mais ou menos quarenta homens, dentre os quais alguns soldados com dois oficiais e dois guardas costeiros, todos com fuzis.

Visto que eles chegaram à localidade, pararam diante de uma feitoria onde se encontrava um inglês que havia chegado três dias antes, num navio de bandeira americana e para fazer o comércio. Os dois oficiais e os guardas costeiros ali desembarcaram e se dirigiram à dita feitoria, e depois de mais de uma hora reembarcaram em chalupas, por volta das sete horas da noite. Quando foram chamados pelo rei do porto para saber qual era o comércio que vinham fazer no seu país, um dos oficiais respondeu que vinham para que o rei lhes entregasse os cativos que os portugueses compravam: era uma ordem do comodoro. Ao que o rei respondeu não haver, entre os capitães que estavam em seu porto fazendo o comércio, nenhum que comprava cativos, mas compravam provisões, tangas, azeite e marfim, e trocavam também tabaco por pesos. O dito oficial, durante muito tempo, insistiu em dizer que ele sabia que os portugueses compravam cativos e que era preciso que lhes fossem entregues, prometendo dar-lhe a metade do número de cativos que os portugueses tivessem conseguido. O rei reafirmou que os portugueses não compravam cativos. O oficial concluiu dizendo que, se no dia seguinte pela manhã o rei não lhe entregasse os cativos, ele abriria fogo contra terra de suas chalupas, e então, com estas últimas palavras, reembarcaram.

Visto que, em 1º de fevereiro, os ditos oficiais e guardas costeiros desembarcaram e foram para a feitoria do inglês, e de lá para a feitoria do capitão Manoel Joaquim d'Almeida, onde eu me encontrava com o capitão André Pinto da Silveira, eles nos mandaram dizer por um negro que servia de intérprete que nossos navios estavam embargados porque nossos documentos não estavam legais, e que ele, o oficial, vinha com ordem do comodoro para que os portugueses lhe entregassem os cativos que haviam comprado, e este oficial, perguntando quem era o capitão do navio *Cerqueira*, eu lhe disse que era eu. Pelo intérprete, ele disse que, quando a dita fragata passava para baixo, ele não me prendera ainda porque pensava que iria fazer muitas prisões em Calabar e Camarões, mas que agora, à sua volta, ele não podia deixar de fazê-lo. Diante disso, respondi-lhe que não estava comprando cativos e que ele podia percorrer a feitoria que me pertencia, mas afirmei que eu estava me reabastecendo com provisões e trocando tabaco por tangas para ir a Molembo, e não sabia em que meus documentos estavam irregulares. Ele partiu dizendo que sabia bem o que tinha a fazer.

Visto que, novamente, eles foram à casa do rei, e que os ditos ingleses disseram de maneira peremptória que se o rei não lhes entregasse os cativos antes das nove horas da mesma manhã eles abririam fogo contra a terra, e o rei respondeu que não tinha cativos a lhes dar e que não tinha que bombardear a terra, já que ele não os recebera mal, e ele tratava bem todos aqueles que vinham a seu porto, qualquer que fosse sua nação. Diante disso, não lhe disseram palavra, e, indo embarcar em suas chalupas, emperraram três peças de artilharia que o rei possuía para defesa de seu porto. Os negros, vendo que eles não utilizavam tais peças, indignaram-se. No meio desse tumulto, eles embarcaram nas ditas chalupas e atiraram para a terra, matando e ferindo um grande número de negros, e então, cobertos pelas nuvens de fumaça, retiraram-se a bordo da fragata.

Visto que, tendo as embarcações acabado de chegar à fragata, eles enviaram as chalupas a bordo dos três navios brasileiros que se encontravam no mesmo ancoradouro, e os fizeram navegar à vela.

Visto que, no dia 2 do corrente, por volta das cinco horas da tarde, recebi o aviso de um guarda do meu depósito de que o navio e os dois barcos brasileiros tinham partido, acompanhados da fragata.

Visto que ignoro tudo o que ocorre a bordo do navio por mim comandado, pois não fui avisado de nada, nem pelo comandante da fragata, nem do navio por meus oficiais, o que prova bem o estado de controle em que se encontravam, e que talvez tenham sido aplicadas severas violências aos oficiais e à tripulação, e até castigos para obter, desta maneira, declarações falsas, o que não seria de admirar, pois muitos navios de guerra ingleses o fizeram aos navios mercantes portugueses nesta costa da África.

Visto finalmente que não havia escravos a bordo, tampouco na feitoria, nem sequer qualquer coisa relativa ao tráfico de cativos na feitoria, por todas essas razões, eu protesto, como já protestei, contra a nação britânica, ou a quem de direito dependa, diante das testemunhas abaixo assinadas, para o navio, sua carga total, própria e das partes, soldos meus, dos oficiais e do resto da tripulação, benefícios 'cessantes e emergentes', perdas que poderiam ocorrer no transcurso de minha viagem, seja durante minha estadia neste porto, seja no trajeto de retorno desse porto até o de Molembo, e daquele ao porto da Bahia, pela detenção do dito navio, e no caso de ele ficar retido, ou que lhe advenha um naufrágio qualquer, abandono, e dê por abandonado tudo o que se encontra nele, por falta de meios para embarcá-la de volta à cidade da Bahia, eu que a duras penas poderia deslocar-me deste para outros portos, nos quais pudesse encontrar uma embarcação para me transportar.

Este protesto terá a mesma força que se tivesse sido feito por um tribunal competente, mas, na falta deste, eu pedi a Zacarias Ferreira para fazê-lo e assinar como testemunha.

> Na feitoria de Onim, 2 de fevereiro de 1824.
> Zacarias de Assis Ferreira
> Manoel Cardoso dos Santos
> André Pinto da Silveira
> Francisco Barboza de Oliveira
> Antonio Feliciano Soares
> Felippe Serra

Francisco Marques
Manoel Joaquim d'Almeida
José Marques de Oliveira."

9. PRO, FO 84/38.

10. PRO, FO 84/48.

11. PRO, FO 84/64.

12. Dentre os navios julgados pela comissão mista luso-britânica, constatamos que: cinco tinham passaportes para o tráfico de escravos, conforme o tratado; seis tinham licenças coloniais de Cabo Verde e de São Tomé e Príncipe; dois não tinham documento algum. Isso perfaz um total parcial de treze navios, além dos 46 que se encontram no quadro seguinte.

QUANTIDADE	PROVENIÊNCIA	DESTINO	PERMISSÃO DE ESCALA EM
8	Pernambuco	3 p/ Molembo	São Tomé
		2 p/ Cabinda	São Tomé
		3 p/ Molembo	São Tomé
3	Rio de Janeiro	2 p/ Molembo	São Tomé
		1 p/ Molembo	São Tomé
35	Bahia	30 p/ Molembo	São Tomé
		3 p/ Costa da Mina	São Tomé e Costa da Mina
		1 p/ Molembo	São Tomé e Costa da Mina
		1 p/ Molembo	São Tomé e São Luís

Portanto, temos um total de 59 navios, dos quais assinalamos que, dentre os 35 da Bahia com passaportes emitidos na Bahia, dezenove estavam em condições regulares e dezesseis irregulares.

13. PRO, FO 84/134.

14. Ver cap. 11, p. 501.

15. PRO, FO 84/189.

16. PRO, FO 84/212.

17. PRO, FO 84/231.

18. PRO, FO 84/231.

19. PRO, FO 84/231.

20. PRO, FO 84/303, 5 de outubro de 1839.

Lista dos navios de Sua Majestade britânica empregados nas cruzadas para a supressão do tráfico de escravos:

NOME	CANHÕES	COMANDANTE
Melville	24	capitão The Hon. Richard S. Dundas
Columbine	16	comandante George Elliot
Harlequin	16	comandante Lord Francis Russell
Acorn	16	comandante John Adams
Lily	16	comandante Charles Deare
Waterwitch	10	tenente Henry Matson
Nautilus	10	tenente George Beaufroy
Curfew	10	tenente George Rose
Lynx	3	tenente Henry Broadhead
Brisk	3	tenente Arthur Kellett
Termagant	3	tenente Henry Seagram
Buzzará	3	tenente Charles Fitzgerald
Modest	18	comandante Harry Eyres
Calliope	28	capitão Thomas Herbert
Actaen	26	capitão Robert Russell
Orestes	18	comandante Peter S. Hambly
Grecian	16	comandante William Smith
Clio	16	comandante Stephen J. Freemantle
Cameleon	10	tenente George M. Hunter
Winchester	50	capitão John Parker
Cleopatra	28	capitão Stephen Lushington
Crocodile	28	capitão Alexander Milne
Vestal	28	capitão Thomas W. Carter
Rover	18	comandante Thomas M. C. Svmonds
Racehorse	18	comandante The Hon. I. A. I. Harris
Pilot	16	comandante George Ramsay
Racer	16	comandante George Byng
Sappho	16	comandante Thomas Frazer
Ringdove	3	comandante The Hon. Keith Stewart
Charybdis	3	tenente Edward B. Finling
Skipjack	3	tenente Henry Wright
Pickle	3	tenente Frederick Holland
Dee (vapor)	3	comandante Joseph Sherer

21. Lloyd, cap. 7.

22. *PPST*, Class. A, 1840, nº 118.

23. *PPST*, Class. A, 1841, nº 115.

24. *PPST*, Class. A, 1842, nº 77.

25. *PPST*, Class. A, 1844.

26. *PPST*, Class. A, 1845, nº 22.

27. *PPST*, Class. A, 1846, nº 31.

28. PRO, FO 84/315.

29. Número obtido pela diferença entre os 1217 navios indicados por Christopher Lloyd como sendo o número total de navios julgados e os 531 de Serra Leoa.

30. PRO, FO 84/127.

31. PRO, FO 84/71.

32. RIGHB, doc. 19/8.

33. Ver cap. 10, p. 427.

34. Ver quadro pp. 853-854.

35. PRO, FO 84/79.

36. Lloyd, cap. 5.

37. PRO, FO 84/48.

38. PRO, FO 84/57.

39. PRO, FO 84/57.

40. PRO, FO 84/63.

41. PRO, FO 84/66.

42. *PPST* (S.L.), 22/01/1831; testemunho de William Smith, árbitro comissário na M.C.

43. PRO, FO 84/79.

44. PRO, FO 84/90. S.L., 21/09/1829.

45. PRO, FO 84/95.

46. Até 1825, Benjamin Campbell fora empregado em Freetown pela casa Macaulay e Babington; depois disso, ele começou a negociar por conta própria e em negócios importantes (resposta nº 5521 de Macaulay a Forster no decorrer da investigação do SCWCA, 1842).

"O barco brasileiro *Ceres*, capturado pelo brigue *Plumper*, de Sua Majestade, e condenado em 22 de setembro de 1829, foi vendido em leilão público a Benjamin Campbell, mercador desta colônia [de Serra Leoa]. Este revendeu-o a William Heaviside, que vinha em viagem comercial" (depoimento de William Smith, de 5 de abril, *PPST*).

O *Clarence* foi comprado por Benjamin Campbell. O *Almirante* foi comprado por American Pellard, agente de José Alves da Cruz Rios, a Benjamin Campbell, que o havia adquirido, ele próprio, de Kenneth Macaulay, ao qual devia a soma de seiscentas libras quando da morte deste último em 1829.

Walter William Lewis declarava em 14 de fevereiro de 1831 que, em agosto ou setembro de 1829, Benjamin Campbell, mercador da colônia, registrara uma licença para o *Almirante* em favor de José Alves da Cruz Rios.

Essa nau seria objeto de diversas perguntas no julgamento do Select Committee nomeado em 1842, a respeito da costa ocidental da África, de onde resultou que o navio vendido por Benjamin Campbell, pago a 1500 libras, fora imediatamente enviado a Bonny para pegar seiscentos escravos nesse porto (respostas 5238 e 5519 de Evans às perguntas do visconde Sandon).

Mais tarde, por volta de 1834, Benjamin Campbell estava instalado nas ilhas de Loos e no rio Pongo e vivia maritalmente com uma filha da sra. Lightburn, nascida Gomez, as quais se dedicavam ao tráfico de escravos (PRO, FO 84/1008).

Em 1841 (PRO, FO 84/343), Palmerston anotava de próprio punho o rascunho de uma nota a ser enviada aos comissários da corte mista de Serra Leoa, para lhes indicar que a corte mista de Havana condenara o navio *Segunda Rosália*, e que os documentos encontrados a bordo mostravam que quarenta escravos tinham sido embarcados por Isabelle Lightburn no rio Pongo. Todos os documentos eram feitos pela mesma pessoa daqueles escritos e assinados por Benjamin Campbell, intitulando-se "mercador britânico".

Palmerston afirmava: "Parece provável, portanto, que esse sr. Campbell possa estar implicado em transações de tráfico de escravos. Faça investigações a esse respeito e envie-me um relatório sobre o papel que o sr. Campbell desempenha no comércio de escravos da sra. Lightburn".

Pouco tempo depois, Palmeston deixava o Foreign Office, onde era substituído por lorde Aberdeen até 1846. Essa investigação caiu no esquecimento, mas dezesseis anos mais tarde a casa Régis levantaria novamente a questão quando Benjamin Campbell, então cônsul britânico em Lagos, acusou-a de se dedicar ao tráfico de escravos em Uidá.

47. PRO, FO 84/101.

48. PRO, FO 84/79.

49. PRO, FO 84/102.

50. PRO, FO 84/71, 12/07/1827.

51. PRO, FO 84/102, S.L., 13/07/1830.

52. PRO, FO 84/66.

53. PRO, FO 84/103.

54. PRO, FO 84/103, S.L., 27/05/1830.

55. *PPST*, 1832.

56. PRO, FO 84/212.

57. PRO, FO 84/231.

58. PRO, FO 84/212.

59. Eis alguns dos preços da venda em leilão desses artigos encontrados a bordo dos navios condenados (preços indicados em shillings e pence; o nome que segue é dos navios):

Aguardente, o galão: 2/6, *Heroína*; 2 a 2/6, *Providência*; 1/9 a 2/3, *Venturoso*.

Calicó, a peça: 9 a 9/6, *Heroína*; 6 a 7/6, *Eclipse*; 2/6 a 3, *Venturoso*.

Madapolão, a peça: 10 a 10/½, *Heroína*; 5/6 a 7/6, *Trajano*; 8 a 10, *Providência*; 5/9 a 8, *Venturoso*.

Chita, a peça; 11 a 11/6, *Heroína*.

Mosquete, a unidade: 14, *Heroína*; 8, *Invencível*; 9 a 10/3, *Venturoso*.

Rolos de tabaco: 1 a 1/4, *Heroína*; 1/7, *Providência*; 3/6, *Venturoso*.

Barril de azeite de dendê: libra 1.1/3 a libra 2.2, *Tentadora*.

60. H. W. Macaulay chegara em Serra Leoa no início de 1830 como comerciante; no final de 1831, foi nomeado juiz na comissão mista. Ele abandonou então os negócios para se consagrar a essas novas funções, as quais deixaria em 31 de dezembro de 1839 (resposta nº 5003 ao SCWCA, 1842).

61. Forbes (I), p. 13.

62. Nome dado em Freetown aos escravos iorubás libertos, devido à constante aparição desse termo nas saudações que eles trocavam com grande frequência.

63. Birthwhistle, p. 73.

64. Tucker, p. 85.

65. Lloyd, cap. 5.

66. SCWCA, 1842.

67. PRO, FO 84/381.

68. Canot, p. 120.

69. PRO, FO 84/307.

70. NNA, Cal. Prof. 1/2, carta de W. M. Hutton a B. Hawes, Londres, 6 de julho de 1847.

71. SCWCA, 1842, depoimento de W. M. Hutton, nº 10260.

72. SCWCA, 1842, nº 10329.

73. NNA, Cal. Prof. 1/2, carta de W. M. Hutton a B. Hawes.

74. Schnapper, p. 15.

75. Id., p. 26.

76. AFOM, Senegal XIII, 15a, carta de Régis a Marine, 8 de janeiro de 1845, citado por Schnapper, p. 163.

77. Schnapper, pp. 164 ss.

78. AFOM, Senegal IV, 42b, carta de Régis a Marine, 8 de setembro de 1841, citado por Schnapper, p. 165.

79. Schnapper, p. 49.

80. SCST, 1848, pergunta nº 2537.

81. Forbes (II), v. 1, p. 114.

82. Ver cap. 15, p. 658.

83. PRO, FO 84/775.

84. Forbes (II), v. 2, p. 83.

85. Forbes (II), v. 2, p. 85.

86. PRO, FO 84/816.

87. *PPST*, Class. A, 1852.

88. Ver cap. 12, p. 551.

89. PRO, FO 84/886.

90. Schnapper, p. 173.

91. PRO, FO 84/816.

92. Duncan, v. 1, p. 187.

93. NNA, CX. 1, CP 2/1, v. 3.

94. PRO, FO 84/858.

95. NNA, Cal. Prof. 4, carta de H. Townsend a J. Beecroft, Abeokutá, 20 de março de 1851.

96. PRO, FO 84/886.

97. PRO, FO 84/858.

98. NNA, CX. 1, CP 2/1, v. 3.

99. NNA, CX. 1, CP 2/1.

100. PRO, FO 84/886, relatório de Frazer de 29 de dezembro de 1851.

101. Schnapper, p. 175.

102. F. E. Forbes, *Dahomey and the Dahomans*, Londres, 1851, 2 vols.

103. PRO, FO 2/7.

104. PRO, FO 84/893.

105. PRO, FO 84/886.

106. PRO, FO 84/886.

107. NNA, CSO, 1/1-1, p. 327.

108. Ver cap. 11, p. 512.

109. PRO, FO 84/892.

110. PRO, FO 84/892.

111. PRO, FO 84/858.

112. PRO, FO 84/886.

113. NNA, Cal. Prof. 4/1.

114. PRO, FO 84/886.

115. NNA, CX. 1, CP 2/1, v. 4.

116. PRO, FO 84/893.

117. *PPST*, Class. A, 1852.

118. PRO, FO 84/886.

119. PRO, FO 84/858.

120. Burton (I), v. 2, p. 234.

121. PRO, FO 84/893.

122. PRO, FO 84/920.

123. PRO, FO 2/7.

124. PRO, FO 84/1061.

125. PRO, FO 84/920.

126. PRO, FO 84/950.

127. PRO, FO 84/976.

128. PRO, FO 84/968.

129. NNA, CSO 8/11.

130. NNA, CSO 8/12.

131. NNA, CSO 8/11.

132. PRO, FO 84/1031.

133. Cotonu, porto em que Domingos José Martins embarcava azeite. J. F. A. Ajayi (p. 78) mostra a importância adquirida por Martins nesse comércio, citando uma carta de Campbell a Towensend, na qual o cônsul britânico estima em 250 mil libras esterlinas o valor anual dessas exportações, que estavam monopolizadas na época por Domingos José Martins.

134. Schnapper, p. 176.

135. AAOF, 6 B 67, D.M. nº 154, 20 de agosto de 1857, ao chefe da Divisão, e AFOM, África IV, 9d, Protesto, chefe da Divisão a Marine, nº 80, 10 de maio de 1858, citados por Schnapper.

136. PRO, FO 84/1031.

137. PRO, FO 84/1061.

138. PRO, FO 84/1061.

139. PRO, FO 84/1088.

140. PRO, FO 84/1088.

141. PRO, FO 84/1061.

142. PRO, FO 84/1088.

143. Burton (I), v. 2, p. 213.

144. PRO, FO 84/1175.

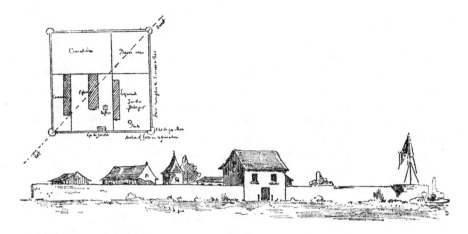

Forte português, desenho extraído da obra de A. de Salinis, La Marine au Dahomey: Campagne de la Naïade (1890-1892) *(Paris, 1901).*

QUADRO DA NOTA 34

NAVIO	COMPRADOR	CASCO	TOTAL	DESPESAS	SOBRA
		£	£ s d	£ s d	£ s d
Bom Caminho	Grave	190	269.15	52.5	217.10
Diana	Macaulay	80	82.13	34. 9. 8	48. 3. 4
Dois Amigos Brasileiros	Reeper	115	123	38. 6.10	84.13. 2
Aviso	Harmond	270	356. 7	67.15.10	288.11. 2
Bella Elisa		250	350	62. 6	287.14
Bonfim	100	127		43.19. 5	83.3
B. J. D. Navegantes	Smith	12	129.16. 4	43. 8	86. 8. 4
Paq. da Bahia	Capt. Sharp	100	128.18. 2	44. 9. 1	84. 9. 1
São João Rosália	Gabbidon	95	195. 2. 4	52. 8.10	142.13. 6
Príncipe de Guiné	Tucker	450	495. 1. 3	71.18. 1	423. 3. 2
Heroína	Jarvis	490	901. 7. 1	138.12. 7	762.14. 5
Eclipse	Henriot	95	109.12. 6	35.12. 9 1/4	73.19. 3 3/4
Vênus	Lewis	40	44. 4. 2	35 1/4	8.16. 1 1/4
Dois Amigos	Henriot	41	47.13	35. 4. 1 1/4	12. 8.10 3/4
Independência	Gabbidon	470	1018.16. 3	225.17. 6 1/2	792.18. 8 1/2
Trajano	Atkins	415	1027.13.10 1/2	221.15.10	805.18 1/2
Tentadora	Weston	250	409.12. 9	71.13. 9 1/4	337.18.11 3/4
Carlota	Weston	185	393. 6. 3	77.12. 9 3/4	315.13. 5 1/4
Venturoso	McCormack	150	1062.10. 9 1/2	463. 2. 7	599. 8. 2 1/2
Providência	Henriot	175	609. 4. 3	191.16. 1 3/4	417. 8. 1 1/4

NAVIO	COMPRADOR	CASCO	TOTAL	DESPESAS	SOBRA
Conçeição de Maria	Henriot	35	41.8	37.8.5 3/4	3.19.6 3/4
Crioula	McCormack	26	48.12.6	34.15.9 1/4	13.16.8 3/4
Copioba	Thomson	55	356.6.10	137.7.6	218.19.4
Bahia	Atkins	300	1695.10.5	410.12.3	1284.18.2
Henriqueta	Macaulay	330	398.16.7	76.2.1 1/2	322.14.6 1/2
Esperança	Savage	710	1283.8.3	302.12.6 1/2	980.15.8 1/2
Terceira Rosália	Capt. Arabin	300	384.15.4	68.17.3 1/2	315.18 1/2
Sociedade	Weston	220	237.7.11	60.11 1/4	176.16.10 3/4
Zepherina	Stephenson	45	54.15.6	130.13	75.18
Pen. da França	Bealby	80	86.14	41.16.10 1/4	44.17.1 3/4
Triunfo	Emerson	90	102.8.6	56.8.3	46.3
Andorinha	Collier	350	546.9.5	164.10.5	381.19
Bella Elisa	Losson	270	286.11.6	55.16.5	230.15.1
União	Stephenson	200	218.13.2	52.9.2 3/4	166.3.11 3/4
Emília	Heaviside	155	165.3.6	55.14.2	109.9.4
São Thiago	Heaviside	79	94.6	42.19.3/4	51.1.5 1/4
Tentadora	Lacheur	455	464.15	106.11.7	358.3.5
Emília	Lacheur	95	171.15	63.4.7	108.10.5
Nao Lendia	Goddara	260	262.12	73.13.3	188.18.9
Nossa Senhora					
da Guia	J. H. Parker	180	189.17.9	47.17.1 1/2	142.7 1/2
Primeira Rosália	Capt. Gordon	200	215.4.6	48.18 1/2	166.6.4 1/2
Umbelina	J. C. dos Santos	660	669.18	83.1 3/4	586.17.10 1/2
Nova Resolução	Cole e Hamilton	50	821.11 3/4	122.9.10 1/2	698.11 1/2
	Total	9 138	16 677.19.13/4	4 292.12.9 1/4	12 385.6.4 1/4

(Extraído de PRO, FO 84/28, 38, 49, 65, 66, 79, 90 e 103.)

16. FORMAÇÃO DE UMA SOCIEDADE BRASILEIRA NO GOLFO DO BENIM NO SÉCULO XIX
[pp. 694-739]

1. PRO, FO 84/189.
2. Ver cap. 10, p. 424.
3. Passaportes expedidos na Bahia:

ANO	Nº DE MESES	AFRICANOS	OUTROS	TOTAIS	% DE AFRICANOS	Nº DE PARTIDAS MENSAIS
1820	2	14	182	196	7	7
1824	9	4	643	647	0,5	0,5

854

ANO	Nº DE MESES	AFRICANOS	OUTROS	TOTAIS	% DE AFRICANOS	Nº DE PARTIDAS MENSAIS
1825	12	8	440	448	2	0,75
1826	4	4	402	406	1	1
1828	4	39	266	305	13	10
1829	11	102	1205	1307	7	9
1830	12	29	1569	1578	1,8	2,5
1834	4	6	36	42	15	1,5
1835	12	422	231	635	33	35
1836	12	319	220	539	59	26,5
1837	10	77	246	323	24	7,7
1845	2	14	83	97	14	7
1846	12	86	379	465	22	7
1847	12	97	351	448	22	8
1848	12	60	381	441	13	5
1849	12	55	418	473	11,5	4,5
1850	12	48	316	364	13	4
1851	12	16	360	376	4	1,4
1852	12	18	281	299	6	1,5
1853	12	16	371	387	4	1,4
1854	12	18	227	245	7,3	1,5
1855	12	54	214	268	20	4,5
1856	12	45	247	292	15	3,75
1857	8	91	238	329	27	11,25
1858	12	119	217	336	36,3	10
1859	12	89	243	332	26,1	7,4
1860	12	45	189	334	13,5	3,75
1861	12	40	239	279	12	3,25
1862	12	48	259	307	16	4
1863	12	72	248	320	22	6
1864	12	38	246	284	13,5	3,1
1865	12	43	224	267	16,4	3,5
1866	12	45	222	267	17	3,75
1867	12	74	274	348	21,4	6
1868	12	95	111	206	46	8,25

Em 1850, nota-se a concessão em massa de 55 passaportes para Moçâmedes (ver, a respeito, Gilberto Freyre).

De 1824 a 1826, em 25 meses, apenas dezesseis passaportes foram expedidos, o que representa menos de 1% do total dos passaportes concedidos durante esse período, e a partida de duas famílias a cada três meses.

Em 1828 e 1829, em quinze meses, 141 passaportes concedidos representavam 8,6% do total e a partida de 9,4 famílias por mês.

Em 1830, por um lado, e em quatro meses de 1834, mais os nove primeiros meses de 1835, por outro lado (respectivamente, doze e treze meses), 29 e 66 passaportes foram expedidos, representando 1,8% e 2,2% do total, e 2,5 e cinco famílias por mês, respectivamente.

No decurso dos três últimos meses de 1835, 362 passaportes concedidos representavam 91% do total, com 120,7 partidas de famílias por mês.

Em janeiro de 1836, expediram-se ainda 93 passaportes, ou seja, 77% do conjunto.

A massa de tais partidas durante esses quatro meses foi suficiente para que, no decurso de 34 meses, cujos números foram encontrados entre 1835 e 1838, os 818 passaportes representassem perto de 55% do conjunto.

Em 1837, 77 passaportes expedidos em dez meses já faziam a média cair para 24% do conjunto, com 7,7 partidas por mês.

Mais tarde, os números se estabilizaram: no período de 1845-6, 1336 passaportes representavam 17% do conjunto, com cinco partidas mensais.

4. Freire (ii), pp. 267 ss.

5. Ver cap. 14, p. 620.

6. Ver cap. 12, p. 560.

7. Bouche, p. 266.

8. Laffitte (i), p. 46.

9. Borghero, p. 439.

10. Borghero, p. 440.

11. Bouche, p. 263.

12. Arquivos do forte português de Uidá.

13. Forbes (ii), v. 1, p. 117.

14. Duncan, v. 1, p. 200.

15. Bouche, p. 383.

16. Skertchly, p. 48.

17. Forbes (ii), v. 1, p. 117.

18. Duncan, v. 1, pp. 137 e 185.

19. PRO, FO 84/502.

20. Forbes (ii), v. 2, p. 3

21. Ver fig. 25.

22. Forbes (ii), v. 2, p. 5.

23. PRO, FO 84/816.

24. Duncan, v. 1, p. 102.

25. Corrêa da Silva, p. 63.

26. Forbes (ii), v. 2, p. 7.

27. PRO, FO 84/816.

28. Forbes (ii), v. 2, pp. 60, 109, 112, 113, 118, 158 e 179.

29. Bombardeio e destruição pela Royal Navy.

30. PRO, FO 84/816.

31. Corrêa da Silva, p. 77.

32. Canto.

33. Corrêa da Silva, p. 74.

34. APN, série D/l-1.

35. APN, série D/11.

36. Em Porto Novo:

6	negociantes	eram brasileiros de um total de	17
8	comerciantes de 1ª classe............................		14
23	comerciantes de 2ª classe............................		41
12	comerciantes de 3ª classe............................		23
18	comerciantes de 4ª classe............................		40
1	padeiro		3
1	mascate		1

Em Grande Popo:

0	negociante	era brasileiro de um total de	6
3	comerciantes de 1ª classe		3
0	comerciantes de 2ª classe		1
1	comerciantes de 3ª classe		3
0	comerciantes de 4ª classe		4

Em Agoué:

1	negociante	era brasileiro de um total de	2
2	comerciantes de 1ª classe		3
0	comerciante de 3ª classe		1
9	comerciantes de 4ª classe		17

37. Mercier, p. 358.

38. PRO, FO 84/920.

39. PRO, FO 84/950.

40. PRO, FO 84/950.

41. PRO, FO 84/1002.

42. PRO, FO 84/993.

43. PRO, FO 84/1051.

44. PRO, FO 84/1031.

45. Forbes (II), v. 1, p. 152.

46. PRO, FO 2/17.

47. PRO, FO 84/1031.

48. PRO, FO 84/1031.

49. NNA, CSO 8/1-1, p. 123.

50. NNA, CSO 1/1, p. 327.

51. NNA, CSO 8/1-1, p. 245.

52. NNA, CSO 8/1-1, p. 256.

53. *Grandes Lagos*, p. 33.

54. Bane, p. 148:

"Esse Padre Antônio nasceu em São Tomé, em 1799, época em que o tráfico de escravos era dos mais ativos. Com dez anos de idade, foi vendido a um traficante e enviado para o Brasil, onde o comprou d. Romualdo, prior do Convento do Carmo, na Bahia. Antônio viveu no convento e foi emancipado pouco depois. Ele acompanhou o movimento de retorno à África e, chegando a Lagos, construiu uma capela de bambu, onde os emancipados que voltavam se reuniam para cantar hinos sob sua direção, tendo mesmo ele chegado a pregar, ensinar o catecismo, batizar as crianças e abençoar casamentos, embora não tivesse sido ordenado padre".

Na Bahia, ele vivia a algumas centenas de metros de onde morava Joaquim d'Almeida, o construtor da primeira capela em Agoué. Talvez se possa pensar que essa iniciativa lhe fora sugerida pelo Padre Antônio, quando, ainda na Bahia, "ele se esforçava para levar à igreja os seus companheiros escravos".

55. Bouche, p. 263.

56. Ver figs. 31 e 32.

57. Verger (I), pp. 25-7.

58. Freire (II), p. 270.

59. Laotan, p. 8.

60. NNA, CSO 8/51, p. 173.

61. NNA, CSO 8/51, p. 469.

62. NNA, CSO 1/1-12, p. 287.

63. NNA, CSO 1/1-28.

64. Nina Rodrigues (p. 171) teve notícias dessa travessia desastrada. Ele faz alusão aos doze africanos mortos durante a viagem, comparando "a esteira do retorno, marcada pelos corpos dos infortunados passageiros lançados ao mar, às das numerosas viagens de ida, também marcadas por tantos cadáveres de escravos levados pelo tráfico".

65. Essa viagem foi realizada por iniciativa de Antonio Olinto e Zora Seljan, sob os auspícios do Ministério das Relações Exteriores do Brasil. A propósito dessa realização, ver a obra de Olinto, p. 193.

66. Verger (II), p. 507.

Posfácio
Verger historiador[*]

João José Reis

Pierre Verger era mais conhecido como fotógrafo e etnólogo das coisas relativas ao mundo dos orixás e voduns na África e no Brasil. Mas se interessava também pela formação dos fenômenos sociais e culturais próximo ou no interior dos quais ele vivia, e sobre os quais escrevia. Isso o estimulou a mergulhar no passado e fazer história. Mesmo em livros de caráter mais etnográfico, a exemplo de *Notes sur les cultes des Orisa et Vodun* (1957), Verger procurou documentar o que viajantes europeus — viajantes de certo modo como ele foi — escreveram a respeito de práticas religiosas africanas no golfo do Benim, região por eles visitada entre os séculos xvii e xix. Eram práticas que naquele mesmo período migravam para o Brasil, em especial para a Bahia, nos porões de navios negreiros.

Se a verve historiográfica de Verger esteve muitas vezes presente em seus escritos e em suas fotografias, ele também publicou livros mais estritamente de "História". Entre estes se inclui *Notícias da Bahia em 1850* (1981), que são flashes do cotidiano da província ao longo do século xix. Não é dos trabalhos mais bem documentados de Verger, que se baseou sobretudo em notícias de jornais e relatos de viajantes estrangeiros, fontes utilíssimas porém limitadas. Também

[*] Agradeço os comentários de Carlos da Silva Jr. e Roquinaldo Ferreira.

no campo da História, para dar mais um exemplo, há o pequeno livro *Os libertos: sete caminhos na liberdade de escravos da Bahia no século XIX* (1992), no qual, por meio de minibiografias, estudou circunstâncias e possibilidades de integração, adaptação, tensão e conflito que caracterizaram a vida dos ex-escravos nas duas margens do Atlântico. O problema ali proposto gira em torno do maior ou menor afastamento de seus personagens em relação ao que Verger chamou de "valores africanos", para ele encontrados mormente nas religiões de origem africana como as que celebram voduns e orixás. O autor distingue os africanos que se mantiveram fiéis àqueles valores e os que os abandonaram em favor do catolicismo, do islã e do anglicanismo (neste último caso, ao traçar a trajetória de um famoso cativo iorubá, Samuel Ajayi Crowther, resgatado pelos ingleses de um navio que provavelmente se dirigia à Bahia e levado para a colônia de Serra Leoa, onde seria educado como cristão). Não obstante o caráter sumário das vidas ali traçadas, é um trabalho inovador no sentido de esboçar um gênero historiográfico — a biografia de africanos na diáspora — cada vez mais difundido em nossos dias..

A ideia de um gradiente de fidelidade à cultura africana entre os libertos já estava presente no principal livro de Verger como historiador, que é exatamente seu *Fluxo e refluxo*, agora publicado pela Companhia das Letras. Trata-se de uma edição que aproveita a tradução — algo revista — feita por Tasso Gadzanis para a primeira edição em português do livro, publicada pela Corrupio em 1987. Para registro, a primeira edição francesa, pela Mouton, é de 1968.

Fluxo e refluxo é um estudo detalhado do tráfico negreiro — em suas dimensões econômicas, políticas, diplomáticas, demográficas, culturais, entre outras — para a Bahia a partir do golfo do Benim. Região então conhecida pelos luso-brasileiros como Costa da Mina, ela se estende do sudoeste da Nigéria ao litoral do Togo, passando pela República do Benim. Mas, para efeito do tráfico baiano, a geografia abrange também paisagens mais interioranas do golfo, como o reino de Oyó, ao norte do território iorubá, chegando mesmo ao país haussá, ainda mais adentro, no norte da atual Nigéria. Antes de escrever este livro, Verger já tinha percorrido e residido em muitos dos lugares aqui retratados, adquirindo uma familiaridade que daria um toque singular à sua produção acadêmica.

Verger chegaria ao tema da obra como parte de sua busca pela África que ele havia encontrado na Bahia em meados da década de 1940, quando ali desembarcou pela primeira vez. Por que a cultura jeje-nagô era tão influente entre os baianos, sobretudo entre a população negra? Seu estudo mostra que, ao longo do século XVIII, o comércio negreiro com o golfo do Benim vitimara principalmente os povos falantes de línguas gbe (fon, mahi, aïzo, mina etc.), nossos jejes; e nas duas décadas antes de sua proibição definitiva, em 1850, já durante o tráfico ilegal, suas vítimas seriam quase exclusivamente, e num volume vertiginoso, os cativos falantes de iorubá, conhecidos como nagôs na Bahia. Era o resultado, neste último caso, da escravização em massa de povos dos reinos de Oyó, Egba, Ijexá, Ijebu, Ketu, entre outros, gentes que ainda não se identificavam como pertencentes a uma unidade político-cultural ou linguística chamada *iorubá*, e que naqueles anos estavam sendo dilacerados por guerras intestinas vinculadas em especial à desagregação do reino de Oyó, que dominava a região.

Se na África nem os povos gbe nem os iorubás representavam grupos étnicos específicos, na Bahia viriam a constituir "comunidades de sentido" (Benedict Anderson) ao longo dos séculos XVIII e XIX, sob a denominação de jejes e nagôs, sem que por isso olvidassem identidades menores, sendo muitas vezes referidos como jeje-mundubi, jeje-mahi, jeje-dagomé (fon) etc., ou nagô-oyó, nagô-ba (de Egba), nagô-jebu (de Ijebu) etc. Se os jejes foram maioria entre os africanos traficados ao longo do Setecentos, os nagôs predominaram no século seguinte, numa concentração nunca antes verificada, pois chegaram a constituir cerca de 80% dos cativos nascidos na África que viviam na Bahia no final da década de 1850. Estava aí a base demográfica da hegemonia cultural nagô encontrada por Verger na Bahia, embora dividindo com os jejes muito da sua religião, ao tempo que por pouco tornava invisível a secular presença dos povos chamados *bantos* — invisibilidade que Verger ajudou a acentuar por seu desinteresse etnográfico quanto a estes. *Fluxo e refluxo* se divide, de modo quase igual, entre as relações da Bahia e a África jeje (sobretudo século XVIII), por um lado, e da Bahia com a África iorubá (principalmente século XIX), por outro.

Os números do tráfico baiano com o golfo do Benim apresentados por Verger foram nos últimos anos revisados pelo projeto Slave Voyages, que documenta e disponibiliza on-line informações a respeito de cerca de 36 mil viagens negreiras entre a África e as diversas regiões das Américas. Segundo os resultados mais recentes, o Brasil figura como a região que mais importou mão de obra africana escravizada, cerca de 45% dos perto de 11 milhões de vítimas do tráfico transatlântico. A Bahia, segundo Verger, teria recebido 1,2 milhão de cativos, 71% dos quais vindos do golfo do Benim. Esses números agora cresceram para mais de 1,5 milhão, o que corresponderia a 32% do tráfico brasileiro, mas a proporção apontada por Verger para os vindos do golfo de Benim se mantém, pelo menos para o século XIX. Contudo, *Fluxo e refluxo* não apresenta apenas cifras dos africanos vitimados pelo tráfico (isso ocupa uma porção até pequena da obra). Suas contribuições são bem mais amplas.

O livro parte de uma premissa que Verger não elabora conceitualmente — ele desdenhava de conceitos —, qual seja: é possível fazer a história do mundo atlântico a partir das relações bilaterais entre duas regiões "periféricas". Era uma novidade na década de 1960, antecipando o que é hoje muito valorizado entre os historiadores. O comércio negreiro triangular, típico do Atlântico Norte — cativos para o Caribe, produtos tropicais para a Inglaterra e manufaturados ingleses para a África, por exemplo —, não se repetia no caso brasileiro. Verger estuda o comércio da Bahia com a Costa da Mina, porém o mesmo bilateralismo vingou entre o Rio de Janeiro e Angola, Benguela, Moçambique e outras áreas da África.

As mercadorias do tráfico com a Costa da Mina eram produzidas no Brasil, com destaque para o fumo baiano, trocado diretamente por cativos naquela região africana. Por que o fumo? "O tabaco é entre eles [africanos] a mais estimável droga, sem a qual não podem viver nem passar", são palavras despachadas da Bahia para Lisboa pelo vice-rei português em 1721. E o fumo baiano era o predileto. Verger foi talvez o pesquisador que mais contribuiu para o esclarecimento desse tema, muito falado e discutido desde o período colonial. E ele o fez tanto do ponto de vista dos negociantes de gente como das autoridades portuguesas e africanas, além dos traficantes concorrentes de outras nações europeias, que compravam, roubavam ou confiscavam o fumo baiano para suas próprias aquisições nos portos do tráfico. São páginas e páginas sobre a matéria neste livro.

Mas se o fluxo e refluxo do negócio negreiro era bilateral, as tratativas mercantis, diplomáticas e estratégicas passavam, no período colonial, pelo crivo de Lisboa, que conversava sobre a Costa da Mina com governadores coloniais e comerciantes baianos, com potências europeias ali representadas e potentados africanos locais. Verger noticia com muito detalhe documental que a autonomia baiana era relativa, ou melhor, era disputada, no sentido de que os negociantes estavam em constante tensão com a Coroa portuguesa e seus representantes coloniais quanto à regulamentação e ao controle do comércio de gente. Ou seja, no caso do tráfico brasileiro — e não apenas o baiano —, Lisboa não estava de modo algum ausente dos arranjos atlânticos. Pelo contrário, a metrópole buscou em diversas ocasiões disciplinar o comércio entre as duas regiões, no que encontrou acirrada oposição de uns traficantes e o aplauso de outros. O Conselho Ultramarino acompanhava de Lisboa e opinava sobre cada movimento no xadrez imperial português, inclusive o que acontecia na Costa da Mina e na relação entre esta e a Bahia. Do outro lado do tabuleiro, os africanos negociavam com absoluta soberania junto aos comerciantes e representantes europeus no terreno, muitos deles dublês de traficantes. Com efeito, os africanos ocupam um lugar de destaque nas fontes compulsadas por Verger, que demonstra ser possível narrar uma história afrocentrada do golfo do Benim, embora a partir de documentos (e portanto um prisma) europeus. Por certo, a soberania africana desponta forte no livro. O poder e a riqueza dos reis, chefes e negociantes africanos cresceram à sombra do tráfico, pelo que competiam e guerreavam entre si em busca da preferência no fornecimento de cativos. Periodicamente, vários governantes da África do golfo enviavam embaixadas à Bahia e a Lisboa (e mais tarde ao Rio de Janeiro de d. João VI e de Pedro I) para negociar termos de relações comerciais (leia-se tráfico negreiro) e políticas (leia-se ajuda contra governantes adversários e até o imediato reconhecimento da independência do Brasil). Ao mesmo tempo que se locupletavam, os governantes africanos não davam pouco trabalho aos que se dirigiam a suas terras em busca de gente para escravizar. Talvez nenhum historiador, antes de Verger, tenha tratado com tanta veemência o protagonismo africano nesse domínio da história atlântica.

Outro aspecto inovador deste livro é a exposição das interfaces entre os diversos impérios marítimos que convergiam seus interesses escravistas (e mais tarde abolicionistas, sobretudo a Inglaterra) para a Costa da Mina, uma vez que eram todos — Portugal, Inglaterra, Holanda, França, Espanha— impérios que controlavam colônias tocadas por mão de obra escravizada nas Américas. Os europeus, Verger deixa claro, eram os principais responsáveis pela trágica história do tráfico. A partir do ponto de vista luso-baiano, ele fornece um panorama dos embates entre funcionários, companhias comerciais e comerciantes avulsos de diversas nacionalidades na concorrência pelo negócio negreiro, principalmente no século XVIII, quando o tráfico transatlântico foi mais feroz. Com frequência, as guerras travadas pelas metrópoles, cujo epicentro era a Europa, se espraiavam pelo Atlântico e desembarcavam no golfo do Benim e em outras áreas de compra e venda de pessoas. A dimensão "transimperial" da obra vergeriana antecipa discussões na historiografia de ponta escrita sob essa perspectiva em anos recentes. E com um ingrediente a mais: entre as forças em jogo ele inclui, como apontei, as potências regionais africanas, a exemplo do Daomé e de Oyó, reinos conquistadores que se fortaleceram e se expandiram em sua interação, nem sempre tranquila, com os impérios traficantes europeus. Trata-se de uma história atlântica, se não global, em que a África não é escanteada como tem sido em numerosos estudos feitos sob este enfoque.

E esse projeto narrativo se sustenta até o final do livro, quando Verger entra na fase do tráfico ilegal. Apesar de os historiadores em geral apontarem o ano de 1831 como a primeira proibição do tráfico transatlântico para o Brasil, no caso da Bahia essa data é anterior, já que, pelo tratado de 1815 entre Portugal e Inglaterra, o tráfico seria oficialmente abolido acima da linha do equador. Ora, nessa latitude estavam os principais portos que faziam o comércio negreiro com a Bahia, como eram os localizados no golfo do Benim. A partir de então, e mesmo antes, desde 1810, os cruzadores ingleses preavam os tumbeiros baianos naqueles mares, e assim continuaram até a abolição definitiva do tráfico brasileiro, em 1850. Nessa altura, o embate se dava entre o Império do Brasil e a Inglaterra imperial, que já controlava militar e comercialmente muitos mares, até abastecendo com seus manufaturados os traficantes estabelecidos no golfo do Benim, ao mesmo tempo que perseguia seus tumbeiros. Verger detalha tudo, inclusive a paulatina evolução do comércio criminoso de gente para o comércio "inocente" de azeite de dendê feito pela Bahia, França e Inglaterra, principalmente.

No caso da Bahia, o caráter internacional do tráfico ilegal permanece até o último e trágico desembarque, em 1851, que resultou na morte de dezenas de cativos afogados ou de cansaço e fome. No chamado desembarque da Pontinha, o navio negreiro *Relâmpago* — nome que augurava fuga da perseguição inglesa durante a travessia — tinha por capitão um venezuelano, o piloto e o copiloto espanhóis de Málaga, um italiano como seu último proprietário e o rei de Lagos como principal interessado na carga humana.

864

No mesmo ano de 1851, a Inglaterra bombardeou Lagos, depôs seu rei, que se chamava Kosoko, e o substituiu por um concorrente, Akitoyê, que aceitou a política antitráfico inglesa. Assim, tinha início a ocupação britânica do que viria a ser a Nigéria. De maneira sutil, por meio de um documento exemplar, Verger nos introduz a esse primeiro capítulo do colonialismo inglês no golfo do Benim: "Esforcei-me em persuadir Akitoyê a libertar [Auguste] Amadie", escreveu o vice-cônsul britânico em Lagos sobre a prisão de um traficante austríaco por Akitoyê; "não porque queira protegê-lo, mas o precedente é mau: um negro tendo um tal poder sobre um branco. [...] Até aqui, um branco tem sido considerado uma espécie de 'fetiche'". Esse o espírito do colonialismo europeu na África, e não apenas inglês, denuncia Verger. O branco, mesmo se um bandido em território africano, devia sempre ser respeitado pelas autoridades africanas.

Depois de um século XVIII (e parte importante do século seguinte) em que se destacam as interações baianas com a região do antigo Daomé, suas dependências e vizinhanças, de onde vieram os jejes, *Fluxo e refluxo* se volta para o frondoso ramo iorubá do tráfico. Segundo a percepção mais ampla de Verger, os iorubás, enquanto *nagôs*, teriam criado na Bahia uma nova civilização, fundamentalmente harmônica, tendo na religião dos orixás o seu principal pilar. O que não se deu sem abalos. Neste livro ele trata, por exemplo, do ciclo de rebeliões escravas na Bahia da primeira metade do século XIX, para as quais os nagôs deram uma contribuição superlativa. Esse tipo de resistência foi um aspecto quase irritante para Verger, que preferia pensar — e o disse várias vezes — nas relações raciais e culturais na Bahia como um encontro de águas tranquilas historicamente constituídas. No entanto, o pesquisador não se furtou a discutir revoltas tão relevantes para a dinâmica africana em solo baiano no tempo do tráfico. Sobre o assunto, ele acrescentou muita informação nova, de primeira mão, pesquisada em arquivos nacionais e estrangeiros. Mas se debruçou principalmente sobre os autos da devassa contra os malês, em 1835, guardados no Arquivo Público do Estado da Bahia. Era o primeiro historiador, depois de Nina Rodrigues na virada do século XX, a fazer uso sistemático de tais documentos, indo aliás muito mais a fundo do que aquele em suas pesquisas. No que diz respeito à interpretação, porém, Verger seguiu Nina Rodrigues, que atribuíra ao islã militante a responsabilidade por aqueles movimentos, com destaque para a Revolta dos Malês.

Entretanto, Verger percebeu ter também havido relações de convívio e tolerância mútua entre libertos muçulmanos, católicos e candomblecistas, tanto na Bahia como nas comunidades formadas por retornados africanos da Bahia, os agudás, tema do último capítulo de *Fluxo e refluxo*. Esse islã "tolerante", tal como a cultura religiosa iorubá "tradicional", se dedicava à adivinhação, à cura, à proteção por meio de amuletos, ao combate da feitiçaria. Tudo isso também migrou para o Brasil, e não apenas o islã militante — aliás, o islã que curava o cotidiano podia também se levantar com o objetivo de curar o mal dos males, a escravidão.

Verger tentava manter-se distante dessas e outras controvérsias. Gostava de dizer que não interpretava os dados, apenas os expunha. Isso fazia parte de sua cisma (libertária?) com o mundo acadêmico, embora *Fluxo e refluxo* fosse, na sua origem, uma tese de doutorado. Ele lembra, porém, em sua introdução ao livro, que o historiador Fernand Braudel o havia incentivado a escrevê-la justamente porque interessado em seu antiacademicismo. Felizmente, esta obra, assim como outras de Verger, foi por ele dotada do aparato de erudição que nos permite, através de uma infinidade de notas documentais e bibliográficas — espécie de altar da academia muito reverenciado pelo babalaô franco-baiano —, acompanhar a exaustiva pesquisa em numerosos arquivos e bibliotecas no Brasil e na Europa.

Em sua insistência pela neutralidade axiológica, Verger decidiu fazer os documentos falarem sem parar, enquanto ele ficava na surdina. Em *Fluxo e refluxo* e outros livros seus, ele transcreveu copiosa e longamente documentos primários, muitos deles na íntegra. Além da amplitude do projeto — cronologia de longa duração, registro de muitas vozes, variedade temática —, o método de exposição de documentos *in natura* é em parte responsável pelo tamanho do livro, verdadeira enciclopédia documental sobre os temas de que trata. Havia muito de positivista nesse método, uma historiografia em que fatos e documentos seriam, por assim dizer, deixados à solta. Essa a maneira de ser um narrador verdadeiro, ele acreditava. Era como se Verger adotasse uma espécie de fotografismo textual. Sobre as pessoas que fotografava, dizia que as queria espontâneas. E assim também preferia ver os documentos, espontâneos, sem qualquer pose. Construiu sua narrativa como uma colagem de "retratos" documentais que assegurariam a fidelidade e a isenção do historiador diante do passado. O Verger fotógrafo se incorporou ao Verger historiador.

Mas, tal como sua fotografia, qualquer fotografia, a narrativa vergeriana veicula uma interpretação da realidade: ela tem método, estratégia, estilo, e portanto os documentos muitas vezes posam da mesma forma que posam muitos personagens de suas fotografias. As próprias fontes documentais não são um conjunto frio, impassível de escritos que se revelam por si próprios. Ao historiador cabe interrogá-las, e, a depender da pergunta, a resposta será diferente. Percebe-se esse interrogatório na arrumação dos documentos em *Fluxo e refluxo*.

Documentos são produzidos por gente que tem suas preferências ideológicas, interesses materiais e políticos, investimentos culturais e afetivos, sensibilidades e insensibilidades. Verger percebe bem essa dimensão do arquivo, e por isso organiza seus papéis em atitude dialógica, ou seja, ele põe os documentos para conversarem entre si, revelando segredos, intrigas, fuxicos entre os homens no ambiente do tráfico. Ao mesmo tempo, por transcrevê-los tão copiosamente, esses documentos podem ser interrogados de muitos modos pelo leitor, e dessa forma se prestarem a outros ordenamentos e a múltiplas interpretações. Este livro, aliás, durante muito tempo serviu como espécie de arquivo portátil, no mínimo, e ainda serve como guia para a documentação guardada nos acervos por onde Verger caminhou. Atualmente, decerto, os recursos da internet permitem o acesso direto on-line a vários daqueles acervos: por exemplo, a documentação do Arquivo Histórico Ultramarino, em Lisboa, por meio do Projeto Resgate; os *Parliamentary Papers* britânicos (que detalham o combate ao tráfico ilegal); e o já mencionado site Slave Voyages. Contudo, o papel de arquivo e guia de *Fluxo e refluxo* não se esgotou, nunca se esgotará. Eu mesmo lanço mão dele, com muita frequência, para consultar a nominata do tráfico de Verger — nomes de navios e traficantes estabelecidos na Bahia e no golfo do Benim, facilmente encontrados nos detalhados índices que acompanham a obra.

Voltando ao começo, *Fluxo e refluxo* conta uma história que explica a Bahia que Verger abraçou, a Bahia negra. Um lugar de tradições que ele acreditava sólidas, e que de alguma maneira ajudou a fixar e por certo a difundir mundo afora por meio de sua obra. Era um aliado da comunidade negra. Não por outra razão, ele apoiou o Centro de Estudos Afro-Orientais (CEAO), ponto de comunicação entre a Universidade Federal da Bahia e os africanos. Em carta a Vivaldo da Costa Lima no início da década de 1960 — publicada na revista

Afro-Ásia, n. 37 —, ele desanca o reitor da UFBA na época, acusando-o, por seu desinteresse pelo CEAO, de desinteressado "por pessoas de uma cor diferente daquela que ele exibe". Era antirracista a seu modo. Estranha, portanto, sua apatia, até diria sua antipatia, em relação a um rol de novidades que tomou o mundo negro baiano nas duas últimas décadas de sua vida. Verger desconfiava, por exemplo, dos movimentos de afirmação racial, apesar de buscarem celebrar uma África que lhe era tão cara. Do mesmo modo que seu amigo Jorge Amado, ele via essas manifestações de cunho antirracista como a importação de uma ideologia racial norte-americana que transformaria a Bahia num lugar onde pessoas com seu perfil — um branco europeu — talvez não mais tivessem acolhida. Não se tratava de reacionarismo político; quem sabe fosse apenas manifestação de autodefesa.

Bibliografia

ABREVIAÇÕES

AAOF: Archives Afrique Occidentale Française
AAPEB: Anais do Arquivo Público do Estado da Bahia
ACM: Archives Charente-Maritime
ACMS: Archives of the Christian Mission Society, Londres
AD: Archives du Dahomey
ADM: Archives Départementales, Marselha
ADN: Archives Départementales, Nantes
AFOM: Archives de la France d'Outre-Mer
AHU: Arquivo Histórico Ultramarino, Lisboa
AMB: Arquivo Municipal da Bahia
AMC: Annales Maritimes et Coloniales
AN: Archives Nationales, Paris
APEB: Arquivo Público do Estado da Bahia
APF: Annales de la Propagation de la Foi, Lyon
ARG: Algemeen Rijksarchief, s'-Gravenhage (Haia)
BN: Biblioteca Nacional, Rio de Janeiro
CCR: Archives de la Chambre de Commerce de la Rochelle
ED: Études Dahoméennes, Porto Novo
JHSN: Journal of the Historical Society of Nigeria, Ibadan
NNA: Nigerian National Archives, Ibadan
PPST: Parliamentary Papers on Slave Trade

PRO: Public Record Office, Londres (Atualmente, British National Archives)
RIGHB: *Revista do Instituto Geográfico e Histórico da Bahia*
RIHGB: *Revista do Instituto Histórico e Geográfico Brasileiro*, Rio de Janeiro
SCST: Select Committee on the Slave Trade
SCFWA: Select Committee on Forts of the West Africa
SCWCA: Select Committee on the West Coast of Africa

DOCUMENTOS DE ARQUIVO CONSULTADOS

Arquivo Público do Estado da Bahia

Seção Histórica
Ordens Régias, 1 a 122.
Correspondência do governo da Bahia para Lisboa, 128 a 132.
Cartas do governo da Bahia a Sua Majestade, 133 a 144.
Cartas do governo da Bahia a várias autoridades, 145 a 171.
Cartas da corte para o governo da Bahia, 766 a 774.
Alvarás, 395 a 415.
Documentos copiados do consulado inglês, 506 a 512 (numeração antiga).
Passaportes de embarcações, 440 e 445 a 450 (n.a.).
Navegação, 1232 a 1240 (n.a.).
Partida de embarcações, 1641 a 1657 (n.a.).
Insurreições de escravos, 1 a 7 (n.a.).

Seção Judiciária
130/1, 497/1, 1249/2, 1851/2, 1851/6, 2423/1, 3811/8, 6497/1, 7163/13, 7170/27, 7174/46,
7178/31, 7181/41.

Arquivo Municipal da Bahia

Entrada de navios: 1699 a 1725, 1820 a 1824, 1822 a 1824, 1837 a 1839.
Visitas nas embarcações vindas da África: 1802 a 1829.

Arquivo Histórico Ultramarino, Lisboa

Documentos da Bahia.
Bahia, cx. 27.
São Tomé, cxs. 3 a 7.
Códices, 252 a 254.

Archives Nationales, Paris

Col. C6/25 a 29.
Col. B 38 a 45, 162, 165, 179, 180, 188, 192, 199.
F 2A7 (antigo Senegal).

Public Record Office, Londres

T 70, a respeito do forte William de Whydah.
FO 84, a respeito do tráfico de escravos.
FO 2, 13 e 63, correspondências consulares.

Nigerian National Archives, Ibadan

CSO 1/1-1 a 1/1-38, 8/1-1, 8/1-2, 8/2-1, 8/2-2, 8/2-3, 8/5-1.
Cal. Prof. 1/1, 2/1, 2/2, 4/1, 4/3.
Bada dist. 1/2.

Archives du Dahomey, Porto Novo

Séries C/II e III, D/I e II.

Algemeen Rijksarchief, s'-Gravenhage (Haia)

Guiné, 62, 63, 91, 235 a 238.

LISTA DAS OBRAS CITADAS

ADAMS, John. *Remarks on the Country Extending from the Cape Palmas to the River Congo*. G. & W.B. Whittaker: Londres, 1823.

AGASSIZ, Louis; AGASSIZ, Elizabeth. *Voyage au Brésil*. Paris, 1874, 2ª ed.

AGBO, Casimir. *Histoire de Ouidah au XXe siècle*. Les Presses Universelles: Paris, 1959.

AJAYI, J. F. A. *Christian Missions in Nigeria, 1841-1891*. Longman: Londres, 1965.

AKINDELE, A.; AGUESSY, C. "Contribution à l'étude de l'histoire de l'Ancien Royaume de Porto Novo". *Mémoire de l'Ifan*, n⁰ 25, Dakar, 1953.

AKINJOGBIN, I. A. (I). *The States of the Bay (of Benin) at the Opening of the 18th Century*. Londres, 1961; Ibadan, 1965.

_____ (II). *Dahomey and its Neighbours*. Londres, 1963 (tese).

ALDENBURG, Johann Georg. "Descripção histórica [de] como a Baya de Todos os Santos e a Cidade de S. Salvador in Brazilia foram tomadas pelos holandeses; traduzido pelo monge benedictino D. Clemente da Silva Nigra". *AAPEB*, v. 26, Bahia, 1938.

ALMEIDA, Eduardo Castro e. *Inventário dos documentos relativos ao Brasil existentes no Archivo da Marinha e Ultramar de Lisboa*. Organizado para a Biblioteca Nacional do Rio de Janeiro, 1913 a 1936, 8 vols.

ALMEIDA, Manuel Lopes de. *Notícias históricas de Portugal e Brasil, 1715-1750 a 1751-1800*. Coimbra, 1961 e 1964, 2 vols.

AMARAL, José Alvares do (I). *Resumo chronologico e noticioso da Provincia da Bahia*. Bahia, 1927, 2ª ed.

_____ (II). "Crônicas dos acontecimentos da Bahia (1809-1828)". *AAPEB*, v. 26, Bahia, 1938.

AMARAL, Braz do. "As tribos importadas: os grandes mercados de escravos africanos". *RIGHB*, v. 10, Bahia, 1915.

ANTONIL, André João. *Cultura e opulência do Brasil*. São Paulo, 1923 (1711).

ATKINS, John. *A Voyage to Guinea, Brazil and the West Indies, in H.M.S. the Swallow and the Weymouth*. Londres, 1737, 2ª ed.

AZEVEDO, João Lúcio de. "Política de Pombal em relação ao Brazil". *RIHGB*, Rio de Janeiro, 1927.

AZEVEDO, Thales de. "Os nomes de naus portuguesas nos séculos XVIII e XIX". *Anais do II Congresso Histórico da Bahia*, 1955, pp. 293-9.

BANE, M. J. *Catholic Pioneers in West Africa*. Londres, 1956.

BARBINAIS, Gentil de la. *Voyages*. Paris, 1729.

BARBOT, John. *A Description of the Coast of North and South Guinea*. Londres, 1732.

BARROS, João de. *Da Ásia*. Lisboa, 1628.

BASTIDE, Roger. *Les religions africaines au Brésil*. Paris, 1960.

BASTOS, Aureliano Cândido Tavares. *Cartas do solitário*. São Paulo, 1863.

BELLEFOND, Villault de. *Relation des côtes d'Afrique appelées Guinée*. Paris, 1669.

BELTRAN, Gonzalo Aguirre. *La población negra de México*. México, 1946.

BERBAIN, Simone. "Le comptoir français de Juda au XVIIIᵉ siècle". *Mémoire de l'Ifan*, nº 3, Paris, 1943.

BIRTHWHISTLE, Allen. *Thomas Birch Freeman, West African Pioneer*. Londres, 1950.

BORGHERO, Francisco. "Relation sur l'établissement des missions dans le vicariat apostolique du Dahomey". *APF*, v. 36, Lyon, 1864.

BOSMAN, Guillaume. *Voyage de Guinée*. Utrecht, 1705.

BOUCHE, Pierre. *La Côte des Esclaves et le Dahomey*. Paris, 1885.

BOUCHOT, Auguste. *História de Portugal e suas colônias*. Bahia, 1885.

BOUËT-WILLAUMEZ, Édouard. "Description nautique des côtes d'Afrique Occidentale". *AMC*, Paris, 1846.

BOXER, Charles R. (I). *Salvador de Sá and the Struggle for Brazil and Angola (1602-1686)*. Londres, 1952.

_____ (II). *The Dutch in Brazil (1624-1654)*. Oxford, 1957.

_____ (III). *The Golden Age of Brazil*. Berkeley, 1962.

_____ (IV). "Negro Slavery in Brazil". *Race*, v. 5, Londres, 1964.

BRUE, Blaise. *Voyage fait en 1843 dans le royaume du Dahomey*. Paris, 1844.

BURTON, Richard F. (I). *Wandering in West Africa*. Londres, 1863.

_____ (II). *Abeokuta and the Camaroons Mountains*. Londres, 1863.

_____ (III). *A Mission to Gelele, King of Dahome*. Londres, 1864.

BUXTON, Thomas Fowell. *Letter on the Slave Trade*. Londres, 1838.

CALDAS, José Antonio. "Noticia geral desta capitania de Bahia (1759)". *RIGHB*, nº 57, Bahia, 1931.

CALMON, Francisco Marques Goes. *Ensaio de retrospecto sobre o commercio e a vida econômica e comercial da Bahia de 1823 a 1900*. Bahia, 1925.

CALMON, Pedro (I). *História Social do Brasil, Espírito da Sociedade Colonial*. São Paulo, 1934.

_____ (II). *História Social do Brasil, Espírito da Sociedade Imperial*. São Paulo, 1937.

_____ (III). *História do Brasil*. São Paulo, 1939-43.

CALÓGERAS, João Pandiá. "A política exterior do Império". *RIHGB*, Rio de Janeiro, 1927.

CAMPOS, J. da Silva (I). "Os misteriosos subterrâneos da Bahia". *AAPEB*, v. 26, Bahia, 1938.

_____ (II). "Ligeiras notas sobre a vida íntima, costumes e religião dos africanos na Bahia". *AAPEB*, v. 29, Bahia, 1943.

CANOT, Theódore. *Les aventures d'un négrier*. Paris, 1931.

CANTO, Vital de Bettencourt Vasconcelos Corte Real do. *Descripção Histórica, Topographica e Ethnographica do districto de S. João Baptista d'Ajudá e do Reino do Dahomé*. Lisboa, 1869.

CASTELNAU, Francis de. *Renseignements sur l'Afrique Centrale et sur une nation d'hommes à queue que s'y trouveraient, d'après le rapport de nègres du Soudan, esclaves à Bahia*. Paris, 1851.

CLARKSON, Thomas. *Résumé du témoignage donné devant le Comité de la Chambre des Communes touchant la traite des nègres, présenté devant le Congrès de Vienne*. Genebra, 1815.

CORDEIRO, Luciano. *Viagens, explorações e conquistas dos portugueses (1574-1620)*. Lisboa, 1935.

CORNEVIN, Robert. *Histoire du Dahomey*. Paris, 1962.

CUNHA, Luiz da. *Instruções inéditas de D. Luiz da Cunha a Marco Antonio Azevedo Coutinho*. Coimbra, 1929.

CURADO, Antonio Dominguez Cortez da Silva. *Dahomé*. Lisboa, 1888.

DAHOMEY, número especial da *Revue des Grands Lacs*, Namur, 1946.

DALZEL, Archibald. *The History of Dahomey*. Londres, 1793.

DAMPIER, William. *Voyages*. Amsterdam, 1705.

DAPPER, Olfert. *Description de l'Afrique*. Amsterdam, 1686.

D'AVEZAC, Armand. *Notice sur le pays et les peuples Yébous en Afrique*. Paris, 1845.

DAVIES, K. G. *The Royal African Company*. Londres, 1957.

DEBRET, Jean-Baptiste. *Voyage pittoresque et historique au Brésil entre 1816 et 1831*. Paris, 1834--39, 3 vols.

DENIS, Ferdinand. *Brésil*. Paris, 1857.

DESCHAMPS, Hubert. *Traditions orales et archives au Gabon*. Paris, 1964.

DIKE, Onukwa Kenneth. *Trade and Politics in the Niger Delta (1830-1885)*. Oxford, 1956.

DUNCAN, John. *Travels in Western Africa (1845-1846)*. Londres, 1847, 2 vols.

DUNGLAS, Édouard. "Contribution à l'histoire du Moyen Dahomey". *ED*, nº 19-20, Porto Novo, 1957 e 1958.

FOA, Édouard. *Le Dahomey*. Paris, 1895.

FONTOURA, João Carneiro de. *Documentação para o histórico das tarifas aduaneiras no Brasil (1808-1809)*. Rio de Janeiro, 1921.

FORBES, F. E. (I). *Six Months Service in the African Blockade from April to October 1848, in Command of H.M.S. Bonetta*. Londres, 1849.

_____ (II). *Dahomey and the Dahomans*. Londres, 1851.

FREYRE, Gilberto (I). *Sobrados e mucambos*. São Paulo, 1936.

_____ (II). *Problemas brasileiros de antropologia*. Rio de Janeiro, 1959, 2ª ed.

_____ (III). *O escravo nos anúncios de jornais brasileiros do século XIX*. Recife, 1963.

_____ (IV). *Vida social no Brasil nos meados do século XIX*. Recife, 1964.

_____ (V). *Em torno de alguns túmulos afro-cristãos de uma área africana contagiada pela cultura brasileira: Moçamedes*. Bahia, 1959.

FRÉZIER, A. F. *Relation du voyage de la mer du Sud aux côtes du Chili, du Pérou et du Brésil fait pendant les années 1712, 1713 et 1714*. Amsterdam, 1717.

FROGER, François. *Relation d'un voyage fait en 1695, 1696 et 1697 aux côtes d'Afrique, détroit de Magellan, Brésil, Cayenne et Isles Antilles, par une escadre des vaisseaux du Roy, commandée par M. de Gennes*. Paris, 1698.

GARDNER, George. *Travels in the Interior of Brazil (1836-1841)*. Londres, 1846; São Paulo, 1942.

GOULART, Maurício. *Escravidão africana no Brasil*. São Paulo, 1950.

GOURG, Pierre-Simon. *Mémoire pour servir d'instruction au directeur qui me succédera au fort de Juda (1791)*. Paris, 1792.

GRAHAM, Maria. *Journal of a Voyage to Brazil (1821-1823)*. Londres, 1824.

GRANDS LACS; ver DAHOMEY.

HAKLUYT, Richard. *The Principal Navigations, Voyages and Discoveries of the English Nation*. Londres, 1927.

HAZOUMÉ, Paul. *Le pacte de sang au Dahomey*. Paris, 1937.

HEUDEBERT, Lucien. *Promenades au Dahomey*. Paris, 1902.

HUNTLEY, Sir Henry. *Seven Years Service on the Slave Coast of Africa*. Londres, 1850.

IGNACE, Étienne. "A Revolta dos Malês". *RIGHB*, v. 14, Bahia, 1907.

ISERT, Paul-Erdmann. *Voyage en Guinée*. Paris, 1793.

JOINVILLE, Prince de. *Vieux souvenirs (1818-1848)*. Paris, 1894.

KIDDER, Daniel P. *Brazil and the Brazilians*. Boston, 1879.

KOSTER, Henry. *Travels in Brazil*. Londres, 1816.

LABARTHE, Pierre. *Voyage à la côte de Guinée*. Paris, 1803.

LABAT, R. P. *Voyage du chevalier Des Marchais en Guinée, isles voisines et à Cayénne fait en 1725, 1726 et 1727*. Paris, 1730.

LABOURET, Henri; RIVET, Paul. *Le royaume d'Ardra et son évangélisation au XVIIe siècle*. Paris, 1929.

LACOMBE, Américo Jacobina. "Rui e a história política do Império e da República". *RIHGB*, v. 205, Rio de Janeiro, 1949.

LACROIX, Louis. *Les derniers négriers*. Paris, 1952.

LAFFITTE, Abbé (I). *Le pays des nègres*. Tours, 1876.

_____ (II). *Le Dahomé*. Tours, 1872.

LAOTAN, A. B. *The Torch Bearers, or Old Brazilian Colony in Lagos*. Lagos, 1943.

LE CLERC. *Histoire des Provinces-Unies des Pays-Bas, depuis la naissance de la République jusqu'à la Paix d'Utrecht et le Traité de la Barrière conclu en 1716*. Amsterdam, 1728.

LE HÉRISSÉ, Auguste. *L'ancien royaume du Dahomey*. Paris, 1911.

LESSA, Clado Ribeiro de. *Viagem de África em o reino de Dahomé, escrita pelo padre Vicente Ferreira Pires no ano de 1800 e até o presente inédita*. São Paulo, 1957.

LIMA, José Joaquim Lopes de. *Ensaios sobre a estatística das possessões portuguezas no Ultramar*. Lisboa, 1844.

LIMA, Manuel de Oliveira. *D. João VI no Brasil*. Rio de Janeiro, 1908.

LIMA, Vivaldo da Costa. *Censo dos terreiros de candomblé da Bahia*. Inédito.

LINDLEY, Thomas. *Narrative of a Voyage to Brazil, Terminating in the Seizure of a British Vessel and the Imprisonment of their Author and the Ship's Crew, by the Portuguese*. Londres, 1805.

LLOYD, Christopher. *The Navy and the Slave Trade*. Londres, 1949.

LOPES, Edmundo Correia (I). *São João Batista de Ajudá*. Lisboa, 1939.

_____ (II). *A escravatura*. Lisboa, 1944.

MARTIUS, Von; SPIX, Von. *Através da Bahia, excerptos da obra* Travels in Brazil. Londres, 1824; São Paulo, 1938.

MARTY, Paul. *Étude sur l'Islam au Dahomey*. Paris, 1926.

MASCARENHAS, José Freire Monterroio. *Relaçam da Embayxada que o poderoso Rey de Angome mandou ao Vice-Rey do Estado do Brasil*. Lisboa, 1751.

MAUNY; ver PEREIRA.

MAURO, Frédéric. *Le Portugal et l'Atlantique au XVIIe siècle*. Paris, 1960.

MERCIER, Paul. *Civilisation du Bénin*. Paris, 1962.

MIMANDE, Paul. *L'Héritage de Béhanzin*. Paris, 1898.

M'LEOD, John. *A Voyage to Africa*. Londres, 1820.

MONLÉON, M. "Extraits du rapport de M. Monléon, commandant le brick le Zèbre, en date du 12 novembre 1844". *AMC*, Paris, 1845.

MOTA, Teixeira da. *Portugaliae Monumenta Cartographica*. Lisboa, 1960, 5 vols.

NEWBURY, C. S. *The Western Slave Coast and its Rulers*. Oxford, 1961.

NORRIS, Robert. *Memoirs of the Reign of Bossa Ahadée, King of Dahomey*. Londres, 1789.

OLINTO, Antonio. *Brasileiros na África*. Rio de Janeiro, 1964.

OTT, Carlos (I). *Formação étnica da cidade do Salvador*. Bahia, 1957.

_____ (II). *A Santa Casa da Misericórdia da Cidade do Salvador*. Bahia, 1962.

PEREIRA, Duarte Pacheco. *Esmeraldo de Situ Orbis*. Trad. Raymond Mauny. Bissau, 1956.

PHILLIPS, Thomas. *A Journal of a Voyage Made in the Hannibal of London (1693-1694)*. Londres, 1746.

PINHO, Wanderley. *Cotegipe e seu tempo*. São Paulo, 1937.

PIRES, Vicente Ferreira; ver LESSA, Clado Ribeiro de.

POMBO, J. F. Rocha. *História do Brasil*. São Paulo, 1958.

POMMEGORGE, Pruneau de. *Description de la Nigritie*. Amsterdam, 1789.

PRADO, J. F. de Almeida (I). "A Bahia e as suas relações com o Daomé". *RIHGB*, Rio de Janeiro, 1949.

_____ (II). *O Brasil e o colonialismo europeu*. São Paulo, 1956.

PRIOR, James. *Voyage along the Eastern Coast of Africa*. Londres, 1819.

PYRARD DE LAVAL, François. *Voyage de François Pyrard de Laval, contenant sa navigation aux Indes Orientales, Maldives, Moluques & au Brésil*. Paris, 1679.

QUERINO, Manuel. *Costumes africanos no Brasil*. Rio de Janeiro, 1938.

QUESNÉ, J. S. *Mémoires du capitaine Landolphe*. Paris, 1823.

RAMOS, Arthur. *O negro brasileiro*. São Paulo, 1940.

RECLUS, Élisée. *Nouvelle géographie universelle*. Paris, 1887.

RIBEIRO, René. *As reações do negro ao cristianismo na América Portuguesa*. Rio de Janeiro, 1958.

RODRIGUES, José Honório. *África e Brasil, outro horizonte*. Rio de Janeiro, 1961.

RODRIGUES, Nina. *Os africanos no Brasil*. São Paulo, 1933.

RONCIÈRE, Charles de la. *La découverte de l'Afrique au Moyen Âge*. Cairo, 1925.

RUGENDAS, Johann Moritz. *Voyage pittoresque dans le Brésil*. Paris, 1835.

RYDER, A. F. C. (I). "The Re-establishment of Portuguese Factories on the Costa da Mina to the Mid-Eighteenth Century". *JHSN*, 1958.

_____ (II). "The Benin Missions". *JHSN*, 1959.

SALINIS, A. de. *La Marine au Dahomey: Campagne de la Naïade (1890-1892)*. Paris, 1901.

SARMIENTO, Augusto. *Portugal no Dahomé*. Lisboa, 1891.

SCELLE, George. *La traite négrière aux Indes de Castille*. Paris, 1906.

SCHNAPPER, Bernard. *La politique et le commerce français dans le golfe de Guinée de 1838 à 1871*. Paris, 1961.

SILVA, Carlos Eugênio Corrêa da. *Uma viagem ao estabelecimento português de São João Baptista de Ajudá na Costa da Mina, em 1865*. Lisboa, 1866.

SILVA, Inácio Acioli de Cerqueira e. *Memórias históricas e políticas da província da Bahia*. Bahia, 1931.

SILVA NIGRA, D. Clemente da; ver ALDENBURG.

SIMONSEN, Roberto C. *História econômica do Brasil (1500-1820)*. São Paulo, 1937.

SKERTCHLY, J. A. *Dahomey as It Is*. Londres, 1874.

SMITH, Guillaume. *Nouveau voyage de Guinée*. Paris, 1751.

SNELGRAVE, William. *A New Account of Some Parts of Guinea and the Slave Trade*. Londres, 1734.

TAUNAY, Affonso de E. *Subsídios para a história do tráfico africano no Brasil colonial*. Rio de Janeiro, 1941.

TAVARES, Luiz Henrique. *História da Bahia*. Rio de Janeiro, 1959.

TOLLENARE, L. F. de. "As notas dominicaes". *RIGHB*, Bahia, 1907.

TUCKER, Miss. *Abbeokuta, or Sunrise within the Tropics*. Londres, 1853.

TURNBULL, David. *Travels in Cuba*. Londres, 1840.

TURNER, Lorenzo. "Some Contacts of Brazilian Ex-Slaves with Nigeria, West Africa". *The Journal of Negro History*, Washington, 1942.

VAN DANTZIG, Albert. *La démission hollandaise en Afrique Occidentale*. Paris, 1963.

VERGER, Pierre (I). "Influence du Brésil au Golfe du Bénin". *Mémoire de l'Ifan*, nº 27, Dakar, 1953.

_____ (II). "Note sur le culte des Orisha et Vodoun à Bahia, la Baie de Tous les Saints au Brésil et l'ancienne Côte des Esclaves en Afrique". *Mémoire de l'Ifan*, nº 51, Dakar, 1957.

_____ (III). "Note on some documents in which Lagos is referred to by the name 'Onim' and which mention relations between Onim and Brazil". *JHSN*, Ibadan, 1959.

VIANNA FILHO, Luiz. *O negro na Bahia*. Rio de Janeiro, 1946.

VIDAL, Eduardo. *História de Portugal*. Lisboa, 1877.

VIEIRA, Padre Antônio. *Obras escolhidas*. Lisboa, 1951.

VILHENA, Luís dos Santos. *Cartas soteropolitanas*. Bahia, 1901.

WETHERELL, James. *Stray Notes from Bahia*. Liverpool, 1860.

ZULUETA, Pedro de. *Trial of Pedro de Zulueta on a Charge of Slave Trading*. Londres, 1844.

Apêndice I

LISTA DOS NAVIOS PERTENCENTES À PRAÇA DA BAHIA CAPTURADOS PELOS INGLESES

A. Em 1811 e 1812 (estes dez primeiros navios, capturados pelo excessivo zelo dos comandantes de cruzadores britânicos, receberam um total de 500 mil libras esterlinas em indenização pela convenção luso-britânica de 21 de janeiro de 1815)

	NAVIO	PROPRIETÁRIO	CAPITÃO	LOCAL	DATA
1.	Brigue *Calipso*	Guilh. Jᵉ Ferreira	Manoel Pinhᵒ Guimarães	Onim	01.11.1811
2.	Bergantim *Vênus*	Mᵉˡ P. Guimᵉˢ Rio	Jᵉ Antᵒ Lisboa	Badagri	28.08.1811
3.	Goleta *Marianna*	Mᵉˡ Jᵉ da Senna	Mᵉˡ Jᵉ da Senna	Jaque-Jaque	03.08.1811
4.	Bergantim *Prazeres*	L. Jᵉ Gommes	Iz. Martins Braga	Onim	04.01.1812
5.	Sumaca *Lindeza*	Jᵉ Cardᵒ Marques	Antᵒ Sirqᵃ Lima	Onim	04.01.1812
6.	Sumaca *Flor do Porto*	Antᵒ E. dos Sᵗᵒˢ	Fᶜᵒ Xᵉʳ de Abreu	Onim	04.01.1812

	NAVIO	PROPRIETÁRIO	CAPITÃO	LOCAL	DATA
7.	Bergantim S. Joãozinho	Rº Jᵉ de Mᵃ	Fortuna L. Pinto	Cabo Corso	08.01.1812
8.	Bergantim Americano	Jᵉ Gomes Pereira	Mᵉˡ Iz. Cardoso	Porto Novo	10.01.1812
9.	Bergantim Destino	Antº L. Ferreira	Jᵐ Jᵉ Sampaio	Porto Novo	10.01.1812
10.	Bergantim Desengano	Jᵉ Tavares França	Antº L. de Mesquita	Porto Novo	10.01.1812

B. De 1º de junho de 1814 até 1820 (estes dezesseis navios, condenados em Serra Leoa pelo Almirantado britânico, foram beneficiados por meio de uma revisão de processo pela comissão mista luso-britânica em Londres)

	NAVIO	PROPRIETÁRIO	CAPITÃO	DATA	CRUZADOR QUE CAPTUROU
11.	Brigue Bom Sucesso	Jᵐ Jᵉ de Oliveira	V. Paulo e Silva	01.06.1814	*Creole & Astrea*
12.	Bergantim Conceição	Mᵃ Vᵃ Carolina de Cerqᵃ	M. P. da Silva	07.01.1815	*Brisk*
13.	Bergantim Triunfo Africano	Jᵐ Jᵉ de Oliveira	G. de Maia	27.04.1815	*Press Charlotte*
14.	Sumaca Correio S. Thomé	Dᵒˢ Peᵃ Franco	Jᵐ Jᵉ Valle	17.05.1815	*Ulysses*
15.	Chalupa Concᵍᵃᵒ S. Anna	Mᵉˡ Gˡᶻ Roiz	Innº Marques	07.06.1815	*Diligent*
16.	Bergantim Nova Fragatinha	Mᵉˡ Jᵉ Magᵉˢ	Iz. Mᵃ Braga	20.06.1815	*Comus*
17.	Sumaca Nᵃ Sᵃ do Falcão	Jᵐ Jᵉ Duarte Sᵃ	Jᵉ Mᵃ Motta	17.07.1815	*Comus*

	NAVIO	PROPRIETÁRIO	CAPITÃO	DATA	CRUZADOR QUE CAPTUROU
18.	Bergantim Leal Português	Antº L. Ferª	Thª Jᵐ dos Anjos	04.09.1815	*Press Charlotte*
19.	Sumaca Rayna dos Anjos	Jᵐ Fº dos Sᵒˢ	José Dias	15.09.1815	*Press Charlotte*
20.	Goleta Cavieira	Jᵐ Jᵉ de Oliveira	Jᵐ Jᵉ Sampaio	20.05.1816	*Inconstant*
21.	Bergantim Scipião Africano	A. J. Pinheiro	Innº Marques	10.06.1816	*Inconstant*
22.	Bergantim Monte Carmo	Fº Jᵉ Lisboa	Mᵉˡ da P. Ferrª	18.06.1816	*Inconstant*
23.	Bergantim Dois Amigos	Fº Fˣ de Souza	A. Estº de Souza	27.06.1816	*Inconstant*
24.	Brigue Temerário	Mᵉˡ da Silva Cunha	J. F. Lobos	1816	*Barnes*
25.	Bergantim Ceres	Mᵉˡ do Rosário Cª	Dᵒˢ Glᶻ dos Anjos	16.08.1816	*Prince Regent*
26.	Bergantim S. Antº Milagroso	Mᵉˡ Jᵉ da Costa	Iz. A. Vianna	1816	?

c. Navios julgados pelas comissões mistas de Serra Leoa e Rio de Janeiro

	NAVIO	PROPRIETÁRIO	CAPITÃO	DATA DA CAPTURA DATA DO JULGAMENTO	CRUZADOR QUE CAPTUROU
27.	Bergantim Volcano do Sul	Nobre Sobʳᵒ tripulação massacrada	Fº Xʳ Es. Sᵗᵒ	10.10.1819 DESAPARECE	*Pheasant* B. M. Kelly
28.	Bergantim Emília	M. F. Moreira	S. Leonardo	14.01.1821 ?	*Morgiana* Finlaison

	NAVIO	PROPRIETÁRIO	CAPITÃO	DATA DA CAPTURA DATA DO JULGAMENTO	CRUZADOR QUE CAPTUROU
29.	Brigue Constância	D^{os} Pires dos S^{tos}	A. da Costa J. em Serra Leoa	09.04.1821 06.06.1821	Tartar Collier
30.	Goleta Adelaide	N. Marques da S^a	J^e G^{lz} de Araujo em Serra Leoa	25.07.1821 20.09.1821	Pheasant B. M. Kelly
30. bis	Dez de Fevereiro	Mª V^a Carolina de Cerqueira	em Serra Leoa	01.04.1822 24.07.1822	Iphigenia Mends
31.	Brigue Esperança	A. J^e de Souza	Placido J^c Maria em Serra Leoa	15.04.1822 24.07.1822	Morgiana Knight
32. *	Sumaca Esperança Feliz	M. F. Freire de C.	J. J. B. Lima Serra Leoa	07.04.1822 24.07.1822	Iphigenia Mends
33.	Chalupa Defensora da Pátria	D^{os} Pires dos S^{tos}	C. R. Nov^a em Serra Leoa	28.04.1822 24.07.1822	Myrmidon Leek
34.	Brigue Estrella	M. J. Moreira	M^{el} Per^a S^{tos} em Serra Leoa	29.06.1822 08.09.1822	Thistle Hagan
35.	Goleta Ninfa do Mar	A. P. Barbosa	D^{os} J^e da Costa em Serra Leoa	06.04.1822 15.09.1822	Iphigenia Mends
36.	Brigue Comer- ciante	F. I. de Siqu^{ra} Nobre	J. L. da Silva em Serra Leoa	07.09.1822 08.12.1822	Driver Wolrige

* O futuro reverendo Crowther foi embarcado como escravo nesse barco.

	NAVIO	PROPRIETÁRIO	CAPITÃO	DATA DA CAPTURA / DATA DO JULGAMENTO	CRUZADOR QUE CAPTUROU
37.	Bergantim *S. Antº de Lisboa*	F. Xʳ Leão	Jᵉ Machado em Serra Leoa	05.10.1822 01.01.1823	*Bann* Phillips
38.	Goleta *Juliana da Praça*	Innº Marques	J. E. Leal em Serra Leoa	31.10.1822 02.01.1823	*Bann* Phillips
39.	Goleta *Conceição*	F. I. de Siquʳᵃ Nobre	J. L. da Silva em Serra Leoa	13.11.1822 20.01.1823	*Bann* Phillips
40.	Galera *Minerva*	J. V. Moreira liberado	Mᵉˡ Jᵐ d'Almeida em Serra Leoa	30.01.1824 15.05.1824	*Bann* Courtenay
41.	Brigue *Cerqueira*	Jᵉ de Cerqᵃ Lima liberado	Mᵉˡ Cardº dos Santos em Serra Leoa	30.01.1824 15.05.1824	*Bann* Courtenay
42.	Sumaca *Crioula*	V. Paulo e Silva liberado	A. Pinto da Silveira em Serra Leoa	30.01.1824 15.05.1824	*Bann* Courtenay
43.	Brigue *Bom Caminho*	Th. A. de Moura	J. Lins d'Araujo em Serra Leoa	? 20.05.1824	? ?
44.	Bergantim *Diana*	J. Carvº da Fonsᵃ	M. Sᵗᵒˢ da Costa em Serra Leoa	15.08.1824 10.04.1825	*Victor* Scott
45.	Bergantim *Dois Amigos Brasileiros*	A. M. Carvalho	A. A. da Silva em Serra Leoa	18.09.1824 10.04.1825	*Victor* Scott

NAVIO	PROPRIETÁRIO	CAPITÃO	DATA DA CAPTURA DATA DO JULGAMENTO	CRUZADOR QUE CAPTUROU
46. Brigue *Aviso*	A. da C. Carvalho	L. Pacheco da Silva em Serra Leoa	26.09.1824 10.04.1825	*Maidstone* Bullen
47. Bergantim *Bella Eliza*	A. J. de Meirelles	P. Jᵉ Maria em Serra Leoa	23.10.1824 10.04.1825	? ?
48. Goleta *Bonfim*	M. J. Freire de Carvᵒ	J. J. B. Lima em Serra Leoa	14.01.1825 10.04.1825	*Swinger* Clerkson
49. Sumaca *B. Jesus dos Navegantes*	A. Narciso	J. Pereira em Serra Leoa	17.07.1825 14.09.1825	*Esk* Purchas
50. Bergantim *Paquete da Bahia*	J. V. Moreira	B. F. de Carvᵒ em Serra Leoa	22.11.1825 10.01.1826	*Swinger* Clerkson
51. Bergantim *2ª Rosália*	M. F. Moreira	A. Jᵉ da Silva em Serra Leoa	28.11.1825 25.03.1826	*Atholl* ?
52. Bergantim *Príncipe de Guiné*	A. P. de Albuqᵉ	M. Jᵐ d'Almᵃ em Serra Leoa	AGO.1826 26.09.1826	*Maidstone* Bullen
53. Brigue *Heroína*	Mᵉˡ Cardᵒ dos Sᵗᵒˢ	M. Antᵒ Netto em Serra Leoa	? 24.01.1827	? ?
54. Goleta *Eclipse*	A. Cunha Pimentel	J. Antᵒ de Fabia em Serra Leoa	? 16.03.1837	? ?
55. Goleta *Vênus*	A. P. de Albuqᵉ	Jacinto Persa em Serra Leoa	? 09.04.1827	? ?

	NAVIO	PROPRIETÁRIO	CAPITÃO	DATA DA CAPTURA DATA DO JULGAMENTO	CRUZADOR QUE CAPTUROU
56.	Bergantim *Dois Amigos*	V. Paulo e Silva	J. J. Ladislão em Serra Leoa	? 09.04.1827	? ?
57.	Goleta *Independência*	Jᵉ Cerqᵃ Lima	? em Serra Leoa	? 15.05.1827	*Conflict* ?
58.	Brigue *Trajano*	Jᵉ Alves da Cruz Rios	Jᵉ da Sᵃ Dias em Serra Leoa	? 30.04.1827	*Conflict* ?
59.	Brigue *Tentadora*	L. A. do Passo	Innᵒ dos Santos em Serra Leoa	? 30.04.1827	*Conflict* ?
60.	Goleta *Carlota*	Jᵉ de Cerquᵃ Lima	Jᵉ Fᶜᵒ Costa em Serra Leoa	? 30.04.1827	*Conflict* ?
61.	Brigue *Venturosa*	A. P. de Albuquᵉ	Jᵐ Pinto de Souza em Serra Leoa	? 30.04.1827	*Conflict* ?
62.	Bergantim *Providência*	Jᵐ Jᵉ de Oliveira	J. Pedro de Souza em Serra Leoa	? 30.04.1827	*Conflict* ?
63.	Bergantim *Concᶜᵃᵒ de Maria*	V. Ferᵃ M.	Jᵐ Pinto de Souza em Serra Leoa	? 15.05.1827	*North Star* ?
64.	Bergantim *Creola*	A. P. de Albuquᵉ	Jᵐ Pinto de Souza em Serra Leoa	11.04.1827 09.06.1827	*Maidstone* ?

NAVIO	PROPRIETÁRIO	CAPITÃO	DATA DA CAPTURA DATA DO JULGAMENTO	CRUZADOR QUE CAPTUROU
65. Bergantim *Copioba*	F. Pinto Lima	J^m de Arauja Braga em Serra Leoa	15.05.1827 20.07.1827	*Clinker* ?
66. Brigue *Bahia*	J^e de Cerq^a Lima	M. Bapt. de Carvalho em Serra Leoa	? 19.06.1827	*Conflict* ?
67. Brigue *Henriqueta*	J^e de Cerq^a dos S^{tos}	João Card^o dos S^{tos} em Serra Leoa	06.09.1827 29.10.1827	*Sybill* Collier
68. Goleta *Esperança*	J^e Alves da Cruz Rios	J^e da S^a Rios em Serra Leoa	? 26.05.1828	*Sybill* Collier
69. Goleta *3ª Rosália*	M. F. Moreira	M. Per^a Sarmento em Serra Leoa	? 08.08.1828	*North Star* ?
70. Goleta *Sociedade*	J. Per^a de Araújo	J^e Martinez em Serra Leoa	08.08.1828 03.10.1828	? ?
71. Goleta *Zepherina*	J. F^{co} de S^{za} Paraíso	? em Serra Leoa	? 09.12.1828	*Primrose* ?
72. Goleta *Penha da França*	B. G. da Silva	Ferr^a da Mata em Serra Leoa	21.09.1828 16.12.1828	? ?
73. Goleta *Triunfo*	?	M. J. Freire de Carvalho em Serra Leoa	23.11.1828 17.01.1829	*Medina* ?

	NAVIO	PROPRIETÁRIO	CAPITÃO	DATA DA CAPTURA DATA DO JULGAMENTO	CRUZADOR QUE CAPTUROU
74.	Brigue *Andorinha*	J^m J^e de Oliveira	J. A. do Souza em Serra Leoa	19.02.1829 11.04.1829	*Sybill* Collier
75.	Goleta *Bella Eliza*	G. dos Reis da F^{ca}	G. dos Reis da F^{ca} em Serra Leoa	07.01.1829 02.02.1829	*Medina* ?
76.	Bergantim *União*	J. M. Ribeiro	A. J^m Ferreira em Serra Leoa	06.02.1829 16.03.1829	*Sybill* Collier
77.	Goleta *Emília*	M. L. Vianna	P. J^e Neto em Serra Leoa	16.08.1829 25.09.1829	*Sybill* Collier
78.	Goleta *São Thiago*	A. Per^a Franco	J. Ant^o de Souza em Serra Leoa	07.08.1829 09.10.1829	*Medina* ?
79.	Goleta *Tentadora*	J. da Costa J^r	I. M^{el} de Oliveira em Serra Leoa	14.01.1830 20.02.1830	*Dallas* ?
80.	Bergantim *Emília*	J. J. Machado	M. Simões da S^a em Serra Leoa	09.12.1829 04.05.1830	*Atholl* ?
81.	Goleta *Nao Lendia*	J^m J^e de Oliveira	P. J^e Uraga em Serra Leoa	10.12.1829 05.05.1830	*Medina* ?
82.	Goleta *N^a S^a da Guia*	J^m J^e de Oliveira	J. F^z Soares em Serra Leoa	07.01.1830 13.05.1830	*Dallas* ?
83.	Bergantim *1ª Rosália*	M. F. Moreira	João Sabino em Serra Leoa	23.01.1830 13.05.1830	*Sybill* Collier

NAVIO	PROPRIETÁRIO	CAPITÃO	DATA DA CAPTURA DATA DO JULGAMENTO	CRUZADOR QUE CAPTUROU
84. Goleta *Umbelina*	J. Cardozo dos S^tos	J. Cardozo dos S^tos em Serra Leoa	15.01.1830 13.05.1830	*Sybill* Collier
85. Bergantim *Nova Resolução*	A. F. da S^a C.	J. J. da Cruz em Serra Leoa	02.02.1830 13.05.1830	*Medina* ?
86. Bergantim *Virtude*	J. J. Machado	M^el Izidoro	23.10.1833 21.11.1833	*Brisk* Josiah Thompson
87. Bergantim *Tamegan*	M. J. Machado	J. L. Ferreira	14.06.1834 15.07.1834	*Charybdis* Sam Mercer
88. Brigue *Atrevido*	João Garcia	João Garcia	27.12.1834 31.01.1835	? ?
89. Goleta *Legítimo Africano*	F^o F^x de Souza	J. M. de Lima	20.03.1835 10.04.1835	*Forester* ?
90. Goleta *Thereza*	J. T. de Menezes	S. J. Per^a Couto	16.11.1835 30.12.1835	*Britomart* ?
91. Goleta *Jovem Carolina*	J. T. de Menezes	J. T. de Menezes	? 30.08.1836	*Buzzard* ?
92. Bergantim *Esperança*	Gantois & Martin	A. A. Silva	? 30.08.1836	? ?
93. Bergantim *Atalaya*	Gantois & Martin	?	? 30.08.1836	? ?

	NAVIO	PROPRIETÁRIO	CAPITÃO	DATA DA CAPTURA DATA DO JULGAMENTO	CRUZADOR QUE CAPTUROU
94.	Bergantim *4 de Abril*	Almeida e Cia.	M^{el} Dias	? 07.12.1836	? ?
95.	Brigue *Gen. Ricafort*	J. Y. Yrigoyen	C. Martinez	16.06.1837 08.09.1837	*Charybdis* ?
96.	Bergantim *Deixa Falar*	?	J. A. Baker	20.11.1837 10.01.1838	*Scout* ?
97.	Brigue *Gratidão*	?	J. F. Bouvier	23.11.1837 19.01.1838	*Scout* ?
98.	Brigue *Camões*	?	A. da Silva	? ?	? ?
99.	Brigue *Emprehen- dedor*	A. Pinto da Silveira	J. T. de Menezes	23.06.1839 ?	*Wolverine* ?
100.	Brigue *Sympathia*	?	J^{m} da S^{a} Marques	27.07.1839 07.09.1839	*Lynx* Broadhead
101.	Brigue *Firmeza*	A. J. da Costa	A. Cruz Baptista	25.08.1839 14.09.1839	*Wolverine* ?
102.	Brigue *Intrépido*	J. Ramos e Souza	J. Ramos e Souza	19.08.1839 24.09.1839	*Dolphin* ?
103.	Brigue *Augusto*	B. X^{r} de Castro	B. X^{r} de Castro	05.09.1839 19.10.1839	*Fair Rosamond* Brown

	NAVIO	PROPRIETÁRIO	CAPITÃO	DATA DA CAPTURA DATA DO JULGAMENTO	CRUZADOR QUE CAPTUROU
104.	Brigue *Pampeiro*	Luís Martins	Jᵉ Maria Ribas	12.09.1839 30.10.1839	*Wolverine* ?
105.	Barca *Golfinho*	Jᵉ de Cerq. Lima	D. Th. Pinto	19.09.1839 30.10.1839	*Termagant* Seagram
106.	Brigue *Destemido*	Jᵉ Perª Marinho	M. Fᶜᵒ Pinto	29.09.1839 30.10.1839	*Lynx* ?
107.	Goleta *Calliope*	Jᵉ de Cerq. Lima	S. Jᵉ Pereira	27.10.1839 03.12.1839	*Waterwitch* ?
108.	Brigue *Sociedade Feliz*	P. P. Sampaio	J. de Sᶻª Campos	21.11.1839 24.12.1839	*Harlequin* Fr. Russell
109.	Bergantim *Conceição*	E. Brito	Jˢ Pereira da Sª	28.11.1839 24.12.1839	*Termagant* ?
110.	Brigue *S. Antonio Victorino*	J. da Costa Jʳ	J. Lopes Perª	02.04.1840 20.05.1840	*Wolverine* ?
111.	Goleta *Gratidão*	B. Barboza Perª	J. A. Brandão	14.10.1840 16.11.1840	*Wolverine* ?
112.	Bergantim *Feliz Ventura*	F. G. da Sª Rio	J. M. da Silva	29.11.1840 11.01.1841	*Roll* ?
113.	Goleta *Juliana*	Jᵐ Rᶻ Pinto	D. Filinto Coelho	22.02.1841 06.04.1841	*Buzzard* ?

	NAVIO	PROPRIETÁRIO	CAPITÃO	DATA DA CAPTURA / DATA DO JULGAMENTO	CRUZADOR QUE CAPTUROU
114.	Bergantim *Firme*	J. M. H. Ferreira	Silveiro Brito	30.05.1841 / 08.07.1841	*Dolphin* / ?
115.	Bergantim *Nova Fortuna*	J. J. d'Almeida	F. J. da Rocha	06.06.1841 / 20.07.1841	*Dolphin* / ?
116.	Goleta *Picão*	J. da Silva Sena	J. da Silva Sena	23.11.1841 / 10.01.1842	*Cygnet* / Wilson
117.	Bergantin *S. Antonio*	J. A. de Sᵃ Barreto	B. J. de Sant'Anna	? / 14.06.1842	? / ?
118.	Goleta *Rezolução*	F. L. de Souza	B. Xʳ de Castro	04.09.1842 / 08.10.1842	*Cygnet* / ?
119.	Bergantim *Bom Fim*	J. Fcº de Sᶻᵃ Paraíso	S. N. Burity	24.01.1843 / ?	*Spy* / ?
120.	Brigue *Clio*	A. da Cunha Machado	J. A. Cerqueira	1843 / ?	*Spy* / ?
121.	Goleta *Brilhante*	Bruno M. Carneiro	L. J. de Sᶻᵃ Pinto	1843 / ?	? / ?
122.	Goleta *Esperança*	Egidio L. de Souza	Antº A. Gˡᶻ	1843 / ?	? / ?
123.	Brigue *Fúria*	F. Lorenzo de Souza	Jᵉ Soares Monteiro	08.08.1843 / ?	*Spy* / ?

	NAVIO	PROPRIETÁRIO	CAPITÃO	DATA DA CAPTURA DATA DO JULGAMENTO	CRUZADOR QUE CAPTUROU
124.	Bergantim *Linda*	?	Th. Neville Passos	20.11.1843 ?	*Spy* ?
125.	Brigue *Sᵗᵃ Anna*	Fᶜᵒ dos Santos	Fᶜᵒ dos Santos	1844 ?	? ?
126.	Brigue *Maria*	V. I. da Silva	Gonçalo José	01.04.1844 ?	*Star* ?
127.	Goleta *Diligência*	P. A. F. Fellis	?	22.11.1844 ?	*Wasp* ?
128.	Goleta *Ave Maria*	J. M. Teixeira	J. M. Faria	24.10.1844 ?	? ?
129.	Brigue *Sooy* ou *Fortuna*	Gantois & Pailhet	?	OUT.1844 ?	*Racer* ?
130.	Brigue *Carolina*	J. S. d'Oliveira	J. Bento da Silva	17.12.1844 ?	*Cygnet* ?
131.	Bergantim *Esperança*	F. L. de Souza	A. da C. Bitencourt	08.01.1845 ?	*Wasp* ?
132.	Bergantim *Esperança*	A. G. dos Santos	Melq. dos Santos	19.01.1845 ?	*Larn* ?
133.	Brigue *Cazuza*	?	Jᵉ Fᶜᵒ da Costa	30.01.1845 ?	*Star* ?

	NAVIO	PROPRIETÁRIO	CAPITÃO	DATA DA CAPTURA DATA DO JULGAMENTO	CRUZADOR QUE CAPTUROU
134.	Brigue *Diligência*	?	A. J^m Tiburcio	25.01.1845 ?	*Cygnet* ?
135.	Iate *Vivo*	F. Cosme Madail	J. F^{co} dos Santos	1845 ?	? ?
136.	Bergantim *Dona Clara*	?	?	1845 ?	? ?
137.	Goleta *Rafael*	P. Per^a da Silva	L. L. Monteiro de F.	27.03.1845 ?	*Star* ?
138.	Goleta *Minerva*	A. da Cunha Ma-chado	F^{co} J. da Rocha	17.04.1845 ?	*Star* ?
139.	Brigue *Izabel*	Th. da Costa Ra-mos	Benito Denizan	1845 ?	? ?
140.	Goleta *Mariquinha*	Hig. Pires Gomes	Ths. Neville tendo chega-do após a data limite (1845)	28.06.1845	*Star* ?
141.	Bergantim *Fantasma*	J^e de Campos	A. Per^a Brito tendo chegado após a data limite (1845)	16.07.1845	*Star* ?

D. Navios julgados pelos tribunais do Almirantado britânico

	NAVIO	PROPRIETÁRIO	CAPITÃO	DATA DA CAPTURA DATA DO JULGAMENTO	CRUZADOR COMANDADO POR
142.	Falucho *Pepito*	?	?	04.03.1845 ?	*Hydra* ?
143.	Brigue *Eliza*	?	Ovídio dos Santos em Santa Helena	04.12.1845 19.03.1846	*Flying Fish* Robert Harris
144.	Brigue *Gabriel*	?	? em Santa Helena	10.04.1846 21.05.1846	*Waterwitch* ?
145.	Goleta *Gaio*	?	Gaspar da Sª Roiz em Santa Helena	? 21.05.1846	? ?
146.	Brigue *Galgo*	?	J. M. Antº Perª em Santa Helena	10.04.1846 04.06.1846	*Wasp* ?
147.	Goleta *Maria*	?	? em Santa Helena	15.08.1846 10.10.1846	? ?
148.	Goleta *Amélia*	?	L. Jᵉ de Souza Pinto em Santa Helena	13.09.1846 29.10.1846	*Hydra* Young
149.	Brigue *Izabel*	?	? em Santa Helena	30.09.1846 03.12.1846	*Hydra* Young
150.	Brigue *Três Amigos*	?	?	27.03.1847 ?	? ?

NAVIO	PROPRIETÁRIO	CAPITÃO	DATA DA CAPTURA DATA DO JULGAMENTO	CRUZADOR COMANDADO POR
150. bis Brigue *Taglioni*	D. G. Bello	J. J. Savary	MAR.1847 ?	? ?
151. Brigue *Brasiliense*	L. Je Brito	L. Je de Souza Pinto em Santa Helena	05.06.1847 02.08.1847	Hound ?
152. Goleta *Theodozia*	Jm Pera Marinho	Barriga	SET.1847 ?	? ?
153. Brigue *Audaz*	?	?	OUT.1847 ?	? ?
154. Brigue *Sylphide*	F. T. d'Oliveira	Mel Jm Palacio em Santa Helena	17.10.1847 18.11.1847	Penelope ?
155. Bergantim *Eolo*	V. Ignº da Silva	Bernardo Roiz em Santa Helena	06.11.1847 06.01.1848	Devastation ?
156. Brigue *Gentil Africano*	I. d'Almeida G.	R. Alves da Cruz em Santa Helena	18.02.1848 23.03.1848	Styx ?
157. Caíque *Vigilante*	J. E. Roiz Germano	J. B. Gonçal-ves	25.03.1848 ?	Grapples ?
158. Goleta *Mette Mão*	Fº Fx de Souza	Mel Jm Palacio em Santa Helena	01.05.1848 17.07.1848	Cygnet ?

	NAVIO	PROPRIETÁRIO	CAPITÃO	DATA DA CAPTURA DATA DO JULGAMENTO	CRUZADOR COMANDADO POR
159.	Brigue *Josefa*	M. Perª Guimˢ Caldas	Mᵉˡ Ferrª d'Azᵈᵒ em Santa Helena	08.09.1848 13.11.1848	*Amphitrite* ?
160.	Brigue *Bom Destino*	B. Roiz d'Almeida	Jᵉ Ferrª Sampaio em Santa Helena	19.09.1848 02.11.1848	*Dart* ?
161.	Brigue *Vingador*	B. Jᵉ Brandão	Fᶜᵒ Pontes Paraiso em Santa Helena	12.12.1948 05.02.1849	*Cygnet* ?
162.	Polaca *Bella Mi- quelina*	D. G. Bello	?	1848 ?	*Grecian* ?
163.	Brigue *Harriet*	?	A. da Silva Moreira em Santa Helena	26.01.1849 06.03.1849	? ?
164.	Brigue *Esperança*	B. Jᵉ Brandão	F. Antº de Souza em Santa Helena	10.05.1849 23.06.1849	*Cyclop* ?
165.	Goleta *Segredo*	?	?	25.06.1849 ?	*Tweed* ?
166.	Iate *Andorinha*	Jᵐ Perª Marinho	Jᵉ Ribas	1849 ?	? ?
167.	Brigue *Despique*	L. Perª França	L. Domᵉˢ da Sª em Santa Helena	23.09.1849 29.11.1849	*Waterwitch* ?

	NAVIO	PROPRIETÁRIO	CAPITÃO	DATA DA CAPTURA DATA DO JULGAMENTO	CRUZADOR COMANDADO POR
168.	Brigue *Lusitano*	G. Roiz Germano	G. Rois Germano em Santa Helena	18.10.1849 20.12.1849	*Kingfisher* ?
169.	Brigue *Serpente*	Domˢ Jᵉ Martins	J. B. de Araújo em Santa Helena	20.02.1850 11.05.1850	*Phoenix* ?
170.	Brigue *Positivo*	B. Jᵉ Brandão	J. Ferrᵃ Sampaio em Santa Helena	24.03.1850 11.05.1850	*Phoenix* ?
171.	Falucho *Rozita*	P. da Sᵃ Malter	J. Perᵃ da Sᵃ Malter em Santa Helena	18.01.1850 10.04.1850	*Hecla* ?
172.	Brigue *Leão*	A. Montᵒ de Carvalho	Fᶜᵒ Antᵒ de Souza em Santa Helena	19.04.1850 10.06.1850	*Hecla* ?
173.	Goleta 3ᵃ *Andorinha*	P. Perᵃ da Sᵃ	A. L. de Carvalho em Santa Helena	08.04.1850 1850	*Hecla* ?
174.	Brigue *Bom Destino*	J. M. Barreto	F. J. Dunbar Jr. em Santa Helena	02.06.1850 25.07.1850	*Phoenix* ?
175.	Goleta *S. Antᵒ Vencedor*	J. C. L. Viana	J. A. Rebouças em Santa Helena	15.05.1850 15.07.1850	*Phoenix* ?

	NAVIO	PROPRIETÁRIO	CAPITÃO	DATA DA CAPTURA DATA DO JULGAMENTO	CRUZADOR COMANDADO POR
176.	Bergantim *Dois Amigos*	Dom[s] J[e] Martins	M. Ferr[a] de Azev[o] em Santa Helena	13.04.1850 25.08.1850	*Phoenix* ?
177.	Goleta *Andorinha*	P. Per[a] da S[s]	J. de Guim[s] Bast[s] em Santa Helena	09.05.1850 11.07.1850	*Hecla* ?
178.	Goleta *Juliana*	J. M. Cardozo	J. M. Cardozo em Santa Helena	24.06.1850 16.01.1851	*Gladiator* ?
179.	Goleta *Flor de Camamu*	J. B. Correia	H. Vieira da S[a] em Santa Helena	18.08.1850 14.10.1850	*Wolverine* ?
180.	Goleta *Bom Fim*	J[m] Per[a] Marinho	A. Cezar Navarro em Santa Helena	25.05.1850 16.01.1851	*Gladiator* ?

Apêndice II

MOVIMENTO DOS NAVIOS ENTRE A BAHIA E O GOLFO DO BENIM; NÚMERO DE ESCRAVOS TRANSPORTADOS

O movimento dos navios entre a Bahia e o golfo do Benim não é de fácil reconstituição, dada a raridade de documentos existentes a esse respeito.

Veremos mais adiante os materiais de arquivo a partir dos quais fundamentamos nossa pesquisa.

Dividimos este estudo em quatro períodos:

A) Período do tráfico legal no golfo do Benim (1678-1815).

B) Período do tráfico legal somente ao sul do equador (1815-30).

C) Período do tráfico clandestino (1831-51).

D) Período posterior à extinção total do tráfico (após 1851).

INSTRUÇÕES SOBRE AS ROTAS MARÍTIMAS ENTRE A BAHIA E A COSTA DA MINA, TANTO PARA A IDA QUANTO PARA A VOLTA (1759)

Antonio Caldas escreve em sua obra algumas recomendações destinadas aos capitães dos navios que iam fazer seu tráfico:[1]

Da rota que se deve fazer da Cidade da Bahia para a Costa da Mina, partindo na monsão de Setembro até Marso.

Todas as vezes que se houver de partir desta cidade para a Costa da Mina na monsão de

Setembro até Marso deve se tomar a volta do Sul, procurando aumentar para Leste tudo o que der o vento em forma que posa avistar as Ilhas da Trindade podendo ser, e sempre se fará a diligência por aumentar para Leste, como digo na volta do Sul, ainda que se navegue até a altura de vinte e cinco, ou vinte e seis graos, para quando houver de virar na volta do Norte, estar também navegando que com o vento Leste e Suleste posa tomar com o Cabo das Palmas.

E quando nesta volta do Norte virem que o vento não da lugar, a aumentar para Leste he mais seguro virarem outra ves no Sul, e fazer os bordos mais convenientes a avizinharse com o Meridiano de trezentos e sessenta graos antes, que diminuam da latitude de dezoito graos, porque quanto mais se avizinharem para a linha, mais escassos acharão os ventos, e sera dificultozo tomar a Costa da Mina, como tem sucedido a muitos, q̃ por senão acautela-rem no Sul, como fica dito, tem feito viagens tãm prolongadas, como de cinco e seis mezes, como forão parar na Costa do Maranhão donde nunca mais voltarão, e quando se houver de demandar o dito Cabo, o mais seguro he de não passar de dois graos de latitude Norte sempre pela variassam da agulha se mostre seguramente treze graos e cincoenta minutos de Noroeste por evitar a Costa da Malagueta, donde com muito trabalho se monta o Cabo das Palmas.

Mas partindo desta mesma Cidade para a dita Costa na monsão de Abril até Setembro, sera necessario ir na volta do Sul quanto bastem para se alargarem desta Costa sincoenta ou sessenta leguas, e com estas se pode tomar a volta do Norte, porque os ventos que neste tempo reinam são Lesuestes, suestes e Sulsuestes, e quanto mais forem para o Norte, não sendo aterrados mais andarão os ventos para o Sul, e com estes poderão fazer esta viagem a demandar o Cabo das Palmas de u'a so volta, não o procurando nunca pela sua altura mais sim ao Sul dela e quando a agulha der a variasam aqui expressada, porque com esta pode-rão seguramente ir tomar o dito ao Nonordeste, porem chegando se a latitude de quatro graos do Norte, se se não ver o dito Cabo se deve prosseguir mais essa volta, por não cahir na Costa da Malagueta mas sim fas se a diligencia na volta do Sul outra vez para aumentar a longitude e seguramente tomar terra.

Advertese que quem houver de fazer viagem para a Ilha de S. Thome, Principe, ou Ano-bom, ou seja do Brazil ou de Portugal, o mais seguro he avistar o Cabo das Palmas e dele fazer sua rota para aquella que pertender tomar. Tenha grande cuidado no rumo que ha de dar a embarcasam, fazendo muito cazo da grande corrente que continuamente vai para Leste-Lesueste e Sueste, como também da variasam da agulha que senão houver cuidado neste abatimento, quando menos cuidarem se acharão no Saco dos Zambos, donde com facilidade não sairão. E o mesmo cuidado devem ter os navios que sahem dos portos da Costa da Mina em direitura para o Brazil ou Ilha de São Thome e Principe. Estes devem esperar ocasioens de aguas paradas para se fazerem a vela, ou que ocorram a Oeste, que estas somente as ha em ocazioens de trovoadas, e quando muito durem, não passam de quarenta e oito horas. Assim deve haver particular cuidado em emendar os bordos, e fazer muita forsa por se chegar para a linha fugindo em todo o cazo de avistar Fernando Po, por lhe não suceder o que sucedeo ao Corsario de Jose da Costa Ferreira no ano de 1733 ou de 1734, que depois de andar bordejando sinco mezes entre Fernando Po, e a terra firme, veio por fim deitar setecentos escravos em terra por falta de mantimentos e chegou a esta Bahia sem nenhum.

A. NÚMERO DE NAVIOS DURANTE O PERÍODO DO TRÁFICO LEGAL NO GOLFO DO BENIM

Pudemos encontrar no Arquivo Público do Estado da Bahia indicações a respeito dos movimentos de navios entre 1678 (data em que inicia o primeiro registro consultado) e 1815, época em que o tráfico se torna ilegal ao norte do equador.

Tais indicações são unicamente relativas às partidas de navios carregados de tabaco destinados ao tráfico na Costa da Mina e no golfo do Benim — partidas das quais encontramos os traços nos registros de emissão de patentes ou permissões para o carregamento de tabaco, indispensável ao comércio nas regiões que nos interessam.

O texto das patentes remetidas aos capitães dos navios negreiros mudaria ao longo do tempo, refletindo as preocupações do momento e as condições nas quais se faziam as trocas de tabaco por escravos.

Em 1678, mencionavam o "grande serviço prestado a Sua Alteza Real, indo buscar escravos nesta Costa da Mina e trazendo-os a esta cidade da Bahia, em razão da grande falta de mão de obra que se faz sentir de modo mais acentuado nos engenhos e canaviais".

Em 1687, a esta fórmula se acrescentava uma cláusula indicando que "por intermédio de notícias advindas do reino de Angola, o mal da varíola se propaga de tal modo que se teme que este país não possa se refazer da perda de muitos negros que ali morrem".

Em 4 de janeiro de 1700, essas menções desaparecem e são substituídas pela indicação de que "o proprietário se comprometeu a plantar mandioca, da qual se poderá tirar a farinha necessária para a alimentação de seu navio".

Em 22 de junho de 1700, é lembrado que "não poderá ser transportado nenhum tabaco senão o de terceira e ínfima categoria, examinado em presença do desembargador, superintendente do tabaco encarregado dessa atividade".

Em 1720: "À Costa da Mina não podem ser vendidas nem pólvora nem balas, tampouco quaisquer tipos de munição, pois eles são infiéis".

Em 1756, a menção à plantação de mandioca é suprimida, mas "não podem ser vendidos: ouro, marfim, pau-brasil, nem quaisquer artigos do monopólio. O capitão do navio tem a obrigação de levar e trazer um capelão a bordo, sob pena, em caso de infração, de trinta dias de prisão e pagamento de 400 mil-réis para as fortificações desta praça da Bahia".

Em 1769: "Não se pode ancorar nem comercializar em nenhum porto da Costa da Mina quando uma outra embarcação já estiver fazendo o mesmo comércio. E — o que não é desejável — se o rei do Daomé quiser por força ou violência obrigar o capitão a abrir o comércio, nesse caso, ele não deverá mudar ou aumentar os preços praticados pela outra embarcação. Caso contrário, estará submetido a pagar 600 mil-réis para as fortificações desta praça da Bahia, além da pena de oito anos na prisão de forçados em Angola".

A partir de 18 de outubro de 1773, é lembrado que "em conformidade com a ordem recebida, será absolutamente obrigatório fazer escala de retorno em uma das ilhas de São Tomé ou Príncipe, sob pena de pagar uma taxa duplicada em relação àquela que se tem por costume pagar".

Apesar da falta de documentos entre 1715 e 1725, de um lado, e entre 1734 e 1815, de outro, pudemos constatar, entre 1678 e 1815, o carregamento (e provável partida) de 1731 navios para a Costa da Mina e 39 para Angola e Congo.

Sem dúvida, os navios da Bahia partiam em maior número do que aquele indicado pelos portos ao sul do equador, mas não levavam senão raramente carregamento de tabaco.[2] A questão dessas relações permanece fora de nosso assunto; no entanto, teremos que lidar com ela mais adiante, quando tratarmos dos falsos passaportes para Angola e Congo emitidos a navios que, na realidade, iam fazer o tráfico no golfo do Benim.

A relativa exatidão dos números levantados nos registros de patentes de carregamento de tabaco é confirmada pelos números encontrados no Arquivo Nacional de Haia,[3] referentes aos passaportes emitidos pelas autoridades holandesas aos navios portugueses, dando-lhes a permissão de ir fazer seu tráfico nos quatro portos da Costa a Sotavento da Mina.[4]

TABELA DOS NAVIOS CARREGADOS DE TABACO ENTRE 1678 E 1815

	COSTA DA MINA	ANGOLA E CONGO
1678[5]	1	
1681	1	
1683	1	3
1684	5	2
1685	4	
1686	2	1
1687	8	
1688	5	1
1689	6	
1690	11	1
1691	11	1
1692	8	
1693	6	2
1694	8	2
1695	16	1
1696	21	1
1697	20	
1698	21	1

	COSTA DA MINA	ANGOLA E CONGO	
1699	20		
1700	21	1	
1701	20		
1702	22		
1703[6]	22		
1704	18		
1705	20	1	
1706	26		
1707	25		
1708	16		
1709	23		
1710	24		
1711	25		
1712	22		Passaportes
1713	26		emitidos em São
1714	20		Jorge da Mina
1726[7]	15		17
1727	23		14
1728	22		17
1729	15		17
1730	21		15
1731	10		6
1732	14		9
1733	9		12
1734			4
1735			7
1736			6
1737			1
1738			
1739[8]	16		
1740	11	2	

	COSTA DA MINA	ANGOLA E CONGO
1741	13	
1742	12	
1743	13	2
1744	6	1
1745	8	1
1746	10	3
1747	9	3
1748	8	4
1749	7	1
1750	12	1
1751	3	
1752	9	
1753	3	
1754	6	
1755	7	
1756	13	
1757	15	
1758	19	
1759	13	2
1760	13	
1761	15	1
1762	9	
1763	10	
1764	16	
1765	17	
1766	10	
1767	9	
1768[9]	7	
1769	14	
1770	13	
1771	12	
1772	12	

	COSTA DA MINA	ANGOLA E CONGO
1773	7	
1774	8	
1775	5	
1776	5	
1777	5	
1778	18	
1779	12	
1780	16	
1781	19	
1782	16	
1783	12	
1784	10	
1785	15	
1786	12	
1787[10]	6	
1788	4	
1789[11]	8	
1790	7	
1791	7	
1792	15	
1793	17	
1794	22	
1795	12	
1796	16	
1797	20	
1798	19	
1799	18	
1800	31	
1801	18	
1802	16	
1803	17	
1804	25	

	COSTA DA MINA	ANGOLA E CONGO
1805	26	
1806	29	
1807	24	
1808	18	
1809	27	
1810	43	
1811	32	
1812	29	
1813	27	
1814	14	
1815[12]	20	
Total levantado	1731	39

Entre 1696 e 1703, uns cinquenta navios faziam indubitavelmente parte da frota destinada ao fornecimento do *asiento*, e não retornariam à Bahia com seu carregamento de escravos.

A partir 1731, os números levantados em São Jorge da Mina tendem a diminuir, em consequência da proibição feita (em princípio) aos navegantes portugueses para que não passassem por esse local (lei de 25 de maio de 1731).

Após 1743, ocorre uma diminuição do número de navios em razão do monopólio concedido a 24 vasos.

A partir de 1756, produz-se um aumento do número de navios em razão da abertura do comércio na Costa da Mina a todos os navegantes portugueses (lei de 30 de março de 1756).

B. NÚMERO DE NAVIOS DURANTE O PERÍODO DO TRÁFICO LEGAL SOMENTE AO SUL DO EQUADOR (1815-30)

Para esse período, assim como para o precedente, encontramos no Arquivo Público do Estado da Bahia indicações que vão até 1827 no que tange a navios carregados de tabaco. Outras indicações foram encontradas nos registros de passaportes emitidos para os navios e em seus registros de partida.

Informações úteis nos são igualmente transmitidas pelos relatórios dos cônsules britânicos na Bahia, enviados ao Foreign Office de Londres.

No entanto, é-nos necessário aceitar somente com reservas os números oficiais fornecidos a respeito dos locais de destinação dos navios, pois a emissão de passaportes e os anúncios de partidas eram "para inglês ver". Em geral, os navios eram enviados oficialmente ao hemisfério Sul, onde o tráfico ainda era legal, mas na realidade eles iam para o golfo do Benim.[13] É assim que encontramos 180 navios carregados de tabaco para Angola e Congo entre 1815 e 1830 (ou seja, durante quinze anos) — ou até mesmo 278 navios em onze anos (entre 1815 e 1825), segundo o cônsul britânico —, contra 39 navios entre 1678 e 1815 (isto é, durante 138 anos).

TABELAS DE PARTIDAS E RETORNOS DOS NAVIOS ENTRE 1815 E 1830

| ANO | NAVIOS CARREGADOS DE TABACO[14] | | PASSAPORTES DE NAVIOS/REGISTROS DE PARTIDAS[15] | | RELATÓRIOS DO CONSULADO BRITÂNICO | | | |
| | | | | | SAÍDAS DE NAVIOS NEGREIROS DA BAHIA | | ENTRADAS DE NAVIOS NEGREIROS NA BAHIA[16] | |
	Costa da Mina	Angola e Congo	Costa da Mina	Angola e Congo	Costa da Mina	Angola e Congo	Costa da Mina	Angola e Congo
1815	6	4	1	9			14	7
1816	12		9	25				18
1817	7		5	24				16
1818	14		12	30				
1819	17		15	25				
1820	14	8	18	30				
1821	21	28	17	39				
1822	8	15	7	27				33
1823	13	11	2	9				8
1824	4	24	7	29				13
1825	7	23	6	31				17
1826	7	35			5	20		15
1827	28	32			5	7	3	12
1828								
1829					8	39	9	25
1830					7	27		
	158	180	99	278	25	93	26	164

O fato de 65 navios carregados de escravos terem sido capturados ao norte do equador pelos cruzadores britânicos, munidos de passaportes para Molembo e Cabinda, demonstra bem que a maioria deles ia traficar clandestinamente no golfo do Benim com documentos oficialmente estabelecidos por viagens no hemisfério Sul.

Podemos citar os quatro exemplos que se seguem. Os dados foram encontrados, respectivamente, em um registro de passaportes conservado no Arquivo Público do Estado da Bahia para as partidas (inv. 405) e nos registros de entrada de navios no Arquivo Municipal da Bahia para os retornos (números 45 e 46).

O brigue *Galiana*, tendo partido da Bahia em 2 de maio de 1821 com o passaporte nº 207, retornava, em princípio de Molembo, em 9 de janeiro de 1822, com 326 escravos a bordo.

O brigue *Visconde de São Lourenço*, tendo partido do mesmo local em 24 de julho de 1821 com o passaporte nº 371, retornava, também em princípio de Molembo, em 24 de janeiro de 1822, com 374 escravos.

A lancha *Pensamento*, que partiu em 24 de janeiro de 1821 com o passaporte nº 372, retornava, também em princípio de Molembo, em 12 de fevereiro de 1823, com 29 escravos.

A sumaca *Rosália*, que partiu no mesmo dia com o passaporte de número seguinte, retornava nas mesmas condições em 31 de janeiro de 1823, com 146 escravos a bordo.

Em 1822, o cônsul britânico assinalava em seu relatório que uma grande proporção dos escravos importados pela Bahia provinha das regiões africanas em que o tráfico fora proibido pelo tratado de 1815.

Em 1829, o cônsul britânico citava os nomes de Onim (Lagos), Badagri e Uidá como sendo locais de proveniência do conjunto dos navios negreiros, mas retornavam oficialmente de Molembo.

No mesmo ano, 25 navios a mais do que aqueles indicados acima haviam retirado seus passaportes mas não partiram, pois os documentos foram utilizados para o "subterfúgio dos duplos passaportes".[17]

Em 1830, os navios negreiros que haviam iniciado suas viagens de retorno da costa africana após 13 de março de 1830 podiam ser detidos pelos cruzadores britânicos, mesmo no hemisfério Sul.

C. NÚMERO DE NAVIOS DURANTE O PERÍODO DO TRÁFICO CLANDESTINO (1831-51)

Nossas fontes de informação são as mesmas do período precedente. Contudo, não mais encontramos os números de carregamentos de tabaco destinados ao tráfico, já que este se tinha revestido de um caráter clandestino.

Por essa razão, tanto mais difícil se torna a obtenção de indicações seguras sobre o número de partidas para a costa africana. Os proprietários de navios estavam habituados a declarar falsos locais de destinação para seus navios. Para dar motivos aos atrasos desses navios, seus proprietários declaravam que, por terem estado em arribada, não puderam se dirigir ao local previsto fora da África.[18]

Isso explica os diferentes números fornecidos pelas diversas fontes. A esse respeito, examinamos as cifras dos anos de 1838 a 1850. Esse período foi o escolhido porque dispomos de números completos e que se sucedem, e também porque temos relatórios das comissões mistas de Serra Leoa e do Rio de Janeiro dando detalhes sobre as capturas feitas nesses anos pelos cruzadores britânicos.

Os números para o período de 1838 a 1850 nos falam de 415 passaportes e partidas de navios segundo as fontes brasileiras, e 652 partidas indicadas pelos relatórios dos cônsules britânicos. Esses 237 navios que foram declarados a mais pelos ingleses correspondem em parte aos navios cujos passaportes brasileiros eram emitidos para outras regiões que não a África, mas que, sobretudo a partir de 1841, são indicados pelos cônsules britânicos pelo fato de sua destinação mais provável ser a África.

Por outro lado, os cônsules indicam 652 partidas mas somente 525 retornos. A diferença de 127 ultrapassa o número de capturas feitas pelos cruzadores britânicos, aquelas que, para esse período, se elevam a 82 — ou seja, se partirmos do caso nº 99 (brigue *Emprehendedor*, de André Pinto da Silveira, que levantou âncora na Bahia em 9 de agosto de 1838 e foi capturado em 23 de junho de 1839) ao caso nº 180 (goleta *Bonfim*, de Joaquim Pereira Marinho, capturada em 25 de junho de 1850).

TABELA DE PARTIDAS E RETORNOS DOS NAVIOS ENTRE 1831 E 1851

			RELATÓRIOS DO CONSULADO BRITÂNICO[19]			
ANO	PASSAPORTES DE NAVIOS[20]		SAÍDAS DE NAVIOS DA BAHIA		ENTRADAS DE NAVIOS NA BAHIA	
	Costa da Mina	Angola e Congo	Costa da Mina	Angola e Congo	Costa da Mina	Angola e Congo
1831			17	4	13	1
1832			14	1	6	
1833			12	3	10	3
1834			13	1	9	
1835			22	3	10	4
1836			16	4	12	5
1837						
1838	18	8	16	4	14	4
1839	30	2	23	6	22	5
1840	30	3	18	1	14	
1841	9	3	19	4	18	1
1842	11	1	31	2	19	1
1843	19	3	31	3	21	
1844	46	4	58	4	38	
1845	17		43		32	
1846	46	4	56	1	44	8
1847	45	1	72	2	57	8
1848	43	3	91	2	67	5

	Costa da Mina	Angola e Congo	Costa da Mina	Angola e Congo	Costa da Mina	Angola e Congo
1849	37	1	77	1	57	7
1850	26	5	61	1	56	3
1851			22	3	23	1
	377	38	712	50	542	56

D. NÚMERO DE NAVIOS DURANTE O PERÍODO POSTERIOR AO TRÁFICO (1852-93)

Nossos números estão baseados nos registros das saídas dos navios conservados no Arquivo Público do Estado da Bahia.[21] Eles demonstram a progressiva diminuição de partidas no final do século XIX.

TABELA DAS PARTIDAS DOS NAVIOS PARA A COSTA DA ÁFRICA ENTRE 1852 E 1893

	COSTA DA MINA	ANGOLA E CONGO
1852	22	1
1853	24	3
1854	24	
1855	21	
1856	20	
1857	28	
1858	31	2
1859	26	1
1860	22	
1861	19	1
1862	22	3
1863	25	4
1864	17	1
1865	16	1
1866	16	
1867	23	
1868	13	1

	COSTA DA MINA	ANGOLA E CONGO
1869	19	1
1870	21	
1871	18	1
1872	11	
1873	11	
1874	11	
1875	13	
1876	10	
1877	16	
1878	9	
1879	9	
1880	9	
1881	6	
1882	5	
1883	6	
1884	4	
1885	6	
1886	5	
1887	4	1
1888	2	
1889	5	
1890	3	
1891	3	
1892	1	
1893	1	
	577	21

FREQUÊNCIA DAS VIAGENS E VELOCIDADE DE ROTAÇÃO DOS NAVIOS

Frequência das viagens

Das viagens de ida e volta dos navios, pudemos formular algumas estatísticas segundo as quais parece que:

A) Para o período do tráfico legal, anterior a 1815, as 1736 viagens para a Costa da Mina se distribuem da seguinte maneira:

247	navios haviam feito	1	viagem, ou seja,	247	viagens
119		2		238	
74		3		222	
60		4		240	
52		5		260	
39		6		234	
16		7		112	
5		8		40	
6		9		54	
3		10		30	
1		11		11	
4		12		48	
626	navios haviam feito			1736	viagens

Dessa tabela resulta que pouquíssimos navios haviam feito muitas viagens. Dos 626 navios levantados, 591 não fizeram mais que seis viagens (396 não fizeram sequer mais de duas viagens), além dos 35 que tiveram aventuras mais numerosas, perfazendo respectivamente totais de 1441 e 295 aventuras.

B) Para o período de tráfico legal ao sul do equador, entre 1815 e 1830, em face da incerteza dos verdadeiros locais de destinação dos navios, fundamentamos nossos números tanto nos navios que iam à Costa da Mina quanto naqueles que iam a Angola ou Congo.

As 338 aventuras se distribuem assim:

121	navios haviam feito	1	viagem, ou seja,	121	viagens
47		2		94	
22		3		66	
3		4		12	
5		5		25	

1	6	6	
2	7	14	
201	navios haviam feito	338	viagens

Ainda nesse período, 193 navios não fizeram mais de quatro viagens, e somente oito tiveram aventuras mais numerosas, totalizando respectivamente 293 e 45 aventuras.

Alguns navios inclusos nesses números faziam o tráfico legal de azeite de dendê, ouro e marfim, no hemisfério Norte, mas, dois séculos depois, é difícil sermos mais perspicazes do que os cônsules britânicos encarregados pelo Foreign Office de controlar essas questões, e nem eles mesmos tinham sempre certeza a esse respeito.

c) Para o período do tráfico clandestino, entre 1831 e 1851, baseamos nossos números nos relatórios dos já citados cônsules britânicos. Durante todo esse período, os verdadeiros locais de destinação, assim como a verdadeira natureza de seu comércio, são ainda mais incertos.

As 733 aventuras se distribuem assim:

255	navios haviam feito	1	viagem, ou seja,	255	viagens
81		2		162	
52		3		156	
13		4		42	
16		5		80	
4		6		24	
1		7		7	
1		10		10	
1		11		11	
1		15		15	
425	navios haviam feito			762	viagens

Navios de tráfico clandestino e navios de tráfico legal se encontram intimamente mesclados, pois, como já dissemos acima, se tornou cada vez mais difícil encontrar informações dignas de confiança.

Dos 425 navios, 417 não fizeram mais que cinco viagens, e somente oito tiveram aventuras mais numerosas, totalizando respectivamente 695 e 67 aventuras.

Dentre aqueles que fizeram seis viagens e aquele que fez quinze, não encontramos senão goletas sardas — *Taglioni*, *Império*, *Eclipse*, *Santo André* e *Iride* —, que aparentemente faziam o tráfico legal. Quanto àqueles navios que fizeram sete, dez e onze viagens, deles tratamos nos capítulos 11 e 12: eram os famosos navios negreiros *Henriqueta*, *Andorinha* e *Carlota*, o primeiro e o terceiro sendo propriedades de José de Cerqueira Lima,[22] e o segundo, de José Pereira Marinho.[23]

Velocidade de rotação dos navios

Temos poucos documentos que nos permitem conhecer a velocidade de rotação dos navios. Algumas indicações a esse respeito são fornecidas pelas cartas remetidas pelo vice-rei a Lisboa, datadas de 17 e 28 de julho de 1728 e 29 de abril de 1730, onde ele escreve: "Outrora as viagens eram feitas em seis ou sete meses, mas em razão dos acontecimentos que tiveram lugar no Daomé, as viagens agora duram um ano, e algumas prolongam-se até quinze ou dezesseis meses".[24]

Os números encontrados nos documentos de Lisboa — lista das datas de chegada dos navios que retornavam da Costa da Mina para a Bahia entre outubro de 1728 e agosto de 1729[25] e datas da emissão de permissões para o carregamento de tabaco[26] — relativos aos mesmos navios permitem o levantamento da seguinte tabela:

NOME DO NAVIO	DATA DE EMISSÃO DO VISTO	DATA DE RETORNO À BAHIA	DURAÇÃO DA VIAGEM (DIAS)
N. S. da Boa Morte & S. Caetano	24.07.1727	25.10.1728	458
N. S. da Guiné & S. Boaventura	02.04.1727	29.10.1728	576
S. João Baptista	08.05.1727	28.10.1728	539
N. S. da Conceição & S. Antônio	16.10.1727	22.11.1728	403
N. S. da Conceição & Esperança	24.10.1727	05.01.1729	450
N. S. da Boa Hora, Sant'Anna & S. Joaquim	10.01.1728	15.02.1729	402
N. S. do Rosário, S. Antônio & Almas	31.10.1727	05.03.1729	491
N. S. do Rosário & S. Francisco Xavier	10.01.1728	21.03.1729	496
N. S. do Tejo & Barroquinha	04.01.1727	07.06.1729	882
N. S. da Boa Morte, Conceição & Boaventura	16.01.1728	25.06.1729	426
N. S. de Nazareth & S. Joseph	23.10.1727	07.07.1729	611
N. S. do Monte & São Thiago	15.10.1727	27.08.1729	630
			6364 dias

913

A média dessas doze viagens de ida e volta era de 530 dias, ou dezessete meses e meio, o que confirma a indicação do vice-rei.

Um século mais tarde, encontramos elementos que nos permitem calcular a velocidade de rotação de trinta navios.

Pela consulta de dois registros — passaportes de navios e entrada de navios — conservados respectivamente no Arquivo Público do Estado da Bahia[27] e no Arquivo Municipal da Bahia,[28] extraímos a seguinte tabela:

NOME DO NAVIO	DATA DE EMISSÃO DO VISTO	DATA DE RETORNO À BAHIA	DURAÇÃO DA VIAGEM (DIAS)
Galiana	02.05.1821	09.01.1822	252
Maria da Glória	04.05.1821	17.05.1822	378
Luzitana	22.05.1821	31.01.1822	254
Bella Astrea	02.06.1821	10.04.1822	311
Bonfim	19.06.1821	01.03.1822	255
Paquete da Bahia	23.06.1821	04.03.1822	254
Nova Sorte	30.06.1821	07.01.1822	191
Sacramento	17.07.1821	18.01.1822	215
Visconde de São Lourenço	24.07.1821	24.01.1822	214
Pensamento	24.07.1821	12.02.1822	233
Rosália	24.07.1821	31.01.1822	221
Alegria	24.07.1821	21.01.1822	211
Caridade	01.08.1821	07.01.1822	189
Fé	09.08.1821	13.04.1822	247
Cisne	16.08.1821	29.04.1822	256
São João Secunda Rosália	17.08.1821	27.07.1822	344
Amazona	02.04.1822	12.11.1822	222
Alegria dos Anjos	02.04.1822	21.10.1822	200
Divina Providência	02.04.1822	25.11.1822	235
Affra	26.04.1822	11.11.1822	245
Urbano	26.04.1822	25.02.1823	305
Caridade	04.05.1822	29.10.1822	180
Paquete da Bahia	24.05.1822	21.01.1823	243
Fé	25.05.1822	30.12.1822	220

NOME DO NAVIO	DATA DE EMISSÃO DO VISTO	DATA DE RETORNO À BAHIA	DURAÇÃO DA VIAGEM (DIAS)
Boa Hora	29.05.1822	16.12.1822	202
União	31.05.1822	16.11.1822	170
Comerciante	07.06.1822	30.01.1823	204
Zefiro	16.07.1822	12.02.1822	212
Luzitana	18.07.1822	05.12.1822	141
Constituição	19.07.1822	04.12.1822	139
			6943

A média dessas trinta viagens de ida e volta era de 231 dias, isto é, pouco menos de oito meses.

Na época do tráfico clandestino, a velocidade de rotação dos navios era ainda mais rápida. Demos o exemplo do *Andorinha*, pertencente a Joaquim Pereira Marinho, que de 1846 a 1848 fez dez viagens de ida e volta, efetuando-as muito regularmente em dois meses.[29]

A partir das sondagens às quais nos entregamos, pode-se concluir que na época do tráfico legal, do século XVII até o início do século XIX, as viagens de ida e volta eram relativamente lentas e duravam cerca de dezoito meses. Na época do tráfico semiclandestino e clandestino, essas viagens eram muito mais rápidas, durando apenas oito meses e até mesmo dois meses, respectivamente.

CAPACIDADE DOS NAVIOS

A tonelagem dos navios utilizados no tráfico de escravos entre a Bahia e o golfo do Benim estava longe de ser uniforme, e, por conseguinte, o número de escravos transportados, sendo proporcional a essa tonelagem, era muito variável. No entanto, a partir do decreto de 30 de março de 1756,[30] os navios em geral passaram a ser menores, e suas cargas de tabaco foram limitadas a 3 mil rolos, enquanto antes eles transportavam até 10 mil rolos.[31]

Pudemos levantar alguns números a esse respeito:

Entre outubro de 1728 e agosto de 1729, 21 navios trouxeram 8923 escravos.[32] Os números anotados para cada um deles eram os seguintes: 417, 777, 538, 409, 365, 105, 712, 449, 415, 474, 488, 654, 530, 241, 399, 179 e 484*, ou seja, uma média de 425 por navio.

Para a época em que o monopólio era de fato exercido por 24 navios (1743-56), temos indicações a respeito dos transportes feitos entre 1750 e 1755:[33] quarenta viagens da Bahia rumo à Costa da Mina levavam 180439 rolos de tabaco, e 59 viagens da Costa da Mina rumo à Bahia traziam 21146 escravos.

* A omissão dos números de quatro navios trata-se, possivelmente, de um lapso do autor. (N. E.)

De modo mais coerente, 25 aventuras de dezenove navios, ou seja, 25 viagens de ida e volta, ou cinquenta viagens no conjunto das 99 indicadas mais acima, 105 958 rolos de tabaco eram transportados (4240 em média) e 11 862 escravos eram trazidos à Bahia (475 em média). Em conjunto, cada escravo fora obtido contra nove rolos de tabaco.

Em seguida encontramos:

Entre janeiro de 1756 e agosto de 1759,[34] 24 navios levaram 52 932 rolos pesando 146 094 arrobas, dando assim uma média de 2205 rolos de tabaco de 2,75 arrobas por navio (a arroba pesando 14,5 quilos, cada rolo pesava portanto uns quarenta quilos).

De 1760 a 1770, 73 navios trouxeram 21 608 escravos (296 em média).

A diminuição da capacidade dos navios de tráfico exigida pelo decreto de 30 de março de 1756 aparece nesses números. A média dos rolos passava de 4240 para 2205, e a dos escravos de 425 e 475 para 302.

Entre 1815 e 1830, os cônsules britânicos na Bahia assinalavam a importação de 63 713 escravos trazidos por 215 navios, ou seja, 296 em média.

Os navios eram considerados como tendo uma maior capacidade, e esta era calculada à razão de dois escravos e meio por cada tonelada. O cônsul William Pennell enviava ao Foreign Office, em 30 de setembro de 1825,[35] indicações sobre a quantidade de escravos que 21 navios da Bahia podiam transportar. Eis aqui a lista: 518, 258, 251, 362, 701, 560, 574, 301, 269, 76, 418, 478, 477, 502, 332, 391, 428, 687, 406, 428 e 453, ou seja, 8870 no total, ou uma média de 422 por navio.

Da lista dos passaportes concedidos a 25 navios entre 30 de setembro e 15 de novembro de 1839,[36] extraímos as quantidades de escravos que eles estavam autorizados a transportar: 412, 328, 169, 411, 409, 335, 408, 495, 618, 350, 625, 561 e 360*, perfazendo um total de 10 319 e uma média de 413 por navio.

Mas esses números eram raramente atingidos, se nos basearmos numa comparação entre a quantidade de escravos cujo transporte estava autorizado entre 4 de maio de 1821 e 18 de julho de 1822[37] e os números reais dos escravos desembarcados por um navio, o *Maria da Glória*, de passaporte nº 10, que, estando autorizado nessa época a transportar 215 escravos, desembarcara 374 (isto é, 159 a mais, o que excedia em três quartos a quantidade autorizada).[38] Por outro lado, encontramos 22 navios que transportaram menos escravos do que o máximo permitido, como vemos a seguir.

ANO	NÚMERO DO PASSAPORTE	NAVIO	QUANTIDADE AUTORIZADA	QUANTIDADE DESEMBARCADA
1821	11	*Luzitana*	279	165
	12	*Bella Astrea*	208	40
	13	*Bonfim*	166	57
	14	*Paquete da Bahia*	608	276
	16	*Nova Sorte*	353	137

* A omissão dos números de doze navios trata-se, possivelmente, de um lapso do autor. (N. E.)

916

ANO	NÚMERO DO PASSAPORTE	NAVIO	QUANTIDADE AUTORIZADA	QUANTIDADE DESEMBARCADA
	18	*Sacramento*	453	183
	19	*Alegria*	361	168
	20	*Caridade*	171	141
	21	*Fé*	201	45
	22	*Cisne*	1035	401
	23	*São João Secunda Rosália*	285	152
1822	8	*Amazona*	426	226
	9	*Alegria dos Anjos*	361	287
	10	*Divina Providência*	279	173
	11	*Affra*	426	170
	16	*Paquete da Bahia*	640	100
	17	*Fé*	201	101
	18	*União*	295	281
	20	*Comerciante*	682	597
	23	*Zefiro*	341	276
	24	*Luzitana*	279	196
	25	*Constituição*	310	263
	22 navios		8350	4435
		Média	380	203

Ou seja, uma média de 203 escravos desembarcados, enquanto a média dos escravos cujo transporte fora autorizado era de 380 por navio, o que mostra que, frequentemente, os navios chegavam na Bahia com a metade da carga possível.

É preciso levar em conta as mortes que ocorriam durante a rota, embora elas estivessem longe de atingir uma tal quantidade.

Já citamos o caso do *Tibério*, que chegou à Bahia com 654 cativos com vida, mas 134 morreram durante a viagem.[39] Maria Graham escreve no seu diário em 6 de novembro de 1821 que em três meses haviam chegado à Bahia um navio de Moçambique com 313 escravos vivos, tendo perdido 180 na viagem, e quatro outros navios vindos (oficialmente) de Molembo com 1201 escravos vivos, tendo perdido 194 na viagem.[40] Essa taxa de mortalidade parece excepcionalmente elevada, pois os números dados pelos relatórios dos cônsules britânicos não atingem porcentagens tão grandes. Encontramos algumas indicações entre 1815 e 1830 que mostram que, enquanto 44787 escravos chegaram com vida, 1142 morreram ao longo da travessia.[41]

917

NÚMERO DE ESCRAVOS TRANSPORTADOS

Temos apenas informações incompletas a respeito do número de escravos importados pela Bahia do golfo do Benim. Nas tabelas publicadas adiante, resumimos aquelas que pudemos reunir, bem como alguns números publicados nas obras de J. P. Calógeras, Edmundo Correia Lopes, Luiz Vianna Filho e Maurício Goulart.

Período do tráfico legal (até 1815)

Alguns números nos são fornecidos pelos contratos das taxas pagas sobre os escravos que vinham da Costa da Mina à alfândega da Bahia.

Esses escravos estavam suscetíveis a uma taxa de 3500 réis pagável no momento da passagem pelas ilhas de São Tomé e Príncipe,[42] no orçamento das quais essas somas estavam previstas e decretadas. Se os navios viessem diretamente da Costa da Mina à Bahia, neste último local a taxa era recebida em nome das ditas ilhas.

A partir de 1724, uma outra taxa de dez tostões, ou um mil-réis, foi instituída sobre todos os escravos trazidos da Costa da Mina,[43] sendo destinada à manutenção do forte edificado em Uidá por Joseph de Torres.[44]

Já observamos que, além dessas taxas, a partir de 1727 e durante vinte anos, os habitantes da Bahia tiveram que pagar uma taxa suplementar de dois mil-réis sobre os escravos vindos da Costa da Mina, das ilhas de São Tomé e Príncipe, de Cacheu e do Cabo Verde, para contribuir com as duplas núpcias do príncipe e da princesa de Portugal com a princesa e o príncipe da Espanha.[45]

A partir de 1757, uma outra taxa de 2500 réis por escravo foi aceita, até que atingissem 3 milhões de cruzados para auxiliar na reconstrução de Lisboa, que fora devastada por um terremoto em 1º de novembro de 1755.

Os contratos de dez tostões são os únicos que nos fornecem números globais por períodos de três anos. Os contratos relativos à taxa de 3500 réis recebidos na Bahia dão apenas indicações parciais e não levam em conta as taxas sobre os escravos pagos na passagem pelas ilhas de São Tomé e Príncipe.

Para esse contrato de dez tostões, encontramos no Arquivo Público do Estado da Bahia, para o período de 1741-3, a ordem de 10 mil cruzados e 355 mil-réis por ano em nome de Manoel de Faria Ayres. O cruzado valendo quatrocentos réis, o total montava a 4435 mil-réis, isto é, no mínimo 4435 escravos.[46]

Do mesmo modo, para o período de 1744-6, Luiz de Abreu Barboza se comprometia a pagar as taxas anuais sobre 4430 escravos durante três anos.[47]

Mais tarde, José Rodrigues Esteves Antonio Cardoso de Saldanha subscrevia esse contrato para as taxas sobre 3520 escravos uma vez por ano durante três anos, indo de 1760 a 1762.[48]

Informações complementares são dadas por Edmundo Correia Lopes a respeito dessas mesmas taxas para os respectivos períodos e quantidades de escravos por ano: 1751-3, 3225; 1754-6, 3325; 1757-9, 3275.[49]

Os números reais de importação eram mais elevados. Assim, entre 1751 e 1755, desem-

918

barcavam uma média de 4170 escravos a cada ano, enquanto o contrato previa apenas 3265.[50] Da mesma forma, se fizermos a média dos escravos que realmente entraram no período de 1760-2, encontraremos uma cifra de 4026 escravos para um contrato que previa apenas 3520.[51] Alguns outros números de entradas reais são dados na tabela a seguir.[52]

ANO	MÉDIA OU QUANTIDADE ANUAL	CONTRATOS DE DEZ TOSTÕES
1728	4750	
1729	4750	
1730	4750	
1731	4750	
1732	4750	
1733	4750	
1734	4750	
1735	4750	
1736	4750	
1737	4750	
1738	4750	
1739	4750	
1740	4750	
1741	4750	4355
1742	4750	4355
1743	4750	4355
1744	4750	4440
1745	4750	4440
1746	4750	4440
1747	4750	
1748	4750	
1749		
1750	3468	
1751	4028	3225
1752	3659	3225

ANO	MÉDIA OU QUANTIDADE ANUAL	CONTRATOS DE DEZ TOSTÕES
1753	4295	3225
1754	5696	3335
1755		3335
1756		3335
1757		3275
1758		3275
1759	3817	3275
1760	3120	3520
1761	4079	3520
1762	4885	3520
1763	2544	
1764	3341	
1765	1476	
1766		
1767		
1768	2882	
1769		
1770		
1771	741	
1772	2840	
1773		
1774	2600	
1775	2600	
1776	2600	
1777		
1778		
1779		
1780	4163	
1781		
1782		

ANO	MÉDIA OU QUANTIDADE ANUAL	CONTRATOS DE DEZ TOSTÕES
1783		
1784		
1785	2039	
1786	2039	
1787	2039	
1788	2039	
1789	2039	
1790	2039	
1791	2222	
1792	2934	
1793	3005	
1794	4558	
1795	4170	
1796		
1797	4600	
1798	4903	
1799	8200	
1800	6250	
1801	4595	
1802	4595	
1803	5595	
1804	4595	
1805	4595	
1806	8037	
1807	5730	
1808	1597	
1809		
1810		
1811		
1812	7741	
1813	7789	
1814	8219	

Dispomos também da indicação dada pelo vice-rei da Bahia, conde de Atouguia, numa carta de 6 de setembro de 1753 citada por Luiz Vianna Filho,[53] em que ele declara que 99 809 escravos foram importados entre 1728 e 1748, ou seja, uma média anual de 4750 escravos.

Retomaremos os números já citados entre 1750 e 1755 a respeito da capacidade dos navios: 59 deles haviam trazido 21 146 escravos.

Mais tarde, temos números dados por Maurício Goulart para os períodos de 1785-90 e 1791-5 que trazem médias anuais de 2039 e 3424, respectivamente.[54]

Para o período de 1797-1800, Calógeras dá a média de 5988.[55]

Entre 1801 e 1805, encontramos em Edmundo Correia Lopes a média de 4595, e em 1806 a importação de 8037.[56]

Goes Calmon fornece números para os anos de 1812-4 que dão uma média de 7917 escravos por ano.[57]

Período do tráfico legal somente ao sul do equador (1815-30)

Para esse período, temos informações que se completam e se controlam umas às outras, na obra de F. M. Goes Calmon, nos relatórios do consulado britânico[58] e nos registros de entradas de navios.[59] Mas não sabemos com precisão qual é o número de escravos trazidos do golfo do Benim, nem aquele proveniente do hemisfério Sul.

ANO	57	58	59
1815	6907	6750	
1816	4139	5376	
1817	5802	6070	
1818	8706		
1819	7033		
1820	7722		
1821	6689		
1822	8418	7656	8825
1823	2302	2672	2744
1824	2994	7137	2449
1825	4259	3840	
1826	7858	4090	
1827	10186	2941	
1828	8127		
1829	12808	14623	
1830	8425	7008	

Período do tráfico clandestino (1831-51)

As informações são escassas; provêm dos relatórios dos cônsules britânicos e se restringem a alguns números incompletos entre 1840 e 1851.[60]

1840	1675
1841	1410
1842	2360
1843	3004
1844	6201
1845	5582
1846	7824
1847	11769
1848	7393
1849	8401
1850	9102
1851	785

TENTATIVA DE AVALIAÇÃO DO NÚMERO DE ESCRAVOS IMPORTADOS DO GOLFO DO BENIM PARA A BAHIA DO INÍCIO AO FIM DO TRÁFICO

Com base nesses dados imprecisos, é difícil estimar qual foi a quantidade de escravos importados do golfo do Benim para a Bahia.

Maurício Goulart,[61] procurando determinar esse número no século XVIII, faz um cálculo fundamentado sobre uma parte dos documentos indicados mais acima e, completando-os para os anos que faltavam, chega a um total de 460 mil.[62] Para o século XIX, esse número resultaria em 300 mil.[63] Assim, para os séculos XVIII e XIX, tem-se um total de 760 mil.

Esse número parece ser da mesma ordem de grandeza que aquele que tentaremos encontrar a partir do número de navios e das diversas médias de carregamentos que indicamos nas tabelas precedentes.

De 1678 a 1756, temos oitocentos navios, aos quais seria preciso acrescentar aqueles que não foram anotados entre 1715 e 1725 e entre 1734 e 1738. Estimando esse número em pouco mais de duzentos, teríamos mil navios que, trazendo em média quatrocentos escravos cada um, teriam assim transportado 400 mil escravos.

Entre 1756 e 1815, temos 931 navios. Arredondamos esse número para 950, que, trazendo uma média de trezentos escravos cada um, teriam assim transportado 285 mil escravos. O total, portanto, é de 685 mil escravos, dos quais seria preciso retirar aqueles do *asiento*, que eram 25 mil. Por fim, temos 660 mil escravos.

Nossos números se tornam mais hipotéticos durante o período do tráfico semiclandestino e clandestino. Constatamos que 535 passaportes foram emitidos para a Costa da Mina durante esse período. Porém, faltam-nos as indicações para os anos de 1826-37 e 1851, ou seja, treze dos 36 anos visados. Constatamos que muitos passaportes foram emitidos para o hemisfério Sul e que, no entanto, os navios iam fazer seu tráfico no golfo do Benim, mas, por outro lado, alguns desses navios iam fazer o comércio legal de azeite de dendê, marfim e ouro. Levando em conta esses diversos fatores, se estimarmos em seiscentos o número desses navios e em 350 em média a quantidade de escravos transportados em cada navio, teremos uma cifra de 210 mil, que, adicionada aos 660 mil, daria um total de 870 mil escravos.

A diferença entre esse número e aquele de 760 mil fornecido pelo sr. Goulart, ou seja, 110 mil, representaria o carregamento, no século XVII (não incluídas as cifras de Goulart), de 275 navios à razão de quatrocentos escravos cada um. E esse número parece plausível se comparado àquele de 175 que havíamos anotado para o período de 1678-1700. Portanto, uma centena de navios teria feito o tráfico antes dessa data de 1678, em que encontramos nossas primeiras informações.

Assim, poderíamos estimar por alto que 1,2 milhão de escravos teriam sido importados para a Bahia, sendo 350 mil do hemisfério Sul e 850 mil do golfo do Benim.

NOMES DOS NAVIOS

Vale a pena citar os nomes recebidos pelos navios, pois eles refletem admiravelmente a mentalidade de seus proprietários nas diversas épocas desse tráfico.

Em um estudo sobre a questão, Thales de Azevedo observa

a predominância dos nomes de santos para os navios portugueses até o século XIX, mostrando uma preferência por Nossa Senhora, e que em seguida toma uma outra orientação quando, a partir da época indicada, os nomes de personagens mitológicos e históricos, de heróis, nomes de pessoas, de virtudes e qualidades humanas passaram a dominar.[64]

Passando em revista os nomes dos navios encontrados nos diversos documentos que utilizamos, observamos que, até aproximadamente 1800, todos os navios negreiros eram colocados sob a "invocação" dos santos, da Virgem Maria, de Cristo e até mesmo das almas.

Corvetas, galeras e sumacas singravam os mares sob a proteção de múltiplos santos e recebiam belos nomes, como *Nossa Senhora da Conceição e Esperança*, *Nossa Senhora Mãe de Deus*, *Mãe dos Homens*, *Santo André dos Pobres e Almas*, *Nossa Senhora da Ajuda*, *Santo Antônio e Almas*...

Fizemos um levantamento desses nomes a fim de saber sob quais denominações Nossa Senhora era mais frequentemente colocada na contribuição para "salvar as almas" dos escravos, e quais eram os santos mais invocados para que, na ida, conduzissem a um porto seguro os rolos de tabaco e, na volta, os carregamentos de escravos.

Partindo das indicações levantadas nos registros das patentes para carregar esses rolos de tabaco,[65] constatamos que Nossa Senhora era citada 1154 vezes sob 57 invocações diferentes, das quais as mais populares eram, numa ordem decrescente: *N. Sra. da Conceição* (324), *N. Sra. do Rosário* (105),

924

N. Sra. do Monte do Carmo (98), *N. Sra. da Ajuda* (87), *N. Sra. da Piedade* (48), *N. Sra. de Nazaré* (39), *N. Sra. da Penha da França* (34), *N. Sra. da Boa Hora* (33), *N. Sra. Mãe dos Homens* (24)…

Bom Jesus era citado 180 vezes sob onze invocações, e sobretudo sob aquelas de *Bom Jesus do Bom Sucesso* (29), *Bom Jesus de Bouças* (26), *Bom Jesus do Bonfim* (24)…

Santos e santas eram nomeados 1158 vezes. O mais popular era *Santo Antônio* (695), frequentemente acompanhado de *Almas* (508). Em seguida vinham *São José* (107), *Sant'Anna* (88), *São João Baptista* (43), *Santa Rita* (38), *São Francisco Xavier* (31), *São Joaquim* (21), *São João Nepomuceno* (catorze) e *São Francisco de Paula* (catorze). Mui curiosamente, *São Jorge* só aparece uma única vez, assim como *São Rafael, Santo Expedito* e *São Paulo*.

Outros nomes ligados à religião também aparecem, como *Santíssimo Sacramento* (54), *José Maria Jesus* (28), *Divino Espírito Santo* (seis), *Santa Cruz* (seis) e *Corpo Santo* (três), enquanto *Fé, Todos os Santos, Cinco Chagas* e *Família Sagrada* figuram apenas uma vez cada.

No final do século XVIII, encontram-se nomes de transição em que a "invocação" do nome do santo é seguida de um nome secular, e sua aproximação produz algumas vezes um estranho resultado, como *Santo Antônio o Criminoso, São João Diligente* ou *Santa Bárbara Vencedora*.

A partir de 1800, como observa Thales de Azevedo, "a sólida piedade portuguesa, embora não tendo se submetido à Reforma, cedia francamente terreno".

São então nomes de deuses pagãos que vêm substituir os anteriores: *Vênus, Minerva, Júpiter, Eolo, Diana, Ceres*; heróis e personagens mitológicos: *Hércules, Leda, Ulysses, Calypso, Sylphide, Nympha, Tristão, Theseo, Nimrod, Atalante, Pheniz, Dido*; e musas: *Thalia, Caliopa, Urania*.

Encontram-se nomes de homens ilustres da Antiguidade: *Tibério, Aníbal, Sócrates, Mithridate, Augusto, Berenice, Cezar, Trajano, Scipião, Africano, Palmyra*; modernos: *Camões, Magalhães*; homens nobres ou importantes: *Conde dos Arcos, Marquês de Pombal, Conde da Palma, Barão da Laguna, Visconde de São Lourenço, Cerqueira, General d'Almeida*; ou, ainda, nomes africanos: *Príncipe de Onim, Agaja Dossu* (rei do Daomé), *Adanovi*.

Há nomes de flores: *Girassol, Rosa*; de quadrúpedes: *Galgo, Rinoceronte, Lobo, Leão*; de pássaros: *Águia, Andorinha, Beija-Flor, Pinguim, Alcyon, Cisne, Gaivota, Passarinho, Falcão*; de insetos: *Borboleta, Mosca, Mosquito, Formiga*; e um peixe: *Espadarte*.

A natureza e os fenômenos atmosféricos também figuram: *Aurora, Estrela, Horizontes, Eclipse, Golfinho, Relâmpago, Trovão*; virtudes, qualidades e estados de espírito: *Fé, Caridade, Esperança, Paz, União, Gratidão, Constância, Felicidade, Alegria, Firmeza, Simpathia, Amizade, Audaz, Ligeiro, Teimoso, Activo, Temerário, Atrevido, Veloz, Cooperador, Emprehendedor, Diligente, Vingador*, e até mesmo *Inveja* e *Calumnia*.

Encontram-se também alusões a situações gloriosas ou felizes: *Fortuna, Triumpho, Glória, Boa Sorte, Sem Par*; preocupações sociais e ecos da Revolução Francesa: *Independência, Igualdade, Liberdade, Fraternidade, União, Constituição, Sociedade*.

Os nomes, sobretudo femininos, são numerosos: *Clara, Júlia, Carolina, Josefina, Carlota, Amália, Catharina, Maria Thereza, Isabella, Leocádia, Angélica, Emelinda, Joanita, Bibiana, Norma, Henriqueta, Zeferina* etc.

Alguns navios recebem nomes pitorescos ou amáveis, tais como: *Amanhã Falaremos, Eu Não Sei, Logo Te Direi, Maria Até Ver, Novo Asilo da Virtude, Mete Mão, Alegria dos Anjos, Brinquedo de Meninos, Nossa Glória, Três Manoelas, Gentil Africano, Viajante Feliz, Graciosa Vingativa, Vigilante Guerreiro, Triunfo da Inveja*; muitos *Amigos* e *Irmãos*, associados por dois ou três;

flores de diversos locais ou até mesmo exprimindo sentimentos: *Flor d'Etiópia, Flor da Bahia, Flor d'Onim, Flor d'América, Flor da Amizade*, ou, mais simplesmente, *Linda Flor* ou *Flores ao Mar*.

Os nomes religiosos quase desapareceram, e algumas dezenas aparecerão somente no século XIX, ao longo das 1677 aventuras das quais levantamos esses dados.

Inúmeros navios estrangeiros vieram à Bahia a partir de 1808, época em que os portos do Brasil foram abertos ao comércio com todos os países. Muitos navios ingleses, franceses, sardos e americanos faziam viagens regulares entre a Bahia e o golfo do Benim, e frequentemente o cônsul britânico suspeitava de que eles se entregassem ao tráfico clandestino de escravos. Eles também recebiam belos nomes: *Philanthrope, Industrie, Reine Blanche, Étoile de Mer, Belle Créole, Jeune Paul, Courrier de la Seine-Inférieur, Napoléon, Adèle, Panthère, Singe, Mésange*, se fossem franceses; ou *Belle Giudetta, Amabile Emilietta, Furia, Fulmine, Iride, Volatrice*, se fossem sardos.

NOTAS

1. Caldas, p. 494.

2. Ver cap. 1, p. 38.

3. ARG, Guiné, 237 e 238. Ver cap. 1, nota 30.

4. Ver cap. 1, p. 49.

5. APEB, 398, Alvarás 1678-1702.

6. APEB, 399, Alvarás 1703-1714.

7. APEB, 402, Alvarás 1726-1733.

8. APEB, 406, Alvarás 1739-1767.

9. APEB, 408, Alvarás 1767-1787.

10. APEB, 413, Alvarás 1708-1820.

11. APEB, 415, Alvarás 1704-1820.

12. Até 26 de julho, data em que foi publicada na Bahia a notícia da interdição de fazer o comércio de escravos ao norte do equador (tratado de 22 de janeiro de 1815).

13. Ver cap. 11, p. 472.

14. APEB, 415, Alvarás 1704-1820.

15. APEB, 448, 450 e 164.

16. PRO, FO 63/198, 206 e 215; fo 84/23, 31, 42, 55, 71, 95, 112 e 122.

17. Ver cap. 11, p. 489 e nota 49.

18. Ver cap. 11, p. 505.

19. PRO, FO 84/122, 141, 157, 180, 204, 223, 254, 289, 326, 368, 411, 470, 526, 584, 632, 679, 727, 767, 808 e 848.

20. APEB, inv. 1643.

21. APEB, registros diversos não numerados quando da consulta.

22. Ver cap. 12, p. 526.

23. Ver cap. 12, p. 530.

24. Ver cap. 4, notas 72 e 74.

25. AHU, Bahia, cxs. 39 ou 40.

26. APEB, 402.

27. APEB, 450, passaportes de navios.

28. AMB, 45 e 46, entradas de navios de 1822 a 1824.

29. Ver cap. 12, p. 530.

30. Ver cap. 3, p. 128.

31. Ver cap. 3, p. 129.

32. AHU, Bahia, cxs. 39 ou 40.

33. APEB, 55.

34. APEB, 61.

35. PRO, FO 84/57.

36. PRO, FO 84/57.

37. APEB, inv. 450.

38. AMB, 45 e 46.

39. Ver cap. 11, p. 483.

40. Graham, p. 141.

41. PRO, FO 63/98; fo 84/24, 31, 42, 71, 95 e 112.

42. APEB, 52, doc. 45.

43. APEB, 52, doc. 53.

44. Ver cap. 4, p. 1.

45. Goulart, p. 195.

46. APEB, 52, doc. 53.

47. APEB, Actos do Governo (1751-1761), doc. 5.

48. APEB, Actos do Governo (1751-1761), doc. 28.

49. Lopes (II), p. 134.

50. Vianna, p. 96.

51. APEB, 66, fl. 10.

52. Lopes (II), p. 143.

53. Vianna, p. 95.

54. Calógeras, v. 1, p. 325; Goulart, p. 213.

55. Calógeras, v. 1, p. 322.

56. Lopes (II), p. 143.

57. F. M. Goes Calmon, *Ensaios sobre fabrico de assucar*. Rio de Janeiro, 1834.

58. PRO, FO 63/198, 206 e 215; fo 84/24, 31, 42, 55, 71, 95, 112 e 122.

59. AMB, 45 e 46.

60. PRO, FO 84/326, 411, 470, 526, 584, 632, 679, 727, 767, 808 e 848.

61. Goulart, p. 272.

62.	7 mil por ano para o período de			1701-24.
	4 mil	—	—	725-7.
	3 mil	—	—	1766-7 e 1769-70.
	4 mil	—	—	1777-9.
	2 mil	—	—	1781-4.
	4 mil	—	—	1796.

63. Goulart (p. 272) fornece os seguintes números para o século XIX:

	Bahia	Total
1801-39	220 mil	980 mil
1840-51		370 mil

Se admitirmos que as proporções permanecem as mesmas para os dois períodos, o segundo número para a Bahia seria de 80 mil, resultando em 300 mil para o período de 1801-51.

64. Azevedo (Thales de), pp. 293-9.

65. APEB, 398, 399, 402, 406, 408, 413 e 415.

Apêndice III

LOCAL DE ORIGEM DOS NEGROS ESCRAVOS NA REGIÃO DA BAHIA

A seguir, trazemos um levantamento do número de escravos, com indicação do local de origem, estabelecido segundo o "Livro de tutelas e inventários da vila de São Francisco do Conde", publicado nos *Anais do Arquivo Público do Estado da Bahia* (vol. 37).

Das listas publicadas mais adiante, dos 1938 escravos que figuram nos inventários, resulta o seguinte:

180 eram jejes (adjás),[1] três mundubis,[2] um lada (ladá),[3] dois maquins (maís)[4] e um savalu,[5] perfazendo 187 provenientes do Daomé (atual República Popular do Benim).

31 eram minas[6] e um era guiné,[7] designações vagas, pois eles podem ser incluídos tanto entre os daomeanos como entre os iorubás.

310 eram nagôs (iorubás),[8] quatro barbas (baribás),[9] dez tapas,[10] 48 haussás[11] e três corabanis (calabares),[12] perfazendo 375 da região da atual Nigéria.

Um era são tomé,[13] doze eram congoleses,[14] 144 angolas,[15] doze benguelas,[16] dois cabindas[17] e sete moçambicanos,[18] perfazendo 178 da nação banto.

Acrescente-se dezoito africanos,[19] nove gentios da costa[20] e um língua-geral,[21] termos gerais para africanos de regiões não determinadas (mas esses últimos podem indicar também a língua tupi-guarani).

741 crioulos nascidos no Brasil,[22] 109 cabras (mulatos escuros),[23] 55 pardos,[24] 93 mulatos (de pigmentação não determinada),[25] 23 mestiços,[26] um caboclo[27] e, por fim, 116 que constam sem indicações de proveniência.

Portanto, de modo geral, encontramos nessa lista setecentos escravos africanos e 1022 nascidos no Brasil. Observe-se que se trata de inventários feitos num momento em que havia heranças de menores, e não inventários globais dos bens de uma pessoa falecida, e que as épocas em que aparecem as diversas "nações" nas listas estão defasadas em relação à época de sua chegada ao Brasil.

Por mais incompleta que seja, esta tabela traz certa luz a uma questão acerca da qual os documentos se tornaram muito raros, por ocasião da destruição dos arquivos relativos aos escravos no Brasil.

LEVANTAMENTO DO NÚMERO DE ESCRAVOS, COM INDICAÇÃO DO LOCAL DE ORIGEM, ESTABELECIDO SEGUNDO O LIVRO DE TUTELAS E INVENTÁRIOS DA VILA DE SÃO FRANCISCO DO CONDE

Data	Jeje (1)	Mundubi (2)	Ladá (3)	Maí (4)	Savalu (5)	Mina (6)	Guiné (7)	Nagô (8)	Barba (9)	Tapa (10)	Haussá (11)	Corabani (12)	São Tomé (13)	Congolês (14)	Angola (15)	Benguela (16)	Cabinda (17)	Moçambicano (18)	Africano (19)	Gentio da Costa (20)	Língua-Geral (21)	Crioulo (22)	Cabra (23)	Pardo (24)	Mulato (25)	Mestiço (26)	Caboclo (27)	Não indicado (28)
1. 15/12/1737						1																						
2. 15/01/1738																						1			3			
3. 11/09/1738																						1						3
4. 23/09/1738																1												
5. 30/04/1739	1																								1			1
6. 23/11/1739																						2			1			2
7. 13/09/1741																												1
8. 17/04/1742																												
9. 22/04/1742																1						3						
10. 15/01/1743																				1		2			1			2
11. 17/09/1743																						2						
12. 09/12/1743																						1						
13. 02/07/1745																						1			1			9
14. 06/10/1745																						1		1	1			3
15. 17/11/1745																						3		2				3

	16. 09/09/1747	17. 20/10/1747	18. 06/05/1748	19. 08/07/1748	20. 07/11/1748	21. 14/01/1749	22. 03/08/1749	23. 30/07/1749	24. 04/05/1751	25. 01/10/1751	26. 22/04/1752	27. 28/07/1752	28. 11/08/1752	29. 16/08/1752	30. 15/11/1752	31. 06/07/1753	32. NOV./1753
Não indicado			2	4		2	1					2	2	1			
Caboclo																	
Mestiço																	
Mulato				3									2				1
Pardo																	
Cabra	1																
Crioulo		1	1	1	1		3			3		1			4	1	
Língua-Geral																	
Gentio da Costa										1							
Africano					1											1	
Moçambicano																	
Cabinda																	
Benguela										1							
Angola														1			
Congolês																	
São Tomé																	
Corabani																	
Haussá																	
Tapa																	
Barba																	
Nagô																	
Guiné																	
Mina										2							
Savalu																	
Maí																	
Ladá																	
Mundubi																	
Jeje		1				1	1	1	1		2						

Date	C1	C2	C3	C4	C5	C6	C7	C8	C9	C10	C11	C12	C13
33. 11/03/1754									1				
34. 03/09/1754									5		1		1
35. 27/09/1754					1		1		1		1		1
36. 12/10/1754													1
37. 13/01/1755		1				1			1				
38. 20/05/1756			1						2				
39. 19/06/1756	2	1	1						2				
40. 10/01/1757							1		3		1		
41. 23/02/1757									1				1
42. 02/11/1757								1	2				
43. 22/04/1759							1		2				4
44. 27/08/1759				1			1	1					
45. 18/09/1759	1	5							9				
46. 03/12/1759									6		2		
47. 31/01/1760								2	1				
48. 16/06/1760	1						2		8				
49. 23/12/1761	2						1		16			2	6
50. 23/12/1761	1								9				
51. 30/01/1763	2									2			
52. 03/06/1763	1								2	2			
53. 13/02/1766							1						

	54. 22/03/1767	55. 02/06/1767	56. 1767	57. 23/10/1768	58. 05/12/1768	59. 12/12/1768	60. 09/10/1769	61. 08/11/1769	62. 06/11/1769	63. 14/12/1769	64. 17/02/1770	65. 12/07/1770	66. 16/09/1770	67. 27/11/1770	68. 21/01/1771	69. 19/09/1771	70. 09/12/1771
Não indicado																	
Caboclo								1									
Mestiço																	
Mulato					2		7					2					
Pardo					2		1					3					
Cabra	1		1	1			2		2			3			1		
Crioulo	1	4	1	4		2	9		2	1		12	1		1		1
Língua-Geral																	
Gentio da Costa																	
Africano																	
Moçambicano																	
Cabinda										2							
Benguela																	
Angola		4							1	2				3	1		
Congolês		1															
São Tomé																	
Corabani																	
Haussá																	
Tapa																	
Barba																	
Nagô							2										
Guiné																	
Mina												3					
Savalu																	
Maí																	
Ladá																	
Mundubi																	
Jeje		3										2					

	1	2	3	4	5	6	7	8	9	10	11	12
71. 13/02/1772					1							
72. 13/02/1772			1	1								
73. 17/02/1772	14		9	4	40		3					26
74. 26/02/1772			1				1					
75. 08/09/1772				1	1							
76. 23/09/1772				1	1			1				1
77. 19/01 1773	1											
78. 06/10/1773	1		1	1								
79. 19/01/1774					3				1	1	1	
80. 26/04/1774					1	10					1	1
81. 31/08/1774				1	3			2				2
82. 20/10/1774		2	1	1				1				
83. 15/02/1775				1	1							
84. 17/02/1775					2							
85. 03/09/1775								1	1			
86. 19/04/1776			1	2	4							1
87. 17/05/1776			1									
88. 03/09/1776	1				1							
89. 06/11/1776				1	2							4
90. 28/08/1777					1							
91. 01/10/1777				1	1							

	92. 19/01/1778	93. 12/05/1778	94. 26/05/1778	95. 18/10/1778	96. 16/11/1778	97. 23/11/1778	98. 29/05/1779	99. 25/08/1779	100. 10/09/1780	101. 07/03/1781	102. 25/01/1781	103. 23/01/1781	104. 13/03/1781	105. 21/03/1781	106. 28/09/1781	107. NOV./1781	108. 30/08/1782
Não indicado								20									
Caboclo																	
Mestiço								2									
Mulato		1	1					9						2			
Pardo		1						3		1							
Cabra								5				1		3		1	
Crioulo	2	4		1	1	1	3	92	4	5	1			6			1
Língua-Geral																	
Gentio da Costa																	
Africano																	
Moçambicano																	
Cabinda																	
Benguela																	
Angola	1		1	1				6	2	3	1		1		1		
Congolês																	
São Tomé																	
Corabani																	
Haussá																	
Tapa																	
Barba																	
Nagô								5									
Guiné							1										
Mina																	
Savalu								1									
Maí							2	1									
Ladá							1										
Mundubi																	
Jeje								45		2							

109. 08/11/1782				1				
110. 14/12/1782				1				
111. 20/12/1782	1		1	1				
112. 11/01/1783			2					
113. 14/02/1783								
114. 02/05/1783			1	1				
115. 12/08/1783		1						
116. 09/12/1783	1			2				
117. 20/01/1784				19	2	1	11	2
118. 06/12/1784					1			
119. 30/04/1787		1	1	17	5	1	10	3
120. 28/08/1787				7	1			1
121. 21/10/1788			1					
122. 17/12/1788				2				2
123. 12/06/1789	1			1				
124. 08/03/1790			1	2				
125. 16/11/1790			1					
126. 18/02/1791				1	1			
127. 14/10/1791			1	1				
128. 16/11/1791				1				
129. 16/11/1791			1	4	2	2		

	130. 20/12/1791	131. 17/09/1792	132. 02/03/1792	133. 21/11/1792	134. 24/04/1793	135. 06/05/1793	136. 28/05/1793	137. 27/01/1794	138. 21/10/1794	139. 16/11/1795	140. 18/03/1797	141. 19/06/1797	142. 11/07/1797	143. 08/07/1797	144. 07/11/1797	145. 06/12/1797	146. 06/12/1797
Não indicado																	
Caboclo																	
Mestiço																	
Mulato													1				
Pardo																	
Cabra				1				1	1			1	1				1
Crioulo	1	1	2		4	2		1	1			1	1		1	1	
Língua-Geral																	
Gentio da Costa																	
Africano																	
Moçambicano																	
Cabinda																	
Benguela		2															
Angola		2		1			2			1	1			1			
Congolês																	
São Tomé																	
Corabani																	
Haussá																	
Tapa																	
Barba																	
Nagô						1											
Guiné																	
Mina																	
Savalu																	
Maí																	
Ladá																	
Mundubi																	
Jeje		4				2			1		1						

Entry	Date									
147.	11/12/1797							1		
148.	12/12/1797							1		1
149.	05/02/1798							1		
150.	11/06/1798				1			1		
151.	14/11/1798				3			1 8		
152.	19/02/1799				1			1		
153.	16/09/1799				1		1	2		
154.	22/09/1800	7			11 1		1	2 1		19
155.	28/07/1801			2 1						
156.	23/02/1802				4			1		
157.	03/08/1802				3			1		
158.	11/10/1802					1				
159.	14/02/1803				2					
160.	27/09/1803		3		1					
161.	01/12/1803							1		1
162.	19/12/1803				2			1	1	1
163.	07/02/1804								1	2
164.	03/11/1804								1	
165.	19/02/1804				1					
166.	20/05/1806		1		15 1					
167.	28/11/1806		1		1			1		

	168. 24/01/1807	169. 23/02/1807	170. 13/04/1807	171. 11/10/1808	172. 22/11/1808	173. 25/02/1809	174. 24/10/1809	175. 17/11/1809	176. 04/01/1810	177. 23/01/1810	178. 24/08/1810	179. 12/11/1810	180. 08/08/1811	181. 16/11/1811	182. 03/06/1812	183. 12/03/1812	184. 03/09/1812
Não indicado																	
Caboclo																	
Mestiço																	
Mulato	1					3						1					
Pardo																	
Cabra	1	1				2				1		1				1	1
Crioulo			4		1		6		1		3	1	2	1		1	
Língua-Geral																	
Gentio da Costa																	
Africano							1										
Moçambicano																	
Cabinda																	
Benguela					1		1										
Angola	3	1	1				4					1	2			1	
Congolês																	
São Tomé																	
Corabani																	
Haussá			1	1	1											1	
Tapa			1														
Barba																	
Nagô						1	1										
Guiné																	
Mina	1													1			
Savalu																	
Maí																	
Ladá																	
Mundubi																	
Jeje		1			1		4					1	2				

185. 18/09/1812										1		1		
186. 08/08/1816		1		1					9	11		2		
187. 27/09/1816	4		9		6		2		14	1				5
188. 14/11/1817					2									
189. 17/12/1817				1			1		2					
190. 11/08/1818									1					
191. 06/11/1818									1					
192. 07/06/1819									1					
193. 18/11/1819	2								2	1				1
194. 15/05/1820									1					
195. 03/08/1820	1	1							1					
196. 30/01/1822			1			2			2					
197. 24/11/1823		1	1	1					6					
198. 26/02/1824							3		7		6			
199. 11/04/1824			3	1			1			1				
200. 05/05/1826														
201. 13/08/1827	2	2	11	1	9		5	1	9					
202. 07/03/1829	1		1		2		5		5					
203. 27/09/1829									6					
204. 04/04/1830									2					1
205. 19/05/1830									1					
206. 28/06/1830													1	

	207. 05/08/1830	208. 09/08/1830	209. 19/10/1830	210. 23/05/1832	211. 28/07/1832	212. 06/05/1835	213. 07/01/1836	214. 17/11/1836	215. 03/10/1838	216. 12/04/1839	217. 13/09/1839	218. 27/01/1840	219. 24/04/1840	220. 28/04/1840	221. 04/05/1841	TOTAIS
Não indicado	15												1			116
Caboclo									1							1
Mestiço																23
Mulato																93
Pardo	7				3				1			1	7	2		55
Cabra	6		1		1				9			1	4			109
Crioulo	67				3	2	5	3	107			2	4	4	5	741
Língua-Geral																1
Gentio da Costa									9							9
Africano	2								2				5			18
Moçambicano									3	2						7
Cabinda									1	1						2
Benguela	2								4	1	1					12
Angola	7	3							18	1			2			144
Congolês	3								3							12
São Tomé																1
Corabani																3
Haussá	17								7				1			48
Tapa	1								4							10
Barba	2															4
Nagô	106		1	1	1			1	144	2	1	2	8			310
Guiné																1
Mina	4		1						6							31
Savalu																1
Maí																2
Ladá																1
Mundubi	2															3
Jeje	20									1						180

NOMES DOS TESTADORES

1. Anna Pereira da Camara
2. D. Feliz de Betancourt e Souza
3. Antonio de Farias
4. Lourenço Gomez de Abreu
5. Manoel da Silva e Souza
6. Miguel Lopez dos Santos
7. José de Souza Pereira
8. Adrião Monteiro da Paz
9. Roza Maria de Jesus
10. Antonio Ribeira
11. L. Antonio Carvalho Vasconcelos
12. Antonio de Freitas Correia
13. Gaspar da Costa de Azevedo
14. João de Araujo Pereira
15. Roque Rodriguez Dias
16. Domingos de Souza de Ormundo
17. José Vaz Penedo
18. Luiza Ferreira
19. Anna da Silva Carneiro
20. Francisca Maria de Negreiros
21. Antonio de Araujo
22. João de Souza de Menezes
23. Gonçalo Pacheco de Andrade
24. Anna Maria
25. Luiza Pereira do Espirito Santo
26. João da Costa Pereira
27. Cap. Antonio de Freitas do Amaral
28. Antonio Pires de Souza
29. Maria da Encarnação
30. Marianna Gomes
31. Francisco Xavier de Lima
32. Joseph
33. Manoel da Rocha Doria
34. João de Uzeda
35. Francisco Rodriguez Chaves
36. Caetana Maria de Jesus
37. Sebastião Dias da Silva
38. Sargento-mor Antonio Gonçalves Barros
39. Manoel Trigueiro de Lima
40. Maria Barboza Brito
41. Manoel Barboza da Silva
42. Manoel Gomes Lisboa
43. Domingos Francisco de Oliveira
44. Marco Gomes
45. José Gonçalvez Portella
46. Cap. Manoel da Costa Craz°
47. Joam Freyre de Souza
48. Joam Bernardo de Almeida
49. Caetano Alvarez de Azevedo
50. Caetano Alvarez de Azevedo
51. Simiam Trigueiro Lima
52. Joam Affonço de Mello
53. Thereza Maria de Jesus
54. Cap. Joam de Azevedo Cortes
55. D. Maria Francisca de Jesus
56. Joam Maxado da Cunha (crioulo)
57. Santo Manoel Pereira
58. Sylvestre de Carvalho
59. Francisco de Lidenna
60. D. Anna Ignez Josepha Saldanha de Andrade
61. Maria Trigueira Lima
62. José Vasquez de Souza
63. Luiz de Azevedo de Oliveira
64. Anna Maria da Conceição
65. Bento Ferreira Ribeiro
66. Anna Maria da Conceição
67. Caetana Maria de Jesus
68. Jos de Heyro
69. Manoel Vieira Barboza
70. Custodio dos Anjos
71. Elena Maria dos Prazeres
72. Manoel Correia de Souza
73. D. Anna José Marquez de Almeida
74. João Barboza de Azevedo
75. Joanna Maria de B^{la}
76. Joanna Maria de B^{la}
77. Pedro de Alcantara de Souza
78. Francisco de Barros Cavalcanti
79. Dezembargador Bernardino Falc. de Gouveia
80. M. Jesus Delgado
81. Manoel da Sylva Serra

943

82. Maria de Azevedo
83. D. Maria de Oliveira
84. Thereza Dominga de Jesus
85. João Feliz
86. João Lopez Fiuza Barreto
87. Clara Maria de San Jozé
88. Antonio Albano de Souza
89. Joam Lourenço Pereira
90. Cap. Felipe de San Tiago
91. Joam Ferreira da Costa
92. Manoel de Araujo Roza
93. D. Antonio Feliz da Camara
94. Francisco de Souza Telles
95. Josefa Maria de Medeiros
96. Anna Maria de Jesus
97. Feliz de Araujo de Carvalho
98. Custodio dos Anjos do Sacramento
99. Paulo Argolo
100. Anna Lopez do Sacramento
101. Cap. Manoel Francisco de Massedo
102. João Ferreira de Almeida
103. Miguel da Costa de Araujo
104. João Antonio Pereira
105. D. Luiza Thereza de Sant'Anna
106. Jeronima Pereira
107. José Feliz Barreto
108. João Francisco Vianna
109. Antonio Francisco de Souza
110. Gregorio de Sa Freire
111. Manoel Vicencio Gomes
112. Antonio dos Santos Guimarães
113. Anna Maria de Britto
114. José da Silva Castanheira
115. Feliz Ferreira
116. Alexandro Coelho de Araujo
117. D. M. Caetana de Aragão
118. Bento Teixeira da Costa
119. Manoel Lopes de Mesquita
120. Francisco de Castro Trigueiro
121. João da Costa Faria
122. Thomas Ferreira de Souza
123. Manoel Anacleto Teixeira
124. Joanna Ferreira da Encarnação

125. Francisco Xavier de San Tiago
126. Antonio Monteiro de Frias
127. Antonio Pinheiro dos Santos
128. Domingos Monteiro
129. Gonçalo de Lemos
130. Thereza Maria
131. José Machado
132. José Fraga Pimentel
133. Anna Maria de Jesus
134. Pedro Coelho Barradas
135. Cap. Luiz Lopez de Carvalho Gad.
136. Ursula Maria de S. Amaro
137. D. Anna Maria de Jesus
138. José das Neves
139. Maria Bernarda
140. Elena Maria do Carmo
141. Leonora Maria de S. José
142. Antonio de Heyro Ferreira
143. D. Anna Maria de Sant'Anna
144. Antonio Gonçalves de Lessa
145. D. Anna Maria da Conceição
146. Francisco Xavier da Costa
147. Roque Dias de Carvalho
148. Agostinha Maria dos Anjos
149. Anna da Silva Barrozo
150. Antonio da Costa
151. Manoel da Silva do Nascimento
152. Antonio Graça dos Santos
153. João Telles da Silva
154. D. Clara Magdalena de Albuq^e e Camara
155. Anna Maria de Jesus
156. Francisco Barboza de Jesus
157. Bento Antunes Lima
158. Francisco José de Sant'Anna
159. Izabel Maria do Espirito Santo
160. Antonio Caetano Pires
161. Anna Maria da Conceição
162. José da Costa Dorea
163. Luiz da Costa Ribeira
164. Vicencia Ruffina do Socorro
165. D. Ignacia Clara de Sant'Anna
166. D. Maria Roza da Piedade
167. Antonio de Souza Ribeiro

168. João Feliz de Araújo
169. D. Joana Maria de Menezes
170. Pedro Coelho Barradas
171. Fellis Monteiro
172. Gaspar da Costa de Araújo
173. Salvador de Souza
174. D. Raimunda Maria de Jesus
175. D. Maria Nascimento de Jesus
176. José Carlos Pereira
177. Joana Maria dos Passos
178. Manoel Antonio de Souza
179. D. Anna Florinda dos Santos
180. Antonio de Souza Campos
181. Antonio de Souza da Silva
182. Eliana Maria da Cruz
183. João Pinheiro Moreira
184. José Manoel Ferreira
185. D. Maria do Carmo
186. Tentᵉ Coronel Paulo de A. Queiroz
187. Cap. Joaquim Gaiozo
188. Padre Bento de Souza Caldas
189. Manoel Francisco de Lessa
190. Thereza Maria de Jesus
191. Leonora Maria de Sant'Anna
192. Thimoteo Ferreira da Soledade
193. Francisco Pinheiro dos Santos
194. José Felix da Rocha

195. P. João Feliz Damaceno
196. Manoel José dos Santos
197. Coronel José Freire de Carvalho
198. Teodozio Gonçalvez Portella
199. D. Josefa Maria do Sacramento
200. Antonio Gomes Freire
201. Cap. José Luiz Ornellas
202. Cap. Ingº Francisco Menezes Doria
203. Rita Maria de Jesus
204. Manoel Dias Nunes
205. D. Maria Francisca de Jesus
206. C. Manoel Telles de Menezes
207. Fortunato Pereira Gallo
208. Tentᵉ José Gonçalves de Araújo
209. João Gomes de Andrade
210. Alferes Carlos José Gomes
211. Tentᵉ Antonio José de Almeida Couto
212. Luiza Francisca Zeferina Muniz
213. Barão de Itapororoca
214. Elena Clemencia de Bomfim
215. Cˡ José Maria de Pina e Mello
216. Adº Manoel da Conceição Carvalho
217. Leandro José da Veiga
218. Cˡ José Maria de Gouvea Portugal
219. D. Anna Proc. da Silva
220. Francisco Correa Portella
221. Baroneza de Itapororoca

Índice onomástico

Aberdeen, lorde, 444-5, 447, 490, 492, 502

Abiodun (Alafin de Oyó), 259

Aboga, 33, 229, 231

Abreu, Antônio Paulino Limpo de, 446

Abson, Lionel, 254, 259, 268, 291, 293, 786-7

Abubakar, Mala, 399, 410

Adahunzu (rei do Daomé), 788

Adams, John, 254, 686, 848

Adandozan (Adarunza IX, rei do Daomé), 277, 281-2, 286, 315, 317, 319, 543-4, 629, 798, 800, 825

Adarunza VIII ver Agonglô

Adarunza IX ver Adandozan

Afonso VI, d., 78, 80

Agaja (rei do Daomé), 169, 183, 188, 191, 197-8, 780, 788, 925

Agbo, Casimir (dito Alidji), 559

Agonglô (rei do Daomé), 250, 259, 271, 274, 276-7, 282, 305-6

Aguessy, Cyrille, 254, 786

Ajan (príncipe de Onim), 321-3, 331

Ajayi, J. F. A., 852

Akindélé, Adolphe, 254, 786

Akinjogbin, I. A., 197, 833

Akitoyê (rei de Onim), 511, 663-5, 669-70, 672-4, 677-9, 681, 684, 688, 713, 716-7, 865

Alafin de Oyó, 168, 174, 259

Albuquerque, Antônio Pedroso de, 482, 487, 496, 519, 525, 527, 536, 819-20, 824

Aldenburg, Johann Georg, 74-5

Almeida, Cândido Joaquim d', 539

Almeida, Casimiro de, 721

Almeida, Joaquim d', 519, 534, 536, 538, 558-9, 617, 695-6, 721, 858

Almeida, Manoel Joaquim d' (capitão), 485, 519-20, 526-7, 535-8, 558, 641, 674, 839-41, 844-5, 847

Almeida, Miguel Calmon du Pin e, 364, 423, 694

Almeida, Wenceslão Miguel d', 391, 819

Almeida Prado, J. F. de, 795

Alufá Salu (José Maria do Santo Silva), 604

Aluna, mestre, 393-4, 400

Alves, Castro, 535, 824

Amadie, Auguste, 661, 676-8, 865

Amaral, Braz do, 808

Amaral, Francisco Xavier Álvares do, 271, 274, 281, 283, 286, 305, 317
Amaral, J. A. do, 760, 886
Anadia, visconde de, 44, 315, 319, 321, 324, 800-1, 807
Antonil, André João, 37, 743
Antônio, Padre (liberto), 720, 857-8
Aprígio (ex-escravo do capitão Geraldo), 620
Aragão, Francisco da Fonseca e, 247
Arcos, conde dos, 123-4, 136, 326-7, 346, 349, 766, 785, 807
Ariconúm, Príncipe, 277; *ver também* Adandozan (Adarunza IX, rei do Daomé)
Assumpção, Luis Caetano da, 274, 306, 313-4
Atouguia, conde de (Luiz Peregrino de Carvalho Meneses de Ataíde), 116, 119-22, 220-1, 296-7, 306, 767, 922
Azambuja, conde de (Antonio Rolim de Moura Tavares), 137, 139
Azevedo, J. Lúcio de, 767
Azevedo, Thales de, 924-5

Baeta, João Gonçalves, 559, 691
Bane, M. J., 857
Barata, Cipriano, 369, 371, 566
Barbinais, Gentil de la, 60, 78, 84, 378, 746, 752, 756, 807
Barbosa, Rui, 31-2, 407, 496, 557, 565, 709, 765, 820, 881
Barbot, John, 146, 774
Barboza, Martinho da Cunha, 208-12
Barboza, Mathias, 222-3, 304, 784
Barca, Antônio Pereira Bastos Lima Varela, 787, 793
Barca, Manoel Bastos Varela *ver* Pacheco, Manoel Bastos Varela Pinto
Barreto, Thomas Ruby de Barros, 136-7
Barros, João Nunes de, 819
Barros, José Ferreira de, 818, 827
Basílio, João, 165, 172-3, 181, 183-5, 188, 191, 193, 196, 198-9, 204-10, 216, 225, 233, 240, 296, 781-3
Bastide, Roger, 578, 614, 621, 838-9, 843

Baud-Duchiron, 250, 788-9
Beecroft, John, 515, 660, 662, 664-6, 669-74, 678, 705-7, 851
Behanzin (rei do Daomé), 803
Belchior (ex-escravo de Guilherme Soeiro), 620
Bello, Domingos Gomes, 530, 532-3, 559, 600, 824
Bernasko (pastor metodista), 701
Birthwhistle, Allen, 850
Blanco, Pedro, 636, 644-5
Blaney, James, 65-6, 149
Borghero, Francisco, 696-7, 836, 856
Bosman, Williem, 56, 144, 146, 744, 774, 776
Bouche, Pierre, 517, 696-7, 701, 720-1, 823, 856, 858
Boxer, Charles R., 746, 776, 780, 785, 795
Branco, Manoel Alves, 434, 436, 452
Brazil, Étienne, padre, 808
Brito, Luiz Coelho de, 222-4, 226-7, 795
Broquant, Frédéric, 541
Bruce, comodoro, 305, 511, 665, 667-8, 670, 672-4, 678
Brue, Blaise, 658
Bulet, abade, 43, 60
Bullen, comodoro, 641-2, 645, 883
Burton, Richard F., 556-7, 675, 692, 704, 707, 836, 852

Caldas, José Antonio, 56-7, 235, 898
Calmon, Francisco Marques de Goes, 524-5, 527, 922
Calmon, Miguel *ver* Almeida, Miguel Calmon du Pin e
Calógeras, João Pandiá, 918, 922, 927
Câmara, Eusébio de Queirós Coutinho Matoso da *ver* Queirós, Eusébio de
Campbell, Benjamin, 305, 552-3, 643, 678-9, 682, 684, 686-92, 712-5, 717-20, 723, 731, 733, 849-50, 852
Campos, J. da Silva, 524, 610
Canning, George, 359-60, 472
Canot, Théodore, 542, 653, 833, 851

Cardoso, Simão, 69, 158, 191

Carlota Joaquina, d., 333

Carneyro, Antônio Pinto, 183, 185

Caroloff (feitor francês), 145

Carrena, Giuseppe, 552-3, 594, 824

Carvalho, João Vaz de, 384-5

Carvalho, Manoel Alves de, 117

Castelnau, Francis de, 29, 381-2, 449, 742, 807-8

Castro, Martinho de Melo e, 139, 245, 786

Cavalcanti, Hollanda, 458

Chamba, rei, 191-2, 206, 782

Chamberlain, Henry, 480, 484

Chamberlain, Joseph, 735

Christie, Peter, 501, 821-2

Clarkson, Thomas, 187

Collier, Francis Augustus, 473, 521, 642, 645, 854, 881, 885-7

Congo, José (escravo de Gaspar da Silva Cunha), 407

Cordeiro, Luciano, 774

Corte Real, Diogo de Mendonça, 90, 119, 122-3, 128, 760-1

Corte Real, Thomé Joaquim da Costa, 118, 123

Costa, Antônio da, 418, 422

Costa, José Francisco da, 527, 644, 828-9

Costa, Manoel dos Santos, 478-9

Costa, Manoel Luiz da, 297

Costa, Theodozio Rodriguez da, 133-5, 224, 237, 618

Costa Júnior, João da, 509, 638, 818, 824-5

Cotegipe, barão de (João Maurício Wanderley), 512

Cotegipe, Prudêncio José de Souza Britto, 409

Courtnay, capitão, 485, 826, 844

Coutinho, Aureliano, 428, 440

Coutinho, Bernardo Azevedo, 245-6, 249

Couto, Joaquim José, 638, 677

Crowther, Samuel Ajayi, 860

Cruz, Joaquim Ignacio da, 48-9, 117, 129-30, 135, 766

Cruz, Sabina da (ex-escrava de José Manoel Gonçalves), 393, 412

Cunha, Belchior da Silva (ex-escravo de Manoel da Silva Cunha), 393, 396, 399, 402, 407, 606

Cunha, d. Luiz da, 58, 99, 176, 746

Cunha, Fortunato José da, 392

Cunha, Gaspar da Silva (ex-escravo de Manoel da Silva Cunha), 402-3, 407, 608

Cunha, José Pereira Coelho da, 559

Cunha, Manoel da Silva, 402

Cunningham, A., 350-1, 374, 388-9, 471, 807

D'Avezac, sr., 618

Dalzel, Archibald, 51, 256, 744, 780, 788-90

Dampier, William, 37, 78, 84, 743, 752, 754-5

Dansaint, Jean, 93-4, 760-1

Dapper, Olfert, 144, 774

Debret, Jean-Baptiste, 611

Decosterd, Gex, 405, 408, 590

Decosterd, Louis, 30

De Gennes, sr., 753

D'Elbée (feitor francês), 145, 146

Denizan, Benito, 511, 514-5, 823, 892

Denyau de la Garenne, 270, 291-2, 657, 791-2

Deschamps, Hubert, 31, 742

Des Marchais, Chevalier, 160, 808

Dewarel (diretor do forte francês), 251

Dike, O. K., 334

Docemo, rei, 681-6, 692-3, 716, 720

Duarte, Alberto, 808

Dubellay, Julien, 188-9, 191, 198, 781

Duncan, John, 541, 618, 658, 660, 662, 699, 703, 705, 833, 843, 851, 856

Dunglas, Édouard, 792

Dupetitval, Houdoyer, 173, 191

Espírito Santo, Maria Bibiana do (Mãe Senhora), 739

Eubegah (vice-rei), 33, 268-71, 786-7

Eyriès, capitão, 273, 792

Faria, Theodozio Rodriguez de, 117, 766-7

Feijó, Diogo Antônio, 435

948

Ferras, Marcos Borges, 511, 514-7, 519, 538-9, 558-9, 677-9, 681, 823
Figanière, Joaquim Cezar de la, 354
Finlaison, capitão, 475, 477, 880
Flottes, sr., 257
Foa, Édouard, 543
Follett, William, 355, 484
Fonseca, Manoel Joaquim Carvalho da, 478
Fonseca, Manoel Pinto da, 460, 463
Forbes, Frederick E., 540-2, 550, 648
Forbes, Theo Geoffrey, 668, 673, 706
Forster, sr., 502, 549, 646-8, 656, 658, 661, 849
Fortunato, Domingo (escravo de Fortunato José da Cunha), 392
Fox, H. S., 428-9, 432-6, 504, 812-3
França, Caetano Alberto da, 476, 538-9, 823, 840, 842
Francisco do Espírito Santo, frei, 212-4, 296
Frazer, Alexander Maclean, 643-4
Frazer, Louis, 676, 678
Freeman, Henry Stanhope, 669, 693, 718
Freeman, Thomas Birch, 496, 650
Freyre, Gilberto, 560-1, 564-5, 575, 578-9, 695, 721, 836, 855
Frézier, A. F., 78, 84
Froger, François, 47, 78, 84, 588, 744, 752

Galveas, conde das (André de Mello e Castro), 109, 119, 205, 207-8, 220, 326, 345, 346
Gantois, Édouard, 530
Garcia, Melchior, 511, 514-6
Gardner, George, 29, 564, 575, 676, 742, 836-7
Ghezo (rei do Daomé), 543, 548, 551, 553, 657, 660, 662, 665-9, 691, 706
Ghigliazi, capitão, 511
Gibirilu (Manoel Nascimento de Santo Silva), 604
Glelê (rei do Daomé), 708
Glover, John Hawley, 723, 725, 731-2
Godinho, Francisco José, 531, 533-4, 583, 600, 674, 824, 834
Goes, Innocencio Marques de Araujo, 599
Gollmer, Charles Andrew, 700

Gomes, Hygínio Pires, 437, 512-4, 824
Gonçalves, Manoel, 193, 204-5, 393, 520, 607-8, 783, 839
Goulart, Maurício, 918, 922-3
Gourg (diretor do forte francês), 50-1, 255-9, 305, 796-7
Gouvea, Antonio Nunes de, 231
Gouvea, Félix José de, 210, 216-9, 222-3, 225-6, 232-4, 236-8, 240, 296, 783, 785
Graham, capitão, 356
Graham, Maria, 341, 419, 477, 574, 588, 806
Guestard, sr., 50, 227, 785
Guimarães, Francisco Lopez, 534-5, 559, 824
Guinguin, rei, 258, 304-5

Hamilton, Hamilton, 422, 440, 445-7, 498, 505, 813-4, 821
Hazoumé, Paul, 543-4, 833
Hertog, Mynheer, 106, 183-4, 765
Heskell (cônsul), 422, 812
Hesketh, Robert, 456, 497, 821
Hethersett, sr., 727
Houffon, rei, 173-4
Hudson, James, 449-51, 453-4, 456, 458-62, 480
Huntley, Henry, 523, 544, 827
Hutton, Thomas, 656-7
Hutton, William Mackintosh, 656, 658

Irby, Frederick Paul, 630-1
Itaparica, barão de, 369

Jambo, Pedro Martins, 537, 677, 682-7, 689
Jesus Cristo, 721, 924
João iv, d. (rei de Portugal), 53, 55, 76, 78
João v, d. (rei de Portugal), 47, 115, 117, 138, 795
João vi, d. (príncipe regente), 138, 311, 331, 333, 355-6, 471
Joinville, príncipe de, 542
Jones, Lewis J., 511, 670, 673
José (escravo de Gex Decosterd), 405
José i, d. (rei de Portugal), 47, 124, 136, 138, 245, 767-8, 770

Kelly, Benedictus Marwood, 474, 880-1

Kidder, Daniel P., 589, 838

Kosoko (rei de Onim), 305, 511, 516, 530-3, 537, 551-2, 661, 663-4, 666, 669-70, 672-5, 678, 683, 686, 688-9, 692-3, 712, 716-7, 725, 865

Koster, Henry, 563-4, 597, 836, 838

Kpengla (rei do Daomé), 244, 256, 259, 792

Labat, padre, 146, 774, 776-9

Labatut, general, 357

Lacombe, Américo J., 31-2

Lacroix, Louis, 501

Laffitte, abade, 696-7, 856

Laotan, A. B., 721

Lavenière, Luiz, 808

Lavradio, marquês do, 136-7, 237-8, 770

Le Clerc, 75

Le Hérissé, 543

Lemaignère, Louis, 537, 683-6, 689, 692, 825

Leonardo, Severo, 475, 477

Lessa, Cláudio Ribeiro de, 283, 775, 792

Levet, Jacques, 189, 191, 198-9, 203, 211-6, 218-9, 781, 783

Libanio, Joaquim José, 775

Licutan, Pacífico (escravo de Antonio Pinto), 401, 407-8, 607

Lightburn, Isabelle, 690-1, 849-50

Lima, Carlota Maria José de Figueroa Nabuco Azevedo de Cerqueira, 526

Lima, José de Cerqueira, 364, 425, 427, 473, 485, 496, 521, 524-6, 537, 637, 639-40, 818-20, 826, 844, 913

Lima, José Joaquim Lopes de, 775

Lima, Manoel de Cerqueira, 425-8, 433, 640

Lima, Vivaldo da Costa, 843

Lima e Silva, general, 366

Lindeman, Frederic, 339, 341, 347, 574

Lindley, Thomas, 337, 563, 591, 804, 836, 838

Linhares, conde de, 327, 344, 346

Livramento, Manoel da Graça, 248, 786

Lloyd, Christopher, 640

Lopes, Edmundo Correia, 918, 922

Lopez, Matteo, 145

Lopez, viúva, 534

Luís XIV, rei da França, 115

Luiz (escravo de Domingos Pereira Monteiro), 402

Luiza de Gusmão, d. (rainha consorte de Portugal), 78

Macaulay, Henry William, 518, 640, 646-7, 649

Machado, Joaquim Pereira, 677, 682

Madden, dr., 541, 651, 653

Madeira, general, 357

Mãe Senhora (Maria Bibiana do Espírito Santo), 739

Malmesbury, lorde, 668, 690

Marback, Henrique Samuel, 823

Maria I, d. (rainha de Portugal), 138, 245, 274-5, 305, 311-2, 333, 613

Maria II, d. (rainha de Portugal), 775

Marinho, Joaquim Pereira, 28, 506, 508, 519, 525, 527-9, 534, 550, 554-6, 559, 566, 580, 582-3, 600, 638, 674, 824, 830-1, 834, 908, 915

Marinho, Miguel, 511, 514

Marquez, André, 42, 117, 184, 186, 765

Martins, Clemente José Alves, 642

Martins, Domingos José, 519, 529, 534, 549-58, 637, 659-61, 667-8, 708, 833, 835-6, 852

Martins, Domingos Rafael, 556

Martins, Francisco de Souza, 396, 414, 431

Martius, Carl Friedrich von, 563, 573-4, 622, 807, 836-7

Mascarenhas, José Freire Monterroio, 296, 303, 795

Mauro, Frédéric, 23

McCoskry, William, 675, 679, 688, 693, 717

Mello, Luís José de Carvalho e, 480, 484-5

Mello, Sebastião José de Carvalho e ver Pombal, marquês de

Melo Neto, J. A. Gonçalves de, 843

Mendes, Francisco Pereyra, 163, 166-7, 169, 171-2, 759

Meneses, Francisco da Cunha, 315, 797

Meneses, Luiz Cezar de, 85

Menezes, Manuel da Cunha, 138-9
Menezes, Manuel Ignácio da Cunha, 384, 481
Mercier, Paul, 711, 857
Methuen, John, 63, 90, 115, 161, 758
Moloney, Cornelius Alfred, 723, 725-8, 730-1, 735
Monléon, capitão, 541, 833
Montaguère, Ollivier, 252, 254, 292, 787, 789, 792-3
Monteiro, Domingos Pereira, 402
Monteiro, João, 418, 421-2, 839
Moreira, João Victor, 485, 496, 536, 820, 844
Moreira, Manoel Francisco, 475, 477, 487, 521, 538, 818, 820
Morgan, Edward Edwin, 821
Morgan, John, 552-3, 627, 686

Nabuco, Joaquim, 32, 565
Napoleão Bonaparte, 333, 336, 348
Neves, José Gomes Gonzaga, 240-1, 245
Neville, sr., 726-7
Nobre, sr., 474, 671, 676
Noronha, d. Marcos de (sexto conde dos Arcos), 120, 123-5, 132, 136, 226, 238, 326-8, 343, 346-7, 349-51, 355, 386-7, 620, 770-1, 784, 925
Norris, Robert, 197-8, 780, 783
Novaes, José Pinto, 559, 578, 583, 600
Nunes, Francisco, 158, 192-5

Oldfields, dr., 662, 680
Olinto, Antonio, 858
Oliveira, Antônio Martins de, 514-6, 824
Oliveira, Candido d', 458
Oliveira, João de, 243-4, 304, 562, 618, 842
Oliveira, Joaquim José de, 535, 818-9
Olivete, Jacob, 215
Osifekunde (escravo do sr. Navarre), 618
Ott, Carlos, 30
Ouseley, Gideon, 433, 440-1, 444, 500-1, 812

Pacheco, Manoel Bastos Varela Pinto, 275, 284, 286-9, 308, 787, 792-3

Palmerston, lorde, 365, 369, 372-6, 422, 426-8, 432-5, 438-40, 442, 444, 448-54, 456, 458-9, 461-2, 493, 495, 500-1, 507, 645, 652, 663-4, 666, 692, 812-4, 849-50
Paraíso, João Francisco de Souza, 638, 818
Parkinson, John, 29, 366, 403, 418-22, 427, 430-1, 494-5, 503, 530, 812-3, 821
Pavolide, conde de (d. Luiz da Cunha Gran Athaide e Mello), 138
Pedro I, d. (imperador do Brasil), 366
Pedro II, d. (imperador do Brasil), 366-7, 443, 731
Pedro II, d. (rei de Portugal), 80, 151, 776
Pennell, William, 342, 355-7, 363-5, 372, 389, 472, 474-5, 481-2, 493, 615-7, 641, 807, 812, 916
Pereira, Duarte Pacheco, 774
Pereira, Luiz Nunes, 171
Pereira, Manoel Luiz, 526, 537, 559
Phillips, capitão, 478-9, 496-7, 678, 791, 882
Pinho, Wanderley, 389, 509
Pirajá, visconde de, 367-9, 409
Pires, Vicente Ferreira, padre, 61, 267, 275-6, 278-9, 281, 283-4, 286, 313, 775, 797
Pombal, marquês de (Sebastião José de Carvalho e Mello), 47-8, 117-20, 122, 128, 135-6, 138, 223, 227, 245, 766-7, 770
Pommegorge, Pruneau de, 50, 198, 227
Ponte, conde da (João Saldanha da Gama Melo e Torres), 28, 44, 47, 321, 334, 383, 384, 587, 807
Porter, Edward, 448, 468-9, 491, 501, 505-6, 822
Portugal, d. Fernando José de, 140, 306, 316, 796
Primo, João, 369
Prior, James, 338, 347
Protêt, almirante, 689
Pyrard de Laval, François, 73

Queirós, Eusébio de, 461-4
Querino, Antônio, 539
Querino, Manuel, 411-2, 602, 808

Ramos, Arthur, 808
Reclus, Élisée, 31, 381, 742
Régis, Victor, 658
Reynolds, almirante, 459, 461
Rios, Joaquim Alves da Cruz, 516, 519, 534, 559, 638, 824, 840-1
Rios, José Alves da Cruz, 487, 534, 645, 820
Rios, José da Silva, 496, 820
Rios, Marcelino Alves da Cruz, 827
Robillard, Frederick, 403, 405, 419, 431, 808
Robillard, John Hocart, 419
Rocha, C. J. da, 734, 788
Rodrigues, Nina, 379, 381, 390, 407, 410, 560, 562, 609, 807-8, 836, 839, 858, 865
Russell, Edward, 420
Russell, John, 448, 651-2
Ryder, A. F. C., 24, 758, 779

Sabugosa, conde de (Vasco Fernandes César de Meneses), 88-9, 94, 97, 109, 150, 762, 776, 778, 780
Salinis, A. de, 853
Salvi, Jerônimo Carlos, 511, 514, 516, 824
Sandeman, J. G., 679-81, 688
Sandon, visconde, 648, 849
Sanim, Luiz (escravo de Pedro Ricardo da Silva), 397, 400, 407
Santa Anna, Innocêncio Marques de, 315, 319, 322, 519-20, 801-2, 825
Santinho ver Pirajá, visconde de
Santos, Antonio Cardozo dos, 117, 796
Santos, Antônio Vieira dos, 819
Santos, Deoscóredes Maximiliano dos, 738-9
Santos, Francisco Borges dos, 129, 135
Santos, João Cardozo dos, 828-9
Santos, José Francisco dos (o Alfaiate), 19, 519, 534-5, 539, 558-9
São Lourenço, visconde de (Francisco Gonçalves Martins), 398, 411, 437, 449, 467, 512, 813
Sardinha, Cypriano Pires, padre, 275, 279, 286, 313
Schnapper, Bernard, 657-8, 662, 689, 851-2

Schomberg, comandante, 450, 459, 461, 466, 469
Seljan, Zora, 858
Sénat, sr., 253, 292, 787, 789, 793
Silva, Carlos Eugênio Corrêa da, 540, 709, 775
Silva, José Maria do Santo (Alufá Salu), 604
Silva, Joseph Roiz da, 191-2
Silva, Manoel Nascimento de Santo (dito Gibirilu), 604
Silva, Vicente Paulo e, 471, 483, 485, 519, 523, 538, 826, 844
Silva, Wenceslão Pereira da, 70, 110, 115, 118-22, 129, 132, 134-5, 766
Silveira, André Pinto da, 392, 394, 485, 495, 516, 519, 538, 638, 821, 823, 827, 844-6, 908
Silveira, Francisco Xavier da, 225, 234, 240, 784
Skertchly, J. A., 701
Smith, sr., 661
Smith, William, 160, 643-4, 848-9
Snelgrave, William, 160, 169, 183-4
Souto Mayor, Manoel Antonio da Cunha, 121
Souza, Antonio Félix de, 535
Souza, d. João de, 91, 100-1, 177
Souza, Francisco Félix de (Xaxá), 290-1, 421, 495, 519, 540, 543-4, 548, 641, 645, 656-7, 660, 704, 708-9, 833
Souza, Francisco Félix de (Xaxá iii), 709
Souza, Guilhermina Roza de (ex-escrava de Firmiano Joaquim de Souza Velho), 392, 396, 400
Souza, Isidoro Félix de (Xaxá ii), 548, 708
Souza, Jacinto José de, 290
Souza, João Eliseu de, 119-20, 123
Souza, João Pinto de, 820
Spix, Johann Baptist von, 563, 573-4, 622, 807
Strangford, lorde, 333, 344-7
Sulé (Victório, nagô), 393-4, 400, 405
Sullivan, comodoro, 496, 504
Swanzy, Francis, 502, 630, 656

Tegbessu (rei do Daomé), 198-9, 244, 274, 296-7, 303
Testefol (diretor do forte William), 173, 191
Tezy, rei, 146
Thomas, Dalby, 63-7
Tinubu, sra., 678, 682-4, 688, 717, 733, 735
Torres, Joseph de, 48, 69, 89-92, 94-8, 150-2, 154-6, 159-64, 166, 177-83, 747, 759, 762, 776-8, 918
Townsend, Henry, 650, 700, 851
Tozifon, rei, 146
Tucker, comandante, 499, 642, 850, 853
Turner (cônsul americano), 464
Turner (serra-leonês), 688, 718-9

Valença, marquês de (d. Alfonso Miguel de Portugal e Castro), 39, 139, 247, 249, 263, 786
Verger, Pierre, 742
Vianna Filho, Luiz, 24, 27, 37, 741, 752, 918, 922

Vidal, Eduardo, 768
Vieira, Antônio, padre, 37, 76-7
Vilhena, Luiz dos Santos, 24
Vimieiro, conde de (d. Sancho Faro), 86, 88
Virgem Maria, 268, 924
Vitória, rainha da Inglaterra, 665, 723

Wanderley, João Maurício, 512
Weiss, Charles G., 364, 489, 492
Wellington, duque de, 29, 348, 403, 442
Wetherell, James, 587, 612, 838-9
Whateley, John, 422, 437, 636
Wilberforce, William, 293, 334, 565, 649
Willis, Richard, 65-8, 747
Wilmot, Arthur P. E., 670-2, 676
Wood, sr., 502, 660

Xaxá *ver* Souza, Francisco Félix de

Índice de nomes geográficos e étnicos

Abeokutá, 393, 649-50, 661-7, 673, 675, 682-3, 688-9, 707, 719, 851

Abomé, 259, 274, 279, 284-5, 306, 315-6, 318-9

Açores, 365, 506, 529

Acra, 30, 144, 273, 475-6, 653, 682

Ajudá, 33, 52, 58, 79-82, 87, 89, 91, 95, 101, 105, 125, 127, 134-5, 137, 143, 145-6, 149-55, 158, 160-3, 165-6, 169-70, 173-4, 177, 180-1, 183, 185, 191-3, 196-9, 204, 209-11, 213, 215, 219, 221-8, 230-1, 233-5, 237-8, 240-1, 243-7, 249-51, 256, 264, 271, 273-7, 279, 281, 283, 287-8, 290-1, 295, 297, 303-4, 306-9, 313, 315-9, 329, 343, 350, 401, 484, 491, 508, 514, 534, 540, 543, 618, 629-30, 674, 698, 705, 708-9, 752, 759-60, 764-6, 769, 775-6, 778, 782, 785-7, 792, 795-6, 799-800, 808, 819, 827, 836; *ver também* Uidá

akus, 648-9, 698

Aladá, 33, 783

Angola, 21-4, 26-7, 30, 53, 60, 73, 79-80, 87, 92, 94, 99-101, 113, 143, 177, 379, 388, 416, 622, 742-3, 763, 769, 862, 900-6, 908-11, 931-42

angolas, 94, 379, 613, 622, 843, 929

Antilhas, 21, 49, 246, 335, 339, 344, 376, 415, 423, 441-2, 518-9, 626, 635, 649-53, 689, 700

Apá, 25, 52, 106, 145, 184-5, 213, 219, 243, 745, 765

Ardra, 145-8, 159, 168, 173-4, 244-5, 250, 254-5, 257-8, 273, 295, 317, 320, 325-6, 328-9, 343, 774, 779, 787-9, 802, 808

Argentina, 494, 824; *ver também* Buenos Aires

Badagri, 27, 58, 243-4, 250-2, 254-8, 264, 290, 304-5, 315, 317, 320, 471, 511, 537, 630, 632, 649-50, 656, 661, 664, 666, 672-5, 687-8, 692, 700-1, 878, 907

bantos, 24, 28-30, 861, 929

baribás, 929

Benguela, 220, 388, 742, 862, 931-42

benguelas, 929

Benim, 19, 35-6, 53, 113, 143, 145, 166, 254, 322-3, 331, 335, 411, 474, 485, 631-2, 635-6, 671, 692, 700, 739, 774, 779, 788, 860, 862, 864, 929; Golfo do, 18, 20-2, 27, 30-1,

243, 296, 336-7, 380, 418, 420, 470-1, 473, 479, 483, 486, 489, 491, 496, 499, 510, 519, 536, 629, 631-2, 635, 660, 669, 672-3, 681, 686-7, 691, 693-5, 698, 703, 710-1, 714, 721, 735, 739, 818, 859-65, 867, 898, 900-1, 905-6, 915, 918, 922-4, 926

Biafra, golfo do, 485, 631, 635

Bornu, 381, 618

bornus, 809

Bristol, 340, 661

Buenos Aires, 75, 363, 419, 429, 495

Cabinda, 28, 45, 329, 343, 345, 406, 471, 473, 475, 482, 521-2, 536, 769, 805, 818-20, 826-7, 847, 906, 931-42

cabindas, 406, 809

Cabo Corso, 89, 164, 879; *ver também* Cape Coast, castelo de

Cabo da Boa Esperança, 125, 769

Cabo das Palmas, 60, 630, 635, 773, 899

Cabo Verde, 77, 79-81, 92-3, 99, 102, 113, 493, 496, 503, 635, 642, 645, 756, 760, 763, 774, 776, 826, 847, 918

caboclos, 357, 843

Cacheu, 77, 79-81, 99, 102-3, 760, 776, 918

Cachoeira, 38, 49, 103, 357-8, 370-1, 387, 389-90, 510, 601, 743

Calabar, 345, 500, 630, 632, 636, 845

calabares, 809, 929

camarão, 809

Camarão, rio, 485-6

Canadá, 652

Canamina, 276, 279

Cape Coast, castelo de, 61-4, 66-7, 70, 154, 260, 264, 520, 630-1, 747-8, 786

Chile, 341, 824

Congo, 21-4, 26-7, 30, 407, 901-6, 908-11

congos, 403, 608, 809-10, 839, 843

Corisco, 93-4, 103, 167, 759-61, 765

Costa da Malagueta, 53, 275, 899

Costa da Mina, 22, 24-30, 35-8, 40-2, 44-9, 52, 55, 57-8, 61-3, 68-72, 79-81, 83-4, 86-109, 111, 113-4, 116, 118-28, 130, 132-4, 137,

139-45, 148, 150, 153-5, 162-4, 174-7, 179-81, 186, 188, 191-3, 196-7, 199, 204-5, 207, 209-11, 217, 222, 224, 226-7, 232-4, 236, 241, 243-5, 295, 303-4, 306-7, 315, 319, 321, 325, 327, 333, 336, 343, 349-50, 352, 354-5, 379, 383, 473, 479, 488, 492, 522, 543, 622, 630, 633, 742-3, 752, 762-6, 769, 771-6, 778, 783-4, 794, 800, 820, 826, 836, 842, 844, 847, 860, 862-3, 898-906, 908-11, 913, 915, 918, 924

Costa do Ouro, 22, 24-5, 35-6, 54, 60, 62, 143-4, 146, 148, 255, 265, 486, 630, 653, 666, 693, 774

Cotonu, 554, 836, 852

Cuba, 45, 145, 245, 335, 344, 448, 494, 499, 545-6, 635-6, 651, 654, 664, 675, 688, 693, 698-9, 708, 713, 716-7, 805

Daomé, 19-21, 25, 31, 33, 43, 61, 100, 127, 134-5, 143, 147, 168, 170-6, 181, 183-6, 188-9, 191, 193, 196-9, 204, 209, 211, 213-5, 217, 219, 221-5, 228-33, 236-7, 242, 244, 250-9, 269, 271, 273-6, 282-5, 287-9, 291-2, 295-6, 301, 303-6, 309, 311-3, 315, 317-20, 322, 326, 329, 332, 343, 383, 470, 479, 520, 540-3, 545, 548-9, 551, 553, 556, 621, 661-7, 669, 672, 691, 693, 696, 698, 700, 702, 705-7, 710-1, 715, 775, 780-3, 786, 790-2, 794-7, 803, 825, 864-5, 900, 913, 925, 929

daomeanos, 22, 29-30, 169, 181, 184, 188-90, 198-202, 204, 212, 215, 217, 220, 250-2, 254-8, 268, 274, 315, 547, 548, 613, 658, 667, 704, 784, 788, 795, 929, 931-42; *ver também* jejes

Demerara, 441, 443, 651

Dinamarca, 335, 501

Egba, 393, 861

egbás, 661, 665, 667, 675, 700, 712, 715, 732

Elmina, 260-7, 421, 478, 627, 637, 745-6, 747; *ver também* São Jorge da Mina

Epê, 58, 200, 252, 254-5, 264, 692, 765

955

Espanha, 23, 52-5, 73, 75-80, 143, 145, 176, 335, 348, 426, 496, 634, 664, 863, 918

Estados Unidos, 246, 335, 423, 430, 496-8, 507, 634, 652, 654, 821

Fernando de Noronha, ilha de, 760

Fernando Pó, ilha de, 662, 665, 672-3, 717

fon, 559, 861

França, 19, 27, 29, 50, 79-80, 82, 93, 143, 145, 188, 245, 254-5, 266-7, 333, 343, 381, 399, 445, 449, 451-2, 476, 502, 538, 559, 618, 628, 656, 667, 675, 683-6, 690, 693, 710, 782, 790, 792, 808, 823, 840, 842, 854, 925

fulanis, 380, 382

Gabão, 30, 60, 79-81, 93, 759

Gallinas, 541, 636, 644, 663, 683, 685-6, 707

Gana *ver* Costa do Ouro

Geba, rio, 443

Grande Ardra, 144-6; *ver também* Aladá

Grande Popo, 25, 144, 147, 250, 656, 857

Grão-Pará, 118, 131, 138, 479, 770

Guadalupe, 335, 393, 397, 610

Guiana, 252, 334-5, 500, 637, 651, 703

Guiné, 22, 24, 26, 53-6, 60, 73, 76, 80-1, 100, 109, 125-6, 131, 155, 188, 296, 319, 424, 472, 694, 710, 744, 746, 749, 752, 755-8, 760, 762, 788, 791, 883, 913, 926

guinés, 929, 931-42

Haiti, 335, 372, 380, 386-7, 404, 413, 429-30, 563

haussás, 28-30, 44, 254, 380-5, 387, 397-9, 401-2, 407, 508, 560, 569, 606-9, 611, 719, 807-11, 823, 839, 841, 860, 929, 931-42

Havana, 341, 464, 494-6, 499, 516, 542, 554, 620, 652, 656, 713, 727, 730, 840, 849

Holanda, 56, 266, 758, 842; *ver também* Países Baixos

Ijebu, 861

ijebus, 618

Ijexá, 861

ijexás, 843

Ilhéus, 509-10, 823

Inglaterra, 27, 55, 61-3, 79, 82, 90, 115, 143, 214, 246, 267, 331, 333-6, 339-40, 342-3, 345, 347-9, 351, 359, 363, 365, 388-9, 403, 419, 421, 426-7, 435, 437, 447-8, 453, 455, 464, 470, 484, 493, 547, 549-50, 564, 646, 652-4, 656, 662-7, 671, 673, 675, 687-8, 690, 693, 706, 714, 719, 727, 757-8, 823, 862-4

iorubá(s), 21-2, 30, 145, 380-1, 398-9, 613-4, 650, 665, 700, 712, 719, 721-5, 727, 739, 808, 850, 860-1, 865-6, 929, 931-42; *ver também* nagô(s)

Irlanda, 365, 370, 448

Itaparica, ilha de, 339, 357, 369, 389, 503, 505, 507, 577, 824-5

Itapuã, 385, 388, 430, 497, 504

Jaguaripe, 384, 513

Jamaica, 334, 416, 651

Jaquin, 25, 52, 96-9, 105-6, 144, 147, 169, 176, 183-5, 243-4, 251-2, 780

jebus, 406, 675-6, 809, 861

jejes, 22, 28-30, 44, 383, 398, 508, 606, 610, 613, 807, 809-11, 823, 843, 861, 865, 929, 931-42; *ver também* daomeanos

judeus, 56, 73, 495, 648, 756

Kano, 382

Katchina, 382

Ketonu, 254

Ketu, 739, 861

ketus, 614, 843

Lagos, 31, 305, 331, 465, 473, 488, 496, 500, 510-1, 515, 521, 523, 526, 532, 536-8, 552-3, 604, 632-3, 636-8, 643, 645, 661, 663-5, 669-70, 672-3, 675-93, 696, 700-1, 712-3, 715-38, 786, 789, 818-9, 826, 844, 850, 864-5; *ver também* Onim

Lagos, rio, 250, 320, 474, 485, 631, 672, 774

Libéria, 376, 423-4

Liverpool, 50, 422, 495, 500, 530, 619, 637, 653, 681, 690

Loango, 55, 113, 763, 769

Londres, 31, 62, 70, 260, 264, 293, 335, 337, 344, 346-9, 353-4, 424, 427, 434, 436, 444, 447, 472, 480, 495, 505, 520, 640, 653, 656, 661, 667, 673-4, 686-7, 774, 777, 791, 879, 905

Louisiana, 335

Luanda, 53, 77, 416, 813

Madagascar, 99, 102, 113, 763, 769

Madeira, ilha da, 105, 268, 340

mahi, 191, 558, 614, 617, 789, 861

malês, 380, 390, 392, 397, 401, 404, 406, 410, 412, 429, 560, 604, 606, 808, 865

malinkés, 808

Manchester, 653, 723, 727

maquins, 929

Maranhão, 53, 118, 138, 341, 388, 483, 770, 899

Martinica, 50, 335

México, 23, 72, 529

mina(s), 24-5, 31, 70, 80, 87, 92, 94, 102, 110, 112-3, 150, 167-8, 205, 317, 344, 378-9, 398, 415, 518, 561, 576, 591, 712, 747, 757, 759, 763, 809-11, 929, 931-42

Minas Gerais, 80, 94-5, 177, 180, 440, 769

moçambicanos, 29, 929, 931-42

Moçambique, 102, 113, 388, 769, 862, 917

Molembo, 27-8, 343, 345, 425, 471-3, 475-9, 481, 483-7, 489, 536, 632, 641, 644, 816-20, 826-8, 844-7, 906-7, 917

Montevidéu, 428-9, 491

mundubi, 397, 606, 809, 861, 929, 931-42

nagô(s), 22, 28-30, 44, 145, 253, 258-9, 321, 380-1, 383-4, 390, 392-4, 396-402, 405-7, 409, 508, 560, 568, 570, 573, 577, 579-81, 583-6, 590, 593-5, 605-10, 613-5, 620-1, 627, 697, 789, 808-11, 813, 823, 839-41, 843, 861, 865, 929, 931-42; *ver também* iorubá(s)

Nantes, 93, 191, 257, 305, 501, 657, 788

Nazaré das Farinhas, 384, 738

Nigéria, 18, 21, 31, 604, 700, 774, 808, 860, 865, 929

Offra, 145-7

Onim, 27, 29, 243-4, 246, 249, 254-5, 257-8, 295, 304-5, 317, 319, 321-5, 330-1, 352, 382, 421, 423, 472, 474, 476-7, 485-6, 494-5, 508, 514, 516, 521, 526, 530-1, 534, 538, 618, 630, 636, 644, 802, 805-6, 813, 826, 842, 844, 846, 878, 907, 925, 926; *ver também* Lagos

Oyó, 33, 145-6, 148, 168, 174, 191, 250, 254, 259, 860-1, 864

oyós, 148, 861; *ver também* iorubá(s); nagô(s)

Países Baixos, 23, 52-5, 61, 73, 98, 263, 628, 760; *ver também* Holanda

Paraíba, 48, 118, 125, 138, 162, 164, 227, 287, 744

Pequena Ardra, 144-5

Pequeno Popo, 144, 146-7, 189

Pernambuco, 24, 31, 36-9, 44, 48, 50, 52-3, 55, 59, 61, 76-7, 84, 95, 97, 105, 113-4, 118, 124-6, 129-30, 138, 143, 162, 164, 167, 172, 177-8, 193-4, 197, 227, 230, 241, 244, 330, 341, 371, 425, 483, 536, 618, 622, 636, 721, 730, 738, 743-4, 748, 750, 759-60, 765-6, 768-9, 771-2, 781, 806, 840, 842, 847

Peru, 23, 72

Piauí, 287

Pongo, rio, 443, 636, 690, 849-50

Popo, ilha de, 147, 169, 200, 656, 745, 752

popos, 144

Porto Novo, 27, 29, 58, 230, 243-4, 246, 249-58, 264, 271, 273, 288, 291, 295, 315, 317, 320, 323, 325, 329, 471, 478-9, 486, 517, 549, 555, 618, 630, 660, 672, 678, 688, 692-3, 698, 700-1, 704, 710-2, 721, 732, 786-8, 790, 792, 794, 797-8, 802-3, 805, 825, 842, 857, 879

Porto Rico, 45, 344, 635-6, 805

Portugal, 23-6, 36-9, 43, 48-9, 52-3, 55-6, 59-61, 63, 65, 68, 72, 76-9, 83, 85, 88-9, 97, 103, 110, 119, 130, 138-40, 142-3, 151-3,

957

155, 158, 170, 172, 176-7, 196, 204, 211-2, 215, 223, 241, 243, 245, 247, 274-6, 278, 281, 283, 289-90, 296, 301, 303, 305-6, 312-3, 316-7, 319-20, 330, 333, 335-6, 342-5, 348-9, 355-7, 361-2, 440, 493, 528, 532, 535, 540, 569, 598, 613, 697-8, 742, 746, 752, 755-60, 766-7, 773, 775-7, 787, 794-6, 798, 800, 813, 819, 843-4, 899, 918

Príncipe, ilha do, 80-1, 96, 269, 470, 474, 486, 529, 634-5, 645, 787

Recôncavo, 72, 384, 387-90, 392, 429, 437, 521, 583, 738, 811

Rio da Prata, 414

Rio de Janeiro, 22, 27-30, 32, 36, 48, 84, 96, 129, 137, 139, 142, 178, 240, 281, 324-9, 331, 333, 336, 342-4, 348, 350-1, 353-61, 363-8, 374, 379, 385, 414-5, 420, 422, 425-8, 432, 436, 438-43, 447-9, 455, 459-61, 472, 483-5, 488, 490, 493-7, 502, 504-5, 509, 518, 542-3, 556, 598, 611-2, 618, 626, 629, 635-6, 638, 643, 714-5, 726, 730, 738, 747, 769-70, 807, 814, 821, 835, 862, 907

Santo Amaro, 361, 393, 400, 430

São Domingos, 50, 380, 429, 563; *ver também* Haiti

São Jorge da Mina, 24, 26, 35, 36, 48, 52, 55-9, 76, 89-90, 106, 143, 148, 152, 154, 184, 210, 260, 267, 275, 741, 774, 905

São Tomé e Príncipe, 24, 53, 143, 156-7, 345, 471, 478, 483-7, 493, 773, 775, 844, 847, 918

São Tomé, ilha de, 79, 124, 287, 479, 483, 485, 487, 489, 491, 633, 775, 793, 826

sarôs, 698-9, 701, 716

savalus, 929, 931-42

Savi, 146, 150, 160, 169, 181, 779

Sena, rio, 769

Senegal, 253, 291, 808, 851

Sergipe, 43, 53, 287

Serra Leoa, 353-4, 375-6, 416, 424-6, 428, 442, 446, 473-5, 480, 482, 484, 488, 490, 493-6, 505, 518-21, 526, 630-1, 637, 639, 640, 642-3, 645-53, 656, 662, 678, 680-1, 683, 688, 691, 698-702, 710, 715-9, 722, 844, 849-50, 860, 879-81, 907

sudaneses, 24

Suécia, 340, 501

Suíça, 501

tapas, 398, 508, 604, 809, 823, 929, 931-42

Togo, 36, 143, 696, 860

Trinidad, 334, 423-4, 441-3, 651-2

Uidá, 19, 25, 27, 29-31, 33, 50, 63, 65-9, 89, 143-6, 149, 154, 156-7, 159-60, 167, 169, 181, 189, 204, 222, 243, 254-5, 259, 261-2, 266-8, 274-5, 292, 295, 305, 309, 313, 327, 352, 421, 470-1, 483, 494, 496, 503-4, 517, 523, 535, 538, 540-1, 543-4, 548-51, 556, 558, 605, 619, 629-30, 632, 634, 636, 638, 641-2, 645, 648, 656-62, 664-5, 667, 676, 678, 682-7, 689, 691-2, 698, 699- 704, 707-10, 712, 714-5, 721, 723, 748, 774, 779-80, 785, 787, 803, 806, 850, 856, 907, 918; *ver também* Ajudá

Uruguai, 414

Volta, rio, 35, 143-4, 774

Wurnô, 381

Índice de nomes de navios

Adelaide, 494, 557, 834, 881
Águia, 488, 818, 826, 925
Alliança, 465
Amazona, 819, 914, 917
Amélia, H.M.S., 630, 893
Americano, 630, 805, 879
Andorinha, 28, 506, 508, 529-30, 535, 537, 550, 642, 831-2, 854, 886, 895-7, 913, 915, 925
Annibal e Oriente, 417-8, 432
Astro, 458
Atalaya, 530, 887
Atrevido, 503, 532, 634, 887, 925
Aurélia, 818-9
Ave Maria, 891
Aviso, 632, 777, 790, 853, 883

Bahia, 639
Bahiana, 469, 490, 818
Bann, H.M.S., 478-80, 485, 631, 826, 844
Barbara, 818, 819
Barnes, H.M.S., 470
Bella Astrea, 914, 916
Bella Elisa, 632, 853-4, 883, 886

Bella Miquelina, 448, 532
Biafra, 728, 730, 735
Bloodhound, H.M.S., 670, 672
Boa Hora, 210, 536, 825, 913, 915, 925
Bom Caminho, 485, 631, 825, 844, 853
Bom Jesus d'Além e Nossa Senhora da Esperança, 222, 304
Bom Jesus da Vila Nova, 210, 784
Bom Jesus dos Navegantes, 853, 883
Bom Sucesso, 490, 535, 784, 818, 827, 925
Bonfim, 490, 632, 818, 822, 832, 853, 883, 908, 914, 916
Brasiliense, 534, 894
Buzzard, H.M.S., 500, 887, 889

Calliope, 526, 527, 637, 848, 889
Camboata, 331, 829
Camões, 635, 888, 925
Campeadora, 458, 819, 829
Caridade, 827-8, 914, 917, 925
Carlota, 490, 526, 639, 644, 818, 820, 828-9, 853, 884, 913, 925

Carolina, 522, 534, 584, 819, 829-30, 879, 881, 887, 891, 925
Ceres, 849, 880, 925
Cerqueira, 485, 523, 631, 844-5, 890
Cisne, 471, 827, 914, 917, 925
Clara, 534, 820, 892, 925
Clementina, 644
Comerciante, 480, 486, 536, 915, 917
Conceição, 480
Conceição de Maria, 884
Conceição Estrella, 827-8
Conceição Santa Anna, 520
Conflict, H.M.S., 488, 884-5
Constituição, 820, 827-9, 915, 917, 925
Copioba, 854-5
Cormorant, H.M.S., 450, 457-9, 465-6, 468-9
Creola, 482, 485, 829, 884
Crioula, 184, 538, 631, 826-7, 844, 854, 882

Deixa Falar, 635
Desengano, 496, 630, 825, 879
Despique, 829, 895
Destemido, 491, 494, 831, 889
Destino, 630, 682-3, 805, 879, 895-6
Diana, 316, 331, 632, 825, 827, 853, 882, 925
Diligência, 490, 534, 819, 891-2
Diligent, H.M.S., 520, 879
Divina Providência, 914, 917
Dois Amigos, 331, 427, 532, 828, 853
Dois Amigos Brasileiros, 632, 853
Doris, H.M.S., 356
Driver, H.M.S., 479, 483, 486, 881

Eclipse, 538, 639, 850, 853, 883, 912, 925
El Almirante, 640
Emília, 423, 475-7, 538, 715, 854, 880, 886
Esperança, 530, 534, 644-5, 828
Estrella, 486, 827-8, 881

Fantasma, 638, 892
Fé, 466, 914, 917
Felicidade, 482, 530-1, 818, 820, 925
Feliz Ventura, 637

Firme, 637, 890
Firmeza, 526, 537, 888, 925
Flor d'América, 520, 536, 926
Flor da Etiópia, 496, 820, 829-30
Flor do Porto, 630, 805
Fortuna, 490, 505, 530, 534, 581, 590, 818, 820, 879, 890-1, 925
Furão, 490, 818

Galiana, 907, 914
General Almeida, 488, 829
General Rego, 714-5
General Rondeau, 495, 538
Gladiator, H.M.S., 707, 897
Golfinho, 526, 637, 829, 889, 925
Graça, 291
Gratidão, 635, 637, 888-9, 925
Grecian, H.M.S., 448, 500, 848, 895
Guiana, 637

Harlequin, H.M.S., 670-2, 848, 889
Henriqueta, 331, 471-3, 482, 496, 521, 526, 640, 816, 828-9, 835, 841, 854-5, 913, 925
Heroína, 487, 489-90, 523, 820, 826, 850, 853, 883
Hoop, 645

Império, 912
Inconstant, H.M.S., 520, 880
Independence, H.M.S., 821
Independência, 498, 639, 820, 829, 853, 925
Iride, 912, 926
Itapagipe, 509, 511-2, 515

Juliana, 479-80, 520, 536, 637, 882, 889, 897

L'Industrie, 305
Laura, 419, 431
Leal Portuense, 490, 818
Legítimo Africano, 634
Liberal, 682-4, 686
Ligeira, 819, 829
Linda Flor, 714-5, 926

Lindeza, 630, 805, 878
Luzitana, 914-7

Maidstone, H.M.S., 472, 482, 641, 645, 883-4
Marabout, 501-2, 537, 703, 822
Maria, 831-2
Maria Até Ver, 466, 468, 925
Maria da Glória, 495, 914, 916
Maria Damiana, 418, 432
Maria Roza, 490, 818
Maria Thereza I, 523, 819-20, 826, 829
Maria Thereza II, 819
Marianna, 534, 805, 878
Mariquinha, 638, 892
Minerva, 485, 536, 538, 631, 644, 826, 844, 882, 892, 925
Morgiana, H.M.S., 475, 477-9, 880-1

Nao Lendia, 535, 854
Neptuno, 271, 273
Nimrod, 418-22, 695, 925
North Star, H.M.S., 431, 884-5
Nossa Senhora da Conceição e Almas, 304, 784
Nossa Senhora da Conceição e Santo Antônio da Mouraria, 784
Nossa Senhora da Glória e Santa Anna, 274, 308, 313
Nossa Senhora da Graça e São João Nepomuceno, 786
Nossa Senhora da Guia, 535, 644, 773, 819
Nossa Senhora da Penha da França, 925
Nossa Senhora da Penha França, 210
Nova Fortuna, 637
Nova Resolução, 644, 854
Nova Sorte, 480, 914, 916
Nova Virgem, 828
Novo Destino, 538, 830

Paquete Africano, 818
Paquete da Bahia, 914, 916-7
Penelope, H.M.S., 673, 894
Pensamento, 907, 914
Pheasant, H.M.S., 474, 880-1

Picão, 505, 511, 830, 890
Pilgrim, 497
Polka, 533-4
Primeira Estrella, 827-8
Príncipe de Guiné, 527, 536, 641-2, 645, 829, 853
Providência, 457, 490, 535

Racer, H.M.S., 505, 848, 891
Relâmpago, 437, 510-6, 539, 669-70, 672, 678, 823, 864, 925
Rifleman, H.M.S., 450, 465
Rosália, 476-7, 481, 534, 538, 849, 853-4, 883, 885-6, 907, 914, 917
Rose, H.M.S., 501, 821

Sacramento, 914, 917
Sampson, H.M.S., 511, 670
Santa Anna, 228, 638
Santa Cruz, 450, 457, 775, 818, 925
Santíssimo Sacramento, 273, 306, 925
Santo André, 912
Santo Antônio de Lisboa, 478, 486
Santo Antônio Victorioso, 637
Santo Antônio, 490, 818, 925
São João Nepomuceno, 291, 773
São Pedro, 777
Scipião Africano, 520, 538
Segredo, 534, 895
Segunda Estrella, 827
Sharpshooter, H.M.S., 450, 465-8
Snapper, H.M.S., 479
Sociedade, 644, 854, 885, 889, 925
Sooy, 505, 530, 891
Sophia, 497, 534
Star, H.M.S., 471
Sybill, H.M.S., 473, 521, 642, 645, 885-7
Sylphide, 669, 894, 925

Taglioni, 532, 894, 912
Temerária, 820, 829
Temerário, 352, 470, 880, 925
Tentadora, 639, 644, 818, 850, 853-4, 884, 886
Terceira Rosália, 490, 521, 818, 829, 854

Thalia, 321, 324, 925
Thereza, 634, 887
Thistle, H.M.S., 479, 881
Tibério, 481, 523, 534, 625, 826-7, 917, 925
Token, 510, 670
Trahira, 819
Trajano, 534, 639, 645, 850, 853, 884, 925
Três Amigos, 506, 644, 831
Três Manoelas, 494, 538, 925
Triumpho, 490, 522, 819-20, 925
Triunfo, 826, 854, 885
Triunfo Africano, 535, 879

Ulysses, H.M.S., 470, 520, 879
Umbelina, 521-2, 645, 738, 819, 854, 887
União, 538, 827-8, 854, 886, 915, 917, 925

Veloz, 635, 830, 925
Vencedor, 828
Venturoso, 496, 639, 829, 850, 853
Vênus, 805, 829, 853, 878, 883, 925
Victor, H.M.S., 479
Victória, 488, 523, 820, 826-7
Victória do Brazil, 828
Vingador, 895, 925
Visconde de São Lourenço, 907, 914, 925
Volcano do Sul, 474

Waterwitch, H.M.S., 500, 526, 848, 889, 893, 895
Wolverine, H.M.S., 888-9, 897

Zefiro, 483, 484, 915, 917
Zepherina, 481, 854, 885

Índice analítico

24 navios, organização do tráfico pelos, 46, 113, 116, 120, 123, 199, 766, 915-6

abertura dos portos brasileiros ao comércio estrangeiro, 335, 339-40
abolição da escravatura, 31
abolição do tráfico de escravos, 18, 293, 333, 335, 343-4, 359, 361, 365, 372, 416, 426, 445, 488, 490, 616, 653, 821; *ver também* fim do tráfico de escravos
abolicionismo/abolicionistas, 31, 334, 336, 518, 701, 863
açúcar, 37, 47, 56-7, 66, 76, 84, 86, 90, 113, 336, 339, 352, 384, 388-90, 419, 444, 447-8, 527-8, 574, 607, 742, 752, 754, 757, 759, 765-6, 807, 811, 814-5; *ver também* cana-de-açúcar
africanos abrasileirados, 20, 695, 697, 739
africanos emancipados, 379, 398, 412-7, 421, 423, 432, 614-5, 619, 625, 662, 695, 710, 712, 714-7, 719, 723
africanos livres, 304, 416, 418, 422, 428, 432, 625-7, 715, 718

afrouxamento dos costumes na Bahia, 429
aguardente, 37, 56, 200, 253, 256, 264, 269, 278-9, 291, 306, 479, 522, 542, 552, 654, 742, 766, 844
Alcorão, 31, 381-2, 397, 399-400, 405, 417, 700
alforrias, 18, 353, 420, 561, 598-603, 834-5
algodão, 223, 337, 339-40, 401, 419, 576-7, 582, 585-6, 589-90, 593-6, 610, 612, 651, 653-4, 656, 726, 750, 755-6, 774
Almirantado britânico, 345, 446-7, 456, 501, 510, 520, 630, 637-40, 663, 666, 668, 670, 674, 879, 892
amazonas do Daomé, 548, 551, 660, 707
antiescravismo, 453-4, 456-8, 564-5, 641, 643, 689
anúncios de vendas e fugas de escravos, 565, 567, 569-70, 573, 576-81, 583-4, 587, 589, 837
aprendizes africanos, 491, 494, 650-1, 703
arqueação de navios, 98, 234, 480-1
arquitetura brasileira, 712
artigo 10 do tratado de aliança de 1810, 327, 343-4

artigo adicional ao tratado de abolição de 1815, 349

asiento, 27, 80, 334, 774, 905, 923

atabaques, 390

ataque de Lagos pelos ingleses em 1851, 305, 511

azeite de dendê, 337, 421, 514, 516, 549-50, 629, 641, 656-61, 675-6, 681-2, 687, 708, 714, 742, 749, 774, 819, 844, 850, 864, 912, 924

Banco da Bahia, 528, 567, 836

barroco, 712

batismo de escravos, 276, 312, 381, 696-7, 841-2

batuques, 385-7, 587, 621, 624-5

Bill Aberdeen (1845), 443, 447, 451

"brasileiros" retornados à África, 31, 177, 695, 697, 700-4, 706, 708, 711, 721-3, 730

bumba meu boi, 721

burrinha (festejo), 721

búzios, 66, 200, 256, 271-3, 291, 406, 659, 709, 716, 748

cadeiras *ver* palanquins

café, 452, 576, 726

cana-de-açúcar, 23, 334, 616, 651, 653, 814-5; *ver também* açúcar

candomblé, 390, 621, 623-5, 843; *ver também* orixás

canoas e canoeiros, 35, 57, 203-4, 210, 232, 255-6, 262, 265, 476, 478, 510, 591, 630-1, 641, 672, 685, 788-790, 845

cantos (pontos de encontro de africanos), 380, 387, 587, 609-10, 612-3, 621-2, 695

capelães a bordo de navios negreiros, 140, 248, 786, 900

capuchinhos, missionários, 145, 166, 775-6, 779

carta de Ghezo à rainha Vitória, 665

ciclo da Costa da Mina, 22, 774

ciclo da Guiné, 22

ciclo de Angola e do Congo, 22, 78

ciclo do golfo do Benim, 22, 27

"comércio inocente" de azeite de dendê, 629, 844

comissão mista anglo-brasileira, 422, 446

comissão mista anglo-espanhola, 496

comissões mistas, 353-4, 425, 428, 631-2, 639, 660, 880, 907

Companhia de Cacheu e Cabo Verde, 79-80, 776

Companhia de Jesus, 136, 298, 303, 770; *ver também* jesuítas

Companhia de Pernambuco e Paraíba, 138, 772

Companhia do Corisco, 93-4, 759-61, 765

Companhia do Grão-Pará e Maranhão, 138, 770

Companhia Geral da Agricultura das Vinhas do Alto Douro, 128-30, 138, 766-7

Companhia Geral do Brasil, 77, 79

Companhia Holandesa das Índias Ocidentais, 24, 36, 51-6, 58, 76-7, 93, 99, 130, 741, 760

Companhia Holandesa das Índias Orientais, 52

Companhia Real Africana, 36, 61, 63, 66, 68-9, 159, 749, 777

confrarias religiosas de negros católicos, 613

Congresso de Verona (1822), 359-60

Congresso de Viena (1815), 348

Conselho Ultramarino, 40, 46, 70, 77, 80-2, 87, 91, 101, 106, 116, 118, 125-6, 141, 154, 163, 177, 184, 186, 196, 199, 206-8, 221, 225, 759, 771, 778, 863

contrabandos, 36, 41, 56-7, 61-3, 68-70, 94-8, 102, 105, 139, 153, 179, 244, 304, 337, 362, 403, 417, 430, 439, 477, 495, 562, 634, 687, 761, 771-2, 787, 831

convenção anglo-brasileira de 13 de novembro de 1826, 359, 361

corsários franceses, 267, 268, 284, 291, 309, 311, 792

corte de Portugal, traslado da (1808), 333

cristianismo, 31, 73, 313, 697, 717, 753

cruzadores britânicos, 27-8, 349, 380, 423, 425, 436, 438, 444-5, 450, 457, 461, 465, 467, 472-3, 479-80, 483, 488-9, 500, 503,

505, 527, 529, 532, 534-8, 629, 631, 639-40, 657, 669, 878, 906-8

decreto real de 11 de março de 1673 (autorizando o comércio na ilha de São Tomé), 79
decreto real de 12 de novembro de 1644 (autorizando o comércio entre a Bahia e a Costa da Mina), 37, 45, 55, 76
decreto real de 25 de maio de 1731 (sobre a arqueação dos navios e o comércio na Costa da Mina), 97-8, 101, 103-4, 106, 184, 905
decreto real de 30 de março de 1756 (sobre a navegação na Costa da Mina), 124, 227, 243, 905, 916
decretos reais de 16 e 27 de janeiro de 1751 (sobre o comércio do açúcar e do tabaco), 47, 118, 766
depósitos de escravos, 391, 539, 546, 548, 814, 825
desorganização do tráfico, 113, 246

engenhos, 72, 86-7, 110, 113, 125, 127, 352, 379, 382, 384, 388-90, 392, 395, 399, 403, 429-30, 432, 527, 574, 576-7, 700, 763-5, 807, 838, 900
escarificações étnicas, 400-1
escravos crioulos, 369, 562, 598
escravos domésticos, 85, 403, 561, 579
esquadras do tráfico, reorganização das, 116

Fazenda Real, 46, 93, 99, 130, 161, 173, 192, 204-5, 220, 225, 234, 287, 303, 307, 324, 751
febre amarela, 464-5, 736-7
feitores, 146, 541, 751, 768
feitorias, 37, 60, 62, 65, 87, 89, 106, 145, 151-2, 154, 160, 183-4, 188, 263, 271, 337, 346, 636, 656-7, 674-5, 683, 689, 711, 768, 779-80
ferro, barras de, 23, 66
fim do tráfico de escravos, 372, 451, 509, 625, 708, 775, 812, 923

finanças reais, 44, 46, 48, 96, 98, 124, 142, 288
Foreign Office, 28, 335, 350, 357, 366, 403, 421, 426, 433, 441, 443, 448, 453, 471, 475, 482, 493, 497, 631, 642, 651, 660, 662, 664, 666, 668, 670, 673, 678, 680, 693, 715, 717-9, 824, 850, 905, 912, 916
forte francês, 50, 149, 169, 173, 191, 198, 204, 211, 214, 251-2, 255, 257, 270, 291-2, 657, 782, 787, 792-3
forte inglês, 62, 173, 245, 259, 293, 550, 785, 787, 793-4
forte português, 160, 166, 174, 199-202, 204, 211-2, 214, 217, 245, 270, 284, 289-90, 295, 297, 305, 309, 315, 542, 544, 629, 674, 774, 786-7, 794, 856
Forte Saint-Louis de Grégoy (Uidá), 189, 191, 198
Forte William (Uidá), 63, 65, 69, 89, 154, 159, 173, 254, 266, 268, 540, 657, 785
fugas de escravos, 565, 576-7, 584, 589, 838
fumo, 36-8, 43, 260, 711, 734, 742, 862; *ver também* tabaco
fuzis, 67, 200, 231, 382-3, 522, 542, 554, 653, 679-80, 773, 789, 845

galeras holandesas, 86
ganhadores, escravos, 387, 603, 610-1, 625

independência da Bahia (1823), 355
independência do Brasil (1822), 26, 331, 355, 361, 863
índigo, 543, 726
índios, 357
Inquisição, 73, 115, 621
insurreições, 30, 372, 376, 379, 392, 410-1, 424, 810; *ver também* revoltas
integração dos africanos escravizados na sociedade brasileira, 24, 561-2, 578, 619, 706, 860
irmandades religiosas, 738, 753
Islã, 380-1, 384, 410-1, 604-5, 609, 619, 699, 808, 839; *ver também* muçulmanos

jesuítas, 76, 135, 237, 394, 753, 756, 768

lei de 4 de setembro de 1850 (Lei Eusébio de Queirós), 461, 509, 552, 815
lei de 7 de novembro de 1831 (o tráfico torna-se ilegal), 32, 372-3, 375, 440, 450, 815-6
lei de 27 de setembro de 1871 (Lei do Ventre Livre), 600
leilões de escravos, 207, 273, 566-8, 598, 647, 837
leilões de navios negreiros, 353, 426, 513, 522, 526, 639-40, 642-3, 645-6, 849
libertos, 31, 368, 380, 399, 414-6, 420, 423-5, 432-3, 441-4, 448, 465, 485, 490-1, 605, 610, 625, 627, 646-50, 652, 662, 673, 694, 696, 698-700, 708, 710, 714, 819, 835, 850, 860, 866

mão de obra servil/escrava, 334, 336, 456, 518-9, 582, 653, 814
marfim, 35, 39, 298, 351, 474, 479, 482-3, 488-9, 525, 533, 656, 756, 771, 774, 845, 900, 912, 924
Marinha Real Britânica, 335, 338, 347, 441, 443, 527, 636, 640, 698, 717, 856
marujos negros, 353
mercadorias da Europa, 26, 36, 41, 60, 756
Mesa de Inspeção do Açúcar e Tabaco, 47, 120, 133
Mesa do Bem Comum dos Homens de Negócio da Bahia, 92-3, 118, 130, 133
missionários protestantes, 649-50, 700-1
monopólio dos quatro gêneros de mercadoria (vinho, farinha, azeite e bacalhau salgado), 88
mortalidade de escravos, 124, 522, 571, 757, 917
muçulmanos, 30, 379-82, 389, 395, 400, 413, 417-8, 538, 592, 604-5, 607, 699-700, 808, 866; *ver também* Islã
mulatos, 61, 85, 207, 253, 278, 337, 339, 341, 356, 363, 367-8, 371-2, 386, 393, 398, 413,

430, 433, 542, 562, 600, 615, 624, 698, 708-9, 838, 929, 931-42

navios brasileiros, 331, 418, 423, 426, 488, 634, 638, 642, 846
navios franceses, 255, 269, 781
navios holandeses, 260, 760, 773, 791
navios ingleses, 61, 268, 352, 444, 655, 660, 926
navios portugueses, 44, 59-60, 62-3, 69, 74, 81, 176, 184, 193, 219, 228, 241, 245, 249, 260, 263, 265, 267, 273, 291, 344, 348, 353, 426, 470, 475, 630, 634, 636, 746, 748, 760, 776, 798, 901, 924
negociantes da Bahia, 26, 36, 38-40, 44, 47, 49, 58, 81-3, 86, 88, 93, 102-3, 106, 110, 113, 115, 118, 120-1, 132, 139-40, 150, 177, 199, 263, 274, 305, 344, 346, 349, 488, 558, 618, 639, 773, 778, 806
negociantes de Portugal, 36, 88, 141, 344
negras da Bahia, indumentária das, 611-2
negros livres, 304, 340, 371-2, 431, 433, 437, 478, 615, 627, 652

origem dos escravos da Bahia, 22
orixás, 21, 390, 406, 592, 621-2, 700, 859, 865; *ver também* candomblé
ouro, 23-4, 35-6, 39, 41, 50, 56, 60-73, 78, 85, 90, 94-8, 100, 102-3, 110-1, 118-20, 148-9, 153, 159-60, 163-4, 178-9, 192, 200, 204, 241, 269, 275, 282, 298, 300, 302, 306, 312, 317, 351, 389, 474, 479, 482, 488-9, 525, 527, 542, 545-7, 557, 611-2, 654, 656, 669, 706-7, 709, 741, 746-8, 754, 756-8, 764, 771-2, 777, 900, 912, 924

palanquins, carregadores de, 338, 380, 404, 606, 610, 620, 755, 810
panos, 90, 185, 223-4, 256, 264, 278, 283, 303, 398, 400, 468, 479, 512, 516, 533, 544, 548, 612, 752, 774, 820
Parliamentary Papers (Inglaterra), 461, 530, 551, 867
partidos políticos no Brasil, 366-7, 438

966

pau-brasil, 23, 76, 750, 900

pólvora, 67, 136, 147, 191, 200-2, 241, 264, 265, 387, 467, 479, 542-3, 551, 554, 654, 679, 781, 900

prata, 23, 65, 72, 97, 102, 111, 185, 269, 282, 306, 312, 393, 527, 545-7, 549, 554, 557, 669, 732, 754, 758

preços dos escravos, 110, 506

quinto, imposto do, 70-1, 173, 764

Regência, 433, 435, 439, 443

religiões de matriz africana, 621, 843

reorganização das esquadras do tráfico, 116

retornados africanos, 352, 374-5, 465, 514, 619, 695; *ver também* "brasileiros" retornados à África

Revolta dos Malês (Bahia, 1835), 29, 332, 392, 413, 430, 437, 512, 538, 604, 605, 695, 808, 812-3, 821, 865

revoltas, 18, 28, 30, 348, 352, 372, 378-80, 384, 386-90, 409, 410, 413, 417, 443, 560, 565, 604, 695, 807, 810, 821, 865; *ver também* insurreições; sublevações

Revolução Francesa (1789), 925

Royal African Company *ver* Companhia Real Africana

Royal Navy *ver* Marinha Real Britânica

Sabinada, revolta da (Bahia, 1837-8), 410, 437, 513

"salvação das almas pagãs trazidas à cristandade", teoria da, 336

seda, 85, 200, 269, 282, 300, 306-7, 312, 611, 709, 732-3, 758

Senado da Bahia, 88, 119

Senhor do Bonfim, festa do, 20, 392, 622, 721

sincretismo religioso, 604, 621, 843

sociedade patriarcal brasileira, 560, 575-6, 578

Sociedade Protetora dos Desvalidos, 603

sombrinhas, 709

sublevações, 30, 413, 429-31, 560, 565, 604, 614, 695, 807; *ver também* revoltas

tabaco, 17, 25-6, 28, 30, 36-52, 54-62, 64-6, 68, 76, 78, 86-8, 90, 95, 98-100, 102-3, 106, 110, 113, 119, 121-2, 124-5, 127-8, 133, 139, 141-2, 148-9, 153, 159, 163-4, 173, 176, 181, 184, 186, 192, 204, 221, 226-7, 229-30, 234, 236, 241, 249, 260-2, 265-7, 273, 279, 295-6, 306, 310, 324, 338, 355, 383, 397, 420-1, 471, 479, 516, 522, 544, 554, 583, 654, 658, 681-3, 726, 736, 742-3, 745, 747, 750, 754, 757, 759, 763-6, 768, 771-3, 776-8, 794-5, 811, 842, 844-5, 850, 862, 900-1, 905-7, 915-6, 924

tecidos ingleses, 758

testamentos, 528, 532, 534, 536, 539, 550, 556, 558, 565, 617, 709, 783, 830, 833, 835, 839-41

trabalhadores "livres" nas Antilhas Britânicas, 423

tráfico clandestino, 18, 22, 27, 290, 474, 518, 534, 678, 816, 824, 898, 907, 912, 915, 923, 926

tráfico ilegal, 425-6, 471, 485, 642, 825, 861, 864, 867

tráfico legal, 27, 480, 488, 630, 660, 688, 898, 900, 905, 911-3, 915, 918, 922

tratado anglo-brasileiro de abolição do tráfico de escravos (13 de novembro de 1826), 359, 361

tratado comercial luso-britânico de 1810, 336

tratado de aliança e amizade anglo-lusitano de 1810, 342-3, 346, 426

Tratado de Haia entre Portugal e Holanda (1661), 55

Tratado de Methuen (1703), 115

Tratado de Münster (1648), 54, 78

tratado de neutralidade no ancoradouro de Uidá (1704), 148, 267

tratado de paz entre Espanha e Portugal (30 de janeiro de 1668), 77, 79

tratado de paz entre Portugal e Holanda (1669), 56, 59

tratado de trégua de dez anos entre Portugal e Países Baixos (1641), 53, 55, 76, 760-2

Tratado de Utrecht (1713), 27

Tratado de Versalhes (1783), 245
tratado luso-britânico de abolição do tráfico de escravos (22 de janeiro de 1815), 362, 493, 926
tribunais do Almirantado britânico, 630, 638-9, 892
tribunais mistos *ver* comissões mistas

umbanda, 843

varíola, 27, 256, 259, 402, 521, 900
velocidade de rotação dos navios, 910, 913, 915
volta para a África *ver* retornados africanos

Créditos das imagens

p. 6 — Detalhe do mapa da África e da costa brasileira preparado por Luiz Teixeira em 1600. Gravura, 39 × 54,5 cm, conservada no British Museum.

p. 58 — Passaporte expedido no castelo de São Jorge da Mina em 16 de novembro de 1770 pelas autoridades da Companhia Holandesa das Índias Ocidentais ao capitão de um navio negreiro proveniente do Brasil para fazer o tráfico nos quatro portos da costa a leste da Mina (AHU, São Tomé, cx. 7).

p. 104 — Lei de 25 de maio de 1731 sobre o comércio na Costa da Mina (AHU, São Tomé, cx. 4, e APEB, 28, fl. 24).

p. 156 — Planta da fortaleza cesárea Nossa Senhora do Livramento, em Uidá, erigida em 1721 por Joseph de Torres (AHU, Coleção Cartográfica São Tomé e Príncipe, 1ª seção, cofre).

p. 157 — Planta da feitoria cesárea Nossa Senhora do Monte do Carmo, em Uidá, erigida por Joseph de Torres em 1721 (AHU, Coleção Cartográfica São Tomé e Príncipe, 1ª seção, cofre).

p. 187 — Grilhões de escravos, segundo Clarkson, *Résumé du témoignage donné devant le Comité de la Chambre des Communes touchant la traite des nègres, présenté devant le Congrès de Vienne* (Genebra, 1815).

p. 235 — Planta do forte de São João de Ajudá, segundo a obra de José Antonio Caldas, *Noticia geral desta capitania de Bahia* (Bahia, 1759).

p. 322 — Mapa da costa do Daomé, desenhado em 1807 por Innocêncio Marques de Santa Anna (AHU, São Tomé).

p. 853 — Forte português, desenho extraído da obra de A. de Salinis, *La Marine au Dahomey: Campagne de la Naïade (1890-1892)* (Paris, 1901).

CADERNO DE ILUSTRAÇÕES

1. Plano da Bahia em 1625, extraído de Bartolomeu Guerreiro, *Jornada dos vassalos*.
2. Plano da Bahia em 1631, extraído de João Teixeira Albernaz, *Atlas do Brasil com 36 cartas* (Ministério das Relações Exteriores, Rio de Janeiro).
3. Vista da Bahia em 1696, publicada por Froger, *Relation d'un voyage fait en 1695, 1696 et 1697 par M. de Gennes* (Paris, 1698).
4. Vista da Bahia em 1714, publicada por Frézier, *Relation du voyage de la mer du Sud aux côtes du Chili, du Pérou et du Brésil fait pendant les années 1712, 1713 et 1714* (Amsterdam, 1717).
5. Mapa das costas ocidentais da África, desenhado em 1560 por Bartolomeu Velho, conservado na Biblioteca de Huntington, San Marino, Califórnia. O castelo de São Jorge da Mina, fundado em 1482 por Diogo de Azambuja, aparece com muito destaque nesse documento. O rio Volta é aqui nomeado como rio das Voltas (que pode significar "rio dos turbilhões"). Entre esse lugar e o rio Lagos, o mapa designa os acidentes do terreno e as denominações com os nomes dados pelos primeiros navegadores portugueses: Cabo Sampaio (nome que será modificado para Cabo São Paulo), Nove Moutas, Cabo Monte, Terra das Gazelas, Terra Baixa, Praia, Terra Alagada, Albofera e Vilalonga, sendo sobrenomes portugueses os dois últimos.
6. Mapa da Guiné em 1656 (detalhe), feito por Sanson d'Abbeville, de acordo com o *Mercator* de Blommart, explicando-se assim o fato de uma parte dos nomes aparecer em holandês. A Costa do Ouro (Goude Kust) é mais conhecida do que a parte situada a leste do Volta. Nele, Uidá recebe o nome de Fouleau (deformação de Pillau, nome dado por Caroloff, originário dessa cidade), e Daomé aparece com o nome de Dauma.
7. Mapa das "costas da Guiné" em 1671, feito por Duval, em Paris. Os fortes da Costa do Ouro são indicados com mais precisão, e mais a leste aparece Ardra (Alladá), mas Fouleau (Uidá) desaparece. Nesse mapa, como no anterior, uma cadeia de montanhas imaginárias liga Dauma ao mar. Oyó aparece com o nome de Ioyo. A lagoa do outro lado de Lagos é representada pelo lago Curamo (Ikorodu). Não se sabe onde desemboca o Níger.
8. Detalhe da *Carta de la Barbarie, de la Nigritie et de la Guinée*, de 1707, feita por Guillaume de l'Isle, em Paris. Dauma e sua cadeia de montanhas desapareceram. O reino de Judá (Uidá) aparece com sua capital Xabier (Savi) e seu rio Eufrates (pois, após terem dado o nome de judaicos aos habitantes de Judá, os geógrafos da época não hesitaram em batizar a lagoa com o nome de um rio do Oriente Próximo). Os fortes inglês e francês são indicados, bem como o reino de Grande Ardra (Alladá) e Offra, na costa. A região do rio Lagos e do lago Curamo continua indefinida. Oyó torna-se Joyo e continua mal situada. O reino de Ulcumi está indicado nesses três mapas.
9. Mapa do "reino de Juida" em 1725, extraído de *Voyage du chevalier Des Marchais*, do reverendo padre Labat. Os fortes inglês e francês estão indicados, enquanto o dos portugueses não figura ali, embora tivesse sido construído havia pouco tempo.
10. Detalhe do mapa da Guiné em 1730, feito por Bonne, em Paris. Nele, o reino do Daomé aparece com a indicação "seu soberano conquistou os reinos de Ardra e de Judá".
11. O Daomé e adjacências em 1773, por Norris (mapa utilizado por Dalzel em 1793). A parte da costa a leste de Uidá é mais detalhada. Ardrah (atual Alladá) e Ardrah (atual Porto Novo)

aparecem com o mesmo nome. Porto Novo era então o novo porto à beira-mar. Badagri está indicado, assim como "o reino de Lagos, tributário do reino do Benim". A costa a leste de Lagos está mais bem desenhada.

12. Figuração imaginária de Tozifon, rei de Ardra, por volta de 1650, segundo Duflos, *Histoire du costume*.

13. Figuração imaginária de Agaja, rei do Daomé (1708-40), segundo Duflos, *Histoire du costume*.

14. Estátua de São José Resgatado, patrono dos negreiros no século XVIII, igreja de Santo Antônio da Barra na Bahia (cópia do século XVIII).

15. Descendente de Béhanzin, rei do Daomé, com um cachimbo na boca à imagem de seus ancestrais, que só fumavam tabaco da Bahia.

16. *Negros no porão do navio*, litografia de J. M. Rugendas, 1835.

17. *Mercado de escravos*, litografia de J. M. Rugendas, 1835.

18. *Transporte de uma leva de negros*, litografia de J. M. Rugendas, 1835.

19. *Festa de Nossa Senhora do Rosário, padroeira dos negros*, litografia de J. M. Rugendas, 1835.

20. Disposição interna de um navio negreiro. Planos extraídos do *Rapport* (relatório) de Clarkson, 1815.

21. Retrato de Joaquim Pereira Marinho, salão de honra da Santa Casa de Misericórdia da Bahia.

22. Estátua de Joaquim Pereira Marinho, erigida em frente ao Hospital Santa Isabel, na Bahia.

23. Cemitério da Bahia. Da esquerda para a direita, túmulos de Joaquim Pereira Marinho, José Godinho e Antônio Pedrozo de Albuquerque. Foto: Flávio Damm.

24. Retrato de Francisco Félix de Souza (Xaxá I), em Uidá, Daomé.

25. Retrato de Isidoro Félix de Souza (Xaxá II), em Uidá, Daomé.

26. Retrato de Francisco (Chico) Félix de Souza (Xaxá III), em Uidá, Daomé.

27. Inscrição em memória de Joaquim d'Almeida em Aguê, Daomé.

28. Túmulo de Francisco Félix de Souza em Uidá, Daomé.

29. Túmulo de Yaya Tokumboh em Lagos, Nigéria.

30. Passaporte do Brasil conservado em Lagos por um descendente de "brasileiro".

31. Festa do bumba meu boi em Recife, Brasil.

32. Festa da burrinha em Porto Novo, Daomé.

33. Os santos Cosme e Damião em Recife, Brasil.

34. Os santos Cosme e Damião em Porto Novo, Daomé.

35. Vendedora de acarajé na Bahia, Brasil.

36. Vendedora de acará em Uidá, Daomé.

37. Sobrados em Recife, Brasil.

38. Casa de Joaquim Branco em Lagos, Nigéria.

39. Holy Cross Church, igreja do bairro brasileiro em Lagos, Nigéria.

40. Arquitetura brasileira. Mesquita de Lagos, Nigéria.

41. Arquitetura brasileira. Sobrado clássico em Lagos, Nigéria.

42. Arquitetura brasileira. Sobrado em estilo influenciado pelo Islã em Iwo, Nigéria.

43. Arquitetura brasileira. Portal em Lagos, Nigéria.

44. Arquitetura brasileira. Portal em Lagos, Nigéria.

45. Arquitetura brasileira. Balcão em ferro forjado em Lagos, Nigéria.

46. Arquitetura brasileira. Casa em Lagos, Nigéria.

47. Cândido J. da Rocha, nascido na Bahia, morto em Lagos em 1960.

48. Manoel Nascimento de Santo Silva, ou Gibirilu.

49. Vendedora de cocada em Saketê, Daomé.

50. Maria dos Anjos, nascida no Brasil, passageira do patacho *Aliança*.

51. Maria Romana da Conceição, nascida no Brasil, passageira do patacho *Aliança*.

52. Festa do Senhor do Bonfim em Porto Novo, Daomé.

Todas as fotos, exceto a 23, são de Pierre Verger © Fundação Pierre Verger.

ESTA OBRA FOI COMPOSTA PELA SPRESS EM MINION E IMPRESSA EM OFSETE
PELA GRÁFICA SANTA MARTA SOBRE PAPEL PÓLEN SOFT DA SUZANO S.A.
PARA A EDITORA SCHWARCZ EM JULHO DE 2021

A marca FSC® é a garantia de que a madeira utilizada na fabricação do papel deste livro provém de florestas que foram gerenciadas de maneira ambientalmente correta, socialmente justa e economicamente viável, além de outras fontes de origem controlada.